[内部资料　注意保存]

CHINA CONSTRUCTION BANK ALMANAC

中国建设银行年鉴

2020

中国金融出版社

责任编辑：肖丽敏　赵晨子
责任校对：刘　明
责任印制：程　颖

图书在版编目（CIP）数据

中国建设银行年鉴．2020/中国建设银行编．—北京：中国金融出版社，2022.11
ISBN 978－7－5220－1671－9

Ⅰ．①中…　Ⅱ．①中…　Ⅲ．①建设银行—中国—2020—年鉴　Ⅳ．①F832.33－54

中国版本图书馆 CIP 数据核字（2022）第 114257 号

中国建设银行年鉴．2020
ZHONGGUO JIANSHE YINHANG NIANJIAN. 2020
出版发行　中国金融出版社
社址　北京市丰台区益泽路 2 号
市场开发部　（010）66024766，63805472，63439533（传真）
网 上 书 店　www.cfph.cn
（010）66024766，63372837（传真）
读者服务部　（010）66070833，62568380
邮编　100071
经销　新华书店
印刷　河北松源印刷有限公司
尺寸　205 毫米×280 毫米
印张　50.75
插页　20
字数　2072 千
版次　2022 年 11 月第 1 版
印次　2022 年 11 月第 1 次印刷
定价　139.80 元
ISBN 978－7－5220－1671－9
如出现印装错误本社负责调换　联系电话（010）63263947

《中国建设银行年鉴2020》编委会

《中国建设银行年鉴2020》编辑部

本年鉴数据使用责任说明

本年鉴为中国建设银行股份有限公司内部刊物，不对外发行，本年鉴中的部分数据在使用之初仍处于审计过程中，为了在年鉴中真实体现当时数据使用环境的历史面貌，我们保留了这些数据。这些数据与本行公布的招股说明书、定期报告和临时公告有差异的，应以招股说明书、定期报告和临时公告的数据为准。因此，本年鉴使用者不得以任何形式复制、打印、转发、分发或以其他任何方式使用这些数据。如有违反，责任自负。

卷首语

（根据年度工作会议讲话节选）

初心砥砺前行，使命凝聚力量。2019 年，建设银行以习近平新时代中国特色社会主义思想为指导，深入学习贯彻党的十九大和十九届二中、三中、四中全会及中央经济工作会议精神，持续增强“三个能力”，全面发力“三大战略”，以新金融行动推动金融供给侧结构性改革，全行党的建设和改革发展取得了新进展、新成效。

2019 年，从“形”来看，我们仍处在第一曲线上行见顶、第二曲线夯基蓄势的区间。传统业务总体还在“舒适区”。而从“势”来看，2019 年以来呈现的几个变化，超出了预期。

第一曲线边际下滑的态势超出预期。从“量”来看，增长承压、增速下滑。银行业规模驱动发展的时代已经过去了。从“价”来看，定价承压、收益收窄。比如，业内广泛关注的 LPR 定价机制调整，长远的影响需要认真评估。从“质”来看，风险承压、不良上升。经济下行压力、产业结构调整等多重因素，导致不良贷款增加、拨备计提压力增大。

传统领域“舒适区”丧失超出预期。在信息时代，没有科技门槛的领先优势都是靠不住的。一是同业竞争日趋激烈。利润率迅速被拉平，原先的“蓝海”很快变成“红海”。比如，基础设施这一传统优势领域，表征回报率的 RAROC 等指标持续下行，建设银行贷款新增和余额已不再领先。二是跨界竞争挑战严峻。传统业务“护城河”抵挡不住降维打击。在支付领域，银行的防线已经失守。现在另一“厚利”和高潜力领域消费金融也面临冲击，互联网消费金融增势迅猛，规模直追银行业，而且正抢夺“Z 世代”等消费主力客群。

第二曲线上升势头和效果超出预期。全行上下苦干实干，“三大战略”实施进展比预想的要快、要好。一方面，战略关键领域取得快速突破。住房租赁平台逐步连片成网，上线房源超过 2300 万套，“存房”累计签约超过 50 万套。各分行因地制宜、百花齐放，住房租赁业务已经形成了一系列相对成熟、可复制推广的模式。普惠金融在高平台上全面推进，全年新增 3564 亿元，提前一年实现余额破万亿元的计划目标（普惠金融“8 + 1”口径），继续领跑市场。“裕农通”服务点全面铺开，2019 年底已超过 60 万个，覆盖 46.3 万个行政村，比原计划进度大大提前。另一方面，战略推进有力地带动了业务发展和经营绩效提升。虽然对战略性工作我们并不急于追求收益或回报，但从实际效果看，带动作用远超预期。37 家一级分行 2018 年以来的数据分析结果显示，“三大战略”推进情况与等级行得分呈现“强相关”。很多分行在获客、存贷款、中收等方面，都受益极大。

2019 年，建设银行坚持以政治建设为统领深化全面从严治党，各级党组织和党员干部增强“四个意识”、坚定“四个自信”、做到“两个维护”的行动更加自觉。通过深入学习贯彻习近平新时代中国特色社会主义思想和重要指示批示精神，持续推动“三个能力”建设，全行党建工作和治理能力进一步提升。精心组织开展“不忘初心、牢记使命”主题教育，两批单位总体评估为“好”的占比均超过98%，提高了学思用贯通、知信行统一的能力。深入学习宣传张富清同志先进事迹，开展“学英雄、提境界、比贡献、促发展”等系列活动，激励全行员工见贤思齐，涌现出2万多个以张富清名字命名的工作团队和先进集体。着力提升基层组织力，制定实施基层党建工作规划。加强干部和人才队伍建设，开展总行5个部门总经理公开竞聘，选派总行优秀处级干部到基层挂职锻炼。平稳有序完成派驻制改革，建立总行党委与驻建设银行纪检监察组会商机制，积极支持驻行组履职，将派驻优势转化为治理效能。严抓形式主义、官僚主义整治，做实“基层减负年”工作，全年发文、会议、报告报表、检查督查同比分别减少41%、47%、35%、58%。强化监督执纪问责，严肃查处职务犯罪案件32起，深化扶贫领域腐败和作风建设专项治理，修订党委巡视工作规定、巡视工作领导小组规则，召开3次全行警示教育大会。组织召开新时代机关党建高质量发展推进会，完善总行机关党建制度体系。加强群团工作，制定并发布企业民主管理办法，召开职工代表大会。压实脱贫攻坚主体责任，探索金融赋能精准扶贫的可持续模式，中央单位定点扶贫任务完成情况居金融业前列。

成绩来之不易，得益于以习近平同志为核心的党中央的坚强领导，得益于党中央、国务院和上级部门的科学决策部署，得益于监管机构的大力支持帮助，得益于全行广大干部员工的辛勤付出。

念念不忘，必有回响。经过两多年来的不懈探索和坚持，无论从中央政策导向还是市场变化来看，建设银行“三大战略”都高度契合大势，社会上同道者也越来越多。这都表明，路走对了。全行要深刻理解和把握新金融的内在逻辑，认准目标和方位，坚定方向和信心。

新理念。习近平总书记指出，理念是行动的先导。新金融变革的关键是转变思维，做实新发展理念。创新、协调、绿色、开放、共享的理念，是新金融的方向指南。两年多来的新金融探索，都是新发展理念在全行的落地实践。调研中某分行同志讲，理念一变，市场一片。一定不能穿新鞋走老路，要把思维切换到新发展理念上来。新金融的逻辑正是基于新发展理念。能否在这场变革中真正落实好新发展理念，也是检验全行各级领导干部是否做到“两个维护”的一个重要标准。

新要素。党的十九届四中全会明确把数据作为新的生产要素。全行要立足新金融实践，既深入挖掘数据本身作为生产要素的价值，又以新金融推动数据与劳动、资本、知识、技术、管理等传统要素的结合，催化并创造出新的价值。基于数字化，任何传统产业都可以重新来过。可以讲，新金融的一个标志性特征，就是围绕数据这一新生产要素，推动金融的数字化和数字的金融化，从而激活要素潜能，实现数字经济和实体经济的深度融合。

推进金融的数字化，由货币中介转向信息中介。货币形态、金融交易模式、风控和定价方式的数字化，是必然趋势。依托海量数据积累、算力提升、人工智能等技术加持，新金融将变得效率更高、成本更低、穿透更深、辐射更广，以数字化形态深度融入经济社会的微循环。

推进数字的金融化，重构数字化信用体系。现代社会中的生产要素如果未经过金融化，往往难以顺畅流动并实现应有的价值。数据更需要融通，融通起来的数据才有价值。新金融的重要着力点就是融通数据、整理数据，为数据赋予金融的活性和价值。这也是为未来数据确权和交易时代做准备。

新范式。长期以来金融创新主要囿于商业模式层面，并没有真正下沉触及金融底层逻辑的改变。范式最初是科学哲学上的概念，涉及本体论、认识论和方法论。范式也可理解为“元模式”，强调回溯到事物本源和最底层逻辑。新金融的范式变化主要体现在“三个转向”。

从资本转向人本。西方国家一次又一次金融危机表明，金融以资本为中心自我循环逐利，必然导致资本和劳动的异化，加剧社会矛盾。无论是马克思的经典著作还是西方经济学家的最新研究成果（如托马斯·皮凯蒂的《21 世纪资本论》），对此都有深刻的剖析。新金融转向以人民为中心，旨在实现人民对美好生活的向往，这既是马克思主义政治经济学的基本要义，也体现了国有金融的初心和使命。

从机构转向功能。传统金融业务围绕金融机构展开，现在则逐步转向由场景触发。我曾经讲过，未来银行或许不在了，但承担金融功能的科技公司一定还在。金融功能的载体不一定是金融机构。金融功能的实现也未必通过金融机构，用户可能不知道、也不关心背后提供金融服务的机构是谁。因此，我们必须聚焦功能加大研发力度，不断地丰富功能以提升服务适配能力。

从中心转向泛在。金融是现代经济的核心，但并不意味着金融把自己当成“中心”。新金融要由过去“辐射式”向“分布式”转变，银行将变得更轻盈、更亲和、更下沉，为客户提供随时随地、知我所需的泛金融服务。就像糖溶入水中，虽无形无感，但甘甜又无处不在。

新生态。新金融连通 G 端、B 端、C 端，致力于打造共建共治共享的新生态。

G 端、B 端、C 端伙伴式新生态。本着开放共享理念，通过援建智慧政务系统，拓展金融市场互联交易平台、“飞驰 e +”投资者联盟等平台，延伸住房租赁产业联盟链条，不断丰富“衣食住行育乐医”等生态场景，使越来越多的政府机构、同业、客户，包括一些过去的“竞争对手”，都成为建设银行的亲密合作伙伴。大家携起手来，培育金融与实体经济共生共荣的和谐生态。

风险共治新生态。习近平总书记在中央经济工作会议上强调，要驯服“灰犀牛”问题，防范“黑天鹅”事件，用大概率思维应对小概率事件。金融市场具有“反身性效应”“羊群效应”，风险的系统性、根源性治理需要政、银、企、个人各方协同合力。因此，要进一步推动先进风险管理技术和工具的开放共享、赋能社会，以共管共治形成“大概率思维”，更好地守牢不发生系统性金融风险的底线，履行好维护“六稳”的社会责任。

知识能力共享新生态。我们长期形成的金融专业知识和能力，不能仅局限于服务内部和个别客户，还要服务社会。建行大学成立一年来，已在社会上引发热烈反响。要坚持“开门办大学”，进一步深化落实四中全会关于产教融合的要求，推动形成全社会共享金融知识能力、共同参与金融治理的良性生态。

融入国际金融治理新生态。要以更加主动的姿态适应金融扩大开放，落实好习近平总书记对建设银行提出的增强参与国际竞争能力的要求。依托区块链、大数据等技术，加大跨境金融服务创新，助力“一带一路”建设和企业“走出去”，以新金融实践主动参与到全球金融治理之中。

新体制。核心是以人为本推动自身治理现代化。要把员工作为最重要的资源，形成适配新金融的内部治理和人力资本发展新体制，激发全员的潜能和创造力。重点是“三化”。

组织敏捷化。适应新金融变革，必须对传统组织体系进行敏捷化改造。C 端突围项目、金科公司相关团队进行了敏捷组织的探索，形成了 OKR 目标管理、创意工作坊等一套科学的方式方法，从 2020 年起要逐步推广。要通过敏捷化改造，突破机构“深井”、打通数据“竖井”，让正确的人做正确的事。

管理柔性化。全行 38 万员工的知识和智慧是最大的“金矿”。要把每位员工内心深处的主动性和创造力激发出来，探索“群言堂”式反馈机制，开展创新马拉松等“众创式”活动，打造智慧人才评价体系等，以柔性化管理释放人力资本的最大价值。

架构矩阵化。推动全行由“科层式”“宝塔型”架构向矩阵式转变。为基层员工搭建平台更广、晋升更快、成长路径更多、工资待遇更优的激励体系，使每个人都能在其中找到自己的定位和发展空间，每个人的创新创造都有机会在全行得到应用和推广。

2020 年是我国发展具有里程碑意义的一年，也是建设银行“三大战略”向纵深推进的关键一年。全行上下要以只争朝夕的奋斗激情，坚守初心使命、躬身下沉服务，以新金融行动绘就“第二发展曲线”，迈上高质量发展之路。

田国立

田国立

董事长

王祖继

行　长

刘桂平

行　长

王永庆

监事长

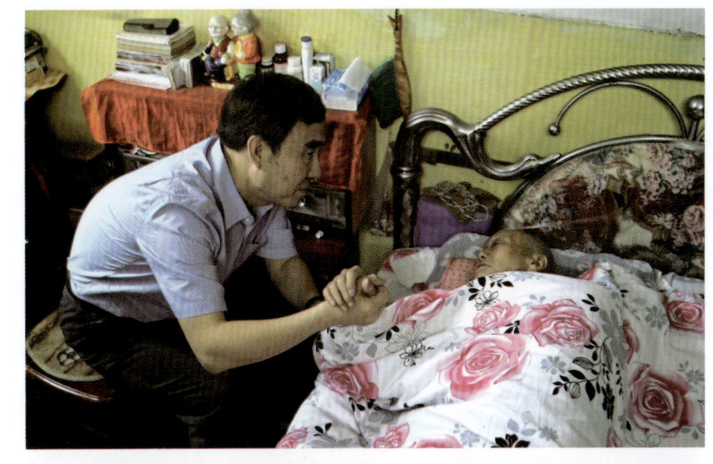

2019年5月21日，董事长田国立到湖北恩施来凤县看望慰问建设银行优秀共产党员、功勋员工，湖北省分行离休干部张富清。

2019年6月17日，董事长田国立出席并主持第三届中英金融服务峰会。

2019年7月15日，董事长田国立在成都第五支行调研。

2019年7月23日，董事长田国立出席在杭州举行的2019年亚太经合组织工商咨询理事会第三次会议“建行之夜”活动。

2019年11月14日，董事长田国立在陕西省安康市调研督导定点扶贫工作。

2019年1月17日，时任行长王祖继在北京出席《陆军部队代建工程建设资金监管合作会谈备忘录》签约仪式。

2019年1月18日，时任行长王祖继出席建设银行与中国农业发展银行合作协议签字仪式。

2019年2月22日，时任行长王祖继会见捷信集团首席执行官兼捷信消费金融有限公司董事长一行。

2019年2月25日，时任行长王祖继在深圳出席建行大学工作会议暨院长培训班。

2019年3月4日，时任行长王祖继出席建设银行2019年度计财工作会议。

2019年6月14日，行长刘桂平在天津出席投资者联盟启动会（天津站）暨投行业务交易中心揭牌与战略客户签约仪式。

2019年8月8日，行长刘桂平到苏州莱克电气调研。

2019年8月26日，行长刘桂平在重庆渝北支行与正在“劳动者港湾”休息的环卫工人交流。

2019年9月23日（当地时间），行长刘桂平出席建设银行阿斯塔纳分行开业仪式。

2019年10月10日，行长刘桂平到陕西省安康市调研督导定点扶贫工作。

2019年10月10日，监事长王永庆在山西省出席“一部手机三晋通”App上线运行启动仪式。

2019年10月16日，监事长王永庆在内蒙古自治区分行调研。

2019年11月4日，监事长王永庆在重庆出席2019中新（重庆）战略性互联互通示范项目金融峰会开幕式。

2019年12月5日，监事长王永庆出席总行党校蓝英一班行动学习课题成果汇报会并讲话。

2019年12月25日，监事长王永庆在成都岷江支行调研。

2019年5月29日，副行长章更生出席第七届世界军人运动会金融合作伙伴新闻发布会。

2019年6月3日，副行长章更生出席建信理财公司开业仪式暨新产品发布会。

2019年7月11日，副行长章更生出席建设银行“5G+智能银行”应用启动大会。

2019年7月12日，副行长黄毅在四川省邛崃支行调研。

2019年7月23日，副行长黄毅在湖南湘潭经开区调研金融服务实体经济情况。

2019年9月18日，副行长黄毅出席建设银行与上海清算所和卢森堡交易所三方合作备忘录签约仪式。

2019年7月3日，驻建行纪检监察组组长、党委委员朱克鹏到陕西省安康市调研督导定点扶贫工作。

2019年10月24日，驻建行纪检监察组组长、党委委员朱克鹏在山东省分行参加党委管理干部述责述廉会议。

2019年12月30日，驻建行纪检监察组组长、党委委员朱克鹏在北京市分行慰问纪检机构及基层网点员工。

2019年12月3日，副行长纪志宏主持召开网点竞争力调研座谈会。

2019年12月17日，副行长纪志宏出席建设银行与中信建投证券高层会谈。

2019年12月23日，副行长纪志宏在福建省分行调研。

2019年3月26日，副行长张立林到贵阳花果园智慧社区调研。

2019年4月8日，副行长张立林在上海出席“《中国私人银行2019》报告发布会”。

2019年5月10日，副行长张立林在杭州出席“2019年中国建设银行家族财富论坛”。

2019年4月23日，副行长廖林出席2019年全行审计工作会议。

2019年6月5日，副行长廖林出席建行大学与南开大学联合成立系统性风险研究中心揭牌仪式。

2019年7月23日，副行长廖林到湖南省长沙四方坪支行调研。

目录

三、市场研究

四、风险管理研究

五、业务探讨

CHINA 中国建设银行年鉴
CONSTRUCTION BANK ALMANAC
2020

CHINA 中国建设银行年鉴 2020
CONSTRUCTION BANK ALMANAC

第一部分　战略决策与战略管理

董事会的改革与成就

2019年，面对国内外风险挑战明显上升、经济社会发展不确定性明显增强的复杂局面和挑战，建设银行董事会以习近平新时代中国特色社会主义思想为指导，全面贯彻党的十九大和十九届二中、三中、四中全会精神，坚持以人民为中心的发展思想，推动全行坚持以市场为导向、以客户为中心的经营理念，以新金融行动推进金融供给侧结构性改革，全力支持经济社会发展，深入推进“三大战略”，将金融“活水”精准滴灌到实体经济发展的重点领域和薄弱环节，用金融“手术刀”解决社会民生痛点难点问题，把制度优势全面转化为治理效能和高质量发展能力，实现稳健、均衡、可持续发展，各项工作取得显著成效，绘就第二发展曲线。

截至2019年末，建设银行市值居全球十大上市银行第五位，在英国《银行家》杂志发布的“世界银行1000强”排名中连续六年位列第二。

一、持续完善公司治理

突出党委的领导核心作用。推进国有商业银行治理体系和治理能力现代化，将党的领导政治优势转化为制度优势和治理优势，完善双向进入、交叉任职体制，加强党委会与董事会决策的沟通衔接，协调公司治理各方关系，进一步提升董事会决策的科学性和有效性。贯彻落实国务院及财政部关于完善国有金融资本管理、加强国有金融企业股权管理和金融机构国有股权董事议案审议操作指引及管理暂行办法等相关要求，确保董事会依法高效运行和董事会成员依法合规履职。

完善公司治理制度体系和评估机制。根据最新监管导向、银行自身战略发展及经营管理需要，重检公司章程相关条款，研究股东大会对董事会、董事会对行长授权方案执行情况及相关修订意见，启动股权质押管理办法、信息披露管理办法的起草及修订工作，不断完善公司治理制度体系。启动公司治理评估工作，根据银保监会《银行保险机构公司治理监管评估办法》有关要求，从党的领导、股东治理、董事会治理、风险内控、关联交易治理、市场约束、其他利益相关者治理等多个方面对公司治理水平和风险状况进行评估和改进，保证公司治理运行的合规性和有效性。

强化董事会消费者权益保护职责。董事会高度重视推动消费者权益保护工作，根据近年来各级监管机构对建设银行的专项检查及考评相关整改要求，参考国内主要同业实践并结合建设银行实际，研究落实银保监会关于银行保险机构加强消费者权益保护工作体制机制建设的指导意见，提出社关委更名并修改委员会工作细则的方案，于2020年1月董事会审议通过，以进一步明确各方职责，加强董事会与管理层的信息沟通机制，推动全行在业务拓展、客户服务中加强消费者权益保护工作，充分应用金融科技手段，加强客户投诉管理，进一步提升客户满意度。

加强董事会自身建设。依法合规做好董事提名、选任和连任工作，确保董事会及专门委员会构成符合公司治理及境内外监管要求。年内完成执行董事刘桂平、独立董事格雷姆·惠勒、股权董事田博、夏阳提名及履任程序；独立董事候选人米歇尔·马德兰遴选及提名程序（2020年1月初经银保监会核准任职资格后履任）；执行董事王祖继，独立董事钟瑞明、莫里·洪恩，股权董事李军、吴敏离任程序。截至2020年3月，董事会成员共14名，其中执行董事3名，股权董事5名，独立董事6名。

优化董事会专门委员会成员结构。综合考虑董事会工作需要及董事任职期限、性别及年龄结构、专业经验等因素，合理研究确定专门委员会人员组成，年内对卡尔·沃特、格雷姆·惠勒、钟嘉年和冯婉眉四位独立董事专门委员会任职作出调整，以充分发挥董事专业能力。

加强董事履职培训。董事会组织全体成员参加美国银行保密法和反洗钱法合规培训，跟进了解监管政策变化情况，以及对董事会职责的相关规定；部分股权董事、独立董事积极参加境内外监管机构组织的专题培训，内容包括公司治理、风险管理、国际会计准则、租赁及保险等，进一步扩充知识储备，提升履职能力。

二、推动“三个能力”建设

董事会聚焦实体经济，贯彻落实新发展理念，不断增强服务国家建设能力。推动全行在巩固基础设施和住房金融领域传统优势的基础上，优化信贷结构，着力支持新型基建、高端制造业、绿色金融、科技创新和民生改善等重点领域；指导全行主动跟进国家重大战略，与财政部、国家发展改革委等共同发起设立国家制造业转型升级基金、战略性新兴产业发展基金，推进产业与资本的有效融合；精准信贷投放，全年人民币贷款新增创历史新高，投向基础设施、制造业、民营企业等国民经济重点领域和薄弱环节的贷款合计占比47.31%；支持国家重大区域发展战略，推动区域协调可持续发展，粤港澳、长三角、京津冀对公贷款，高于对公贷款平均增速。

发挥国有大行“金融稳定器”作用，推进全面主动风险管理，不断增强防范金融风险能力。组织对重大风险防控问题进行研究，重点关注声誉风险、合规风险、信息科技风险和案件防控等方面；完善风险基础管理和穿透管理，指导重检风险偏好陈述书，研究制定信息科技风险管理办法；推进合规、反洗钱制度体系建设，督导内控合规和反洗钱工作，总行和全部34家境外机构实现制裁清单的系统化监测，在同业中率先实现洗钱风险和业务风险管控深度融合；稳妥有序做好包商银行托管工作，对中小银行流动性提供支持。

研究国际金融运行和治理体系变化，主动融入国际金融治理新生态，不断增强参与国际竞争能力。依托区块链、大数据等技术，推动跨境金融服务创新，助力“一带一路”建设和企业“走出去”；推动海外分支机构“一行一式”规范稳健发展，完善海外机构网络布局，各级境外机构达211家，英国、瑞士、智利人民币清算行稳健运行；统筹欧洲发展整体战略，研究设立建设银行（欧洲）匈牙利分行、向建设银行（欧洲）增加资本金以及建设银行伦敦机构整合方案。

三、纵深推进“三大战略”

董事会加强宏观形势研判，关注中国人均GDP超1万美元带来的结构性变化和中国超大规模市场带来的发展机遇。组织加强重大战略性发展问题的研究，董事会成员结合国际视野、自身专业背景、从业经历和建设银行实际，通过董事会定期会议、战略务虚会和沟通会等多种形式，研究探讨新形势下的银行业发展趋势和建设银行发展方向。研究审定年度经营计划、固定资产投资预算和数字力建设总体方案，立足于提升全行核心竞争能力和长期价值创造能力，为“三个能力”建设、“三大战略”实施提供坚实的资源保障和数据支撑。研究解决战略推进中的重点难点问题，董事会成员深入境内外经营机构开展调研，调研主题涵盖住房租赁、普惠金融和金融科技战略推进实施，“民工惠”“裕农通”和涉农金融业务发展，建行大学发展以及海外机构合规风险管理等，就新形势、新业态、新机遇、新问题、新挑战等进行研究分析，提出对策建议，为“三大战略”落地实施建言献策。

在董事会推动下，建设银行住房租赁全面布局，住房租赁综合服务平台覆盖城市数、上线房源持续增多，战略溢出效益初步显现。普惠金融同业领先，普惠金融贷款余额、新增均位居四大行第一；投放“民工惠”贷款455亿元，设立“裕农通”普惠金融服务点超过60万个，为1700余万农户提供便利金融服务。推进实施“TOP+”金融科技战略，积极打造人工智能、区块链服务、建设银行云平台，提升“5G+智能银行”服务功能，向政府、同业、企业和社会赋能，对外输出金融科技能力；完成新一代核心系统在24个国家和地区共29家海外机构推广，有效提升集团机构、客户、产品、服务和渠道共享能力。

四、积极推进新金融行动

董事会推动全行运用金融的力量解决社会民生领域痛点难点问题，指导管理层下沉金融服务重心。普惠金融进一步下沉，以“平台经营、生态协同”深耕小微市场，做深做实供应链金融，不断迭代优化主打产品；“三农”金融进一步下沉，研究设立总行乡村振兴金融部，优化农村金融供给结构，丰富“裕农通”服务功能，推动农村信用体系建设；社区金融进一步下沉，着眼基层社会治理特别是社区治理的新趋势新要求，向社会开放劳动者港湾 1.43 万个，创新劳动者港湾服务方式，推广“劳动者港湾 +”模式；住房租赁进一步下沉，全面推动“数字房产”系统建设，开展老旧小区、城中村、筒子楼等租赁房屋改造升级，有针对性地解决住房租赁结构性供给不足等痛点问题；推进智慧政务建设，助力构建共建共治共享的社会治理体系，率先为各级政府搭建“全事项、全流程、全覆盖、全场景应用”的政务便民综合性服务平台，与 25 个省级和 124 个地市级政府签订合作协议，与 133 个省市县政务服务平台对接，实现 40 万政务事项可查询、可预约、可办理，智慧政务系统已形成运作成熟的云南、山西和山东模式；推动建行大学建设和发展，打造高平台、高水准的新金融产教融合联盟，通过“金智惠民”“愚公学院”等形式，为小微企业主、个体工商户、涉农群体、扶贫对象等提供金融知识培训，“金智惠民”精品课程培训 1.47 万期、135 万人次。

五、守牢金融风险底线

董事会贯彻落实中央关于防范化解金融风险的决策部署及风险防控监管要求，坚持底线思维，指导管理层加快补齐短板，筑牢底板，守住不发生系统性金融风险底线。指导管理层主动加强风险管控，推动重大风险项目化解，加大存量不良资产处置力度，全年共处置不良贷款 1585 亿元，创历史新高。加快智能风控体系建设，对标国际先进银行，探索线上业务风险管控新模式。加强绿色信贷及普惠金融业务风险、房地产及同业业务风险等热点问题研究，提升风险管理的主动性、科学性和前瞻性。加强对银保监会监管检查及通报问题整改工作的督导，推动境内外机构建立整改长效机制，促进合规稳健经营。不断强化对子公司和海外机构的风险管控，持续推进全球反洗钱能力评估及整改。推动落实全球系统重要性银行监管要求，推进恢复与处置计划的可操作性和有效性，督导资本管理高级方法扩大实施范围。履行美国风险管理委员会职责，指导在美运营机构强化风险管理和合规管理，针对纽约分行 2018 年度监管检查评级下调的问题，督促纽约分行落实监管检查整改计划。

在董事会推动下，集团资产质量稳中向好，拨备覆盖率、拨贷比等指标稳步提升，风险抵补能力进一步增强。荣获《亚洲银行家》2019 年度“中国全面风险管理成就奖”。

六、推进夯实资本实力

董事会推动加强资本管理，研究制订中期资本规划、年度资本充足率计划，确立与建设银行发展战略、经营管理、风险状况相适应的资本充足目标与策略。按照“内部资本积累为主、外部资本补充为辅”的原则，努力推进资本内生式发展，在内部利润留存支持核心一级资本稳健增长的基础上，积极探索资本补充的有效渠道和方式，推进优先股、二级资本债等各类工具融资。年内董事会研究通过了发行减记型无固定期限资本债券和减记型合格二级资本工具的议案，根据计划先后完成了 18.5 亿美元境外二级资本债和 400 亿元境内无固定期限资本债券发行，资本实力进一步提升，服务实体经济和防范化解金融风险能力得到增强。

得益于良好的资本管理，建设银行在外部融资规模四大行最低的情况下，资本充足率保持同业领先。

七、加强定期财务报告监督，促进内外部审计效能提升

董事会充分发挥专门委员会作用，督导管理层提升会计信息质量管理有效性，确保财务报表会计信息质量符合审慎监管要求。关注国际国内会计准则及境内外相关监管法律法规变化，研究修订中国建设银行会计基本政策，推动新金融工具准则实施后续工作。强化对外部审计的监督指

导，确保外部审计师轮换工作平稳过渡，严格审核外审计划，研究关键审计事项，督促管理层落实外审管理建议。督促内部审计发挥“第三道防线”作用，完善内部审计制度，研究修订中国建设银行内部审计章程。持续推动内外部审计发现整改工作，关注屡查屡犯问题，加大对审计发现重点关注事项的整改力度。重视内部控制制度建设，研究修订中国建设银行内部控制基本规定。关注内外部审计和内控评价中发现的内控缺陷，督促管理层整改落实，不断完善内部控制体系的健全性和有效性。

八、积极履行社会责任，展现大行责任担当

董事会努力践行新时代国有大行责任使命，忧党和国家之忧、虑社会民生之虑，深入推动实施“服务大众、促进民生、低碳环保、可持续发展”的社会责任战略。

推进绿色金融发展，落实中央关于加强生态文明建设、打好污染防治攻坚战的各项决策部署。推动全行加大绿色信贷投放，加快产品创新和推广力度，进一步扩大绿色金融债发行规模，完成首笔绿色信贷资产证券化项目，在同业中率先推出海绵城市建设贷款和综合管廊建设贷款。

助力打赢脱贫攻坚战，推动提升深度贫困地区和金融精准扶贫质效。全行持续推进“跨越2020——N＋建档立卡贫困户”产业扶贫模式的落地，带动贫困户增收致富；聚焦脱贫攻坚重点地区，研究制定信贷业务差别化支持策；探索推广产业扶贫、消费扶贫、教育扶贫等可持续模式，并与乡村振兴战略推进相衔接。年内，董事会对管理层增加年度扶贫捐赠临时额度授权3500万元，专项用于扶贫攻坚。

积极倡导与支持全行加大教育助学、医疗卫生、扶贫济困等领域公益捐赠力度，监督捐赠资金管理的合规有序使用，重点关注长期公益项目品牌运行情况，定点扶贫开展情况以及海外机构公益捐赠等情况。2019年全行集团公益捐赠支出1.34亿元，较上年增长50%。

全力支持新冠肺炎疫情防控工作。2020年初疫情发生以来，董事会贯彻落实习近平总书记重要指示批示精神和党中央、国务院决策部署，把疫情防控及金融服务保障作为当前工作的重中之重。指导管理层精准施策、多措并举，通过开辟金融服务绿色通道，加快对疫情防控重点企业的信贷审批和投放力度；推出普惠金融支持疫情防控“四专八举措”，对普惠金融客户明确“专门通道、专项规模、专业政策、专属服务”机制等一系列措施，为支持疫情防控、企业复工复产和实体经济发展提供精准金融服务，运用金融力量，将疫情对经济运行带来的影响减至最低，为实现全年经济社会发展目标任务贡献力量。同时，督促全行采取有效措施，保护员工及家属安全，做好员工关爱工作。

针对疫情防控的严峻形势，董事会于2020年1月26日紧急召开书面会议，向湖北疫情防控工作首期捐赠3000万元，并支持管理层在授权内做好急需的捐赠工作。全行各级机构迅速响应，总行、分行、子公司积极向疫区捐款捐物，海外机构发挥网络优势，及时筹措捐赠国内急需的医疗物资，截至2月末，全行通过各种渠道为抗击疫情捐款捐物累计超过2亿元。董事会将加强与财政部、银保监会和汇金公司的汇报沟通，研究审议给予管理层疫情防控专项捐赠授权额度的建议方案，全力支持疫情防控和经济社会发展。

九、加强与市场有效沟通，展示建设银行投资价值

董事会督促指导投资者关系管理和信息披露工作依法规范开展。密切关注资本市场动态和热点问题，认真倾听市场声音，主动回应市场关切，全面、客观、准确地向市场宣介建设银行以新金融行动推动高质量发展，推进“三大战略”以及在环境、社会和治理等方面的做法和成效，有针对性地加强与目标投资者的沟通和交流，展示建设银行竞争优势，体现市场投资价值。年内配合上海证券交易所举办“沪市公司质量行暨‘我是股东’——中小投资者走进建设银行专场活动”，让投资者亲身感受建设银行发展成果。积极有效的投资者关系管理取得了良好的市场效果，2019年，建设银行A股股价涨幅达18.46%，涨幅位居五大行第一；H股跑赢恒生指数1.08个百分点，涨幅位居五大行第二；市值较2018年末提升105亿美元，全球银行市值排名保持第五位；保

险资管和主权基金等长期投资者持股增加，股东结构进一步优化。

依法按季度披露经营业绩和财务信息，及时披露重大决策事项，有效维护股东、存款人和相关利益人的合法权益。在上海证券交易所开展的沪市上市公司2018—2019年度信息披露评价工作中，建设银行评价结果为A，这是上海证券交易所开展此项评价以来，连续第五次获得A类评价。2018年年度报告在美国媒体专业联盟（LACP）举办的全球年报评选中，荣获银行业第一名、亚太区第二名、全球第五名，以及最佳致股东信函奖等奖项；在MerComm，Inc. 举办的国际年报大奖评选比赛（ARC Awards）中，荣获内文设计类荣誉奖、摄影类银奖和图表类铜奖三项奖项。

执笔：汪雷

监事会的改革与成就

2019年，中国建设银行监事会依据法律法规、监管规定和银行章程的要求，贯彻党的十九届四中全会精神，落实总行党委决策部署，认真履行监督职责，围绕全行战略推进、“三个能力”建设及新金融实践，以问题为导向扎实开展各项监督，着力提升监督实效，与公司治理各方共同努力推进银行治理体系和治理能力现代化。

一年来，监事会在努力做到监督职责全覆盖的基础上，重点从以下三个方面开展工作：一是重点关注全行服务实体经济，助力供给侧结构性改革的情况，研究讨论制造业贷款投放、债转股实施推进等事项，组织开展民营企业业务专题调研，推动国家相关政策在建设银行的贯彻落实。二是紧密围绕银行战略推进及新金融实践，研讨普惠金融战略、金融科技战略实施情况，持续做好对资管业务、关联交易、并表管理的监督工作，助力银行完善相关管理体制机制。三是注重对新形势下风险的分析研判，开展对模型风险管理、金融机构客户风险管理、境外机构合规管理等方面的监督，督促银行健全完善风险管理体系。

一、围绕全行中心工作，深化议题研究讨论

全年共召开监事会会议6次，审议银行定期报告、履职评价报告、监事提名、监事会工作计划等21项议案，围绕定期报告的编制与披露，董事会、高管层及其成员履职尽职，监事会工作重点等事项进行了认真研究，并对银行财务报告、募集资金使用、关联交易、履行社会责任等事项发表独立意见。听取普惠金融战略规划执行、流动性风险管理、模型风险管理、资本管理压力及对策、并表管理、监管通报发现问题整改落实等12项专题汇报。书面阅研制造业贷款投放、反洗钱工作开展、银行账户利率风险等6项情况报告。2019年，会议就经营管理24个方面提出85条具体监督意见，这些意见得到管理层的重视和落实。

召开履职尽职监督委员会会议4次，审核年度履职监督与评价工作方案、股东代表监事绩效考核方案等8项议案，听取子公司管理、金融科技战略实施、数据治理及大数据应用、薪酬制度执行等6项专题汇报，了解董事会、高级管理层及其成员在相关决策和经营管理中的履职情况，组织落实监事会年度履职监督与评价相关工作。

召开财务与内部控制监督委员会会议5次，审核利润分配方案、内控评价报告等8项议案，听取信贷资产质量、境外机构合规管理、市场风险管理、债转股工作实施推进等18项专题汇报，书面阅研关联交易管理、全面风险管理等6项情况报告，与外审师专项沟通定期报告审计、管理建议书等事项，及时了解全行财务、内控和风险管理的主要情况。

二、坚持问题导向，深入开展各项监督

（一）着力提高财务监督专业性

一是持续深化定期报告监督。监事会高度重视外审过渡交接工作，与新任外审师进行专项沟通，对外审工作质量和独立性提出要求，督促新任外审师高质量开启审计任期。在定期报告监督中，注重加强与外审师和管理层的沟通，关注资产质量数据等重要财务数据的真实性、准确性，

新租赁准则等会计政策变化及信息披露，制度执行和自动化机控情况。同时，针对结构化主体管理等重点事项加强跟踪监督并提出建议。二是加大重大财务决策监督力度。了解上半年经营计划执行情况，重点关注贷款市场报价利率（LPR）形成机制改革影响、存款增长可持续性等事项。关注巴塞尔协议Ⅲ最终规则等国际国内监管新规的影响，听取资本管理压力及对策建议汇报，关注资本规划、业务规划与财务规划统筹管理并提出建议，促进建设银行资本管理工作水平不断提升。三是持续开展并表管理、关联交易等监督，研究进一步压缩股权层级、加快推进并表管理系统建设等事项并提出建议。审阅关联交易专项审计报告，就关联交易是否公平等征询董事会相关委员会意见，对关联交易进行专题分析，对制度遵循、系统建设、信息披露等提出建议。四是加强会计信息质量审慎性监督，重点关注财务制度规范、精细化管理方面的措施和成效，财务检查发现的主要问题和整改进展，监管信息与会计信息的一致性等方面。

（二）持续提升风险管理监督针对性

一是始终以信用风险监督为重点。定期与管理层、外审师研究讨论信贷资产质量变化情况，从区域、行业、客户等维度分析信用风险新特点、新趋势，高度关注少数分行信贷资产质量突变情况。跟进债转股业务实施推进、重大风险项目化解处置、集团风险偏好执行等情况，从发展模式、资源配置、绩效考评、行业研究等方面提出建议。通过不断加大信用风险监督力度，为集团资产质量保持稳定作出贡献。二是持续关注普惠金融、小微和个人快贷等战略性业务发展趋势及风险管控，研究探讨线上业务智能风控管理以及相关系统平台建设，跟进大数据应用、客群选择、额度管控、监测预警等情况，助力智能风控体系建设。三是对银行当前面临的突出风险进行监督。听取流动性风险管理情况汇报，就负债来源多元化、流动性应急预案等提出监督意见。研究判断市场风险管理状况和风险水平，推动完善相关系统平台。四是跟进集团全面风险管理体系建设。关注境内境外、母子公司、直营中心等板块风险管理体系推进情况，聚焦制度、流程、系统、人员等方面，促进各治理主体不断落实风险管理责任。五是加强对预期风险、潜在风险和外部冲击风险的研判。关注债券市场违约、地方政府隐性债务、房地产业务等风险。跟踪部分中小银行流动性风险事件，从强化交易对手管控和防范外部导入风险角度，了解同业业务开展及相关风险管理情况。

（三）不断强化内控合规监督有效性

一是对反洗钱等重点领域开展监督。持续跟进相关监管规定的落实和执行情况，从合规性角度聚焦客户身份识别和风险分类、可疑交易监测和报告、金融制裁合规管理实施推进等事项。跟踪境外机构反洗钱评估后续整改工作，推进反洗钱管理体系建设。二是突出对案件防控、员工行为治理的监督。聚焦基层网点内部控制和案件防控体系建设，分析研究案件发生的原因和特征，关键人员和岗位内部控制有效性，基层网点操作风险和员工道德风险管理，促进基层机构不断提升合规管理水平和能力。三是跟进境外机构合规管理长效机制建设。关注境外机构合规风险管理，分析海外机构接受监管检查评级发现问题，从明确总分行职责分工、推动反洗钱系统建设等方面提出监督意见，推动海外机构不断增强合规意识，强化管理措施。四是以监管检查通报、内外部审计发现问题为抓手，推动系统性、根源性整改工作。重视内外部审计成果，与内审、合规等部门，以及外审师保持常态化沟通，定期跟进监管通报问题及整改情况，推动整改机制建设，提升合规管理能力。五是主动适应严监管强监管趋势，跟进全行整治市场乱象、小微企业服务收费排查等工作，加强对新出台监管政策贯彻执行的监督。六是扎实开展年度内部控制评价报告审阅工作，持续了解全行内控合规体系建设情况，认真履行监督职责。

（四）注重加强履职尽职监督规范性

一是以列席会议为抓手，履行日常监督职责。2019 年，监事列席股东大会和董事会、管理层重要会议 240 余人次，认真审阅议案材料，重点关注会议召开程序、决策程序、决策事项等合法合规性，持续跟进了解董事、高管履职表现，促进董事会规范高效运作和管理层依法合规经营。二是加强对重点工作领域履职情况的监督。听取金融科技、普惠金融等战略实施情况汇报，了解董事会、高管层在战略决策与执行等方面的履职尽责情况。结合监事会专题调研以及财务、内控与风险等日常监督工作，及时深入了解公司治理运作和全行经营管理实际，以及股东大会和董事会决议的执行情况。三是持续完善年度履职监督与评价工作。与部分董事、部分总行部门负责人、外部审计师访谈座谈，审阅董事会、高管层及其成员年度履职报告，在一定范围内开展履职测评等。完成监事会对董事会、高管层及其成员年度履职情况的评价报告，监事会及其成员年度履职情况的自我评价报告。督促全体董事、监事和高管人员勤勉履职，助力银行不断提升公司治理运作水平。

三、把握工作重点，持续开展分析调研

（一）调研民营企业业务发展情况

支持民营企业业务发展既是贯彻落实中央决策部署的重要举措，也是银行自身发展的内在需要。监事会开展民营企业业务发展专题调研，赴江苏、浙江等地，与省分行部门、二级分行负责人及基层员工进行交流座谈，走访部分民营企业，多方了解建设银行服务民营企业客户和相关业务发展情况，从主观发展意愿、资源优化配置、制度流程设计、同业模式比较、客户选择能力等方面，分析全行在支持民营企业客户发展、融资中存在的困难、问题，并提出相关工作建议，促进国家宏观政策和监管要求在银行的有效落实。

（二）调研资产管理业务转型发展情况

2019 年是我国资管行业生态重塑、银行理财加速转型的关键之年，也是监管机构资管新规发布后建设银行资管业务转型发展的元年。监事会对建设银行在资管业务领域的一系列探索和改革情况进行专题调研，访谈了总行集团资管部、建信基金等部门和子公司，赴深圳分行、北京分行、建信理财子公司现场调研，与工商银行理财子公司进行座谈。分析在资管行业生态重塑、银行理财加速转型的大背景下，建设银行在存量资产经营、产品投放、风险管理、体系建设等方面面临的困难与挑战，结合建设银行业务发展实际，提出坚定落地集团资管、科学搭建管理体系、摸清风险底数、完善“回表”方案及加强投研能力建设等建议，助力存量理财业务整改和集团资管新体系建设。

（三）调研交易银行

交易银行是国际国内银行公司业务转型的主流方向，有助于推进建设银行“三个能力”建设和“三大战略”实施。监事会开展交易银行专题调研，访谈了总行公司业务部、结算与现金管理部等部门，赴上海、深圳等分行现场调研，与分行、基层行、客户以及同业进行多层次交流，与安永华明会计师事务所专题研讨，对国外同业实践进行分析研究。从业务模式、合规风险等方面分析建设银行交易银行发展现状和需要关注、改进的方面，提出加强体系化建设和总体推进，打造综合化、智能化、企业级交易银行经营平台，提升业务能力、补齐短板，优化协同服务机制，试点和经验推广机制，关注和应对新型的合规及风险问题等建议。

（四）研究分析关联交易管理

近年来，监管机构对关联交易的关注度日益加强，同时建设银行附属机构不断增加且交易结构日趋复杂，为更好地履行相关监督职责，监事会组织开展了对建设银行关联交易管理情况的专题分析。在听取总行相关部门意见和建议、实地了解关联交易系统运营情况等工作基础上，对境内外监管规定及建设银行关联交易治理架构进行了梳理，重点从制度规范及实际执行、系统建设及功能发挥、管理成效及改进方向等方面进行分析，提出提升管理精细化水平、有效发挥授权审批环节的关口控制作用、重视穿透管理的落实等建议。行领导对监事会关注事项作出批示，管理层积极采取有效措施予以整改，加快推进关联交易系统与业务系统的直联等工作，推动建设银行关联交易治理体系规范性和有效性的提升。

（五）研究分析信贷业务例外事项管理

监事会在相关调研中发现，一些分行通过例外事项突破现行信贷政策和管理办法的现象较为突出，通过专项分析，指出尚未建立例外事项管理体系、例外事项准入和审核缺少统一标准、未对例外事项执行情况进行跟踪管理等问题。建议进一步规范例外事项管理，确保统一风险偏好得到有效遵循，维护制度权威性和严肃性。高管层

高度重视监事会意见建议，要求重视例外事项管理，形成受理制度和机制，进一步加强管控。相关部门认真落实，制定下发《规范对公信贷业务例外事项管理的意见》，进一步明确和规范管理要求，建立对公信贷业务例外事项管理机制。此项工作为贯彻落实党的十九届四中全会精神，推动全行规范信贷业务例外事项管理，提升信贷管理水平发挥了积极作用。

（六）研究分析模型风险管理体系建设

近年来，模型在经营管理与业务发展中的应用越来越深入，模型方法日趋复杂，同时境内外监管对模型风险管理的关注度日益增强。为更好履行相关监督职责，监事会与外部专家研究探讨模型风险演变趋势和管理实践，学习借鉴国外先进银行模型风险管理经验，专题研究讨论建设银行模型风险管理相关情况，并从模型界定标准与流程、新型线上业务模型优化、专业人才队伍建设等方面提出意见建议。分管行领导高度重视监事会监督意见，督促管理层采取有针对性的措施推动全行模型风险管理体系建设工作，促进主动防范模型风险。

四、在银行治理体系和治理能力现代化进程中不断加强自身建设

（一）深化形势认识，提高履职能力水平

党的十九届四中全会《中共中央关于坚持和完善中国特色社会主义制度　推进国家治理体系和治理能力现代化若干重大问题的决定》提出健全具有高度适应性、竞争力、普惠性的现代金融体系。国有控股商业银行在金融体系中的地位举足轻重，监事会作为银行治理重要一方，对于实现银行治理体系和治理能力现代化，有义不容辞的责任。为此，监事会认真贯彻党的十九届四中全会精神，进一步深化对当前形势和银行发展的认识，更加关注银行贯彻落实党中央、国务院决策部署的情况，在促进银行持续增强服务实体经济能力，持续改革和完善服务小微企业、民营企业、“三农”等群体的体制机制等方面发力，开展监督工作，提高自身履职能力水平。

（二）完善工作机制，提升监督实效

体制机制建设具有全局性、系统性和长期性，是监事会在银行治理中发挥有效作用的重要保障。监事会持续完善相关工作机制，不断探索丰富履职方式方法，努力提升监督工作实效。一是监事会年度工作计划首次提交党委会研究，这是贯彻落实党的十九届四中全会精神，把党的领导融入银行治理过程中的积极探索。二是遵循监管及公司章程相关规定，做好监事长、委员会主席、外部监事的提名、选举和对外公告，顺利完成换选工作，强化了组织领导。三是进一步加强与公司治理各方的沟通，与董事和高管开展访谈、座谈，与职能部门、分行和子公司就重点监督事项充分交流，使监事会工作更具有针对性。四是将监事会各类会议情况、重点监督事项、专题调研情况、监督意见传导及落实等监督工作信息，通过正式工作信息载体予以分类规范，强化监督工作严肃性和权威性。五是梳理以往履职方式，在巩固和完善以往会议议事、列席会议、专题调研、沟通座谈等工作方法和手段基础上，研究提出进一步丰富履职形式的具体措施，包括开展战略评估、专项检查、书面提示与建议等。

（三）注重资源整合，强化工作协同

中国银保监会《关于推动银行业和保险业高质量发展的指导意见》中提出要充分借助内外审计力量开展监督检查。监事会在工作实践中应进一步明确工作思路，在提升自身能力的同时，探索借助内外部监督资源，充分依靠组织、依靠部门、依靠基层、依靠行内外监督力量，做好新形势下监事会监督工作。坚持和巩固以往行之有效的做法，如定期与外部审计师沟通、座谈，定期听取内部审计发现及问题整改的汇报，邀请驻行纪检监察组列席监事会会议，与同业监事会加强交流等。完善和发展相关工作机制，如与驻行纪检监察组的监督协作机制、对外部监管检查和内外部审计发现问题的督促整改落实机制等，进一步借助和调动审计、内控、风险、财务等各方资源，提升银行整体监督效能。

（四）指导监事会办公室深入开展辅助监督

指导监事会办公室持续改进工作机制，深入开展辅助监督，有效保障和支持监事会成员履职。一是持续加强办公精细化管理，在监督信息载体梳理规范、监事会组织安排、监事工作沟通联系、监事会档案汇总整理、监督意见督办落实等方面，不断完善相关工作机制，更好

地服务监事会运作。二是注重对监督信息的收集、分析和报告，努力提升辅助监督工作质量。对银行关联交易管理、信贷业务例外事项管理、风险偏好执行、境外机构监管检查、个别分行资产质量重大变化、结构化主体等事项进行研究分析，提出辅助监督意见并报告监事会，得到监事和相关部门的肯定及采纳。三是积极应对监管趋严趋势，配合完成监事会相关事项的监管检查、评级和评估工作，主动作为，在监事会履职形式、成员组成、监督内容等方面认真落实监管要求，并及时报告监事会。

执笔：沈彬

CHINA 中国建设银行年鉴 2020
CONSTRUCTION BANK ALMANAC

第二部分　战略部署暨文献资料

在2018“最美建行人”典型事迹集中展示活动上的讲话

田国立

（2019年1月11日）

尊敬的各位来宾，各位媒体朋友，各位同事：

大家好！

“尊敬的各位来宾”往往是一个程式化的说法，但是，我们今天讲这话还真不是程式化的例行公事，而是发自内心的尊敬和感谢。在这样的严冬里，你们有的来自新疆、山西，有的还是很高层级的领导，你们从那么远的地方来参加建设银行这个内部活动，让我们很受感动，鼓舞我们把建设银行的事情办得更好，为社会作出更大的贡献。在这里，我发自内心地，再一次表达我和建设银行的同事们对各位来宾的感谢！

今天是个美好的日子，这一刻属于每一位奋斗的建行人，建设银行因你们而美丽，因你们而骄傲。在此，我谨代表总行党委，向每一位“最美建行人”表示崇高的敬意和热烈的祝贺！

党的十九大开启了新时代的新征程，建设银行坚决贯彻中央精神，以金融力量破解社会痛点，创新推出住房租赁、金融科技、普惠金融“三大战略”，建设“劳动者港湾”、创办“建行大学”，服务大众安居乐业，建设现代美好生活。一年多的实践，无数有情怀、有格局、有担当的员工，走前人没有走过的路，蹚前人没有蹚过的河，推动总行战略快速落地，得到了社会各界的广泛认同和支持。刚才展示的，都是来自平凡岗位的我们身边的建行人，他们的热忱精神、创新勇气、坚强品格，向我们传达着一种理念——只要奋斗，你就是最美建行人。

今天，听着每一个故事，内心都很受震撼。银行的人往往习惯于讲数字，如果不用心去体验的话，根本体会不到这些数字背后同志们付出的汗水，包括好多辛酸、好多牺牲，以及面对困难的勇气和坚持。我们应该永远牢记习近平总书记的话，不要忘记初心，记得我们都是从一线走过来的。所以，从总行到分行的各级领导，要永远心系最基层，我们的员工真的很不容易。我想对基层的同志们说，你们的故事，我们永远愿意听。

崭新的时代，为建设银行提供了大展宏图的历史机遇；伟大的事业，也为每一位建行人成长成才提供了广阔的舞台。只要我们36万建行人都积极行动起来，在服务大众安居乐业的接力赛中，跑好属于自己的那一棒，建设银行一定能够挺立潮头，引领时代。

我们现在做的“三大战略”，劳动者港湾、建行大学，看似各成篇章，其实是浑然一体的，贯穿了一种文化、一种哲学。刚才两位做慈善的同事说得特别好，慈善是可以做成公益的。有钱，捐一点钱，叫慈善，这固然可敬。但建设银行的普通员工收入并不是很多，花那么多时间去做公益，把一份爱心坚持20多年，更加难能可贵！每个人的内心都有向善的追求。作为金融机构，我们着力用金融的力量联合更多的人一起做公益：带着员工做公益，带着客户做公益，携手社会方方面面的力量共同做公益。

就像“劳动者港湾”，我们率先向社会开放了所有网点。习近平总书记在新年贺词中提到的出租车司机、环卫工人、快递小哥正是我们劳动者港湾的停靠群体，他们都可以来建设银行网点喝喝水、充充电、热热饭、上上卫生间。就这么一个行动，就为社会提供了一万多个卫生间，而且是高品质的、位于老百姓最急需的社区中心的。一万多个卫生间，用来赋能给社会，这就是共享经济。我们拥有的资产，如果只知道用来赚钱，又有什么意义呢？当我们时刻装着服务大众的理念来运用这些资产，就能事事想到为社会贡献一份正能量。

就像融资难、融资贵，大家喊了多少年的难题，现在也得到了改观。李克强总理来建设银行调研时，对我们在做的普惠金融给予了极大的肯定。大家都知道小微企业的重要性，它们贡献了50%的税收，60%的GDP，70%的专利发明权，80%的就业，但是打通普惠金融落地的“最后一公里”，具体到新疆卖水果的摊贩，山西、湖南一带的村庄，总要有人去做。借助于金融科技力量的支持和一线同志们的付出，建设银行就能为普惠金融这个世界性难题逐步找到解决的方向和思路。建设银行的普惠金融，过去通常一年能干一两百亿元，2018年，按照可比口径，我们新增2200亿元，而且不良率在1%以下。这些数字和成果，让我们看到了解决这个世界性难题的希望、目标和路径。

对于住房难、住房贵，不能老拿它当一个话题炒来炒去，我们得行动起来。搞金融的责任，不是老用理论去论证问题，要紧的是解决问题。经过我们建行人的共同努力，已经探索出了一些路径。整个住房租赁小组被评为最美建行人，这么高的荣誉背后，是大家确实付出了很大的辛苦。我想跟项目组的同志们说，你们的付出没有白费。现在告诉大家一个数字，整个平台原来预期2018年有100多万套房源上线，结果现在上了1000多万套，而且这个势头在加速度，正在显示出一个成熟住房租赁市场的雏形。

在这里，我代表总行党委，对项目组和参与这个项目探索工作的所有同志表示敬意！大家的智慧、创造力和付出，确实超出我们的想象。所谓的官僚性，并不光是拿腔拿调，端着官架子，还体现在对大家创造力的理解不够上。我们一开始确实没有想到会取得这么好的效果，但是在大家的共同努力下，收获了这样一个实实在在的成果。也许由此整个社会的住房观念和生活方式都会发生改变。这个意义，怎么评估都不为过。最近中央领导对我们这项工作也给予了非常高的评价。革命尚未成功，同志仍需努力。我们还需要不断地实践和探索。

2019年已经翻开崭新篇章。中央经济工作会议明确了今年的工作重点，对我们的工作提出了更高标准和要求，也意味着建设银行深入推进“三大战略”进入崭新阶段。此次展示活动，是加油站，更是冲锋号。在建设美好生活的征途上，让我们一起奔跑，一起追梦，以优异成绩迎接中华人民共和国成立70周年！

新春佳节即将来临，感谢大家一年来的辛劳付出，预祝各位嘉宾、各位同事及每一位建设银行家属新春吉祥、阖家幸福！

谢谢大家！

开启第二发展曲线　创新未来动力引擎

——在中国建设银行2019年工作会议上的讲话

田国立

（2019年1月22日）

今天我们召开建设银行2019年度工作会议。刚才播放的视频短片带我们回顾了2018年全行工作。下午祖继行长还将作经营工作报告。这里，我重点讲几点意见。

盘点过去一年工作

2018年，全行深入学习贯彻习近平新时代中国特色社会主义思想和党的十九大精神，把新思想转化为建设现代金融的新探索新实践。坚持一心一意办好银行，落实中央的政策、汇聚全员的智慧、释放科技的力量，以“三大战略”重点突破带动全局工作，促进了党的建设和业务高质量发展。

——纵深推进住房租赁战略，以共享平台铺展新格局。建设银行用专业金融解决方案，落实习近平总书记强调的“房子是用来住的，不是用来炒的”要求。从30年前提出“要买房，到建行”的响亮口号，到今天推出“要租房，到建行”的市场品牌，体现了建行人一以贯之的社会责任担当。依托新一代核心系统，住房租赁服务平台在288个城市上线运行，房源超过1000万套，个人注册用户数1000多万，合作机构超万家，成为百姓信赖的阳光租赁平台。打造“建融家园”长租社区，探索存房业务新模式，住房租赁生态圈不断集聚人气。引导债务资本市场的社会资金参与住房租赁业务。发布住房租赁价格指数。中标住建部全国住房和房地产信息监管系统总包项目，实现部分城市试点上线。探索住房租赁综合金融解决方案。建行通过搭建共享平台、创新金融服务、激活存量房源，逐步使过度金融化的房地产市场去金融化，回归到本源的居住属性；推动房地产风险软着陆，努力用金融的智慧疏浚楼市“堰塞湖”。

——全面启动普惠金融战略，以科技助力跑出加速度。针对小微企业的特点和需求，融合现代科技探索出以“五化”（批量化获客、精准化画像、自动化审批、智能化风控、综合化服务）为特色的普惠金融新模式。2018年普惠贷款新增2227亿元，增速达49.5%，在五大行中占比超过50%。李克强总理视察建设银行时以“小企业、大事业、无止境”给予高度评价。建行人俯下身子、撸起袖子，用实际行动回应了做惯“大生意”的大银行能否服务好小企业的质疑。就像专业专注的维修工人，我们不再是简单地给机器“灌注”加油，而是耐心细致地打开机器，舍得一身脏，把润滑油“滴注”到传动链上每个环节。建设银行还着眼城乡一体化探索农村金融深化的新路径，将普惠金融与脱贫攻坚、乡村振兴战略相结合，推出垦区“农户快贷”等助农新模式；依托“善融商务”打造电商扶贫新渠道，帮助农户增强造血功能；推出“民工惠”等专属金融解决方案和服务新平台，以银行新角色的介入改变农民工、包工头、开发商等多方权利义务失衡格局，使农民工摆脱讨薪难的窘境，并逐步向“月薪制”产业工人转变。推广网络供应链等线上融资新模式，由“双大”延伸拓展“双小”，改变“垒大户”惯性和惰性，实现对小微企业精准直达的金融支持。建行还本着开放共享的态度，输出专业技术和标准化工具，帮助金融同业和普惠客户提升经营管理能力，共同繁荣普惠金融市场。

——领先实施金融科技战略，以智慧聚能激发新动力。启动新一轮金融科技战略（“TOP +”），成立了建信金融科技公司，整合形成七大核心事业群。将新一代核心系统延伸覆盖到海外机构和子公司，实现集团信息科技能力整体跃升。建成了公有云服务、智慧政务服务、党群服务、人工智能、宗教事务综合管理、区块链等 17 个平台，为客户、同业和政府部门提供定制化的技术支持服务。探索以市场化的人才培养和激励机制，海纳百川汇聚全行科技骨干、吸引外部 IT 精英，并与社会专业机构合作建立智库、开发者联盟等开放式平台，形成聚合前沿科技、金融场景、创新商业模式的“生态朋友圈”，全方位提升了对现代科技的吸收、转化和实践能力。

——温情打造“劳动者港湾”，为社区添注正能量。“幸福是奋斗出来的”，每位劳动者都应该被尊敬和善待。全行以发自内心的服务热忱，建设 1.43 万个“劳动者港湾”向社会开放，1.05 万个网点对公众共享卫生间，给快递小哥、环卫工人、出租车司机以及千千万万劳动者提供歇歇脚、喝喝水的地方。全行“劳动者港湾”累计提供服务 3000 多万人次，已成为建设银行标志性公益服务品牌。

——开放共建建行大学，为现代金融教育摸索新路径。整合行内碎片化培训资源，联合境内外知名高校，组建 9 个专业研修院，境内境外 10 个总行区域校区、7 个专业校区，搭建了融合线上线下、行内行外、境内境外的教育培训开放平台。实施“金智惠民”工程，开办小微企业家商学院，面向社会大众普及金融知识，传播现代金融理念。发起“新金融人才产教融合联盟”。建行大学本着开放合作、共建共享的全新理念，以产教研用相融合的创新实践，努力蹚出一条新时代金融职业教育的善建之道。

——让金融资源聚焦重点领域穿透落地。准确传导货币政策、多渠道释放信用支持，跟进国家重大战略密切项目对接，主动服务“一带一路”、京津冀协同发展、长江经济带发展、粤港澳大湾区及自贸区建设。投放雄安新区建设项目首笔商业银行贷款，成为北京新机场南航基地最大贷款份额银行。发挥基础设施领域专业优势，创新推出“善行城建”等金融服务品牌，大力支持智慧城市、生态环保等城市基础设施建设。出台 26 条精准措施定向扶持民营经济和小微企业，全年新增民企贷款 1437 亿元，余额达到 1.72 万亿元，民企贷款户新增 21.9 万户。创设信用风险缓释工具（CRMW）。以低于市场平均价格为民企发债 1604 亿元。贴合消费场景拓展“快贷”等便捷易用金融产品，丰富多层次定制化金融服务，满足居民消费升级需求。通过理财、债券等非信贷渠道，为客户和重点项目提供投融资综合服务。

——为供给侧结构性改革提供金融助力。审时度势主动调整信贷结构，重检信贷政策。制定先进制造业信贷客户选择标准，加力发展绿色金融。首家设立“债转股投资计划”，与 71 家企业达成市场化债转股合作意向，签约及落地规模领先同业，其中与南京钢铁等 5 家优质民营企业签约 180 亿元。发挥投行业务融资融智优势，为实体经济提供直融服务 1.4 万亿元。与国家发展和改革委员会共同发起设立国家级战略性新兴产业发展基金，支持重点项目和重大工程建设，培育经济新增长点。运用债券、基金、并购、投贷联动等多元化投融资手段，扶持新技术、新组织形式、新产业集群发展壮大。

——从内在规律把握风险管理主动权。总结正反两方面经验，借助“新一代”系统和大数据，不断深化对新形势下金融风险迁徙演化规律的认知，逐步从“必然王国”迈向“自由王国”。以全面主动管理的理念搭建现代银行风控体系，实施“三管齐下”，推动“五个到位”，做实“十项基础”。建成企业级、数字化的全面风险监控预警平台（RAD），成立国内首家风险计量中心，丰富和发展风险管理技术体系和“工具箱”。推动智能风控技术同业共享，“慧系列”风控产品受到中小金融机构欢迎。建设银行以现代科技全方位提升了风控数字化智能化水平，并输出风险管理能力赋能同业，建设风险共治的良性生态。

——谋长远之计厚植稳健发展基础。坚持抓客户、账户和渠道。个人有资产客户突破 4 亿人，为近年来最好水平。单位人民币结算账户跃居四大行第一。全行 121 个网点荣获“2018 年银行业文明规范服务千佳单位”，居四大行之首。个人网银、企业网银、个人手机银行、微信银行用户数和用户满意度同业领先。着力补强“三农”服务短板，与海尔、全国供销社等强强联手，打造

"村口银行"，吸纳退伍军人、乡村致富能手等成为裕农通业主和"小顺管家"，多方协力推动农村金融基础设施建设，把金融服务送到田间地头和农民身边。

这些工作成果的取得，得益于党中央、国务院的坚强领导，得益于全行坚定贯彻落实了中央各项方针政策，把习近平新时代中国特色社会主义思想和党的十九大精神，结合建设银行实际贯通落地，创造性地转化成为金融的生动实践。

全行坚持党建引领，着力提升政治能力。树牢"四个意识"，坚定"四个自信"，坚决做到"两个维护"，以自觉行动落实党中央对金融工作的集中统一领导。加强思想武装，在全行兴起学习实践习近平新时代中国特色社会主义思想和党的十九大精神热潮。强化组织建设，提升党组织的组织力，使支部成为坚强战斗堡垒。久久为功深化作风建设，深入查纠形式主义、官僚主义新表现。坚持有腐必反，排查惩治信贷、采购等领域腐败行为，始终保持反腐败斗争高压态势。以赖小民、薛峰等严重违纪违法案为鉴，防微杜渐、常抓严管。发挥群团工作优势，探索新时代金融企业职工民主管理新模式。关心关爱员工，用心用情做好信访人员工作。扎实抓好精准扶贫。引导广大员工特别是基层年轻人投身"三大战略"，营造广阔平台，使有志者都有人生出彩机会。启动首届"创新马拉松"活动，激发年轻人干事创业热情。全行将政治和业务有机结合，以强化党建发挥政治优势，将政治优势转化为改革发展优势，让"红细胞"都动起来。

我们深刻体会到，只有把习近平新时代中国特色社会主义思想和党的十九大精神始终贯穿于经营管理全过程，落脚于政治责任社会责任的担当，聚焦于经济社会痛点难点的破解，才能融会贯通、善作善成，做到干一件成一件。在探索实践中，有这么两条基本规律值得认真总结并始终坚守。

一是始终把人民对美好生活的向往作为出发点。在纪念改革开放四十周年大会上，习近平总书记总结了九条基本经验，其中重要一条就是必须坚持以人民为中心，不断实现人民对美好生活的向往。在新时代金融探索实践中，这始终是我们的出发点。不能走着走着，在习焉不察中偏离了初心。

反思十年前全球金融危机，重要肇因就是金融脱离本源自娱自乐。我们在现代金融体系探索创新中需要引以为鉴。透过金融危机前后的景象，看到的是西方金融以自我为中心的体内循环，面对的是冷冰冰的数字曲线，背后是资本狂欢；我国新时代要建设的现代金融体系或者说"新金融"，面对的是活生生的普罗大众，背后是万家忧乐。要把人民对美好生活的期待，变成金融人的自觉行动；民之所盼、民之所需、民之所急，就是新时代金融改革发展的终极指向。

为此，建设银行旗帜鲜明地提出"服务大众安居乐业，建设现代美好生活"的奋斗目标。无论是住房安居、普惠金融、科技赋能，还是劳动者关爱、"三农"扶持、精准扶贫、社区服务、金融教育等，贯穿其中的是建行人朴素的信念：奔向美好生活的路上，一个都不能少。我们坚信，所有人都有获得金融资源、追求美好生活的权利；尤其是社会弱势群体，也都应该能够公平、有尊严地获取金融资源。新时代现代金融的探索，需要社会大众广泛参与，共襄其成、共享其成，真正使金融成为天下之公器。

二是始终把探索现代化经济体系的新金融作为聚焦点。建设适应现代化经济体系要求的新金融，我们没有成例可循，需要立足于国情上下求索，广泛地汇聚中国智慧、中国方案、中国力量。

金融服务实体经济不能片面理解为附属于实体经济，"从动式"地为后者提供资金和配套支持。金融作为现代经济的核心，需要"能动式"地发挥作用。面对经济金融新形势和社会主要矛盾新变化，我们需要"跳出金融做金融"。经济社会运行中不少老大难的问题，表面上呈现为社会民生"痛点"，深层往往是体系性、结构性问题，小到具体区域房地产市场结构、具体领域投融资结构，大到国家产业结构调整、经济再平衡，等等，这些方面金融都可以主动作为，而且大有可为。

为此，建设银行致力于用金融"温柔的手术刀"，努力化解社会"痛点"。除了住房租赁、普惠金融外，全行还在产业结构、城乡二元结构等问题破解上开展了务实探索。制定前瞻性信贷政策，发起设立战略性新兴产业发展基金等，引导和促进产业结构调整。搭建城乡对接平台、营造城乡融合场景、推广普惠金融服务，以金融赋能催生“三农”新产业新业态、激活乡村固化沉睡资产，探索助力振兴赶超的农村金融新模式、培育城乡融合共生的大市场。我们深知，在现代化经济体系建设中，建行人不能安于现状、迁就现状，不能停留于解释问题，而要找到切实的办法解决问题；要勇于改变，勇于超前探索，即便短期内牺牲掉一些份额、付出一些成本也在所不惜。

2018 年，全行上下以开拓性工作创造了出色业绩，赢得了社会的尊重和一系列荣誉。2018 年，建设银行被英国《银行家》评为中国最佳银行，祖继行长被福布斯评选为年度中国上市公司最佳 CEO，等等。我们要致敬全行兢兢业业的奋斗者，礼赞默默无闻的奉献者。正是你们的夙兴夜寐，推动建设银行朝着新时代新金融的未来阔步迈进；正是你们的善建笃行，推动金融回归本源、返本开新，普惠社会大众，重新赢得了银行人的职业尊严；正是你们的铁肩担当，让住房租赁的星星之火渐成燎原之势，使得广厦千万间的安居梦想一步步照进现实。

这里，我代表建设银行党委、董事会、管理层和监事会表示热烈的祝贺和衷心的感谢！春节将至，也向大家并通过大家向全行员工及其家人们提前拜年，祝春节快乐、阖家幸福！

今后一个时期特别是 2019 年，全行工作任务还非常艰巨。这里重点就发展战略谈些观点，供大家讨论。

辨析时代变化趋势

我们身处急剧变化的时代。现代科技飞速发展驱动各行各业变革加速，产品和服务获取变得更便捷，新业态新模式颠覆传统行业变得更容易，固有想象、认知和观念被快速刷新。新技术新思维在潜移默化中改变传统的生产生活方式，世界已展现出数字和智能时代的朦胧轮廓。

从 PC 到互联网，到移动互联网再到物联网、云计算、人工智能，手机、汽车、商店、学校、银行，一切的一切都被数字化重新定义和深度解构。影响最深刻的有以下几个变化：（1）产业数字化。传统产业各流程环节都可通过数字化重新展现、重新建构。（2）客户用户化。诺基亚每销售出一部手机就意味着服务和收入的结束，而同样销售行为对小米等生态服务商来说则意味着服务和收入的开始。从客户思维转向用户思维，在交互中获取更多数据，才能变用户为客户，实现新的价值增长。（3）产品服务化。人们对产品的价值诉求，演化为对其背后实质性服务的需求，产品即服务。（4）服务智能化。服务将成为竞争焦点，传递的是“对用户真诚关怀”，背后是“比用户更懂用户自己”的深刻洞察，人工智能提供了无限丰富的可能。（5）组织解构化。新型组织形态的内涵发生了巨大改变，开放边界、彼此加持、互动生长、共创价值成为新的特征。（6）连接泛在化。人机融合、万物互联的时代很快就会到来。（7）迭代加速化。创新企业、新型业态不断涌现，对传统领域的替代、对传统业态的颠覆可能瞬间来临。新业态嬗变带来无穷的价值变现空间，就像微信由聊天转向微信支付，阿里由淘宝转向支付宝。（8）客群年轻化。生长于数字时代的年轻人特别是“Z 时代”已经登场，预计到 2020 年将成为全球最大消费群体。他（她）们在消费倾向上将呈现与“千禧一代”迥异的特征。

这些变化看似遥远，实际上冲击波已扑面而来。以支付领域为例，第三方支付公司悄然间占据了超过 90% 的市场份额，银行反而成了“第三方”。随着未来“金融边界”逐渐放开，外来金融机构和跨界主体将携着高科技、创造性的产品和服务而来，带给传统银行颠覆性影响。

唯变不变，万物流变的背后实则有内在深度关联。变化既是经济社会发展的客观规律使然，更有人们对美好生活追求的驱动。这就要求企业关注人们在变化中的期望，在传递人文关怀中实现客户价值创造和企业可持续发展。正是在帮助人们实现对美好生活的向往中，企业完美地融合社会性与商业性为一体。经济学家哈耶克讲过，“商业是最大的公益”。面对变化，真正优秀乃至伟大的企业，其发展必须以促进社会价值和用户价值增长为出发点。企业“大”并不值得骄傲，“伟大”才值得骄傲。

把脉银行发展未来

现代科技像洪流般裹挟一切向数字化迁徙。

未来银行会是什么样的形态？似乎有无限的可能。布莱特·金（Brett King）在《银行4.0》中认为，“金融无处不在，就是不在银行网点”。可以预见的是，未来银行的存在形态和服务方式将发生翻天覆地的变化。面对数字化带来客户的全新体验和习惯变化，面对跨界竞争者的冲击乃至“降维打击”，银行向数字化、网络化、智能化转型是必然的选择。

近年来建设银行一直保持对市场变化的高度警醒，开展了大胆的创新实践，取得了超出预期的效果。“三大战略”已迅速形成气象和规模，并从量变走向质变。当然，有的创新尚未经过时间充分检验，还不能轻言成功，因此也有人担心三五年后会不会出问题。但我们想说的是，创新本身就意味着不确定性。守成求稳而回避不确定性，不敢主动拥抱变革，那么三五年后建设银行就可能被时代、被新金融甩在身后。到那个时候，就不是短期财务状况和盈利水平的问题，而是我们错失未来发展、丧失生存空间的危机。

莫道君行早，更有早行人。当下，建设银行没有任何骄傲的资本。我们已经先行一步，但先发优势并不必然成为市场竞争的优势，在数字化时代更是如此。要把现代金融科技和建设银行专业经验结合起来，迅速打造现代银行的数字力。打造数字力并不是简单地把线下产品搬到线上、把传统的网点搬到电脑和手机端。在数字化时代，服务比有形的产品更重要，功能比有形的载体更重要。形成现代银行的数字力，不仅需要传统产品销售渠道的转变，更需要金融思维方式、服务模式的转变。当务之急，要培育形成以下几个方面能力。

一是数据的整理能力。现在各行各业获取数据都不是太大的难题，难的是科学有效的数据整理。所谓“垃圾进，垃圾出”（Garbage in, garbage out），没有经过科学整理的数据，根本无法对管理和决策提供准确支持，甚至会误导决策。大型银行天生在数据整理方面具备优势，要借助现代科技将其打造成为核心能力并对外赋能。

二是数据的洞察能力。数据不会自动地呈现真实。穿透纷繁复杂的经济社会现象去发现或接近真实，需要基于数据并结合专业智慧的深刻洞察。真正的职业银行人看M1、M2、社融总量以及CPI、PPI等指标，就像专业医生看血糖、血压等指标，不是说指标高了就吃降糖药、降压药。指标异常的症状表现，往往是肌体出现问题，需要找到真实的病因并对症施治。简单的吃药虽然很快就能把血压或血糖降下来，但并没有从根本上解决问题。因此，要以金融人的独到观察，触达真实，为痛点病灶开出金融药方。

三是社会资源的金融化整合能力。现代银行不仅仅是信贷等资源提供者，更应该成为资源整合者。通过数字化转型，未来银行将通过平台和生态建设，将金融服务作为底层服务和触角融入生产生活场景，同时引导和聚合社会各方面金融资源，满足社会大众日益增长和变化的需求，在传统金融服务基础上实现融资融智和共享赋能。未来的大银行之所以称其为“大”，不是因为自身资产总量、贷款总量大，而是因为管理资产总量大、交易性金融业务总量大、为客户和第三方提供服务的体量大。因此，也只有不断增强社会资源的金融化整合能力，才能使大银行转向轻资产、轻资本，实现轻装前进。

四是社会问题的金融化解决能力。随着传统银行的不断蜕变，边界扩大、体量变轻，银行的金融属性将进一步下沉，社会属性不断凸显。银行借助现代技术实现与社会各群体互联互动、共生共促。随着现代金融深度融入社会生产生活，银行服务将逐步转向无形化、移动化和场景化，银行将从过去“物理的地方”变成随时、随地、随需的“永远在线的服务”。社会属性赋予了银行解决社会问题的责任，现代科技和金融服务深度融合则使得银行提供专业化金融解决方案成为可能。金融将通过创新以多种形态与社会各行各业深度联结，使银行成为推动社会发展变革、守护社会公义的重要力量，促进“现代经济核心”的作用在社会治理、环境保护、公益事业和人文关怀等各领域得到新的展现，从而使银行赢得社会更大的尊重和信任。未来将始于技术，终于信任。

创新建行发展路径

未来已来，建设银行在时代变局中要认清方位、迅速行动。我们的目标是成为一家具有社会影响力、号召力和推动力的社会型企业，成为可以改变世界、值得信任的伟大企业。

始终坚守理念文化之本。综观全球卓越的企业，价值观比商业模式更重要。企业的文化和信念始终是支撑长远发展的厚重基石。回顾历史，建设银行诞生于“一五”时期新中国建设热潮中，服务社会的家国情怀已深深融入建设银行血液之中。改制上市后，建设银行始终秉承“为客户提供更好服务，为股东创造更大价值，为员工搭建广阔的发展平台，为社会承担全面的企业公民责任”的理念，不断强化守正创新、开放共享、协同发展的文化新气场。如今，在现代化经济体系建设中，建行俯身为路、坚守初心，致力于成为社会进步的赋能者，与社会共享、与客户共生、与伙伴共赢、与员工共成长。

勇于走在变革创新的前列。新旧技术迭代、新旧范式更替、新旧动能转换，意味着传统金融组织形态的解构、传统组织边界的打破。这些变化将带来“非线性”的进步。英国著名管理大师查尔斯·汉迪提出了企业发展的“第二曲线”理论。他认为，如果以一条曲线反映企业增长轨迹，那么经过观察总结得出的规律是：任何一条增长曲线都会滑过抛物线的顶点再归于平缓、下降甚至消失；保持企业持续增长的秘诀在于在第一条曲线消失之前，开始一条新的增长曲线。

开启建设银行“第二发展曲线”已迫在眉睫。在数字化、网络化、智能化转型变革大潮中，建设银行必须在传统第一发展曲线之外探寻和构建第二发展曲线，另辟蹊径，跨过“看不见的鸿沟”，否则摆脱不了传统银行被“降维打击”的宿命。只有在传统发展模式的第一曲线到达巅峰之前，找到新模式下发展的第二曲线，才能实现转型变革和可持续发展。我们“三大战略”的先行探索，实际上就是要跳出第一发展曲线。通过多方位多领域的开创性实践，第二发展曲线的轮廓已经越来越清晰。要基于长期积累的大数据、专业经验智慧，借助现代科技推动传统银行的再造和新生，以第二发展曲线重塑新的价值创造体系，实现银行再次腾飞。

一方面，要有危机感和紧迫感。面对数字化时代无法预知的挑战者和新进入者、无法预判的变化和新生事物，全行员工尤其是各级管理者一定不能有“鸵鸟心态”，在新时代变革中还“唱着古老的歌谣”。唯有跟上时代节拍，果断迈进第二发展曲线，尽快培育新的价值创造能力，才能形成银行真正的“护城河”。未来仅依赖持有的金融牌照，是守不住市场地位也留不住优秀员工的，对此要有清醒认识。目前，我们还在第一发展曲线的上升期，盈利和价值增长都还不错，可以说处于“舒适区”。但是可预见的是，在不远的将来第一发展曲线很快就会见顶并进入拐点。等到过了拐点，开启第二曲线就已经晚了。正如查尔斯·汉迪（Charles Handy）讲过，当你知道该走向何处时，你往往已经没有机会走了。

另一方面，要有责任感和使命感。当前和今后一段时期，中国传统产业都面临着数字化转型升级的任务。因此，几乎所有产业都值得用信息化智能化再造以“重新来过”，银行可以帮助其搭建平台、梳理产业链、提高生产力。金融的创造性支持在中国产业升级、新旧动能转换过程中不仅不可或缺，而且将起到基础性重要作用。建设银行作为国有大行，理所应当要承担起更多社会责任，并在赋能社会的金融实践中，完成自身第二发展曲线的新跨越。

基于此，建设银行将在保障原有核心业务稳定性和生存资源安全性的基础上，以服务社会发展进步、推动产业转型升级为目标，以“金融 + 科技”赋能社会的信息化智能化转型，在提升服务社会能力中全面开启第二发展曲线。

三个维度建构第二曲线

第二发展曲线将给全行带来从观念、体制、机制、政策到业务操作层面的深刻变化。当下最突出的变化体现在两个方面：一是从抢存款转向抢“痛点”。一切社会“痛点”皆是机会，抓住了“痛点”拿出了金融解决方案，社会和公众自然会给予银行丰厚回馈。二是从“硬件”基础设施转向“软件”智慧生态。长期以来，建设银行助力社会建设了大量公路、铁路、桥梁等基础设施，推动了工业化、城镇化进程；未来，需要聚焦美好生活的追求，更多帮助政府、企业和百姓建设新型基础设施，包括智慧城市、数字政务、企业信息化系统、便民服务平台等，让人民生活变得更加便捷、舒适和美好。具体实务中，要围绕这两大趋势和第二发展曲线，着力从 B 端、C

端和G端三个维度开启转型和重构，重新定义新时代银行的功能，找到银行新的角色定位。

B端赋能：营造共生共荣生态，做企业全生命周期伙伴。当前B端市场已呈过度竞争状态，需要跳出固有的格局，转向建立伙伴式的新型银企关系。罗伯特·C. 默顿（Robert C. Merton）指出，现代金融有六大功能。我们传统业务主要集中于支付清算、融通资金、金融资源配置这三大功能，而防范和化解风险、改善资源配置效率、降低交易成本这三项功能，并没有完全提供给客户。

为此，要着力为B端客户搭建开放平台，互为助力营建共享共荣生态。能够做到开放共享的，尽可能最大限度地对客户开放，助力企业加快数字化转型升级。要通过开放建设银行公有云、共享风险管理技术等，帮助企业优化再造经营管理模式，实现降本增效，提高生产和运营效率；通过开放"建融智合"智能撮合综合服务平台等，帮助上下游企业找投资、找技术、找服务、找项目，真正从"资端"转向"智端"，成为企业全生命周期的咨询顾问。依托开放平台，全网式联结供应商、生产商、经销商和消费者，以数字化"三流合一"和集成化金融服务，推动传统产业链升级再造和客群协同发展。

C端突围：植根普罗大众，做百姓身边有温度的银行。互联网金融的快速发展，使得传统银行在C端支付场景中逐步被边缘化。银行事实上成了"第三方"，逐步被"后台化"，与C端客户的衣食住行日渐疏离。同时要看到，当前消费已成为我国经济增强的主要引擎。C端消费形态正在发生深刻变化，从过去主要满足基本生活需求，转向对新的生活方式、对美好生活的追求。如果我们仍停留于对过去的认知，对C端的服务特别是消费金融业务等，还是固守传统基于收入、职业等刻板的客户画像和粗放服务模式，那么必然离客户越来越远。

为此，要通过C端突围实现价值转向，打造全行生态场景经营平台、开放性数字支付平台、互联网化产品创新能力和数字化营销体系，使得银行服务直达客户，依托大数据洞察C端消费特征和真实需求，使得金融成为底层服务和敏锐触角。互联网预言大师凯文·凯利（Kevin Kelly）认为，未来金融将会成为一种生活方式。银行服务要深度融入客户生活，实现功能浮现，同时使C端用户从单纯金融消费者转变成为金融产品设计和金融活动的参与者。

G端连接：助力社会治理，成为国家信赖的金融重器。现代金融与G端的关联度越来越大。

一方面，依托政府部门提供的公共产品、公共服务，银行得以更好地服务客户、拓展业务、防控风险。例如，借助税务部门小微企业纳税数据的富矿，"云税贷"成为批量快速精准获客的主打业务。"信用中国"建设的推进，海量公共数据和银行数据的连接，使建设银行普惠金融实现高质量跨越式发展。

另一方面，现代化经济体系中，大型银行提供的基础金融产品和服务，就内在特征而言，就像公用道路一样具有准公共产品的属性；就外在功能而言，与国家和社会治理涉及的诸多公共产品、公共服务具有密切的关联性。作为国有大行，我们可以在提供公共产品、优化公共服务上发挥重要作用。比如，帮助政府开展海量公共数据整理；依托或复用银行的物理和线上渠道、金融技术和信息系统等，帮助政府部门提供成本更低、效果更优的公共产品和公共服务方案。银行和G端深度互联合作，可实现互促共进，既拓展金融服务的广度和深度，又有力促进社会治理体系和治理能力的现代化。

为此，我们与G端的系统和平台互联、服务和功能连接，在新形势下有着广阔的合作空间。依托建设银行的技术先发优势和金融平台优势，全行已在不同层次与政府部门开展了深度合作，涉及行业管理、城市和社区治理、农村治理等方方面面。例如，住房租赁管理平台帮助各级住建管理部门实现行业管理信息化；"互联网＋政务服务"平台助力云南省实现"一部手机办事通"便民高效政务模式；通过劳动者港湾建设，营造社区出入相友、守望相助的和谐氛围；通过"裕农通＋"平台，帮助政府将"三农"补贴、助农惠农措施等高效精准落实到位；通过药品溯源码平台，让老百姓买上放心药；等等。G端合作既是政府部门给予的信任，更是银行自身服务转型的契机。要把履行社会责任与银行优质服务结合起来，使新金融成为增进社会治理能力的高效黏合剂。这也是“第二发展曲线”的重要题中之义。

2019年的重点任务

我们已明确了2019年工作总体思路。全行要深入贯彻落实党的十九大、十九届二中、三中全会和中央经济工作会议精神，坚持稳健经营和创新发展，以“第二发展曲线”培育新动能、形成新优势。具体的经营工作，祖继行长将作出部署。这里，着重强调几个方面重点工作。

第一，以党建优势彰显国有金融鲜亮底色。坚持把政治建设摆在首位，牢固树立“四个意识”，坚定“四个自信”，坚决做到“两个维护”，坚定维护党中央对金融工作的集中统一领导。将学习贯彻习近平新时代中国特色社会主义思想贯穿于各项工作，以处级以上干部为重点在全行开展“不忘初心、牢记使命”主题教育，推进“两学一做”学习教育常态化制度化，使践行新时代新思想在全行蔚然成风。

突出政治功能，以提升组织力为重点，不断强化基层组织建设，认真落实《党支部工作条例》等各项制度，抓具体抓深入，进一步增强基层党组织战斗力。加强各级领导班子和干部队伍建设，政治能力和专业能力并重，激励党员干部勇于担当作为。

层层压紧压实责任，巩固拓展作风建设成果，深化专项治理活动，刀刃向内敢于揭示问题，采取有效管用的整治措施，紧盯形式主义、官僚主义新动向新表现，对典型问题公开通报曝光，强化警示教育。

稳步推进纪检派驻制改革，促进全面从严治党治行向纵深发展，深化政治巡视，从赖小民案、薛峰案中对照反思、举一反三，以案为鉴、以案促改。严格落实《中国共产党纪律处分条例》等制度规定，维护纪律严肃性权威性，从具体人具体事着手，将纪律处分决定执行作为一项严肃的政治任务抓紧抓实，强化惩戒功能。坚持靶向治疗、精确惩治，深挖细查信贷、采购、基建等重点领域违规违纪背后的腐败问题，让腐败分子在建设银行无处藏身。着力加强对领导干部尤其是“一把手”的监督，用制度管人管权管事，不断增强领导干部自律意识，建立亲、清的银企关系。用好“四种形态”，抓早抓小，既查清问题、认清责任，又重教育、重挽救，形成常态化长效化机制。

履践社会主义核心价值观，落实意识形态工作责任制，加强理论武装和文化建设，在全行持续深入开展文明单位创建、“最美建行人”“身边的榜样”等活动，进一步激发群团工作的能动性和创新力。做好职代会、工会工作，凝聚广大员工参与银行治理。广泛发动青年员工投身改革创新和战略实施，开展“建功三大战略”“我为建国添风采”主题活动。有什么样的事业才能集聚什么样的人才。建设银行“第二发展曲线”的开启，为全员提供了展示聪明才智、挥洒激情创造的大平台，希望广大员工特别是基层年轻人珍惜机会，在人生成长的关键处紧走几步，在新时代机遇的召唤中努力奔跑。

全行要以高质量党建全面引领高质量发展，把党中央、国务院关于金融工作的决策部署，转化为建设银行服务大局助力经济社会发展的创造性金融实践。

第二，纵深加固战略性支撑。适时梳理总结全行各级机构“三大战略”的探索实践，形成规律性、方向性的行动指引，完善针对性、实操性的落地方案。总的来看，从住房租赁、普惠金融、金融科技“三大战略”的落地实施，到劳动者港湾、建行大学的创新举措，建设银行未来的发展路径日益清晰。建行人让金融从冰冷高贵转向温暖质朴，从服务“双大”延伸到“双小”，关注百姓“安居”和客户“乐业”，关怀基层劳动者和社会弱势群体，并助力企业和个人终身学习成长。我们从服务大局出发，将目光投向社会最小的组成部分，将自身以平凡服务者姿态融入社会机体之中，躬身力行、润物无声，于小善中见大义。也正是基于对社会运行的深刻体察、对社会痛点的问题意识，才能使建设银行能够更加精准地运用金融之手解决社会问题，并在下沉服务中积累丰富的社会实践经验和宝贵的大数据资产，确保在数字化转型发展道路上走得更快、更远、更坚实。

住房租赁战略。念念不忘，必有回响。我们推动住房租赁市场建设的努力，获得了社会大众和市场的热烈反响。下一步要坚持做下去，不断做大做活租赁市场。具体要求不再重复，这里侧重从另一角度作个展望：未来，物联网和区块链等现代技术，将在与房屋的应用结合中迸发出巨大的火花，房屋将成为无可替代的创新实施载体，而房屋租赁则是绝佳的共享模式。因此，提前布局的银行必然会抓住市场先机。接下来，全行要一鼓作气，立足先发优势，发挥资源整合和专业服务优势，让住房租赁新模式、新市场、新机制和新生态不断涌现。大庇天下寒士俱欢颜，让住房不再稀缺和奢侈、让人人住到想住的房子，建行人要以坚持不懈的奋斗助力实现这个目标。

普惠金融战略。始终秉持服务普罗大众的初心，授人以鱼也授人以渔，为推动社会文明进步笃行不怠。要加快平台和生态构建，沉淀积累数据，在普惠业务“上量”基础上不断连线“成网”。当银行带着温度服务的时候，社会必然会给予加倍的回报。未来很多新兴企业、新兴业态，可能就出在我们现在扶持的小微客户里。做金融搏的是眼光，今天先行的一小步，也许就能让我们领先一个时代。下一步，还要着力推动普惠金融下乡，用现代信息和移动互联技术进入农村广阔市场。要通过银政、银企合作复制推广“村口银行”模式，多吸收像复员军人这样组织性、纪律性强的村民参与，使农村普惠金融服务真正扎下根来。海尔的目标是在30万个村建立村口水站，目前全国有60多万个自然村，基本覆盖50%的大村落。我们希望通过与海尔加强合作，在加快布局农村市场中实现共赢。农村金融发展创新方面，也希望建行大学开展专题研究。拓展农村普惠金融既是履行社会责任，更是抢抓方兴未艾的大市场。

金融科技战略。我们不能期望用昨天的方法来尝试解决今天的问题，而不被明天所淘汰，所以要永远面向未来。金融科技作为银行变革创新的核心能力支撑，我们既赖之以固本，又要持之以攻坚。从发展趋势看，科技正从过去被视为底层的基础设施，跃升为顶层的创新先导，全面融入前台经营活动和中后台管理之中。下一步，要继续追踪科技发展前沿，高水准推进技术平台建设，加强开源技术应用研究；要积极运用现代科技为传统业务更换“新引擎”；要积极筹建金融科技创新实验室，与领先企业、知名高校、科研院所联合打造科创联盟，形成开放、协同、高效的共性技术研发平台；要加快形成数据治理体系，提升数据价值创造力；要全面落地“TOP+”战略，打造兼具管理智能化、产品定制化、经营协同化、渠道无界化特征的智慧金融与智慧生态。

未来，金融将是AI Inside（内嵌人工智能）。而深度学习、机器学习等技术能力提升又依赖于是否拥有海量数据。数据来自各种场景，谁构建了更多场景，谁就得到更多数据。我们推进住房租赁、普惠金融以及劳动者港湾、建行大学建设等，实际上都是在打造多维场景。比如，近期政银合作研发的云南“一部手机办事通”智慧政务平台，就是具有里程碑意义的重要探索。手机App上线10多天，就新增客户100多万，绑定客户60多万，客户数每天以数万计的速度增长。我们与互联网企业相比有以下几点优势：其一，第四次工业革命重要亮点在于科技和金融的结合，银行虽然不以研发前沿科技见长，但运用现代科技的能力强大。其二，我们既有线上的强大技术能力，又有互联网企业不具备的线下渠道和专业队伍优势。建设银行线下物理网点可以作为辅助政府提供公共服务的办事大厅。其三，建设银行不是科技公司，技术上更加开放和兼容并蓄，没有科技门户之见。同时，金融级的数据保密、系统灾备等业务持续性管理能力，也是我们的独特优势。因此，在技术突破的基础上要快速复制推广，这是下一步工作重点。在技术输出和生态构建过程中，各种产品、需求、创意和业务机会将不断被激发和释放，各方共享资源、共创价值。一切数据皆是信用。未来银行作为信用中介的本质不会改变，变的是发挥信用中介作用的途径与方法。未来，建设银行将依托现代技术变革完成自身的信用功能转型，升级为基于数据资产，以发现信用、经营信用和管理信用为核心价值的高科技企业和开放式平台。

第三，不断深化文化传播。持之以恒打造建设银行文化软实力，努力使建设银行文化理念在社会上获得越来越多的同频共振。

劳动者港湾。要从根植基层的触角感知社会，倾听每一位平凡劳动者最质朴的情感表达。进一步倡导便民文化，从小事传真情、从细微处见真章，以实际行动阐释建行的价值理念。倡导共享文化，进一步延伸网点服务功能，在服务“双创”客群、普及金融知识、开展智力众筹等方面不断探索，使劳动者港湾的服务内涵更加丰富充盈。倡导社区文化，从日常点滴做起营造社区家园般的温馨氛围，促进和谐社区建设。当我们向社会传递爱和尊重，百姓自然而然会将建设银行视为自己的银行。

建行大学。坚持推开围墙办大学，使“人人皆可为师，处处皆是课堂”，着眼于未来将建行大学打造成为改变思维的引擎、赋能社会的桥梁、培育成长型组织的承载基础。创新办学模式，破解传统学校教育与现实需求间滞后脱节、线上教育缺乏社区互动和学习激励机制、独立教育活动缺乏大生态的支持等痼疾。教育面向未来的演化路径，可以是由产教融合的深化向“大平台＋共享”发展，进而迈向智慧学习的模式。下一步，随着平台建设和资源共享的深化，要加快建设数字化引擎、核心资源共享中心、自主学习中心、创新驱动中心、企业家学院和供应链管理中心等多组织。推动教育创新，建设面向创业者、劳动者的商学院，鼓励“愚公学院”等新模式探索，把金融知识引流到传统金融教育无法覆盖的群体。当建设银行转变为成长型、学习型和拥抱变化的组织，建行大学成为员工和社会组织互相学习、开放共享的终身学习平台，成为激发金融创新创意的策源地，我们才能跳出传统金融的思维，真正不负所承载的让人们生活更加美好的社会期望。

数字化时代带来跨界竞争的同时深化了行业融合，单一组织独立创造价值的时代一去不复返。全行要进一步推动开放共享和平台化建设，在传统业务和人员合作的基础上，探索以数据、知识、技术共享为基础，以智力合作为纽带的新型协作关系，携手政府部门、金融同业和客户，推动金融资源共享、金融生态共建和金融风险共治。秉承利公达人的初心和善念，持续发现、赋能、助力那些有志于让世界变得更加美好的企业实现成长壮大。“己欲立而立人，己欲达而达人”，在帮助他人成功的同时，使自身成为社会进步推动者和社会价值创造者，这将是建设银行服务社会价值理念的完美体现和生动诠释。

展望未来，一幅风生水起的新金融画卷已跃然如现。当然，我们也深知前路崎岖，疏解当下经济社会的“痛点”就像病去如抽丝，但建设银行人有的是耐心。只要路走对了，就不怕遥远。纵使踏遍青山、一路榛莽，也将一往无前、努力奔跑，为着人民对美好生活的向往、为着中国金融的独好风景，一起拼搏、一起奋斗！

善创者新　成就梦想

——在全行首届“创新马拉松”活动优秀项目成果展示活动上的讲话

田国立

（2019 年 1 月 22 日）

各位同事，各位青年创客们：

大家晚上好！时值隆冬，大寒刚至，窗外天寒地冻，室内热情炙人。今晚，我们不仅欣赏了一台建行人的“春晚”大戏，更见证了一场青年创客们巅峰对决的创新盛事；今晚，我们共同领略了“创新马拉松”的无穷魅力，感受了“善创者新”的澎湃力量。这是全行工作会议上从未有过的安排，体现了总行党委对创新工作的高度重视，也必将成为传承建设银行企业文化的精彩掠影。在此，我谨代表总行党委，向获奖的团队表示热烈的祝贺，向所有勇于尝试、敢于追梦的创客们表达崇高的敬意，向所有参与组织活动的同事们及外部老师们表示衷心的感谢！沉浸在浓烈的创新氛围里，置身于众多优秀的创客同事中，觉得很受感染和鼓舞！借此机会，我想谈几点意见和希望。

一是首届“创新马拉松”活动已成为全行重要的创新创举。举办“创新马拉松”活动，是国有大型商业银行中首家开展的全行性创新孵化模式探索，开了银行业风气之先，展示了金融创新的建设银行智慧，已成为行内外关注的重要创新创举，塑造了建设银行的创新品牌形象。同时，为推动全行创新发展打开了一扇全新的大门，在全行营造了空前浓烈、如火如荼的创新氛围，培育了“勇于挑战、敢于跨界”的创新理念，打造了全员创新的新模式，为员工搭建了广阔的创新舞台，发现并培养了一批创客，为构建全行性创新孵化机制进行了有益的探索，为推进“三大战略”带来了一批高质量的创新解决方案。

这次活动以“投身三大战略，成就创客梦想”为主题，吸引了数万名员工特别是青年创客以及百余名内外部专家评委及导师的广泛参与，加入创新、争当创客迅速成为全行的一道风景、一种潮流，展开了一幅“战略是创新的方向、基层是创新的沃土、青年是创新的主力军”的美丽画卷。活动历时 60 多个日夜，历经多轮激烈角逐，尤其是长沙、广州、深圳三地六场“48 小时加速孵化”活动，为我们演绎了一场场精彩纷呈的创新嘉年华，奏响了建设银行创新的最强音。

今天，九个项目会师京城，开展巅峰对决。展示时间虽然不长，但可以看出，每个项目都凝结着汗水、闪烁着智慧，都是很上档次、堪比春晚节目的展演，表现出大家对“三大战略”的深刻理解，的确都来之不易、弥足珍贵。对那些未能获奖的项目，同样要给予点赞，获没获奖并不重要，重要的是你们都是亲历者、见证者和奉献者。在这里，我要祝贺“创新马拉松”活动取得圆满成功！这是一场建行人快速整合资源、凝聚智慧的大练兵、大比武，是各参与单位及创客团队携手共进、攻坚克难的大展示、大合唱！尤其是青年创客们，你们都是敢担当、有情怀的弄潮儿，看到你们的精彩表现，让我们非常羡慕。我们年轻时，老同志为我们创造了很多发展机会，今后，我们也不会停下脚步，会为你们搭建更广阔的舞台，让你们尽情挥洒热情、展示才艺。

二是要把“创新马拉松”活动打造成为建设银行有社会影响力的创新名片和创新品牌。当前，世界范围的新一轮科技革命和产业变革加速推进，全球金融业态和市场格局正发生着深刻的变化，其中孕育着无限的可能和机遇。大变革时代，创新已成为中国金融业应对巨大挑战的必然选择。这就需要我们积极拥抱变革的时代，始终置身创新的舞台，广泛动员基层和员工尤其是青年员工，形成“全员参与、万众创新”的磅礴态势。

“创新马拉松”源自美国硅谷的“黑客马拉松”，在解决创意碎片化、引入专业导师支持和落地转化等方面具有显著的优势。刚才在观看项目时，就有行领导抑制不住地说哪些项目马上就可以干。因此，希望大家以“发现好的项目”和“发现好的创客”为目标，抓住“创新赋能”和“转化落地”两个关键点，认真总结活动经验，并持续抓好这项工作，做出标准、做出特色、做出成效，把“创新马拉松”活动打造成为建设银行具有较高社会影响力的创新名片和创新品牌。首先，应当大力弘扬这种文化，保持住这种活力，这才是创新的文化，这样才能够充满激情。如果不把年轻人的聪明才智发挥出来，可能他的才华就埋没了，社会上就没有了某种产品。只有把他们的智慧挖掘出来，才能做出好产品，既提高了建设银行的竞争力，也能造福社会。其次，对于优胜的创新项目逐个要确定转化方案，推动优秀孵化成果尽快进入研发环节，转化为实实在在的生产力。

三是要探索构建具有建设银行特色的创新孵化长效机制。大家知道，创新是建设银行持续发展的强大动力和鲜明的文化特征，建设银行的发展史其实也是一部改革创新史，直到目前我们的改革创新工作仍然走在国有银行的前列。但我们还需要持续完善创新体制机制，尤其是前端连接创意提出、后端事关转化落地的创新孵化长效机制，这既是我们创新工作的痛点，也是通过自身努力可以逐步化解的。

如何解决这一问题，我们已经给出了方向性的答案，就是要按照天使投资基金的生存与经营逻辑，打造建设银行内部的优秀天使投资人，并明确创新部门成为创新孵化器。前面我们说了，要通过持续开展“创新马拉松”活动等方式，对内构建创新孵化平台，现在又开办了建行大学，我们就可以充分发挥创新实验室和建行大学的专业优势，打造企业级“产、学、研、投”一体化的创新孵化机制。比如，为创新团队提供创新实验室、建行大学校区等孵化场地，提供专业服务和先进技术，组建导师库，多渠道吸纳创新人才，设立内部创新孵化基金等。将来条件成熟了，步子还可以迈得再大一点。

还有很重要的一点，就是要打开大门做创新，积极探索对外搭建创新孵化平台，既吸纳社会优秀创新人才和创意，为外部创客提供创梦舞台，输出建行创新能力，又善于整合社会各类创新创业资源，将其纳入建行创新生态圈，从而实现创新孵化的双轮驱动，助推发展，体现担当。

百舸争流千帆竞，乘风破浪正远航。同志们，我们身处一个伟大的时代，新时代呼唤新担当，大变革酝酿大机遇。伟大的事业都始于理想成于实干，我们提出“从哪里来到哪里去”的时代之问，推出“三大战略”、建设劳动者港湾、成立建行大学，就是要站在新的历史方位和时代坐标，立足传统优势，用发展的眼光研判和布局未来，继往开来，开启“第二发展曲线”，创新未来动力引擎，用金融力量赋能社会、解决问题。

矢志不移敢担当，锲而不舍善创新。“创新马拉松”活动已将创新热情充分点燃，成为青年才俊成就梦想的大舞台，催生着“三大战略”雨润花开。希望每位建行人以此为新起点，按照习近平总书记要求的那样成为努力奔跑的追梦人，带着永立潮头的理想和情怀，带着敢为人先的精神和勇气，常怀梦想、永不懈怠，把创新的种子迅速播撒到全行每个角落，把创新实践扎根于基层、服务于客户，满怀豪情地继续奔跑在“创新马拉松”的宽阔大道上，与时代同放歌、与建设银行共成长，以创新实践为“三大战略”添砖加瓦，以创新成果回报社会服务百姓，以优异成绩迎接中华人民共和国70华诞和建设银行成立65周年！

“天时人事日相催，冬至阳生春又来。”大寒已至，新春佳节即将来临，在此，预祝各位同事及每一位建行家属新春快乐、阖家幸福！

善创者新，成就梦想。“创新马拉松”活动首战告捷、成效显著、圆满落幕。我希望这项活动要持续开展下去，让创新之火将永远点亮建设银行，期待大家来年再战！

谢谢大家！

在中国建设银行2018年度党组织书记抓基层党建述职评议会上的总结讲话

田国立

（2019年1月24日）

同志们：

今天，按照中组部要求和总行党委安排，我们选取了5家分行进行党建现场述职评议，中组部组织二局六处仲辉同志、干部四局综合处陈先文同志莅临我行，对我行基层党建和述职评议工作进行现场指导。

刚才，看了会前播放的基层党建宣传片，听了5位党委书记的述职，总体感到，全行基层党建工作是积极向上、扎实有效的。2018年，面对机遇和挑战，建设银行深入学习贯彻习近平新时代中国特色社会主义思想和党的十九大精神，认真落实全面从严治党要求，以提升基层党组织组织力为目标，让党旗在“三大战略”阵地上高高飘扬，全行基层党建工作取得了新成效、上了新台阶。同时我们也要清醒地认识到，面对新形势、新任务，全行基层党建工作仍存在一些问题和短板：一是有的基层党组织贯彻上级决策部署还不够到位，在落实和推动相关工作过程中政策意识不够强，导致工作落地不够实。总行提出的战略，是统筹全局、通盘考虑的。大家一定要充分理解总行战略意图，落实好战略要求，不要陷入事务主义，要切实抓出实效、抓出成果。二是有的党建工作与业务融合不够到位，个别还存在“两张皮”的现象，抓党建促发展的效果还不够理想。三是有的基层党建“最后一公里”问题尚未得到有效解决，落实基本制度不够严格、工作程序不够规范、监督管理不够到位，个别党员的素质还有待进一步提升，等等。这些问题，大家必须高度重视，拿出切实有效的硬措施，着力解决突出问题，坚决把全面从严治党要求落实到位、贯通到底。下面，我就进一步深入推进全行基层党建工作讲几点意见。

一、以政治建设为统领，坚持和加强党的全面领导

习近平总书记在全国组织工作会议上，深刻阐述了新时代党的组织路线的科学内涵和实践要求，为新时代党的建设和组织工作提供了根本遵循。全行各级党组织要坚持以习近平新时代中国特色社会主义思想为指导，突出以政治建设为统领，牢牢把握基层党建工作的正确政治方向，全面践行新时代党的建设总要求和党的组织路线，以“严”和“实”的举措提升全行各个领域、各个条线、各个层级的党建工作质量。

第一，要提高政治站位，深刻把握新时代企业发展的目标追求。建设银行作为国有金融企业，我们要更加深刻地认清自己的重要地位作用，坚决把旗帜鲜明讲政治全面融入各项工作，不断推动全行统一意志、统一声音、统一行动、统一步调，切实增强做好新时代中央金融企业党建工作的责任感和使命感，坚持做到“三个必须”：必须树牢“四个意识”，坚定“四个自信”，做到“四个服从”，严明党的政治纪律和政治规矩，坚决做到“两个维护”，坚决贯彻中央各项决策部署；必须坚持党的领导，全面加强党的建设，把党的领导全面融入公司治理和经营管理各环节，推动全面从严治党向纵深常态发展，将党建独特优势切实转化为改革发展和市场竞争优势；必须始终牢记国企姓国、国企为党的初心本色，自觉服从党和国家事业大局，不忘初心、回归本源，聚焦主业、定准站位，自觉践行“以人民为中心”的发展思想，自觉扛起责任、挑起担子，全

面提升金融服务的效率和水平，以实际行动普惠大众、造福百姓、为国分忧。

第二，要锤炼政治品格，切实把习近平新时代中国特色社会主义思想学懂弄通做实。心中有信仰，脚下有力量。全面加强党的建设，最根本的是要用习近平新时代中国特色社会主义思想武装头脑，不断锤炼政治品格，形成思想自觉，始终做到学与信的统一、知与行的统一。学习贯彻不是抽象的而是具体的，不是喊口号、空对空，不只看表态更要看实际行动，必须与实际工作相结合，发自真心、投入热情，带着大情怀、大格局和真本领落实到具体行动中。建设银行以习近平新时代中国特色社会主义思想为指引，把解决社会痛点、难点问题作为自身使命担当，围绕满足人民对美好生活的向往需求，提出了住房租赁、普惠金融、金融科技“三大战略”，在全国1.4万多个营业网点推广“劳动者港湾”，成立了“建行大学”，建设产教融合、赋能社会的教育培训平台，真正将“以人民为中心”的发展思想落实到发展战略上、付诸到实践工作中，以实际行动体现了我们坚定共产主义理想的初衷和坚守共产党员信仰的初心。我们落实中央决策部署不是简单传达中央精神，要紧的是以实际行动响应党中央和总书记的号召，从金融专业角度，有针对性地设计出能解决社会痛点、满足市场需求的金融产品，促进中央政策部署贯通落地。总行党委推出“三大战略”正是基于这个出发点。作为国有大型商业银行，要为国分忧，不能总“垒大户”，要主动把金融资源精准滴灌到最需要的地方，这既是承担政治责任，也是抢抓市场机遇。实际上，一心想着“赚大钱”未必能占到“便宜”，在主动奉献社会中反而能发现商机、获得回报。比如，云南省分行的智慧政务项目，首先是一个服务地方经济建设的重大民生工程，在这个过程中自然衍生出商业模式，市场地位和品牌影响力也会得到提升。越盯着抢存款越抢不到，还会丢掉尊严、扭曲价值观，因此必须下决心纠正。今后全行要变抢存款为抢社会痛点，把存款作为附带结果，而不是目的。这就是工作会上强调的企业发展“第二曲线”理论，希望大家结合推荐书目认真学习、悟实悟透，并理论联系实际，推动工作。各位的专业能力和拼搏精神毋庸置疑，但决定未来成败的是能否前瞻性判断金融发展趋势，这就是战略的意义。要赢得未来，一定要赢在战略；输掉未来，也一定是输在观念落后。要做到有前瞻性，最重要的是深刻理解习近平总书记和党中央反复强调“以人民为中心”的精神内涵，“三大战略”与此是相通的。但从全行来看，战略推进力度并不平衡。各级领导干部特别是“一把手”要进一步提高政治站位、深化认识，齐心协力、千方百计地加快推进战略实施，守住大节。比如，主要城市在住房租赁战略上必须有突破，相关部门要迅速研究出台行之有效的办法，今年要推出成型产品。在工作会上，祖继行长也做了部署，大家要坚决贯彻执行。特别强调的是，战略推进一定要求真务实，绝不能弄虚作假。把习近平新时代中国特色社会主义思想学懂弄通做实，需要全行每一个党组织、每一名党员都动起来，落实到组织建设上，落实到本职岗位上，落实到一言一行中。一是要深化培训，做好有效衔接。全行各级党组织要紧扣“实效”这条主线，把深化学习习近平新时代中国特色社会主义思想和党的十九大精神作为党内教育的首要任务，进一步巩固集中培训效果，系统学、跟进学、联系实际学，有效衔接“不忘初心、牢记使命”主题教育，促进学习教育从表面化向纵深化转变、从规范动作向特色动作转变、从学向做上转变。二是要立足岗位，发挥先锋模范作用。全行各级党组织和广大党员干部，要在联系思想实际、改造主观世界上下工夫，在联系岗位职责、指导推动工作上下工夫，努力学出觉悟、学出信仰、学出担当，努力掌握贯穿其中的马克思主义立场、观点、方法，用以解决实际工作中的问题。尤其在当前复杂的国际形势下，全行党员干部要胸怀家国，要有理性的自觉、具体的行动，不能仅仅满足于做好眼前工作，而是要把工作当成事业来做，把党员先进性体现在日常工作中，把“群众最希望、党员最应该做的”和“群众最反对、党员最不应该做的”作为“标准”和“底线”。三是要跟踪问效，及时校准偏差。要持续跟踪全行学习贯彻习近平新时代中国特色社会主义思想和党的十九大精神落实落地情况，高标准、严要求做好督促检查，把学习教育各项任务抓实、抓细、抓到位。

第三，要强化政治担当，进一步压实管党治

党的政治责任。习近平总书记多次强调，要把抓好党建作为最大的政绩。各级党委和党员领导干部要提高政治觉悟，时刻不可忘记管党治党这个最根本的政治责任。一是强化“红色引擎”思想认知。认识的高度，决定行动的力度。我们要充分认识到，党建“红色引擎”作用的发挥，本质在于凝心聚力，核心是塑造信念、信仰和信心，重点是做人心的工作。比如，我们的“劳动者港湾”并不是孤立的，我们把爱真正奉献给社会，社会对我们自然会有回馈。如果只想着利己，金融是无法做大的。只有时刻想着利他、想着为社会作贡献，金融事业发展之路才会越来越开阔。我们反复强调要“跳出金融做金融”，正是契合党中央“以人民为中心”的发展理念。当大家把这个道理悟透后，我们的金融产品设计能力还将会有更大的提高。比如，年轻人在“创新马拉松”活动中设计的产品，都是为了满足人民对美好生活的向往；云南省分行的智慧政务，也是为了助力政府提升治理能力。各级经营机构在设计产品时都要以“利他”为出发点，帮助企业整合效率，为老百姓提供更多的普惠金融服务，这样的产品才有市场，我们才能得到政府和企业的欢迎；反之，只在金融体系内部空转、在虚拟经济中狂欢，虽然经营指标表面看起来很光鲜，但其“内脏”已经很不健康，最终的发展也是不可持续的。大家一定要带着深厚的感情去推进战略，而不是仅仅为了完成总行党委布置的任务，当把这背后的道理融会贯通地悟透之后，就会发自内心地积极参与进来。我们要实现战略目标，最终靠的是带队伍，而带队伍最核心的则是坚持党的领导、加强党的建设。通过贯彻落实党的理论和路线方针政策，把准建设银行改革发展的正确方向；通过党管干部、党管人才，加强全行各级领导班子和干部人才队伍建设；通过发挥基层党组织战斗堡垒作用和党员先锋模范作用，进一步凝聚员工群众、推动各项任务落实；通过加强党风廉政建设正风肃纪、防范风险。“强业务必先强党建”，各级党组织要切实扛起主责、抓好主业、当好主角，真正从内心产生动力，聚焦中心任务精准发力，让党建真正成为推动改革发展的“红色引擎”。二是坚持严肃党内政治生活。要严格贯彻落实新形势下党内政治生活若干准则，严格落实民主集中制，规范议事决策规则，认真执行民主生活会、双重组织生活、领导干部讲党课等党内政治生活制度，用好批评和自我批评这一有力武器，不断提高党内政治生活的质量。三是坚决正风肃纪弘扬优良作风。要以党章为根本遵循，严抓纪律建设，让铁规发力、禁令生威。大力弘扬真抓实干的优良作风，坚决贯彻落实习近平总书记关于进一步纠正“四风”、加强作风建设重要批示精神，把力戒形式主义、官僚主义作为重要任务，紧盯“四风”问题新动向、新表现，拿出有效管用的整治措施。

二、以提升基层组织力为重点，全面推进全行基层党建工作向纵深化常态化发展

党的力量来自组织。党的十九大报告明确提出，要以提升组织力为重点，突出政治功能，把基层党组织建成坚强战斗堡垒。建设银行共有1.9万多个基层党组织，20多万名党员，这是我们全部工作和战斗力的基础，是联系群众、服务客户的直接桥梁和纽带，更是组织、推动、落实“三大战略”，保证战略目标实现的根本所在。提升基层党组织组织力，必须全面推进基层党建工作向纵深化常态化发展，最大限度把党员组织起来、把群众动员起来，切实增强党的组织优势、组织功能和组织力量。

第一，筑牢“红色阵地”，严密组织体系建设。提升组织力，建立科学严密的组织体系是前提。要创新优化组织设置，聚焦“三大战略”和经营重点难点领域，以及“走出去”营销等经营模式的变化，同步建立党的组织、动态调整组织设置。在“支部建在网点”的基础上，探索实行将党的组织建在任务上、项目上和团队上，推动党的组织和党的工作有效覆盖。要健全子公司和直属机构党组织，积极推动符合条件的子公司成立党委、配备党务工作者，并注重从基本队伍抓起、从基本制度严起，着力提升子公司和直属机构党组织党建工作质量。要继续加强和改进新形势下境外机构党组织建设，理顺党的工作隶属关系，按照“灵活、简便、安全、保密”的原则，提高境外机构党建工作质量。

第二，建强“红色堡垒”，激发基层党支部活力。“小支部”关乎党建“大工程”，党支部是

提升组织力的重要支撑。2018 年 11 月，中央印发了《中国共产党支部工作条例（试行）》，对党支部工作作出全面规范，各级党组织要抓好学习宣传、教育培训和贯彻落实，要把抓好党支部作为管党治党的基本任务，作为检验党建工作成效的基本标准，推动全行形成大抓基层、大抓支部的良好态势。一是大力推进党支部标准化、规范化建设。当前，基层党支部存在的突出问题，仍是制约全行基层党建工作质量的最大短板。要着力加强支部自身建设，实施党支部整体提升工程，紧扣“三会一课”、组织生活会、民主评议党员、主题党日等基本制度落实，夯实提升党支部组织力的基础。要加强分析研判，针对不同领域、不同层次实际进行分类指导，党建基础薄弱的要重点抓规范，已规范的要重点抓提升，已提升的要重点抓品牌，全面系统推进各领域基层党支部建设。党员领导干部要下沉到基层，坚持建好、管好、用好基层党建联系点，发挥好示范引领作用。二是不断提升党支部创新发展的内生动力。要弘扬改革创新精神，积极适应业务发展新变化和互联网发展新需求，围绕“三大战略”等中心工作找准对接点、着力点，不断推进理念创新、思路创新和载体机制创新，促进党支部作用融入经营管理的全过程，以完成中心工作的实际效果检验党支部建设成效。要善于运用新技术、新媒体开展学习教育和组织生活，促进网络技术、信息化与传统组织管理相结合，让“智慧党建”发挥实效。三是持续深化党支部活动阵地建设。针对不同类型党支部，总行将分层级、分类别明确“党员之家”升级建设的措施和标准，推动完善实体建设，深化外延拓展和内涵延伸，不断孕育、积累、发展和传承优秀党建文化品牌和精神，使每个党支部都有标识、有色彩、有温度。各级党组织要为基层党支部开展工作提供必要条件，从党费、党组织工作经费中给予经费保障。四是深入推进学习型基层党组织建设。发挥好建行大学的主渠道作用，升级员工终身教育培训体系，营造浓厚的学习氛围。要引导全行干部员工树立终身学习的理念，坚持学习、学习、再学习，主动跟上时代步伐、加快更新理论知识，不断提升思想水平，努力实现自我超越。

第三，育好“红色头雁”，打造优秀的基层党组织负责人队伍。基层党组织要强起来，关键是要有一个好的带头人。每一级党组织负责人都肩负着抓思想、带队伍、促发展的重任，各级党委要把选优配强基层党组织负责人作为重中之重。一是要精准选配。要严把政治关、作风关、品德关，选拔党性强、能力强、业务精、服务意识强的党员担任党组织书记，不断优化结构，增强活力。二是要精心培养。结合基层党组织负责人岗位特点，做好教育培训，全面提升其思想政治素质、引领发展能力和服务群众水平。要丰富培养方式，采取集中轮训、观摩交流等多种方式开展全员轮训，提升抓党建、促发展的专业思维和能力，切实解决“不想抓、不会抓、抓不实”的问题。三是要示范引领。示范引领、典型带动，是做好党建工作的有效方法。要结合基层实际，推选那些在抓思想、带队伍方面表现优秀的基层党组织书记，分享他们的特色做法和典型经验，以点带面，努力营造比学赶帮超的浓厚氛围。组织部门在抓党建的过程中，要善于发现一批能带队伍的优秀人才。所有的管理者，如果不会做思想工作、不会抓党建，那么必然当不了好的负责人。不论任何层级，均是如此。在实践工作中，能够带好队伍，能够带着年轻人热火朝天抓党建的管理者，必然是有领导能力、组织管理能力和思想水平的人。对于能够把党建抓出特色，进而能够抓好思想、带好队伍的优秀人才，不仅仅是发几个奖状表彰，而要与行内的管理紧密相连，将其纳入后备人才库。如果仅仅是发几个奖状表彰，那就与实际脱节了。因此，各级党委组织部门要善于在抓基层党建的实践中发现和选拔人才，培养和锻炼干部，真正把那些在抓思想、带队伍方面表现优秀的干部人才，从火热的一线层层筛选出来。

第四，抓实“红色细胞”，推动广大党员切实发挥先锋模范作用。党员是党的肌体细胞。基层党组织组织力的强弱，直接反映在党员作用发挥上。一是要提升发展党员质量。坚持把政治标准放在首位，严格发展党员纪律和程序，加强对入党积极分子的培养、教育和考察，坚决杜绝发展党员过程中培养不深入、审查不严格、程序不规范等问题。二是要严格党员日常管理监督。坚持和完善党员入党宣誓、重温入党誓词、为党员过政治生日等经验做法，推动党员干部将政治信仰融入内心深处、将政治担当转化为工作激情。认真开展民主评议党员工作，从严加强党员教育、管理和监督，“亮标尺、划底线”，杜绝党员不担当、不作为，稳妥处置不合格党员，确保党员队伍先进性纯洁性。三是要完善党员发挥作用机制。坚持把落实“三大战略”的成效作为检验党性的磨刀石和试金石，在各条线、各岗位深入开展“三亮三比三创”等活动，发挥好党员攻坚克难的排头兵作用。比如，有的基层党组织在践行“三大战略”中成立党员任务攻坚团队，有的在劳动者港湾中设立“党员示范岗”，有的在脱贫攻坚中开展党员志愿服务，还有的在走市场、进社区、进校园中开展“闯市场比贡献”等活动，唱响了“我是党员我带头”“我是党员我先行”的主旋律，取得了很好效果。各单位要注重开展多样化的宣传和交流，引导党员在推动改革发展中建功立业。

第五，架起“红色桥梁”，发挥思想政治工作优势。习近平总书记强调，“思想政治工作是国有企业的传家宝”“要把思想政治工作作为基层党建的一项经常性、基础性工作来抓”。深深植根于人民群众，是基层党组织的力量之源。全行各级党组织要增强宗旨意识，提升服务本领，发挥好基层党组织组织、宣传、凝聚、服务群众的作用。当前，建设银行“三大战略”推进正处于关键时期，思想政治工作如果跟不上，就会人心不稳，进而缺乏凝聚力，更提不上战斗力。要加强宣传教育，引领干部员工讲大局、顾大局，在事关政治方向和重大原则性问题上立场坚定、旗帜鲜明。要做好思想发动，引导党员带头转变思想观念、推进改革创新，让广大员工充分理解、支持和推进“三大战略”，确保总行党委各项决策部署得到有力落实。党组织书记要经常性开展谈心谈话，关注员工动态，及时疏导情绪、解压释惑，把解决思想问题同解决实际问题结合起来。要增强服务本领，坚持党建带工建、带团建，真心实意为员工排忧解难，把工作做到员工的心坎儿上，赢得员工的信赖与支持。

三、以推进战略落实为目标，大力培养高素质专业化干部人才队伍

建设银行的发展战略说到底是人才发展战略。各项战略落地实施，关键在于各级党组织要带出信念坚定、专业过硬、经验丰富的干部队伍。要坚持贯彻新时期好干部标准，做好干部培育、选拔、管理和使用工作，树立鲜明导向，激励担当作为，着力建设忠诚、干净、担当的高素质干部队伍。

第一，注重培养干部的大情怀、大格局、真本领。领导干部有了大情怀、大格局、真本领，干事创业的动力才会充足，才能驾驭复杂局面，处理复杂问题，牢牢把握工作主动权，不断开创工作新局面。领导干部的大情怀、大格局、真本领不是凭空产生的，而是靠学习实践、总结反思，不断提升、不断历练、不断激发出来的。一是要能担当。能担当就是敢于负责，自觉把责任放在心上、扛在肩上，立足本职岗位履好职、尽好责。领导干部能不能担当，就看能不能结合实际将党中央的路线方针政策以及总行党委的决策部署落到实处；能不能自觉向实践学习，沉下心来干工作，心无旁骛钻业务；能不能遇到挫折撑得住，关键时刻顶得住，扛得了重活，打得了硬仗；能不能在“三大战略”推进落实中，凝聚党员群众，培养人才成长，打造出一支士气高昂、能征善战的员工队伍。二是要无私心。无私者无畏，无畏才敢担当。全心全意为人民服务是我们党的根本宗旨，这就决定了大情怀、大格局、真本领是我们的精神底色。银行是金融企业，仅追求利润是不够的，只有在服务社会、服务人民中有大贡献，才能充分彰显我们的政治担当和价值所在，这才是值得我们骄傲和自豪的地方。作为党员领导干部，必须提高政治站位，服务服从于党和国家事业大局，对人民群众充满感情，对工作事业富有激情，带着理想为民服务，做到心里装着人民群众，为客户、为员工诚心诚意办实事、尽心竭力解难事、坚持不懈做好事。三是要务实效。务实效就是坚持一切从实际出发，反对空谈、强调实干、注重落实，凡事都要落到实处，不做表面文章、不搞形式主义，在层层抓落实、层层解决实际问题上下工夫。

第二，进一步做好年轻干部工作。培养选拔优秀年轻干部事关建设银行未来，是百年大计。全行各级党委要加强长远规划和培养力度，及时发现培养、源源不断选拔使用适应战略发展要求的优秀年轻干部。要坚持差异化、精准化的原则，加强年轻干部素质能力的培养。一是抓好“党性”培养。针对“80后”“90后”的年轻干部相对缺乏系统的马克思主义理论学习和严格党内政治生活锻炼的实际，突出政治训练和党性教育，用习近平新时代中国特色社会主义思想武装头脑，用革命传统和时代精神陶冶情操，补足精神之钙，筑牢党性之魂，增强政治敏感性和辨别力。二是抓好“专业”培养。根据优秀年轻干部的经历阅历、专业技能等，优化培养方式，有针对性地提出培养方向和具体措施。通过“重点项目练”“重大任务练”等方式进行跟踪培养，通过配备实践经验丰富的领导干部作为“导师”进行帮带培养，帮助年轻干部掌握抓班子、带队伍的管理方法，更好地补齐短板、提升长项。要教育引导年轻干部紧跟时代和科技脉搏，培养战略思维、科技思维和互联网思维，善于运用科技手段解决问题，善于运用互联网思维把工作干出成效。三是抓好“实践”培养。注重加强轮岗交流，推动多岗位锻炼，把“三大战略”火热的实践作为最好的课堂，引导和激励年轻干部在战略前沿、在基层一线经受锤炼，在条件艰苦、经营困难、矛盾复杂的地方和关键岗位进行历练，推动年轻干部在干中学、在学中干，实现学做互进、德才相长。四是增强“全局”意识。各级党委要在干部工作的全局中推进年轻干部工作。各级领导班子要形成合理的年龄梯次配备，优势互补，既让优秀年轻干部脱颖而出，又使其他年龄段的干部有施展才华的平台及机会，充分发挥好各年龄段干部积极性，让整个干部队伍都有干劲、有奔头、有希望。

第三，激励和约束并重激发干部担当作为。各级党组织要综合运用教育、管理、监督、激励等途径，不断激发全行干部改革创新的热情和内生动力。一方面，管理监督要从严。要建立管思想、管工作、管作风、管纪律的从严管理体系，管好关键人、管到关键处、管住关键事，做到真管真严、敢管敢严、长管长严。要坚持抓早、抓小、抓预防，及时修枝剪叶、防病驱虫。党员领导干部要强化党性修养，身体力行、以上率下，自觉做到有原则、有底线、有规矩，保持共产党人的风骨、气节、操守、胆魄。另一方面，关爱激励要到位。落实新时期好干部标准，要坚持选、管、赛相结合，在火热的一线和社会实践中发现干部、了解干部、选拔干部，坚持把忠诚干净的干部“用”起来，在推进“三大战略”中把干部“赛”出来，把勇于担当的干部“挺”起来，把优秀年轻的干部“育”起来，把事业发展的宝贵人才“留”下来，激励全行干部人才求真务实、担当作为，始终保持干部队伍应有的活力朝气和精神风貌。

四、以责任落实为保障，全面提高建设银行基层党建工作质量

会不会抓党建是衡量党员领导干部是否合格的重要标准。各级党组织特别是党组织书记必须把基层党建工作责任牢牢扛在肩上，坚持高标准严要求，以严格责任落实保障党的建设质量全面提高。

第一，健全完善责任体系。要从严落实党委主体责任，全面推行“一把手”落实党建责任任前谈话制度，强化党委书记第一责任人职责，其他班子成员要履行好“一岗双责”。各级党委要树立系统思维，加强谋划部署，理顺党委职能部门工作职责，定期开好党建联席会议，形成抓党建工作的合力。各有关部门要结合各自职能，加强政策统筹、资源统筹、力量统筹，共同推动和加强基层党建工作。

第二，规范教育培训体系。要加大教育培训力度，依托建行大学全面“培育”、系统“培训”，经常对各层级党组织书记、副书记、其他委员和党务工作人员进行轮训。总行目前正在统一设计开发新任职党委书记、党委委员培训课程，下一步，还将探索组建由党委书记、纪委书记、党委组织部长、基层党支部书记等组成的“党建工作讲师团”，注重教思路教方法，用身边的人讲身边的党建案例，让基层党组织对党建工作从“抽象”认知转变为“具体”落实。

第三，完善督查考核体系。要建立健全基层党建工作专项巡查、定期督导检查和述职评议考核等工作机制，用督查考核质量保证基层党建工作质量。要坚持任用干部看党建，将党员干部履行基层党建工作责任和参加党的组织生活情况列入干部政治表现考察的重要内容，与干部选拔任用挂钩。要坚持督查常态化，总行党委组织部专

门设置了组织二处，下一步将有序推进基层党建督查指导工作。要坚持基层党建述职评议考核全覆盖，督查结果和考核结果要与领导班子综合考评、经营业绩考核有效衔接，对落实管党治党责任不积极、不到位的严肃问责，以“党建体检”推动全行党建工作质量提升。

第四，建立职业化队伍体系。为落实全国国有企业党的建设工作会议精神，确保党建工作有人抓、有人管，2018 年下半年，总行党委印发了《关于进一步加强全行组织条线人员队伍建设的通知》，对一级分行、二级分支行和基层机构党组织专兼职党务工作人员队伍建设作出设计，将党建责任落实到人。各单位党委要抓好贯彻落实，强化领导和督促协调，切实把政治素质好、业务能力强的优秀骨干放到组织岗位培养锻炼，增强他们抓思想、带队伍、促发展的本领，为全面从严治党各项任务落地生根提供人才保证。要建立健全组织条线人员常态化培养机制，全面提升党务人员专业素养、专业能力和专业精神。要坚持以人为本，强化激励约束，着力打通组织条线人员的职业晋升通道，让党务干部有作为、有动力、有发展空间。

同志们，今天 5 家分行进行了现场述职评议，这既是对全行党建工作的一次盘点和检视，更是建设银行进一步学习贯彻习近平新时代中国特色社会主义思想和党的十九大精神，贯彻新时代党的建设总要求和党的组织路线，进一步强化党的领导和加强党的建设的实际行动。希望全行各级党委以这次述职评议为契机，切实把党建责任扛起来，不忘初心、牢记使命，以实际行动全面提高基层党建工作质量，为服务国家战略、服务社会民生和推动建设银行改革发展提供更加坚强的组织保障！

在2019年海外工作座谈会上的讲话

田国立

（2019年1月25日）

回顾过去的一年，面对复杂多变的国际形势，海外机构坚持“稳健发展”的主基调，主动调整发展策略，实现了利润平稳增长。海外机构进一步强化了合规意识和精细化管理能力，在合规与反洗钱要求不断提高、监管从严的国际大环境中，没有出现新的重大合规事件。与此同时，大家积极结合驻在国情况为总行战略提供有价值的调研报告，例如法兰克福分行围绕住房租赁和金融科技的研究报告以及建行亚洲、悉尼分行和新西兰分行就住房租赁方面提交的研究报告，都很有借鉴意义。有条件的机构则用实际行动践行总行战略，例如粤港澳大湾区住房租赁、建行大学纽约/伦敦学院建设、境内外撮合等。此外，大家对当地政治经济形势的敏感度和研究分析能力也有所提升，较好地发挥了窗口作用。在此，我代表总行对大家的辛勤付出和所取得的成绩表示肯定。下面，我围绕2019年工作提几点要求和希望。

一、认真研判当前面临的国内外形势

2018年是不平静的一年，全球经济总体延续复苏态势，但是主要经济体增长势头趋弱，下行风险逐步累积。具体来看，美国经济增长高位放缓，欧元区温和增长，日本经济增长乏力。美国挑起全球贸易摩擦，逆全球化浪潮阻碍了国际贸易和投资发展；美联储四次加息，新兴市场资本加速外流，国际金融市场大幅震荡。在这一背景下，国际主流机构纷纷下调了2019年的经济增长预期，全球贸易预计将出现连续两年增速下滑。与此同时，国际关系也更加扑朔迷离。中美贸易摩擦尽管有所缓和，但两国在贸易、金融和科技方面的竞争不可能停止。英国脱欧仍然悬而未决，欧洲一体化存在新的变数，对此，总行和相关海外机构必须着手研究备用方案；从国内形势看，正如中央经济工作会议指出的，“要看到经济运行稳中有变、变中有忧，外部环境复杂严峻，经济面临下行压力。要增强忧患意识，抓住主要矛盾，有针对性地加以解决”。国内客户是海外业务发展的重要基础，海外机构要及时关注国内经济走势，关注社会和企业的痛点、难点问题，才能在防范风险的同时抓住商机。

“风物长宜放眼量。”尽管2019年还存在较多不确定性因素，但我们仍要充满信心，相信我国经济长期发展向好的趋势没有变，经济一体化已经深入全世界各个经济体的“骨髓”之中，海外业务仍有发展空间。

一是对外开放进入新时代。改革开放40年为我国营造了良好的国际环境、开拓了广阔的发展空间。我国将致力于在新的起点、新的历史方位上继续推进改革开放。正如习近平总书记所说，“改革开放已走过千山万水，但仍需跋山涉水”。从我国监管部门取消银行和金融资产管理公司的外资持股比例限制、合格境外机构投资者总额度扩大1倍至3000亿美元，到举办中国国际进口博览会，再到华晨宝马外资持股比例提升至75%，马斯克将特斯拉开进中南海……中国这一系列扩大开放的密集举措，不仅增强了投资中国的“磁效应”，也为境内外合作搭建了崭新的平台。

二是“一带一路”建设步入新阶段。过去五年间，“一带一路”建设完成了总体布局，中国与“一带一路”沿线国家和地区进出口总额近7万亿美元，增速高于中国整体对外贸易，成为推动我国外贸加速回暖的重要力量。与此同时，无论是基础设施建设，多元融资体系建设，还是旅游与文化方面的交流，都成果显著。全球舆论对于“一带一路”倡议的态度，也经历了从观望、质疑，到支持与合作的转变。“一带一路”的“朋友圈”不断扩展，国际影响力不断显现，在国际舞台上发挥着越来越重要的作用。建设银行目前已在“一带一路”沿线7个国家设立了机构，2019年还将在“一带一路”倡议的“始发站”——哈萨克斯坦完成机构布点。如何服务好“一带一路”相关优质客户，请大家好好研究。

三是人民币国际化前景广阔。截至2018年11月，人民币在全球支付中的份额由2012年1月的0.25%上升至2.09%，在全球支付货币中排名第五；人民币已经成为交易最活跃的新兴市场货币，占比约4%。继欧洲央行宣布买入5亿欧元的人民币外汇储备后，德国、法国、瑞士和西班牙等国央行也纷纷表态将购买人民币资产。目前，全球已有约60个央行和货币当局将人民币作为其官方外汇储备货币。2018年，中国的人民币跨境收付在本外币中的占比上升至30%。人民币的国际化不仅给中资银行带来了丰厚的业务机会，也在一定程度上提升了中资银行在国际市场上的话语权和影响力。

四是“合规优先”对海外业务发展起到了积极作用。2018年，我们强调合规优先，强调稳健发展，并相应调整了考核办法，有些人担心海外业务发展会受到影响。事实情况是，2018年海外虽然总体资产下降了，但是利润上去了，也没有发生新的重大合规事件。实践是最有力的证明，事实是最生动的教材，正如我们说的“合规创造价值”，合规与业务发展并不矛盾，两者相辅相成。

二、认真思考“三大战略”与海外业务的关系

“三大战略”带给大家的实际上是一种思维方式。我们的业务发展已经碰到了天花板，按照原来的老路子已经没有进一步的发展空间，因此必须寻找新的诺亚方舟，谋求新的出路。

关于普惠金融。2018年，全行普惠金融贷款新增超过2000亿元，建设银行的信贷结构从大客户转向了小客户。服务小客户的核心有两个：一是有没有能力放量，二是有没有能力控制风险。总行决定做普惠金融是经历了战略思考过程的。我们已经具备了新一代核心业务系统这一科技优势，为发展普惠金融业务提供了重要的技术支撑。现在海外也都上了新一代系统，大家要学会使用，把功能用足，把系统的优势发挥到极致，把技术优势转化为生产力与市场竞争力。

关于金融科技。现在的竞争实际上是商业模式的竞争。我们之所以要打造“第二曲线”，就是因为银行业终究是传统产业，必须不断地调整思维模式，重新布局，以形成有利态势。我们成立金融科技公司的意义，不在于由成本支出单位变成利润中心，不在于赚了多少钱，而是希望通过市场化的运作带来思维方式的改变。另外，大家平时也要多留意，把好的科技公司、营销方式和金融产品介绍给我们的金科公司，国内国外相互借鉴。

关于建行大学。办建行大学，不是挂个牌子就行，要办出自己的特色。国外有什么好的办学方式、方法和教材，都可以研究一下，要结合我们的情况，设计出几个市场反响强烈的、对大家有益的、对我们未来的发展方向真正起作用的方案。大家在这方面要多花心思、多琢磨。

对于未来金融业应该往什么方面调整，其实大家都不知道。所谓的“第二曲线”，实际上都在打磨之中，没有固定模式，但方向是明确的。现在我们按着开放共享生态建设的思路打造“第二曲线”，这个过程需要发挥大家的集体智慧。不要认为国内忙“三大战略”，国外就没得忙。当你是封闭型思维的时候，永远没事可干，永远都会被边缘化。当你主动作为的时候，永远有无尽的事儿。大家出去以后，不能只是简单地看看报表，而要全面地关注政治、经济、文化各方面的问题，特别是国际前沿的经营问题，大家在海外看，会比在国内更直观、更全面些。所以大家的阅读能力要强，得有吸取当地市场信息的能力，同时把这些情况进行分析提炼，归纳整理。关于总行的战略思路和宏观决策，更多的思路应该是来自在座各位的，要在这些宏观思考方面提供一些方向性的东西。

三、深刻领会“合规优先，稳中求进”的积极含义

“明者因时而变，知者随事而制。”在座的各位都是我们建设银行国际化人才队伍的精英，无论处于哪个国家、面对怎样的环境，都要有国际

化的格局、视野和情怀。

（一）当前环境下，经营管理要始终牢记“合规优先”

建设银行已经进入全球系统重要性银行的第二档，是维护国家稳定的“金融重器”，同时也意味着一旦在某种情况下发生问题，影响将会很大。贸易摩擦引起的不确定性给金融机构的合规经营带来挑战，特别是非金融企业合规风险可能传导至金融机构。虽然目前海外情况总体趋于平稳，各国监管评价向好，但千万不可掉以轻心。俗话说“树大招风”，之前两家中资通讯企业的例子相信大家也很清楚。我们要针对海外的合规风险整理一些案例，让大家集体受受教育。建设银行的国际业务基本上是按着“稳健经营”的主基调推进的，要扎扎实实把基本功练好。我们给大家开的是负面清单，合规意识、监管意识、政治意识都得强，别给国家、总行惹麻烦。合规方面的具体要求，我就不详细讲了，有两点提醒大家注意。

一是要严格落实公司治理和经营决策的制度化管理要求。2019 年以来，银保监会、外汇局、审计署加大了对金融机构的检查力度。除业务经营情况外，海外机构“三重一大”决策机制落实情况、公务接待规定执行情况、境外子银行的公司治理情况等也都是检查重点。海外机构对于境内监管要求和总行的规章制度务必落实到位，时刻做到“心有戒尺”，不要让规章制度成为花瓶摆设。

二是要强化保密意识。随着对外投资合作的快速发展和规模的不断扩大，“出海”的中资企业面临着更加错综复杂的国际形势。这次海外会特别安排了保密和安全形势教育。大家在海外要遵循工作纪律，举手投足、说话办事都要谨慎，特别是针对敏感的事情。要加强员工教育，时刻绷紧“保密”这根弦儿，不该说的不说、不该看的不看、不该做的不做。一旦发生问题，不仅给个人带来污点，也将给企业带来不良影响。

（二）在合规优先的基础上，业务发展要“稳中求进”

建设银行的愿景是建设最具价值创造力的国际一流银行集团，目的就是在实现自身国际化发展的同时，努力成为中国融入世界经济的重要中介，支持全球的经济发展。发展海外业务是巩固建设银行国际大行地位的重要基础。虽然目前建设银行海外业务的体量还不是很大，但是我们在主要地区都有了机构。我们要认真贯彻习近平总书记关于“提高参与国际竞争能力”的要求，结合所处市场特点及机构专长，为客户提供综合化的金融服务。特别是身处国际金融中心的机构，享有更加丰富的金融资源和人才优势，应该更好地发挥示范和引领作用，带动整体海外业务的发展和管理能力的提升。在这里，我想提醒在座各位关注几个方面的机遇。

一是关注国内扩大金融开放所带来的机会。国内金融业开放在 2018 年迈上了新台阶，“一行两会”接连发布 10 余项政策通知，外资银行、保险、证券、基金以及期货等领域的开放措施渐次落地。下一步，自贸区将成为金融业对外开放的重要试验田，一些金融开放政策有望先行先试。我们一定要看到这些竞争中的合作机会。比如 2018 年底，通过建设银行东京分行的牵线搭桥，日本三井住友银行购入了 5 亿元建设银行发行的个人住房抵押贷款资产支持证券。其他金融机构也踊跃认购，连同渣打、汇丰和法国巴黎银行，认购总金额超过 27 亿元。在中国金融市场扩大开放的背景下，进一步推进与境外金融机构在债务资本市场领域的合作，有助于扩大引入境外资金的规模和范围。

二是要积极参与和配合第三方市场合作。据 WTO 预计，2019 年全球贸易增速将下滑至 3.7%。在逆全球化之风盛行和贸易保护主义抬头的国际环境下，中国企业无论是对外投资还是开展贸易合作，都面临困难局面。面对这种情况，我国创造性地提出了第三方市场合作这个新思路，就是要与发达国家联手，共享第三方国家的人口红利和消费市场，避免恶性竞争。据了解，我国已经与德国、法国、日本等 10 多个发达国家达成共识，重点聚焦基础设施、能源、环保、金融等领域的第三方市场合作。应该说，此类合作已经成为共建“一带一路”的新路径和国际合作的新模式，各海外机构要抓住当下机会，发挥金融支撑引领作用，携手国外金融机构，将第三方市场这块蛋糕做大。

三是争取在中外合作撮合方面作出成绩。金融说到底就是经纪人（broker），是不断地撮合，不断地营造生态和商业机会。基于庞大的客户数据及其信用体系，银行天然拥有与各方面进行联系的优势，我们应该发挥这项优势。通过业务撮合，帮助两边的政府招商引资，帮助两边的企业“走出去”，相当于既做了 B 端，又做了 C 端；既做了境内，又做了境外。这样，我们不但可以争取到业务，更可以创造业务，从而真正从源头上把握机会。

四、要实现国际化人才战略真正落地

国际化人才战略是建设银行一项长期的工作重点。随着全球经济一体化，培养国际化人才不仅是海外机构，同时也是国内分行的内生需求；不仅仅是为了支持国际业务和海外业务的发展，对国内市场拓展、客户服务以及业务创新都具有良好的推动作用。2018 年，我们已经在薪酬方面拿出了强有力的政策，人力资源部也在积极调整海外用人政策，还有建行大学的建立，都为建设银行国际化人才的培养创造了各种软硬条件。但是，待遇是与贡献度相匹配的，若是长期没贡献，就会被淘汰，大家得有这个概念。我总是强调大家的语言能力，就是怕大家到海外熬年头，对行里没什么贡献，对国家没什么贡献。总行要尽可能加大国际化人才培养，同时大家主观上也要多努力，在海外安排好学习，加强自身能力建设，哪不够抓紧补，下点工夫，吃点苦。如果到了总行确实有必要进行调整的时候，大家也要有点胸怀，豁达一点。海外的成本高，成本越高对大家的压力越大。金融行业是充分竞争的，所以我们也需要讲究效率，希望大家能够专业专注，在适应岗位上多努力。此外，在座各位海外“一把手”要切实担负起加速培养人才的责任，要善于发现、培养、使用和留住人才，尤其是培养一批语言能力强、拥有国际化视野、具有创新精神、踏实肯干的年轻人，为建设银行的国际化发展输送新鲜“血液”。还是那句话，我希望大家以后找总行汇报工作的时候，不要光说资产、负债、利润有多少，更应该将培养了多少国际化人才纳入工作业绩的考量维度里面去。

最后，预祝大家新春快乐！

在2019年全行巡视巡察工作会议暨巡视动员部署会上的讲话

田国立

（2019年4月11日）

同志们：

今天我们召开2019年全行巡视巡察工作会议暨巡视动员部署会，主要任务是深入学习贯彻习近平新时代中国特色社会主义思想和党的十九大精神，学习贯彻习近平总书记关于巡视工作的重要论述、重要要求，学习贯彻中央纪委三次全会、全国巡视工作会议精神，对建设银行2019年巡视工作进行动员部署。刚才，桂平同志传达了习近平总书记在听取2018年中央巡视工作情况汇报时的重要讲话精神，我们要深入学习领会，坚决贯彻落实。下面，我讲四点意见。

一、坚定不移深化政治巡视，利剑作用愈加彰显

建设银行巡视工作起步早、有传统，始终认真贯彻落实中央巡视工作方针，先后完成了2轮巡视全覆盖，发现并推动解决了一批突出问题和深层次矛盾，为推动全面从严治党、从严治行提供了有力支撑。党的十八大以来，伴随管党治党实践发展，巡视工作不断深化，逐步完善领导体制和工作机制，创新方式方法，工作力度、深度和效果显著提升，巡视工作不断焕发新的生机和活力。

（一）党委统筹谋划，组织领导更加有力

总行党委高度重视巡视工作，自觉履行主体责任。紧密结合建设银行实际，研究制订巡视工作五年规划，为建设银行新时代巡视工作绘制发展蓝图。根据中央精神，及时调整巡视工作领导小组设置，设立由党委书记任组长，党委副书记、驻行纪检监察组组长任领导小组副组长的巡视工作领导体制。健全巡视机构，充实工作力量，建立了一支专业、专注、专职化的巡视队伍。全行巡视巡察全覆盖有序推进，总行巡视覆盖到一级分行、总行部门、直属机构、审计机构、子公司；分行已全部开展对二级机构的巡察，并探索向县支行延伸。党委统筹谋划、领导小组靠前指挥、巡视巡察上下联动的监督格局初步形成，为巡视工作持续健康发展提供坚强保障。

（二）深化政治巡视，职能定位愈加精准

巡视工作从业务检查到“政治体检”，从对巡视对象的全面评价到专注“政治画像”；从“一个中心、四个着力”，到“六项纪律”“三大问题”，再到“六个围绕一个加强”，政治站位越来越高，定位越来越准，工作越来越深入，成效越来越显著。我们坚持在党的全面领导上聚神、在加强党的建设上聚力、在推进全面从严治党上聚焦，紧盯政治责任进行政治监督，切实发挥政治“显微镜”“探照灯”作用，树立了鲜明的政治导向。

（三）突出监督重点，监督质量显著提升

巡视工作不断探索强化监督的有效途径，树立靶向思维，持续精准发力。紧盯“关键少数”，抓住权力运行的关键环节和重点领域，运用IT系统筛查重点人员资金往来，查找违规背后的以权谋私、利益输送。巡视巡察发现并移交了一批领导干部“靠行吃行”，以贷谋私、经商办企业、利益输送等严重违规违纪问题线索，巡视真正成为发现问题的“尖兵”。

（四）强化巡视整改和成果运用，标本兼治战略作用不断显现

巡视既是治标之举，也是治本之策。坚持巡视“双反馈”、整改“双报告”，着力构建立体双向整改监督机制。总行先后开展整改督查和巡视“回头看”，充分体现了总行党委对整改工作的严

肃性和韧劲。针对巡视发现的普遍性、倾向性问题，从体制机制、监督管理上深挖问题根源，提出解决建议。政治巡视以来，巡视组共向总行党委提交工作建议72项，形成专题报告26份，为党委决策提供重要参考，发挥了寻找弊端根源，规范管理、促进发展的治本作用，取得较好成效。

（五）注重协调配合，监督合力持续增强

整合资源、凝聚合力是提升巡视监督质效的重要基础。近年来，不断深化巡视与纪检监察、组织、审计、财会等部门的沟通协调，逐步形成信息共享、力量共用、技术共通的协作配合机制，着力做到权力行使到哪里，监督约束就跟进到哪里，将制度优势转化为监督效能。

同志们，全行巡视巡察工作扎实有效、成果丰硕，总行党委对此充分肯定。成绩的取得，离不开同志们的辛勤付出、敬业奉献和不懈努力，大家经常出差在外，克服许多家庭困难；经常加班加点，非常辛苦。在此，我代表总行党委和巡视工作领导小组，向全行巡视巡察干部员工，表示诚挚问候和衷心感谢！

二、深刻领会党中央关于巡视工作决策部署精神，增强做好新时代巡视工作的责任感紧迫感

党的十八大以来，习近平总书记多次就巡视工作发表重要讲话、作出重要指示，党的十九大后一年多的时间里，又对巡视工作发表四次专门讲话，对做好新时代巡视工作作出全面系统部署；在新中国成立70周年、决胜全面建成小康社会关键之年，党中央批准召开第一次全国巡视工作会议，充分体现以习近平同志为核心的党中央对巡视工作的高度重视。我们一定要找准坐标、定准方向，迅速把思想和行动统一到党中央决策部署上来，紧密结合建行实际，深化思想认识，增强投身新时代巡视工作的思想自觉、政治自觉、行动自觉。

（一）深刻认识巡视为履行大行担当、服务国家战略保驾护航的重要责任

服务国家、服务人民是国有大行的天然使命和价值体现。2014年9月，习近平总书记对建设银行作出重要批示，指出“要进一步增强服务国家建设能力、防范金融风险能力、参与国际竞争能力，再创新佳绩，为中华民族伟大复兴作出更大贡献”。作为一个大型国有商业银行，一定要充分珍惜习近平总书记为我们亲自批示的荣誉，更要将“三个能力”建设要求作为我们长期遵循的指针，用拓展“第二发展曲线”和“三大战略”将习近平总书记的要求落地。今明两年是决胜全面建成小康社会、实现第一个百年奋斗目标的关键时期、收官时期，在这样一个重大历史关头，我们必须坚决做到“两个维护”，始终同党中央保持步调一致，坚决完成好新时代党中央赋予的新使命新任务，助力供给侧结构性改革，以“三大战略”重点突破带动全局，以全面开启“第二发展曲线”培育新动能、探索新路径，以温情打造劳动者港湾化解社会痛点、助力社会治理，用金融解决方案为党和国家分忧，扛紧扛实党执政兴国金融重器的使命担当。巡视作为党的巡视、政治巡视，肩负着督促落实党的大政方针，确保中央政令畅通的重大政治责任，一定要提高政治站位、自觉服务大局，坚决贯彻“发现问题、形成震慑，推动改革、促进发展”巡视工作方针，坚决破除贯彻落实中的形式主义、官僚主义，坚决纠治选择性落实、虚假落实等问题，为凝聚全行智慧和力量，更好地服务国计民生、赋能社会提供坚强保障。

（二）深刻认识巡视是加强政治监督、推进全行党的建设的重要利器

国企姓国、国企为党。中国银行业改革发展成就证明，只有坚持党的领导，才能确保金融改革发展保持清醒头脑，不偏离正确方向。党的十八大以来，我们坚决贯彻落实习近平总书记关于加强党的建设重要论述，以看齐追随的政治自觉，把抓好党建作为最大政绩，融入经营管理全过程，将红色基因转化为发展优势，聚力稳健经营和改革创新，全行各级党组织管党治党责任和意识不断增强，“强业务必先强党建”的政绩观、发展观不断巩固，党建成为红色引擎带领全行建设发展驶上快车道。但同时也要清醒地看到，党组织贯彻上级决策部署不到位、功能作用发挥不充分、监督管理党员不严格、重业务轻党建等问题在一些单位还不同程度存在，反映出有的党组织履行“两个责任”特别是主体责任仍不够自觉和有力，这是许多问题产生的重要原因。巡视的本质是政治监督，就是要聚焦加强党的全面领导，紧盯党组织和党员领导干部履行政治责任情况，着力解

决党的建设中存在的突出问题，督促牢固树立“四个意识”，坚定“四个自信”，强化政治担当，落实政治责任，不断夯实改革发展的思想、政治和组织基础，引领各项业务高质量发展。

（三）深刻认识巡视把从严管党治行、正风肃纪反腐引向深入的重要作用

银行特殊的行业属性决定了时刻面临天然诱惑。从这些年化解金融风险、治理金融乱象、查处金融大案来看，很多金融风险是人为因素造成的。当前，全面从严治党取得新的重大成果，反腐败斗争取得压倒性胜利，但形势依然严峻复杂。党的十八大以来，我们坚决贯彻党中央关于加大金融反腐力度的决策部署，严肃查处一批严重违纪违法案件，但仍有个别党员干部对党纪党规缺乏敬畏、心无戒惧，不收敛不收手、顶风违纪的问题时有发生，有的问题还十分严重，特别是正风反腐压力传导递减，“四风”和群众身边腐败问题易发多发。这些问题如果不及时发现、纠正和解决，势必削弱党组织凝聚力战斗力，势必影响党员领导干部廉洁秉公用权，势必为引发金融风险带来巨大隐患。全面从严治党永远在路上，任何时候都不能有松松劲、歇歇脚的想法。开展巡视工作，就是要把“严”字长期坚持下去，把党内监督与外部监督结合起来，前置监督关口、拓宽监督渠道、加大监督力度，把全面从严治党、从严治行的强劲之风刮到全行各个角落，做到抓早抓小、防微杜渐，利剑高悬、震慑常在，为营造海晏河清的政治生态，以优良党风行风推进改革发展提供有力支撑。

三、准确把握新任务新要求，推进新时代巡视工作高质量发展

习近平总书记在听取2018年中央巡视工作情况汇报时的重要讲话，从全面从严治党的战略高度，深刻阐述了新时代巡视工作的政治方向、政治定位、重点任务、工作格局，是新时代巡视工作深化发展的思想武器和行动指南。我们要深入学习领会，把握精髓要义，在学懂弄通做实上下工夫，在结合建设银行实际贯彻落实上下工夫，按照全国巡视工作会议部署要求，紧而又紧、从严从实抓好具体工作，不断提高巡视巡察质量和水平。

（一）落实政治巡视要求，强化政治监督

壹引其纲、万目皆张。习近平总书记对推动巡视高质量发展提出的第一项要求，就是加强政治监督，鲜明指出了深化政治巡视的本质要求。对此，我们要深入把握落实。一要深化理解政治监督内涵，牢牢把握“两个维护”这个“纲”和“魂”。落实党中央政策、一心一意办好银行，是国有大行践行“两个维护”最具体的实际行动。强化政治监督，就要紧扣“两个维护”根本任务，把政治监督的内涵和内容具体化，深入检查在防范金融风险、服务实体经济、抓好脱贫攻坚、履行大行担当上，与党中央要求相比，有没有温差落差偏差；在贯彻总行党委部署要求上，有没有真正落实到位。二要准确把握政治监督关键，盯住政治责任这个牵总的“牛鼻子”。重点检查落实党的路线方针政策、中央重大决策部署以及总行党委要求情况，落实全面从严治党主体责任和监督责任情况，落实党建工作责任、加强组织建设和队伍建设情况，落实整改责任情况。总行以往巡视发现，有的党组织对“三大战略”理解把握云里雾里，推进落实行动迟缓；有的领导干部把扶贫当作口号、不抓落实，甚至连扶贫地区都没去过。2019年尤其要把破除形式主义、官僚主义，重痕迹、轻落实的问题突出出来，把脱贫攻坚不力的问题突出出来。此外，还要把对中央巡视整改责任不落实、整改不到位的问题突出出来，这些都是政治上不担当、责任缺失的典型。这里要强调的是，脱贫是总书记代表全党向人民作出的庄严承诺，在完成扶贫任务上我们绝不能落后。扶贫不是喊喊口号、例行公事地派去扶贫干部，就代表完成任务了。总行相关部门、分行都要带着对老百姓的诚挚感情，真正投入进去，千万不能当了扶贫不力的典型。要坚决贯彻党中央要求，狠抓工作落实，同时，我们作为金融工作者，有责任创造性地把扶贫工作做好、做深入。近期，扶贫款已经下拨了，有关单位要主动在帮助老百姓花好这笔钱上动脑筋、想办法。巡视要把我们的扶贫工作列入监督重点，看看还有哪些问题，抓紧做好整改。三要切实提高政治监督能力，把握好政治和业务的关系。心中有政治，眼中才能见问题，做好政治监督，就要善于从具体业务切入，从政治高度发现和辨析问题。总行党

委全面推进“三大战略”，铺展的是业务，但在深层次上，是回归服务社会本源，用金融“温柔的手术刀”解决社会痛点和民生难点，将党中央决策部署贯通落地的具体实践。“三大战略”饱含着政治、蕴含着担当，体现的是建设银行将自身发展同国家战略、民生需求紧密联系在一起的价值追求，各级党组织必须扛起强化战略传导、推进战略布局落地见效的政治责任。提高政治监督能力，就要跳出业务讲政治，提高这种政治判断、政治分析能力，强化政治敏锐性和政治辨别力，对发现的问题多从政治责任上查找根源，只有扭住责任不放，才能把政治监督做深做实。

（二）抓好工作统筹谋划，高质量推进全覆盖

完成巡视巡察全覆盖是推进全面从严治党的规定动作，是党章规定的硬任务。抓好全覆盖，要着力在两个方面下工夫。一是坚持有形覆盖和有效覆盖相统一。既不能在完成全覆盖任务上打折扣，也不能抢时间、赶进度，为了全覆盖而全覆盖。各分行要按照这个要求，科学谋划全覆盖计划和阶段任务。从了解掌握情况看，当前，全行巡视巡察工作水平还不平衡，全覆盖质量与党中央要求还有较大差距，有的学习贯彻巡视工作要求不及时不深入，甚至由纪委书记代替主持巡察领导小组会议；有的关注鸡毛蒜皮、无关痛痒的一般性问题多，关注深层次问题、问题背后的问题少，丢西瓜捡芝麻；有的把其他检查发现的问题，直接拿来“炒冷饭”应付差事；还有的对巡察重视不够，队伍不稳定、力量不强等。实现有效覆盖，就要在有形覆盖的同时，针对这些问题，加大力度研究解决，提高工作质量和水平。二是要推进巡视监督与其他监督贯通融合。习近平总书记强调，要高质量推进全覆盖，把巡视监督与其他监督贯通起来，立体聚焦、形成合力。我们要按照要求，紧扣形成纪律监督、监察监督、派驻监督、巡视监督“四个全覆盖”权力监督格局，建立完善巡视与纪检、组织、审计、合规等协作配合机制，结合派驻机构改革实际，研究制定发挥监督合力的协调运行机制，实现信息、资源、力量、手段和监督成果共享共用，增强监督实效。

（三）聚焦“后半篇文章”，狠抓整改落实

强化整改落实、做好巡视“后半篇文章”是十九届中央巡视释放的一个鲜明信号。巡视工作十六字方针，之前强调发现问题、形成震慑；当前更要在推动改革、促进发展上集中发力。对照党中央要求，必须清醒看到，全行各级在落实整改上还存在一定差距，迫切要求我们紧扣“后半篇文章”，以最坚决的态度、最务实的作风、最有力的行动，把巡视整改抓紧抓实。一要强化督促整改的责任担当。整改不到位，巡视效果就会大打折扣，如果巡视过后万事大吉、一走了之，有病不治、问题得不到解决，有问题的人就会长出一口气，群众更会失望，甚至对我们党失去信心。抓好巡视整改，必须从政治上破题，在政治上达标。各单位“一把手”一定要高度重视，既要重视中央巡视整改，也要重视我们内部巡视整改。特别是要深刻认识这次派驻机构改革的重大意义，驻行纪检监察组代表的是中央纪委，是长期在建设银行“不走的巡视组”。因此，我们面对问题就更不能回避，发现问题就要及时整改、不留余地，在这方面一定要严肃起来。巡视、纪检、组织等机构都要主动承担起督促整改责任，将“多股绳”拧成“一股劲”，督促被巡视党组织在落实整改上担当尽责、积极作为。二要加强整改情况的常态监督。通过巡视“回头看”、专项检查、整改督查等多种方式，加强对整改的经常性检查；纪检机构要主动跟进，将巡视整改作为日常监督重要内容；组织部门要把监督整改与选人用人日常工作有机结合起来，把整改情况纳入党委班子考核和领导干部考核内容，以监督常在促进整改常态。要用好问责利器，对整改责任不落实、整改不力的，要严肃问责。三要深化标本兼治的长效机制。整改落实不能满足于零敲碎打、查漏补缺，要跳出就整改抓整改的思维，不仅要不折不扣地落实巡视反馈意见，更要锁死推动改革发展这个落脚，对带有普遍性、倾向性的问题，建立完善移交督办机制，督促机关部门从制度层面加以规范解决，做到纠正一个问题，整改一类错误，健全一套制度，推动经营发展和改革创新，发挥巡视标本兼治作用。

（四）着眼上下联动贯通，推进巡视巡察向基层延伸

建立巡视巡察上下联动监督网是党的十九大的明确部署，我们要紧跟党中央步伐，紧扣向纵深发展、向基层延伸，推动构建更完善、更严密、更高效的巡视巡察格局。首先，总行要加强对巡察工作的领导。总行巡视办要发挥好承上启下的作用，及时通报传达中央方针政策和总行党委部署要求，建立完善重点突出、方式灵活、流程规范的领导指导机制，盯着抓、领着学、带着做，把压力和责任传导下去；总行巡视组要结合现场巡视，加强指导帮带和重点帮扶。其次，分行要不等不靠主动作为。大家作为巡察干部，抓好巡察工作是分内要务、应尽之责，要牢记有“为”才能有“位”，强化主动作为的担当，紧密结合地域特点和单位实际，重点抓好巡察向基层延伸，着力发现和推动解决群众身边的腐败问题与不正之风，以紧抓不放、真纠真治的实际行动，打通全面从严治党“最后一公里”。此外，还要注意加强调查研究。对于我们来说，建立上下联动监督网是一项比较新的课题，要深入开展调查研究，及时分析特点、把握规律，从监督任务联动、成果运用联动、信息共享联动等方面入手，边实践边总结，边推进边提高，在探索创新中促进形成上下贯通、有效联动的监督格局。

（五）坚持实事求是，依规依纪依法巡视

实现巡视工作高质量发展，必须紧扣加强规范化建设，把实事求是思想路线、依规依纪依法要求贯穿始终。第一，实事求是是巡视工作的基本原则。要树立正确的监督政绩观，准确把握客观规律，紧密联系实际，用历史的、辩证的、发展的、联系的观点分析研判，做到精准发现、精准定性、精准报告；要重点了解党的十八大以来特别是上次巡视以来的新情况新问题，把主要矛盾和矛盾的主要方面找出来。坚持把握共性、突出个性，善于把分行与总行部门、不同地区、不同机构之间的差异拎出来，把党委班子的“像”画得更鲜活、更贴切。坚持落实“三个区分开来”，准确把握违纪违法与工作失误的政策界限，把服务实体经济、改革创新、防范化解风险，特别是推进“三大战略”等事业作为容错纠错的出发点和立足点，保护和激发党员干部积极性、主动性、创造性。第二，依规依纪依法巡视，是坚持实事求是原则的必然要求和应有之义。要严守纪法要求，一言一行、一举一动都要合规、合纪、合法，切忌违反程序和规范，个人不得在巡视过程中单独找人谈话，未经授权不得擅自对问题随意表态、定性，更不准擅作主张、先斩后奏。要严格按照党章、巡视条例和巡视组工作规则办事，严守巡视职责边界，严禁超越权限。不干预被巡视党组织的正常工作，不履行执纪审查的职责，这要作为一条红线严格把握。对巡视中遇到的重大问题，各组要及时通过巡视办向领导小组请示报告。

四、加强组织领导，确保巡视有力有序有效开展

根据总行党委统一部署，按照全覆盖节奏，2019 年在开展常规巡视和“回头看”的同时，将首次探索整改帮扶，并酌情对问题反映集中的机构进行机动巡视，探索对海外机构进行定点巡视；分行党委也要结合实际统筹部署巡察工作。从本批次开始，巡视时间从 2 个月调整为 2 个半月到 3 个月，这样有利于深入了解问题，把情况摸深摸透。时间延长了，对工作的质量要求就更高了。我们必须坚持稳中求进，加强组织领导，确保各项工作有力有序、取得实效。这里，我强调三点。

（一）坚持稳中求进，自觉维护大局

稳中求进，是党中央治国理政的重要原则，也是做好各项工作的科学方法。开展巡视，必须始终坚持稳中求进，既要认真履行监督职责，又要注意维护改革发展稳定大局。要正确处理与被巡视党组织的关系，紧紧依靠被巡视党组织开展工作，巡视与被巡视的根本目的是完全一致的，都是为了推动建行深化改革、健康发展。对于这一点，不仅我们巡视干部要认识到位，而且要引导被巡视单位的党员领导干部认识到位，让他们认识到巡视是帮助他们去发现和解决问题的，做到同题共答、同向发力，共同完成总行党委交给的巡视任务。要稳妥有序做好信访工作，群众向巡视组反映问题，是对我们的信任，要认真倾听、妥善处理；同时，更不能跑风漏气，特别是对实名举报的，要注意严格保密。

（二）落实主体责任，坚实组织保障

巡视巡察工作主体责任在党委，党委书记是第一责任人，只有党委重视特别是党委书记重视，巡视才有权威、有效果。总的来看，分行党委抓巡察工作力度是强的，但也有个别党委对巡察主体责任的认识还不到位、担当还不够有力，有的

听取汇报不及时、点人点事不鲜明、运用成果措施不具体，有的对机构人员方面的困难研究解决不彻底，有的甚至把巡察工作简单推给纪委。分行党委要进一步强化主体责任，把巡察工作摆在更加突出的位置，放在推进改革发展和加强党的建设大局中统一谋划、部署和推进；党委书记要亲自部署、亲自过问、亲自协调、亲自督办；巡察工作领导小组要切实履职，认真听取汇报、研究具体问题和意见建议，发挥好领导、指导和跟踪作用。

（三）加强自身建设，优化队伍管理

巡视工作越深入，越是考校巡视干部的政治素质、政策水平、责任担当和履职能力。要强化政治担当，结合开展“不忘初心、牢记使命”主题教育，引导巡视干部坚定理想信念宗旨，提高政治站位，增强监督能力。要强化业务学习，通过集中培训、以会代训等方式，全面系统学习中央政策文件和总行制度要求，这是巡视监督检查的政策依据和标准，特别是新进组的同志，要尽快熟悉巡视工作流程和业务，尽早进入状态。要强化熔炉作用，建立巡视干部选配机制，把巡视岗位作为发现、培养、锻炼干部的重要平台。要强化队伍管理，建立巡视后评估制度，坚持严管和厚爱结合，激励和约束并重，切实关心巡视干部的思想、工作和生活，表现优秀的要向组织推荐。大家作为巡视干部，更要高标准、严要求，自觉遵守中央八项规定精神，带头力戒形式主义、官僚主义，坚决维护巡视队伍良好形象。

最后，强调一下“政治画像”问题。中央每轮巡视，习近平总书记都亲自听取情况汇报。总行党委向党中央和习近平总书记看齐，对巡视情况报告非常重视，就是希望通过巡视，对被巡视党组织有更深层的认识和更全面的把握。因此，巡视要画好“像”，真正把一个班子、一个行的特征客观、真实地反映出来。要通过典型事例，把被巡视党组织班子怎么样、干部怎么样，特别是主要领导、班子成员精神状态怎么样，形象贴切地描绘好，不能千篇一律、过于格式化。各组组长都有丰富的工作经历和经验，要在这方面见功夫，能不能画好“像”，也反映了工作水平。总行党委在听取汇报时，也在对各巡视组打分，看是否在发现问题上坚持了原则；发现问题是否客观，具有典型意义；是否倾听了基层声音，问题是个例还是普遍现象；是否抓住深层次问题，让党委清晰掌握真实状况；等等。希望随着巡视工作的规范化、制度化、专业化，把被巡视党组织的“像”画得更精准，把巡视工作提升到更高水平。

同志们，2019 年的巡视工作即将开启，我们的任务艰巨、使命光荣、责任重大。希望大家牢记使命、不负重托，恪尽职守、扎实工作，以新时代有新作为的精神面貌，以“三严三实”的工作作风，以“永远在路上”的韧劲和执着，高质量夺取巡视工作新成效，圆满完成总行党委赋予的任务，以优异成绩庆祝中华人民共和国成立 70 周年。

在总行机关第八次党代表大会上的讲话

田国立

（2019 年 4 月 16 日）

各位代表，同志们：

中共中国建设银行机关第八次党代表大会，经过全体代表的共同努力，圆满完成各项议程，即将胜利闭幕。大会开得很成功，我代表总行党委向大会的胜利召开和新当选的机关党委、机关纪委委员表示热烈祝贺！对中央和国家机关工委委员、组织部部长顾祥胜一行的莅临指导表示衷心感谢！

这次大会认真总结了党建工作经验。大会全面贯彻习近平新时代中国特色社会主义思想和党的十九大精神，认真落实新时代党的建设总要求以及中央和国家机关工委工作部署，围绕增强机关党的政治领导力、思想引领力、内生战斗力、纪律约束力和群众组织力，全面总结了 2014 年以来机关党建工作经验，客观分析了当前机关党建工作面临的形势。鲜明提出加强新时代机关党建工作要提高政治站位、突出政治引领、严肃政治生活、严明政治纪律、强化政治担当五项建议，这对于引导总行机关基层党组织和广大党员干部牢固树立“四个意识”、坚定“四个自信”、践行“两个维护”、做到“三个表率”、建设“模范机关”具有重要意义。必将动员机关全体党员干部更加紧密地团结在以习近平同志为核心的党中央周围，不忘初心、继续前进，在推进建设银行“三大战略”、开启“第二发展曲线”、实现“两个一百年”奋斗目标、实现中华民族伟大复兴中国梦的历史征程中增添新动力、迈出新步伐。

这次大会圆满完成了“两委”换届选举。大会严格遵循《中国共产党章程》《中国共产党基层组织选举工作暂行条例》，认真落实中央和国家机关工委《关于做好机关党委、机关纪委按期换届工作的通知》要求，把坚持党的领导贯穿始终，突出政治标准，充分发扬民主，选举产生了建设银行第八届机关党委和机关纪委。新当选的“两委”成员既符合工委、纪工委各项要求，也体现了党务部门工作职能的特殊性和工作的连续性，并兼顾了各业务板块部门和条线的代表性，必将为总行机关落实中央和国家机关工委、总行党委工作部署提供有力的政治和组织保证，必将能够团结带领总行机关广大党员、群众在新的起点上为推进建设银行改革发展事业作出新的更大贡献。

这次大会充分展示了机关良好形象。大会是在中央和国家机关工委的正确领导和亲切关怀下顺利进行的，各位代表讲政治、顾大局，忠诚履职、严守纪律，以实际行动营造了团结民主、风清气正的换届风气和优良会风，形成了心齐、气顺、劲足的好局面。因工作调整、年龄等因素，第七届机关党委和机关纪委成员中有 8 名同志未列入此次换届选举候选人，没有连任。他们在过去四年中忠诚履职、积极作为，为提升机关党建工作质量做了大量富有成效的工作；在此次换届选举中，他们服从组织安排，不计个人得失，表现出强烈的政治意识、大局意识。在此，我们向他们表示崇高敬意！在大会筹备期间，各支部（总支）对代表选举、“两委”候选人推荐工作高度重视，认真负责，确保了大会顺利召开。今天，全体工作人员精心保障，严密组织，为大会顺利进行作出积极贡献。在此，我们也向大家表示衷心感谢！

下面，我对做好新时代机关党建工作特别是加强机关党的政治建设谈几点意见。

第一，建设模范机关，增强落实“两个维护”的政治自觉。习近平总书记强调，中央和国家机关首先是政治机关，必须旗帜鲜明讲政治。中央印发的《中共中央关于加强党的政治建设的意见》，对推动新时代党的政治建设进行了全面部署。总行机关党员集中、骨干集中、权力责任集中，既是党的路线方针政策的执行者，又是各项工作的具体组织者和实施者，具有很强的示范效应。全体党员必须准确把握政治机关定位，深入贯彻《中共中央关于加强党的政治建设的意见》，增强“四个意识”、坚定“四个自信”、坚决做到“两个维护”，建设让党中央放心、让人民群众满意的模范机关。加强党的政治建设、建设模范机关，关键是要带头做到“两个维护”。要引导党员干部增强“两个维护”的自觉、把握“两个维护”的内涵，切实把“两个维护”铭记在心上、落实到行动，确保党中央政令在建设银行畅通无阻、落地生根。要以开展“不忘初心、牢记使命”主题教育为契机，持续深化习近平新时代中国特色社会主义思想的学习教育，做到系统深入学、融会贯通学、带着感情学、联系实际学、及时跟进学，始终做习近平新时代中国特色社会主义思想的坚定信仰者和忠诚实践者。要以坚定政治信仰为根本基础，以坚持党的领导为本质要求，以提高政治能力为关键举措，以净化政治生态为基本途径，全面系统地推进党的政治建设。要把政治标准和政治要求贯彻于党的各项建设中，强化责任担当，严格监督问责，坚持抓“关键少数”和管“绝大多数”紧密结合，以党的政治建设全面加强，引领机关各项工作全面提升。

第二，把握核心任务，提升服务改革发展的政治能力。要牢牢把握机关党建工作服务中心、建设队伍两大核心任务，坚持将党建工作与业务工作同谋划、同部署、同检查、同落实，把加强党的政治建设落实到经营管理工作各方面和全过程。要坚持围绕中心抓党建、抓好党建促发展，积极推广“机关大讲堂”“支部小学堂”“支部工作法”“联学＋实践”“微型党课”等党建工作经验，着力打造“主题党日＋”“网络党支部”“支部微党建”等党建工作载体，将党建工作的政治优势、组织优势转化为推进改革发展的竞争优势、发展优势。要紧紧围绕党的十九大对党的建设提出的重大部署，探索出更多符合中央要求、具有建设银行特色的方法路径；要围绕党的十九大提出的把党的政治建设摆在首位的要求，深入研究如何突出政治建设的统领地位，把讲政治的要求贯彻到改革发展全过程和各方面，防止“两张皮”现象；要围绕全行重点工作任务落实，深入研究如何准确掌握党员干部思想动态，增强思想政治工作针对性有效性。抓机关党建工作不是空泛喊口号，要着力解决“灯下黑”和“两张皮”问题，尤其要解决好官僚主义问题。总行同志对基层同志要有服务意识，要热情周到。市场情况千变万化，基层同志提出意见建议时，要引起重视、认真研究。各位党代表要发挥表率作用，带动形成良好作风，把总行党委对基层的关切传导下去。

习近平总书记提出的以人民为中心的发展思想，需要我们通过日常工作体现，需要我们针对社会痛点，设计出适销对路的金融产品，服务社会大众。例如，我们通过设计“民工惠”产品，助力解决长期折磨务工群众、困扰党和政府的农民工“讨薪难”问题；我们实施住房租赁战略，助力解决百姓住房难、住房贵的问题。当我们带着感情去设计产品后，就能够助力国家解决社会难题，就真正做到了以人民为中心。总行很多同志既是金融工作者，又是党务工作者，不能只盯着业务指标，要带着强烈使命感去落实党中央政策。设计金融产品和作家搞创作一样，如果不深入生活，缺乏对社会大众发自内心的同情心，就没有创作源泉，设计出的产品就不能惠及民生，缺乏生命力。建设银行有20多万亿元资产，若不能有效利用这些资源，惠及社会大众，就会成为银行的自娱自乐。比如，我们发展农村市场、搞村口银行，不能只是基于市场逻辑和收益去设计产品，不能只奔着、盯着农民手里的低息存款，而要多向农民提供回报率高、风险低的金融产品，给农民提供增值服务。比如，我们成立建行大学，既是为了培养建行员工，也是为让老百姓掌握基本金融知识，防止上当受骗，享受到现代金融服务，把党中央对老百姓的关怀通过银行渠道传递到社会，这是政治责任。

我们建设“劳动者港湾”给基层同志增添了很多工作量，也影响了以往安静的工作环境。但我们是国有银行，如果连厕所都舍不得向社会开放，连口水都不给老百姓喝，这还算什么国有资产？漂亮的年报数字有何意义？金融界的一片喝彩有何意义？实践证明，我们给老百姓开放“劳动者港湾”，让全社会多了一万多个厕所；通过建行大学培训普通老百姓、小微企业主、村镇干部，让他们懂得遵守金融秩序、遵守金融法规、防范金融诈骗，更好地使用金融产品，更让党中央号召不再只是政治理念，而是在正确理念指引下的一系列实实在在的行动。通过调研，社会各界都反映很好，特别是年轻人对于承担这种社会责任很有热情。他们和普通劳动者接触后，更加懂得珍惜自己的工作，也认识到自己有责任去帮助更多的劳动者，激发出崇高使命感，形成了一种正能量。我们以人民为中心，人民也会以最淳朴的方式回报我们。许多出租车司机、环卫工人不富裕，但把亲戚朋友都拉到建设银行开户，很令人感动。精神境界不同，设计的产品就不同，服务社会的效果就完全不同。如果我们都围着富人去设计产品，久而久之就会形成“马太效应”。只有把党中央、习近平总书记的要求落实到金融实践中，深入推进“三大战略”，建设“劳动者港湾”，打造建行大学，才会形成星火燎原之势。

第三，开启“第二发展曲线”，体现以人民为中心的政治站位。习近平总书记强调，“必须坚持以人民为中心，不断实现人民对美好生活的向往”。作为国有大行，要提高站位、作出表率，将习近平新时代中国特色社会主义思想和中央经济金融方针政策创造性地转化为金融的生动实践。这是讲政治的具体体现。习近平总书记在 2014 年就对建设银行作出重要指示，要求我们进一步增强服务国家建设能力、防范金融风险能力、参与国际竞争能力。这是建设银行的殊荣！总行党委提出推进“三大战略”、开启“第二发展曲线”，不是漂亮的口号，是落实习近平总书记要求的具体行动，是国有大行的责任担当。大家都知道“垒大户”轻松，给大企业几十亿元信贷，成本低、收益好、责任小。但我们如果真正理解了习近平总书记提出的“三个能力”建设要求，坚持以人民为中心，产品设计就有源泉，就会实施好普惠金融，而不是一味地去“垒大户”。建设银行 2018 年普惠金融放贷约 2200 亿元，不良率控制在 1% 以下，这就是能力建设。现代科技给了我们解决问题、提升能力的手段，大家要树立现代金融科技理念。

要从金融供给侧结构性改革的高度，认识“三大战略”的深刻内涵和开启“第二发展曲线”的紧迫性，立足业务实际抓好谋划和推动。要着力为 B 端客户搭建开放共享平台，赋能传统产业升级和客群协同发展；要直接触达并深刻洞察 C 端客户的特征和需求，使银行服务深度融入大众的生产生活；要加快推进 G 端连接，通过建设智慧政务系统等深化合作，助力“放管服”改革，促进治理体系和治理能力现代化。要着力以“第二发展曲线”重新定义金融的功能作用和角色定位，为实体经济发展和人民美好生活提供更高质量、更有效率的金融服务。总行机关是推动“第二发展曲线”各项工作的“司令部”，要率先转变观念、改进作风，发挥好示范引领和组织带动作用。总行机关同志要有激情，否则难以设计出好产品。

第四，突出基层导向，树立大抓支部建设的政治标准。习近平总书记在党的十九大报告中强调“党支部要担负好直接教育党员、管理党员、监督党员和组织群众、宣传群众、凝聚群众、服务群众的职责，引导广大党员发挥先锋模范作用”。这是我们党首次在党的全国代表大会报告中明确界定党支部的职责任务，对于加强新时代党支部建设具有重要指导意义。要认真学习贯彻《中国共产党支部工作条例（试行）》，树立大抓基层、大抓支部的鲜明导向，推动全面从严治党落实到每个支部、每个党员，做到党中央提倡的坚决响应、党中央决定的坚决执行、党中央禁止的坚决不做。要坚持和完善谈心谈话、实地调研和督导检查等工作机制，积极探索新时代党员教育管理监督的有效方法。要积极推进党支部标准化规范化建设，在组织设置、班子建设、党员队伍、组织生活、工作运行、经费保障、阵地建设等各个方面广泛开展达标创争活动，推动基层党建工作体系标准化、流程规范化、运作精细化。2018 年以来，党群工作部秉持创新、开放、共享理念，开发了党群工作 App，构建了党群工作智慧化平台，要积极推广应用，促进党建工作和群团工作深度融合，把广大员工紧紧地团结在党组织周围，引导员工知党恩、听党话、跟党走。

同志们，这次大会的胜利召开标志着总行机关党的建设工作开启了新的征程。让我们更加紧密团结在以习近平同志为核心的党中央周围，认真贯彻落实中央和国家机关工委工作部署，不忘初心，团结奋进，全面提升机关党建工作质量，以优异成绩迎接新中国 70 华诞！

谢谢大家！

在中国建设银行“不忘初心、牢记使命”主题教育动员大会上的讲话

田国立

（2019年6月6日）

同志们：

按照中央统一部署，今天，我们召开中国建设银行“不忘初心、牢记使命”主题教育动员大会，主要任务是学习贯彻习近平总书记在“不忘初心、牢记使命”主题教育工作会议上的重要讲话精神，对全行深入开展主题教育进行动员部署。中央高度重视这次主题教育，中央第二十七指导组组长姜建清同志还要作重要讲话，我们要深刻学习领会，认真抓好落实。

以县处级以上领导干部为重点，在全党开展“不忘初心、牢记使命”主题教育，是党的十九大作出的重大部署。习近平总书记在“不忘初心、牢记使命”主题教育工作会议上的重要讲话高屋建瓴、举旗定向，深刻阐明了开展主题教育的重大意义、目标要求和重点措施，是开展主题教育的根本指针，是新时代加强党的建设的纲领性文件。我们要深入学习贯彻习近平总书记重要讲话精神，把主题教育作为重大政治任务，紧密结合建设银行实际抓紧抓实抓好。下面，我代表总行党委讲几点意见。

一、充分认识开展主题教育的重大意义

为中国人民谋幸福，为中华民族谋复兴，是中国共产党人的初心和使命。今年是中华人民共和国成立70周年，也是中国建设银行成立65周年。习近平总书记多次强调，金融是国家重要的核心竞争力，金融安全是国家安全的重要组成部分，金融制度是经济社会发展中重要的基础制度。国有大型银行是国家金融体系的重要组成部分。开展“不忘初心、牢记使命”主题教育，对于我们增强政治责任感和历史使命感，将习近平新时代中国特色社会主义思想创造性地转化为建设银行的金融实践，用金融力量解决深层次的社会问题，增强服务国家建设能力、防范金融风险能力、参与国际竞争能力，具有重大而深远的意义。

第一，开展这次主题教育，是坚持思想建党、理论强党，推动全党深化学习贯彻习近平新时代中国特色社会主义思想的迫切要求。马克思主义是我们立党立国的根本指导思想。恩格斯说过：“一个民族要想站在科学的最高峰，就一刻也不能没有理论思维。”中国共产党从诞生之日起，就把马克思主义鲜明写在旗帜上。党一贯重视从思想上建党，一贯重视用马克思主义理论武装全党。改革开放以来，我们先后开展了整党、“三讲”教育、保持共产党员先进性教育、学习实践科学发展观活动、党的群众路线教育实践活动、“三严三实”专题教育、“两学一做”学习教育与推进“两学一做”学习教育常态化制度化各项工作，通过集中教育和经常性教育相结合，使全党始终保持强大战斗力。

忠诚源于理论清醒，追随来自信仰坚定。党的十九大把习近平新时代中国特色社会主义思想确立为我们党必须长期坚持的指导思想。习近平新时代中国特色社会主义思想是当代中国马克思主义、21世纪马克思主义，是广大党员干部坚定信仰、增强本领、锤炼作风的思想宝库。金融是现代经济的核心。建设银行作为国有大型银行，是党执政兴国的金融重器，肩负着服务实体经济、防控金融风险、深化金融改革的重要使命。开展这次主题教育，就是要以全行处级以上领导干部为重点，持续深入学习贯彻习近平新时代中国特色社会主义思想，深刻领悟蕴含其中的共产党人

的政治立场、价值追求、历史担当、为民情怀、务实作风、科学思想方法，将党的全面领导与现代银行治理紧密结合，切实履行好国有大行的政治责任、社会责任、经济责任。

第二，开展这次主题教育，是坚持党的领导、加强党的建设，推动全面从严治党落实落地的迫切需要。党的领导是中国特色社会主义的最本质特征。目前，国际环境和国内条件都在发生深刻而复杂的变化，金融作为国民经济的血脉，重要性、外部性越来越凸显，不仅自身决策和经营行为要接受市场的严苛考验，而且在关键时刻甚至会影响国家经济社会的安全稳定。党的十八大以来，党中央对加强金融工作的集中统一领导，加强国有企业党的建设和改革发展提出了一系列新理念、新思想、新战略。建设银行党委坚决落实党中央决策部署，把抓好党的建设作为主责主业，完善党建工作领导机制，认真抓好中央巡视发现问题整改工作，将党建要求融入公司治理和经营管理各环节。

全面从严治党永远在路上。近年来，全行各级机构管党治党意识不断增强，但集团范围内不同分行、不同机构、不同层级之间责任落实不平衡的问题仍未得到有效解决；一些党员干部在理论学习入脑入心上同党中央要求相比还有差距；一些机构党的建设特别是政治建设较为薄弱，“企业特殊论”“金融特殊论”的错误思想仍有市场；一些基层机构管党治党仍然存在短板、盲区；形式主义、官僚主义问题仍然存在，一些党员干部群众感情淡薄，为民服务不实在、不上心、不尽力；本位主义、“部门银行”的积弊仍未完全消除，调门高落实差，以会议落实会议、以文件落实文件的现象仍然存在；有的党员干部政治信仰不坚定，世界观、人生观、价值观蜕变，个别干部不收敛不收手，因严重违纪违法问题受到查处，比如薛峰、陈德等案件，教训深刻。开展这次主题教育，就是要认真贯彻新时代党的建设总要求，带着问题意识，拿出刮骨疗伤的勇气，以坚韧不拔的韧劲，同一切影响党的先进性、弱化党的纯洁性的问题做斗争，推动全面从严治党在建设银行向纵深发展，不断夯基垒台、积厚成势，将党建优势切实转化为改革发展和市场竞争优势。

第三，开展这次主题教育，是坚持以人民为中心的发展思想，深入推进新形势下“三个能力”建设的迫切需要。习近平新时代中国特色社会主义思想，最为鲜明的是“以人民为中心”的发展思想。习近平总书记多次强调，要深化对金融本质和规律的认识，立足中国实际，深化金融供给侧结构性改革，走出中国特色金融发展之路。金融制度是经济社会发展中重要的基础制度。金融工作本质上是社会实践工作，面对的是普罗大众，关系到衣食住行、万家忧乐。只有回应人民的期盼和诉求，才有金融业的健康发展。国有大型银行必须时刻清醒自己“从哪里来到哪里去”，始终坚守服务社会的本源，为实现人民对美好生活的向往贡献金融力量。

建设银行成立60周年时，习近平总书记作出重要批示，要求建设银行进一步增强服务国家建设能力、防范金融风险能力、参与国际竞争能力，为全行改革发展指明了方向。近年来，建设银行秉承“服务大众安居乐业，建设现代美好生活”的理念，以满足经济社会发展和人民群众需要为奋斗目标，聚焦社会民生痛点，深入推进住房租赁、普惠金融、金融科技“三大战略”，建设“劳动者港湾”，成立“建行大学”，推动产教融合，都是深入贯彻落实以人民为中心的发展思想和习近平总书记关于“三个能力”批示精神的集中体现，也是建设银行开启“第二发展曲线”，在新时代改革发展大潮中建新功、立新业的必然选择。

前不久，习近平总书记对张富清同志先进事迹作出了重要指示，张富清同志是一名有着71年党龄的建设银行离休员工，其英雄模范事迹的核心精神内涵就是习近平总书记概括的“坚守初心，不改本色”“朴实纯粹、淡泊名利”和“奉献精神”。习近平总书记的重要指示，不仅是张富清老人的光荣，也是36万建行人的骄傲，是对建设银行干部员工的莫大鼓舞和鞭策。

开展“不忘初心、牢记使命”主题教育，就是要牢记党的根本宗旨、金融的本质规律与金融创新发展路径，在全行层面进行更加广泛深入的学习宣传，以张富清同志为榜样，教育引导广大党员干部进一步增强党性意识、奉献精神和奋斗精神，对外脚踏实地解决社会问题，服务好广大客户，对内尊重、用好和留住各类人才，调动全员积极性主动性创造性，为贯彻落实党的十九大精神，推动全行战略发展提供强有力的思想和组织保证。

二、准确把握开展主题教育的目标要求

开展“不忘初心、牢记使命”主题教育的根本任务：深入学习贯彻习近平新时代中国特色社会主义思想，锤炼忠诚干净担当的政治品格，团结带领全国各族人民为实现伟大梦想共同奋斗。处级以上领导干部是推动全行改革发展的骨干力量，必须在学懂弄通做实习近平新时代中国特色社会主义思想上下功夫、做表率，切实增强“四个意识”、坚定“四个自信”、坚决做到“两个维护”。要将力戒形式主义、官僚主义作为这次主题教育重要内容，教育引导全行党员干部牢记党的宗旨，坚持实事求是的思想路线，树立正确政绩观，真抓实干，转变作风。推进学习教育，关键要把握好以下三个方面：

第一，要认真贯彻“守初心、担使命，找差距、抓落实”的总要求。这是党中央根据新时代党的建设任务，针对党内存在的突出问题，结合这次主题教育的特点提出来的，是一个相互联系的整体，要全面把握，贯穿主题教育的全过程。

守初心，就是要牢记全心全意为人民服务的根本宗旨，牢记人民对美好生活的向往就是我们的奋斗目标，以真挚的人民情怀滋养初心。党的根基在人民、血脉在人民、力量在人民，我们要始终聚焦主业、回归本源，把大众的切身利益和安危冷暖放在心上，团结带领广大员工正确认识和把握金融的本质和规律，紧密围绕服务实体经济、防控金融风险、深化金融改革三大任务，从一点一滴抓起，出实招、见真章，全面提升金融服务的效率和水平，以实际行动普惠大众、造福社会、为国分忧。

担使命，就是要以服务实体经济、满足经济社会发展和人民群众需要为本，聚焦于社会痛点难点问题，把民之所盼、民之所需、民之所急，作为金融改革创新探索的终极指向。以金融工作者的专业和专注，更以社会工作者的热情和担当，走出网点柜台，走入住房、交通、教育、医疗、养老等生活场景，有效感知社会痛点和需求，通过科技能力和金融洞察的深度融合，为大众提供触手可及、无处不在、精准直达的温暖服务。

找差距，就是要对照习近平新时代中国特色社会主义思想和党中央决策部署，对照党章党规，对照人民群众新期待，对照习近平总书记关于“三个能力”批示精神，对照习近平总书记对张富清同志先进事迹作出的重要指示，找一找增强“四个意识”、坚定“四个自信”、坚决做到“两个维护”方面存在的差距，找一找在知敬畏、存戒惧、守底线方面存在的差距，找一找在群众观点、群众立场、群众感情、服务群众方面存在的差距，找一找在思想觉悟、能力素质、道德修养、作风形象方面存在的差距，有的放矢进行整改。

抓落实，就是要把习近平新时代中国特色社会主义思想转化为推进建设银行党的建设和改革发展稳定的实际行动，把初心使命变成全行党员干部干事创业的精气神和真抓实干的自觉行动，更好地服务社会、服务战略、服务客户。要力戒形式主义、官僚主义，推动党的路线方针政策在建设银行的贯通落地，做国家信赖的金融重器、企业全生命周期的伙伴、百姓身边有温度的银行。

第二，要牢牢把握目标要求。这次主题教育要达到以下目标：一是理论学习有收获。在原有学习的基础上取得新进步、达到新高度，不断加深对习近平新时代中国特色社会主义思想重大意义、科学体系、丰富内涵的理解，学深悟透、融会贯通、真信笃行，提高运用党的创新理论指导实践、推动工作的能力。二是思想政治受洗礼。坚定对马克思主义的信仰、对中国特色社会主义的信念，自觉在思想上政治上行动上同以习近平同志为核心的党中央保持高度一致。学习习近平总书记对张富清同志先进事迹作出的重要指示精神，传承红色基因，弘扬奉献精神，始终忠诚于党、忠诚于人民、忠诚于马克思主义。三是干事创业敢担当。勇于直面矛盾，增强斗争精神，苦干实干、开拓进取，知重负重、攻坚克难，以钉钉子精神贯彻落实党的十九大精神。深入贯彻落实习近平总书记关于“三个能力”批示精神，坚持稳健经营，推动创新发展，努力创造经得起实践、人民、历史检验的实绩。四是为民服务解难题。坚守人民立场，把人民对美好生活的向往作为奋斗目标，秉承“服务大众安居乐业，建设现代美好生活”的理念，为决胜脱贫攻坚贡献金融

方案，用金融的力量疏解经济社会“痛点”，深入推进“三大战略”“劳动者港湾”和建行大学建设，不断增强客户、员工的获得感、幸福感、安全感。五是清正廉洁作表率。保持为民务实清廉的政治本色，警钟长鸣，知敬畏、存戒惧、守底线，公私分明，“亲”“清”分开，清白做人、干净做事，坚持公正用权、依法用权、为民用权、廉洁用权。从赖小民案件以及建设银行薛峰、陈德案件中深刻吸取教训，防微杜渐，营造风清气正的政治生态和良好环境。

第三，要落实好重点措施。全行系统“不忘初心、牢记使命”主题教育，以处级以上领导干部为重点，自上而下分两批进行。第一批：包括总行、一级分行本部、建行大学、总行各直属机构及各境内子公司，从6月开始，到9月初基本完成。第二批：包括二级分（支）行及以下基层机构，从8月底开始，到11月底基本结束。具体到每个单位，开展集中教育时间不少于三个月。

这次主题教育要把学习教育、调查研究、检视问题、整改落实贯穿全过程，不划阶段、不分环节，不是降低标准，而是提出了更高要求。重点做好以下工作：

一要抓好学习教育。认认真真学原著悟原理是搞好这次主题教育的基础。有些领导干部成天忙于具体业务，放松了理论学习，忘记了初心，迷失了方向。这次主题教育就是要将学习贯穿始终，把学习贯彻习近平新时代中国特色社会主义思想的成效体现到增强党性、提高能力、改进作风、推动工作上来。一方面，要原原本本自学，读原著、学原文、悟原理；另一方面，要进行集中学习研讨，通过集体讨论、交换意见，加深理解、提高认识。各级领导班子要集中安排一周的时间，采取党委理论学习中心组学习、举办读书班等多种形式，列出专题，开展研讨。要注重学习运用攻坚克难的典型案例，开展革命传统教育、形势政策教育、先进典型教育、警示案例教育，增强学习的针对性、实效性和感染力，提升综合素质和能力，学以致用、用有所成。

二要开展调查研究。习近平总书记指出，“调查研究是谋事之基、成事之道”。全行处级以上领导干部要紧紧围绕中央重大战略决策部署，围绕学习贯彻习近平总书记重要指示批示精神，树立鲜明的问题导向，围绕脱贫攻坚和推进“三大战略”“劳动者港湾”、建行大学建设，深入基层“望闻问切”，找准问题症结，切实解决好本单位存在的突出问题。坚决杜绝扎堆调研、作秀调研，不增加基层负担。领导班子成员要在学习调研基础上讲授专题党课，主要负责同志带头讲，其他班子成员到分管领域或基层单位讲，讲学习体会收获，讲运用习近平新时代中国特色社会主义思想指导实践、推动工作上存在的差距和改进工作的思路措施。

三要深刻检视问题。习近平总书记强调，广大党员干部要“敢于担当责任，勇于直面矛盾，善于解决问题”。要以刀刃向内的自我革命精神，联系思想工作实际，实事求是检视自身差距，重点聚焦八个方面：贯彻落实习近平新时代中国特色社会主义思想和党中央决策部署情况，贯彻落实习近平总书记对建设银行重要指示批示精神情况，领导班子及班子成员干事创业情况，落实中央八项规定精神和总行党委有关要求情况，整治形式主义和官僚主义情况，领导干部配偶、子女管理情况，关心基层情况，重视和加强基层党建情况。要在广泛听取客户和基层党员群众意见的基础上，深入开展谈心谈话，查摆自身不足，查找工作短板，形成问题清单。

四要深入整改落实。习近平总书记强调：“真抓才能攻坚克难，实干才能梦想成真。”整改措施要针对问题、落细落小落实，一件一件整改到位。要把“改”字贯穿始终，能改的立即改，一时解决不了的盯住改、限期改，防止虎头蛇尾、久拖不决，防止虚假整改，防止以简单问责基层代替整改落实，防止以整改为名，层层填表报数，增加基层负担。要对重点问题开展专项整治，集中治理征求意见“八个方面”的问题和本单位需要整治的其他突出问题。主题教育结束前，处级以上领导班子要召开专题民主生活会，认真开展批评和自我批评。

三、加强对主题教育的组织领导

这次主题教育时间紧、任务重、要求高。各级党委要高度重视、周密部署、精心组织，增强责任感和使命感，切实加强组织领导，强化督促指导，提高主题教育质量。

第一，要明确职责，逐级压实责任。按中央统一要求，总行成立主题教育领导小组，由我担任组长。领导小组下设办公室，分设若干工作组。小组成员单位要发挥职能作用，统筹协调，齐抓共管，形成合力。各级党委要从严落实主体责任，成立领导机构和工作机构，精心组织，不折不扣地落实中央和总行党委的部署要求。党委书记要履行第一责任人职责，党委成员要认真履行“一岗双责”，加强对分管条线、部门和机构的指导督促。各级机关本部和领导干部要先学、学深，先改、改实，为基层做表率，同时因地制宜，加强对基层机构指导。对开展主题教育消极对待、敷衍应付、走形变样、问题严重的，总行党委将给予严肃处理。

第二，要分类施策，加强督促指导。总行党委将成立指导组，采取巡回指导、随机抽查、调研访谈等方式，对各单位开展主题教育情况进行督促指导。各一级分行党委也要成立指导组，加强对所辖机构督促指导。要结合基层实际，分类指导，精准施策，不搞“一刀切”，防止简单照转，上下一般粗。要尊重被指导单位党委的主体作用，依靠党委开展工作，及时反馈问题，提出建议。

第三，要加强宣传，营造良好氛围。要充分运用企业网站、行内刊物、微信平台、外部主流媒体和新媒体等渠道，借助建行大学平台，线上线下相结合，深入学习宣传习近平总书记在主题教育工作会上的重要讲话精神，积极宣传主题教育的总体安排、经验做法和进展成效。结合开展向张富清同志学习活动，广泛宣传老英雄一辈子坚守初心、不改本色的感人事迹。宣传一批可信可学的身边的典型，使广大党员干部学有榜样、行有示范、赶有目标。要深刻剖析反面典型，以案明纪、促进整改，发挥警示作用。

第四，要扎实推进，务求取得实效。要以好的作风开展主题教育，坚决防止形式主义。不能简单以发文、开会等方式推进主题教育，不随意要求基层填报资料，杜绝针对性不强和不解决实际问题的调研；检视问题不避重就轻、避实就虚，不以工作业务问题代替思想政治问题；整改落实不能口号喊得震天响、行动起来轻飘飘。

同志们，这次主题教育意义重大，全行党员干部要积极参与，切实将学习教育转化为攻坚克难、干事创业的实际行动，推动建设银行党的建设和改革发展迈上新的台阶，凝聚起万众一心奋斗新时代的强大力量！

谢谢大家！

履践初心使命 激发全员智慧 汇聚“第二发展曲线”的强大势能

——在第五届职工代表大会第一次会议上的讲话

田国立

（2019年6月21日）

同志们：

经过全体代表共同努力，全行五届一次职工代表大会圆满完成了各项议程。大会开得很成功，是一次发扬民主、凝聚智慧的大会，也是一次统一思想、团结奋进的大会。我代表总行党委祝贺大会胜利召开！也借此机会，对中国金融工会长期以来的关心支持、志翔常务副主席的莅临指导表示衷心感谢！向各位职工代表，并通过你们向全行职工致以亲切的问候！

全行四届一次职代会以来，广大员工深入学习贯彻习近平新时代中国特色社会主义思想和党的十九大精神，围绕习近平总书记对建设银行提出的“三个能力”建设要求，以高度的主人翁使命感和责任感，聚力“三大战略”，加快创新发展，在各自岗位拼搏奉献、在各个条线建功立业，涌现出数百个总行级以上的劳动模范、先进集体，展现了新时代建行职工的精神风貌，彰显了新时代国有大行的责任担当。这次大会表彰的59名劳动模范，就是其中的优秀代表，让我们以热烈掌声向他们表示敬意！

当前，全行正在深入开展“不忘初心、牢记使命”主题教育，学习张富清同志的先进事迹，这为做好全行职工工作注入了强大精神动力。这次职代会以习近平新时代中国特色社会主义思想为指引，进一步统一了思想，汇聚了全行职工力量，对于我们做好新形势下党的建设和改革发展工作，推动“三大战略”深化落地，全面开启“第二发展曲线”，具有特殊的重要意义。下面，我代表总行党委讲几点意见。

一、不断完善民主管理，以主人翁精神发动员工

党中央高度重视国有企业民主管理工作，习近平总书记多次作出重要指示批示。职工是企业的主体，是企业最宝贵的财富。以职工代表大会为基本形式的企业民主管理制度，为职工依法实行民主选举、民主决策、民主管理、民主监督搭建了坚实平台，使职工群众的知情权、参与权、表达权、监督权得到更充分更有效的保障。作为凝聚员工智慧、汇聚发展力量的一种现代管理制度和科学治理方式，不仅要长期坚持，更要结合新时代、新任务不断加以完善和发展。

把促进改革发展摆在民主管理的首位。企业是职工生存发展的基础，是职工成就事业的平台。广大职工要以高度的主人翁责任感，着眼于全行发展战略，立足本职工作岗位，多建务实之言、多献发展良策，把个人命运与建行发展紧紧相连，为国家经济发展多作贡献。凡是有利于改革发展的意见建议，各级党委都要认真倾听和关注、积极研究和采纳。职工代表要切实履行职责，多做调查研究，广泛收集职工意见，准确反映职工心声，充分凝聚职工智慧和创造。各类先进模范、专业人才要带头积极参与民主管理，围绕增强“三个能力”主动作为，群策群力推进“三大战略”，提出更有内涵、更高质量的意见建议，把职代会等民主管理平台打造成开启第二发展曲线的“群英会”“智囊团”，让全员的创造活力竞相迸发、智慧源泉充分涌流。

把维护职工合法权益作为民主管理的根本。

凡是职工合理合法的利益诉求，各级党委都要高度重视、认真研究解决。确实一时无法解决的，要做好解释工作，作出切实的安排，绝不能敷衍塞责，更不允许瞒哄欺骗。各级群团组织要针对改革发展中涉及的利益关系和利益格局调整，教育引导职工群众识大体顾大局，依法表达个人诉求，有序参与民主管理，自觉维护稳定大局；要多做统一思想、凝聚人心、化解矛盾、增进感情、激发动力的工作，真正成为在基层和职工群众中凝聚人心、坚守前哨、冲锋陷阵的战斗队和工作队。

把职工参与民主管理纳入法治化规范化轨道。本次职代会审议通过的企业民主管理办法，进一步明确了职工代表大会制度、行务公开制度、职工监事制度、监督检查制度等一整套较为完善的企业民主管理制度，在推进建设银行民主管理标准化、程序化、常态化上迈出了重要一步。全行要坚持以法治思维和法治方式推进民主管理，既要把职工群众的合理建议转化为公司治理和经营管理的重要措施，更要把民主管理打造成落实党的路线方针政策的重要载体，形成党委统一领导、公司治理各方共同推动、各级工会主动作为、全行职工广泛参与的生动局面。各级机构要积极探索基层民主管理的新形式，推进基层职代会、行务公开、民主协商常态化。要准确把握民主管理主体范围，既要动员普通职工在民主管理中充分发扬民主、积极发挥作用，也要推动投资者、经营管理者在民主管理中增强主体意识、提升工作水平，促进职工与建设银行共同发展。

二、纵深推进“三大战略”，以大事业情怀感召员工

当前，我们正处于新一轮科技革命和金融变革的历史交汇期。推进住房租赁、普惠金融和金融科技“三大战略”，建设“劳动者港湾”、建行大学，既是体现国有大行以人民为中心的发展思想，又给全行广大员工提供了新时代干事创业的大舞台。

在深化“三大战略”实施，推进B端赋能、C端突围、G端连接的创新发展中，广大职工可以充分发挥聪明和才智，尽情挥洒智慧和创造，在开启“第二发展曲线”的大事业中谱写职业生涯的五彩篇章。各级党组织要引导广大职工以金融工作者的专业和专注，努力破解社会痛点难点问题。要将总行的战略具体落实到业务经营和管理实践中，转化为战略定力和行动自觉。要发动员工深入基层、走进市场开展调查研究，在发现问题、研究问题、解决问题中，不断培育和增强创造性推动战略落地的能力。各级领导既要听顺耳话，更要善听逆耳言，多倾听广大职工特别是基层一线职工的意见建议，切实把矛盾和问题搞清搞透，把产品和服务做实做好。要坚持将顶层设计逻辑与基层首创精神紧密结合，把广大职工的实践经验和创新做法总结出来、推广开去。本次职代会提出“激发员工创新活力，开启第二发展曲线”的重点提案，总分行都要逐项认真研究，已具备条件的要尽快付诸实践。要在全行形成勇于实践、锐意创新的浓厚氛围。

金融发展到今天，传统的思路办法、获客渠道、金融产品、服务模式已基本上走到尽头。很多职工长期在金融领域特别是基层一线工作，深知在传统经营模式下红海竞争的残酷性。作为建设银行这样的大行，怎样能够保持一种创造力，把日常的工作和对效益的追求与国家的事业紧密联系，特别是怎样通过我们的努力和我们设计的产品，把国家金融资源有效地引导到最需要的地方去，这些都值得我们深入思考。例如，目前正在大力推进乡村振兴战略，我们设计的“裕农通”“民工惠”等普惠金融相关产品和服务，如何有效促进资源流动，这是给我们建行人提出的一个新课题。当前我们正在开展“不忘初心、牢记使命”主题教育，当真正做到不忘初心的时候，我们就会带着情感去工作，我们设计出来的产品就有血有肉，就能真正来源于一线，就能推得开、受欢迎。若仅仅为了赚钱盈利而去工作，格局就不会太大，而当设计出的产品受到格局限制的时候，想要成为市场的引领者，则是不太可能的。

但是，借力现代科技，跳出传统金融框架和固有发展路径，回归到“以人民为中心”的本源，将金融力量和社会发展相结合，疏解社会痛点、赋能社会进步，这才是新时代迫切需要的“新金融”，对此我们都应该有深刻共鸣。我们常讲“上善若水，水善利万物而不争”。金融就像

水一样，要以善念之本、善治之道，善加引导，才能润泽万物、利于百姓。我们都经历过股市、房市、P2P等领域的大起大落，可见金融的能量是客观现实，是一种自然的动能，怎样把这种动能加以善治，是值得我们这种大行深入思考的。引导得好，就是上善若水；引导不好，就是洪水猛兽、贻害四方。我们是专业工作者，应当有一套专业的解决办法和方案，应当按照习近平总书记的要求，特别是向建设银行提出的“三个能力”建设要求，把能力建设具体体现在产品设计上，体现在推动社会进步上，体现在全建行系统的经营管理水平上。参加今天大会的，除了各级行领导，还有各级机构的骨干和先进工作者，大家是推动党的十九大精神、推动总书记关于金融工作的指示精神和“三个能力”建设要求真正落地的主力军，大家要多多想办法。无论“三大战略”“劳动者港湾”、建行大学还是“第二发展曲线”，都是围绕加强“三个能力”建设而提出的，习近平总书记的要求为我们的发展指明了方向。因此，作为金融工作者有义务担负起责任，以专业化设计精准疏导、定向引流金融活水，解决社会深层矛盾问题，这也是金融供给侧结构性改革的题中之意。对照中央提出的供给侧结构性改革要求，我们的产品要能真正适销对路、解决实际问题、解决民之所需，确实还有很大的设计空间。一方面，我们感觉到传统的打法已走到尽头，必须创新；另一方面，创新也确实激励着我们发现一个更广阔的空间。特别是AI技术等金融科技的发展，给年轻一代的金融从业者提供了一个书写精彩篇章的机会，希望大家能够珍惜。全行员工要汇众力聚众智，努力蹚出一条新路，以大事业情怀推动“三大战略”向纵深发展。

三、全面传递人文关怀，以多向度关爱凝聚员工

人文关怀的实质是对人的价值尊重、促进人的全面发展。要体现多向度的关爱，不仅要从经济上和精神上给予员工关怀，更要在政治上帮助员工进步和提升，充分调动广大员工的能动性和创造性，凝聚起磅礴的力量。

要更加重视员工职业发展。党的十八大以来，总行党委认真落实新时代党的组织路线，相继出台《关于进一步尊重人才用好人才留住人才的指导意见》等一系列人事政策，持续推进“213人才工程”、海外人才库建设、干部交流挂职等一系列人才工作，积极拓展员工职业发展空间。各级领导干部对选人用人都要秉公道之心、说公道之话、行公道之事，绝不允许以一己之私、凭个人好恶、搞私人领地。要坚持组织原则，聚焦“三大战略”，让想干事者有机会、会干事者有舞台、干成事者受激励，树立起重实干、重实绩的鲜明导向。

要更加重视员工教育培训。我们成立了建行大学，既面向内部员工提供职业素质教育，又服务社会提供金融知识培训，形成了新形势下职业教育的新模式。建行大学弘扬劳动光荣、技能宝贵、创造伟大的时代风尚，营造人人皆可成才、人人尽展其才的良好环境，努力建设惠及全员的教育学习发展产品供需体系和运营体系，为员工多样化选择、多路径成才搭建“立交桥”，打通教育学习与职业发展的“快车道”。本次职代会提出“构筑基层员工能力提升平台”的重点提案，建行大学要会同相关部门尽快研究落实，努力使课程内容与岗位标准对接、教学过程与生产过程对接、教育培训与终身学习对接，努力使每名员工都学有所得、学有所成、学有所用。在这里，特别要给各级机构的“一把手”提个要求：作为一名好的领导者，要努力把自己的单位变成一所学校，让大家在干中学、在学中干。金融终究是一个专业性很强的领域，从工作性质上看，不是从事简单劳动。既然如此，我们进入金融行业就要伴随终身学习，想有所作为就必须把学习变成一种习惯。各级领导特别是“一把手”要尽可能给员工特别是年轻员工创造更好的学习氛围。而从建行大学的意义来看，一是真正让员工更容易获得专业学习的机会，刚才职工代表的提案发言讲得很好，基层员工们可获得培训的机会不是很多，我们要努力把这个比例提高，而且形式要多样化；二是建行大学不仅仅是简单课堂教学的重复，而是创造了一个平台，让建设银行员工有机会和小微企业主等客户同堂学习，有机会和企业家们彼此认识、彼此了解，知道他们真正需要什么样的金融产品；三是建行大学也给建设银行员工提供了深入社会的机会，我们可以邀请各级政府的官员一起来到建行大学，政府的工作就是

解决社会问题，建设银行既然有这份社会责任的担当，那么就应该携手各方一起解决社会问题。我们不能闭门造车去想象，产品靠空想是想不出来的，只有和各类企业家、各级政府官员们在一起深入碰撞思想、彼此启发、彼此促进、彼此鼓励，才会有好的产品设计出来。其实，从事金融的同志从某种意义上和作家是有相似之处的，当脱离实际、闭门空想时，创造的文学作品、金融产品都是不会有生命力的，只有深入生活，积累了深厚的生活底蕴，对中国的问题、社会的问题有了深刻的理解，才知道应该朝着哪个方向去设计产品，才知道设计哪些产品能更有效地去解决社会问题。其实，会不会利用建行大学的平台也是一个关键，在这个平台上我们如何设计课程，如何能够让员工满意、让社会满意、让政府满意，作为“一把手”，你们要多下些工夫思考。当然，也更需要年轻同志们下工夫，年轻人的创新活力更大，你们要多给各级领导提供一些建议和启发。今天大会上介绍的重点提案都很好，都有非常强的实操性，我们也希望通过持续努力，把建设银行变成一个学习型组织，当我们做到这个程度的时候，我相信无论是建设银行的产品还是客户满意度、社会美誉度、品牌价值、对社会的贡献，都会有极大的提升。

要更加重视员工身心健康。根据四届三次职代会代表提案，总行启动了“同心计划”即员工健康综合保障计划，充分提高员工福利费、员工互助捐款、工会经费等资金使用效率，为全行职工提供较为完善的健康综合保障。在全行共同努力下，我们实现了在职员工重大疾病保险保额不低于50万元、定期寿险保额不低于50万元的保障方案，基本实现了重大疾病的兜底性保障，解决了因病致贫、因病返贫等员工反映强烈的问题。在此基础上，总分行还要进一步研究切实有效的办法，稳步扩大“同心计划”的保障内容、保障范围、保障周期，关注员工体检、健康管理等具体问题，把员工关爱工作进一步做深、做细。特别是要把对网点员工的关爱摆在更加突出的位置，让营业网点真正成为员工的港湾、温馨的家园，不断增强基层员工的获得感、幸福感、安全感。

要更加重视为基层减负。中央将2019年作为“基层减负年”，总行党委下发了工作方案，对文件、会议、督查检查等精简目标提出了明确要求，各单位要作为重要政治任务抓好落实。从前期问卷调查、现场调研和邮箱反馈情况看，基层网点减负的呼声最高，总分行布置的各类事务性工作负担都会不同程度地传导到网点。这其中形式主义、官僚主义已成为基层员工反映强烈、深恶痛绝的问题。有的员工讲，基层“苦形式主义久矣”。有的员工反映，各类培训、会议、加班挤占了假期和正常休息时间，身心健康受到严重影响。对于这些问题，总行部门和各级分行要下大气力加以整治，着力解决不必要的任务分派、层层加码等现象，让广大基层员工能够从繁重的劳动中解脱出来。这次职代会因为外部原因几次面临时间调整，但是我给会务组提了要求，要尽可能克服困难确保在工作日完成，不占用大家的休息时间。事实上，关爱员工不是靠讲大道理的，而是要变成行动自觉。当然，有些工作确实需要加班加点，整个行业也是这个特点，但是我们各级领导者要有这个概念，要尽可能为我们的职工特别是一线职工着想，保证他们的休息时间，给他们创造更好更宽松的工作环境。我们要求一线员工要善待客户、微笑服务，但也确实有个别客户让我们的员工很委屈，员工有时候只能打掉牙往肚里咽，这时候尤其需要各级领导真正把员工利益关怀到点上，而不是仅仅喊几句口号就可以了，要在具体的决策上、意识上、行动自觉上从员工的感受出发。我希望每召开一次职工代表大会，就能够给各级领导增强一下这方面的意识，促进员工关爱工作不断深化。

要更加重视群团组织桥梁纽带作用。坚持“一切为了员工、为了员工的一切”，积极为员工做好事、办实事、解难事。要突出问题导向，拓展服务平台，积极打造“指尖上的党群工作”，努力形成行内行外互联互通、线上线下融合互动的服务员工新模式，让更多改革发展成果惠及广大员工，让“政治上关心、生活上照顾、精神上引导、感情上慰藉、心理上疏导”的人文关怀传递给每位员工。金融是服务行业，工作中受委屈是家常便饭，怎样做好员工心理辅导是非常重要的事，刚才也有职工代表针对这方面进行了发言，讲得很好。

四、学习身边先进榜样，以新时代楷模引领员工

当前，全行正在深入学习张富清同志先进事迹。张富清同志60多年深藏功名，一辈子坚守初心，不改本色，标注了新时代的信仰高地，树立了新时代的道德丰碑。我们学习张富清同志，就要学习他忠诚担当、不忘初心的党员本色；就要学习他不畏艰难、矢志奋斗的拼搏意志；就要学习他胸怀大局、不计得失的奉献精神；就要学习他深藏功名、居功不傲的谦和风骨，就要学习他淡泊名利、乐观朴实的人生态度，推动“学先进、提境界、比贡献、促发展”热潮持续升温，凝聚起万众一心奋进新时代的强大力量。要把张富清同志先进事迹作为“不忘初心、牢记使命”主题教育的生动教材，教育引导党员干部在学习教育、检视问题中悟初心、守初心，在整改落实、解决问题中勇作为、践使命，做到理论学习有收获、思想政治受洗礼、干事创业敢担当、为民服务解难题、清正廉洁做表率，确保主题教育取得扎扎实实的成效。

张富清同志不仅是建设银行的荣誉，是最宝贵的精神财富、最可敬的时代楷模，更是新时代引领全行员工矢志攻坚、勇立潮头的一面鲜红旗帜。各级党委要把学习张富清先进事迹、让张富清式先进模范不断涌现，作为弘扬社会主义核心价值观、培育优秀企业文化的重要途径和经常性工作。历经65年改革发展，建设银行英杰辈出，引领全行一次次超越自我、铸就辉煌。进入新时代，我们更要以发现伟大的眼光和崇尚先进的情怀，挖掘闪光事例、报道先进典型，大力营造学习先进、争当先进的浓厚氛围。在这里，我特别想对各机构的“一把手”说一下，建设银行是一个庞大的队伍，我相信这三十多万员工里面还有很多默默无闻并且非常优秀的同志。当然，像张富清同志这样在战争年代立了很多大功却一直深藏功名的人，终究是很少数的。但在我们日常工作和生活中，也有很多新时代的先进人物和事迹，希望各级领导善于挖掘，用我们身边的人讲身边的事，寻找身边的榜样。往往工作表现优秀的同志可能不善言辞，这些同志未必说了什么，但是做得很优秀，希望各级领导要注意发现身边这样的人，要能读得懂这些同志。今天受表彰的同志都在日常工作中作出了突出贡献，今天颁发的奖项层级都很高，来之不易，大家赢得这个荣誉肯定付出了巨大的努力和牺牲。而对于没能受到表彰的职工，其中也有很多人作出了很大贡献，作为领导者要知道职工们的奉献在哪里，作的贡献是什么。这真的需要领导者眼睛向下，当眼睛向下时，就能发现一些特别感人的事情，希望这能成为建设银行的一种文化并发扬光大。记得刚来建设银行的时候，我写了一篇《认识老毕》，其实我也希望给在座各位分行领导、部门领导带个头，你们也发现和认识一下身边的老毕，我相信还有很多默默无闻作贡献的同志。职业的发展在职务上、绩效上的体现终究都是有限的，但是在建设银行这样一个大舞台中，其实很多同志作出的贡献都很大，怎么能把他们的精神弘扬开来，从而不断调动广大员工的积极性，尤其需要各级领导特别是“一把手”去思考。因此，要更加注重以文化人、以德育人，运用文艺作品、宣讲报告、公益广告等多种形式，生动展示先进模范的感人事迹，热情讴歌先进模范的高尚情操，让员工从中汲取精神养分、感悟道德力量。要广泛搭建平台、丰富渠道载体，把学习先进模范与精神文明创建、企业文化建设、志愿服务、扶贫济困等活动结合起来，使先进模范的崇高精神转化为员工见贤思齐的自觉行动。要健全激励机制、完善工作措施，树立礼敬先进模范、关爱先进模范的鲜明导向。要加强组织领导、建立长效机制，推动学习宣传先进模范活动深入持久开展下去，为全行推进“三大战略”、开启“第二发展曲线”提供强大精神动力。

初心激荡伟力，使命催人奋进。让我们凝聚全行的智慧和力量，以习近平新时代中国特色社会主义思想为指引，不忘初心、牢记使命，协力开启“第二发展曲线”，奋力书写无愧于新时代的建设银行发展新篇章！

以初心使命锻造忠诚引领新金融发展

——在"不忘初心、牢记使命"主题教育专题党课上的讲话

田国立

（2019 年 7 月 24 日）

同志们：

全行"不忘初心、牢记使命"主题教育按照中央部署，在中央第二十七指导组的指导下，正在扎实深入推进。结合最近一段时间以来的学习心得、对照剖析和调研思考，这里与大家作个交流。主要谈三部分内容。

一、马克思主义理论和发展历史告诉我们，共产党人因初心不改、使命在肩而一往无前

初心和使命是马克思主义人民立场在实践中的鲜活体现。马克思主义理论是对自然界发展规律和人类社会发展规律的科学总结，体现在马克思主义哲学、政治经济学和科学社会主义这三个组成部分。马克思主义者从不隐瞒自己的立场和价值取向，那就是人民立场、为广大人民群众谋利益的价值取向。

马克思主义理论指引了人类探索历史规律和寻求自身解放的道路。马克思主义强调，人的自由全面发展是共产主义的本质特征。马克思和恩格斯在《共产党宣言》中指出，"过去的一切运动都是少数人的，或者为少数人谋利益的运动。而无产阶级的运动是绝大多数人的、为绝大多数人谋利益的独立的运动"。马克思和恩格斯深刻分析了人类社会的发展规律，特别是资本主义社会基本矛盾及其发展趋势，将社会主义从空想变为科学，使共产党人始终为无产阶级、为绝大多数劳动人民谋利益，为人类的幸福而奋斗的理想，建立在了科学理论基础之上。

人民立场始终是马克思主义实践的出发点和立足点。列宁指出，党是无产阶级的先进部队，要为人民群众服务、代表他们的利益。毛泽东指出，共产党人必须全心全意为人民服务。邓小平指出，必须把人民拥护不拥护、赞成不赞成、高兴不高兴、答应不答应作为衡量改革和一切事业的根本标准。习近平总书记强调，要坚持以人民为中心的发展思想。这些论断，都把增进人民福祉、促进人的全面发展作为经济社会发展的出发点和落脚点。

初心和使命在《共产党宣言》中第一次得到公开宣示。作为世界上第一个马克思主义政党的纲领，《共产党宣言》在"无产者和共产党人"部分旗帜鲜明地指出，共产党人的最终目的，就是建立"这样一个联合体，在那里，每个人的自由发展是一切人的自由发展的条件"。这一价值取向和奋斗目标所昭示的正是共产党人质朴的初心和使命，也成为共产党人前仆后继、不懈奋斗的力量源泉。中国共产党人就是在《共产党宣言》的感召下，确立了自身奋斗目标，明确了自己的初心和使命。

中国首先将《共产党宣言》翻译出版的是陈望道先生。1920 年 8 月，中译版一经问世，就在社会引起强烈反响，在上海首印 1000 本很快售光，后来又重印 17 版之多，成为国民党统治时期国内发行最广的马克思主义经典著作。

以毛泽东为代表的中国共产党人受《共产党宣言》影响走上革命道路。毛泽东同志曾经讲过，"有三本书特别深刻地铭记在我的心中，使我树立起对马克思主义的信仰。我接受马克思主义，认为它是对历史的正确解释，以后就一直没有动摇过。其中一本书就是陈望道译的《共产党宣言》，这是用中文出版的第一本马克思主义的

书”。青年毛泽东在《共产党宣言》引领下选择了马克思主义道路，走在了时代的前列，并以自己终身的奋斗践行了初心和使命。

中国共产党始终是《共产党宣言》精神的忠实传人。作为马克思主义的忠诚信奉者、坚定实践者，中国共产党人始终把《共产党宣言》宣示的人民立场作为全党的政治立场，坚持以贯穿其中的唯物史观洞察人类社会发展，坚持以《共产党宣言》所指引的无产阶级和人类解放道路推动中国社会前进。习近平新时代中国特色社会主义思想作为当代的马克思主义，传承了《共产党宣言》的精神基因，以坚定的共产主义理想信念，忠实践行以人民为中心的发展思想，不断赋予马克思主义崭新的时代内涵。习近平总书记在主持十九届中央政治局第五次集体学习时指出，《共产党宣言》虽然诞生于170年前，但其阐述的基本原理没有过时，也不会过时。如果心里觉得不踏实，就去钻研经典著作，把《共产党宣言》多看几遍。

初心和使命是激发中国共产党人奋勇前进的不竭动力。从近代中国历史看，以往围绕救亡图存的全部理论和所有实践，像太平天国、洋务运动、辛亥革命等都以失败而告终。中国人民迫切期盼新的政治力量团结和带领中国人民继续开展争取民族独立和解放的斗争。中国共产党成立之初，就回答了为了谁、依靠谁而改造中国与世界的问题，即始终代表劳苦大众的利益，始终和人民群众站在一起，这与其他政治力量形成了鲜明的对比。自那时候开始，中国共产党人就把为中国人民谋幸福、为中华民族谋复兴作为奋斗终身的目标。

中国共产党坚守初心和使命铸就铁一般的信仰并赢得了民心所向。习近平总书记指出，我们党作为百年大党，如何永葆先进性和纯洁性、永葆青春活力，如何永远得到人民拥护和支持，如何实现长期执政，是我们必须回答好、解决好的一个根本性问题。回顾党的历史，为什么我们党在弱小的情况下能够逐步发展壮大，在腥风血雨中能够一次次绝处逢生，在攻坚克难中能够不断从胜利走向胜利，根本原因就在于始终坚守为中国人民谋幸福、为中华民族谋复兴这个初心和使命，从而赢得了人民的衷心拥护和坚定支持，无论是后来的抗日战争、解放战争还是社会主义建设，我们党始终同人民风雨同舟、血脉相通、休戚与共。

淮海战役胜利是人民群众用小车推出来的

淮海战役是解放战争三大战役中规模最大的战役，解放军在兵力、装备都不占优势的情况下，历时66天，投入60万兵力战胜了国民党军80万的精锐主力，创造了战争史上的奇迹。20世纪80年代，美国西点军校专门派出考察团来到淮海战场旧址进行实地考察，对这一结果的评价是“不可思议”。

对于这一战役，作战双方对胜败的原因都进行过总结，结论实际很清楚：战役期间，江苏、山东、安徽、河南等地共出动民工543万人，担架20.6万副，筹集粮食9.6亿斤。到了战役的第三阶段，参战兵力与支前民工的比例高达1:9。人民提出的口号是“倾家荡产，支援前线”。因此，陈毅同志在战役胜利后深情地说：“淮海战役的胜利，是人民群众用小车推出来的。”

历史车轮滚滚向前，党的初心和使命薪火相传。新中国成立之后，中国共产党领导全国人民开展了社会主义改造和社会主义建设，推进改革开放和现代化建设。历史翻开了新的篇章，但共产党人的初心和使命却始终没有改变。新中国成立之初，毛泽东同志就指出，“现在我们实行这么一种制度，这么一种计划，是可以一年一年走向更富更强的，一年一年可以看到更富更强些。而这个富，是共同的富，这个强，是共同的强，大家都有份”。邓小平同志强调要坚持人民主体思想，通过大力发展社会生产力、推动改革开放调动人民群众的积极性。他在1985年会见美国高级企业家代表团时说：“我们的政策是让一部分人、一部分地区先富起来，以带动和帮助落后的地区，大原则是共同富裕。”江泽民、胡锦涛同志总结党的历史经验，提出了“三个代表”重要思想和“科学发展观”，强调以人为本，不断实现最广大人民的根本利益。

习近平总书记强调，“要不断实现好、维护

好、发展好最广大人民群众的根本利益，做到发展为了人民、发展依靠人民、发展成果由人民共享”“必须从理论上弄清楚我们社会主义国家的一切权力都是属于人民的，我们所有共产党员和领导干部手中的权力都是人民赋予的，只能用来为人民谋利益”。习近平总书记旗帜鲜明地回答了执政为了谁、依靠谁等重大问题，赋予了人民主体地位新的内涵，发展了马克思主义人民观。

履践初心和使命，使中国共产党人成为高扬的旗帜。在我们身边，就有这么一位优秀的楷模——张富清老英雄。习近平总书记对张富清同志先进事迹作出重要指示强调，老英雄张富清60多年深藏功名，一辈子坚守初心、不改本色，事迹感人。在部队，他保家卫国；到地方，他为民造福。他用自己的朴实纯粹、淡泊名利书写了精彩人生，是广大部队官兵和退役军人学习的榜样。要积极弘扬奉献精神，凝聚起万众一心奋斗新时代的强大力量。

总行组织编纂了《英雄张富清是咱建行人》读本，全景式展示了张富清同志朴实纯粹的精彩人生。我们可以从老英雄的不平凡事迹和高尚品格中，感悟到共产党人的初心和使命。在革命战争年代，张富清同志战功卓著，“党指到哪儿，就打到哪儿”。他淡泊名利，从未对身边人提及自己的功勋荣誉，更不以此向组织要福利、要待遇。在祖国建设时期，张富清同志勇立新功，“党让我去哪儿就去哪儿，哪里苦就去哪儿”。他本可以选择留在大城市，但却响应国家号召，前往最艰苦的来凤县。在工作中不怕吃苦、不争名利、不务虚功，一心一意为老百姓办事，生动诠释了一位共产党人对党和人民无限忠诚的初心本色。

初心和使命在新时代得到中国共产党人的新诠释新发展。党的十八大和十九大闭幕后不久，习近平总书记带领新当选的党中央领导集体，先后在参观“复兴之路”展览、瞻仰中共一大会址和“南湖红船”时，重温党的初心和使命，回答了我们从哪里来、为什么出发、我们怎样一路风雨兼程、我们为之奋斗的明天会是什么样子等重大问题。习近平总书记在新一届中央领导机构选举产生后同中外记者见面时讲道，“我们的责任就是要团结带领全党全国各族人民，接过历史的接力棒，继续为实现中华民族伟大复兴而努力奋斗，使中华民族更加坚强有力地自立于世界民族之林”。以习近平同志为核心的党中央掷地有声地向世界宣示了新时代党的初心和使命。

党中央以“不忘初心、牢记使命”发出了新时代总动员。党的十九大报告在阐述大会主题时，开宗明义强调了不忘初心、牢记使命。习近平总书记指出，我们要牢记人民对美好生活的向往就是我们的奋斗目标，坚持以人民为中心的发展思想。他强调，历史是人民书写的，一切成就归功于人民。只要我们深深扎根人民、紧紧依靠人民，就可以获得无穷的力量，风雨无阻，奋勇向前。

初心和使命激励着中国共产党人不断自我革命、永葆活力。中国特色社会主义进入了新时代，党面临来自多方面新的考验。具体来讲，面临的形势、具备的条件、拥有的基础、所处的环境、承担的历史任务要求等，与过去相比都发生了明显变化。我们党已经是一个拥有九千万名党员的世界第一大党，没有什么外部力量能够打败我们，能够打败我们的只有我们自己。我国已经走近世界舞台中央，世界看到中国理论创新、实践创新、制度创新步伐之快，惊叹中国社会面貌变化之大，而这些巨大发展变化的背后，是中国共产党人不变的坚守；我们党坚守初心和使命，永不自满、永不懈怠的品格，不断自我净化、自我完善、自我革新、自我提高的精神，是确保我们党永葆生机活力的根本所在。

不忘初心慎终如始，才能跳出历史周期律。新中国即将成立的时候，毛泽东和黄炎培在延安窑洞曾有过一次著名的对话。黄炎培先生谈道，“一人，一家，一团体，一地方，乃至一国，不少单位都没有能跳出这周期律的支配力。大凡初时聚精会神，没有一事不用心，没有一人不卖力。既而环境渐渐好转了，精神也就渐渐放下了。有的因为历时长久，自然地惰性发作，由少数演变为多数，到风气养成，虽有大力，无法扭转，并且无法补救”。这就是后来大家耳熟能详的“其兴也勃焉，其亡也忽焉”的历史周期律。确实，我国历史上历朝历代的统治者，都没能跳出历史周期律的支配。作为建党98年、全面执政70年、领导改革开放40多年的大党，我们党成功经受住了革命战争、社会主义建设、改革开放的各种挑战；当前，又面临执政考验、改革开放考验、市场经济考验、外部环境考验，面临精神懈怠危险、能力不足危险、脱离群众危险、消极腐败危险。在考验和危险面前，绝大多数党员都能守初心、担使命，但也有的经受不住考验，宗旨意识淡化、使命意识弱化。如何始终坚守初心和使命，始终保持党的先进性和纯洁性，是加强党的建设的永恒课题，是党员干部锤炼党性的终身课题。

勇于自我革命，才能不断从胜利走向新的胜利。我们党越来越深刻认识到，在面临各种各样的风险和挑战中，最大的风险和挑战还是来自党自身。习近平总书记在十九届中央纪委三次全会上指出，“在进行社会革命的同时不断进行自我革命，是我们党区别于其他政党最显著的标志，也是我们党不断从胜利走向新的胜利的关键所在”。党的十八大以来，在以习近平同志为核心的党中央坚强领导下，坚持有腐必反，有贪必肃，坚持无禁区、全覆盖、零容忍，保持了惩治腐败的高压态势，遏制了“四风”蔓延势头，党风政风为之一新。

以高压态势惩治腐败整治“四风”

党的十八大以来纪检监察机关查处省部级以上干部100多名，是2008—2012年5年间的4倍。中央纪委国家监委网站6月27日发布数据显示，2019年5月全国共查处违反中央八项规定精神问题4372起，6184人受到处理，4359人受到党纪政务处分。金融领域反腐力度不断加大。2019年以来20名金融领域官员被查或被开除党籍，其中银行及投融资机构地方主要负责人10人。上半年建设银行党纪处分84人，其中警告31人，严重警告31人，撤销党内职务1人，留党察看3人，开除党籍18人。

我们党之所以有自我革命的大无畏勇气，正是因为我们党除了国家、民族、人民利益，没有任何自己的特殊利益。“不私，而天下自公。”不谋私利才能谋根本、谋大利，才能从党的初心和使命出发检视自己，才能不掩饰缺点、不回避问题、不文过饰非，做到有缺点克服缺点、有问题解决问题，始终走在时代的前列。

二、国有金融唯有履践初心和使命，才能担负起新时代赋予的历史任务

面对百年未有之大变局，坚守初心才能保持定力

当前我们所处的国际大环境呈现出了急剧的变化，主要体现在以下四个方面。

一是世界经济重心从北大西洋转向太平洋。很长一段时间内世界经济的重心在北大西洋两岸，西欧诸国和北美成为全球经济的重要支柱。21世纪以来，随着中国、俄罗斯、印度等发展中大国的整体性崛起，加之国际金融危机对欧美的冲击，世界经济重心开始由西向东、由北向南转移。根据有关数据，2017年东盟加中日韩（“10+3”）经济总量达21.9万亿美元，占世界的27%，超过了美国和欧盟。国务院发展研究中心预测，到2035年发展中国家的GDP将超过发达经济体，在全球经济和投资中的比重接近60%。这一世界经济重心转移可以讲是百年未有。

二是世界政治格局呈现非西方化与多极化并行。一方面，发展中国家群体性崛起，中国、俄罗斯、印度、巴西、南非等发展中大国的经济成就和发展前景令人瞩目；另一方面，冷战结束后两极格局解体，世界形成“一超多强”格局，“一超”与“多强”之间进行着反复的博弈。中国已成为推动多极化趋势的中坚。

三是科技革命及由此引发的产业变革影响深远。工业革命以来，凡跻身世界强国的都是能够将领先科技成果转化为产业和军事优势的国家。回顾以往几次科技革命和产业变革，都是由大西洋两岸国家唱主角，比如英国、美国等。21世纪新一轮科技革命和产业变革，虽然美国仍担纲主角，但中国、印度等新兴国家表现抢眼，正努力向科技产业变革的第一方阵进发。比如，中国涌现出一批领先科研成果和全球知名企业，印度的班加罗尔则赢得“亚洲硅谷”之誉，部分领域呈现出后发优势。

四是新兴国家逐渐成为全球治理的重要角色。近年来，欧美一些国家出现的民粹主义浪潮表明，这些国家的国内治理出了问题。从美国“政府停摆”创纪录，到英国陷入脱欧困境，再到法国“黄马甲”抗议运动，都表明西方社会面临的很多问题不是个案性的，而是制度性、体制性的。面对内部

矛盾，一些西方国家不是努力通过改革缩小分歧、凝聚共识来解决问题，而是以放任乃至迎合民粹主义的姿态，通过挑起贸易战、拒不承担国际责任等措施来转移国内压力或向外转嫁矛盾。

世界上两种制度、两种力量的较量没有停止。以美国为代表的西方国家经济发展到现在，资本主义生产关系的局限性不仅没有消除而且在不断暴露，虚拟经济与实体经济脱节进一步加剧。2008年国际金融危机并未超越马克思关于经济危机的理论逻辑，导致危机的根源并没有变，就是马克思所揭示的资本主义生产方式的基本矛盾——生产的社会化与资本主义私人占有之间的矛盾。其实质是生产相对过剩，只不过由于消费过度和负债消费，造成一种虚假的有支付能力的需求和经济繁荣，掩盖了这一矛盾。

美国社会面临的深层次矛盾

美联储和联邦存款保险公司统计，美国家庭存款（银行账户及退休储蓄）中位数约为1.17万美元，50%以上的美国家庭零存款，80%的美国家庭月盈余不超过1000美元。全美TOP1%的家庭占有了接近50%的财富，在贫富差距扩大、移民、教育医疗、社会治安、种族宗教冲突等诸多深层次问题难以解决的背景下，美国社会阶层间矛盾也日趋激烈。

习近平总书记讲过，有的人对马克思主义不以为然，甚至奉西方理论、西方话语为金科玉律。实际上，包括西方学者、学术界在内，世界范围内对资本主义的反思越来越深入。诺贝尔经济学奖获得者斯蒂格利茨教授在《不平等的代价》一书里指出，“那些1%群体的人们攫取了社会财富，留给那些属于99%群体的人们的只有焦虑和不安”。他认为美国“占领华尔街运动”中，“抗议者是对的，情况的确有些不对头”。近年来，法国、美国等爆发的游行示威中，就喊出了“工作是一种权利”“终结资本主义制度”“世界工人党”等无产阶级口号。科学社会主义在当代中国焕发出强大的生机活力，也使世界上关注和相信马克思主义和社会主义的人多了起来。

金融的初心和使命是服务实体经济，虽变化纷繁但不离其宗

金融适应实体经济所需而产生和发展。马克思在《资本论》第一卷中论述了货币和货币资本的本质和运动规律，在第三卷中详细阐述了生息资本、信用资本和虚拟资本的性质和作用。从中我们可以清晰地看到，最初生产经营中的闲置货币变成了生息资本，生息资本社会化时，就出现了银行、债券、股票，而后是有价证券的市场化，增加流动性和交易规模，然后是资本市场的国际化。这实际上也从本源上厘清了金融的“道和术”的关系。现代金融千变万化，但马克思主义所阐释的货币资本的本质和运动规律就是不变的道，道生一，一生二，二生三，三生万物。马克思论证了从产业资本中分离出来的货币资本、商业资本，都是要为产业资本服务的，它们本身并不创造价值和剩余价值。金融资本只有进入产业资本的循环，投入社会再生产过程，才能实现价值创造。因此从本源上讲，金融必须通过服务实体经济获得自身发展，服务实体经济永远是金融的初心和使命。脱离了实体经济的支撑，金融必然成为无源之水、无本之木。

国际金融危机教训表明，金融背离初心必然走向歧路。要高度警惕金融与实业部门、产业资本渐行渐远，甚至游离于实体产业之外自我循环的现象。随着金融功能更强大、规模更庞大，如果脱离了实体经济这个根本自我膨胀，往往会变为洪水猛兽，给经济社会带来巨大伤害。

美国在1999年颁布《金融服务现代化法案》后，金融自由化大潮兴起。1952年，美国金融资产总量相当于当年名义GDP的4.5倍，而到2015年，这一比例扩大到11倍。从历史上看，“日本神话的破灭”“97年亚洲金融危机”“欧债危机”、2008年爆发的国际金融危机等，无一不是由脱离实体经济的金融过度发展所致。2008年国际金融危机爆发前夕，在美国金融资本运行链条上，包括金融机构、金融分析师、评级机构、监管者甚至美联储，无一不被巨大经济利益所裹挟，甚至牢牢捆绑在一起。金融资本游离于实体经济之外，成为自我循环逐利的平台，助长美国房地产泡沫和金融衍生品迅速膨胀，并向危机演化。应该说，这次金融危机对世界经济造成深层次的巨大影响至今还未完全消除，教训非常深刻。

国际金融危机前的美国金融业

国际金融危机爆发前，美国金融业经营模式已经严重地依赖高杠杆。2007年底，高盛、美林的杠杆率达到28倍，摩根士丹利杠杆率33倍，雷曼兄弟杠杆率30倍。如果算上结构型投资工具等表外业务，华尔街投行的杠杆率达50倍以上。套用商业银行的算法，这些投行的资本充足率仅1%～2%。花旗集团、美国银行、摩根大通等在危机爆发前，也都把大量投资集中在按揭债券市场，投资量占到证券投资总额80%左右，风险敞口非常集中。

金融机构过度逐利演绎出数量庞杂、结构复杂、风险难辨的金融创新产品。数据显示，20世纪80年代初期，MBS（抵押支持债券）在美国债券市场上只有微不足道的份额，到2007年底已超过6.5万亿美元；2000年CDO（担保债务凭证，包括流通债券的再证券化）市场的发行量几乎为零，到2007年市场规模超过2万亿美元；CDS（信用违约互换）发展速度更是匪夷所思，到2007年底名义市值达到62万亿美元，几乎相当于当年的全球GDP，为美国GDP的4倍还多。

国有金融诞生成长于艰苦的革命斗争，初心和使命主要体现于服务工农、夺取革命胜利

习近平总书记曾告诫全党，“一切向前走，都不能忘记走过的路；走得再远，走到再光辉的未来，也不能忘记走过的过去”。回顾党领导金融的历史轨迹，我们就可以更加清楚地回答国有金融的“我是谁，为了谁”的问题。

我们党创建红色金融的初心是服务劳苦大众、支持革命事业。早在大革命时期，党提出的金融主张就是从解决广大农民的资金短缺问题开始。1924年参与起草国民党一大宣言时，针对“农民之缺乏资本至于高利借贷，负债终身”问题，共产党就提出应由“国家为之筹设调剂机关，如农民银行等”。1925年《中国共产党告农民书》中提出，“由各乡村自治机关用地方公款办理乡村农民无息借贷局”。1926年《关于农民问题决议案》中，强调“限制高利盘剥，每月利息最高不超过二分五厘”。1927年毛泽东在《对农民宣言》中指出，实行金融政策在农民运动中十分必要，“贫农不仅无土地，而且无资本。革命发展的结果，乡村富有阶级极端闭借，许多地方几乎断绝借贷关系，致使贫农社会惶惶不可终日，非有一具体政策，不能解决此资本缺乏问题”；提出将“农民银行列为专条，并定以年利5%贷款与（予）农民”“努力设立农民银行等条件极低之贷款机关，以解决农民资本缺乏问题”。

坚持以人民为中心为红色金融赢得了最珍贵的信用。随着土地革命的开展，党领导人民群众“打土豪，分田地”，并推翻旧的金融体系，一批工农银行随红色政权的建立而建立。1931年，中央苏区成立了中华苏维埃国家银行。

中华苏维埃国家银行

中华苏维埃临时中央政府成立之初，中央苏区高利贷资本十分猖獗，农民身上的地租和债务非常沉重。根据当时的形势，党领导下的中华苏维埃国家银行通过取消和废止一切高利贷，支持公营事业、合作社、手工业者、小商人等发展经济。为发展生产适当低利借贷，解决了农民的生活、生存问题，极大地激发了工农群众生产的积极性。分得土地的老百姓在缺乏生产资金时，红色金融伸出援助之手帮助解决困难。老百姓为支持红色金融工作踊跃购买公债，入股银行或者加入合作社，还借谷给红军以保障其粮食供应。

在红军长征路上，除了飞夺泸定桥、爬雪山、过草地等大家都熟悉的故事，还有一段世界金融史上独有的“扁担银行”发行纸币的传奇佳话。

扁担银行的信用

1934年10月，中央红军即将开始长征。毛泽民率领的中央纵队第15大队用扁担挑起中央红军的全部家当——金子、银元和部分纸币，被称为“扁担上的银行”。

红军到达遵义后，战士们急需休整并购买

药品、衣物等补给。此时，红军缴获了一批食盐。盐在当地是紧俏商品，军阀们一直抬高盐价盘剥百姓。红军决定向老百姓平价出售这批盐，唯一的条件就是要用红军票才能购买。老百姓用银元兑换红军票或卖给红军商品来换取红军票，部队用红军票买了很多急需物资。然而12天后，红军决定转移。为了使手中还有红军票的老百姓免受损失，红军在城中设立了许多兑换点并贴出布告，专门给三天时间让百姓能够把手中的红军票兑换成银元。

这是长征途中唯一一次发行纸币，发行、兑换、流通、回笼全过程仅用时12天，创下了世界金融史上的奇迹。“货币信用的根本是发行者的信用”。红军此次发行纸币的全过程，充分说明了只有切实维护人民群众的利益，才有真正的信用，它不但代表了红军票的信誉，更树立了共产党在当地百姓心中的形象。

红军长征到达陕北后，苏维埃国家银行改组为“陕甘宁边区银行”。在极为艰难的环境下，边区银行积极执行边区政府“发展经济，保障供给”的总方针，既发挥中央银行职能发行货币，同时兼理一般商业银行业务，并实行企业化的核算和管理，有力地支持了抗日革命根据地的经济建设。

陕甘宁边区银行支持抗日革命根据地经济建设

陕甘宁边区银行业务主要包括存款、汇兑、代理金库、管理外汇和金银、发放贷款和信用合作社等。在发放贷款方面，边区银行坚持公私兼顾、公私两利的信贷原则。支持私营企业发展，使边区的私营工业由原来的36家发展到473家，私营作坊发展到235家，全边区共有15万人参加了纺织工业。边区银行还发放耕牛贷款、植棉贷款、水利贷款、青苗贷款、农具贷款等，有力支持了农业生产。到1945年底，陕甘宁边区财政基本上实现收支平衡并略有结余；耕地面积、粮食产量大幅增加；边区的重工业、化学工业从无到有，还能炼铁、炼油、修造机器、配置军需品；纺织、造纸、火柴厂等繁荣一时。

从第一家红色银行的创立，到后来组建苏维埃国家银行，再到国家银行西北分行改组为陕甘宁边区银行，党领导下的金融体系服务于人民的事业，从筹集资金、经营自给，到服务生产经营、改善军民生活、开展对敌斗争、打破经济封锁等作出了重要贡献，为夺取革命胜利提供了坚实的物质保障。

国有金融发展壮大于火热的新中国建设，初心和使命主要体现于推动经济社会发展，实现人民对美好生活的向往

坚守初心使命使得国有金融成为党管理经济的国之重器。新中国成立之后国有金融体系的发展，先后经历了改革开放前（1949—1978年）的“大一统”银行体制、专业银行体系（1978—1994年）、国有独资商业银行体系（1994—2004年），再到国有控股的股份制商业银行体系（2004年至今）四个阶段。这期间，以国有商业银行为主体的国有金融体系不断发展壮大。2002年2月，中央召开第二次全国金融工作会议，作出了国有商业银行综合改革的战略决策。国有银行按照现代企业制度要求进行了股份制改造，大刀阔斧的改革取得了显著成效，公司治理不断完善，经营效益和资产质量稳步提升。在这一系列改革过程中，国有银行始终坚持党的领导，始终坚守服务人民的初心，成为党可以绝对信赖的金融重器。

国有金融广泛动员社会资源，担负起支持国家建设的使命。以国有大型银行为主要力量的金融体系，在动员全社会资源、促进经济社会发展、支持经济体制改革、维护社会稳定等方面发挥不可替代的作用。例如，20世纪80年代到90年代初，随着“拨改贷”等政策实施，国有大型银行为重大项目和企业提供了大量低成本资金。据有关测算，到1996年国有银行注入国有企业的生产投资资金占比为84.6%，其中流动资金占比99.3%。在长江三峡、西气东输、西电东送、南水北调、高速公路、高铁建设、信息网络等重大工程中，国有大型银行的信贷支持发挥了重要作用。

进入新时代，社会主要矛盾发生变化，要对照初心和使命检视金融发展中的问题和差距

中国特色社会主义进入新时代，我国社会主

要矛盾从人民日益增长的物质文化需要同落后的社会生产之间的矛盾，转变为人民日益增长的美好生活需要和不平衡不充分的发展之间的矛盾。金融既要适应变化、应变求变，更要在变化中坚守初心，检视发展中存在的问题和差距。

服务实体经济的渠道仍存在梗阻。主要表现在，资金在金融系统内自我循环，拉长了进入实体经济的链条，加大中间成本。有的通过多层产品嵌套，资金脱离监管视野，流向房地产、资本市场等领域，助长资产泡沫和市场波动。高端制造业、战略性新兴产业缺乏持续有力的金融支持，中小企业、民营企业等还面临融资难、融资贵等问题。

金融供给质效需要进一步提高。金融供给和需求存在错配现象，这在新的市场条件下已日益成为现实紧迫的问题。金融机构还存在缺乏主动意识或专业能力的问题，无法提供一些市场急需的金融产品和服务，难以满足新形势下客户多层次、多样化的金融需求。在促进产能过剩行业调整、“僵尸企业”退出、存量资产重组、识别管控风险，以及扩大有效投资、适配新兴产业金融需求、创新发展绿色金融等方面，都还存在多方面的薄弱环节。金融供给侧结构性改革的任务艰巨。

金融发展中面临诸多潜在风险。主要表现在，不良贷款存量规模和新增暴露仍然较大，资本补充面临压力。债市等各类信用违约事件增多，客户和发行体违约率上升。表外理财业务、同业业务、金融市场业务快速增长，风险管控技术和能力还跟不上。一些地方政府形成大量隐性债务，社会杠杆率高企。中国经济呈现房地产化的特点，而房地产市场又呈现过度金融化的特点，这在客观上导致风险积聚。

所有这些，固然有经济周期性、结构性、体制性矛盾叠加的原因，但从深层次看，很大程度上还是因为金融机构、金融创新行为偏离了初心、偏离金融最本源的逻辑，这是根子上的问题。

展望新金融的未来，要聚焦初心和使命探索发展方向和路径

我们探索的以人民对美好生活向往为目标的新金融，与西方金融的本质区别在于初心和使命。实际上，从资本运营、产品服务、基础设施等很多方面看，新金融与传统西方金融并没有太多差别，后者经过百年发展积累下来的很多经验做法，也都可以在新金融实践中“拿来”为我所用。事实上，我们也一直是这么做的。实际上，社会主义市场经济的“资本”，与西方经济学、金融学教科书中所讲的“资本”相比，从逻辑规律和金融形态上看并没有什么差异。但是，内在本质是有区别的，主要在于生产资料和资本的所有制形式不同和由此带来的剩余价值占有分配的不同。这也是“新金融”与传统西方金融源于“初心”不同而形成的根本差异所在。

西方金融“以资本为中心”，导致“异化”和危机发生。资本的私人所有，促使其有强烈冲动通过金融手段将资本的杠杆不断放大，满足追逐更多利润的欲望。在按资分配体制下，社会财富必然更多地向少数人集中，真正靠劳动所得的普罗大众最终变得更加边缘化。在强大资本力量的裹挟下，社会只能顺着资本的期望和诉求走，社会贫富分化问题永远无法解决。法国经济学家皮凯蒂在著作《21世纪资本论》里，对当代资本问题进行了深入的研究，引发极大反响和热议。

托马斯·皮凯蒂和《21世纪资本论》

《21世纪资本论》通过对18世纪工业革命至今的财富分配数据分析发现，近300年来投资回报平均维持在每年4%～5%，而GDP平均每年增长1%～2%，资本回报率高于经济增长率的必然结果是贫富差距扩大，而且愈演愈烈。资本回报率增长远远高于工资收入的增长，进一步提高了资本收入占整个国民收入的比重。基于实证的数据分析，皮凯蒂的核心观点是：21世纪人类将再次面临收入不平等的重大威胁和挑战，而不加制约的资本主义是导致财富不平等加剧的根源。

新金融“以人民为中心”，旨在最终实现人的自由全面发展。国家通过税收、投资基础设施、扶贫等进行社会财富的再分配，让广大人民群众都能公平获得资本增值带来的福利。新金融着眼于实现人民对美好生活的向往，为他们创造和生产资料及资本充分结合的公平机会，从而提高社会生产力，促进社会公平。从以资本为中心转向以人为本，促进人的自由全面发展。这就使得新金融和传统西方金融在出发点和落脚点上有了最显著、最根本的区别。

正是因为“初心”不同，同样的经营行为，就会得出大不相同的经营结果。从国际金融危机及后续的演化趋势看，传统西方金融模式发展到今天，不仅产品走到极限，增长空间也已经很有限了。新金融就是要跳出老路，返本开新，回归到金融的初心和本源上来，开辟出一条崭新的路径。

三、以新金融履践初心和使命，建设银行不断探路前行

2019 年是新中国成立 70 周年，也是建设银行成立 65 周年。对照习近平总书记在建设银行成立 60 周年时作出的批示，回顾建设银行走过的改革发展历程，我们也要时时扪心自问，是不是忘了初心和使命？

服务国家建设的初心和使命贯穿于建设银行 65 年的发展历程

建设银行成立于 1954 年，即“一五”计划开局之时。从诞生之日起，历史就赋予了建设银行“建设”的使命。

哪里有建设，哪里就有建设银行。“机构跟着项目走，服务跟着需求走”，建设银行继承和发扬了国有金融服务人民的红色基因和优良传统。荒郊野外的工地上，可以看到建设银行的“帐篷银行”和“马背银行”，银行员工与工程建设者一起爬高山、涉险滩，顶酷暑、冒严寒，吃干粮、住工棚，成为新中国建设大军中一支出色的金融“拳头部队”。1954—1978 年，建设银行从早期的 156 个国家建设项目、694 个重点建设项目开始，共经办各类基本建设投资 5628 亿元，助力建成大中型建设工程项目 4000 多个，促进了 60 多个大型骨干项目提前投产。我是 1983 年进入建设银行的，当时印象最深的是几乎所有建设银行贷款的重大基本建设项目，都派驻我们的信贷员，建设银行员工天南地北跟着工地走，有的风餐露宿一驻就是好多年。

改革开放之后，虽然新的业务不断涌现、经营领域不断拓展，但服务国家建设始终是建设银行不变的初心。1979—1993 年这 15 年间，建设银行为 30 多个行业经办了 99% 以上的国家重点项目资金。张富清同志就是那个年代建行人的优秀代表。

张富清老英雄坚守初心做好贷款业务

“拨改贷”改革之时，来凤县支行只有 5 个人，借用外单位一间土瓦房办公。在这块狭小的空间，张富清给大家讲改革的重要意义，学习“拨改贷”政策和业务。他找财政局局长和有关人员，多方筹措政策资金，扩大低息贷款业务。为了保证用好资金，他常常到建设单位去，产品销路、资金、工人安全等都成了他挂在心上的事。

那时支行连辆自行车都没有。张富清下乡镇、去厂矿，都是头戴一顶草帽，脚踏一双解放鞋，手上拎一个包，包里揣上两个馒头。每次回来，妻子孙玉兰总忍不住“埋怨”：“又是一身灰尘。”田坝煤场是最大的贷款客户，他把行李搬到厂里，与工人同吃同住同劳动，一住就是一个多星期。一来二去，煤矿不少工人误以为他是矿上领导。

20 世纪 90 年代商业化转型过程中，建设银行提出了“一心一意办银行”的指导思想，确立“双大”经营战略，大力支持关系国计民生的大行业、大企业，并以此为基础延伸拓展新兴领域，形成了建设银行独有的业务强项和专业特色。现在许多大型国有企业都是从那时候起，我们急企业所急、想企业所想，一直支持服务走过来的，至今与我们保持着密切的合作关系。

习近平总书记在建设银行成立 60 周年之际作出重要批示：“60 年来，建设银行砥砺奋进，不断发展壮大，为国家经济社会发展作出了积极贡献。希望再接再厉，与时俱进、改革创新，进一步增强服务国家建设能力、防范金融风险能力、参与国际竞争能力，再创新佳绩，为中华民族伟大复兴作出更大贡献。”习近平总书记的重要批示，充分肯定了建设银行服务国家建设的成绩，也让我们深深感受到总书记对建设银行的殷殷期望，为我们做好当前改革创新发展各项工作指明

了方向，提供了根本遵循。我们要沿着习近平总书记指引的方向坚定前行，牢牢把握服务实体经济这个“高站位”，守住服务广大人民群众这个初心，使新时代建设银行的事业蒸蒸日上。

对照主题教育和“三个能力”建设要求，深入查摆存在的差距

我们也要看到，对照“不忘初心、牢记使命”主题教育要求，对标习近平总书记提出的“三个能力”建设要求，还存在多方面差距和不足。

全面从严治党方面。全行自觉在思想上政治上行动上同以习近平同志为核心的党中央保持高度一致，坚持全面从严治党、从严治行，不断完善党建工作领导机制，将坚持党的领导、加强党的建设全面融入全行各项工作。但是，在我们的党员干部队伍中，还有个别人没有做到不折不扣地贯彻落实党中央的决策部署，甚至对党中央要求的事置若罔闻，对党中央禁止的事阳奉阴违，出现了一些严重违纪违法案件。有的单位党委在落实主体责任上，对违规违纪行为不敢动真碰硬，开展警示教育不到位，党建工作薄弱环节较多。有的单位执行干部选任程序不规范、财务管理不严格、信贷和集中采购违规操作等问题。这反映出全面从严治党责任还没有完全压紧压实，党建工作还存在薄弱环节，必须进一步从严从实加强管理。

推进学思践悟方面。近年来，我们将习近平新时代中国特色社会主义思想转化为建设银行“服务大众安居乐业，建设现代美好生活”的创新发展实践，努力解决社会民生痛点难点问题，整体效果不断显现，但距离真正形成生态、彻底解决痛点还有差距。有些机构和部门仍存在着把旧思维带进新时代、用旧方法解决新问题的惯性，一些应用还需要进一步优化。有的资源保障机制的优化调整还没有完全同步，在科技支撑、数据治理、风险管控、网络安全等方面如何与新金融的要求相适应，还有很多细致的工作要做。这些具体问题的内在根源，归根结底还是对习近平新时代中国特色社会主义思想没有完全做到学深悟透，还没有将以人民为中心的发展思想、金融供给侧结构性改革要求与本职工作深度融合起来，还没有完全做到学以致用、知行合一。这些方面需要结合“不忘初心、牢记使命”主题教育进一步加以改进。

转变工作作风方面。全行广大干部员工在服务实体经济、防范金融风险、深化金融改革中激发干事创业热情，总体精神面貌奋发向上，“四风”问题治理也取得很好成效。但也有的党员干部全心全意为人民服务、矢志艰苦奋斗的精神有所懈怠，有的忘了自己的初心和使命。在机关干部中，也有的不想担当、不敢定事、懒得做事；有的片面强调本单位、本部门的利益，在工作中只注重眼前利益而忽视长远发展。在处理具体问题时，有的没有从国有银行的初心、服务国家经济建设的大局出发，没有真正站在客户的角度去深入了解情况、解决实际问题，抱着僵化的条条框框。不少基层机构同志反映负担过重，从前期总行开展的问卷调查、现场调研和邮箱反馈情况看，总分行布置的各类事务性工作负担都会不同程度地传导到基层一线，这其中形式主义、官僚主义已成为基层员工反映强烈、深恶痛绝的问题。有的员工在问卷中讲，基层“苦形式主义久矣”，各类培训、会议、加班挤占了假期和正常休息时间，甚至影响身心健康，也损害业务发展和服务质量。这些问题需要引起各级管理部门的高度重视。

支持国家建设方面。建设银行在服务京津冀一体化、雄安新区、大湾区、长三角一体化等国家重大战略以及基础设施建设方面持续发挥了国有金融的主力军作用，但在战略性新兴产业、创新型科技公司、“三农”、绿色发展等经济新兴领域和薄弱环节，创新的金融服务方式方法还不够成熟。虽然我们积极探索了服务小微企业、民营企业的新模式，也取得显著成效，但全行信贷投放方面“垒大户”的问题仍然存在，有的依然热衷向大客户、大企业及某些大行业集中。对于新形势下人民群众日益多元化、多层次需求，金融服务还不能完全适应、有效地满足。

防范金融风险方面。近年来全行通过强化全面主动风险管理，守牢风险底线，实现了资产质量稳中向好。但是，风险和内控管理基础仍有薄弱环节，例如客户和项目选择、贷后管理，以及合规和反洗钱等方面还存在短板。有的在应对内外部新变化带来的不确定性，把握利率、汇率、区域、行业、操作风险规律等方面，还存在不够精准的情况。在风险意识方面，有的同志还存在盲目乐观，对经济波动乃至下行压力的预判不足、主动应对的方法不多。这些都与国有大行在防范风险方面发挥“稳定器”作用的要求还有差距。

参与国际竞争方面。股改上市以来，全行国际业务经营管理和产品创新能力、服务“一带一路”和“走出去”客户能力、海外市场拓展和业务能力等有了显著提升。但是，在海外业务合规、国别风险管理等方面仍存在差距，主要原因在于国际化人才短板明显，全行还缺乏一大批既精通外语，又了解当地法律、文化的人才。

以初心和使命引领“三大战略”，推动新金融探索实践

进入新时代，建设适应现代化经济体系要求的新金融，并没有成例可循，建设银行把人民对美好生活的向往作为出发点，以问题为导向推动“三大战略”，开启了以新金融为目标导向的“第二发展曲线”。

住房租赁战略。建设银行打出“要租房，到建行”的市场品牌，初心就是为了破解人民群众住房难、住房贵的痛点问题，用专业金融解决方案激活住房要素市场、稳定租赁关系、平抑租赁价格，让人们能够稳定地居住、体面地生活。这与我们当初提出“要买房，到建行”的初心是一脉相承的，都是为了实现百姓的“安居梦”。

创新推广“存房”业务。通过建设银行的开放共享平台，将大量空置的房产推向租赁市场，为大众提供更多的可租房源，有效降低住房空置率，培育和发展住房租赁市场。同时要看到，这背后更深层次的意义还在于，充分发挥金融的“融通”功能，化解中国经济房地产化的“坚冰”。

> **中国经济房地产化值得关注**
>
> 财政部公布的数据显示，2018年我国商品房销售额约为15万亿元，比上年增长约12.2%。交易金额带动房产交易契税数据上升，全年契税收入同比增长16.7%。土地增值税收入同比增长14.9%。政府性基金预算收入7.5万亿元，同比增长22.6%。其中，国有土地使用权收入6.5万亿元，同比增长25%。从土地使用权出让收入与地方政府性基金预算收入比值来看，呈现不断上升的态势，2015—2018年从85%逐年上升至91%。

相关数据显示，我国居民的房产在家庭总资产中占比为60%～70%。房地产巨大的虹吸效应，使大量宝贵的社会资源固化在冷冰冰的钢筋水泥上面，无法实现应有的价值。通过“存房”业务，可以将社会上大量闲置房屋货币化，通过金融通道让其流通起来，从而疏通经济的“梗阻”，调动相关资金、技术、劳动力等社会资源再次流动起来。这实际上也是改变人们的观念和消费文化，并促进过度金融化的房地产市场回归到居住的本源，为供给侧结构性改革贡献建设银行方案。

普惠金融战略。建设银行率先启动了普惠金融战略，以“双小”承接“双大”，努力破解长期困扰我国经济发展的小微企业融资难融资贵问题。这既是我们对金融服务实体经济本源的回归，也是国有大行关注普罗大众的初心使然。2018年，建设银行普惠贷款新增2227亿元，在五大行中占比超过50%。在建设银行的示范带动下，各大银行纷纷在普惠金融业务上发力，极大地活跃了小微企业信贷市场，提高效率并降低了融资成本。我们还通过推广“裕农通”，打通农村金融服务“最后一公里”。率先在全国推广“劳动者港湾”，为快递小哥、环卫工人、出租车司机等户外劳动者提供喝水、上厕所、充电、热饭的场所。用实际行动让普罗大众都能享受到现代金融的甘甜，让金融活水流向最需要滋润的地方，助力实现人民对美好生活的向往。李克强总理2019年初视察建设银行时，以“小企业、大事业、无止境”对建设银行普惠金融发展给予了高度评价并提出殷切期望。

金融科技战略。当前，以信息技术、人工智能、生命科学、新能源、智能制造等为代表的新一轮技术革命，正深度影响人类社会的发展方向和进程，人们的日常生活、经营投资、娱乐消费等因现代科技发生巨大改变。但是，现代信息技术本身是价值中性的，只有掌握在正确的人手里，通过正确运用、和正确的事结合，才能为人民造福、为社会创造福祉。

金融科技必须始终坚守为民服务的初心。正是本着这个初心，建设银行借助现代科技的力量，本着以人民为中心的发展理念努力将金融服务做到极致。我们率先成立金融科技公司，改变传统科技附从于银行业务和流程的定位，以新金融的科技思维进行重新武装和功能再造；借助大数据和信息技术，我们探索出“五化”新模式（批量化获客、精准化画像、自动化审批、智能化风控、综合化服务）服务小微企业；借助网络银行、手机银行、电子商务等平台，实现对任何人、任何时间、任何地点的全天候服务，提高金融服务的可得性；借助区块链等技术开发“民工惠”产品，保证按时出工的工人按月及时足额拿到薪水，用金融手段解决长期困扰社会的农民工讨薪难题。2018 年开始，我们帮助云南建设“一部手机办事通”，构建App、PC 端、网点 STM、裕农通、政务大厅“五位一体”的智慧政务格局，助力提升社会治理能力。2019 年 1 月上线运行以来，“一部手机办事通”App 下载量达 200 多万次，注册用户超过 160 万人，业务办理量 581 万件。

金融科技战略的实施，也为建设银行开启“第二发展曲线”、推动新金融探索实践提供了坚实的技术保障。我们跳出传统金融框架，承担起社会责任，推动新金融与教育深度融合，开放建设建行大学，成立“新金融人才产教融合联盟”，让更多的人掌握现代金融知识和技能。

紧扣初心和使命不断深化主题教育，打造国有金融独特政治优势和发展优势

2019 年 6 月以来，全行上下按照中央要求，在中央第二十七指导组的指导下，紧扣金融业实际扎实推进“不忘初心、牢记使命”主题教育。从掌握的情况看，各级党委都非常重视，工作有序推进。目前，第一批主题教育已时间过半，要检视进展和效果，按照习近平总书记强调的“四个到位”要求，突出“三个结合”进一步地聚焦和深化，抓好学习教育、调查研究、检视问题、整改落实。

发挥政治优势，掌握和运用习近平新时代中国特色社会主义思想强大武器。忠诚源于理论清醒，追随来自信仰坚定。我们要完成好习近平总书记交给建设银行的增强“三个能力”的任务，最根本的是要靠习近平新时代中国特色社会主义思想的科学指引。要认真贯彻落实新时代党的建设总要求和新时代党的组织路线，把学懂弄通做实习近平新时代中国特色社会主义思想作为首要任务，教育和引导广大党员干部牢记初心使命、主动担当作为，做坚定信仰者和忠实实践者，持续推动学习贯彻习近平新时代中国特色社会主义思想往深里走、往心里走、往实里走。

加强党的建设，把全面从严治党成效转化为全行改革发展优势。习近平总书记强调，“企业发展到哪里、党的建设就跟进到哪里、党支部的战斗堡垒作用就体现在哪里，为做强国有企业提供坚强组织保证”。建设银行取得今天的改革发展成果，得益于党中央的坚强领导，得益于全行各级党组织在“把方向、管大局、保落实”等方面发挥的重要作用。要始终坚持把党的政治建设作为根本性建设摆在首位，树牢“四个意识”，坚定“四个自信”，坚决做到“两个维护”，在思想上政治上行动上同以习近平同志为核心的党中央保持高度一致。层层压紧压实党建主体责任，通过更加扎实深入的工作，切实把党中央关于金融工作重大方针政策与全行改革发展稳定紧密结合起来，融入全行战略实施和经营管理全过程，转化为新金融的生动实践。

对标身边榜样，深入学习张富清同志先进事迹。深化落实习近平总书记的指示精神、深入学习张富清同志先进事迹，总行机关特别是党员干部有责任先学一步、学深一点，走在全行的前列。一是将其作为党性学习的生动教材。经常对照老英雄的高风亮节，剖析自身在坚持人民至上、全心为民服务上还有哪些差距，见贤思齐，进一步坚定理想信念，提高党性修养，真正把老英雄坚守初心、不改本色，朴实纯粹、淡泊名利和甘于奉献的精神永远传承下来。二是将其作为敬业奉献的榜样。以身边的先进典型为标杆，学习先进、争当先进，做到干一行、爱一行、专一行，勇挑重担、敢于拼搏，以榜样为引领示范，凝聚起万众一心奋斗新时代的强大力量。三是将其作为对照检查的标杆。切实将张富清同志作为一面镜子、一把尺子、一个标杆，从上到下、从里到外，反复照一照、量一量，深入查摆自身在思想境界、能力素质、道德修养、作风形象、担当作为等方面的问题与不足，在查摆差距中深化认识，找准努力方向。

强力整治“四风”，坚持以上率下力戒形式主义官僚主义。党员干部尤其是总行机关领导干部要以身作则，身体力行，带头严格执行中央八项规定及实施细则精神，在改进思想作风、工作作风、学风文风会风上做好表率。要时刻把主体责任放在心上、扛在肩上，确保落实中央八项规定精神标准不降、力度不减。要自觉向中央的高标准严要求看齐，坚决抵制喘口气、歇歇脚，差不多、过得去等错误思想，从一件件小事入手严起来，从解决群众感受最直观、反映最强烈的问题入手实起来，寸步不让，管出习惯。要强化典型案例警示教育，实现作风建设常态化。要通过加强党性教育、深入调查研究、严格规范管理、优化机制流程等，从根本上清除“四风”问题滋生的土壤。

打造能力优势，提升金融供给质量助力现代化经济体系建设

习近平总书记关于增强“三个能力”的重要批示，为建设银行长远发展明晰了定位，也为当下开展新金融探索指明了方向。我们要以“不忘初心、牢记使命”主题教育为契机，深刻领会习近平新时代中国特色社会主义思想，掌握贯穿其中的马克思主义认识论和方法论，促进“三个能力”不断提升。

不断增强服务国家建设能力。作为国有大型银行，服务国家建设是基本职责和天然使命。习近平总书记在第五次全国金融工作会议、2019 年中央政治局第十三次集体学习等会议上多次强调了金融与实体经济的关系，指出金融要为实体经济服务，满足经济社会发展和人民群众需要，并就金融供给侧结构性改革特别是存量重组、增量优化、动能转换等提出了明确要求。作为国有大型银行，我们要在自觉贯彻落实上作出表率，针对当前金融供给与需求中存在的主要矛盾和矛盾的主要方面，以问题为导向从研究金融解决方案、设计相应金融产品入手，不断增强金融供给结构对需求变化的适应性。要按照“五位一体”总体布局和“四个全面”战略布局，加力支持战略性新兴产业、高端制造业、绿色产业等经济转型升级的重点领域，以及民营和小微企业、“三农”等薄弱环节。要坚守人民立场，紧跟世情国情党情的变化，紧扣社会主要矛盾的变化，把人民对美好生活的向往作为一切工作的出发点和落脚点，努力满足人民群众日益增长的高质量、多样化、个性化的金融服务需要。要坚持刀刃向内，着力从产品设计、业务模式、服务流程、技术支撑等方面，研究解决新形势下服务国家建设方面存在的差距和不足，在破解问题中快速提升能力，努力蹚出一条适应新时代现代化经济体系建设要求的新金融发展之路。

不断增强防范金融风险能力。习近平总书记强调，防范化解金融风险，事关国家安全、发展全局，是一场输不起的战役。要善于用习近平新时代中国特色社会主义思想指导推动新形势下的风险管理工作，掌握和运用贯穿其中的战略思维和底线思维方法。一要善于运用战略思维。面对错综复杂的国际国内形势变化，要站在战略高度、基于全局视野，观察和处理各种风险问题，透过纷繁的表象把握风险本质和内在规律，不断增强风险管理的主动性和有效性。过去经验和教训也表明，凡事想在前、有预判，风险管理就比较主动；但凡见事迟、慢半拍，风控就处于被动。看不到风险就是最大的风险。现在外部形势变化快，风险管理要把握好平衡，要有不同声音。风险管理相关部门要有专业独立、前瞻性的判断。二要善于运用底线思维。凡事从坏处准备，努力争取最好的结果，有备无患、遇事不慌，把握风控主动权。国有大型银行要扛起守牢不发生系统性金融风险底线的责任，一定要增强忧患意识，宁可把问题想得更深一点、把预案做得更充分一些，切实起到防范金融风险、维护金融市场稳定的“压舱石”作用。

不断增强参与国际竞争能力。抓住机遇扩大开放是我国 40 年改革开放的宝贵经验，更是新时代经济实现高质量发展的必由之路。习近平总书记强调，要把开放作为发展的内在要求，更加积极主动地扩大对外开放。“世界经济的大海，你要还是不要，都在那儿，是回避不了的。想人为切断各国经济的资金流、技术流、产品流、产业流、人员流，让世界经济的大海退回到一个一个孤立的小湖泊、小河流，是不可能的，也是不符合历史潮流的。”我们一定要深刻领会，切实增强机遇意识。近期，国务院金融委发布了扩大金融对外开放 11 条举措，全行要逐项深入研究，及早作出针对性安排，抓住新的市场机会。一方面，要放眼全球，设计出更好的金融产品服务“一带一路”建设和“走出去”客户；另一方面，要立足国内，做好在家门口与国际金融巨头同台竞争的充分准备。关键是要做好自己、练好内功，否则机遇的大门就会把我们关在外面。前段时间华为公司在面对美国贸易霸凌和技术封锁中的表现，就给我们上了生动的一课。没有未雨绸缪的“备胎”计划，没有自身核心能力的培育，就根本做不到有底气地参与国际竞争。要加快培养一批具备全球化视野和国际化专业能力的人才队伍，增强适应高水平对外开放的能力。

习近平总书记讲过，时代是出卷人，我们是答卷人，人民是阅卷人。新时代要有新气象，更要有新作为。全行要通过“不忘初心、牢记使命”主题教育，扎实开展理论大学习，把践行习近平新时代中国特色社会主义思想不断引向深入；要对标身边榜样张富清老英雄，认真找差距抓落实，将主题教育激发出来的党性意识、奉献精神和奋进力量，注入到全行“三个能力”建设和改革发展事业中，用新金融行动绘就新时代建设银行的“第二发展曲线”，在建设现代化经济体系中作出国有大行应有的贡献！

笃践初心使命　聚焦三个能力
以新金融行动绘就“第二发展曲线”

——在2019年夏季工作座谈会上的讲话

田国立

（2019年7月25日）

同志们：

在全行开展“不忘初心、牢记使命”主题教育、向张富清同志学习的热潮中，总行党委决定集中4天时间进行学习并召开夏季工作座谈会，目的是更加深入地研习理论、研讨问题、研究布置下一步工作；特别是结合主题教育，认真对照习近平总书记在建设银行成立60周年时提出的“三个能力”建设要求，在新中国成立70周年、建设银行成立65周年之际，重温批示精神、重检各项工作、重整行装再出发。桂平行长还要作经营情况报告，永庆副书记明天要作会议总结，这里我先谈几点意见。

一、关于上半年工作

2019年以来，全行以学习贯彻习近平新时代中国特色社会主义思想为主线，聚焦“三个能力”建设，推动金融供给侧结构性改革，坚持党建引领，发力“三大战略”，开启“第二发展曲线”，巩固了好的发展势头，培育了新的发展优势。

住房租赁开源生态初步形成

服务平台覆盖率、活跃度快速提升。覆盖94%地级以上城市（317个城市），上线房源超过1700万套，注册个人客户超过1700万户。

分层次多元化模式逐步完备。零散存房、整租公寓、公租房等多种租赁业态发展迅速。24家分行开办存房业务，出租房源20.1万套。北京分行首推“散收整租”模式解决新机场建设人员住房难问题，贵州、河北等分行推出“公租房一站通”“建融公租通”等创新产品，广东分行推出“城中村”住房租赁业务，云南分行结合当地旅游市场需求推出“切片化”短租服务。住建部1600万套公租房陆续上线，部分分行积极促成我行租赁房源纳入地方政府的公租房计划。

“圈链效应”初步形成。打造租赁产业联盟，总对总签约上下游核心企业60余家，全行合作机构1.17万家，拓展服务内涵，延伸了产业链条。江苏分行“管家桥”项目携手知名品牌家电供应商等打造共享经济生态，福建分行“云集公寓”打通“租房+消费+智能家居+物业”全链条生态，建信财险推出“租房保”“安心住”等系列保险产品，建信养老金与广东、上海等分行合作“存房+养老”模式。

新的商业逻辑得到政府部门、监管机构、社会各界越来越多的理解和认同。通过培育住房租赁新生态，让金融回归金融、让市场回归市场，推动过度金融化的房地产市场去金融化。

普惠金融创新引领带动市场。截至2019年6月末，普惠贷款余额突破9000亿元，新增2234亿元（按银保监会口径新增2210亿元），均位列同业第一，提前完成全年监管计划。获客活客能力持续增强，法人小微企业客户数、新增数四大行占比均超过70%。

“外溢效应”迅速显现。建设银行普惠业务模式领风气之先，“云税贷”“抵押快贷”等诸多创新产品被同业效仿复制，带动市场形成了你追我赶的火热势头。2019年以来普惠贷款放量增长，给小微客户带来实实在在的融资便利和成本下降。通过供应链线上融资服务，既帮助小微企业解决融资难、融资贵问题，又帮助了核心企业去杠杆。

农村金融破题。全行建成“裕农通”服务点22.4万个，覆盖全国33%的行政村。出台专项优惠政策，优先吸收退役军人、返乡大学生成为“裕农通”业主。各分行结合当地实际开展了探索，湖南分行建设“金湘通”服务点4.4万个，覆盖全省2.14万个行政村。黑龙江分行推出“地押云贷”“农信云贷”等特色支农信贷产品，为2.3万户农户和新型农业经营主体投放贷款43.6亿元。

“民工惠”稳步推进。累计投放贷款150亿元，惠及144万农民工，为破解“农民工讨薪难”蹚出一条新路子。山东分行为6000多名采矿工人发放了被拖欠半年的工资款。打造“农民工普惠服务平台”，推出“民工享”“民工乐”一揽子综合服务。

金融科技聚智赋能释放了创新活力

重点项目齐头并进，物联网服务平台、龙财富、统一押品管理、农村土地经营权流转平台等19个重大项目立项实施。建信金科在国内金融科技公司排名中跻身前列，在市场上打响了品牌。首批推出3家“5G⁺智能银行”，短短的几周时间就成为“网红打卡点”和旅游新地标。

对内激发创造力，转化成为生产力。人工智能应用更加丰富，投产191个场景，覆盖40个业务组件。拓展区块链应用，新建公积金和资产证券化区块链，并在贸易融资区块链上新增再保理业务。物联设备管理平台接入100多种终端设备，实现实时监控处置。

对外赋能G端、B端、C端，共享科技红利。与134个省市县（16个省级，70个市级，48个区县级）签订了智慧政务合作协议，平台注册用户超过1700万户。对公智能撮合平台累计注册33.5万户，发布供需信息38.4万条，成功撮合3.3万笔。公有云累计支持了政务、住房、同业、民生等九大领域132个用户。帮助贵州满帮集团打造“大数据物流产业+智慧金融”全生态链综合金融解决方案，惠及650万名货车司机；助力三亚市政府建设“一条鱼、半斤虾”智慧监管体系；首家上线“ETC智行”微信小程序，日获客量已超过3万户。

“聚能效应”得到释放。开放整合社会技术力量，探索联合创新实验室等多种合作模式，携手25家细分领域的高科技企业，共同打造技术联盟。

国产化自主可控迈出关键步伐。全行终端设备、PC服务器、安全产品等已全面实现国产化，网络设备国产化率超过95%，新一代系统自主研发率超过90%。金融业首家上线国产平台办公自动化系统，并完成2.0版迭代升级。

劳动者港湾引起社会同频共振

向社会开放劳动者港湾1.4万个，累计服务约7000万人次，App注册用户超过750万。服务内容不断丰富，涵盖综合政务、生活便民、扶贫助贫、科技智能、党建文化、教育培训、特殊群体服务等。“大堂微沙龙”“港湾小课堂”、社区义诊等深受社区居民欢迎。有的分行在骄阳似火的高考季，为考生和家长专门提供休息、喝水、充电、WiFi等贴心服务。

“共振效应”不断扩大。劳动者港湾已走进社区，成为有影响力、感召力的社会公益平台，首家被全国总工会授予户外劳动者服务站点共建品牌。很多企业和社团组织热情响应、主动参与，志同道合者越来越多。实际上社会并不缺爱心，缺的是有公信力的平台，劳动者港湾正是营造了这么个平台，让社会大众来传递爱心和善意。

建行大学打造了产教融合新模式

启动“2019—2021上海行动计划”。以共同愿景打造新金融产教融合联盟，国内外知名高校、政府机构、金融同业、创新型企业等64家理事单位、6家观察员单位积极参与，为破解产教融合难题探索解决方案。

“协同效应”聚类发酵。横向上，汇聚社会各方力量打造“金融+科技+教育+产业+政府”的协同生态，探索轻资产、高科技、深耦合的协同新模式，既盘活老校区、旧场馆等存量闲置资源，复用师资、实验室等教学科研资源，又充分共享现代科技、大数据等知识智力资源。

纵向上，一方面，上提教研层级，与知名高校和科研院所合作，参与国家“金课”建设，开发金融专业精品课程，建设联盟兼职师资库；另一方面，下沉培训资源，拓展“金智惠民”公共培训服务体系，为中小企业主、乡村致富带头人、村镇和扶贫干部等群体提供专业化培训，使原先

"阳春白雪"的金融教育资源走出象牙塔，为社会公众平等共享。已在全国累计举办7800多期培训班，64万人受益。启动万名学子暑期下乡实践活动，得到年轻大学生热烈响应。

上半年，全行以问题导向推动"三大战略"，以目标引领开启"第二发展曲线"，怀着质朴真诚的为民情怀设计产品、运用现代科技的思维解决社会痛点，摸索新金融发展的路径，促进了"三个能力"不断提升，有力地推动全行业务经营和创新发展。

服务国家建设更加精准有力

支持国家重大战略落地。积极跟进服务国家区域发展战略，召开京津冀、长江经济带、长三角区域协同联动会议，健全联动机制。与雄安新区签署战略合作协议，到2019年6月末已有626家在雄安注册企业的基本户落户建设银行，位居同业第一。完善支持粤港澳大湾区发展配套机制，上半年区域内贷款增速达到15.5%。全行基础设施领域贷款余额为3.62万亿元，新增占比30%。加大对5G、物联网、海绵城市等新型基础设施领域的专题研究和信贷支持力度。

助力供给侧结构性改革。与工信部签署战略合作协议，深化推进企业技改三方联动试点等工作。全行战略性新兴行业贷款新增1449亿元，增幅达37.6%。加快绿色金融创新发展，绿色信贷余额达1.08万亿元。完成战略性新兴产业基金300亿元母基金募集，重点支持新一代信息技术、高端装备、新材料、节能环保等新兴产业发展。理财子公司正式开业运营。债转股累计签约7391亿元，落地1827亿元，保持同业第一。支持居民消费升级，巩固最大零售信贷银行地位，筹建消费金融子公司。

扶助经济社会发展薄弱环节。与农业农村部签署战略合作协议。扎实推进"三农"金融服务和精准扶贫工作，制订乡村振兴综合服务方案。上半年金融精准扶贫贷款余额为1955亿元，新增47亿元；涉农贷款余额为1.8万亿元，新增391亿元。抓好服务民营经济26条措施落地，2019年6月末民营企业贷款余额为2.32万亿元，新增四大行第一，新发放贷款加权平均利率环比下降40个基点。

防范金融风险更加主动有效

保持资产质量稳中向好。关键风险指标"一降一升一负差"。集团口径不良率（1.43%）下降0.03个百分点，拨备覆盖率（218%）上升10个百分点，逾期和不良贷款大行中唯一保持负"剪刀差"。

全面风险管理基础更加扎实。完善风险偏好管理框架，持续优化全面风险管理评价体系，上线轨迹督察平台，进一步推进风险管理融入流程、穿透落地，有力支持了全行"三大战略"实施。

数字化风控技术快速发展。推广全面风险监控预警平台（RAD），线上业务风险排查系统（RSD）成功上线。进一步做实"三管齐下""五个到位"，风险防范前瞻性主动性进一步增强，有效管控"灰犀牛""黑天鹅"风险。2018年以来主动清理同业存单质押"低风险业务"，提前消除了风险隐患。

担当国有大行责任。作为包商银行托管行，制订实施了专业的托管方案，实现安全"拆弹"，维护了金融市场稳定，得到了监管部门的高度评价。近期包商银行接管领导小组办公室专门发来感谢信，对建设银行托管工作给予了高度评价。

参与国际竞争更加开放自信

跨境金融服务能力得到提升。沉稳应对国际经贸复杂形势，创新服务助力"走出去""引进来"，支持"一带一路"建设。2019年上半年签约海外重大项目82个，金额74.2亿美元。推进"单一窗口"配套金融服务。同业首家对接海关总署，实现关税汇等流程全线上办理。创新推广总分模式自由贸易账户（FT）体系。

海外机构基础建设得到强化。推进新一代系统境内外一体化建设，国际结算系统、反洗钱清单监测系统等延伸覆盖海外机构，有效提升合规管理和统一管控能力。

创新产品搭建平台。推出同业首款大数据产品"跨境快贷"。在欧洲市场首发"一带一路"主题权益类票据金融产品。获得"沪伦通"试点存托人资格。区块链贸易金融平台引领同业，累计交易量超过3000亿元。

积极参与金融全球治理。总行成功承办第三届中英金融服务峰会，湖南分行参与承办第一届中非经贸博览会，主动对外发声，展示中国金融改革开放成果。

取得这些工作成果，得益于全行坚定贯彻落

实党中央、国务院决策部署，得益于始终坚持以政治建设为统领，推动全面从严治党与公司治理紧密结合，确保了建设银行改革发展的正确方向。

全行坚持把政治建设作为根本性建设，树牢“四个意识”，坚定“四个自信”，坚决做到“两个维护”，自觉在思想上政治上行动上同以习近平同志为核心的党中央保持高度一致。精心组织、深入开展“不忘初心、牢记使命”主题教育。将张富清同志先进事迹作为主题教育的鲜活教材，在来凤县支行打造学习宣传教育基地并向社会开放，与新华社共同编发《初心》读本，在全行兴起向张富清同志学习的热潮。加强年轻干部队伍建设，开展总行部分部门总经理公开竞聘，选派总行优秀处级干部到分行、子公司挂职。启动基层党建工作三年规划。推动符合条件子公司成立党委。以防范“四风”隐性变异、死灰复燃为重点，严抓中央八项规定及实施细则精神执行。聚焦形式主义、官僚主义突出表现，制定基层减负量化指标。落实派驻制改革，完成职责移交、机构设置等工作。强化监督执纪问责，严肃查处陈德等违纪违法案件，上半年全行党纪处分 84 人，行政处分 746 人。开展中央巡视整改“回头看”。召开全行扶贫工作会议，制订脱贫攻坚工作方案，压实各级党委主体责任。坚持“一人一策”解决问题，做好信访工作。召开第五届职工代表大会，审议通过职工民主管理办法。全行重视加强党的群团工作，激发广大员工特别是基层年轻人积极投身“三大战略”、发挥聪明才智。

二、深入开展“不忘初心、牢记使命”主题教育

2019 年 6 月以来，全行按照中央要求，在中央第二十七指导组的指导下，紧扣金融业实际扎实推进主题教育。现在，第一批主题教育时间过半，要检视进展和效果，按照习近平总书记强调的“四个到位”要求，突出“三个结合”进一步聚焦和深化，认真抓好学习教育、调查研究、检视问题、整改落实。

最近，总行派出 10 个巡回指导组，对各单位开展主题教育情况进行督促指导。总的来看，各级党委都很重视，通过中心组集体学习、举办读书班等方式，深入开展学习研讨；通过下发征求意见文件、召开座谈会、基层调研、谈心谈话、设置意见箱、开通专门邮箱等方式，广泛听取意见建议；通过梳理巡视巡察发现的问题、民主生活会剖析的问题等，持续狠抓整改落实。各部门和分行结合自身实际，开展了形式多样的主题教育。全行上下深刻认识到，金融改革发展到今天，开展“不忘初心、牢记使命”主题教育，具有特殊的重要意义和现实紧迫性。要以初心使命，促进金融回归本源、守正创新，确保金融改革创新不偏离正确方向。

同时也要看到，对照习近平总书记关于“四个到位”的要求，全行主题教育开展还存在一些不平衡、不深入、不聚焦等问题。有的面比较宽，紧扣主题不够，抓不住重点；有的学习研讨不深入，学原文读原著不够；有的联系本单位微观实际多，但对照检查贯彻落实习近平总书记指示和中央决策部署少；有的看下面、看基层问题较多，联系领导班子和领导干部自身思想、政治、党风廉政、担当作为等方面不够；有的仍存在分阶段的认识，没有做到即知即改、统筹推进；有的随大流、一般化，注重实际效果、解决实质问题不够。昨天的专题党课上，我也作了剖析，并提出了要求，今天就不再重复了。后续的工作任务还很重，希望各级党委和党员干部切实做到思想认识再提升、工作措施再强化、领导责任再压实。这里，我再重点强调三个方面。

一是坚定政治忠诚。要在主题教育中加强党员干部的党性锤炼和忠诚教育。习近平总书记指出，对党忠诚、“两个维护”要体现在坚决贯彻党中央决策部署的行动上，体现在履职尽责、做好本职工作的实效上，体现在党员、干部的日常言行上。各级党组织和党员干部要强化政治担当，认真对照中央关于经济金融重大决策部署和习近平总书记关于“三个能力”建设重要批示精神，认真梳理重检，及时校准偏差，把党中央对金融工作的集中统一领导落实到全行党的建设和改革发展工作中。从金融领域赖小民等案件中可以看到，丧失政治立场、偏离政治方向是最大的风险。要从中吸取深刻教训，牢牢把住政治关。

要对标张富清同志先进事迹和高尚情操，不断提升政治觉悟和政治能力。典型本身就是一种政治力量，就是忠诚教育的生动范本。张富清同

志一辈子坚守初心、对党忠诚，不论处于哪个时代、身在哪个岗位，始终保持崇高信仰，真正做到“党指到哪儿，就打到哪儿”“党需要我到哪里去，我就到哪里去”。前天晚上“永不消逝的党魂”情景报告会，给大家带来了触及灵魂深处的震撼，这就是榜样的力量。后续还要精心组织好巡回报告，让更多人受到教育。全行要把学习张富清同志作为深化主题教育的重要内容，引导党员干部见贤思齐，锤炼忠诚干净担当的政治品格，切实担负起国有银行的政治责任。

二是坚持问题导向。习近平总书记指出，不忘初心、牢记使命，关键是要有正视问题的自觉和刀刃向内的勇气。前期我们已经作了问题的梳理和查摆，有的也立行立改了，但现在看来还不够。要进一步对照“三个能力”和主题教育列出的8个方面重点问题再检视、再剖析，特别是要把病灶找准、把根源挖深、把客户痛点搞清、把基层员工期盼摸透。要使广大客户、基层员工真正感受到主题教育带来的变化，在切实解决客户痛点、基层员工难点问题中，体现国有银行为民服务的初心和使命。

马克思讲过，一个问题，只有当它被提出来时，意味着解决问题的条件已经具备了。主题教育结束前，要按照红红脸、出出汗的要求，召开一次高质量的民主生活会。有很多突出的问题、长期未能解决的问题，从根源上说都是思想的问题，要把主题教育中理论学习上的收获、思想政治上的洗礼，体现在自我革命的决心和解决问题的实效上。要针对这次新查摆的问题，以及上轮中央巡视发现的问题，盯住不放，持续整改。能够解决的问题，要立行立改；对一时解决不了的，要明确时限和要求，按期整改到位。

三是坚守人民立场。要通过主题教育，把群众观点、群众路线深深根植于思想中，真正落实到行动上。金融作为服务业，初心和使命就是服务社会大众。金融工作者要有人民情怀，要多关注老百姓的操心事、烦心事、揪心事，围绕民生痛点设计专业化的金融产品和服务。要善于从基层实践找到解决问题的金钥匙。在开展主题教育、推进“三大战略”过程中，各级领导干部要学会问需问计于基层，这既体现人民立场，更是我们做好工作的重要方法论。

要以主题教育实际成效深化形式主义、官僚主义整治。深化落实“基层减负年”工作要求，聚焦层层发文、填报表、层层开会等问题，拿出过硬措施。要依托系统网络和大数据，在会议、上报报表报告方面做“减法”，在对基层提供信息服务、科技和业务支持方面做“加法”，使基层员工从无谓的事务、重复的劳动中解脱出来。要通过这次主题教育兑现总分行为基层减负的各项承诺，确保实现总行发给一级分行和子公司的文件减少30%以上，召开的会议减少10%以上，二级分行及以下机构收到的文件、参加的会议减少30%～50%，对二级分行及以下机构的督查检查考核事项减少50%以上。

三、以初心使命引领新金融的探索实践

中国特色社会主义进入了新时代，随着社会主要矛盾发生变化，人民对美好的生活有了新的期待。以习近平同志为核心的党中央怀着为民服务的政治情怀，坚持以人民为中心的发展理念，坚持发展为了人民、发展依靠人民、发展成果由人民共享，始终把实现人民对美好生活的向往作为奋斗目标。作为国有金融企业、新时代的金融工作者，要始终坚持以习近平新时代中国特色社会主义思想为指引，以社会工作者的热情积极探索新金融发展的方向和路径，这是新时代赋予的使命。

要从初心和使命的视角，深刻理解和把握新金融的本质内涵与未来走向。新金融与西方金融都是建构在现代金融运行体系之上，包括基础架构、交易规则、系统技术、制度标准等基础设施基本是共同的。前者区别于后者，主要在于初心和使命。

从全球金融危机的教训看，西方金融以资本为中心，着眼于实现资本的价值最大化。资本良性循环可有力促进社会进步和人民福祉增长，但是一旦出现资本空转套利、自我循环、自娱自乐、多层嵌套拉长金融链条逐利等情况，就逐步走向“异化”。马克思对资本运行规律作过深刻的理论阐述。前些年，法国经济学家托马斯·皮凯蒂基于大量历史数据的分析，事实上佐证了马克思的观点。皮凯蒂指出历史上资本回报率大幅高于经济增长率，导致贫富差距等社会不平等扩大。

我们探索新时代的新金融，是以人民为中心，为的是实现人的最终解放和自由全面发展。新金融虽然也借助资本形态融通，也依托现代金融基础设施运转，但其出发点和落脚点是为人民谋利益，为了实现人民对美好生活的向往。正如《共产党宣言》所指出，每个人的自由发展是一切人自由发展的条件。初心和使命，赋予了新金融鲜亮的政治底色和鲜明的价值取向。新金融探索是国有银行在新时代不忘初心、牢记使命的具体体现。面对新的形势和任务，金融要自我革命，摒弃以资本为中心的自我循环模式。新金融就是要回归初心和本源，服务大众、计利天下，担负起新时代赋予的使命。

全行要着眼于新时代社会主要矛盾的变化，回应社会的期盼，以新金融的探索更有效地整合社会资源，疏解社会痛点。要从科技性、普惠性、共享性三个维度深刻认知新金融的特点，推动思想理念变革、思维方式转变。科技性表现为现代金融与现代科技的“化学反应”，内在逻辑是以科技赋能金融将服务做到极致，通过金融实践将科技转化为价值创造活动。普惠性表现为普罗大众获取金融服务的公平性和可得性，内在逻辑是使金融真正成为实现人民对美好生活向往的基础设施和基本能力。共享性表现为以开放的平台和生态赋能社会，内在逻辑是使金融资源及相关生产要素跨界流动，消除壁垒、应享尽享。全行要从这三个方面准确把握新金融的脉搏，以初心使命为引领深化落实“三大战略”，推动新金融行动向纵深发展。

住房租赁：回归居住本源，融通资产形态，培育新型财富管理市场

建设银行开展住房租赁业务的初心，就是为了落实习近平总书记“房子是用来住的、不是用来炒的”指示精神。无论是以前的“要买房，到建行”还是现在的“要租房，到建行”，一以贯之都是为了实现百姓“安居梦”这个初心和使命。

加快平台覆盖，促进生态繁荣。古人讲，“上善若水，水善利万物而不争”。要以开放的心态吸纳更多的市场主体参与到住房租赁开源生态中来，坚持不与民争利、不与合作企业和机构争利。依托住房租赁平台，携手更多志同道合的企业共同拓展住房租赁大市场、共建住房租赁美好生态。要积极配合住建部完成全国1600万套公租房上线，复制推广“公租房一站通”等项目经验，加快研发推出住房租赁REITs及专项债券产品，帮助地方政府盘活存量资产，降低债务杠杆。助力地方政府建设智慧房产、智慧物业、智慧建筑等政务系统，逐步实现对“房”字号系统的全覆盖，提升全链条、全周期、全场景的服务能力。

随着规模化效应、圈链效应不断显现，我们在提升租赁房屋品质的同时，能够大幅降低成本，更多地给租户和合作企业让利，并基于产业链配套量身定制的金融产品和服务。近期长租公寓遭遇“寒潮”，其中的原因要作深入分析。我们在解决房屋品质、交易安全、资金周转、客户体验以及重资产模式等痛点方面，已形成了行之有效的打法和独特商业模式。因此，既要看到问题，更要从问题中看到市场机会。

培育居民新型财富管理市场。目前，我国居民家庭财富60% ~70%都在房产上。城市住房的整体空置率居高不下，房产流动性受限，社会大量财富被固化在房地产上，甚至在局部形成了经济的“堰塞湖”。用传统行政手段打通梗阻，不仅成本高，而且副作用大。金融最本质特征在于“融”字，即融通社会财富的流动。用金融的手段融通楼市的梗阻，相对成本低，而且负面影响小。下一步，要依托住房租赁平台和生态，大力发展以百姓存房为代表的新型财富管理业务，使社会上大量闲置的房地产存量资源无障碍融通、有秩序流动、高效率使用起来，既疏通楼市“堰塞湖”稳妥化解金融风险，又促进居民财富保值增值，实现习近平总书记强调的金融和房地产的良性循环。

普惠金融：完善“大普惠”格局，开辟农村金融新市场，探索社区金融新模式

适时总结盘点。巩固2018年以来普惠金融良好的发展态势，不断优化迭代，形成可持续、高质量的发展模式。要加大对现有产品体系的重检力度，做好全生命周期管理。持续完善线上产品系统支持，强化贷前、贷中、贷后全流程精细管理。

针对性补强短板。目前，建设银行普惠型个体工商户和小微企业主经营性贷款的余额和新增在四大行中相对落后。差距也是潜力，下阶段，要围绕个体工商户、小企业主等重点客群，研发相应的模型和适配产品，切实提高精准响应客户需求的能力。

丰富非信贷普惠金融服务。要把普惠贷款形成的优势延伸到非信贷服务领域，切实提高百姓衣食住行所需的金融服务可获得性，特别是支付结算、电子渠道、投资理财服务等要进一步下沉。

开辟农村金融新市场。这次座谈会我们专门安排半天时间讨论普惠业务和农村金融发展，大家要集思广益，畅所欲言，多分享做法、贡献智慧。要依托线下的“裕农通”站点和线上的数字化平台，将已形成的普惠金融新模式向县域延伸，激活农村要素市场，推动脱贫攻坚与乡村振兴。要将“裕农通”与“民工惠”打通对接，努力实现全年400亿元融资额、服务200万农民工的目标。党中央、国务院已经下发了《数字乡村发展战略纲要》，农村数字化进程全面提速，目前光纤已覆盖超过96%的行政村。要抓住机遇，推动数字化金融产品和服务“下乡”。特别要畅通农村购买国债、安全可靠理财产品渠道，使农民在村口就能享受现代金融服务。要精心组织好万名学子暑期下乡实践活动，引导年轻大学生从课堂走向田野，在生动的乡村金融实践中增长才干、增加历练、增进与群众的感情。要进一步聚焦深度贫困地区和总分行定点帮扶区域，对照“两不愁三保障”全面查漏补缺，确保如期实现既定的脱贫攻坚目标。要依托“金智惠民”工程，推动扶贫与扶志扶智有机结合，培育内生动能，实现扶贫工作“质”的提升。

探索社区金融新模式。要紧紧围绕主题教育“为民服务解难题”的要求，认真总结推广各分行“劳动者港湾”的经验做法，进一步融入社区、激活网点，延伸辐射网点周边3公里生活服务圈。要打开视野，认真研究国际上社区银行的成功实践（比如2018年年度工作会上介绍的安快银行），立足建设银行的实际，研究未来“智慧政务大厅+劳动者港湾+综合社区银行”的新路径。要依托社区金融服务平台，实现生态流量的落地经营，打开普惠金融一片新天地。金融不能高高在上，而要把根扎下去，深深根植于社区。谁先放下架子，谁就能拥抱明天。

金融科技：打造建设银行智慧大脑，统筹内外赋能，助力现代治理体系和信用体系建设

开放整合科技资源。进一步强化技术集成、系统整合、跨域数据融合，打造建设银行智慧大脑，赋能全行业务实现由“感”到“动”的“知行合一”。要围绕衣食住行等八大生态场景，探索敏捷开发、敏捷迭代的新模式，构建业务、数据、科技“三大中台”，实现C端突围，并有效赋能G端和B端。要依托科技优势助力重点业务形成市场竞争的优势（像最近的ETC推广等），在激烈市场竞争中检验金融科技水平和实战能力。

完善对外赋能生态。我们已建成了智慧政务、善行宗教等40多个平台，客户活跃度和数据体量快速增长。要推动各平台底层连通，提升融合支撑能力，助力现代治理体系和信用体系建设。通过专业化的数据整理，形成客户统一画像，帮助社会弱势群体建立信用。要融合PaaS（平台即服务）、SaaS（软件即服务）和FaaS（金融科技即服务）等先进理念和技术，使“金融+科技”融入社会生产生活，如同溶化到水里的糖，变为甜水惠及全社会，最终实现“始于技术，终于信任”的初心。

倡导开放合作、包容试错。要摒弃门户之见，以海纳百川的心态，吸收社会上各种最先进的技术为我所用。鼓励高科技企业、科研机构参与建设银行金融科技研发和产品创新，并开放共享建设银行的平台、技术和数据。目前，建设银行已有超过5PB结构化数据，而且以每个月约500TB的速度增长。这些数据经过脱敏后，可以通过建行大学大数据实验室，率先向新金融人才产教融合联盟成员单位开放。

推动国产自主可控。要在已取得工作成果的基础上，按照“五年三阶段”的规划加快推进，做到“能替尽替，真替真用”。全行在推动国产自主可控的进程中，要容忍不完美，鼓励多用多试、多提建设性意见。要持续迭代优化国产平台办公自动化系统，总结推广全员“捉虫子提点子”等好的做法，使国产化系统尽快从“可用”向“好用”跨越，努力成为金融科技国产自主可控的先行者和探路人。

作为国有大行，我们要以纵深推进“三大战略”，履践初心使命，承担起建设现代化经济体系的责任，通过新金融的探索实践，充分发挥出新时代国有金融的制度优势和能力优势。

制度优势：体现在独特政治优势和体制优越性

坚持党的领导，发挥独特政治优势。党的领导是中国特色社会主义的本质特征，也是我们制度优势最突出的体现。要发挥党的领导在新金融实践中的举旗定向作用，把党的政治优势、思想优势和组织优势不断转化为公司治理优势、科学管理优势和市场竞争优势。要发挥集中力量办大事的制度优势，群策群力推动重大项目实施，快速提升综合竞争力。

坚持人民主体地位。习近平总书记讲过人民具有伟大创造精神、伟大奋斗精神、伟大团结精神、伟大梦想精神。这些精神也是新金融发展的强大动力。我们很多的创新创意都来自基层员工，来自客户，要善于倾听员工之声、客户之声，使他们成为新金融实践的能动主体。建设银行在金融业中率先建立了职代会制度，要充分发挥职工民主管理的作用，激发广大员工参与新金融建设的热情。

发扬自我革命的品格。开展“不忘初心、牢记使命”主题教育，就是要发扬自我革命精神，使我们党永葆先进性。新金融实践实质上也是一场自我革命。从西方金融危机的形成和演化来看，很多问题都是积聚到危机总爆发，最终才得到矫正，但付出的社会代价巨大。我国金融虽然也遇到矛盾问题乃至出现个别金融乱象，但是在党的坚强领导下，都通过主动调整实现了自我纠偏，保持了经济社会稳定。在新金融探索实践的路上，我们还会遇到这样或那样的问题，要勇于刀刃向内，革故鼎新，始终保持勃勃生机的健康肌体和发展动力。

能力优势：体现在先进生产力上的引领作用

以新金融行动不断增强服务国家建设能力。建设银行65年前因国家建设而生，65年来因国家建设而兴，服务国家建设始终是不变的初心和使命。进入新时代，建设银行的服务国家建设能力也要与时俱进，不断提升与现代化经济体系建设的适配性，着力增强金融有效供给能力。

要紧紧围绕供给侧结构性改革，持续加大对经济社会发展重点领域和薄弱环节的支持力度。要以更加主动前瞻的结构调整，适应经济结构调整大势，助力产业转型升级。要在巩固和提升传统优势领域重点业务的基础上，培育新兴领域的业务新优势。要从“双大”领域向“双小”领域延伸拓展，从住房信贷领域向住房租赁服务领域发展融合，从传统基建领域向绿色环保和新型基础设施领域转型跨越。比如，在绿色环保和新型基础设施领域，随着环保新规“气十条”“水十条”“土十条”等陆续实施，专家预测大气和水的治理、土壤的修复等市场规模将达到数十万亿元；再如5G生态建设投入，预计未来5年将达到5万亿~10万亿元。这方面我们已经有了一定先发优势，要加强研究、加大力度，打造新的增长极。

打造科创金融服务新模式。要把服务国家自主创新能力建设、助力核心技术研发和科技成果转化，作为新金融能力建设的重点。建设银行在科创企业拓展方面已取得很大进展，目前上交所受理科创板上市申请的140家企业中，有一半在建设银行开户。要充分发挥战略性新兴产业基金的引导和杠杆作用，带动更多社会资本参与关键领域科创项目。要探索和借鉴科创孵化园、“硅谷银行”等新模式，推广投贷联动等产品和服务，提升科创领域金融解决方案设计和社会资源整合能力。

以新金融行动不断增强防范金融风险能力。要坚持把风险管控作为重中之重的一项工作，持续深化全面主动风险管理体系建设。要继续深入做好资产质量“七率”管控，防范交叉风险和导入性风险，加强对承担信用风险的同业、资管业务统一授信和风险穿透管理。要着力强化存量风险的消化处置、增量结构的调整优化。加大不良资产处置力度，畅通“出口”；增强经济结构调整形势下的客户和项目选择能力，把好“入口”。同时，要在变量的研判管控上下更大的工夫。当前，外部市场波动带来很多不确定不稳定的“变量”，要善于借助大数据和人工智能技术，通过“经验策略+机器学习”等模式，发现风险“变量”的规律和演化趋势，增强风险洞察和预判预控能力。要努力跑在风险的前面，掌握风控的主动权。

着力完善智慧风控体系。持续下大力气推进

以“3R”（RSD，线上业务风险排查系统；RMD，风险模型管理；RAD，风险监测预警平台）应用为核心的全面主动风险管理体系建设，不断提升风险管理的数字化、智能化水平，加快从“人控”向“机控+智控”转变。当前，全行线上信贷业务发展势头迅猛，相应数字化的风控模型、反欺诈系统和管理工具研发要快速跟进。这项工作总行层面要抓起来，尽快形成一套管用有效的线上业务风险管控“工具箱”。

做好风控技术赋能。向同业和客户输出风险管理技术，主要目的不是挣钱。对外赋能不仅是履行社会责任，同时也有助于防范导入性风险。目前零售智能风控产品已有明确合作意向客户71家，签署正式协议12家。要发挥风控能力在业内的领先优势，做到以开放的心态，帮助中小金融机构掌握现代风险管理技术，为银行业整体风控能力提升作出大行贡献。

银行本身就是经营风险的企业，做好风险管理也需要回归到初心上来。业务经营中要多问问做这件事情的初心是为了什么。偏离了初心、违背了业务基本逻辑，背后肯定有问题，最后也往往会出问题。比如，2018年有些分行做的中小银行存单质押转口贸易业务，这类所谓“低风险业务”当中，实际上潜藏着很大风险。面对市场上的一些诱惑，一定要守住初心，尊重业务内在逻辑和规律。当前形势变化很快，具体某些业务的发展也不能一味地高歌猛进，该加油时要加油，该踩刹车时就要踩住刹车。风险管理部门要有独立判断，该发声要发声，把握好平衡。我最担心的是风险管理部门与营销部门都一个声音。要发扬专业精神和专业素养，使风险管理成为全行最具专业技术含量的岗位之一。

以新金融行动不断增强参与国际竞争能力。前几天，国务院金融委发布了扩大金融对外开放的11条举措，每一条分量都非常重。大家一定要读懂政策，读透大势。要有高度的紧迫感，着力增强适应性调整和主动性应对的能力。要在已取得进展的基础上，扎实做好对“一带一路”建设等重要领域的金融服务，进一步提升现金管理、交易业务、财富管理、资本市场等方面的专业能力。要补强外币业务、海外合规管理、海外专业人才等方面的短板，增强适应高水平对外开放的能力。

要跟踪国际金融竞争前沿和敏感领域。未来国际金融竞争的焦点，将不再是传统资本的角逐，而是现代金融科技的角力。在全球万物互联的大势下，很多金融竞争不是“面对面”的，而是通过互联网、区块链等“决胜负于千里之外”。像区块链，天然就具有国际化、无界化的特征和功能。前段时间Facebook宣布要发行Libra（天秤币），现在已进入美国国会听证程序。如果发行成功，可能改变全球金融的格局。对于这些新的动向，要有清醒的研判。建设银行具备相关技术优势和专业人才储备，我们在区块链等技术的研究应用方面也走在同业前列。作为国有大行，要勇于站出来，站在国家角度前瞻性地去研究推动相关工作。

同志们，我们已经走在了新金融探索的路上。前面还有很多困难和挑战，全行要坚定信心，以初心砥砺前行，以使命凝聚力量，全面增强“三个能力”，努力以“第二发展曲线”的新气象迎接新中国成立70周年和建设银行成立65周年！

在中国建设银行“不忘初心、牢记使命”主题教育第一批总结暨第二批部署会议上的讲话

田国立

（2019 年 9 月 9 日）

同志们：

按照中央统一部署，今天召开中国建设银行“不忘初心、牢记使命”主题教育第一批总结暨第二批部署会议。中央高度重视第二批主题教育，中央第二十七指导组组长姜建清同志还要作重要讲话，我们要深刻学习领会，认真抓好落实。

下面，我代表总行党委讲几点意见。

一、第一批主题教育取得重要成果，推动全行党的建设和改革发展迈上新台阶

在党中央的坚强领导和第二十七指导组的直接指导下，建设银行党委牢牢把握学习贯彻习近平新时代中国特色社会主义思想这一主线，始终紧扣“守初心、担使命，找差距、抓落实”的总要求，精心组织、扎实推进，主题教育成效得到了党员和群众的普遍认可。一是理论学习收获新进步。进一步深化了对习近平新时代中国特色社会主义思想的理解和领悟，进一步深刻把握贯穿其中的马克思主义立场观点方法，进一步强化学思践悟、学以致用。二是思想政治达到新境界。更加坚定了对马克思主义的信仰、对中国特色社会主义的信念，更加坚决地树牢“四个意识”、坚定“四个自信”、做到“两个维护”。三是担当作为践行新金融。更加强化了履行国有大行责任担当的自觉性和坚定性，以更加强烈的责任感和使命感、更加饱满的精气神，回归服务实体经济本源，坚守风险底线，参与国际竞争。四是破解难题取得新突破。以人民为中心的发展理念深深融入到服务大众安居乐业的战略发展中，人民立场更加坚定，群众感情更加深厚，服务质量进一步提高，住房租赁生态初步形成，农村金融开始破题，金融科技国产化自主可控迈出关键步伐。五是清正廉洁展现新气象。听党话跟党走、守纪律讲规矩的意识进一步树牢，政治境界、思想境界、道德境界进一步提升，清风正气进一步弘扬。

三个月来，全行切实提高政治站位，深刻认识主题教育重大意义，以高度的责任感、使命感、紧迫感，以刀刃向内、自我革命的精神，扎实开展主题教育。

第一，紧扣一条主线、聚焦一个主题，确保主题教育始终把准正确方向。把学懂弄通做实习近平新时代中国特色社会主义思想作为重中之重贯穿全过程，带着责任学、带着问题学。把习近平新时代中国特色社会主义思想作为检视问题的根本标尺，自觉对照找差距、查短板，把问题找准查实、把根源剖深析透。把贯彻落实习近平新时代中国特色社会主义思想、习近平总书记重要指示批示精神和党中央决策部署，作为调查研究的出发点和整改落实的落脚点，在理论联系实际的过程中寻找解决问题的办法措施，使调研和整改的过程成为加深对党的创新理论领悟的过程。

总行党委从自身抓起，以上率下开展主题教育。各单位党组织书记切实履行第一责任，坚持抓自身与抓下级相结合，坚持因地制宜、分类指导，使主题教育与本单位中心工作紧密结合。总行成立 10 个巡回指导组，对 100 家第一批主题教育单位进行全程督导。各巡回指导组严督实导，列席被指导单位会议 232 次，审核材料 1874 次，个别访谈 1007 人次，推广特色经验做法 217 项。全行充分利用行内外媒体平台，多渠道、全方位

加强宣传引导。中央《简报》先后3次编发建设银行主题教育开展情况；媒体报道共6200余篇，其中《人民日报》3次在头版进行报道，人民网、新华网、《金融时报》《中国组织人事报》等中央主流媒体相继报道，为主题教育营造了良好氛围。

第二，贯通四项措施、做到“四个到位”，确保主题教育各项要求扎实贯彻。全行第一批主题教育单位准确把握“不划阶段、不分环节”的要求，同步谋划、一体推进学习教育、调查研究、检视问题、整改落实四项重点措施。

思想认识抓到位，打牢学习教育的基础。总行党委成员带头自学，通读精读规定书目，系统梳理学习习近平总书记最新重要讲话、对金融领域重要讲话、对建设银行的指示批示精神，列出6个学习专题，集中6天半时间，开展集中学习研讨，原原本本读原著、学原文、悟原理。举办集中学习研讨示范培训班，推动全行理论学习往深里走、往心里走、往实里走。第一批主题教育单位积极跟进，组织党员干部深入学思践悟，积极研讨交流，加强理论武装，着力解决思想根子问题。100家单位全部开展了不少于5天的集中学习，平均集中学习5.77天。

广开言路摸实情，用好调查研究的途径。总行党委紧紧围绕贯彻落实习近平总书记指示批示精神，综合考虑战略发展和党的建设实际，研究确定8个调研专题，制订调研工作方案。每位党委成员在必选作风建设和基层党建专题的基础上，结合分工自选重点，先后32次深入基层，有的放矢开展调研。召开调研成果交流会，将调研成果转化为解决问题的思路和举措。在此基础上，党委成员带头为全行或分管领域讲授党课。第一批主题教育单位的党员干部也走进基层、走进客户、走进员工，听民意、找问题、查不足，共形成调研报告2419份、讲授专题党课4728人次。

刀刃向内找差距，抓实检视问题的关键。按照习近平总书记“四个对照”“四个找一找”的要求，从一开始就着手检视问题，通过座谈交流、谈心谈话等方式广泛征求意见，在个人自学、集中学习研讨、调研交流中，在对照党章党规找差距、学习党史和新中国史中，主动反思查摆不足。同时，通过向全行印发征求意见文件、设立意见箱、开通专用邮箱、召开职工代表大会等方式，充分听取意见建议；认真梳理近年来巡视、审计发现问题，纳入检视范围。总行党委研究确定了8个方面、63项问题、659条具体表现的检视问题清单。2019年8月27日，总行党委召开专题民主生活会，深入开展批评和自我批评。全行第一批主题教育单位领导班子也分别召开了专题民主生活会，共检视问题2691个。

心系群众解难题，实现整改落实的目标。注重从一开始就改起来。一方面，聚焦专项整治任务抓整改。成立专项整治工作小组，对第一批单位首先要抓好的5个方面问题，逐一细化印发具体方案，项目化推进落实。对基层机构需要注意整治的3个方面问题，结合实际细化为9个具体问题，从自身找原因、抓整改。另一方面，聚焦检视重点问题抓整改。印发《整改落实方案》，建立工作台账，逐项分解整改任务，逐一明确责任单位、整改措施和时限要求。各责任部门按月定措施、按周报进度，确保措施落实到位、问题解决到位、整改承诺兑现到位。

第三，突出“三个结合”、增强“三个能力”，确保主题教育在建设银行精准聚焦。总行党委紧扣中央要求和建设银行实际，细化实施方案，突出抓好“三个结合”。

与学习张富清同志先进事迹相结合。把张富清同志作为党性学习的生动教材、对照检查的标杆、做好工作的榜样。总行授予张富清同志“优秀共产党员”和“功勋员工”称号，开辟专栏刊发系列评论员文章，编印《英雄张富清是咱建行人》，打造“张富清同志先进事迹宣教基地”。创作《党的好战士》情景报告会，5.4万名观众现场观看。全行37家一级分行也都成立了由7名学员组成的报告团，把老英雄的先进事迹送到基层一线。广大党员、干部对照老英雄的精神，自觉查找在坚持人民至上、全心为民服务，在发扬优良作风、矢志艰苦奋斗，在胸怀大局、不计得失等方面的差距，成立“张富清金融服务队”，掀起了学英雄、提境界的热潮，有力地提振了干事创业的精气神。

与“三个能力”建设相结合。重温习近平总书记对建设银行作出的增强“三个能力”的重要批示精神，结合增强“三个能力”建设的实践情况，检视出8项问题、179条具体表现，逐条制定措施盯住整改。顶层设计上，将落实“三个能力”建设要求统一纳入全行“十四五”规划的编制；科技支撑上，推广总分行一体化研发，提升企业级数字力，打造5G智慧银行，建设金融科技创新服务云平台；风险防范上，强化全面主动风险管理，提升线上风险防控能力，加强内部控制管理；国际业务上，深入实施“一行一式”策略，着力建强国际化人才队伍。

与深化金融供给侧结构性改革、增强金融服务实体经济能力相结合。深入学习习近平总书记关于金融行业的重要论述，围绕破解金融供给侧结构性改革难点问题、贯彻新发展理念开展调研，探索构建“第二发展曲线”，研究营造新金融生态面临的实际困难，以数字化转型加快培育金融发展新动能。对破解供给侧结构性改革难题所检视出的6项问题、72条具体表现，着重采取健全协同机制、激发创新活力、推进精细管理、制定差异政策等措施，系统性地加以解决。

通过开展第一批主题教育，总行党委深切体会到必须始终筑牢思想根基。习近平新时代中国特色社会主义思想是建行人奋进新时代、深耕新金融的根本指针。只有坚持做到理论上的清醒，才能始终坚定政治信仰、把准政治方向、永葆政治本色。必须始终坚守初心使命。“不忘初心、牢记使命”是共产党人毕生实践的永恒课题。只有永远把实现人民对美好生活的向往作为奋斗目标，把服务实体经济作为天职和宗旨，国有大行才能找准战略发展的方位。必须始终把握实践要求。“抓落实”是强化政治担当、扛起政治责任、体现主题教育成效的关键所在。只有把习近平新时代中国特色社会主义思想转化为推动全行战略发展和党的建设的实际行动，才能切实履行好国有大行的历史使命和社会责任。必须始终坚持群众路线。这是党的生命线和根本工作路线。只有把群众的幸福和满意放在心上，倾听群众心声，解决群众的操心事、烦心事，全行新金融实践才能始终保持生机和活力。

第一批主题教育虽然取得了显著成效，但也要清醒地看到，我们距离中央要求还有差距。专项整治还需持续深入推进，形式主义、官僚主义等问题还没有得到根本解决，稍有松懈就有可能出现反弹回潮。检视问题的整改落实，除已经立行立改的以外，计划短期解决的有243条具体表现，占比37%；计划中长期解决的有339条具体表现，占比51%。其中，群众反映强烈、对改革发展制约较大的20个问题，是整改落实的重点。在第二批主题教育期间及今后一个时期，必须紧盯这些问题，切实加以解决。一是抓党建统领，把党的政治建设摆在首位，力戒形式主义、官僚主义，进一步激励干部新担当新作为，破除思想根源问题。二是抓精准施策，有针对性地细化制定整改措施，强化台账管理，逐项落实到位。三是抓长效机制，深化“三个能力”建设，在制度建设、系统建设、机制建设、人才建设等方面着力，巩固整改成效，让群众感受到实在久远的幸福感和获得感。

二、认真落实第二批主题教育各项措施，确保取得实效

2019年9月7日，中央召开“不忘初心、牢记使命”主题教育第一批总结暨第二批部署会议，贯彻落实习近平总书记关于主题教育一系列重要指示精神，对第一批主题教育进行总结回顾，对第二批主题教育做动员部署。会议强调，搞好第二批主题教育，对于用习近平新时代中国特色社会主义思想统一全党思想和行动，引导党员干部自觉增强“四个意识”、坚定“四个自信”、做到“两个维护”，对于推动全面从严治党向基层延伸、促进各级党组织全面进步全面过硬，对于践行以人民为中心的发展思想、不断厚植党执政的阶级基础和群众基础，对于贯彻落实党中央重大决策部署和习近平总书记重要指示批示、把党的十九大确定的目标落到实处，具有十分重要的意义。会议要求，要深入学习领会习近平总书记系列重要指示精神，巩固和拓展第一批主题教育成果，把第二批主题教育谋划好组织好，努力实现理论学习有收获、思想政治受洗礼、干事创业敢担当、为民服务解难题、清正廉洁做表率的目标。

根据中央部署，建设银行第二批主题教育主要在二级分（支）行及以下基层机构开展，从2019年9月开始，到11月底基本结束，共涉及1.8万多个基层党组织、13万多名党员，参与对象范围更广、数量更多，大多处在业务发展一线，

任务重、头绪多，遇到的问题更具体、更尖锐，同客户员工的联系更紧密，群众感受也更直接。全行各级党组织一定要增强责任意识、树立担当精神，切实组织好第二批主题教育，善始善终、善作善成。

第一，注重坚持标准要求。开展第二批主题教育，总的要求同第一批是一致的。要坚持主题不变、标准不降、力度不减，紧紧围绕不忘初心、牢记使命这一主题，牢牢抓住深入学习贯彻习近平新时代中国特色社会主义思想这个根本任务，全面把握“守初心、担使命，找差距、抓落实”的总要求，坚持抓思想认识到位、抓检视问题到位、抓整改落实到位、抓组织领导到位，借鉴运用第一批成功经验，以彻底的自我革命精神解决违背初心和使命的各种问题，确保主题教育取得实实在在的成果。

第二，突出抓好处级领导班子和领导干部主题教育。对第二批处级领导班子和领导干部的要求与第一批相同，要聚焦主题主线，紧扣贯彻落实习近平新时代中国特色社会主义思想、习近平总书记重要指示批示精神和党中央决策部署，边学边查边改，做到学用结合、知行合一。

要统筹推进四项重点措施。要重点把握四项措施有机融合、贯穿始终、同步推进的特点，把学和做结合起来，把查和改贯通起来。一要抓实学习教育这个根本。坚持抓好个人自学和领导班子集中学习研讨，组织党员领导干部通读《习近平关于“不忘初心、牢记使命”重要论述选编》，认真学习党章、《习近平新时代中国特色社会主义思想学习纲要》，深入学习习近平总书记最新重要讲话精神，认真学习习近平总书记对金融系统和对建设银行增强“三个能力”、学习张富清同志先进事迹的重要指示批示精神，坚持联系实际、学以致用。认真学习党史和新中国史，把主题教育与庆祝新中国成立70周年结合起来，始终保持奋斗精神和斗争精神，为奋力夺取新时代中国特色社会主义新胜利贡献力量。二要抓实调查研究这个途径。要立足职能职责和当前工作，着眼查找自身问题，在调研中深化思想认识，在理论联系实际的过程中寻找解决问题的办法措施。领导班子成员在学习调研基础上要讲好专题党课。三要抓实检视问题这个关键。要充分运用学习教育和调研成果，采取自己找、群众提、集体议、上级点等方式，对照张富清同志精神，自觉精准查摆差距不足，一条一条列出问题，从思想、政治、作风、能力、廉政方面，特别是从主观上、思想上进行剖析，为整改落实打牢基础。四要抓实整改落实这个目的。坚持把“改”字贯穿始终，从一开始就改起来，不等不靠、立行立改。各单位要统筹安排、合理摆布，不分先后、一体推进四项重点措施，防止惯性思维、路径依赖，防止顾此失彼、单打一。主题教育结束前，处级领导班子要召开专题民主生活会。

第三，做实基层党支部学习教育和检视整改。处级以下的党员参加主题教育，要以党支部为单位，结合“两学一做”学习教育常态化制度化，依托“三会一课”、主题党日等进行。

一要抓好学习教育。组织党员以个人自学为主，原原本本通读《习近平关于“不忘初心、牢记使命”论述摘编》等规定书目，领悟初心使命、增强党的意识、坚定理想信念。依托建行大学对党支部书记进行一次轮训，重点组织学习习近平新时代中国特色社会主义思想和中央对主题教育的部署要求。通过党员大会、支委会、党小组会交流学习体会，相互启发提高。党支部书记要讲一次专题党课，或向所在支部党员报告一次个人学习体会。通过学习教育使党员不断有新进步新领悟，不断增强党性、提高素质。

二要深入持续学习张富清同志精神。把张富清同志先进事迹作为主题教育的鲜活教材，通过“三会一课”、主题党日等形式精心组织学习，以“学习张富清、践行新使命”为主题开展实践活动，营造学习先进、对标先进、争做先进的浓厚氛围。

三要认真检视整改。组织党员对照党章党规、对照群众提出的意见建议等，查找党员意识、担当作为、服务群众、遵守纪律、发挥作用等方面的差距和不足，一条一条列出问题，一项一项整改到位。通过党员先锋岗、党员责任区、承诺践诺等，组织党员立足岗位，履职尽责。通过主题党日，组织党员结合自身实际，至少参加一次志愿服务，为身边群众至少办一件实事好事，以实际行动践行初心和使命。

四要加强基层党组织建设。扎实做好班子配

备不齐、组织生活不规范、组织活动与业务发展“两张皮”等软弱涣散党支部的集中整顿工作，以此为抓手，强化基层党建主体责任，解决基层党组织和党员队伍建设的突出问题，为开展主题教育打牢组织基础。

五要创新方式方法。依托建行大学学习平台，针对不同群体党员的实际，采取生动鲜活、喜闻乐见的方式，用好案例教育、微信公众号、微视频等，增强主题教育的吸引力和感染力。有条件的地方，可利用本地区红色资源，开展革命传统教育。主题教育结束前，党支部要以“不忘初心、牢记使命”为主题召开一次专题组织生活会，开展民主评议党员。

第四，注重解决实际问题。要坚持问题导向，把问题找实、把根源挖深，既解决党员干部自身存在的问题，又解决群众身边的实际问题；既解决思想上的问题，又解决工作上的问题，让群众切实感受到主题教育带来的新变化新成效。要把专项整治贯通于第二批主题教育中，上下联动抓好落实。第一批单位在继续深化5个方面问题专项整治的同时，针对基层机构注意整治的9个具体问题，要根据职责分工抓好整治。第二批单位要结合实际，采取项目化方式，逐项推进专项整治。对需要第一批、第二批单位联动整治的问题，要前后衔接、上下贯通，整体推进问题解决，务求实效。

三、加强组织领导

开展第二批主题教育，要坚持高标准要求、高质量推进，努力抓出建设银行特色和实际效果。

第一，落实领导责任。各级党委要把开展好主题教育作为一项重要政治任务，切实履行职责，抓好组织领导。要落实主体责任和第一责任人责任，坚持领导带头，以“关键少数”示范带动“绝大多数”。各一级分行党委是责任主体，要负总责，加强谋划指导，推动落地落实。各二级分（支）行是抓好主题教育的关键层级，既要抓自身，又要抓基层，还要承担落实上下联动的整改任务，要充分发挥承上启下作用。

第二，加强分类指导。各级党委要结合实际，针对不同层级、不同领域、不同对象的特点，精准施策，增强实效性。总行党委将成立巡回指导组，各一级分行党委也要成立指导组。巡回指导组、指导组要坚持原则、从严要求，注意听取群众评价，对主题教育开展情况、采取措施和取得成效进行定量、定性评估。

第三，坚持开门搞教育。要扩大群众参与，广开言路，“面对面”“背靠背”听取群众意见。要自觉接受群众监督，及时公布整改落实和专项整治情况。要主动请群众评判，用群众的获得感来检验主题教育的成果。对群众不满意的要及时“返工”“补课”，绝不能草草收场。

第四，力戒形式主义、官僚主义。第二批主题教育层级多，越往下走越容易层层加码，学习教育不能对写读书笔记、心得体会等提出硬性要求，调查研究不搞不解决实际问题的调研，检视问题不能避重就轻、避实就虚，整改落实不能虎头蛇尾、久拖不决。对搞形式、走过场的，要严肃批评，促其改正。

第五，抓好宣传引导。要充分运用各种宣传渠道，线上线下相结合，深入宣传习近平总书记关于主题教育的重要讲话和重要指示批示精神，深入宣传党中央部署要求，及时总结宣传主题教育成效和好做法好经验。深入开展向张富清同志学习活动，及时发现、表扬一批身边的优秀党员，使广大党员干部学有榜样、行有示范、赶有目标。

同志们，开展“不忘初心、牢记使命”主题教育意义和责任重大。我们要再接再厉做好工作，发扬斗争精神、提高斗争本领，将初心使命转化为凝心聚力、奋发有为的责任担当，以优异成绩庆祝新中国成立70周年！

谢谢大家！

坚持稳健经营和创新发展
在稳经济、防风险中履行大行责任担当

——在中国建设银行2019年工作会议上的经营情况报告

王祖继

（2019年1月22日）

2018年，全行经营面临前所未有的复杂环境，建设银行认真贯彻落实党中央决策部署，在董事会和监事会大力支持下，坚持稳健经营和创新发展理念，聚焦服务实体经济创新推出了一系列战略举措，以全面主动管理有效防范化解了经营风险，以深化改革创新进一步激发内生活力，取得了喜人业绩，社会影响力实现历史性提升。

一、2018年经营业绩稳健提升

（一）经营指标稳健均衡向好

一是资产负债稳健协调增长。集团资产总额为××万亿元，增速为××%。负债总额为××万亿元，增速为××%；存款量价表现保持同业领先，存款偏离度2018年月末平均值仅为1%左右，表现四大行最佳，储蓄、社保以及住房资金存款新增较好。一般性存款日均新增××亿元，增量、增速四大行第二，余额占比提升××个百分点（初步数据，未经审计，下同）。

二是盈利能力继续增强。净利息收入为××亿元，增速为××%，净手续费及佣金收入为××亿元，增长××%；集团净利润为××亿元，增长××%，ROA和ROE分别为××%和××%，资本充足率为××%，NIM为××%；费用结构优化，成本收入比为××%。

三是资产质量稳中有进。全行质量关键指标仍保持同业领先优势。集团不良额为××亿元，不良率为××%，下降××个百分点。实现“五个稳定”，集团不良率（××%）、逾期率（××%）、新暴露不良额（××亿元）及不良率（××%）、关注类贷款占比（××%）稳中有降，不良逾期“剪刀差”××亿元。风险抵补能力稳步提升，拨备覆盖率为××%，提高××个百分点。“七率”总体保持同步稳定趋势，指标协调。

四是海外及子公司业务稳步发展。子公司总资产为××亿元，管理资产为××万亿元，增长均在××%以上。境内子公司实现净利润××亿元，同比增长××%，业务结构优化成效明显。母子公司协同效应增强，联动余额为××万亿元，较年初增长××%。圆满完成村镇银行整体转让。商业银行类海外机构实现净利润为12.4亿美元，增幅为××%。作为伦敦人民币清算行累计清算量突破××万亿元，继续保持亚洲地区以外最大人民币清算行地位。

五是资源配置更加精准效率提升。信贷资源配置充分体现战略导向，积极支持个人住房、消费金融贷款需求和普惠金融战略实施。有效盘活存量资源。信贷资产证券化出表××亿元，公司贷款移位再贷××亿元，为调结构腾出空间。坚持价值创造理念。完善以经济资本为核心的资源配置体系，优化配置模型，鼓励轻资本、高回报业务发展。剔除外部融资因素，资本净额同比增速为××%，高于风险加权资产增速××个百分点，实现资本内生式发展。财务资源配置提升产出效率。“三大战略”和“两个优先”专项配置财务资源××亿元，较上年增加××亿元；财务资源配置机制化、标准化和精细化提升，将按产品维度分散配置整合为按客户维度统筹配置，战略性业务采取精准专项配置，与收入变化直接相关的成本采取机制化挂钩方式，对于普惠福利及有标准可循的固定成本通过定额预算方式核定。

六是客户、账户、渠道、产品基础加强。公司机构客户总量突破××万户，新增××万户；对公账户总量达到××万户，账户总量、增量均位居四大行第一；个人有资产客户突破××亿人；商户拓展成效突出，对公商户新增××%，个人商户新增××%；“龙e付”“聚合支付”有交易商户新增××万户。渠道运营竞争力和客户体验提升，大力推进智能运营体系和云生产平台建设，121个网点被中银协授予“2018年银行业文明规范服务千佳单位”称号，获评数量四大行居首；线上各渠道全面引流，用户规模和客户体验领跑同业，网络银行和手机银行用户均超过××亿户。产品服务创新能力提升，全年完成产品创新××余项，重点产品移植推广××个，“云税贷”等一批在市场具有引领地位的产品涌现；连续四年独家冠名支持中国“互联网+”大学生创新创业大赛；开展中国建设银行首届“创新马拉松”活动，反响热烈。客户服务指标明显提升，全渠道综合人工服务接通率××%，创历史新高；95533、400热线满意度连续两年六大行第一。

（二）服务实体经济和社会民生成效显著

一是服务实体经济质效进一步提升。坚持把服务实体经济摆在经营工作的首位。加大信贷投放力度。主动适应形势需要，调增全年信贷规模，人民币贷款新增××万亿元，同比多增××亿元，还原不良处置、资产证券化出表后，贷款实际新增××万亿元。通过债券承销、表外理财和子公司等渠道满足客户多元化融资需求，综合投融资规模为××万亿元。助力经济转型升级。支持国家战略和重大项目建设，基础设施领域贷款余额为××万亿元，占对公贷款过半。满足经济新旧动能转换需求，战略性新兴产业贷款余额超过××亿元，绿色信贷余额为××万亿元，产能过剩行业信贷余额持续下降。稳步推进市场化法治化债转股，累计签约金额××亿元，落地金额××亿元，保持市场领先地位。积极发展消费信贷，服务居民消费升级。

二是贡献“建行方案”助力解决社会痛点惠民生。

普惠金融引领同业助力实体经济补短板。打造服务民营和小微企业的“建行模式”，出台26项举措；民营企业贷款余额为××万亿元，新增××亿元，增长××%，高于对公贷款增速××个百分点。普惠金融贷款新增××亿元，增速为××%，余额和新增均位居行业首位。助力降本解决融资难融资贵，模式创新获客惠客效果显著。丰富“小微快贷”产品体系，场景化、定制化设计16朵云贷系列产品。“小微快贷”累放贷款超过××亿元，惠及小微企业××万户，期末有贷客户数突破××万户。业内首推面向企业的“惠懂你”App，四个月下载量突破××万，绑定企业××万户。贷款利率远低于小微企业市场融资成本，第四季度小微企业贷款加权利率××%，比第一季度又下降××个基点。精准滴灌，搭平台建场景促城乡共赢发展。打造“裕农通”乡村普惠服务平台，对接供销社、卫生等10大平台，覆盖全国超过××%的行政村。创新推出“跨越2020—N+建档立卡贫困户”产业扶贫模式，“善建惠农”“裕农小顺”支持乡村振兴服务品牌；精准扶贫贷款余额××亿元，定点扶贫帮扶资金××万元，注重发挥“造血”功能，推动产业扶贫、电商扶贫。依托建行大学启动“金智惠民”工程，举办538期惠民培训班，培训人员近××万人。建设“劳动者港湾”关爱弱势群体，服务户外劳动者约××万人次。普惠服务成果突出，获政府高层及社会各界高度认可。

住房租赁战略推动租购并举市场建设。全国最大最阳光租赁平台初具规模，住房租赁生态圈初步构建，市场引领作用明显。平台签约基本实现全覆盖，与全国××个地级及以上行政区域签订平台合作协议，监管服务系统在××个城市上线运行。平台累计上线房源超过××万套，注册个人用户超过××万户，合作的中介机构、专业租赁机构等超过××万家，27家分行挂牌“建融家园”项目××个。住房租赁指数已覆盖××个大中城市。存房业务受理申请××万笔，签约房源××万套。承建全国住房监测、公租房运营管理、全国保障房信息采集、公积金结算应用等系统，目前全国住房监测系统已完成××个城市的联网工作。

金融科技赋能的模式拓宽业务渠道。云生产的生产及营销效用逐步显现。优化集约化生产平台功能和管理合同制，推动集中生产向云生产有效转化，从行内行外双向拓展用户数量、业务范围、应用场景，有效释放生产产能。组建外汇政策审核云生产专家团队，实现外汇人才跨区域复用。试点推行总行、一级分行两级柜面业务授权云生产模式，实现授权业务跨机构逻辑集中。全面推广云宠物应用，有效替代外包任务量占比达××%。跳出金融建场景，奠定社会化平台运营基础。“一部手机办事通”上线试运行，云南智慧政务建设开创政银合作“建行模式”，中组部网络干部学院系统、农发行网上银行落户建行云。打造公有云、开放银行、区块链等应用平台，加快建设和推广住房租赁、党群、宗教、教育、智慧社区、安心养老等综合服务平台。推出商户共享、企业共享、企业采购等综合平台推动经济社会转型。发力同业生态，打造“金融机构的银行”，向同业输出金融科技能力，与农发行、重庆富民银行、紫金农商行等10家客户签署了产品服务协议。

（三）深化改革和创新发展取得优异成果

一是深化条线改革激发新活力。为做强资管条线，建设银行率先成立理财子公司，奠定了专业化、市场化发展的基础，进一步拓展了资管业务的发展空间；住房金融由表内延伸至表外，成立了住房租赁公司，现在承载的资产超过了××万亿元；为支持战略性新兴产业发展，建设银行与国家发展改革委共同发起了战略性新兴产业基金；2018年我们还推出了金融科技创新体制改革总体方案，设立金融科技公司，初步形成了金融科技创新委员会管总、金融科技部主建、运营数据中心（测试中心）及金融科技公司主战的新格局；为应用大数据加强主动风险管理，成立上海大数据智慧中心和风险计量中心，海外的审批和资金交易中心。这些深化改革措施催生了一批发展活力强劲的业务主体。

二是大数据应用和平台建设闯出业务模式的新路子。2018年创新发展方面的重大收获之一就是大数据挖掘技术应用和平台化营销客户及拓展业务，创建了可操作、可复制、可推广的获客活客的业务模式。大数据应用方面，基于自身数据挖掘和外部数据的综合运用，实现信息相互验证和客户精准画像，根据客户特征创新服务产品，形成了“小微快贷”业务模式。“小微快贷”不仅使建设银行自身获益良多，也在支持社会就业、创新创业和新旧动能转换方面发挥了重要作用。实施大数据应用项目××多个，推送商机××万次，推送风险信息××万人次。平台化建设方面，基于住房租赁的五大平台，延伸到智慧城市平台建设，初步形成平台获客、开放获客和融合获客的新格局，在巩固老客户、获取新客户、改善高端客户服务、拓展长尾客户方面作用显现。如通过智慧政务等7个平台的生态获客，对私客户转化××万户，对公客户转化××万户。以金融科技提升经营能力和服务能力的新模式正在不断涌现。

三是完善信贷组合促进业务结构优化。

零售业务在稳健经营中的作用更加明显。个人客户经济增加值和中收占比均超过六成，为全行经营成果提供了有力支撑。个人存款新增××亿元，全量资金新增××亿元，均位居四大行第一；最大零售信贷银行地位巩固，个人贷款余额达××万亿元，在全行各项贷款中占比××%。个人住房贷款余额为××亿元，保持领先优势；信用卡和网络金融业务多项指标保持四大行第一（信用卡、第三方支付收入同比增长超百亿元），信用卡累计发卡量超过××亿张，消费交易额超过××万亿元，实现历史性突破。重点大行零售优先取得明显进展，零售业务发展水平综合评价排名进位。2018年，重点城市行存款、中收、利润四大行占比分别为××%、××%、××%，居四大行前二；不良率为××%，继续低于全行平均水平。零售理念正成为拓展普惠业务和高端业务的基本理念。

对公信贷的基础作用进一步巩固。不仅形成了支持新型基础设施比较优势，而且带动交易性业务快速增长。坚持融资与融智相结合，交叉销售能力有效提升。银团贷款收入××亿元，增幅达××%，四大行第一；投行业务实现交易服务类中收××亿元，非金融债券承销收入、发行规模和期数连续八年四大行排名第一；新型财务顾问业务收入逆势而上，同比增长××%，四大行唯一正增，四大行占比提升××个百分点，其中，并购财务顾问业务收入同比翻番达××亿元，与工行差距大幅缩小；对公资产证券化业务实现收入××亿元，发行××单个人住房抵押贷款资产支持证券、××单不良资产支持证券；新型结算产品实现收入××亿元，增幅达××%，提升××个百分点；区块链贸易金融平台建设在福费廷、国际保理、国内信用证三个产品落地应用，累计交易金额超过××亿元，同业领先；托管业务在行业整体规模几乎零增长情况下，规模和收入实现双增长，增速分别为××%、××%；资管业务规模新增××亿元，位列大行之首；金融市场债券投资组合收益率同业领先。

四是主动管理风险取得实效。在坚持全面管理风险的基础上，加强了主动管理风险的措施，风险偏好设定完全符合经营和发展的要求，完善了风险区间和一致性规则，改变了为控风险而管风险的传统做法。加强预期风险管理，建立企业级预警平台（RAD），重点领域风险管理能力有效提升。信贷风险管理能力不断增强。2019 年还成功化解了不少低信用风险业务的操作风险，消除了重大隐患，这是新预警系统功能升级的一个重要成果。实施“1+70”与“三分类、九宫格”精细化政策管理，科学引导信贷投向，“7+5”指标监测体系管理预期风险，“113”工作提升重点领域风险化解处置成效；狠抓押品、放款中心、贷后等基础管理关键环节。完善直营业务风险管理，在同业中率先提出资管业务一般准备金专户管理要求，部分分行已实现减值专户管理。推动“三授信”纵深开展，综合授信覆盖率达××%，全球授信实现海外机构集团客户全覆盖，确保母子公司风险偏好一致。不良资产处置“质、效、量”持续提升，处置不良贷款××亿元，现金回收增长××%。

五是建立健全合规管理体系和强化审计功能为战略实施保驾护航。2018 年，总行党委审议通过《关于健全建行合规体系的报告》，为全行合规体系建设明确了时间表和路线图。全行按照“两个确保，五个减少”的合规管理目标，持续强化合规管理的主体责任和管理责任，“八个步骤”的合规运行机制顺畅运转，“四评价一考核”的合规推进机制显现功效，制度体系不断完善，合规管理信息平台从无到有，合规干部队伍专业能力得到明显提升，推动全行合规管理水平迈上新台阶。2018 年，全行案件数量和涉案金额实现“双降”；反洗钱管理启动完善客户身份信息攻坚战，对私客户信息完整率从××%提升到××%，对公客户信息完整率从××%跃升到××%；反洗钱清单监测系统境内全面上线，反洗钱管理短板快速补齐；境外机构合规管理风险可控，监管检查总体平稳，监管评级整体向好，舆情管控积极有力。审计工作及时发现问题，为防范和化解风险、改进经营管理发挥了重要作用。

2018 年，是建设银行收获荣誉最多的一年。我们获得了英国《银行家》“2018 中国最佳银行”等多项大奖，在资本市场剧烈波动中市值稳定保持全球银行第五位。在经营环境极具挑战的情况下，在服务实体经济惠民生、防范风险稳金融、深化改革促创新等方面获得国务院领导的充分肯定。李克强总理视察建设银行时高度评价了“小微快贷”业务模式，鼓励我们经验要向全国复制推广，激励建设银行要撑起中国企业的未来。刘鹤副总理两次到建设银行调研普惠金融业务，韩正副总理对建设银行住房租赁业务给予充分肯定。这一年可以说是稳健经营和创新发展的收获之年，促进发展和服务民生的担当之年，改革深化和战略推进的进取之年，社会影响力实现历史性提升的突破之年！这份来之不易良好业绩的取得，是总行党委认真落实党中央、国务院决策部署和正确领导的结果，是董事会、监事会有力指导、监管机构和有关部门大力支持的结果，是全集团干部员工齐心协力、奋力拼搏的结果。在此，我代表管理层，向关心和支持建设银行事业发展的有关部委和监管机构表示衷心感谢！向董事会和监事会给予的大力支持表示衷心感谢！向全行员工及其家属的艰辛付出表示衷心感谢！

回顾 2018 年以及这几年的发展，我们之所以能够在外部环境多变的情况下做到业绩逐年提升，从经营理念上讲，我们有两方面是值得认真总结和坚守的。

一是“跳出金融做金融”才能开辟发展新领域。2018 年，我们推出“三大战略”，成立建行大学，创设“劳动者港湾”，初始形态都不是传统商业银行的业务范畴，但坚持做下来，做深做透，就蹚出了新路，形成了不同于传统业务的金融新模式。我们应用大数据、移植零售评分卡技术，形成了“小微快贷”系列产品和平台化经营模式，变道超车引领了同业；我们通过主动参与智慧城市建设，收获了数据资源和无形资产；通过搭建住房租赁平台，在延展传统住房业务的同时，赢得新的消费金融和新服务业态的庞大客群；通过成立建行大学，以产教融合拓展了金融职业教育的新空间和金融知识普惠社会的新路径。所有这些都让我们认识到，固守既有的业务领域和模式永远摆脱不了局限性，跳出来回头看，往往有新的发现。实践让我们坚信，“跳出金融做金融”可以柳暗花明，形成新的增长点和竞争力。

二是坚守稳健经营和创新发展的理念。从基础概念上讲，商业银行是储户的受托人，是客户的债权人，是金融体系安全的支柱，稳健经营是银行的基本操守；从服务角度讲，金融风险是体系中最大的风险，金融的稳健是支持经济社会发展的基础保障；从银行自身来讲，稳健经营才有可持续的良好业绩。从这几年实践看，面对多变的外部环境和更高的社会需求，我们以稳健的经营取向，统领资产负债协调发展和财务人力等各项资源的精准配置，优化表内外资产结构，完善全面主动风险管理机制和技术平台，不断加强精细化管理，在宏观经济增速放缓的情况下，建设银行经营业绩成功地保持了稳健增长。保持稳健，也才有能力支撑创新的投入和持续迭代升级，包括稳健的风险管理才能承载创新带来的不确定性，拓展业务新空间、形成新优势。同时辩证地看，创新发展又成为稳健经营的必要条件。创新发展才能励精图治，才能在更高水平上厚植稳健经营的基础，做到善建行远。

二、经营形势分析

（一）外部形势危和机同生并存

第一，全球经济分化加剧，下行风险逐步累积。全球经济虽继续保持复苏，但美、欧、日等发达经济体经济增速已回落，全球经济上升势头趋缓。尤其是在单边主义、民粹主义等因素影响下，贸易摩擦影响更趋复杂化、长期化，对经济的负面影响正在逐渐显现，全球经济增长面临更多的不确定性。

第二，国内经济运行下行压力加大，困难增多。中国经济运行稳中有变，变中有忧，主要矛盾依然是供给侧结构性的，外部环境复杂严峻，金融市场波动加剧，股、债、汇、商品等市场波动性增大。

第三，市场信心还没有恢复到稳经济应有的状态。针对经济运行的突出问题，宏观政策中积极的财政政策和稳健的货币政策都在进行积极调整，但与市场预期还有差距，市场信心和表现尚有不足，选择好资产的难度仍然很大。

第四，银行经营发展仍有不少新机遇。我国发展仍处于并将长期处于重要战略机遇期，世界面临百年未有之大变局，变局中危和机同生并存。我们要紧扣重要战略机遇新内涵，深刻认识并牢牢把握制造业高质量发展、基础设施领域补短板、乡村振兴、消费升级、绿色金融及清洁能源发展、国企改革及民企发展、区域协调发展及新型城镇化建设、更高水平对外开放、保障和改善民生等方面带给商业银行新的机遇和发展空间。

（二）金融科技的影响深远而急迫

一方面，随着金融科技的发展，互联网科技巨头的跨界竞争冲击日益加大。支付宝和财付通的客户数和线上交易笔数占据绝对的优势，基本形成小额高频支付市场的垄断地位，并从线上交易向线下交易，由支付结算向投资理财、消费信贷、资产管理等延伸，并从 B 端、C 端、G 端全面发力，与商业银行形成直接竞争。尽管客户账户仍在银行，但从客户看，银行端交易操作不断被后台化、隐形化，客户金融行为“去银行化”和银行经营“去客户化”成为信息化时代的最大隐忧。例如，2017 年，国内移动端交易量的 ××% 以上是由非银行 App 完成的。麦肯锡预计到 2025 年，全球银行受金融科技冲击，消费金融、支付结算和财富管理业务利润水平将较目前分别下降 ××%、××% 和 ××%。另一方面，金融科技的发展也为商业银行的创新发展提供了不竭动力。大数据、人工智能、物联网、云计算、区块链等新技术的发展突飞猛进，金融与科技深度融合，又为银行业重构业务模式、融入社会生态、创新管理手段、推动体制变革创造了有利条件。能否抢占金融科技发展的新高地，充分发挥金融科技的驱动力，将成为新一轮银行业改革转型和创新发展的关键，必须引起全行的高度重视。

（三）内部问题不容忽视

一是资产负债平衡发展难度不断加大。2019 年资产负债缺口还将继续扩大，量价平衡压力进一步增加，对于均衡发展面临的困难全行要有清醒的认识。资产端，一方面，面临很强的增长刚性，长期资金需求巨大。2019年银行贷款仍将是“稳增长”“稳社融”的重要支撑，债券市场供给也将稳定增长，全行信贷、债券投资等核心资产必须保持一定增长速度，长期限资金需求在××万亿元以上。另一方面，在经济下行等复杂的内外部形势和更大的信贷投放需求下，好的资产不多，期限不长，价格受限，能否真正实现新增贷款质量稳定是对全行信贷经营和风险管理能力的严峻考验。负债端，从结构看，核心负债增长预计进一步趋缓，如2018年对公存款仅新增××多亿元，为弥补资金供需缺口，主动负债将被动加大，负债总量中核心存款占比下降、主动负债占比上升。由于主动负债期限短、波动大，导致负债整体稳定性下降，资产负债期限错配加剧。我国金融市场深度有限，一旦市场形势发生波动或逆转，大金额、短期限的主动负债可能到期无法叙做，则形成巨大的流动性风险。从成本看，一般性存款上浮比例持续走高，高成本存款新增较快，2018年第四季度存款付息率比第一季度高××个基点；同时主动负债成本远高于核心存款，负债成本明显提高，净息差压力明显增大。

二是影响资产质量的风险因素明显增多。2019年，全行经营管理面临的内外风险形势更为严峻复杂。从外部看，导入风险不断增加。2019年我国经济运行总体平稳，但外部环境发生明显变化，经济下行压力加大，中美经贸关系更趋复杂，部分企业经营困难，还有“去产能”行业前景不明朗、地方政府隐性债务持续规范清理等因素，风险形势不容乐观。各类市场经济主体杠杆率虽有所下降，但仍处于较高水平，国有企业仍处于高杠杆状态，有数据表明，私营企业11月资产负债率为××%，企业债券违约事件不时发生，高负债企业资金链断裂风险依然较大。全球各类市场波动明显加大，国内股市、汇市、债市持续承压，资管业务等监管要求持续提升，风险交叉传染态势进一步加剧。从内部看，结构性风险依然较大。区域、行业、企业客户风险分化。部分区域个别分行受去产能、环保督察等因素影响，不良反弹压力仍然较大；制造业、批发零售业等行业的不良率仍处于较高水平；个人类新暴露不良贷款同比增多。这些都对2019年的风险管理工作提出了更高要求。

三是战略落地见效的均衡性亟待增强。2018年全行上下凝心聚力推动“三大战略”初见成效，大家对于战略意图和方向已经形成统一认识，但推动进度和落地效果还参差不齐，反映出的短板以及专注度和执行力方面的问题不容忽视。普惠金融战略方面，不同区域贷款增长和客户拓展差距较大。8家分行“小微快贷”客户不足××户，部分经济发达、市场前景好的地区分行，业务贡献与经济结构不匹配。住房租赁战略方面，客户双向引流成效有待提升，商业可持续模式还有待完善；虽然累计上线房源超过××万套，但出租比率还较低，且通过建设银行平台完成交易的房源相对较少，房源核验、合同备案比重较低。金融科技战略方面，系统的优化升级需求和新增需求积压较多，需求安排的计划性和前瞻性还需要提高，科技供给不足，技术人员和数据人员队伍亟须充实。10家重点分行在战略的推进上尚有不足，有的大行负债业务大幅下滑，资管、财务顾问、托管等新兴业务市场竞争力不够强。2018年，10家重点分行合计理财余额占全行余额比重下降××个百分点，理财余额增速低于全行平均水平；10家重点分行合计托管规模的市场份额下降××个百分点，托管规模增量的四大行占比仅为××%。

四是协同联动效应差，管理粗放的情况依然存在。协同发展既是老问题，又有新挑战。管理层始终高度重视协同问题，各条线、各分行、母子公司、境内外做了大量工作，也取得了一定成效，但一些根源性问题尚未彻底解决。比如，在协同机制方面，三大业务条线、母子公司、分行区域、境内外协同的制度、流程需要进一步建立健全；在业务产品方面，产品交叉销售意识不够，多头营销、重复营销现象仍时有发生；在信息和系统方面，信息资源共享不充分不及时，母子公司、对公零售客户互相渗透程度偏低，反映协同成效的重要指标薄弱环节较多，如代发资金留存率××%，下降××个百分点。“三低”客户占全部代发工资公司客户比重为××%，代发金额同比下降近××个百分点。对公客户资金体内承接率××%，比年初下降××个百分点。体内循环率为××%，下降××个百分点。2018年全年节假日（含法定假日和周末）个人存款累计下降××万亿元，同比多降××%，节假日消费资金体内承接率××%，同比下降××个百分点。协同工作从行政化向流程化、机制化转变还需加快。

总之，2019年在严峻的挑战面前，我们既要实现对实体经济的支持，体现大行责任担当，又要保证经营业绩稳健发展。

三、2019年经营管理目标及重点工作

2019年全行经营发展的总体思路：以习近平新时代中国特色社会主义思想为指导，全面贯彻党的十九大、十九届二中、三中全会和中央经济工作会议精神，进一步支持实体经济、民营企业、小微企业发展；在打好三大攻坚战中发挥重要作用。在坚持稳健经营和创新发展中全面落实新发展理念，加大推进普惠金融、住房租赁和金融科技三大战略工作力度，培育新的业务优势，坚持零售优先和批发业务均衡发展，巩固关键经营指标同业领先优势；积极推进精细化、数字化、扁平化管理，强化资金和资本约束，优化资产负债结构和盈利结构，加强全面主动风险管理。加大金融科技投入，强化产品和服务创新，全面提升经营管理水平。

2019年主要经营目标：集团资产新增××万亿元，增速为××%；人民币各项贷款新增××万亿元，增速为××%；集团负债新增××万亿元，增速为××%；人民币一般性存款新增××亿元，增速为××%；净利润增长××%～××%，集团手续费净收入××亿元，计划增速为××%；不良率控制在××%以内；保持ROA、ROE和资本充足率等关键业绩指标稳健均衡、同业领先。

重点工作安排有以下十个方面。

（一）全面统筹集团资源，进一步提升服务实体经济能力

一是加大信贷、债券投资等支持力度。保持信贷总量稳健增长，通过移位再贷、证券化盘活信贷资产存量，腾挪资源。在信贷结构中把消费信贷、小微快贷和先进制造业作为重点。坚持“大中小微，国有民营，一视同仁”政策，强化优质客户选择能力，加大对民营企业和小微企业的支持力度；持续推进金融扶贫跨越2020行动计划，提升涉农和精准扶贫等金融服务水平。做好定点扶贫工作，坚决打赢扶贫攻坚战。债券投资年度计划新增××亿元，增速为××%。支持积极财政政策实施，提前做好策略和政策储备，地方政府债券认购要加大力度、加快节奏。支持重点要聚焦国家重大战略，包括乡村振兴战略，西部大开发、东北全面振兴、中部地区崛起、东部率先发展等区域协调发展战略，京津冀协同、长江经济带发展、“一带一路”、雄安新区建设、粤港澳大湾区、自贸区等重点区域建设。二是加强对企业非信贷金融服务的支持。通过债券、信托、租赁等方式，调动集团资源加大对企业的融资支持，提供综合金融解决方案。三是助力供给侧结构性改革的推进，加大债转股工作力度。四是进一步降低融资成本。

（二）持续推进战略实施，加快培育新的业务优势

一是优化普惠金融业务结构布局，多措并举引导资金精准滴灌到民营企业和小微企业。第一，把“小微快贷”全线上模式做大做优。坚决贯彻“小企业、大事业、无止境”理念，优化普惠平台布局，主动连接各类政府数据，对接各类信用机构，加强同业赋能，推动平台出海。第二，继续加大供应链金融对民营、中小企业的支持力度，通过供应链金融模式，加强对核心企业成员单位、上下游客户、产业链客户等的营销拓展，以“双小”承接“双大”。第三，进一步拓展线上线下相结合的获客模式。做好产品创新，加强产品体系建设；丰富“小微快贷”产品系列，创新“交易快贷”。丰富“惠懂你”App功能，绑定企业数要新增××万户，增速达××%；迅速推广市场反应好、易被复制的“云税贷”等产品，尽快覆盖市场；加大“裕农通”推广和布局力度，更好地发挥对服务乡村振兴战略的重大作用。第四，依靠可视化风险监控平台等智能风控工具，加大质量监测及风险排查力度，加强穿透式管理，推动不良快速处置。第五，加强平台开放共享和优势技术能力输出，加大对同业赋能力度，带动中小银行一起做普惠。第六，进一步丰富普惠非金融服务内容，深化“劳动者港湾”建设。

二是住房租赁业务形成可持续运营业务模式。

建立健全住房租赁综合服务平台运营管理体系，进一步提高平台交易量，新增房源不少于××万套，通过平台出租不低于××万套，力争××万套。以住房租赁助力智慧城市建设，继续推动“建融家园”挂牌。加快智慧社区推广，通过智慧社区、智慧房管延伸服务链条，不断拓展客户基础和业务资源。加强与设计、装修、家电、养老等相关企业和机构合作，探索形成居家生活全套服务的产业链、生态链，打造住房租赁新生态；推进多主体合作，形成可持续运营模式；进一步优化平台。

三是金融科技战略实现重点突破，进一步落实金融科技创新体制改革总体方案。认真总结“新一代”的经验和方法，形成一批具有自主知识产权的标准和专利。积极稳妥地加快推进信息系统的自主可控工作。第一，要以“新一代”应用和智能运营体系建设为重点，配置好科技资源，明确重点任务和目标。第二，进一步优化金融科技的运营机制，提高开发效率，提升市场开发能力。第三，探索大数据、人工智能等先进技术在客户细分、产品创新、风险防控等领域的应用，加快C端突围、供应链管理、薪酬管理等深度应用项目建设。充分发挥领先优势，持续探索科技服务输出，形成集团范围同业金融科技输出能力建设总体信息视图，为社会提供技术和信息共享服务。第四，扎实做好各类平台的维护运营，以高效的运维机制保障对市场快速反应和平台功能优化升级，对外赋能平台要以抓取新客户新业务为重点，在稳扎稳打做出市场影响力的同时，要有持续的内部回报。第五，建立平台生态运营评价指标体系，提升平台客户向建设银行客户的转化率，公司机构类客户的转化率不低于××%，个人类客户的转化率不低于××%。第六，健全完善云生产管理机制，进一步加大云生产、云服务规模，紧密结合智能运营体系建设，构建云生产体系，打造云生产智能管控中心，实现运营资源和需求智能精准匹配；延伸云生产应用触点，多场景拓展员工渠道和云宠物渠道部署；云生产应用领域从交付层向接触层拓展。第七，加强一级分行信息技术队伍建设，通过培养和引进等多种方式补齐科技人才不足的短板，缓解分行科技人才流失压力。

（三）加快落实“双优”策略，持续提高业务竞争力

一是深化零售优先。把零售理念贯彻到商业银行拓展业务的各个层面；坚持对一级分行零售业务发展水平综合评价，推动各分行找准业务差距、补齐发展短板，特别是重点城市行必须把零售业务尽快做起来；坚持平台化经营，从抓商户到通过场景建生态，再进一步上升为搭建平台，加速以“快贷”为核心的消费金融平台化发展，扩大代发工资客群、公积金客群、公共信息平台合作方、大型电商及互联网平台等客群覆盖；个人有资产客户新增不低于××万户，增长不低于××%，零售的中间业务收入增长××%。私人银行业务要加快发展补短板。继续推动重点大行、中心城市、重点区域加快发展，做大做强客户数量和金融资产总量，提升全行市场影响力；要聚焦“企业主”和“超高净值”客群，落地实现差异化错位经营；加强专业能力建设，上线客户资产配置智能系统，引入行业领先的第三方机构，真正提升服务客户的核心能力；客户新增××万户、增速不低于××%。信用卡业务要实现高水平上再进步，进一步提升对全行中收和效益的贡献。从客户、产品、消费、支付、信贷、商户等维度全面深化结构化调整，加快打造客户家庭消费“第一钱包”；抓好B端商户和C端客户之间的支付连接，稳健拓展优质年轻客群，进一步丰富“慧兜圈”应用场景，加大移动支付绑定力度；信用卡客户新增××万户，新增××%，信用卡贷款增量××亿元；贷记卡收入增速为××%。个人住房贷款要继续保持行业领先地位。要深入推进量价均衡发展机制，积极运用资产证券化工具，提升投放能力；要加快推进二手房贷款业务模式创新的实施和落地。网络金融要抢占移动互联时代的新高地。要做好网络金融平台的迭代升级，强化建设银行“网上的银行”的市场竞争力；抓好手机银行、个人网银、直销银行客户拓展，着力提升客户黏性、客户流量、活跃客户数，手机银行活跃用户数新增不低于××%；加强全产品智能营销和产品交叉销售，提升善融商务销售能力和服务建设银行网络生态的能力，善融商务交易额××亿元，增速不低于××%。个人支付方面要再造建设银行支付结算业务新优势。以“龙支付”为核心，打造企业级数字支付平台；以账户出海为核心，做深做透线上线下各类账户。做实账户、做优体验、做大交易，以支付为切入点，全面提升C端客户黏性。

二是巩固批发业务的基石地位。第一，总体上，批发业务和零售业务要有合理的比例，基础设施内新型基础设施占比要有明显提升。第二，各行要加强区域经济发展能力分析，借力大数据对关键领域、行业客户及优质在建项目的风险与贡献度分析，确定目标客户，下好先手棋，抢先实现与优质客户、项目合作。第三，总行相关部门要加强细分行业研究，尽快出台政策指引，指导各行提高客户识别能力，切实加强集成电路、数字经济等战略性新兴产业、先进制造业和新型基础设施的金融支持，先进制造业贷款要有明显提升。同时，要切实加强风险管理，把制造业整体较高的不良率降下来。第四，房地产贷款方面要继续落实好国家宏观调控政策，加强政策分析预判，明确信贷投向和区域、客户、项目选择策略，合理安排房开贷款新增，并抓好贷款客户的综合营销、综合服务和资金承接，提升综合效益。第五，机构业务要继续做好对公存款“压舱石”，抢抓机构客户改革深化的机遇，创新打法，加大力度，在拓展负债、稳存增存、联动公私引流转化、实施金融与非金融的交汇融合、推广社会化平台做好获客活客等方面作出更大贡献。第六，充分发挥对公带动零售业务发展的作用。完善“1+4”协同制度，继续推动典型协同场景建设，加强ETC、代发工资、“龙支付”“E托保”等产品协同发展，落实为企业高管配套个人服务。上述方面对重点大行除了支持还要重点关注，必须鞭打快牛、加快发展。

三是交易性业务要加快形成优势，提升“融资+融智”服务能力。交易性业务体现大型商业银行的高端服务能力，是提升我国银行业国际竞争能力的主要领域。建设银行目前的中收增长困难，主要是交易性业务发展还不够快、核心能力不足所致。2019年重点，其一是结算和现金管理业务（最基本的交易性业务）。继续狠抓结算账户拓展，推进“账易行”平台建设，做大做强品牌；推进现金管理产品在“智能化、移动化、平台化和国际化”四大领域的创新，向资金监管、供应链融资等领域不断拓展产品线。新型结算产品中收增速为××%，对公网络活跃客户数增速为××%。其二是投资银行业务。着力提升业务交易撮合能力、服务集成能力、资金组织能力和全面金融解决方案设计能力。债券业务要更好发挥包销账户撬动作用，实施承销和投资企业的名单制管理，保持市场优势地位，完成债券承销××亿元；财务顾问业务要实现批量获客和流量经营，运用财务顾问智能服务系统，做实“真顾真问”，依托“融智+融技”方案做到同业领先，财务顾问收入增长不低于××%；并购业务要把握好未来3~5年的发展机遇期，注重提升交易撮合能力和资产定价能力，全面打造和培育兼并重组、产业整合、股权投融资等领域的综合优势，收入增长超两位数；资产证券化业务要继续拓展减债增效、供应链金融、住房租赁等重点领域资产证券化，基础资产要逐步向绿色包及信用证、保函、票据等其他类型资产延伸，2019年初步安排贷款证券化××亿元。其三是金融市场业务。做大做强汇率、利率衍生品等业务，积极主动开展做市报价，增强交易能力，提高做市收入，做市收入增长××%，确保外汇做市商综合排名在市场前三；扎实推进代客交易，紧跟市场变化及时推出针对性产品，不断完善产品线；坚持实需原则，按照“以租养租”模式，开展贵金属租赁业务。其四是托管业务。抓住国企混改基金、组合债、跨市场债券ETF、现金管理类银行理财产品、私募证券投资基金、家族信托和财产管理权信托产品等战略性产品发展机遇，指数类、工具类产品要取得新突破；做好QFII/RQFII客户的营销工作；进一步强化“应托尽托”理念，行内资金或项目形成的托管业务，必须安排在本行托管；托管业务收入增长达到××%。其五是跨境人民币和贸易金融业务。以“跨境人民币业务十周年”和新一轮对外开放为契机，加大营销力度，拓展业务新领域；加速扩展“跨境e+”平台与海关“国际贸易单一窗口”直联功能、“跨境快贷”产品推广，支持外贸稳增长；加快区块链贸易金融平台推广和区块链物流金融平台建设。其六是抓好中收增长。本行境内手续费及佣金净收入计划××亿元，同比增速为××%。要切实增强融智性金融服务能力，加快基于服务能力的中收增长，实现中收增长动能转换。要推动信用卡、理财等八大重点产品快速发展，提升市场反应和场景嵌入、投资顾问和财富管理、协同联动和拓客销售能力。扩大对标管理范围，努力缩小行际差距；推进“挖潜增收”活动，抓好案例移植和经验复制。其七是投研能力建设。2018 年夏季工作座谈会已进行专门部署，请大家高度重视，切实推进，强化投研对业务的引导支撑作用，不断输出有市场影响力的投研平台和投研成果。

（四）数字化精准配置资源，不断优化资产负债结构

一是优化资产端配置结构。信贷、债券投资和贵金属等资产结构摆布充分体现战略导向和资本回报要求，并确保流动性安全；坚持零售优先，提高普惠金融、消费金融及个人住房按揭等个人类信贷占比；在能力提升的前提下，积极开展债券投资，提升国债和地方债认购比例，适度增加信用债投资；同业业务要在拓展客户上下工夫，加大对中小银行的研究，扩大同业业务的客户群体，在确保流动性情况下创新同业业务新模式。财务资源配置要契合全行战略，重点支持“三大战略”及“两优”策略，资本性支出重点支持战略实施，审慎安排物理网点建设，加大新型渠道投入，业务管理费加大成本管控力度，扩大定额类费用范畴，优化专项管理类费用的预算核定方式，提高资源配置效率；增加基层员工岗位津贴（每人每年 2000 元），提高工作餐食、体检、防暑降温、补充医疗保险等专项福利费配置标准，安排置装费、劳保用品费专项费用，提升基层员工的获得感和满意度。二是优化负债结构。要持续加大核心存款拓展，夯实负债基础；同时要紧盯市场趋势、同业策略和客户需求，灵活适度增加主动负债，加大净值型理财产品、结构性存款等创新研发力度，进一步做大产品规模，结构性存款新增××亿元，同业负债新增××亿元。三是强化稳存增存措施。重点围绕资金承接、商户营销、机构客户拓展、对公账户经营和结算产品推广、生态圈建设及 C 端拓展、网络性金融、长尾客户经营、全量资金拓展等“八大”系统性、基础性问题，系统性网络化拓展存款，不断夯实客户和存款基础；通过“大数据”拓存，“大平台”引存，“大交易”吸存，智慧推动业务发展，带动客户全量资金的稳步增长；对公存款要进一步深化对公雷达系统应用，重点拓展财政支付、民营经济发展基金和基建“补短板”等重大项目资金。机构存款要抢抓财政转移支付资金提前拨付、地方债提前发行等机遇，加大对预算内资金专户营销力度，抓好财政资金承接和军警客户结算账户的营销。房地产金融业务的资金转化方面要加大工作力度，近三年建设银行房开贷、公积金贷款、按揭贷款等增加了××万亿元，但存款只增加了××多亿元，比贷款市场份额低了××个百分点，要认真分析，努力改进。个人存款要充分引流对公优势抓代发工资、县域和商户等重点领域源头资金；挖掘保险业务等代销增长点，沉淀低成本资金。四是运用价格工具有效平衡规模、风险和效益的关系。发挥内转价格对资源配置的引导作用，构建多层次的差异化定价策略框架和授权体系，持续优化存款定价管理机制，改变定价授权“一刀切”方式，提高定价资源投放的精准性。五是抓好流动性管理。推动现金流预测监控智能化，确保资金调度更加平滑有序，备付水平与资金量、资金波动性相适应，管控好自身流动性风险的同时，发挥好对市场流动性的大行支撑作用。

（五）继续深化重点领域改革和创新，增强现代金融服务供给能力

一是统筹集团资源，加快资管业务发展。资产管理业务是现代金融的重要组成部分，是现代大型商业银行集团的新兴支柱，是增强银行协同效应和打造竞争优势的主要方向，是破解资本约束、打开银行发展空间的必然选择，对于促进我国直接融资市场发展、维护金融市场稳定、提高金融国际竞争能力有重要作用。全行要充分认识加快发展资管业务的战略意义，发挥好资管嫁接间接融资和直接融资的桥梁作用，做大做强“大资管”业务，确保管理资产市场第一的领先地位，实现“资产持有”大行向“资产管理”大行转变。建设银行几乎拥有资管行业的所有牌照，集团资管规模××万亿元（非保本理财××万亿元，子公司××万亿元，表外××万亿元），位居四大行第一。从泛资管的角度来说，租赁住房的资产已超过××万亿元，建设银行已经具备形成资管大行的基础和机制。2019 年要把资管条线建设作为重要经营内容，引导集团内各类资管机构统筹发展、协同经营，优化集团资管结构和机制，提升全行综合服务能力。建信理财子公司要按照“治理结构完善、专业团队卓越、规章制度完备、业务架构高效、盈利模式稳定”的标准加快筹建，力求率先开业，当年资管业务规模达到××万亿元，三年后达到××万亿元，要与银行主业加强协同，满足客户的多元化金融需求；继续完善市场化的公司治理机制、人才队伍建设和激励约束机制。推进子公司专业化、市场化发展和提质增效，抓好子公司三年商业滚动计划的落实，优化业务结构，重点发展高附加值、低资本占用的业务，提升市场竞争能力和资本回报水平，提高发展的质效水平。2019 年综合化经营子公司表内资产余额增速不低于××%，管理资产余额为××万亿元。构成核心能力和效益来源的有效业务市场排名在银行系同业中保二争一。住房租赁公司 2019 年要初步形成资产和收益基本平衡和可持续发展的运营模式，尽可能把平台承载的资源转化为收益资产；建信投资公司的管理资产预计年内会超过××亿元，必须进一步加强债转股资产的管理；战略性新兴产业基金要开好局，作出市场影响力。

二是调整机制发展新兴消费金融业务。随着我国经济转向高质量发展阶段，内需成为经济增长的决定性力量，其中消费日益成为扩大内需、驱动内生发展的主引擎。最终消费对 GDP 的贡献度持续提升，近 4 年平均贡献率为××%，2018 年第三季度已达到××%。随着居民收入增长，消费形态已从过去满足基本需求，逐步迈向追求品质和个性、追求美好生活，新兴消费蓬勃发展。在此背景下，消费信贷需求井喷、市场活跃，步入快速发展的黄金时期。金融机构消费贷款近 5 年来月均增长率为××%，显著高于个人按揭贷款的增速。网络消费信贷平台、消费金融公司等近年来发展迅猛，××%的银行系消费金融公司在开业第二年即实现盈利。建设银行作为零售信贷大行，拥有良好的客户基础、专业技术储备和市场品牌形象。今年建设银行要借鉴同业和第三方消费金融公司的做法，集中专业力量和资源布局新兴消费金融业务。建设个人客户家庭资产负债表平台，研发个人客户综合授信管理优化项目，增大对年轻客群的黏性，从追随消费行为的“被动式”消费金融模式逐步向引领消费行为的“主动式”消费金融模式转变，尽快将零售信贷大行的优势转化为新兴消费金融领域的胜势。

三是探索服务先进制造业转型升级的金融解决方案。建设银行已开始研究支持“孵化器”建设和运营方式，建设银行有产业基金也成功地进行了投贷联动试点，加上我们庞大的客户资源，完全具备开拓制造业市场，分散制造业风险的条件，关键是我们对制造业的风险特征研究和风险管理方式改进要跟上来。

四是调整优化信贷审批体制，推动授信业务集中审批。授信业务集中审批，对统一全行风险偏好、加强审批专业化建设、提高审批的质量和效率至关重要。要借鉴广东分行的成功经验，按照“集约化、专业化、标准化、科技化”的要求，加快推进一级分行授信业务集中审批工作。各行要高度重视，精心组织，确保该项工作在年内落实到位。

五是加强重点课题研究。这包括信贷组合的研究和应用，零售和对公信贷早在 2010 年就有初步成果，要加快完善和应用；研究确定反映交叉销售能力的主要指标，并在 2019 年纳入考核，拉动交易性业务增长；进一步完善协同方面的考核指标，推动内部资金承接、对公对私转化、五大协同等方面做实做强。

（六）强化全面主动风险管理，发挥大行金融市场稳定器作用

银行稳则金融稳，银行体系的稳健事关经济金融稳定全局，大型银行的作用至关重要。一是全面管。以风险偏好为核心，完善集团统一风险视图，提升集团风险整体管控和协同防控能力；做实做细全面风险管理对四大板块、九类风险的全覆盖；深入推进全面风险管理轨迹督查，强化过程管理；加强基层机构关键岗位、关键人员的行为管理；加强数据、审计、合规、纪检等工作成果在风险管理中的运用。二是主动管。强化预期风险管理，针对不确定因素增多的经营环境，积极开展宏观经济、重点领域专项压力测试，把握风险规律，主动探索线上业务风险管理，研究制订主动风险应对方案。强化客户选择和风险精准画像，积极推进审批集中，把好客户准入关。

强化信贷结构调整，严控增量投向，优化存量结构，持续推进移位再贷工作，力争完成××万亿元移位再贷目标；加强风险预警和监测管理，持续优化 RAD 平台，主动开展潜在风险排查。三是严格落实“五个到位”。继续坚持并落实好“风险管理职责进党委”，完善三道防线“联席会”机制，全流程落实“四眼原则”，做实贷前诊断及贷后跟踪工作，构建智慧风控体系和数据应用管理体系，防范外部欺诈类风险，提升不良资产处置的“质、效、量”等，夯实风险管理基础，做好责任、管理、监督、人员、考核方面的“五个到位”。要扎实做好审计署和有关监管部门发现问题的整改工作。四是做好合规及案件防控工作。加大境内外合规管理力度。细化完善境内外机构合规与反洗钱制度体系，着力推动反洗钱要求嵌入业务流程；建立健全违规惩罚机制，增强全员合规意识。当前案防形势依然严峻，外部要求严格，2019 年监管机构将组织开展严厉打击金融领域违法犯罪活动，对案件涉及机构和责任人一律依法依规处罚。从内部看风险隐患较多，新型业务渠道案件风险研究不够深入，一些关键风险环节的控制措施还不严密，个别基层机构负责人和营运主管缺乏严格管理等。针对风险隐患，要深入组织业务风险、员工行为排查，重检完善业务流程，强化关键环节控制措施，压实案防主体责任与案防管理责任，将加大惩处力度与强化警示教育相结合，持续筑牢案件防控体系。

（七）深入推进精细化管理，提升集团运营效率

一是坚守求真求效的经营管理文化。经营上注重稳健务实，打牢基础，久久为功；业绩上不弄虚作假，不埋风险，不搞寅吃卯粮的投入；岗位交接上要新官理旧账，一张蓝图绘到底，一茬接着一茬干；创新上要下真功夫，注重技术含量，持续迭代升级。

二是抓好精细化管理六大专题的落地工作，提升集团运营效率和质量。总行已制订了推进精细化管理工作三年滚动计划，未来三年要全面铺开，实现机构、流程、人员全覆盖；要按照精细化管理推进方案的整体部署和各专题工作方案，建立工作机制，对照任务清单和进度安排逐条逐项落实。

三是加大协同联动力度。经营管理的第一要务就是做好协同，重点推动资产端的协同、资产与负债的协同、零售板块的协同、公对私的带动、境内境外的协同五个方面的协同；要建立客户信息的内部共享机制，推动信息在条线、总分行、母子公司、境内外机构间及时有效共享；建立协同商机推送体系，重要客户综合金融服务产品配置系统；要加强线上线下协同，实现全量客户一体化经营、资产负债并重化发展、产品服务综合化给付、服务触点统筹化管理、营销队伍专业化建设、科技支撑深层化融合。2019 年，对公资金体内循环率、承接率分别不低于××%和××%，对公经营性资金承接率提高××个百分点，代发工资新增金额同比增速不低于××%。

四是积极推进智能运营体系建设。建设银行大力推进人工智能、大数据、区块链、公有云、开放银行、一体化协同研发平台等新技术平台建设，启动了 20 个建设技术基础能力项目，有效推动了数字化、网络化、智能化的深入发展与应用，这也赋予了精细化管理新的内涵。精细化管理从原先的突出流程升级优化为集团智能运营体系建设。要以提升用户体验为核心，以“运营智能化、管理智能化”为目标，以流程数据、技术应用、机制创新为抓手，着力构建“接触层、交付层、管控层”三层架构体系，并通过配套管理机制支撑智能运营体系落地。

五是推进数据治理能力建设。建立数据资产化和价值化考核指标体系和分析框架，加强内外部数据的关联整合、集成共享，从数据挖掘和分析应用的角度丰富业务指标和数据的采集应用，进一步细化数据的颗粒度，持续完善数据应用后评估机制，强化对精细化管理的支撑。推动实施 10 个大数据应用的重点项目和 180 个一般项目，促进大数据与业务的融合。

六是扎实推进扁平化管理。准确把握扁平化的精神实质，坚持扁平化方向不动摇。围绕信息传递的扁平化和业务流程的扁平化，推进重点领域的扁平化管理工作；省会城市不能走“一地两行”的老路，不搞叠床架屋，不增加机构层级，不重复设置机构；省分行要提高直接经营能力，坚持推进集约化改革，充分利用先进科技手段推进业务处理、支持保障、监督控制等中后台事务向省分行集中。

七是优化考核和激励方案。优化 EVA 挂钩机制，适当下调 EVA 挂钩系数、经济资本成本率、信贷成本区间下限，提高分行收入平衡性；加大战略性业务成效和基础性指标的激励力度，要聚焦交叉销售能力。对基于服务能力的中收加大激励（如结算和现金管理、财务顾问、托管等）；普惠金融增加产品获客和风险考核维度，住房租赁侧重成交和贡献考核，金融科技突出重点平台向下延伸的效益、获客等重点考核；“双优”策略精准锁定优先优势业务，零售优先选取批量获客活客业务，对公交易优势以融智型、轻资本为标准；进一步研究完善主协办行利益补偿等协同业务考核机制，提升各级机构协同联动的积极性。

（八）坚持合规优先、稳中求进，推动海外业务健康发展

要妥善应对国际环境变化，夯实海外合规与风险管理基础，发展业务要以合规为前提，将合规要求嵌入业务流程。加强与监管沟通，严格落实监管整改要求。提高精细化与数字化管理水平，追求风险可控的，与各海外机构合规、风险把控和人力资源支持能力相匹配的有效发展。要从服务国家大局出发，抓住我国扩大对外开放的新机遇，在支持国家战略导向过程中，积极参与全球经济治理体系变革。继续和境内分行密切联动，做好“稳外贸、稳金融、稳外资”相关工作。深化海外机构“一行一式”发展，充分利用当地市场资源，大力推进交易金融、第三方市场合作、港澳零售等特色业务，位于全球金融中心的机构要发挥国际化引领作用，在重点产品和重点区域实现重点突破。加快推进“新一代”系统的海外应用，推动监管及管理报表数据自动采集，以系统为支撑改变海外业务结构单一、客户基础薄弱等状况，港澳机构要以“新一代”系统为基础，实现零售业务的新突破。海外业务要以发挥好集团协同联动作用和提高收益水平为主，不盲目追求规模扩张。稳步推进建设银行在“一带一路”沿线国家和地区的机构布局，并探索通过建设银行欧洲的“欧洲单一护照”，进一步提高建设银行在欧洲地区的机构覆盖率。

（九）积极探索，努力办好建行大学和研究院

建行大学发布会产生了非常好的社会效应。行内行外对建行大学都给予了很高期望，这种期望也是压力。总行党委安排管理经验丰富的同志担任研修院院长，并配备了专职副院长和专职工作人员，体现了总行党委办好建行大学的信心和决心。成立建行大学是建设银行教育培训体制的重大变革，是一项全新事业，没有任何成熟经验可以借鉴，面临的问题和困难也不少，需要全行上下鼎力支持，区域学院（校区）所在地一级分行必须在人财物上全力支持学院建设；同时，建行大学建设不只是专业研修院和学院（校区）专职人员的事，是全行上下各级机构、各类员工共同的责任，需要汇聚众人智慧，在干中学、学中干，扎实推进。下一步，总行部门条线、各一级分行、子公司要根据建行大学建设的总体安排出人出力、贡献力量，齐心协力把建行大学办好，打造金融职业教育第一品牌。

组建研究院是总行党委落实党的十九大精神、建设中国特色新型智库的重大举措。研究院以“服务建行，建言国家”为宗旨，边筹建边研究，在探索智库研究组织运营机制、与国家智库重点机构合作和开展重点课题研究，与建行大学结合开展行内专题研究等方面取得突破，在建立内外交流协作通道、壮大研究人才队伍方面取得进展。研究院要扎实提高研究站位，加强宏观和公共政策分析，跟踪研究现代金融前沿问题，关注社会热点痛点，聚焦“三大战略”，为全行改革发展提供智力支持。总行各部门、分行、子公司要继续积极配合参与，提供研究人才、信息数据等方面支持。

（十）加强政治建设，以党建统领经营管理工作

一是提高政治站位。树牢“四个意识”，坚定“四个自信”，坚决做到“两个维护”。认真学习贯彻习近平新时代中国特色社会主义思想和党的十九大精神，全面落实中央经济工作会议各项部署。建设银行作为国有大行，要从政治高度积极履践大行责任，主动担当作为，立足银行业实际创造性地抓好中央金融工作方针政策的落实落地。二是压实责任抓好党建。总行各部门、各分行、各子公司要以政治建设为统领，不断提高党建工作质量。各级党委和领导班子要切实履行“两个责任”和“一岗双责”，着力提升政治能力，将党建工作和业务工作同安排、同部署、同落实。三是要以赖小民和薛峰案件为警示，持之以恒正风肃纪。紧盯信贷、采购、基建等腐败易发高发部位，强化纪检与审计、风控、合规等部门的监督协同，综合发挥风险跟踪预警、员工行为排查、非现场审计、内控稽核等系统的作用，把防范金融资产风险和“人的风险”结合起来。毫不松懈抓好中央八项规定精神的落实，坚决查纠“四风”，治理形式主义、官僚主义，促进工作作风不断改进。

最后，再强调一下年初开局重点工作。一要开展好旺季营销活动，调动全行积极性，尤其要抓住春节前这一旺季的旺季，实现旺季开门红。二要确保运营安全，要强化责任落实，加强安全防范；要做好春节前后流动性预测和管理，确保流动性安全；确保员工、客户、行产和系统运营的安全；要加强值班管理，进一步强化保密、OA及档案管理工作。三要做好员工关爱。春节临近，要做好对困难员工的帮扶救助，切实解决实际问题。做好对基层一线员工的看望以及离退休老干部的关心，送去组织的温暖，确保大家共同度过一个温馨祥和的节日。各级分支机构负责人要坚决防止和杜绝“节日腐败”。

为落实好以上工作部署和经营管理措施，提三点要求，一是今年经营的外部环境还有许多不确定性，为把全行工作做好，2019 年要特别强调计划安排的严肃性，各分行和各部门要严格按照总行的安排，执行总量、结构和节奏的要求，有问题可以提出来，但没有得到正式回复前一定要严格执行计划。二是请办公室按照高管层分工和各部门职责，做好分解落实。三是有些业务目标没有指标化或只是初步数据，有关部门要尽快与资债、财会协商提出，由行长办公会议研究审定，尽快下发。

同志们，“船到中流浪更急，人到半山路更陡”，2019 年是决胜全面建成小康社会的关键之年，也是建设银行战略推进和改革发展的关键之年，形势异常复杂，任务极为艰巨，我们要以更坚定的信心定力，更强烈的责任担当，勠力同心、真抓实干，以更好地服务实体经济、支持金融体系稳健、深化改革创新发展的新成果，庆祝中华人民共和国成立 70 周年！

新春将至，在此向大家，并通过大家向全体员工和他们的家属，致以节日的祝福！提前祝大家春节快乐、身体健康、阖家幸福！

谢谢大家！

在 2019 年第一季度经营形势分析会上的讲话

刘桂平

（2019 年 4 月 25 日）

同志们：

为能把经营形势分析会开好，会议形式以及前期工作部署都做了一些调整。先召开资产负债与成本控制委员会、风险管理与内部控制委员会会议，深入研究问题。今后，都是这个要求，要先开资债委和风控委会议，以充分研究问题；之后开经营形势分析会，不仅要通报情况，还要聚焦问题进行重点分析。今天方根同志，包括部门的发言都比较聚焦。这些问题，有些在资债委和风控委会议上提出来了，在分析会上解决不了、需要再研究的问题，可以通过行长办公会的形式再进行充分研究，有些问题需要观点的碰撞、数据的测算，这会让我们的经营思路更清晰。刚才大家的发言都是围绕这个思路进行的，对发言时间的控制是惯例，要继续执行。有的人善于讲长话，有的人善于讲短话，最有本事的人是在规定的时间内把话讲完。而限时发言是有利于我们在头脑中对发言内容进行整理与过滤的。几位行领导都讲了很好的意见，请大家一并贯彻落实。

一、经营情况

从 2019 年第一季度经营成果看，全行各项业务实现稳健协调发展，关键指标继续保持同业领先，服务实体经济质效持续提升，“三大战略”稳步推进，风险防控扎实有效，资产质量稳中向好。总的来看，第一季度开局良好，为实现全年经营目标奠定了基础，成绩值得充分肯定。要感谢祖继同志多年来打下的坚实基础，也要感谢大家的共同努力，留下这么好的工作局面，非常感谢大家！

但肯定成绩的同时，我们也要清醒地认识到存在的问题，如贷款收益率下降幅度大于同业，存款付息成本上升较快，手续费净收入增速低于同业，信用风险、交叉风险、境内外合规风险压力增加等。要按照资债委会、风控委会和此次会议的工作部署，做好贯彻落实。此外，还有几件事要进一步研究。一是财务顾问收入问题，各部门要再做一些沟通及基础性工作。二是结构性存款究竟怎么做，要从全行角度算账。三是成本提高问题，包括一鸣同志讲的短信成本上升问题，要梳理好、算好账。这些问题，有的情况说清楚以后就布置落实，有的要在行长办公会上深入研究。

二、当前经营形势

从2019 年第一季度经营形势看，我国经济出现企稳迹象，主要宏观经济指标保持在合理区间并好于预期，为业务经营奠定了良好基础；但经济企稳的基础尚不牢固，不确定性因素仍然较多。从国际看，世界经济增长动能减弱，给国内经济运行带来外部输入性风险。从国内看，第一季度投资增长主要依靠基建和房地产拉动，民间投资和制造业投资相对低迷；部分企业经营依旧困难；地方政府隐性债务风险逐步暴露，信用债违约风险仍在高位，部分高风险金融机构不良贷款高企，经济企稳的基础尚不牢固，需引起高度重视。

三、下一步工作要求

这是我第一次主持召开全行季度经营形势分析会，想从大的方面讲几点想法，跟大家做一些交流。概括而言，是“五个始终”。

（一）始终以习近平总书记提出的“三个能力”建设为根本遵循

2014年，在建设银行成立60周年之际，习近平总书记作出了重要批示：“60年来，建设银行砥砺奋进，不断发展壮大，为国家经济社会发展作出了积极贡献。希望再接再厉，与时俱进、改革创新，进一步增强服务国家建设能力、防范金融风险能力、参与国际竞争能力，再创新佳绩，为中华民族伟大复兴作出更大贡献。”我理解，总书记的批示核心是要求我们增强“三个能力”建设，方法上，总书记也说了八个字“与时俱进、改革创新”。总书记的殷殷嘱托，是我们做好经营管理的根本遵循，是我们在新起点上再创新的经营佳绩的行动指南。

服务国家建设是国有银行的神圣使命。在2019年2月的中央政治局集体学习会议上，习近平总书记强调，金融要为实体经济服务，满足经济社会发展和人民群众需要。金融活，经济活；金融稳，经济稳。经济兴，金融兴；经济强，金融强。经济是肌体，金融是血脉，两者共生共荣。建设银行成立65年来，在支持国家建设、满足人民金融需求等方面都作出了突出贡献，形成了基础设施建设和个人住房两大业务优势，由一家专业性银行发展成为资产规模全球第二、市值全球第四的国际化现代商业银行。实践证明，只有以服务国家建设和满足人民美好生活需求为根本出发点，才能在市场上站稳脚跟，才能真正获得社会和客户的认可，才能实现健康可持续发展。必须毫不动摇地坚持服务国家建设和实体经济的初心和决心，坚决贯彻落实党中央、国务院决策部署，坚持新发展理念，强化金融服务功能，找准金融服务重点，以服务实体经济、服务人民生活为本。一是优化金融产品与服务体系，为实体经济提供高质量、有效率的金融服务。二是坚持以客户为中心、以市场为导向，积极开发个性化、差异化、定制化金融产品，加大对民营企业、普惠金融支持力度。三是充分发挥集团多牌照优势，多渠道满足实体经济金融需求。四是持续巩固基础设施领域和个人住房金融领域的传统优势，支持国家重大区域战略实施和重大项目建设，支持百姓住有所居。五是坚定不移地推进“三大战略”，助力解决小微和民营企业融资难、融资贵问题。六是加大供应链金融、绿色金融、先进制造业、战略性新兴产业支持力度，支持经济结构转型升级和国民经济高质量发展。

防范金融风险是金融工作的根本任务和银行经营管理的永恒主题。防范化解风险能力是银行的核心竞争力，服务实体经济和防范化解风险两者是有机统一的。为实体经济服务是防范金融风险的根本举措，防范化解风险的根本目的在于把金融资源配置到更有效率的领域，有利于提高服务实体经济质效，防范化解重大风险也是打赢全面建成小康社会的三大攻坚战之一。全行要把风险管理能力作为经营管理的核心能力，坚决守住不发生系统性金融风险的底线，担当大行责任，成为打赢防范化解重大风险攻坚战的中流砥柱。一是紧跟经济结构转型升级，加大信贷结构调整力度，将资源配置到发展前景好的行业和领域，退出低端和落后产能。二是坚持全面风险管理，完善集团统一风险视图，做实做细四大板块、九大类风险管理全覆盖，强化过程管理和关键人员行为管理。三是全面提升风险管理规范化、流程化、精细化、数字化水平，建立更加智能和严密的风险防控体系，确保各项业务健康可持续发展。

参与国际竞争是建设“国内最佳、国际一流”银行的必由之路。股改上市以来，建设银行经历了脱胎换骨的大变革，已经跻身全球系统重要性银行。目前，建设银行核心指标跟国际大行相比，保持在中上水平。但要清醒地认识到，指标的良好是大家共同努力的成果，是经营实力增强的体现，但并不完全代表能力上的看齐。建设银行参与国际竞争的能力还有不小差距，在经营理念、经营方式、产品设计以及服务功能等方面还有较大提升空间。我们股改上市到现在只有十几年时间，而国际领先大型银行已经走过了几十年甚至上百年，我们尚未经历国际竞争的大风大浪，没有经历更长的经济周期的考验。同时，良好的金融运行是根植于国民经济良好和健康发展基础上的，我们今天成绩的取得主要基于我国经济良好和健康的发展。2008年国际金融危机发生以来，党中央、国务院应对得当，中国经济总体运行平稳，未出现大的问题，为我国银行业发展和经营指标保持良好水平奠定了坚实的基础。当前，我国经济增长好于预期，国际货币基金组织上调了中国经济增长预期，根本原因在于国家采取了精准滴灌的调控方式，财政政策和货币政策协调配合，为我国银行业的进一步健康稳健发展创造了条件。因此，我们的成绩既是大家共同努力的成果，更是有强大祖国做支撑的结果。就提高参与国际竞争能力而言，我们尚有一定差距。各部门要加强同业交流与对标比较，多找差距。我在业务经营分析过程中，在资债委和风控委会上，多次要求不仅要跟四大国有银行比，或者六大国有银行比，还要跟做得比较好的股份制银行比。有的是全面、总体做得比较好的，有的是某一项做得比较好的，都要比较。做得好就一定有理由，不是偶然的。同时，我们也要跟国际化的大银行比，这样才能找到差距，才能进步。特别是，按照习近平总书记要求，我国金融开放步子越迈越大，建设银行必须在现在良好的工作环境和工作基础上，跟国际领先银行在同一平台上竞技。所以，大家要有忧患意识与危机意识，一定要扩大视野，不管是国内还是国际，只要比建设银行好的，就对标，去学习。要有开放的心态，开放的心态本身就是自信的表现。不敢跟人家对标说明不自信，只跟那一个比或者那几个比，也不是自信的表现。要敢于在更大的范围上、更宽广的领域上积极与国内外先进同业对标。要敢于比、善于学，持续提升参与国际竞争的能力。

（二）始终坚持稳中求进的工作总基调，秉持稳健经营理念

2011年中央经济工作会议上，中央提出要突出把握好“稳中求进”的工作总基调，2016年的中央政治局会议和经济工作会议上，习近平总书记进一步强调，“稳中求进工作总基调是治国理政的重要原则，也是做好经济工作的方法论”。这也应该成为建设银行业务经营工作的方法论。对商业银行而言，稳中求进，稳是基调，稳是大局，要把握好“稳”与“进”的关系。

“稳”，体现在三个方面。第一，要均衡。当前，建设银行业务发展均衡协调，核心指标同业领先，要进一步保持资产负债均衡发展；坚持安全性、流动性、营利性的三性原则和优先顺序，按照优先顺序做好工作；保持量价均衡。第二，要可持续。行稳才能致远。产品与服务创新只有坚持商业可持续原则，才能做到发展上的可持续。若没有探索出商业上的可持续模式，产品与服务创新只是昙花一现。第三，要健康。要做到“三个符合”，即符合商业银行运行规律、符合自身风险控制能力、符合监管要求。

“进”，围绕“三个能力”建设，主要是做好“三个服务”。服务国家发展战略、服务实体经济、服务人民对美好生活的向往，从中找到业务增长的空间和潜力。具体体现在“三力”，业务拓展要有战斗力，战略实施要有执行力，有了这两个力，就能转化为整体经营的竞争力。

所以，我对商业银行经营管理做到稳中求进的体会：稳，是均衡、可持续、健康；进，是做好“三个服务”，体现为“三力”。

（三）始终围绕价值创造和风险管控开展日常业务经营与管理

增强价值创造能力，关键要做好“三个认清”。

第一，认清市场走势。一方面，对宏观经济形势、市场发展情况，要冷静、理性地分析与看待，做好市场研判。外部研究报告是重要参考，但必须掰开了、揉碎了，真正学习消化，转化为自己的语言，并与日常工作实情比照，不能人云亦云。另一方面，要对国家政策、制度以及相关的监管要求，提高领悟能力和政策运用水平。要服务好国家发展战略，服务好实体经济，服务好人民对美好生活的向往，就要深入学习研究国家政策、制度、监管要求以及各部委的工作安排，要深刻理解党和政府在想什么、在干什么，对我们有什么要求。这既是讲政治的要求，也是我们做好业务工作的要求。真正贯彻落实好党的路线方针政策，体现在政策运用水平，将政策要求转化为银行自己的语言，把政策要求与自身业务发展需要耦合起来，找准国家政策与业务发展的结合点、增长点。这一点做起来不容易，大家要共同努力做好这件事。只有这样，才能真正认清市场的走势。

第二，认清同业竞争趋势。商业银行必须跟同业比较，才能明确市场地位，评价经营成效。我们要开阔眼界，母行和子公司要加强与全市场同业的全方位、多维度对标。母行要跟所有强的商业银行比，子公司要跟市场同类机构比，规模位次要和利润位次相匹配，才是竞争能力的体现。要站在全行角度，加强多维度比较，不仅要比总量，还要比人均、比点均、比效率。在判断一项业务应该怎么做的时候，不能仅比一个维度，就说不做不行。要站在全行角度，多维度比较，采取性价比最高的策略，或者是现实中最应该选择的策略。有时候，最终决策的性价比不一定是最高的，但是最现实的选择。如市场上存款成本均长期化、高成本化，我们自己一味要求降低成本就不太现实，要有一个量价平衡的策略。要提高对资产负债表和损益表的掌控力。各部门、各单位，包括子公司，都要认清自身在整个集团中的位置和同业位次，找准坐标，明确发展目标和策略，保持合理的市场份额与竞争优势。但要注意，和同业比较时，不能盲目“随大流”，不是别人干的所有事我们都要干。每一个单位、每一个部门，包括每一个人，各有所长，受风控水平和队伍素质等因素影响，有的业务我们与同业有较大领先优势，有的别人能干但我们不行，要客观看待。要在同业比较中树立自信，做得好的我们可以走得更远，做得不好的要积蓄能力和水平迎头赶上。

第三，认清自身优势和劣势。认清优势和劣势有两句话，一是全力做长做强我们的长板。一个是长，一个是强，这要全力地去做。二是努力地弥补短板。“三大战略”以及年初工作会上董事长提出的拓展第二曲线，特别是“B 端赋能，C 端突围，G 端连接”三个维度，就是从建设银行的优劣势以及当前社会经济发展趋势来讲的，要抓好落实。要注意，短板并非补齐，而是弥补。因为某些方面可能永远是我们的痛点，永远是短板。而且，短板不一定非要自己去补齐，可以借助社会的力量，借助合作伙伴的力量来实现自身的发展。所以，我表述的是努力弥补短板，不是简单的补齐短板。比如，科技创新能力，建设银行客观上弱于互联网头部企业，这主要是体制和机制短期内难以改变造成的。这方面，我们可以去借力。当然，有的事肯定要自己去做，比如核心系统。但现代社会是开放的，有些东西没有必要自己搞，有很多领域和产品是完全可以借助外力的。所以，我反复讲，合作是大趋势和大潮流，一定要走向合作，实现竞争中的合作。不管是业务部门还是技术部门，都要思考研究，从主观上主动寻求与外部机构的最大限度合作。同时要注意，虽然总体上我们的科技创新能力与互联网头部企业有一定差距，但不表明所有的都有差距。我们是国有大型商业银行，信用、安全、客户数据全就是我们的优势。要认识到我们的数据内容和能力与互联网企业存在不同，要根据金融行业特点，思考增强自身数据整理能力以及依托数据实现价值创造的能力，找到与互联网企业的合作点。要优化自身技术和数据架构，增强外部机构与我们合作的意愿。按照最高目标前瞻性地设计数据架构，既满足为当前业务发展服务，更要体现数据直接创造价值的功能。数据架构设计好了，会促使业务部门走向价值创造的道路，这才是符合现代技术发展方向的。也只有自己做强了，互联网企业才愿意和我们合作。

关于风险管控，我要讲的是，商业银行的经营管理水平取决于风险管控能力，商业银行的经营管理水平，以风险管控能力为边界。这是我在商业银行工作二十几年的体会。风险管控能力高，全面的高，业务就可以全面做别人不敢做的事，哪个领域高，就做哪个领域别人不敢做的事。否则，就老老实实做符合自身风险管控能力水平的事，要有自知之明。只有这样才能真正把稳健经营的理念落到实处。所以，刚才讲认清自身优势与劣势的时候，我讲了两块板子，一个要做长做强长板，一个要弥补短板。这里还要讲一块板子，风险管控能力是业务发展的底板。一个木桶，如果底板是空的，即便长板做得很长、做得很强，短板也补得很好，但装多少就漏多少，那我们越努力越没有意义。从这个意义上讲，经营管理水平是以风险管控能力为边界的。只有底板牢固，不滴漏，木桶才能有用。因此，筑牢底板在经营过程中是必须强化的概念。这也是习近平总书记关于防控风险讲话的题中之义，我们要深刻领会，落实到具体工作中。特别是商业银行就是经营风险的，在风险防控上，更要坚持底线思维、合规意识，树立人人对风险负责的风险管理文化。风险管控不仅是风险条线或者风险管理部门的事，而且是与每一个部门、每一个员工都密切相关的。全行三十几万员工行为都要规范，如果没有人人对风险负责的风险管理文化，是做不到这一点的。几项重点工作我强调一下。一是持续优化资产负债表和损益表结构；二是建立更加体系化的风险管控流程；三是提高风险管控集约化、数字化能力；四是持续提升风险管控的精细化水平。

（四）始终将提升战略执行力作为经营工作的落脚点

到建设银行一个多月以来，我一方面听各部门、子公司汇报，另一方面反复学习和研究“三大战略”。董事会、董事长以高政治站位和战略站位，制定符合全行实际情况的“三大战略”，全行要深刻理解其重要意义。“三大战略”，一是金融供给侧结构性改革的重要内容，是我们落实总书记“三个能力”建设的具体体现。二是针对当前各方面高度关注的社会痛点和难点问题设计的，通过数字化平台、智慧化平台精准解决社会痛点和难点问题，体现了国有大行责任担当与国家金融重器作用。三是建设银行经营转型的现实选择。

我们要把“三大战略”理解清楚、理解透，才能执行好，否则的话就很容易执行偏。我认为，“三大战略”最终的落脚点是客户，要通过推动“三大战略”来获客、留客、活客，提高客户黏性。无论是金融科技战略、普惠金融战略，还是住房租赁战略，最终都是在围绕客户做事。以传统观念看，有些事情似乎跟客户没有特别紧密的联系。比如智慧政务，传统意义上看是为政府工作，与客户服务关系不大，但要看到政府各部门本身就是我们重要的机构类客户，何况其背后还有庞大的个人客群。并且，我们通过科技手段，顺应互联网、大数据、智能化时代趋势，更好、更高效地深度融入到同业客户、政府机构、长尾客户等客群，极大地提高了客户的黏性。因此，只有在思想上理解了“三大战略”是围绕客户在做事，执行起来才能不打折扣。要认识到，我们商业银行最终要做的事，就是服务好客户，也必须树牢这个理念，才能把商业银行经营好。全行既要从宏观层面，从政治和战略的站位上来领会“三大战略”，体现我们国有大行的担当，又要从业务经营特别是经营转型上领会“三大战略”，做好存量和增量客户的金融服务，提供更全面、更精准的金融服务方案。

我们要把提升战略执行力作为经营的落脚点。这不仅是公司治理的要求，也是我们扎实开展工作的需要。同时要注意，我们下先手棋，制定“三大战略”，市场上也在热议，在学习，要避免“起大早、赶晚集”。一分部署，九分落实。金融产品和服务的创新具有短时间内极强的可复制性，在竞争中有好的想法，但因没有好的实践和好的行动，最后反而让竞争对手抢先了，这是不行的。全行要保持清醒，增强紧迫感和危机感，把抓落实摆在重要位置，进一步提升执行力，加快推进战略实施。

“三大战略”是服务普罗大众，特别是中小客户的利器。经营网点作为最基层的经营单位，是为客户提供最到位、最有效服务的触角。即使在互联网时代，网点仍然是国有大型商业银行独特的优势。大家对网点一定要高度重视，要想办法提高网点综合竞争能力。渠道与运营管理部要尽快专题研究，制订提升网点竞争力的行动方案，并扎实推进。“三大战略”的执行，如果没有网点作为支撑，理念再好，服务不到位，客户也会走掉。全行要加强理念传导，各部门、包括各子公司，一定要把这个观点通过分行传递到经营网点去，一定要跟网点的负责人和员工讲清楚。“三大战略”不仅仅是各级领导作报告的书面语言，要真正落地实施。要重视发挥网点的作用，围绕客户做事，将网点作为落实“三大战略”、夯实客户基础、优化客户结构、增强客户黏性等日常经营行为的重要抓手。同时在服务客户上要注意转变服务理念，运用现代化工具，以新方式、新方法和新技巧做好客户服务。对存量客户，要努力拓展金融服务和金融产品的宽度、广度以及深度；对增量客户，要提高站位，用利他思维来拓展。服务好别人，才能发展好自己。要在全行大力倡导“服务别人，发展自己”的利他文化。如“劳动者港湾”，不要小看了为广大劳动者做的这件好事，这件事做好了，至少会影响他们三代人对建设银行的看法。所以，它既履行了社会责任，是一项公益事业，又与业务紧密相关。

（五）始终营造求真务实、实事求是的工作氛围

求真务实、实事求是是党的优良传统，是共产党人应当具备的政治品格。对商业银行经营管理者来讲，营造求真务实、实事求是的工作氛围，力戒形式主义与官僚主义，要致力于做好以下五件事。

工作作风要“实”。工作作风“实”就是要调查研究，把调查研究当作工作的法宝。牢记“没有调查就没有发言权”，要在调研中把问题搞清楚。工作作风“实”，对金融工作者而言，还体现在要拿数据说话。不是简单的罗列数据，一方面，脑子里要牢记核心数据，将数据与具体工作相结合来思考问题；另一方面，要对数据进行结构化分析，找到数据背后的逻辑关系。搞经济和金融工作，要记住数据，要通过结构化分析发现数据背后的逻辑关系，从而把业务关系搞清楚、搞明白，这样想问题就容易想透。

工作思路要“实”。工作思路“实”，一方面要吃透上情。认真学习领会党中央、国务院的决策部署以及各部委特别是经济职能部委的落地政策和措施，深刻理解政策、制度背后的脉络和所要解决的问题，提升对政策和宏观数据的敏感性。另一方面要摸清下情。要做到“三个认清”，工作思路才会清晰，提出的工作思路才会自信。如果能够把事情搞清楚，工作思路非常切合实际，哪怕有不同的声音，也能保持定力，很好地跟别人进行充分沟通和交流。

工作方法要“实”。很重要的一条，就是习近平总书记说的坚持问题导向，针对问题思考制订解决方案。只有坚持问题导向，才能实事求是。

工作措施要“实”。第一，各部门、分行、子公司，要增强全局意识，站在全行角度看问题。我之所以反复强调要强化资产负债表及损益表的掌控能力，就是要大家找准定位，按照所在位置谈问题、想办法，这才能有全局观。全局观绝不是口号，也不是不让大家讲自己部门的事情，但必须站到全行角度谈事情、讲问题、提方案。第二，出台的工作措施指向一定要明确，不要含糊其词。第三，措施“实”就是可操作性要强，要可行。

工作结果要“实”。工作成果要经得起历史和实践的检验。要增强责任感和使命感，齐心协力办好建设银行的事。当然，如果由于自己的视野、知识结构、能力水平的差距，没能达到预期的结果，要敢于承认，及时矫正。在这个问题上，要多找主观原因，少说客观理由。只有多找主观上的差距，才能进步。大家都这样做了，就能在目前良好的工作基础上，进一步营造求真务实、实事求是的工作氛围。这是我们落实习近平总书记要求，反对官僚主义、形式主义的具体行动。

我利用这个机会，和大家做以上几方面交流。涉及一些具体业务上的事，刚才已经确定的，要认真抓好落实。有些尚未解决的，还会通过行长办公会进一步研究。对年初全行工作会上的各项工作部署和安排，我们共同努力，抓好贯彻落实。

谢谢大家！

在京津冀协同发展委员会2019年度例会上的讲话

刘桂平

（2019年6月14日）

同志们：

京津冀协同发展战略是党中央、国务院确定的重大战略，也是党的十八大以后习近平总书记最早提出的三大战略之一。我们召开京津冀协同发展委员会的例会，就是要统一思想认识，凝聚广泛共识，形成工作合力，助力国家重大战略顺利实施，推动京津冀地区的业务发展不断迈上新台阶。下面，我讲五点意见。

一、勇于担当作为，支持国家重大发展战略成果丰硕

建设银行的京津冀协同已走过五年的时间，大家攻坚克难、砥砺奋进，投身于京津冀协同发展战略，基础管理不断夯实，“三大战略”纵深推进，市场地位逐步提升，深化了经济金融肌体血脉关系，体现了国有大行服务实体经济的责任担当，这是总行党委正确领导的结果，也是我们大家锐意拼搏、团结协作的结果。

从业务数据来看，截至2019年第一季度末，京津冀地区信贷投放力度和盈利能力同业领先，各项贷款余额及新增排名均列四大行第二①，对公贷款余额1万亿元，较年初新增544亿元，四大行第一。第一季度中间业务收入50亿元，四大行第二。“三大战略”执行有力。普惠金融贷款余额为623.5亿元，比年初新增120亿元，在全行新增占比11%；民工惠业务共为7.75万名农民工发放工资12.23亿元。网络供应链贷款余额为201.72亿元，比年初新增45.08亿元。住房租赁贷款余额为42.74亿元，比年初新增2.2亿元，增幅为5.4%；对公智能平台注册客户达到1.4万户，发布有效需求个数7608个。有效客户持续增长，公司机构客户67.84万户，较年初新增1.79万户，增幅为2.7%；公司机构有效客户30.49万户，较年初新增1.6万户，在全行新增占比近10%。资产质量整体优于平均水平。京津冀地区分行各项贷款不良额为131.74亿元，不良率为1.28%，低于全行平均水平0.62个百分点。

从联动工作成效来看，总行部门、相关分行、子公司都做了大量工作，制定了系列制度文件，通过联动开展业务，取得了丰硕的成果。

第一，建章建制，定期召开年度例会。成立了京津冀协同发展委员会，建立京津冀协同联动工作机制，下发联动工作规程。定期召开年度例会，总结京津冀地区业务联动情况，明确建设银行支持京津冀协同发展的重点领域，组织召开京津冀地区重要客户及联动项目对接会，加强信息沟通共享。下一步，我们将继续发挥联动机制作用，推进京津冀协同发展向更深层次迈进。

第二，积极联动，有力支持重大项目。三地分行积极配合，协同支持了京雄、京安、京滨、京张等城际铁路、京沪高速铁路、太行山高速、首钢京唐二期以及北京新机场等项目建设；针对产业转型升级中企业降杠杆、优化财务结构等需求，推进提供市场化债转股业务；抢抓冬奥会、冬残奥会筹备机遇，支持奥运场馆、冰雪旅游项目、冰雪装备制造及冰雪产业链项目，在重点项目营销服务中做强了建设银行品牌。

① 各项贷款余额1.63万亿元，较年初新增619亿元。

第三，完善机制，保障分行业务发展。为加强京津冀地区分行的协同合作，有效调动协同营销的积极性、主动性和创造性，总行制定并下发了《京津冀地区对公客户协同营销及行际分配指导意见》，为分行间行际收益分配“怎么分”“如何分”提供了标准和方法，营造了“共享发展、共创价值”协同氛围，确保各项业务长期可持续发展。

第四，多管齐下，全力支持雄安新区建设。结合新区拆迁安置、项目建设、生产运营、智慧城市建设等特色，创新专项融资产品“雄安新区支持贷款”并实现同业首笔投放；运用科技手段为新区量身定制住房租赁服务管理平台，搭建“综合执法智慧平台”，承接新区公安局“无人警亭”开发与建设，为安新县政府搭建征迁安置管控数据平台等多个金融科技平台；依托建设银行造价咨询独特优势，以排名第一成绩入选雄安集团造价咨询机构库，中标新区市民服务中心、雄安商务服务中心、截洪渠建设项目等九项重要造价咨询业务，市场领先优势进一步巩固。

二、结合战略规划，项目化、清单化梳理区域商机

对于京津冀协同发展等国家战略，建设银行要紧跟区域规划，结合自身业务特点，将各项业务项目化、清单化，总行部门、相关分行和子公司，都要围绕项目清单开展工作，保障国家战略的顺利实施。要重点关注京津冀协同发展中的七个商机。

一是重大基础设施建设。重大基础设施建设在京津冀协同发展过程中具有重要地位，比如断头路问题。每个城市都有的一些断头路不是因为没钱修而是因为不想修，因为担心一旦打通后资源会外流。近日，国务院、国土部门出台了城市发展空间布局和规划，充分体现了区域互联互通的理念，在这种协同发展趋势下，断头路是必须要打通的。比如北京的通州，城市副中心的功能在逐步实现，北京市政府四套班子已整体搬迁，区域的主干道修好后，一些断头路、快速路等也将陆续修建，目的就是将区域内连接起来，促进经济发展。这为我们提供了一大机遇。二是城镇化建设。各分行、子公司要重点关注京津冀协同发展过程中城镇化建设的相关机遇。三是住房金融业务。三地分行以及相关子公司要互相协同，树立“一盘棋”思想，在支持京津冀协同发展中，充分发挥建设银行住房金融的优势作用。四是智慧政务。依托建设银行金融科技优势，为政府解决民生以及营商环境两大核心问题，在这个过程中将智慧政务与建设银行的业务紧密结合起来。五是重点产业。要深入研究区域协同发展过程中的产业布局，结合建设银行自身特点以及重点支持领域，有针对性地做好项目选择，把握业务机遇。六是贯彻新发展理念。京津冀协同发展的任务之一就是要疏解北京非首都功能，其本质就是绿色发展，要在绿色发展过程中做好业务分类，梳理能做的事项。七是公共资源配套服务。要思考区域一体化过程中，银行可以提供的配套服务，特别要重点把握教育医疗等方面的机遇。京津冀协同发展是一个有机的整体，不是简单的加加减减，各机构要形成合力，发挥金融的作用，共同推进区域整体发展。

三、践行“三个关键词”，合力推动区域发展提速

在支持区域发展战略过程中，要关注、理解“领悟、协同、一体化”三个关键词，深刻领会区域协同发展对于商业银行的重要意义，扎实推进各项工作落实。

（一）“领悟”

要进一步提高思想认识。第一，商业银行支持京津冀协同发展是金融供给侧结构性改革的一项重要任务，金融就是要为供给体系、需求体系提供金融支持。第二，服务京津冀协同发展是服务国家战略、践行习近平总书记“三个能力”建设要求的具体行动。第三，服务京津冀协同发展是贯彻落实建设银行“三大战略”“两个优先”的重要路径。第四，协同本身就是五大新发展理念的应有之义，要一体抓好贯彻落实，不能割裂，实现有机结合。

（二）“协同”

协同对于银行来说，要有制度安排、政策配套。

1. 信息共享。大家要用开放的心态，充分共享信息。信息共享不是某一个部门、某一个人的

事情，大家要共同收集、共同研究。总行党委高度重视京津冀协同发展，由我担任京津冀协同发展委员会主任，就是希望大家也要高度重视。总行各部门之间、总分行之间、母子公司之间要打破传统思维模式，加强信息互通。工作中，我们各部门、各机构也有断头路思想，必须打破这种观念，全行上下统一思想，信息充分沟通、协调、共享。

2. 机制协同。前期在更生副行长的带领下大家建机制、立规章，做得非常好。我们要把这些机制固定化、模式化，在此基础上为业务发展提供支持。在运行的过程中，如果遇到问题，要及时完善和调整。

3. 政策配套。全行上下要解放思想，特别是综合管理部门，对于国家制定的区域战略，包括京津冀协同发展、长三角一体化、粤港澳大湾区、西部大开发等，要根据区域特点和建设银行实际制定差别化的制度政策。总行相关部门要敢于放权，并做好管理工作，分行、子公司要利用好权限，切实做好业务发展。

4. 风险联防。风险联防联控与信息共享是紧密相关的，我们要以充分的预见性与清醒的判断力，常观大局、常思大势，在复杂形势中看到机遇前景、知悉风险挑战，要坚守商业银行“三性”原则。防范和化解重大风险，位列三大攻坚战之首，务必增强忧患意识，把风险防控这个底板加固、筑牢。

5. 利益均沾。只有把蛋糕做大了，每个人才会分到更多。每个人只看自己的一亩三分地，生怕别人“挖墙脚”，是非常落后的思想。大家必须一起行动，凡事要从大处着眼、长远着想，能力强者先行动帮助能力较弱者，大家共同受益。

（三）“一体化”

做好这件事，各部门、各机构必须要统一思想做好相关工作。一是要一体化设计。总行相关政策部门要结合区域特点制定配套政策，技术部门根据相关政策提供技术支持，业务部门提供营销、服务等业务支持，各部门要把握思路主线，避免多头营销、重复研发等问题。二是要一体化部署。总行相关部门要加强区域内的统筹管理、统一规划和组织推动，统筹安排各项工作。各分行、子公司要根据总行要求协同联动，提升工作效率。三是要一体化推进。随着京津冀协同发展的不断推进，京津冀一体化趋势已越发明显，尤其伴随着雄安新区的进一步建设，越来越多的优质企业都将参与其中，仅靠单打独斗，已经远远不能适应市场竞争。“一个人可以跑得很快，但一群人可以走得更远”，各部门、各机构间都要协同起来，各司其职、步调一致、共同推进。

四、下一步工作要求

（一）树立“全行一盘棋”的思想

大家要有全局意识，树立“全行一盘棋”思想，站在全局思考问题，以“从全局谋一域，以一域服务全局”的思想谈问题、想办法、提方案、协同推进工作落地落实。

（二）深入研究区域经济社会发展战略

总行公司部要牵头做好区域经济社会发展战略的研究工作，各分行、各部门要站在全行的角度研究分析区域发展的产业布局，知晓布局的方式，研究产业布局的可行性，结合建设银行业务特色梳理项目清单。项目清单完成后，总行相关部门针对项目配套出台相关政策，给予差别化政策，做到有的放矢。未来，我们可以针对具体项目召开讨论会，沟通研究、明确重点，积极争取项目落地，进一步提升我行在区域发展中的战略地位。

（三）用创新思维前瞻性介入重点项目

党的十八大以来，习近平总书记多反复强调创新的重要作用。第一，要有创新性、前瞻性的理念。例如在支持雄安新区的智慧政务建设中，必须将创新的理念融合到雄安新区的城市规划中，同时还要前瞻性地预测城市未来发展方向，既服务雄安的现在，也服务雄安的未来。要以服务雄安新区为契机，做出样板，增强吸引力，取得更多的业务机会。第二，要保持创新永远在路上的思想，一刻不放松。要继续发扬建行人敢为人先、敢拼敢闯、勇立潮头的精神，充分调动创新的积极性、主动性、创造性，实现不断成长、不断超越、不断崛起。第三，以点带面做出亮点。我们为政府搭建智慧政务平台，通过科技手段，顺应互联网、大数据、智能化时代趋势，更好、更高效地融入政府日常的服务工作中去，帮助政府解决问题，增强政府客户黏性。把这个点做实做精，形成亮点，客户自然就会帮你宣传。

（四）突出重点，务实推进

京津冀协同发展、长三角一体化、粤港澳大湾区、西部大开发等，是习近平总书记亲自谋划、亲自部署、亲自推动的国家战略。对于建设银行来说，支持国家区域战略发展，要结合区域特点各有侧重、形成示范，并在全国范围务实推进。一是要客观。客观分析各区域的产业布局，研究透彻，结合建设银行特点选择项目、客户，并出台与之相配套的政策制度，不要人云亦云，应客观、冷静和理性地分析问题，体现建设银行个性。二是要精。做业务、营销客户要以点带面，通过一项工作、一项业务将它做实做精并形成样板。三是要细。要仔细、深入，体现我们的经营管理能力。任何事情不是别的银行做了我们也要做。别人不做的，经过认真研究、仔细思考，如果符合建设银行的政策制度等要求，我们依然可以做。只有这样才能够称得上真正意义的稳健经营。

同志们，京津冀协同发展作为国家重大战略，肩负着我国经济持续高质量发展的重任。今天我利用这次例会和大家做一些交流，相信通过全行上下共同努力，在京津冀地区建设银行的市场竞争力和市场地位将会提升到新的高度，全面开启在京津冀地区的“第二发展曲线”！

稳中求进善建行远 加快建设“三个能力”

——在第五届职工代表大会第一次会议上的工作报告

刘桂平

（2019 年 6 月 20 日）

各位代表、同志们：

根据大会议程安排，现在我就全行 2018 年经营情况和 2019 年工作安排向职代会作报告，请予审议。

一、经营取得喜人业绩，管理水平持续提升

服务国家建设是国有商业银行的神圣使命。2018 年，建设银行贯彻落实党的十九大精神，聚焦经济发展和社会痛点难点焦点问题，聚焦“三个能力”建设，推进实施“三大战略”“劳动者港湾”和建行大学建设，坚持稳健经营和创新发展理念，有效防范化解经营风险，以深化改革创新进一步激发内生活力，取得了喜人的经营业绩，社会影响力实现历史性提升。

（一）经营指标稳健均衡向好

资产负债稳健协调增长，盈利能力继续增强。集团资产总额××万亿元，负债总额××万亿元，存款量价表现保持同业领先。净利息收入××亿元，净手续费收入及佣金收入××亿元，集团净利润××亿元。ROA 和 ROE 分别为××% 和××%，资本充足率为××%，NIM 为××%；费用结构优化，成本收入比为××%。

资产质量稳中有进，资源配置更加精准高效。集团不良贷款额××亿元，不良率为××%，下降××个百分点，关注类贷款占比为××%，稳中有降，资产质量实现“五个稳定”，风险抵补能力稳步提升，拨备覆盖率为××%，提高了××个百分点。信贷资源配置充分体现战略导向，积极支持个人住房、消费金融贷款需求和普惠金融战略实施。有效盘活存量资源，完善以经济资本为核心的资源配置体系，鼓励轻资本、高回报业务发展。财务资源配置服务“三大战略”和“两个优先”。

海外及子公司业务稳步发展，母子协同效应增强。子公司总资产为××亿元，管理资产为××万亿元，境内子公司实现净利润××亿元，母子公司联动余额为××万亿元。圆满完成村镇银行整体转让。商业银行类海外机构实现净利润××亿美元。作为伦敦人民币清算行累计清算量突破××万亿元人民币，继续保持亚洲地区以外最大人民币清算行地位。

客户、账户、渠道、产品基础加强，创新能力提升。公司机构客户总量突破××万户，新增××万户，位居四大行第一；个人资产客户突破××亿人；对公商户新增××%，个人商户新增××%；“龙 e 付”“聚合支付”有交易新增××万户。渠道运营竞争力和客户体验提升。121 个网点被中银协授予“2018 年银行业文明规范服务千佳单位”，四大行居首；线上各渠道全面引流，网络银行和手机银行用户均超过××亿户。产品创新××余项，重点产品移植推广××个；连续四年独家冠名支持中国“互联网 +”大学生创新创业大赛；开展首届“创新马拉松”活动，反响热烈。全渠道综合人工服务接通率创历史新高；95533、400 热线满意度连续两年六行第一。

（二）服务实体经济和社会民生成效显著

大力支持实体经济。根据经济形势的需要，调增全年信贷规模，多渠道引导金融活水注入实体经济，满足客户多元化融资需求，综合投融资

规模为××万亿元。主动对接服务国家战略实施。降低企业融资成本，支持产业转型升级，设立国家级战略性新兴产业发展基金，扶持高成长性科创企业，促进新技术、新组织形式、新产业集群形成和发展，助力实体经济打造新的增长点。大力发展绿色金融业务，产能过剩行业信贷余额持续下降。助力供给侧结构性改革，稳步推进市场化法治化债转股。为民营企业解难纾困。贴合消费场景拓展“快贷”等便捷易用的金融产品，满足居民消费升级需求。

大力发展普惠金融。认真贯彻落实党中央要求，加快普惠金融发展，全年新增普惠金融贷款××亿元，超五大行总量的××%，累计为近200万户小微企业提供7万亿元信贷支持。打造“五化”特色普惠金融新模式，推广“惠懂你”App，构建开放的小微金融生态圈，贷款利率远低于小微企业市场融资成本。打造“裕农通”乡村普惠服务平台。支持乡村振兴，加大精准扶贫和定点扶贫资金投入，推动产业扶贫、电商扶贫。依托建行大学启动“金智惠民”工程，培训人员近××万人。“劳动者港湾”服务户外劳动者约××万人次。积极发展消费信贷。

大力推进住房租赁。建成全国性安全、阳光的住房租赁综合服务平台，为政府部门有效管理租赁市场、落实“租购同权”搭建基础平台。成立建信住房服务公司，协助住建部建设全国住房和房地产信息监管系统。整合社会资源共同发展租赁市场，住房租赁平台累计上线房源超过××万套，注册个人用户××多万户，打造××个“建融家园”长租社区。租赁指数覆盖××个大中城市。存房业务受理申请××万笔，签约房源××万套。

（三）深化改革和创新发展取得优异成果

金融科技赋能的模式拓宽业务渠道。云生产的生产及营销效用逐步显现，有效释放生产产能。跳出金融建场景，奠定社会化平台运营基础。“一部手机办事通”上线试运行，云南智慧政务建设开创政银合作“建行模式”，中组部网络干部学院系统、农发行网上银行落户建行云。打造公有云、开放银行、区块链等应用平台，加快建设和推广住房租赁、党群、宗教、教育、智慧社区、安心养老等综合服务平台。推出商户共享、企业共享、企业采购等综合平台，推动经济社会转型。发力同业生态，打造“金融机构的银行”，向同业输出金融科技能力，与10家客户签订了产业服务协议。

大数据应用和平台建设闯出了业务模式的新路子。基于自身数据挖掘和外部数据的综合运用，实现信息相互验证和客户精准画像。基于住房租赁的五大平台，延伸到智慧城市平台建设，初步形成平台获客、开放获客和融合获客的新格局。如通过智慧政务等7个平台的生态获客，对私客户转化××万户，对公客户转化××万户。以金融科技提升经营能力和服务能力的新模式正在不断涌现。

完善信贷组合促进业务结构优化。零售业务为全行经营成果提供有力支撑。个人存款新增、全量资金新增均为四大行第一；个人贷款余额占比超过××%。个人住房贷款保持领先优势；信用卡和网络金融业务多项指标保持四大行第一。对公信贷的基础作用进一步巩固，交叉销售能力有效提升。银团贷款收入四大行第一；投行业务实现交易服务类中收、非金融债券承销收入、发行规模和期数连续八年四大行第一；新型财务顾问业务收入逆势而上，四大行唯一正增长。区块链贸易金融平台落地应用加强，多类指标同业领先。

深化条线改革激发新活力。2018年，建设银行成立了金融科技子公司和住房租赁子公司，筹建理财子公司，奠定了多领域专业化、市场化发展的基础。成立了上海大数据智慧中心和风险计量中心、海外审批和资金交易中心。这些深化改革措施催生了一批发展活力强劲的业务主体。

（四）风险防范能力持续增强

主动管理风险取得实效。加强主动管理风险的措施，建立企业级预警平台（RAD）。实施“1+70”与“三分类、九宫格”精细化政策管理、“7+5”指标监测体系管理预期风险，“113”工作提升重点领域风险化解处置成效。率先提出资管业务一般准备金专户管理要求。推动“三授信”纵深开展。不良资产处置“质、效、量”持续提升。

合规管理体系和强化审计功能进一步健全。持续强化合规管理的主体责任和管理责任，“八个步骤”的合规运行机制顺畅运转，“四评价一考核”的合规推进机制显现功效。合规管理信息平台从无到有，合规干部队伍专业能力得到明显提升。案件数量和涉案金额实现“双降”；反洗钱清单监测系统境内全面上线。境外机构合规管理风险可控，监管检查总体平稳，监管评级整体向好，舆情管控积极有力。

2018 年，我们获得了“中国最佳银行”等多项大奖，在资本市场剧烈的波动中市值稳定保持全球银行第五位。业绩来之不易，是全集团干部员工齐心协力、奋力拼搏的结果。在此，我代表管理层，向全行广大干部员工及其家属的艰辛付出表示衷心的感谢！

回顾这几年的发展，建设银行跳出金融做金融，开辟了发展新领域，形成了不同于传统业务的金融新模式。通过开放共享理念、金融科技手段和平台化经营模式，打开了很多新的增长空间，既守住了传统优势，又开启了“第二发展曲线”。我们也尝到了稳健经营的甜头，稳健经营不仅是金融机构对国家和人民负责的基本操守，也是支撑自身创新升级的有力基石，发展厚植于稳健经营，才能善建行远。

2019 年第一季度实现了良好开局，为实现全年经营目标奠定了基础。但要清醒认识到存在的不确定因素和问题。如经济企稳的基础尚不牢固，从国际看，世界经济增长动能减弱，为国内经济运行带来外部输入性风险。从国内看，第一季度投资增长主要依靠基建和房地产拉动，民间投资和制造业投资相对低迷；部分企业经营依旧困难；地方政府隐性债务风险逐步暴露，信用债违约风险仍处于高位，部分高风险金融机构不良贷款高企。从建设银行看，贷款收益率下降幅度大于同业，存款付息成本上升较快，手续费净收入增速低于同业，信用风险、交叉风险、境内外合规风险压力增加等。

全行要认清市场走势、同业竞争趋势以及自身的优势与劣势，始终以习近平总书记提出的“三个能力”建设为根本遵循，始终坚持稳中求进工作总基调，秉持稳健经营理念，始终围绕价值创造和风险管控开展日常业务经营与管理，始终将提升战略执行力作为经营工作的落脚点，始终营造求真务实、实事求是的工作氛围。

二、抓好“三个能力”建设，开启“第二发展曲线”

2019 年全行经营发展的总体思路：以习近平新时代中国特色社会主义思想为指导，全面贯彻党的十九大、十九届二中、三中全会和中央经济工作会议精神，进一步支持实体经济、民营企业、小微企业发展；在打好三大攻坚战中发挥重要作用。在坚持稳健经营和创新发展中全面落实新发展理念，加大推进普惠金融、住房租赁和金融科技三大战略工作力度，培育新的业务优势，坚持零售优先和批发业务均衡发展，巩固关键经营指标同业领先优势；积极推进精细化、数字化、扁平化管理，强化资金和资本约束，优化资产负债结构和盈利结构，加强全面主动风险管理。加大金融科技投入，强化产品和服务创新，全面提升经营管理水平。

2019 年的主要经营目标：集团资产新增××万亿元，人民币各项贷款新增××万亿元，集团负债新增××万亿元，人民币一般性存款新增××亿元，净利润增长××%～××%，集团手续费净收入××亿元，不良率控制在××%以内，保持 ROA、ROE 和资本充足率等关键业绩指标稳健均衡、同业领先。

主要做好以下几方面工作。

（一）提高政治站位，以党建统领经营管理工作

建设银行作为国有大行，要从政治高度积极履践大行责任，主动担当作为，立足银行业实际创造性地抓好中央金融工作方针政策的落实落地。各级党委要全面贯彻《关于加强党的政治建设的意见》要求，将习近平新时代中国特色社会主义思想深化落实到全行党的建设和经营管理各项工作中，把党的领导深度融入公司治理中，切实履行“两个责任”和“一岗双责”。全行员工要切实贯彻习近平新时代中国特色社会主义思想和党的十九大精神，树牢“四个意识”，坚定“四个自信”，坚决做到“两个维护”，以“三个能力”建设为基石，全面落实中央经济工作会议各项部署。要持之以恒正风肃纪，加强风险跟踪预警、员工行为排查、非现场审计、内控稽核等，把防范金融资产风险和“人的风险”结合起来。力戒形式主义与官僚主义，促进工作作风不断改进。

（二）加强“三个能力”建设，履行大行责任担当

服务实体经济发展，提高支持国家建设的能力。落实“以人民为中心”的发展理念，将中央的方针政策转化为新金融探索实践。针对经济社会发展薄弱环节设计金融解决方案，搭平台建生态，着力提升金融供给的质量和效率。主动对接国家重大战略和重大项目，聚焦国家政策导向加大信贷投放力度，发挥建设银行在基建等领域传统优势，积极支持信息化新型基础设施建设、现代服务业发展、制造业转型升级等。加大绿色信贷投放，引导资金精准支持民营经济和小微企业。提供综合金融服务，多渠道降低企业融资成本。推动B端赋能，为企业搭建开放共享数字化平台，助力提升生产和运营效率。聚焦产业扶贫加大支持力度，确保打赢精准脱贫攻坚战。

强化全面主动风险管理，提高防范金融风险的能力。压实各级党委管控风险的主体责任，坚决守住不发生系统性金融风险的底线。加大信贷结构调整力度。完善全面主动风险管理机制，完善集团统一风险视图，做实做细四大板块、九大类风险管理全覆盖。提升风险响应敏感度。建立健全风险管理定性表述和定量指标体系，强化风险源头管理。重检经济新周期下风险计量模型。向同业和客户输出风险管理技术，推动审计主动融入管理、融入业务、融入流程。提升全行合规能力。强化海外机构、子公司内控合规管理。加强反洗钱系统应用，推动反洗钱要求嵌入业务流程。进一步加强精细化管理。建立健全违规惩罚机制。强化案例通报和警示教育，增强全员风险合规意识。

推动海外业务稳健发展，增强参与国际竞争能力。贯彻习近平总书记关于“提高参与国际竞争能力”的要求，抓住国际新机遇，在加强合规经营和精细化管理的基础上，稳中求进，深化海外机构“一行一式”发展，在重点产品和重点区域实现重点突破。加强境内外、母子公司联动，提升跨境综合金融服务能力。推进与境外金融机构在债务资本市场、第三方市场等领域深度合作，依托客户数据和信用体系开展全球业务撮合，探索服务“一带一路”新路径和国际合作新模式。培养国际化人才队伍。

（三）推进“三大战略”实施，加快培育新优势

全行员工要深刻理解“三大战略”的内涵，坚定不移推进“三大战略”。普惠金融领域要加大投放力度，确保普惠贷款增速超过××%，贷款定价符合监管要求。“小微快贷”要做大做优，创新发展供应链金融，丰富“惠懂你”App功能，推广“云税贷”等优势产品。开展农村金融专题研究，打造“裕农通+”乡村综合服务平台，推广“村口银行”模式，助力乡村振兴。加大对同业赋能力度，带动中小银行一起做普惠。深化“劳动者港湾”建设，与社区公益服务深度融合，打造建设银行标志性公益品牌。住房租赁领域形成可持续运营业务模式。建立健全住房租赁综合服务平台运营管理体系，进一步提高平台交易量，新增房源不少于××万套，通过平台出租不低于××万套。继续推动“建融家园”挂牌。加快智慧社区推广，探索形成居家生活全套服务的产业链、生态链，打造住房租赁新生态。推进多主体合作，形成可持续运营模式。金融科技领域实现创新突破和开放赋能。形成一批具有自主知识产权的标准和专利。优化金融科技的运营机制，加强大数据和人工智能的运用，加快C端突围、供应链管理、薪酬管理等深度应用项目建设。持续探索科技服务输出。扎实做好各类平台的维护运营，建立平台生态运营评价指标体系，健全完善云生产管理机制，加强信息技术队伍建设。

（四）联动各端共同发力，开启“第二发展曲线”

深化零售优先，加快C端突围。建立新兴消费金融领域优势，通过场景应用建生态，加速以“快贷”为核心的消费金融平台化发展，加快C端突围。增大对年轻客群的开发。扩大代发工资客群、公积金客群、公共信息平台合作方、大型电商及互联网平台等客群覆盖。私人银行业务做大做强客户数量和金融资产总量。信用卡业务提升对全行中收和效益的贡献，抓好B端商户和C端客户之间的支付连接，丰富“慧兜圈”应用场景，加大移动支付绑定力度。个人住房贷款保持行业领先地位，网络金融加强全产品智能营销和产品交叉销售。个人支付方面再造建设银行支付结算业务新优势，打造企业级数字支付平台，做好账户出海，做实账户、做优体验、做大交易。

巩固批发业务基石地位，加强B端赋能和G端连接。借助大数据优势，识别、抢占优质客户和项目。加强对集成电路、数字经济等战略性新兴产业、先进制造业和新型基础设施的金融支持。完善“1+4”协同制度，继续推动典型协同场景建设，加强ETC、代发工资、“龙支付”“E托保”等产品的协同发展，落实为企业高管配套个人服务，加强B端赋能，提高综合服务能力和竞争力。机构业务继续做好对公存款“压舱石”，创新打法，发挥G端连接作用，拓展负债、稳存增存、联动公私、引流转化、实施金融与非金融的交汇融合、推广“智慧政务”，通过打造社会化平台做好获客活客。

交易性业务形成优势，提升“融资+融智”服务能力。结算和现金管理业务继续狠抓结算账户拓展，推进“账易行”平台建设，推进“智能化、移动化、平台化和国际化”四大领域创新，向资金监管、供应链融资等领域拓展产品线。加快发展投资银行、财务顾问、资产证券化等业务。做大做强汇率、利率衍生品等业务，扎实推进代客交易。发展基金、债券、理财和信托的战略性产品。做好QFII、RQFII客户的营销工作。加速扩展“跨境e+”平台与海关“国际贸易单一窗口”直联功能、“跨境快贷”产品推广，加快区块链贸易金融平台推广和区块链物流金融平台建设。

统筹集团资源，加快资管业务发展。做大做强“大资管”业务，引导集团内各类资管机构统筹发展、协同经营，优化集团资管结构和机制。提高子公司市场竞争能力和资本回报水平。住房租赁公司今年要初步形成资产、收益基本平衡和可持续发展的运营模式。建信投资公司进一步加强债转股资产的管理。战略性新兴产业基金要开好局，打造市场影响力。建信理财子公司资管业务规模达到××万亿元。

推进建行大学建设，为产业与社会赋能。以专业化、共享化、科技化、国际化的办学理念推进建行大学建设，打造面向员工、赋能社会、产教融合的教育培训平台，推动教育与金融产业协同发展。建立健全建行大学治理体系，提升教育培训工作数字化、智能化水平。建立外部网络教育资源管理机制，引入优秀外部资源。举办首届产教融合主题论坛，联合高校开展大数据实验室示范项目，提升“新金融人才产教融合联盟”社会影响力。深化银政校企合作，加快推进普惠商学院、实习实践基地、创业孵化器等重点项目建设。全面实施“金智惠民”工程，围绕服务社会大众开展金融启蒙教育。

（五）提高网点服务能力，全面提升客户服务水平

持续提升全行服务水平，发挥网点在服务和营销中的重要作用，将网点作为落实“三大战略”、夯实客户基础、优化客户结构、增强客户黏性等日常经营行为的重要抓手。增强网点综合服务能力与价值创造力。开展“服务质量提升年”活动，研究制订《物理网点综合竞争力提升行动方案》，以实现规划建设、服务功能、服务客户、客户体验、队伍建设和价值创造“六大提升”为目标，以“开放共享、价值共赢、数字互联”为指导，着力强化规划建设、优质服务、综合经营、数字化运营、队伍建设等“五大核心竞争力”，实施网点分类分级管理，加强渠道规划建设，提振员工队伍活力，强化网点优质服务，强化网点综合经营，深化渠道开放服务，做强数字化基础，推进门店数字化，强化风险合规管理。

三、加快人才培养培训，关爱员工成长发展

建设银行的发展与全行员工的成长休戚与共。打造高素质人才队伍，为员工成长提供机会和平台，既是需要也是责任。2018年，我们继续执行“增人不增资，减人不减资”政策，合理核定与安排各机构人力费用，推进建行大学建设，设立7个境内区域校区和3个境外校区。高起点建设新金融人才产教融合联盟，推动实现银校供需对接、资源转化、价值交换和利益共享。研究制定《关于进一步尊重人才用好人才留住人才的指导意见》《全行人才测评工具及产品目录》和《全行国际化人才发展规划》，做好全行人才工作规划制度体系的顶层设计，持续推进“213人才工程”，储备国际业务和科技人才，拓展哥伦比亚大学等国际名校合作。全年组织各类培训××万人次，××万人天。加强干部内外交流，完善干部培养选拔机制，大力培养选拔优秀年轻干部。

群团组织发挥了服务大局和服务员工的积极作用。2018年，组织开展了学习贯彻工会十七大精神、共青团十八大精神及多个思想教育主题活动，凝心聚力，主动融入中心工作，组织××项劳动竞赛，发起青年论坛和创新创效大赛，推动“劳动者港湾”建设和品牌宣传，通过青年志愿者协会发动员工参与各类志愿服务和扶贫工作，激发员工干事创业热情，提高员工获得感和价值感，为全行改革发展贡献了力量。在关爱员工方面，坚持为员工办实事、办好事。落实员工维权，实施“同心计划”，做好帮扶救助和送温暖工作，走访慰问困难员工××多人次，发放慰问金××多万元，通过“员工互助机制”救助员工××多人次。继续推行“三建合一”“爱心妈咪屋”等场所建设，为员工提供更多的便利服务和更好的工作环境。开展各类文体活动，广泛搭建员工风采展示平台，增强员工荣誉感和企业文化认同感。

2019年，我们将在员工成长和发展方面做以下安排。

（一）加强员工培养培训，提供员工职业发展平台

依托建行大学建设，加大员工培养培训力度，推动“互联网+干部教育”融合发展。激发员工学习热情，通过加强培训提高员工思想政治素质与专业能力，为员工职业发展提供储备和机会。加强干部培养和选拔，激励干部新时代新担当新作为，提升员工运用互联网思维和科技手段解决实际问题的能力。加大优秀年轻干部培养选拔力度，引导和激励年轻干部历练成长。建立健全更加积极、更加开放、更加有效的人才工作体制机制，加快“高精尖缺”领域和国际化人才培养，打造新时代金融人才队伍。持续推进“213”人才培养使用、实践锻炼和调整补充等各项工作。

（二）优化员工薪酬福利，提高员工满意度和价值感

探索优化基本薪酬的配置政策，提升预算透明度和严肃性，推进绩效薪酬信息化建设。优化全行员工福利待遇，搭建企业级综合福利体系，全面梳理社保、企业年金、公积金、补充医疗等福利业务办理事项，多措并举，提升福利业务工作效能。引导员工及家庭合理科学的养老、医疗安排，逐步拓展有益身心的疗休、雅学、安居、乐活等专项福利，提升薪酬核心竞争力，打造建设银行福利品牌。

（三）关爱员工身心健康，提升员工归属感和幸福感

深入开展员工思想状况和心理健康水平调查，了解员工需求，为制定相关政策提供依据。增加基层员工岗位津贴（每人每年2000元），并且一定要确保给到基层员工，各级行中间都不能截留。提高工作餐食、体检、防暑降温、补充医疗保险等专项福利费配置标准，安排置装费、劳保用品费专项费用，提升基层员工的获得感和满意度。主动服务基层，提高办事效率，切实为基层减负。进一步加强劳动关系管理，做好劳动关系类争议处理工作。实施“同心计划”员工健康一揽子综合保障项目。加大对困难员工的帮扶救助力度，做好节日慰问和送温暖工作。对优秀员工和集体进行事迹挖掘和主题宣传，开展向张富清同志学习系列活动，培育和弘扬社会主义核心价值观，为建行发展提供精神动力和文化支持。

（四）丰富员工群团活动，助力员工全面成长

健全职工民主管理制度，抓好职代会提案落实，让员工不断提升主人翁意识，更关心和积极参与行内重大制度的研究制定。完善各级群团组织建设，建好党员之家、职工之家和青年之家等物理活动场所，通过“党群App”等互联网工具，为员工提供多渠道学习、工作和生活服务。认真开展“不忘初心、牢记使命”主题教育，组织全行员工认真学习张富清老英雄精神，引导员工提升认识，统一思想。组织全行劳动竞赛、“创新马拉松”“建功三大战略”“我为建国添风采”“新时代 新青年”等主题活动，激发员工能动性和创新力。策划多种文化体育交流活动，丰富员工精神生活，加强各级群团干部履职培训，提高群团干部工作水平，开创群团工作新局面。

同志们，2019年是决胜全面建成小康社会的关键之年，也是建设银行战略推进和改革发展的关键之年，我们要以更坚定的信心定力，更强烈的责任担当，真抓实干，以更好地服务实体经济、支持金融体系稳健、深化改革创新发展的新成果，庆祝中华人民共和国成立70周年、建设银行成立65周年！

守初心、担使命
不断深化金融供给侧结构性改革

——在“不忘初心、牢记使命”主题教育专题党课上的讲话

刘桂平

（2019 年 7 月 23 日）

同志们：

今天，我们走进三湘大地、伫立橘子洲头，在潭州故郡、星城长沙举办这次党课，具有十分重要的意义。同志们对湖南都很熟悉。湖南有美景，毛泽东同志在《答友人》中写道，“洞庭波涌连天雪，长岛人歌动地诗。我欲因之梦寥廓，芙蓉国里尽朝晖”，字里行间满溢波澜壮阔、欣欣向荣的新中国建设热潮，把我们带到芙蓉盛开、朝霞满天的洞庭湖畔。湖南有历史，范仲淹在《岳阳楼记》中写下“居庙堂之高则忧其民，处江湖之远则忧其君”“先天下之忧而忧，后天下之乐而乐”的千古名句，是中华民族的精神瑰宝。湖南有气节，“唯楚有才、于斯为盛”“不怯死以苟免、不毁节以求生”，胆气豪、才气高、心气傲，爽快豪迈、大义懔然、侠肝义胆、嫉恶如仇。湖南有情怀，忧国忧民，以天下为己任，对国家和人民满怀深情大爱，“半部中国近代史由湘人写就”“若道中华国果亡，除非湖南人尽死”；是革命圣地、红色热土，红军长征途中“半条被子”的故事就发生在汝城县沙洲村。今天，在这里和大家一起深入学习领会习近平新时代中国特色社会主义思想，开展主题教育，守初心、担使命，找差距、抓落实，将为这次重要党课烙下深深的红色印记。

根据党的十九大统一部署，5 月 13 日，中共中央政治局召开会议，决定从 2019 年 6 月开始，在全党自上而下分两批开展“不忘初心、牢记使命”主题教育，用党的创新理论武装头脑，推动全党更加自觉地为实现新时代党的历史使命不懈奋斗。5 月 31 日，受国立董事长委托，我代表建设银行参加中央主题教育工作会议，现场聆听了习近平总书记重要讲话，接受了一次生动的党性教育和深刻的灵魂洗礼。6 月 5 日，总行党委中心组举办扩大学习会，我介绍了参加中央主题教育工作会议的情况，传达了习近平总书记对开展主题教育的全面部署，以及王沪宁同志围绕学习贯彻习近平总书记重要讲话精神提出的具体要求。6 月 6 日，总行召开动员大会，党委书记、董事长田国立同志从充分认识重大意义、准确把握目标要求、加强组织领导三个方面进行动员部署，中央第二十七指导组组长姜建清同志出席会议，要求建设银行从五个方面抓好落实，标志着全行主题教育正式启动。6 月 12 日，受国立董事长委托，我代表总行党委，赶赴湖北省恩施州来凤县，看望慰问离休干部张富清老英雄，并参加了“坚守初心、不改本色的优秀共产党员张富清”时代楷模发布仪式，英雄的功绩感人肺腑、榜样的力量催人奋进。6 月 26—28 日、7 月 17—18 日，总行党委举办党委成员读书班和中心组学习，读原文、学原著、悟原理，再一次深入学习主题教育重点材料。7 月 8—9 日、7 月 19 日，我分别到河北省分行和阜平县支行、总行资产负债管理部，重点就作风建设、基层党建、深化改革等内容进行了专题调研；7 月 22 日参加总行党委调研成果交流会，通过边学边查边改，着力解决突出问题，进一步加深了对初心、使命的领悟。今天，按照总行党委统一部署，我们又齐聚一堂，与大家分享“不忘初心、牢记使命”主题教育专题党课，主要目的就是以习近平新时代中国特色社会主义思想为指引，牢牢把握主题教育的重大意义、根

本任务和目标要求，切实加强政治建设、思想建设、作风建设，确保理论学习有收获、思想政治受洗礼、干事创业敢担当、为民服务解难题、清正廉洁做表率，为新时代建设银行改革发展提供坚强政治保障、思想保障、作风保障。

“君子务本，本立而道生。”初心体现本质属性、价值追求，使命体现历史担当、奋斗目标。开展“不忘初心、牢记使命”主题教育，我们如何在理论上感悟、理解自己的初心和使命？如何在实践中担当、践行自己的初心和使命？这段时间，我也作了一些思考。一是从精神支柱和理论依托上深思感悟：把习近平新时代中国特色社会主义思想作为主旨和灵魂，贯穿主题教育始终，深刻理解其强大的理论逻辑、源于实践的厚重根基、解决时代课题的现实意义，学深悟透、入脑入心、融会贯通、真信笃行。这一伟大思想开辟了通向中国特色社会主义现代化强国的真理道路，是实现中华民族伟大复兴中国梦的思想保障和信念支撑，必须坚持思想建党、理论强党，进一步解放思想、开拓创新，以第二次思想大解放的大无畏勇气推进内部全面深化改革，以第二次入世的大开放心态应对国际形势发展变化，把党的十九大绘就的宏伟蓝图一步一步变成美好现实。二是从理想信念和奋斗目标上深思感悟：我们党为人民而生，因人民而兴，根基在人民、血脉在人民、力量在人民，中国特色社会主义金融是基于“家国同构，生民一体”的人民金融，金融资源来自人民、金融发展依靠人民、金融成果造福人民，必须坚持以人民为中心的金融发展观，永葆共产党人建党时的奋斗精神，永葆对人民的赤子之心，拿出自我革命的勇气和决心，在革故鼎新、守正创新中实现自身跨越，不断给党和人民事业注入无限生机与活力。三是从联系实际和解决问题上深思感悟：大道至简、实干为要。主题教育要取得扎扎实实的成效，最终体现为提升能力素质、干出一番事业，创造经得起实践、人民、历史检验的实绩，必须将对党的坚定信仰和无限忠诚镌刻在金融改革开放稳定事业上，把初心和使命转化为“敢为人先、勇立潮头”的精气神，聚力实体经济，解决主要矛盾，构建中国特色社会主义现代金融体系，服务经济高质量发展。

习近平总书记在党的十九大报告中开宗明义指出，中国共产党人的初心和使命，就是为中国人民谋幸福，为中华民族谋复兴。初心和使命是习近平新时代中国特色社会主义思想的本质和精髓，是全面建成小康社会、实现“两个一百年”奋斗目标的基础和保证，是实现中华民族伟大复兴中国梦的指引和动力。我们要把初心和使命融入工作中、融入血液中、融入干事创业的过程中。我个人体会，金融业的初心和使命就是习近平总书记在2017年7月14日全国金融工作会议上所明确的“服务实体经济、防控金融风险、深化金融改革”三大任务；建行人的初心和使命就是习近平总书记在建行成立60周年时所批示的“增强服务国家建设能力、防范金融风险能力、参与国际竞争能力”三个能力。“三大任务”和“三个能力”，以解决问题为导向、以改革创新为动力、以服务人民为宗旨，一脉相承、相互促进，是我们做好金融工作的根本遵循。“三大战略”是建设银行贯彻落实习近平总书记关于“三大任务”和“三个能力”指示批示的具体行动。

一、深入学习领会习近平总书记关于金融工作系列重要论述精神

党的十八大以来，习近平总书记高度重视金融工作，从统筹推进“五位一体”总体布局和协调推进“四个全面”战略布局的战略高度，从实现“两个一百年”奋斗目标和中华民族伟大复兴中国梦的历史高度，在不同场合就金融发展改革发表了许多重要讲话，提出了一系列新理念、新思想、新战略。这些重要论述，系统总结了人类社会金融发展的经验教训，深入研究了金融发展的重大理论和实践问题，明确指出了做好金融工作要把握的重要原则，全面阐述了新时代金融发展的主要任务，为金融改革发展工提供了理论遵循和行动指南。深刻理解习近平总书记关于金融工作系列重要论述，可以从以下六个方面把握。

（一）关于加强党对金融工作的全面领导

中国共产党的领导是中国特色社会主义最本质的特征，党总揽全局、协调各方的领导核心作用是金融业健康稳定发展的坚强政治保证，必须坚持在党的领导下构建金融改革开放、宏观调控和监督管理等制度，设计运行规则和实施方案。2017年4月25日，在中央政治局第四十次集体学

习中，习近平总书记指出党领导金融工作的体制机制："要坚持党中央集中统一领导，完善党领导金融工作的体制机制，加强制度化建设，完善定期研究金融发展战略、分析金融形势、决定金融方针政策的工作机制，提高金融决策科学化水平。"2017 年 7 月 14 日，在全国金融工作会议上，习近平总书记强调了党领导金融工作的具体内容："首先要坚持党中央对金融工作集中统一领导，确保金融改革发展正确方向。其次要加强金融系统党的建设，国有金融机构领导人必须增强党的意识，结合党的领导与国有金融机构公司法人治理，形成良好的现代公司治理机制。第三是要增强党领导金融工作能力，各级领导干部特别是高级干部要加强金融知识学习，建设一支宏大的德才兼备的高素质金融人才队伍。"在这次会议上，习近平总书记还强调了要构建层次结构分明的领导责任体制："要强化人民银行宏观审慎管理和系统性风险防范职责，强化监管部门的问责机制。地方政府要在坚持金融管理主要是中央事权的前提下，按照中央统一规则，强化属地风险处置责任。各级地方党委和政府要树立正确政绩观，严控地方政府债务增量，终身问责，倒查责任。"

当前，我国金融改革发展进入深水区、关键期，越是在复杂的环境下，越需要加强党对金融工作的领导，必须坚持以习近平新时代中国特色社会主义思想指导金融实践，自觉把金融改革发展稳定各项工作放在党和国家全局中来思考、谋划和定位，确保金融改革开放始终沿着正确的政治方向前进。

（二）关于金融在现代经济中的核心地位

金融是现代经济的"血脉"。血脉通，增长才有力。现代经济本质上是以金融为核心的信用经济，以金融为神经中枢市场化配置社会资源。对于金融的核心地位，1991 年，邓小平同志在视察上海时，高度评价了以"金融先行"开发浦东新区的做法，他说："金融很重要，是现代经济的核心。金融搞好了，一着棋活，全盘皆活。"习近平总书记继承和发展了邓小平同志的经典论述，2017 年 4 月 25 日，在中央政治局第四十次集体学习时，习近平总书记指出："金融是现代经济的核心。保持经济平稳健康发展，一定要把金融搞好。"对于金融的重要作用，2017 年 4 月 25 日，在中央政治局第四十次集体学习时，习近平总书记指出："改革开放四十年来，金融已经成为资源配置和宏观调控的重要工具，成为推动经济社会发展的重要力量。"2017 年 7 月 14 日，在全国金融工作会议中，习近平总书记指出："金融是国家重要的核心竞争力，金融安全是国家安全的重要组成部分，金融制度是经济社会发展中重要的基础性制度。"对于经济金融的辩证关系，2019 年 2 月 22 日，在中央政治局第十三次集体学习时，习近平总书记指出："金融活，经济活；金融稳，经济稳。经济兴，金融兴；经济强，金融强。经济是肌体，金融是血脉，两者共生共荣。"

（三）关于金融为实体经济服务的本质

实体经济是一国经济的立身之本，是金融生存与发展的基础，支持实体经济、服务实体经济、发展实体经济，支撑和厚植实体经济基础是金融业发展的根本任务之一。针对金融本质问题，2017 年 7 月 14 日，在全国金融工作会议上，习近平总书记指出："金融是实体经济的血脉，为实体经济服务是金融的天职，是金融的宗旨，也是防范金融风险的根本举措。"针对金融脱实向虚问题，2015 年 7 月 17 日，在长春召开部分省区党委主要负责同志座谈会时，习近平总书记指出："要改善金融服务，疏通金融进入实体经济特别是中小企业、小微企业的管道。""金融机构要积极提供适应大众创业、万众创新的金融产品和服务，培育经济新动能，实现经济脱虚入实。"针对普惠金融问题，2015 年 11 月 9 日，在中央全面深化改革领导小组第十八次会议上，习近平总书记强调指出："发展普惠金融，目的就是要提升金融服务的覆盖率、可得性、满意度，满足人民群众日益增长的金融需求，特别是要让农民、小微企业、城镇低收入人群、贫困人群和残疾人、老年人等及时获取价格合理、便捷安全的金融服务。"针对科技金融问题，2018 年 7 月 13 日，在中央财经委员会第二次会议上，习近平总书记提出："要完善创新投入机制和科技金融政策。要拓宽市场化融资渠道，吸引天使投资、创业投资、私募股权投资等参与，支持承担攻关任务的企业并购重组。要完善资本市场规则，允许科技企业实行'同股不同权'治理结构，探索建立科技成果产权交易机构。要鼓励金融机构向科技企业提供多渠道融资服务，支持金融机构针对科技型初创企业扩展专利权、商标权等质押融资业务，稳步推进科技贷款资产证券化。"针对绿色金融问题，2016 年 8 月 30 日，在中央全面深化改革领导小组第二十七次会议上，习近平总书记提出："要通过创新性金融制度安排，引导和激励更多社会资本投入绿色产业，同时有效抑制污染性投资。要利用绿色信贷、绿色债券、绿色股票指数和相关产品、绿色发展基金、绿色保险、碳金融等金融工具和相关政策为绿色发展服务。"

（四）关于牢牢守住不发生系统性金融风险的底线

金融业是经营和管理风险的行业，东南亚金融危机和美国次贷危机，对相关国家的破坏不亚于一场战争，不少国家出现社会动荡和阶级分化，严重威胁这些国家的政权稳定。当前，在"三期叠加"、经济新常态和中美贸易摩擦的大背景下，我国经济增长速度下降到6% ~7%，2019 年上半年是6.3%，还有可能会进一步下降。由于房地产泡沫严重、国有企业杠杆率高企、地方政府债务激增、家庭部门负债攀升、互联网金融违规违法事件频发、中小银行不良资产增加等金融风险不断涌现，存在系统性金融风险隐患。对于维护金融安全的重要性，2017 年4 月25 日，在中央政治局第四十次集体学习时，习近平总书记指出："金融安全是国家安全的重要组成部分，是经济平稳健康发展的重要基础。维护金融安全，是关系我国经济社会发展全局的一件带有战略性、根本性的大事。必须充分认识金融在经济发展和社会生活中的重要地位和作用，切实把维护金融安全作为治国理政的一件大事，扎扎实实把金融工作做好。"2018 年4 月2 日，在中央财经委员会第一次会议上，习近平总书记强调："从现在到2020 年，是全面建成小康社会决胜期，今后3 年要坚决打好防范化解重大风险、精准脱贫、污染防治三大攻坚战，使全面小康社会得到人民认可、经得起历史检验。坚决打好三大攻坚战，是全面建成小康社会必须跨越的关口。"对于金融风险产生的原因，2017 年4 月25 日，在中央政治局第四十次集体学习时，习近平总书记指出："透过现象看本质，当前的金融风险是经济金融周期性因素、结构性因素和体制性因素叠加共振的必然后果。""中国金融的风险点可能来自国际国内经济下行、金融危机外溢以及一些国家货币政策和财政政策调整形成的风险外溢效应等方面。"对于如何防控风险，2015 年10 月26 日，在党的十八届五中全会上，习近平总书记指出："今后5 年，可能是我国发展面临的各方面风险不断积累甚至集中显露的时期。必须把防风险摆在突出位置，'图之于未萌，虑之于未有'，力争不出现重大风险或在出现重大风险时扛得住、过得去。"2018 年12 月19 日，在中央经济工作会议上，习近平总书记指出："要坚持结构性去杠杆的基本思路，把国有企业去杠杆作为重中之重，稳定居民杠杆率，有序化解影子银行风险，加大不良贷款处置力度。要以防范金融市场异常波动和共振为重点，做好企业信用债违约、股票质押平仓、P2P 网络借贷等风险点整治。要精准处置金融巨无霸等高风险金融机构，防止风险外溢。要稳妥处置房地产、地方政府债务风险，做到坚定、可控、有序、适度。"对于明确金融机构在风险防控中主体责任，2017 年4 月25 日，在中央政治局第四十次集体学习时，习近平总书记指出："要深化金融改革，完善金融体系，推进金融业公司治理改革，强化审慎合规经营理念，推动金融机构切实承担起风险管理责任，完善市场规则，健全市场化、法治化违约处置机制。"对于金融风险全球治理，2016 年9 月4 日，在G20 杭州峰会开幕式上，习近平主席指出："二十国集团应该不断完善国际货币金融体系，优化国际金融机构治理结构，充分发挥国际货币基金组织特别提款权作用。应该完善全球金融安全网，加强在金融监管、国际税收、反腐败领域合作，提高世界经济抗风险能力。"

（五）关于加快推进金融的双向开放

开放是国家繁荣发展的必由之路，我国改革开放40 年的发展历程和加入WTO 的发展经验表明，开放发展显著增强了我国综合实力，我国既是双向开放的受益者，也是双向开放的推动者。推动金融业双向开放，促进国内国际要素有序流动、金融资源高效配置、金融市场深度融合，是经济金融发展大势所趋。对于双向开放的重大意义，2018 年 4 月 10 日，在博鳌亚洲论坛开幕式上，习近平主席指出："过去40 年中国经济发展是在开放条件下取得的，未来中国经济实现高质量发展也必须在更加开放条件下进行。中国开放的大门不会关闭，只会越开越大。"对于双向开放的主要内容，2017 年 7 月 14 日，在全国金融工作会议中，习近平总书记指出："扩大金融对外开放，一是要深化人民币汇率形成机制改革，稳步推进人民币国际化，稳步实现资本项目可兑换；二是要积极稳妥地推动金融业对外开放，合理安排开放顺序，加快建立完善有利于保护金融消费者权益、有利于增强金融有序竞争、有利于防范金融风险的机制；三是要推进'一带一路'建设金融创新，搞好相关制度设计。"对于双向开放的重大举措，2018 年 4 月 10 日，在博鳌亚洲论坛开幕式上，习近平主席指出："今年，我们将推出几项有标志意义的举措。在服务业特别是金融业方面，去年年底宣布的放宽银行、证券、保险行业外资股比限制的重大措施要确保落地，同时要加快保险行业开放进程，放宽外资金融机构设立限制，扩大外资金融机构在华业务范围，拓宽中外金融市场合作领域。"

我国金融机构的全球化布局、全球化服务能力与综合竞争力应当与我国"走出去"战略相适应。下一步，我国将有序开放资本市场，逐步放开或取消境内外投资额度限制，拓展境外机构参与资本市场的主体范围和规模，扩大外国金融机构参与、放松资本账户交易管制，分阶段、有步骤培育资本市场工具，稳步开拓利率、汇率衍生产品等。2019 年 7 月 20 日，国务院金融稳定发展委员会宣布了 11 条金融业对外开放措施，进一步彰显了党中央加快对外开放的决心和魄力，对于增强我国金融机构参与国际市场竞争的能力、推动全球经济增长和我国经济高质量发展，都具有十分重要的意义。

（六）关于全面深化金融市场化改革

全面深化改革是金融业不断发展的根本动力，是金融业保持活力的必然要求，只有深化金融改革，优化金融机构体系，丰富金融供给主体，完善金融支持政策，才能降低实体经济融资成本，更好地满足实体经济的金融需求。在改革方向上，2015 年 10 月 18 日，在接受英国路透社采访时，习近平总书记指出："中国将按照市场化、法治化方向稳步推进金融改革，培育公开透明和长期稳定健康发展的资本市场，完善风险管理，稳定市场预期，放宽民间资本进入金融领域的限制，更好支持实体经济发展。"在改革重点上，2018 年 12 月 19 日，在中央经济工作会议上，习近平总书记指出："金融结构不合理是服务实体经济不到位的重要根源，要以金融体系结构调整优化为重点深化金融体制改革。国有大型商业银行和保险公司要着力完善公司治理。要发展民营银行和社区银行，推动城商行、农商行、农信社业务逐步回归本源，为本地民营企业，小微企业、'三农'服务。要完善金融基础设施，加快建设大数据平台，强化监管和服务能力。"在改革内容上，2019 年 2 月 22 日，在中央政治局第十三次集体学习时，习近平总书记指出："要构建多层次、广覆盖、有差异的银行体系，端正发展理念，坚持以市场需求为导向，积极开发个性化、差异化、定制化金融产品，增加中小金融机构数量和业务比重，改进小微企业和'三农'金融服务。要更加注意尊重市场规律、坚持精准支持，选择那些符合国家产业发展方向、主业相对集中于实体经济、技术先进、产品有市场、暂时遇到困难的民营企业重点支持。"

特别值得我们骄傲和自豪的是，习近平总书记一直关心关注着建设银行的成长壮大，情系建设银行广大干部员工。2014 年 9 月，习近平总书记在建设银行成立60 周年情况汇报上作出重要批示："60 年来，建设银行砥砺奋进，不断发展壮大，为国家经济社会发展作出了积极贡献。希望再接再厉、与时俱进、改革创新，进一步增强服务国家建设能力、防范金融风险能力、参与国际竞争能力，再创新佳绩，为中华民族伟大复兴作出更大贡献。"2019 年 4 月，在全党"不忘初心、牢记使命"主题教育启动前夕，习近平总书记对学习建设银行老英雄张富清同志先进事迹作出重要指示："老英雄张富清 60 多年深藏功名，一辈子坚守初心、不改本色，事迹感人。在部队，他保家卫国；到地方，他为民造福。他用自己的朴实纯粹、淡泊名利书写了精彩人生，是广大部队官兵和退役军人学习的榜样。要积极弘扬奉献精神，凝聚起万众一心奋斗新时代的强大力量。"

习近平总书记在夜以继日、日理万机的情况下，对建设银行工作和建设银行员工作出重大指示批示，字字饱含深情，句句充满期待，充分体现了习近平总书记对建设银行的高度重视和无限关怀，在建设银行发展史上具有里程碑意义。习近平总书记的殷殷嘱托，就是希望我们不忘初心、牢记使命，大力弘扬爱国敬业奋斗奉献精神，把个人命运与国家富强紧密结合起来，为国家繁荣和人民幸福贡献自己的智慧和力量。

习近平总书记关于金融工作的重要论述，高屋建瓴、立意深远、内涵丰富，深刻把握了全球金融发展的时代特点与演化趋势，既立足国内又放眼世界、既重视当前又着眼长远、既全面部署又突出重点，贯穿了以人民为中心的发展思想，体现了马克思主义立场观点方法，形成了一套完整科学缜密的原创性思想理论体系，是对中国特色社会主义金融理论的极大丰富，是习近平新时代中国特色社会主义思想的重要组成部分，是马克思主义中国化的最新成果，为我们做好新时代金融工作提供了理论指引和行动指南。我们建行人做好新时代金融工作，必须以习近平新时代中国特色社会主义思想为指引，深入学习领会习近平总书记关于金融工作的系列重要论述精神，进一步树牢“四个意识”、坚定“四个自信”、坚决做到“两个维护”，在以习近平同志为核心的党中央坚强领导下，落实创新、协调、绿色、开放、共享的新发展理念，坚持稳中求进的工作总基调，牢牢把握金融供给侧结构性改革这条主线，团结和带领全行广大干部员工，认真落实“服务实体经济、防控金融风险、深化金融改革”三大任务，切实增强“服务国家建设、防范金融风险、参与国际竞争”三个能力，扎实推进“住房租赁、普惠金融、金融科技”三大战略，凝心聚力打造最具价值创造力的国际一流银行集团，奋力谱写中华民族伟大复兴中国梦的建行篇章。

二、金融供给侧结构性改革的时代意义和深刻内涵

金融供给侧结构性改革是以习近平同志为核心的党中央对金融工作的深邃思考和系统布局，标志着金融工作重心将从注重量的扩张转向金融供给的优化重组和提质增效，是做好新时代金融工作的实现路径和根本方法，只要不折不扣深入贯彻落实习近平总书记系列重要论述精神，牢牢扭住金融供给侧结构性改革这个“牛鼻子”，金融发展的核心问题、主要矛盾就能迎刃而解。

（一）金融供给侧结构性改革的时代背景

应对复杂国家金融安全形势、防范化解重大系统性金融风险，是提出“金融供给侧结构性改革”的两大时代背景。

一是国家金融安全形势严峻复杂。2019 年 1 月 21 日，习近平总书记在中央党校“省部级主要领导干部坚持底线思维，着力防范化解重大风险专题研讨班”上强调要防控重大金融风险，做好“稳就业、稳金融、稳外贸、稳外资、稳投资、稳预期”工作。为维护国家金融安全，2019 年 2 月 22 日，在中央政治局第十三次集体学习时，习近平总书记强调：“要运用现代科技手段和支付结算机制，适时动态监管线上线下、国际国内的资金流向流量，使所有资金流动都置于金融监管机构的监督视野之内。”

二是重大系统性金融风险需引起高度重视。2018 年 12 月 19 日，习近平总书记在中央经济工作会议上强调：“打好防范化解重大风险攻坚战，重点是防控金融风险。”在中央政治局第十三次集体学习中再次重申：“防范化解金融风险特别是防止发生系统性金融风险，是金融工作的根本性任务。”习近平总书记的科学论断凸显了当前金融风险面临的严峻形势。第一是国际收支风险。全球经济下行和中美贸易冲突的溢出效应，使我国国际投资和对外贸易面临更多不确定性，经常项目在今后几年有可能出现常态化逆差风险，国际收支平衡压力加大、人民币汇率保持稳定难度增加。第二是金融体系风险。P2P 不断“爆雷”，涉及金额巨大，一些中小投资者损失惨重，引发不少群体性事件；股票质押风险虽有所缓和，但财务风险仍未得到实质性解决，2018 年共有 216 家上市公司财务年报被会计师事务所出具保留意见或无法表示意见，而 2017 年仅 130 家；债券违约频发，2015—2018 年，债券违约分别为 29 只、79 只、43 只和 137 只，而 2019 年上半年，就已有 86 只债券违约；部分中小型商业银行不良贷款急剧攀升，拨备消耗加快，资本补充压力较大，特别是根据 2019 年 4 月《商业银行金融资产风险

分类暂行办法》（征求意见稿）要求：金融资产逾期后应至少归为关注类，逾期90天以上应至少归为次级类，逾期270天以上应至少归为可疑类，逾期360天以上应归为损失类；逾期90天以上的债权，即使抵押担保充足，也应归为不良；同一债务人在所有银行的债务中逾期90天以上债务已经超过5%的，各银行均应将其债务归为不良，使中小银行面临更大流动性压力。第三是房地产泡沫风险。在流动性过快增长、实体经济投资渠道狭窄、城镇化空间结构不合理等因素影响下，房地产泡沫不断放大，对实体经济、居民财富、金融体系都带来了风险隐患。第四是地方政府债务风险。2018年末，地方政府债务余额达18.4万亿元，如果加上隐性刚兑、隐性担保、融资平台公司负债等隐性债务，实际债务总量要远远超过这个数字，并且风险管控难度更大。第五是企业债务风险。有些传统产能过剩企业、房地产企业、政府投资平台等“巨无霸”盈利能力差、债务规模大、杠杆率高，长期依靠外部输血存活。现在，还有一些金融负债高达千亿元规模的大型企业，出现流动性风险。第六是金融机构内部违规违纪违法案件风险。金融机构违法案件高发，不少违规违纪违法者大搞利益输送、内幕交易、内外勾结，涉案金额巨大，涉及面广，影响恶劣，严重危害金融系统安全。

（二）金融供给侧结构性改革的演进历程

2015年11月10日，中央财经领导小组召开第十一次会议，习近平总书记强调要把供给侧结构性改革作为经济工作在较长一段时期内必须牢牢坚持的主线。三年多来，供给侧结构性改革经历了由浅入深、由表及里、由易到难、由实体经济向虚拟经济步步深入、层层递进的过程，共经历了三个阶段。

第一阶段聚焦实体经济。2016年1月26日，习近平总书记主持召开中央财经领导小组第十二次会议，研究供给侧结构性改革方案时，指出：“供给侧结构性改革的根本目的是提高社会生产力水平，落实好以人民为中心的发展思想。要在适度扩大总需求的同时，去产能、去库存、去杠杆、降成本、补短板，从生产领域加强优质供给，减少无效供给，扩大有效供给，提高供给结构适应性和灵活性，提高全要素生产率，使供给体系更好适应需求结构变化。”

第二阶段聚焦农业领域。2017年2月5日，21世纪以来指导“三农”工作的第14份中央一号文件提出：推进农业供给侧结构性改革，要以提高农业供给质量为主攻方向，以体制改革和机制创新为根本途径，促进农业农村发展由过度依赖资源消耗、主要满足量的需求，向追求绿色生态可持续、更加注重满足质的需求转变。

第三阶段聚焦金融领域。2019年2月22日，中央政治局举行第十三次集体学习，习近平总书记指出：“我国金融业的市场结构、经营理念、创新能力、服务水平还不适应经济高质量发展的要求，诸多矛盾和问题仍然突出，要抓住完善金融服务、防范金融风险这个重点，推动金融业高质量发展。”深化金融供给侧结构性改革，就是紧盯实体经济发展需要，调整优化金融体系结构，与社会真实需求相匹配。

从供给侧结构性改革的推进进程看，金融供给侧结构性改革不仅是前两个阶段改革在范围和内容上的延伸和扩展，更是对生产关系、生产资源和生产要素的深层次调整，是一场触及社会资源重新分配、既得利益重新调整、生产关系重新塑造、进入深水区和啃硬骨头的“自我革命”。

（三）金融供给侧结构性改革的主要内容和深刻内涵

习近平总书记指出：“深化金融供给侧结构性改革必须贯彻落实新发展理念，强化金融服务功能，找准金融服务重点，以服务实体经济、服务人民生活为本。要以金融体系结构调整优化为重点，优化融资结构和金融机构体系、市场体系、产品体系，为实体经济发展提供更高质量、更有效率的金融服务。”

习近平总书记的重要讲话明确告诉我们，金融供给侧结构性改革要用改革的办法推进金融结构调整，减少金融业的重复、无效和低端供给，扩大有效和中高端供给，增强供给结构对金融需求变化的适应性和灵活度，提高全要素生产率，使金融供给体系更好地适应金融需求结构变化。我体会，“供给侧”是指从金融资源提供者，包括从金融机构、金融组织、金融监管、金融体系等供给方着手。“结构性”是指以市场为导向，通过调整和优化金融资源供给方式，提供符合市场需要的金融服务和产品体系，使供给和需求严丝合缝、充分匹配。“改革”目标是提高和优化金融资源供给质量、效率和水平，提升服务实体经济、维护国家金融安全、参与国际竞争的能力，构建社会主义现代金融体系，最终实现实体经济和金融产业的共生共赢。

（四）当前金融供给侧存在的主要问题

金融供给侧的诸多问题，概括来说，主要是“三个失衡”，即实体经济供需失衡、金融业内部失衡、金融和实体经济循环失衡，具体表现在五个方面。

一是金融业增加值占 GDP 比重过高。2018 年，我国金融业增加值占 GDP 的比重为 7.7%，高于 4% 的全球平均水平，也高于美国、英国、德国、日本等发达国家水平。日本近 10 年来维持在 4% ~5%，德国近 30 年在 3.8% ~5.5%。我国金融机构依靠发展表外理财业务、同业业务、交叉性金融业务，多层嵌套、盲目扩张，导致规模膨胀、产值虚增，挤压实体经济发展空间。从 2018 年中国企业 500 强看，利润总额前 10 名企业中有 8 家是金融企业。任何经济活动都有其内在运行规律和活动边界，金融业要实现良性发展，也要遵循自身规律，必须有实体经济作为支撑。

二是间接融资占比过高。我国金融结构由银行主导，企业融资对银行信贷高度依赖。截至 2018 年底，我国银行业总资产是 GDP 的 2.9 倍，而 A 股总市值仅为 GDP 的 0.47 倍，债券余额仅为 GDP 的 0.95 倍，股权融资占社会融资总量的比例仅为 1.9%。而美国银行业总资产是 GDP 的 0.9 倍，股票总市值、债券存量分别为 GDP 的 1.5 倍和 2 倍。高度依赖银行信用的金融体系具有以下弊端：第一，以间接融资为主的融资结构使得全社会债务水平不断提高，杠杆率不断抬升，新增社会财富被沉重债务所吞噬。2018 年我国总体宏观杠杆率达到 249%，M2 与 GDP 之比达到 217%。第二，新增信用被用于支持既有债务体系的循环和负债总量的提升，借新还旧，导致间接融资对经济增长的边际效应逐步递减。第三，银行融资体系总体风险偏好较低，仅靠银行融资体系或这种融资比重过大，不利于形成和构建风险共担、利益共享的市场化、多元化投融资体制机制。

三是银行信贷资源配置错位。我国现有金融结构存在扭曲，信贷资源错配现象比较突出。在信贷市场，由利率信号扭曲带来的风险溢价低估，导致金融资源过多流入僵尸企业、国企、政府融资平台，而民营、小微和“三农”企业等弱势、弱质实体经济部门很难得到充分信贷资金支持。国有企业占社会融资总量的 58%，对 GDP 的贡献率仅为 37%。民营企业在银行信贷资金中约占 30%，但其对 GDP、就业的贡献率分别达到 51% 和 70%。在债券市场，国债、地方政府债和金融债占比较高，而企业债占比偏低，特别是针对民营企业、小微企业、初创企业和高速成长阶段高科技企业的高收益债市场，基本是一片空白。

四是金融业无效产能过高。金融业“大而不强”，主要表现为金融资源配置效率低下，无效产能供给过多。例如，我国银行理财规模由 2007 年底的 0.5 万亿元大幅上升至 2017 年底的 29.5 万亿元；银行同业市场交易规模由 2007 年的 55 万亿元增长至 2017 年的 695 万亿元，特别是 2018 年国内金融机构同业存单发行达 21 万亿元，创历史新高，一定程度上反映出稀缺的信贷资金被廉价用于金融投机与套利。无效空转抬高了货币资金的使用成本，挤压了实体经济利润空间；投机资金竞相追逐优质资产，吹大了资产泡沫特别是房地产泡沫，威胁经济稳健运行；金融产品循环嵌套，埋下系统性风险隐患。

五是金融体系难以满足多元化多层次需求。金融机构存在经营理念雷同、经营模式同质、差异化发展不足等问题，造成很多区域和业务领域的过度竞争甚至是无序竞争，金融过度供给与金融服务不足并存。从负债端看，随着居民收入水平的增长和现代消费意识的提高，人们已不再把储蓄作为主要理财方式，但是由于缺乏有效匹配的理财产品，居民多元化投资需求无法得到满足。从资产端看，大量金融信贷资源配置在低效政府融资平台、大型国有企业甚至僵尸企业等，难以退出和调整，形成鲜明对照的是双创、“三农”、小微、民营等经济主体融资渠道相对缺乏。

针对金融供给侧存在的核心问题和主要矛盾，下一步，金融业应聚焦国民经济和社会发展需求，直面供给环节存在的不足，加大改革力度、提升服务水平、创新产品供给、优化融资结构，不断提高服务实体经济的能力、质量和效率。

三、建行在推进金融供给侧结构性改革中要积极作为

中国共产党的初心和使命，就是为中国人民谋幸福，为中华民族谋复兴。从马克思提出“每个人全面而自由的发展”为最高价值，到毛泽东的“为人民服务”、邓小平的“三个有利于”、江泽民的“三个代表”、胡锦涛的“科学发展观”、再到习近平的“人民立场”，都是坚持以人民为中心的发展思想。进入中国特色社会主义新时代，建设银行作为国有大行，必须自觉提高政治站位和战略站位，肩负起新时代的历史使命和责任担当，端正发展理念、深化改革创新、扩大对外开放、防控金融风险、服务国家建设，实现“党的建设”与“业务发展”相融合、“稳健均衡发展”和“创新发展”相融合、“公仆情怀”与“银行家精神”相融合、“以人民为中心”与“以客户为中心”相融合，办人民满意的金融，为实现经济高质量发展提供有力金融支撑。

（一）深化体制机制改革，增强先进制度供给能力

建设银行全面深化改革，增强制度供给能力，重点在于深入推进管理体制和经营机制改革，完善和建立一整套现代金融企业管理制度体系，充分激发市场机制活力，为落实“三大任务”、增强“三个能力”、推进“三大战略”夯实制度基础。

一是围绕价值创造，改革管理体制和经营机制。商业银行改革的核心是建立现代金融企业制度，提高价值创造能力，我们的改革创新都必须围绕这一核心任务来展开。唯有如此，我们才能顺应现代商业银行运行规律，焕发出无限生机活力，制度供给才能有力有效。当前，现代科技深深嵌入金融发展全过程，金融科技引发的数字化风暴席卷全球，不断改变、颠覆、重塑、再造我们的生产生活方式和经济发展模式。商业银行与金融科技深度融合发展已经成为不可逆转的大趋势，许多商业银行通过设立、收购、投资、孵化或战略合作等形式谋求长远布局金融科技。在建设银行“三大战略”中，金融科技是动力和引擎，住房租赁和普惠金融因金融科技赋能而变得更强大。金融科技推动的金融生态场景应用，将深刻改变金融业发展模式、服务理念和营销方式，这要求我们深入思考，积极调整、全面改革传统经营管理体制，构建起一整套适应科技型推动、数字化转型的现代商业银行管理制度。在先进制度、现代科技、大数据技术的三重驱动下，建设银行将掀起一系列层层扩大的业务重组、流程再造波澜：从多元化的金融产品、到体系化的客户服务、到全新范式的组织结构，再到商业模式的颠覆式创新，从而满足不同用户群体在数字经济时代不断更新迭代的多元化、个性化、专属化需求，形成聚合前沿科技、金融场景、模式创新的生态朋友圈，全方位提升建设银行的金融供给质量、能力和效率。在全行大力推动下，建设银行“三大战略”取得了良好效果，由于“三大战略”为适应数字经济时代而谋篇布局，在推进过程中，各级干部员工肯定会感觉到现行管理体制机制与战略实施所要求的发展理念存在或多或少、或大或小的冲突。针对这些冲突，我们不可能马上作出调整和改变，需要全行上下高度重视，深入思考。在深入推进“三大战略”过程中，如果我们不能对营销体系和管理体制进行有效调整、改革和重塑，我们可能面临“起个大早，赶个晚集”的窘境，“三大战略”的最终实施效果也很难达到预期目标，即便最后赶到了晚集，也买不到好东西或有好东西也卖不出好价钱，与引领潮流的先进同业相比，必定会存在差距。

二是围绕风险防控，构建全面主动智能的风险管控体系。银行是经营风险的特殊企业，全面风险管理能力是银行的核心竞争力，商业银行的经营管理水平以风险管控能力为边界。我常讲“木桶原理”，如果把业务发展比作装水的木桶，那么风险管控能力就是木桶的底板，只有筑牢底板，滴水不漏，木桶才管用，弥补短板、做长做强长板才有意义。越在形势复杂的时候，越要重视风险防控，越需处理好稳增长和防风险的关系，实现业务发展和风险控制的有效平衡。要重构经济新周期下风险计量模型，推动风险管控主动融入管理、融入业务、融入流程，建立风险管理定性表述和定量分析指标体系。要强化内控合规管理，将反洗钱、反欺诈等要求嵌入经营管理全流

程，提升全行合规经营能力。当前，要摸清底数，紧盯各种可能发生系统性风险的区域、市场和业务，重点关注高杠杆低效企业、房地产、地方政府债务、外汇收支、境内外合规风险等具有“灰犀牛”特征的风险领域。我们的最终目标，就是创新全面主动风险管理机制，完善集团统一风险视图，做实做细四大板块和九大类风险管理，构建全流程、数字化的全面风险监控预警平台，从而打造全方位、全覆盖、全流程的全面主动智能风险管控体系。

三是围绕二十字标准，锻造坚强有力的人才队伍。人是生产力中最活跃最革命的因素，无论是价值创造能力还是风险管控水平，都需要人去创造。如何打造一支强有力的人才队伍呢？2013年6月28日，习近平总书记在全国组织工作会议上指出：“好干部要做到信念坚定、为民服务、勤政务实、敢于担当、清正廉洁。好干部不会自然而然产生。成长为一个好干部，一靠自身努力，二靠组织培养。”习近平总书记明确的二十字标准，就是我们锻造人才队伍的根本遵循。在自身努力方面，要认真学习中国特色社会主义理论体系，锤炼忠诚干净担当的政治品格，丰富知识储备，完善知识结构，打牢履职尽责的知识基础，在创新发展主战场、业务拓展第一线、服务群众最前沿砥砺品质、提高本领。在组织培养方面，要深刻改变传统的人才管理理念，包括重资历轻实力、重形式轻实绩的人才选拔机制；重物质轻精神、重当下轻长期的利益激励机制；重层级报告轻灵活配置、重外部约束轻内在激励的人才管理方式；重知识轻能力、重业务推进轻人文关怀的人才使用方式。制度设计要关心员工成长、关切员工利益、关注员工需求、关怀员工生活，从管理人向服务人、塑造人、培养人和成就人转变，实现价值创造和员工发展双赢。

（二）善用技术和数据，增强产品和服务创新供给能力

2016年10月9日，在中央政治局第三十六次集体学习时，习近平总书记强调：“当今世界，网络信息技术日新月异，全面融入社会生产生活，深刻改变着全球经济格局、利益格局、安全格局。世界主要国家都把互联网作为经济发展、技术创新的重点，把互联网作为谋求竞争新优势的战略方向。”新一代信息技术同机器人和智能制造技术相互融合步伐加快，科技创新链条更加灵巧，技术更新和成果转化更加快捷，产业更新换代不断加快，使社会生产和消费从工业化向自动化、智能化转变，社会生产力将再次大提高，劳动生产率将再次大飞跃。我们银行业也不例外，现代信息技术给银行业带来了翻天覆地的变化，正在对传统银行经营管理模式形成基础性、制度性、根本性的冲击，甚至完全颠覆传统银行业的运行规则。

一要善用技术。网络信息技术是全球研发投入最集中、创新最活跃、应用最广泛、辐射带动作用最大的技术创新领域，是全球技术创新的竞争高地。世界经济正加速向以网络信息技术产业为重要内容的经济活动转变，以信息化培育新动能，用新动能推动新发展成为新趋势。现代科技不断深嵌于所有金融领域，基于智能内核驱动，分布式架构、区块链、智能合约、智能风控等在金融领域应用更为广泛。我们一定要顺应这一发展新趋势，高度重视金融科技投入，大力发展核心技术，加强信息基础设施建设，推动信息技术和业务发展深度融合，加快推进信息化、数字化、网络化、智能化进程，培育发展新动能、形成发展新优势。要推动技术应用场景化。人们的衣、食、住、行、娱、教、医等全部社会活动都是一幅幅生动场景，物联网技术可以介入、渗透到生活场景的每个环节，并利用庞大的网络连接节点，将持续不断的终端信息传送至数字工厂进行逻辑分析和数字转换。射频识别、智能网络、红外感应、全球定位等现代技术的日新月异，正在不断催生出无人驾驶、智慧城市、智能政务、数字医疗、安全控制、现代物流等产业形态和商业模式，为客户拓展和业务创新开辟了崭新天地。要推动技术应用移动化。移动互联时代，可以随时随地、高效快捷实现群体信息共享和点对点价值交换。这种共享式、低成本、即时性的“移动银行”，可以跨越物理时空的阻隔，不再有任何边界的约束和局限。当前，手机银行App成为零售银行的“主战场”，各家银行正在通过手机银行App“跑马圈地”。我们要坚定实施“零售优先”和“交易优先”战略，以“金融科技+”为驱动，以掌上银行为核心，打造开放、集成和个性化的线上综合金融服务领先品牌。要推动技术应用生态化。建设银行搭建的一系列线上获客平台，就是不断培育形成一个个可以无限接入的庞大线上生态系统，通过扁平化组织架构、场景化业务流程、系统化产品体系，将单点式、分散型营销获客变成系统性、网络化平台获客，实现大小、长短、公私客群的全覆盖，形成全程动态、实时优化、自我组织的生态价值链。这不仅仅只是将传统金融业务从线下搬到线上，而是对客户服务、产品定价、渠道销售、运营模式的颠覆式创新。要推动技术应用智能化。通过大数据、区块链、云计算等技术，主动筛选客户群体、锁定客户目标、匹配客户需求，并通过对客户信息的分析整合，发现客户活动规律，主动创造客户需求，提供专属性、个性化、智能化产品和服务。例如，建设银行不折不扣贯彻落实习近平总书记“房住不炒”重要指示精神，率先提出住房租赁战略，搭建了住房租赁五大平台，与政府、企业、社会组织和个人实现资源共建共享，旨在解决社会痛点难点问题，使住房消费功能充分显现。培育健康可持续发展的租赁市场，是实现房地产市场健康可持续发展的基础工作。截至 2019 年上半年，建设银行公租房系统在全国 288 个城市上线，房地产市场监测平台接入全国 183 个重点城市，累计上线房源 1716 万套，出租 162 万套，初步构建了覆盖全国的住房租赁生态圈，住房租赁生态化、场景化、平台化服务能力不断增强。正因为立足于生态圈的概念，我们的住房租赁相关平台建设得到了政府职能部门高度关注和大力支持，住建部连续两次下文要求各省区市的住建厅（局、委）加快上线建设银行为之打造的房地产市场监测平台。下一步，我们一方面还需要继续积极配合住建部门，推动监测平台上线工作落实落地；另一方面，由于建设银行住房租赁处于初期发展阶段，上线房源中出租比例不到 10%，我们还需要做大量工作，把住房租赁理念宣传贯彻到各个层面，真正让习近平总书记的殷殷嘱托在建设银行落地生根、开花结果。

二要善用数据。大数据是以容量大、类型多、存取速度快、应用价值高为主要特征的数据集合。数字经济时代，大数据就是重要的生产资料和宝贵财富。2014 年 3 月，大数据首次写入政府工作报告；2015 年 10 月，党的十八届五中全会正式提出“实施国家大数据战略，推进数据资源开放共享”，标志着大数据作为战略资源已上升为国家战略。2017 年 12 月 8 日，在中央政治局就实施国家大数据战略进行第二次集体学习时，习近平总书记指出：“大数据发展日新月异，我们应该审时度势、精心谋划、超前布局、力争主动，推动实施国家大数据战略，加快完善数字基础设施，推进数据资源整合和开放共享，保障数据安全，加快建设数字中国，更好地服务我国经济社会发展和人民生活改善。”建设银行深入贯彻落实党中央的战略部署，利用长期以来积累并拥有的海量数据，推进企业级数据采集、数据存储、数据分析和数据应用的统筹规划，构建了覆盖所有业务的规范统一、集成互联的基础数据库。通过现代科技手段，把数据用起来，让数据活起来，将数据用于产品和服务创新，积极构建数据驱动型创新体系和发展模式。要利用数据创新营销方式。我们拥有种类齐全的现代金融业态，完全可以共享信息，建立客户数据仓库，对客户的家庭组成、收入水平、支出结构等信息进行深度挖掘，发现客户消费规律和潜在需求，找出其中隐藏的关联关系，为产品营销提供指导和建议。要利用数据防控金融风险。通过利用大数据资源，可以深度挖掘信贷需求群体的行为特征、发展规律和风险隐患，在流程设计中预判预控风险。通过批量分析客户信息，可以精准定位目标客户群体，设定准入标准，优化风险缓释安排。通过批量分析内外部监控、预警信息，对风险隐患客户实施早期干预。大数据风控模式还可综合考虑客户道德品质、文明行为、社会贡献、绿色生活等要素，全方位评价客户风险。要利用数据构建金融生态。数据是数字经济时代的基本元素，大数据之于金融业，最大的价值在于其为培育金融新生态提供不竭动力。从传统定式金融进阶到场景金融、再演进到生态金融，数据与技术居功至伟。在“业务、数据、科技”三位一体的大中台搭建中，数据平台起到承上启下的作用，既是业务平台运营的有力支撑，又是科技平台赋能的重要基础。当前，建设银行正在围绕“8 大生态，50 个细分场景”推动“C 端”突围，通过打造强大的数据管理平台，提升科技平台的数据服务能力，支撑业务平台的12大共享能力中心建设，使定制化、专属化、个性化金融服务以数字化方式零距离精准触达客户，提升客户体验，展现建设银行全新数字化服务能力和服务水平。近期，数据治理委员会已经研究了数字力建设总体方案，将很快印发全行执行。可以说，我们以科技为“针”，以数据为“线”，以B端、C端、G端有机连接为“模”，以应用场景为“底布”，正在刺绣出一幅幅银行与客户、服务与消费、线上与线下一体化的金融生态画卷。

三要善于简约。乔布斯说过：“一旦做到了简洁，你将无所不能。”提升产品和服务创新供给能力，必须做到简洁、简约、方便、快捷。要设计简约的组织架构。借助标准化、共享化、集成化的通用模块，业务部门可以像搭积木一样调用通用模块来实现综合性业务功能，开发者可以通过搭积木方式快速开发出所需的多元化应用程序。要设计简约的产品和服务体系。注重客户和基层机构体验，简约设计产品和服务，注重引进吸收再创新，积极吸收国内外金融业的成熟经验，借鉴互联网平台公司和高科技企业的先进做法，为我所用。例如，阿里巴巴、腾讯、百度、京东、滴滴等头部企业，都是依靠引进吸收再创新，优化产品和服务体系，从而改变了行业发展形态。

（三）深植“全量+赋能”理念，增强获客活客黏客的能力

随着科技发展进步，新模式、新业态、新产业不断涌现，小行业、小企业、小客户不断发展壮大，日益成为重要客户群体，而且是全行最基础的客户群体。

一是深刻洞悉客户发展变化趋势。产业跨界融合发展趋势越来越明显，产业边界越来越模糊，客户类型、形态、结构、需求也不断发展变化，小微客户隐藏着细分行业的“隐形冠军”，小型科创企业孕育着未来的行业“头部企业”，越来越多的小微企业具备潜质成长为“明星企业”，长尾客户日益可能跨越“二八定律”成长为优质客群，普惠金融日益成为银行获客的重要渠道，具有最为广阔的成长空间和发展前景。一方面，科技和数据的完美结合降低了获取和维护长尾客户的成本，聚沙成塔、集腋成裘，看似微小的需求汇聚成巨大市场能量；另一方面，长尾客户持续成长，由于路径依赖，早期的服务渗透明显增加日后的服务黏性。基于庞大客户群的规模和生态效应，投融资市场越来越呈现四个显著特征：专属化个性化客户需求主导、单一产品带动全域产品销售、溢出经济效益远大于自身经济效益、小利润创造大市场。为此，我们要紧跟瞬息万变的市场形势，前瞻性培育崭新金融生态圈，颠覆性重构市场营销体系和获客模式，从服务我们擅长的传统双大客户类型，向服务小微客户、潜在客户、长尾客户转变。例如，建设银行率先提出普惠金融战略，聚焦融资难、融资贵、融资慢问题，围绕小微、双创、涉农、扶贫等民生领域，探索可复制可持续的普惠金融模式，建立长效机制，引导资金流向民营和小微企业，让长尾客户、服务洼地以及急需金融服务的人群，尽可能公平公正、不失尊严地获取金融资源。按央行统计口径，截至2019年上半年，建设银行普惠金融贷款比年初新增2148亿元，占四大行新增总量的33.9%，余额及新增均居四大行首位。若根据建设银行全口径统计（在央行口径加上票据和贴现），截至2019年上半年，全行普惠金融贷款比年初新增2234亿元，超过2018年普惠金融贷款新增的2227亿元。其中，上半年普惠金融贷款新增总量占全部贷款新增总量的26.7%，而小微快贷新增总量占普惠金融贷款新增总量的88%，不良率却仅为0.4%，这些成绩的取得，主要是依靠线上审批平台和风险监控平台。因此，在发展普惠金融过程中，我们一定要进一步细分普惠金融发展战略的实施路径。可以说，建设银行普惠金融战略初步经受住了市场考验、得到了社会认同，为拓宽客户基础、改善信贷结构开辟了崭新路径，为开启“第二发展曲线”、创新未来动力引擎积蓄了强劲动能。目前，我们正在为基层机构的客户经理发展普惠金融业务开发强大的技术工具。未来，基层机构客户经理，特别是支行和营业网点的客户经理，将不需要像过去那样从头到尾忙于风险监控，只需做好总行规定的几件事项就可以。我们利用技术手段为基层业务发展和日常管理提供支撑，减轻基层员工负担，也是此次“不忘初心、牢记使命”主题教育整改工作的一项重要内容。

二是树立全量客户理念。全量客户，就是中

高端客户和长尾客户一起抓的思路，无论客户性质、规模大小、业务类型，来的都是客、进门就是资源。即便进门的不是我们的客户，或者是短期没能成为我们的客户，作为国有银行，也应该为广大民众提供优质高效的金融和非金融服务。我们还要通过区分不同类型客户与银行的合作模式，为不同客户群体搭建和创新生态场景，将金融服务融入客户日常社交活动之中，使金融变得有温度，更加方便、快速、便捷响应客户需求。我们要深入社会全角落、步入生活全场景，嵌入服务全过程，通过产品和服务的升级迭代实现银行业务的全量渗透。比如，建设银行推行的智慧政务，就是贯彻落实习近平总书记2016年10月9日在中央政治局第三十六次集体学习时的重要讲话精神，习近平总书记指出："我们要深刻认识互联网在国家管理和社会治理中的作用，以推行电子政务、建设新型智慧城市等为抓手，以数据集中和共享为途径，建设全国一体化的国家大数据中心，推进技术融合、业务融合、数据融合，实现跨层级、跨地域、跨系统、跨部门、跨业务的协同管理和服务。要强化互联网思维，利用互联网扁平化、交互式、快捷性优势，推进政府决策科学化、社会治理精准化、公共服务高效化，用信息化手段更好感知社会态势、畅通沟通渠道、辅助决策施政。"智慧政务是我们基于技术领先、金融服务、信息安全、政务合作和数据应用五大优势，与政府部门共同开发的银政合作新场景，致力于协助政府提升国家治理体系和治理能力现代化水平，赢得了政府、企业和社会的广泛认可和一致赞许，不仅巩固了银政合作关系，还获得了平台上庞大的机构和个人客群。

三是持续双向赋能。赋能是银行机构与全量客户在服务和消费过程中双方能力的同步提升，赋能是双向的，它既包括自我赋能，也包括赋能客户，与客户共同成长进步。自我赋能，就是对标全球领先金融科技，致力核心技术开发，开展前瞻性研究，为业务发展提供理论、科技、数据支持，强化新技术应用，引领行业发展方向，打造难以复制的服务模式。赋能客户，就是依托技术进步，提供更加灵活精准的定制化金融服务，满足全量客户不同人生阶段的全方位金融需求，赋予其洞悉行业发展、提升管理水平、增加经营获利的能力，打造融合共荣的生态系统，形成差异化竞争优势。

（四）力促开放协同发展，增强端到端一体化生态打造能力

"开放"解决思想认识问题，是方向和指南。"协同"解决行动路径问题，是手段和保障。"端对端"，是指银行的服务触角参与从获客开始到服务完成的全流程，通过系统内部力量精确使用、方式精确选择、行动精确协同，实现全部服务环节的一路畅通和无缝链接。"一体化生态"作为"开放协同"和"端对端"共同作用的结果，是目标和任务。

一是胸怀登高望远的境界。"不登高山，不知天之高也""吾尝跂而望矣，不如登高之博见也"。登高望远才能把握大势、胸怀大局才能善谋长远。做好金融工作，道理也是一样，必须有"跳出金融办金融"的胸怀、胆识和担当，站在高处、立于巅峰，方能不畏浮云遮望眼，拨开阴霾见天日。例如，我们把人民对美好生活的向往作为奋斗目标，秉承"服务大众安居乐业，建设现代美好生活"理念，以金融力量着力解决社会主要矛盾、疏解社会痛点难点。实施"三大战略"、建设"劳动者港湾"、推出"民工惠"产品、设立建行大学等，是建设银行胸怀家国、志存高远、为国担当、为民解忧的具体行动，是"跳出金融办金融"的生动实践。例如，建设银行在1.43万个网点设立的"劳动者港湾"，为广大劳动者搭建了一个温馨如家的休息场景，让他们带动家人、亲戚、朋友更加认同、信赖建设银行，形成社会示范效应，在不知不觉、潜移默化中大幅增加社会公众未来选择建行服务的可能性。"劳动者港湾"服务了大众，方便了百姓，提升了建设银行形象，劳动者感恩建设银行，消费者信任建设银行，愿意主动成为建设银行的客户，我们更要全心全意地服务好这些客户，更有责任和义务提升自己的服务能力和水平，办人民群众满意的银行。需要强调的是，我们搭建"劳动者港湾"，更多是出于社会责任和公益目的考虑，体现大行担当，为环卫工人、汽车司机、城管人员、交警等普通户外劳动者提供歇歇脚、透透气、热热饭、喝喝水的场所，成为劳动者家园，希望大家在做这件事时不要功利心太重，在布局"劳动者港湾”时不要让其他元素冲淡了它的作用。

二是秉持开放银行理念。数字经济时代，以智慧、便捷、数字、环保为基本特征的开放银行成为商业银行战略转型的方向，是未来银行的高级形态，我行推出的“5G⁺智能银行”，带来了银行服务“场景化、在线化、云端化、智能化、平台化、协同化”的革命性改变，就是开放银行的有益探索。开放银行是自上而下的数字转型，是前中后台业务流程的深刻变革，是对银行价值链条和商业模式的重构。作为开放的金融服务平台，开放银行以用户体验为导向、以生态场景为触点、以金融机构核心能力为支撑，依托现代科技，与客户、员工、供应商、科技开发者等主体共建共享，从而为客户提供体验一流的金融服务。越来越多的银行服务被嵌入第三方，让用户在场景中感受到无影无形却又无所不在的全方位服务。

三是树立万物互联思维。随着5G、传感、识别、低功率广域网等技术的广泛应用，物联网运行的关键技术和基础设施逐步夯实，人类社会正在进入数字化全连接的智能时代，万物感知、万物互联、万物智能成为主要特征，银行拥有了可以实时、全方位融入社会场景的敏捷触角。在数以万亿计的新设备接入物联网的过程中，同步完成海量数据的采集与应用，通过对泛在连接的万物终端所产生的信息进行批量采集并数据化处理，转化成可以被记录、存储、追踪和使用的信息流。物质存在延伸到哪里，信息就流淌到哪里，金融服务就能如影随形跟进到哪里。

四是遵循聚力协同原则。“能用众力，则无敌于天下矣；能聚众智，则无畏于圣人矣。”聚力协同，就是需要我们用众力、聚众智。“协同”不仅包括人与人之间、机构与机构之间的协同，也包括应用系统之间、数据资源之间、终端设备之间、应用场景之间的全方位协同。协同的最终目的是实现各子系统、各生产要素默契配合，使多种力量、多种功能集聚成超越简单加总的崭新力量、崭新功能。要推进思想协同。统一思想认识，树立全局观念，增强责任意识，强化全行“一盘棋”的思维，以“功成不必在我”的精神境界和“功成必定有我”的历史担当，打破本位主义积弊，把直线型“串联”流程转化为扁平化“并联”流程，各司其职、步调一致，提高工作效率。要推进业务协同。大数据来源于真实业务交易，数据和技术部门将营销、资产、财务、产品各系统的业务数据抽取到数据仓库，对不同系统的分散数据进行挖掘处理。通过业务协同，一方面，数据部门能够通过掌握真实有效的业务数据，为客户精准画像，提升产品创新能力；另一方面，业务部门也能得到精准的营销指导，全面深入了解客户需求行为的动态变化，提升服务客户能力。要推进数据协同。数据协同需要对数据类型进行甄别分析，对内外部数据进行整合加工。推行全面数据协同，就是要破除上下之间、行际之间、部门之间、条线之间的“信息孤岛”和“数据烟囱”现象，实现信息互通、数据共享，为产品和服务创新提供事实依据。

习近平总书记高度重视数据治理和数据安全工作，2016年4月19日，习近平总书记在网络安全和信息化工作座谈会上强调：“要依法加强对大数据的管理，一些涉及国家利益、国家安全的数据，很多掌握在互联网企业手里，企业要保证这些数据安全。企业要重视数据安全，如果企业在数据保护和安全上出了问题，对自己的信誉也会产生不利影响。”我们要深入贯彻落实习近平总书记指示要求，建立安全管用的数据治理机制，对数据的采集识别、加工处理、分级授权和脱敏处理等进行全流程管控，确保数据传输的及时、有效、安全、完整，并建立严格的数据管理制度体系，通过数据管控平台，推进数据的标准化、有序化、可视化。最近，全行数据治理委员会召开了研究数据管理工作的专题会议，指出数据是建设银行未来发展最基础、最核心的资源，要求全行建立完善数据治理相关执行标准和问责机制，实现数据治理的全流程监控。希望大家对这项工作要提高思想认识，积极参与、主动作为，对相关的部门机构及人员，要给予全力支持、密切配合，切实把数据管理工作做好做实。

（五）发挥建行大学作用，增强政银企互动能力

习近平总书记在党的十九大报告中强调：“完善职业教育和培训体系，深化产教融合、校企合作。”建设银行深入贯彻落实党中央关于深化产教融合、发展现代职业教育的战略部署，应需、应时、应势成立建行大学，以金融教育培育普惠金融文化，以国有大行担当为社会添助正能量，探索独具特色的现代金融人才培养模式，增强政银企间的融合与互动能力。

一是面向行内员工。建行大学借助科技力量，整合线上线下、行内行外、境内境外的碎片化培训资源，为全员学习提供更便利的平台，提高员工技能，让员工把握新趋势、掌握新知识，打造出互联互通、共用共享的立体学习生态圈。建行大学成立以来，在为基层机构和员工提供业务培训、提高业务技能等方面，发挥了重要作用。下一步，建行大学还将重点安排党建教学内容，加大党建教学资源投入，丰富党建培训资源供给，为全行员工搭建形式多样的党建学习平台。

二是面向科研机构。建行大学与国内外高校组建"新金融人才产教融合联盟"。联盟成员包括来自社会机构、境内外高校、大型央企和金融机构、创新型企业的64家理事单位以及6家观察员单位。组建产教联盟的根本目的是要解决如何将实验室和教学科研中的成果迅速转化为现实生产力的问题。一个好理念、一套好体系、一项好发现，不能简单空对空，需要思想上碰撞、理念上融合、行动上协同，才能顺利落地。我国有很多好的科研成果和发明创造，但在推进成果转化链条上存在薄弱环节和体制机制障碍。要把创新成果转化为现实生产力，必须推动科技创新和经济社会发展深度融合，建立产教研用融合发展机制，推动科研机构和投资主体共担风险、共享利益。我们在高校与企业之间架起一座科研创新和成果转化的桥梁，共同开展课题研究、成果转化和职业培训，就是要实现银校供需对接、优势互补、资源转化、协同创新、价值交换和利益共享，推动科研机构和金融企业共促共生共赢。

三是面向服务对象。建行大学启动"金智惠民"工程，覆盖民营企业家、普通农户、扶贫干部、基层公务员等群体，在潜移默化中宣传和普及金融知识，提升社会公众金融素养，特别是针对民营企业家、小微企业主，通过"春风化雨、润物无声"式的培训提高他们跟金融机构打交道的能力。客户对金融知识认识得越深刻，对我们的产品服务理解得越到位，他们对自己企业的运营把握就更自信。这不仅有利于形成和谐共生的政银企关系，也有利于降低政银企的沟通协调成本。通过"金智惠民"工程的实施，不断推进与各级政府部门的深入合作，还可以有效输出建设银行文化，将建设银行经营理念融入其中，提升社会各界对建设银行品牌的认同。

通过建立三方"共建、共有、共享"的社会教育培训平台、"融智、融通、融合"的产教研用孵化平台、"交往、交流、交融"的互惠互利合作平台，在你来我去的交往中，在互谅互信的交流中，在和睦融洽的交融中，加深了解、增进感情，形成政银企你中有我、我中有你，鱼水交融、相互依存的生动生态场景。大家一定要深刻理解设立建行大学的初衷，就是与客户相互支持、相互提升、共同成长、共同进步，在不知不觉、潜移默化中共同推动政银企三方的健康和谐发展。

（六）强化党建引领发展，增强党领导我行金融供给侧结构性改革的能力

2016年10月10日，在全国国有企业党的建设工作会议上，习近平总书记指出："坚持党的领导、加强党的建设，是国有企业的光荣传统，是国有企业的'根'和'魂'，是国有企业的独特优势。"习近平总书记关于国企党建工作的重要论述，阐释了国企党建工作的发展规律，回答了国企党建面临的重大问题，强调了加强国企党建工作的重要性紧迫性，为做好新形势下国企党建工作提供了根本遵循。建设银行作为一家国有大行，更要坚持党建和发展改革"两手抓，两手都要硬"，推动党的建设与发展改革同频共振、互促共赢。

一是正确认识党建和业务发展的关系。在全国国有企业党的建设工作会议上，习近平总书记还强调："要通过加强和完善党对国有企业的领导、加强和改进国有企业党的建设，使国有企业成为党和国家最可信赖的依靠力量，成为坚决贯彻执行党中央决策部署的重要力量，成为贯彻新发展理念、全面深化改革的重要力量。"同志们都知道国企党建工作很重要，但在实践中，有些同志还是认为党建不直接创造经济效益，总觉得抓党建不如抓发展改革具体，把抓党建当成任务甚至当成负担，不愿投入过多精力，党建和发展改革"两张皮"现象还一定程度地存在。世界企业发展史表明，并不存在一成不变、放之四海而皆准的现代企业治理模式。我国的国企发展史，就是一部坚持党的领导、加强党的建设的历史。党的领导完全可以与企业治理相依相存、党的建设完全可以与发展改革相融相通，形成各司其职、各负其责、协调运转、有效制衡的治理机制。全行一定要高度警惕“党组织地位边缘化、党务干部从属化、党建工作空心化”的倾向，以高质量党建全面引领高质量发展，把党中央关于金融供给侧结构性改革的决策部署，转化为推动经济发展的创造性金融实践。

二是把党建融入金融供给侧结构性改革工作全过程。党对国有企业的领导是政治领导、思想领导、组织领导的有机统一。国有企业党组织发挥领导核心和政治核心作用，归根结底，就是“把方向、管大局、保落实”。党的领导是建设银行顺利推进金融供给侧结构性改革的根本保证，要把党的建设贯穿金融供给侧结构性改革全过程，旗帜鲜明讲政治，明确改革方向、优化供给结构、助力经济发展、确保金融安全。基层党组织与员工群众联系最紧密、接触最频繁、交流最广泛，要把基层党组织建设成团结员工的家园、教育党员的学校、攻坚克难的堡垒。要推动党建工作与发展改革相结合，着力形成与发展改革目标任务相一致、与发展改革模式相匹配、与经营管理方式相协调的党建工作机制，把“无形”的党建工作成效转化为“有形”的发展改革优势。

三是注重发挥党员干部在金融供给侧结构性改革中的引领作用。党员干部是党在经济领域的执政骨干，是治国理政复合型人才的重要来源，肩负着经营管理国有资产、实现国有资产保值增值的重要责任，必须做到“对党忠诚、勇于创新、治企有方、兴企有为、清正廉洁”。我们各级领导干部要对照党中央要求，对照党章党规，对照先进典型和身边榜样，自觉增强“两个责任”和“一岗双责”意识，时刻提醒自己第一身份是共产党员、第一责任是为党工作。让“每一个党支部都成为一个坚不可摧的战斗堡垒，每一名党员都成为一面催人奋进的鲜红旗帜”。目前全行有超过21万名党员，只要每名党员带头冲锋在前，同时鼓励和带动1名员工迎难而上，那么建设银行党建与发展改革工作，就将呈现出“接天莲叶无穷碧，映日荷花别样红”的喜人景象。最近，全国掀起了学习张富清老英雄先进事迹的热潮，张富清老英雄就是我们身边最典型、最突出的学习榜样，如果建设银行的每名党员都能像他那样对党忠诚、朴实纯粹、淡泊名利，我们的事业就一定会欣欣向荣、蒸蒸日上、越来越好。

四是以严实的党风廉政建设保障金融供给侧结构性改革顺利推进。党风廉政建设是共产党人的重要历史使命。习近平总书记强调：“不正之风严重破坏党的组织原则，干扰和破坏党和国家政策、法令以及各项规定的执行，破坏社会主义现代化建设，破坏来之不易的大好形势，败坏党的声誉，发展下去就会腐蚀党的肌体，毁掉一批干部，误国误民，其害无穷。”“全党抓党风廉政建设，一要各级党委的‘一、二把手’亲自抓，二要依靠各级党组织抓，三要有一支坚强的纪检队伍专职抓，四要把广大党员动员起来向歪风邪气作斗争。”在全党自上而下、紧锣密鼓开展主题教育之际，我们一定要高站位认识、高起点部署、高水平推动、高标准检验，以矢志如钢的胆识推进建设银行党风廉政建设和反腐败斗争。严实的党风廉政建设是金融供给侧结构性改革顺利推进的重要保障，必须充分发挥中纪委派驻建设银行纪检监察组重要作用，总行党委将全力支持配合好驻行纪检监察组的工作，坚决做到“管住人、看住钱、扎牢制度防火墙”。从建设银行发生的一些经营管理风险来看，主要来自重要岗位的员工制度约束不严、职业道德缺失，缺乏对法纪、规则、专业的敬畏之心。要贯彻党管干部原则，严明纪律和规矩，强化对关键岗位、重要人员的监督，坚决防止徇私舞弊、“设租寻租”、利益输送等违规违纪行为，努力营造良好的金融生态环境。要加强各级班子和队伍建设，完善岗位责任与履职监督问责机制，完善业绩考核和薪酬分配机制，完善尽职免责管理办法，激发经营活力，严肃工作纪律，严守工作底线，改进工作作风，加快建设一支政治过硬、作风优良、业务精通的人才队伍。

同志们，九万里风鹏正举，新征程砥砺初心。我们有幸生逢一个伟大的时代，人类社会正由工业化向信息化快速演进，不同人类文明、国家制度、意识形态之间的交流、交融和摩擦、碰撞成为常态，中华民族面临百年未有之大变局。我们要不忘初心，牢记使命，正本清源。“参天之木，必有其根；怀山之水，必有其源。”必须进一步树牢“四个意识”，坚定“四个自信”，坚决做到“两个维护”，补足信仰之钙、打好信念之铁、炼出意志之钢，始终忠诚于党、忠诚于人民、忠诚于马列主义，自觉在思想上政治上行动上同以习近平同志为核心的党中央保持高度一致，坚持发展社会主义国家金融，不断提高人民群众的金融获得感，守护和担当人民金融为人民的初心和使命。我们要勇于担当，开放创新，主动作为。“沧海横流方显英雄本色，摸爬滚打才见龙马精神。”面对新形势、新任务、新问题，要敢于求变创新、勇于争先创优，下好先手棋、打好主动仗，在新矛盾、新挑战、新征程中淬炼党性，牢固树立以人民为中心的金融发展观，紧紧围绕社会主要矛盾推动战略转型，落实“三大任务”，提升“三个能力”，推进“三大战略”，在新一轮国际产业升级和分工变化中强筋壮骨，不断贡献金融力量。我们要立足当下，面向未来，返本开新。“走过千山万水，仍需跋山涉水。”国际格局和外部形势的急剧发展变化告诉我们，发展道路还得独立自主，前途命运还得自己掌控，必须做好自己的事，走好自己的路。金融强、经济强，让我们共同努力，齐心协力构建强大的现代金融体系，为实现中华民族伟大复兴的中国梦，贡献建设银行的智慧和力量。

谢谢大家！

稳健经营 精细管理 全力实现全年各项目标任务

——在2019年夏季工作座谈会上的经营情况报告

刘桂平

（2019年7月25日）

同志们：

刚才国立董事长作了重要讲话，明天永庆同志还要作会议总结，大家要认真学习领会，抓好贯彻落实。下面，我向会议报告上半年全行经营情况，并就做好下半年工作谈几点意见。

一、上半年经营业绩稳中向好

上半年，面对错综复杂的经营形势，全行坚决贯彻落实党中央、国务院决策部署，以习近平总书记提出的“三个能力”建设为根本遵循，深化金融供给侧结构性改革，积极作为、主动担当，服务实体经济质效提升，经营业绩稳中向好，战略推进成效显著，发展基础不断夯实，成绩值得充分肯定。

（一）服务实体经济质效提升

信用资源多渠道释放，新增投放力度加大。贷款投放、债券投资力度加大、节奏加快。人民币贷款新增××亿元（增长××%，同比多增××亿元），地方政府债新增××亿元（同比多增××亿元），新增保持同业领先；非金融企业债务融资工具发行规模××亿元，规模和收入均为市场第一，承销规模多年保持市场第一。通过集合信托、融资租赁、债券承销、公开募股、直接投资等多渠道解决客户资金需求，综合投融资余额达到××亿元。

精准滴灌重点领域和薄弱环节，金融供给结构不断优化。基础设施领域贷款余额××万亿元，较年初增长××亿元；京津冀（××%）、长三角（××%）、粤港澳大湾区（××%）贷款增速均高于对公平均增速（××%）；普惠金融贷款余额达到××亿元，新增××亿元，增长××%，余额和增量均列四大行首位；民营企业贷款增速（××%）高于同期对公贷款增速××个百分点。

对接新旧动能转换金融需求，推动高质量发展。战略性新兴产业贷款增加××亿元，增幅达××%；绿色信贷余额达到××万亿元；债转股累计签约和落地金额同业领先，累计达××亿元。创新推出科创板企业专属金融服务方案，上交所受理申报的××家科创板企业，有一半落户建设银行。

（二）主要指标均衡协调

资产负债较快增长，结构优化。集团资产总额××万亿元，新增××万亿元，增长××%。负债总额为××万亿元，新增××万亿元，增长××%，其中人民币一般性存款新增××万亿元，同比多增××亿元。人民币一般性存款日均新增同业第一。个人负债业务方面，实现全量资金时点新增、存款时点新增、存款日均新增、日均及时点余额市场占比提升幅度等“五个第一”。

盈利增长稳中有升，关键指标同业领先。集团盈利增长符合预期，实现净利润××亿元，增长××%；关键指标均衡协调，ROA为××%，ROE为××%，保持四大行第一；NIM（××），成本收入比（××%，H股报告口径）等指标保持平稳；手续费净收入××亿元，增幅为××%；八项重点产品整体实现较快增长，信用卡收入超××亿元，第三方支付、理财产品、代理保险、境内保函等收入增速超××%，财务顾问业务收入与对标行差距缩小。

风险防控扎实有效，资产质量稳中向好。资产质量“七率”指标稳健协调，四大行中唯一一家保持负“剪刀差”。集团口径不良率为××%，较年初下降××个百分点，拨贷比、拨备覆盖率上升，风险抵补能力持续增强。市场风险、流动性风险总体保持稳定。处置不良贷款××亿元，在市场下行情况下实现了经营处置质量和价值贡献稳步提升。

（三）战略推进成效显著

普惠金融全面发力。普惠金融客户保持较快增长，不良贷款连续6个季度环比“双降”。“小微快贷”贷款客户达到××万户，增速近××%，不良率为××%，新增额占到普惠贷款新增的××%；“惠懂你”上线10个月来，累计绑定客户超过××万户，上半年新增××万户。建行大学拓展“金智惠民”公共培训服务体系，累计举办××多期培训班，××万人受益。随着“裕农通”“民工惠”“劳动者港湾”的推广，普惠金融服务内涵不断丰富。脱贫攻坚全面发力，扶贫贷款余额达到××亿元，新增计划完成率达××%。从结构数据看，建设银行与中小银行在普惠信贷的细分市场上形成了错位分层，并未挤占同业的业务空间，同时也为广大同业开展普惠业务提供了一种可行的模式选择。

住房租赁生态效应初步显现。住房租赁综合服务平台覆盖超过××%的地市及以上城市，政府监管服务系统上线××个。上线房源超过××万套，协助住建部搭建的全国房地产监测系统获得国务院领导高度评价。客群和生态效应逐步显现，平台注册个人用户超过××万户，平台合作企业××万户。

金融科技持续赋能。科技创新驱动和赋能效应得到发挥，在市场上打响了品牌，赢得了先发优势。数据治理体系进一步完善，应用不断深化。“智慧政务”平台已覆盖××个省市县，上线××多个缴费事项；“建融智合”平台注册客户达到××万户，撮合成功超××万笔；推出“5G⁺智能银行”，探索以高科技崭新体验引领未来网点发展方向。智能运营体系建设加快，管理效能不断释放。国产化平台办公自动化系统在集团境内外机构成功上线，并完成了2.0版本迭代升级。

零售业务价值贡献持续提升。零售业务保持较快发展，客户和资金基础进一步夯实，经济增加值、中收、存款等贡献持续提升，EVA占比达到××%；个人全量客户创历史新高，龙支付、代发工资两类重点客户双双破亿，私人银行客户总量增长××%。最大零售信贷银行地位巩固，个人住房贷款余额为××万亿元，实际新增××亿元，保持同业第一。住房资金归集余额突破××万亿元，新增××亿元，房改金融业务守牢半壁江山。

对公交易性业务亮点纷呈。重点产品保持良好发展态势，新型结算产品交易量××亿笔，同比提升××%；证券投资基金托管业务收入连续24个月稳居市场第一；票据业务交易能力持续提升。特别是经过全行努力，财务顾问业务收入同比增长××%。

（四）发展基础不断夯实

客户账户质量提升、增速领先。在清理注销低效账户××万户的基础上，保持对公有效客户、单位人民币结算账户总量、新增四大行首位，实现信贷客户增长超过××%。公司机构客户新增××万户。个人有资产客户××亿户，新增××万户，有效客户××亿户，AUM值达××万亿元，新增××亿元。

网络金融客户活跃度提升。用户数、交易规模保持同业领先。个人手机银行用户××亿户，较上年同期新增××万户，活跃用户数达××万户，同比增长××%。企业网银客户××万户，活跃客户××万户，同比增长××%。微信银行关注用户数××万户，同比增长××%，绑定用户数××万户，同比增长××%。

渠道服务功能得到拓展。全行超过××%的营业网点开办普惠金融业务。26家一级分行××个网点承接智慧政务服务，提供税务、医疗、证件办理、养老、司法、住房保障等政务类业务××项，其中××项实现“客户一站式办理”。建设“劳动者港湾”××万个，累计服务约××万人次，成为首个被全国总工会授牌的户外劳动者服务站点共建品牌。持续扩大集约化业务范围，已实现网点柜面、线上、中台机构、子公司及海外178类业务总行集中处理，减轻一线工作负荷。网均对公、个人存款日均分别较2019年第一季度增长××%和××%，网点服务效率和价值创造能力不断提高。

上半年实现良好业绩，得益于总行党委的正确领导，董事会、监事会的有力指导，监管机构和有关部门的大力支持，是全体干部员工团结拼搏的结果。在此，我谨代表管理层向全行干部员工表示衷心感谢！向关心支持建设银行事业的管理部门、监管机构表示衷心感谢！

二、内部经营管理稳中有忧

在肯定成绩的同时，也要关注经营发展中存在的困难和问题，特别是三个方面结构性问题要引起重视。

（一）业务发展不均衡

对公对私业务发展不够均衡。近两年来个人存款新增态势很好，但从存量看四大行占比没有达到四分之一，特别是东部地区明显落后。对公资金体内循环率和对公存款市场份额均出现持续下滑；对公信贷剔除普惠和贴现，新增乏力且传统优势——基础设施领域发展弱于同业，市场竞争力有所下降。新兴业务拓展能力有待提升，交易性业务还缺乏市场上叫得响的拳头型产品。

本币外币业务发展不够均衡。全行外币资产负债规模下降较多，国际业务多数关键指标下滑。这其中有政策调整和主动压缩的因素，但从根子上看，还是基础和能力的问题。有的分行，甚至是经济发达地区分行，对外汇业务重视很不够，个别分行汇报工作时只讲本币业务不讲外币业务。全行网点对公外汇业务开办率仅为××%。不会做、不敢做现象还比较普遍，这与增强参与国际竞争能力的要求相去甚远。

重点区域分行发展与区域经济发展水平不匹配。习近平总书记强调建设银行要进一步增强服务国家建设能力。京津冀（包括雄安新区）、长三角、粤港澳大湾区都是党中央确定的重大战略，服务好重点区域是落实“三个能力”建设的应有之义。但是目前，除了珠三角地区分行的主要业务占全行比重超过本地区经济总量在全国的占比外，其他几个区域的分行都没达到。比如，长三角地区的经济总量占全国的××%左右，但是长三角六家分行的存款、贷款、中收、利润总量在全行的占比都低于××%。

（二）资产质量面临较大的压力

从不良入口端看，逾期贷款明显增加，结构性风险突出。上半年逾期贷款率出现反弹，逾期和不良负“剪刀差”大幅收窄（其中有一户就吃掉了××亿元负“剪刀差”）。分区域看，环渤海地区、西部地区和东北地区的风险压力比较大。分行业看，制造业、批发零售业不良贷款暴露较多，不良率居高不下。分客群看，亿元以上大户不良暴露增多，部分多元化经营的国有企业风险显现，单户大额风险暴露对我行资产质量影响较大。分产品看，近年发展较快的线上业务出现风险结构性分化，有的分行不良率远超全行××%的平均水平，个别甚至高达××%。

从不良出口端看，处置难度加大。存量对公不良贷款结构发生较大变化，欠发达地区金额占比、5亿元以上项目金额占比提升，增加了处置难度，部分重大项目的处置和现金回收没有达到预期。随着股份制银行和城商行不良资产加速出清，供需关系变化导致资产管理公司收包意愿和出价水平下降。

从合规管理看，内外部审计检查和监管通报的问题都表明，建设银行在信贷经营管理、员工行为管控、内控合规等方面还存在一些突出问题，特别是合规管理和案防形势依然严峻。上半年全行共发生操作风险损失事件××笔，同比上升××倍；个别海外机构风险大量暴露，而且出现了个别员工的道德风险。

（三）基础管理需要继续加强

客户基础需要持续夯实。有效客户占比偏低，单位人民币结算账户中长期不动户近××%。对公客户账户数保持高增长，但金融总量高于××万元的客户不足××万户，占比仅××%。全行优质消费类商户偏少，直接影响个人消费资金承接率。

网点综合竞争力仍有待进一步提升。网点效能与对标行相比差距较大，网均对私存款低××亿元。网点综合金融服务能力不足，对公对私一体化、本币外币一体化、线上线下一体化程度不高，对拓展普惠金融客户、赋能智慧政务难以形成强有力支撑。

协同联动机制亟待完善。集团母子公司之间、总分行之间、区域之间、境内外机构之间、部门条线之间，业务协同、信息共享、利益分配等方面机制还不完善，配套制度还不健全。

三、外部形势稳中有变

当前外部宏观环境总体稳定，但“变”的因素明显增多，既有挑战也有机遇，重点要关注五个方面。

（一）高度关注全球经济走势和国内经济下行压力

全球经济增长动能减弱，欧日和新兴市场增长疲软。中美贸易摩擦呈现出长期性、艰巨性、复杂性，既影响我国出口、民间投资的增长，又增加了经济运行的变数。2019 年上半年顺差呈衰退性增长，后期效应可能还会不断显现。固定资产投资增长××%，同比回落××个百分点，特别是反映经济活力的民间投资增速指标低于平均水平。制造业景气度下降，PMI 连续两个月位于荣枯线下方。社会融资虽有回升，但主要是专项债融资增加和表外收缩放缓；企业的有效信贷需求疲弱，中长期贷款占比偏低。全国城镇调查失业率有所上升，加之 2019 年 800 多万大学生毕业，就业压力持续增大。信用债违约金额大幅上升，而且呈现持续暴露的趋势。中小金融机构短期流动性压力增大，导入性风险值得关注。在经济下行压力下，部分企业经营困难必然导致银行资产质量承压。与此同时，我们也要在国家精准调控、产业和市场调整变化中发现结构性的机遇。《关于做好地方政府专项债券发行及项目配套融资工作的通知》正式明确地方专项债可作为资本金，将推动新一轮的基建投资。全行要发挥基建领域的专业优势，抓住市场商机。

（二）高度关注金融市场波动

2019 年下半年货币政策和市场利率的变化，可能对贷款定价和投放安排、债券投资和组合策略等带来较多不确定性。需要提前做好研判，努力保持资产收益率稳定。负债端要控制过长期限资金，把控好利率风险。要关注市场波动情况下同业资产配置策略的变化，特别是对不同资产不同客户的风险分层和定价分层的变化趋势，坚持理性的市场判断，增强风险定价能力和价值创造能力。

（三）高度关注供给侧结构性改革动向

随着供给侧结构性改革不断深入，产业结构升级是必然趋势。我们要及时跟进、提前做好准备，特别要关注战略性新兴产业、先进制造业等产业布局调整新动向，不能等市场都动起来了才反应过来。目前我们的行业研究还是个短板，专业化程度不高、力量也比较分散。加快直接融资的发展，是金融供给侧结构性改革的重头戏，这将对商业银行间接融资形成替代，但会给投行业务带来新的发展机遇。这方面我们的市场研究、配套产品研发还没有做好充分的准备。

（四）高度关注新技术革命进程

5G 的商用牌照已经发放，科创板第一批企业本周已经正式上市，国家新一轮网络建设和新型基础设施建设加速推进，传统经济向数字经济转型的进程正在提速。建设银行的普惠金融和住房租赁业务跨越式发展靠的是金融科技的支撑，以及现代科技驱动的机制和流程变革。对照“第二发展曲线”的要求，以及新技术变革的大势，我们固有的管理架构和营销体系还存在很多不适应。C 端突围项目给我们带来很多启示，特别是生态化、场景化的思维方式，科技赋能、敏捷反应的方法模式，完全可以在其他领域借鉴和复制。

（五）高度关注全社会过度负债问题

我国宏观杠杆率已经很高，2019 年以来社会融资增速快于 GDP 的增长，杠杆率仍在继续攀升。2019 年第一季度，宏观杠杆率上升××个百分点。其中，企业、居民和政府分别上升××个、××个和××个百分点。要分部门研究杠杆率变化对银行风险带来的结构性影响，开展相应的压力测试，这方面我们的工作还需要加紧跟进。党中央高瞻远瞩地部署打好三大攻坚战，防范化解重大风险排在第一位，重点是防控金融风险。这其中要密切关注房地产市场波动和房地产企业杠杆率变化，长期以来我们房地产领域业务规模大、风险集中度高，这方面还需要作结构性的深入研究，确保不出现行业性风险。

四、下半年重点工作

全行要始终以习近平总书记关于增强“三个能力”要求为根本遵循，坚决贯彻中央关于金融工作方针政策和监管部门各项要求，以“不忘初心、牢记使命”主题教育为契机，扎实深入推进“三大战略”，以“五个始终”① 的工作要求落实好党委、董事会的决策部署，确保全面完成全年各项目标任务。

（一）提高政治站位，坚持党建引领发展

要树牢“四个意识”，坚定“四个自信”，坚决做到“两个维护”，自觉将习近平新时代中国特色社会主义思想和重要指示精神，一以贯之落实到全行党的建设和经营管理各项工作中。各级党委和领导班子要落实“两个责任”，切实履行“一岗双责”。党建与业务工作不能搞“两张皮”，抓业务要见党建，抓党建要融业务。要持之以恒正风肃纪，加强风险跟踪预警、员工行为排查、非现场审计、内控稽核等系统的作用，把防范金融资产风险和“人的风险”结合起来。力戒形式主义与官僚主义，促进工作作风不断改进。

要深入开展“不忘初心、牢记使命”主题教育。以张富清老英雄为榜样，以“一面鲜红的旗帜”标准来要求自己，带动更多党员、更多群众见贤思齐。近期总行党委正在开展“不忘初心、牢记使命”主题教育调研，希望各级机构特别是基层机构同志多提出意见和建议。管理层将把落实整改和推动工作紧密结合，做到即知即改、立行立改、真改实改。要在思想上再添把火、行动上再加把劲，推动学习贯彻习近平新时代中国特色社会主义思想往深里走、往心里走、往实里走。

我在前天的党课上讲过，党建和业务完全可以做到深度融合。中国共产党的初心和使命是为中国人民谋幸福、为中华民族谋复兴；金融企业的初心和使命，我认为就是总书记2017年在全国金融工作会议上部署的“三大任务”，即服务实体经济、防范金融风险、深化金融改革；建设银行的初心使命，我认为就是总书记在建行成立60周年时批示所指出的增强“三个能力”。这“三大任务”和“三个能力”是一脉相承的。总行党委确立的“三大战略”是建设银行践行“三个能力”建设的具体行动。如何践行好这些要求，深化金融供给侧结构性改革是基本路径。基于这样来考量，我们在抓党建工作，开展主题教育的过程中，所做的没有哪项工作是跟“不忘初心、牢记使命”相脱离的，都是完全融合的。所以讲，从来就没有离开政治的业务，也没有离开业务的政治。要以政治建设为统领，把党组织建设为坚强的战斗堡垒，使每一名共产党员都成为一面旗帜。我们现在全行员工××万人，××万名党员（在职的超过××万名），一名党员带动一名员工，那么整个建设银行一定是充满生机活力的。

（二）发挥大行担当，进一步加大对实体经济支持力度

保持贷款增长的合理水平，着力优化信贷结构。当前经济下行压力较大，国有大行要有担当，主动作为，促进经济运行保持在合理区间。要结合全行负债能力等情况，在年初计划基础上适当调增全年信贷新增规模。要重视解决对公贷款增长乏力问题，总行相关部门要加紧研究调整定价、经济资本、客户评级、EVA考核等政策。对于普惠贷款，只要有实际需求，在有效把控风险的基础上足额保障规模。债券要坚持价值投资导向，在满足全行流动性需求基础上，适当增加投资规模；调整优化投资结构，重点支持地方债认购，同时加大同业存单出售力度。同业业务要发挥好流动性“蓄水池”作用，把握好委外投资资产的摆布，做好风险管控和结构调整。存款要在年初计划基础上适度加压，做好量价平衡，更好地支持资产业务发展和服务实体经济能力提升。要加强主动负债策略研究，合理安排规模和节奏，做好聚财产品承接。科技部门、数据部门要和业务部门共同研发好的产品、好的工具，使一线有更多的营销利器。

（三）坚持稳健经营均衡发展，保持关键指标同业领先

要把稳健经营的理念、均衡发展的逻辑贯穿到市场营销、风险管理、结构调整、资源配置等各项工作中，做到“一个领先、一个加快、两个

① 始终以习近平总书记提出的“三个能力”建设为根本遵循，始终坚持稳中求进的工作总基调，秉持稳健经营理念，始终围绕价值创造和风险管控开展日常业务经营与管理，始终将提升战略执行力作为经营工作的落脚点，始终营造求真务实、实事求是的工作氛围。

均衡”。

关键指标要保持同业领先。具体来讲，集团利润要确保实现年初增长目标，ROA、ROE、资本充足率等关键指标要继续保持同业领先位次；各项流动性指标要确保持续满足监管要求，在此基础上平衡好流动性安全和业务可持续发展的关系；资产质量指标要保持住稳中向好态势。经济下行压力下要顺势而为，充分暴露风险资产，足额计提减值准备，由此影响到分行当期 EVA 考核的可以做出适当灵活处理。要加快不良资产处置节奏，加大处置力度，不良资产处置审批会议频次可以根据需要适当增加。当然，在压力条件下要平衡好多个维度、多个层次指标之间的关系，资债、财会部门要和相关业务条线强化统筹协调，特别是在考核、资源配置等方面科学调度，各部门各分行都要增强大局意识，多从全行的角度考虑问题、解决问题，将稳健经营和均衡发展理念落实到具体业务中。

重点区域发展要加快。要抓住国家重点区域战略实施的机遇，加快京津冀（包括雄安新区）、长三角、粤港澳大湾区等重点区域业务创新发展，将其打造成为“三个能力”建设的全行样板。区域内市场竞争力表现不佳的分行，要主动作为、迎头赶上，总行既要在政策上给予充分支持，又要加强监测评估和监督考核。具体地讲，一是政策要差异化。在全行统一政策的基础上，对几个重点区域分行可以有所差别。比如在授权方面，总行要解放思想，研究拿出具体解决方案。只要一级分行有需要、能用好，在确保不会用出风险的前提下，总行可以对相关分行充分授权。二是资源倾斜。要加大对重点区域的战略性经济资本配置，实行项目化清单化管理，实现精准支持和重点保障。三是搭建机制。在机构间业务协同、利益分享等方面，总行要建章立制，特别是建立健全利益分配中的协调机制和补偿机制，全面提升区域整体作战能力。四是做好评估。总行给了差别化政策和资源倾斜，分行要有相应的超额回报，授权可以充分，但回报也要超预期。超预期就是要做出与当地经济发展水平相匹配甚至超越当地经济发展水平的业绩。重点区域的分行要争气拼搏，总行相关职能部门要持续跟踪评估，确保投入产出匹配。五是筑牢底板。发展得快还要发展得好，而且越快越要重视做好风险防控。普惠金融现在发展得很快，态势也很好，越是这个时候越要控好风险。只有这样，这个战略才能执行到位，才能形成可持续发展模式。要加紧研发完善风险管控的平台系统，丰富风险管理工具箱，尤其是针对线上业务的风控模型，为客户营销和经营管理提供有力的支持保障。

做好对公对私、本币外币业务两个均衡。要深刻理解并牢牢把握“三块板”的关系：长板要做长做强，短板要努力弥补，风险底板要坚决筑牢。对公对私均衡方面，要坚持零售优先和对公交易性业务优先发展，特别是东部发达地区的分行，一定要加快弥补零售业务的短板，同时在对公交易性业务发展上发挥引领作用，推动形成更加均衡、健康、可持续的资产负债表和损益表。这里讲的优先是增量的优先，是在蛋糕做大基础上的优先，是长板做长做强基础上的优先，不能只强调弥补短板而丢了长板。落实到具体指标上，就是原有的优势业务市场份额要稳中有升，短板业务市场份额要加快提升。本币外币业务均衡方面，首先要提高认识，这是增强参与国际竞争能力、支持企业“走出去”的基本要求，只会做本币业务的银行算不上真正的国际化银行。各条线、各机构都要高度重视外汇业务发展，东部地区省市行包括县支行、中西部地区中心城市行都要全面开办外汇业务，不会做外汇业务的行长就不是称职的行长。要努力精通外汇业务，全面提升外汇业务经营管理能力。

（四）坚持问题导向加强同业对标，提升可持续发展能力

从上半年全行经营情况看，存款、贷款等核心业务都在一定程度上面临可持续发展的压力。这里面既有外部环境的影响，更有我们自身的问题，要通过同业对标从客户基础、服务能力等方面找差距，着力提升三项基础能力。

一是量价平衡能力。这是经营可持续的根本要求。只要量不要价，那么量的增长就带不来效益的增长，所有工作都是无用功，发展质量就要大打折扣。更重要的是，量过于依赖价，很容易形成路径依赖，降低经营客户的能力。反过来说，只要价不要量同样不行，没有量就没有客户，没有量的价等于零。量价之间的关系一定要把握好，要做好动态平衡，任何时候都不能偏废。网点作为银行经营的神经末梢，涉及方方面面，其中很重要的课题就是处理好量价平衡，河北、四川等分行在这方面做了富有成效的探索，要认真加以总结和推广。

二是资产经营能力。当前重点要抓好四个领域：一要保持并巩固基本建设贷款和个人住房贷款的传统优势。二要加快弥补建设银行在战略性新兴产业、先进制造业等领域经营能力的不足。信贷管理和前台部门要集中力量，尽快提升行业研究能力和风险判别能力。不能因为能力不够就不做，关键要想方设法把能力尽快培养起来。作为国有大行，我们在这方面必须有担当、有作为，体现出建设银行的智慧和能力，贡献出建设银行的力量。最近建设银行与工信部签署了合作协议，这是弥补战略性新兴产业、先进制造业方面业务短板的难得机遇，要切实抓好协议内容的落实。三要尽快扭转个人消费贷款负增长的态势。要着力丰富应用场景，拓展获客渠道，依托大数据促进流量转化。四要确保普惠贷款市场领先地位。发挥建设银行金融科技优势，从量和质两个方面打造行业标杆。要着力加强普惠贷款的结构化分析，对于质量好资本回报率高的地区要重点倾斜资源，对于风险比较高的地区，要分析原因拿出对策，该管控的要管控，确保全行普惠金融高质量发展。要加强对县域经济、农村金融的研究，抓住乡村振兴战略的机遇、县域经济的新蓝海。要在现有布局基础上加快“裕农通”推进，尽快实现对全国所有乡村全覆盖，这方面，湖南分行的“金湘通”为全行作出了表率。

三是负债拓展能力。在相当长的一段时间内，存款都是增长的边界约束条件。当前要扎实抓好“三个承接”，妥善应对存款压力。一要精准承接个人聚财存款。要细化落实承接方案，做好同业策略和数据监测，在确保客户和资金总体稳定、市场份额不下降的基础上，尽可能压降付息成本。二要努力承接社保资金。下大力气拓展各级社保机构存款、托管等各类账户，适当增加社保协议存款。要充分发挥建设银行××亿张存量社保卡的优势，做好费用、价格等配套政策支持，承接好社保支出资金。三要全力做好系统内资金循环承接。坚持系统性网络化的工作思路，把抓客账户作为推动存款可持续发展、解决资金量价平衡难题的根本路径。要重点突破，努力提高各类客户支出资金在建设银行体系内的循环比例。只有打通内循环才能做好外循环，拓展外源性资金，形成内外衔接的良性大循环。

（五）以客户为抓手，持续提升战略执行力

一是牢固树立以客户为中心的理念。大家要深刻理解，“三大战略”说到底都是直接或者间接围绕客户做好服务，依托大场景、大生态实现获客、活客、留客和黏客。全行对战略推进情况的考核、评价，最终都要落在客户上。要将以客户为中心实实在在地变成全行员工的共同语言，促进“三大战略”在基层生根发芽。

二是脚踏实地扎实推进战略实施。战略不能停留在口号上，关键要落地，而且落地要快，不能“起个大早、赶个晚集”。近期，总行管理层分别就落实“三大战略”进行了专题研究部署，大家要全力以赴抓落实。普惠金融要重点做好业务布局优化、产品体系完善、模型迭代升级、业务培训宣传，以及智能审批和风控系统、普惠金融一体化经营等工作，真正作出社会影响力和可持续发展力，赢得市场口碑和客户认可。住房租赁要以提高平台和客户活跃度为重点，做好系统应用推广、住房监测系统全国覆盖、平台运营和持续迭代、智能房产等重点系统布局上线等工作，围绕住房领域把网织牢织密。特别是住建部针对建设银行开发的平台系统，已经向各省区市住建厅局下发了文件。各分行要及时了解跟进，第一时间与当地住建部门对接，绝不能贻误战机。金融科技要以支持全行业务创新发展为核心，重点推进业务七大项目群和智慧政务、智能银行、ETC综合服务等重点项目建设，巩固和扩大先发优势。

三是加强协同合作。执行好战略要有开放的心态，对外要加强合作，对内要加强协同。合作，就是要借别人的力，大家实现共赢。要用大格局来赢得更多的合作。要深入思考如何构建更为完整的金融发展生态圈，为客户提供更加优质的综合金融服务。我们和政府、互联网公司在智慧政务等方面合作时，要有高站位、大格局。与政府部门合作，要甘于和善于做幕后英雄；与互联网公司合作，不要去抢别人的饭碗，要以大胸怀赢得更多的合作伙伴。协同，就是要内部相互赋能，形成整体的合力，全面提升建设银行集团的战斗力。物联网时代不仅是人与人之间的协同，更多的是人与物、物与物之间的协同，要依托现代科技打通更多的协同场景，将建设银行打造成敏捷组织。

（六）坚持创新驱动，着力打造新的增长引擎

一是鼓励形成全员创新的企业文化。真正把创新打造成为引领建设银行发展的第一动力。要复制推广“三大战略”实施中行之有效的创新组织方式、管理模式、考核激励机制，不能仅局限在金融科技领域和部分产品创新条线。每个人在每个岗位都要有创新意识。对于提出新理念、新思路并能付诸实践的创新，要对关键人员给予相应的激励。要持续开展“创新马拉松”活动，更大范围地宣传与发动，引导全员特别是广大基层员工踊跃参与创新。

二是加快提升新兴领域的综合金融服务能力。全行不仅要在信贷领域加强对新兴行业的研究、支持，还要抓住直接融资市场快速发展的机遇，着力提升财务顾问、并购重组、资产管理、资产托管等交易性业务能力。坚持高目标、严要求，全面强化同业对标，培育新的发展引擎。特别要抓住机遇做大做强资管业务，我们在同业中率先设立了理财子公司，要尽快理顺体制，健全机制，稳妥做好原有业务承接，加快新业务拓展，推动集团资产管理板块创造更大价值。

三是以数据驱动创新，提高数据价值创造力。数字经济时代，数据已成为国家的基础性战略资源。银行最核心的资产是数据，打造与数字经济时代相适应的数字力成为建设银行必须优先采取的战略行动。要提高数据的价值创造力，需要加紧构建前瞻性的数据治理体系和高效实用的数据供应架构，把数据逻辑和业务逻辑融合起来，挖掘出数据的内在价值。目前全行在数据挖掘方面开展了不少成功的尝试，希望能够尽快形成现实的生产力。

（七）推动精细化管理，向管理要质量要效益

精细化管理没有最好只有更好。要把精细化管理打造成为建设银行核心竞争力，需要从思想理念入手抓好以下几个方面的工作。

一是精细化管理要成为一种文化。管理是“吃饭”，不是“吃药”。饭要天天吃，药只有生病了才吃。管理要时时做、天天做，丝毫不能放松，要使全行每个员工做到内化于心、外化于行。不能等出了问题才强调强化管理，甚至层层锁上加锁。一个地方出了毛病全国跟着吃药，这不是精细化管理的做法。

二是牢固树立向管理要效益的思想。虽然钱主要不是靠省出来的，但作为全球规模第二、每年成本支出超过××亿元的大银行，家大业大，只要在成本、风险等方面管紧一点、管好一点，勤俭持家，把增收节支做得精细、精细再精细，我们就会创造出更多更好的效益。

三是养成结构性分析问题的习惯。银行的专业化经营管理，很重要的一点是体现在结构性分析和结构性策略安排上。所有的分析不能只看总量，一定要看结构，要通过结构分解发现总量内部存在的分化和问题，从而抽丝剥茧找出问题、找到差距，采取更有针对性的措施。

四是深入开展同业比较分析。同业比较分析要把结构性分析嵌入进去，既要看到优势、特长和亮点，更要看到与同业的差距。好的要继续坚持，差的要找出原因，采取措施，加快补齐短板。比较分析要做细做实，这样才能将差距转化为潜力，才能够不断进步。

五是培养全行干部员工善于通过数字看本质的能力。所有的经营数据背后都有逻辑关系，事实上也是对结构性分析和同业比较的进一步深化。就数字说数字意义不大，要结合业务逻辑洞察数据深层次的规律。如果不具备这个能力，是很难经营好商业银行的。

六是要敢于解剖自己。持之以恒地抓好精细化管理，需要有解剖自己的勇气。只谈总量很容易掩盖问题，必须深入分析结构，全面细致解剖。有时候解剖得痛一点更有利于我们未来的发展。在上周总行经营形势分析会上，我已经要求从下个季度开始，会议材料要有板块、产品、区域等多维度结构性分析，也包括子公司和海外机构的分析。比如，资产质量好是谁在作贡献，资产质量不好是谁在拖后腿，是不是该暴露的不暴露、该处置的不处置。又如，业务发展快是谁的贡献大，谁在磨洋工，谁雷声大雨点小。要敢于善于触及痛处、找准病灶，才能有压力有动力，才能发展得更好。

落实到具体工作中，要抓好以下几个方面。一是资源配置要精细。资源不仅包括贷款、资本等经济资源，也包括价格、费用等管理资源，所有这些都要做到精准配置。二是政策要精细。总行制定的各类政策要避免笼而统之甚至“一刀切”，特别是对于重点战略区域、重点战略业务要有差异化安排，以差异化的策略和战术支撑战略的实施。三是协同管理要精细。重点是协同作业流程、利益分享机制要精细，要更具实操性。四是风险防控要精细。对宏观、行业、客户的风险研判要精准深入，要充分利用大数据、智能化等技术不断提高风险识别、监测、处置的精细化水平。

（八）强化风险防控和合规管理，筑牢发展的底板

一是以更高的政治站位加深对金融风险防控的理解。一定要把中央关于防范金融风险的要求与我们履行工作职责紧密结合起来。银行的经营管理以风险管控能力为边界。把风险防控工作做好、把资产质量管好，既是作为银行管理者应该履行的职责，同时也是对打好“三大攻坚战”的积极贡献。

二是加强风险的前瞻性管理。要把握大势，对于潜在风险保持清醒认识。要把握目前经营环境比较稳定、各项指标全面领先的时间窗口，顺势而为加大不良资产的暴露和处置力度，为未来均衡、健康发展打牢基础。这既是经营管理的内在需要，也是落实监管要求的务实之举。

三是加强对重点领域的研究。要重视对战略性新兴产业、先进制造业、普惠金融、民营经济等领域的分析研判。中央对于民营经济发展高度重视，我们要加强对民营经济发达区域的研究，摸清民营经济发展规律，借鉴在普惠贷款领域的成功经验，探索民营企业融资风险管控新模式，创新适配产品体系，破解民营经济融资难题。

四是做好重点业务和区域的风险防控。要特别关注地方政府隐性债务、中小金融机构、多元化经营公司的风险状况和迁徙变化态势。要重点关注经济下行压力较大和业务发展较快的地区，做好对重点分行的督促指导，做好风险的联动防控。

五是坚持从严治行，严格员工行为管理。各级行领导要带头践行“稳健、审慎、全面、主动”的风险文化，夯实风险管理的基础和根基。筑牢“全员有责”的风险防控体系，推动员工行为网格化管理。要营造敢于斗争、勇于担当的氛围和机制，使管理真正严起来。从 2019 年 3 月开始，中国银保监会对建设银行风险管理与内控有效性进行了现场检查。从初步的结果看，全行日常经营管理中还存在不少不合规的问题。有的是合规意识不强，经营理念出了偏差；有的是多次检查发现的问题没有真正得到整改；有些问题还相当严重。各部门、各分行要高度重视，认真对照检查事实与评价书的结论，迅速整改、绝不含糊，特别是对于普遍性的问题要举一反三，在全行范围内对照自查。各单位主要负责人要切实负起责任，亲自过问整改方案、亲自布置整改措施、亲自检验整改效果，确保问题清晰、整改范围清晰、责任清晰。本次检查发现违规问题的当事人要认真反思反省，主动做好整改工作。内控合规部作为牵头配合检查的部门，要认真督促问题整改，进一步做好沟通，把我们立查立改的情况及时、充分地向检查组反馈，争取监管部门的理解与支持。

同志们，2019 年上半年的良好业绩更加坚定了全行推进“三大战略”、实现高质量发展的决心和信心。全行上下要认真贯彻落实总行党委的工作部署，凝心聚力、奋发有为，巩固稳中向好发展态势，把“不忘初心、牢记使命”主题教育成果转化成为建设银行持续发展的不竭动力，以优异的经营业绩迎接新中国成立 70 周年和建设银行成立 65 周年！

不负韶华　努力追梦

——在2019年总行新员工入职培训班上的讲话

刘桂平

（2019年8月5日）

各位新同事：

很高兴跟大家见面。总行党委特别关心和重视年轻员工的成长，董事长和行长为新员工上第一课已经成为一项制度安排。2018年国立董事长给新员工讲了第一课，今年国立同志委托我来给大家讲第一课。今天我主要讲三个问题：一是给大家介绍一下建设银行，让大家知道能成为一名建行人是值得自豪和骄傲的事情；二是给大家介绍一下建设银行的企业文化，让大家明白建设银行60多年发展壮大的精神原动力；三是代表总行党委给大家提几点希望和要求，希望大家尽快适应新环境，努力成长为建设银行事业发展需要的优秀人才。

一、建设银行是一家具有国际影响力的大型国有商业银行集团

建设银行成立于1954年10月1日，今年将迎来建行65周年。建设银行是适应新中国大规模经济建设的“时代产物”，成立之初是专职为国家基本建设“守计划、把口子”的银行。65年来，经历了政策性银行、专业银行、商业银行、股份制商业银行四个发展阶段，由一家经办基本建设拨款的专业银行逐步发展到今天一家具有国际影响力的大型国有商业银行集团。建设银行是我们国家金融领域的中流砥柱，是习近平总书记说的“大国重器”。

下面我从五个方面介绍一下建设银行，以便大家对建设银行的总体概貌有更加清晰的认识和了解。

（一）建设银行是一家具有国际影响力的银行

建设银行的国际影响力主要体现在以下三个方面：一是建设银行是29家全球系统重要性银行之一。全球系统重要性银行是指业务规模大、业务复杂程度高，一旦发生风险事件将会对地区或者是全球金融体系带来冲击的金融机构。目前，建设银行总规模排在全球第二位，一级资本排序也在第二位，市值在全球所有上市银行中排在前五位。2015年，金融稳定理事会（FSB）发布报告，将建设银行纳入全球系统重要性银行（G－SIBs）名单，表明国际社会对建设银行的国际地位和影响力充分肯定。二是体现在建设银行的品牌价值上。根据国际权威品牌咨询机构2019年发布的报告，建设银行的品牌评估价值为1474.18亿元人民币，在全球排第三位，在银行品牌价值排行榜里排在第一位。三是体现在建设银行近年收获的众多荣誉奖项上。2018年，获得英国《银行家》、中国香港《亚洲货币》杂志“2018年中国最佳银行”称号。美国《环球金融》杂志评价建设银行为“全球贸易金融最具创新力银行”。在中国银行业协会2018年“陀螺”评价中排名全国性商业银行第一位。“小微快贷”业务荣获英国《银行家》杂志“十佳金融产品创新奖”，《创新“小微快贷”为小微企业成长护航》荣获《人民日报》选评2018年度中国普惠金融典型案例。与此同时，连续多年获得中国银行业协会的高度认可，获评“年度最具社会责任金融机构奖”“年度最佳社会责任管理奖”。

（二）建设银行是一家“大型”银行

建设银行之大，一是体现在机构和人员规模上。截至2018年底，全行共有14977个分支机构，其中境外机构31个，分布于包括港澳台在内29个国家和地区。全集团用工总量371343人，其中母行349908人，附属公司21435人。二是体现在资产规模上。建设银行资产规模超过23.2万亿元，2019年第一季度已经达到了24.2万亿元，在国内排在第二位，在全球也排第二位。三是体现在盈利能力上。2018年税前利润为3081.6亿元，在国内外同业中居于领先水平。

（三）建设银行是一家国有银行

“国有”二字代表的是使命和责任。建设银行是国之重器，服务人民安居乐业，服务国家长治久安是与生俱来的天职，经营逻辑要看重“长期”和“全局”。一个企业在经营管理中需要特别关注两个维度，一是时间维度，要从长期来考虑我们的发展；二是空间维度，要从国计民生的全局角度来谋划我们的业务。国有大型银行姓“国”，一切行事都应该高标准、严要求，这是党中央、国务院对我们的要求。建设银行要始终把自身的发展同人类的命运、国家的命运、党的大政方针、民生需求和百姓的疾苦紧密连在一起。作为国有银行，有些钱，别人可以赚，我们不可以；有些小便宜，别人可以占，我们不能占。建行人一定要在头脑中深植这个概念。

（四）建设银行是一家商业银行

作为一家商业银行，作为一家企业，盈利是生存发展的基础。关心效益、关心利润是企业的天性，也是企业经营管理的目标所在。2005年股改上市以来，建设银行一直保持平稳健康发展，盈利表现、资产质量、成本效率等各项指标均处于同业前列，人均产出和点均产出始终保持同业领先地位。资本充足率和资本回报率两大核心指标实现了“双领先”，2018年，资本充足率为17.19%，核心一级资本充足率为13.83%，继续保持同业领先态势，风险加权资产稳健增长，资本净额和核心一级资本净额也保持了较快增长，分别实现17.25%和11.71%的增长效率。截至2018年底，不良贷款率降至1.46%，拨备覆盖率达到208.37%，在国有四大行中均保持了相对优势，资产质量基础更为扎实。盈利能力持续增强，ROA、ROE指标分别达到1.13%和14.04%，居于国有四大行首位，居于业内领先地位。成本收入比为26.42%，在四大国有银行中保持了相对领先优势。

（五）建设银行是一家综合性商业银行集团

除传统存贷汇业务以外，建设银行加快发展投资银行、私人银行、电子银行、消费金融等新业务，全面打造包括保险、基金、信托、租赁、投行、期货等在内的综合服务平台，逐步向综合性银行集团转型，为客户提供综合化产品，满足其综合性金融需求。目前建设银行旗下拥有建信基金、建信金融租赁、建信信托、建信人寿、建信期货、建信养老金、建信财险、建银造价咨询、建信金融科技、建信理财等多家境内子公司，以及建银国际等多家境外子公司，业务覆盖多个行业和领域，实现了境内境外业务联动，集团与子公司深度协同。

二、建行文化是建设银行事业薪火相传的内在驱动力

进入一个新的集体，首先一定要了解这个集体的文化，你们也要了解建设银行的文化底蕴和传承。刚才给大家介绍的是建设银行的“硬实力”，下面跟大家谈谈建设银行的文化“软实力”。

“文化”一词在党的十九大报告中出现了79次。党的十九大报告指出：“文化是一个国家、一个民族的灵魂。文化兴国运兴，文化强民族强。文化自信是一个国家、一个民族发展中更基本、更深层、更持久的力量。没有高度的文化自信，没有文化的繁荣兴盛，就没有中华民族的伟大复兴。”在65年的发展中，建设银行也培育了自己的企业文化。概括地讲，“建行文化”是建设银行在长期的经营管理中形成的具有自身特色的企业精神、价值理念、经营哲学、思维方式、伦理道德、行为规范、外在形象等特质的总和。

（一）建行文化的五个特质

一是坚守初心，服务大局。在建设银行成立60周年之际，习近平总书记作出了重要批示：“60年来，建设银行砥砺奋进，不断发展壮大，为国家经济社会发展作出了积极贡献。希望再接再厉，与时俱进、改革创新，进一步增强服务国

家建设能力、防范金融风险能力、参与国际竞争能力，再创新佳绩，为中华民族伟大复兴作出更大贡献。”习近平总书记的批示，对建设银行60年来所取得的成绩给予了鼓励，同时也对我们提出了增强“三个能力”建设的具体要求。其实现路径是与时俱进、改革创新，最终的落脚点是为中华民族伟大复兴作出更大贡献。

建设银行因建而生、因建而兴。服务国家发展战略、服务人民生活、支持国家经济建设，是建设银行的初心使命，是一代又一代建行人前赴后继始终不变的价值追求。成立之初，建设银行积极响应国家号召，在雪域高原简陋的建设工地帐篷里设立支行，服务康藏公路建设。机构跟着项目走、服务跟着需求走，这一优良传统一直保持下来，并发展成为今天“以客户为中心、以市场为导向”的经营理念。改革开放初期，建设银行积极落实“拨改贷”的政策要求，在国家财政无力支撑的困难情况下，利用吸收的存款支持了一大批重点建设项目。近年来，建设银行全面贯彻落实党的十九大精神和中央决策部署，主动承担政治责任和社会责任，把坚持以人民为中心、不断实现人民对美好生活的向往作为一切工作的出发点和落脚点，始终聚焦于社会痛点难点问题，把民之所盼、民之所需、民之所急，作为金融改革创新探索的终极指向，并提出了“服务大众安居乐业，建设现代美好生活”的奋斗目标。本届党委成立以来，提出了三大发展战略，即住房租赁、普惠金融和金融科技。同时，我们还设立了劳动者港湾和建行大学。目前，全行14977个网点中，已经有14349个网点设立了劳动者港湾。劳动者港湾完全是基于公益目的设立的，是要让我们的网点成为底层户外劳动者的休息港湾，让他们可以歇歇脚、喝口水、热热饭，冬天可以取暖，夏天可以乘凉，还可以上厕所。这一举措也得到了全国总工会的高度认可，并专门在建设银行网点向全国金融机构发起号召，希望全国所有金融机构都能够为户外劳动者提供这样一种休息场所。户外劳动者，包括交通警察、环卫工人、快递员等，是非常辛苦的职业。他们最实际的需求就是要喝水、要歇脚，而最关键、最需要解决的就是上厕所问题，我们1.43万个网点设立劳动者港湾，实际就为这些户外劳动者提供了上万个厕所，帮助他们解决了大问题。我们致力于解决这些痛点和难点问题，事实上也是跳出金融办金融，跳出银行看银行。所以，对于建设银行来讲，我们的初心和使命，就是要按照党中央国务院和习近平总书记的要求，始终保持“服务国家战略，服务实体经济，服务人民生活”的本色，在社会各项改革发展的事业中发挥中坚作用、引领作用、带动作用、骨干作用和表率作用。

二是锐意改革，创新求变。李克强总理2016年到建设银行考察时指出：建设银行就是要给国家建设提供动力。银行，加上“建设”这两个字，就给你们加上了这样的责任。希望建设银行能够在这方面创造经验，走在所有商业银行的前列。相信建设银行有实力为实体经济发展不断地助力，在金融创新方面勇拔头筹。

“改革进取，创新求变”是建设银行的文化基因和历史传承。1955年召开的建设银行全行分行行长会议提出了“要观察发展趋势，接受新鲜事物，吸取先进经验”的要求。60多年来，建设银行无论在国家财政投资拨款时期、国家专业银行时期、国有商业银行时期，还是股份制商业银行时期，在国家经济建设、财政和金融改革进程中，始终以敢闯敢试的锐气、开阔前瞻的眼界，屡屡承担改革“开路先锋”的角色。无论是在财政和投融资体制改革、重组改制上市、管理架构变革、市场化经营机制构建等制度创新，还是在中长期信贷、房地产金融、金融科技等重要领域的业务创新，以及品牌文化建设等方面，建设银行从来都是引领发展的先行者。

建设银行在多年的改革发展进程中形成了两大传统优势业务，其一是基础设施建设，其二是住房金融。建设银行是国内商业银行中最早开始做住房按揭贷款的。1985年深圳分行从香港引进“按揭”一词，被业界沿用至今，“要买房找建行”的宣传语也从那时开始广为人知。现在纵深推进的住房租赁战略就是要用新理念来打造住房业务的新业态，破解房地产市场的难题，将党中央、国务院部署的租售并举措施落地，建设银行在这方面有优势，也有条件。为了把住房租赁战略落地，建设银行设计了五个IT系统，其中有两个是为国家住建部设计的系统。同时，也为企业和个人设计了住房租赁平台，既解决了“进口”

问题，也解决了“出口”问题。这一战略实施非常顺利，目前建设银行租赁平台上登记的房产数量已经超过了1700万套。

在国内所有商业银行中，建设银行率先将普惠金融提高到战略层面来推动实施。2018年，建设银行新增的普惠贷款数额为2227亿元，是其他四家国有银行增量的总和。2019年上半年，普惠金融贷款增量已达到2234亿元，增幅达36.2%，已超过了2018年全年的增量；新增普惠贷款中有88%是线上贷款，不良率只有0.4%。按照人民银行的统计口径，扣除贴现贷款，2019年上半年新增普惠金融贷款为2147亿元，占全国21家跨区域银行普惠金融贷款增量总和的四分之一。在普惠贷款领域，特别是在为小微企业和民营企业的服务上，建设银行是走在最前面的。

建设银行率先实施了金融科技战略，以智慧聚能打造“金融+”的命运共同体。

在每个关键的历史阶段，建设银行都走在了改革发展的前列。很多重要的改革举措都是开风气之先，引领业界的发展进步，促进了国有银行乃至中国金融业的改革创新实践。正因为有这种改革进取精神，建设银行才能始终走在时代前列，实现了从当初拨款机构到如今享誉全球的股份制现代商业银行的跨越。

三是专业专注，稳健经营。在党的十八届六中全会第二次全体会议上，习近平总书记强调，“专业素养是专业知识、专业能力、专业作风、专业精神的统一，而不仅仅是专业对口那么简单”。20世纪90年代在向商业银行转型过程中，各种理念和变革尝试层出不穷之时，时任行长王岐山同志确立了“一心一意办银行”的指导思想，厘清了建设银行的金融属性，提出了“双大”经营战略，大力支持关系国计民生的大行业、大企业，并以此为基石延伸拓展业务新兴领域，形成了建设银行独有的业务强项和专业特色，也因此形成了建设银行独特的品牌价值。因为我们确立了这样一个指导思想，确立了我们主攻的领域，所以在基础设施建设和住房金融这两大领域业务特色和传统优势十分明显。

稳健一直是建设银行的经营风格。邓小平同志曾经专门针对建设银行讲过，“建设银行是为国家看门的，没有列入国家计划项目，天王老子批的项目也不能拨款”。建行人一直铭记着小平同志的教诲，守规矩、讲原则，不放不该放的款，不做不该做的事情，始终坚持理性、自律、稳健的经营风格。在商业化改革初期，我们以“宁愿失去一点市场也在所不惜”的态度，对于市场上一度曾经出现的高息揽储的乱象予以了坚决抵制，维护了国家金融市场秩序。面对一次次市场波动，建设银行始终秉持传统、保持定力，不跟风逐利，不参与恶性竞争，依法合规经营，坚持有所为有所不为。商业银行本质就是经营风险，有风险并不可怕，关键是如何把风险经营好、管控好。建设银行不断完善风险控制体系，打造“三道防线”风险管控体制，在体制机制上、风险管理技术上做了很多探索，包括学习借鉴西方商业银行的先进做法。同时，建立了新型的风险管理文化，就是“人人都要对风险负责”。立足于此，在实现快速发展的同时，建设银行一直保持了良好的资产质量和经营业绩，守住了不发生系统性区域性金融风险的底线，发挥了大型商业银行“稳定器”的作用。

作为刚参加工作的年轻人，请一定记住，商业银行的经营管理水平以风险管控能力为边界，这是我从事经济金融工作30年的深刻体会。进了商业银行这个门，就要牢记，必须把风险管控好。大家都学习过木桶理论，木桶能装多少水，不是取决于那块长板，而是取决于那块短板，其实还应该加一句话，除了长板要做长做强，短板要补齐补长以外，还应该要有底板意识。如果底板不扎实，就会漏水，你往里装多少水也装不住。这个底板就是我们的风险管控。

四是开放包容，大气谦和。中国传统文化强调和谐，主张天下为公，推崇不同国家、不同文化“美美与共、天下大同”，蕴含了丰厚的“命运共同体”基因。习近平总书记在不同的场合反复告诫我们，开放带来进步，封闭必然落后，关起门来搞建设没有出路。金融本身具有开放、融通的天然属性。请大家仔细看一下建设银行的行徽，建设银行行徽是由古铜钱演变而来的内方外圆的图形，有明确的银行属性，但突破了封闭的圆形，一侧对外开口呈开放型，象征古老文化与现代观念的融会贯通，寓意建设最具价值创造力的国际一流银行集团的战略愿景；行徽的标准色为海蓝色，象征理性、包容、平和、稳定，寓意建设银行像大海一样，具有宽广的胸怀，能容纳百川汇集，兼容并蓄，广纳各方人才和资源，推动事业奔腾向前。在建设银行发展的各个时期，开放包容、大气谦和的文化特质都得到了很好的体现。在商业化转型时期，提出了“双大”战略，为关系国计民生的大行业和大企业提供了优质高效的金融服务。在股份制改造时期，引进战略投资者，率先完成股改上市，积极学习借鉴美国银行等国外商业银行的先进经验为我所用，实现了经营管理理念的更新、现代公司治理的确立、风险控制体系的完善、创新发展能力的增强和员工队伍素质的提升。随着金融科技能力的不断进化，建设银行秉承开放共享的理念，加快推进数字化转型，正在走向与政府、企业和个人构建金融生态场景的新时代。总行党委明确的三大战略中，金融科技是基础和支撑。住房租赁和普惠金融都是依靠金融科技来实现的。普惠金融之所以能够做好做强，正是得益于线上贷款审批平台，我们现在能够做到“‘一站式’服务，一分钟贷款，一价式收费”，服务好、效率高。虽然小微企业贷款增速很快、增量很大，但不良比例始终保持在低位，这就是金融科技的力量。建行以开放的心态，适应数字化技术发展的要求，由过去“以客户为中心”向“以用户为中心”转变，通过场景提前介入，构建新的金融生态，实现与B端、C端和G端的广泛连接。

5G时代即将到来，即将进入一个万物互联的时代。我们必须用开放的理念来推进业务发展，也必须跳出金融看金融，这样才能把金融看得更清楚、更明白。目前，建设银行金融科技平台已经涵盖了17个品牌，包括公有云服务、智慧政务、党群服务、宗教事务管理、区块链等。智慧政务服务发展迅速，在云南省已经实现了一部手机通云南；山西也在加快推进步伐。未来，全行14977个网点，都将成为地方政府的政务大厅，建设银行的设备不仅可以办金融业务，还可以打印税单、打印证明材料（包括出境证明），成为政务服务的前端窗口。

在B端赋能企业，营造共生共荣的生态，做企业的全生命周期伙伴。建设银行通过开放公有云共享风险管理技术，帮助企业降本增效，提高生产和运营效率，有效管理风险；通过开放“建融智合”智能撮合综合服务平台，帮助上下游企业找投资、找技术、找服务、找项目，真正从“资端”转向“智端”，成为企业全生命周期的咨询顾问。依托开放平台，联结供应商、生产商、经销商和消费者，建行成为资源的整合者，以金融集成化服务，推动全产业链协同化发展。

在C端直达用户，回归普罗大众，做百姓身边有温度的银行。通过打造全行生态场景经营平台、开放性数字支付平台、互联网化产品创新能力和数字化营销体系，使得银行服务直达用户。依托大数据洞察C端的消费特征和真实需求，使金融服务成为底层服务和敏锐触角，使C端用户从单纯的金融消费者，转变成为金融产品设计的参与者。过去银行提供什么用户用什么，现在用户可以直接来和银行员工一起设计符合其要求的产品。

在G端连接政府，助力社会治理，成为国家信赖的金融主体。在党的十八大报告中，习近平总书记就中国的现代化提出了很多要求，其中有一点提到要实现国家治理体系和治理能力的现代化。建设银行通过与政府平台的连接，把社会责任和银行的优质服务有机地结合起来。例如，跟公安、政法系统进行对接以后，可以通过大数据为社会治理网格化建设提供有效的武器。实际上，做G端连接，既是在做金融的事，也是在为社会治理体系和治理能力的现代化作贡献。

五是惟真惟实，执行为要。惟真，就是在实践中认识事物的本质，把握时势规律，做到实事求是；惟实，就是要在规律性认识的指导下开展实践，做到真抓实干。建设银行的核心价值观，就是八个字四句话：诚实、公正、稳健、创造。其中，诚实放在第一位，就是要求全行所有员工都要牢固地树立惟真惟实的职业精神，以科学的态度去认识把握金融的规律和本质，忠于职守、真抓实干。

为实体经济服务是金融的天职，也是金融的宗旨，是防控金融风险的根本举措，离开了实体经济，金融就会成为无源之水、无本之木。追寻建设银行的发展足迹，从落实国家“拨改贷”政策到开办储蓄业务，从创办国际金融业务到办理商品房贷款业务，从服务“双大”到现在的“三大战略”，建设银行始终坚守金融的本源，根植实体经济，让金融资源聚焦重点领域穿透落地，为供给侧结构性改革提供金融助力。跟进国家重大战略，强化项目对接，多渠道释放信用支持，主动服务“一带一路”、京津冀协同发展、长江经济带发展、粤港澳大湾区及自贸区建设，走出了一条具有鲜明特色的国有大型银行兴行强国之路。在近年财政部对中管金融企业的绩效评价中，建设银行连续多年都排在第一位。

惟真惟实，根本在人，关键在落实。一分部署，九分落实。马克思曾说过，一打纲领不如一个实际行动。建设银行能够取得今天的骄人成绩，与其良好的执行文化紧密相关。建设银行的执行力很强，在业内一直有口皆碑。我到建设银行工作四个多月，感同身受，建设银行的执行文化做得非常到位。执行力对一个企业来讲，实际上是一种核心竞争力。希望大家的加入既为建设银行的执行文化增添新鲜“血液”，又使执行文化能够坚持得更好，从而焕发出更多的青春和活力。

（二）建设银行文化的优秀代表

建行文化的特质，最终需要依靠员工来践行，需要依靠员工来形成建设银行的精气神。张富清老人是建行人的优秀代表。

今年95岁的老党员张富清同志，是建设银行湖北恩施来凤县支行的离休干部，党龄71年，深藏功名64年，几十年如一日，扎根基层，无私奉献。张富清同志在解放大西北系列战斗中，英勇善战、舍生忘死，荣立西北野战军特等功一次、军一等功一次、师一等功一次、师二等功一次和团一等功一次，被授予军“战斗英雄”称号、师“战斗英雄”称号和“人民功臣”奖章。1955年，张富清退役转业，主动选择到湖北省最偏远的来凤县工作，为贫困山区奉献一生。60多年来，张富清刻意尘封功绩，在长达64年的时间里从未向家人、亲友提及自己在解放战争中出生入死、立下赫赫战功的经历和事迹，始终以一名共产党员的标准严格要求自己，克己奉献、爱岗敬业、淡泊名利。直到2018年底，在来凤县委县政府采集退役军人信息时，其深藏功名的事迹才被大家所知晓，这段英雄往事才重现在人们面前。张富清同志的先进事迹经央视、人民日报、新华社等权威媒体多番报道后，在社会上引起了巨大反响。总行党群工作部专门编写了老人的事迹宣传册，组织团队准备了情景报告会。大家将会读到这本册子，也会聆听这场情景报告会，希望大家从不同的角度去思考、去感悟。

2019年4月，习近平总书记对张富清同志先进事迹作出重要指示强调，老英雄张富清60多年深藏功名，一辈子坚守初心、不改本色，事迹感人。在部队，他保家卫国；到地方，他为民造福。他用自己的朴实纯粹、淡泊名利书写了精彩人生，是广大部队官兵和退役军人学习的榜样。要积极弘扬奉献精神，凝聚起万众一心奋斗新时代的强大力量。习近平总书记对一名离休建设银行员工作出指示，给予这么高的评价，为部队官兵和退役军人树立榜样，这在建设银行的历史上是第一次，必将在建设银行历史上留下光辉灿烂的一页。习近平总书记的指示，不仅是张富清同志的光荣，也是建设银行37万多名员工的光荣，为建设银行未来注入了强大动力，强化了建行人的使命感，必将推动全行工作再上新台阶。

英雄是咱建行人。张富清精神的内涵就是习近平总书记概括的“坚守初心，不改本色”“朴实纯粹、淡泊名利”和“奉献精神”。希望大家能够认真地把握和体会，具体来讲，主要体现在五个方面：一是忠诚担当、不忘初心的党员本色；二是不畏艰难、矢志奋斗的拼搏意志；三是胸怀大局、不计得失的奉献精神；四是深藏功名、居功不傲的谦和风骨；五是淡泊名利、乐观向上的人生态度。这些正是共产党员和广大员工所需要的政治品格和道德情操，要把它内化好，使之成为建设银行的优秀品质和精神力量，使之成为保证建设银行事业薪火相传、基业长青的不竭动力。

三、建设银行欢迎你们的激情参与和踏实付出

2019年刚好是我参加工作的第30个年头，30年前进入银行的时候，我也有很多想法，但是怎么样把自己的想法和单位的实际以及国家对单位的要求结合起来呢？下面要谈的内容，既是我作为建设银行行长对大家的期盼，也是我作为一个30年前的毕业生，以这30年来的体会和收获，跟大家做一个交流，给大家一些建议。

（一）厘清三个问题

我把它概括为三个字，“爱”“思”“行”。

“爱”，有三个层次。一是爱国爱党，二是爱家爱企，三是爱自己。爱国爱党，就是“国家兴亡，匹夫有责”，你对国家必须有担当，很多新同事是共产党员，那么你对党必须绝对忠诚。爱家爱企，今天你们走入了社会，参加了工作，离开了父母的庇护，成为企业的一员。对家庭，你们有应尽的义务；对企业，你们有应履行的责任。爱自己，就是对自己的一生应有一个好的交代，要不负时光、不负韶华。讨论“爱”这个字，就是想告诉大家，要处理好小我与大我的关系，要处理好个体与集体的关系。

“思”，要思考三大问题。一要思考自己职业生涯的规划，也就是我在建设银行能成为什么？要与时代共舞，要与社会同步，要与企业共赢。职业生涯的规划一定要脚踏实地，不能好高骛远，一定要把自己当成一滴水，融入大江大河甚至大海。职业生涯的规划可以设计，但不可以白日做梦，不要把自己看得过高，每一个人都有每一个人的特长，每一个人都有每一个人的优秀品质，但周围还有很多人比我们更努力、更优秀、更有特色、更有亮点、更值得我们学习。所以，只有与时代共舞、与社会同步、与企业共赢，才能走好职业生涯的每一步。二要思考自己能为建设银行做什么？每一位同志在自己的工作岗位上，都会有各自的工作职责，有各自的业务领域。那作为建设银行的一名员工、一名干部，应该如何对自己进行定位呢？在这个问题上，希望大家认真学习习近平总书记关于好干部的二十字要求，做到“信念坚定，为民服务，勤政务实，敢于担当，清正廉洁”。具体地说就是五个字——德、能、勤、绩、廉。要围绕这五个字进行思考，看自己是否能够一一配位。只有把是否配位的问题想透了，才能充分发挥好你的优势和特长。三要思考自己的岗位是什么？培训结束以后，大家将会按照总行的统一部署，分赴基层下派锻炼。不管把你分到哪里，也不管将来把你放到哪个具体岗位上，首先，要找方位。要思考清楚，我这个岗位是干什么的？我如何才能把岗位工作做得更好？不管你在哪个部门，都要找准自己的方位。其次，要找坐标。处在具体的岗位上，结合自己的职业生涯的规划，思考应该把自己放在什么样的坐标上，什么样的位置上？是向高标准看齐，还是得过且过混日子，还是说把自己放在一个最低的标准上？只有找准了坐标，找到了参考，你才能保持不断前进的动力。最后，要找逻辑。要思考清楚，我这个岗位跟别的岗位是一种什么关系？如何才能对别的岗位形成更好的协同与支撑？不管你是干资产业务、负债业务、风险管理业务还是托管业务，抑或是金融市场业务，都要找准不同部门之间的关系以及岗位之间的内在逻辑。讨论“思”这个字，就是想告诉大家，要处理好理想与现实的关系。

“行”，即行动。理想往往都很美好，但现实中如何扎扎实实去做才是关键。怎样才能把理想和实际工作结合起来，切实推动建设银行的发展，需要大家深入思考。这里面有三个问题需要去探索。第一个问题，如何践行自己的“爱”与“思”。厘清了小我与大我的关系，厘清了理想与现实的关系，那最后应该如何把它落地呢？我给大家的建议是四个字和两句话，四个字就是“踏实勤恳”，两句话就是“勤勤恳恳做事，老老实实做人”。第二个问题，如何让自己的人生路行稳致远？我给大家的建议也是四个字“归零心态”。不论你来自哪个学校哪个专业，不论你过去有多少辉煌的业绩、多么骄人的成绩，也不论你曾经拥有多么光鲜亮丽的名片，进入建设银行，无论在哪个岗位，都是新的开始，都要从零开始。大家都是高学历人才，从幼儿园到小学到中学到大学再到研究生，你们有着丰富的求学经历，每当进入一个新的集体，你就会发现有很多事情都需要重新开始。如果没有归零心态，背负的思想包袱很重，你就很难稳定自己的心绪，也就很难对自己进行新的准确定位。第三个问题，如何体现自己的人生价值？谈及理想，我们可以指点江山，可以激扬文字，但最终还是要在平凡中见真章。要成为领导者，首先要学会当群众，要想做伟大的事业，想做伟大的人，首先要学会做平凡的事，做平凡的人。平凡才是培育成功的沃土，才是灌溉人生的清泉。讨论“行”这个字，就是想告诉大家，要处理好目标与路径的关系。

（二）做好四方面功课

要不断学习。一要树立终身学习的意识。毕

业和就业并不是学习的“终止符”，而是终身学习之旅的开始。当下是信息时代，知识与技术更新很快，需要学的东西很多，稍有懈怠，便会落伍。希望每位新同事能把工作当成学习新的开始，而不要把离开学校当作学习的结束。二要不断强化学习能力，学以致用。不要认为金融是很简单的东西，我这几十年干金融、干银行的体会是，金融易学难精，远不是看起来那么简单。想要干好金融，要勤于观察，善于思考，不断强化自己的学习能力。你们马上要到基层去锻炼，在最基层的岗位上做事，要多观察、多思考、多学习，不仅要看到基层的疾苦，更要吃透基层岗位和基层业务的内在逻辑。另外，大家不要对基层工作有排斥心理，要将基层锻炼作为学习成长的良好平台。三要养成谦逊好学的态度，向书本学习，向实践学习，向同事学习。大家都是高学历的精英人才。到建设银行工作以后，要保持谦虚的心态，不断丰富自己的求知渠道。一方面，继续向书本学习，学好单位提供的教材，也要自己去梳理和发掘优秀的书籍拿来学习；另一方面，要向实践学习，实践是最好的老师，要从实际工作中汲取知识，收获成长。再有，要向同事学习，无论是在基层锻炼，还是回到分行和总行的岗位上，周围的同事只要比你来得早、只要比你能力强，都可以成为你的老师。三人行必有我师，这句话不能停留在口头上，更要落实到行动中。希望新同事放低姿态，保持谦虚好学的作风。

要不怕吃苦。一要有奉献精神。年轻人不要怕干活，不管在哪个岗位上，给你派活干，只要你去干了，而且把它干好了，那么事实上是在为自己积攒能力、积攒经验，积攒业绩。希望大家在接受工作安排的时候不要抱怨、不要退缩，不管是在实习锻炼期间，还是将来正式到岗工作，都应该保持这种心态。此外，工作中总会有一些集体性的事务是没有指定具体责任主体的，这种时候，我们应该根据自己的优势特长，以一种积极主动的心态投入到工作中，既要主动承担好分内的工作，更要积极承担起集体的事务，发扬风格，积极奉献。二要服从组织分配。作为学长和行长，我提醒大家，服从组织安排是一名员工必备的基本素养。刚才也提到了基层锻炼，到基层锻炼是一门必不可少的课程，也是你们从事商业银行工作过程中一段十分必要且值得倍加珍惜的旅程。建设银行规模庞大、架构复杂，如果不懂得基层，你是很难干好总分行的工作的。希望大家不要对基层锻炼存在排斥心理，不管分到哪一个地方锻炼，都希望大家能够乐于接受，服从组织安排，安心做好工作。基层锻炼不是新鲜事物，高学历毕业生数量还比较少的年代，也需要到基层锻炼。我就在乡镇干过，能够独立地对外办理柜台业务。当时也的确有一些同事在下派锻炼期间选择了离开，因为他们认为自己这么高的学历、这么名牌的大学，就干这些寻常的小事儿，觉得看不到前途。这也是我为什么反复强调，商业银行业务易学难精，以大家的学历层次和悟性，可能三天就能把文件学懂了，你要会做是很容易的，但要想把岗位设置的逻辑、各岗位及各业务之间的内在关系弄明白，是需要很多本大部头著作才能说清楚的，而且还不是每个人都能说得清楚。此外，组织上做这样一项制度安排，都是多年经验不断积累的结果，是经过深思熟虑和实践检验的结果。我体会，真正要把一家商业银行搞清楚、弄明白，在基层待一两年是不够的。但由于总行及一级分行，也的确需要补充新生力量，不可能把新员工放下去三五年。希望大家能够认真服从组织安排，真正深入基层、深入岗位，磨砺品格、强健筋骨，把业务学精，把知识吃透，把工作做好。三要眼里有活。不要总等着别人来指派你干什么，很多时候需要你眼里主动看得到工作。同样是建设银行员工，有的人老有事干，而且还不越界；而有的人就像算盘珠一样，拨一下他才动一动，甚至拨一下他还不一定动得那么利索，这就是差异。今天大家可能感觉不到，但三五年以后这种差距就会很明显，眼睛里有活和没活的人，成长的路径差别是非常大的。四要善于团结协作。任何一个人，不管有多大的能耐，都离不开集体的支撑。你的事需要人家配合，你就要去想人家的事情也需要你配合。我反复地提醒大家要去思考我们所在的岗位，我们所干的业务跟别人是一种什么关系，就是在提醒大家要通过理解业务逻辑关系来深刻地理解团结协作的重要性。你做得越好，你做得越到位，你的下一个环节就会更有效率，更有质量，同时，对你的上一个环节也将形成有力的支撑。

要不耻下问。一要有谦虚谨慎的态度和品质。每一位新同事都很优秀，大家应该有这种自信，但也一定要认识到，“山外青山楼外楼”，比我们强的人很多。没有人是不可或缺的，地球缺了谁都照样转。所以“谦虚谨慎”是一定要从骨子里认同的四个字，而不是仅仅表现给别人看。工作久了，可能会觉得有的人能力比你弱一些，但绝不能因此小看别人。尤其是将来面对领导，不管他的能力比你强还是比你弱，都要保持谦虚恭谨的心态。尺有所短，寸有所长，要善于发现他人身上的闪光点。二要有自知之明，要正确地认识自己。既要看到自己的优势和特长，也要清晰地了解自己的不足和短板。一个人无论行至何处、身居何位、学至何境，总会有不足之处、不力之事。毛主席曾说过，人贵有自知之明，自知不足方能自我敦促、自我奋进、最终取得自我突破。三要勤于思考，细照笃行。大家读书读到现在才参加工作，说明大家都有思考的好习惯。但是就像离开校门不是学习的终止符一样，思考也应该伴随我们终身。任何事情都要动脑筋，智商高需要动脑筋，情商高更需要动脑筋。走向社会，智商很重要，情商更重要。所以希望大家不管遇到什么事情，都要勤于思考，并且要善于独立地思考。四要保持年轻人的朝气和活力。对于年轻人来讲，思维活跃是优势。步入社会和职场需要不断提高自己的情商，但是情商的提高并不是说要把自己的锐气磨光、棱角磨没。年轻人要保持朝气与活力，敢想敢干、敢说实话、敢为人先。建设银行的文化里面有一个特质是创新求变，保持朝气与活力是建行创新求变的根源和基础。不仅年轻人要保持朝气和活力，年纪大的人也不应该让自己退化，只有这样，这个集体才能保持优秀而持久的创造力。

要不失底线。一要有理想信念和精神支柱。理想和信念是“根”与“魂”，无论大家的职业规划如何、人生规划如何，只有坚定理想信念、找到精神支柱，才能够行稳致远。坦诚地讲，人生几十年其实很快，我从上大学到现在已近40年了，现在回忆进大学时的情景，仍旧历历在目。所以从走向社会的这一天起，就要有理想信念，要有精神支柱，这样才能不迷失方向、不虚度时光。特别是对共产党人来讲，更要有坚定的理想信念，要增强“四个意识”，坚定“四个自信”，坚决做到“两个维护”。要牢记入党誓词，为共产主义奋斗终身。同时，我希望还不是党员的新同事主动地向组织靠拢。二要有规矩意识。要做一个合格的公民，要成为一个称职的建行人，就必须遵纪守法，必须有所坚守。规矩意识并不是简单背一下规章条文就够了，关键是要有一种意识。希望大家努力做一名合格的公民，做一个称职的建行人，在这个基础上，再来思考如何成为一个优秀的公民，一名杰出的员工。三要有利他和自律的意识。利他很重要，要弘扬利他文化。做每一件事，都应该去思考这件事情的意义和价值，如何做才能对这个集体有好处？如何做才能对周围的人有好处？这不仅是工作之中的要求，八小时之外，我也希望大家能够把这种利他文化弘扬好。自律，就是在工作的八小时外、在脱离他人监督之时，继续保持规矩意识、纪律意识。想成为一个对家庭、对集体、对企业、对社会有用的人，就必须常怀戒惧之心。四要言行一致、表里如一。怎么想的就怎么说，怎么说的就怎么做，这是一个人的品质问题，也是做人的底线。从外部来讲，你不要以为你表里不一、言行不一，别人看不出来、听不出来、感觉不出来。要知道，聪明的大有人在，总会有人看破你的表象。从内心来讲，言行不一、表里不一，会让我们背上沉重的思想包袱，戴上沉重的精神枷锁，影响我们的判断和举止。

今天用了较长时间给大家讲第三部分，有些话大家可能听过很多次了，可以说是老生常谈的问题。但是“老生常谈”这个词就是在提醒我们那些反复强调的话可能并没有被执行得很好，或者说不是每个个体都执行得很好。这些话是我作为行长对你们的期望，同时，也是在与大家共勉，我个人同样需要在这些方面继续地不断地完善、充实和提高自己。

最后，希望新入行的各位同事，能够对建设银行有了解更有理解，能够和37万多名员工共同努力把建设银行建设好。希望大家努力地以新的思维和视角，准确地把握社会的痛点和时代的脉搏，努力地成为一个合格的建行人、一个时代的追梦者，祝愿你们能够成为一个圆满的圆梦人！

筑牢底板　增强能力
持续提升全行信贷经营管理水平

——在2019年信贷管理工作会议上的讲话

刘桂平

（2019年9月6日）

同志们：

价值创造和风险管理是银行工作的永恒主题，信贷业务是银行价值创造的源泉和基石。近年来，全行持续提升综合化服务能力，但信贷依然是业务拓展和风险防控重点，是服务实体经济的“主力”和防范化解风险的“重地”。据统计，目前全行信贷资产占表内外资产余额的七成左右，信贷资产拨备约占全部资产拨备保有额的97%，信贷经营管理能力高低直接影响建设银行长期稳健经营能力和核心竞争力。

2017年上海信管会，探讨了八个关键环节的信贷基础管理，提出全面主动管理理念；2018年南昌信管会，研究信贷结构问题，探索风险预防、监测、管理体系建设；今天，我们在苏州召开会议，要在总结以往工作经验、研判形势的基础上，厘清下一步信贷经营管理新要求及客户选择新方向。

关于风险管理，我曾讲过，在“木桶论”中既要关注长板、短板，更要关注底板，也讲过边界的概念。风险管理首先是木桶的底板，底板是对风险底线的坚守、是风险管控的定力。筑牢底板、滴水不漏，木桶才管用，讨论长短板才有意义。从规模和影响看，信贷管理就是我们最重要的那块底板。经营管理长短板难以整齐划一，但如果信贷管理能力出现短板，业务拓展的长板则无意义，水盛得多、漏得也多。这也就是经营管理水平要以风险管控能力为边界的道理。“底板”与“边界”是统一的，牢固底板助推“第一发展曲线”再创新高，拓展边界对开启“第二发展曲线”意义重大。因此，本次会议的主题是“筑牢底板、增强能力，持续提升全行信贷经营管理水平”。就此，我谈几点意见。

一、信贷经营管理成效值得充分肯定

近年来，全行信贷经营管理条线以习近平总书记增强“三个能力”建设重要指示精神为根本遵循，积极助推“三大战略”，开启“第二发展曲线”，初步形成具有建设银行特色、适应新时期需要的信用风险管控路径。

（一）贯彻国家经济发展战略，强化信贷政策引导和资源科学配置，增强服务国家建设能力

近年来，全行探索形成“1+70”①“三分类、九宫格”②等信贷政策管理方法体系，调整优化信贷结构。一是服务国家重大战略，支持重点领域重大项目建设，主动服务“一带一路”、京津冀、长江经济带、粤港澳大湾区及自贸区建设；二是服务“双优”策略落地，支持重点业务发展，引导全行合理摆布对公对私业务结构，加大对“双小”和个人客户信贷投放力度；三是落实绿色发展理念，加快实施绿色信贷发展战略，着力打造绿色金融运行机制和产品体系，推进五省（区）绿色金融改革创新工作，将环境和社会风

① 1个年度全行信贷政策，明确全行信贷投放导向和管理规则；70个行业信贷政策，不定期重检发布，明确每个行业内的客户选择标准。

② 按照“优先支持、选择支持、压缩退出”策略对行业、客户群体分类，交叉形成“九宫格”管理。

险管理融入信贷流程；四是围绕供给侧结构性改革，助力产业转型升级，"有扶有控"、稳妥有序地推进重点行业"去产能"，提升先进制造业信贷占比；五是研判地方政府债务和房地产风险，防控"灰犀牛"，加强房地产和地方政府债务风险监测，引导业务合规有序开展。总结"14 + 5"的"灰犀牛"风险特征和传导路径，提高风险研判前瞻性。

截至 2019 年 6 月末，行业结构持续优化，优先支持行业贷款余额为 2.15 万亿元，较年初增长 6.03%；传统"长项"得以巩固，基础设施领域贷款余额为 3.61 万亿元，绿色贷款余额为 1.08 万亿元；新兴领域快速发展，普惠金融贷款余额 8742.36 亿元①，较年初新增 2157.98 亿元。

（二）以"全面主动管"理念，搭建现代银行信用风险管控体系，增强防范金融风险能力

始终将管控信用风险、稳定资产质量作为工作的重中之重，贯彻全面主动管理理念。一是抓实党委风险管理主体责任，层层压实风险管理责任，总行党委和管理层率先垂范，亲自督导重点一级分行资产质量管控工作。分行党委切实履行风险管理主体责任，建立健全责任体系；二是建立信用风险全面监控体系，建立覆盖集团表内外、境内外、母子公司、信贷与类信贷业务的统一信用风险监控体系，境内分行、境外机构、境内子公司、总行直营机构四大板块加强协同管控；三是实施"全过程、全员参与"的风控机制，加强全流程精细化管理，建立重点业务联席会议机制，前中后台对普惠金融等快速发展业务定期会商、协同控险，推动全流程各岗位尽职履责；四是主动管理预期风险，不断深化对新形势下金融风险迁徙演化规律认知，做到"风险未至，管理先行"，形成"7 + 5"监测管理体系；五是服务"三大战略"，探索"风控新打法"，将住房租赁业务作为信贷政策优先支持领域；对内赋能建立数字信贷管理平台，对外赋能建立业内首家"互联网 + 不动产抵押登记"系统直连项目；推动完善零售统一额度授信管理机制，构建"345"② 小微快贷监测体系。

截至 2019 年 6 月末，不良率稳中有降，集团口径不良贷款率为 1.43%，较年初下降 0.03 个百分点；风险抵补能力稳步提升，拨备覆盖率为 218.03%，较年初上升 9.66 个百分点。

（三）完善海外机构信贷管理和国别风险管理，服务建设银行全球化经营，增强参与国际竞争能力

一是加强海外机构信用风险管理，引导海外业务稳健发展，以"七率"为核心加强资产质量管理；制定"一行一策"差别化信贷政策，建立健全海外信贷制度体系，夯实基础管理，引导海外业务健康有序开展；二是提升国别风险抵御和应对能力。完成 75 个国家国别风险评级和国别风险评估报告，完善国别风险限额管理体系和准备金计提模型。

可以说，全行信贷管理条线做了大量卓有成效的工作，逐步形成了信用风险管控长效机制，有力支撑了全行价值创造，有效促进了"三大战略"的落地实施。借此机会，向广大参与信贷管理工作的同事们表示感谢和慰问！

二、坚持服务实体经济是信贷经营管理的初心和使命

建设银行因建而生、因建而兴。增强"三个能力"建设，第一点就是"增强服务国家建设能力"。对于建设银行来讲，我们的初心和使命，就是要按照党中央、国务院和习近平总书记的要求，始终保持"服务国家战略，服务实体经济，服务人民生活"本色，在社会各项改革发展事业中发挥中坚作用、引领作用、带动作用、骨干作用和表率作用。同时，大家也要清醒地认识到，服务实体经济也是防控金融风险的有力手段。

（一）坚守初心使命，做好结构调整，服务实体经济

服务国家发展战略、服务人民生活、支持国家经济建设，是一代代建行人前赴后继、始终不变的价值追求。成立之初，建设银行就积极响应

① 人民银行定向降准口径。

② 集中度：到期 + 行业 + 产品结构 3 个指标维度。运行情况：换手率 + 周转率 + 支用率 + 户均贷款 4 个指标维度。稳定性：不良率 + 逾期率 + 到期逾期率 + 到期不良率 + 波动率 5 个指标维度。

国家号召，在雪域高原简陋的建设工地帐篷里设立支行，服务康藏公路建设。机构跟着项目走、服务跟着需求走，这一优良传统一直保持下来，发展成为今天“以客户为中心、以市场为导向”的经营理念。改革开放初期，建设银行积极落实“拨改贷”政策要求，在国家财政无力支撑的困难情况下，利用吸收的存款支持了一大批重点建设项目。近年来，建设银行全面贯彻落实党的十九大精神和中央决策部署，主动承担政治责任和社会责任，把坚持以人民为中心、不断实现人民对美好生活的向往作为一切工作的出发点和落脚点，始终聚焦于社会痛点难点问题，把民之所盼、民之所需、民之所急，作为金融改革创新探索的终极指向，并提出了“服务大众安居乐业，建设现代美好生活”的奋斗目标。本届党委成立以来，提出的三大发展战略（住房租赁、普惠金融和金融科技）就是新时期践行初心使命的具体行动。

在服务国家建设过程中，建设银行顺应时代发展潮流，因时而动，不断调整信贷结构，通过大力发展“双大客户”、基础设施和个人按揭业务，形成了具有自身特色的信贷结构优势。优质的信贷结构确保了我们拥有较高的抵御风险、穿越周期能力，保证了资产质量持续拥有相对优势。进入新发展时期，就要用新金融理念，巩固传统优势、培育新的业务增长点、打造新的增长极、下好先手棋，加强着眼于未来长远发展的行业研究，推进信贷结构持续优化。

同时，总结近年来的金融风险演化规律，审视一些重大风险的形成，脱实向虚是风险源头。2018 年，全行对低信用风险业务的果断清理，使我们及时防范了导入性风险；对内保外贷业务的加强管控，使海外机构信贷经营水平上了新台阶。大量鲜活的事实证明实体经济健康发展是防范金融风险的基础，摆脱资金空转使我们悄然远离了“灰犀牛”。

（二）践行大行担当，做好政策引导，服务制造强国

制造业是国民经济主体，是实体经济核心，是立国之本、兴国之器、强国之基。推进制造业高质量发展，是我国提升综合国力、保障国家安全、建设世界强国的必由之路。党的十九大报告指出，要“加快建设制造强国，加快发展先进制造业”。2019 年中央经济工作会议将推动制造业高质量发展作为首要工作任务。2019 年 6 月 26 日李克强总理主持的国务院常务会议明确提出“鼓励大型银行完善贷款考核机制、设置专项奖励，确保今年制造业全部贷款、中长期贷款和信用贷款的余额均明显高于上年”。2019 年 7 月 30 日中央政治局会议上，习近平总书记再次强调要“推动高质量发展”“引导金融机构增加对制造业、民营企业的中长期融资”。近日，中国人民银行、中国银保监会对此也提出具体要求。当前抓好制造业信贷投放，是服务国家实体经济、助力制造强国建设的责任使命，是落实监管要求的需要，也是促进建设银行信贷结构调整优化、落实“三大战略”、开启“第二发展曲线”的重要途径。为切实做好制造业信贷投放，总行已出台了二十条措施，请各单位、各部门认真抓好贯彻落实。在实际操作中，要量质并举、久久为功。下一步，要着力做好两件事情。

一是要主动作为，确保制造业信贷高质量发展。

明确重点领域。把握新兴高端制造业发展机遇。近年来先进制造业保持较快增长，在国家政策重视、社会资本关注的大背景下，新一代信息技术、高端装备制造、生物医药等新兴产业前景广阔。把握传统产业转型升级机遇。传统产业转型升级依然是制造业主体、信贷投放的主体。要紧跟国家发展战略和产业转型升级的步伐，重点支持企业绿色生产、技术改革和产品质量提升等。

提升服务效率。在合规、实质性风险把关前提下，强化集团整体协同，明确目标客户清单，灵活调整服务安排和管理流程，保障投放金额和效率。

发挥特色优势。要结合各行管理特色、优势，做好制造业政策引导和项目储备。总行层面，由信管部牵头、各前中后台部门配合，优化信贷政策。各一级分行要基于地区禀赋和特色制造业发展实际，营销、储备客户。

加强政策倾斜。对评级管理、例外事项核准、抵押率标准、授信审批、行业限额等方面予以政策倾斜。对重点区域、重点客户按名单制，扩大分行审批授权权限。对贷款余额在 1000 万元及以下的制造业企业贷款，在核销处置时，责任认定和追究可在核销做账出表后两年内完成。

二是要夯实基础，做好制造业信贷政策引导。

建立专家团队。各分行要根据当地经济结构、资源禀赋和产业集群特点，设置专门岗位，建立专业专职团队，为制造业信贷业务提供解决方案。

细化信贷政策。强化制造业细分行业风险管理和政策重检，加强制造业细分行业运行监测，针对不同市场表现和趋势变化，形成"监测—重检（制定）"的良性循环。

做好客户选择。做好两大领域客户选择。对新兴高端制造业客户，先抓重点区域、重点企业，并主要关注技术、市场、人员和资金等方面情况；对传统产业客户，要重点关注企业产品、规模和财务等方面情况。注重两类特殊企业的支持。对小微企业，要选专精特新"小巨人"、单项或隐形冠军等；对暂时困难企业，经营可持续、发展有前景、有核心竞争力的，适当运用授信调整业务缓解企业资金压力。

（三）加强精准滴灌，做好客户选择，服务企业发展

我们在加大投放、支持实体经济过程中，要做到精准滴灌，"以初心服务初心"，服务支持那些坚持主业经营、坚守创业初心，在经济波动中能够经受考验的优质企业。这些企业可以归纳出如下特征：

三聚焦，即聚焦主业、聚焦创新、聚焦企业家精神。聚焦主业，就是企业能够做到不被短期利益所诱惑、不盲目进行多元化投资，坚持做好、做精主业，打造核心优势；聚焦创新，就是企业能够从长远发展、未来走势出发，加大科技创新投入，有自己的核心产品，特别是拥有自主创新产品，对主业形成有力支撑；聚焦企业家精神，企业家精神在不同历史时期具有不同的内涵，在当前阶段，就是指奋发有为、砥砺前行、引领和激发全社会创业创新创造活力，就是企业主能够发扬不畏风险、勇于开拓的创新精神，推动企业永续发展。

三自，即自立、自强、自律。"三聚焦"需要"三自"作支撑。自立，就是企业能够"勤苦自立"，坚持不懈奋斗，秉持创业激情、做到不等、不靠、不要，凭借不懈努力，不断开拓进取。自强，就是企业能够"自强不息"，在发展中不断提升、完善，坚持奋发图强、追求卓越。自律，就是企业能够"严以律己"，坚持经营的基本规则和原则，不为外界诱惑所动，理性而自制。自立解决的是生存问题，自强解决的是发展壮大问题，自律解决的是永续传承问题。

三、以更高的信贷经营管理水平服务好实体经济

无论外部形势好坏，信贷工作都要面对诸多不确定性，如何更好服务实体经济，时刻挑战着我们的风险经营能力。但概而言之，都脱离不了长板、短板和底板的思维框架，从"筑牢底板、补齐短板、巩固提升长板"角度看，下一阶段信贷经营管理工作的基本要求是：

巩固做长做强信贷流程和信贷结构工作长板。要不断深化贷（投）前、贷（投）中、贷（投）后全流程管理，持续提升精细化、集约化水平。要巩固信贷结构调整成果，坚持优化对公信贷结构不放松，继续保持基建、战略性新兴产业、先进制造业、绿色金融等领域的良好发展态势。要持续推进零售优先，继续保持个人住房贷款和普惠贷款的增长同业领先。最近，总行专题研究并印发了调整信贷业务经济增加值、拨备和资金内转价格等政策，请大家认真领会、抓好落实。

补齐客户选择等关键部位风控短板。认真选择好客户是信贷经营管理能力的综合体现。在这方面，我们既有许多成功的经验，也有不少失败的教训。例如，2016 年我们提前预判火电行业产能过剩趋势，在没有出现不良时即主动管控、压缩敞口，前瞻性化解风险，有效防控了"灰犀牛"事件的发生。但过去在某些领域的优势随着外部环境的变化可能转化为未来的劣势甚至"包袱"。我们用什么承接传统基建、房地产相关领域贷款这些以往的优质资产，关乎未来的可持续发展和资产质量。无论何时，我们都会有擅长和不擅长的领域，但如果"短板"在未来是大趋势大潮流，就必须快速弥补。总体上，要通过"3 + 3"，即普惠金融、住房租赁、绿色信贷承接"双大"、住房信贷、传统中长期信贷；实现"5 + X"跨越，即向信息通信、高端制造、传统产业升级、新型设施、健康养老五个领域转型。这件事廖林

同志将在会议上作专题部署，请大家认真贯彻执行。

筑牢资产质量和基础管理底板。持续强化资产质量管控是信贷管理的核心工作的理念。要坚持“稳中有进”的资产质量管控总基调，主动对标国内外同业先进，保持资产质量核心指标稳健运行、同业领先。7 月 12 日，总行召开了资产质量重点督导行座谈会，我对十家督导分行提出了要求，也是对全行的要求。具体地说，就是要坚持严格审慎分类，主动应对监管政策变化，在加大处置力度的前提下，加快风险较高领域的有序释放。基础管理底板体现在集团四大板块的风险预防、监测、管理上，要持续完善体系建设。

那么，如何将这些想法落地呢？我讲三点意见。

（一）发扬“三种精神”

发扬担当精神。要深刻领会习近平总书记“功成不必在我，建功必须有我”的讲话精神，履行责任、践行担当。信贷经营管理中，最基本的就是要履行好信贷制度中规定的岗位、流程责任，做到履职尽责。经营条线在风险经营过程中要担当，既要把好入口，又要管好贷后，更要参与风险化解。风险条线在服务风险经营过程中要担当，要坚持独立判断，要敢于发声，对于有悖于经营理念本源的、有悖于防范化解风险的，要勇于提出专业的意见。这就要求各个机构应该在风险和信贷管理岗位人员的配备上确保高标准，要专业过硬、勤奋尽职、独立审慎。如果把不好安排、谁都不要的人员放在这个岗位，这么做的机构主要负责人要么不懂管理，要么有道德风险，就是为失职埋下伏笔、为渎职做好铺垫。总行要有担当，要在大事上出思路，在重大项目判断上出意见，在重大风险处置上提高参与度，要多为基层赋能、减负。分支机构特别是机构负责人要有担当，该拍的板要拍，该顶的压力要顶。基于外部形势和监管要求，从建设银行长久健康发展考虑出发，总行提出要求加大处置力度、做实资产质量，如果分行该暴露不暴露、能处置不处置，就是将问题留给后任者、不敢担当的表现。

发扬创新精神。“创新”是新发展理念的第一个关键词，习近平总书记说过，“创新是引领发展的第一动力”“抓住了创新，就抓住了牵动经济社会发展全局的‘牛鼻子’”。从宏观发展趋势来看，经济增长正在由投资驱动转向创新驱动；从金融业发展来看，金融产品服务唯有不断创新才能满足市场需求，信贷风险管控唯有不断创新才能与业务发展相匹配。从可持续经营的角度，全行一定要坚持发扬创新精神，让创新成为开启“第二发展曲线”的“催化剂”和“助推器”。要以行业研究为基础，提升全行服务新兴产业能力。刚刚在服务制造业发展部分讲过，服务新兴产业，关键在于做好行业研究、做好信贷及非信贷业务的匹配。要开展知识产权、碳排放权质押产品创新，积极探索新型质押融资发展模式，建立对企业科技创新能力的评价体系，重点支持科技创新型和低碳产业的融资需求，稳步提升知识产权、碳排放权质押贷款在新发放公司类贷款中的比重，实现客户数量和贷款金额双提升。要以数据驱动创新，提高数据的价值创造力。海量的数据是我们的核心资产之一，B、C、G 三端发力势必带来新量级的客户数据，构建风控“新模式”的关键是将数据准确转化为客户信用，这就需要我们在经营管理上加快创新的步伐。同时，信贷在创新上也面临着新的挑战，如对于拟在科创板、创业板、三板上市的企业，在上市前半年的融资需求如何满足？信贷如何与投行业务、投行平台联动？

发扬协作精神。要在信贷经营管理中对外加强合作，对内加强协同，多方发力。合作，就是要“借外力”，行业研究、新型制造、住房租赁、金融科技、大数据风控等都不是单纯靠自身的数据、能力、积累能够完成的，在业务创新发展与风控创新管控中，要适当借助外脑，与专业研究机构、外部互联网企业进行共赢合作。协同，就是“聚合力”，全面提高自身的战斗力，建设银行集团作为大型商业银行集团，协同合力的发挥包括条线协同、部门协同、区域协同、境内外协同、母子公司协同等。同时，要解决好发展与风控的关系。无论是对政策、制度的解读和运用，还是对具体项目的判断，上级行对下级行都不能简单否定，中后台对前台也不能简单否定。要善于说“做”和“不做”，更要善于共同说“如何做”。当前，我要求集全行之力加强行业研究，明确由信贷管理部牵头，具体分工上，信管部牵头绿色信贷、公司部牵头信息通信、审批部牵头高端制造和传统转型、战客部牵头新型设施、风险部牵头健康养老。同时，重点分行、相关子公司要贡献智慧，当然也可以借助外部专家力量。信贷管理部要做好统筹协调，加强总分行、业务条线内外部协同研究。

（二）深植“三种意识”

深植开放意识。习近平总书记在不同的场合反复强调，开放带来进步，封闭必然落后，关起门来搞建设没有出路。金融本身具有开放、融通的天然属性。“开放包容，大气谦和”是建行文化特质之一，在发展的各个时期都得到了很好的体现。5G时代即将到来，即将进入万物互联时代。我们必须用开放的理念来推进业务发展，也必须跳出金融看金融，这样才能把金融看得更清楚、更明白。在具体的信贷经营管理中，要充分体现开放意识。对客户营销，要秉持“开门办银行”理念，来的都是客，都应提供优质高效服务，不可戴“有色眼镜”看人；对客户维护，要以开放的心态增强客户舒适感，尽可能实现双赢或多赢；对于大客户，要发展龙头企业，但无须独吞或者“一行独大”，即使作为牵头行，也不一定要份额最大，这种操作不是商业银行的经营思路，不可做“一锤子买卖”、只顾当下政绩的事情，要以开放谋长远。

深植全局意识。我们常说“三道防线”，其意义有三：其一，“三道防线”是一体的；其二，“三道防线”都是以客户为中心的；其三，防线之间是相互支撑的。所以说，不管是“第一道防线”的前台经营部门，还是“第二道防线”的风险管理部门、“第三道防线”的审计部门，都应在信贷经营过程中发挥自己的作用，形成风险防范的必要制衡与有力支撑，站在全行角度平衡好风险与收益。风险管控不仅是风险条线或者风险管理部门的事，而是与每一个部门、每一个员工都密切相关的，不能唯部门利益为重，要跳出部门看部门、立足全局做工作，避免因部门利益偏见形成对立、因部门边界壁垒形成鸿沟。

深植客户意识。客户是商业银行承担信用风险、收益的主要载体。增强“三个能力”建设，关键落脚点在于如何选择好客户；“三大战略”归根到底，都是直接或者间接围绕客户做好服务，依托大场景、大生态实现获客、活客、留客和黏客。全行上下提升战略执行能力，最终仍要以客户为中心、以客户为抓手；对战略推进情况的考核、评价，最终都要落在客户上。客户是我们战略的落脚点，也是资产质量的基础。我们的战略能否又好又快落地，关键在于是否能够以客户为中心发展业务；我们的资产基础是否扎实，关键在于是否能够以客户为中心，做好每一个客户的选择。

（三）坚持“三种思维”

坚持底线思维。习近平总书记曾多次强调“底线思维”，坚持底线思维是防范化解重大风险的关键。商业银行的信贷经营管理必须遵循底线思维。首先，要有所为、有所不为，坚守经营的底线。哪怕眼前利益很“诱人”，如果不符合国家方针政策、不符合产业发展方向、不符合监管制度规定、不符合建设银行风险偏好，就不能逾越红线。其次，对于快速发展区域、业务要常思底线。比如，总行已明确要加快京津冀协同发展、长三角一体化和粤港澳大湾区三大区域分支机构的发展，并陆续出台了支持政策，这是支持国家战略的需要，也是做大做强建设银行的需要。为了不使这些政策偏离正轨，需要这些区域分支机构特别重视底线思维，防控好各类风险。又如，当前普惠金融战略运行很好，越是在这个时候，越要小心谨慎，以免操作失当，导致战略流产。重点区域发展扩大信贷授权的同时，更要强化管理、落实责任，授权是信任，有担当守底线就是责任。周一，总行召开了支持深圳建设中国特色社会主义先行示范区工作专题会，按照中央提出的“高质量发展高地”“可持续发展先锋”战略定位，这就必然要求相关分行同时要成为全行“风险管理标杆”，履行好风险管控责任、守牢风险管控底线。最后，要常怀忧患之心。要随时掌握全行的资产情况、摸清风险底数，形成“体检”机制。机构自身要常常“体检”，了解自己问题、及时优化整改，更重要的是要上级行给下级行进行“体检”，督促问题整改，“体检”结果要以上级行为准。目前我们通过风险分类、贷后会议、授信重检等初步构建了“体检”机制，下一步要将之制度化、常态化。

坚持前瞻思维。习近平总书记指出“要强化风险意识，常观大势、常思大局，科学预见形势发展走势和隐藏其中的风险挑战，做到未雨绸缪”。“备豫不虞，为国常道”，要加强风险的预见性，着眼于防患未然，善于化危为机。当前宏观经济形势复杂严峻，监管从严趋势明显，商业银行风险管控压力明显加大，建设银行内部潜在风险仍在高位，部分资产质量先行指标出现波动。与同业比，目前建设银行资产质量各项指标虽有相对优势，但保持优势的压力在增大，全行对此要有清醒认识。总行已反复强调要把握大势、顺势而为，该暴露的要暴露，不良资产处置该加大力度要加大力度。

坚持互联网思维。这方面重点要做四件事。一是万物互联时代更要学会透过现象看本质，当前信息更加透明，对客户形成更加立体、清晰认识，收益分析、风险判断将会更加准确。二是要从客户的生态场景中去寻找信贷管理的方法和路径，看清生态、看清场景、看清位置。三是要善用技术和数据，推进管理更加精细，借助互联网、物联网技术，能够进一步强化管理效能，推进关键环节的精准有力管控，保障精细化管理有效落地。四是要前瞻性思考数字经济时代信贷管理体制和信贷运行机制的重构。每一次技术进步都推动着流程、机制的变革，数字经济时代，必然引发信贷全流程管理、执行的持续变化，这就要求充分拥抱金融科技，主动发起变革，以主动的体制机制调整来适应新时代的要求。

四、大力弘扬良好的信贷文化

越是在增强发展“硬实力”的时候，越要强调文化这个“软实力”，二者不可偏废。最近，我在与新入行员工交流时，谈了建设银行文化的五个特质（坚守初心，服务大局；锐意改革，创新求变；专业专注，稳健经营；开放包容，大气谦和；惟真惟实，执行为要）；对风险文化也提炼了8个字（稳健、审慎、全面、主动）。应该说，这些都是建设银行在65年的发展历程中长期形成和积淀下的价值取向、经营哲学、管理思维、行为规范。这种积淀最主要的来源就是信贷经营管理实践。20年前，建设银行启动信贷管理体制改革，逐步建立起信贷经营管理的基本框架、模式和工具，其间进行了数次体制、机制的改革调整，但无论如何演化变革，当初提出的诸如制衡、协作、独立、专业专注等内核都得到了很好的传承和深化。

要弘扬好信贷文化，首先要涵养好信贷文化。涵养的中文意思是维护、保持。涵养的英文是“self－restraint”，蕴含了自我克制、自我约束之意，正与我们的稳健、审慎等文化内核相契合。涵养良好的信贷文化，就是要养护好、传承好建设银行信贷文化的内核。其次要时刻坚守，让其深入到我们每个信贷工作者的骨髓，让其成为我们的行动自觉。最后要在此基础上，与时俱进地完善和优化，将之发扬光大。具体地说，我强调三点：

第一，坚持管理的常态化、精细化。管理是“吃饭”不是“吃药”。饭要天天吃才能维持生命体征的正常运转，管理也要坚持常态化、不放松。同时，管理不是一人生病全家吃药，要做到精细化，人只有在生病的时候才吃药、只有生病的人才吃药。管理也是这样，需常抓不懈，抓铁有痕、踏石留印，不能出现问题后反复强调强化管理、锁上加锁，更不能一个地方出现问题全国跟着整改。

第二，坚持信贷经营管理的稳健与审慎。稳健是指信贷经营要实现三方面发展要求，一是实现均衡发展，兼顾资产负债均衡，安全性、流动性、效益性均衡，收益、风险、资本均衡；二是实现健康发展，发展符合经济、金融和商业银行运行规律，符合自身经营管理能力，符合监管要求；三是实现可持续发展，以服务社会为初心，以价值创造为根本，行稳致远，打造百年银行，保持基业长青。审慎是指信贷管理要认清市场走势、认清同业竞争态势、认清自身优势和劣势；了解客户、了解业务、了解风险；敢于直面风险、敢于揭示风险、敢于暴露风险；不盲目跟风、不冒进妄动、不追逐短期利益；坚持底线思维、坚持合规经营、坚持专业专注；严格贯彻铁账本、铁算盘、铁规章精神，严格实施事前、事中、事后全流程管理，严格遵守员工行为规范，培养良好的职业操守，养成审慎严谨的经营作风。

第三，坚持人人都对信贷风险负责。“瑞士奶酪理论”很形象地描绘重大风险事项的产生是各个环节的漏洞被同时贯穿，只要一个环节堵住了可能就会避免风险的发生。因此信贷风险管控必须是全员、全流程的。一是要筑牢风险防控的“三道防线”，强化一线操作岗位和机构的“第一道防线”、管理职能部门的“第二道防线”和内控、审计部门的“第三道防线”。二是要严格员工行为管理，打造专业专注、廉洁自律、执行力强的信贷队伍。强化学习与培训，引导和教育信贷人员爱岗敬业；将讲手册、讲案例、讲整改的“三必讲”常态化；杜绝弄虚作假、有章不循、不当交易、懈怠不为、跑冒漏气五种行为；增强信贷人员业务素质，树立廉荣腐耻、尊廉崇廉的价值取向，打造一支符合建设银行发展要求、具有国际一流水准的信贷队伍。

同志们！作为国有大行，全面服务实体经济、防范金融风险，以信贷经营管理能力的提升促进“三个能力”建设与“三大战略”落地，走出全面主动风险管理的“第二发展曲线”，是我们的历史使命与责任担当。让我们共同努力，真正把金融的初心和使命实实在在体现到信贷经营与管理工作中、体现到防范化解重大风险攻坚战中，为全面建成小康社会贡献建行智慧、方案和力量！

积极践行习近平生态文明思想 努力培育绿色金融新优势

——在2019年绿色金融工作座谈会上的讲话

刘桂平

（2019年9月6日）

同志们：

2005年8月，习近平总书记在浙江省湖州市安吉县考察调研时提出“绿水青山就是金山银山”。今天，我们召开2019年绿色金融工作座谈会，一起回顾总结过去一年绿色金融推进情况，一起学习领会习近平生态文明思想的深刻内涵，一起研究分析绿色发展带来的新机遇、新挑战，一起谋划部署推进全行绿色金融发展工作，具有十分重要的意义。刚才，部分分行、子公司、总行相关部门都就促进绿色金融发展介绍了情况、总结了经验、制定了措施、提出了建议，听了以后很受启发，借这个机会，我讲四点意见。

一、充分肯定全行绿色金融工作取得的积极成效

近年来，在总行党委和董事会的正确领导下，全行自觉贯彻习近平生态文明思想，积极践行绿色发展理念，对照银保监会提出的绿色金融“三大支柱”，开拓创新、砥砺奋进，全行绿色金融事业取得了明显成效，值得充分肯定。

（一）绿色金融业务持续健康发展

1. 积极服务实体经济，不断扩大绿色信贷投放。截至6月末，全行绿色贷款余额为1.08万亿元，比年初增加了418亿元，占对公贷款的14.75%。同时，保持了较好资产质量。绿色贷款不良额总计65.65亿元，不良率为0.61%，较对公平均不良率低1.8个百分点，成为稳定全行资产质量的压舱石。

2. 主动适应社会经济新要求，持续推进产品创新。全行开同业之先河，推出海绵城市建设、综合管廊建设等贷款品种，帮助解决城市内涝问题。广东分行发挥改革开放前沿优势，2018年绿色金融创新全行最多，率先开办碳排放权质押融资，2019年又推出绿色e销通、绿色电桩融、绿色租融保等产品，帮助解决绿色交通出行问题。新疆分行结合区域实际，和生产建设兵团合作创立“农业全产业链云平台”，围绕“节水农业”目标，探索绿色农业服务新模式。

3. 充分发挥综合化多功能优势，绿色金融服务体系逐步建立。2018年总行首次在境外发行绿色和可持续发展债券（5亿欧元和10亿美元）；承销首单银行间市场绿色建筑熊猫债，并在人民银行举办的2018年绿色金融改革创新试验区座谈会上，作为唯一的商业银行发表主旨演讲，作为唯一金融机构与企业签订了5个绿色资产证券化合约。建信租赁、建信信托等子公司也结合自身业务特点，积极推进绿色金融业务，6月末全行绿色租赁业务238亿元、绿色信托业务18.7亿元，获得了市场的良好评价。

（二）环境和社会风险有效管控

1. 管控的信息化程度不断提高。一是将信贷客户环境和社会风险分类标识嵌入信贷流程系统，实现信息全流程显示。二是将环保信息纳入客户评级系统，存在不良环保记录的客户将在评级系统中强制下调评级。三是依托全面风险监控预警平台（RAD）开展环境和社会风险监测，重点关注超排偷排、自动监控数据弄虚作假等问题客户和典型违法案件。

2. 风险敞口大幅压缩。全行各级机构高度重

视督促环境安全违法违规企业整改，为国家履行好金融守门人责任。在各地环保、安监部门提供的2018年环保安全违法违规企业名单中，共有建设银行信贷客户233家，涉及贷款余额148.99亿元，已有220家客户完成整改，涉及贷款余额143.73亿元；化解率达到96%。既有力促进了污染整治和安全生产，又有效保障了建设银行自身信贷资产安全。

（三）自身社会责任表现不断提升

1. 通过绿色贷款投放促进节能减排。2018年建设银行绿色信贷支持项目累计节约标准煤3011.71万吨、节水123.06万吨、减少二氧化碳排放当量6926.12万吨。

2. 坚持绿色运营提升环境效益。一是将绿色理念融入采购管理，要求重要商品供应商获得国内最高级环境认证。二是营造绿色办公氛围，如减少人员出差、多开视频会、控制办公区室温等，仅武汉生产园区通过安装机房余热回收利用系统，每天就节约天然气5000立方米。

3. 加入"一带一路"绿色投资原则。2019年4月建设银行在"一带一路"高峰论坛上正式签署《"一带一路"绿色投资原则》（GIP），郑重承诺将绿色发展理念融入"一带一路"金融服务。同时，加入GIP秘书处牵头组织的环境和社会风险评估工作组，参与制定体现中国特色的国际绿色投资标准。

（四）绿色金融运行机制初步形成

近年来，建设银行逐步建立了绿色金融运行机制，涵盖战略目标、政策引导、组织推动、资源配置、风险管控、督导检查、考核评价等，发挥了积极作用。过去一年来，为更好贯彻中央要求，更好适应绿色金融事业新变化，我们也采取了一些措施：一是在总行层面上，将绿色信贷委员会调整为绿色金融委员会；二是国家绿色金改试验区所在地5家分行结合各自特色，设立9家绿色金融专门机构；三是初步建立了建设银行绿色金融评价指标体系，引导全行推进绿色金融事业发展。广东、重庆、浙江、江西、四川、苏州分行去年表现比较突出，被评为"五星级绿色分行"。

总体来看，近年来建设银行绿色金融工作成效较为显著。我们在银行业协会组织的绿色银行评价中名列前茅，作为银行业协会绿色信贷专业委员会主任单位，在银行同业绿色金融交流、培训等方面发挥了积极作用，社会各界和监管机构给予了较高评价，体现了国有大行的责任担当，值得充分肯定。

二、认真领会习近平生态文明思想深刻内涵

党中央、国务院高度重视促进绿色发展、加强生态文明建设，习近平总书记更是为之倾注了大量心血。2015年10月，党的十八届五中全会确立了绿色发展理念。2017年10月，党的十九大提出建设"美丽中国"的美好愿景。2017年12月，中央经济工作会议要求"打好污染防治攻坚战"。2018年3月，十三届全国人大一次会议将生态文明和建设美丽中国写入宪法。2018年5月，党中央在全国生态环保大会上正式确立了习近平生态文明思想。

习近平生态文明思想具有很强的实践性、时代性、理论性和指导性，是我们推进绿色金融事业发展的根本遵循。很高兴利用今天这个机会，和大家一起交流学习习近平总书记生态文明思想的体会。

（一）习近平生态文明思想是长期实践探索的智慧结晶

习近平总书记历来对生态环保工作看得很重。在河北正定工作期间，提出了"宁肯不要钱，也不要污染"；在福建工作期间，大力支持长汀县的水土流失治理工作，实现了"荒山—绿洲—生态家园"的历史性转变；在浙江工作期间，提出了"绿水青山就是金山银山"的重要思想，并亲力亲为打造"千万工程"。党的十八大以来，习近平总书记多次就生态环保问题作出重要指示，坚决制止并纠正了腾格里沙漠污染、祁连山生态破坏、秦岭北麓违建别墅等重大恶性生态环境事件。党的十九大以来，习近平总书记视察长江沿线，提出要共抓长江生态环境大保护、不搞大开发。

从习近平总书记不同历史时期对生态环保问题的探索实践看，我们可以深刻体会：习近平生态文明思想源自基层、源自生活、源自实践，是总书记长期探索实践的智慧结晶，具有很强的实

践性和强大的生命力。

（二）习近平生态文明思想具有鲜明的时代特征

习近平生态文明思想是在我国走向全面建成小康社会的历史条件下发展形成的，是在人类社会共同应对气候变化的国际条件下发展形成的，具有鲜明的时代特征。

从国内看，当前我国生态环境质量稳中向好但并不稳固，处于生态文明建设的关键期和攻坚期，也到了有条件有能力解决生态环境突出问题的窗口期。如果现在不抓，将来解决起来难度更高、代价更大、后果更严重。这样的时代，需要伟大思想的引领。从国际看，气候变化问题、生态环保问题是人类社会面临的共同难题，用什么样的办法来开展环境治理，国际社会还没有找到可行的道路。这样的时代，需要中国智慧、中国方案。

（三）习近平生态文明思想具有丰富的理论内涵

习近平总书记在全国生态环保大会上对生态文明思想的丰富内涵进行了系统阐述。主要包括以下方面：

一是坚持人与自然和谐共生，要求科学把握人与自然的关系；二是坚持绿水青山就是金山银山，要求科学把握经济发展与生态环境保护的辩证统一关系，明确提出保护生态环境就是保护生产力、改善生态环境就是发展生产力；三是坚持良好生态环境是最普惠的民生福祉，充分体现中国共产党全心全意为人民服务的根本宗旨；四是坚持山水林田湖草是生命共同体，要求用系统思维寻求生态治理修复之道；五是坚持用最严格制度最严密法治保护生态环境，着力破解制约生态文明建设的体制机制障碍，让制度成为不可触碰的高压线；六是坚持共谋全球生态文明建设，将生态环境保护视为全球共同挑战，主张和国际社会携手共建全球生态文明。

习近平生态文明思想紧密结合国内外实践，既深刻地回答了人与自然的关系、生态环保与经济发展的关系、生态环保为谁服务等重大原则性问题，又科学制定了系统治理、依法治理、全球治理等重要方略，具有非常丰富的理论内涵，需要我们不断深入学习领会。

（四）习近平生态文明思想为促进绿色发展、打好污染防治攻坚战提供了根本遵循

在习近平生态文明思想指导下，党中央、国务院制定了《关于全面加强生态环境保护　坚决打好污染防治攻坚战的意见》，对生态文明建设作出重大战略部署。主要包括以下方面：

一是对构建生态文明体系作出顶层设计，可以预见新的、有利于推动绿色发展的体制机制、政策安排将加速形成，我们必须前瞻研究，力争提前适应新的制度环境；二是要求加快形成绿色发展方式和生活方式，可以预见新的、有利于推动绿色发展的经济结构、产业结构、能源结构、交通结构、生活方式将加速形成，我们必须主动谋划，积极稳妥摆布好业务格局；三是要求着力解决突出生态环境问题，打赢蓝天、碧水、净土保卫战。可以预见新的、有利于推进绿色发展的法治环境将加速形成，我们必须用更高的标准来审视现行环境和社会风险管理标准，努力减少由此引发的潜在风险损失；四是充分运用市场化手段来提高环境治理水平，可以预见新的、有利于推动绿色发展的资源环境价格机制将加速形成，我们必须加强研究，积极探索环保成本内部化带来的风险管控新课题。

党中央、国务院已将习近平生态文明思想作为绿色发展的根本遵循，我们也应当立足本职，在推进绿色金融事业发展中认真学习、深刻体会、努力践行。

三、准确把握绿色发展和生态文明建设新机遇

党中央、国务院高度重视绿色发展和生态文明建设，国家发展改革委、生态环境部、人民银行、银保监会等部委也做了大量政策安排，我们要不折不扣，认真贯彻落实。我想强调的是“推进绿色发展和生态文明建设”既对我们提出很高的要求，也是我们自身调整结构的需要，更为我们未来发展提供了广阔舞台。如何在新时期，准确把握绿色发展和生态文明建设新机遇是我们必须认真研究的重大课题。总体来看，主要集中在以下方面。

（一）绿色环保设施建设提供融资服务新机遇

生态环境保护要求基础设施建设和更新改造，由此形成庞大的投融资需求。据人民银行测算：要实现《巴黎协定》确定的2度温控目标，全球每年需要新增投资数万亿美元。据中国金融学会“绿金委”测算：未来5年，中国每年至少需要投入2万亿～4万亿元资金来应对环境和气候变化问题，单靠政府显然无法满足如此巨大的资金需求。这方面我们有很好的传统优势，是大有可为的。

（二）绿色产业培育提供结构调整新机遇

绿色发展催生绿色产业。随着我国绿色发展方式的逐步形成，必然形成涵盖绿色能源、绿色交通、绿色制造、绿色建筑、绿色消费、绿色科技的新产业体系。全行信贷结构、资产结构需要与之相适应作出调整，为绿色金融发展注入新内涵。

（三）生态文明体制创新提供产品创新新机遇

当前，与绿色发展相适应的制度体系正在加速形成。人民银行等七部委正积极推动绿色金融体系建设。据了解，可能采取的措施有将企业环保表现纳入征信体系、环境权益物权化、引入贷款人环境污染法律责任等，将为碳排放权交易、排污权交易、环境责任险业务等金融服务和产品创新带来新动力。

（四）企业加速清洁化转型提供B端赋能新机遇

近年来，国家在推进供给侧结构性改革中非常重视环保政策实施，采取将过剩产能退出与环保达标挂钩的办法，取得了良好的社会效益和经济效益。很多投资者和企业的感受是，国家在这一轮去产能中真正拿出了“环保红利”。许多过去规规矩矩按国家环保要求运营的企业获得了超额回报，那些环保投入不足的企业则被直接淘汰，这一现象在钢铁、有色、建材等行业表现尤为突出。

经过这一轮“环保红利”的示范，相信许多企业将有更强的动力引入新工艺、新装备、新材料推动自身清洁化改造，在此过程中需要我们融资融智帮助其转型。

（五）政府强化污染治理提供G端连接新机遇

据了解，环保部门在推进污染治理过程中希望银行提供专业支持。主要集中在以下方面：一是在融资服务方面，希望为交通结构运输调整中的“公转铁”铁路专用线建设、生态环境治理等项目提供资金支持，为生态环境科技成果转化服务平台提供增信支持；二是在资金管理方面，希望为土壤污染防治、长江经济带水体整治等项目提供资金监管服务；三是金融科技方面，希望银行参与生态保护补偿操作性平台建设；四是市场准入方面，希望银行将超标车辆过多的运输企业在贷款方面加以限制。上述这些需求，为我们用金融手段解决社会痛点、难点问题提供了机会窗口。

四、努力将绿色金融培育为建设银行发展新优势

（一）绿色金融是增强“三个能力”建设重要切入点

近几个月来，全行上下深入开展了“不忘初心、牢记使命”主题教育。我们建行人的初心和使命是什么？就是认真落实习近平总书记在建设银行成立60周年之际作出的增强“三个能力”的重要批示精神。结合主题教育学习体会，我认为绿色金融是全行落实总书记关于增强“三个能力”建设重要指示的现实切入点。具体来看：

习近平总书记殷切期望我们增强服务国家建设能力。加强生态文明建设、建设美丽中国是国家重大战略部署，在资产配置和业务规划上大幅提高“绿色”成分，有利于我们增强服务国家建设能力。习近平总书记殷切期望我们增强防范金融风险能力。我们大量配置“绿色”资产、大量挤出“灰色”“褐色”资产，是对风险的主动管理、前瞻防范。它不仅有助于防范银行自身风险，也有助于防范化解社会风险。习近平总书记殷切期望我们增强参与国际竞争能力。我们通过加入“一带一路”绿色投资原则，既提升自身形象，又增强引领作用，通过共建“一带一路”向国际社会传递中国声音、提供中国方案、贡献中国智慧，必然有利于增强参与国际竞争能力。

（二）在绿色金融领域加强“三个能力”建设仍有较大空间

尽管全行近年来绿色金融工作取得了显著成效，但是对照习近平总书记“三个能力”建设要求仍有较大的差距和不足。

1. 绿色业务发展方面。主要表现：一是绿色信贷持续增长动力有待加强，上半年全行绿色贷款增长不足，绿色贷款在对公贷款中的占比下降，6 月末占比为 14.75%，较年初下降 0.43 个百分点；二是绿色信贷以外的绿色金融业务空间依然较大，绿色资产证券化要尽快实现落地，绿色理财、绿色信托、绿色租赁的占比还需要提高；三是绿色金融业务创新有待加强。五省（区）绿色金融创新试点取得了一定成效，但与政策预期和市场期待相比，创新成果还需要丰富、推广应用还需要加强。

2. 环境和社会风险管理方面。目前，全行环境和社会风险管理还处于比较初级的阶段，各级机构工作重点仍停留在环保安全违法违规客户清理甄别层面，对国内产业结构低碳转型、气候变化带来的转型风险，以及由此引发的资产搁浅问题的研究与国际先进实践相比仍有较大差距。

3. 自身社会责任方面。有关部委、国际机构以及投资者对银行绿色信息披露的要求越来越高，例如，一些境外投资者要求更多披露碳排放方面情况。这不仅仅是信息披露口径、技巧问题，实质是全行主动应对气候变化、加强环境生态保护的战略安排问题，是我们业务选择、信贷投向问题，需从业务前端上做好安排。

4. 运行机制建设方面。目前建设银行绿色金融偏重于管理，“业务发展”定位还不够清晰，配套措施严重滞后，还没有像“普惠金融”那样在目标计划、资源配置、工具手段、考核激励、队伍建设等方面形成较为系统的机制安排。

（三）新时期加快绿色金融新优势培育的工作要求

绿色金融作为我们新时代培育新优势的重要战场，我们需要有所作为，也应当有所作为。

1. 要注意用绿色信贷承接基建传统优势。当前和今后较长一个时期，为实现“低碳环保循环”目标的基础设施建设仍将是绿色投融资的主要战场。基建贷款是建设银行传统优势，业务基础好。我们要发挥好这个传统优势，做好绿色信贷对基建贷款的承接，进而在整体上形成“住房租赁承接住房按揭、普惠金融承接双大客户、绿色信贷承接传统基建”的格局。目前，全行绿色信贷业务近七成集中在基础设施领域，资产质量显著优于对公贷款平均水平，是我们推进信贷结构调整的重要抓手，抓好基建传统优势承接对于稳定全行信贷资产质量具有重大意义。同时，从 2018 年起，人民银行已将绿色信贷纳入了宏观审慎评估框架（MPA），按季考核绿色信贷规模、增速、市场份额、资产质量等。如果 MPA 考评结果不理想，可能影响建设银行整体评价，影响建设银行通过中期借贷便利（MLF）等机制使用人民银行低成本资金。所以，不管是从落实总行党委确定的“三大战略”，还是从自身信贷结构调整需要，抑或是满足人民银行 MPA 考核要求看，我们都需要加快绿色信贷业务发展。

总行要求，各行绿色信贷投放力度要大于对公贷款投放整体水平，绿色贷款在对公贷款中的比重要高于年初水平。2019 年信贷政策下发后，各行都结合自身实际制定了本行的信贷结构调整目标（包括绿色信贷占比目标），也向总行做了备案，作为年底考核的依据。从 2019 年上半年情况看，一些分行没有完成时序进度，还有一些行不仅没有按预定计划提高占比，反而出现占比下降。各行要对照自己年初制订的计划，年底要完成目标。总行经营部门也要引导分行，增加绿色信贷项目储备。

在承接传统优势的同时，我们还要推陈出新，注入新的内涵。各行在清洁交通、清洁能源等传统绿色产业基础上，要积极探索试点污染防治、节能服务、绿色建筑等绿色新兴领域业务；在传统绿色信贷业务基础上，要做好绿色债券发行、承销、绿色资产证券化等新型绿色金融业务，提高绿色信托、绿色租赁等绿色资产占比。

2. 要主动跟踪绿色发展新趋势并做好前瞻性规划。国家正在为推进绿色发展和生态文明建设展开顶层设计，配套体制机制的实施将极大地改变众多产业的面貌，也为我们深化金融供给侧结构性改革提供广阔舞台，我们要主动谋划，提前布局。

例如，我国加入《巴黎协定》时承诺2030 年碳排放达峰，必定配套相应环境经济政策，对能源产业冲击很大，未来我国能源结构将会如何演变、建设银行的信贷结构如何与之相对应，总行要提前研究，对全行做好指导。

又如，绿色项目所需要的中长期、低成本资金来源问题是个国际性难题。据了解，目前人民银行的解决思路主要是两条：一个是将绿色资产作为合格押品，通过再贷款、借贷便利等方式，由人民银行直接向商业银行提供低成本资金；另一个是充分利用绿色信贷资产质量显著优于其他对公资产的特性，推动银保监会降低绿色信贷的风险资产加权系数。在用好、用足人民银行现有政策以增加低成本资金来源、做好绿色信贷差别化经济资本计量以推动降低风险资产加权系数方面，总行要做好研究和应用。

再如，绿色产业的内涵在实践中不断发展。2019 年 3 月，国家发展改革委发布绿色产业指导目录，目前人民银行、银保监会正在组织修订绿色信贷标准。如何主动适应标准变化、推动业务发展，要做好和监管部门的沟通，提前布局，根据标准修订新动向及时调整行业政策，并提前考虑绿色信贷标识系统改造问题。

3. 要积极探索商业可持续发展模式。高质量发展首先要创新发展。绿色金融创新面临很好的时代环境。很多规则、很多业务、很多模式都在推动绿色发展的过程中重新形成。例如，广州、上海、武汉、重庆、深圳等地的碳排放交易试点，浙江、福建等地的排污权交易探索，浙江湖州绿色建筑实践，给了我们很大的想象空间。

要注意环境权益物权化态势对金融业务的影响。过去，纺织印染、五金电镀等传统制造企业出了风险，厂房设备不值钱，银行损失很大。以后，排污权等环境权益可以交易转让了，即便出了风险，我们的损失也会少一些。另外，污染治理、节能服务等领域尚未形成成熟的商业模式，但未来发展空间会很大。

目前，建设银行绿色金融创新还不能满足政策和市场需求。从 2018 年绿色分行评价情况看，仅有 5 家分行推出了 11 项创新产品。2019 年，各行要加大力度。绿色分行评价中要加大对业务创新的考核力度。

4. 要完善绿色金融运行机制，为业务发展提供坚强支撑。绿色金融发展需要有好的体制机制作为保障。绿色金融运行管理要突出“业务发展”定位，而不能将其视为依附其他业务活动的伴生产品。在运行机制设计中要强化“目标计划、资源配置、激励约束、考核评价、队伍建设”等业务发展的支撑性要素。

在目标计划方面，在制订综合经营计划的时候考虑纳入“绿色信贷”，把“绿色信贷占比提高”的要求落实到综合经营计划中去。在资源配置方面，要全额保障绿色信贷规模。在激励约束方面，针对分行对降低中长期贷款经济资本占用普遍关切，总行行长办公会已批准新发放绿色项目经济资本打七折政策。在考核评价方面，加强绿色银行评价结果在 KPI 中应用。在队伍建设方面，银保监会在 2018 年绿色信贷自评价审核中指出了我们的不足，主要是绿色信贷专职岗位设置、环境和社会风险评价专家团队建设还有差距。2019 年，总行党委已研究决定在信管部设置了绿色金融处。各一级分行也要设法组建绿色金融专门团队、充实专业力量。

5. 要提高环境和社会风险管理水平。2019 年 3 月，江苏盐城响水县陈家港发生化工园区爆炸事故。爆炸企业（天嘉宜化工）本身和建设银行没有信贷合作，但其控股股东在建设银行有不少贷款。事后我们查询了环保、安全违法信息，发现天嘉宜化工曾多次受到当地环保、安监部门处罚。这说明，我们在环境和社会风险管理的信息化水平和主动权把握方面还有很大差距。从形势发展的需要看，我们还不能狭隘地将环境和社会风险管理简单等同于“不给环保违法违规企业放贷款”。实际上，气候变化、生态环境变迁引发的转型风险问题、资产搁浅问题已经在国际上引起关注。

为此，要做好几件事：一是以 GIP 环境和社会风险评估工作组为切入点，积极参与规则和标准的制定。二是要注意利用大数据技术提高我们的信息化管理水平，生态环境部已考虑和社会分享环境违法信息，总行要抓紧数据采购，将这些数据纳入建设银行数据仓库；要研究清洗、筛分此类违法违规信息，划分为不同预警等级，通过风险预警平台主动向经营单位和客户经理推送。三是要善于利用环境信息加强对敏感地区和敏感行业的重点管理。为打好污染防治攻坚战，我国加快了环境监测体系的建设，很多数据可为我所用。要把外部环境监测信息和我们的信贷组合信息有机衔接，把污染严重的区域行业、环境违法违规问题突出的区域行业和建设银行相关区域行业的信贷分布作对照，争取找出我们在环保领域的“黑天鹅”。四是要加快推进环境和社会风险压力测试。

6. 要加强绿色信贷统计管理。绿色信贷准确性是国家审计署、人民银行、银保监会审计检查重点。2018 年的经济责任审计，部分分行被指出绿色信贷统计不准确，总行在非现场检查中也发现个别分行绿色信贷认定偏差度过大。

今后，一是要明确管理责任，各一级分行要把关，要有人审核。不能经办行怎么填、一级分行就怎么报。二是要加强培训，提高对标准掌握的准确性。三是要切实做好监管沟通。2018 年有个别分行因标识整改造成绿色信贷数据波动大引发人民银行关注。以后遇到这样的情况，数据管理部要牵头协调解决。四是要研究全行绿色金融会计科目设置、会计核算体系，完善绿色金融标识管理。

7. 绿色金改试验区分行要多为全行探索经验。2018 年绿色分行评价中广东、浙江、江西都被评为五星级分行，贵州、江西分行绿色金融工作还得到了当地人民银行表扬。绿色金改试验区分行要抢抓机遇，勤与监管沟通，密切关注政策变化、市场需求，主动探索具有区域特色的新工具，主动创新出符合市场需求的新产品，争当“排头兵”、争做“领头羊”，打造全行绿色金融示范行，向全行提供可复制可推广可借鉴的经验，引领绿色金融大发展。

谢谢大家！

在全行网点综合竞争力提升工作（视频）启动会上的讲话

刘桂平

（2019 年 9 月 25 日）

同志们：

今天会议的主题是动员部署提升网点综合竞争力工作。

近段时间以来，总行围绕提升网点综合竞争力，开展了充分调研、反复讨论、集思广益，制订了“网点综合竞争力提升行动方案”，已经党委会审议通过。今天，全行召开视频启动大会，就是要以数字经济时代的新理念、新思路来统一思想、提高认识、全面部署，加快推动方案落地，促进全行网点综合竞争力的全面提升。下面，我讲四点意见。

一、深刻理解网点在商业银行经营管理中的地位和作用

党的十九大报告指出，我国经济已由高速增长阶段转向高质量发展阶段。经济是肌体，金融是血脉，金融高质量发展是实现经济高质量发展的重要支撑，金融供给和金融服务要始终以服务实体经济高质量发展、满足人民对美好生活的向往为奋斗目标。建设银行不忘初心，牢记使命，深入贯彻落实习近平总书记在建设银行成立 60 周年时所作的增强“三个能力”建设的批示精神，以客户为中心，实施三大战略，打造智慧政务，建设劳动者港湾，让金融回归到服务实体经济、服务大众安居乐业的本源，开启“第二发展曲线”。在这个过程中，营业网点作为银行服务的“神经末梢”，是建设银行实施三大战略的重要载体和坚实阵地。

曾经有一段时间，社会各界热议银行网点是否会消失的问题。我们认为，市场拓展单纯依靠线上或线下都不可取，必须线上线下协同实现客户的综合经营。网点有着与市场和客户的天然联系，即使在互联网时代，仍是服务客户的有效场所。网点经营得好是金矿，经营得不好才会成为负担。关键是网点的经营理念、经营机制、经营模式要始终紧跟时代的发展步伐，为客户创造更高价值，实现可持续发展。

（一）维护客户需要网点

网点贴近市场和客户，是银行与客户面对面接触的最前端，在银行服务大众美好生活、与客户建立长期稳固的合作关系的过程中发挥着基础性作用。

网点维护客户的作用不可替代。互联网时代，金融科技和大数据的应用，为银行线上拓客、黏客提供了新的模式，但线上同客户的交互方式始终缺少实在感，面对面沟通仍是银行与客户加深了解最有效的方式。网点基于位置为客户提供面对面接触、情感交互服务的真实感、亲切感、信任感是线上渠道不可替代的。因此，线下网点仍是重要的拓客和黏客渠道，同时在客户维护方面能为线上提供有效支撑，只有线上线下协同起来，客户维护才能做得更好。

网点是链接银行和客户的最重要桥梁。目前，绝大部分账户开立及签约服务仍然需要落地在网点，网点是客户与银行建立连接的首要触点。为客户每一次接触及提供服务的品质和效率，都会影响客户对银行的整体评价。据调查显示，25% 的客户在经历一次糟糕的服务后就会转向其他同业，这从侧面说明优质的网点服务对维护客户的重要性。网点能通过与客户的良性互动，及时了解客户变化，跟进客户关怀和主动服务，极大提升客户体验和满意度，进而提升客户对银行的忠

诚度和依赖度。

网点是服务大众美好生活的综合载体。在银行回归服务社会本源，推进安居、乐业、共享的实践过程中，网点担当着极其重要的角色。不仅要解决社会大众的金融需求问题，还要输出非金融服务，开放共享网点服务资源，不断深化网点服务的外延与内涵。比如，通过打造住房金融服务区、普惠金融服务区、智慧政务服务区、劳动者港湾等，搭建综合服务展示和体验平台，宣传建设银行的价值观和服务文化，为社会大众特别是弱势群体提供优质的金融和非金融服务。

（二）为客户创造更高价值需要网点

网点服务可以帮助客户了解自身需求、规避投资风险，通过专业化、个性化、定制化服务，为客户创造更高价值，这是线上渠道无法企及的。

网点是为客户提供量身服务的专业平台。互联网金融对网点的传统经营带来了冲击，但同时也缓解了一定的柜面服务压力，促使网点向提供更加专业化、个性化、定制化的服务转型。网点通过提供面对面的深度交互服务，及时、全面地帮助客户深入了解自身需求和风险偏好，拉近银行与客户的距离，从而激发出客户更多的潜在金融需求和购买意愿，并根据客户需求设计个性化综合服务方案，匹配最适合的产品和服务，提高客户满意度和价值贡献。

网点是服务高净值客户的主渠道。相对于大众客户，高净值客户对资产的保值增值更为看重，对复杂金融产品和资产配置的需求更为强烈，在服务渠道的选择上更重视专业性、安全性、私密性和可信度。而银行网点有相对独立的咨询场所，专业人员可面对面地为客户提供复杂产品咨询和个性化解决方案。根据运行情况分析，等级越高的客户到店频率越高。中高端客户的到店频率是大众客户的5～10倍，财私级客户更高，超过50倍。实践证明，银行网点具有服务高净值客户的天然优势，随着居民财富增长，网点在专业金融服务中的作用还会持续增强。

网点是提升客户价值感的体验平台。当前，银行间产品同质化竞争激烈，客户的选择余地很大。在这种情况下，客户对于银行产品的要求超越了产品本身的使用价值，而是期望在接受产品和服务的过程中获得更多的情感价值，即舒适感、新鲜感、愉悦感和被尊重感。情感价值的满足需要通过视觉、触觉、心理、肢体动作以及语言交互等一系列感知实现，物理网点在满足客户情感价值上比线上渠道更具优势，能够让客户具象化地体验到价值获得，增强客户对银行的黏性。

（三）有效控制风险需要网点

防范金融风险是金融工作的根本任务和银行经营管理的永恒主题。银行是经营风险的行业，一线网点更是每天需要跟各类风险打交道，控制风险是网点日常经营管理工作的重要内容。

网点是操作风险防控的“第一道防线”。柜面业务的操作风险是当前银行面临的主要风险之一，网点柜面办理和完成的业务中，很大部分与现金资产密切联系，是操作风险产生的密集区。操作风险主要源自系统和人员两方面，其中，人员的操作风险涉及员工道德行为问题，是网点操作风险中最重要的风险。近年来由此引发的风险事件和案件时有发生，银行资产因此遭受巨大损失，信誉严重受损，影响十分恶劣。而这类风险的防控必须依靠网点，与网点日常的合规管理和员工行为管理密切相关。

网点是银行声誉风险防控的重要关口。银行在机构竞争、产品竞争、服务竞争走向全面品牌竞争的过程中，声誉风险管控变得越来越重要。实际工作中，绝大部分声誉风险源自客户对银行业务和服务产生的不满意、不理解，客户将这些不满升级投诉至各种媒体，在社会上形成负面影响，损害银行形象。网点直接接触客户，在防控声誉风险上能够从舆情监测、问题解决、投诉处理等多方面提前预防、有效化解。

网点是保障信用风险防控落地的重要渠道。网点综合经营的纵深推进和普惠金融战略的深入实施，需要网点配合协同数字化风控手段实现对客户信用风险的有效防控。基于大数据画像、自动化审批、反欺诈模型、早期预警、系统催收等智能风控手段，网点能够发挥了解市场、熟悉客户的优势，对客户作出更深入的分析判断，从而保障数字化风控更加精准、更为有效。

二、深刻认识建设银行网点综合经营中的问题和潜力

经过多年的实践，建设银行的网点建设形成

了自己的特色，服务质量得到社会广泛认可。但与数字经济时代的发展需要相比，与国内外先进同业相比，我们还有相当差距。从网均和人均主要业务指标看，建设银行单点效益虽然在四大行中保持领先，但与招商银行等先进股份制银行还有不小差距，主要体现在网点规划建设、综合经营、营销服务质效、渠道协同融合等方面。

（一）网点规划建设的整体把控能力较同业偏弱

网点布局结构有待调整优化。从区域结构上看，将建设银行各区域的网点占比与该区域的GDP占比，以及金融机构本外币存款余额占比比较发现，建设银行在东部区域的网点占比是46%，低于该区域52.6%的GDP占比，也低于该区域58%的金融机构本外币存款余额占比，这表明建设银行在东部区域投入的网点经营资源滞后于该区域的经济发展水平和金融资源聚集程度，东部区域网点建设需加强。从区域内部结构上看，部分客户或业务增长乏力地区，低产能网点布局较密。截至2019年6月末，全行金融资产总量低于3亿元的网点尚有585个。

旗舰网点建设严重滞后。根据全行旗舰网点经营数据的系统内比较分析，旗舰网点网均产出与人均产出均远超全行平均水平，网均对公存款为全行平均的7倍，人均对公存款为全行平均的3.5倍。但是，建设银行旗舰网点占比目前仅为网点总量的1.65%，远低于同业（工商银行12.5%、中国银行8%、农业银行10%），迫切需要加快建设，尽快打造一批头部网点。

（二）网点综合金融服务能力不足

网点经营对公业务能力不足，开办业务种类较窄。从建设银行网点价值贡献的业务结构分析看，对公业务在网点价值创造中的占比超过50%。对公业务带动网点批量获客，拉动存款、电子银行、代发工资、信用卡、个人理财等个人业务较为明显，对网点获客能力影响显著，尤其是旗舰网点，对公存款和中收占比都在75%以上，对公贷款占比85%以上。但就目前全行网点经营对公业务的实际情况看，业务种类以对公结算及小微快贷为主，对公交易性业务、资产业务服务能力相对薄弱。

本外币业务发展不均衡，外汇业务服务能力偏弱。全行网点对公外汇业务开办率为22.5%，其中，开办基础性外汇业务网点20.8%，开办全功能外汇业务网点仅1.7%。个人外汇业务服务方面，外币储蓄开办率为86.89%、个人结售汇开办率为76.92%、外汇汇出汇款开办率为49.93%。习近平总书记对建设银行提出的增强“三个能力”建设，其中之一就是参与国际竞争的能力。外汇业务弱，就谈不上真正参与国际竞争，谈不上支持企业“走出去”，谈不上支持自贸区的开放发展。

（三）客户营销服务质效有待提高

客户维护不到位问题较为突出。2019年以来，建设银行客户账户增长较快，尤其是对公有效客户、单位人民币结算账户增速均超过存款增速。但是，全行38%的单位结算账户日均存款小于1万元且半年内零交易，说明客户维护不到位。全行有海量的长尾客户，个人AUM5万元以下非零资产客户3.8亿户，占全量有资产个人客户的91.58%，对公日均余额50万元以下的小额无贷户有314万户（客户维度），占全量对公客户的52.28%，仅靠传统手段难以做到分户到人实施维护，亟待采取数字化、智能化、集约化的方式实现经营，提升长尾客户价值贡献，优化客户结构。

客户价值挖掘不足。长期以来，建设银行在客户维护管理上或多或少存在重“量”轻“质”的问题，追求“规模效益”，而忽视“客户效益”，对客户综合价值的挖掘不足。亟须强化对网点的营销支持和配套激励约束，加大存量客户价值挖掘力度，努力提高金融服务和金融产品的宽度、广度和深度。

（四）渠道协同融合不够

全渠道尚未实现统筹管理。线上、线下、远程智能银行中心之间尚未实现全渠道统筹管理，各渠道客户、信息、数据互通共享不足，尤其是涉及跨渠道、跨系统的客户服务存在流程断点，客户体验不佳。各渠道对自身在生态战略中的角色定位尚不清晰，渠道间客户相互引流机制不健全，线上线下生态互动未做深做透，线下网点依托线上渠道获客的能力不足，未有效形成“用户—账户—客户”三阶连续经营的全渠道协同服务体系。

渠道间经营协同不足。各渠道在客户营销服

务、业务拓展、问题解决等方面尚未体系化地协同起来，存在客户重复营销、客户投诉处理效率不高等问题。亟须厘清各渠道定位，从营销协同、交易协同、服务协同等维度全面梳理渠道协同事项，尤其需要设计好线上渠道和远程智能银行中心对网点的经营协同，切实为网点赋能减负。

三、用新理念规划和重构建设银行营业网点

认清了网点综合经营中的问题，就要对症下药，用新的理念去理解和重构网点。

（一）树立适应数字经济时代的新理念

5G 商用牌照已经发放，科创板已经起航，国家新一轮网络建设和新型基础设施建设已经开启，传统经济向数字经济转型的态势越来越明显。网点的经营管理及其支持体系必须主动适应这种新趋势、新要求，总分行都要思考和探索数字经济时代下网点的定位和经营管理问题，要有新理念、新技术、新方法。

1. 牢固树立生态圈的理念。要围绕网点构建 3 公里生活服务圈，现在的网点已不同于过去，银行的获客、活客方式在不断演进，从传统的等客上门转变到阵地营销，再到“走出去”营销固然重要，但仍不是数字经济时代生态经营的概念。数字经济时代，金融和交易变得更加依赖于生态和场景，银行与客户的连接方式发生了很大变化，需要从生态中、从场景中去获取客户。所以，网点必须通过数字化与客户建立连接，在经营生态和场景中获得客户流量。主动适应生态，积极推进生态圈的形成是建设银行当前非常重要的一项经营任务。“三大战略”、智慧政务、劳动者港湾，从银行经营的角度看，本质上都是在构建生态圈，是数字战略、场景战略、生态战略的鲜活实践，都在围绕客户做事，最终的落脚点是客户。网点作为银行最基础的经营单位，是为客户提供最到位、最有效服务的触点。总行正在有序推进 C 端突围项目和智能运营体系建设，其与网点综合竞争力提升工作共同以数字化方式构建生态圈，未来将在整个经营管理体系变革和发展方向上对全行经营产生深远影响。三个项目相辅相成、相互促进，必须主动协同，统筹推进。

2. 要有网点重构的理念。数字经济时代，网点定位已发生深刻变化，要突破简单的同业比较思维，用新金融理念重新定位网点，把握新金融普惠、科技、共享的属性，推动网点向“综合经营的主要载体，客户关系维护的主阵地，生态战略的实施者，全渠道战略的承载者”的全新定位转变。网点的新定位对网点功能加载和能力提升提出了更高要求，不仅有金融功能还有非金融功能，不仅要专注线下经营还要协同线上经营，不仅面向存量客户还要面向生态用户，这种变化促使网点与其他机构、渠道间的联系更加紧密，牵引整个银行生产经营关系用数字经济新理念重构网点经营及其支持体系。网点综合竞争力的提升最终体现为全行综合能力的提升，要将网点作为支点，运用金融科技和数字化技术，全方位重构网点的业务经营、赋能减负、支持保障、渠道协同、考核评价等经营管理体系。

3. 牢固树立经营网点的理念。网点不仅需要管理，更需要经营，需要通过精细化管理体现经营的理念。要学会算账，尤其要向网点负责人普及价值创造的理念，培养效益意识和成本意识，不仅要注重业务规模，还要关注量价平衡，不仅会算收入账，还要会算成本账；不仅要关注会计成本，还要关注全成本，尤其是体现经营风险的经济资本和经济增加值的计量，要逐步完善并充分应用到经营决策和资本配置中。在这方面，河北分行做了很好的探索，通过网点重点指标表、存款付息率情况表和利润表向网点传导价值创造理念，透过网点间横向比较分析，引导网点优化自身业务结构，把有市场竞争力的好产品用在新客户或者增量资金的拓展上，从精细化管理的角度解决了业务发展的量价平衡问题。从市场竞争的角度看，大型商业银行的产品线一定要丰富，各种期限、收益的产品都要有，并通过精细化管理指导网点运用与搭配。建设银行已经开发了员工业绩计量系统和管理会计系统，能够满足网点的精细化管理需要，各行要学会使用，并在使用中不断优化完善。

（二）明确网点综合经营能力提升的思路

总体思路可以概括为“一个目标，两条主线”。一个目标，就是价值创造。不仅包括经济价值，也包括社会价值、客户体验和员工体验，要通过“三个一体化”来实现。两条主线，一条

是综合经营，一条是赋能减负。

1. 实施“三个一体化”综合经营。即对公对私一体化、本币外币一体化、线上线下一体化。

对公对私一体化强调公、私业务功能综合部署，客户综合开发、价值综合挖掘。通过网点分类加载、丰富对公业务功能、加大中台专业支持、建立线上线下融合的智能化流程机制等措施，改变网点对公业务服务、客户经营相对薄弱的现状，强化公私联动协同，实现客户资源共享。

本币外币一体化重在强化集约化支持和跨网点协同，提升网点集群式承载外汇业务的能力，立足网点周边市场和客户需求，差异化推进各区域网点开办对公、个人外汇业务，开展本外币一体联动营销，实现外币业务与人民币业务的相互支撑和同步增长。

线上线下一体化重在通过互为入口、生态共建、平台互联和渠道融合，实现全渠道客户通、信息通、产品通、数据通、场景通。实施线上线下统筹管理，丰富渠道层次，拓展渠道功能。重点依托门店数字化、智慧政务和C端突围项目，完善基于网点的流量入口和生态场景建设，打造网点周边生态圈，提高网点链接外部生态的能力，线上线下场景互动、流量互换，打破网点服务边界，为客户提供全渠道多触点、无缝衔接的金融和非金融服务，探索“智慧政务大厅＋劳动者港湾＋综合社区银行”的新路径。

2. 持续为网点赋能减负。主要要求是转变网点传统运营模式，构建网点经营支持体系，以数字化、智能化转型思路、精细化管理手段切实提升网点的综合经营能力。

网点赋能减负没有边界，永无止境。总的原则是，要用新理念、新技术、新方法全面实现网点赋能减负，能在总行做的不在分行做，能在分行做的不让网点做。要建立网点赋能减负的长效管控机制，多渠道采集网点的问题及建议，重点借助技术手段加强流程问题、员工与客户意见的系统化采集分析，引入敏捷银行的“数字化工厂”模式，搭建问题分析、优化设计、开发迭代、评估重检的管理闭环，采取敏捷开发方式，快速立项、快速投产，持续迭代优化。

要强化线上线下全渠道统筹管理。总行层面将设立渠道统筹管理委员会，统筹全渠道规划管理、产品部署、流程设计、营销服务、客户体验、员工培训等。针对网点，渠道与运营管理部要加大统筹管理力度，把控好网点作为经营平台的入口，牵头负责把网点的运营体系设计好，各单位、各部门都要主动遵守运营规则，保障网点运营的顺畅有序。

（三）构建网点经营支持体系

构建网点经营支持体系本质上是管理问题，责任主体是总行和一级分行，重点抓好五方面工作。

1. 升级优质服务体系。银行是企业，必须经营好客户，首当其冲是服务好客户。要向基层传导客户用户化的经营思维，让基层员工深刻理解客流到店是网点实现价值创造的前提。不管是存量客户还是潜在客户，只要到店就存在价值转化机会，就可能为银行创造价值、带来利润，所以，网点必须做好服务。商业银行是典型的服务行业，全行要从思想深处认识优质服务的重要性，以客户为中心，打造以“客户极致体验”为终极目标的服务能力。着力在精细化、标准化、流程化、智能化等方面持续发力，标杆带动、流程优化、弹性配岗并行推进，进一步开放网点服务资源，全面提升网点服务质效。

2. 构建营销支持体系。搭建“客户经理—产品经理—专家支持团队”三层营销支持架构。网点客户经理是维护拓展客户的一线力量，以提供标准化、通用性的客户营销服务为主，较难做到各项业务产品面面俱到，所以，在深度挖掘客户价值、满足客户综合金融需求的服务中，必须有产品经理和领域专家两支队伍为客户经理提供支撑。针对客户综合化、复杂化、个性化需求，采取现场或“云作业”模式，分层次由产品经理或专家支持团队向客户经理提供在线、预约、会诊等多种形式的支持帮助。营销支持体系的服务对象是前端客户经理，对外形成合力，为客户提供“一点接入、联动营销、综合解决”的金融服务。原则上，产品经理配置在二级分支行，有条件的旗舰网点可探索配置；专家支持团队设置在总行和一级分行，分别由公司业务条线和个人金融条线牵头，按照矩阵式方式组建管理，专家库建设要尽快提上日程。

3. 完善渠道协同体系。一是营销协同，统筹商机的渠道执行策略，推进远程智能银行中心承接网点层级商机的批量营销、客户邀约等，减轻网点电话营销工作量，实现获客联动。借助线上渠道集约化、场景化服务优势，强化长尾客群服务与关怀，从线下零散获客向线上批量获客、活客转变，与网点协同实现长尾客户维护。二是交易协同，打通渠道间业务流程，消除用户操作断点，充分发挥线上渠道 7×24 小时服务的特点，在业务交易方面与网点形成协同，更好地满足离柜客户服务需求。三是服务协同，强化客户问题联席处理机制，提高线上问题解决能力，降低网点工单流转量。推广客户投诉快速处理机制，强化线上线下紧急联动，高效化解及处理网点投诉。

4. 做强运营支持体系。一方面，要加快智能运营体系建设，加快网点智能转型，打造网点数字化、流程化、智能化的运营能力，支持保障网点日常运营、资源调度、流程优化、风险管控，提升运营效率。其他条线和部门也要将网点运营支持体系建设融入日常的管理中。另一方面，要做好网点分类分级管理，分类分级应适当，充分体现激励和约束，鼓励网点做强做优，旗舰网点占比要达到15%左右。要配合分类分级，设计一套简单、清晰、明了的评价指标体系，并及时兑现。

5. 筑牢风险防控体系。一要严格员工行为管理和合规管理。从驻行纪检组通报的情况看，所有案件的发生都与员工行为有关，各行要持续加强干部员工案例警示教育，认真学习并严格遵守行规行纪，筑牢拒腐防变的思想防线，营造遵规守纪的良好氛围。研究建立常态化员工行为监测排查机制，实施员工行为网格化管理，网点负责人作为第一责任人，重点排查员工参与网络赌博、高风险投资、高消费及代客理财、代客交易等异常行为，加强员工行为日常监督管理。二要加强网点员工风控能力培训，适应对公对私一体化经营需要，开展信贷风险“五知五会”培训，提高网点客户经理信用风险防控能力。适应本外币一体化经营要求，强化网点外汇业务应知应会培训，提高网点外汇业务开办能力。三要善用技术和数据，实现风控智能化管理。今后，各部门下沉到网点的业务和工作，包括资产负债、本外币、风控管理等，不能简单依靠设置岗位，采取“人盯人”的老办法，一定要将管控要求和岗位流程一体化考虑，细致梳理业务流程，明确网点重点关注事项，设定岗位规定动作，用流程化的机控手段确保网点各岗位履行职责，既筑牢风险防控的底板，又切实为基层减负。

四、强力推进网点综合竞争力提升这一庞大的系统工程

网点经营质效反映的是整个建设银行的经营管理能力，提升网点综合竞争力不是某一个部门的事，需要全行各部门、各层级共同参与，积极作为。“行动方案”中已确定的50项工作任务，总行各牵头部门要全力推动落实，近期尽快出台“网点分类分级管理办法”“网点综合竞争力评价办法”等子方案，制订东部区域网点综合竞争力率先突破工作方案，加快网点经营管理平台建设，解决网点经营分析和精细化管理缺少数据支持等问题。在组织领导上，需要做好“五个保障”。

一是组织保障。总行层面成立网点综合竞争力提升领导小组，由我任组长，纪志宏副行长、牟乃密营运业务总监任副组长。领导小组办公室设在渠道与运营管理部，选派专职负责人牵头推进，组建专门队伍按照项目制专班负责实施，并协同公司业务部、个人金融部统筹板块内全量客户、全量资金、全渠道经营管理和两大板块间的有效衔接。各一、二级分（支）行要比照总行，组织成立实施领导小组，“一把手”任组长，强力推进。

二是资源保障。首先是人力资源保障。各行要适当增加渠道部门力量，确保网点综合竞争力提升工作顺利开展。通过优化劳动组合，技术手段减负，旗舰网点优先补员等多种手段配齐配强网点人员，尽快落实网点员工职业成长、薪酬福利、生活健康等方面的激励措施，充分调动网点员工工作积极性。其次是财务资源保障。财会部门要牵头算好“人财物”的大账，根据投入产出比配置资源。尤其是要加大对中心城市、重点区域、重点县域的渠道建设、设备设施、运营维护等方面的财务资源支持。各行要统筹安排资本性支出费用，旗舰网点可适当提高自有率水平。最后是科技资源保障。加大在渠道数字化、流程化、

智能化建设等方面的科技资源投入，在门店数字化、智能运营、客户体验、流程创新、场景拓展等领域，给予重点支持。

三是考核保障。从2020年开始，总行财会部负责把网点综合竞争力提升评价结果纳入一级分行KPI考核，各一级分行对下也要加大考核力度，层层传导，压实责任。总行渠道与运营管理部要持续跟踪督导各行工作进展和效果，定期通报。及时提炼好的经验做法，适合全行的，加快移植推广。今天的会议专门安排了5家分行分享经验，今后应形成常态。对工作推进不力的要及时帮助改进。

四是队伍保障。高度重视网点队伍建设，关心关爱员工，2019年“员工关爱工程”必须落实到位，各行的员工收入、职务配置要向基层网点倾斜，尤其是网点员工收入明显低于分行平均水平的要调整。要将员工体验、收入和地位的提高作为网点综合竞争力提升的重要衡量维度。网点负责人是经营网点、调动网点员工积极性的核心，要重点培养其经营网点的综合能力，建立网点负责人后备培养机制，形成一支高素质的网点负责人队伍。营运主管是确保网点安全运营的中坚力量，直接负责网点操作风险、内控合规管理，在培养和管理上要探索适应数字经济时代要求的路径和方式，筑牢风险防控底板。客户经理是经营客户的重要力量，要强化对公业务、对私业务、本币业务、外币业务的专业素质培养。大堂经理是协调调度柜台内外资源、发现客户营销机会、挖掘网点管理建议的重要力量，要在全行网点中加强配置。柜员是网点最基础的服务力量，要稳定好这支队伍，搭建好成长路径，提高待遇。

五是机制保障。“行动方案”中明确的重点工作需要在推进过程中持续细化，不断补充完善新的任务事项。对已明确的重点工作，总分行都要制定切实可行的路线图和时间表，明确阶段目标和任务清单，逐级逐项分解，压实主体责任。提升网点综合竞争力绝不是给网点增加负担，要将价值创造、赋能减负、员工体验、渠道统筹能力作为检验的标准。

同志们，网点综合竞争力提升是落实全行发展战略的一项系统工程，同时也是对全行“不忘初心、牢记使命”主题教育发现问题的重要整改要求，是切实为基层赋能减负的具体行动，任务艰巨，意义重大，需要全行绵绵用力，久久为功。只要我们坚定信心，找准方法，强力推进，就一定能实现预定目标。

谢谢大家！

在 2020 年“兴建旺行”首季综合金融服务活动启动会上的讲话

刘桂平

（2019 年 12 月 9 日）

同志们：

即将过去的 2019 年，是建设银行 65 年发展历程中很不平凡的一年。我们以习近平新时代中国特色社会主义思想为指引，以习近平总书记增强“三个能力”建设重要批示为根本遵循，深入开展“不忘初心、牢记使命”主题教育，纵深推进“三大战略”，开启“第二发展曲线”，服务实体经济质效提升，转型重点工作成效显著，经营管理业绩稳中向好。“盖有非常之功，必待非常之人。”尤为值得肯定的是，全行干部员工在巩固第一曲线和开创第二曲线的转型关键期，一手抓经营、一手抓创新，开动脑筋、奋力拼搏，不仅取得了良好的经营业绩，还奠定了全行数字化转型基础，这背后强有力的支撑是全行 38 万名员工强大的执行力、战斗力和竞争力。

一年之计在于春。首季是资金流转、财富积累、消费支出的重要节点，是全年货币供应和社会融资规模增量的巅峰，资金流、客户流在公私间、地域间、银行间大规模迁徙流转。16 年来，建设银行“抓好旺季，决胜全年”的理念已根植于心，全体建行人用智慧和汗水，谱写了一幅幅旺季营销的亮丽篇章。

致知力行，继往开来。今天，当我们站在新的历史起点、站在数字化浪潮席卷全球的时代潮头，面对经济新形势、竞争新变化、客户新需求，我们要传承过往旺季营销的优良传统，更要以系统性思维审时度势，把握业务内在逻辑，推动思维方式变革，将数字经营的新动能转化为价值创造的强势能，在首季综合金融服务中，践行“初心和使命”，履行好增强“三个能力”建设的责任与担当。2020 年全行统一主题——“兴建旺行”，意在服务好实体经济，推动建行业务蓬勃发展，催生建行事业兴旺发达，意在以建行的优质服务兴旺各行各业。建设银行，因建而生，因建而兴，因建而旺，兴旺建行，建行兴旺。

下面，我重点讲“七个增强”，作为全行做好 2020 年首季综合金融服务的七项要求。

一、增强系统性思维

第一，为什么要增强系统性思维？

增强系统性思维，才能树立发展大局观。作为国有大行，服务实体经济是我们的天职。当前外部形势错综复杂，全球经济增长趋缓，国内经济下行压力加大，需要银行以更高质量、更高效率的服务支持好经济发展。立足全局、着眼大势是思考问题的出发点和基本逻辑。

系统性思维是数字化转型的要求。数字化时代，开放共享、要素互联、场景共融，银行转型呈现“三个不可分”的态势，即坚持开放性，与场景融为一体不可分；坚持以客户为中心，用户—客户连续经营不可分；坚持对公对私全面融合，一体化经营不可分。银行数字化转型的使命要求比任何时期都需要系统性思维。

系统性思维是解决发展难点痛点的要求。当前存在的一系列统筹问题本质上都是系统性思维的缺乏，如何兼顾当前与长远、如何兼顾板块协同与联动、如何兼顾传统与创新，都需要系统性思维谋篇布局。

第二，2020 年旺季营销系统性思维的要义。主要有以下三个方面：

一体化部署。过往的旺季营销，我们多是分板块、分部门制订营销方案。2020 年的旺季，总行在经营目标、打法、策略、资源和政策方面全面统筹，强化全行一盘棋，形成了一个整体业务经营的“开门红”方案。

一体化作战。过往的旺季营销，主要是单一网点“阵地战”、精准营销“空对地”，2020 年的旺季，我们打造了“航母作战群”，构建了“海陆空”一体化作战体系。37 个“战区”、总分协同，10 架“战机”，互相呼应。总行成立跨总分行、跨板块、跨部门的营销作战指挥室，联动协同、统筹推进。

一体化推动。系统性思维体现了管理者的思考力、领导力和组织力。各级领导干部要率先增强系统思维，引领全辖转变发展理念，适应数字时代新要求。旺季期间，要尽快建立分行指挥部，“一把手”挂帅，制订本辖区系统化作战方案，将“指挥部负责制”贯穿整个旺季。要全面启动作战体系，结合历史经验、全局要求和未来发展，找准自身目标定位，将区域作战安排融入全国作战体系。要快速组织作战力量，组织动员基层营销力量、中台支撑力量和后台保障力量，找准目标，突出重点，明确战术，攻坚克难，力求全胜。

二、增强目标自信

中国有句古话叫“大志得中，中志得小，小志不得”。2020 年旺季，我们确定一个不低的工作目标，就是为了争取全年的工作主动，而且我认为我们有实现这一目标的信心。

信心来源于市场机会。2020 年正值“十三五”收官、“十四五”酝酿的关键之年，政府逆周期调节力度在加大，紧跟国家一系列发展战略，如数字经济、绿色金融、普惠金融、乡村振兴、消费升级等，在服务好实体经济中有许多发展机遇和增长点；居民财富不断增长，对美好生活的向往日趋浓烈，随着金融监管的趋严、金融环境的净化，更多的客户选择资金回流银行。这些都为我们提供了有利的市场条件，关键看我们把握机遇的能力。

信心来源于初步形成的内生竞争优势。新金融的有效实践，让我们更具普惠性、开放性、共享性，通过数字赋能减负、线下线上融合提升网点综合竞争力，将激发新的动能；“三大战略”的深入实施，让我们初步形成了构筑场景、生态的内生竞争优势，已经具备把转型发展优势转化为胜势，把胜势转变成胜果的基础。这次的新打法，是对建设银行打造生态、建设场景能力的一次检验。

信心来源于我们有一支敢拼能赢的队伍。16 年的旺季营销，锻造了我们根植网点服务旺季的有效打法，培养了一支有战斗力的干部员工队伍，具备了敢打胜仗、能打胜仗的基础。

信心来源于后援充足。2020 年旺季，全行齐动员，财务资源全力保障，增配的人力费用翻一番，产品权益弹药充足，科技系统强力支撑，集团协作工具丰富，能为一线员工提供强大的后援支持。

三、增强贯彻执行力

目标能不能实现，关键在执行。“一分部署、九分落实”“大路小路，只有行动才有出路”。在建设银行的发展历程中，执行力一直是建行人引以为傲的文化基因。旺季是全年谋篇布局的首战，因为 2020 年春节早，所以“起步就是冲刺，开局就是决战”。

执行力需要在各个层级贯彻落实。2020 年旺季营销，从我做起，强化执行。总行成立旺季工作指挥部，我与更生副行长、志宏副行长、乃密总监，将从 2020 年 1 月 1 日开始每周召开例会，资债部、财会部、公司部、个金部、数据部、金科部作为常设部门参会，盯指标、学同业、观市场、督分行，现场办公、即时决策。有好的经验及时总结推广，有工作不到位的即时督战，有市场变动的随时调整策略和战术。各级行要充分理解总行意图，坚持传统旺季打法与数字化营销的有机结合，将新打法“植入”经营理念、客户营销和日常管理中。基层机构要正确理解、主动接纳、积极改变，不折不扣地贯彻执行。要真正形成一级抓一级、层层抓落实的工作格局。

旺季检验执行力有四个标准：一看有没有因地制宜。各分行面对的市场、客户千差万别，总行不可能也不会“包打天下”，执行力体现在各行有没有将总行核心思想和方法论应用于具体实际，将新打法与传统打法充分融合产生化学反应，实现“1 + 1 > 2”。今天的旺季动员会开到全辖网点负责人，各分行、支行、网点都有自己的实际情况，各行要在细化工作方案的基础上，结合本地实际，灵活应变。二看员工有没有士气和战斗力。队伍愿不愿战斗、能不能战斗、有没有精气神是决定旺季成败的关键，这是各级管理者执行力效果的体现。三看市场表现好不好。执行力最终要讲成效，要看市场份额有没有提升、对全行的贡献度有没有上升、跟自己的过去比有没有提高。四看风控底线有没有守住。业务发展水平以风控能力为边界，且岁末年初是各类案件和风险事件高发阶段，要坚决守住业务合规底线、生产安全底线、工作纪律底线，确保旺季安全运营、平安发展。

四、增强创新驱动力

当前，世界范围的新一轮科技革命和产业变革加速推进，金融业态和市场格局正发生着深刻的变化。面对新的形势，唯有不断创新才能及时抓住机遇，有效应对挑战。回顾建设银行 16 年的旺季营销历史，我们既积累了丰富的旺季营销经验，但也形成了某种路径依赖，进入“传统打法效果减弱”和“新型打法寻求突破”的阶段。

形成适应数字时代的创新驱动力。面向数字化未来，2020 年旺季，总行在传统有效经验基础上植入了一系列新打法，提供了一系列新工具。希望通过为基层赋能减负，激发全行活力，形成适应数字时代的驱动力。概括起来，创新打法主要体现在以下七个方面：一是指标减负，业务指标较往年大幅压缩为 12 大重点经营目标，让经营活动更加聚焦；二是渠道减负，通过系统设计对触达渠道进行整合，统一设计各个渠道不同波段的组合打法，让营销渠道的组织工作更为统一；三是模型赋能，总行优选并创新了 72 个适用于旺季特征的数字模型，便于基层筛选营销对象，也为分行二次创新奠定了基础；四是产品赋能，旺季期间，总行优选了公私两大板块的 294 项产品，针对旺季创新了 16 款产品，设计了 21 项对客服务权益，为基层提供足够的装备；五是数据赋能，在 4 个关键营销环节采集埋点数据，部署应用于 8 个线上线下渠道，对旺季全流程数据进行采集监控，同时开通基层一线信息反馈通道，便于各级决策者掌握市场一手信息，不断调整优化战术；六是培训赋能，依托建行大学丰富的教学资源和教学工具，营销一线可以随时观看 10 架“战机”的作战方法教学视频，获得全行统一的裂变传播素材，快速学习打法，快速进入战斗状态；七是管理赋能，本次旺季，创新设计了作战指挥室的管理模式，采用可视化的形式动态展现旺季各项业务完成情况，便于各级机构强化端到端的实施、激励和管理。当然，这些赋能方面的安排不是一成不变的，在具体运行过程中可以不断丰富完善。旺季营销过程中，辖内各分支机构有好的做法可以随时反馈总行，总行将及时总结推广、即学即用。

创新是一次次试错、迭代、优化的过程。以上创新打法是建设银行历史上首次以系统化、企业级思路在全行旺季营销中亮相，我相信这套创新打法能为旺季营销带来全新动能，但磨合过程中难免会出现有待完善的地方。对于创新需要有更开放、更包容的心态，只有不断使用并在运用中及时发现问题、解决问题，才能让创新的种子不断落地生根、开花结果。刚才，志宏副行长介绍的整个体系，实际上有很多在一级分行已经在落地、在实施并且见到实效，但全行统一部署安排是第一次，需要各个层级不断理解、不断完善，过程中如果有不了解的、不明白的，要加深理解，特别是对在实际工作中运行较好的分行的做法，大家要虚心学习，为己所用。

要形成“全员参与、万众创新”的生动局面。基层一线长期与市场深度融合，是市场机遇的敏锐洞察者，是服务创新的主力军。这次旺季营销作为全行创新的新起点，各分行要广泛动员各层级员工积极参与到数字经营中来，集聚大家的创新激情和智慧，不断优化建设银行的创新基因。

五、增强优质服务能力

旺季是市场营销的黄金时期，也是客户服务的尖峰时刻，旺季营销是对全行服务能力的重大考验。全行要始终牢固树立客户意识和市场意识。

树立客户意识。一要有对客户需求的敏锐洞察。旺季之旺，旺在客户迁徙和资金流转，旺在财富积累和消费支出。我们既要想客户之所想、急客户之所急，用优质高效的服务，满足客户的多层次需要，又要想客户之所不能想、急客户之所不能急，基于客户行为大数据，用数字化的打法触达并引领、激发客户的需求，要比客户更了解客户。二要不断延展服务触角、丰富服务内涵。要深入社会全角落、步入生活全场景、嵌入服务全流程，区分不同类型的客户与银行的合作模式，为不同客群搭建和创新生态场景，让服务更方便、更快捷，让金融服务更有温度。三要切实加强消费者权益保护。要持续做优网点服务，提高业务办理效率和客户满意度，对于客户投诉事项争取“第一时间、第一地点”化解；要密切关注和管控舆情，对于热点、敏感问题提前做好预案，发现问题及时化解。

树立市场意识。我们处在开放竞争的市场体系之中，领先半步足以把握竞争的主动权。旺季期间，要密切关注财政政策与货币政策导向、同业动向和产品策略，及时去发现、去捕捉转瞬即逝的市场机遇，及时调整政策、策略、方向、重点，让市场真正成为配置资源的决定性因素。要捕捉京津冀协同发展、长三角区域一体化、粤港澳大湾区、长江经济带、振兴东北、“一带一路”等国家战略中的发展机遇，主动对接战略实施中重点行业、重点企业在支付结算、资金归集和全球现金管理、供应链、托管业务等方面的需求，全力推进“核心企业上线”和“存量核心企业上量”。要持续推动普惠金融战略落地，尽力帮助缓解小微企业融资难、融资贵问题。

对商业银行来说，客户意识、市场意识的强弱，执行的优劣，最终体现在优质、高效的服务上。服务，不仅仅是前台和基层对客户的服务，我们内部也要牢固树立服务意识，各级本部要为基层服务，中后台要为前台服务。只有这样，才能形成全行为客户服务的氛围。旺季期间，政策、策略、打法不能一成不变，要随着市场变化和客户反应不断修正、更新、迭代。中后台部门是政策的制定者，政策是为经营服务的，制定政策的依据要来自一线，要符合基层、市场、客户的需要。具体工作中，可以说不行，但要想办法告诉基层怎么能行、哪条路走得通，不能把问题和困难抛给基层，更不能用“事不关己，高高挂起”的冷漠，在部门间、上下级间筑起高墙和藩篱。这正是每周召开例会的初衷，要看看到底有多少“墙”要拆。希望今天讲了以后，有“墙”的部位自己先在心里主动把“墙”拆掉，再付诸实际行动，别等我来拆。

六、增强精细化管理能力

“天下大事，必作于细”。在银行战略趋同的背景下，精细化管理是打造竞争优势、实现内涵式发展的必然要求。特别是存量竞争的时代，资源愈加稀缺，更需要通过精细化管理提高经营质效，让政令畅通、令行禁止，将精细化管理打造成一种建行文化。管理是“吃饭”而不是“吃药”，精细化管理是针对不同的肌体吃对营养均衡的饭，对共性的管理弱项打预防针，让真正有病的群体吃药、吃对药。

第一，适应数字时代，要充分运用数字化手段做好精细管理。通过数字化营销，实现埋点设计、成交反馈、业绩跟踪、策略调整等的闭环。方案解读中提到了总行成立作战指挥部，打造敏捷文化，实现“4 个即时”：即时监测，畅通一线市场信息上行通道，时时掌握工作运行情况；即时激励，将指挥部的指令和激励第一时间传递到前沿阵地，提振作战士气；即时对比，掌握同业竞争动态，实现同级机构间的业务比较，全面营造比学赶超氛围；即时调整，加强过程控制，针对发现的问题快速调整营销策略，动态调配资源。这些都是精细化管理的贯彻与体现。各行要学会运用数字化工具和手段，切实提高精细化管理能力。

第二，旺季期间，精细化管理要重点关注三件事。一是以精细化管理提升价值创造能力。利率市场化背景下，银行价值创造能力的核心是量价平衡能力，有量有价才有效益。2019 年的聚财承接，是推进量价平衡能力提升的有益尝试，体现了业务管理部门、价格管理部门和基层一线的有效衔接和统筹协调，2020 年旺季要继续保持。但量价平衡的前提是要“留得住客户、抓得住资金”，底线是市场和客户不能丢，如果把市场和客户丢了，跟我说什么都没有任何意义，这个我会亲自盯。二是精细化部署客户营销维护工作。包括机构客户、代发客户、战略客户、私行客户、高端个人客户等，要有名单、有部署、有反馈、有效果，要明确责任人、时间表、任务书和路线图。三是精细化配置资源。会前，我让总行财会部统计了一下，近年分行挂钩配置旺季营销费用的指标，平均为60多个，最多的竟达240个，费用安排“撒胡椒面”的现象十分突出。指标越多，越说明管理者不会经营管理，人云亦云，不知道什么是重点，所有指标都对下下达，这不是现代商业银行的经营方式。钱要花在刀刃上，资源有限，要统筹起来形成拳头才能发挥作用。2020年总行配置的旺季员工费用主要奖励一线网点和个人，这是主力军；非员工费用主要用于统一组织客户权益营销，不再按指标挂钩分配到分行。各分行也要突出重点，在保证总行配置费用精准使用的基础上追加增配，并将有限的资源用于重点领域、关键环节。

七、增强一线战斗力

我多次强调，即使在数字经济时代、互联网时代，营业网点仍然是国有大行独特的优势，是连接银行和客户的最重要桥梁。上下齐心，其利断金。旺季期间，激发全行尤其是基层一线员工的积极性、主动性、创造性，是决胜旺季的关键。能否调动好广大员工的工作积极性、主动性、创造性，是检测各级领导干部管理能力的重要指标。

一是要充分发挥基层党组织的战斗堡垒作用，让每一名共产党员都成为一面旗帜。旺季营销是一场硬仗，全体共产党员和各级党组织都要充分发挥作用，要时刻将党建工作融入旺季营销工作的全过程，不断巩固“不忘初心、牢记使命”主题教育成果，将十九届四中全会精神的学习成果转化为建设银行的治理效能，将学习张富清老英雄的精神转化为旺季营销工作的不竭动力。

二是要让政策有温度、管理有制度、服务有保障。宣讲培训要到位。会后，总行将组成8个小组分赴分行做好旺季宣讲，重点对旺季市场研判、客户资金分析、新的策略打法、评先奖优导向等进行解读，目的是让基层行知道干什么、为什么干、怎么干。各级行也要在理解总行布局的基础上，对下做好细化方案解读。政策激励要到位。要改变激励方式，能够执行到底的不执行到半路上，能够到支行、到网点的就直接到支行、到网点，激励要及时、有效，让一线经营者早日感受到政策的温暖。营销大脑要统筹。统筹的前提是协同，统筹的目的是形成合力，要从2020年旺季开始切实改变过去“九龙治水”的局面。在这里明确一条纪律，绝不允许各部门对下另行制订旺季方案、单独下达考核指标。

三是要让基层带头人愿担当、善作为、有威信、有干劲。基层网点负责人是战斗在一线的指挥官，是决定一个网点竞争力的核心，是一个网点能否发挥好战斗堡垒作用的关键，要构建激励机制，让他们有干劲、有盼头。旺季营销中，总行员工费用全部用于直接奖励网点和个人，其中，奖励到网点的激励费用，总行明确不低于40%的比例用于网点负责人。

四是要让基层一线员工在工作中有满足感、在奋斗中有成就感、在拼搏中有获得感。2020年，总行将着力解决基层网点员工职业发展和考核分配中存在的突出问题，激发基层一线员工干事创业的热情。强化网点分级分类结果运用。改变原来按照综合型、单点型、网点型分类来配置职数的做法，将网点职数配备、网点负责人职等、授权管理和员工劳动组合等与网点分级分类结果挂钩，业务贡献大、等级行排名高的网点负责人可以高配，让小网点通过努力也可以有大贡献、大发展。加大对网点员工的激励力度。通过建立员工荣誉体系与职等晋升的挂钩机制，让业绩表现优异、作出突出贡献的员工有加速晋升的通道。进一步加大薪酬分配对基层一线的倾斜力度，提高艰苦边远县域支行工资保障水平。旺季期间，基层员工指标压力大、工作任务重。各级党组织要将员工冷暖放在心上、落在实处，要亲赴一线、参与营销、并肩作战，各级群团组织要履行好职责、发挥好作用。只有持续做好员工关心关爱工作，才能最大限度地发挥基层蕴藏的无穷动力。涉及网点人事的相关政策，总行物理网点综合竞争力提升领导小组已经研究讨论过，即将印发，请大家执行到位。

同志们，旺季营销的号角已经吹响，目标任务催人奋进。党的十九届四中全会正推动各项工作迈向新的起点，希望大家以时不我待的紧迫感、舍我其谁的使命感，以更加坚定的信心和定力，以铁杵磨针的恒心和毅力，以“心中壮志常在，脚下须臾不息”的奋斗与豪情，守正笃实、久久为功，真抓实干、埋头苦干，共同谱写2020年旺季营销新篇章！

在 2019 年夏季工作座谈会上的总结讲话

王永庆

（2019 年 7 月 26 日）

同志们：

按照会议安排，我对会议作个简要总结。我们每一项工作做完了，或者进行到一定阶段，都有必要作个总结。这不仅是工作程序的应有之义，也是工作不断完善提升的一个科学方法。

这次会议开得紧凑、扎实、热烈。在两天的时间里，国立董事长作了重要讲话，桂平行长作了经营情况报告；会议用两个半天进行分组讨论，开展了普惠业务和农村金融的专题研讨，中间大家还利用晚上的时间听取了 5G 和人工智能两场高水平的座谈。会议既盘点工作、分析形势、明确任务，又使大家进一步提高认识、掌握方法、坚定信心，明确了下一步的努力方向和着力重点。这是一次凝聚共识、汇集力量的会议，完全达到了总行党委既定的分析形势、总结工作、部署任务的目标。

大家围绕“两长”讲话，结合本单位工作进行了深入交流研讨，一致认为：上半年全行在党的建设、战略推进、经营管理、风险防控等各个方面都取得了很好的效果，“三个能力”不断增强，金融供给侧结构性改革要求在“三大战略”实施中得到具体的落地；全行沉着应对市场复杂环境，取得的业绩令人振奋，也激发了广大员工特别是基层员工的积极性。大家表示，要深入落实这次会议的工作部署，把“不忘初心、牢记使命”主题教育抓得更实，使主题教育的成果体现在新金融行动和经营管理的各项工作之中。

大家在两个半天的分组讨论中，提出了很多富有建设性的意见和建议。办公室和会务秘书做了一一记录整理。实际上，这也是主题教育中听取意见的另一种形式。总行党委同志都非常重视，对于大家提出的意见建议，有些当场就作了回复；还有些涉及的问题相对复杂或者涉及的部门比较多，也请办公室会后整理出来，逐项分解落实到总行的责任部门，并做好督办。

下面，结合“两长”讲话精神和大家讨论情况，我想用五个关键词或者说大家讨论中的高频词，就抓好会议精神的贯彻落实讲几点意见。

第一是初心使命。这次会议的主题和工作部署，都紧紧围绕初心和使命。开展好“不忘初心、牢记使命”主题教育，既是政治任务，也是金融业在“百年不遇之大变局”的情况下应对挑战、自我革命的内在要求。学习一定不是空洞地学，要落到具体的金融工作当中。要深刻认知新时代国有金融的初心和使命是什么，怎么才能够在新金融实践中体现人民的立场和政治忠诚。习近平总书记强调的“四个到位”，总行党委结合建设银行的实际提出的“三个结合”，既是主题教育的要求和检验成果的标准，同时也是新形势下国有银行守正创新、开展新金融探索的重要遵循。

我个人体会，建设银行开展主题教育有很好的条件。一是张富清同志就是我们建行人，就是我们身边可以对标的榜样。毛泽东同志讲过，典型本身就是一种政治力量。二是我们近年来实施的“三大战略”，本身就是践行初心和使命的鲜活实践，就是知行合一的学习和实践路径。因此，全行要更加有信心和决心，立足于建设银行的实践，落实好会议要求。不是把主题教育当成阶段性任务，而是持续地融入日常，不断地引向深入。

第二是“三个能力”。这次会议，我们重温了 5 年前习近平总书记对建设银行提出的增强“三个能力”重要批示精神。各条线、各部门对照“三个能力”建设要求，既要认真做好“回头看”，梳理和检视近年来落实情况、存在的差距和不足，又要根据新形势、新变化，认真思考怎么用“第二发展曲线”的新思维，把“三个能力”建设与正在推进的战略重点工作紧密结合起来，真正打造出能力优势。

金融发展的历史，说到底是能力不断增长的历史。几家国有大型银行的竞争力，未来肯定不取决于体量的大小，而取决于能力的高下。面对国内国际形势的新变化，特别是金融扩大开放的新格局，“三个能力”建设有了新的内涵、新的任务、新的要求。比如防范金融风险方面，面对产业转型升级和经济下行的压力，银行过去的一些经验、模型、政策等，应对新的变化是否还具备有效识别风险、管控风险的能力，这需要进行深入的研究、实证的重检。再比如参与国际竞争方面，做好本外币平衡及境外机构工作，既是贯彻习近平外交思想、参与全球金融治理的政治任务，更是我们增强国际竞争能力的现实需要。这是个大课题，我们有的部门和机构下的工夫还不够，工作总结还不够，管理精细度还有所欠缺，专业人才匹配更不够。这方面是我们的短板，亟须按照总行党委的要求，加快人才培养和能力建设。总之，这次会议对新形势下增强“三个能力”提出了明确的要求，大家一定要增强紧迫感，以更加主动的姿态、适度超前的行动，用好建行大学等平台，把“三个能力”建设进一步抓紧抓实。

第三是“三大战略”。执行好战略的前提是理解和认同战略。战略不同于战术和战役，战略必然是着眼于全局、着眼于未来的。比如开展住房租赁，国立董事长强调不与民争利、不与合作企业和机构争利。这种取舍就是战略思维。说大道理大家都明白，但是落到具体事情特别是涉及现实利益上，有的同志往往就跳不出来。因此，在对“三大战略”的认知上，全行上下还要进一步把思想统一到总行党委的要求上来，统一到这次会议的部署上来。要有“功成不必在我”的观念，有创新意识和奉献精神。

具体实践当中，各条线各分行围绕“三大战略”开展了卓有成效的探索，形成了很多好的方法和模式。这次会议做了梳理总结和交流讨论。会下也听大家讲了许多，由于时间关系，有些很好的案例还没来得及进行交流。会后总行相关部门还要多沉下去，收集总结来自一线的创新做法和模式，打造分行间充分借鉴和交流的平台。要调动广大基层员工特别是基层年轻人参与“三大战略”的热情，把他们的创新创意创造激发出来。

第四是新金融行动。这次会议系统地阐释了新金融的特征，以及建设银行新金融行动的方向和路径。要深刻认知新金融的科技性、普惠性、共享性的内涵本质和内在逻辑。比如我们谈新金融科技属性，要更多地关注现代科技在具体金融场景中的应用。这与 IT 企业明显不同。正如昨晚龚克教授所说，科技应用是创造出来的，不是事先设计出来的。新金融重在行动，不能想当然地闭门造车，要更多地站在客户和用户的角度，不断地拓展科技应用的生态和场景，这要作为各分行的着力点。分组讨论时有同志讲，这次会议使新金融的概念更加清晰了，解决了做什么、怎么做的问题。各分行要加强理念的宣导，掌握科学的方法，在探索创新包括试错的过程中，不断丰富“工具箱”。要发动全行上下尽快地行动起来。

第五是稳中求进。这次会议桂平行长对此作了重点强调。稳中求进是我们党工作的总基调，也是做好当前经济金融工作的重要方法论。要把中央关于“六稳”的要求落实到具体工作当中，坚持以稳健经营、均衡发展的理念谋划好各项工作。作为国有大行，要做到自身稳健均衡发展，这也是对金融体系、经济体系稳健均衡发展的贡献；也只有做到经营稳健均衡，才能够为“三大战略”顺利实施打下牢固的基础。要着力增强经济下行压力下稳慎应变、稳控风险的能力和定力，不断厚植“稳”的基础。同时，要发挥“三个能力”的优势，通过新金融行动，助力企业转型升级，助力新经济、新产业发展以及“制造业2025”、乡村振兴等国家战略的实施，从而加快培育“进”的动能，打开建设银行“第二发展曲线”的生动局面。

会议结束后，请各单位第一时间把会议精神和工作任务传达布置下去，贯彻落实的措施和有关情况请于 8 月底之前报送总行。

这次会议组织得很好。总行相关部门和湖南分行做了深入细致的工作，为会议顺利举办提供了良好的保障；各位参会人员都严守纪律，会议会风也体现了建行人的良好作风。在此，我代表总行党委对会议的组织和各方面的支持表示衷心感谢！

最后再强调一下，马上就是静默期了，会议上涉及的经营数据和相关内容要注意保密。

会议到此结束，谢谢大家！

守初心、担使命，扎实做好本职工作

——在“不忘初心、牢记使命”主题教育专题党课上的讲话

王永庆

（2019 年 8 月 15 日）

同志们：

当前全党正在开展“不忘初心、牢记使命”主题教育，这是党的十九大的统一部署。党的初心和使命是党的性质宗旨、理想信念、奋斗目标的集中体现，是十九大报告的重要主线。这里想和同志们重温一下习近平总书记十九大报告开篇之语：

中国共产党第十九次全国代表大会，是在全面建成小康社会决胜阶段、中国特色社会主义进入新时代的关键时期召开的一次十分重要的大会。大会的主题是不忘初心，牢记使命，高举中国特色社会主义伟大旗帜，决胜全面建成小康社会，夺取新时代中国特色社会主义伟大胜利，为实现中华民族伟大复兴的中国梦不懈奋斗。不忘初心，方得始终。中国共产党人的初心和使命，就是为中国人民谋幸福，为中华民族谋复兴。这个初心和使命是激励中国共产党人不断前进的根本动力。全党同志一定要永远与人民同呼吸、共命运、心连心，永远把人民对美好生活的向往作为奋斗目标，以永不懈怠的精神状态和一往无前的奋斗姿态，继续朝着实现中华民族伟大复兴的宏伟目标奋勇前进。当前，国内外形势正在发生深刻复杂变化，我国发展仍处于重要战略机遇期，前景十分光明，挑战也十分严峻。全党同志一定要登高望远、居安思危，勇于变革、勇于创新，永不僵化、永不停滞，团结带领全国各族人民决胜全面建成小康社会，奋力夺取新时代中国特色社会主义伟大胜利。

这开篇语之后，是十九大报告正文的十三个部分。可以说，整篇报告的逻辑就是用初心使命和奋斗目标贯穿起来的，构成了十九大报告精神的一条主线。参加党的十九大的同志兴奋地讲，看到十九大报告的第一印象就是共产党人的初心和使命回来了。

十九大报告专门提到开展本次主题教育，这在党代会报告里并不多见，足以可见本次主题教育的重要性。习近平总书记多次强调，无论我们走得多远，都不能忘记来时的路。希望同志们深刻认识到本次主题教育的重大意义，切实抓好“四个到位”，努力实现理论学习有收获、思想政治受洗礼、干事创业敢担当、为民服务解难题、清正廉洁做表率的目标要求，确保主题教育取得扎扎实实的成效。

下面，我结合前阶段参加主题教育的有关情况，借今天党课的机会，和同志们作一个交流，主要谈四个方面内容。

一、守初心、担使命，引领我们走进新时代开启新篇章

初心和使命就是本心、出发点、初衷。党的初心和使命蕴含在立党立国的指导思想里，是共产党人理想信念的核心和灵魂，也是认识世界、把握规律、追求真理、改造世界的思想武器及方法论。我们应充分理解和认识党的初心和使命，守初心、担使命，引领我们走进新时代、开启新篇章。

（一）初心和使命是我们党永葆本色和生命力的源泉

回望党走过的 98 年光辉历程，党的初心和使命体现在党章之中、立党宗旨里、建党过程中，

体现在党的成长史中、党的各阶段的奋斗目标和任务中，是中华传统文化“大道之行天下为公，天下兴亡匹夫有责，文人志士治国安邦、百姓安居乐业”情怀的光辉聚集，是党永葆先进本色和旺盛生命力的源泉。

党的初心和使命体现在党的诞生与成长过程中。1820 年，中国 GDP 在世界经济总量中的占比创纪录，达到 32.9%，这一比例至今都没有哪一国家超过，包括美国在内，这说明中华民族曾经是多么强大。从 1820 年到现在近 200 年的时间，第一个 100 年里，中国经历了沉重的灾难，在西方列强的步步紧逼下逐步沦为半殖民地半封建社会，一度到了国破家亡、山河破碎的境地，人民生活在凄苦之中。第二个 100 年里，为了民族复兴，无数仁人志士开始进行了各式各样的尝试。从 1911 年辛亥革命到 1930 年，产生了 300 多个政党，但终究未能改变旧中国的社会性质和中国人民的悲惨命运。在历史的呼唤中，1921 年中国共产党成立，当时全国共有党员 58 名，这对当时的中国来说，似乎什么也没有发生，报纸上也没有任何报道。当时没人觉得会怎么样，甚至我们党的一些创始人后来也脱党、叛党。然而，就是这么一个当时在社会上并没有引起多少关注的弱小政党，后来迅猛发展，最终带领人民实现民族独立和复兴，干成了近代以后各种政治力量不可能完成的任务。

为什么？多少年来，人们一直在探寻其中的原因。2019 年，习近平总书记给出了答案。他说：“回顾党的历史，为什么我们党在那么弱小的情况下能够逐步发展壮大起来，在腥风血雨中能够一次次绝境重生，在攻坚克难中能够不断从胜利走向胜利，根本原因就在于不管是处于顺境还是逆境，我们党始终坚守为中国人民谋幸福、为中华民族谋复兴这个初心和使命，义无反顾向着这个目标前进，从而赢得了人民衷心拥护和坚定支持。”

党的初心和使命体现在党章和誓词中。党的历次代表大会通过的党章，对于党的“初心”和“使命”都没有丝毫偏离。党的十九次代表大会产生了 18 部党章。党的一大没有党章，只有 15 条党的纲领。党的二大根据苏共要求产生党章。从党的二大到五大，党章基本没什么变化。党的六大在苏联开的，党的六大的党章是最复杂的党章，也是篇幅最长的，基本照搬苏联党章。从党的七大开始独立自主的党章，中国共产党章程有了总纲，规定中国共产党人必须具有全心全意为人民服务的精神。党的八大是党执政后召开的第一次全国代表大会，党章的产生主要结合了新中国的实际，规定党的一切工作的根本目的是最大限度地满足人民的物质生活和文化生活的需要。党的九大到十一大的党章基本沿用阶级斗争的思维。党的十二大是党的历史上最完备的党章，再次肯定和表达了党的“初心”和“使命”。现在的党章结构基本沿用了党的十二大的党章。

党的誓词产生于 1927 年，是毛泽东同志带领秋收起义部队进军井冈山的路上，为几位入党同志临时写的，当时仅有 24 个字。后来根据不同历史时期的特征，都进行过修改。党的十二大正式将誓词写入党章，之后再无变化。从毛主席起草的 24 个字到现在的入党誓词，始终没有变化的是“永不叛党”。这充分强调的就是一名共产党员对人民和组织忠诚的初心，对共产主义理想和信念坚守的初心。

党的初心和使命体现在党全心全意为人民服务的宗旨里。人民立场是马克思主义理论的鲜明特色。在纪念马克思诞辰 200 周年大会上的讲话中，习近平总书记明确指出，“学习马克思，就要学习和实践马克思关于坚守人民立场的思想”。实际上，人民性的品格贯穿在马克思的各个经典文献之中。在《1844 年经济学哲学手稿》中，马克思就在关注“各国人民未来的生活”。在《德意志意识形态》中，马克思、恩格斯把“人民群众”等同于“无产阶级”，关注“建筑在这个基础上的整个社会结构，以及与之相联系的人民权力”。

作为一个马克思主义的政党，中国共产党的初心和使命理所当然地应坚持人民立场，为“绝大多数人”谋利益、谋幸福而奋斗，并集中体现到党执政的根本宗旨中去。唯有得到最广大人民的拥护，才是一个政党、一个组织发展壮大的根本所在。1945 年，毛泽东同志在党的七大上所作的政治报告中指出：“全心全意地为人民服务，一刻也不脱离群众；一切从人民的利益出发，而不是从个人或小集团的利益出发；向人民负责和向党的领导机关负责的一致性；这些就是我们的出发点。”从此，“为人民服务”被概括提炼为中国共产党的根本宗旨并被写入党章。刘少奇同志在延安时曾经讲过：“共产党人什么都不怕，美帝国主义、老蒋的飞机大炮都不怕，我们就怕脱离群众。脱离群众，就会像古希腊神话中的安泰一样，在半空中被别人勒死。因为安泰的力量来源于大地。”这句话警醒共产党人千万不要脱离大众，人民群众是党的力量源泉。

党的初心和使命体现在党引导人民进行革命、建设和改革开放的务实实践当中。党因初心而生、为使命而行，初心和使命激励着一代代中国共产党人奋勇前行，克服前进路上的一切艰难险阻。“唯有牺牲多壮志”。在那个烽火硝烟的年代，共产党人抛头颅、洒热血，带领人民推翻了压在中国人民头上的帝国主义、封建主义、官僚资本主义“三座大山”，经过长达28年的艰苦卓绝斗争才建立了新中国，实现了民族独立、人民解放。正如毛泽东同志所说：“我们党尝尽了艰难困苦，轰轰烈烈，英勇奋斗。从古以来，中国没有一个集团像共产党一样不惜牺牲一切，牺牲多少人，干这样的大事。”据不完全统计，约有2000万烈士为民族独立、人民解放和国家富强、人民幸福而无私地献出宝贵生命。

新中国成立以来，我们党为践行初心和使命，进行了艰难的探索，先后进行社会主义革命和改革开放，最终创造性地开创中国特色社会主义这条道路，彻底改变了国家的面貌，实现了中国人民从站起来、富起来到强起来的伟大飞跃。正如习近平总书记指出的，我们比历史上任何时期都更接近中华民族伟大复兴的目标。

（二）为中国人民谋幸福，为中华民族谋复兴，是新时代党的初心和使命的继承与发展

初心和使命具有时代特色，在不同时代、不同历史阶段呈现不同的实践要求。当前，中国特色社会主义进入了新时代，这是我国发展新的历史方位。新时代我国社会生产力水平总体上显著提高，社会生产能力在很多方面进入世界前列，更加突出的问题是发展不平衡不充分，这已经成为满足人民日益增长的美好生活需要的主要制约因素。基于这一研判，党的十九大把新时代我国社会主要矛盾修改为“人民日益增长的美好生活需要和不平衡不充分的发展之间的矛盾”。新时代社会主要矛盾的变化是关系全局的历史性变化，对践行初心和使命提出了许多新要求。

习近平总书记在党的十九大上指出：“中国共产党人的初心和使命，就是为中国人民谋幸福，为中华民族谋复兴。”这是我们党首次提出自己的初心和使命，是我们党对我是谁、为了谁、依靠谁这一问题理性思考后，对党在新时代该承担什么历史责任、如何肩负起这份重任的高度概括。

党的十九大之后，习近平总书记带领新一届中央政治局常委在南湖重温入党誓词，习近平总书记强调“唯有不忘初心，方可告慰历史、告慰先辈，方可赢得民心、赢得时代，方可善作善成、一往无前”。2019 年 5 月，习近平总书记在江西于都县考察时指出，“以百姓心为心，与人民同呼吸、共命运、心连心，是党的初心，也是党的恒心”。习近平总书记的这些重要论述，深刻阐明了初心的政治意义，赋予了初心的时代内涵。

2020 年是实现第一个百年奋斗目标的时间，将是中国历史乃至人类发展史上一个令人激动的重大时刻。在中国共产党成立 98 周年、执政 70 年之际开展“不忘初心、牢记使命”主题教育，不仅仅是对党本质属性和根本宗旨的时代宣誓，更特别的意义在于，向广大党员发出动员令，要以坚定的理想信念，坚守为人民谋幸福的初心，牢记党肩负的实现中华民族伟大复兴的历史使命，勇于担当负责、积极作为、干事创业、攻坚克难，团结带领人民，把百年奋斗目标变为美好现实。

（三）守初心和担使命是新时代坚持和发展中国特色社会主义的主线

党的十八大以来，以习近平同志为核心的党中央守初心、担使命，把增进人民福祉、促进人的全面发展作为经济社会发展的出发点和落脚点，统筹推进“五位一体”总体布局、解决了许多长期想解决而没有解决的难题，办成了许多过去想办而没有办成的大事，推动新时代中国特色社会主义建设迈上新台阶。

“五位一体”总体布局的推进过程中，守住为人民服务的初心和使命是贯穿其中的主线。在经济建设方面，强调推进高质量发展、促进收入分配更合理，朝着共同富裕方向稳步前进。在政治建设方面，强调党的领导、人民当家做主、依法治国有机统一，使社会主义民主成为维护人民根本利益最广泛、最真实、最管用的民主。在文化发展方面，坚持社会主义核心价值观体系，丰富人民的精神世界。在社会建设方面，紧紧抓住人民群众最关心最直接最现实的利益问题，维护社会公平正义。在生态文明建设方面，强调和践行绿水青山就是金山银山，坚持人与自然和谐共生。

二、建设银行的发展历史就是一部守初心、担使命的奋斗史

我到建设银行工作一个多月，在熟悉了解情况的过程中，我重点阅读了行史，有一些心得和体会。可以说，建设银行的发展历史就是一部践行初心和使命的奋斗史，正如习近平总书记在建设银行成立60周年之际作出的重要批示："60年来，建设银行砥砺奋进，不断发展壮大，为国家经济社会发展作出了积极贡献。"同时，习近平总书记还提出："希望再接再厉，与时俱进、改革创新，进一步增强服务国家建设能力、防范金融风险能力、参与国际竞争能力，再创新佳绩，为中华民族伟大复兴作出更大贡献。"5年过去了，我们有必要对照习近平总书记的批示，认真重温、回顾建设银行65年以来发展历程，铭记初心，牢记使命。

（一）源起：哪里有建设，哪里就有建设银行（1954—1979年）

1. 建设银行在新中国大规模经济建设高潮的序幕中应运而生。1953年，在国内外形势逐步稳定的情况下，中国共产党领导全国人民，实施国民经济第一个五年计划，156项重点建设工程陆续启动，随之而来的国家预算内基本建设投资大幅度增长。为更好地办理基本建设投资拨款，实现对国家建设资金的有效监督，服务项目和国家建设，1954年10月1日，经政务院批准，中国人民建设银行，在原交通银行基础上组建成立。成立后，建设银行按照政务院赋予的职能，全面接管、办理基本建设投资拨款任务，制发了第一个基本建设投资拨款法规，创办了审查工程预算新业务，在拨款监督过程中不断扩展和延伸各项工作，在新中国大规模的经济建设中大显身手。建设银行经办的基本建设投资拨款年度业务量，由1954年的84.64亿元增加到1957年的124.67亿元，增长了50%。

2. 建设银行积极服务国家重大项目建设诠释初心。创建初期，伴随着新国家经济建设的全面展开，建设银行秉承初心，牢记使命，"机构跟着项目走，服务跟着需求走"，在全国十大钢铁基地、八大重型机械厂，在东北、西北和华北等矿区，在棉纺工作基地，在世界屋脊的康藏、青藏、新藏公路施工现场，普遍组建了相应的分支机构，专门组建了跨省、区的铁路专业分支行处，有效地保证了建设资金的调配和供应，促进了国家钢铁、机械、能源、棉纺、交通等工业和基础设施的优先发展。到1957年底，156个国家的重大项目中已有68个全部或部分建成投产，建设银行为推动国家"一五"建设项目和经济计划的顺利完成作出了积极贡献。

（二）改革：改革开放初期，建设银行升格为国家专业银行，保持初心和使命不改，持续拓展和提升服务国家建设能力（1980—1993年）

党的十一届三中全会以后，在举国上下全面拥抱改革开放的历史浪潮中，建设银行继续坚守服务国家建设初心，充分履行财政职能，探索商业银行职能，不断发展壮大。从1979年到1993年的近15年间，建设银行逐步成长为国务院直属的国家专业银行。建设银行以敢为人先的创新精神，改革实施基本建设预算内投资拨款改贷款制度，配合国家探索建立基本建设投资基金制与建设银行管理基金办法，强化建设银行管理基本建设财务职能，根据重点建设项目需要加强专业分支机构的设立。探索商业银行职能，逐步加大利用各种存款发放贷款的力度，贷款资金来源和种类发生了质的变化，服务国家建设能力更加强大。到1993年底，建设银行拥有贷款客户达25万户，客户分布遍及国内各个行业。累计发放基本建设贷款7439亿元，余额达2178亿元；建筑业流动资金贷款余额达482亿元，技术改造贷款余额达458亿元；向7万工商企业发放流动资金贷款，余额达1277亿元。

老英雄张富清是这段时期建设银行践行初心使命的杰出代表。1981年9月，张富清调任建设银行来凤县支行牵头副行长，并于1985年离休。

到建设银行任职时，张富清已57岁，但是他没有丝毫懈怠，而是争分夺秒搞改革、促发展。当时来凤县支行只有5个人，借用一间土瓦房办公。张富清组织大家积极学习“拨改贷”新型业务政策，积极争取财政资金，扩大低息贷款业务，更好服务地方经济建设。他在任期间，放出贷款没有一笔呆账，有力地支援了来凤县基本建设，给来凤县财政作出了贡献，在当地留下了良好口碑。

（三）跨越：率先完成股改上市，持续践行初心和使命（1994年至今）

国务院1993年12月25日下达《关于金融体制改革的决定》，将建设银行明确定位为以从事中长期信用为主的商业银行。自此，从1994年开始，建设银行开始了商业化的改革进程。并在后来的股份制改造中实现历史性跨越，2015年在四大国有商业银行中首家实现香港上市，并在两年后顺利回归A股。

1. 在商业化转轨过程中，逐步建立现代企业制度，确立“以客户为中心”的经营理念，实施“双大”战略服务国家建设。为落实党中央、国务院的改革部署，把自身办成具有国际先进经营管理水平的商业银行，建设银行进行了不懈探索。基本分离政策性业务，移交财政职能；根据经济形势制定经营发展战略，深化管理体制改革；全面发展金融业务，不断创新金融产品；以客户为中心，全面拓展公司业务；建立内控管理体系，构筑风险控制屏障；实施不良资产专业经营，提高资产质量。经过不断改革，建设银行的信贷资产质量和盈利能力有了明显进步。到2004年底，建设银行总资产为39080亿元，当年实现税前利润512亿元，不良率下降到3.92%，在国有独资商业银行中处于领先地位。

这期间，建设银行继续坚守服务国家建设的初心，持续进行商业化转型改革，树立以客户为中心的商业经营理念，确立依托大行业、大企业为核心的“双大”经营战略，先后与北京、上海、浙江等多个省级人民政府签订银政合作协议，与一汽集团、中国网通、中国航空集团等重点客户签订银企合作协议，为中移动、中石化、华能集团等央企提供资金结算网络，为中国网通IP宽带骨干网、三峡水电等电站及输变电、电网工程，大庆油田和西气东输、西电东送及配套项目等一大批国家重点基础设施项目提供融资等综合化金融服务，有力地支持了国民经济发展，促进了西部大开发和振兴东北等老工业基地战略的实施。

2. 建设银行通过股份制改革脱胎换骨，率先上市成为改革先锋。2002年2月，全国金融工作会议提出国有独资商业银行股改上市的目标，建设银行立即着手致力于股份制改革的基础性工作。2003年12月30日，国务院决定建设银行为股份制改造试点行之一。2004年初，建设银行创造性地确立了分立重组模式，制定了建设银行的股改框架，并获得了中国银监会的批准。2004年9月15日，由汇金公司、建银投资等五家发起人发起成立的中国建设银行股份有限公司，召开了创立大会暨第一次股东大会。随后，建设银行又在公司战略投资者引进进程开创了先河。在国有独资银行中，第一家与国外战略投资者达成协议，于2005年6月，成功引进美国银行与淡马锡两家战略投资者。

2005年10月27日，建设银行股票在香港联交所正式挂牌交易。按发行价计算，建设银行市值达到724亿美元，是亚洲市值第三大银行，在H股企业中排名第一。建设银行作为四大国有商业银行中第一家实现成功上市的银行，第一只全流通的国企股，创下了多项纪录。此后不到两年，2007年9月25日，建设银行A股在上海证券交易所正式挂牌，完成了A股的回归之路，标志着建设银行股份制改革的圆满成功。

3. 建设银行扎根中国经济沃土，持续为服务实体经济、建设最具价值创造力的国际一流银行集团而奋斗。股改上市后，建设银行焕发出勃勃生机，展现出强大的市场竞争力和价值创造力，国际形象大幅提升，主要财务指标名列前茅。如今，按资本实力和盈利能力衡量，建设银行连续数年名列全球第二，跻身全球系统重要性银行之列。

当前，中国特色社会主义进入新时代，建设银行正在以深化改革创新进一步激发内生活力，以“服务大众安居乐业，建设现代美好生活”为奋斗目标，用金融这把“最温柔的手术刀”疏解经济社会“痛点”，进一步增强服务国家建设能力、防范金融风险能力、参与国际竞争能力，为股东创造更大价值和回报，为社会承担更多责任和担当，为新时代经济社会发展贡献更大力量。

三、守初心、担使命，需要我们深刻认识当前经济金融形势发生的巨大变化

古人讲，“事之难易，不在大小，务在知时”“不审时度势，则宽严皆误”。践行初心和使命需要我们深刻认识当前经济金融形势发生的巨大变化。正如2019年中央经济工作会议指出，当前全球正面临“百年未有之大变局”。反全球化、单边主义、贸易保护主义、民粹主义、地缘政治冲突等对全球经济社会发展产生重大影响。国内的改革发展从来没有面临这么复杂的局势，这种局势是改革进入深水区、社会进入矛盾集中突发期，并与国际局势大变化叠加交汇造成的。

（一）国际局势动荡，冲突加剧

1. 全球经济已呈现出新一轮下行周期。近期，国际机构不断下调全球经济增长预期，IMF将全球经济增速从2018年的3.6%下调到2019年的3.2%。主要经济体的国家经济增长纷纷趋缓。

美国经济增长动能出现减弱势头。特朗普政府上台后对内在减税、金融去监管等方面采取了系列改革，对外采取“美国优先”推行贸易保护主义政策，加剧了世界经济的波动，但最终并没有推动美国形成优势，国内政治分裂加剧，“政府停摆”创纪录；国内经济下行压力加大，美国股市近期暴跌了近800点，主要原因是长期与短期国债利率出现倒挂，历史的规律表明，这往往意味着经济进入衰退期。IMF预计2019年美国经济增长2.6%，相比2018年下降了0.3个百分点。

欧元区经济持续疲软走势。受债务问题、难民问题、英国脱欧、民粹主义泛起导致内部政治风险上升、外部贸易摩擦加剧、区域内发展不平衡政策难以协调等因素影响，欧元区经济仍旧呈现疲弱走势。欧盟委员会不断下调欧元区、欧盟经济增长预期。IMF预测2019年欧元区经济增长1.3%，比2018年下降0.5个百分点。

日本经济低位增长。受高企的债务负担、突出的老龄化、低通胀水平等诸多因素的影响，日本经济长期陷入低增长中。2019年日本经济增长预计仍在1%以下，持续低位走势。但日本经济有其独特性，虽然经历“失去二十年”，但经济的韧性比较好，尤其是中小企业和制造业比较强，百年以上的中小企业达几万家，远远比我国中小企业3.75年的平均生命周期长。另外，日本的GNP要超过GDP的两倍，日本人在巴西购置的土地超过日本国土面积。

新兴经济体经济增速下行压力加大。受全球贸易保护主义、经济周期、国际政策调整等因素影响，新兴经济体普遍面临调整与转型压力，经济增长趋缓。自2019年以来，印度、俄罗斯、巴西等新兴经济体经济增速明显放缓。第一季度，印度、俄罗斯、巴西经济增长同比分别下降3.1个、1.4个和0.76个百分点。

2. 国际金融市场波动加剧，金融风险急剧上升。中美双边关系发生巨大变化，给国际经济金融带来不确定性，国际上的“灰犀牛”和“黑天鹅”事件层出不穷；全球货币政策步入观望期，趋紧态势发生逆转，再次一致性宽松取向的可能性增大；美国政府债务快速增长，股市走牛十年积累了泡沫风险，存在着下行压力。受经济增长放缓、需求低迷等因素的影响，原油等大宗商品价格大幅回调；外汇市场波动加大，美元相对强势，人民币汇率破“7”；同时，国际金融机构变化巨大，普遍进行了瘦身，压缩业务。比如瑞银退出了投行业务、汇丰出售了保险业务。

国际形势进入了地缘政治冲突期，中东、非洲、亚洲都在出现一些局势动荡，仿佛有蔓延的趋势，直接影响经济发展。以非洲为例，非洲地缘政治的冲突有深刻原因。南非的社会基础设施20年来一直没什么变化，可以说整个南非的社会改革是失败的，造成了南非经济发展几乎停滞。

（二）国内改革攻坚任务更为艰巨

1. 国内经济总体平稳，但下行压力加大。上半年经济运行延续了总体平稳、稳中有进的发展态势，主要宏观经济指标保持在合理区间。但经济下行压力加大，特别是反映经济活力的民间投资增速指标低于平均水平。国内宏观杠杆率居高不下，2019年第一季度又攀升至248.8%，创历史新高。制造业景气度下降，PMI连续两个月位于荣枯线下方。企业的有效信贷需求疲弱，中长期贷款占比偏低。全国城镇调查失业率有所上升，就业压力持续增大。

2. 全面深化改革持续推进。从宏观层面来看，2019年7月30日中央政治局召开会议，确认了国内经济存在下行压力，强调增强忧患意识，

抓住主要矛盾，继续保持政策定力，持续深化供给侧结构性改革，打好“三大攻坚战”，适时适度调整财政政策和货币政策，加大对实体经济的支持力度，不将房地产作为短期刺激经济的手段，持续提升对外开放的水平，推动经济在高质量发展的道路上稳步前进。

从微观的角度来看，企业经营出现严重分化，互联网企业和掌握核心技术的制造业成长比较快，成为市场竞争中形成的优势产业。以我国光伏企业为例，历史上世界市场多晶硅（光伏基础材料）最高价格到了每公斤470美元以上，中国因没有技术，许多企业倒闭破产。但经过这二十多年，特别是近十多年的发展，我国硅片产量已占世界的90%，多晶硅产能世界占比为61.6%，目前每公斤的价格已到了8美元以下。关键在于技术上得以突破，还有国家改革政策的支持。但相比于光伏这样有核心技术的企业，我们大部分企业处于价值链、产业链低端，研发能力不强，核心技术不掌握，发展仍然依赖于要素投入、外需拉动和规模扩张。我曾经讲过一个例子，有一个企业有点技术，主要做汽车零配件，毛利率能够达到30%，但企业还是没多少钱投入研发，仅能维持经营，因为缴纳税费以后就没多余的资金了。

（三）贯彻习近平新时代中国特色社会主义思想，必须推动金融回归本源

金融的产生和发展，原本就是为了解决社会资金与企业经营在时间和空间的错配问题。需要正视的是，一段时间以来，整个金融行业在发展和服务实体经济的过程中，出现了一些异化和偏离金融初心的不正常现象和倾向苗头，导致一方面在整体经济不断下行的严峻形势下，实体企业特别是民营企业、中小微企业经营困难，资金周转不畅，嗷嗷待哺；另一方面，金融部门却出现资金自我循环、自我膨胀、自我空转的异常现象，畸形繁荣。这种现象被习近平总书记批评为：“典当行”“坐地收钱”“晴天送伞、雨天收伞”。

具体讲到金融服务，还存在几个做得不到位的地方：一是对实体企业特别是小微企业（民营企业）支持不到位。民营经济在国民经济中的份额超过60%，但在银行业贷款中，民营企业贷款仅占25%。由于融资渠道不畅，许多中小企业无法从金融机构获得足够的资金，大量融资不得不依靠利率较高的民间借贷等非正规金融完成，加剧了企业经营风险。二是对科技创新产业服务不到位，资本市场发育不足，层次单一。科技创新企业大多是民营企业、小微企业，主要资产是人才、知识产权和核心技术，但是缺少房地产等商业银行接受的可抵押重资产，银行目前还缺乏针对他们的有效服务产品和手段。而当前的资本市场普遍看重企业的规模和利润，也无法为科创企业提供有效融资渠道。三是对“三农”领域服务更不到位。2018年，我国城镇化率为59.58%。为了实现建成社会主义强国城市化的百年目标，城市化进程仍需持续推进，这需要大力发展“三农”领域，实现乡村振兴。目前无论是金融机构农户贷款余额占比，还是农林牧渔业贷款余额占比等指标，都与农业在整个国民经济的比重，与农村的经济活动在整个国家经济体系中的地位不匹配，且主要金融企业在农村地区依然呈现出资金净流出态势。

以上情况充分表明金融结构不合理、金融的发展理念存在偏差及金融市场化改革滞后等问题。因此，必须以改革促初心回归，以“踏石留印、抓铁有痕”的坚定决心，推动金融回归本源。党的十八大以来，习近平总书记高度重视金融工作，对金融工作作出了系列重要论述。这些论述是习近平新时代中国特色社会主义经济思想的重要组成部分，要深入学习领会并贯彻落实。个人体会，有三个方面需要改进加强。

1. 必须积极推动货币金融政策落实的传导机制改革。出现金融行为脱离实体经济的现象，主要原因是货币金融政策传导机制不完善，要积极进行调整。完善传导机制，首先要调整银行经营的理念，要按照习近平总书记的要求正确处理好金融和实体经济之间的关系。习近平总书记讲：经济强则金融强。经济是肌体，金融是血脉，两者共生共荣。其次是调整考核机制。人民银行和银保监会最近陆续出台了一些新的考核指标，增加对中小制造业企业贷款比重和中长期贷款比重，这将有利于促进更多的金融资源流向中小企业和实体经济。

2. 必须大力调整金融结构。一是要调整市场结构。当前，资本市场成为金融体系短板，间接融资比例大大高于直接融资。要大力发展直接融资，加大直接融资比例，积极参与建设具有国际竞争力的多层次资本市场体系。二是要调整产品结构。要主动以客户和市场为中心，以国家经济和市场主体需要为导向，积极研发中小微企业线上贷款新型金融产品和服务，不断加大服务实体经济的比重。三是要调整区域和产业结构。要紧跟“一带一路”建设、京津冀协同发展、长江经济带发展、粤港澳大湾区建设等国家战略，加强战略相关区域金融资源的投放力度，加大服务国家战略实施的能力。其中，要重点关注乡村振兴战略和健康中国战略。乡村振兴战略事关“三农”，农村是个大市场，是中国未来经济增长的新动力所在。健康中国战略会带来城市消费结构的大变化，要积极跟进研究，挖掘商业机会。

3. 必须做好应对金融市场更加开放、竞争更趋激烈的准备。2019 年 7 月 20 日，国务院金融稳定发展委员会宣布了一系列金融业进一步开放的政策措施，其中包括：鼓励境外金融机构参与设立、投资入股商业银行理财子公司，允许外资机构获得银行间债券市场 A 级主承销商牌照，进一步便利境外机构投资者投资银行间债券市场。这是继 2018 年博鳌亚洲论坛上习近平总书记宣布中国进一步开放金融业的 11 项举措后，中国金融业面向世界又一次重大改革开放措施。我的理解，这是以开放促改革、以开放促竞争，未来国内市场的竞争，不再仅是国内几大行的竞争，而是与国际银行先进同业的贴身格斗，必须主动走出发展的“舒适区”，充分做好心理准备，打好这场攻坚战、持久战、阵地战。

总结起来，践行初心和使命，首先必须认清当前形势，把认识统一到贯彻落实好习近平总书记对金融行业的指示精神上来，直面金融更加开放和竞争的局势，加快自身的改革创新力度，把自己的事做好，努力调整货币政策传导机制，调整金融结构。

四、服务“三个能力”建设、积极推进“三大战略”、共筑新金融生态，是建设银行守初心担使命的创新实践

（一）“三大战略”着力解决住房等社会痛点难点问题，体现了以人民为中心的发展思想，得到了社会的高度认可

进入新时代，建设银行党委秉承初心、牢记使命，以习近平总书记关于“必须坚持以人民为中心，不断实现人民对美好生活的向往”等系列重要讲话以及对建设银行提出的增强“三个能力”重要批示精神为基本遵循，相继推出住房租赁、普惠金融与金融科技“三大战略”。“三大战略”紧密围绕人民安居乐业梦想，针对国家与社会治理难点、痛点领域，用金融力量提出建设银行特色解决方案。

住房租赁战略。针对老百姓反响强烈的住房难、住房贵的问题，建设银行在金融同业创新推出住房租赁发展战略，紧密围绕习近平总书记“房子是用来住的、不是用来炒的”指示精神，发挥自身传统住房金融领域优势，以金融力量整合市场资源、激活住房要素市场、稳定租赁关系、平抑租赁价格，疏解社会民生痛点。建设银行提出，不仅“要买房，到建行”，而且“要租房，到建行”“要存房，到建行”。经过两年多的探索实践，建设银行住房租赁平台上线房源超过 1700 万套，注册个人用户超过 1000 万户，与全国 300 多个地级及以上行政区域签订平台合作协议，合作的中介机构、专业租赁机构等超过 1 万家，“建融家园”挂牌数量 100 多个，零散存房、整租公寓、公租房等多种租赁业态发展迅速，分层次、多元化模式初步形成，建设银行主导的住房租赁生态圈初步形成，市场引领和示范作用明显。

普惠金融战略。这是新时代建设银行服务国家战略、服务社会民生的责任担当，是面向“蓝海”、面向大众、面向草根用“双小”连接和承接“双大”的战略重心调整。2018 年，建设银行普惠金融贷款新增 2227 亿元，增速为 49.5%，在五大行中占比超过 50%，不良率不到 1%。“小微快贷”累计贷款超过 7100 亿元，惠及小微企业 55 万户，期末有贷客户数突破 37 万户。“裕农通”服务点迅速发展至 22.4 万个，有效破题服务农村区域金融需求。创新推出“跨越 2020 – N + 建档立卡贫困户”产业扶贫模式，“普建惠农”“裕农小顺”支持乡村振兴服务品牌。精准扶贫贷款余额 1718 亿元，定点扶贫帮扶资金 1098 万元，注重发挥“造血”功能，推动产业扶贫、电商扶贫。普惠服务成果突出，获得政府高层及社会各界高度认可。李克强总理视察建设银行时，高度评价建设银行“小微快贷”业务模式，鼓励

建设银行经验要向全国推广复制，激励建设银行要撑起中国企业的未来。

金融科技战略。立足建设银行“新一代”系统科技成果和强大金融科技力量，对内外持续赋能，C端突围、B端赋能、G端连接，与客户共享科技成果红利。云南“一部手机办事通”上线运行，省级政银合作开创“建行模式”。中组部网络干部学院系统、农发行网上银行落户建行云。打造公有云、开发银行、区块链等应用平台，加快建设和推广住房租赁、党群、宗教、教育、智慧社区、安心养老等综合平台推动社会经济转型。在深入推动普惠金融战略部署的过程中，建设银行依托网点物理渠道，组织网点服务资源对民众开放共享，升级打造“劳动者港湾”公益品牌，既丰富了普惠金融战略的内涵，加强了建设银行与人民的血肉联系，也进一步牢固树立建设银行“服务大众、促进民生”的品牌形象。同时，建设银行开放共建建行大学，整合行内碎片化的培训资源，联合境内外知名高校，发起“新金融人才产教融合联盟”，搭建教育培训开放平台。实施“金智惠民”工程，面向社会大众传播现代金融理念，以产教研用相融合的创新实践，探索新时代金融职业教育的善建之道。搭建社会知识资源共享平台，培训中小企业主、创业者等志同道合伙伴，向民众普及传播金融知识，时刻体现着以人民为中心的新发展理念。

（二）加强“三个能力”建设是确保“三大战略”和转型成功的重要保证

当下，住房租赁、普惠金融、金融科技“三大战略”实施，是建设银行在历史发展新阶段的创新探索，为建设银行未来可持续发展蹚出新路子。新战略孕育着繁荣和希望，但新战略更需要花时间、花精力去培养、去打造。因为新，也会有不同的意见，也会有困难和阻力。

在住房租赁战略方面，在实际推进过程中，也陆续出现国家配套政策不健全、系统迭代响应速度慢、房屋运营专业能力不足等问题，对战略实施效果存在质疑。在普惠金融战略方面，同业竞争在加剧。据了解，工商银行、农业银行对标建设银行，推出同质普惠金融产品，甚至比建设银行的利率还低。普惠的线上模式风险管控体系还不够完善，有内部员工和外部不法分子勾结起来，套取小微快贷资金，或者搭车收费；外部不法分子有组织、有针对性的欺诈事件增加；小微快贷纯线上自助办理模式，带来的客户数量快速增长，也给后续信贷资产的贷后管理带来了巨大压力。在金融科技战略方面，当前管理架构和业务流程下，金融科技公司与广阔的市场需求之间的对接、响应还无法达到流畅、迅速的程度，一些平台开发运营后，平台的可持续维护运营机制亟待研究建立。一些金融科技项目的后续收益主要体现在银行端，科技公司与母行之间的利益分成机制也还没有形成。

虽然推进“三大战略”的道路上困难不少，但是方向是对的，只要全行上下不忘初心、牢记使命，从落实习近平总书记要求的“三个能力”为目标和导向来认识，建设银行“三大战略”的顺利实施和发展效果就一定能够逐步显现出来。

推进“三大战略”，要矢志不移地加强服务实体经济能力建设。服务好中小微企业群体，就是对实体经济发展的最大支持，要继续坚持以客户为中心的经营理念，深入挖掘客户需求，运用大数据等科技手段，不断创新线上产品类型，提高服务质效，促进广大中小微民营企业健康发展。安居是经济社会重要的民生问题。要以金融科技战略为重要依托，主动发挥建设银行住房金融优势，规范和健全房屋租赁市场，为建立“多主体供应、多渠道保障”的住房市场、促进房地产“房住不炒”属性回归贡献建设银行力量。

推进“三大战略”，要矢志不移地加强防范金融风险能力建设。要牢记建设银行的住房租赁战略初心，严格防范战略推进过程中，过多银行资金进入住房租赁市场行为，进而加剧房地产金融化，甚至影响建设银行声誉的风险。要结合普惠金融战略推进过程中，外部线上欺诈骗贷现象增加和贷后管理压力增大等问题，持续深化金融科技应用，以数据和工具应用为基础，持续完善普惠金融新型风险管控模式。

推进“三大战略”，要矢志不移地加强参与国际竞争能力建设。走出国门，参与国际竞争，能够让我们更好地认识差距，看清距离，扬长补短。住房租赁战略，虽然建设银行在国内是先行者，但在欧美发达国家、特别是德国，已经建立了较为完善和有效的住房租赁市场，其经验和做法值得建设银行认真借鉴、学习。普惠金融是世界发展难题，全世界都在不断尝试探索破解。孟加拉国银行家尤努斯在1983年创建的格莱珉银行和欧盟的欧洲投资银行在涉农、小微金融等领域均有成功经验。在金融科技方面，从前银行搞信息化、核心系统建设，西方银行是我们的老师。而今天，我们有移动支付、刷脸支付、大数据线上产品等，在金融科技的应用广度与深度方面，已经有了自己的比较优势，可以与国际同业坐下来平等交流、公平竞争。

（三）加强"三个能力"建设、推进实施"三大战略"需要加强党的建设，形成强大合力

新时代下，加强"三个能力"建设、大力发展"三大战略"，归根结底需要靠人来推动解决。在建设银行新征程中，如何有效组织好建设银行现有36万名员工的资源，发挥好20多万名党员的积极性，激发广大干部群众干事创业的热情，这是一个大课题。

习近平总书记指出：坚持党的领导、加强党的建设是国有企业的"根"和"魂"。国有银行应带头讲政治，加强党的建设。实际上党的建设与业务是融合的，从来没有离开政治的业务。一个社会的进程，离不开四个象限，首先是政治、其次是经济，最后是文明、文化。政治是核心，经济是外核，文明是尺度，文化是土壤。人在一起就形成群体，群体在一起就必然产生管理。管理就是权力，在管理之上就是政治权力和国家权力。如果不讲政治，就会产生冲突和矛盾，解决好就会呈现螺旋式上升，否则就会产生分裂。因此讲政治是我们国有金融企业的头等大事。

加强党的建设，要从政治的高度来认识和重视金融工作。金融是现代经济的血脉，现代经济本质上是以金融为核心的信用经济，以金融为神经中枢市场化配置社会资源。党中央深刻认识到金融工作的重要性。邓小平同志指出："金融很重要，是现代经济的核心。金融搞好了，一着棋活，全盘皆活。"习近平总书记强调："金融活，经济活；金融稳，经济稳。经济兴，金融兴；经济强，金融强。经济是肌体，金融是血脉，两者共生共荣。"相反，西方国家发生的金融危机表明，金融产生危机会严重影响经济社会的发展，甚至产生经济危机，诱发社会动荡。为此，我们要从政治的高度来认识金融工作，提升工作站位，把金融工作改革好，发展好，努力促进经济社会发展。

加强党的建设，要确保党的工作任务和部署在银行落实。要坚持党统领全行发展全局，协调利益各方，把握方向、谋篇布局、提出战略、制定政策、深化改革，保证党和国家方针政策在建设银行得到坚决贯彻执行。要在公司治理程序中，明确党的地位和作用，进一步改进和加强党的领导，善于通过合理合法的决策程序，将党的政策主张有效转化为公司的战略决策和经营策略。

加强党的建设，要充分发挥银行各级党组织的战斗堡垒作用。建设银行有1.9万多个党组织。要充分发挥党支部的政治引领功能，善于运用习近平新时代中国特色社会主义思想，分析解决银行在经营管理中遇到的各种问题，做好思想政治和宣传引导工作。要充分发挥党支部组织协调功能，有效协调银行内部各利益群体、各机构单位间关系，使各方齐心协力，共同发展。要充分发挥党支部的服务指导功能，坚持以群众利益为一切工作出发点，服务群众、服务工作、服务大局，不断提高自身战斗力、凝聚力和影响力。

加强党的建设，要充分发挥广大党员干部先锋模范作用。我们建设银行有20多万名党员，党员队伍的建设情况直接关系到全行的转型发展。从我到建设银行这一个多月了解的情况来看，队伍的建设还要加强。比如，暴露出的不少违法乱纪案子，都是内外勾结，利用手中资源谋取利益，十分贪婪。要坚持党员是党的建设主体，尊重党员主体地位，强化党员主体意识，鼓励党员吃苦在前，享受在后，以身作则，率先垂范，积极干事创业、主动担当作为，充分调动党员的积极性、主动性、创造性，充分发挥党员先锋模范作用。

同志们，社会主义是干出来的，幸福是奋斗出来的。希望同志们守初心、担使命，主动担当作为，积极干事创业，扎实努力工作，以优异的成绩迎接新中国成立70周年和建设银行成立65周年！

在总行党校2019年秋季学期第41期干部进修班开学典礼上的讲话

王永庆

（2019年9月17日）

同志们：

建行党校2019年秋季学期第41期干部进修班今天正式开学了。来自总分行、子公司和海外分行的共217位学员将在总行党校（36人）、哈尔滨（89人）和常州（92人）分校参加为期三个月的脱产培训，非常高兴同大家见面！下面，我结合自己的思考，讲几点意见。

一、坚持党校姓党的政治方向

一个好干部的成长，一靠自身努力，二靠组织培养。党校是我们党教育培训党员领导干部的主渠道，重视发挥党校作用是党的优良传统和政治优势。党校首先要保持正确的政治方向。习近平总书记在担任中央党校校长期间就反复强调，党校要坚持正确政治方向，道理很简单，如果党校不姓党了，那党校就没有必要存在了。政治方向是党的生命，事关前途命运和兴衰成败，讲政治是党校的优势和特色，也是党校的生命力所在。党校因党而立、因党而兴、因党而强，党校姓党是天经地义的。党校姓党就是要坚持一切教学活动、一切科研活动、一切办学活动都坚持党性原则、遵循党的政治路线，在思想上政治上行动上自觉同党中央保持高度一致。要对党忠诚，增强“四个意识”，坚定“四个自信”，坚决做到“两个维护”，真正培养造就一支具有铁一般信仰、铁一般信念、铁一般纪律、铁一般担当的干部队伍。

（一）突出学习习近平新时代中国特色社会主义思想

习近平新时代中国特色社会主义思想系统地回答了新时代坚持和发展什么样的中国特色社会主义、怎样坚持和发展中国特色社会主义这一重大时代课题，是马克思主义中国化最新成果，是当代中国马克思主义、21世纪马克思主义，是党和国家必须长期坚持的指导思想，是引领新时代中国特色社会主义的纲领、旗帜和灵魂。《2018—2022年全国干部教育培训规划》规定，要把学习贯彻习近平新时代中国特色社会主义思想摆在干部教育培训最突出的位置。中央党校陈希校长也指出：新时代干部培训要把学习贯彻习近平新时代中国特色社会主义思想作为头等大事。中央党校、中央和国家机关分校也明确提出了党校主体班要把学习习近平新时代中国特色社会主义思想作为重中之重。建行党校要坚决贯彻落实这一系列要求，把学习贯彻习近平新时代中国特色社会主义思想贯穿于教学科研和一切活动中。

（二）突出学习党的理论和接受党性教育

我们党历来高度重视理论建设和理论教育，运用马克思主义基本原理指导中国的事情是我们的看家本领。党的十七大后，习近平总书记担任中央党校校长时就不断要求加强党的理论教育和党性教育，党的十八大以来习近平总书记继续强调这一点。理论上的清醒才能做好政治上的坚定，党的理论教育和党性教育是党校培训的主课主业，是党校教学的重要任务，是必须重点抓好的教学内容。按照中央党校规定，三个月的主体班党的理论教育和党性教育课时教学安排不低于总课时的70%。大家要原原本本学习和研读经典著作，努力把马克思主义立场、观点、方法学到手，作为自己的看家本领。党性锻炼要深入开展理想信念教育、党的宗旨教育，深入开展党史国史教育、革命传统教育，深入开展道德品行教育、法治思维教育、反腐倡廉教育，把党章和党规党纪学习教育作为党性教育的重要内容。习近平总书记多次强调，干部的党性修养、道德水平不会随着党龄工龄的增长而自然提高，也不会随着职务的升迁而自然提高，必须强化自我修炼、自我约束、自我改造。

（三）突出学习党的路线方针政策和重大决策部署

党的路线方针政策是全党的行动指南，是党的宗旨和性质的具体体现。党的十九大报告描绘了决胜全面建成小康社会、夺取新时代中国特色社会主义伟大胜利的宏伟蓝图，是党的路线方针政策的重要体现，如坚持党对一切工作的领导、坚持以人民为中心、坚持新发展理念、坚持全面依法治国、坚持社会主义核心价值体系、坚持人与自然和谐共生、坚持总体国家安全观、坚持推动构建人类命运共同体、坚持全面从严治党等十四条，构成新时代坚持和发展中国特色社会主义的基本方略。党的十九大报告关于经济方面的方针政策主要有必须把发展经济的着力点放在实体经济上，把提高供给体系质量作为主攻方向，增强金融服务实体经济能力，守住不发生系统性金融风险的底线等。为此，中央推出了一系列战略和工作部署，这些重大决策部署是以习近平同志为核心的党中央治国理政的新理念、新思想、新战略的体现和载体，包含事关我国当前和长远发展、事关社会主义现代化强国建设的全局性战略性问题，为在新起点上做好各项工作提供了思想和行动指南。党的十八大以来，中央提出了科教兴国战略、人才强国战略、创新驱动发展战略、乡村振兴战略、区域协调发展战略、可持续发展战略、军民融合发展战略、健康中国战略等。近日，中共中央、国务院发布了《关于支持深圳建设中国特色社会主义先行示范区的意见》。特别值得一提的是，习近平总书记多次强调，防范化解金融风险，事关国家安全、发展全局、人民财产安全，是实现高质量发展必须跨越的重大关口。落实中央的战略决策部署，既是客观形势要求，也是积极主动应对，充分体现了我们党对新形势下经济规律、执政规律、全球治理规律的深刻把握；不仅具有重大的经济意义，而且具有深远的政治意义、民生意义、世界意义。

（四）突出学习习近平总书记关于金融工作重要论述

党的十八大以来，习近平总书记对金融工作非常重视，总书记对金融工作的重要讲话、重要批示、重要指示是金融系统的行动指南，是金融工作的基本遵循，必须坚决贯彻落实。习近平总书记对金融工作的重要论述内容很多，主要有以下几个方面：一是加强党对金融工作的全面领导，完善党领导金融工作的体制机制，加强制度化建设，提高金融决策科学化水平。二是强调金融在现代经济中的核心地位，要求一定要把金融搞好，使金融成为资源配置和宏观调控的重要工具，成为推动经济社会发展的重要力量。三是金融的本质是服务于实体经济，要增强金融服务实体经济能力，为中国经济的持续健康发展作出新贡献。四是要完善现代银行的风险管理制度，及时识别和化解各种风险，保持资产质量稳定，牢牢守住不发生系统性金融风险的底线。习近平总书记在党的十九大报告中指出：把防范化解重大风险作为决胜全面建成小康社会的三大攻坚战的首要战役。金融风险是当前最突出的重大风险之一，防范和化解金融风险是一场输不起的战役。五是强调金融安全是国家安全的重要组成部分，是经济平稳健康发展的重要基础。六是要坚决治理市场乱象，坚决打击违法行为，加强对金融机构产品创新的监管，遏制在金融体系内自我膨胀的行为。七是要加快推进金融的双向开放、全面深化金融市场化改革。八是要加大金融领域反腐力度。

特别是习近平总书记在建设银行成立60周年情况汇报上作出重要批示："60年来，建设银行砥砺奋进，不断发展壮大，为国家经济社会发展作出了积极贡献。希望再接再厉、与时俱进、改革创新，进一步增强服务国家建设能力、防范金融风险能力、参与国际竞争能力，再创新佳绩，为中华民族伟大复兴作出更大贡献。"这是对建设银行工作的充分肯定，也是对建设银行提出的要求和期望，是建设银行的莫大光荣，大家要认真学习，深刻领会，坚决贯彻落实。

二、年轻干部要在斗争中历练成长

习近平总书记非常关心年轻干部的生活、学习、成长、进步。2019年9月3日，习近平总书记在秋季学期中央党校（国家行政学院）中青年干部培训班上发表了重要讲话，特别强调年轻干部要经受严格的思想淬炼、政治历练、实践锻炼，发扬斗争精神，增强斗争本领，这是对年轻干部的殷切期望和明确要求，也是对建行党校学员的期望和要求。习近平总书记反复强调，干部面对大是大非要敢于亮剑，面对矛盾要敢于迎难而上，面对危机要敢于挺身而出，面对失误要敢于承担责任，面对歪风邪气要敢于坚决斗争，做疾风劲草、当烈火真金。干部成长无捷径可走，经风雨、见世面才能壮筋骨、长才干。

习近平总书记在党的十九大报告中指出，在新的时代条件下，我们要进行伟大斗争、建设伟大工程、推进伟大事业、实现伟大梦想。这里强调的斗争，是指为发展新时代中国特色社会主义进行的一系列伟大创新创造，是为了实现中华民族伟大复兴的中国梦、强国梦而实施的战略举措，是突破遏制、回应挑战、补齐短板的斗争。当前，国内外形势正在发生深刻复杂变化，我国发展仍处于重要战略机遇期，前景十分光明，挑战也十分严峻，要坚定不移地同错误思想、固化利益、腐败现象、分裂势力、霸权主义作伟大斗争。

（一）培养斗争精神

精神引领行动。年轻干部要强化政治历练，弘扬斗争精神。当前，弘扬斗争精神的关键，就是要不断强化政治历练，加强党性培养，牢记政治责任，勇担历史使命。对习近平总书记指出的五种“风险挑战”要保持高度警惕，在大是大非面前、在歪风邪气面前要敢于挺身而出，敢于坚决斗争。我们要弘扬斗争精神，做召之即来、来之能战、战之必胜的勇士。焦裕禄强忍肝痛不停步，带领兰考人民治风沙；杨善洲辛勤耕耘30载，留下万亩林场献国家；李保国扎根太行山区35年，让140万亩荒山披绿，带领10万农民脱贫……他们都是面对急难险重任务满怀斗争精神，为国家和人民利益不计个人得失，到艰苦地方奋勇斗争、为民造福的光荣典范。

（二）坚定斗争意志

意志催发力量。年轻干部要强化思想磨炼，坚定斗争意志。回首我们党来时的路，苏区反围剿、红军长征、抗日战争等都是通过斗争取得胜利。深刻分析当前形势，中美贸易摩擦、三大攻坚战等也是需要通过斗争争取胜利。世界正处于百年未有之大变局，我们面临难得的历史机遇，也面临一系列重大风险考验，年轻干部要深化政治信仰，加强党性修养，坚定斗争意志、讲求斗争艺术、增强斗争本领，在严峻形势和斗争任务面前取得胜利。钱学森为回国报效不屈不挠作斗争，历经五载艰难斗争才踏上祖国热土。邓稼先为研究出新中国自己的核武器，隐姓埋名几十年，罹患癌症仍战斗在研究一线。他们与困难斗争到底的坚强意志、为国家斗争的崇高品格、甘于奉献不怕斗争的不屈精神，是所有党员干部学习的榜样。

（三）把握斗争方向

方向决定前途。共产党人的斗争是有方向、有立场、有原则的，大方向就是坚持中国共产党领导和我国社会主义制度不动摇。中国共产党领导是中国特色社会主义最本质的特征，是中国特色社会主义制度的最大优势。无数事实都证明，削弱、否定党的领导，国家就会陷入灾难，人民就会步入苦难。党能汇聚团结全党、全军、全国人民的力量，凡是危害中国共产党领导和我国社会主义制度的各种风险挑战，凡是危害我国主权、安全、发展利益的各种风险挑战，凡是危害我国核心利益和重大原则的各种风险挑战，我们就必须进行坚决斗争，而且必须取得斗争胜利。

（四）明确斗争任务

形势决定任务。我们共产党人的斗争，从来都是奔着矛盾问题、风险挑战去的。当前和今后一个时期，我国发展进入各种风险挑战不断积累甚至集中显露的时期，面临的重大斗争不会少，经济、政治、文化、社会、生态文明建设、国防和军队建设、港澳台工作、外交工作、党的建设等方面都有，而且越来越复杂。领导干部要有草摇叶响知鹿过、松风一起知虎来、一叶易色而知天下秋的见微知著能力，对潜在的风险有科学预判，知道风险在哪里，表现形式是什么，发展趋势会怎样，该斗争的就要斗争。

（五）掌握斗争规律

规律指明道路。实现我们党确定的目标任务，光有勇气是不够的，盲打莽撞是不可能取得胜利的。善于把握规律，是我们党领导推动工作的制胜法宝，也是我们提高斗争本领的重要途径。这就要求我们在各种重大斗争中，坚持增强忧患意识和保持战略定力相统一、坚持战略判断和战术决断相统一、坚持斗争过程和斗争实效相统一。善战者，求之于势，对大局和大势的准确把握，历来是我们赢得斗争的先决条件。不尊重规律就会受到规律的惩罚，工业时代以来人们肆意使用自然资源、毫无节制地破坏自然环境，各种自然灾害接踵而至，是大自然对人类忽视生态规律的回应。对领导干部来说，要谋子之前先谋势、着眼全局看局部，精准把握斗争进程、判断出招时机，找准靶心、一击即中。

（六）讲究斗争方法

方法导向成败。斗争是有章法的，不是逞强好胜、争勇斗狠，而是要注重策略方法，打磨斗争技艺。抓主要矛盾、抓矛盾的主要方面是斗争的重要方法。斗争要坚持有理有利有节，合理选择斗争方式、把握斗争火候，在原则问题上寸步不让，在策略问题上灵活机动。要根据形势需要，把握时、度、效，及时调整斗争策略。要团结一切可以团结的力量，调动一切积极因素，在斗争中争取团结，在斗争中谋求合作，在斗争中争取共赢。要坚持走群众路线，使人民群众在斗争中辨是非、明方向，不断夯实党执政的阶级基础和群众基础。新时期，新的伟大斗争，就需要新的斗争方法。好的斗争方法事半功倍，不好的斗争方法事倍功半。

三、在认识大势、把握规律中提高能力

金融干部一定要深知经济现状和趋势。孙中山先生曾说过：天下大势，浩浩荡荡，顺之者昌，逆之者亡。领导干部一项重要的职责就是决策，认识大势、把握规律对领导干部来说尤为重要。当今我们面对的矛盾和问题复杂多变，这些都对经营管理提出更高要求。习近平总书记多次要求，切实提高各级领导干部把握方向、把握大势、把握全局的能力。科学认识当前形势，准确研判未来走势。要善于观大势、谋大事，站在国内国际两个大局来思考和研究问题，做到因势而谋、应势而动、顺势而为，田国立董事长也强调，要读透政策、认清大势，作为大型银行，一城一地的得失无关宏旨，但是方向性错误带来的风险将是致命的。建设银行作为一家国际性大型商业银行，大家作为一级分行和总行部门的领导，不要只熟悉分管业务，只了解本行业务，只知道自己的“一亩三分地”，要有战略眼光和国际视野，要加强对形势的预测和研判，准确把握宏观经济金融和政策大势，这是我们战略转型和业务发展的制胜法宝。

（一）世界经济发展趋势

当前，世界经济总体上进入了调整收缩期。2008 年国际金融危机后，在各国刺激政策作用下，全球经济经历了较长时间的复苏。随着政策效果退去，全球经济增长较为疲弱。2019 年以来，国际货币基金组织三次下调全球经济增长预期，作为宏观经济领先指标，摩根大通全球制造业 PMI 自 2018 年 4 月起连续下行，已连续三个月跌破荣枯线，经合组织（OECD）综合领先指标自 2018 年以来即连续下行，目前处于 2010 年以来的最低值。全球增长乏力的主要原因是传统产业对经济增长的驱动力下降，人工智能、数字经济等新兴产业对全球经济的带动作用还没有完全发挥。人口老龄化、企业债务率过高又导致全球总需求增长乏力。

主要经济体增长动能均有所减弱。美国 2019 年以来经济增长动能有所减弱。工业生产指数同比增速逐渐下降，制造业 PMI 下降较多。2019 年 3 月以来，美债收益率曲线几次出现倒挂，反映了投资者对美国未来经济预期并不乐观，暗示美国经济衰退的可能性很大。欧元区经济自 2018 年第三季度开始回落。德国工业生产指数、制造业订单指数连续 7 个月负增长。日本工业生产指数从 2019 年 2 月以来连续 5 个月同比负增长。新兴经济体增长也较为乏力。南非实际 GDP 同比增速第一季度也放缓至 0 附近。印度经济同比增速从 2018 年第一季度的 8.9% 回落至 2019 年第一季度的 5.8%。土耳其、阿根廷经济同比增速仍然为负。巴西经济 2019 年第一季度增长 0.5%。

2019 年以来，还有一个特殊现象就是全球进入低利率、负利率时代。2019 年 8 月 1 日美联储时隔 10 年以来首次降息，泰国央行、印度央行与新西兰央行相继宣布降息，近 30 个国家加入降息行列，低利率、负利率已成为全球经济现实。2019 年 8 月末，世界各国已有超过 17 万亿美元的负收益率国债。比利时、德国、法国和日本等国

的10年期主权债券收益率都已经进入了负值区域。美国银行专家预测，3个月后的2020年，全球将迎来5000年不遇的低利率，人类有史以来最低。

（二）中美关系发生历史性显性转变

中美贸易摩擦持续近2年，历经12轮谈判，可以明显感觉到谈判条件越来越苛刻，涉及范围也越来越广，美国方面对中国的无理要求也越来越多，并且时间间隔越来越短、步伐越来越紧凑，未来将呈现政治性、长期性、战略性、全面性和严峻性五大特征，对中国、美国及世界经济影响很大。作为世界第二大经济体，中国的经济总量已经超过美国的60%，是日本、德国、英国的GDP之和，是世界第一大货物贸易国、世界最大外汇储备国。在一些美国战略家看来，中国正在成为美国最强劲的对手，中国的发展已经“危及美国第一”。中美贸易摩擦是中美两国关于全球经济主导权、全球治理主导权之争，中国当前所面临的来自美国的一切挑衅和压力，是美国统治阶层一直遵循的霸权主义逻辑使然。正是这种将霸权主义作为国际关系基础的观念，导致了白宫对21世纪世界秩序的错误判断、对中国和平发展的错误判断。回顾中美经贸磋商过程，特朗普政府言行不一、摇摆不定、出尔反尔，但其背后的逻辑并无二致，无非是战略打压、战术讹诈；其真实意图也不言而喻，绝不仅仅是缩小贸易逆差，实质上是要在更广泛意义上遏制中国发展，打断中国崛起、复兴之路。

（三）中国经济发展趋势

中国经济短期看总体平衡，稳中有进、稳中向好。主要宏观经济指标保持在合理区间，各项改革稳步推进，结构优化和升级取得一定进展。但是下行压力明显加大，外需相对收缩、内需动力不足，实体经济困难较多。我国第二季度GDP增长为6.2%，是27年的最低水平。经济运行稳中趋缓，走势持续承压，不少主要指标下行，市场预期和企业投资趋于谨慎，保持经济平稳运行的难度明显增大。2019年8月20日，人民银行出台的LPR利率改革，实际上也是在引导银行信贷利率下行。中央已明确提出加大“六稳”（稳就业、稳金融、稳预期、稳外贸、稳外资、稳投资）工作力度，也从另一角度印证了经济下行的巨大压力。表面看中国经济增长速度在下降，实际上中国经济已迈入了速度变化、结构优化和动力转换的新常态。中国产业体系比较完善，经济有韧性，增长有空间，还有不少新产业。产业是经济社会发展的基础和参与国际分工的主体。改革开放以来，特别是党的十八大以来，我国产业发展和结构演变主要体现在以下五方面。一是产业规模体量不断壮大，农业、工业、服务业三大产业规模持续扩张，制造业表现亮眼。工业体系不断完善、门类齐全，钢铁、汽车、手机等220多种工业品产量位居世界第一，世界制造业第一大国地位不断巩固。二是产业结构逐步优化升级，传统产业发展遇到瓶颈，新技术新产业新业态不断涌现，数字经济、平台经济、智能经济等新经济快速发展，产业结构加快从以劳动密集型消费品、工业和原材料型重化工业为主，向以资本、技术密集型制造业和满足生产生活需要的现代服务业为主转型。三是产业技术水平快速提升，通过引进国外先进技术和加大对科技、人力资本的投入等措施，较快地提升了产业技术水平和创新能力，逐步缩小了与发达国家的差距。目前我国在载人航天、探月工程、深海潜器、超级计算、北斗导航、量子通信等高技术领域取得重大突破，在高铁、5G移动通信、核电、特高压输变电等领域与发达国家处于并跑甚至领跑地位。四是产业集聚成效显著，我国已建成国家高新技术开发区168个、国家级经济技术开发区219个，成为拉动国家和区域经济的增长点、增长极。五是产业国际合作持续深化，2001年加入WTO以后，产业深度融入国际分工体系，在众多工业制成品领域成为全球供应链不可或缺的重要环节，外资成为我国产业发展的主要推动力量。

（四）金融科技发展趋势

当今世界，科技发展日新月异，对生产和生活都产生重要而深远的影响。从全球视角看，金融科技正处于蓬勃发展时期，新的产品、业务和模式层出不穷。田国立董事长指出，未来金融要始于科技、终于信用。支付宝和微信支付等第三方支付公司的异军突起，引起了银行业的高度重视和反思。在新一轮的技术革命和产业革命的背景下，金融科技蓬勃发展，人工智能、大数据、云计算、物联网等信息技术与金融业务深度融合，为金融发展提供源源不断的创造活力。过去，商业银行构建了以网点为主要形式的渠道体系，通过员工与客户进行面对面的交流，从中发掘和满足客户需求。而金融科技的飞速发展，突破金融服务的时空束缚，批量且更个性化地服务客户，提高了服务水平。展望未来，我国金融科技将呈现出六大发展趋势：一是技术上从移动互联到万物互联，二是格局中从直接竞争到跨界融合，三是模式上从金融业务到科技赋能，四是重心上从争抢 C 端到发力 B 端，五是服务上从单维服务到无界服务，六是监管上从机构监管到行为监管。面对汹涌而来的科技浪潮，我们要张开双臂，拥抱金融科技时代。

这里主要再强调一下金融和实体经济的关系。实体经济是根，金融是叶，根深叶茂，共生共荣。2019 年 2 月 22 日，习近平总书记在中央政治局第十三次集体学习时指出：我讲过，金融活，经济活；金融稳，经济稳。今天，我还要强调，经济兴，金融兴；经济强，金融强。经济是肌体，金融是血脉，两者共生共荣，缺少强健的实体经济支撑，金融繁荣只会是“虚胖”。事实上，过去 10 年，金融业野蛮生长，脱实向虚、乱象丛生。有的资金空转、自我循环，金融机构自拉自唱、自娱自乐。各种通道、非标、同业、嵌套、资金池、P2P、现金贷等层出不穷、相互叠加，结果是不断抬高资金成本，加剧实体经济困难，我国金融行业的增加值占 GDP 的比重已超过美国、日本、德国。2019 年上半年，制造业、民营企业和外向型经济面临较多困难，工业企业亏损数和亏损额不断增加，而有些金融企业却利润增长较快，“风景这边独好”。习近平总书记曾明确提出了经济发展面临三大结构性失衡，即实体经济结构性供需失衡、金融与实体经济失衡、房地产与实体经济失衡。同时他反复强调，金融企业要回归本源，改变不顾风险片面追求规模和利润的倾向，专业专注，提升服务实体经济的质量和水平。

以上可以看出，世界政治、经济、产业和科技都在快速变化，行业和企业分化明显，金融风险不断积聚，金融业转型迫在眉睫。靠规模扩张已不可持续，躺着赚钱的时光一去不复返了。我们站在时代的十字路口，要顺应国家经济和科技发展大势，主动变革，调整策略。我们要深入思考在新形势下，银行的核心竞争力是什么？公司治理如何适应变革的要求？银行转型的方向和目标是什么？要善于站在时代前沿和战略全局的高度观察、思考问题，切实提高工作的前瞻性、预见性，提高把握大势的能力。

四、守初心、担使命，扎实推进“三大战略”

在 2019 年 7 月的全行夏季工作会上，我首次感受到了“三大战略”的丰硕成果。会后，我找相关部门要了一些资料，对“三大战略”进行了学习、研究和思考。总行党委应势而变、顺势而为，前瞻性地提出“三大战略”。“三大战略”立足于新时代的社会背景、着眼于新时代的主要矛盾、担负起新时代的大行责任，既有力践行了建设银行的初心使命，更深度契合了建设银行自身的发展逻辑。“三大战略”是践行新金融理念的具体行动，科技性、普惠性和共享性在“三大战略”中得到了完美诠释，最终都落脚到以人民为中心、为人民谋利益。

（一）“三大战略”是深化落实中央金融方针政策的使命所在

习近平总书记在全国金融工作会议上的重要讲话，深刻阐述了我国金融面临的重大理论和实践问题，强调服务实体经济、防控金融风险、深化金融改革，从全局和战略高度为金融改革发展指明了方向，是我们做好新形势下金融工作的重要遵循和实践指南。“三大战略”正是总行党委遵循总书记讲话要求和中央经济金融政策部署的具体实践，充分体现了建设银行的政治站位和政治担当。住房租赁、普惠金融、金融科技是建设银行落实金融供给侧结构性改革要求的重点发力方向，推进“三大战略”也是贯彻总书记“三个能力”建设重要批示要求的落地之举。作为国有大行，必须将自己置身于“建设现代化经济体系”的大局，只有将自己的命运与党和国家的命运紧紧相连，事业才能行稳致远。大家要上升到政治高度去理解和看待“三大战略”，以强烈的责任感和使命感，不折不扣地将中央金融方针政策落实到战略推进工作中。

（二）“三大战略”是推动疏解社会痛点难点问题的初心所向

习近平新时代中国特色社会主义思想，强调“以人民为中心”的发展理念，要做到发展为了人民、发展依靠人民、发展成果由人民共享。建设银行秉承“服务大众安居乐业，建设现代美好生活”的理念，始终以满足经济社会发展和人民群众需要为奋斗目标，通过实施“三大战略”，用金融的手段和力量解决融资难融资贵、住房难住房贵等社会痛点难点问题，已经取得了很好的成效和社会反响。在我看来，无论是“三大战略”，还是劳动者港湾、建行大学，这一系列战略举措，都是面向普罗大众，关系着普通百姓的居家生计，饱含着为国为民的家国情怀，贯穿着开放共享的思维理念，这些都是建设银行坚持人民立场的现实写照。大家要深刻理解总行党委战略意图，把建设银行事业放到国家大局和人民立场上去谋划和推进，以实现人民对美好生活的向往为初心，有效满足人民群众对高质量金融服务的需求，切实履行好国有大行的社会责任。

（三）“三大战略”是基于自身优势和发展实际的主动选择

一方面，建设银行深植住房贷款市场几十年，形成了住房金融的独特优势，新一代核心系统的上线、金融科技子公司的成立，给全行增添了科技“新引擎”，为“双小”“普惠”的实现提供了可行路径，在此基础上推出“三大战略”，我们有明显的先发优势和基础支撑；另一方面，在数字化、网络化、智能化的浪潮下，传统银行业务正在遭受多维打击，同业竞争日趋激烈，金融业全方位高水平对外开放，未来单纯依靠牌照优势，将难以应对现实发展的需要。因此从传统业务拓展至“三大战略”，从第一曲线跨越至第二曲线，从传统金融深入至对新金融的探索，是建设银行谋求高质量可持续发展的必然选择。

理解才能认同，认同才能更好地落实。执行落实好战略必须首先深刻理解战略的重要意义和内涵，内心认同战略的理念和价值。今天在座的都是部门副总级或分行副行长级以上的领导，作为领导干部一定要有战略远见、保持战略定力。在思想认识上，要做到不怀疑、不犹豫，统一到总行党委的要求和部署上来，认清“三大战略”与业务发展相融互促的关系；在执行落实上，要做到坚决执行、不打折扣，抓好抓实条线和分行的执行落地，激发全员的参与热情和创新激情；在风险防控上，要做到求真务实、稳健经营，既要重视发展还要狠抓管理，保证“三大战略”的可持续发展。

五、深化主题教育成果，严守校规校纪，学有所获

学习是永恒的话题，大家在党校的学习是“不忘初心、牢记使命”主题教育的延续和深化，主题教育永远是进行时，没有终点。

（一）深化主题教育成果

“不忘初心、牢记使命”主题教育对于用习近平新时代中国特色社会主义思想统一全党思想和行动具有十分重要的意义。在座各位都是经历过第一批主题教育的党员领导干部，应该更加自觉地增强“四个意识”，坚定“四个自信”，坚决做到“两个维护”，推动全面从严治党向基层延伸，把党的十九大确定的目标任务落到实处。大家要深入贯彻习近平总书记关于主题教育一系列重要指示精神，巩固和拓展第一批主题教育成果。

主题教育开展得如何，最终要看成效。必须坚持把“改”字贯穿始终，带着问题学、奔着问题查、盯着问题改。虽然各部门解决的问题不同，但要把握的共同点在于：把解决思想问题和实际问题、解决共性问题和个性问题、解决眼前问题和长远问题紧密结合。大家要重点围绕担当作为问题、工作质量问题、形式主义官僚主义问题、为基层减负问题、纪律规矩问题等，抓好问题检视和整改落实。同时，对整改问题实行销号管理，确保整改到位。

（二）持续开展向张富清同志学习活动

各位学员在学习过程中，要注重将向张富清同志学习作为重要内容，将初心使命转化为奋发有为的责任担当，让这一宝贵精神转化为“建行精神”并身体力行。在校学习期间，可以对照张富清同志精神开展一次“大学习、大讨论”。鼓励学员将学习张富清成果带到本职岗位工作中去，将学习成果内化于心、外化于行。

（三）加强作风和纪律建设

大家在今后三个月的学习培训中，要坚持理

论联系实际，努力提高运用马克思主义立场、观点、方法分析和解决实际问题的能力，把学习收获体现到为实现党的基本路线和基本纲领而奋斗的实践上，体现到努力做好本职工作上，体现到自身的道德、品行、操守、价值观等高尚的精神追求上和党性修养上，体现到关键时刻、危难关头豁得出来、冲得上去的实际行动上，努力做到理论与实际、学习与运用、言论与行动相统一。

党校要通过严格制度规范、强化日常管理、加大督查力度等措施，促使学员们进一步严肃学习纪律，端正学习态度。开展入学教育，全面系统地讲解党校在学习管理、组织管理和生活管理方面的制度和规定，把学习纪律要求强调在前。坚持从严治校，以良好的校风推教风促学风。坚持严谨办学，通过实行精细管理、精细服务，着力营造良好的学习和教学氛围。

最后，祝大家在党校期间取得丰硕的学习成果，以优异成绩迎接新中国70华诞！

在全行第二批主题教育工作推进暨总行巡回指导组一级分行指导组培训（视频）会议上的讲话

王永庆

（2019 年 9 月 18 日）

今天，我们举办这次推进会和培训会议，主要任务是学习贯彻中央和总行党委关于开展第二批“不忘初心、牢记使命”主题教育的有关精神，学习传达中央第十二巡回督导组工作会议有关要求，进一步深化思想认识，明确职责任务，掌握工作方法，提高第二批主题教育的质量。下面，我讲几点意见。

一、提高政治站位，切实增强开展好第二批主题教育的责任感使命感

第一，要清醒认识组织开展第二批主题教育的艰巨复杂性。建设银行第二批主题教育主要在二级分支行及以下基层机构开展，共涉及 1.8 万多个基层党组织、13 万多名党员，与第一批主题教育相比，面临的情况更复杂，承担的任务更艰巨。一是参与对象范围广、数量大、层级多，大多处在经营发展第一线，业务任务繁重，各种新情况、新问题不断涌现，遇到的矛盾更具体、更尖锐；二是参加单位类型多、党员类型多，工作差异性大，对二级分支行党委、基层党支部，处级党员领导干部和普通党员，具体要求不尽相同，分层分类开展也各有侧重；三是基层党组织工作基础比较薄弱，特别是基层党支部，有些还存在班子配备不齐、组织生活不规范、组织活动与业务发展“两张皮”等软弱涣散情况。同时，基层党务工作者人员数量比较少，抓主题教育的专业素养还有待提升。因此，开展第二批主题教育，越到基层组织难度越大，质量也越难以把控。各级党组织一定要深刻认识这些艰巨性复杂性，在第一批主题教育取得良好成效的基础上，坚持百尺竿头更进一步，以锲而不舍、驰而不息、一鼓作气的劲头抓好第二批主题教育。

第二，要准确把握中央关于开展第二批主题教育的高标准要求。中央高度重视第二批主题教育，专门向中管金融企业、中管企业派出巡回督导组。9 月 11 日，负责督导建设银行的中央第十二巡回督导组，组织所督导的 33 家单位召开座谈会议，对开展第二批主题教育作出部署，强调第二批主题教育必须坚持高起点定位、高标准推进、高成效落实。为全面了解建设银行第二批主题教育的开展情况，中央第十二巡回督导组将直接深入到建设银行二级分支行及以下基层机构开展调研，通过随机抽查、谈话提问等方式，了解掌握第一手资料，了解对主题教育主题主线、总要求、目标、习近平总书记对建设银行增强“三个能力”和学习张富清同志先进事迹的重要指示批示精神等学习情况，了解四项重点措施的推进情况。对调研情况和发现的问题，将直接向田国立董事长通报。目前，中央第十二巡回督导组正在深入宁夏、青海、甘肃等分行的基层机构开展调研，随后还将延伸到更多一级分行的基层机构。各单位要切实将中央要求转化为实际行动，推动所属单位和分支机构高标准、高质量抓好第二批主题教育，确保取得实效。

第三，要以高度的政治责任感推进第二批主题教育深入开展。以县处级以上领导干部为重点，在全党开展“不忘初心、牢记使命”主题教育，是党的十九大作出的重大决策，是推动全面从严治党向纵深发展、把党的自我革命推向深入的重大举措。第二批主题教育层级下移，参与对象范

围更广、数量更多，同客户和员工联系更紧密，群众的感受更直接、更真切，普遍期望值也越高。如果第二批主题教育组织不好、推进不力，不仅达不到主题教育整体预期效果，还将会影响党的形象。各级党委要深化思想认识，从讲政治的高度，将第二批主题教育摆在重要位置，紧紧抓在手上。各一级分行党委对第二批主题教育负总责，原有的领导机制、工作机制要持续发挥好作用，只能进一步加强，绝不能有丝毫削弱。当前，要抓紧组建指导组，并做好培训工作，让指导组成员准确掌握政策要求、明确督导任务、尽快熟悉情况。各二级分支行党委担负着直接领导责任，要建立坚强有力的领导机构和工作机构，抓好党支部书记轮训，推动第二批主题教育扎实深入、健康有序开展。

二、坚持分层分类，扎实有序推进第二批主题教育

根据中央要求，第二批主题教育要紧紧围绕学习贯彻习近平新时代中国特色社会主义思想这条主线，针对二级分支行领导班子和处级领导干部，基层党支部和普通党员的不同实际和特点，科学合理作出安排，按照总行党委《第二批“不忘初心、牢记使命”主题教育规定动作清单》，把工作做深、做细、做实，便于基层操作，确保主题教育不虚不空不偏。

对于二级分支行领导班子和处级领导干部，要抓好以下五方面工作。

第一，扎实抓好学习教育。组织党员领导干部抓好自学和集中学习研讨，通读主题教育规定书目，学习习近平总书记最新重要讲话精神，关于金融工作重要论述，以及对建设银行增强“三个能力”、学习张富清同志先进事迹的重要指示批示精神。学习研讨不能偏离主题，要围绕党的政治建设、全面从严治党、理想信念、宗旨性质、担当作为、政治纪律和政治规矩、党性修养、廉洁自律等，列出若干专题。学习研讨总的时间原则上为5~7天，不能以专家讲座、理论辅导代替自学和研讨。要用好本地区红色资源，二级分支行原则上在本地市内开展革命传统教育，县支行原则上不跨县开展。要深入学习张富清同志精神，切实把学习成效转化为加强党性修养、做好本职工作、推动改革发展的生动实践。

第二，要认真开展调查研究。党员领导干部要结合各自职责任务，紧扣本单位存在的突出问题和基层员工反映强烈的热点难点问题，围绕作风建设、党建工作、金融改革、住房租赁、普惠金融、金融科技、脱贫攻坚、风险防范8个专题开展调研，其中作风建设、党建工作为必选专题。主要负责人原则上应深入到基层一线调研，每位班子成员应到基层联系点调研。要轻车简从，不能增加基层负担，对调研发现的问题，能解决的马上就办。党员领导干部要撰写调研报告，二级分支行领导班子要召开调研成果交流会。在深入学习和扎实调研基础上，领导班子主要负责同志要带头讲专题党课，其他班子成员也要到分管部门、条线或基层单位讲党课。

第三，要检视反思突出问题。主题教育一开始，党员干部就要自觉找差距、查短板。要广开言路、畅通渠道，采取下发书面征求意见通知、召开座谈会、与普通党员和员工个别谈话，设置意见箱、专门邮箱等方式，把群众的意见充分收集起来、反映上来。领导班子成员之间、领导班子成员同分管部门负责同志之间要开展谈心谈话，相互听取意见建议。要对上级党组织在巡视巡察、干部考察、工作考核中所反馈的问题和提出的意见进行梳理。要召开对照党章党规找差距专题会议，要对照张富清同志精神，从政治站位、党员意识、心态状态、奉献精神、工作业绩等方面深入查找问题。二级分支行领导班子要形成《检视剖析报告》，二级分支行领导班子成员、县（科）级支行主要负责人和二级分支行部门主要负责人要形成《检视问题清单》。

第四，要切实抓好整改落实。对第一批主题教育单位的各项整改落实任务，第二批单位要主动配合、承接落实，从一开始就改起来。针对自身检视的问题，要制订整改方案，能够立即解决的，要立行立改。不能立行立改的，要分别提出短期、中期、长期整改目标，盯住不放、一抓到底。针对基层机构需要注意整治的3个方面9个问题，要根据职责分工抓好专项整治。对需要第一批、第二批单位联动整治的问题，要前后衔接、上下贯通，整体推进问题解决。要把张富清同志作为做好工作的榜样，在本单位设立党员先锋岗

或示范岗，组织开展党员志愿服务，成立张富清金融服务队、张富清党员突击队、张富清服务热线等，促进党员干部将学习成果内化于心、外化于行。

第五，要开好专题民主生活会。二级分支行领导班子要紧扣学习贯彻习近平新时代中国特色社会主义思想的主线，聚焦“不忘初心、牢记使命”的主题，以从严从实精神开好专题民主生活会，将其作为领导班子和领导干部守初心、担使命，找差距、抓落实的政治体检，作为检验主题教育成效的重要内容。

上述五方面工作，二级分支行部门主要负责人、县（科）级支行主要负责人参照处级领导干部实施。

对于基层党支部和处级以下其他普通党员，要以党支部为单位，结合“两学一做”学习教育常态化制度化，依托“三会一课”、主题党日等进行，重点抓好以下五方面工作。

第一，抓实学习教育。组织党员以个人自学为主，通读《习近平关于“不忘初心、牢记使命”论述摘编》等规定书目，领悟初心使命、增强党的意识、坚定理想信念。党支部书记要参加分行组织的轮训，认真学习习近平新时代中国特色社会主义思想和主题教育部署要求。要通过召开党员大会、支委会、党小组会，交流学习体会，相互启发提高。党支部书记要讲一次专题党课，或向所在支部党员报告一次个人学习体会。有条件的支部，可利用本地区红色资源，开展革命传统教育。

第二，深入持续学习张富清同志精神。各基层党支部要对照张富清同志精神开展一次“大学习、大讨论”。组织党员自学《英雄张富清是咱建行人》，有条件的支部组织观看《党的好战士》情景报告会。以学习张富清同志精神为主题开展主题党日，每个党员交流心得、抒发感悟、碰撞思想、提升境界。组织党员在本职岗位上开展“学习张富清、践行新使命”工作竞赛，营造学习先进、对标先进、争做先进的浓厚氛围。

第三，认真检视整改。组织党员对照党章党规、员工客户提出的意见建议等，查找党员意识、担当作为、服务群众、遵守纪律、发挥作用等方面的差距和不足，一条一条列出问题，一项一项整改到位。普遍开展谈心谈话，把解决思想问题同解决实际问题结合起来。组织党员担当党员先锋岗、示范岗，参加张富清金融服务队、张富清党员突击队、张富清服务热线等，立足岗位、履职尽责。通过主题党日活动，组织党员结合自身实际，至少参加一次志愿服务，为身边群众至少办一件实事好事，以实际行动践行初心和使命。

第四，加强基层党组织建设。按照总行党委集中整顿软弱涣散基层党组织实施方案要求，扎实做好基层党支部软弱涣散集中整顿工作，并以此为抓手，强化基层党建主体责任，着力提升基层党建工作质量。

第五，开好专题组织生活会。主题教育结束前，各党支部要以“不忘初心、牢记使命”为主题，以党员大会、支委会或者党小组会的形式，召开一次专题组织生活会，并开展民主评议党员。

三、明确指导督促任务，加大从严从实指导督促力度

卓有成效的指导督促工作，是提高主题教育质量的重要保证。在这方面，第一批主题教育已经给了我们很好的启示。在第二批主题教育期间，总行党委向 37 家一级分行派出 8 个巡回指导组，加强巡回指导。各一级分行也对下派出 200 余个指导组，对二级分支行实现全过程、全覆盖指导。总行巡回指导组、一级分行指导组要各负其责、密切配合，有序推进第二批主题教育扎实开展。

（一）关于总行巡回指导组的职责和任务

总行巡回指导组重在推动面上工作，主要是督促一级分行党委落实领导责任，抓好第二批主题教育工作，重点聚焦以下 6 个方面开展工作。

一是聚焦学习贯彻习近平新时代中国特色社会主义思想加强督导。指导督促各一级分行党委组织党员干部认真学习习近平新时代中国特色社会主义思想，学习习近平总书记关于“不忘初心、牢记使命”重要论述。在系统督导面上的学习教育时，要采取谈话提问、随机抽查等方式，了解学习情况、效果和基层难点诉求，视情况参加二级分支行领导班子的集中学习研讨，及时将相关情况向分行党委反馈。

二是着眼查找和解决突出问题加强督导。要指导督促紧扣中央要求，把贯彻新发展理念、增

强“三个能力”建设、推动全行改革发展、加强党的建设等作为第二批主题教育着力点，解决本单位突出问题。督促各一级分行联系建设银行实际，指导第二批单位重点抓好“三个结合”，即与贯彻落实习近平总书记对张富清同志先进事迹的重要指示精神相结合，与贯彻落实习近平总书记对建设银行提出的“三个能力”建设要求相结合，与贯彻落实习近平总书记提出的深化金融供给侧结构性改革、增强金融服务实体经济能力相结合，确保精准聚焦、抓出实效。要了解二级分支行及以下基层机构结合实际开展主题教育的方式、重点和成效。

三是突出处级领导班子和领导干部加强督导。要指导督促一级分行突出抓好二级分支行领导班子和处级领导干部这个“关键少数”。调阅二级分支行主要领导同志的专题党课、调研报告、检视问题清单、重要发言等，抽查县（科）级支行主要负责人调研报告、检视问题清单等。调阅二级分支行领导班子民主生活会会议方案、检视剖析材料，指出问题和不足，提出修改建议。深入开展调查研究，了解推动四项重点措施有机融合、贯穿始终的情况，视情况派人列席二级分支行调研成果交流会、对照党章党规找差距会议、民主生活会等。

四是紧盯落实各级党委主体责任加强督导。第二批主题教育单位涉及的参与对象多、战线长，落实主体责任十分重要。要指导督促各一级分行党委真正把责任扛在肩上，确保第二批主题教育机构不撤、力度不减、标准不降。特别是要指导督促抓好二级分支行这个关键层级，推动逐级落实责任、层层传导压力，把各项工作有力有序有效开展起来。要对一级分行派出的指导组进行指导，并督导一级分行党委对第二批主题教育进行总结和评估。

五是坚持力戒形式主义，确保取得实效加强督导。第二批主题教育层级多，越往基层可能越容易出现形式主义，甚至出现作假。中央和总行党委一再强调，要切实防止出现形式主义、官僚主义问题。总行巡回指导组要从严掌握、严格把关，特别要防止层层加码、加重基层负担，防止标新立异、为创新而创新。对主题教育中可能出现的各种问题，要提前预判、有效防范；对搞形式、走过场、出偏差的，要及时指出，严肃批评、促其改正。

六是跟进第一批主题教育整改落实工作加强督导。要指导督促第一批单位对照整改方案、整改承诺，把既定的整改任务一项一项抓到位，一件一件落到底。对于第二批主题教育单位查摆的表现在基层、根子在上面的问题，要督促第一批主题教育单位主动认领，从源头上抓好整改；对于需要自上而下、落实到基层的整改任务，上下联动、抓好整改。按照中央主题教育领导小组要求，11 月底前第一批单位要开展整改落实情况“回头看”。

（二）关于一级分行指导组的职责和任务

一级分行指导组重在点对点具体指导，主要是全覆盖督导二级分支行落实主体责任，切实抓好第二批主题教育，重点聚焦以下 5 个方面。

一是督促指导做好启动推进有关工作。督导二级分支行制订主题教育工作计划，并认真审阅，提出意见建议。督导二级分支行根据不同对象的实际和特点，有针对性地开展工作，切实做到精准有效，防止“上下一般粗、左右一个样”。督导对基层党支部书记开展轮训，组织学习主题教育相关部署要求。

二是督促指导抓好四项重点措施。指导推动二级分支行统筹安排、一体推进四项重点措施，防止惯性思维、路径依赖，防止顾此失彼、单打一。审核二级分支行领导班子学习研讨方案、调研方案、检视问题清单和整改落实方案；抽查部分县（科）级支行主要负责人的检视问题清单、调研报告；参加二级分支行主题教育的重要会议和重要活动，派人列席二级分支行领导班子的集中学习研讨、调研成果交流会、专题党课和对照党章党规找差距专题会议等。

三是督促指导抓好专项整治和整改落实。督导二级分支行认真抓好检视问题的整改和基层机构需要注意整治的三方面问题。特别是要督促抓好软弱涣散基层党组织的专项整治工作，听取分行党委对解决基层党组织班子配备不齐、组织活动与业务发展“两张皮”等问题的有效做法、意见建议。

四是督促指导开好专题民主生活会。严格审核二级分支行领导班子民主生活会会议方案、领导班子和领导干部检视剖析材料。对偏离主题、质量不高的，督促认真修改或重新撰写。派人列席专题民主生活会，对批评和自我批评搞“一团和气”“走过场”的及时叫停，对会议质量不高的，督促重新召开。

五是督促指导做实基层党支部学习教育和检视整改。通过采取随机抽查、调研访谈等多种方式，了解掌握基层党组织学习教育、检视整改、学习张富清精神、加强基层党组织建设的主要做法和成效，掌握党员干部群众对主题教育的反映和评价。视情况列席部分基层党组织学习交流、专题党课、主题党日、专题组织生活会，提出工作建议。

四、注重方式方法，提高第二批主题教育质量

第二批单位情况千差万别，开展主题教育要吃透中央精神，把握好总行党委要求，从基层实际出发，因地制宜、高效优质抓好各项任务落实，着力提升工作实效。

第一，要坚决贯彻中央精神，确保正确方向。把中央精神贯彻好，就能保证整个主题教育的正确方向。各一级分行党委、二级分支行党组织、基层党支部和总行巡回指导组、一级分行指导组，要认真学习贯彻习近平总书记的重要讲话精神，学习领会中央政策和总行党委各项部署，不断提高理论水平、思想水平和政策水平。要严格贯彻执行中央精神，不含糊、不走偏、不变通。对贯彻落实不到位的，要明确指出、及时纠偏。

第二，要压实领导责任，强化组织领导。各一级分行党委必须充分发挥主体作用，以更加务实的作风和有效举措，抓紧抓实第二批主题教育。二级分支行作为承上启下的关键层级，既要抓好自身，又要抓好基层，还要承担落实上下联动的整改任务。要落实主体责任和第一责任人责任，成立领导机构和工作机构，坚持领导带头，以“关键少数”示范带动“绝大多数”。按照上级要求，制订本行主题教育落实计划和时间表，对全辖主题教育统筹安排、精心组织。根据本单位实际情况，酌情对下选派指导组。

第三，要加强督促指导，从实从严落实各项任务。总行巡回指导组、分行指导组要认真履职尽责，充分发挥承上启下、指导把关、检查督导、跟踪问效、宣传引导等方面的关键作用，严格按照督导任务清单，指导督促主题教育开展。要坚持靠前指挥，经常沉下去，多到现场看、多听群众说、多见具体事，深入了解基层实际情况。要敢于“唱黑脸、当包公”，对于那些与主题教育要求不符、工作不力的，该提醒的及时提醒，该纠正的坚决纠正。

第四，要坚持开门搞教育，自觉接受群众监督。第二批主题教育客户员工看得最清楚、感受最真切。要扩大群众参与，广开言路，“面对面”“背靠背”地听取客户员工意见。通过通报、公示等形式，及时公布整改落实和专项整治情况，让群众看到问题改没改、怎么改的、改到了什么程度，形成良性互动。要主动请群众评判，用群众的获得感来检验主题教育的成果。对群众不满意的要及时“返工”“补课”，绝不能草草收场。

第五，要强化舆论宣传，注重发现和推广典型。积极运用企业网站、内部刊物和新媒体等，加强正面宣传和舆论引导，深入宣传习近平总书记关于主题教育的重要讲话和重要指示批示精神，深入宣传党中央部署要求，及时反映主题教育进展情况和实际成效。注意抓两头、带中间，选树先进典型、鞭策鼓励后进，以点带面推动工作。要结合学习张富清同志先进事迹，及时发现表扬一批身边党员的先进事迹，用身边事教育身边人。

第六，要坚持“两手抓、两促进”，防止走过场。要把主题教育同落实中央决策部署结合起来，同推动中心工作结合起来，同落实“基层减负年”的各项要求结合起来，同庆祝新中国成立70周年结合起来，把各级党组织和党员、干部在主题教育中激发出来的工作热情和奋斗精神，转化为攻坚克难、推动改革发展稳定各项工作的强大动力。

同志们，在全行开展“不忘初心、牢记使命”主题教育是一项重大政治任务，我们要以高度政治责任感和良好精神状态，不折不扣把党中央决策部署和总行党委各项要求落实好，确保第二批主题教育取得实实在在的效果，以优异成绩庆祝新中国成立70周年！

在中国建设银行第一批“不忘初心、牢记使命”主题教育整改落实工作推进会议上的讲话

王永庆

（2019 年 10 月 31 日）

同志们：

刚才，李民同志传达了杨晓渡同志在专项整治漠视侵害群众利益问题工作推进会议上的讲话精神，我们要切实提高政治站位，回应社会和员工的关切，加强风险防控和消费者权益保护工作，把会议精神贯彻好。刚才通报了第一批主题教育检视问题整改落实的推进情况，一级分行和总行部门代表汇报了推动整改的经验做法及工作进展，取得的成绩要充分肯定。除了几位同志介绍的情况，我也了解到，在前一阶段工作中，有的单位和部门主要负责人带头逐项讨论制定整改措施，有的单位和部门召开了整改落实推进会议，有的主要负责人亲自与主题教育领导小组办公室沟通工作、推动落实，有的部门坚持每周主动按时报告整改情况，这些好的做法要继续坚持。

但是也要看到，整改落实仍然面临很多“难啃的骨头”，离完成“回头看”工作的时限还有一个月，时间很紧迫。我们的工作中也还存在一些问题，之所以出现问题，说到底还是一些单位和部门的思想认识还不到位，没有真正从政治高度把握和推进整改落实工作，没有认识到我们的整改承诺是对组织的承诺、对社会的承诺、对员工的承诺；有的整改工作还不扎实，没有真正从全行整体工作出发，沉下心来研究检视问题的症结和根源；有的整改措施还不精准，没有真正拿出硬招、实招。如果这些问题不解决，就会影响整改落实成效，就会降低主题教育质量，就会损害党在全行干部员工心目中的形象和地位。所以，必须引起高度重视，切实加以解决。

下面，我就进一步抓好整改落实，统筹推进专项整治，扎实做好“回头看”工作，讲三点意见。

一、深化思想认识，切实增强整改落实的责任感和紧迫感

习近平总书记强调，主题教育本身要注重实际效果，解决实质问题；要实实在在、学以致用，真正落实到具体工作中，落实到解决党内存在的突出问题和人民群众身边的实际问题上。中央主题教育领导小组明确，11 月底前，第一批主题教育单位要开展整改落实情况“回头看”，要对照整改方案、整改承诺，把既定的整改任务一项一项抓到位、一件一件落到底，防止半途而废、反弹回潮，努力向党和人民交出满意答卷。我们要充分认识整改落实的重要意义，切实增强做好工作的责任感和紧迫感。

第一，要认识到抓好整改落实，是贯彻习近平新时代中国特色社会主义思想和党中央决策部署的迫切需要。建设银行作为党执政兴国的金融重器，肩负着服务实体经济、防控金融风险、深化金融改革的重要使命。我们学习贯彻习近平新时代中国特色社会主义思想，不是空泛的，而是具体的，要把学习贯彻创造性地转化为自身的金融实践。各机构、各部门承担着推动全行战略发展各项工作落实落地的具体职责，把习近平总书记重要讲话和重要指示批示精神、党中央决策部署落实到位，就要紧密结合自身职责。总行党委集全行之力，检视出了 8 方面、63 项问题、659 条具体表现，全行第一批主题教育单位共检视出 2691 个问题，很不容易，也很宝贵。发现问题是

为了解决问题，解决问题是为了推动工作。各机构、各部门既要自觉对标党中央精神，对整改落实再认识、再思考，使整改落实成为深入学习贯彻习近平新时代中国特色社会主义思想的具体行动；也要把职责摆进去，紧紧围绕全行改革发展全局，对整改落实再部署、再安排，使整改落实成为推动本职工作的重要契机。

第二，要认识到抓好整改落实，是履行“一岗双责”、深化全面从严治党、从严治行的客观要求。各机构、各部门“一把手”既是行长、总经理、子公司董事长，更是党组织书记，同时肩负着党的建设与改革发展双重职责。主题教育检视出的问题，有不少与从严治党治行有关，反映出党建责任落实还存在不平衡，基层党建“最后一公里”还没有完全打通，机关党建还存在“灯下黑”，本位主义和“部门银行”仍有土壤，形式主义、官僚主义问题仍未绝迹，党建与业务仍需进一步融合，等等。从全局看，这些都是影响党的先进性、弱化党的纯洁性的问题；从建设银行看，这些都是损害行风正气、阻碍战略发展的问题。我们必须发扬自我革命的精神，坚持刀刃向内，拿出硬的措施切实加以解决，通过整改落实让全行员工感受到身边实实在在的变化。

第三，要认识到抓好整改落实，是增强“三个能力”、推进“三大战略”、推动新金融行动纵深发展的重要抓手。习近平总书记指出，要把开展主题教育同完成改革发展稳定各项任务结合起来。这次检视出的很多问题，都事关全行改革发展大局，必须认真对待。比如，在增强“三个能力”上，科技支撑能力、风险管理基础、综合保障机制上还存在短板，在解决一些突出问题上还不够聚焦；在推进“三大战略”上，住房租赁、普惠金融发展仍需持续加力，金融科技赋能仍需进一步强化；在破解供给侧结构性改革难题上，对痛点难点问题的洞察还不够敏锐，因循守旧、故步自封的问题依然存在，开拓创新的力度还需进一步加大，精细化管理水平还需进一步提高；在践行初心使命上，窗口服务质量与人民群众期待还有差距，综合保障机制与新金融发展不完全适应；等等。这些问题如能扎扎实实地逐一解决，“三个能力”建设、“三大战略”落地、新金融行动一定会驶上蓬勃发展的更快车道，各机构、各条线工作也一定会打开新局面、再上新台阶。

第四，要认识到抓好整改落实，是确保主题教育取得实效的关键所在。习近平总书记强调，不忘初心、牢记使命，说到底是要解决党内存在的违背初心和使命的各种问题。这次主题教育，整改落实是目的，学习教育、调查研究、检视问题的成果最终要通过整改落实的效果来体现、来检验。第一批主题教育期间，总行党委和各单位党组织都制定了整改措施，亮出了整改承诺。对既定的整改任务，如果不能逐项抓到位，整改落实工作就会落空。对已经解决的问题，如果放松了警惕、降低了要求，就可能反弹回潮。对尚未解决的问题，如果不能做到紧盯不放，就不可能切实加以解决。对需要一段时间才能解决的问题，如果没有明确阶段性目标任务、时限要求和整改责任，就会被束之高阁、不了了之。建设银行第一批主题教育取得重要阶段性成果，主题教育成效得到了党员和群众的普遍认可，必须持之以恒、再接再厉，扎实完成整改落实各项任务，让人民群众真切感受到主题教育带来的变化，确保主题教育取得预期效果。

二、改进方式方法，着力提升整改落实的质量与效果

总行党委对标党中央精神，立足自身实际，凝聚大家的智慧，制订了整改落实方案。第一批主题教育各单位也在稳步推进整改落实工作。为做好第一批主题教育整改落实“回头看”，这里要着重强调一下整改落实工作目标：计划短期解决的问题（即今年 12 月底前解决），必须 100% 按期完成；计划中长期解决的问题（即明年底前及以后年度解决），必须 100% 取得阶段性成果；20 个重点解决的问题，必须 100% 取得重要突破。

各单位、各部门要切实承担起整改落实责任，以负责的态度、务实的作风、科学的方法、管用的实招抓好落实，切实改出质量、改出效果。

一要发扬刀刃向内、自我革命精神。主题教育要坚持问题导向，奔着问题去、盯着问题改。要解决实际问题，就必须直面问题、正视问题。敢于直面问题、勇于修正错误是我们党的显著特点和优势。这次要解决的问题，有相当数量是要动真碰硬的，有的需要揭短亮丑，有的需要重塑

现有流程，有的需要打破固有舒适区。整改落实能否破真题、真破题，首先要解决这个思想认识问题。要坚决杜绝不愿改、不敢改、不想改等消极思想，强化刀刃向内、自我革命精神。要从对建设银行事业负责出发，扎扎实实抓好整改，认认真真解决问题，绝不能讳疾忌医、有病不治。要将能否抓好整改落实，作为检验党员干部自我革命精神强不强的试金石，鼓励党员干部立足岗位、担当尽责。

二要力戒形式主义、官僚主义。各单位、各部门的整改任务普遍很重，这不是从问题条数说的，而是从要下的工夫说的，很多问题只有下真工夫、花大力气才能真正解决。整改落实要坚持高标准、严要求，坚决防止和克服形式主义、官僚主义，绝不能敷衍塞责、虎头蛇尾，绝不能搞成“一阵风”。要拿出过硬措施，把既定的每一项整改任务都抓到位，每一件整改事项都落到底。要注重长效整改，在整改具体问题中，进一步完善体制机制、补齐制度短板、堵塞工作漏洞，形成常态长效，防止反弹回潮。对能够当下改的，比如取消不必要报表、优化业务流程、合理减免收费等，要立即整改，马上见效；对需要长期努力才能解决的，比如建强信息系统、完善体制机制、优化人员结构、创新商业模式等，要分别提出近期、中期、长期的阶段目标，盯住不放、一抓到底；对专项整治的重点问题，既要统一部署、统一要求，又不能“一刀切”“一锅煮”；既要聚焦“关键少数”，以上带下，又要眼睛向下，盯住基层；既要防止懒散，确保工作质量，也要防止层层加码，切实履行上级机构的责任。对于搞表面整改、虚假整改、纸上整改的，要发现一起、处理一起、通报一起，坚决防止搞形式、走过场。中央第十二巡回督导组特别强调这一条。大家要特别注意，总行本部首先要带好头，为全行各级机构整改落实做好表率。

三要坚持开门抓教育、群众来评判。自我革命不是关起门来搞，而要多听群众意见，自觉接受监督。就第一批主题教育整改落实而言，要主动请普通员工、社会大众来评判，用行内外群众的获得感来检验整改落实成果。要通过通报、公示等形式，及时公布整改落实和专项整治情况，让基层和群众看到问题改没改、怎么改的、改到了什么程度。自己认为已经解决的问题，如果基层不满意、老百姓不满意，要及时“返工”“补课”，绝不能草草收场。正在推进解决的问题，如果发现整改措施不接地气，与基层和老百姓的期待有差距，要再次深入调研，征求意见建议，优化整改措施。就正在推进的第二批主题教育而言，要扩大群众参与，广开言路，“面对面”“背靠背”地听取群众意见，首先把问题找实、把根源挖深。第二批主题教育单位找问题，要做到自己找、群众提、集体议、上级点等方式紧密结合，不能仅通过收集群众意见来查找问题；要找群众反映集中的、具有普遍性的问题，不能是少数个体不合理的诉求；要找思想、作风、廉政、能力、素质问题，在主观上找问题，不能仅就工作谈工作。要把检视问题这个关键做扎实，从一开始就改起来，把“改”和“实”贯穿始终，确保第二批主题教育整改落实标准不降、力度不减。就专项整治而言，上级机构各相关部门要主动走出去、沉下去，开展调查研究，到基层一线了解情况，到群众中间听取呼声，指导基层开展整治、解决问题。要充分发挥群众监督和参与作用，不搞自整自评、自说自话。

四要加强上下衔接、联动整改。首先是两批主题教育单位的协同。各单位要统筹好第一批主题教育“回头看”和第二批主题教育整改落实的联动衔接。第一批主题教育单位要以钉钉子精神一鼓作气，尚未整改到位的、一时不能立即解决的，要紧盯不放、持续整改。需要第二批单位承接落实的，要加强衔接、联动整改。对第二批主题教育查摆出来的问题，特别是“病症在下面、病根在上面”的问题，以及单靠基层自身难以解决的问题，上级机构要主动认领、合力解决。其次是第一批主题教育单位内设部门的协同。总行党委检视出的659条问题具体表现中，有71条需要多个部门共同整改，最多的一个问题涉及6个整改责任部门。还有很多问题，虽然明确由一个部门负责整改，但在实际推动中也需要其他部门的支持配合。对于这类问题，各部门要主动走出部门，注重加强协同，从全行一盘棋来推动工作。第一批主题教育各单位推进整改落实，也要注重内设部门的协同联动。还要注意专项整治中的协同。专项整治涉及全行各单位、各层级、各条线，要增强全局观念，打通层级间、部门间和部门内壁垒，整合各方力量，坚持统一谋划调度、主动协作配合，加强上下互动和部门联动，避免单打独斗、各管一摊。

三、压实整改责任，认真做好整改落实各项具体工作

一分部署，九分落实。各单位、各部门要把整改落实作为一项政治任务来抓，思想上高度重视，拿出过硬措施。特别是要以践行初心的信念、只争朝夕的精神、攻坚克难的勇气，抓好专项整治工作，确保11月底前取得可检验、可评判、可感知的成效。主题教育领导小组办公室要加强全过程监控督导，做到整改工作周周有进展，按时完成既定整改任务，确保整改落实工作经得住“回头看”的检验、历史的检验。

一是进一步加强组织领导。各机构、各部门“一把手”是整改落实的第一责任人，具体推动工作可指定班子副职负责。涉及多个部门、需要协同联动的，要向分管行领导汇报，请分管行领导协调相关部门落实。会后，各单位、各部门“一把手”要亲自过问，组织梳理本单位、本部门整改落实情况，掌握工作进度，传导整改责任，细化进度计划，确保各个问题有措施、条条措施有进展、项项整改有成效。

二是进一步落实整改措施。各机构、各部门要对照中央和总行党委要求，逐项梳理目前的整改措施，在进一步研究清楚实际情况的基础上，进一步找准查实问题根源，评估前期整改落实成效，整改措施还不够有力有效的，要进一步优化完善。整改时序进度落后的，要加大推动力度，严格按照整改时限要求，有序推进整改措施落实落地，特别是能够当下改或者短期就能解决的问题，要把各项具体整改工作做到前面，不能卡着时限，到最后一刻才完成整改，要力争尽快见到实效。

三是进一步推进专项整治。这次主题教育中，中央对8个方面突出问题开展专项整治。要按照中央要求，把情况掌握准、把问题研究透、把整治做扎实，真刀真枪解决问题，见行动、出实招、求实效，不能“大而空”。要实行项目化推进，明确责任主体、进度时限和工作措施，逐条逐项推进落实。要坚持标本兼治，注重建立健全长效机制，巩固深化专项整治成果。要准确把握政策，做到有据可依。对第一批主题教育单位需要重点整治的落实党中央决策部署阳奉阴违、不担当不作为、违反中央八项规定精神、层层加重基层负担、违规经商办企业5个方面问题，总行各牵头部门要落实工作责任，加强统筹协调和指导检查。第一批单位要按照总行条线工作部署，认真盘点本单位整治效果和存在问题，抓好持续深化。对基层机构需要注意整治的3个方面问题，在专项整治侵害群众利益问题中，各一级分行党委要认真履行主体责任，各二级分支行党组织要发挥关键作用，围绕客户员工的操心事、烦心事、揪心事，结合实际找准切入点、着力点；在集中整顿软弱涣散基层党组织问题中，各一级分行党委要负总责，逐个检查、逐个评估软弱涣散基层党支部的整治效果；在专项整治对黄赌毒和黑恶势力听之任之甚至充当“保护伞”的问题中，各单位要进一步加强员工法制教育和行为管理，强化洗钱风险管理，坚定支持配合执法部门、监管机构打击黄赌毒和黑恶势力。对主题教育8个专项整治中整治领导干部利用名贵特产、特殊资源谋取私利问题，各单位要与其他专项整治问题结合起来，统筹推进落实，各二级分支行要紧密结合国有金融企业和本单位实际，列出在信贷、采购、理财、人事等方面存在的特殊资源项目，逐项对照自查。

四是进一步强化过程管控。对于总行党委检视问题，主题教育领导小组办公室已经建立起“按月定措施、按周报进度”的整改落实督导机制，要及时掌握全行整改落实时序进度。总行各部门要按照工作要求，细化阶段性的目标和举措，主动按时报告整改落实进度，不能等到领导小组办公室的工作人员催促了才想起来要报。有的同志认为每周报进度过于频繁，希望大家要正确对待，把按周报进度视为一种督促。第一批主题教育各单位也要把整改措施落实落细，把一项庞大工程分解成若干具体动作，力争每一天、每一周都有新成果，最终必然会集腋成裘、聚沙成塔。

五是进一步做好经验总结。总行各部门要认真梳理整改落实的有效措施、已经取得的成效，总结典型经验，盘点已经解决了哪些问题，对于

一时未解决的问题，明确后续推进措施。会后，主题教育领导小组办公室将以各部门报送的台账和报告为基础，形成总行第一批主题教育整改落实报告。请各部门务必重视起来，认真抓好整改落实，按时提交报告。第一批主题教育各单位也要及时总结，形成本单位整改落实情况报告。

同志们，确保整改落实取得实效是总行党委对人民群众和全行员工的庄严承诺，也是对全行上下及各单位、各部门的一次政治体检。请大家一定要站在讲政治的高度，扎实推进整改落实和专项整治，认真做好“回头看”工作，真正做到把“改”和“实”贯穿主题教育始终，向人民群众交出一份满意的建行答卷。

谢谢大家！

在2019年全行工会主席工作研讨班上的讲话

王永庆

（2019年12月3日）

同志们：

今天非常高兴，这是我第一次参加全行工会系统的活动。刚才15家分支行工会代表围绕“如何贯彻十九届四中全会精神，高质量做好新时代全行工会工作”这一主题，聚焦中央和总行党委指示精神的学习领会，聚焦新时代工会工作的使命和方向，聚焦全行工会工作的新理念、新方法，做了非常精彩的分享，进行了很好的交流研讨。研讨分成“融合——路之所在，创新——无处不在，坚守——感动常在”三个子题，以问答访谈的方式进行，形式新颖、内容丰富、寓意深远，让人深受感动和启发。下面我谈几点认识和体会。

一、要以高度的责任感做好新时代工会工作

我到建设银行工作时间不长，总行党委决定让我分管工会工作的时间更短，但是我之前曾经从事的工作跟大家现在的工作性质是类似的，对工会工作有所了解。统战工作是特殊的群众工作，是我们群团工作的一个重要方面。总行党委对于工会工作历来高度关心和重视，在各级工会干部的领导下，在同志们的共同努力下，工会工作确实取得不少成绩，也积累了宝贵经验。做好群团工作，特别是新时代的工会工作，离不开各级党委的高度重视，离不开兄弟部门的关心支持，更离不开各级工会负责同志带领的一支会做群众工作、善做群众工作的专兼职工会干部队伍。

建设银行是国有大企业，做好工会工作和群团工作有得天独厚的优势。虽然同志们讲了不少难题，但是总的来说，有利条件还是很多。一是有充足的资源。很多单位工会经费每年人均也就二三百元，而我们工会经费每年人均已经达到一千三四百元，相比较而言，经费有一定的优势。二是有专业的队伍。习近平总书记在中央党的群团工作会议上指出：形象地说，就是要“众星拱月”，“月”就是党，“众星”就是包括群团组织在内的党领导下的各种组织。做党的群众工作，要月明星灿，不能月明星稀，工会、共青团、妇联等群团组织更要星光灿烂。党的十八大以来，从中央到地方，各单位各部门都非常重视工会和群团工作，建设银行各级工会和群团的工作力量也得到了进一步加强，初步形成了一支体系完备、年龄结构合理、专兼职结合的工会干部队伍。三是有广阔的舞台。中央高度重视金融工作，这为银行的工会和群团工作提供了广阔的舞台和施展才能的空间，工会和群团工作大有可为。

工会工作是一个单位或企业重要的基础性工作，呈现出一个单位或企业的文化和精神状态，工会工作的内涵应该体现为“聚心”“聚力”“聚智”“聚情”四个方面。

“聚心”是工会工作的贯穿主线。一个单位人心散漫不可能干成事，要凝聚人心，不仅需要做非常扎实和非常繁重的思想工作，还需要各个方面的引导、制度保障和文化建设。在社会思想多元的情况下，要凝聚人心不是件容易的事。虽然工会工作可以有不同的具体的表现形式，比如具体的活动、具体的学习培训，但这些工作背后，贯穿的核心主线是“凝聚人心”。

“聚力”是工会工作的着力重点。我们目前面临的形势和任务，特别是中央交给我们的发展改革任务还很艰巨。中央要求金融业要解决脱实向虚的问题，要解决实体经济的融资难、融资贵

问题，要解决制造业高质量发展问题，要解决普惠小微企业贷款问题。我们是国有银行，要有大行的担当，必须要落实中央的要求。“双大”战略实行了几十年，形成了传统优势。现在建设银行提出的“三大战略”就是落实习近平总书记关于增强“三个能力”建设重要批示精神的具体体现。落实好“三大战略”，需要我们广大干部群众“凝聚力量”干起来。

“聚智”是工会工作的提质方向。进入新时代，在当代科技条件下，在当代更高开放水平的条件下，不能单纯依靠人海战术，需要我们提高能力、提高智慧、提高科技含量，用更多的办法来“聚智”。工会工作主要的特点是贴近基层，它是我们反映情况的一个窗口。工会和群团应该成为调查研究的主渠道，成为情况信息反映的主窗口。基层情况、队伍状况、政策效果、改进方向，这些情况都可以通过工会群团这个平台和窗口得到很好地反映，为建设银行持续发展、健康发展“凝聚出更多的智慧”。

“聚情”是工会工作的职责基础。“职工之家须靠情聚。”维护职工合法权益、竭诚服务职工群众，是工会组织的基本职责，也是工会工作的出发点和落脚点。习近平总书记在中国工会第十七次全国代表大会上强调，工会要把服务职工、维护职工合法权益的大旗牢牢掌握在手中，把群众观念牢牢根植于心中，哪里的职工合法权益受到侵害，哪里的工会就要站出来说话。要顺应职工对美好生活的向往，努力做好职工思想疏导和权益维护工作。

党的根本宗旨是全心全意为人民服务，金融行业是服务行业，对外必须服务广大人民。作为金融行业的工会，对内还必须服务一线职工。两者相辅相成，两者都很重要。新时代做好群众工作是党的一项优良传统和优势，必须传承和发扬光大。

二、要以高度的紧迫感做好新时代工会工作

党的十九届四中全会主题是研究国家治理问题，报告总结了十三个方面的优势，提出了推进治理体系和治理能力现代化的十三个方面主要任务。国家治理包括很多方面，其中重要的社会基础在基层群众，社会治理工作最坚实的力量支撑在基层，最突出的矛盾和问题也在基层。必须完善群众参与基层社会治理的制度和渠道，任务艰巨。做好这方面的工作，基层工会组织作用必不可少，这是推进社会治理现代化的内在动力。

当前，工会工作面临了一些新趋势、新情况。一方面，数字时代下科技的迅猛发展，在拓展人与人沟通范围、提高沟通效率的同时，也带来了一个巨大的问题：花在电话、邮箱、微信等沟通渠道上的时间更多了，面对面交流的时间少了；花在行政命令、文件、会议等协调方式上的精力更多了，情感上沟通的精力少了。以沟通广度替代了沟通深度，以沟通效率替代了沟通质量，人与人之间的关系看似密切却更加疏远。另一方面，建设银行是一家超大型企业，全行员工约 36 万人，其中 22 万人在基层一线网点。在互联网跨界竞争和新一轮金融改革开放的大背景下，基层网点已经成为搏杀的主战场。一个网点平均要完成上百项指标和任务，这使不少一线网点的基层员工对职业发展、收入状况等满意度不高。

面对工会工作的新形势、新变化，我们必须充分认识到：员工是企业的核心价值创造者，建设银行未来的价值创造在员工，建设银行未来的特色引领在员工。因此，我们要直面挑战、担当作为、深化改革。全行各级党委、各级领导干部责任重大，作为直接面对基层的工会组织、各级群团组织更要自觉履践初心使命，以更大的紧迫感、使命感做好工会工作。

三、要把握做好新时代工会工作的规律

做好新时代工会工作必须认真贯彻好“实事求是”的思想路线，并以科学方法论加以落实。也可以用“实”“事”“求”“是”四字分别表述。

“实”即指工会工作的思维理念。工会工作不同于、也不能按照机关行政的方式方法来开展，必须把习近平总书记在中央党的群团工作会上提出的增强“三性”即“政治性、先进性、群众性”的要求落实好，要按“实”的思维理念去谋划、去安排，要努力克服“机关化、行政化、贵族化、娱乐化”的倾向。工会干部不能高高在上，工会工作要落地、要做实。

“事”即指工会工作的呈现载体。工会工作就是通过若干工作事项和活动来表现的，这些事项和活动形式不同，但都应体现“四聚”的内涵。刚才代表们分享的许多经验非常好，在围绕中心服务大局上“聚心”“聚力”富有成效，下一步在“聚智”“聚情”上，还可以做更多工作。

“求”即指工会工作的创新路径。改革创新是时代发展的最强音，适应新时代新任务新要求，必须要不断深化全行各级工会工作的改革创新，做好制度安排，创新方式方法，丰富服务内容，构建联系广泛、服务职工、连通基层的工会工作体系。

“是”即指工会工作的规律把握。工会工作也是一门系统科学，要通过实践、具体工作和创新发展，不断总结探索出适应建设银行实际情况、适应新时代特点的工作规律。

具体地讲，可以把握以下几个规律。

第一，必须坚持“三性”统一原则，团结群众、依靠群众、为了群众。按照习近平总书记要求，群团工作离不开“政治性、先进性、群众性”，要坚持把“三性”作为有机统一的整体。我们做工作的出发点和落脚点都是为了群众，维护群众利益和巩固党执政的群众基础是相统一的。这是工会和群团工作的“灵魂”，丢了灵魂就会失去生命力，方向就会偏差，犯重大的错误。当今世界“颜色革命”的教训很深刻，背后都是“政治”，都是争夺群众。我们作为国有大行，要在这方面做表率，要把“三性原则”和团结群众、依靠群众、为了群众的事项体现到工会和群团工作的方方面面。

第二，必须围绕中心、服务大局，在贯彻党中央方针政策、落实总行党委决策部署中找准定位。目前，我们的大局就是贯彻落实好党中央的各项方针政策，具体到建设银行就是以如何增强“三个能力”建设、纵深推进“三大战略”、探索实践新金融，来贯彻落实党中央的方针政策。离开中央的方针政策，离开我们的中心工作，站位就偏了，工会工作就没根、没有位。

第三，必须坚持服务基层、服务职工基本职责，为服务者创造好服务环境。在新一轮全面深化改革中，改善营商环境、激发企业内生动力是完善市场经济的重要改革内容。一方面，我们是改革的积极推进者和贡献者，包括银行的金融服务环境。三大战略、智慧政务、产品创新，实际上都是为改善营商环境在作贡献。另一方面，我们是被改革的对象。就像最近中央通报的需要银行整治的问题有很多，这已经不是钱的问题，而是服务态度的问题。一线网点员工直面改革压力，需要我们为一线服务者创造好服务环境，为他们减压减负，让他们轻装上阵，让他们更有幸福感、认同感、获得感，爱岗敬业、争创一流，以更好的精神面貌和态度服务好社会民生。从长远来讲，以服务职工为中心，可以让银行的发展更有活力、更有动力。刚才的交流研讨中，有些同志对这方面的建议提得很好，总行党委也正在研究部署。

第四，必须坚持完善制度，为做好工会工作提供人财物保障。做好工会和群团工作需要有制度，需要有人财物的保障。关于制度问题，多年来，工会制度已经建立得比较完善，关键问题在于制度的执行和落地。关于财物，关键是要进一步向一线、向基层倾斜。关于专职工作人员，也不是越多越好。工会工作的本质，是要融合于群众工作，融合于其他工作。每个人都是工会会员，每个人都可以做工会工作。这考验的是少数专职工作人员的能力水平、影响力和号召力。在座的各位在这方面都是表现非常优秀的，但是从目前大环境看，个别工会工作人员还存在群众工作不会做、姿态高高在上、缺乏激情和动力的问题。这实际上丢掉的是共产党员的精神，丢掉的是群众观念。做好工会工作，首先要提高专职干部队伍的精神状态、工作素质和能力水平。我希望每个层级、每个单位最有凝聚力、影响力的都能是工会主席。

相信在总行党委和分支行各级党组织的领导下，在全体工会干部的带领下，我们有条件也有能力把工会工作乃至整个群团工作推上新台阶。

在蓝英一班行动学习课题成果汇报会上的讲话

王永庆

（2019 年 12 月 5 日）

同志们：

听了大家一上午的汇报，我先谈一下总体感受。我觉得蓝英一班的培训和行动学习课题研究很成功，包括培训定位、组织模式、师资配备等都非常好。蓝英一班是个很好的起点，这个起步代表成功的开始，今后还要向更高标准进发。这次的成功有两个关键因素：一是在于学习形式很有效。行动学习要比单纯坐在一起进行理论学习更好，能够使理论与实践结合得更紧密。上次来党校，我提到六个方面的能力问题，其中很重要的一条就是企业党校不同于一般的党校，应该离实践更近些。“一带来、一留下”的学习方式更容易解决工作中遇到的实际问题，效果会更好。二是在于课题选题很准。农村金融、“一带一路”、科技发展、智能风控，对这四大课题进行深入研究有利于银行进一步实现高质量发展。习近平总书记反复强调“问题导向”，中央巡视组到各个单位反馈问题时也提到“发现不了问题就是最大的问题”，我们平时也常说“发现问题是水平”。我们能发现问题并进行研究，体现了能力水平与政治意识，体现了关心自身、关心未来的站位，也体现了高度负责的精神。

大家关于这四个选题的汇报内容很丰富，观点也很精彩，我简单地点评一下，同时也谈谈自己的认识。

关于“紧抓‘一带一路’机遇，全面提升建设银行国际竞争力”的课题：大家要站在更高的角度、更长的历史视野，去学习理解习近平新时代外交思想，去看待“一带一路”倡议，去把握“一带一路”的内涵、意义、重点和策略，在这个基础上，再去考虑怎么落实好“一带一路”倡议。当今的世界是一个开放的世界，我们的发展离不开世界，也必须走向世界。积极融入“一带一路”倡议，就是建设银行贯彻落实习近平新时代外交思想的具体行动和重要抓手。“一带一路”倡议在实施过程中还面临着许多困难，需要我们从“大写意”走向“工笔画”。“一带一路”最大的风险在哪里，如何克服这些风险，金融行业在其中起什么作用，银行在其中担任什么角色，我们和工商银行、农业银行、中国银行这 3 家银行以及进出口银行相比有什么特点，我们要走一条什么样的路，这些都是需要深入思考的问题。海外行单纯做金融服务可以，资金成本低时发债没问题，多做点交易、结算业务也没问题，但是不要把国内金融服务的运营模式简单地复制到国外。最终资金是要落地的，但要考虑落在哪里、怎么落。例如，海外经济园区已有一些做得不错，如果我们金融服务能够及时跟进，选择一些好的项目，我们的经营风险就会小很多，业务发展的机会就会大很多。落实“一带一路”倡议不能“指山卖磨”，要在实践中对照其他金融机构找差距、抓落实、谋发展。

关于“农村产权制度改革与普惠金融业务发展”的课题：农村问题的关键是农村产业问题，农村有产业依托才能解决发展和振兴问题。农村金融问题主要是金融服务与农村产业发展的结合问题。我国的城镇化率不到 60%，国土面积大多集中在农村，如果农村走城镇化房地产这条路，会导致大量土地的囤积，带来很多问题，影响农村稳定。农村土地的产权问题也不能完全照搬西方的产权理论来解释。党的十九大报告提出实施乡村振兴战略，指出“要坚持农业农村优先发展，按照产业兴旺、生态宜居、乡风文明、治理有效、生活富裕的总要求，建立健全城乡融合发展体制机制和政策体系，加快推进农业农村现代化”。乡村振兴战略要着力改善农村基础设施，实现“一村一品”的美丽乡村建设，解决农村就地产业化升级问题。农村土地规模经营的趋势在扩大，由此带来的也是相关产业升级的需求。而就目前来看，农村产业的金融服务基本是空白的。我在新疆遇到一个企业，直接到农民手中采购农产品，对企业来说价格便宜、质量有保证，农民也受益，同时现在还有大量城镇工业品和农资下乡，促进了农村消费。这“一上一下”两条物流链给农村的经济带来了发展，金融服务可以依托于这“一上一下”物流链。另外，金融服务还可以立足于促进乡村旅游产业发展。目前大城市近郊的乡村旅游都是低质量、粗放式的，大多经营情况并不乐观，而北京郊区的很多精品农家乐却供不应求，这也是农村经济的增长点。农村产业的增长点就是我们金融服务的切入点。银行研究农村金融问题不能停留在学术化、理论化阶段，要把侧重点放在农村的产业支撑和助推产业升级上，如何提高现有产业效率和集中度，找到金融服务的支撑点，是我们要思考的问题。

关于“科技引领，创新驱动——畅想数字时代的未来银行变革”的课题：大家对科技创新宏观环境的认识是一致的，要关注的是怎么行动的问题。案例中提到招商银行在创新方面走得快，这就体现出了行动力的差距。大家说问题容易，说别人的问题更容易，但是解决问题不容易，解决自己的问题更不容易。宏观的思想、道理大家都明白，但是说到具体问题便都成例外了。这些具体问题的核心大多是机制的问题，难点在于组织的架构，要打破内部的“信息孤岛”和“数据壁垒”，消除“数据烟囱”，就要先解决自身内部信息碎片化和封闭的问题。在这方面，希望大家站在更高角度考虑问题，能有更多的意见和建议。

关于“加快建设智能风控体系，提高风险防范能力”的课题：银行经营的本质是对风险的管理。银行的规模越大，里面隐藏的风险也就越大，越发需要依靠智能风控来实现对风险管理的精准控制。风险管理的“管理”，必须建立内在的、自我的抵抗风险的机制，还需要监督活动的配合，比如现有的干部监督、纪检监督、审计监督、风控监督等。总体来说，建设银行在四大行里风控制度的制定和执行是做得比较好的，但并不意味着我们没有问题。这些年来，一些个案反映出我们风控存在的一些问题，有些问题甚至还很严重，需要引起足够的重视。建设银行十职等以下的员工有 23.9 万人，占全部员工的三分之二，其中 93% 以上都在基层。有些基层员工的风控意识不加强、关注点与领导层不一致，问题好像出在支行，但“上面偏一寸，下面偏一尺”，关键还是要加强对领导层的管理。因此，智能风控是很有必要的，同时相关的机制要跟上，风控文化也要跟上，这方面还应再加把劲。

同志们！今天我是带着两个目的，来参加蓝英一班行动学习课题汇报的。一方面，是为学习而来。虽然在金融这一行我入门很早，但 20 年间金融行业的发展变化翻天覆地，我到建设银行的时间不长，需要学习的东西很多，刚才大家的课题汇报给了我不少启发，我也谈了一些想法；另一方面，我是为未来着想。你们都很年轻、很优秀，是建设银行的未来，你们处在领导位置上，将来可能会走向更高的岗位，你们的能力水平决定了建设银行的高度。所以，借这个机会，我对大家提几点要求：

一要树立政治思维。作为国有大行的干部，政治思想要进一步增强，中央在这方面对金融系统有很高的要求。金融行业占用的资源很多，银行在国民经济中占据着很高的地位，不仅在于自身的营运能力，更在于对政治、对社会以及对经济的溢出效应。我们要从政治的角度、全局的角度看问题，如果仅仅简单地考虑发了多少债、占了多少份额、做了多少交易、创造了多少利润，便脱离了国有大型银行的立业之本。大家长期在金融领域内工作，要学会怎样更有针对性地增强政治意识，从政治上思考问题。

二要树立大局思维。大家要树立围绕中心服务大局的意识。大家这次的选题都是大局，但要研究中央要求怎么落地、如何创新金融产品和服务才有真正的意义。习近平总书记关于“三个能力”建设的要求，首先就是要增强服务国家建设能力，“三大战略”的推出就是为了让“服务”落地。目前，银行同质化竞争严重，金融行业缺乏的是地域的、专业的、特色的银行。未来银行的竞争将会更加激烈，要生存下去必须依靠自己的核心竞争力。建设银行特色在哪里，核心竞争力在哪里，如何培育，“三大战略”给我们提供了思路。我们的传统模式是“双大”，现在环境变了怎么办，在座的都是领导干部，这些问题需要各位认真思考。

三要树立问题思维。目前，银行面对的严峻形势迫使我们加快改革，这不是上级逼迫我们改的问题，而是我们自身发展必须改的问题，但大家的紧迫意识还不够强。银行的舒服日子已经过去了，大家还没有意识到形势发展、格局变化、技术进步会对我们产生怎样大的冲击。在座的各位都处在很重要的岗位，不仅要敏锐地捕捉到这些形势变化，还要树立问题导向，积极地分析问题并谋划对策。

四要树立系统思维。如果没有上下联动、内外联动的思维，没有整体思维、系统思维，那么在业务推进、组织管理上就会存在很多问题。比如，西部某省的一项目授信审批在总行没有获得通过，却在我们子公司拿到了更高的授信额度，同一件事情在集团内部却有不同的判断和结论，这就是业务管理者缺乏系统思维导致的问题。如何避免这种情况的出现，如何能够更高效地进行组织内部的协调联动并保持一致性，各位要结合自己所管理的业务多展开思考。

五要树立行动思维。坐而论道不难，如何起而行之是关键，空谈误国、实干兴邦。大家去了伦敦，伦敦的威斯敏斯特教堂地下室有一块墓碑，上面有一段文字，大意是说，当我年轻的时候，立志改变世界；成熟以后，发现我不能改变世界，便决定改变我的国家；进入暮年，发现我不能改变这个国家，我最后的愿望仅仅是改变一下我的家庭，但这也不可能。我突然意识到，如果我从一开始仅仅改变我自己，可能就可以改变家庭，在家人帮助下，就可能为国家做一些事情，甚至可能改变世界。曼德拉看到这篇碑文后醍醐灌顶，将宏大志向落地，从小事做起，改变了自己的行动策略和思路，最后推动了南非黑人的解放事业。改革的事情千头万绪，难度很大，只能一步一步地来。如果你们能做到在力所能及的范围内先改起来、先做起来，就没有辜负这次行动学习。

同志们！蓝英一班的行动学习是“在行动中学习”，我想再加一句“在学习中行动”。作为领导干部，大家要树立“五个思维”，用理论来指导实践，运用培训的收获解决实际问题，从而发挥你们的特长。优秀的应变能力是在最短时间里让听者留下深刻印象，这也是领导力的表现，它反映的不仅仅是表达能力，背后需要有足够的思维能力、知识储备和工作经验等支撑。干部的成长，不仅仅是靠书本的学习，更多的是靠实践的锻炼。企业家不是课堂培养出来的，是市场的血雨腥风里冲出来的；将军不是纸上谈兵而来的，是战场上真刀真枪中杀出来的。我期望大家注重探索实践中难题的解决方式，总结对这些问题的思考与建议，培养能力，沉淀经验，发散思维，迎向更加远大的前程。

在中国建设银行2019年工作会议上的总结讲话

章更生

（2019年1月23日）

同志们：

这次会议虽然时间紧、内容多，但是会风实、形式新、效率高、效果好，开得很成功。昨天国立董事长作了重要讲话、祖继行长作了经营情况报告，对2019年工作作出了战略和战术部署，几位行领导结合分管的工作分别作了发言，提出了明确的要求。今天上午与会同志进行了热烈的讨论和深入的交流，提出了许多好的意见和建议，会后请总行办公室将这些意见建议汇总梳理，转有关部门研究，该做政策调整的就尽快做政策调整，能够办的就立即办，暂时条件不成熟需要等一等再办的，也要有个交代。这次会议形成了一系列推动今年各项工作的好观念、好理念、具体思路、政策和措施，成效如何，关键就在于落实。下面，结合本次会议精神，就抓落实讲几点意见。

一、强化狠抓落实的意识

落实是决策的生命，任何一项决策的实施、工作的推进和任务的完成，可以说都是落实的结果，没有落实，再好的思路、再好的构想、再正确的目标、再正确的措施都不会有好的结果。党的十九大提出，要增强狠抓落实的本领，把雷厉风行和久久为功有机结合起来，以钉钉子的精神做实做细做好各项工作。习近平总书记反复强调，要崇尚实干，狠抓落实。一分部署，要九分落实。习近平总书记指出“如果不沉下心来抓落实，再好的目标、再好的蓝图，也只是镜中花、水中月”。李克强总理强调，对党中央、国务院作出的决定要不折不扣地执行，要说到做到，做就必须到位，不能“放空炮”。建设银行一直以来在业内素有“执行力强”的美誉，但这也是相对的，其实在抓落实上，我们在许多方面尚有较大的提升潜力。总行布置的一些工作，例如普惠金融、抓商户、抓结算户、抓农民工工资代发，等等，在全行是同样的布置、同样的要求，但执行结果在分行间差异甚大。这里虽有一些客观原因，但与执行力强不强、抓落实够不够有着直接关系。可以说，工作的落实直接关系到工作布置的效果，布置工作不抓落实，将会使效果大打折扣。

现实工作中，出现过一些工作如果领导不催问几次，事情就不能办成的情况，有的甚至要批评才能用心尽力去办。这实质是制度问题、习惯问题、意识问题，因此，抓落实首先是要有抓落实的意识。凡事只有形成了意识，才能变成自觉行动。而要使抓落实形成意识，一是要真正认识到抓落实的重要性，只有认识到重要性，才能入脑入心。二是要在未形成意识前，强化工作的流程管理，将抓落实作为工作流程中的一个重要环节，抓落实工作不做，这个流程就等于没有完成。严格的流程管理坚持一段时间后，形成了工作习惯，抓落实的意识自然就会慢慢形成。抓落实也是一个人的一项工作能力，如果工作不会抓落实，不管是领导者，还是执行者，就称不上是一个优秀的领导者或执行者。

二、增强狠抓落实的责任心

抓落实是工作作风的范畴，工作抓不抓落实，能反映出一个人的职业精神。抓落实是一个管理者和执行者的工作职责所在，是工作的重要内容之一。凡布置工作，一是要落实相关的责任部门、相关的责任人，即任务有部门、有人来认领，这是抓落实的前提。要做好目标分解与传导，做到

"人人身上有担子，个个身上有责任"。这里需要强调的是，各级机构"一把手"要作为第一推手，对抓落实负总责，分管的领导要重点抓。二是要明确做的标准与要求，也就是要让执行者明白做到什么样是一般、好、很好还是不合格。同时，要提出做的要求，也就是不但要完成目标，还要符合要求，用违规来完成任务是绝对不允许的。三是抓落实要形成合力，许多工作牵涉诸多部门、多个层级，这就需要在职责任务清晰的前提下，各负其责、相互配合、相互支持，共同来完成任务，切不可单打独斗，形成部门银行、层级银行。四是抓落实需要细致，我们有的工作质量不高、效果不好，就是因为不够细致，在这方面应该说我们的潜力巨大。五是要使所属干部员工养成"立即就做，做就做好"的良好习惯，抓落实一抓到底，抓到完成，抓到见成效，绝不能出现半途而废、浅尝辄止的情况，要做到善始善终、善作善成。我们的一些工作任务需要很长时间才能完成，例如新一代核心系统，一干就是六年，如果不是不断地抓落实，恐怕到现在还在路上，或部分在路上。同时，一项工作完成后，还要及时做总结，总结成功之处，以便发扬光大，吸取不足与教训，以便今后改进提高。

三、注重狠抓落实的方式方法

在工作中，方式方法是否得当决定着事情能否得到办理或得到很好的办理。就抓落实而言，一是要认真分析所要落实的事项、目标、任务、相关要求等。只有分析清楚这些要素，才能科学地研判为了完成落实所应采取的措施，每个部门、每个人所应承担的职责任务。二是要列出需落实事项的任务清单，要让落实者清楚具体需要做哪些事。在落实者具体操作时，最好能有明确的规章制度、操作指引等，以方便对照执行，也便于后续对落实情况进行评价。不如此，工作就很难做到规范化、常规化。三是要加强检查督导，任务下达一段时间后，要进行阶段性的督导，以便及时掌握情况、发现问题。对主观不努力、做得不好的要进行鞭策；对确实因条件差或能力问题造成工作落实不好的，要进行帮扶。四是对重大任务落实情况要加强考评，考评的结果要在一定的范围内予以通报。例如，普惠金融我们几乎天天都将一级分行完成情况进行通报，这对普惠金融在较难的大环境下实现超常规发展起到了很好的促进作用。其实，一个干部能不能干，一定程度上就是看执行力如何，说一千、道一万，还是要拿结果来说话。从这一点讲，还要加强培训，要利用各类培训班和各种会议，加上抓落实的内容，例如刚才江西省分行作为抓落实的典型，介绍了抓落实的一些做法，就值得各行借鉴。五是因地制宜、因事制宜抓落实。各地各部门的情况各有不同，这就需要结合各自的实际抓落实。但不管怎样，工作任务都要确保完成，不为完不成任务找借口。六是加强调查研究，通过深入实际调查研究，发现问题。例如，所布置的任务是否清晰、是否因超出了能力而难以完成、是否有特殊情况没考虑到，等等。针对存在的问题，要及时采取补救措施。同时，对于调研中发现的基层好措施、好办法，如果具有普适性，要进行提炼，在全行总结推广，这是非常省力的做法。

四、重视狠抓落实的时效

凡事都有时效性，抓落实就是要使工作任务在有效时间内完成。兵贵神速，凡是涉及政策变动、打法改变、工具创新的，一旦看准了，就要以雷霆万钧之势向前推进。千万不能拖延，不能犹豫。有的工作时效性非常强，例如 2018 年 7 月下旬的抓贷款投放，总共也就几天时间。再如，这次军改抢抓代建户，留给我们的时间也就两个多月，如账户等，客户在他行开立了，我们再翻过来不是绝对不可能，但不知要费多大的精力。因此，抓落实一定要有时间要求，如时间是敞口的，"革命靠自觉"，那一定会影响执行的效果，有的则有可能一拖了之，不了了之。

需要指出的是，怎样布置工作也直接影响到落实。如果布置的工作模棱两可、含糊不清，那执行起来就很困难；如果布置的工作严重脱离实际，不接地气，不好操作或操作不了，那也不好落实。这就要求要提高布置的质量。布置工作时要做整体构思、顶层设计，也就是要从上到下（最基层）都要考虑到，要想到最基层会是什么样的状况，布置工作时要具体、清楚，要有目标、有任务，有原则要求，有时间要求，要切合实际、科学合理。

下面，我就贯彻落实本次会议精神提以下要求：

第一，各机构会后，要组织所属，结合实际工作进行深入的学习讨论，真正吃透国立董事长的讲话和祖继行长的报告精神。

第二，国立董事长讲话、祖继行长报告中（包括文字外的阐述）所讲的观念理念等非常重要，它是工作方法与措施之上的东西，总行办公室对此要进行梳理，并通过一定形式传导到全行，学习领悟，掌握运用。

第三，总行办公室要将国立董事长讲话、祖继行长报告中需要完成的工作任务、需要做的事项进行列表，并标明落实要求（责任单位、主负责人等）及完成的时间、反馈时间，印发给各相关机构贯彻执行。

第四，总行办公室对上述任务列出督查办清单，进行跟踪督办。

第五，各机构也要比照总行，对所属加强落实督导，切实提高工作的效率、效果。

第六，各行贯彻落实会议精神情况，于2月底前报总行办公室。

最后，再强调一下，春节已临近，各级机构要按照中央要求，访贫问苦，慰问老党员、老干部，为困难的同志排忧解难，让他们充分感受到建设银行大家庭的温暖；要进行安全检查，加强节日值班。同时，要严格执行中央八项规定精神，落实好总行党委关于党风廉政建设的要求，过一个平安、祥和的春节。

担当作为　开拓创新
凝心聚力推动对公业务高质量发展

——在2019年对公业务工作会议上的讲话

章更生

（2019年2月12日）

2019年对公会开得早，主要是让大家迅速振奋精神，深入贯彻党的十九大、十九届二中、三中全会和中央经济工作会议精神，全面落实全行工作会议精神，担当作为、开拓创新、凝心聚力推动对公业务高质量发展。总行党委对这次会议高度重视，立林副行长专门抽时间出席会议，几位董监事也参加了会议。下面我讲四个方面的意见，供大家讨论。

一、2018年对公业务成绩优异

2018年，在总行党委、董事会、监事会和高管层的正确领导下，对公条线以习近平新时代中国特色社会主义思想为指导，按照全行工作部署，积极创新，上下一心，拼搏进取，扎实推进三大战略，加快发展交易业务，传统领域优势持续巩固，新兴领域优势加速培育，圆满完成年度任务目标，主要业务四行份额保持领先，向高质量发展迈出坚实步伐。

（一）秉承战略要义，履行责任担当

1. 普惠金融高歌猛进。制定了普惠金融战略三年规划，提出“123”发展目标，纵横协同发力，业务表现领航同业。

普惠金融贷款新增××亿元，超工农中交四大行新增总和；当年累计投放“小微快贷”××亿元，服务客户××万户；法人小微企业贷款客户新增四行占比××%；“惠懂你”App访问量突破××万，下载量近××万，绑定企业超××万户；小微业务网点开办占比××%，挂牌普惠金融特色网点××家。

网络供应链累计向××万家企业提供××亿元融资，贷款余额××亿元，新增××亿元；其中，带动普惠金融贷款新增××亿元、客户新增××户。发行供应链资产证券化债券，支持××多家小微企业。创新“民工惠”业务，有效解决“农民工讨薪难”的社会难题，得到社会广泛赞誉。截至2月1日，已在××个地区成功落地，累计发放××亿元融资款，累计代发农民工工资××万人次。

创新推出企业ERP云平台服务，为小微企业用户量身定制一体综合服务方案。经过近半年推广，企业ERP云平台注册用户突破××万户，活跃用户达××万户，累计单据达××万笔。

推动产学研跨界协同，研究发布普惠金融蓝皮书、建行·新华普惠金融——小微指数，打造出我国首个普惠金融“晴雨表”；推动建行大学金智惠民工程落地；与财政部共同设立国家融资担保基金，开创银行担保机构合作共赢良好局面。

连续四年支持“双创”，惠及××万大学生客户群体；独家冠名支持第四届中国“互联网+”大学生创新创业大赛；与复旦大学等知名高校签署战略合作协议。

2. 大力支持住房租赁业务。以金融智慧助力“租购并举”，支持住房租赁企业××家，涉及租赁房源××万余套，全年公司住房租赁贷款累计发放××亿元；引导社会资金××亿元服务住房租赁市场；住房租赁领域债券注册规模达××亿元。金融支持住房租赁模式荣获《银行家》杂志2018年“十佳金融产品创新奖（对公业务）”。

3. 金融科技催生出业务发展新模式。针对客户“余”“缺”需求，开发对公智能撮合平台，已上线××个子平台，上线半年来累计发布需求××万余条，撮合成功××余条。以智慧城市政务服务平台为核心，打造机构业务金融科技平台群；“一部手机办事通”在云南成功上线运行，开启政府政务合作“建行模式”。上线同业合作平台运营系统，签约客户达××家，“蓝色共享”生态圈稳步搭建。同业率先推出“惠市宝—对公专业结算综合服务平台”，上线三个月来，已在××个专业市场试点应用，新增签约对公客户××个，营销市场商户××个，新增对公账户近××个。

（二）开拓业务边界，提升交易业务能力

1. 以交易为媒，盈利水平不断提升。对公中收连续七年四大行领先，按照四大行可比口径，实现公司中间业务收入××亿元，四大行占比××%，居第×位。单位人民币结算业务收入××亿元，其中新型结算产品收入占比近七成、连续七年保持××%以上的高速增长。投行条线实现交易服务类收入××亿元，其中，新型财务顾问业务收入实现四大行唯一正增，四大行占比提升××个百分点；非金融企业债券承销收入、发行规模和期数四大行排名第×。托管业务在行业收入负增长的背景下，实现规模和收入双增长，四大行占比双提升。以票据周转提升收益水平，贴现收益率同比提升××个百分点。

2. 谋交易之事，拓宽对公业务领域。对公信贷资产证券化破零，成功发行信贷资产支持证券××亿元，期数、收入市场排名均为第×，ABN发行量实现同比翻番。理财规模超××万亿元，新增××亿元，净值型产品、非保本理财、个人理财规模、增量均居四大行首位；标准资产超××亿元，增幅达到××%；风险资产保持××%低位，业务与合规平衡发展。同业资产投放规模创新高，累计新发生额为××万亿元。

（三）深耕客户经营，改善对公客群体验

1. 结算账户继续领跑同业。人民币对公结算账户突破××万户，四大行第××；新增××万户，增量、增速连续七年保持四大行第一。基本户××万户，占比××%，较年初提升近××个百分点。

2. 客户基础不断厚植。公司机构客户××万户，新增××万户，增速为××%，增量、增速四大行第一。有效客户××万户，新增××万户，增速为××%。

平台获客初见成效。对公智能撮合平台上线半年累计注册客户××万户；机构业务九大科技平台对公获客××万户，对私获客近××万户。

机构客户持续突破。军队建设代建办账户同业第×；“军建安鑫”签约客户××家；军警师级以上客户新增××家，创历史新高；与××家退役军人管理部门签订合作协议。独家参与财政部“公务之家”试点，中标代理中央财政授权支付业务资格，与工信部独家合作财务共享中心项目。

同业客户优势巩固。CTS客户总量××万户，四大行第××；成为上海清算所跨境外汇交易中央对手清算业务唯一结算银行；申请“沪伦通”试点存托人资格并已获银保监会同意批复。

现金管理活跃客户高速增长。客户数达××万户，同比净增××万户。对公一户通、多模式现金池、票据池签约客户××万户，新增××万户，持续保持爆发式增长。代收代付有效客户新增××万户，交易金额××万亿元。监管易客户近××千家，签约账户××万户。

渠道助力客户经营。企业网银用户数达到××万户，创历史新高，居四大行第××，交易量超××亿笔，交易额突破××万亿元。企业手机银行用户数达到××万户，交易量达到××万笔，交易额超××万亿元。

3. 商户拓展成效显著。对公商户客户××万户，新增××万户，其中高贡献度对公商户客户新增××万户；对公商户结算账户存款日均余额××亿元。

（四）引流金融活水，全力支持实体经济

人民币对公贷款余额××万亿元，新增××亿元，四大行第××。尤其是2018年7月下旬以来，坚决落实监管部门和总行党委部署，迅速行动，7月最后5天对公贷款新增××亿元，超过工商银行、农业银行新增之和。全年通过债务融资工具等直接融资手段为实体经济提供直接融资××万亿元，有力支持实体经济发展。

1. 全力服务国家重大战略。

传统领域优势持续巩固。支持“一带一路”、粤港澳大湾区、京津冀、长江经济带、长三角一体化、雄安新区等国家重大战略执行，基础设施领域贷款余额××万亿元，新增××亿元。PPP贷款余额××亿元，新增××亿元。

积极服务海外重大项目。新增签约海外项目××个，签约金额××亿美元，累计支持××个“一带一路”沿线国家××个重大项目，签约金额××亿美元。在2018年亚太区（不含日本）并购市场簿记行排名××、委任牵头行排名××。实现××余笔、超××亿美元中资企业境外债承销发行，成功中标法国农贷、摩科瑞集团熊猫债项目。积极开展转贷款业务，引入境外低成本资金，余额达到××亿元人民币，覆盖××家境内分行和××家海外机构。

助力央企深化改革。支持央企市场化债转股，与铁路总公司签署××亿元铁路债转股框架性协议，成功中标铁路行业第一单市场化债转股项目。支持央企混合所有制改革，参与中石油××亿元混改基金，以“国改通”为电煤央企混改提供支持。

2. 全力支持经济转型升级。

加快新兴领域信贷投放。与发改委共同发起设立××亿元国家级战略性新兴产业发展基金。战略性新兴产业贷款余额××亿元，其中，生物、新能源、高端装备制造等行业贷款速度均超××%。绿色信贷余额突破××万亿元，新增××亿元。积极推动绿色、跨境等特色概念债务融资工具项目，累计为××个发行人注册××亿元绿色债券项目，以独家主承销商的身份开展绿色资产支持票据注册发行工作，成为同业中首家取得绿色金融改革创新试验区试点成果的银行。移位再贷××万亿元，新客户贷款投放占比较年初提升××个百分点。

调控领域压降有序。监管类平台贷款余额，产能严重过剩行业信贷、贷款余额均实现比年初下降。一二线城市房开贷余额占比××%，比年初提升××个百分点。全年退出信贷余额××亿元。

3. 精准滴灌经济薄弱环节。

创新“跨越2020—N+建档立卡贫困户”产业扶贫模式，金融精准扶贫贷款余额××亿元，新增××亿元；涉农贷款余额××万亿元，新增××亿元。

民营企业贷款余额××万亿元，占比××%，增速高于国有企业增速××个百分点。民企债券存续余额（××亿元）和年度承销规模（××亿元）四大行第××，平均发行价格××%、低于市场平均价格××个基点。民营企业理财规模××亿元，新投放××亿元。

（五）实现量价平衡，有力支撑全行资金运用

对公存款稳健增长。人民币对公存款日均余额××万亿元，新增××亿元，四大行第××；付息率××%，连续五年保持四大行最低；若我行付息率与工行、农行一致，则可支持存款多增××亿元，若与中行一致，则可支持存款多增××万亿元。对公商户稳存作用突出，存款日均新增××亿元，雷达系统累计推送商机近××万户。

机构存款贡献突出，结算产品吸存效应显著。机构存款日均新增××亿元，占对公存款新增的××%，“压舱石”效应显著。重点现金管理产品吸收存款××万亿元，新增××万元；其中，对公一户通全年固化吸收存款××万亿元。

同业存款四大行第××，时点、日均余额均超××亿元。

（六）发挥平台作用，业务协同纵深推进

1. 市场营销成果丰硕。造价咨询服务在雄安新区连中三元，入选中央国家机关、中远海运等重要客户造价咨询机构库。独家与军委后勤保障部签署《军队工程项目竣工结算审核框架合作协议》，累计承接军队工程建设项目投资近××亿元。企业年金央企中标率市场第××，成功中标中国黄金、中国铝业、中国烟草、中国林业等多个央企客户年金业务，是业内首个养老目标公募基金托管只数最多、单只首发规模最大、户数最多的银行。中标中央单位职业年金计划主托管人资格，托管规模市场份额第××，职业年金归集账户覆盖度同业第××。为三星集团首家上线SWIFT日间对账单相关功能，实现全球现金管理新突破。基金互认业务继续保持领先，市场首家且唯一银行类互认基金代理人。

2. 协同带动成效显著。

母子协同有序推进。与建信租赁等7家子公司实现联动超××亿元。协助建银国际参加山东黄金、小米公司、中国铁塔香港IPO上市工作，分别获得联席保荐人、联席全球协调人、联席账簿管理人等重要角色。实现综合化降杠杆相关业务落地金额××亿元。

条线协同提质上量。ETC电子标签数量超过××万个，中高端客户新增××万个，计划完成率××%；新增信用卡客户××万户；代发工资个人有效账户××万户，累计代发金额××万亿元，同比多增××亿元；金融社保卡新增发卡××万张，累计发卡量达到××亿张；“电子社保卡”签发量超过××万张，覆盖度和签发量均列同业第一；主承销××亿元中国铁路建设债券。

区域协同高效务实。推进珠三角、京津冀联动项目××余个；率先实现对京雄城际铁路项目的融资支持，分别与中国中铁等4家客户签署新区战略协议；在雄安新区注册企业中，建设银行开户总数、重点央企基本户开户数均居同业第××；召开粤港澳大湾区合作发展座谈会，助力国家战略落地。

协同联动建章立制。印发协同发展指导意见、协同机制流程化工作方案、京津冀地区协同营销及行际分配指导意见等。完成××个央企及全球客户的总行版综合金融服务方案，实现“一户一策”。创新开发分行版（客户版）综合金融服务方案系统，将对公、对私、子公司近××个产品按客户需求构建产品库，实现客户需求与产品的自动适配，支撑客户经理综合营销。现金管理网络综合利益调整系统首期功能上线，实现利益调整全流程自动处理，调整频率提高至按月，调整结果下沉至经办行，下一步还会精准到客户经理，补偿费用增加到××亿元；全年调整存款收益××亿元。

（七）坚持创新驱动，业务焕发出勃勃生机

产品供给迭代更新。全年对公条线完成超过××项创新。完成“善行城建”品牌设计，推出“账易行”开户品牌。

系统应用持续赋能。研发对公客户画像等××个总行级项目，并在分行推广应用；中资企业“走出去”综合服务平台上线，与商务部门对接，从源头拓展批量获客渠道，构建全新的营销服务模式和价值创造方式；成功实现与票交所系统直连；债券承分销系统、财务顾问智能服务系统、资产证券化业务系统和并购撮合交易模块正式上线；以理财子公司筹建为契机，正式启动“大资管家”平台立项开发流程。

品牌影响力不断提升。普惠金融工作受到李克强总理、刘鹤副总理充分肯定；“小微快贷”案例入选银保监会普惠金融白皮书；产业扶贫模式荣获“2018年新浪财经金融企业扶贫创新奖”；当选亚金协产业金融合作委员会第一届主任单位；发布《全球产业金融观察报告（2018）》；“金融科技在农村金融领域的创新应用”课题，获得金融支农服务创新试点资格及中央财政资金支持；银团贷款、托管、结算、“建信保”等多项产品服务在各类评奖中斩获殊荣。

（八）强化精细管理，业务基础不断夯实

1. 精细化管理持续深入。对公客户信息完整率大幅提升至××%，CRS信息采集任务完成率为××%；全年完成××余人次培训；完成高级客户（产品）经理岗位培训教材编写工作；做好建行大学客户关系研修院筹建工作。

2. 资产质量保持稳定。持续加大不良贷款、逾期贷款和垫款的压降力度，对公不良率、关注贷款率实现“双降”，逾期不良“剪刀差”为负。积极推动总行“三十大”风险项目化解处置及分片包干压控不良工作，全年化解不良贷款××亿元。

同志们，2018年，我们交出了一份亮丽的答卷！这些成绩的取得得益于总行党委、董事会、监事会及高管层的正确领导，得益于相关条线、子公司的大力配合与支持，得益于对公条线全体员工的奋力拼搏。这一年，我们滚石上山，爬坡过坎；我们汇聚同心，攻坚克难；我们百折不挠，勇往直前！惟其艰难，更显勇毅；惟其磨砺，始得玉成。我们是当之无愧新时代的奋斗者、追梦者！在此，谨向总行领导，各位董事、监事及有关条线、子公司，向对公条线全体员工表示衷心的感谢！

成绩来之不易，经验尤为珍贵。在推动对公业务高质量发展的实践中，我们积累了很多宝贵经验，概括起来，以下两个方面尤其需要坚持好、运用好。

一是始终坚持用新发展理念破解发展难题、厚植发展优势。理念是行动的先导。新发展理念是针对我国经济发展进入新常态的治本之策，是我国经济社会发展必须长期坚持的重要遵循。近年来，面对严峻复杂的外部环境、异常激烈的市场竞争、迅猛发展的技术革命，我们之所以能够突破重围、劈波斩浪、屹立潮头，就是因为我们坚定不移地贯彻落实新发展理念。总行党委提出的三大战略、两优发展、劳动者港湾、建行大学，无处不体现着对“创新、协调、绿色、开放、共享”理念的深刻理解和丰富实践。在以新发展理念为引领，推进战略实施过程中，对公条线更是主动担当、笃定前行。在各种新业态新模式的围攻之下，按照国立董事长提出的“平台打法”，搭建了对公智能撮合平台，打造了机构业务金融科技平台群，在短时间内就实现了大批量获客，取得了很好的成效，探索出“跳出金融做金融”的新模式。我们立足“开放、共享”，通过引入人行征信、税务、工商、司法等政府相关部门以及企业经营场景沉淀外部数据××大类××项，彻底解决了小微企业信息不对称的难题，实现了普惠金融业务的跨越式、超常规发展。

二是善于总结归纳行之有效的工作方式、方法。关于工作方式方法，是“道”、是“本”，抓问题就要抓其根本。2018 年我们取得了很多历史性的突破，我们结束了对工商银行连续七年的不懈追赶，在账户总量上实现了对工商银行的赶超；普惠金融在 2017 年加速发展的基础上，2018 年新增是工商银行、农业银行、中国银行、交通银行四行新增之和、可以说是独占鳌头；借助军队改革契机，我们突破工行封锁，近两年新增师级以上账户××个；对公商户连续两年保持××%以上的超高增速，迅速补上了发展的短板。例子还有很多，追本溯源，这些突破都与我们总结提炼、推广运用有效的工作方法密不可分。此外，我们讲工作要有高标准、要努力创新、要借力借智、要协同作战、要突出“快”字、要有激情、要以力度做保证、要久久为功等，这些既有精神层面的，也有方式方法层面的。

二、当前对公业务面临的内外部形势

2019 年的情况异常复杂，形势难料。经济运行稳中有变、变中存忧，下行压力加大。面对困难和挑战，中央经济工作会议明确提出，强化逆周期调节，继续实施积极财政政策和稳健货币政策，适时预调微调，稳定总需求；积极的财政政策将加力提效，实施更大规模的减税降费，较大幅度增加地方政府专项债券规模。地方政府专项债将是 2019 年积极财政政策的重要依托，预计新增规模可能超过 2 万亿元；稳健的货币政策将松紧适度，保持流动性合理充裕，改善货币政策传导机制，提高直接融资比重。

（一）业务发展面临的机遇

2019 年是新中国成立 70 周年，是全面建成小康社会关键之年，我国发展仍处于并将长期处于重要战略机遇期，经济迈向高质量发展态势不会变，这些都为我行业务发展创造了新机遇，尤其是中央经济工作会议确定的七大重点工作任务都蕴含着重大商机。

一是供给侧结构性改革的持续深入推进，为我们业务结构优化提供新机遇。推动供给结构优化和质量提升、防范化解金融风险等重点任务深入实施，为建设银行加快信贷结构调整、防范重点领域风险、提高资产质量、推进重点战略等方面提供了有力的政策保障。根据国际经验，全社会环保投入占 GDP 的比重要达到 2% ~3% 才能支撑环境质量改善；据此计算，我国三年污染防治攻坚战的总投入将达到 5 万亿元。

二是推动制造业高质量发展为我们新兴领域拓展开辟新空间。制造强国战略深入实施，传统产业改造升级步伐加快，工业化信息化深度融合，先进制造业发展将迎来新一轮高潮，创新主体更加活跃、新科技成果不断涌现。预计数据、智能与制造业的深度融合将催生多项万亿级产业。新产业新业态新模式加快成长，为我们培育发展新优势开辟了新空间。

三是促进形成强大国内市场为我们拓展消费领域和打造新型基建优势注入新活力。顺应人民消费升级需要，从积极发展教育、育幼、养老、医疗、文化、旅游等服务业，到加快建设 5G、人工智能、工业互联网、物联网等新型基础设施，我国将从“生产型社会”逐步转向“消费型社会”。相关机构预测，未来几年新零售交易规模年复合增长率将达 115%，预计到 2022 年，新零售市场规模将突破 1.8 万亿元，全国 5G 投资规模将达 1.2 万亿元。这些为建设银行拓展新兴领域、打造新型基建优势带来新机会。

四是扎实推进乡村振兴战略为我们涉农业务

发展拓宽新领域。根据《乡村振兴战略规划（2018—2022年）》的定位，要落实今后五年的重点任务，大约需要投资7万亿元以上。交通部提出，2019年将完成公路水路固定资产投资1.8万亿元左右；新改建农村公路20万公里。随着国家强农惠农政策力度持续增大，农村土地制度改革不断深化，现代农业三大体系加快构建，农村产业融合发展趋势日益明显，将不断拓宽我们涉农业务发展领域。

五是促进区域协调发展为我们推进区域联动创造新契机。在区域协调发展政策的持续推进下，京津冀、长江经济带、长三角一体化、粤港澳大湾区发展呈现新面貌，城乡区域发展良性互动格局不断强化。伴随而来的战略区域基础设施密度全面提升、新的主导产业快速发展、中心城市辐射带动能力增强，将持续释放消费和投资潜力，有利于我们充分发挥集团优势，做优做强区域协同联动。

六是加快经济体制改革为建设银行改善客户结构和战略推进提供新途径。随着“放管服”改革持续深入，减税降费力度加大，保护合法产权进一步提升，有利于市场经营环境的改善，以及资源配置和利用效率的提升，将促进各类市场主体经营能力不断增强，特别是小微企业和民营企业的生产经营活力，为建设银行改善客户结构和战略推进创造了有利条件。

七是推动全方位对外开放为我们加强境内外联动创造新增长点。在深化高水平对外开放的政策背景下，放宽外资准入，全面实施负面清单管理制度，加快自贸区建设，推动外贸转型升级和出口市场多元化，削减进口环节制度性成本，推动共建“一带一路”，为建设银行发挥集团优势，服务外商企业“引进来”、中资企业“走出去”，支持“一带一路”重点项目营造有利环境。目前，我国跨境电子商务综合试验区的数量从13个增加至35个，基本覆盖了主要一、二线城市。商务部表示，2019年中国将进一步推进“一带一路”贸易投资自由化便利化，充分发挥中国国际进口博览会在共建“一带一路”方面的重要平台作用。

八是保障和改善民生为我们“三大战略”推进注入新动力。中央经济工作会议提出重点解决好关键群体就业、增加重点人群教育投入、完善养老护理体系等，有研究机构预测，预计到2020年养老产业潜在市场规模将达到3.4万亿元，2019年底体育产业总规模将超2.6万亿元，我国网上预订机票、酒店、火车票或旅游度假产品的网民规模达到5.2亿人，在线旅游市场规模将会进入万亿元时代。随着相关政策措施推进实施，将为我们贯彻普惠金融战略，解决社会痛点难点问题指明了新方向。坚持“房住不炒”，完善住房市场体系和住房保障体系，为我们推进住房租赁战略带来新动力。

（二）存在的问题

首先，还应更加积极主动应对新变化新趋势。当前，新一轮科技革命和产业革命蓬勃兴起，正在改变着我们生产生活的方方面面。国立董事长敏锐洞察发展大势、辨明方向，在全行工作会上深刻阐述了以“八个变化”为主要体现的时代变化趋势，提出加快向数字化、网络化、智能化转型的银行未来发展之路，开启数字化时代建设银行“B端赋能、C端突围、G端连接”的第二发展曲线。对公业务是全行业务发展基石，基础不牢、地动山摇；所以，认清趋势、加快转型，对我们对公条线尤其重要。2018年我们在新模式新技术应用方面进行了很多有益的探索，也取得了很好的成效。但科技发展速度之快超乎我们的想象，各行虽有忧患意识、危机意识，但对新时代新变化新趋势的学习、理解和掌握尚显不够，加大改革创新力度、积极应变、主动求变尚显不足。

其次，对新兴领域的研究还要进一步加强。当前经济社会正处于深刻变革期，商业银行也正处于金融再造的关键时期。具体到对公业务，60余年服务于国家建设的经验，使我们在传统业务方面，摸索出了非常成熟的打法和套路。但面对新兴业务领域，我们略有底气不足、能力不够。

最后，精细化管理还有提升空间。精细化管理是对现代管理的必然要求，对现代企业的持续健康发展起着至关重要的作用。我们从2016年推广厦门分行经验开始，就一直在积极推进精细化管理。在新一代核心系统的强大支持下，全行精细化管理取得了阶段性成果，但仍有提升空间。一是集团协同还需要进一步精耕细作。正如祖继行长在工作报告中指出的，协同机制还需要进一步建立健全，产品交叉销售意识不够，信息资源共享不充分不及时，一些反映协同成效的重要指标还有改进空间，协同最核心的利益分配机制问题还没有完全落地等。二是平台经营要进一步落细落实。这两年我们推出了很多平台，这是互联网思维下业务发展的必然选择，还需要在提高平台流量、压实平台用户等方面有实招、有实效。

三、2019 年对公业务发展思路和重点工作

2019 年，对公条线将继续以习近平新时代中国特色社会主义思想为指导，坚持新发展理念，深入贯彻党的十九大、十九届二中、三中全会和中央经济工作会议精神，全面落实全行工作会议总体部署，以供给侧结构性改革为主线，以社会痛点难点问题为导向，聚焦“三大战略”和“两个优先”，在夯实对公业务基石作用中巩固市场领先地位，在提升服务实体经济发展能力中优化业务结构，在推广平台化场景化打法中打造业务新优势，在增强精细化管理中做深做细协同联动，在全面主动管控中防范化解风险，持续推动对公业务更高质量发展。重点做好以下十个方面工作。

（一）以信贷投放为切入点，增强服务国家建设能力

总行初步安排全年人民币对公贷款新增 4170 亿元，各分行要高度重视贷款投放，抓贷款储备不能放松，利用好有限的信贷资源，加大重点领域、优质客户和项目的投放。同时，要充分发挥信贷、债券、股权“三支箭”作用，支持实体经济发展。

1. 服务重大国家战略，抢抓战略落地先机。全行要加大对粤港澳大湾区、雄安新区、自贸区以及“一带一路”、京津冀协同发展、长江经济带、长三角一体化发展等重大国家战略的支持力度。各分行要分析潜在需求及市场机遇，下好先手棋，结合区域配套政策和实际情况，梳理重点营销客户和项目清单，抢先储备优质客户/项目并开展合作，赢得业务先机。要加大对总战等优质客户及重大项目的信贷支持力度，保持建设银行市场份额。

2. 服务基础设施领域补短板，巩固传统优势。财政部已提前下达 1. 39 万亿元地方债新增额度，全年发行工作也要求争取在 9 月底前完成。要紧盯地方政府专项债券发行工作，主动协同有关部门抢先布局。密切对接各级发展改革、财政、交通、水利等部门，积极获取重大项目储备清单和保障在建项目清单，做好营销推进，巩固基础设施领域优势。要加大对 5G 商用、人工智能、工业互联网、物联网等新型基础设施建设、城际交通、物流、市政基础设施、农村基建投资等关键领域研究及在建项目支持力度，新型基础设施贷款占比要明显提升。

3. 服务制造业强国，力促先进制造业与现代服务业深度融合。中央经济工作会议重点工作第一条就是推动制造业高质量发展。各分行要快速行动，推进集成电路、数字经济等战略性新兴产业和先进制造业快速增长，研究支持战略性新兴产业集群综合服务方案，普惠金融投放要向高科技行业、战略性新兴领域倾斜。加大对传统产业技术改造升级领域的信贷投放力度，积极支持先进制造业企业“走出去”，推进军民融合重点项目及重点区域对接。

4. 服务乡村振兴与脱贫攻坚，引导资金实现精准滴灌。一是按照国立董事长的要求，从城乡融合共生的视角，依托我们的新模式、新产品、新技术，搭建城乡对接平台，建设城乡融合场景，用大连接大服务促进城乡共赢发展。二是强化目标导向，加强涉农、扶贫贷款投放，确保完成监管考核目标；努力提高涉农服务机构优良率，特别是优良率得分较低的，以及参与评估机构数较多的分行，尤其要重视起来。三是积极与各地发展改革、农业等部门沟通对接，以“三区三园一体”等产业和资源集聚区域、两权抵押贷款试点等重点改革区域为重点，积极拓展新型农业经营主体。四是防范涉农业务风险，确保经营合法合规。

5. 服务“租售并举”，支持住房租赁市场健康发展。重点支持住建部确定的 16 个热点城市、住房租赁试点城市、雄安新区等需求较为旺盛的区域，住房租赁专项用地项目，央企、地方国企、品牌房企等资金实力、运营能力较强的客户，增加社会房源有效供应，并通过信贷支持营销房源上线我行平台。同时，要继续发挥房地产领域的专业优势，择优审慎开展房地产开发贷款业务，

加强区域、客户与项目的差别化管控，提升优先支持类客户信贷投放比例。要落实好国家棚改政策，按照商业可持续原则，稳步发展棚改信贷业务。

6. 服务污染防治攻坚战，全力支持绿色发展。要加大对海绵城市建设、综合管廊建设贷款等独有产品营销力度，支持城市地下基建、城乡环境改善、河湖水系治理项目。积极稳妥推进“节能贷”“碳金融”等特色业务，推动与行业协会合作，从源头寻找行业领先客户。进一步加强电力、燃气、石化行业优质龙头企业营销力度，优化煤炭、火电、有色等行业业务结构。要严格控制高耗能、高污染行业的信贷投放，避免违规介入有环保问题的企业。

7. 服务海外重大项目，提升交易撮合能力。一是创新研究融资承诺和银团包销产品，积极发展跨境并购业务。二是探索发展海外财务顾问业务，增强平台与能力建设，拓展信息获取渠道。三是主动担当“一带一路”国际合作的部分职责，积极与有关部门协调，抓住业务拓展商机。

8. 服务企业股权融资需求，统筹推进市场化债转股业务。市场化债转股正处在政策机遇期，各行要高度重视，与子公司开展协同联动，推动全年新增落地规模600亿~1000亿元。要坚持价值投资原则，突出政策导向和集团综合贡献，重点围绕战略客户和重点客户开展业务，重点布局对接高质量发展的优质客户，推进不良资产债转股。各分行要转变观念，债转股项目前期落地较少但客户资源相对丰富的分行要加大客户营销服务力度，并在资金募集、投后管理上加强协同。

（二）以解决社会痛点难点为出发点，增强助力建设现代美好生活的能力

1. 全力推广“惠懂你”App，以生态经营实现“一打一大片”。坚决贯彻李克强总理视察我行时提出的“小企业、大事业、无止境”理念，进一步优化布局普惠平台，主动连接各类政府数据，加强同业赋能，推动平台出海，构建开放共享生态体系。丰富“惠懂你”功能，引入互联网营销方式，强化数据分析和商机挖掘，加大考核激励，充分调动客户经理的营销积极性和App潜在用户的下载意愿，提升营销效果。全年力争实现普惠金融客户新增30万户，普惠金融贷款新增30%以上。

2. 明晰客户群体，以链条营销实现“一抓一条线”。“互联网+”时代，供应链金融将是万亿元蓝海市场。国立董事长在全行工作会上特别强调了供应链金融和“民工惠”，这是2019年普惠金融业务的重要战场。各分行要深耕供应链金融存量合作平台，一平台一方案，实现上线平台的量质双升；要深挖供应链链条资源，加强双大对双小的带动，进一步延伸对链条服务的广度与深度。要以践行“以人民为中心”的发展思想为出发点，以国有大行破解社会痛点的使命担当，汇聚全行力量，推进“民工惠”取得突破性进展，全年要实现400亿元融资额、400万人次农民工发工资。为此，各分行行领导要亲自挂帅、落实专人负责、组建专门团队、集中优势资源、协同发力、快速突破，树立起“大行服务农民工”的市场形象。

3. 加强产品体系建设，以立体化产品布局支持拓客黏客。持续推动“云税贷”“账户云贷”“抵押快贷”拓客上量，拓展内外部数据应用范围，丰富互联网线上金融产品和服务内涵，加大线上线下产品融合创新，拓宽客户服务覆盖面。丰富“小微快贷”产品系列，构建“裕农快贷”涉农产品体系，创新“交易快贷”，衔接成长型客户融资需求。开展普惠金融百万创业者培训计划，打造培育企业成长发展的孵化器。

4. 依靠智能风控工具，以完善的风控体系保证高质量发展。强化对存量线上、线下业务资产质量变化趋势监测分析，及时发现潜在风险重点领域。做好集中到期贷款的跟踪管理，有效控制风险暴露。推进可视化风险监测平台建设，加强穿透管理。推动建立灵活、高效、快速的不良处置通道。

5. 加强支持保障，以集团合力为普惠金融保驾护航。落实部门职责，加大信贷、财务、科技资源配置，优化完善差别化考核核算体系，充分发挥集团经营合力，强化协同推进。

（三）以平台化场景化打法为支撑点，增强金融科技运用能力

1. 聚焦企业生命周期，大力推动企业智能撮合平台客户数量突破性增长。一是活旧拓新，实现获客活客黏客。加强平台新客户与行内存量客户的良性转化循环，公司机构类客户转化率要不低于20%。对接各类政府机构、金融办等平台，获取权威信息，撬动对建设银行产品的使用；对接园区、行业协会等类型客户，实现批量获客。全年平台客户注册数要新增35万户。二是真实合规，夯实平台发展质量。要了解客户，做好客户信息和需求发布的核查工作。加强辖内平台事项管理，要有据可查、经得起推敲，并应用平台"举报"功能，对需求内容进行管理。一经发现出现造假行为，要及时有效应对、严厉处罚。三是广泛动员，繁荣平台发展。加强对平台的推介宣传；做好与龙头客户、优质客户的对接，提升平台聚合效益；引导客户使用平台信息及功能，进一步提升平台活跃度；打通服务链条，以B端合作带动C端突围。

2. 聚焦社会治理，以智慧政务平台为核心构筑公共服务生态体系。一是将智慧政务平台作为参建"数字政府"的核心抓手，重点打造云南精品"样板间"并做好全行推广。二是将智慧政务平台作为行内各类社会化应用平台的总平台和统一入口，做好已上线平台的优势转化和迭代推广，创新搭建建融慧学、建融智医服务平台，推动生态场景建设，打造一体化、综合型的服务大平台。三是将平台数据分析成果运用于客户经营场景，初选天津智慧政务、人社部社保大数据系统等开展尝试，完善客户经营各环节的数据应用闭环，实现商机有效整合。全年"智慧城市政务服务平台"对公、对私客户分别要新增1000户、100万户以上。

3. 聚焦同业赋能，加快同业合作平台产品服务的落地和推广。一是做好零售智能风控等标准化产品和国开行等重点客户整体项目落地。二是打牢平台基础建设。完善制度，做好平台运营管理系统。三是赋能中小金融机构，借助建行大学、研修院开展智力输出，对外赋能，培育同业金融生态圈。四是加快非银行客户产品落地，探索试点非银行"双录"系统、积分系统公用云输出。五是打造"蓝色共享"同业生态圈。为生态圈会员提供包括信息发布、交易撮合、资产转让等多层次、综合化服务，为中小金融机构提供投融资渠道，提升建设银行核心竞争力；全年"蓝色共享"生态圈客户新增100家以上。

4. 聚焦数字化经营，加快对公网络金融业务发展。进一步运用金融科技手段助力对公业务数字化转型，将企业网银、企业手机银行、企业ERP云平台在金融和非金融领域的优势有机结合，建设集成服务、汇集信息、银企互动、开放互联的数字化平台，培育新的竞争优势。加大平台推广力度，丰富对公网络金融生态，成为获客活客利器，助推业务发展。

（四）以融智服务为突破点，增强交易性业务发展能力

1. 推动现金管理智能化服务水平新提升。一是加快拓展结算产品在移动支付领域创新应用。以"无线支付密码"、单位结算卡等普惠型结算产品为基础，推进结算产品移动支付在"惠懂你"App、企业手机银行等渠道的部署应用。二是全面提升现金管理产品"智能化"应用。实现对企业现金流精准预测，打造资管产品线上展示与"一站式"销售平台，引导归集资金流向我行资管类产品，为企业提供智能化的投资决策；建立直联电子验资平台，不断提升现金管理服务能力和水平。三是提高"平台化""场景化"应用创新能力。以"惠市宝—专业市场结算平台"提供综合性服务为突破口，带动对公、对私客户以及结算产品的全覆盖；依托"监管易"产品独有的多级资金监管模式，对接住房租赁市场，加强在工程项目建设、土地复垦和村镇集体经济改革等领域的应用。

2. 推动"投行+"产品形成新优势。把握市场机遇和政策利好，巩固拳头产品优势，整合行内品牌、客户、渠道、资金、风控资源，通过借力打好组合牌。一是要继续保持债券业务市场领先地位。重点发挥北京等地区龙头牵引作用，带动全行债券业务协同发展。依托全球投行业务中心，初步建立境内外业务联动平台。完善投承一体化机制，逐步打通包销账户二级市场交易渠道，实现债券业务闭环交易。二是要强力推进财务顾问业务。积极探索国企降杠杆、民企纾困、新兴企业成长、传统企业融资手段创新等领域业务模式，做到"真顾真问"。做好智能财务顾问系统推广，助力财务顾问服务在二级行、网点覆盖率的提升。三是积极打造并购投融资生态圈。整合市场资金端和中介机构专业优势，并针对企业并购中的难点、痛点对症下药，逐步向早期介入、全流程服务转变。四是形成资产证券化业务新动能。对公金融资产证券化基础资产逐步由信贷资产向信用证、保函、票据等其他类型资产延伸。通过“债券通”及建设银行结算代理模式，实现境内发行债券、境外资金投资，促进形成内外联动机制。

3. 推动资管业务实现新突破。一是统筹协调集团资产管理发展，明确各类机构的定位与错位发展，做大做强“大资管”业务，做国内领先、国际一流的资产管理银行，确保管理资产市场第一的地位，实现“资产持有”大行向“资产管理”大行转变。二是以资产驱动负债，实现理财资产与产品匹配增长。加强标准资产配置力度，大力拓展债券资产，提升精细化委外管理水平；巩固非标资产优势，推动股权类资产增长新模式。全年理财规模要新增1000亿元以上；新配置资产不低于5000亿元。三是持续丰富产品线，加大结构性存款推进力度，加快净值型产品创新。四是深入内部挖潜，平衡量、本、利关系。充分利用过渡期老产品期限错配政策，精细化预期收益性产品布局降成本；科学设计净值型产品费用分成机制，平衡好产品净值、固定管理费及超额收益分成的关系，通过有效的成本控制提升收益。五是发挥分行资管客户、业务、产品及投资的独特作用，形成资管大行的基础和机制，优化集团资管结构，提升全行综合服务能力；调动和保护分行发展资管业务的积极性，通过管理会计等方式，让分行享有其获，增强获得感。六是扎实推进理财子公司建设，确保理财子公司首家如期开业。从制度、系统、业务模式、盈利模式、风控模式五个方面加快推进筹备工作，树立行业标杆。发力金融科技，加快“大资管家”系统开发进程。完成分行理财业务集中经营工作，确保过渡期内新老产品平稳转型，新老业务有序衔接。

4. 推动托管业务取得新进展。一是做好重点客户营销。积极与辖内重点资管客户建立战略合作关系，挖掘本行自有资金、委外资金以及其他机构投资需求，对接资管客户项目。二是做好重点产品拓展。打好职业年金争夺战，确保职业年金入围资格，提前与主要受托人合作，争取更大的托管份额。抓好净值型理财产品托管及外包业务拓展，加快推进托管加外包的业务新模式。把握好互联网资金存管业务新机会，做好业务管理、客户准入工作。协助做好国企混改基金 ETF 份额换购工作，积极争取国企混改基金托管业务。三是做好运营模式优化。加快“集中化运营，属地化服务”运营模式推广，破解无证券托管资质分行开展证券托管业务的瓶颈，建立分行属地化的客户服务体系。四是确保“应托尽托”机制落地。建立托管业务与行内上游业务的数据交换、信息共享机制，在市场营销、客户准入、产品准入和委外投资等方面联动发展业务。

5. 推动同业业务发展取得新成效。一是做好金融机构，尤其是银行客户的授信工作。这是2019年扩大同业合作的主要任务，通过批量化授信申报审批机制，提高授信效率，扩大授信覆盖面。二是发挥储备与调节功能。流动性组合业务期限结构要配合好行内流动性储备需要；发挥好债权投资、同业借款、票据资管等计划调节功能。三是抓交易性机会。利用市场阶段性交易机会，筛选同业资产，盘活存量，新增收益，提升资本回报水平。四是提升结算资金份额。不断做优、做好代理结算服务，提升服务竞争力，以此来争取更多的结算清算、证券存管、托管资金等低成本结算性资金。

6. 推动资金组织能力再上新台阶。一是盘活行内资产，有序推进对公信贷资产证券化业务，通过腾规模、调结构，提高业务收益；做好对公贷款回收新投放工作，全年力争实现1万亿元移位再贷目标；把握有利交易时点，加速票据周转，做大转贴现交易量，提升获利能力。二是统筹行外资金，提升银团贷款牵头筹组及分销能力；同等条件下，择优与蓝色共享生态圈银行进行合作，提升银团贷款牵头主动性、市场竞争力和综合收益率，深化同业竞合关系；搭建海外业务信贷资产分销及转让体系，逐步提升境外资金组织能力。三是力促保证业务快速发展，把握工程建设领域保证金市场清理规范的业务机遇，主动营销源头客户及重点建筑业企业，推荐投标、履约、预付款退款等非融资性保证业务；紧抓“放管服”改革机遇，推动境内保证业务电子化项目落地。四是发挥造价业务优势，做好造价资质到期衔接，以造价咨询业务为黏合剂，构建工程建设领域金融生态圈。

（五）以提质上量为着力点，增强客户账户拓展能力

1. 加快赶超的步伐，实现客户新突破。要始终将“厚植客户”作为工作的重中之重，持续发力营销客户，在客户数量有所突破的同时，实现客户质量与结构的不断优化。要借力“金融科技”，利用大数据等科技手段，通过供应链金融、生态圈拓展、大数据应用等模式，加强对核心企业成员单位、上下游客户、产业链客户的营销拓展，增强客户黏性。继续推进代缴税工程，加快对核心企业、政府平台、煤气水电经营缴费等客群批量营销。全年公司机构客户新增57.86万户，增幅为10%；加权前有效客户新增20.6万户，增幅为8.3%。

2. 坚持两个毫不动摇，做优做好民企客户。要坚持“五个优先”原则，将专注主业、财务健康、治理完善、信誉良好、注重研发的企业作为重点服务对象，优先支持战略性新兴、军民融合等重点行业，优先支持北上广深、苏浙闽等沿海民营经济活跃区域，优先支持优质民企以及供应链条企业，优先帮扶临时困难企业渡过难关。要做实“四个强化”与“四个保障”，尤其是在协调推进、提升效率、多渠道资金、债券承销、债转股、投贷联动方面积极创新，坚持“大中小微，国有民营，一视同仁”，加大对优质民营企业支持力度，并提高直接融资比重，切实解决民营企业融资难、融资慢、融资贵的问题。

3. 深耕机构长尾客群，全力承接政府类资金。一是大力拓展基层政府和基层群众性自治组织，抓住财政支出资金末端和经营性资金的关键节点，有效带动下游B端和C端获客。二是拓展教育类长尾客户，重点关注基本公共教育机构、民办类义务教育机构，具有品牌效应的民办高端幼儿园等。三是拓展医疗卫生类长尾客户，重点关注基层医疗卫生机构和妇幼保健院、疾病预防控制中心、专科疾病防治院、采供血机构等专业公共卫生客户。四是批量营销社会团体类长尾客户，通过与各级民政部门搭建“民政E线通”平台，从源头批量获客，先发介入行业协会、商会、基金会等长尾客户。要继续做好“建行杯”第五届中国“互联网+”大学生创新创业大赛的冠名与全面参与，利用大赛契机加强与各地教育部门、教育客户的合作关系，系统性地推动银校合作。

4. 巩固账户领先优势，提升结算账户价值贡献。全行要上下齐心协力，保持领跑姿势，继续强化同业对标管理。对标不仅是数量，更要对标质量，即要对标有效账户数、单个账户贡献度。全年实现单位人民币结算账户新增80万户，基本结算账户新增60万户，保持同业领先优势。要挖掘存量账户潜力，将账户数量优势转化为经营优势。提升新开基本户占比，成为客户结算的主办银行；建立长效的存量低效账户经营机制，加快清理存量工商注吊销企业等无效账户；加大普惠型结算产品覆盖，让账户活起来、资金流转起来，力促存款沉淀。全面深化工商合作，打造“开户在建行”对公账户服务品牌。

（六）以四行首位为立足点，增强对公存款竞争能力

全年人民币企业存款日均新增3800亿元，目标保二争一。

1. 依托资产赋能，抓好大额资金机遇。重点关注国家级战略带来的发展机遇。抢抓积极财政政策、国家支持民营经济发展、重点区域及基建补短板和各类战新基金、理财子公司设立带来的资金机遇，高度关注、积极布局，统筹协同资源配置条线，利用资产类产品撬动作用，策略选择匹配负债产品，挖掘客户需求，做好客户综合营销服务和资金承接。

2. 依托产品赋能，做好量价平衡。要用好产品，按照市场定价原则，灵活运用对公聚财、大额存单等创新产品，加大对大型集团、政府机构以及重点企事业单位等客户营销力度，带动客户全量资金稳步增长。对于同业优于建设银行的存款产品，原则上可参照其他大行创新产品条件开展创新和定制。全年单位存单新增1500亿元、单位结构性存款新增300亿元、对公灵活计息产品新增3000亿元。要批量拓客，总行拟推出多账户、多客户对公聚财产品，满足园区、集团、供应链上下游等客户需求，各行要加强新产品培训与应用力度，开展批量营销。要掌握规律，为资金富集客户、建设银行存款富集客户、存款增长朝阳客户画像，掌握客户存款增长周期和资金运行规律。要用好系统，加强大数据成果转化，持续优化对公雷达系统功能，实现雷达系统应用从PC端拓展到移动端，提升营销商机可得性，助力打造资金闭环。对公资金体内循环率和承接率分别不低于47.44%、47.08%。

3. 依托G端赋能，稳定机构存款压舱石作用。要直面形势变化，继续做好社保资金存款稳存增存、财政账户存款份额保卫战和公检法司监狱系统拓展。要善于运用价格、地方债认购、资本性投入、科技系统等各类资源，支持机构存款增长，力保市场份额。要牢牢把握资金脉络，加大力度拓展基本户、零余额、专用账户、党工团费四类账户，深化客户合作，提升价值贡献，做好零余额账户的下游资金承接；大力拓展交易类、代管类、暂存类、保证金等专用账户和党工团费等低息稳定资金。探索新时期“八一工程”拓展新路径，继续积极开展对军队基建项目的营销拓展，做好新设立的集中支付机构和结算管理机构的营销工作。抢抓军队关键账户营销，通过银医服务开拓军队医院业务新市场。要努力增加已开军队账户的存款量。

4. 依托平台赋能，抓好商户业务发展。在考核上，要建立有效协同联动机制，构建科学有效的商户业务考核体系，以商户业务拓展带动支付结算、存款、银行卡等业务持续发展。在方法上，要持续提升批量获客能力，以平台化、网络化方式，通过圈、链、群营销，持续提升全行批量获客能力，推动消费资金承接。在营销上，要针对不同客户分类施策，围绕大中型客户，深挖供应链上下游商户；并将商户营销融入“双小”战略的实践中，不断提升商户的稳存增存作用。

（七）以模式创新为火力点，增强转型发展能力

1. 发挥优势，建设新型金融生态圈。发挥在房地产金融领域优势，整合全行资源，打通全链条，从上游的土地招拍挂，到项目开发建设、造价咨询、预售资金监管，再到下游的个人按揭、装修，住房租赁，社区金融、居家养老等全部环节，打造一个“内部一条数据链，外部若干客户圈”的新型房地产金融生态圈，搭建适合于政府（G端）、开发商（B端）、工程建设和物业管理企业（b端）、个人（C端）的不同平台和各自入口，构建“G2B2b2C”的完整生态。各行要比照总行做法，充分挖掘本行优势领域，力争每个分行都搭建特色金融生态圈，对于适合全行推广的，总行将加力推广。

2. 产融结合，创新支持实体经济模式。2018年总行启动了“智享+”产业级共享平台搭建工作，把金融产品融入先进制造企业生产经营的各个环节、各个场景，实现企业间在线交易以及设备共享，降低终端用户成本。建设银行通过在平台嵌入交易资金支付结算、资金监管、财产保险、融资租赁等金融服务，实现综合效益提升。这个创新项目获得了全行“创新马拉松”一等奖，2019年开始转化，第一个领域是工程机械设备方面。各分行要对辖内先进制造业企业进行梳理，有适合采用这种模式的，要主动参与到创新项目中来，尽快实现在分行的场景复制、模式复制。

（八）以精细管理为落脚点，增强资源统筹运用能力

1. 要将协同机制建设落实到位。经营管理的第一要务就是做好协同。2018年总行已经印发了协同发展指导意见，2019年还将陆续下发母子、公私、区域和境内外协同指导意见，完成体制机制建设，理顺工作流程，推动协同工作从行政化向流程化机制化发展。总行后续还将推动协同工作平台搭建，解决协同发展系统化智能化的问题，并将协同业绩展示至客户经理层面，着力解决算清楚账的问题，推动协同工作精细化发展。各分行要细化支持集团协同的重要政策、措施，充分发挥对公客户经理在客户营销中的主导作用，统筹整合不同条线、母子公司和境内外机构各自优势，提供最契合客户需求的综合解决方案，切实提升整体金融服务水平和市场竞争力。要充分运用分行版（客户版）综合金融服务方案系统，针对客户痛点、难点提供综合解决方案；全面计算对公客户经理创造的价值量，完善对公客户经理综合业绩评价体系；各产品部门和子公司要做好产品库的更新和维护，为基层行的客户营销服务提供支持。

2. 要将建行大学教育资源运用到位。一是加大对公客户经理的人员配备和培训力度。全年补充对公客户经理5000~10000名，年度中间配备到位，进行脱产培训后补充到基层；提升员工技能和素质，切实保障“三大战略”和“两个优先”经营理念全面落地实施的人才需求。二是依托建行大学开展新模式营销。建行大学通过产教的深度融合，整合碎片化的资源实现开放共享，在向社会赋能的同时，也为我们批量获客、深度黏客、产品投送提供了又一利器。各行要充分利用好建行大学平台，拓展和培育建设银行忠实客户。此外，还要用好网点渠道营销功能，加大适合网点销售产品的部署和培训力度。

3. 要将大数据分析应用到位。2018 年总行公司业务部门与数据部门及上海大数据中心协同合作，推出 8 个大数据项目，各分行反响不错。2019 年总行将进一步推动大数据在公司业务中的智能化、场景化应用，拟研发 22 个大数据项目，项目成果会分阶段投放，各行要重视项目落地应用，充分理解应用场景，要有目标、有要求、有跟踪、有总结，使其尽快发挥效能；同时，要加强协同联动，会同数据、技术条线人员主动开展大数据项目挖掘，熟悉数据内容、掌握工具方法、明确客户群体，以数据为武器实现发展战略的深入推进。

（九）以风险防控为关键点，增强稳健经营能力

近年来，全行在坚持全面风险管理的基础上强化了主动风险管理，同业率先实现了资产质量指标稳中向好。但是，当前经营环境复杂严峻，经济下行压力加大，整个商业银行不良贷款率创 10 年来新高，债券违约无好转迹象，外部传染隐患不减，信贷资产质量管控压力仍然很大。全行要进一步强化底线思维，持续强化风险管控，坚守合规经营。

1. 强化信用风险防控。保持资产质量稳定是“防范化解重大风险攻坚战”取得成效的重要标志，也是衡量各行风险管理能力的重要标志。各分行要继续将信贷资产质量管控作为工作重中之重，紧抓重点行业风险研究，加强重点客户、重点业务风险防控，严格落实行之有效的管控措施，充分揭示、及时化解和处置风险，持续巩固资产质量稳中向好的态势。

2. 强化合规经营。工作可以充分利用规则，但绝不能违规取巧。近期审计署审计指出了一些分支机构政策制度执行中存在的问题，如环保要求未落实，项目资本金不到位、贸易背景审查不严等。各行要对照监管要求，严格自查自纠，重检制度，查漏补缺，处理好业务发展和风险防控的关系，确保不触碰监管红线。要压实内控合规主体责任，强化制度执行力，做实尽职要求，守住风险防控“第一道防线”。对于监管检查、内外部审计提出的问题和监管意见，要强化根源性整改，落实主体责任，确保整改到位。对新出现的问题，要准确预判风险隐患，由点及面，举一反三，从制度、流程、系统、操作等方面改进完善。在整改过程中，要加强与检查机构、检查人员的解释沟通，力争最好结果（问题最少、定性最轻、处罚金额最少）。

3. 强化反洗钱与案防工作。2019 年，按照金融系统反洗钱工作会议的要求，预计建设银行将接受人民银行反洗钱现场检查。根据其他金融机构近年被查情况，各分行、总行相关部门的履职情况是监管检查与处罚的重点。各分行要在全行统一部署下，早着手、早准备，严格贯彻落实相关工作要求。同时，在反洗钱工作中要讲究工作方法，既满足监管要求，又能有良好的客户体验。2019 年监管机构也将组织开展严厉打击金融领域违法犯罪活动，对案件涉及机构和责任人一律从严、从重惩处。各行务必高度重视。按照全行统一部署，做好重点业务、重点产品检查等相关工作，杜绝信贷领域严重违规行为，消除案件风险隐患，筑牢合规风险防线。

（十）以加强党的建设为根本点，增强党建引领业务发展能力

1. 坚定理想信念，坚决贯彻落实党中央决策部署。要以党的政治建设为统领，全面推进党建工作。要深入学习领会习近平新时代中国特色社会主义思想，增强“四个意识”、坚定“四个自信”、做到“两个维护”。要坚定不移贯彻、不折不扣落实中央经济工作会议精神和党中央各项决策部署，以及总行党委相关工作要求。要紧紧围绕服务实体经济、防范化解金融风险等党中央要求，切实肩负起国有大行的使命与担当，发挥好国有金融企业主力军作用。

2. 全面从严治党，持之以恒强化党风廉政建设。要以赖小民和薛峰案件为警示，以案为鉴、筑牢防线。要严防谨守信贷领域腐败行为，加强廉洁风险防控。要加强员工管理教育，严守党纪行规，遵守保密规定。要从严从实执行中央八项规定和总行党委实施细则，清正廉洁、秉公用权，坚决防止和克服形式主义、官僚主义，带头转变作风，知行合一。

四、几点注意事项

（一）凡事要搞清楚其价值

要想将工作做好，首先要明白工作的重要性，理解其价值。比如说普惠金融，为什么总行要花大力气推进普惠金融战略，正是因为我们了解它的价值，深知普惠金融战略的重要性。有些分行不清楚重要性，推进力度就不够；有的分行不理解其真谛，就容易跑偏方向。所以大家在工作的时候一定要读懂文件，吃透精神，明晰要求，理解真谛。我今天讲的十个方面工作要求，公司部要根据部门职责逐项分解落实。

（二）工作要善于计划安排

现在的工作既多、又杂、更难，比 20 世纪八九十年代不知道要多多少、难多少，几乎都是新的。面对瞬息万变的内外部形势，做好计划安排和统筹谋划显得非常重要。关于计划安排，一是要全盘统筹，各项工作都不落，不能顾此失彼；二是要运用资源，对于机构、人力、费用、业务资源都要做好安排；三是要列时间表，明确什么时候做什么事，预估完成时间；四是要监督执行，掌握工作任务执行进度和完成情况。计划千万不要只放在脑子里，要形成详细方案，必须落在文字上，指导大家按方案行动。

（三）增强组织动员的能力

工作任务最终都要依靠所属机构和员工去完成，那么如何带动他们完成，这就是考验指挥者的组织动员能力。组织动员很重要的一点是把掌握的资源要素都能让它发挥作用，内部资源是有限的，社会资源才是取之不尽，用之不竭的，我们一定要善于组织动员社会资源。例如“三大战略”、建行大学就是利用社会资源的典范，普惠金融战略的大发展是借助社会信息分析，为客户画像；住房租赁战略是组织动员社会房源，实现百姓安居；金融科技更是借助科技力量服务全行；建行大学是利用高校的教师和课堂为我们服务。

（四）改变我们的工作方式方法

工作方式方法很多，在这里我只提两点。一是研究式工作、创新式思维。各位在工作中要善于思考，用脑子工作；要勤于创新，不能因循守旧。二是改变打法。近几年，我们抓平台、抓源头、抓供应链、抓商圈，都取得了不错的成绩。例如“一部手机办事通”，我们为当地政府搭建系统，这就是一打一大片，一网打尽。

（五）在“做”上下工夫

说一千道一万，最终还是要落在“做”上。分行间、部门间、人与人之间的差距相当程度上来自“做”。做不做、用多大力来做、怎么做，结果差距很大。关于做，我给大家提几个关键词：端正态度，努力去做，协同去做，借力去做，认真仔细去做，马上去做。

（六）掌握几个理念

理念很重要，它是行动的先导。一是全行价值最大化。做业务，思考问题一定要坚持这个理念，这是心胸、胸怀的问题。二是天下事必成于细。对比外资银行和企业，中国人在吃苦这一方面强于国外，但为什么缺少高质量产品和品牌呢，就是因为“粗”。因为粗，我们鲜有高质量的产品；因为粗，本来能发现的风险而没有发现。三是群策群力百倍于独断独行。“三个臭皮匠顶个诸葛亮”，群众是真英雄，大家一定要相信群众，依靠群众，和下属多商议多研究。四是凡事要看最终结果。能求得一个好结果是我们工作的目的，仅仅说得好、做得好，但结果不好还是不行，那说明你只是个花架子，一定要用数字说话。另外，这也是个思维方式问题，制订工作方案、采取工作措施、布置工作任务都需要把思路做法提前演绎一下基层人员会怎样落实执行，推演最终可能的结果，总之，希望大家一定要务实。五是要追求轻资产、轻资本发展。通俗地说就是，不用多少本钱就能将生意做大。国外投行之所以收入高，是因为它们用智慧赚钱，占用资本少。在这种情况下，需要我们不断转型、不断创新。六是形成以客户部门为主导的意识。所有部门的业务都是在客户身上做的，就像所有庄稼都是在土地上耕种一样，客户就是我们的土地。客户部门是地主，是管理土地的，离客户最近，最清楚客户需求。一方面，客户主管部门要有管好地的意识，为其他部门提供服务；另一方面，其他部门要和客户部门多沟通，做好资源配置和业务保障工作，化肥、种子、农药、机具等都要服从种田的，这是各部门职责所在，也是内部运行机制所在。最后给大家讲几句口号式理念：办法是想出来的，困难是能够被克服的，能力是打仗打出来的，业绩是用心干出来的，荣光是努力拼出来的！

同志们，2019 年是新中国成立 70 周年，也是我们建设银行成立 65 周年。是全面建成小康社会、实现第一个百年奋斗目标的关键之年。新的一年，新的征程。眺望新征程，使命更光荣、任务更艰巨，让我们继续以坚定不移的理想信念、奋勇拼搏的精神状态，勠力同心、再接再厉，创造无愧于伟大时代的新辉煌！

在第三批总行处长交流分行任职行前动员会上的讲话

章更生

（2019 年 3 月 12 日）

今天是植树节，从人才的角度看，安排你们到基层任职也相当于总行党委在“植树”。在座的各位好比总行种植的 24 棵树，两三年以后，这 24 棵树长势如何，就要靠你们个人努力了。大家都是总行的处长，不知道是否意识到，总行的干部一般存在两点不足：一是由于工作所处位置的原因，容易不太接地气、不太了解基层、不太了解客户、不太了解市场。二是有点不食人间烟火，有时难以体谅基层的难处，难以体谅客户的难处。等大家到基层岗位上开展工作后，可以自我验证，看看是否与我所说的这两点情况相同。

作为总行处长层级的干部，工作中要发挥“承上启下”的作用。“承”的是部门，“启”的是基层。你们最需要积累和锻炼的是基层经历和基层经验、对全局的掌控能力和处理复杂问题的能力。只有到基层去，这两“经”两“力”才能得到充分的锻炼。总行有 40 多个部门 400 个处室，各处的职能划分得很细。作为一个处的处长，需要研究处理的问题相对单一。而作为基层行长，需要对全局进行把控，很多问题是绕不过、躲不掉的，必须要仔细研究、动脑筋处理。大家马上就要到基层岗位工作，原则上会先担任二级分支行党委副书记、副行长，约有半年的过渡期来熟悉和适应工作。如果在这半年中，分行观察你确实难以承担二级分行行长的重任，分行党委就有可能不敢把一个二级机构交给大家去管理。因为二级分行的收入和业绩挂钩，业绩事关员工切身利益，来不得含糊。

如何在基层开展工作将是大家需要认真思考的问题。为了给大家做点准备，我请人力部将我在二级分支行行长培训班上讲课的课件和总行近期在华东学院举办的新任职领导人员培训班上讲课的课件发给大家。二级分行行长班上的讲课内容相对比较全面、系统，新任职领导人员培训班上的课程因为时间只有半天，主要是围绕如何“发现问题、分析问题”来讲的，给大家提供一个发现与分析复杂问题、疑难问题的思路和方法，由于时间问题对如何“解决问题”没有讲。

今天给大家送行，临行前我想送给大家几句话。

一是要先摸清情况。不管到哪里工作，一定要先摸清情况，这一点非常重要。而摸清情况需要一个过程，很难在短时间内就能了解清楚所有业务、人员情况等。尤其是人的情况，十分复杂。有些人城府深、含而不露，如是正派的也罢，如是品性不好的人，那就是所谓的“两面人”，不容易看清。因此在用人方面，一定要慎之又慎，不要偏听偏信，要多听取几方面的意见和看法，兼听则明。在没有摸清情况之前工作不能停，业务发展要继续，工作可以先按既定的去办，摸清楚情况之后再斟酌行动。通常情况下，刚任职半年内在大的方面不宜做变动，刚到任不久就大刀阔斧地改，这是犯忌的，工作最忌讳的就是“情况不明决心大”。

二是要搭好班子、带好队伍、把好方向。只要把这三点做好了，我认为大家履职就可以打 80 分。具体道理，请大家参考课件。尤其作为“一把手”，一定要注意这三个方面，要搞清工作的重点在哪里，心中要有一盘棋，把握好孰重孰轻。资源是有限的，要清楚有限的资源应该投入到什么地方，就像有限的炮弹该往哪打，需要把握住方向，不能跑偏。

三是要群策群力。这是一种聪明的做法，因为一个人的能量是有限的，工作必须靠大家。其一是要善于运用集体的智慧。我们的员工，尤其年轻员工，智商、知识储备各个方面都很好，大家要充分挖掘员工的智慧，发动员工出主意、想办法，然后再去鉴别哪个好、哪个实用，一定要相信群众的智慧。其二是要善于调动员工的积极性。前面讲的是动脑子，这里讲的是要行动起来。这是搭班子、带队伍要发挥作用的地方，班子搭好了、队伍带好了，员工就会主动跟你去干，要知道，士为知己者死。这里说的“群策群力”其实就是贯彻党的群众路线问题，而怎样运用集体智慧、怎样调动大家的积极性则是另一个问题，发给大家的两个课件上我都讲了，在这里我就不具体讲了。

四是要注意工作的方式、方法。工作中要注意方式和方法，切忌简单粗暴，注意多思考，只有勤思考，才能不断有火花、有新的点子。具体的方式方法，给你们的课件里面也提到了一些。需要强调的是，一定要具体问题具体分析，凡事不要机械照搬。一个方法在这里好用，挪到其他地方有时不一定行。凡事要因地制宜、因时制宜。具体问题具体分析，是马克思主义的历史唯物主义，是马克思主义活的灵魂。

五是要记住工作七要素。工作七要素即职责、任务、权限、流程、依据、尽职、担当。希望大家牢记这七个词，不仅是在接下来的基层交流工作中，今后不管在哪里工作，这七个词都要注意、都要做到。关于职责，这不难理解，关键是一定要清楚你的职责，否则，容易造成失职。任务是什么，一定要清楚，上级行下达的关于存款、贷款、中收、商户、普惠、不良等任务，每一项都要完成好。职责清楚、任务明了后，就要做事了。做事是有权限的，越权是绝不允许的。如一件事超出了自身的决策权限，要向上级及时报告，上级不支持，你考虑后认为确实应该办的，可再越级上报，但绝不允许没有得到同意就去做。作为领导干部，这是基本规矩。有了权限，也不是想怎么干就怎么干，还要注意流程，先干什么，后干什么，一定要有这个概念。应该有的程序不能少，也不能逆程序办事，否则在以后检查、审计时就是瑕疵。有权限、按照流程做，就能随便做了吗？不是，做事还要有依据，各个环节点上的依据最主要的各种制度、文件，特别是中央的、总行的制度文件，总行领导的讲话也可以作为依据。然后是尽职，就是工作要卖力、要尽力去干，尽可能全身心地投入到工作中去。最后是担当，在基层很多时候都需要担当，可以说一个不能担当的人是干不成大事的。有些事情未来发展如何是未知的，决策时很难十分准确，但在作出判断和决定后要能担当起来，该拍板的要果断拍板。

六是要严格要求自己。大家交流任职时间最短是两年，实事求是地讲，要把基层情况搞明白并且做出一定成绩，真正达到基层锻炼的效果，我个人体会至少需要三年时间。否则，大家工作刚刚开展不久后就离开了，后面接续的人是否按照你的路子去做，就说不好了，每个人思路都不一样。当然，大家如果愿意申请多干一年，也是可以考虑的。交流任职的时间有限，大家更要严格要求自己。如何严格要求自己，其一是要时刻注意自己的形象。在基层岗位上，你们不仅仅代表自己，也代表了总行，代表了所属部门。其二是要虚心向基层学习。我们能够到总行工作，有能力的因素，也有机遇的成分。其实基层员工能力大都也很强，只不过机遇差一些，因此，一定要尊重他们。在基层你能学到书本上所没有的东西，要善于向班子成员、中层干部、基层员工讨教。在请教问题时，要抱着谦虚的态度，人越是谦虚，越能得到大家的尊重；反之，总是显示优越感，别人就会形成抵触心理。其三是要遵守工作纪律，遵守包括考勤等各项纪律。各位都是自愿报名到基层的，都是有一定抱负才会接受这个挑战，相信大家都能做到自律。其四是遵守八项规定。这是刚性纪律，必须注意。营销中不该喝的酒不要喝，不该去的宾馆、饭店不要去，希望大家好自为之。凡是要求别人做到的，自己首先要作出表率，一旦失信于员工，说的话再正确员工也不会听，继而工作任务就无法完成。

七是要注意总结。一件事情完成后乃至一句话说完后，都要及时回顾，思考自己做的、说的对不对。每周，你们要利用休息时间，回顾自己做了哪些事，哪些做得好，哪些做得还不好，今后在哪些方面要注意。每半年，大家要向人力部报送文字总结，总结不要写花样文章，文字不追求多漂亮，关键是要有干货，做了哪些事，有什么感悟，有哪些成功或不足的地方，下一步该怎样做，觉得工作上、政策制度上对总行有哪些意见和建议等，都可以提。总结非常重要，没有总结就没有提高。

八是有问题要找组织。这是个兜底条款，如果遇到自己怎么想办法都解决不了又必须要解决的难题，要及时找组织。遇到难题不要过多的苦恼，及时向组织汇报，请求组织上支持、支援，可以向分行领导汇报，重大的问题也可以向总行部门甚至总行领导汇报。大家记住这一点，当遇到问题，经过各种努力都无法解决时，要及时找组织。

九是要注意安全。希望大家在锻炼结束后都能安安全全地回到总行，安全是全方位的，既包括工作上的，也包括身体上的。其一是工作上的安全。首先，合规非常重要，许多风险，尤其是操作风险，多源于合规问题，因此，一定要按规矩办事。做任何事都要有依据，要勤翻文件、勤翻制度。其次，要管理好本部和所辖分支机构，尽量确保平稳运转，否则“按下葫芦浮起瓢”，你会疲于应对。最后就是安保工作，比如防火防盗防爆，要有这根弦，尽管有分管的人员具体负责，但大家也要经常过问。其二是人身上的安全。大家在外要注意人身安全，尤其是四位女同志要特别注意，晚上不要单独外出。同时，在座的各位年龄小的也接近40岁了，这个年龄阶段接近身体的“大修期”，可能平常没有的毛病，这个阶段莫名其妙就出现了，所以大家一定要注意锻炼身体，养成良好生活习惯。建议制订一个好的作息时间表，把锻炼的时间安排进去。

十是要珍惜难得的锻炼平台。人实现自己的抱负是要有平台的，舞跳得再好，没有舞台，也只能空有一身舞艺。现在总行就给大家提供了一个非常好的平台，不是每个人都能得到这样的机会，也不是一个人总能得到这样的机会，希望大家一定要倍加珍惜。大家去基层，会遇到各种实际问题，就像学生读书，学生要想成绩好，除了要认真听讲以外，就得做作业，各种作业做得多了，考试碰到同样的题目就不怕了。能力是打仗打出来的，关在温室里，即使智商、情商再高，能力都难以得到提高。好钢是千锤百炼炼出来的，能力也是练出来的。希望大家珍惜各分行为你所提供的平台，努力工作，力争干出对得起组织、对得起自己的成绩。

在大家临行前，送给大家这十句话，但愿对大家能有点帮助。预祝大家工作顺利！谢谢大家！

在全行智慧政务推进现场会上的讲话

章更生

（2019 年 3 月 15 日）

今天我们召开的既是智慧政务推进会，也是一次培训会。让各一级分行“一把手”来是经田国立董事长同意的，主要考虑到智慧政务的营销必须“一把手”亲自出面同省市政府领导去谈。下面我讲几点意见。

一、什么是智慧政务

建设银行智慧政务起源于河南安阳，系统上线后，确实方便了老百姓，也为我们获得了不少业务机会。从安阳智慧政务上线，到湖南政融支付嵌入，再到今天的云南项目成功落地，我们是在看清看透了这块市场后，总行领导才下决心的。所以在这里，一要表扬河南安阳分行行动早；二要表扬机构部市场看得准，发现了安阳分行的做法后，将其作为全行性的大事来构思；三要表扬金科部，成立了金科公司，做到了“举全行之力、聚全行之智”，做成了这件“样板间”大事；四要表扬云南分行，营销工作做得很到位。

首先回顾一下云南智慧政务推进的大事记：

2017 年 12 月 26 日，云南分行首次向省政府办公厅表达“互联网 + 政务服务”合作意向。

2018 年 1 月 3 日，云南分行被总行列为全国智慧政务五家试点行之一。

2018 年 4 月 16 日，田国立董事长听取云南省智慧政务建设工作汇报后指示：“调集全国力量支持”。

2018 年 6 月 28 日，宗国英常务副省长拜访田国立董事长，双方达成合作共识。

2018 年 8 月 17 日，建设银行与云南省人民政府在昆明举行“互联网 + 政务服务”建设合作签约仪式，宗国英常务副省长和我出席。田国立董事长对此作出批示：“总行各部门全力支持云南完成此项工作，举全行之力，聚全行之智支持配合。”

2018 年 9 月 19 日，王祖继行长到云南分行调研并听取智慧政务建设工作汇报。

2018 年 9 月 24 日，田国立董事长对云南智慧政务项目做出重要指示：“与云南省政府合作建设智慧政务项目意义重大，可能会由此改变智慧城市建设和数字中国治理的路径选择，甚至可由此全面提升国家社会治理水平。让我们更加增强了国有大行的战略自信、体制自信和技术能力自信。云南分行任重道远，总行会全力支持”。

2018 年 9 月 27 日，田国立董事长明确由我担任我行“云南智慧政务项目”领导小组组长，牵头推进项目实施工作。

2018 年 9 月 29 日，王祖继行长主持召开金融科技创新委员会 2018 年第一次会议，会上审议通过了云南省“互联网 + 政务服务”项目。

2018 年 10 月 10 日，我主持召开云南智慧政务项目推进工作专题会议，会议要求各相关部门以云南项目为示范和标杆，开展全国营销推广工作，并对下一步工作作出部署，后来落实得都非常好。

2018 年 11 月 9 日，云南省政府与中国建设银行在昆明召开云南“一部手机办事通”专题会议，田国立董事长、阮成发省长和我一同出席会议并讲话，双方确定“一部手机办事通”力争于 2019 年 1 月云南省两会前上线。

2018 年 12 月 20 日，我出席了云南“一部手机办事通”第四次专题会议，确定 2019 年 1 月 10 日如期上线，并提出 7 点要求。

2019 年 1 月 10 日，智慧城市政务服务云南项目“一部手机办事通”上线试运行启动仪式在建设银行昆明海埂培训中心成功举行。

2019 年 1 月 25 日，云南省人民政府召开“一部手机办事通”上线新闻发布会。

云南智慧政务从开始营销推进所经历时间不长，但是花了巨大精力，从中不难看出总行领导对做智慧政务的决心。

那么，什么是智慧政务呢？智慧政务简单讲就是“互联网＋政务服务”。

“互联网＋政务服务”是指各级政务服务实施机构运用互联网、大数据、云计算等技术手段，构建“互联网＋政务服务”平台，整合各类政务服务事项和业务办理等信息，通过网上大厅、办事窗口、移动客户端、自助终端等多种形式，结合第三方平台，实现政务服务统一申请、统一受理、集中办理、统一反馈和全流程监督等功能，为自然人和法人提供一站式办理的政务服务，也就是实现“一网通办”。

“一网通办”是指建设以国家政务服务平台为枢纽、以各地区各部门网上政务服务平台为基础的全流程一体化在线服务平台，推进各地区各部门政务服务平台规范化、标准化、集约化建设和互联互通，形成全国政务服务“一张网”。

（一）国家推进“互联网＋政务服务”的发展脉络

一是数字中国的重要组成。习近平总书记指出，加快数字中国建设，就是要适应我国发展新的历史方位，全面贯彻新发展理念，以信息化培育新动能，用新动能推动新发展，以新发展创造新辉煌。

二是智慧政务从大力推进到深化推广。2016 年 3 月，李克强总理在《政府工作报告》中首次提出要大力推进“互联网＋政务服务”，标志着其正式纳入国家战略，已成为政府职能转变的新动力和推进政府治理现代化的重要抓手。此后每年的《政府工作报告》都有提及，2019 年明确指出要深化“互联网＋政务服务”，在各地探索推广一批有特色的改革举措。通过“一网通办”能把过去不合理的规章制度调整优化了，如果政府愿意还能精减不少人员。

三是国务院相继发布 27 个文件。其中《国务院关于加快推进全国一体化在线政务服务平台建设的指导意见》（国发〔2018〕27 号）提出：2019 年底前，国家政务服务平台上线运行；2020 年底前，各省（自治区、直辖市）和国务院部门政务服务平台与国家政务服务平台应接尽接、政务服务事项应上尽上；2022 年底前，全面实现“一网通办”。

（二）建设银行智慧政务的内涵

建设银行的智慧政务，是建设银行发挥金融科技优势，同业首创的为各级政府搭建全事项、全流程、全覆盖、全场景应用的政务便民综合性服务平台，实现自然人、法人、政府机构等不同主体的行政审批线上线下一体化、民生支付电子化、行业应用智能化、城市服务数字化，助力提升政府现代化治理能力，改善民生服务质量效率，实现优政、惠民、兴业。

一是做政府的智库。通过为政府提供顶层规划、制度法规、政务流程、管理机制、数据运用、运营维护等方面的专业咨询，使建设银行顺利进入市场、赢取政府信任，取得引导政府决策的话语权，进而掌握市场主导权。

二是做系统平台的搭建。通过提供“一网通办”一体化在线政务服务平台、“指尖办”移动政务服务平台、“就近办”网点政务服务自助终端、“慧决策”政务大数据智能控制平台、“强监管”智能精准监管平台、“树信用”信用信息服务平台、“智能化”公共资源交易体系等全方位政务服务，使“互联网＋政务服务”有了落脚点与撒手锏。

三是做技术体制的创新。通过探索人工智能、云服务、大数据、区块链等新技术的应用与创新，加强大数据综合分析应用、数据交易、超级支付、智能化服务等体系建设，成为“互联网＋政务服务”的新引擎和升华剂。

四是做政银服务的融合。智慧政务是“三大战略”在公共服务领域的平台化实施和延伸性拓展，可作为住房租赁、普惠金融等建设银行已有行业应用的统一入口，同步在政务服务过程中深度嵌入建设银行优质金融服务，从而为客户提供便捷高效的“政务＋金融”的综合服务，增强惠民服务有效供给能力，提升市民幸福指数。

二、智慧政务为我们带来了什么

（一）做的是情怀

一是体现“为国分忧”的政治担当。充分运用建设银行金融与科技的优势，将建设银行的发展有机融入国家战略的实施当中，是助力各级政府深化“放管服”改革，优化国家治理体系，提升政府执政能力与治理能力现代化水平，推进我国数字政府建设的重要实践。

二是肩负“为民解困”的社会责任。我们以解决政府堵点、社会难点、民生痛点为己任。在社会民生层面着力解决让企业和群众少跑腿、好办事、不添堵，缩短办理时限，降低企业和群众办事成本，实现从“群众跑腿”到“数据跑腿”；在政府层面着力解决“跨地区、跨部门、跨层级”“一站式”政务服务，达到“办事不求人、审批不见面、最多跑一次”的效果，不断提升公众和企业的满足感、获得感、幸福感。

三是输出“建行文化”的使命召唤。智慧政务社会影响大，其建设过程充分向政府、企业、民众展示了建设银行的硬实力与软实力，建行文化根植其中。智慧政务“建行模式”不仅是服务和技术输出，也是建设银行价值观的传播以及文化的输出。

（二）谋的是发展

一是实现打法的改变。通过为地方政府建设智慧政务，将过去我们想进入而进不去，想要更多的份额而达不到的业务，基本能实现一网打尽。同时，由于建智慧政务同省级各厅局、地市领导建立了良好的合作关系，使我们在营销各项业务时比过去要容易得多。

二是启动“第二发展曲线”。以颠覆式创新突破，破除创新者窘境，打破“消失的银行”宿命，在到达发展极限点之前找到破局点，把握进入脱胎换骨“二次增长”的机会，实现跨越“S形曲线”的“第二发展曲线”的启动。

三是践行“G端连接”。充分发挥机构业务服务G端客户的优势，紧抓政策源头、资金源头和数据源头，通过“G端连接”的核心举措，自上而下牵动“B端赋能”和“C端突破”，实现建设银行市场竞争力、价值创造力及社会影响力的跨越式提升，是建设银行创新经营模式与盈利模式的尝试。

四是盘活优势资源。在业务方面，通过嵌入住房服务、养老服务、公共资源交易、税务、惠民、扶贫、“三农”服务等多种行业应用，深化与政府的合作；在技术方面，依托领先的金融科技实力，形成一批具有建设银行特色的产品体系、业务体系与人才支撑体系，从战略上推动建设银行金融业务的二次创新。建设银行正在推进的系统级服务，高度契合2019年《政府工作报告》中提出要加快在各行业各领域推进“互联网+”战略的要求，符合“互联网+监管”“互联网+督查”“互联网+教育”等新概念。

（三）要的是市场

目前，大众消费支付市场已被侵蚀殆尽。支付C端市场，腾讯微信支付、阿里支付宝依靠在电子商务和网络社交平台的优势，对整体银行业实现了全面碾压。

但是，“互联网+政务服务”用户市场广阔。据统计，2018年我国在线政务服务用户规模达3.94亿，占整体网民的47.5%。企业用户网上办事的普及率还不高，潜力极大。

竞争由“红海”向“蓝海”蔓延。我们在C端的直接竞争对手，已经将触角拓展到B端和G端。三大电信运营商以及一线浪潮等IT厂家，也正积极在智慧政务、智慧城市等公共服务领域布局。

我们迫切需要巩固G端市场优势，撬动B端、C端市场。相较在政务服务市场主要竞争对手，建设银行在政府客户端拥有良好的客户积淀，服务政府、公司、小企业用户数量大、覆盖行业面广、需求分析准、配套服务全，并且已经建设了大量的系统平台，广泛地与G端客户互联互通。通过进一步巩固G端市场，利用三端客户紧密的社会关系，我们就可以增强以G端平台撬动B端、C端市场的成效。

（四）讲的是效益

一是带动了机构业务发展。要充分认识智慧政务的综合战略价值，有力夯实与政府类客户的关系；以智慧政务为纽带，可以提升营销效能，有效带动传统机构业务高质量发展；以智慧政务为媒介，批量拓展政府上下游对公、对私客户群体，实现“一抓一大片，一打一条线”。

二是成为“客户必选银行”。通过进行业务渠道拓展、服务类型升级，将政务服务与公众、企业连接起来，占领用户入口，形成批量化获客优势，能够降低获客成本，提高客户黏性，强化用户依赖。

三是掌握大数据源头。通过智慧政务，我们能获取政务服务、市场交易和经济活动大数据，为建设银行导入巨量经营数据信息、客户账户资源，提升建设银行数据获取、数据交易以及数据应用等效能，居于价值链核心位置。可有效丰富建设银行“惠懂你”“民工惠”“小微快贷”“撮合平台”等优质金融服务产品的应用场景、扩大获客范围、提升服务质效和推广效果。

四是推动业务生态形成。通过平台连通相关各方，深度融合金融产品与政务服务，形成完整闭环与共赢机制，塑造出金融服务与经济活动有机交融的新生态，从而有效推动建设银行网金、个金、房金、公司、小企业等业务发展。其实还不止这些，包括子公司业务。

五是占据市场制高点和关键点。通过助力推动“互联网+政务+民生+营商+监管”集约发展，有利于高度集成各行业应用，构筑广泛交互的生态平台集群。为场景衍生、批量获客、产品植入、数据运营、打造新盈利模式开辟全新广阔空间。

三、我们的竞争优势

目前，阿里巴巴、腾讯，还有浪潮等都在积极涉足智慧政务，它们更多的是要数据、抢客户、卖设备，建设银行相比它们有以下几点优势。

一是将网点服务与政务服务相融合。充分利用建设银行遍布全国众多机构网点和服务队伍，将金融服务网点渠道，转化为百姓身边的政务服务大厅，探索公共服务生态构建运营的最优路径。这是互联网公司所不具备的。

二是有良好的信誉做背书。建设银行是一家全国领先的国有大型股份制商业银行，是国家队，拥有良好的社会信誉、商业信誉、产品信誉、服务信誉、竞争信誉、财务信誉，可为政府提供优质实惠、长期持续、安全可靠的全方位服务。信息安全是政府最为关注与担心的地方，而互联网公司等大多是民营企业，一旦泄密政府责任重大，这是痛点之一，也是我们营销时要抓住的重点。

三是客户服务基础好。建设银行长期服务于政府客户，全方位了解客户需求，在沟通渠道、沟通方式上具有先天优势；在服务细节、服务体系化、服务长期性、服务到位性上与政府要求高度契合。

四是金融科技实力领先。建设银行经历新一代大会战，万人六年磨一剑，拥有一次性重构上百个系统，构建企业级平台的经验和技术，也锻炼出了一支具有实战经验的、能打硬仗的科技队伍。荣获了人民银行科技进步奖70余项，参与的国家863计划荣获国家科技进步奖一等奖，在金融领域独占鳌头，在国内外金融领域科技方面荣获多项殊荣。建设银行将人工智能、物联网、大数据、区块链、云计算等先进科技运用于智慧政务建设，提升平台含金量。可在政府连通信息孤岛、打破数据烟囱、实现数据统一共享上提供有力支持。

五是强大的安全保障体系。建设银行信息系统达到等保四级（非军事领域最高等级），准军事级，建设银行用户认证、数据加密等关键应用的安全手段能够为智慧政务提供坚强后盾。作为国有大行，在安全保密管理上，以国家标准为依据，安全风险管控措施严密，这也是与政府的愿望相统一。

六是节约政府建设成本。依托建设银行已有的平台资源、网点资源、自助终端资源、公有云服务资源，可节约大量的基础设施建设、研发投产、运营维护、人员管理等成本投入，减少财政支出。

七是提升政府建设效率。建设银行汇聚各类应用与服务商，免去了政府对各类供应商/业务部门筛选、业务洽谈、对接接口等多步骤工作，极大地提升了智慧政务平台建设效率。

八是丰富政务服务内容。建设银行对公对私业务积累了丰富的经验、累积了大量的创新产品与服务，通过大数据等技术运用，丰富政务服务内容，提升政府平台品质，为更好地服务实体经济、打造诚信社会、优化营商环境提供支撑。

以上八点也是我们营销各省市政府时要讲的重要内容。

四、下一步怎么做

（一）"一把手"工程、两个抓手、三个步骤

1. "一把手"工程，即分行"一把手"为第一责任人，主管行领导后续跟进，出面营销省市领导和主管部门，同时充分吸纳分行机构、金科、网金、渠道、公关等各相关部门人员，成立专门的班子自上而下统筹协调推进。

2. "两个抓手"即业务和技术两手都要抓。业务条线，主要是机构部要抓住省级主管部门，积极营销涉及大量行政缴费的省级主管部门，所有部门、层级，一点接入，全面构思，树立大局观；技术条线上要全力支持与配合，协助营销、高效研发、稳定运维，系统有问题要及时迭代升级，运维一定不能忽视。

3. "三个步骤"即"摸清情况""按图索骥""攻心为上"。"摸清情况"，要做到"底数清、情况明、痛点准"，为总行团队和项目组介入打好前站，提升深度营销的成效。"按图索骥"，消化吸收"样板间"成功经验，并推介给政府。在了解政府痛点上下工夫，从政府角度来思考问题，提供灵活、实用、适用的全方位综合解决方案。以"攻心为上"的策略打动政府，亲自赴云南实地考察，百闻不如一见，云南成果的意义重大，要发挥"样板间"功效。

（二）一个中心、一个重心、多个场景

1. 一个中心，即争取全国"一网通办"的建设机会。抓住长三角区域一体化发展带来的新的合作机遇，积极跟进探索建设银行智慧政务推广跨省模式，如京津冀为全国"一网通办"的实施进行了有益尝试。省级有云南，一体化也要建设。

2. 一个重心，即争取省级整体平台的建设机会。通过云南"样板间"的打造，我们具备了省级平台建设和运维的经验，具备了全国复制的基础条件和舆论氛围，要在全国特别是在建设落后的区域，争取省级整体平台的建设机会。云南智慧政务的方案经过第三方机构评比，从顶层设计、内容涵盖上目前在全国是最领先的。

3. 多个场景，即争取省级政务服务应用场景的建设机会。一是支付场景的接入。抓住政务服务领域支付的痛点，提升支付场景的覆盖度，占领 G 端支付市场。二是数据应用场景。把握住公共服务和政府管理数据源头，将数据转化为生产力，以数据驱动赋予建设银行转型发展新动能。三是其他政务应用场景。要基于建设银行智慧政务已有和在建系统，挖掘更多的可介入的政务应用场景，突破参建屏障，加深政银合作关系。这都是获利的载体，一定要将建设银行的业务嵌进去。

五、几点要求

一是要整体布局，分步实施。在战略上要明晰往哪打，在战术上要明确怎么打；在建得好的地方用什么牌打，在落后的区域先打什么牌，后打什么牌。要有策略、有目的、有方法地展开推广工作。2018 年我们的重点在云南，考虑科技力量有限，2019 年我们的目标是至少再突破 5 个以上省级政务平台。这就要求我们要依据全国不同的营销进展，有序的统筹资源、安排好推进的先后次序，谁营销的快优先安排。金科公司要改变工作思路、方法，一流公司做设计，推进的层次感要出来，要做好并行实施的攻坚准备。

二是要共享多赢。建设银行是国有大行，进入智慧政务领域要做"排头兵""领军者"，要定位于做政府的助力者、企业的服务者、百姓的解困者、市场的整合者。但是要遵循市场规则，按照各地已经成型的规划，配合政府与已经入局的第三方通力合作，实现资源、信息共享，强强联合形成多赢局面。

三是要打造新的生态。通过行内行外资源的整合，实现生态顶层规划、客户全量覆盖、服务全链贯穿、产品全程嵌入、渠道全面外延、数据权威源头和场景衍生基础的目标，着眼于社会痛点，创建"互联网 + 智慧 + 政务 + 监管 + 金融"互融共进的新格局，打造公共服务生态体系。

四是要注重合规。要明晰与政府合作的法律风险，确保程序、行为、手续上的合规；要加紧推动政府在职责分工、数权界定、隐私保护等相关方面的法制建设；要建立风险防控策略，加强政策合规风险、区域风险、信用风险以及操作风险的统筹管控。

五是要做好运维。要与政府一同，为智慧政务运行维护与数字运营探索新路子；要加强运维制度建设，明确工作团队，建立协同应急预案；

要融合建设银行运维体系，加强一级分行科技力量的建设。

六是要坚韧不拔。2018 年习近平总书记在庆祝改革开放40周年大会上说：“我们要把命运掌握在自己手中，就要有志不改、道不变的坚定。”做智慧政务也要坚定信念，要有恒心与毅力。要用战略性的思维和立足长远的眼光去看待得失，虽然智慧政务前期营销耗费精力大，短时间看不到成效，但这是整个打法的改变，彻底改变了过去的模式，现在不做将来肯定落后。同时，各地推进智慧政务要因地制宜，已经整体启动的省份，要在云南基础上了解当地整体建设情况，找准突破点，加紧建设；部分上线的省份，我们想办法整合，为我所用；还没有启动的省份，我们就用云南的标准去对接，这样建设更快，还省去了系统对接的各种困难。我再强调一下，可以讲，不做智慧政务改变打法，将来我们的发展就很艰难；不抓商户，今后对公存款就会面临非常大的困难。对此，“一把手”一定要亲自抓，这两项现在都是跟其他大银行、第三方机构在赛跑，因此，一定要立即行动起来。可以说，作为分行“一把手”，你不抓这两项工作，那说明你不会抓业务。

今天我就讲这么多，谢谢大家！

在投行业务2019年度策略会上的讲话

章更生

（2019年4月10日）

本次会议叫业务策略会，提法挺好。毛主席曾说过，“政策与策略是党的生命”。做大事、做成事，大多是因为策略正确。策略不当，往往费力还没有好结果。这次会议的形式也比较新颖，做投行就是要敢于创新、大胆创新、不断创新，在创新中谋发展、创佳绩、争领先。下面我讲几点意见。

一、建设银行投行业务已展现出良好的发展势头

（一）2018年投行业绩良好

1. 各项业务齐头并进，价值创造不断提升。2018年投行条线实现收入××亿元，实现全年计划。债券承销业务实现收入××亿元，非金融企业债券承销收入、发行规模和期数连续八年四大行排名第一；财务顾问业务逆势而上同比增长××%，实现收入××亿元，完成全年计划的××%。其中：并购财务顾问业务收入同比翻番、达××亿元，与工商银行差距由2016年末的××倍缩小至××倍；资产证券化业务持续发力，实现中间业务收入××亿元，对公信贷资产证券化发行量（××亿元）、期数（××期）、收入市场排名均为第一，ABN发行××亿元，实现同比翻番，四大行占比达到××%。

2. 积极践行三大战略，切实服务实体经济。一是实现投行业务系统建设全覆盖，债券承分销系统、财务顾问智能服务系统、资产证券化业务系统和并购撮合交易模块正式上线。二是制订落实普惠金融战略工作方案，发行供应链资产证券化服务××多家小微企业。累计承办双创债务融资工具××亿元、扶贫票据××亿元。三是形成投行服务住房租赁多种业务模式，在不占用建设银行经济资本情况下，引导社会资金××亿元服务住房租赁市场，在住房租赁领域债券注册规模达××亿元。四是运用多种手段为实体经济提供直接融资××万亿元，为企业发行非金债券××亿元，民企债券存续余额（××亿元）和年度承销规模（××亿元）均为四大行第一。与国家发展改革委共同发起设立××亿元国家级战略性新兴产业发展基金。投行业务成为建设银行表内外融资体系以外的第三条路径，是客户融资工具的有机组成部分。

3. 业务综合贡献度高，溢出效应明显。据初步统计，2018年债券业务实现收入××亿元，带来近××亿元存款沉淀；作为财务顾问联合券商发行金融机构信贷资产支持证券××亿元，实现财务顾问收入××万元，间接撬动对公存款、托管、资金监管、现金流归集管理、信托资产管理规模近千亿元，为我行带来综合收入近××亿元。

4. 持续完善体制机制，业务基础不断夯实。开展年度营销活动、“增客户　扩内涵”主题营销活动和财务顾问竞赛活动，新增投行有效客户超××家，不断扩大投行品牌影响力。建立《飞驰·投行研究》平台、××人兼职研究员队伍、“飞驰创新说”投行条线青年创新研究小组，投研能力不断加强。坚持合规先行，将全面风险管理理念融入投行业务全流程，全年未出现重大风险合规事件。

（二）2019年第一季度业务发展展现出强劲的势头

第一季度取得了业务发展开门红。第一季度投行条线实现收入××亿元，近两年同比平均增

速超××%。其中，债券承销业务继续领跑市场，实现收入××亿元，规模和收入全市场排名第一。财务顾问业务保持较快发展态势，实现收入××亿元，近五年来首次在第一季度超过××亿元大关。并购重组财务顾问业务表现突出，实现收入××亿元，对财务顾问业务的贡献度从2017年同期的××%提高到××%。2018年投行收入为××亿元，2019年第一季度实现收入××亿元，完成了2018年全年收入的一半，业务展现出了强劲的发展势头。

但是业务发展不平衡现象仍未根本改变。突出表现在：一是业务集中度较高。第一季度投行收入排名前十的一级分行收入合计占比七成，财务顾问收入前100家二级行收入合计占比近××%，部分分行的潜力尚未得到有效挖掘，需要引起高度重视；二是部分分行尚未扭转业务低迷的状况，甚至一些重点分行领头羊作用并未有效发挥。从第一季度同比数据看，绝大部分分行收入都取得了较快增长，但北京、上海、山西、河南、辽宁、内蒙古、宁夏、大连、黑龙江等分行出现不同程度收入同比下滑。当然，各行有各行的情况，业务旺季时间有可能不尽相同，但不管怎样，希望各行上半年业绩能有好的表现。

二、要从战略高度认识投行业务的重要性

总行党委对投行业务一向十分重视。2019年，总行决定将其作为对公交易性业务的重要组成部分纳入分行考核并制定了专门的激励政策，这主要是基于以下考虑。

一是市场有前景。当前，优质企业客户的金融需求已经由传统信贷业务转向直接融资、并购重组、IPO及再融资、股权融资等多渠道综合融资，需要银行从资金提供者向资金组织者和安排者转型。投行业务与生俱来就是银行连接直接融资和间接融资市场、打通企业信贷与资本市场融资渠道的重要工具。2002—2018年，中国企业债券余额和境内股票余额在全社会融资规模中的占比由××%上升到××%。股权投资市场投资总额，由2008年的××亿元上升到2017年的××万亿元，增长了××倍。并购市场交易规模由2009年的××亿元上升至2017年的××万亿元，增长了××倍。可见，投行业务发展空间广阔。

二是战略有要求。随着中国利率市场化基本完成，商业银行面临着存款分流、利差收窄的巨大压力。2018年建设银行净利差为××%，比上市之初下降××个基点，比最高的年份（2008年）下降了××个基点，如果乘上存贷款总额，利差减少数额将是巨大的。面对金融脱媒和客户需求多元化趋势，总行党委从战略层面提出要发展第二曲线，真正实现大转型、大发展，要求对公交易性业务要做优，逐步向轻资本、轻资产发展路径转型，大力提升信贷与非信贷、融资与融智相结合的综合金融服务供给能力，其中投行业务就是重要的业务抓手。

国际先进银行历来把投行和财务顾问放在重要位置。2016年摩根大通银行的投行收入高达××亿美元，其中财务顾问收入××亿美元，是建设银行的4倍；美国银行的投行收入××亿美元，其中财务顾问收入××亿美元，是建设银行的××倍。可见，建设银行发展潜力有待进一步挖掘。

三是政策有支持。国家高度重视健全完善多层次资本市场制度体系，鼓励提升直接融资特别是股权融资比重，以更好地发挥资本市场对实体经济尤其是新兴产业的支持作用。2018年以来，设立科创板并试点注册制、持续推动IPO常态化、深化并购重组市场化改革等推动直接融资特别是股权融资的政策措施陆续推出。对于小微企业、民营、绿色、双创等新兴领域，鼓励通过资本市场疏通融资渠道、提供多元化融资手段。2018年人民银行鼓励银行创设民营企业债券融资支持工具，为民营企业解决融资难融资贵问题提供了一个全新解决方案。

四是竞争有压力。这几年，在传统业务的很多方面，建设银行的市场优势、四大行占比都处于领先的地位，但在投行业务上和工商银行相比还有不少差距，与一些股份制银行相比优势也并不明显。2018年工商银行财务顾问收入××亿元，四大行占比达××%，总收入占比××%；而建设银行四大行占比仅为××%，总收入占比仅为××%。四大行占比及格线是××%，我们离及格线至少还有××个点的差距。交通银行2018年实现投行业务收入××亿元，与建设银行仅有××亿元的差距。同时，许多互联网公司依

托场景优势和大数据技术，通过搭建投融资对接平台、提供资产管理解决方案等开始涉足投行类业务，在细分领域已初见品牌效应。

路，只要方向对了，就不怕遥远，只是一步一步往前走的问题。各分行要有紧迫感和使命感，准确把握当前政策利好和市场机遇，坚定贯彻落实好总行党委决策部署，把投行业务作为培育交易性业务新优势、推动建设银行高质量发展、助力金融供给侧结构性改革的重要抓手，抓紧、抓实、抓出成效。分行的行领导与资源配置部门都要对发展投行业务有高度统一认识，才能推动投行业务更好更快地发展。

三、2019 年投行业务工作要求和重点任务

2019 年投行业务总体要求：围绕国家战略导向，秉持服务实体经济初衷，聚焦社会难点痛点，深入推进全行“三大战略”，创新引领做优交易性业务，坚持业务发展和风险管理双轮驱动，强化金融科技和大数据应用，夯实投研创新和人才队伍基础，不断形成交易性业务优势和服务实体经济利器。

2019 年投行业务经营目标：投行业务收入实现××亿元，这是底线，各行应该积极争取更高的目标。其中：财务顾问收入××亿元，力争突破××亿元，并购重组财务顾问收入达到××亿元，债券承销收入××亿元，新增投行有效客户××家，非金融企业债券承销量达到××亿元。我强调一下，我们和工商银行差距还很大，要想赶上它，我们的发展速度就要比它快，同时，配置的资源也要同步跟上，要想庄稼长得快就得多施点肥，做业务是一个道理。

（一）组织好投行两个营销活动

一是继续在全行开展年度营销活动，将配置××万元专项费用；二是开展“财务顾问业务比学赶超年”营销活动，将配置××万元专项费用。各分行要制订实施方案，分解目标任务，按照总行费用增配相应资源，确保活动取得好的结果。总行投行部要统筹推进竞赛活动，做好组织安排、通报宣传和总结评比等工作；同时，对于业务发展迟迟没有起色、四大行位次落后的分行，总行将通过发提示函、通报、约谈等方式加大督导力度。

（二）聚焦总行战略，助力开启“第二发展曲线”

一是丰富投行普惠模式，为破解融资难题提供投行方案。聚焦高成长的双创企业和科技型企业，与普惠金融条线加强联动，重点围绕其资本市场业务需求提早介入。注重创新服务模式和科技应用，完善投贷联动机制，探索“股权＋债权＋合作机构全额担保”模式，创新运用供应链资产证券化、双创债、扶贫债、股权投融资等手段，解决企业初创期融资难、融资贵的问题。继续研究推进普惠金融信贷资产证券化工作，腾挪信贷资源、优化信贷结构。

二是加强金融科技应用，打造投行差异化竞争能力。要优化投行“三个系统一个模块”，着眼于信息传输的自动化、客户服务的系统化、业务流程的精细化，从资产和资金两端切入打造投行生态圈。各分行要加大对系统的营销力度，利用科技连接，提升客户黏性；鼓励有条件的分行开展特色业务、细分领域系统应用开发。

三是探索盘活住房租赁资产商业化可复制模式。运用投行手段，完善住房租赁的经营模式和盈利模式。不断丰富投行服务住房租赁的多种方案，抓住典型案例“解剖麻雀”，梳理内在业务逻辑，总结经验并复制推广。

（三）全力打造投资者联盟（大资产供给平台），搭建投行业务生态圈

投行条线要将打造 CCB 投资者联盟（大资产供给平台）作为 2019 年一项重点工作全力推进。上午钱理红总经理已经作了介绍和部署，就此我再提几点要求。

一是做好投资者信息采集和动态更新。要系统分析、全面梳理辖内不同类型投资者信息，根据投资者投资规模、投资偏好做到精准画像、精准营销和个性化服务。2019 年，三类投资者信息采集各完成××家，签约不少于××家。需要指出的是，与客户签约时要站在全行角度，而不单是投行业务角度，要从全行利益最大化出发，做好与其他条线的业务协同。

二是全力打造 CCB 大资产供给平台。要发挥投行在标准化资产方面的固有优势，强化资源整合能力，着力在非标和股权类资产拓展上下工夫。各分行要做好项目资源储备，建立项目资源库，

推动项目精准对接。区域中心要着手建立跨区域产品超市、资产仓库，协助总行强化集团层面资产信息整合。2019 年，全行入库项目数不少于××个，落地项目数不少于××个。

三是做好投资者关系维护工作。要建立 1 名客户经理加 1 名投行专业人员的“1 + 1”日常维护机制，实现投资者维护全覆盖。在客户维护过程中，各行都要去发现和引导客户对其他条线的业务需求，并做好信息传递。一家优秀企业，每个条线的员工都是信息的发现者和提供者，善于去挖掘宝贵、有用的信息，而不能事不关己、高高挂起。要持续跟进客户经营情况和投资策略变化，挖掘潜在投资需求，积极开展业务撮合、推动项目落地。对重要投资者要建立高层定期走访制度，组建以分管行领导牵头的投资者服务团队。要积极通过年会、峰会、沙龙、路演推介等特色活动，建立多种形式的投资者互动机制，紧密合作关系。

四是强化金融科技应用。要尽快建立相应的应用系统和数据平台，逐步完善运营、风控、营销、投后管理等体系流程，建立相应的业务协同、利益分享和考核激励机制。需要指出的是，要利用数据挖掘分析，建立若干业务分析及风控等模型，不能完全依靠人为判断和经验积累。同时，要持续优化完善模型工具，做好迭代升级。平台搭建起来后，不能成为“孤岛”，要与行内其他平台打通、连接，形成资源整合、功能互补、信息共享，方便客户使用，形成业务竞争力。

（四）巩固债券业务市场优势，加快资产证券化业务发展

一要积极推进债券市场创新。将服务绿色、普惠、扶贫、“一带一路”等国家重大战略与债券业务相结合，充分利用信用风险缓释工具等，帮助民企纾困，提升债券市场对实体经济的服务质量。二要不断优化业务结构。充分利用余额包销账户、承销—投资联动机制，提升建设银行央企、重点国企等大客户市场份额，控制中低评级、敏感行业客户比重，实现承销量稳健增长。北京、上海、广东、深圳等市场容量大、央企客户、大客户集中的区域要对标市场领先者，差距较大的分行要争取进入前两位，份额领先的要力保整体市场份额不下降。三要强化债券专业化销售队伍建设，加大市场化发行力度，完善总分行协同销售机制。进一步拓展风险偏好较高的投资人群体，丰富资金渠道来源。四要加快发展资产证券化业务。重点围绕核心企业供应链、第三方金融机构消费信贷、非标转标、商业物业、金融机构信贷资产支持证券等加大拓展力度。在继续做好公司类信贷资产证券化的同时，逐步向信用证、保函、票据等领域延伸。建设银行是开展资产证券化业务最早的一批银行之一，但限于当时的大环境却“起了大早、赶了晚集”。因此，看准一个业务就要发挥先发优势、碾压式推进，不然等“蓝海”变成了“红海”，我们再想抢占市场份额难度就很大，先发优势就不明显了。做事关键是一个“快”字，而且光自己埋头拉车还不行，自己快、别人比你更快。我们要向同业学习，知己知彼才能百战百胜。五要加速推进跨境债券业务，重点锁定在建设银行授信规模大、国际评级为投资级的境内外企业及金融机构客户。

（五）以能力建设为核心，强力推进财务顾问业务

财务顾问是银行综合竞争实力和价值创造能力的重要体现，也是锻炼队伍，催生人才涌现的重要渠道，需要引起高度重视。一要在四个能力建设上下工夫，即交易撮合能力、服务集成能力、资金组织能力和全面金融解决方案设计能力。要做实“真顾真问”，以优秀案例的打造和推广为抓手提升服务能力，年内各分行都要推出叫得响、拿得出手、经得起时间考验的优秀案例。二要在系统拓展上下工夫。要不断强化“飞驰 e 智”财务顾问智能服务系统功能，提升财务顾问系统化、自动化、智能化水平，实现平台批量获客。三要在机遇把握上下工夫。要牢牢把握科创板设立、国企混改、综合化降杠杆、金融服务民营企业等宏观政策带来的业务机遇，创新服务方式和融资手段，积极培育新的业务增长点。四要在并购重组上下工夫。围绕上市公司、私募机构、优质非上市企业等重点客群，围绕国家战略重点支持的子行业，以及北京、上海、广州、深圳、江苏、浙江等重点区域，做好项目储备，打造创新性并购服务生态圈。

需要指出的是，建设银行财务顾问业务目前与工商银行还存在不小的差距，曾经两家银行业务规模相当，后来因为收费检查存在不合规问题等原因，建设银行业务基本处于停滞状态，而工商银行却一直在发展，导致收入差距越拉越大。财务顾问是轻资本轻资产业务，是银行转型的方向。我们要有正确的观念，就像小孩学走路，不能因为担心摔跤而不让他走路，这样他永远都得不到锻炼和成长。只有不断跌倒再爬起来，才能得经验、长教训，才能学会走路、走好路。遇到问题就要把它搞清楚、弄明白、解决好，这才是对待问题的科学态度。遇到问题躲避，使业务停滞，不仅影响利润，我们员工的业务能力也无法提升。我们要在实战中不断锤炼员工的业务能力，不能只会做简单的事。在高风险中获得高收益才是真本事，看准时机果断出手，预警到风险，找准机会果断离场，都需要经过实战锻炼，遇到问题就退让是不行的。

（六）优化体制机制，厚植投行业务发展基础

一是完善业务架构，推动分层管理。要积极打造总行级“一地多中心”业务体系，构建投行信息整合、资源共享、人才培养和服务支持的前沿阵地。推动业务营销触角下沉，充分发挥二级行乃至网点的积极性，不断提升网点覆盖率和产品覆盖度。继续深化母子联动，加强与建银国际、建信投资、建信信托、建信基金、建信股权、建信资本、建信保险资管等子公司合作，重点突围债转股、境外债、并购重组、资产证券化、境外IPO及股权投融资等领域。各行要将调动二级行和网点积极性、优化母子联动机制作为重要课题进行研究。

二是强化投研敏锐度和前瞻性，促进投行创新提质增效。总行投行部要对标国内外先进投行管理经验，探索建立自上而下的行业研究体系，注重细分领域分析，精准捕捉头部企业和业务机会。要整合系统内外部研究资源，完善兼职研究员机制，着力打造一支覆盖宏观、市场、行业、战略、创新等多领域的专业化研究团队。

三是突出“高精尖”，打造一流专业投行队伍。尽快制定投行专家人才库管理办法，建立首批投行专家人才库名单。各分行要严格把关、好中选优，积极做好人选推荐报送工作。投行业务的特点是市场化程度高，人员流动快、流失率也高。要保持投行队伍的稳定，各分行在人才培养和激励上要有保障机制，体现对专业人才的政策倾斜，确保形成梯级人才储备。人力资源部要研究如何对从事融智型、轻资本轻资产业务的员工给予相应的薪酬倾斜。

做业务要有一定数量的人，目前建设银行投行条线人数与工商银行相比差距不小。从总行看，工商银行××人，建设银行××人。从全行看，工商银行××人，建设银行××人，建设银行其中不少还与资管条线合署办公。员工数量跟不上，要把业务差距缩小是不现实的。各行要加大各层级投行人员补充。资源丰富区域的二级分行要专设投行业务专业团队，条件暂不具备的二级分行要设置投行业务专岗，确保业务下沉力度不衰减、客户服务全覆盖。投行业务是描绘第二曲线的重要方面，希望各分行要高度重视队伍建设，抓紧增加投行条线人员。

（七）加强主动风险防控，强化内控合规管理

一要提高风险防控意识，不断强化风险管理的主体责任。在当前市场环境下，须高度关注跨市场、跨区域、跨产品风险蔓延与传染，加强对操作风险、合规风险、市场风险和声誉风险的全面管理。二要严把准入关。总行在检查中发现个别分行存在核准条件不落实、超权限办理业务等问题，各分行要严格按照限额政策及准入标准对发行人进行准入，加强承销敞口的统一风险监测。严格审核资产证券化业务底层资产质量和募集资金投向，严防“击鼓传花”风险。三要做好存续期管理。2018年以来，个别分行因债券后续管理不到位而被监管部门约谈。各分行要持续跟踪发行主体经营状况及募集资金使用情况，加强监控、预警、报告、分类等后续风险管理，持续完善客户风险预警报告和重大风险应急处置机制。四要推动合规工作前移，确保业务合法合规。财务顾问业务要按程序及时与客户签订财务顾问协议，确保四有原则、质价相符，并规范具体操作、落实业务细节。从目前各地监管检查情况看，质价不符、收费不严谨等问题仍或多或少存在。

四、提醒注意几点

前面我讲了投行业务的重要性和今后的重点

任务和工作要求，各分行要下大力气去抓，要做的事情还很多。当前投行业务既需要奋起直追、以较快的速度追赶领先者，同时也需要一手抓业务、一手抓创新。针对当前投行业务任务重、人员少的现状，我想提醒大家注意三点。

一是注意在人上做文章。要增加员工数量，人是做业务的主体，要通过直接、间接和社会等力量尽快增加投行人员数量。直接的力量就是直接增加投行条线员工；间接的力量是尽可能地利用其他条线能兼职从事投行业务的员工；社会的力量就是要借力，社会上有无限的资源，利用好了能够汇聚很大的能量。

要提升队伍战斗力。队伍战斗力的高低取决于一个领导带队伍的能力。带队伍要抓思想，我们党的一项重要本领就是善做思想政治工作，思政工作有很多学问，需要我们去学习、摸索。要抓活动，一个单位就怕死气沉沉，缺乏活力与生气，通过举办形式多样的活动把大家凝聚在一起，活跃气氛，培养员工团队意识、比学赶超的意识。要抓培训，充分利用建行大学资源和现代学习手段，员工素质提高了就能一个顶俩、顶仨；通过研究式工作促使大家开动脑筋，不断创新突破；积极采用案例教学、经验分享等方式提高实战能力。要抓文化建设，文化是需要慢慢培养的，不是一下子就能复制的，如果做到了效果就会很好，要培养队伍积极向上、拼搏奋斗、敢于竞争、乐于竞争、善于竞争的文化。

二是在做法上做文章。要利用大数据、云计算、人工智能等新技术，实现业务数据化、平台化、智能化、生态化。数据化，既要通过数据分析挖掘我们需要的信息，也可以为客户提供信息服务并实现创收。平台化，要把平台作为业务的载体，通过平台不仅能为客户提供多功能服务，还能锁定客户，就像云南分行“一部手机办事通”已成为银行获客、活客、黏客的新模式。智能化，要用人工智能技术想你未想、做你未做，为客户提供增值服务、超值服务。生态化，要挖掘场景，做生态链构思，贯穿上中下游并有机融合。此外还要对任务和工作进行方案化，这样工作才能真正落实、抓实。

三是在相关性上做文章。要向相关性要业务，事物都是联系的，业务跟客户有相关性，客户跟客户也有相关性，很多时候找不到切入口，可以通过相关性来找。向相关性要信息，做业务要有集成化、整体化思维，做业务本身也是融智的过程，融智就要撮合，要善于整合第三方资源为我所用。

2019 年是新中国成立 70 周年，也是建设银行成立 65 周年。希望大家借目前业务发展的良好势头，继续努力、加倍努力，以优异的成绩向新中国成立 70 周年、建设银行 65 周年献礼！

谢谢大家！

在党校第40期专题研究班毕业典礼上的讲话

章更生

（2019年6月6日）

2019年5月31日，中央召开了“不忘初心、牢记使命”主题教育工作会议，习近平总书记提出“守初心、担使命，找差距、抓落实”的12字总要求，并强调了“理论学习有收获、思想政治受洗礼、干事创业敢担当、为民服务解难题、清正廉洁作表率”五个目标。今天上午，总行党委召开了“不忘初心、牢记使命”主题教育动员大会，就全行的主题教育工作作了具体部署，各位学员也都通过视频会议系统参加了会议。希望大家一定要按照中央要求和总行有关部署，扎扎实实地将这次主题教育工作做好。借这个机会，下面我就“干事创业敢担当”问题谈点自己的学习体会，也算是给大家讲一堂党课。

一、干事创业敢担当首先要想干事

干事需要有动机，没有动机就没有行动，只有有了动机，才能有所行动。想干事指的就是干事的动机问题。

想干事是人生观问题。人活着就应该要有作为，这是人作为一个高级动物，区别于一般动物最根本的地方。作为一个人，为什么而活着？这个问题虽然好像很简单，但不是所有人都能够真正搞准确。我们共产党人，尤其是党员领导干部一定要有所作为，是因为我们党的宗旨就是为人民服务。正因为中国共产党人有这样的人生观，正因为先烈们具有抛头颅洒热血的革命精神，正因为先驱们有舍小家顾大家的工作精神，所以我们党才能从一个弱小的组织，最终带领全国人民取得中国革命的胜利、现代化建设的胜利和改革开放的胜利。中国取得的很多成就是外国人无法理解和想象的，这是因为他们还未真正了解我们中国共产党。咱们中国凭什么能够发展得这样快，就是靠着广大党员干部带头奋力干出来的。

想干事是个价值观问题。这是指人活着要追求什么的问题。人活着就要创造价值。即使是亿万富翁，也不能忘记要不断创造价值。咱们中国共产党人活着要讲奉献，这是我们的价值追求。人既不能坐吃山空，也不能仅追求物质的丰富，而忽略了精神追求。精神的贫瘠比物质的缺乏更让人痛苦。共产党人要为人民、为社会、为国家事业不断奋斗，这才能体现我们共产党人的价值。就像在工作中，我在跟总行部门的一些同志讲绩效考核问题时也说过，各部门在心中都要有全行价值最大化的理念，绩效考核即使不体现在你这个部门，但只要对全行有益，那也应该去协同，这在为建设银行事业作贡献的同时，也体现了部门与个人的价值。

干事是增长才干的必经途径。人都想聪明能干、有本领，但离开了干事，智慧就很难得到增长，能力就很难得到提高。只有通过干事，不知就学、不懂就问，遇到难题，集中精力去分析思考，解决难题，这样不断做“作业”，不断做加法，便能实现由量变发生质变，即人的综合素质与能力的提高。大家要坚信，只要一点一点地往前做，一段时间以后加起来，能力的提升就是必然的。

干事是“不忘初心、牢记使命”的根本。为中国人民谋幸福，为中华民族谋复兴，是中国共产党人的初心与使命。中国人民的幸福，中华民族的伟大复兴，是要靠干事干出来的，要靠全体中国人民，尤其是广大党员干部带领广大人民群众齐心协力地去干才能实现。这是一个伟大的事业，所谓事业就是事情的总和，把所干的所有的事情加起来就是事业。只要全党全国人民都来努力，我们的伟大事业就一定能成功。

我们目前正处在一个非常复杂、特殊的时代：宏观上，外部有一些消极力量阻挠打压我们中国的发展，内部正在进行经济结构调整、产业升级，通过转型改变发展方式。就建设银行而言，肩负着国有大行为经济发展供血的重要责任，自身所面临的形势也非常严峻。同业竞争日益加剧，监管逐渐严格，“三大战略”“第二发展曲线”的推进需要全行开动脑筋，寻求新的突破，创出一片新天地。我们的负债业务、ETC、农民工工资代发等任务很多、很重，这都需要我们认认真真、扎扎实实地去干，才能体现出大行的责任担当。

二、干事需要增强组织能力

在座的大部分是分行副行长和总行部门副总级以上干部，都把守着一个条线甚至是几个条线，因此，你不是一个人，你的后面有一群人、一堆事，当然，你也掌握着一定的资源。工作结果的好坏，在一定程度上取决于你的组织能力、动员资源的能力，其实，这也是衡量一个党员领导干部工作水平高低的一个重要标志。如何增强组织能力是一个很大的课题，它是个理论含量与技术含量高、实操能力要求强的工作，它涉及方方面面，作为一个管理者，如果组织能力不强，将直接影响到业务发展。往往一件该做的事，不缺做的任何条件，就是因为组织不好，使事情最终没能做好。希望大家回去以后认真思考，我之所以提出这个问题，就是发现有时总行统一布置一项工作，各分行落实的差距是很大的，这就是各级前线指挥官的组织指挥能力问题了。

三、要树立干事的正确价值取向

干任何事，都有个价值取向问题。有什么样的价值取向，就有什么样的行为。我们有的同志出问题往往就出在这里，工作很努力，工作能力也很强，但就是得不到领导与其他部门（条线）的认可，这往往就是价值取向有偏差，因为他做事的出发点是小团体的利益，而非整体的利益。那么，干事需要什么样的价值取向呢？第一价值取向一定是国家利益和民族利益。凡是有损于国家利益和民族利益的事，不管能赚多少利润都不能做。第二个层次是建设银行利益，即建设银行利益最大化。大家在思考问题时，一定要考虑一下，做这件事对于建设银行有没有好处？能不能求得建设银行利益最大？如果答案是肯定的，哪怕业绩记载不到自己的名下，也要去做。第三个层次才是部门利益。至于个人的利益，不用去考虑，只要把事干好了，只要做了对国家、建设银行和部门有利的事，那么个人利益一定会得到体现。一定要相信，群众的眼睛是雪亮的，领导也是看得见的，组织上也是清楚的。

做人做事要讲格局。所谓格局是人对于自身及事物认知的结果，是人对自己的人生自觉或不自觉的定位。“格”是认知的程度，“局”是认知的范围。格局大的人，一定是方向明、行为正、思路广、心胸开阔、豁达大度之人。格局小的人往往格制局限，难有大的发展。可以说，一个人有什么样的格局，就有什么样的结局，就能成就什么样的事业。干事的价值取向体现出人的格局，作为一个党员特别是党员领导干部，要把工作的价值取向问题与做人做事的格局联系起来思考，不断提升个人修养。

四、干事要讲究方法

方法是干事所采用的途径、程序与手段。干事的方法得当，可以事半功倍，反之就会事倍功半。我们面对改革转型中的难题，如果不从方法上来找出路，那么解决问题就会很难。马克思主义哲学是关于世界观和方法论的学说，方法问题非常重要。大家要注意打破自身的思想禁锢，世间事，有矛必有其盾能挡，有盾必有其矛能穿。从这个方面讲，我们面对发展中的任何难题都不要有畏难情绪，都要增强信心，充分调动大家的智慧寻找应对的方法，只要方法得当，难题都能迎刃而解。

那么，方法从何而来呢？一是借鉴过去成功的做法；二是学习他人、他行的好做法；三是要善于分析事物内在规律、内外部逻辑关系，也就是做相关性分析，从中寻找突破口；四是分析有利、不利方面，再采取相应的对策；五是找出问题的症结所在，再根据症结找寻相应的解决对策措施；六是进行多方案推演比较，只有比较才有鉴别，才能知道哪一个更好。所以，大家今后在工作中遇到难题，要想着去找方法，不可蛮干、硬干。

五、要善于借力干事

一个人力量与智慧再强也是有限的，自身掌握的资源也是有限的，一个企业的实力再强，放到整个社会也是微不足道的，但广大员工、其他单位、社会上及海外有的是智慧之人，有的是力量，有的是各方面的资源。关键要善于借用、善于整合方方面面的资源，为我所用，这对于新时代的党员领导干部而言是非常重要的一个能力。有句话叫“一流的公司做设计，二流的公司做加工，三流的公司做代工”，实际上一流的公司把设计做出来后，后面就是在借力，它整合的是全球的资源，赚取的是最高额的利润。作为一个党员领导干部，自己确实要带头干，否则没人跟你干。但千万不可闷头自己干，要善于带领大家一起干，要根据工作中的痛点、难点和热点问题，经常出些题目让员工们去思考、去实践，充分发挥大家的力量去干事。

六、干事要用心

我观察了不少行内外的人和事，很多时候人与人之间的差距不是个体的情商或智商差异，而是在于做事用不用心。例如，一个商机，由于不用心观察分析，可能就视而不见；一个风险，由于不用心、不注意，本可以提前发现，结果未能发现。在这些方面，沉痛的例子太多了。不管任何事情，其本质都会通过一定现象表露出来。只要用心去观察，哪怕是蛛丝马迹都能够有所察觉。因此，工作质量的好坏，与用心有着必然的联系。可以说，不用心就没有高质量。所谓用心，一是要细心，凡事必成于细。二是要专心，只要专心专注，时间长了一定能成为行家里手。三是要有恒心，用心不是一阵子，而是要养成一个用心的习惯。只要能做到用心做事，就没有做不好的事情。

七、干事要敢于担当

习近平总书记指出，要造就一支忠诚干净担当的高素质干部队伍。敢于担当是中国共产党人的精神与品格，越是情况复杂多变，越是遇到艰难险阻，就越是要有担当精神。如果不敢担当，往往就会遇难而退，半途而废。做人要想有作为，必须配以担当，否则就难以作为，因为干任何事情都有一个责任问题。例如，发展需要创新，而创新的风险是很高的，如果不敢担责，那还谈何创新。有些同志在日常工作中缺乏担当精神，遇到事情不敢负责，不敢拍板，相互推诿扯皮，这在客观上既耽误了建设银行事业的发展，也耽误了他个人的发展。一个不敢担当的人，往往在工作中畏首畏尾，不能突破自己的舒适区或者稳定区，个人和集体的能力都得不到提升，也给领导和其他部门、其他员工留下负面印象。我们银行从业者的工作就是经营风险，如果每个人都挑无风险或者低风险的事情来做，长此以往建行人的能力将会越来越低下。因此，不敢担当、一切求稳的心态会极大地束缚个体主观能动性的发挥，最终会降低建设银行的整体竞争力。

八、干事要将发展、效益、风险三者统筹考虑

在日常工作中，光将事干好是不够的，还要干得多，否则形不成量。量是发展问题，邓小平同志讲“发展是硬道理”，这是非常正确的。但是，只干得多是不够的，还要讲究效益。如果干得多而没有效益，那等于白干、乱干、亏着干，那不是我们干事的目的。在效益问题上，需要认识清楚几点：一是要把眼前的账和未来的账统筹来算，例如现在大力推进的 ETC 业务，前期投入大，但长期看肯定是赚钱的。二是要把单一账和综合账统筹来算，例如普惠金融业务，1 个小微快贷客户的产品覆盖度可以达到 15 个之多，直接的是贷款，间接还有很多收益。三是要用大格局、大视野做大生意，不要做一项业务就只想着从该笔业务上得收益，例如智慧政务，开启了这扇大门，后续很多业务就自然来了。发展快，又有效益，这就行了吗？还是不够，还要注意风险。风险一旦发生，效益没了，发展也会停滞。所以，发展、效益和风险三者一个也不能偏废，大家可以通过建立模型、指标体系等方法进行综合分析、统筹管理。希望大家要形成一个习惯，不管前台还是中后台，都要把发展、效益和风险一并考虑。

谢谢大家！

实行一体化经营 努力打造普惠金融发展新动能

——在普惠金融推动工作视频会上的讲话

章更生

（2019年7月11日）

2018年5月2日，建设银行宣布实施普惠金融战略，一年多来，全行聚焦战略、共图发展，在普惠金融经营模式和生态布局方面都交出了相对满意的答卷，业务快速健康发展。截至2019年6月30日，建设银行普惠金融贷款余额新增2234.2亿元，量、质、效保持均衡发展的良好态势，持续领先同业。在这里要感谢大家在普惠金融发展上的战略定力和辛勤努力！

总行党委高度重视普惠金融业务的快速可持续发展，不断研究探讨新的发展思路，决定将个体工商户和小微企业主生产经营性贷款纳入普惠金融事业部，实行统一管理、一体经营。今天召开会议，就是要推动以客户为中心的一体化经营。下面我讲几点意见。

一、充分认识一体化经营模式的重要性

第一，要意识到市场空间巨大。目前，全国市场主体已超过1.1亿户，90%以上是小微企业，其中，法人约3000万户，并且以日均新设1.8万户的速度在增长；个体工商户7300万户，日均新设4万户。个体工商户市场容量巨大，是建设银行做实普惠金融战略、扩大客户规模的重要战场。就目前建设银行拓客情况来看，全行普惠型法人小微企业贷款客户才65万户，普惠型个体工商户和小微企业主贷款客户仅58万户，其中个体工商户贷款客户只有37万户，可见市场潜力巨大，有海量的市场拓展空间正待我们去挖掘，需要我们在企业端和个人端同时发力、均衡发展，以“建行模式”下的普惠金融解决方案满足法人小微企业、个体工商户、小微企业主等各类群体的服务需求，有效地推动普惠金融业务的整体突破和快速提升。

第二，要意识到协同发展的重要性。2019年上半年，在普惠金融事业部、住房金融与个人信贷部的充分协同配合与全力组织推动下，以及各方资源的全力支持，普惠金融业务始终保持同业领先，普惠条线和房金条线分别围绕重点客户群体加快产品创新，推动业务发展。“快贷”产品作为面向市场首个全流程线上操作的数据化信贷产品，为“小微快贷”的零售化发展思路奠定了重要基础；住房金融与个人信贷部面向建设银行个人商户群体创新推出了“快贷—龙商贷”产品，向全国正式推广了符合普惠个人客户群体需求的供应链快贷等，一系列动作为普惠金融业务保持同业首位提供了重要的支撑。普惠金融事业部不断丰富“小微快贷”产品系列，2019年第一季度，再交付“交易快贷”“核链云贷”“薪金云贷”“云电贷”四项产品，并强化平台生态布局，提升“惠懂你”信贷服务体验，推出“精准测额”功能，全面做好普惠客群的获客、活客、黏客。

第三，要意识到市场竞争形势的严峻。在建设银行加快发展的同时，同业的快速上量和产品创新力度不容小觑，从各行普惠金融业务发展情况来看，工商银行紧抓个体工商户拓展，带动上半年普惠金融贷款客户新增跃居四行首位；农业银行在法人小微企业、个体工商户、农户三端同时发力，普惠金融贷款新增已逼近建设银行。与此同时，各行在产品端也动作频出，均对标建设银行推出类“小微快贷”产品，并在个人生产经

营性贷款领域重点创新，贷款可同时面向法人、个人两端，线上化办理更为便捷，大幅提升了客户体验。

综观同业，都意识到了普惠金融的重要性，都在奋力抢分这块未被人所重视的蛋糕，不论是业务拓展还是产品创新，群雄逐鹿的竞争态势已经展现，亟须以一种新的经营模式和理念来有效应对。深入剖析工商银行的发展思路，其在普惠金融业务的组织方式上实行对公对私一体化经营，整体制定普惠金融业务发展及用户拓展策略，通过加强联动协同实现了客户数量快速增长。只要是做得好的，我们就要积极借鉴，我们要通过构建具有建设银行特色的一体化经营模式，形成“大零售、大普惠”的业务格局，在普惠金融“生产方式”和“生产要素”上寻求突破，尽快补齐短板，以更有效的经营模式和更有针对性的产品覆盖保持建设银行普惠金融领先优势。

第四，要意识到“以客户为中心”的重要性。“以客户为中心”是我们践行普惠金融战略的立足点和根本点，是形成长远发展续航动力的重要基础。因此，我们需要改变现有以产品为导向、按产品线去切割客户、划分业务的经营模式，因为这种服务理念和经营模式带来了不必要的业务门槛和低效的客户体验。要想更有效地拓展客户、留住客户，需要从客户需求和实际情况出发统筹安排产品供应，制定服务策略，形成建设银行企业级的普惠金融解决方案，让客户真正获得金融的支持和归属感。通过形成统一管理、统一服务的客户经营体系，开启“第二发展曲线”新的发展路径，由此进一步夯实客户基础、优化客户结构，提升客户体验。

二、下一步工作要求

按照总行党委战略安排，下一步个体工商户、小微企业主生产经营性贷款业务由普惠金融事业部进行统一管理，按照政策一致、整体推进、综合服务等原则，以获客、活客、留客为目标，实现客户、市场、产品、渠道等一体化经营。其实，上海等分行已经按这一思路在做，效果很好。对于这一调整，我提以下几点要求。

第一，各部门要全力配合。以“大普惠、新普惠”理念做好市场布局和结构调整是落实战略发展的阶段性重要任务。探索大零售模式下，将小微企业、个体工商户和小微企业主实施一体化经营、综合化服务和系统化管理，旨在用新发展理念破解发展难题、稳固发展优势。全行各部门要认清趋势，协同作战，迅速行动，共同推进。这次会议再次明确个体工商户、小微企业主生产经营性贷款由普惠金融事业部统一管理，普惠金融事业部要切实负起责任，加快新产品的研发设计和风险管控工作。住房金融与个人信贷部要配合做好产品移交和客户承接工作，保证客户在体系内平稳过渡和顺利承接。财务会计部要配合设置个体工商户经营性贷款等专门的会计核算科目，其他相关部门要在客户资源共享、激励费用配置、人员及机构安排、产品创新研发、平台及工具建设等方面给予大力支持，共同做好“一体化经营”有关工作的衔接。各相关部门要各负其责，讲大局、识大体，通力合作，共同前进。

第二，全行要积极组织、全力推动。各分行要在总行的统一安排下立即行动，分行党委要组织专项研究，科学组织、快速传导、全力推动。要结合分行实际情况，从承接方案制订到具体工作措施，全面落实总行提出的工作要求，落实好机制建设和政策安排。特别是各个资源配置部门，要确保资源配置到位，加强协调，做好统筹，协同作战。一方面，要与总行对口管理部门进行政策对接，抢先抓早，把各项准备工作做好；另一方面，要结合分行实际情况，迅速细化、积极动员、加快实施，确保各项措施具体化、好操作、能落地，要在2019年7月20日之前，向总行上报工作方案，经总行备案后予以实施。

第三，做好存量业务管理和稳健经营。各分行普惠金融事业部、住房金融与个人信贷部要共同做好存量业务情况梳理，务必认真梳理好相关产品、客户、行内机构和人员等情况，明确管理责任，避免现有个人类普惠金融贷款业务发生大幅波动。在对存量业务逐户梳理、逐笔分析、摸清存量业务家底的基础上，加强优质存量客户维护，及时做好信贷业务的承接，使业务链条具有连续性，确保存量业务规模总体稳定。

第四，积极创新个人经营性贷款产品。在总行研发优化产品基础上，各分行要根据辖内客户群体特征和需求，对标同业进行相应的产品创新，研发具有市场竞争力的新产品，努力促进个人经营性贷款领域拓户、上量、增效，在一体化经营模式下力争实现贷款量与客户数新增双突破。分行对个体工商户、小微企业主生产经营性贷款产品的创新需求，要上报总行普惠金融事业部，上报工作流程仍按照总行小微企业产品创新管理相关要求执行。

第五，做好客群挖掘和营销工作。要尽快组织开展对个体工商户、小微企业主等目标客群的研究和需求对接，重点针对行内信用卡收单商户、私人银行客户、龙支付商户等进行挖掘，对已开展合作的第三方平台、核心企业、集群商圈等涉及的个体工商户、小微企业主等客群进行一体化营销和服务方案设计。同时做好市场容量摸排和拓展空间预测等市场分析研究工作，掌握客户储备情况和自身发展潜力，并借鉴互联网思维，着重通过网络平台、移动媒体和自媒体等新兴渠道适时开展营销推广，提升社会影响力和市场占有率。

第六，做好队伍建设和人员储备。各分行及辖内二级分行要根据业务开展情况适时加大人员投入力度，充实普惠金融条线业务人员，按照“人随事走”的原则补充从事个人类普惠金融业务的专业人员，为业务发展提供有力的人才支撑。同时要抓好业务培训工作，依托建行大学平台，组织好辖内培训，从政策传导、新制度传达、市场营销指引、客户综合服务、创新思维、合规管理等方面，设计出系统化、差别化的培训方案，提高培训的针对性和有效性。

第七，依托网点释放服务动能。要发挥网点贴近市场、贴近客户的优势，依托网点加强普惠金融领域客户营销，强化网点人员对公、对私联动综合服务能力，全面服务好小微企业、个体工商户、小微企业主，提升网点价值贡献。各分行要加强激励与约束机制建设，以充分调动网点的积极性、能动性，对网点要实施跨条线、跨层级的穿透式考核。

第八，做好计划的跟踪督导。总行将在对业务发展情况、目标客户储备等进行分析的基础上，根据各分行区域环境、市场潜力、客户基础、管理水平等因素，将个人经营性贷款新增计划下达至各分行。各分行要比照总行，将任务目标逐级分解，压实责任，将发展要求传导至各条线，以专题会议部署等多种形式督促分支行落实好总行政策和业务推进要求。对好的做法要及时总结经验，进行全行复制推广，对所属执行中遇到的困难和问题，要及时采取帮扶措施。

第九，依托大普惠格局做好客户持续经营。普惠金融不止于信贷，也不止于金融，我们要以大零售模式的思维，稳步构建专属于普惠金融客群的经营生态体系，推动大普惠格局的建立。以数字化服务、智能化应用、平台式经营的理念，横向连接各部门优质产品服务和各方资源，纵向深度服务普惠金融客群，形成系统性打法和全局带动局面，引导并不断创造客户需求，实现客户的持续经营，在生态体系中实现客户的引流、转化和价值提升，形成螺旋式上升的发展路径。

三、持续做好普惠金融战略推动工作

普惠金融战略是总行党委研判形势、深思熟虑的重大决策，是全面落实金融供给侧结构改革、将金融活水注入到民生领域、实现普惠客群精准滴灌的重要举措。战略实施一年多来，大家共同经历了统一认识、形成共识、共筑新格局的宝贵历程，成效卓然。新形势下，竞争加剧，全行上下更要凝心聚力，以清晰的思路和充足的干劲共谋普惠金融战略的新发展。

一要提高认识，保持战略定力和持续发展的毅力。当前，全行正在进行“不忘初心　牢记使命”主题教育，我们要把发展普惠金融作为检验主题教育成效的重要方面。大家知道，小微企业具有“五六七八九”的特征，发展普惠金融，支持小微企业，既是服务实体经济的需要，也是作为国有大行帮助弱势群体的责任担当。同时，我们要充分意识到普惠金融战略是建设银行对传统优势承接提升、有效对接外部市场的重要抓手，是突围同质化竞争、重塑差异化经营优势的有效手段，是应对资产业务逐渐萎缩的重要补充，可以说是关乎全行未来可持续经营的大事。在这个“大事”上，要有大思维和大格局，要保持清晰的认识和战略定力，因为普惠金融战略不仅是客户及经营结构调整战略，还包含着建设银行业务发展方式、经营管理体制机制的重大转变，是对目标市场进行战略性转移、寻求新的利润增长点的重大举措。因此，全行上下要共同行动、共谋发展，用可持续的普惠金融发展模式深挖普惠蓝海的经营价值，既主动扛起社会责任，又赢得未来市场。通过普惠金融战略的实施，无疑能够锻炼我们的队伍，提高队伍的素质和能力。

二要不断创新，积极寻求产品和模式上的突破。数字化的经营模式和产品研发思路奠定了建设银行占有市场领先优势的重要基础，在此之上探索出了批量化获客、精准化画像、自动化审批、智能化风控、综合化服务的“五化”普惠金融新模式。然而，创新是永恒的命题，要积极寻求新的突破：在服务群体上，不仅面向个体工商户创新产品服务，还要面向更广泛的诸如农户、供应链上下游企业、双创企业等更多普惠客群，加速适应性产品的研发和便利化渠道服务的对接；在产品供给上，力争将“云电贷”“交易快贷”等供应链产品打造成千亿级产品；在增值服务方面，以信贷为吸引提供综合化金融服务，更好地满足客户需求，增加客户黏性，提升客户价值。

三要多策并举，推动普惠金融业务拓市上量。时间过半，成绩值得骄傲，形势更值得关注，在同业尤其是大银行开始发力并加速追赶的市场格局下，我们要向潜力市场竞争，要看到还有众多的潜力市场有待充分挖掘。要认清形势，摸清市场态势，在政策和资源配置方面给予倾斜，要全力宣传拓市：着力抢抓重要商圈、专业市场、产业集群等重点核心客群客户，主动开展与各地政府部门、商会协会的合作对接，善于联动应用相关渠道和客户部门的客户资源，策划开展形式新颖、具有互联网营销属性的宣传活动，多策并举、树立起建设银行专注服务普惠客群的品牌形象，力争在年底前推动普惠金融业务在量上的进一步突破，继续保持同业领跑。

四要防范风险，保障业务可持续健康发展。我们发展普惠金融的目标是追求良性、健康、可持续发展，风险控制是生命线，应全面提升风险精细化管理水平，着力提高贷前调查、贷中审查、贷后检查、预警监测、发现问题及时解决等信贷流程的质量与效能，做到风险管理的全环节覆盖和全流程管控。不仅要依托新技术应用提升风险识别的敏感性和准确性，做到能看得见、理得清、控得住，还要加强普惠条线风控人员和中后台管理人员的风控意识和责任意识，积极防范化解并及时处理风险，确保建设银行普惠金融业务可持续健康快速发展。

谢谢大家！

在建行大学首期国际化人才综合管理培训项目集中汇报会上的讲话

章更生

（2019年11月15日）

同志们：

首先，向北京外国语大学、北大汇丰商学院对本期项目所提供的大力支持表示感谢！对相关管理和服务团队作出的辛勤努力以及所有教学人员的用心付出表示感谢！是你们的共同努力，才使这个项目得以顺利完成。

其次，欢迎各位学员学成归来。本期项目是建设银行培训国际化人才的一次成功尝试，由北外、北大、建行三方合作，国内外两地授课，分别进行了语言能力提升和专业知识学习。在15个月的培训时间里，大家认真向国内外的教授、专家请教，亲身感知了西方社会的文化历史、风土人情，学习了西方先进的经济金融知识、经营管理经验等，可以说收获颇丰。

从刚才学员们的汇报情况、北大汇丰刘主任和项目组的介绍以及教授代表的发言来看，此次培训项目取得了圆满成功。30多年前，我曾负责过建设银行类似的海外培训，先在国内选拔学员，送到广州外院等院校进行专门的语言培训，然后再送到国外知名大学学习一至两年，培养出不少人才。但我敢说，当年的培养模式肯定不如本期项目效果好。本期项目是根据建设银行需求和学员的实际情况“量身定做”的，参训学员经过精挑细选，水平大体相同，这便于教学；培训内容经过精心设计，紧密贴合建设银行实际发展需要；25位学员高度配合，努力学习。教学是双向的，只有“教”和“学”两方面都努力，才能取得好的效果。

建设银行之所以举办这样一个国际化人才综合管理培训项目，是为了认真落实习近平总书记关于建设银行增强“三个能力”建设的要求。2014年9月22日，习近平总书记在建设银行成立60周年之际作出重要指示，要求和鼓励建设银行“增强服务国家建设能力、防范金融风险能力和参与国际竞争能力”。此次培训项目的实施，就是为了落实总书记提出的三个能力之“参与国际竞争能力”要求的具体行动。同时，举办本期项目是出于建设银行国际化发展的迫切需要。目前，建设银行已经发展得“大而强”了，不止在中国，在国际上也享有重要地位。但是，我们应该清醒地认识到，从地域来说，建设银行只是“大而强”的中国本土商业银行，而不是“大而强”的国际化商业银行。如果从海外业务在全行业务占比来看，建设银行和瑞士这个国家的瑞银、瑞信两大银行相比，都还有很大差距。建设银行在海外开设机构已经有20多年，但截至今天，我们依旧非常稚嫩，缺乏足够的必备知识和业务经验，外语也处于基础水平，有时还需要翻译来开展商务谈判。无法用外语准确、顺畅地交流，就无法做好业务、防范风险和开拓市场。人是有情感的高级动物，只有用对方的语言交流，才能拉近距离。总体而言，目前建设银行海外机构做的都是相对简单的业务，太复杂的业务不会做、不敢做，即使做，比例也不高。此外，我们对国际法律和惯例掌握的程度还不够。不充分学习了解国际商务惯例，往往就有可能违背惯例，在合规上就要出问题。

建设银行在海外发展之路尚未达到总行党委期望的原因有很多，最重要的一个原因是缺乏优秀的国际化人才，这已经成为制约海外业务发展的瓶颈。所有事情都需要人去完成，越是高端竞争，越需要高端人才。没有人才就不可能参与竞争、取信于客户，只有懂金融经济、行业态势、管理经营、风土人情的人才，才容易赢得客户信任，客户才愿意和我们做业务。举办本期培训项目就是为了解决人才问题。总行下这么大的决心，投入了大量的财力、时间和精力，从筹划到具体执行，再到人员选拔、课程设计、班级组织，许多人为之付出了大量心血。总行党委对在座各位学员寄予很大期望，希望大家要知恩感恩，将组织的付出、培养、希望化作学习和工作的动力，创造出与15个月培训时间相称、对等的价值。下面，我给大家提几点要求。

一是学习不能松缓。要借助这15个月学习的惯性，坚持不懈地学习，尤其是语言学习。语言学习的特点在于如果不重复和运用，很快就会遗忘。因此，建议和要求大家：（1）每天坚持观看至少半小时的英文电视节目，不论能否完全理解都要坚持；（2）每天阅读半小时以上的英文读物，包括历史、金融等方面的书籍和英语时事新闻等。只有将阅读变成日常工作学习的一部分，才能克服惰性，同时，阅读要达到一定量才能实现质变；（3）语言学习不能只靠眼睛，耳朵和嘴巴也要积极运用起来，要想办法和客户、单位同事等用英文交流，多找场景“说英文”；（4）一定要坚持，语言学习只有久久为功，日积月累，方能实现大的进步。学习既是苦差事，也是乐差事。如果是被迫学习，那就很苦；如果把学习当作乐趣，哪怕每天多学一个金融单词，也能从中体会收获的快乐。

二是要对所学内容进行加工。知识只有运用到实践中才能发挥作用，而思考就是由知识转化到运用的桥梁。所学的内容如果不加工，时间长了就会慢慢遗忘。正如下围棋讲究复盘，学习也讲究温故而知新。希望大家将讲义上的内容结合建设银行的改革发展进行深入全面的思考，否则，大家很快会成为“客气”之人，将所学的东西慢慢还给老师。

三是要有使命担当意识。这一点对于大家更有特殊意义。总行刚刚进行了“不忘初心、牢记使命”主题教育，建设银行的初心和使命毋庸赘言，学员们也应该知道自己具体化的使命和初心，那就是为建设银行国际化发展尽可能发挥自己的积极作用。请大家思考：如果自己在海外机构工作，将如何把工作做好？如何增强风控合规、市场拓展能力和创新能力？希望大家积极主动地思考，有了想法，才有动力、办法和行动。在座的25位学员中，如果三分之二能加入海外机构队伍中，也是很可观的。你们是首个长期国际化人才培训项目的学员，更要有“领头羊”的角色担当意识。

四是要做好自己分内工作。回到原单位后，不是所有学员都将立即外派或从事国际业务。希望大家回去之后，首先向自己的领导汇报在外期间的学习和思考，然后认真做好本职工作，倍加努力，以报答总行党委的培养。

五是要多思考如何提升海外机构的经营管理能力。各位学员若仅仅自己会干、自己理解业务还远远不够，还要学会带领团队打天下，提高经营管理能力，提高整个团队的绩效，成为高素质的领导者，未来在异国他乡开辟一片新天地。

六是要低调做人。各位学员经过北外、北大、建行大学三所知名大学15个月的培养，已经成为各个大学的在册毕业生，这些所得所获都已属于你个人的荣誉和无形资产。希望大家注意自身修为，低调做人，保持谦虚谨慎。

总行党委非常重视此次培训项目，田国立董事长在2019年初海外工作座谈会上特别提出，“要实现国际化人才战略真正落地。国际化人才战略是我行一项长期的工作重点。随着全球经济一体化的进程加快，培养国际化人才不仅是境外机构，同时也是国内分行的内生需求，不仅仅是为了支持国际业务和海外业务的发展，对国内市场拓展、客户服务以及业务创新都具有良好的推动作用”，要将“培养了多少国际化人才纳入工作业绩的考量维度里面”，这充分体现了总行党委对国际化人才培养、储备和使用的重视程度。

本期项目是建行大学的首期国际化人才综合管理培训项目。借此机会，也给建行大学在国际化人才培养方面提几点希望：

一是进一步强化全球培训合作。既然要“走出去”，就必须了解、学习国际社会和国际市场，为建设银行拓展海外合作与发展奠定坚实基础。要继续培养高端人才，加大培训力度。本期培训项目是对创新模式的首次尝试，将来要视情况继续培养，并视情况增加学习内容。

二是注意引进海外优质培训资源。与海外的合作包括“请进来”和“走出去”两方面。一方面，让学员走出去，亲身感受海外环境、社会文化生活；另一方面，作为补充，也可以将优质师资请进来，让我行更多人才受益。总之，一定要充分利用好全球教育培训资源。

三是建立完善全行国际化人才培训培养体系。在国际化人才培养上不能打游击，要建立一套完整的培养体系和机制，研究和设计真正适应发展需要、满足培养需要、可复制推广的培训方案。

四是向世界讲好中国故事、建行故事。促进中西方文化的融合交流，对于全世界、全人类都有益。传播建行文化，服务全球经济发展，是一件非常有意义、有益处的事。希望建行大学发挥重要的平台作用，与海外紧密耦合。

最后，祝愿各位学员无论在什么岗位都要保留情怀，保留信仰，努力发挥个人价值，为建设银行国际化发展作出全新的、更大的贡献。希望大家脚踏实地，努力学习，不断进步！

谢谢大家！

在中国建设银行 2019 年工作会议上的讲话

黄 毅

（2019 年 1 月 22 日）

同志们：

今天主要想讲三方面的问题。

一、关于宏观经济金融形势

在当前经济下行压力加大的情况下，有很多针对宏观经济形势的分析和预测。一些专家和学者认为，中国目前处在百年之未有的大变局之中，国际环境变数较多变化很快，国内经济转型换挡，经济政策也在不断变化，2019 年唯一确定的就是不确定性。这个时候用任何数量分析方法都很难准确判断和预测宏观经济形势的各种变化，也就是说各种观点都有可能对，也有可能不对。

我认为 2019 年的宏观经济肯定会有升有降，经济体量越大，经济惯性也就越强，如果没有特别的意外，按照经济发展的惯性，政府工作报告可能对 2019 年经济运行稳定在 6% 以上的增长，基本上也已经形成了共识。

当然，不少专家学者认为，支撑中国经济发展的根本是我们有一个庞大的国内市场，内需是中国经济发展的底气。我不清楚这种观点的逻辑是什么，但这种论调有蔓延之势。我想，不少专家之所以将内需和经济增长关联到一起，遵循的还是凯恩斯理论。按照凯恩斯的说法，有效需求是经济增长的关键，只有政府运用积极的货币与财政政策，才能够保证足够水平的有效需求。所以我们的宏观经济形势分析就形成了典型的净出口、投资和消费所谓“三驾马车”的范式，由此就比较容易推导出在“前两驾马车”放缓时，紧紧抓住内需与消费的“马车”至关重要。

如果仍以内需为出发点维持宏观经济增长和制定经济政策，我们的经济发展模式还是停留在宏观调控的模式下，那么我们新旧动能转换的问题，从高速增长迈向高质量增长的问题就很难从根本上得到解决。如果要说底气，我认为应该来自供给端的创造，来自企业在全球产业链中已经占据的地位。而要保住这种底气，应将注意力真正从需求端转向供给端，切实搞好供给侧结构性改革，切实做好产权保护，切实给予各类市场主体公平的竞争环境，集各方之力巩固我国微观主体在全球产业链中的地位和优势。在供给侧结构性改革之外，我认为在加强产权保护、鼓励民营经济发展以及创新人才管理体制方面，会有相应的政策出台；防范化解各类风险将成为重要议题。

二、关于关心关爱员工

以人为本，是中国共产党全心全意为人民服务的根本体现。在当前这种百年未有之大变局的环境下，外部环境复杂，矛盾交织。全方位关心关爱职工，激发职工活力，应成为企业文化、党群工团持续关注的重点。在这方面，近几年我们做了很扎实的工作。

总行工会连续两年开展“我爱我家”双百工程建设，投入资金 1800 余万元，每年补助 100 个基础较好、特点突出的示范“职工之家”建设，补助 100 个边远欠发达地区“职工之家”建设，带动各级工会投入建家资金超过 1 亿元。最近三年，全行各级工会组织开展元旦春节送温暖活动，累计慰问困难职工近 6 万人次，累计发放慰问金超过 1.5 亿元。三年来，各级工会开展经常性帮扶慰问两万余人次，累计发放慰问金 5000 万元。

2018 年以来，为落实四届三次职代会职工代表提案和田国立董事长重要批示精神，我们创新推出了“同心计划”员工健康综合保障项目，明确“为在职员工投保重大疾病保险保额不低于 50

万元，定期寿险保额不低于50万元”的底线要求，惠及全行35万员工。通过保险保障、互助众筹、健康管理三个方面解决了由于健康问题可能给每个员工及家庭带来的忧患，为大家的健康筑了一道坚实的保障，兜了底。举个例子，如果一个基层员工患了癌症等重大疾病，按照原有保障水平，除医保报销外，员工一般只有10万~20万元的重疾保障。而通过优化保险组合和福利费高效利用，今后员工不但能够获得最低50万元的一次性重疾赔付，“同心计划”推进较好的分行，员工还能够获得50万元左右不限医保目录诊疗报销额度。如果一旦发生身故，家属还能够获得最低50万元的寿险赔付。此外，“同心计划”还包括总分支三级员工互助机制，并通过家庭医生、健康档案、重大疾病绿色通道等项目，逐步形成一体化健康管理机制，在解决员工大病致贫、因病返贫问题的同时，有效提升员工安全感、幸福感。

我想强调一点。提高员工技能适应转型需要，这不仅事关员工切身利益，更事关建设银行转型发展的大局。长期以来，我们做“双大”战略，大银行只会做大买卖，不愿做小买卖，归根结底是我们自身能力不行。现在我们有了金融科技的赋能，从一定程度上帮助我们提升了这种经营能力。但是不是我们广大的员工都形成了这种运用金融科技去发现问题、解决问题的理念和能力，还值得探讨，这就需要职工队伍能力的提升。再比如按揭贷款如今是个标准化的成熟业务，我们这么多高素质的员工做起来得心应手。但住房租赁是我们还在着力培育的市场，可不只是贷款这么简单了，除了我们金融老本行，土地、税收、立法、租赁运营等一系列知识我们都要懂，不仅是懂，还要精通，学会在里面怎么去组合、怎么去突破、怎么去创新，这就要有针对性的培训。

在加强对员工技能转型关爱和教育方面，因为我们成立了建行大学，应该说是具备了很好的基础。最重要的就是要对广大员工的技能提升和转型进行持续不断的教育和培训，这里的关键词是广大员工。

三、关于战略落地

战略是一种理念、目标、方法，但最重要的是落地实施。建设银行从2017年下半年推出“三大战略”，一年多来，全行上下积极探索，取得的成绩有目共睹。但我认为，这只是我们实现战略升级、向高质量发展迈出的第一步。面对全新的战略挑战，下一步，需要我们下更大力气，花更大工夫来提升“三大战略”的落地实效，加快形成建设银行内外赋能的战略优势。

一是活跃平台，提升获客活客能力。通过场景和平台可以触达客户真实需求，让我们的产品水到渠成服务客户。目前打造的14个重点平台均是重要的获客活客平台，要继续加大场景和平台批量获客力度，以流量红利降低获客成本，通过链条延伸和服务领域的全覆盖，助力政府转型、同业赋能、安居乐业、资金融通，引导客户使用平台、爱用平台、提高黏性，真正用活面向全社会、提供全方位服务的无所不能、客户必选的综合型民生普惠平台。同时要做好合作平台的深挖，围绕有良好合作基础的政府机构、弱周期的民生领域、消费领域，以及各类核心或平台类企业，在行外场景中嫁接普惠金融、住房租赁服务，利用圈、链、网的思维，拓展上下游和成员客户。

二是加强探索，打造可持续发展模式。虽然目前我们取得了初步的经验，但持续盈利模式或可量化预测的方案至今仍是空白。未来住房租赁战略推进中，要摆脱跑马圈地负重前行的局面，精准把握切入机会，将投资延伸至消费端，推进在房地产市场细分行业的深入发展。普惠金融战略落地实施中，要积极探索运用金融科技手段整合资源，创新普惠金融产品和服务模式，在全行构建一个广覆盖、低成本、可持续的普惠金融体系，将支持政策落到实处、执行到位。

三是坚持融合共生，纵深推进。建设银行秉持责任担当和开放共享理念，搭对接平台，建融合场景，推普惠金融服务和产品，打造了大场景、大连接、大服务的金融服务生态。未来要继续从融合共生的视角，围绕服务产业链互接、基础设施互通、社会民生，推出更多开放的平台、便捷的场景和精准的服务，推动重点战略纵深发展。如：全力服务各级政府“放管服”改革，为其搭建全事项、全流程、全覆盖、全场景的政务平台，抢占“互联网+政务”服务制高点；依托平台和场景信息，深挖产业链需求，推进普惠产品创新；

针对不同群体的特定需求，定制专属房源和租房场景；推动产学研跨界协同，搭建供需对接的平台，促进资金、技术、人才和市场要素在平台上集中集聚等。

近期，我们大家都看到了住房租赁战略实施以来取得的成绩，如搭建了综合服务平台，“获客”与“活客”衔接运营机制逐渐清晰。但随着实践的深入，也出现了虽然平台的用户数量高，但活跃度不高、流量效应并不显著等问题。特别是通过比对支付宝、链家、蛋壳等租房平台（包括网站和 App），我发现主要原因在于建设银行平台当前更注重实现管理功能，交易功能的潜力还没有被充分发掘。而如果平台的交易属性不强，则会一直游离于生态之外，难以真正地融入场景。因此，我认为，应积极转换思路，以“共享经济”为基础构建建设银行住房租赁商业模式，打造租赁住房的“淘宝”交易平台，以增强业务的可持续发展。这个“淘宝”交易平台必须具备六个关键功能：一是全流程线上租赁交易；二是支付解决方案；三是交易安全保障；四是租金支持贷款金融服务；五是积累交易数据；六是更多围绕住房和金融的增值服务。

对于住房租赁这样的蓝海项目，勇于尝试、勇于创新，探索可行的模式非常重要。找准了模式就要找地方去试，要有失败容忍度，建立完善容错机制，鼓励分行大胆、主动创新，结合自身实际和特点，区域、政策、供需矛盾的差异性，实事求是、扎实推进。

在2019年中国发展高层论坛上的讲话

黄 毅

（2019年3月25日）

尊敬的各位领导、政商领袖和专家学者们：

大家下午好！今天我们研讨的主题是“进一步开放金融服务业”。我想大家都注意到了，上周全国人大表决通过《外商投资法》，确立了中国外商投资的基本制度和规则，引起了国内外广泛热议。那么，在中国金融开放和外商投资法制建设历程中，如何评价这部法律出台的影响和意义，又如何看待下一步金融开放的路径？我想结合个人工作经验跟大家分享一些看法，并以此求教大家。

回顾中国40年的金融开放历程，我认为大体可以分为探索、奠基、加速和深化四个阶段：1978—1991年是探索阶段，主要是开办经济特区和实施汇率调整；1992—2000年是奠基阶段，实施有管理的浮动汇率和积极吸引外国投资；2001—2008年是加速阶段，中国加入WTO，向境外金融机构稳步开放国内市场；2009—2017年是深化阶段，在国际金融危机背景下，深化人民币国际化，提出“一带一路”倡议。总的来看，成就十分显著，但也要承认，在汇率改革、资本项目开放、境外金融机构进入、境内“走出去”等方面，还有较大进步空间。

2018年改革开放40周年之际，中国金融开放进程提速。习近平主席在博鳌亚洲论坛宣布了大幅度放宽市场准入、加大金融开放的重大举措，不久，有关部门就明确了中国金融开放的原则、措施和具体时间表，并采取了一系列实质性措施。

外商投资法是对外开放制度框架基础之一，要更加深刻理解中国金融开放，外商投资法的演变历程是绕不开的。1979年，《中外合资经营企业法》作为“改革开放最急需的七部法律”之一最先通过，《外资企业法》《中外合作经营企业法》相继于1986年、1988年出台，中国外商投资管理体制基本成型。但由于实践经验欠缺加上立法习惯缘故，“外资三法”条文都非常少而且内容简单（只有一二十条）。当初，邓小平同志针对日本代表团“宣言式法律”的评论时也回应道，“这个法是不完备的，因为我们还没有经验。与其说是法，不如说是我们政治意向的说明”。

目前这部《外商投资法》自2018年12月26日全国人大常委会草案初审到2019年3月15日全国人大正式通过，历时不到三个月，可谓“雷霆速度”，从侧面反映了中国扩大开放的决心。那么，这部法律对中国金融开放的影响和意义何在呢？我想可以从法律规范和法律实施两个层面来说。

就规范本身而言，新立法模式更加符合国际通行做法，更加强调对外商投资的促进和保护。作为新形势下中国关于外商投资活动的基本法，这部法律确立了外商投资准入、促进、保护、管理等方面的基本制度规则。其最大亮点是解决了中国过去外商投资领域“三法并行”的问题，并且明确了“内外资一致”原则，特别是在外资准入阶段，首次在法律中明确了国家对外商投资实行准入前国民待遇加负面清单管理制度。可以说，这是对中国改革开放40年成功经验的总结和提炼，也是一次里程碑式的宣誓，彰显了我国坚持全面深化对外开放、继续吸引外资的决心和信心。

然后，法律制定了，就要看怎么用。中国古代经典《孟子》有云“徒法不足以自行”，美国法学家罗斯科·庞德也说“法律的生命在于实施”，《外商投资法》的效果最终还是要看如何实施。借鉴中国古代典籍《史记》所载商鞅“徙木立信”的故事，中国按照这种规格和形式宣布立法，是一件极其郑重、严肃的事情。中国的金融开放作为改革开放的重要一环，无疑会按照《外商投资法》的精神继续深入推进。

具体来说，我认为有两个关键词值得关注：一是循序渐进，二是礼尚往来。

先谈循序渐进。我们前期曾做过研究，世界典型国家和地区的金融开放基本都是循序渐进的，英美等发达国家也不例外。而一些发展中国家由于金融开放步骤和措施出现问题，结果与自身经济存在的问题发生共振，进而引发严重危机。我想，中国是一个大国，有近14亿人口，GDP达到90万亿元，对于本国的金融开放按照既定计划、循序渐进地推进，既是对自己的国家和人民负责，无疑也是对全球其他的国家和人民负责。当然，这个过程也需要国内外各类市场主体共同参与，一起推动完善中国的金融制度。

另外，中国对外开放，也肯定希望外国对中国开放，这样礼尚往来，才能形成良性互动。中国古代思想家孔子有云，“君子和而不同”。国际交往需要各方互相信任、互相支持，而不是互相猜忌、互相防备，要公平竞争，避免单方遏制。经济学讲“理性人”，讲规则意识，但任何一方过多强调“本国利益优先”，设置市场障碍，都会导致信任缺失，增加交易成本，甚至陷入零和博弈。共同繁荣，共同发展，打造人类命运共同体是中国人的哲学，我也相信，只有各方平等遵守国际通行规则，公平地开展竞争合作，才是全球共同繁荣发展的最佳途径。

女士们，先生们，朋友们！

这次《外商投资法》通过，对中国改革开放，包括金融改革开放而言，都意味着一场更加辉煌壮丽的“开幕式”已经揭晓。《外商投资法》在“3·15”这一天通过，恰逢“国际消费者权益日”。金融本身是经营信用的，我想借用今年“3·15”的主题“信用让消费更放心”，对于中国金融开放，可以说：信用让世界更放心！

谢谢大家！

红旗高扬跟党走 同心共绘建行蓝 团结动员广大职工在“第二发展曲线”新征程中奋力逐梦

——在第五届职工代表大会第一次会议上的报告

黄 毅

（2019 年 6 月 20 日）

各位代表、同志们：

根据大会议程安排，现在我向本次大会作全行工会工作报告，请予审议。

一、主要工作总结与回顾

过去一年，全行各级工会组织以习近平新时代中国特色社会主义思想为指导，认真贯彻党的十九大和中国工会十七大精神，在上级工会和总行党委的正确领导下，以忠诚党的事业、竭诚服务职工为己任，团结带领广大职工当好主人翁、建功新时代，工会组织的政治性、先进性、群众性不断增强。

（一）高举旗帜坚定政治方向，工会向心力不断增强

一年来，全行各级工会组织自觉接受党的领导，积极宣传落实中国工会十七大精神，引领广大职工听党话、跟党走。一是坚持用习近平新时代中国特色社会主义思想指导工作。各级工会深入学习领会习近平总书记同全总新一届领导班子成员集体谈话时发表的重要讲话，把总书记关于工人阶级和工会工作的重要论述作为新时代工运事业创新发展的思想之基、理论之源、实践之要。总行工会下发《关于认真学习宣传贯彻习近平总书记重要讲话和中国工会十七大精神，团结带领广大职工投身“第二发展曲线”创新实践，积极建功新时代的指导意见》，推动科学思想在全行工会系统和职工群众中形成生动实践。二是迅速掀起中国工会十七大精神学习热潮。总行工会邀请全总专家和建设银行参会代表进行专题现场辅导，各级工会也纷纷采取主题报告、会议研讨、座谈交流、培训讲座等形式组织职工学习，确保取得实效。三是主题教育走深、走心、走实。总行工会在全行部署开展了“奋进新时代·增彩建行蓝”“新时代·新征程·新女性”等多项主题活动，并作为主线贯穿全年，各级工会结合实际有重点、有层次、有步骤地统筹推进全年工作，并以主题活动为载体向职工播撒理论的种子，号召职工以实际行动展现新风采和新作为。

（二）岗位建功服务全行大局，工会号召力不断增强

一年来，全行各级工会组织主动融入中心工作，引领广大职工点燃劳动热情、释放创造潜能，唱响新时代奋斗者之歌。一是劳动竞赛激发强大动能。总行工会联合多部门开展“融入三大战略·争创时代佳绩”主题劳动竞赛。2018 年全行开展各级各类劳动竞赛 4047 项，比赛场次 5387 场。四届一次职代会以来的三年，各级工会将劳动竞赛作为重要抓手，竞赛项目和场次逐年递增，2018 年全行劳动竞赛总场次是 2015 年的 2. 35 倍，助力业务发展的作用不断凸显。二是大力弘扬劳模精神、劳动精神、工匠精神。2018 年，全行共有 59 个集体和个人被授予全国及全国金融五一劳动奖状、奖章、先锋号。三年来，全行获此殊荣的集体和个人达 161 个，在广大职工中树立了榜样。总行工会制作劳模风采手册，把劳模事迹传播到了每一个基层网点和工会小组，劳动光荣、敬业奉献的风气日益浓厚。全行新培育6个全国金融级劳模创新工作室，三年来已累计培育11个全国金融级、76个一级分行级劳模创新工作室，为劳模充分发挥作用提供了舞台、创造了条件。工会每年还坚持开展劳模疗休养活动，在有效落实劳模待遇的同时提升劳模荣誉感和获得感，大力营造学习先进、崇尚先进、争当先进的氛围。三是积极推动“劳动者港湾”建设工作。在全总和中央网信办举办的“网聚职工正能量”活动中，总行工会推荐的“劳动者港湾”建设项目获特等奖。全总还联合中国金融工会以及银行、证券、保险行业协会，为建设银行“劳动者港湾”授牌并倡导金融行业服务资源向社会开放共享，“劳动者港湾”成为全国首个正式挂牌的全总户外劳动者服务站点共建品牌。总行工会还联合渠道、公关等部门开展“大爱筑港湾，致敬劳动者”主题图文故事征集活动，彰显了全行职工主动真诚服务劳动者的人民情怀。

（三）依法维权健全民主管理，工会影响力不断增强

一年来，全行各级工会组织依法做实职工维权工作，切实保障职工参与民主管理、民主决策、民主监督的权利。一是职工代表作用得到有效发挥。截至2018年末，全行建立职代会制度的各级单位达1529个，6.86万名各级职工代表深入基层、了解民心、汇聚民意，履职能力不断提高。2018年召开的四届三次职代会首次开展重点提案大会发言，充分聚焦职工利益重点问题。2018年以来，总行相关部门对四届三次职代会征集的5个方面56件提案进行了研究落实，提案回复率达100%。2019年职代会共征集提案84件，审核立案57件，立案率为68%。继续开展重点提案基层调研，五个小组分赴10家分行深入调研，召开座谈会30场，走访各级分支行和网点46个，发放问卷36302份，获取了大量来自基层一线的一手信息，建设银行也被评为“全国金融系统职代会制度建设示范单位”。二是企业民主管理制度不断健全。在相关部门的配合下，总行工会完成了我行企业民主管理办法起草工作，并提交本次职代会审议，旨在进一步推进建设银行企业民主管理工作制度化、规范化。总行工会同时完成《大德立人，民主立行》研究论文并荣获金融系统企业民主管理论文一等奖。三是行务公开机制更加完善。全行各级机构更加主动地将发展管理重大事项、涉及职工利益的规章制度按程序向职工公开，听取职工意见。行长信箱、领导班子定期接待、日常走访、现场办公、员工恳谈会、新行员座谈会、问卷调查等多种行务公开形式更加务实有效，员工诉求表达渠道不断通畅。

（四）普惠共享同心关爱职工，工会凝聚力不断增强

一年来，全行各级工会组织坚持职工利益无小事的理念，着力加强人本管理，职工获得感、幸福感、安全感进一步提升。一是“同心计划”项目有效落地实施。作为2018年全行职代会重点提案之一，“同心计划”引起与会代表高度关注，根据总行党委指示精神，总行多部门联合下发“同心计划”员工健康综合保障方案实施意见，努力创建普惠全行员工、职工群众认可、具有广泛影响、富有建设银行特点的员工关爱新品牌。二是帮扶救助和送温暖工作持续深入。2018年各级工会走访慰问困难员工30027人次，发放慰问金6731万元。四届一次职代会以来的三年累计慰问困难员工85813人次，发放慰问金超过2亿元。2018年，全行三级“员工互助机制”救助员工9464人次，发放救助款3554万元。在元旦春节送温暖活动中，总行党委同志带头深入基层慰问困难员工，总行工会筹集专项慰问资金500万元。三是“职工之家”惠及更多职工。继续开展“我爱我家”双百工程建设，进一步加大资金投入、扩大覆盖范围，在全行补助了100个基础较好、特点突出的示范职工之家，补助了100个欠发达地区和边远地区职工之家，总行工会投入资金1000万元，带动各级工会全年建家投入9482万元。此外，总行还拨付22个二级分行职工之家建设专项补贴，重点着眼一线网点，将总行党委和工会组织的关怀送到基层。四是服务职工新模式收效喜人。完成“善融商务工会提货”功能试点工作，开展线上活动127场，发放提货额度1298.7万元，在满足职工集体福利个性化、定制化需求的同时，广泛吸收善融扶贫商户，与助力扶贫攻坚紧密结合，带动扶贫商品销售超过300万元。五是特殊关爱工作情暖“半边天”。深化女职工权益保护专项集体合同工作，持续开展单亲特困女职工结对子，为女职工增加专项健康体检、举办健康知识讲座，孕期发防辐射服、生育后送慰问，为处于哺乳期等5个特殊时期的女职工建设关爱室，坚持维护女职工特殊权益。目前全行已建设“女职工关爱室”1789个，三年来新增1195个。

（五）培根铸魂繁荣职工文化，工会吸引力不断增强

一年来，全行各级工会组织用心创建职工文化阵地，在职工日益增进的文化自信中润物无声、春风化雨。一是全行性和区域性文体示范项目亮点纷呈。49支代表队的580多名运动员参加了由青岛分行承办的全行第六届职工羽毛球比赛，将竞技体育、交流联谊、健康管理有机融合，创历届参赛人数之最。由大连分行承办的全行职工演讲比赛和环渤海地区职工足球赛，在创新形式中有效传播了“一文一体相得益彰，互动融合参与共享”的工作理念。二是职工文化活动内涵和外延不断丰富。积极在全行推广员工健身操，引导员工科学健身，促进员工身心健康。广西、四川、贵州等多家分行在职工文体品牌中广泛融入公益服务、业务拓展等内容，向社会树立了良好形象。截至2018年末，全行已建设职工活动场所5245个，三年来新增了1774个。三是广泛搭建职工风采展示平台。积极组织发动，向中国金融工会大力推荐演讲、戏剧、体育、舞蹈、文学、摄影、音乐、书法等优秀人才和作品，组织举办全行群团工作新媒体培训班和全行主持人培训班，让更多职工成为全行乃至金融系统的文化明星。

（六）强本固基深化自身建设，工会战斗力不断增强

一年来，全行各级工会组织在中国工会十七大精神指引下做好新时代工会工作，在强“三性”去“四化”上持续下工夫，把工会建设得更加充满活力和坚强有力。一是组织和队伍建设成果明显。在全行深入开展优秀基层工会组织、优秀工会干部、优秀工会积极分子评选，进一步推动“组织健全起来，活动开展起来，作用发挥出来”目标的实现。积极推进依法建会，截至2018年末，全行已建立各级工会组织17788个，专兼职工会干部超过2.6万人。严格落实基层工会选举制度，全年完成23家一级分支机构工会委员会换届工作。150余名各级工会主席参加了全行工会主席工作研讨班，创新形式开展工作经验交流，探索新时代工会工作思路方法。二是经审监督工作日益完善。总行工会制定《工会经审工作规范化建设考核办法》等一整套经费审查制度，推进经审工作规范化建设，组织举办全行经审干部培训班，每年对24家一级机构的工会经费收支进行现场审计，部分项目还被全总和中国金融工会评为优秀审计项目。三是充分运用新媒体提升工作效能。积极推进“党群同心”系统开发工作，首次通过手机App开展网络投票，首次尝试视频直播工会大型活动，并联合新华网共同对“劳动者港湾”授牌活动进行全网直播，线上线下融合互动的新型工会工作格局初具雏形。

各位代表、同志们，四届一次职代会以来，全行工会工作所取得的点滴进步是上级工会和总行党委关心重视、正确领导的结果，是各级党委对工会工作大力支持的结果，是各位职工代表、工会干部和广大职工共同奋斗的结果。在此，请允许我代表总行工会，向大家表示衷心的感谢！

立足新时代历史方位，对于如何进一步做好全行工会工作，主要有如下思考和体会，供大家分享。

一是做好新时代工会工作，必须牢牢坚持职工为本。习近平总书记强调，工会要坚持以职工为中心的工作导向。《中国工会章程》把“竭诚服务职工群众”首次写入工会基本职责，充分体现了党中央对职工群众的殷切关怀和工会组织对职工群众的深情厚谊。近年来，各级工会全面构建职工服务体系，使广大职工体面劳动、舒心工作。北京分行开通心理体检平台，配置智能共享健康加油站；广东分行“同心计划”为员工提供多样化选择；陕西分行建立一体化健康管理机制；浙江、辽宁分行持续开展有特色、有实效的女职工关爱活动；内蒙古、河南、云南、江苏等多家分行跟踪推进和有效落实员工关爱实事；山东、山西、深圳等分行创新建设“职工之家”，打造员工温馨家园。总行多个部门共同研究制定了基层网点员工关爱工程实施意见，提出五大方面12项措施。同志们，“江河万里总有源，树高千尺也有根”，工作实践告诉我们，全行广大职工就是工会工作的源和根，只有一切为了职工、一切相信职工、一切依靠职工、一切服务职工，工会才能聚人心、得民心，真正发挥好桥梁和纽带作用。

二是做好新时代工会工作，必须牢牢把握时代主题。习近平总书记指出，完成党的十九大提出的目标任务，必须充分发挥工人阶级主力军作用。三年来的工作实践让我们深刻认识到，做好工会工作必须牢牢把握为实现中国梦而奋斗的时代主题，必须紧紧围绕总行党委各项战略部署，充分依托工会组织优势，将优秀人才“赛”出来，将创新点子“亮”出来，将先锋模范“选”出来。近年来，总行不断创新劳动竞赛的内容和形式，战略业务发展大赛、业务实践技能大赛、青年创新创效大赛交相辉映，营造了岗位练兵、技能比武、比学赶超的良好氛围。福建分行连续多年围绕重点业务，主动“搭台”统筹开展劳动竞赛，持续推动业务发展；河北、天津分行创新评选方式，隆重表彰和广泛宣传先进模范，以个体典型激发群体力量；新疆分行制定实施细则，久久为功培育了一批劳模创新工作室，典型引领作用得到充分发挥。新时代是奋斗者的时代，我们必须看到，只有紧扣时代主题，充分依靠广大职工的劳动、创造、奉献，工会才能在推动建设银行高质量发展中真正发挥作用。

三是做好新时代工会工作，必须牢牢聚焦痛点难点。习近平总书记强调，工会要抓住职工群众最关心、最直接、最现实的利益问题，要深入基层一线，加强调查研究。职工代表在调研中发现，员工大病致贫、因病返贫问题时有发生，员工安全感有待提升。为此，总行在职工代表提案基础上创新推出“同心计划”，并进一步规范全行补充医疗保险管理，让全行员工从中受益。上海分行面对青年员工的住房痛点，主动作为、积极协调，争取到市筹公租房紧缺房源额度，有效解除了员工后顾之忧。针对网点员工就餐难、休息难的痛点，各级工会大力推进“职工之家”和“职工小家”建设，四届一次职代会以来，各级工会每年投入建家资金近亿元。全行工会主席工作研讨班期间，还开展了“主席为我建小家”主题实践，各级工会主席深入网点实地调研，在了解职工需求的基础上制订建家方案，为基层小家建设献计献策。目前，全行已建设“职工之家”8764个、“职工书屋”3756个，三年来分别新增6494个和1973个。天下之事，因循则无一事可为；奋然为之，亦未必难。因此，只有直面问题、知难而进、迎难而上、勠力而为，工会才能在疏解痛点中真正发挥看得见、感受到、融得进的服务职工作用。

回顾四届一次职代会以来特别是过去一年的工作，全行工会工作虽然取得了进步，但对照广大职工的愿望和期待还存在很大差距，主要表现在：一些工会干部的理念思路还不能与时俱进，改革创新和服务职工的能力还需提升，工作的方法还不够多样，运用互联网等进行精细化管理、提高工作效率的手段还不够丰富，深入基层普惠职工的执行还不够彻底。我们必须高度重视这些问题，采取更加有效的措施加以解决。

二、今后工作方向和任务

2019年是中华人民共和国成立70周年，是全面建成小康社会、实现第一个百年奋斗目标的关键之年。全行将进一步加强“三个能力”建设，深入践行“三大战略”，以改革创新、敢为人先的气魄全面开启“第二发展曲线”。全行各级工会组织要认真落实总行党委在新时代党的建设和群团工作的部署，把群众观念根植于心中，坚持眼睛向下、面向基层，团结广大职工，创新动力引擎，用劳动和创造奋力书写建设银行新金融的壮美画卷。

（一）强化职工思想引领，勇担新时代工会政治责任

一是坚持正确政治方向。全行各级工会组织要旗帜鲜明讲政治，不断增强“四个意识”、坚定“四个自信”、做到“两个维护”，为做好新时代工会工作提供坚强政治保证。二是持续加强理论武装。要把学习贯彻中国工会十七大精神作为首要政治任务，与贯彻落实习近平新时代中国特色社会主义思想和党的十九大精神结合起来，与学习贯彻习近平总书记关于工人阶级和工会工作的重要论述结合起来，与开展“不忘初心、牢记使命”主题教育结合起来，要制订系统的学习计划，深入开展培训宣讲活动，切实把学习成果转化为推动工作创新发展的强大动力。三是不断深化职工思想建设。要进一步发挥工会“大学校”

作用，深入开展“中国梦·劳动美”主题教育，组织好“迎共和国七十华诞，展新时代职工风采”和“巾帼建功时代·献礼伟大祖国”等系列主题活动，号召职工深入学习功勋员工张富清英雄的光辉事迹，引导职工爱党爱国、向善向美。

（二）团结职工建功立业，彰显新时代工会使命担当

一是营造开启“第二发展曲线”浓厚氛围。动员广大职工深入践行“三大战略”，积极推进“劳动者港湾”和建行大学建设。2019 年，总行将组织开展技能比拼、业务发展、竞争力和服务水平提升三大类劳动竞赛活动。各级工会也要充分结合发展实际，通过劳动竞赛、主题实践、创新马拉松等活动，把广大职工的思想和行动统一到开启“第二发展曲线”的推进实施中来，切实为职工参与创新实践提供资源和服务保障。二是积极培育和选树先进典型。要真正做到以德为先和功绩导向，表彰在践行“三大战略”、工作创新和服务创优中表现突出的集体和个人。各级工会要进一步加大典型人物和榜样事迹的宣传力度，认真落实好劳模各项待遇，在充分发挥典型引领作用上主动作为，把更多“建行故事”挖掘出来，把更多“建行声音”传播开来。三是大力建设劳模创新工作室。各级工会要积极总结推广劳模创新工作室的做法和经验，协同各方进一步加大培育和扶持力度，为劳模创新工作室的孵化形成创造有利条件，吸引更多员工特别是青年员工参与创新活动，展现劳模创新工作室开展创新实践、产生创新成果、提高企业生产力的强大功能。

（三）维护职工合法权益，突出新时代工会主责主业

一是引导职工提高民主管理意识。以出台企业民主管理办法为契机，提升各级单位对民主管理的重视程度和工作力度，深化落实行务公开，使民主管理工作运行更加规范，积极推动企业民主管理工作纳入党建工作规划和考核体系。二是完善职工权益维护体系。各级工会要尊重职工主体地位，特别是要把落实职工休息休假、劳动报酬等作为权益保障工作的重中之重，切实抓紧抓好。有效推动平等协商集体合同制度进一步落实，维护好女职工特殊权益，不断提高工会组织的维权服务水平。三是充分发挥职工代表大会作用。积极完善集团内多层次职工代表大会体系，切实把职代会作为企业民主管理的重要抓手、职工建言发声的重要平台、健全公司治理的重要途径。不断丰富和创新职代会的内容和形式，确保与时俱进、开出实效、不走过场。对于职工代表反映的问题要做到件件有回音，并组织各级职工代表对职代会贯彻落实情况进行巡查。

（四）满足职工美好期盼，提升新时代工会服务质效

一是进一步加大“职工之家”建设力度。“职工之家”建设不仅要抓好场所设施的完善，更要以其为载体开展建家活动，为建家赋予新内容、拓展新领域、注入新活力。对于新建网点，必须把“职工之家”建设纳入统一规划；对于有条件建家的网点，要以实施基层网点员工关爱工程为契机，力争用两年左右时间实现建家全覆盖；对于尚不具备条件的网点，要积极协调各方资源，切实解决员工就餐、休息等实际问题。2019 年总行工会将拨付专项补贴，用于支持边远地区网点“职工小家”建设，同时鼓励特色建家，满足职工个性化需求。二是努力为职工提供普惠性、常态性、精准性服务。积极推动“同心计划”有效落实和创新拓展，加大宣传推广力度，着力加强员工健康管理，打造员工关爱新引擎。加强“三级互助机制”协同响应，精准救助特困职工。认真完成好重大节假日期间对全行职工的普惠慰问和对困难职工的重点帮扶慰问。启动“善融商务工会提货”全行推广，扩大员工自主选择范围，打造覆盖全行员工的福利发放和商品采购线上渠道。三是大力开展职工系列文体活动。以庆祝新中国成立 70 周年和建设银行成立 65 周年为主线，统筹全年职工文体活动。举办全行第九届职工乒乓球比赛，坚持竞技性与群众性相结合，持续扩大覆盖面。鼓励各级工会策划、申办并组织开展多样化、区域化、小型化文体活动，探索群众文体新模式。积极做好职工文体联合会筹建和员工健身操推广等工作。

（五）面向职工改革兴会，增强新时代工会发展动能

一是持续加强工会党的建设。以党的政治建设为统领，带动工会自身建设全面推进。坚持从严治党，整治“四风”，防止“四化”，营造工会系统风清气正的政治生态。二是不断提升工会履职能力。推动顶层设计和基层创造融合互动，把工作力量、经费安排进一步向基层倾斜，努力打通工会联系服务职工的“最后一公里”。切实发挥经审监督作用，提升审计成果运用和经审工作规范化水平。强化业务指导和培训工作，不断打造高素质、专业化工会干部队伍。三是创新建设全行智慧工会。深入推进“党群同心”系统的开发和使用，逐步形成上下级工会组织间、工会和职工间的线上互联互通。要把网上工会作为联系和服务职工的重要平台，不断增强职工黏性，提升网上工会的传播力、引导力、影响力。

各位代表、同志们，及时当勉励，岁月不待人。我们身处伟大的新时代，每个人都在努力奔跑，每个人都在奋力逐梦。全行各级工会组织要更加紧密地团结在以习近平同志为核心的党中央周围，在上级工会和总行党委的坚强领导下，初心常在、豪情满怀、勇立潮头、接续奋斗，真正让职工群众站上 C 位、收获锦鲤、感受幸福。让我们不断汇聚起全行广大职工的磅礴伟力，奋进新时代、增彩建行蓝、共筑中国梦，以继续当好新时代高质量发展领跑者的姿态，开启建设银行“第二发展曲线”，献礼伟大祖国七十华诞！

中国银行业的未来：金融科技的挑战与机遇

——在夏季达沃斯论坛上的发言

黄 毅

（2019年7月1日）

尊敬的各位来宾，女士们、先生们：

大家上午好！

最近我参加了一次学术会议。参加这次会议的有全球经济金融领域的政策制定者、专家学者和业内人士，大家讨论和关注的主题只有一个，就是银行业的未来。会议的焦点主要集中在两个方面：一是大数据、人工智能、区块链这样一些科技，对未来的银行会有什么挑战；二是研发和应用这些技术的大型科技公司、互联网企业等，对银行业的未来会有哪些影响。

这两个方面都与我们今天要讨论的主题密切相关，我们要回答“中国将如何塑造金融业的未来”，或者说“中国将如何塑造银行业的未来”，可能首先需要探讨的是，银行业的未来会面临什么样的环境？按照“适者生存”的原则，只有适应未来环境的银行业，才有未来。

我们正处在百年未有之大变局，现在很难看清未来社会、未来时代的样子。但有一点我想大家是有共识的，以互联网、手机等数据通信设施为基础，以人工智能、区块链等科学技术为重点的金融科技，必将成为影响未来金融生态的重要因素。国内外各界对金融科技的普遍关注，已经证明了这一点。

那么，什么是金融科技呢？比较公认的看法是，金融科技是一种创新，是技术驱动的金融创新，是现在信息技术在金融业的新应用和新发展。

对于金融科技这一含义，今天看来没有太大的问题。但如果用未来的眼光来看，金融科技是不是只是现代科技和金融的结合？会不会引发金融业理论和实践的根本性变革？那可能就不一定了。

传统上，银行业并不缺乏技术推动的金融创新，比如电报的发明，诞生了SWIFT网络；电话的发明产生了ATM；互联网的普及催生了网上银行；手机的出现产生了手机银行；等等。这些技术被银行业广泛应用，也对银行的业务模式、作业流程、服务方式产生了重要影响，但却从来没有像今天的金融科技一样，形成一个专门的词汇，并且成为全世界银行业关注和讨论的焦点，甚至成为一些国家金融业发展的重要战略。

这就说明，金融科技与以往信息技术在银行业的应用及以往技术驱动的金融创新一定存在着明显的不同，对银行发展的影响存在明显差异。

首先，“金融科技”这一术语产生的背景，是大型科技公司对银行业务的深度介入，是银行业和非银行业、非金融业之间边界的不断模糊。

我们知道，存、贷、汇是银行传统业务，过去也是银行的专属业务领地。银行业很重要的职责就是解决信息不对称问题，所以新的信息技术会被银行业快速采纳，以便改善和提高服务质量和效率。但在金融科技出现以前，应用信息技术所改变的是银行业务的方式方法，没有改变银行业务的边界。银行就是银行，企业就是企业，高科技企业可以为银行提供软硬件支持，但它终归还是银行的外包商或供应商。

但21世纪以来，无论在国内还是国外，大型互联网公司、科技企业直接进入了银行支付结算领域，并且取得了突飞猛进的发展。在一些国家，第三方支付后来居上，已经成为日常社会经济生活中支付结算的主力。

随后，互联网金融的出现，使贷款业务有了新的模式。尽管互联网金融的发展出现了波折，但不能否认，非银行，甚至非金融机构的信贷方式，已经被社会所接受。再进一步，传统银行依靠规制划定的专属“领地”——存款业务，随着“余额宝”的出现也被渗透了。

这一切说明，金融科技可能不仅仅是创新，很有可能也是一种“革新”，挑战着银行业和金融业的行业边界。

我们不知道未来谁会胜出。但目前来看，银行业尚且占绝对优势。但这一挑战已经改变了银行业的竞争格局，今后银行业不仅要面临同业竞争，还会面临与科技公司和互联网企业的竞争。

其次，银行边界的模糊可能会引发银行理论体系的变革。从理论上讲，银行业作为一个独立行业存在，并且受到各国法治体系的确认，是因为银行业在处理信息不对称和解决金融市场交易费用方面具有专业优势和规模优势。大型科技公司对银行业务的介入并取得成功，说明这类优势可能不再是银行独有的。

如果这种观点成立，是将这些企业也纳入银行业呢？还是说银行业不再是一个专属化的行业？

不仅如此，货币是银行经营的基本对象，是金融体系运转的基础，也是金融理论的重要基石。如果这一基石发生了变革会怎么样呢？

6月18日，Facebook 通过下属企业发布了一个白皮书，计划在一年内发行加密数字货币 Libra（天秤币）。该事件已经成为国际金融圈最热门、最重要的话题，国际清算银行、世界银行、国际货币基金组织、欧美主要央行等，都参与到了 Libra 的争论之中。我们知道，区块链与数字货币的提出和发展已历经时日，虽然有不少争议，但总体没有引起国际金融界的轰动，这次为什么不一样？

一个重要的原因就是，过去的数字货币和我们流通的货币“井水不犯河水”，二者在不同领域遵循不同规则，发挥媒介作用。此外，由于缺乏应用场景，数字货币的作用范围十分有限。

Libra 则不同：它将是一种介于数字货币和现行货币之间的“准货币”。Libra 锚定一篮子现行货币和价值资产，构建了与现行货币体系的“交流桥梁”，已经很类似不少国家法币的“外汇体系”。但是，Libra 又不是法币，是一种加密数字货币类的“稳定币”，不是由货币当局或中央银行发行，而是产生于区块链。所以，它又带有“免费币”的特征，不会像现有法币一样产生高昂的铸币税，也不会像银行体系中的货币，必须支付一系列的使用费。同时，它又有可能是一种“全球币”，Facebook 及其盟友有着全世界最大的应用场景，有着27亿用户，其影响力会远超以往的数字货币。

如果这种前景变成现实，我们不禁要问，Libra 是一种货币吗？货币的发行还会被国家控制吗？货币政策还有效吗？

这些，都是需要认真研究的理论问题，也是金融科技从“根”上对银行业的挑战。这些问题不仅关系到未来金融体系的建设和管理，也关系到金融法制体系的变革。

最后，银行边界和银行理论的变革，会进一步促使银行业管理体系的变革和重构。

金融科技对银行业务模式、信用评价、服务方式等的变革，已经是现实，对货币的影响，可能也会成为现实。

银行业现在不仅已经接受这种变革，而且利用金融科技进行业务转型的积极性很高。可以预计，未来金融科技对银行业影响的范围还会不断扩大，深度不断加深。这种发展趋势，必将给银行的管理和监管带来挑战。

比如，大数据和人工智能在风险管理中的应用。如果银行的系统只是根据人工设置的模型和程序，分析、评估客户的信用状况，那么银行的内控人员、外部的监管人员都“有章可循、有迹可追”。但是，如果银行的系统是利用大数据技术自行收集相关信息数据，然后通过机器学习“自学成才”，按照智能化的模型去做信用评估，怎么办？

这种状况很像电脑下棋：1996年“深蓝”与象棋大师比赛象棋时，依靠的是人类提供的各种棋谱和高速度计算。我们可以检查、分析其运算机制，了解其输赢的原因。20年后，“阿尔法狗”与围棋大师比赛围棋时，是按照围棋规则通过机器学习自己形成的下棋模式，其中一些模式人类尚未见过。在这种情况下，我们只能通过比赛证明它在围棋方面已经比人类优秀了，但并不知道它到底怎么“想”的，为何这样去“想”。20年的变化就如此巨大，那么再过20年呢？

这就是金融科技可能带来的“监管黑箱”问题，我们可以看到符合我们要求的结果，但我们看不到“箱子”的过程。这就使面临两难抉择：如果我们相信人工智能，深度利用人工智能，就需要对现有银行内控、审计和外部监管规制实施变革，对相关法治体系进行创新。比如，我们可能首先要解决人工智能的法律效力问题，解决区块链和数字货币的法律地位问题。

如果我们不能或者不愿变革现有的规制理念和基础，重构金融法治，那么金融科技在银行业的应用就难以深入。但说不定有一天，我们在与Facebook、在与Libra的竞争中真有可能败下阵来。

这是目前各国金融界都面临的一个非常实际，而又事关未来金融业“塑造”的一个重要问题。

这些挑战或者问题并不是坏事，它们从另一个角度说明银行业也正面临着前所未有的机遇。

比如，银行业务边界的模糊，意味着银行业同样可以凭借金融科技的力量“走出去”。过去，银行与客户的往来基于一单一单的业务。现在，我们可以通过服务的智能化，实现客户的用户化，使银行客户转变成银行各类服务的稳定用户。

此外，银行业在我国起步较晚，相关理论研究和管理体系主要依靠学习和借鉴，专业积累和知识产权都处在追赶阶段。金融科技为我们提供了一个新的契机，可以利用后发优势，在技术转型的时代，培育出中国银行业的国际竞争优势。

女士们，先生们，朋友们！

这是最好的时代，也是最坏的时代。这个时代没有永远的老师。面对金融科技对银行业的影响，我们唯有时刻保持谦逊、积极和开放的态度，主动学习、主动作为，才能让银行业跟上时代的步伐，为银行业的可持续发展赢得更好的未来。

谢谢大家！

深入理解中国开放 把握人民币国际化机遇

——在外国央行投资人民币资产研讨会上的发言

黄 毅

（2019 年 9 月 20 日）

尊敬的易纲行长、

尊敬的卡斯滕斯总经理；

各位嘉宾，女士们、先生们：

大家上午好！

很高兴受邀参加今天的研讨会。人民币国际化是一个非常宏大的话题。这里我和大家分享个人对人民币国际化的一些观察和思考，欢迎大家批评。

人民币国际化的时代背景是中国走进世界经济舞台中心。历史地看，从银本位到金本位，从英镑到美元，国际货币体系中一国货币地位的起落对应的是一国综合国力的变化。人民币国际化也是如此。40 多年来，中国 GDP 实现了年均 9.5% 的增长速度，这是人类经济史上不曾有过的奇迹。中国现已成为拉动世界经济增长的重要力量。过去 40 年，世界范围发生多次金融危机，而中国是唯一没有发生过系统性金融危机的新兴国家。中国经济实力的整体性增强加快了人民币“走出去”的步伐。10 年来，人民币作为国际货币地位稳步提升。人民币成为全球第 5 大支付货币、第 8 大外汇交易货币，特别是 3 年前人民币加入 SDR，大大增强了境外机构持有、使用人民币的意愿。2018 年底境外各类主体持有境内人民币资产超过 4.8 万亿元，60 多个境外央行或货币当局将人民币纳入外汇储备，人民币作为计价结算、投融资、储备货币的功能进一步提升。

人民币国际化是中国加快改革开放的一个重要标志。货币发展史告诉我们，一国货币能否成为国际货币，终究要由市场来决定，而政府能做的是减少制度性障碍。近年来，中国不断深入推进人民币汇率形成机制改革，下大力气建设人民币跨境流通基础设施建设，提升了国际社会对人民币的需求。习近平主席提出的“一带一路”倡议更是为人民币国际化稳步推进注入了新动力。

随着中国综合国力的增强，中国与世界广泛分享发展福祉的意愿和能力增强，推动全球治理体系的转型升级的主动性增强。2008 年的美国次贷危机最终演变成一场席卷全球的金融风暴，暴露出第二次世界大战后确立的国际货币体系缺乏协调等弊端。而人民币国际化为修正上述弊端提供了增量式改革工具。正如即将离任的国际货币基金组织总裁拉加德女士所言，将人民币纳入 SDR 是国际金融体系重要和历史性的里程碑，反映了中国改革的成就，这有利于建立一个更加稳健的国际金融体系。

女士们，先生们！

当前经济全球化遭遇民族主义、民粹主义、保护主义的强大压力，但我坚信全球化是不可阻挡的历史趋势；国际环境和中国庞大的经济体量决定了人民币国际化必定是极富挑战性的工作，但我认为是挑战，更是机遇；人民币的国际化是一个长期、艰巨而又必须谨慎推进的系统工程，但只要中国经济继续保持健康稳定发展，只要我们继续坚持改革开放，只要我们不犯颠覆性错误，人民币国际化的外在需求和内在动力就始终存在。

未来 10 ~ 15 年是中国经济的重要转型发展期，届时中国将实现“两个百年”目标，基本实现社会主义现代化，以及建成富强民主文明和谐美丽的社会主义现代化强国，届时人民币国际化也将达到新的历史高度。

中国建设银行是一家经营 24 万亿元资产的、具有全球系统重要性的大银行。中国建设银行在稳健经营的同时，不断进行绿色转型，发展绿色金融，实施普惠金融、金融科技战略，服务民生，回馈社会。我个人认为，发展绿色金融和普惠金融不仅是中国转变经济发展方式的重要途径，也是人民币国际化的重要推力和国际责任。绿色金融将为扩大以人民币计价的环境友好型资产提供新载体。绿色金融、普惠金融将展示中国负责任的大国形象，提高人民币的国际认可度。人民币及其国际化是中国向世界提供的公共产品，更是中国为推动以普惠性为特征的新型全球化所作的努力。未来，中国建设银行将遵循开放、互信、共建、共赢的原则，积极参与到人民币国际化进程之中，加快产品创新，借助金融科技提高全球金融服务能力，为夯实人民币国际化的微观基础出一份力。

女士们，先生们!

当前国际政治经济格局正经历百年未有之大变局，中国努力成为新型开放大国，以更高水平开放应对变化。在此重要时点，举办此次研讨会意义十分重大。

最后，我希望此次研讨会能够成为一个务实合作的重要平台，祝研讨会取得圆满成功。

谢谢大家!

在中国建设银行 2019 年工作会议上的讲话

朱克鹏

（2019 年 1 月 22 日）

2018 年，在中央纪委和总行党委的正确领导下，全行纪检监察工作稳中有进，全行党风行风持续改善，干部员工纪律规矩意识明显增强。一是执纪执规在严把质量关的基础上，保持力度不减、尺度不松，2018 年全行给予党政纪处分3212 人，其中，党纪处分 282 人、政纪处分 3141 人、党政纪并处 211 人；开除党籍 65 人，行政开除 176 人。从处分层级看，处级以上干部受到处分 318 人，总行党委管理干部 11 人。二是反腐败工作力度不断加大，严肃查处薛峰严重违纪违法案件，全行共查处贿赂案件 11 起、员工非职务犯罪和违反治安管理处罚法案件 71 起，主动向司法机关、地方监委移送 4 人。三是驰而不息整治“四风”，全行共查处违反中央八项规定精神问题 43 起，处理 62 人，其中给予党纪处分 33 人。四是注重加强警示教育，用身边事教育身边人，坚持对违纪违规问题点名道姓通报曝光，总行纪委先后印发通报 11 份，通报案件及严重违规违纪问题 269 起。先后拍摄《警钟长鸣》《蜕变——薛峰案件警示录》两部警示教育片。

2019 年，重点要抓好以下几项工作。

一、深刻认识派驻改革的重大意义，将派驻改革各项工作落到实处

推进中管金融企业派驻改革是中央加强金融领域党内监督和国家监察的重要举措，是加强党对金融工作集中统一领导的有力保证，也是推动金融系统全面从严治党向纵深发展的现实需要。派驻纪检监察组的主要任务是加大对中管金融企业的监督力度，加强对金融领域腐败的惩治力度，营造金融系统风清气正的政治生态，为打赢防范化解金融风险攻坚战提供坚强纪律保障。根据中央文件要求，派驻纪检监察组是中央纪委国家监委的重要组成部分，由中央纪委国家监委直接领导，向中央纪委国家监委负责，与驻在企业是监督与被监督的关系，履行对驻在企业的监督责任。派驻纪检监察组依据党章党规、宪法和监察法等法律，依据中央纪委国家监委授权，围绕监督执纪问责和监督调查处置，履行党的纪律检查和国家监察两项职责，强化对驻在企业领导班子及其成员和企业党委管理人员的监督，加强对企业总部和直属企业的监督。

希望大家提高政治站位，深刻认识派驻改革的重大意义，自觉把思想和行动统一到中央关于派驻改革的重要决策部署上，正确对待、自觉接受驻行纪检监察组的监督，积极支持配合驻行纪检监察组履行职责，根据派驻改革相关要求，做好各项派驻改革的协助和配合工作，确保派驻改革各项工作顺利推进。

二、把准职责定位，认真履行监督第一职责

纪委改为派驻纪检监察组，绝不仅仅是“翻个牌子”、换个名称。派驻纪检监察组是中央纪委国家监委架设在金融企业的“探头”，是“不走的巡视组”，肩负的责任更重大、任务更加艰巨。我们将主动作为，认真履职，重点要做好几项工作。

第一，要突出政治监督。要坚守派驻监督本质是政治监督的职能定位，督促党委深入学习贯彻习近平新时代中国特色社会主义思想和党的十九大精神，认真贯彻落实习近平总书记重要批示精神和党中央重大决策部署，确保党中央政令畅通，坚决纠正上有政策、下有对策，有令不行、

有禁不止行为。推动党委落实全面从严治党主体责任，督促抓好全行党风廉政建设和反腐败工作，推进全面从严治党向纵深发展。

第二，要突出监督重点。驻行纪检监察组将重点强化对党委班子及其成员和总行党委管理干部的监督，加强对总行本部和直属单位的监督，对其依法履职、秉公用权、廉洁从业以及道德操守情况进行监督检查，监督促进各单位党委主要负责人当好第一责任人。

第三，更加注重对干部的日常教育监督。监督是党章和《监察法》赋予纪检监察机构的第一职责、首要职责和基础职责。严管就是厚爱，信任不能代替监督。做好干部的日常教育监督工作是纪检监察机构的使命和天职。要在用好监督执纪第一种形态上下更大工夫，通过约谈提醒、谈话函询等方式，对干部的苗头性、倾向性问题早发现、早提醒、早处置，做到抓早抓小、防微杜渐。同时，要不断丰富、创新教育和监督的方式方法，不断提高教育和监督的精准性和有效性，既要做好“标准动作”，又要做好“自选动作”。要建立健全干部问题线索活页和廉政档案，开发干部监督信息系统，加强对干部的问题线索集中管理，保持动态更新，做好“立体画像”，实现对干部的全方位、全天候、无死角日常监督。

第四，进一步加大反腐败力度。习近平总书记在中央纪委三次全会上三次讲到金融领域反腐败工作，我们要深刻领会习近平总书记重要讲话精神，结合建设银行自身经营特点，紧盯信贷、招投标、集中采购等廉政风险易发多发的重点领域和关键环节，严肃查处业务违规背后隐藏的利益输送和腐败问题。根据中央的部署要求，派驻纪检监察组将负责调查驻在企业非中央管理的公职人员涉嫌贪污贿赂、滥用职权、玩忽职守、权力“寻租”、利益输送、徇私舞弊以及浪费国家资财等职务违法和职务犯罪的案件，重点调查驻在企业党委管理人员和企业总部机关公职人员涉嫌职务违法和职务犯罪的案件。各行发现上述职务违法和职务犯罪案件，必须第一时间向驻行纪检监察组报告，并协助做好调查处置工作。驻行纪检监察组将坚持有腐必反、有贪必肃，继续保持高压态势，要让腐败分子在建设银行无处藏身。

第五，进一步加强作风建设。要充分认识“四风”问题的长期性、复杂性、多样性和变异性，对享乐主义和奢靡之风露头就打，严防反弹回潮。对于形式主义和官僚主义问题，要从党的政治建设的高度来进行研判，拿出过硬措施，深入扎实做好整治工作。要提高监督的主动性和实效性，通过抽查财务报销票据、节假日检查公车封存情况、突击检查库存物品等方式开展监督检查。对公务用车、公务接待、公款旅游等问题多发领域，督促有关部门认真开展制度重检，明确政策边界，细化执行标准，狠抓制度的落地。

三、坚持巡视巡察政治定位，做好巡视巡察整改“后半篇”文章

在总行党委和总行巡视工作领导小组的领导下，全行巡视巡察工作深入贯彻中央巡视工作方针，坚持政治巡视定位，坚决履行“两个维护”政治责任，巡视巡察监督质量和效果明显提升。2018 年共巡视巡察 1270 个机构，发现问题 8396 个，移交重要违规违纪问题线索 257 件。针对巡视发现的共性问题，形成专题报告 11 份，根据巡视反馈意见，被巡视单位制定整改措施 801 条，建立完善制度 222 项。

2019 年，要在继续深化政治巡视的基础上，坚持发现问题与整改落实并重，高质量推进巡视巡察向纵深发展。

一是政治巡视监督重点。巡视巡察工作要坚定不移坚持政治定位，将“两个维护”作为巡视的“根”和“魂”，深入开展对习近平新时代中国特色社会主义思想和党的十九大精神、党中央路线方针政策落实情况的监督检查。同时，将“三大战略”推进落实情况作为巡视巡察的重点，不断提高发现问题的深度和精准度。

二是加强对分行巡察工作的领导和指导。从全行情况看，各行巡察工作质量参差不齐，发现问题的能力明显不足，个别分行的巡察工作有“走过场”之嫌，巡察效果大打折扣。2019 年总行将强化对分行巡察工作的监督检查，及时掌握工作进展情况，对落后的分行给予重点帮扶。探索建立巡察工作约谈制度、责任追究等制度，不断优化考核评价制度，层层传导压力，压实巡察责任。

三是强化整改督查。从以往巡视情况看，巡

视整改不到位、“重巡轻改”等问题普遍存在。最近进行了巡视回头看，发现很多问题没整改到位。2019 年，总行将强化整改日常监督，建立和纪检监察、组织部门的协作机制，厘清责任、明确分工，形成有序衔接、互为补充、协调一致的整改监督链条。对巡视发现的问题实行台账管理，定期“对账”、整改完成后才能“销账”，确保可跟踪、可评估。针对巡视发现的普遍性、倾向性问题，巡视组要向党委提出意见和建议，提交专题报告，做到解决一个问题、堵塞一批漏洞。

四、坚持稳中求进总基调，推进全行纪检监察工作高质量发展

派驻改革后，各一级分行、二级分支行将撤销内设监察部门，改设为纪委办公室，不再承担调查处理违反企业内部规章制度行为以及信访维稳等职责，但增加了协助配合驻行纪检监察组调查处置职务违法、职务犯罪案件的职责，今后分行纪委的工作任务更重了、要求更高了。

各级纪委要深入学习《纪律处分条例》《监督执纪工作规则》《监察法》，进一步突出问题导向，查找工作中的短板，采取针对性的补强措施，严格按照法定权限、规则、程序办事，提高专业能力和工作水平。要充分运用“四种形态”，宽严相济，处理好全面从严和“治病救人”的关系，按照错误性质和情节轻重把握准确、拿捏好分寸。既要做好“咬耳扯袖”的提醒工作，又要坚持力度不减、尺度不松、节奏不变，保持正风反腐的高压态势。特别要强化精准思维，准确把握执纪标准和运用政策，既要对顶风违纪、不知悔改、执迷不悟的违纪违法人员，从严惩处、以儆效尤，又要为担当者担当，严肃查处恶意举报、诬告陷害行为，对信访举报查无实据的同志要以适当的方式在一定范围内予以澄清正名，给他撑腰，激励干部员工干事创业的激情。

五、持续推进合规体系建设，着力提升合规管理质效

截至 2018 年末，我们用一年多的时间，基本上完成了合规体系的搭建。目前，合规制度体系基本完善，合规信息管理平台已上线运行，合规八大核心管理功能得到强化，合规运行、合规推进机制运转良好，反洗钱工作基础得到大力夯实，合规人员队伍初具规模，全行合规管理质量和实效、水平明显提升，重大违规事件和操作类监管案件有所减少，违规造成的损失有所降低。与同业比较，处于较好水平，可以说，全行合规管理上了一个新的台阶。但我们必须清醒地认识到，建设银行合规管理工作正处于一个滚石上山、爬坡上坎的关键阶段，外部监管形势依然十分严峻，操作类监管案件和重大违规事件仍未得到根本遏制，合规管理要求尚未有效融入业务流程，各项合规管理措施亟待落地实施，合规管理工作仍然任重道远。我们要以一张蓝图绘到底的决心，全力建设一个集中统一、科学先进、权威高效、务实管用、覆盖全集团的合规体系，苦干实干、迎难而上，朝着“两个确保、五个减少”的合规管理目标不断迈进。

2019 年，一是狠抓落实，确保合规管理的各项制度要求和工作措施与办法落到实处。二是要大力提升违规发现能力，整合监督资源，发挥监督合力，建立多渠道发现违规的工作机制，让违规之事无处遁形，违规之人无处可藏，坚决遏制违规多发势头。三是要加大违规处置力度，综合运用多种处置手段，形成震慑，敢于用、用得好。四是要强化警示通报效果，对于案件或重大违规事件要坚持重遏制、强高压、长震慑，不走过场，传导到位，打通警示教育“最后一公里”。五是要进一步筑牢案防体系，发挥“两防”联席会议机制功能，做好案件处置、风险排查、资金资产追索、控制负面舆情等工作，要千方百计遏制各类操作类监管案件的发生。

派驻改革后，员工违反行内规章制度的调查处理职能将移交到内控合规部。这两年监察条线做了大量工作，为信贷质量向好做了保证。这项工作专业性强、责任重大，对内控合规条线提出了更高要求。内控合规部门要增强担当精神和责任意识，加紧完善制度，理顺职责分工。各一级分行要周密部署，加强统筹，平稳过渡，确保问责力度不减，问责质量不降。

在 2019 年全行巡视巡察工作会议暨巡视动员部署会上的讲话

朱克鹏

（2019 年 4 月 11 日）

同志们：

今天上午，会议传达了习近平总书记听取巡视情况汇报时的重要讲话精神，国立书记作了深刻的动员讲话，对近年来全行巡视工作取得的成绩给予了充分肯定，对当前准确把握新时代巡视工作重要意义、工作定位、监督重点等进行了阐述，对推动我行巡视工作高质量发展提出了要求。4 个分行的同志作了交流发言，介绍了分行巡察工作的经验做法，各有特色，值得其他分行学习借鉴。今天下午，会议安排了分组讨论，大家围绕学习领会习近平总书记重要讲话精神，围绕国立书记的部署要求，紧密联系工作实际，深入开展讨论，效果很好。这次会议是建设银行首次召开的全行巡视工作会议，既是学习贯彻中央精神，也充分体现了总行党委对巡视工作一贯的高度重视。会议内容丰富、安排紧凑，圆满完成了各项议程，达到了预期目的和效果。根据安排，现在对建设银行 2019 年巡视工作进行具体部署。下面，我讲四点意见。

一、深入学习贯彻习近平新时代中国特色社会主义思想和党的十九大精神，坚决落实新时代巡视工作部署要求

巡视是党章赋予的重要职责，是加强党内自身监督的战略性制度安排。党的十八大以来，以习近平同志为核心的党中央高度重视巡视工作，多次发表重要讲话、作出重要指示，为巡视工作深化发展提供了根本遵循。党的十九大确立了习近平新时代中国特色社会主义思想的指导地位，这是马克思主义中国化的最新成果，既是党和国家必须长期坚持的指导思想，也是做好新时代巡视工作的指导思想。全国巡视工作会议，紧扣新时代脉搏和新的形势任务，对贯彻落实党的十九大、中央纪委三次全会关于巡视工作的决策部署，贯彻落实习近平总书记关于推动巡视高质量发展的重要指示精神，进行了再动员、再部署；赵乐际同志从决胜全面建成小康社会、健全党和国家监督体系、坚定不移全面从严治党、巩固发展反腐败斗争压倒性胜利的政治高度，深刻阐述了新时代巡视工作的重要意义和责任使命。

习近平总书记关于巡视工作重要论述，是巡视工作深化发展的思想武器和行动指南。全行巡视巡察干部要把学习贯彻习近平新时代中国特色社会主义思想，特别是习近平总书记关于巡视工作重要论述作为重要政治任务来抓，与学习贯彻党的十九大精神和中央纪委三次全会部署结合起来，把自己摆进去、把职责摆进去、把工作摆进去，不断提升政治站位，切实增强做好新时代巡视工作的责任感、使命感和紧迫感；紧密联系工作实际，稳中求进推动新时代巡视工作高质量发展。

二、坚守政治巡视定位，强化政治监督

政治巡视是党的十八大以来巡视工作的重大理论创新成果，随着巡视实践的不断发展，政治巡视的内涵也在不断深化。习近平总书记在听取巡视汇报时，对推动巡视高质量发展提出了 5 个方面要求，第一条就是加强政治监督。党中央印发的《关于加强党的政治建设的意见》，明确要求深化政治巡视，强化政治监督，着力发现和纠正政治偏差。政治监督的根本任务就是牢牢把握“两个维护”这个“纲”和“魂”，切实发挥政治

导向作用。全行巡视巡察机构要深刻理解强化政治监督的重要意义，精准把握政治监督的内涵，坚守政治巡视定位，做到党中央重大决策部署到哪里，巡视监督就跟进到哪里。紧扣党组织的政治责任，着力发现和推动解决贯彻落实中存在的责任问题、腐败问题、作风问题，违反“六项纪律”“七个有之”问题，违反中央八项规定精神等问题，确保党中央令行禁止、政令畅通。巡视组要按照“六围绕一加强”和“五个持续”总体要求，重点围绕以下四个方面进行监督检查。

（一）围绕加强党的全面领导，重点检查落实党的路线方针政策和中央重大决策部署情况

党的领导是中国特色社会主义最本质的特征，也是最大的政治优势。坚持和加强党的全面领导，关键是践行“两个维护”。

一是了解学习贯彻习近平新时代中国特色社会主义思想和党的十九大精神，以及总行党委重大决策部署落实情况。学懂弄通做实习近平新时代中国特色社会主义思想和党的十九大精神，是当前首要的政治任务。党的十九大就贯彻落实新发展理念、建设现代化经济体系、绿色信贷、普惠金融、精准扶贫等作出了一系列重大战略部署。总行党委贯彻落实党的十九大精神，结合建设银行实际，审时度势提出了“三大战略”，这是总行党委在新时代落实国家战略，回归本源、服务实体经济和社会民生的重要举措。巡视组要对照中央关于金融工作的路线方针政策和习近平总书记关于金融工作的重要论述，特别是对建设银行提出的“三个能力”要求，重点看被巡视党组织是否在学懂弄通做实上下工夫，在结合实际贯彻落实上下工夫，有没有研究提出切实可行的落实措施，建立有效的工作机制，加强组织领导，持续跟踪督办，以钉钉子精神狠抓落实。对照总行党委重大决策部署及重要指示精神，特别关注“三大战略”、劳动者港湾、建行大学等推进落实情况，看被巡视党组织有没有学习研究、部署落实，措施是否具体、指导是否到位，实际成效如何等。

二是了解防范化解金融风险决策部署落实情况。党的十九大首次提出要坚决打好防范化解重大风险、精准脱贫、污染防治的攻坚战。“三大攻坚战”与我们银行都有关系，银行扮演的角色就是资金融通，支持实体经济和社会民生。包括“打好蓝天保卫战”，要看我们有没有支持绿色信贷，有没有投放高污染、高耗能行业，有没有支持环保企业、环保项目。打赢“三大攻坚战”银行都发挥至关重要的作用，特别是习近平总书记在2019年2月中央政治局会议上强调“防范化解金融风险特别是防止发生系统性金融风险，是金融工作的根本性任务”。建设银行作为国有大行，理应在思想上政治上行动上同以习近平同志为核心的党中央保持高度一致，自觉承担起防范化解金融风险的重大政治责任，发挥金融“稳定器”“压舱石”的中流砥柱作用。巡视中，要深入了解被巡视党组织是否牢固树立风险防范意识，能否把握好促发展与防风险的关系，是否落实“全面主动”风险管理要求，是否对重大风险及时采取处置化解措施，督促被巡视党组织牢固树立底线思维，增强忧患意识，把防范化解金融风险的政治责任落到实处。

三是了解脱贫攻坚工作落实情况。打赢脱贫攻坚战是党中央作出的重大决策部署，是党的庄严承诺，也是建设银行必须完成的政治任务。近期，巡视办正在研究制定“脱贫攻坚巡视检查指引”，各巡视组要对照检查要点，聚焦脱贫攻坚政治责任落实情况，围绕扶贫效果、作风、资金使用等重点，深入查找和推动解决建设银行脱贫攻坚中存在的突出问题。重点检查被巡视党组织是否真正高度重视脱贫攻坚工作，攻坚克难、主动作为；是否制定完善金融扶贫配套政策举措，并抓好组织实施；是否深入调查研究，结合所在地区脱贫攻坚实际，有效发挥金融扶贫独特作用；是否选优配强扶贫干部；特别要关注扶贫领域的腐败和作风问题。当前，脱贫攻坚已经进入决战决胜、攻城拔寨的关键节点，巡视要督促被巡视党组织落实好建设银行各项脱贫攻坚任务，为如期实现脱贫攻坚目标提供坚强的政治保障。

四是了解贯彻落实中的形式主义、官僚主义问题。习近平总书记强调，形式主义、官僚主义是目前党内存在的突出矛盾和问题，是阻碍党的路线方针政策和党中央重大决策部署贯彻落实的大敌，必须从政治的高度来审视，从思想和利益根源上来破解。中央纪委三次全会部署，形式主义、官僚主义问题要作为当前巡视监督的重点任务。日前，中央办公厅专门印发《关于解决形式主义问题为基层减负的通知》，明确了2019年作为“基层减负年”，再次体现了党中央整治形式主义、官僚主义的鲜明态度和坚定决心，也是对党的政治建设和作风建设作出的新部署、新要求。巡视组要从加强党的政治建设、严明党的政治纪律的高度，紧盯贯彻落实中的形式主义、官僚主义典型问题，深入查找对党中央重大决策部署、总行党委指示要求不敬畏、不在乎、喊口号、装样子的错误表现，着力发现和推动解决重痕迹轻实效，只传达不研究、只批示不落实，空泛表态、应景造势、敷衍塞责、出工不出力的问题，困扰基层的文山会海、督查检查考核过多过频过度留痕等问题。巡视检查别人，自身也要防止形式主义，不能简单看形式，看学了没有、“留痕”了没有，更不能把学了当做了，把做了当做成了。要注意把握形式和内容的辩证关系，做到精准发现、准确定性，关键要看被巡视党组织有没有担当尽责，看贯彻落实的实际效果，看是不是知行合一，把“四个意识”“两个维护”落实到具体行动中。

（二）围绕推动全面从严治党向纵深发展，检查落实“两个责任”情况

全面从严治党是各级党组织的重大政治责任，最根本的就在于各级党组织和领导干部把管党治党的责任担当起来。

一是了解被巡视党组织落实全面从严治党主体责任情况。主体责任是政治责任、全面责任、具体责任、直接责任，是对全面从严治党工作全方位、全系统、全过程的领导。习近平总书记提出，巡视发现一些党组织履行“两个责任”特别是主体责任不够自觉和有力，压力传导不到位、不到底，这是许多问题产生的重要原因。以往巡视发现，有的分行党委面对辖内发生的违规违纪问题，不敢动真碰硬，当“老好人”，该处理不处理、该问责不问责，出了事就把人放走了。看似是“好人主义”，实则是政治责任、政治担当问题。巡视要把焦点对准党委的主体责任，对准党员领导干部的政治责任，深入分析问题原因、查找问题根源，督促他们把管党治党作为最根本的职责立起来、硬起来、严起来。重点检查被巡视党组织是否明晰责任，做到真管真严、敢管敢严、长管长严，是否存在盲目乐观、松口气、歇歇脚等错误思想。党委书记是否认真履行第一责任人职责，坚持原则，敢抓敢管，是否存在回避矛盾、遮丑护短，当“甩手掌柜”等问题；班子成员是否落实“一岗双责”，抓好分管部门条线的全面从严治党工作；全面从严治党责任是否存在逐级递减等问题。这里强调一下，党委主体责任和纪委监督责任不能混为一谈，纪委扮演的是监督角色，是要看党委该做的做了没有，如果纪委把党委该做的全盘接收了，就把责任混淆了，纪委还监督谁啊？巡视巡察要重点看看“两个责任”有没有混同。另外，分行的巡察工作情况也将作为本次巡视监督检查的重点，看党委是否落实巡察主体责任，巡察是否走形式、走过场，是否真正发挥利剑作用。

二是了解纪委落实监督责任情况。纪委也是巡视监督的对象。2019年是实行派驻改革后的第一年，对各级纪检机构履行监督责任提出了新的更高要求。以往巡视发现，分行纪委存在日常监督不够有力，监督政策把握不精准，执纪“宽松软”，以案促改、举一反三不够，履职能力有待提升等问题。巡视要重点检查分行纪委是否坚持把监督挺在前面；是否协助党委推进全面从严治党、从严治行，注意是协助，不是包办、替代，不是大包大揽；是否加强对分行领导班子、领导人员以及重点领域和关键环节的监督；是否准确运用监督执纪“四种形态”，依规依纪依法开展工作；线索处置是否及时、到位，有无瞒报；问责是否存在泛化、简单化；是否注重加强纪律教育，强化纪律执行，坚持举一反三，完善体制机制。通过巡视，着力发现和推动解决不敢监督、不愿监督、不会监督，以及执纪问责偏轻偏软等问题，督促纪委发挥好“探头”作用。

三是了解作风建设特别是落实中央八项规定精神情况。2018年巡视发现依然存在超标乘坐头等舱、住五星级酒店、违规发放福利等违反中央八项规定精神问题，一些隐形变异的“四风”问题潜滋暗长。要坚决防止作风问题复发和反弹，需要一个节点一个节点地坚守，一个问题一个问题地解决，积小胜为大胜，推动中央八项规定精神落地生根。巡视要重点检查被巡视党组织是否结合实际细化办法规定并严格落实；领导班子和各级领导干部是否存在特权思想、特权现象，以及盲目攀比、摆排场、讲阔气，公款旅游、公款宴请、违规送礼等问题。要紧盯“四风”隐形变异新动向，对发现的问题督促立行立改，典型案例通报曝光，不断巩固深化作风建设成果。同时，要严格把握政策界限，把违反中央八项规定精神问题与干部职工正常福利待遇等区别开来，做到问题实、定性准。

四是了解廉洁从业情况。近年来，从建设银行巡视和查处案件情况看，一些领导干部和关键岗位人员利用职务之便，内外勾结，与信贷客户、供应商、评估公司等发生不正当资金往来，有的长期维系不正当往来关系，进行利益输送。巡视中，要突出“关键少数”，紧盯领导班子成员和关键岗位、关键环节负责人，对反映有关领导干部的问题线索，要结合纪检监察、审计、信访等方面情况进行深入了解，着力查找利用职务之便，搞利益输送、以权谋私等问题。特别是党的十八大以来不收敛不收手，问题线索反映集中、群众反映强烈，现在重要岗位且可能还要提拔的领导干部，特别是政治问题和经济问题相互交织的腐败问题。对反映领导班子成员的问题线索，要下沉一级到其担任过负责人的机构，有针对性地了解情况。

（三）围绕新时代党的组织路线，检查落实党建工作责任、加强组织建设和选人用人情况

一是了解党委落实党建工作责任制情况。建设银行是党领导的国有金融企业，加强和改进党建工作是各级党委领导班子、领导人员理应承担的政治责任。巡视要重点看被巡视党组织是否注重加强对本单位党建工作的领导和指导，统筹谋划，把党建工作与中心工作深度融合，做到两手抓两促进，党建领导小组工作机制运行情况和成员单位履职情况如何；党委书记是否牢固树立“把抓好党建作为最大政绩”的理念，认真履行党建第一责任；领导班子其他成员是否履行“一岗双责”，抓好分管领域党建工作。检查党建工作责任制落实情况，不能简单看形式，要看是不是带着政治理念，发挥国有大行的政治责任和政治担当，是不是服务于建设银行改革发展，做到党建与中心工作紧密结合，防止形成“两张皮”，切实把党的领导政治优势和组织优势转化为竞争优势和改革发展动力。

二是了解党委领导班子建设情况。领导班子是党的事业的组织者、推动者、实践者，是一个单位的“火车头”，建设好班子至关重要。巡视要重点看领导班子是否坚强有力，政治上过不过硬；班子团不团结，凝聚力、战斗力强不强，是不是一个值得总行党委信任、信赖的班子；民主集中制执行情况怎么样，落实重大事项请示报告制度、“三重一大”决策制度如何；是否具有较强的执行力、推动力，有无倾向性、苗头性问题等。国立同志非常重视对班子的“画像”，多次强调不能“千人一面”，要鲜活、突出特点。以往巡视发现，有的班子缺乏进取心，等靠思想较重，班子成员各自为政，互不关心；有的班子对员工关心不够，与员工思想交流不足，干群关系对立，还有圈子文化，形成了小帮派、小团体；有的单位风气不正，纪律松散、人心涣散，政治生态极不健康。

三是了解党委坚持党管干部、党管人才原则，选人用人方面的情况。为政之要，惟在得人。巡视要重点看党委是否坚持党管干部、党管人才的原则，树立正确用人导向；是否加大优秀年轻干部培养选拔力度，加强人才储备；是否严格干部日常管理，强化日常监督。着力发现违规用人、带病提拔、突击提拔、跑官要官、买官卖官、档案造假、近亲繁殖等突出问题。从巡视和查处的一些案件情况看，我们有的领导干部，把自己的子女安排在自己行里，下派锻炼、提拔晋升都比别人安排得好、安排得快；有的干部为方便自己谋利，把多个亲属安排在关键岗位，为自己的不轨行为打掩护。公权力一旦私人化，势必会影响这个单位的选人用人风气，甚至整个政治生态。古语言“莫用三爷，废职亡家”，巡视组对员工有反映、班子内有争议、群众认可度不高的干部，要深入了解；特别要关注回避制度执行情况，盯住新员工录用、干部子女职务调整等关键环节，减少裙带关系。

同时，要把干部不担当、不作为问题作为重要监督内容，注重发现那些自保自满、得过且过、坐等退休，患得患失、爱惜羽毛，推诿扯皮、上推下卸，不求有功、但求无过等问题；在推进改革过程中，是否存在不敢啃硬骨头，不愿触及深层次矛盾，放不开手脚、怕出错、怕担责等问题；是否存在漠视员工利益、对员工合法利益、合法诉求置若罔闻等问题。巡视对这类为官避事、为官不为的领导干部要敢于亮剑。

四是了解基层党组织建设情况。检查基层党组织建设情况，不能简单查阅党支部会议活动记录、学习笔记等，要透过基层党组织虚化、弱化、边缘化的种种表现，剖析查找问题根源，最终落到党组织的主体责任上，看被巡视党组织是否重视基层党组织建设，是否从基本组织、基本队伍、基本制度严起，注重提高组织全覆盖质量；是否选优配强基层党组织负责人，严肃组织生活，发挥基层党组织战斗堡垒作用和党员先锋模范作用；是否存在重形式轻实效，考核层层加码，过于强调留痕，导致基层疲于应付等问题。以往巡视，无论一级分行、驻地审计机构、子公司还是总行部门，基层党组织建设普遍较为薄弱，甚至出现一些离谱的事情，比如，有的支部由预备党员担任支部书记，宣布自己转正；有的交纳党费不及时，甚至拖欠 12 个月，看似是失误，实则是党的意识、党性观念极为淡薄。巡视就是要抓住这样的典型，透过现象看本质，推动整顿那些软弱涣散的基层党组织，发挥其应有的政治功能。

（四）围绕强化整改责任，检查整改落实情况

习近平总书记强调，巡视整改是检验“四个意识”的试金石，整改不落实，就是对党不忠诚。总书记在听取上一轮巡视情况汇报时再次指出，巡视发现问题并不可怕，关键是要从问题中引起重视、引发警觉，进一步统一思想、提高站位，立足职能职责，强化责任落实。2018 年，总行巡视和“回头看”检查整改落实情况，发现了不少问题。2019 年，要继续将巡视整改情况作为监督检查的重点；需要强调的是，巡视整改情况既包括 2015 年中央巡视建设银行时发现问题的整改落实情况，也包括总行上一轮巡视发现问题的整改情况。

一是了解落实整改责任情况。从以往巡视情况看，被巡视单位落实整改责任普遍不到位，巡视反馈后虽然能够及时研究部署，但组织推动整体上呈现前紧后松、督促乏力的状态。有的党委职责部门化，任务分解到部门后，干脆就不管了，听之任之、疏于管理；有的满足于报出整改报告，对整改事项的完成质量和实效重视不够、标准不高，特别对一些重点问题的整改力度不够、效果不佳。当然，有些问题整改难度很大，是多少年的历史遗留问题，但是不整改不行，要有舍我其谁的精神和担当。这次巡视，一方面要看被巡视党组织是否从政治高度重视整改工作，对照巡视发现的问题，剖析思想、查找根源，坚持从本级改起，以上率下、带头整改；是否研究制定有针对性的整改措施，明确整改重点任务、阶段任务和长期任务，制定问题清单、任务清单、责任清单，并认真抓好落实；党委书记是否担起第一责任人责任，亲自抓、抓具体；领导班子成员是否把自己摆进去，抓好分管领域存在问题的整改落实。另一方面，要看分行纪委是否加强对党委整改主体责任的监督，对上轮巡视移交的问题线索是否认真处置；对整改不力、敷衍应付、虚假整改的是否严肃问责。

二是了解整改成效和建立长效机制情况。这次巡视组进驻前，要做好充分准备，仔细研读上一轮的巡视报告、问题线索报告、信访报告、反馈意见以及被巡视单位的整改报告。进驻后，要听取被巡视党组织整改情况汇报，看上一轮巡视发现问题是否整改到位，是否存在会议整改、纸上整改、数字整改；是否存在避实就虚、避重就轻、虚假整改等问题；是否举一反三、以案促改，补齐短板、完善制度，把整改与日常工作有机结合起来，形成常态化、长效化机制。特别对一些领导班子有调整、“一把手”调整的，要注意了解是否存在“新官不理旧账”的问题，干部调动分工调整是正常的，但全面从严治党政治责任必须一贯到底，不管谁负责，都不能当太平绅士，更不能当“甩手掌柜”，把责任推给前任。对这样的问题，巡视发现一起就要推动查处一起，督促党委把整改工作抓到底、抓到位。

三、不断提高巡视工作水平，推动巡视高质量发展

推动巡视工作高质量发展，是党的十九大后巡视工作的一个鲜明主题。习近平总书记在听取巡视情况汇报时强调，要高质量推进巡视全覆盖，推动巡视工作向纵深发展。赵乐际同志对提高巡

视监督质量提出一系列工作要求。这当中既有政治方向和政治立场的要求，也有思想方法和工作方法的要求，大家要深入学习领会，融会贯通，抓好落实。这里，提几点要求。

（一）提高发现问题质量，提升精准度

一是监督定位要精准，聚焦责任抓好政治监督。巡视本质上是政治监督，是对被巡视党组织和领导干部履行职能责任情况的全面监督检查。政治监督的关键在于盯住政治责任，重点发现“四个落实”方面存在的突出问题，但最终都要聚焦到领导班子和领导干部的政治责任上。“问题表现在下面，根子在上面”，如果一个单位违反中央八项规定精神问题频发，违规违纪问题频发，政治生态不健康，巡视可以找出一堆这样的人和事，但根子在哪儿？根子在领导班子、领导干部特别是“一把手”是不是真正把管党治党责任担起来。巡视必须坚持以上看下和以下看上相结合，发现的具体问题都要落到政治责任上去分析，首先要看党组织这个责任担不担，有没有这个态度和觉悟，其次才是看担得正不正确、到不到位，有没有这个能力水平。巡视组按照这个思路和方法去查找问题、分析问题，就把政治责任看深看透了，进而也就把政治监督做深、做实了。

二是监督对象要精准，聚焦“关键少数”。要把我们党建设好，必须抓住“关键少数”。“关键少数”特别是“一把手”岗位重要、权力集中、资源富集。一旦出了问题，最易产生催化、连锁反应，影响干部员工干事创业氛围，业务发展也一定会出现这样那样的问题，最终势必破坏整个单位的政治生态，薛峰案例就是典型。现在巡视带回的多是基层的问题，仍习惯于向“下”看，巡视监督一旦失去了“准星”，就会失去巡视应有的价值和生命力。巡视组要强化政治担当，不断提高政治站位和政治觉悟，重点做好对“关键少数”，特别是对“一把手”的监督，推动形成“头雁效应”。

三是监督内容要精准，紧盯重点领域和关键环节。要始终把发现问题作为巡视工作的生命线，提高精准发现问题能力；只有聚焦才能精准，只有精准才能有力。现场巡视时间有限，不能事无巨细、面面俱到，更不能“眉毛胡子一把抓”，要防止“大水漫灌”。巡视组要树立靶向思维、主动作为，紧盯信贷、选人用人、集中采购、不良资产处置、基建工程等重点领域和关键环节，以及新兴的投行和资管业务。特别要将信贷领域的腐败问题作为重中之重，将信贷、风险、授信作为信贷领域的关键岗位，贷前调查、贷后管理作为关键环节，信贷调查、审批人员作为关键人员，盯住“三个关键”，利用好审计系统、大数据筛查、工商系统查询等多种渠道进行排查，斩断内外勾结的关系纽带和利益链条，不断提高发现问题的深度和精准度。另外，巡视组要保持高度的敏感性，做到眼观六路、耳听八方、旁敲侧击，从街谈巷议等多种渠道收集“活情况”，对异常事项有所警觉，事出反常必有妖，从超出常理的违规贷款、严重损失贷款，当年发放当年不良、当年不良当年处置及有信访举报的不良项目等深挖细查，查找违规背后的违纪，甚至违法问题。

（二）提高巡视全覆盖质量，坚持有形覆盖和有效覆盖相统一

高质量推进全覆盖，我理解“全覆盖”是量的要求，强调监督不留空白；“高质量”是质的要求，强调监督要有实效。关键是在推进巡视全覆盖中发挥高质量监督作用。

一要科学有序推进。巡视全覆盖是党章规定的硬任务，也是全面从严治党的重要抓手。巡视要坚持稳中求进的总基调，科学谋划工作计划和阶段任务，既不能在完成全覆盖任务上打折扣，也不能抢时间、赶进度，为了全覆盖而全覆盖。要在创新方式方法上下工夫，注重发挥常规巡视、专项巡视、机动巡视和“回头看”的不同优势，贯通起来、穿插使用，打好“组合拳”。

二要确保工作质量。质量就是生命力，如果巡视巡察发现不了有价值的问题，生命力就会减弱，就成了轰轰烈烈走过场。党委听取汇报，如果都是鸡毛蒜皮的小事，炒冷饭，巡视巡察就没有存在的意义了。因此，要坚决贯彻巡视工作方针，强化问题导向，防止表面化、形式化，做到发现问题、形成震慑全覆盖，推动落实管党治党政治责任全覆盖，增强党的意识、严明党的纪律全覆盖。分行巡察办要进一步提升巡察工作质量，着力发现和推动解决群众身边腐败问题和不正之风，让员工有更多更直接的获得感幸福感安全感。

基层员工期盼巡视巡察，我们的工作绝不能走过场，否则会让员工失望，会比不巡视效果还坏。

三要逐步完善“四个全覆盖”权力监督格局。党的十九大对健全党和国家监督体系作出部署。赵乐际同志在2019年的全国巡视工作会议上强调要构建科学、严密、有效的监督网，完善纪律监督、监察监督、派驻监督、巡视监督“四个全覆盖”的监督格局。巡视作为党内监督的战略性制度安排，一定要紧紧围绕健全党和国家监督体系这一目标，促进自上而下组织监督和自下而上民主监督有机结合，促进党内监督和外部监督协调衔接，形成全覆盖的权力监督格局。下一步，要抓紧研究建立与纪检监察、组织、审计、合规等机构的协作配合机制，共享共用信息、资源、力量、手段和监督成果，增强监督实效。

（三）提高巡视整改质量，扎实做好巡视“后半篇文章”

习近平总书记强调，发现问题是为了解决问题，不是把问题找出来就完事，要一件一件盯住整改。对照总书记的部署要求，我们在夯实整改责任、建立整改机制、督促整改落实等方面还存在较大差距。2019 年，要把推动整改作为巡视工作的关键环节，拿出有效管用的措施办法抓实、抓细、抓到位。

一要压实整改责任，强化整改落实。巡视组要梳理出被巡视党组织需要重点整改的问题，提出有针对性的整改要求，确保可跟踪、可评价、可问责。大会反馈要一针见血、挑明责任，增强反馈的具体性、鲜明性，督促落实整改主体责任。被巡视党组织要建立整改责任清单，党委书记承担第一责任人职责，对巡视整改直接部署、直接参与、直接督办。领导班子成员都要把工作摆进去、把职责摆进去、把自己摆进去，坚持从本级、本人改起。坚决防止敷衍塞责、上推下卸、边改边犯，更要杜绝以简单问责下级代替本级整改。另外，以往大家反映整改上报时间过紧，有的把制定制度当作完成整改，敷衍应付、做表面文章甚至报假账，抓好制度落实才是真整改。根据中央巡视工作新精神，本着实事求是的原则，从本批次开始，巡视整改情况上报时间由 2 个月调整为 3 个月。

二要建立整改工作机制，促进标本兼治。要按照中央部署要求，建立完善相关工作机制，推动巡视整改和成果运用制度化、规范化。研究建立巡视工作领导小组成员参加巡视反馈制度，增强反馈的权威性、严肃性；建立被巡视党组织定期报告整改情况制度，推动巡视整改常态化、长效化；建立与纪检机构、组织部门在督促整改工作上的协作机制，厘清责任、明确分工，形成有序衔接、互为补充、协调一致的整改监督链条，强化整改日常监督；要建立整改公开机制，作为激发整改内生动力的重要举措，定期公开巡视整改情况，自觉接受群众监督；对巡视发现的普遍性、倾向性问题，要形成专题报告，为深化改革、完善体制机制提供参考，发挥巡视标本兼治战略作用。

（四）提高巡察工作质量，建立完善巡视巡察上下联动监督格局

一是压实巡察工作主体责任。分行党委要切实担起巡察工作主体责任，党委书记是第一责任人。巡察工作领导小组负责组织实施，要及时听取巡察情况汇报，研究成果运用，推动解决问题，为巡察工作有效开展提供保障。要进一步拓展巡察范围，推动巡察工作向县支行延伸，打通全面从严治党“最后一公里”。刚才我讲到了，2019 年要将分行巡察工作开展情况，特别是巡察质量作为总行巡视监督的重点，希望在座各位纪委书记回去把这个精神及时向所在分行党委传达汇报。总行年底还将进行考核，对考核排名靠后的分行要进行约谈，把压力作为动力，督促党委尽职履责。

二是加大领导、指导和督导力度。巡视工作坚持中央统一领导、分级负责的原则，总行将着力建立分行巡察工作指导督导机制。加强政策引导，及时传达中央巡视工作部署精神和总行党委巡视工作具体要求；研究制定巡察工作指导意见，进行分类指导。加强跟踪指导，完善分行党委书记听取巡察情况汇报报备制度，探索建立下级巡察机构定期向上级巡视机构报告工作制度，及时掌握分行巡察工作进展；开展片区调研交流，鼓励创新组织形式和方式方法，提高监督质量。加强检查督导，总行将适时开展巡察工作现场检查，对巡察开展不力的分行进行重点帮扶；建立巡察工作约谈制度、责任追究制度；优化年度考核办法，加大通报力度，加强分行巡察工作系统管理。

三是探索上下联动工作机制。总行巡视、分行巡察的监督架构我们早已具备，但上下联动、相互协同的工作机制和监督格局尚未真正建立。目前，中央正在研究制定《关于建立巡视巡察上下联动监督网的指导意见》，建设银行作为开展巡视工作多年的大行，理应积极探索创新，不断总结实践，建立巡视巡察上下联动工作机制。首先，探索监督任务联动。以巡视带动巡察，总行巡视组进驻后可以根据巡视任务需要，调配分行巡察力量，充分发挥巡察对巡视的补充、拓展和延伸作用；通过以干代训、跟岗交流，有效发挥巡视对巡察的示范、指导和推动作用，切实增强巡视巡察监督合力。其次，做到成果运用联动。巡视组进驻后听取被巡视单位巡察情况汇报，在巡察成果中找寻突破口；分行要将总行巡视反馈意见的整改情况作为分行巡察监督重点。再次，做好宣传工作联动。建立巡视巡察信息报送和发布机制，各分行巡察办每周要向总行报送巡察工作信息，总行汇编发布巡视巡察《每周工作动态》，及时了解掌握全行巡视巡察工作进展；同时，总行近期还将刊发《巡视巡察专刊》，建立中央、总行、分行三级统一的信息平台，及时进行政策传导和经验交流。最后，建立信息化建设联动。近期，建设银行巡视工作支持管理系统二期将分阶段上线，实现了巡视巡察各环节的流程化支持和电子化管控，各级巡视巡察机构要把系统真正用起来，加强数据管理和动态分析，以信息化助推巡视巡察上下联动、上下贯通。

（五）提高巡视管理质量，加强规范化建设

习近平总书记强调，加强规范化建设很重要，巡视也不能乱作为。巡视工作规范化，是巡视高质量发展的重要保障。2019 年，要把规范化建设作为一项基础性工作来抓。

一要将依规依纪依法要求落实到巡视工作始终。依规依纪依法是巡视工作的一条红线，要自觉运用法治思维和法治方式开展工作。加强制度建设、强化制度执行、规范工作程序。一方面，要建立完善领导小组工作规则、巡视组工作规则、巡视办工作规则，明确职责边界，使巡视工作有章可循、有规可依。另一方面，要严格按照党章、巡视条例和各项工作规则办事，严守巡视职责边界，严禁超越权限，坚决执行“不干预被巡视单位正常工作、不履行执纪审查职责”的要求。对巡视中遇到的重大问题，要及时通过巡视办向领导小组请示报告，个人不能随意表态，不能擅作主张、先斩后奏，这是纪律要求。

二要严格执行底稿制度。凡是写进巡视报告的问题都要有底稿作支撑，这是确保巡视工作经得起实践和历史检验的重要制度保障。巡视组脑子里始终要有这根弦，随时准备用底稿应对被巡视单位的质疑。总行实行底稿制度已有多年，但落实不到位，执行效果不理想。前段时间，中央巡视办印发了《巡视报告问题底稿管理办法》，我们也要将底稿管理制度化。这里强调一下，从这轮巡视开始，巡视办校核巡视报告时要同步审核底稿，底稿写得不清楚、支撑材料不充分的，要坚决退回组里补充，要将底稿质量作为对巡视组考核的重要参考。

三要规范和加强现场巡视工作。首先，要做好巡视准备。巡视之前最重要的是做好功课、“备足弹药”，不打无准备之仗，也不打有准备无把握之仗。要深入学习领会习近平总书记关于巡视工作一系列重要论述，深刻理解把握全国巡视工作会议精神，掌握思想武器，坚定正确方向；要加强调查研究，摸清巡视对象的特点和情况，精心准备巡视方案，列明“时间表”、画清“作战图”；要带着问题去巡视，会同纪检、组织人事、审计等情况，捋清被巡视党组织的基本脉络，做到有的放矢、靶向发力。其次，要注意谈话安全、妥善处置问题线索。对于一些重大违纪违规问题线索，总体上要把握不惊动当事人这个大原则，发现被了解对象情绪不稳定，要及时做好思想工作，解除思想包袱。问题线索核查不是巡视组的事，构成线索基本要素就移交。对谈话、问题线索了解过程中可能存在的风险隐患，要及时报告组领导，并提醒被巡视党组织注意做好安全防护后续工作，防止发生意外情况。最后，严格规范立行立改工作。近期中央巡视办对立行立改工作进行了规范，明确立行立改事项范围主要包括四类：违反中央八项规定精神和“四风”方面问题；损害群众利益的普遍性、突出性问题；各类监督检查发现的应改未改的突出问题；可能会引发群体性事件的个别典型问题。所以说，列入立行立改的事项，一定是群众反映强烈的普遍性、突出性问题，并且是能够及时解决的问题。对立行立改事项如何办理，要由被巡视党组织结合本单位实际研判和把握，巡视组对相关问题处理的范围、轻重程度等，不提具体意见。同时，要用好立行立改成果，相关情况要写入巡视报告。

四、加强自身建设，打造巡视铁军

巡视组受总行党委委派，政治过不过硬、作风好不好、纪律严不严，直接关系到总行党委的形象和威信，必须坚持高标准、严要求、做模范，带头遵守党的各项纪律，自觉践行忠诚干净担当。

一是要强化政治担当，做到对党忠诚。把加强党组织建设作为强化队伍管理的重要抓手，引导巡视干部树牢“四个意识”，坚定“四个自信”，不断提高政治站位和政治觉悟，增强做好“两个维护”的思想自觉、政治自觉和行动自觉。要强化责任担当，面对矛盾问题敢于坚持原则，面对歪风邪气敢于坚决斗争。既要勇于担当，也要善于担当，要按照“政治过硬、本领高强”的要求，加强政治学习和实践锻炼，切实提高政治分析能力和政策把握能力，提高精准发现、精准分析问题的能力，以担当的行动诠释对党忠诚。

二是要强化组织领导，落实工作责任。总行党委既交给了巡视任务，也交给了一支队伍。各位组长一定要担起管理队伍的主体责任，既要统筹谋划、把关定向，又要强化对组员的教育、监督和管理，要当好“婆婆嘴”，常念“监督经”。对发现不适宜参加巡视工作的，该换的坚决换，涉嫌违规违纪的，坚决严肃处理，绝不护短。副组长要全力支持配合组长工作，做到不越位、不缺位、不错位，要强化责任担当，恪尽职守，充分发挥主观能动性，帮助组长分担压力、排忧解难。巡视专员相当于巡视组的“秘书长”，要协助组长做好内外沟通、上下协调、日常管理和队伍建设，发挥好参谋助手、协助把关和督办保障作用。抽调干部是各个条线精挑细选推荐到组里来的，大家要尽快进入角色，熟悉巡视工作规律，发挥业务专长，扎实做好分内工作。巡视办要靠前服务、主动服务，及时了解各组工作进展情况，协助解决巡视中遇到的困难和问题，确保工作顺利开展。

三是要强化纪律要求，坚决防止“灯下黑”。我们监督别人，别人也在拿着放大镜看我们，巡视干部必须在自我监督上慎之又慎，在监督管理上严之又严，坚决防止以巡谋私、跑风漏气。近年来，从中央到机构，都发生过巡视巡察干部借巡视之机，干预插手被巡视单位工作、泄露巡视秘密等违规违纪问题。这表明巡视机构不是“世外桃源”，更不是“保险箱”，巡视干部也没有天生免疫力。全体巡视巡察干部必须引以为戒，严格自律，时刻绷紧纪律这根弦，绝不能以身试纪。巡视工作政治性很强，保密必须做到万无一失。对巡视中了解掌握的情况要守口如瓶、防意如城，遇到打探消息的，要严肃拒绝。抽调同志对巡视期间的工作情况，不能向所在单位汇报。近期，巡视办在着手研究制定“巡视干部纪律守则”，明确巡视工作的政治要求、纪律规矩，出台后要作为全行巡视巡察条线不可逾越的底线。中央现在推行巡视后评估制度，2019 年我们也要探索开展巡视后评估，对巡视组遵规守纪、行事作风等进行评价。最后特别要强调，巡视组要带头力戒形式主义、官僚主义，改进工作方式方法，防止反复要材料报数据，减轻被巡视党组织不必要的工作负担，切实维护巡视组的良好形象。

同志们，肩负使命再出发。2019 年的巡视工作即将开始，希望大家保持良好的精神状态和优良的工作作风，鼓足干劲、砥砺前行，不辜负总行党委的信任和重托，坚决完成党委交给的巡视任务，推动巡视工作再上一个新台阶。

在 2019 年第一季度案件防控和预防腐败联席会议上的讲话

朱克鹏

（2019 年 4 月 25 日）

同志们：

这是驻行纪检监察组会同建设银行有关部门召开的第一次“两防”联席会议。“两防”联席会议机制建立以来，各部门认真履行案件防控和预防腐败主体责任，通过联席会议这一平台，充分沟通案情，推进案件处置，研究根源性整改，扎紧制度的笼子，做了大量工作，取得了很好的成效。驻行纪检监察组将会同内控合规部，从目标任务、工作职责、运转方式等方面，对“两防”联席会议机制做进一步的完善，并以文件的形式将这项机制长期固定下来。

刚才，廖林副行长作为分管行领导，对违规查处及案件防控工作提出了明确要求，我都赞同。下面，我就做好“两防”工作，再谈几点意见。

一、2018 年底以来案件防控工作措施的落实情况

2018 年 12 月，全行接连发生多起案件，年底的“两防”联席会议就加强案件风险排查、重检完善业务流程、强化案件风险控制措施，提出了明确要求。从刚才汇报的情况来看，大多数部门能够主动作为，针对本条线发生的案件对症下药，从完善制度、优化流程、改进系统等方面采取了一些比较有效的整改措施。广西柳州分行客户经理李春红侵占客户资金案件发生后，渠道与运营管理部对智慧柜员机协同人员的业务权限进行梳理，提出了防范代客操作风险的系统控制措施，新上线个人账户异常变动稽核模型，进一步强化了对异常交易的监测和排查。宁夏银川火车站支行柜员侵占客户公积金贷款资金案发生后，住房金融与个人信贷部细化了业务操作细则，完善了稽核与机控措施，加强了住房委托贷款账务处理的风险管控。

然而，也有个别部门“两防”主体责任意识不足，未将本条线员工的管理责任作为分内之责，整改措施不够具体和深入。长期以来，个人客户经理违规代客操作、代客投资、代客理财、不当销售的问题未能有效解决，屡屡引发案件风险，反映出相关部门的责任意识不强，担当不够。总行在对广西柳州分行李春红案的调查中提出，建议研究为老年客户开通免费的短信提示，并将老年客户由智慧柜员机引导至柜台办理业务，防范老年客户被骗风险，体现对老年客户群体的特殊关爱。个人金融部要会同渠道与运营管理部、网络金融部，抓紧研究解决。关于延长营业场所视频监控录像存储时间的建议，安全保卫部要尽快推进实施。此外，针对柜员私自携带尾箱现金进出网点的问题，渠道与运营管理部要拿出有效的防控措施。

各部门要切实履行“一岗双责”，把员工行为管理的主体责任扛起来。这里明确一下，对公客户经理的行为管理由公司业务部、普惠金融事业部负责，个人客户经理的行为管理由个人金融部、财富管理与私人银行部、信用卡中心负责，各管理部门对本条线员工的行为管理负责。正确的业绩观不仅看数据指标，抓好业务是成绩，带好队伍，不出案件也是成绩。各部门要坚持业务发展与行为管理并重，不能业务发展了，员工却出了问题。在布置工作任务时，也要组织安排员工法治教育、合规教育、风险排查等工作，否则就不是正确的业绩观。柜面业务发生案件及重大违规事件后，渠道与运营条线立即召开了案件警

示教育大会，立林副行长亲自参会，通报案例，剖析问题，组织排查，布置整改，起到了很好的效果，其他业务条线也可以学习借鉴。

二、2019年第一季度的案件防控形势与案件特点

当前，一些业务领域的案件风险还比较突出，大家要高度关注，从根源上严加防范。

（一）案件防控总体形势仍不容乐观

截至2019年第一季度，全行已向监管机构确认了4起案件，还报送了1起案件风险信息，而2018年同期仅有1起案件。这些案件的处置工作尚在进行当中，有可能涉及诉讼，稍有不慎，还会造成负面舆情，导致监管处罚。从外部环境来看，在去产能、去杠杆，整治金融领域市场乱象的大背景下，外部风险仍有向银行传染的现象，许多以前年度发生的案件进入集中诉讼期，舆情风险不断增加，案防工作难度有所加大。各部门要保持清醒认识，采取有效措施，防范化解各类案件风险隐患，坚决遏制大案要案发生。

（二）个人客户经理违规代客投资理财类案件增多

2018年11月以来，不到半年的时间里，广西、北京、江西分行接连发生个人客户经理违规代客操作、代客投资，诈骗客户资金案件。作案员工都是利用银行员工身份骗取客户信任，以高收益为诱饵，通过智慧柜员机、网银、手机银行等渠道将客户资金划转至本人控制账户，用于高风险投资和个人消费，涉案金额几百万元，甚至上千万元。作案员工与客户的日常交往异常密切，久而久之，私人感情逐渐取代了业务关系，对客户的“服务”远远超出正常范畴。网点负责人敏感性不足，作案员工有异常行为也未能发现，一些客户为了获得高收益，默许其代为操作和投资理财，使作案员工持续作案而未被发现。

近几年，建设银行还发生过多起类似案件，包括私售第三方机构理财产品、参与非法民间集资等。有的二级分行甚至有组织地安排多家基层机构违规销售私募基金产品，多名客户经理参与其中，涉及金额数千万元。这说明理财产品销售管理还存在一些问题，一些关键环节的风险管控还比较薄弱，业务合规性需要进一步加强。

理财产品不当销售、过度营销隐藏着很大的合规风险。有的员工为了“买单”收入，故意将高风险产品销售给老年客户等低风险承受能力客户。有的机构过分追求业绩指标和系统内排名，不向客户提示投资风险，不去制止和纠正员工的过度营销行为，甚至默许纵容、变相鼓励，引发了客户投诉和监管处罚。这些行为与建设银行主动履行社会责任，保护消费者权益的理念不相适应，必须予以纠正。

（三）分支机构负责人岗位容易发生大案要案

分支机构负责人不同于普通员工，手中的权力大，掌握的资源多，社会交往面广，面对的外部利益诱惑多，一旦作案往往就是大案要案，且隐蔽性很强。中国银保监会通报显示，2018年银行业金融机构作案主体呈现由基层机构和普通员工向上迁移的苗头，这是一大警觉信号。2018年，多家同业机构高管人员严重越权操作，或私自出具兜底担保承诺，或违法吸收同业资金为企业融资，涉案金额均为几十亿元，多名分支机构负责人被采取刑事强制措施。建设银行重庆中山路支行行长张杰案、湖北咸宁潜山支行行长肖俊案、江苏常州武进博爱路支行行长徐舟案，以及2018年底发生的河北邢台沙河支行行长王保英案，都是机构负责人作案，涉案金额多在亿元以上，应引起全行高度关注，深入分析研究，针对性采取有效防控措施。

（四）银行员工违法放贷刑事责任风险增加

最近，黑龙江某支行客户经理因涉嫌违法发放贷款，被检察院批准逮捕。这笔贷款2014年发放，2015年形成不良，2016年就进行了打包处置。虽然是借款企业的诈骗行为，但经办客户经理未认真进行贷前调查，未对企业财务报表、贸易背景等材料的真实性进行核查。贷款企业2012年注册成立，但财务报告的时间却是2011年。对于这样明显的问题，客户经理、审核审批人员都一路绿灯，层层放行，存在明显的失职失察。

这起案件很有典型性，总行相关业务管理部门要认真剖析。目前的司法环境更加严格，从违规放贷到违法放贷可能只有“一步之遥”。当前，司法机关对违法放贷罪的立案标准还不是特别清晰。违规导致的不良贷款，除了资金资产损失，

还可能引发违法放贷的刑事责任风险。法律事务部要广泛收集案例，对违法放贷罪进行认真研究。近期，我将约谈信贷管理部、公司业务部、住房金融与个人信贷部、普惠金融事业部的部门负责人，把这个问题再着重强调一下。

（五）腐败线索数量增多，业务领域较为集中

驻行纪检监察组成立以来，腐败问题线索总量呈上升趋势。近期，黑龙江某二级分行原行长因涉嫌在信贷业务中收受好处，被当地纪委监委采取留置措施，正在通过与地方纪委监委联合办案的模式予以严肃查处。信贷业务领域的腐败案件，往往存在银行内部人员道德风险和操作风险相交织的特点，银行员工会涉嫌受贿、违法发放贷款或违规出具金融票证等罪行，外部企业一般涉嫌贷款诈骗。此类案件既给银行造成巨额资金损失，带来声誉风险和监管处罚，更破坏了银行内部清正廉洁的良好风气，具有极大的危害性。

三、下阶段的案防工作要求

结合当前案防工作面临的形势与特点，就下阶段的案防工作再提几点要求。

（一）加强客户经理不当销售、过度营销的风险防范

各部门、各机构要从履行社会责任、保护消费者权益的角度出发，加强产品销售的合规管理。个人金融、私人银行、网络金融、信用卡等业务部门要梳理产品销售各环节的风险点，采取有效控制措施，严格员工销售行为管理，解决好不当销售与过度营销问题。对于理财产品风险评级、客户风险承受能力评估、产品销售“双录”“三亲见”等规定动作，要确保落地，加强监督。要严格员工销售行为管理，强化理财产品销售的合规培训，增强合规营销意识。渠道与运营管理部要加强柜面销售渠道管理，进一步优化稽核监测模型，加强异常交易的实时监测和系统预警，做好理财产品销售的过程监督。内控合规部门要对违规销售的机构和人员严肃问责，并做好警示通报。

（二）综合整治，多策并举，有效防范各级机构和部门负责人案件风险

各级机构和部门负责人特别是二级分行及基层机构负责人是2019年案件防控和预防腐败的重点。首先，加强机构负责人任职管理，要坚持德才兼备、以德为先，不能带病提拔。其次，严格日常监督管理。从岗位职责、行为管理、离任审计、监督检查、风险监测等方面，研究实施专门的管理措施，规范机构负责人的业务行为与责任范围。最后，健全岗位轮换机制。通过交流任职、定期岗位轮换等方式，适时进行员工岗位调整，避免在同一机构或岗位长期任职，引发道德风险和操作风险。对于长期在一地任职，所在机构违规问题多发的负责人，既要加强关爱，也要加强行为排查，消除潜在风险隐患。人力资源部要会同内控合规部，研究实现对员工岗位轮换的系统预警提示。

（三）加强员工法治与合规教育，强化员工法律合规意识

法治教育是抓早抓小，避免员工误入歧途、从事违法活动的有效途径，也是揭示违法违规行为的重要手段。2018 年以来，全行加大了员工法治教育力度，陆续拍摄了五部警示教育片，通报了党的十八大以来的刑事案件与员工被开除的违规案例，取得了很好的效果。近年发生的几起案件，包括新疆喀什分行员工盗窃自助设备资金案和江西抚州青云峰支行吴国清违规代客投资诈骗客户资金案，都是员工学习同类案件通报后，对作案人员异常行为进行举报，进而排查发现的。这说明，通过警示教育，员工对案件风险的敏感性增强了。

法律事务部要抓好法治教育，内控合规部要抓好合规教育。法律事务部要协同公司业务部、普惠金融事业部、住房金融与个人信贷部、信贷管理部、授信审批部等部门，对信贷岗位员工进行违法放贷的普法教育。3 月，总行启动了全行案件警示教育活动，这是建设银行落实监管要求开展的一次专项活动，重点是案例教育。总行已经编发了 44 个员工被开除、移送、判刑的严重违规典型案例，涵盖 11 大类的违法违规行为。内控合规部要组织全行做好警示教育案例的学习与传导，打通基层机构和一线员工的“最后一公里”，确保活动实效。

每起案件的背后大多都存在员工异常行为。要结合案件警示教育活动，开展员工异常行为排查。内控合规部门要提供简便、高效的排查方法和工具。本次活动方案中，整理了82项员工异常行为的典型特征，各部门、各机构要对照组织员工异常行为排查，消除案件风险隐患。对于发现的违规行为，该批评的要批评，该惩戒的要惩戒，该处罚的要处罚。要通过大喝一声、猛击一掌，让员工及早警醒，避免其滑入违法犯罪的深渊。

（四）做好员工违反内部规章制度处理工作

原纪委、监察部转制为中央纪委国家监委派驻建行纪检监察组后，各级纪检监察部门承担的调查处理违反企业内部规章制度行为职责，移交至内控合规部门。这是一项政治任务，必须按时、保质完成。各级内控合规部门要尽快进入角色，完善相关制度和程序，配备得力人员，做细做实问责工作，不得因职责移交出现管理空白和问责处理偏松偏软的情况。发现涉嫌违反党纪、违法犯罪的，要坚决移送驻行纪检监察组。各分行纪委办公室要大力指导和协助内控合规部门做好职责承接，确保违规问责力度不减、尺度不松。

（五）严肃查办腐败案件，保持惩治腐败高压态势

驻行纪检监察组与原纪委、监察部有质的区别，不只是名称上的变化，领导体制、职责权限和工作机制都有了重大改变。改制方案确定后，建设银行党委将联合驻行纪检监察组召开动员部署大会，通报改革方案。驻行纪检监察组是中央纪委的派驻机构，受中央纪委直接领导，对中央纪委直接负责，与建设银行是监督与被监督的关系。除党纪的执纪权以外，中央纪委国家监委还赋予了驻行纪检监察组全部的监察权，包括对建设银行集团范围内全部职务违法犯罪的调查、处置、移送检察院起诉等权力。发现涉嫌违反党纪、违法犯罪的线索，建设银行要及时移交驻行纪检监察组查处。

驻行纪检监察组要把监督执纪问责和监督调查处置作为核心职责，认真履行纪律检查和国家监察职责，严肃查处腐败案件。要坚持有腐必反、有贪必肃，加大审查调查力度，有力削减存量，有效遏制增量。加强对信贷、集中采购等腐败问题多发易发领域的监督管理，将日常监督延伸至不良资产核销、不良资产批量转让、重大损失列支等重点环节。要帮助所在行剖析问题根源，提出解决同类问题的防范措施。对普遍性、制度性、机制性问题，要向所在行与相关部门发出监察建议书和监督建议函，督促开展系统性整改，切实堵塞漏洞。

同志们，2019年是金融供给侧结构性改革的关键之年，也是建设银行推进实施“三大战略”的关键之年。希望大家强化大局意识，勇于担当作为，坚持业务发展与风险防控并重，履行好自身的职责，实现中央强调的高质量发展！

在部分分行调研座谈会上的讲话

朱克鹏

（2019 年 5 月）

同志们：

监督是纪委的首要职责和基本职责，把监督挺在前面，是纪检监察机关政治属性的重要内容。各参会同志畅所欲言，交流了监督工作开展的情况，共同探讨了监督工作中的难点问题，提出了很好的工作建议，说明大家对监督工作都有了较为深入的思考。

近年来，我们在监督方面做了大量的工作，除开展了任职廉洁谈话、述责述廉、党风廉洁意见审核等日常监督工作外，还开展了一系列专项监督工作，如“三清查”“四治理”工作，先后拍摄了 4 部警示教育片，印发了 38 期严重违规违纪案件通报，取得了显著成效，党风行风明显好转，但从全行情况来看，我们在日常监督工作中也存在一些问题。一是对监督的认识还不到位。有的同志对监督的职责定位不清楚，“把监督挺在前面”变成“把纪委挺在前面”，将监督等同于核查信访件等。不少干部员工还没有习惯在受监督的环境下工作和生活，虽然口头上都表态说愿意接受组织和群众的监督，但是真被谈话函询的时候，内心还是觉得不舒服，全行还没有形成自觉自愿接受监督的氛围。二是监督的方式方法过于传统，缺乏创新。目前的监督工作仍停留在述责述廉、廉洁谈话、节日发短信提醒等传统手段上，开展政治监督还没有破题，专项监督还缺乏经验，尤其是运用第一种、第二种形态进行批评教育、红脸出汗、咬耳扯袖等还不够充分。三是监督合力没有有效发挥。财务、人事、风险、审计、合规等都承担着各自的监督职责，但是部门之间信息共享不够、资源共享不足，各项监督之间统筹协调机制不够健全，存在各自为政、各自为战的情况。下面，围绕监督工作，我着重讲三个问题，并对下一步如何做好监督工作提一些要求。

一、为什么要加强监督工作

党的十九大报告指出：“增强党自我净化能力，根本靠强化党的自我监督和群众监督，要加强对权力运行的制约和监督。”习近平总书记在中央纪委三次全会上就着力健全党和国家监督体系作出重要部署，赵乐际同志多次强调要牢牢把握聚焦监督第一职责。

第一，监督是纪委工作职责的基本体现，是纪委的首要职责、基本职责。党章规定纪委的职责是“监督、执纪、问责”，其中监督是放在第一位的。2017 年 10 月颁布的《中国共产党党内监督条例》，对纪委的监督职责进行了细化，为纪委履行监督职责提供了法规依据。2018 年 3 月颁布的《中华人民共和国监察法》，明确监委“履行监督、调查、处置职责”，实现了监督对象的全覆盖。中央纪委国家监委明确要求，各级纪检监察机关的定位要向监督聚焦，责任要向监督压实，力量要向监督倾斜，在监督上要全面从严、全面发力，确保党内监督和国家监察不留死角、没有空白。

第二，加强监督是落实“两个维护”的必然要求。纪检机构作为党的政治机关，只有把监督挺在前面，才能更好地确保党中央政令畅通，才能完成好坚决维护习近平总书记党中央的核心、全党的核心地位和坚决维护党中央权威和集中统一领导的重要政治任务，否则落实“两个维护”就是一句空话。

第三，加强监督是推进落实全面从严治党的重要途径。监督有很多种，既有党内监督、党外监督，又有群众监督、民主监督及舆论监督等，其中党内监督是最重要的。党内监督做不好，其他监督也不能很好地发挥作用。党内监督有力才能发现问题，进而精准有效地惩治问责，让违纪违法者无处遁形；才能及时发现并制止苗头性、倾向性问题，避免“好同志”沦为“阶下囚”。只有加强监督特别是党内监督，才能更好地落实全面从严治党政治任务。

第四，加强监督是提高纪检监察工作质量的重要手段。没有监督，审查调查、问责处置就成了无源之水、无本之木。只有坚持把监督挺在前面，惩治腐败、执纪问责等工作才有基础，这是纪检监察工作高质量发展的必由之路。

二、监督工作的主要内容是什么

首先是政治监督。党中央要求加强监督，就是要解决“上有政策、下有对策”“有令不行、有禁不止”的问题，确保党中央的路线方针政策和重大决策部署落实到位。因此，党中央的决策部署到哪里，我们的监督检查就应当跟进到哪里。要监督检查所在单位贯彻落实党中央的路线方针政策、重大决策部署情况，落实监管政策、监管制度情况，落实上级党委的工作要求情况。重点监督学习贯彻习近平新时代中国特色社会主义思想和党的十九大精神、打赢三大攻坚战、服务实体经济、支持民营企业、发展普惠金融、绿色信贷、落实金融供给侧结构性改革以及整治形式主义官僚主义、为基层减负、落实中央巡视整改等方面。

要监督检查习近平总书记重要批示在建设银行的落地情况。2014 年 9 月 26 日，总书记作出重要批示：“60 年来，建设银行砥砺奋进，不断发展壮大，为国家经济社会发展作出了积极贡献。希望再接再厉，与时俱进、改革创新，进一步增强服务国家建设能力、防范金融风险能力、参与国际竞争能力，再创新佳绩，为中华民族伟大复兴作出更大贡献。”习近平总书记的批示充分肯定了建设银行的工作，并对建设银行提出了殷切期望，其中增强“三个能力”的要求很明确、很具体，纪委监督检查的重点就是看党委贯彻落实习近平总书记重要批示做了哪些工作，措施是否切合实际，落实的效果怎么样。

其次是干部监督。实践证明，有效、有力的监督必须盯住“关键少数”，瞄准靶向，精准发力。这个“关键少数”，指的就是党委成员和党委管理干部。对党委班子成员的监督是最重要的，班子都监督不了，其他监督也产生不了效果。主要监督党委班子有没有履行好主体责任，班子成员有没有履行好“一岗双责”，有没有遵守中央八项规定精神等。开展同级监督要做到六个字——“提醒、制止、报告”。发现班子或党委成员存在倾向性、苗头性的问题，一定要提醒；发现班子或党委成员违反了中央精神或上级要求，要采取措施制止；如果制止了对方不听，要及时向上级报告。杨晓渡同志曾指出：“只要领导班子主要负责同志和各位成员是出于公心，为党的事业在奋斗，为人民利益在奋斗，他一定是乐于接受监督的。监督不是要跟谁过不去，是为了帮助大家把工作做得更好。”因此，纪委抓同级监督要理直气壮，要旗帜鲜明，这是我们的本职工作。

对党委管理干部的监督，要紧扣权力行使这条主线，看党委管理干部贯彻党中央重大决策部署、习近平总书记重要指示精神，落实总行党委的工作要求情况，看遵守党章党规党纪和法律法规情况，看落实全面从严治党责任，推进党风廉政建设和反腐败工作情况，看民主集中制贯彻执行情况，看贯彻执行中央八项规定精神，加强作风建设情况，看选人用人是否坚持好干部标准，有没有任人唯亲、唯钱、唯圈等。纪委的监督就是要盯住领导干部，领导干部总是少数，监督工作是能做到的。驻行纪检监察组除了要做好对总行党委成员的监督外，重点要盯住一级分行党委书记，一级分行纪委要盯住二级分支行党委书记，只要督促这些主要负责同志认真履行管党治党政治责任，这个分行就出不了大问题。反之，纪委不督促这些主要负责同志履行主体责任，却代替他们干了许多分外之事，工作效果就会大打折扣。

最后是对重点业务、重点领域的监督。银行权力运行领域广泛，纪委资源有限，不能事无巨细、面面俱到，当前监督要突出重点、抓住关键。一要加强对所在单位落实总行党委“三大战略”情况的监督。要对所在单位领导班子和领导干部贯彻“三大战略”情况进行准确评判，为“三大战略”推进营造风清气正的良好环境。二要加强对信贷风险领域的监督，包括表外业务、投行业务和新兴业务等。对商业银行来说，信贷是紧缺资源，是主要权力运行领域，也是腐败多发领域，金融风险中最大的还是信贷风险。信贷风险的产生有市场环境变化和企业经营不善的因素，也有员工违规违纪失职的因素，而违规违纪失职背后，往往又隐藏着腐败问题。只有坚决查处和杜绝信贷领域的腐败问题，才能更好地防范金融风险。三要加强对集中采购、基建工程等领域的监督。这些都是银行内部的高风险领域，容易产生廉洁风险。四要加强对选人用人的监督，如对干部提拔、员工录用、亲属回避、“吃空饷”等的监督。

三、如何开展监督工作

做实做细监督第一职责，必须找对方法，有计划、有步骤地进行。一是明确监督事项和监督重点，抓住关键和要害，有的放矢，精准监督；二是掌握监督依据，主要是中央的政策精神、国家法律法规和监管规定以及党纪党规，明确监督的依据，精准把握好监督的尺度；三是制订监督方案，细化监督具体内容，明确工作要求和责任分工；四是实施多种监督措施，通过访谈、调研、听取汇报、检查、收集数据等多种形式，精准发现问题；五是针对发现的问题向所在单位制发监督建议函或监督提醒函，指出问题并督促整改；六是对监督中发现的违纪违规违法问题严肃问责；七是向上级纪委报告监督的过程和取得的监督成果。

一是要做实做细日常监督。赵乐际同志在中央纪委三次全会上指出：“要坚持不懈探索强化监督职能，特别是把日常监督实实在在地做起来、做到位，敢于监督、善于监督、规范监督，抓早抓小、防微杜渐，咬耳扯袖、红脸出汗，贯通运用‘四种形态’，使监督更加聚焦、更加精准、更加有力。”各级纪检机构要通过综合运用约谈函询、提醒谈话、诫勉谈话、批评教育等方式方法，加强对干部员工的日常监督，对苗头性倾向性问题早发现、早提醒、早解决，防止小错酿成大祸。要把述责述廉工作往深里抓、实里做，确保述责述廉“不跑题、不偏题、不走过场”，进一步唤醒各级领导干部的责任意识、廉洁意识。要建立健全干部问题线索活页和廉政档案，每名领导干部的问题线索情况、分类处置情况、处置结果结论都要按人梳理，做到一人一档、清晰可查。加强对第一种、第二种形态的运用，让“红脸出汗”成为常态，让干部习惯于在受监督和约束的环境中工作生活。

二是要以问题导向开展专项监督。全面履行监督责任不是四面出击、平均用力，而是要找准支点、精准发力，以具体问题的解决带动整体工作开展，以小切口来实现大监督。要找准权力运行集中的领域，主动监督、靠前监督。结合建设银行实际，驻行纪检监察组2019年准备就贯彻落实习近平总书记重要批示和党中央关于金融工作重要决策部署情况开展专项调研督查，包括整治形式主义官僚主义为基层减负、脱贫攻坚战、防范化解金融风险、中央巡视问题整改等开展专项督查。就重点业务领域开展专项监督，包括员工录用与亲属回避、不良资产处置和列损、集中采购和合规工作等。开展专项监督，不仅要有方案和措施，还要有成果。对发现的问题，一是要向党委发送监督检查建议书或监督提醒函，建议党委督促有关部门整改，问题严重的要对相关责任人问责；二是要将监督的过程和结果向上级纪委报告。

三是要坚守纪委“监督的再监督”的定位。要厘清责任，充分发挥党委的主体责任、纪委的监督责任以及职能部门的管理责任，推动各主管部门牢固树立“管理就是监督”的理念，承担起各自的监督责任。纪委的监督是对党委、业务部门及其负责人进行监督，是“裁判员”不是“运动员”，一定要明确纪委的监督是对管理者的监督，是对监督者的再监督。要通过纪委的监督，推动党委履行自己的主体责任，推动业务部门履行自己的管理职责。比如现在整治形式主义、为基层减负，有的分行成立了领导小组，办公室设在纪委办，这是不妥当的。整治形式主义为基层减负是党委的主体责任，纪委的职责应该是监督党委这项工作做得到不到位，而不是代替党委直接去抓这项工作。

四是要强化巡察监督。巡视巡察是党内监督的战略性制度安排，是监督的一个重要组成部分。各级巡察机构一要坚定不移深化政治巡察。巡察发现的具体问题都要落到政治责任上去分析，“问题表现在下面，根子在上面”，关键在领导班子、领导干部特别是“一把手”是不是真正把管党治党责任担起来，担得正不正确、到不到位。二要突出问题导向，提高发现问题的质量。目前分行发现问题能力不足的问题很突出，部分分行巡察组巡察了一轮什么问题都没有发现，极大地影响了巡察的威慑力，也降低了党委对巡察工作的评价。巡察要盯住重点人（党委管理干部尤其是“一把手”）、重点事（腐败易发多发的权力运行领域），拓宽渠道收集信息，创新方法筛选信息，提高发现问题的精准度。三要督促巡察整改，扎实做好“后半篇文章”。如果发现问题之后整改不到位，巡察的效果就会大打折扣。巡而不改，改而无效，会比不巡察的结果还坏。

五是要充分发挥监督合力。纪律监督、监察监督、派驻监督、巡视监督“四个全覆盖”的权力监督格局是中国特色监督体系的重要内容，当前已经初具其“形”，但还需要进一步统筹运用、一体推进。纪委监督、派驻监督要为巡察监督提供人力支撑、信息支撑、整改支撑，巡察监督要为纪委监督、派驻监督提供问题线索等靶向，逐步建立起权责清晰、协同高效的联动机制，推动制度优势转化为治理效能。驻行纪检监察组正探索建立监督联席会议制度，和财务、人事、风险、信贷、审计、合规、法律、巡察等承担管理监督职责的部门密切配合，做到优势互补、资源共享。通过全方位、全过程监督，实现发现问题、综合研判、纠正处置和长效治理的有机统一，实现监督效能的最大化。

六是要创新监督方式方法。过去的监督更多运用的是传统方法，随着科技进步，我们要善于运用互联网技术和信息化手段，有效解决监督力量和监督手段不足的问题。特别是要利用建设银行自身的科技优势，探索把审计、信贷、风险等新一代系统模块与纪检模块连接起来，依托大数据平台，为干部监督、业务监督提供源源不断的线索，为实现有效的监督打下坚实基础。

最后，我就下一步各级纪委如何做好监督工作，再提几点要求：

一是要充分运用好监督执纪“四种形态”。对第一、第二种形态的精准运用是把监督落到实处的最直接表现，如果第一种形态运用得不好，加强对干部的日常监督就成了一句空话。“四种形态”的前两种形态都是监督的方式，“红脸出汗”“咬耳扯袖”是监督，给予提醒谈话、诫勉谈话是监督，轻处分、组织处理还是监督。对轻处分来说，惩治的意味小于警示的意味，重处分则惩治意味大于警示的意味。运用第四种形态惩治一个“老虎”谁都不会反对，因为谁也不敢违反党纪国法，但是监督要天天红脸出汗，监督者自己心里也为难，怕得罪人。习近平总书记曾说：“第一种形态长期坚持是最难的。一个单位的领导，今天批评这个，明天批评那个，时间长了，自己就犹豫了，开始后退。”这里面有一个认真不认真、敢不敢的问题，要有很强的责任担当。需要强调的是，党委对第一种形态负主体责任，纪委也抓第一种形态，但是不能代替党委的责任，而是要督促推动党委把抓第一种形态的责任履行好。此外，“四种形态”之间是可以相互转化的，查处的违纪事实是客观的，纪法依据也是客观的，这两头都是定量，中间促进“四种形态”之间转化的变量就是当事人的态度。态度决定转化的程度，态度好的（认识深刻、减少影响、挽回损失）向轻转化，态度不好的（对抗调查、敷衍塞责）向重转化。大家一定要准确把握党的政策的精髓，让问责取得良好的政治效果、纪法效果和社会效果。

二是做好对所在机构落实中央脱贫攻坚决策部署情况的监督。当前，脱贫攻坚战进入决胜的关键阶段，各分行纪委要切实履行政治监督责任，以党中央决策部署、监管单位要求为“标尺”，去审视党委落实主体责任情况、检视职能部门履行管理责任情况、审查下级纪检机关落实监督责任情况，通过监督责任去撬动主体责任，督促各级党委切实承担扶贫的第一责任。要对2016年以来受理的扶贫领域问题线索进行“大起底”和“回头看”，实行台账制度，确保件件有着落。对发现扶贫领域中存在的突出问题，要进行严肃问责，督促各责任单位举一反三整改，并将发现的典型、重大问题上报驻行纪检监察组。

三是要将整治形式主义、官僚主义和为基层减负作为2019年的重点工作。党的十八大之后，通过几年的努力，人民群众深恶痛绝的享乐主义和奢靡之风已经得到明显遏制，形式主义和官僚主义成为目前党内存在的突出矛盾和问题，成为阻碍党的路线方针政策和党中央重大决策部署贯彻落实的大敌。2019年，各级纪检机构要将整治形式主义、官僚主义作为一项重要工作，特别是要将“为基层减负”作为重中之重。中央已经印发《关于解决形式主义突出问题为基层减负的通知》，明确提出将2019年作为“基层减负年”。驻行纪检监察组和建设银行办公室根据中央精神，分别下发了有关文件，大家要认真学习，一要监督分行党委有没有采取管用措施，切实解决基层文山会海、检查多、评比多、微信群多等问题，二要看看纪委自身有没有可以给基层减少的负担，监督别人自己首先要率先垂范。需要注意的是，有的分行在讲反形式主义、官僚主义的时候，把中央八项规定精神放在一边，这是不应该的。中央八项规定精神的核心要义是反“四风”，力戒形式主义、官僚主义是题中应有之义。在处理“四风”问题时，一定要与贯彻执行中央八项规定精神结合起来把握。

四是要把握好党委主体责任和纪委监督责任的关系。要推动主体责任与监督责任的有效对接，既防止主体责任和监督责任混同，直接参与监督对象公权力的具体运行；又防止脱离被监督单位实际，将监督责任和主体责任割裂，造成监督虚化空转。一要推动党委主体责任、纪委监督责任、党委书记第一责任、班子成员“一岗双责”责任的清单化，让每名干部都明确自己的责任。不属于纪委职责的一定要及时移交，包括信访、“四风”整治、为基层减负等。二要通过制发纪律检查建议书、监督提醒函、问题线索汇报、政治生态研判等工作机制，为党委主体作用发挥提供有效载体。三要用好问责利器。纪委对党委负有监督责任，如果党委主体责任不落实，就要及时督促党委整改，党委不整改的，要及时向上级纪检机构报告。

五是要正确把握监督与执纪问责的关系。党的十八大以来，党中央把治标作为矛盾的主要方面，加强对违纪违法及腐败问题的查处，有效遏制了腐败蔓延的势头，为治本赢得时间。党的十九大之后，党中央在治本上进行有效探索，加强日常监督被摆上重要日程。需要明确的是，加强日常监督并不意味着要忽视或者放松执纪问责。监督与执纪问责是相辅相成、互为补充的，强化监督是加强执纪问责的基础，执纪问责本身也是监督的一部分。如果执纪问责做得不好，监督就没有了威慑力，就会成为不长牙的“老虎”、不带电的“高压线”。要把保持执纪问责力度与注重日常监督结合起来，坚持一手惩、一手治，在惩中治、治中惩，做到惩和治同向、同步、同进。

六是要精准执纪问责，激发干部干事创业热情。首先，要严肃问责。执纪问责是政治工作，要以严肃认真的态度来对待。其次，要精准问责。要坚持问题导向，找准症结，看是上级政策问题还是领导决策问题、是工作布置问题还是落实措施问题，要聚焦出现过失的具体环节及相应责任人，切实解决执纪问责泛化、扩大化、简单化、随意化和基层化的问题。再次，要规范问责。基于党纪国法规定的问责程序，遵循问责的程序性、规范性和制度性要求，对问责事实、问责依据、问责方式、批准机关等规范透明，避免无端问责或过度问责，把对干部负责与对党负责、对历史负责统一起来。最后，要慎重问责。问责既要体现执纪的力度，又要彰显组织的温度，该容错的要大胆容错纠错。习近平总书记讲“三个区分开来”，就是要综合考虑主客观因素，看动机是出于公心还是私心。如果出于公心犯错，情节比较轻微的，要在帮助其认识错误的基础上，视具体情况该容错的就要大胆容错，鼓励大家多为公家办事。但如果是出于私心、为了谋取私利而犯错，必须严肃处理，不能容错。认错悔错态度好可以从轻减轻处分，但不属于容错的范畴。

此外，要坚持惩前毖后、治病救人的方针，对受到处分的干部不能“一处了之”，要及时跟踪回访，防止“破罐子破摔”。要让犯错的同志感到“组织没有放弃他”，只要改正错误都是好同志。对待被问责干部，只要吸取教训、及时改正、表现良好，影响期结束后符合任用标准的，该使用的大胆使用，该提拔的大胆提拔，避免干部“摔一个跟头一辈子爬不起来”。纪委在出具廉洁意见的时候，也要敢做敢当，不要怕舆论压力、怕导向错误，要释放鼓励党员干部干事担当、创新作为的强烈信号。上级为下级担当，组织为干部担当，干部才能为事业担当。

七是要严格依规依纪依法监督。监督是政治性很强的工作，依规依纪依法做好监督工作是保证全面从严治党顺利进行，保证党中央决策部署落实的必然之举，不能随性、任性，不能乱为、妄为，不能马马虎虎、粗心大意，要对组织负责、对干部负责。要准确把握权力边界和政策界限，讲究方式方法，既要有监督的力度，也要有监督的尺度，防止跑偏、跑歪。要坚守职责定位，做到不越位、不缺位。网上报道了一些案例，如没接到上级电话，就给当事人党纪处分（后来处分决定被撤销），如随便跑别人办公室翻抽屉，这种监督就过了、偏了，效果也就差了。各行纪委要开展对全员的培训，尤其要针对基层在监督工作中面临的实际困难和问题进行培训，强化干部依规依纪依法的意识，提高队伍素质。

八是要加快推进派驻改革。派驻可以提高监督的权威性、独立性和实效性，有利于优化人力资源配置，提升队伍履职能力，增强纪委的统筹和调控能力。各一级分行纪委要把派驻改革作为2019年组织建设的重点工作，结合驻行纪检监察组下发的参考意见和自身实际，制订切实可行的方案，不等不靠、积极推动、尽快实施，原则上必须在2019年第三季度全部派驻到位，实现一级分行纪委对直管单位的派驻全覆盖。至于一个单位派多少个人，由各行根据本单位实际自定，可以派一个，也可以派多个。派驻改革后，原来各基层机构纪检特派员可以作为派驻纪检组成员纳入派驻纪检组统一管理，富余的同志可以转岗做其他工作。对于一级分行直接管理的分支行下辖的支行或城区网点，原则上不再委派专职纪检干部，日常纪检工作由党总支（党支部）的纪检委员承担，并向派驻纪检组报告工作。派驻改革是落实“三为主”要求的具体体现，中央纪委明确要求纪委书记或纪检组长的提名考察必须以上级纪委为主，这是党中央赋予我们的职责，不是谁要争这个权力，必须落实到位。派驻后，驻行纪检监察组将对一级分行纪委（办）统一进行考核，解除大家的监督执纪问责的后顾之忧。一级分行纪委也要参照执行，切实发挥考核指挥棒作用，让派驻纪检组放下包袱、轻装上阵、大胆履职。

九是要着力提升监督的专业能力。当前，我们普遍存在的问题就是监督能力不足，具体表现就是监督手段不多，发现问题的敏锐性不强，运用大数据的能力不够，专业金融知识、财会知识、法律知识不足等。一方面，要加强学习培训。用尺子量别人，首先自己要知道尺度在哪里。要学懂弄通中央的精神，掌握有关文件的要义；要学习合规、信贷、法律等业务，不懂业务就无法进行监督。各级纪委书记要带头学习，带头讲课，带动大家学习，提高干部队伍素质。另一方面，要加强实践锻炼。现在各级纪委都派出干部到地方纪委监委跟岗培训，要把学习培训的成果应用起来，在不断学习、不断实践中提高发现问题的能力，把监督工作做得更加科学、严密、高效。

十是要确保违规调查处置职责移交平稳过渡。现在各行都已经完成了职责移交工作，要做到有序衔接、不留空白，尽量减少职责移交所带来的负面影响。违规问题的调查处理具有很强的专业性，需要长期的经验积累，这对合规部门是一个很大的挑战。纪委办公室不能职责移交就完事了，要“扶上马，送一程”，在执规的实体运用、程序办理、文书起草等方面给予合规部门必要的帮助和指导。从2019年4月开始，对违反“188”条规定的处理责任就由合规部门承担了，合规部门要敢于担当，积极大胆开展工作，不要有畏难情绪，更不能推诿扯皮、接了职责不干事。分行纪委要加大对合规管理工作的监督，对不作为、不负责、推诿扯皮的要严肃问责，绝不准许违规处置“空转”。合规部门要加强业务学习培训，尽快掌握违规查处工作的精神要义和方式方法，准确把握执规的实体依据和程序。“188条”还没被废止，目前依然有效，仍然是处理违反建设银行规章制度行为的合法依据。

在座谈会上，大家提了很多意见和建议，对我很有启发。下一步，我们将结合工作实际以及大家的建议，形成制度和指导意见，将监督工作持续推进下去，共同把监督这个首要职责履行好。

在听取建设银行整治形式主义官僚主义为基层减负工作情况专题汇报会上的讲话

朱克鹏

（2019 年 10 月 18 日）

同志们：

为督促建设银行党委更好地贯彻落实习近平总书记关于整治形式主义、官僚主义指示精神和党中央决策部署，确保“基层减负年”取得实实在在的效果，2019 年 7 月，驻行纪检监察组下发了《关于开展整治形式主义、官僚主义专项督查的函》，启动了对建设银行整治形式主义官僚主义、为基层减负工作的专项督查，重点督查形式主义、官僚主义，落实中央“基层减负年”的工作要求。今天召开专题汇报会，听取总行学习贯彻落实情况和主要业务部门减负工作的做法。会后还将到一些部门访谈，深入了解情况，并在一定范围通过一定方式，了解基层员工对整治形式主义官僚主义、为基层减负工作的感受。减负工作的好和坏，基层员工最有发言权。

今天会开得很好，牵头部门做了很全面的发言和系统的汇报，大家做了大量的工作，各有特色。下面，我讲三点意见。

一、深刻认识整治形式主义官僚主义、为基层减负的重要意义

（一）整治形式主义官僚主义、为基层减负是党中央作出的重大决策部署，是一项重要政治任务

习近平总书记对形式主义、官僚主义的现象、表现做了抨击、批判，一针见血。尤其是在 2017 年 12 月，习近平总书记就新华社《形式主义、官僚主义新表现值得警惕》一文作出指示，纠正“四风”不能止步，作风建设永远在路上，要求各地区各部门都要摆摆表现、找找差距，抓住主要矛盾，特别要针对表态多调门高、行动少落实差等突出问题，拿出过硬措施，扎扎实实地改。从全国来看，享乐主义、奢靡之风得到了遏制，吃喝风、公款旅游等问题明显减少，但形式主义、官僚主义方面问题仍然突出。

总书记在中央纪委三次全会上强调，形式主义、官僚主义是目前党内存在的突出矛盾和问题，是阻碍党的路线方针政策和党中央重大决策部署贯彻落实的“拦路虎”，要把力戒形式主义、官僚主义作为重要任务，把整治形式主义、官僚主义上升到加强党的政治建设的高度深入落实。比如说，陕西秦岭事件表面上是官僚主义行为，但实际上是政治纪律、政治规矩问题。针对普遍反映的基层负担过重，形式主义、官僚主义盛行的问题，中共中央办公厅印发《关于解决形式主义突出问题为基层减负的通知》，明确 2019 年为“基层减负年”，要求切实解决一些困扰基层的形式主义、官僚主义问题，切实为基层减负。这项工作是党中央作出的重要决策，是一项重要的政治任务，党委和各个部门要拿出过硬措施，扎扎实实作出成效。

（二）整治形式主义官僚主义、为基层减负是推进从严治党、落实党中央重大决策部署的迫切需要

建设银行作为国有大型银行，要认真贯彻落实习近平总书记的指示批示精神，深刻理解整治形式主义官僚主义突出问题、为基层减负的意义，认真履行主体责任，把解决形式主义官僚主义、为基层减负作为落实总书记“三个能力”建设批

示精神，自觉践行“两个维护”、推进全面从严治党的重要抓手，让机关和基层的同志们从一些烦琐的事务中解脱出来，把更多的时间和精力投入到贯彻落实党中央重大决策部署、“三个能力”建设，投入到总行党委决策部署、“三大战略”实施中去，投入到抓工作、抓落实上去。

（三）整治形式主义官僚主义、为基层减负是全行基层员工的殷切期盼

基层员工负担过重的问题会大大侵蚀员工的获得感、幸福感。基层员工收入提高了，但获得感、幸福感并没有显著增强，原因在哪里？就是负担过重。负担来自很多方面，文多、会多、考核多、指标压力重、加班多、微信群多，没有时间陪伴家人、教育孩子。加班成为常态，而且时间很长，这些问题要切实解决。减负工作做得好对建设银行事业是推动，能让员工心气顺，真正有获得感。广大基层员工处在改革发展的第一线，是推动建设银行事业向前发展的坚强基石，我们要牢固树立全心全意为人民服务的理念，基层员工的事再小也要当成大事。

二、整治形式主义官僚主义、为基层减负取得初步成效，但仍存在不少问题

从今天汇报和平常掌握情况来看，建设银行党委高度重视，党委办公室牵头、各部门配合，出台办法、采取措施，工作比较扎实，取得了初步成效。从查摆问题开始，到研究制定具体整改措施，要求都很具体，组织了督查组到基层调研，发现了一些具体的、典型的形式主义、官僚主义表现形式，做得很好。总行党委成员发扬求真务实作风，深入基层一线调研，就基层反映强烈的形式主义、官僚主义问题立行立改、持续整改。各单位认真开展自检自查，聚焦问题，明确靶向，将4个方面16类突出问题作为整治重点，深入查摆自身存在的问题及具体表现，研究制定整改措施，共发现问题743个，已整改433个。各纪检部门认真开展了专项督查活动，查处了不少问题并通报了典型案例。

随着整治形式主义、官僚主义的不断深入，严纠共治的良好态势逐渐形成，整治工作取得了阶段性成果。一是思想认识得到明显提高。党委高度重视这项工作，这既是中央的要求，也是建设银行工作的建设需要。抓好这项工作，既是落实中央要求，对建设银行发展也大有裨益。二是发文和会议总量进一步减少。从各个部门报的数量和我们的汇总数量来看，发文数量和会议数量基本上按管控计划来落实。总行在2019年前三季度向下发文比2018年同期下降28.4%，召开会议比2018年同期下降32.2%。三是督查检查和报告报表得到精简规范。各类报表有的合并了，有的取消了。总行在2019年前三季度开展督查检查比2018年同期下降65.8%，要求报送报告报表比2018年同期下降36.0%。四是发挥科技优势，利用系统为基层减负。刚才风险管理部、渠道部、数据管理部、合规部、信贷管理部都提到，这是实实在在的办法。很多基础工作，总行做了，一些报表、数据总行直接提取了，效果不错。这些应该总结、肯定并巩固深化。五是精准问责进一步倒逼了责任落实。各纪检机构综合运用“四种形态”，严肃查处并通报了一批典型案例。2018年至2019年上半年，全行共查处形式主义、官僚主义问题44起，处理92人。

2018年以来，各机构陆续开展了专项整治活动，部分形式主义、官僚主义问题得到了整改，但形式主义、官僚主义具有顽固性和反复性，离中央和总行党委的要求还存在差距和不足，需引起重视。在“不忘初心、牢记使命”主题教育期间，我选择三四家分行，到最基层的网点调研，基层网点普遍感到负担过重还是突出的问题，还需加把劲、下力气整改。

（一）个别机构存在政治站位不高、措施不具体的问题

有的分行对形式主义、官僚主义存在识别不到位的问题，不能做到精准识别，不知道哪些是形式主义、官僚主义。负担过重的问题也比较抽象，不够具体。这就造成整治的困难。对什么是形式主义、官僚主义不能精准识别，当然就无法提出针对性的减负措施。对负担过重，主要停留在感受上，具体化一些就比较困难。当然有的能够具体化，比如培训多，开会时间长。还有很多负担，不只是物理上的，还包括精神上的。员工压力过大，减负也包括减轻员工的精神压力，疏解员工的焦虑。

（二）文件多、会议多，仍是基层干部反映强烈的问题

一是会议仍需精简，全行精简会议取得一定效果，但仍不同程度存在会议过多、集约化安排不足、会议时间过长，陪会听会、会议决议落实督促不到位的问题，对哪些会议该减、哪些会议可以不开，执行中不能很好把握，只按上级要求的数量和标准，考虑实际不够。例如，重庆分行某网点主要负责人一周内参加了8次会议，其中仅3月11日当天就参加了4个会议；又如，辽宁某二级分行一周内召开4次党委会议，每次议题都不多且有重复。二是总行一些部门发文数量过多，发文数量居高不下，依然存在层层转发文件、阶段性总结报告偏多、文件内容空泛、公文流转效率偏低等问题，比如层层转发文件，一些已在网上公开的中央文件仍然层层转发。

（三）督查检查考核过频过滥，广大基层干部疲于应付

多头重复检查问题不同程度地存在，检查内容不务实、频次多、上报材料多、检查发现问题能力不足。例如，总行部门在严监管、强合规的要求下，信贷检查数量有上升趋势，同时部分机构非现场检查手段有限，基层配合现场检查的成本较高。

（四）个别机构工作敷衍塞责，主动担当意识不强，存在推诿扯皮现象

一是跨部门协作事项效率偏低，子公司管理、配合监管、基层响应等工作存在推诿扯皮现象。二是个别机构服务意识不强，履职尽责能力不足。例如，甘肃省分行城关支行在收到客户关于信用卡业务投诉时，服务客户意识不强，疏于管理，沟通处理问题方式简单，导致投诉问题矛盾不断升级，造成了严重不良影响。

（五）服务基层、关爱员工不够的问题较为突出

巡视、巡察征求员工意见，不满意率最高的就是对员工关心关爱不够。一是机关服务基层的意识不强。请示事项研究讨论时间长，办理和回复速度慢；基层存在多头报送、重复报送材料问题。业务指导不足，未能结合偏远地区实际情况，制定有针对性的政策，实施帮扶支持。二是对员工的关心关爱不够全面深入。领导干部与员工的思想交流较少；部分单位员工加班加点问题比较突出，对员工的减压措施、心理疏导不到位；一些单位办公环境和职工之家建设仍需优化；一些机构设立过多条线群、业务群、产品群，只考虑自己工作方便，给基层员工加重了负担。

（六）部分纪检机构对整治形式主义官僚主义、为基层减负工作没有开展很好的监督、查处，问责的比较少

在面对形式主义、官僚主义问题时，不敢亮剑、问责不力，部分机构存在问责方式较为单一、问责偏轻偏软、处分决定执行不到位等问题，问责力度还需要加强。前期只有16个一级分行查处了形式主义、官僚主义问题，共问责142人次。总行只有3个部门采取了问责手段，典型案例很少。是不是有的机构没有典型形式主义、官僚主义问题？那不是。基层负担重不重？基层调研普遍反映，治理的任务还是很重的。

三、精准发力、确保整治工作取得实效

（一）提高政治站位，压实主体责任

党委要承担主体责任，牵头部门要做好牵头工作，各个业务部门都要管好自己的事，管好本部门、本条线的治理工作，落实好减负措施。纪检机构要承担监督责任。在十九届中央纪委三次全会上，习近平总书记从加强党的政治建设的高度，对整治形式主义、官僚主义提出明确要求，表明了党中央坚决整治形式主义、官僚主义的鲜明态度和坚定决心。全行各级机构要深刻学习领会习近平总书记重要讲话精神，提高政治站位，深刻认识力戒形式主义、官僚主义是重要的政治责任，是践行“两个维护”的重要体现。

2019年以来，驻行纪检监察组强化政治监督，先后开展了巡视整改和脱贫攻坚的专项督查，发现了不少问题。比如选派扶贫干部这么重大的问题，有的选派老弱的干部，有的甚至选派违规违纪、有劣迹的员工参加，还有扶贫干部吃拿卡要的、挂名的。巡视整改督查也发现很多整改不到位的地方。驻行纪检监察组给党委写了整改建议书，提出整改建议，有力地推动了工作的深入开展，取得了良好成效。这次在全行开展整治形式主义、官僚主义的专项督查，希望大家要进一步提高主动接受监督的认识，积极配合专项督查，

要敢于暴露问题，绝不能讳疾忌医，要如实反映问题，在督查过程中害怕发现问题、有问题不承认、对问题遮遮掩掩、避重就轻、推诿扯皮等形式主义、官僚主义表现，要坚决杜绝。

各单位对于自查发现的问题，要认真扎实抓好整改工作，切实扛起整治形式主义、官僚主义的主体责任。各级党组织主要负责同志要主动承担第一责任人责任，精心组织、靠前指挥，亲自安排、亲自协调、亲自督查，做到推动工作实打实、整治问题硬碰硬，确保整治工作抓实见效。基层的很多形式主义，都是被上级的官僚主义逼出来的，要从领导机关和领导干部抓起，破解形式主义、官僚主义问题。各级领导干部要以上率下、以身作则，带头扛起整治形式主义、官僚主义政治责任，带头从自身查起、从自身改起、从自身严起，以“头雁效应”激发“群雁活力”。

（二）剖析问题根源，加强作风建设

一是剖析思想找根源。形式主义、官僚主义的根源是什么？还是功利主义、实用主义和官本位思想作祟，包括不正确的政绩观，重说不重干。要结合当前正在开展的第二批主题教育，推动各级党组织和党员干部强化宗旨意识、树牢群众观念，把工夫下到察实情、出实招、办实事、求实效上，真正破解由于政绩观错位、责任心缺失导致的工作不严、不实，价值观走偏、权力观扭曲导致的脱离实际、脱离群众，有利则争、无利则推导致的不作为、虚作为等问题。二是强化作风抓落实。各单位要聚焦作风问题，从自身改起，带动各级干部转作风，坚决遏制弄虚作假、消极应付、推诿扯皮等现象；要深入基层掌握情况、了解实情，把客户、员工所思所盼解决好，把总行党委的决策部署落实好；要更加注重效率质量，对于安排部署的工作要有坐不住、等不起的责任感，要有慢不得、睡不着的紧迫感，立马办、马上干，干就干好，抓就抓出成效，坚决杜绝高接低放、推诿扯皮以及表态多调门高、行动少落实差等问题。

（三）精准发现形式主义、官僚主义

一是形式主义、官僚主义的具体表现有哪些，比如党委通报建设银行形式主义、官僚主义的突出表现，精准画像、精准识别；二是具体化，基层到底哪里负担重，找到难的地方，哪个点负担重，然后再研究能不能减。有的负担重，要深入研究，比如考核指标问题，不能说为了减负就简单把指标减下来，因为不下指标任务就完不成总体目标。任务是需要基层分担的，但是分担的时候，有些行就出现层层加码的问题，比如你给他100万元的工作指标，他往下就要求200万元，可能到基层就变成500万元。所以要精准识别形式主义、官僚主义和基层负担的具体表现，研究具体措施，抓住突出问题。该明确的要明确，该划线的要划线，比如说会议、发文，2019年结束后，还得考虑2020年怎么减，当然要适度、合理。根据2019年实际情况，能有硬指标的就要下硬指标，没有硬指标的，比如微信工作群，有事说事，没事就看看学习，不要跟风点赞，控制好微信群的量，不能过多过滥。

（四）严肃查处问题，强化执纪问责

总行和分行纪检机构都要注重对这项工作的督查，督查发现形式主义、官僚主义问题突出的、造成不良影响的，要进行问责处理。要通过查处一批、问责一批、通报一批形成震慑，只有这样，形式主义、官僚主义才能明显减少。为什么享乐主义、奢靡之风治理得这么好呢？因为执纪比较严格。用公款吃顿饭，发现了就要处理；收受礼品礼金，属于违纪，至于收多少，那是情节问题；还有办公室面积超标等。享乐主义奢靡之风很好识别，界限清楚。形式主义、官僚主义识别很难，要找出造成不良影响和消极后果的形式主义官僚主义、基层负担过重等典型案例，这样才能有针对性，才能有效果。

同志们，整治形式主义、官僚主义不可能毕其功于一役，需要我们持续下工夫，把工作做细致、做具体，扎实整治整改，久久为功。相信大家能取得成效！

在中国建设银行警示教育大会上的讲话

朱克鹏

（2019 年 10 月 28 日）

同志们：

这次会议的主要目的是通报 2019 年以来违纪违法以及职务犯罪案件的查处情况，分析建设银行当前党风廉政建设和反腐败斗争形势及特点，传达中央关于全面从严治党、党风廉政建设和反腐败工作的有关精神，对下阶段工作进行部署。今后，这样的警示通报会，我们每年都要开，警钟长鸣，持续把全面从严治党推向纵深。

刚才，会议通报了 2019 年以来全行查处的部分典型案例，这些案例很有代表性、针对性。一方面，体现出派驻改革的成效。过去，我们主动查处、移送的案件较少，2019 年以来，我们与地方纪委监委协同配合，已经查处了 7 起职务犯罪案件。另一方面，也可以看出，全行各级纪检机构在纪检部门改设、职责调整后，能够准确把握工作重心的转变，保持工作热情不减、力度不变、标准不降，取得了一定工作成果。

习近平总书记在中央纪委三次全会上告诫全党，“反腐败斗争已经取得压倒性胜利，但对形势的严峻性和复杂性一点也不能低估”。赵乐际同志强调，“要看到当前腐败存量不少、增量仍在发生的实际情况，保持定力耐力”。从中央纪委国家监委网站公布的数据看，2019 年 1 月至 9 月，全国纪检监察机关共受理信访举报 249.3 万件次，处置问题线索 122.6 万件，立案 45.2 万件，处分 38.3 万人。其中，处分省部级干部 31 人，厅局级干部 0.3 万人，县处级干部 1.6 万人，乡科级干部 5.7 万人，一般干部 6.5 万人。大家一定要深刻认识当前形势，在战略上更加坚定主动，在战术上更加精准有力，坚持不懈打好正风反腐的持久战。下面，我讲几点意见。

一、当前全行党风廉政建设和反腐败斗争的形势及特点

2019 年 1 月至 9 月，全行共受理问题线索 1720件，其中信访举报 1159 件，已处置问题线索 1560 件，其中立案 154 件。截至 9 月底，全行共处理 724 人次，其中，运用“第一种形态”处理 538 人次，给予党纪处分 173 人次（其中处级及以上干部 37 人，开除党籍 47 人），“四种形态”占比分别为 74.3%、15.9%、8%、1.8%。2019 年以来，全行共查处涉嫌职务犯罪案件 24 件。

从查处的有关案件情况来看，无论是处理干部的层级、职务、岗位，还是违纪违法情节、影响、危害程度，都充分印证了党中央关于反腐败斗争形势依然严峻复杂的科学准确判断。分析 2019 年以来违纪违法问题的查处情况，主要呈现以下特点。

（一）部分重点领域腐败风险仍然突出

信贷、集中采购、基建工程等权力集中、资源富集、资金密集的业务领域，历来是腐败的重灾区。中央纪委三次全会强调要加大金融反腐力度，这些领域就是我们关注的重点。从 2019 年的案件情况看，重点领域的腐败风险仍然十分突出，违纪违法性质严重，涉案金额巨大，给建设银行造成重大风险和损失。如林燕指使多家二级分行违规办理几十笔隐性担保，违规代销私募基金产品，涉及金额高达数十亿元，给建设银行造成大额损失；陈德“靠行吃行”，利用职务便利帮助亲属承揽大量建设银行采购业务，造成严重不良影响。

（二）“一把手”作案数量明显增多

从职务上看，林燕、郝国颖、张文发都是“一把手”，在本部门或本单位具有很大的“话语

权”，同时也接触和掌握着不少资源。事实证明，“一把手”一旦缺乏制约、以权谋私，造成的后果会更加严重。林燕一个人就能决定客户选择、服务内容、产品费率、中收分配等事项。上千万元的中间业务收入，凭林燕一张纸条就分配到二级分行账上。其经调查认定的涉嫌受贿金额特别巨大，堪称“小官巨贪”的典型，令人十分震惊。郝国颖利用职务便利为他人贷款业务提供帮助，收受多达12名信贷客户的贿赂，甚至主动索贿，党性原则荡然无存。

（三）机关本部“灯下黑”问题凸显

机关业务主管部门，是制度的设计者和制度执行情况的检查者，承担着对本条线员工的教育管理监督责任。但从案件情况看，机关本部的干部员工也会滋生腐败问题。陈德把本不符合采购资质要求的亲属公司推荐为候选供应商，甚至自己担任评委，为“自家人”的公司打分，违纪违法时间长达14年；华锋身为建信人寿公司办公室总经理助理，多次组织员工观看警示教育片，却从未自警自省，频繁用假机票套取经费，长期侵吞公款，走上违法犯罪的不归路。

（四）“四风”问题呈下降趋势，但不能掉以轻心

截至9月末，全行共查处“四风”问题27起，与往年同期相比呈逐年下降趋势，在一定程度上反映了全行作风建设的工作成效，但不能掉以轻心。造成数量减少的因素比较复杂，不能盲目乐观。如一些“四风”问题隐形变异，更加难以查实，包括利用微信红包变相收送礼金、更换发票变相公款吃喝等。另外，从处理人员层级看，处级及以上干部占比超50%，甚至还有总行党委管理干部、纪检监察干部，说明作风建设还要持续发力。

（五）行内干部员工涉黑涉恶问题需要引起关注

全国扫黑除恶专项斗争开展以来，一大批黑恶势力被依法严惩、“保护伞”被深挖彻查。从建设银行情况看，涉黑涉恶问题主要有两种表现：一类是员工直接参与黑恶集团犯罪。如甘肃、宁夏分行有数名员工因涉黑，被当地公安机关调查。另一类是建设银行客户涉黑牵涉建设银行员工的违法犯罪问题。如青海分行内控合规部高级专家王胜传为黑社会性质的公司违法发放贷款，变相提供经济支持，同时收受该公司财物，被当地监察机关立案调查。

二、认真学习、深刻领会党中央和中央纪委国家监委关于党风廉政建设和反腐败斗争的工作精神

形势决定任务，任务决定工作的重点和方式方法。推进党风廉政建设和反腐败斗争，必须坚持以习近平新时代中国特色社会主义思想为指导，紧紧围绕中央的部署要求，深入学习领会，夯实思想理论基础，紧密结合实际，狠抓贯彻落实。

（一）关于反腐败斗争

习近平总书记指出，“要坚决惩治腐败，巩固发展压倒性胜利。要坚持靶向治疗、精确惩治，聚焦党的十八大以来着力查处的重点对象，紧盯事关发展全局和国家安全的重大工程、重点领域、关键岗位”；突出强调“要加大金融领域反腐力度，对存在腐败问题的，发现一起坚决查处一起。要深化标本兼治，夯实治本基础，一体推进不敢腐、不能腐、不想腐”。

中央纪委国家监委深入学习贯彻落实习近平总书记的重要讲话精神，赵乐际同志强调，要保持冷静清醒，深刻把握反腐败斗争形势、趋势和阶段性特征，坚持无禁区、全覆盖、零容忍，坚持重遏制、强高压、长震慑，坚持受贿行贿一起查，以永远在路上的坚韧执着，有贪肃贪、有腐反腐，有力削减存量、有效遏制增量，把“严”字长期坚持下去，将反腐败斗争进行到底。

杨晓渡同志从四个方面阐释了反腐败斗争形势依然严峻复杂的内涵。第一，“依然”表明反腐败斗争是长期的、艰巨的，压倒性胜利并不是彻底胜利，全面从严治党永远在路上。2013—2018年，全国纪检监察机关处置问题线索、立案和处分人数，已经连续6年保持增长，反腐败任务艰巨繁重，不收敛、不收手以及新生腐败问题还没有完全遏制住，而且化解存量还有很重的任务。第二，“严峻”表明腐败是党面临的最大风险、最大威胁、最大挑战，如不解决就会弱化党的领导、动摇党的执政基础、损害人民群众根本利益。第三，“复杂”表明腐败问题不是简单的几种类型、几类人、几个现象，而是各种因素和

矛盾相互交织，具有一定的关联性、系统性。如政治问题与经济问题交织、用人腐败与用权腐败交织、区域性腐败与领域性腐败交织、“围猎”与被“围猎”交织、金融乱象与腐败问题交织、境内交易和境外套现交织等。第四，把握依然严峻复杂的反腐败斗争形势，要注意同当前国内外的大形势结合起来。从国际看，国际形势复杂多变，逆全球化、霸权主义、强权政治抬头，不稳定不确定因素持续增多；从国内看，我国发展进入各种风险挑战不断积累甚至集中显露的时期，统筹推进“五位一体”总体布局、协调推进“四个全面”战略布局等，需要付出更加艰苦的努力。杨晓渡同志强调，必须坚持稳中求进工作总基调，一体推进不敢腐、不能腐、不想腐，坚持不懈抓下去。

（二）关于深入推进全面从严治党、加强党内监督

习近平总书记曾深刻指出，“党内监督是永葆党的肌体健康的生命之源，要不断增强向体内病灶开刀的自觉性，使积极开展监督、主动接受监督成为全党的自觉行动”。党的十八大以来，习近平总书记把党内监督作为健全党和国家监督体系的重要一环，多次就加强党内监督尤其是干部监督作出重要论述。其中，对于加强干部监督的重要性，习近平总书记指出，“党要管党，首先是管好干部；从严治党，关键是从严治吏”，“各级领导班子‘一把手’是‘关键少数’中的‘关键少数’。‘一把手’违纪违法最易产生催化、连锁反应，甚至造成区域性、系统性、塌方式腐败”，“反腐倡廉建设，必须从领导干部特别是主要领导干部抓起。主要领导干部也就是‘一把手’，把该负的责任负起来了，把自身管好了，很多事就好办多了”。习近平总书记强调，领导干部必须正确对待监督，自觉接受监督。他指出，“能不能正确对待、自觉接受党和人民监督，是衡量领导干部党性修养水平的一个重要尺度”，“我们党有严密的组织性和纪律性，党的根本宗旨是全心全意为人民服务，那么，接受组织和人民监督就天经地义”，“不想接受监督的人，不能自觉接受监督的人，觉得接受党和人民监督很不舒服的人，就不具备当领导干部的起码素质”。对于如何加强干部监督，习近平总书记提出了“对干部身上出现的苗头性、倾向性问题，要及时‘咬咬’耳朵、扯扯袖子，早提醒、早纠正，这是爱护干部，而不是苛求干部。不能睁一只眼闭一只眼，更不能哄着、护着，防止小毛病演化成大问题”。

在十九届中央纪委三次全会上，习近平总书记再次强调，“对我们党而言，党内监督是第一位的监督，党内监督有力有效，其他监督才能发挥作用”，要“坚持党中央重大决策部署到哪里，监督检查就跟进到哪里，确保党中央令行禁止”。中央纪委深入学习贯彻习近平总书记重要讲话精神，赵乐际同志强调，要着力推进政治监督具体化、常态化，围绕坚持稳中求进工作总基调、贯彻新发展理念、实现高质量发展、打好三大攻坚战等强化监督检查，确保党中央政令畅通；要做深做实基层监督，构建常态化、长效化监督机制，推进权力公开透明运行，持续整治群众身边腐败和作风问题。杨晓渡同志要求，要不断研究切实可行的办法，把监督真正挺在前面，把日常监督实实在在做起来、做到位。关于如何开展监督，尤其是聚焦政治监督，杨晓渡同志指出，一是要围绕党中央重大决策部署的贯彻落实，尤其是党中央对本地区本部门本领域要求的贯彻落实来抓好监督；二是监督要紧紧盯住党委（党组）领导班子成员，通过监督“关键少数”，使其肩负起领导责任，督促主体责任落实；三是对于特别严重的问题，纪委要果断出手。

（三）关于落实中央八项规定精神

习近平总书记指出，“四风”问题树倒根存，形式主义、官僚主义问题依然突出。习近平总书记强调，要把力戒形式主义、官僚主义作为重要任务，各地区各部门党委（党组）要履行主体责任，紧盯形式主义、官僚主义新动向新表现，拿出有效管用的整治措施。要把刹住“四风”作为巩固党心民心的重要途径，对享乐主义、奢靡之风等歪风陋习要露头就打，对“四风”隐形变异新动向要时刻防范。

2019 年，习近平总书记就推动作风建设在新时代向纵深发展作出重要批示，中央纪委深入贯彻习近平总书记重要批示精神，按照锲而不舍、持续发力、再创新绩的要求，对落实习近平总书记重要批示精神、持续巩固拓展作风建设成果作出具体部署。赵乐际同志强调，要锲而不舍落实中央八项规定精神，定期梳理“四风”突出问题，跟进分析有哪些隐形变异行为、怎么隐形变异的，找准症结、举一反三。已有明确规定的，要督促严格执行；规定缺失、滞后或者不合理的，要推动相关职能部门细化规定，与时俱进完善制度。杨晓渡同志要求，要突出工作重点，明确任务要求，从坚持政治原则、严明政治纪律的高度，加大整治形式主义、官僚主义力度，深入治理享乐主义、奢靡之风，抓好主题教育有关专项整治任务，扎紧扎牢制度笼子。

三、下阶段工作要求

结合当前工作实际，围绕近期中央工作精神，我就下阶段党风廉政建设和反腐败斗争工作提几点要求。

（一）进一步压紧压实党委主体责任

管党治党，关键是要抓住党委主体责任这个“牛鼻子”。党的十八大以来管党治党的实践充分证明，只有把党委主体责任抓紧抓牢，党的领导才能更加有力，党的纪律才能更加严明，党内风气才能更加清正，群众基础才能更加深厚。从建设银行近些年查处的案件情况看，一些干部违纪违法甚至犯罪的很大一部分原因就在于相关党组织“两个责任”落实不到位，疏于对干部的教育管理监督，党的领导虚化、弱化。因此，各级党委必须把履行主体责任作为第一位的工作任务，强化主体意识，压实党委全面领导责任、党委书记第一责任、班子成员“一岗双责”、纪委协助督促责任等“四责”，把握“五个重点”。

一是把政治建设摆在首位，抓住严肃党内政治生活这个关键。要从党内政治生活严起，加强新形势下党内政治生活若干准则执行情况的监督检查，在经常、严肃、认真上见真章，着力纠正党内政治生活不严肃、不健康等突出问题，涵养风清气正的政治生态。党的组织生活是党内政治生活的重要内容和载体，要严格落实组织生活制度。习近平总书记曾说过，一个班子强不强，有没有战斗力，同有没有严肃认真的组织生活密切相关。要认真落实“三会一课”、组织生活会、民主生活会、民主评议党员、谈心谈话等制度，用好批评与自我批评这个有力武器，把党内政治生活这个“大熔炉”烧好烧旺，炼出好钢。

二是加强对“关键少数”尤其是“一把手”的教育管理监督。薛峰、林燕、郝国颖、张文发等案件中，最突出的共性问题就是“一把手”作案，有的滥权妄为、以权谋私，严重污染政治生态，有的长期有劣迹无人过问、放任自流，影响极为恶劣，教训极为惨痛。各级党委要切实引以为戒，强化思想教育，加大党内监督力度，深化运用“第一种形态”，敢抓敢管，真抓实管，多了解干部日常的思想、工作、作风、生活情况，多注意干部群众的反映，发现干部有问题要及时拉一把，抓早抓小，防微杜渐。

三是树立正确选人用人导向。“为人择官者乱，为官择人者治”，薛峰将正常的组织安排变为私相授受，严重异化上下级关系；郝国颖搞“一言堂”，在党委会上打断班子成员发言，直接确定选拔干部推荐人选，事实表明，选人用人上的不正之风和腐败问题对政治生态的危害尤为剧烈。各级党委要坚持党管干部原则，落实好干部标准，严把政治关、品行关、能力关、作风关、廉洁关，坚决整治选人用人不正之风，让忠诚干净担当、为民务实、奋发有为的干部得到褒奖重用，让阿谀奉承、不干实事、跑官要官的干部没有市场，形成优者上、庸者下、劣者汰的良好选人用人环境，防止“劣币驱逐良币”。

四是健全主体责任考核体系。区分党委领导班子、党委书记、党委班子成员三个层次，明确应落实的责任、应抓好的工作、应达到的标准。目前建设银行主要是针对党委领导班子进行考核，驻行纪检监察组正在牵头研究制定对党委书记第一责任和班子成员“一岗双责”履行情况的考核办法，与党委班子考核办法形成有效互补，全面督促管党治党责任落实，充分发挥考核的“指挥棒”作用。

五是党委要支持保障纪委工作。这是党委履行好主体责任的重要基础，也是推动主体责任和监督责任贯通协同的内在要求。党委要定期研究部署党风廉政建设和反腐败工作，帮助纪委解决突出矛盾和困难，领导支持纪委依规依纪开展监督执纪问责，做纪委的坚实后盾。

（二）进一步强化纪委监督职责

纪委是党内监督的专责机关，监督是纪委的

基本职责、第一职责，党章、党内监督条例以及新修订的《中国共产党问责条例》都对此作出明确规定。过去，我们纪委长期的工作重点是抓执纪问责，抓日常监督、主动监督较少，现在中央纪委强调要履行好监督职责，就暴露出我们在监督方面存在短板、干部专业能力不足的问题，如找不到监督的介入点和切入口、抓不到问题要害、纪律检查建议和监督建议质量不高、监督成效不明显等。直面问题是勇气，解决问题是水平，各单位纪委要坚持问题导向，高度重视、深入研判，针对自身存在的问题，拿出切实管用的措施，进一步补短板、强弱项，强化监督职责，提升监督实效。

一是在压实监督责任上下工夫。长期以来，我们各级纪检机构存在的一个突出问题就是不敢监督，不愿监督，监督下级怕丢“选票”，监督同级怕伤“和气”，监督上级怕被穿“小鞋”。压实监督责任，首要的就是强化责任担当，发扬斗争精神，要按照习近平总书记所讲的，坚定斗争意志，在大是大非面前敢于亮剑，在矛盾冲突面前敢于迎难而上，在危机困难面前敢于挺身而出，在歪风邪气面前敢于坚决斗争。此外，要强化监督职责的归位意识，在主动出击的同时，注重“监督的再监督”，绝不能大包大揽，冲到一线，种了别人的田，荒了自己的地。

二是在提高监督能力上下工夫。监督是一项综合化的工作，需要有综合化的能力相匹配。“绳短不能汲深井，浅水难以负大舟”，监督能力强不强，直接关系到监督的效果。在监督能力的金字塔中，政治政策能力处于基础地位，解决的是监督方向的问题；向上一层是执纪执法能力，包括审查调查、谈心谈话、调查研究等，解决的是监督方法的问题；再向上是金融专业知识能力，解决的是监督精准度的问题。提升监督能力，总的就是要以习近平新时代中国特色社会主义思想为主线，加强学思践悟，落实全员培训，做到学思用贯通、知信行统一。

三是在突出监督重点上下工夫。监督不能平均用力，要坚持两点论和重点论相统一，既抓“重点人”“重点事”等主要矛盾，又抓矛盾主要方面，实现“四两拨千斤”。抓“重点人”以党委领导班子和党委管理干部为主，以督促监督对象做到“两个维护”、贯彻落实党中央重大决策部署为主，围绕脱贫攻坚、防范化解金融风险、贯彻新发展理念、习近平总书记“三个能力”建设重要批示精神，整治形式主义、官僚主义，为基层减负等方面开展监督检查。抓“重点事”以信贷、选人用人、集中采购等权力集中、资金密集的业务领域为主，以廉洁风险较大、腐败危害严重的环节为主，围绕不良资产处置、财务列损、合规管理、安全生产、员工招聘录用、亲属回避等开展监督检查。

四是在创新监督方式上下工夫。要坚持守正和创新相统一，一方面，要把传统的监督手段用到位，如约谈函询、廉洁谈话、廉政档案、党风廉政意见审核等；另一方面，要与时俱进，结合时代特点采取新的监督方式。在2019年的监督实践中，我们总结提炼了专项督查“七步工作法”，即明确监督事项、掌握监督依据、制定监督方案、实施监督措施、推动问题整改、严肃追责问责、向上级报告监督情况，各单位纪委要学会运用，通过专项督查实现小切口、大成效。此外，要充分借助大数据手段开展监督，这方面驻行纪检监察组正在筹划建立大数据监督平台，整合多渠道多系统数据，为全天候、常态化监督提供数据支持。

五是在完善监督机制上下工夫。高效的监督离不开完备顺畅的制度机制。驻行纪检监察组正在考虑建立与巡视、审计、合规、风险、人事、信贷等部门的协作配合机制，对监督实行全流程管理的质量管控机制，对监督实效考核评价机制等，推动形成过程可控、效果可评、责任可追的监督工作体系。各单位纪委也要主动作为，有好的监督思路举措，只要符合中央精神、贴合本单位实际、条件成熟、准备充分，就大胆地推下去，不断加大监督力度，把监督职责落实到位。

（三）坚持“不敢腐、不能腐、不想腐”一体推进

“三不”一体推进是习近平新时代中国特色社会主义思想的重要内容，是当前反腐败工作的重要方针和原则，为党风廉政建设和反腐败斗争提供了行动指南。赵乐际同志强调，“三不”机制贯穿着纪律、法律、制度、规矩、思想、道德要求，是一个整体，相互融合、交互作用、有机统一，三者要统筹谋划、一体推进。目前，我们在“三不”一体推进方面做得还不够到位，整体看还存在不充分、不均衡的问题。下一步，要注重增强工作的系统性、协调性和统一性，做到一体推进、同向发力。

第一，不敢腐的惩治任何时候都不能放松。要始终保持惩治腐败高压态势，对腐败增量发现一起查处一起、坚决打住，对腐败存量，分清先后主次、轻重缓急，对已经充分暴露出来的优先查处，对已经成为全面从严治党、反腐败障碍的优先查处。各级党委、纪检机构要严格遵守报告纪律，发现涉嫌职务犯罪的线索，必须按规定程序及时上报驻行纪检监察组，绝不允许打着“家丑不可外扬”的小算盘，私存扣留线索，甚至销案抹案。习近平总书记曾严肃指出，“作为干部特别是领导干部，在涉及重大问题、重要事项时按规定向组织请示报告，这是必须遵守的规矩，也是检验一名干部合格不合格的试金石。连这一点都做不到，还是一个合格的领导干部吗?”驻行纪检监察组后续也将出台关于线索处置、案件查办以上级纪委领导为主的意见，进一步严明报告纪律，强化纪律保障。

第二，不能腐的约束要持续从紧从严。腐败的本质是公权力的异化，是权力滥用加暗箱操作的结果。推进反腐败斗争，必须加强对权力运行的制约和监督，扎牢制度笼子，发挥治本功能，确保权力在阳光下运行。要坚持“一案一总结”，深刻剖析案件成因，找管理漏洞、找制度空隙、找责任缺位。要深化以案促改，各级党委要充分发挥主体作用，加强全面领导，围绕决策、执行、监督三个环节，进一步强化信贷、投行、集中采购等业务领域的制度机制设计，严格授权、限权、控权；各业务条线主管部门要加强对制度执行情况的日常监督检查，对随意变通、恶意规避、有令不行、有禁不止的坚决纠正、严肃处理，通过有力督查问责，切实增强制度的严肃性和权威性；各级纪检机构要充分运用纪律检查建议和监督建议，督促案发机构和相关职能部门认真整改到位，防止再次发生类似问题，真正做到“查处一个，规范一方”。

第三，不想腐的教育要做深、做透。从治本的角度讲，自律是优于他律的，但自律往往更难做到。虽然全行在日常教育方面做了大量工作，但是机关本部“灯下黑”和基层教育“最后一公里”落实不到位的问题仍不同程度的存在，实现“不想腐”任重而道远。各级机构要把教育作为基础性工作来抓，一是加强党性党风党纪教育，紧密结合“不忘初心、牢记使命”主题教育，引导党员干部坚定理想信念，做到知敬畏、存戒惧、守底线；二是加强警示教育，突出教育的针对性和感染力，用身边事教育身边人，使反面典型案例真正触及干部员工的灵魂深处；三是加强家风教育，综观行内行外，拉着亲属一起腐败的干部不少，被亲属拖下水的干部也有不少，身为领导干部，要严格约束身边的家人和亲属，不得姑息纵容；四是教育要融入日常，坚持严管与厚爱相结合，坚持惩前毖后、治病救人，把思想政治工作贯穿到日常监督、巡视巡察、审查调查的全过程，用理想信念和党的政策教育挽救犯错误干部，帮助其回到正轨。

（四）锲而不舍落实中央八项规定精神

中央八项规定是长期的铁规矩、硬杠杠，纠治“四风”只有进行时，没有完成时。各级党委、纪检机构要保持冷静清醒头脑，充分认识“四风”问题的顽固性、反复性，以坚强的政治定力和战略定力抓好作风建设，继续在常和长、严和实、深和细上下工夫。

一是加大整治形式主义、官僚主义力度。从坚持政治原则、严明政治纪律的高度，坚决整治贯彻落实党中央重大决策部署阳奉阴违、敷衍塞责，表态多调门高、行动少落实差问题；坚决整治漠视客户和员工利益，对客户和员工合理诉求推诿应付、不担当、不作为、慢作为、乱作为问题；坚决整治文山会海、检查考核过多过滥等层层加重基层负担问题。各级领导干部要发挥“头雁效应”，带头转作风、治歪风、树新风；各级党委要发挥主体作用，一级带动一级，一级督促一级；各级纪检机构要加强监督，扎实开展整治形式主义、官僚主义，为基层减负专项督查，以及整治漠视群众利益问题监督，从具体人、具体事入手，推动解决实际问题。

二是深入治理享乐主义、奢靡之风。各级纪检机构要聚焦违规公款吃喝、违规配备使用公车、违规收送礼品礼金等顽瘴痼疾，对不吃公款吃老板、私车公养、收送电子红包和电子礼券等隐形变异表现保持警惕，会同相关职能部门开展专项治理。对发现的“四风”问题线索，特别是党的十九大后不收敛、不收手的行为，要深挖细查、优先处置、不留情面，越往后执纪越严，对典型问题公开通报曝光。要督促相关部门认真检视制度建设方面存在的模糊地带、监管盲区、执行漏洞等问题，列出日常管理的正面、负面清单，进一步明确政策要求和政策边界，不断健全纠治“四风”的制度体系和长效机制。

三是抓好主题教育相关专项整治任务。各级纪检机构要以主题教育为动力，以专项整治为牵引，把落实中央八项规定精神、纠治“四风”贯穿主题教育全过程。要紧密结合牵头或参与的专项整治活动，统筹推进四项重点措施，在学习教育中开展“四风”警示教育，在调查研究中精准摸排隐形变异新动向，在检视问题中深入查找工作短板，在整改落实中立查立改、长期整改，把专项整治的成效实实在在体现到纠治“四风”工作高质量发展中。

（五）学好用好新修订的《中国共产党问责条例》

新修订的《中国共产党问责条例》（以下简称《条例》），是党中央适应新的形势、任务和要求，充分运用党的十九大以来从严管党治党的新鲜经验，与时俱进推动党内法规制度创新的又一重大成果，体现了党的问责工作的政治性、精准性、实效性，是全面从严治党的制度利器。我们要认真学习贯彻，推动失责必问、问责必严成为常态。

第一，深刻认识修订《条例》的重要意义。新修订的《条例》开宗明义，把“两个维护”作为根本原则和首要任务，把“保证党的路线方针政策和党中央重大决策部署贯彻落实”作为重中之重，为坚决做到“两个维护”提供了有力保障；进一步明确问责主体职责、丰富问责情形、规范问责程序，为规范问责、精准问责提供了重要制度遵循；增加严管和厚爱结合、激励和约束并重等内容，为强化干部责任担当，激励干部奋发作为注入了强大动能。

第二，全面掌握新修订《条例》的应知应会。一是明确问责主体，党委、纪委、党的工作机关要各负其责，提高政治站位，突出政治担当，强化主动问责；二是牢记“负面清单”，围绕11大类问责情形，既要深入对照查摆，做到自警自省，也要把握问责重点，实施精准问责；三是严格问责程序，坚持“权责一致、错责相当”“集体决定、分清责任”，规范启动、调查、报告、审批、实施等环节，防止问责不力或泛化简单化问题；四是把握问责原则，坚持严管和厚爱结合、激励和约束并重，对符合不予免予问责、从轻减轻问责、从重加重问责情形的，要精准把握政策，作出恰当处理。

第三，抓好新修订《条例》的学习宣传和贯彻落实。要把学习贯彻《条例》与正在开展的“不忘初心、牢记使命”主题教育结合起来，组织党员干部认真学习、对照检视，采用多种形式，提高学习宣传的覆盖度和实效性。要把贯彻执行《条例》情况纳入巡视巡察、日常监督重点，各级党委、纪检机构要加强监督检查，对贯彻执行不力的，要坚决督促整改纠正。2019年，驻行纪检监察组将对各单位纪委问责工作开展情况进行检查考核，大家要高度重视，抓好落实。

同志们，目前已进入第四季度了。古话讲，“春生夏长，秋收冬藏”，当前以及下一个阶段既是全面冲刺、收获成果的时候，也是总结经验教训、为下一年打基础的时候。大家要结合下阶段工作要求，把已经做的工作巩固好，把正在做的工作落实好，把将要做的工作谋划好，以“永远在路上”的恒心和韧劲持续推进全面从严治党向纵深发展。

在全行纪检条线深入学习贯彻党的十九届四中全会精神会议（视频）上的讲话

朱克鹏

（2019 年 11 月 15 日）

党的十九届四中全会胜利闭幕后，中央纪委国家监委对学习贯彻四中全会精神高度重视，于 2019 年 11 月 4 日召开专题会议，传达学习全会精神，提出工作要求。近日，又专门印发通知，就各级纪检监察机关和广大纪检监察干部学习贯彻全会精神作出重要部署。刚才，德刚同志传达了四中全会精神和中央纪委国家监委有关领导同志的要求；中央纪委关于学习贯彻全会精神的通知文件后续也会转发下去，大家要认真落实、严格执行，把全会精神学习好、贯彻好。下面，我讲三点意见。

一、深刻认识理解全会的重大意义和精神实质，切实把思想和行动统一到党中央决策部署上来

党的十九届四中全会是我们党的历史上具有开创性、里程碑意义的一次重要会议。当前，世界发展面临百年未有之大变局，我国正处在实现“两个一百年”奋斗目标的历史交汇点和实现中华民族伟大复兴的关键时期，决胜全面建成小康社会进入收官阶段。2019 年又恰逢新中国成立 70 周年，在这样的大背景下和时间节点上，党中央总结过去、规划未来，更加凸显了这次会议的特殊性和重要性。习近平总书记在全会上的重要讲话，回顾总结了一年多来党和国家工作，科学分析了国内外形势的发展变化，深刻阐述了坚持和完善中国特色社会主义制度、推进国家治理体系和治理能力现代化的重要性和紧迫性，围绕坚定制度自信、推进制度建设和治理能力建设深入回答了一系列方向性、根本性、全局性的重大问题，为坚持和完善中国特色社会主义制度、推进国家治理体系和治理能力现代化提供了科学指南和基本遵循。全会审议通过的《中共中央关于坚持和完善中国特色社会主义制度、推进国家治理体系和治理能力现代化若干重大问题的决定》（以下简称《决定》），深入贯彻习近平新时代中国特色社会主义思想，全面总结了中国特色社会主义制度建设的历史性成就，集中概括了中国特色社会主义制度和国家治理体系的显著优势，明确了坚持和完善中国特色社会主义制度、推进国家治理体系和治理能力现代化的总体要求、目标任务和根本保证，深刻回答了在我国国家制度和国家治理上，应该“坚持和巩固什么、完善和发展什么”这一重要政治问题，具有重大的现实意义和深远的历史意义。各级纪检机构要站在政治和全局的高度，深刻认识党的十九届四中全会的重大意义和精神实质，增强贯彻落实的思想、政治和行动自觉。

（一）深刻认识坚持和完善中国特色社会主义制度、推进国家治理体系和治理能力现代化的“纲”和“魂”

坚持和完善中国特色社会主义制度、推进国家治理体系和治理能力现代化，必须始终遵循党的领导这个“纲”和习近平新时代中国特色社会主义思想这个“魂”。党政军民学、东西南北中，党是领导一切的。《党章》总纲部分第一句话开宗明义，指出中国共产党是“中国特色社会主义的领导核心”。《宪法》第一章第一条明确：“中国共产党领导是中国特色社会主义最本质的特征。”全会把坚持和完善党的领导制度体系放在突出位置，以党的领导制度统领和贯穿其他 12 个方面的制度，《决定》第二部分和第十五部分前

后呼应贯通，把坚持和加强党的领导的要求全面体现到各方面制度安排中，抓住了国家治理的关键和根本。《决定》通篇贯彻习近平新时代中国特色社会主义思想，特别是贯彻了习近平总书记关于推进国家治理体系和治理能力现代化的重要论述精神，如必须正确理解和把握国家治理体系现代化和治理能力现代化的辩证关系、必须有自己的主张和定力、党的领导是根本保证等，反映了我们党对中国特色社会主义规律性认识的深化、拓展、升华。大家要深入学习领悟党的十九届四中全会《决定》的“纲”和“魂”，以此为基本遵循，不断增强“四个意识”、坚定“四个自信”、做到“两个维护”。

（二）深刻认识中国特色社会主义制度和国家治理体系的显著优势

《决定》梳理总结了我国国家制度和国家治理体系13个方面的显著优势，既高屋建瓴又提纲挈领地展示了中国特色社会主义制度和国家治理体系的巨大优越性。制度是治理的基础。中国特色社会主义制度来之不易，它是我们党带领全国各族人民在多年的革命、建设、改革过程中，经过不断探索实践确立的最适合中国国情的制度。党的十八届三中全会把“完善和发展中国特色社会主义制度，推进国家治理体系和治理能力现代化”确定为全面深化改革的总目标。党的十九大提出，到2035年，“各方面制度更加完善，国家治理体系和治理能力现代化基本实现”；到21世纪中叶，“实现国家治理体系和治理能力现代化”。党的十九届四中全会把“坚持和完善中国特色社会主义制度，推进国家治理体系和治理能力现代化”作为主题，第一次系统描绘中国特色社会主义制度的“图谱”。从“完善和发展”到“坚持和完善”，虽然只是一词之改，但意义大有不同。坚持体现了制度自信，完善体现了改革创新。杨晓渡同志指出，坚持和完善是辩证统一的。不坚持无所谓完善，不完善最终也不可能坚持。提法的变化，昭示了我们党毫不动摇坚持中国特色社会主义制度方向的鲜明立场和高度自信。《决定》用“两个奇迹”，即经济快速发展奇迹和社会长期稳定奇迹对中国特色社会主义制度和国家治理体系的优势进行了集中概括，这就是我们的自信所在。

（三）深刻认识党和国家监督体系在推进国家治理体系和治理能力现代化中的重要保障地位

党和国家监督体系是党在长期执政条件下实现自我净化、自我完善、自我革新、自我提高的重要制度保障，《决定》专门就“坚持和完善党和国家监督体系”作出部署，进一步明确了党和国家监督体系在中国特色社会主义制度和国家治理体系中的重要地位和发展方向。从政治文明发展进程看，国家治理的关键是治权，治权离不开监督。我们党历来高度重视权力监督问题，从延安时期毛泽东同志提出跳出“历史周期率”的课题，到党的八大规定任何党员和党的组织都必须受到自上而下的和自下而上的监督，再到党的十一届三中全会后，党的纪律检查机关恢复重建，纪检、监察合署办公，直到党的十八大以来全面从严治党、深化国家监察体制改革，党和国家监督体系不断健全完善，在党和国家事业的发展壮大过程中发挥着重要作用。当前，反腐败斗争取得压倒性胜利，但还不是彻底胜利，腐败存量不少、增量仍在发生，反腐败形势依然严峻复杂，滋生腐败的土壤和条件依然存在。坚持和完善党和国家监督体系是监督制约公权力、巩固发展反腐败斗争压倒性胜利的必由之路，也是确保党全面领导、长期执政的根本要求。

（四）深刻认识纪检监察机关在坚持和完善党和国家监督体系中的职能作用

赵乐际同志把纪检监察机关的作用概括为监督保障执行和促进完善发展，强调要具体地、实在地体现在国家制度和治理体系建设的全过程。杨晓渡同志指出，纪检监察机关承担双重任务，既要带头把党和国家重大决策部署、重大战略、重大工作安排落到实处，也要督促各地区各部门不折不扣贯彻落实党中央决策部署。在坚持和完善党和国家监督体系方面，纪检监察机关是党的政治机关，履行党内监督和国家监察专责，是党和国家自我监督的重要力量，在制度执行上必须发挥表率作用。在党和国家监督体系中，党内监督是第一位的主导性的监督，国家监察是党内监督的延伸和拓展，二者具有高度内在一致性和互补性。通过对全体党组织和党员干部的监督全覆盖、有效性，保证党立党为公、执政为民；通过对所有行使公权力的公职人员监察全覆盖、有效性，保证国家机器依法履职、秉公用权，从而提升党和国家运用制度和法律治理国家的能力。大家要深刻领会和准确把握全会部署要求，坚决做到“两个维护”，充分发挥职能作用，勇于担当、积极作为，把承担的任务一项一项落到实处。

二、认真履行“两个维护”重大政治责任，以有力有效的监督确保全会精神贯彻落实

坚持和完善中国特色社会主义制度、推进国家治理体系和治理能力现代化，是全党的一项重大战略任务。把党和国家重大决策部署、重大战略、重大工作安排落到实处，是践行“两个维护”的具体体现。赵乐际同志强调，纪检监察机关要增强“四个意识”、坚定“四个自信”、做到“两个维护”，认真履职尽责，在坚持和完善中国特色社会主义制度、推进国家治理体系和治理能力现代化中，充分发挥监督保障执行、促进完善发展作用。全行各级纪检机构要立足职责定位，把自己摆进去、把职责摆进去、把工作摆进去，以高度的责任感和使命感，抓好党的十九届四中全会精神的贯彻落实。

（一）突出政治监督，确保党中央重大决策部署落地见效

纪检监察机关的政治属性决定了纪检监察监督最根本最核心的是政治监督，要聚焦重大政治原则、政治部署、政治责任，加大监督力度，把“两个维护”贯穿纪检监察工作全过程。首先，要精准把握监督内容，着眼于解决贯彻落实党中央重大决策部署和习近平新时代中国特色社会主义思想不实不力问题，督促各级党委领导班子和党员领导干部落实全面从严治党政治责任。要紧密结合当前全行正在开展的政治监督工作，如贯彻落实习近平总书记“三个能力”建设重要批示情况，脱贫攻坚，整治形式主义官僚主义、为基层减负，中央巡视发现问题整改等，扎实推进各项监督举措，保证监督取得实实在在的成效，切忌搞形式主义、走过场。要紧密结合自身实际，围绕党中央对本地区本领域的重要部署要求，围绕本单位全面从严治党的薄弱环节，有创造性、针对性地选取监督内容，抓住监督重点，加大监督力度，持续推进政治监督具体化、常态化。下一步，我们还要开展漠视侵害群众利益整治、防范化解金融风险等监督工作。其次，要从严明政治纪律和政治规矩的高度破除形式主义、官僚主义，坚决杜绝制度执行上做选择、搞变通、打折扣的现象，严肃查处有令不行、有禁不止、阳奉阴违的行为，对制度空转背后存在的责任虚化、以权谋私、贪污腐败等问题要精准查处，保障国家治理各项决策部署、政策措施贯彻落实。最后，要着重加强对所在（驻在）机构贯彻落实党的十九届四中全会精神情况的监督检查，聚焦坚持和完善支撑中国特色社会主义制度的根本制度、基本制度、重要制度，聚焦解决体制性障碍、机制性障碍、政策性创新方面问题，通过监督推动整改、促进改革、完善制度，构建全覆盖的制度执行监督机制，督促各级党委认真贯彻落实全会精神，着力固根基、扬优势、补短板、强弱项，持续优化治理结构和治理体系，提高治理水平和治理能力。

（二）强化日常监督，确保权力在阳光下运行

监督是权力正确运行的根本保证。《决定》全文中，“监督”一词共出现52次，是高频词之一。《决定》提出，要“坚持权责统一，盯紧权力运行各个环节，完善发现问题、纠正偏差、精准问责有效机制，压减权力设租‘寻租’空间”。各级纪检机构要进一步做实做细日常监督，通过强监督促进强管理，规范权力运行机制，确保权力不被滥用。一是要紧盯“关键少数”。各直管单位纪委对自己的监督对象要做到心中有数，区分不同的监督对象，如本单位党委班子成员、机关本部部门负责人、二级分支行负责人等，针对每一类监督对象，确定不同的监督重点，分门别类制订监督方案。重点加强对“一把手”的监督，2019年以来我们查处的职务犯罪案件充分暴露出个别机构对“一把手”教育管理监督不到位的问题，要深刻总结反思，吸取案件教训，“学费”不能白交，更不能交成“过路费”。我曾经讲过，只要督促党委主要负责同志认真履行管党治党责任，这个单位就出不了大问题。因此，要学会抓纲带目，一级盯住一级，一级督促一级，实现“四两拨千斤”。二是要紧盯权力运行的要害部位。坚持问题导向，做到哪里廉洁风险大、哪里腐败问题多，就把监督检查推进到哪里。

2019 年以来，全行各级纪检机构陆续开展了不良资产处置和财务列损、安全生产运营、合规管理、员工录用及亲属回避等方面监督，但这些监督工作是不是真正做了，做了是不是做成了，监督成效如何，都要打一个问号。各单位要认真梳理总结监督工作，看有哪些监督措施流于形式、浮于表面，有哪些监督发现的问题线索没有及时处置，有哪些监督发现的缺陷漏洞没有督促整改到位，有哪些违纪问题没有问责处理，要聚焦监督成效，进一步把监督做实做细。三是要创新监督方式方法，充分运用大数据手段，深入分析违纪违法问题的发生规律和共性特点，在依规依纪依法的前提下，借助审计数据筛查模型主动摸排问题线索，进一步提高主动发现问题的能力。

（三）统筹推进“四项监督”，发挥监督合力

《决定》提出，要“推进纪律监督、监察监督、派驻监督、巡视监督统筹衔接”，“以党内监督为主导，推动各类监督有机贯通、相互协调”。纪检监察机关的监督，仅是党和国家监督大体系下的一个方面，只有在党中央集中统一领导下，把党内监督和其他各类监督有机整合起来，才能真正发挥监督实效。要做好纪律监督、监察监督、派驻监督、巡视监督，实现“四项监督”一体推进、同向发力。纪律监督要坚持纪在法前、纪严于法，强化监督执纪问责，使纪律“长牙”“带电”；监察监督要运用好法治思维和法治方式，增强对行使公权力的公职人员的监督全覆盖、有效性；派驻监督要坚守代表上级纪委加强对下级党组织监督的定位，切实发挥“派”的权威和“驻”的优势；巡视巡察要发挥政治导向作用，坚守政治定位，立足于发现问题、整改问题，做到上下联动、上下贯通。在此基础上，要进一步健全监督制度机制，整合监督资源，增强监督合力。各直管单位纪委要加强与本单位人力、财务、审计、信贷管理、合规、风险、巡察等部门的协作配合，建立健全问题线索移送、信息共享交流、定期联席会商等工作机制，充分发挥各职能部门监督作用，提升监督工作实效。

三、准确把握全会关于坚持和完善党和国家监督体系的新任务、新要求，努力推动新时代纪检监察工作高质量发展

赵乐际同志指出，党的十九届四中全会对于纪检监察工作有着特殊意义和重要要求，为新时代纪检监察工作高质量发展进一步指明了方向、提供了遵循。杨晓渡同志强调，要深入学习、深刻领悟全会《决定》，把党中央的精神、习近平总书记的重要讲话精神吃透弄懂，认认真真抓好贯彻落实。各级纪检机构要在深入学习全会精神的基础上，找准履职尽责的切入点和着力点，推动新时代纪检监察工作高质量发展。

（一）进一步深化派驻改革，把制度优势转化为治理效能

《决定》提出，要深化纪检监察体制改革，完善派驻监督体制机制。派驻改革是纪检监察体制改革的重要内容，2019 年以来，驻建设银行纪检监察组在中央纪委国家监委的坚强领导和总行党委的大力支持下，认真贯彻落实中管金融企业派驻改革实施意见，全面深入推进派驻改革各项工作，截至目前，基本完成派驻改革任务；各一级分行纪委也探索向二级分支行派驻纪检组，基本实现全覆盖。改革后，监督的权威性和独立性大大提高，条线统筹管理能力显著增强，驻建设银行纪检监察组和建设银行内设纪检机构内外协同、上下贯通，全行纪检条线一体化管理、“一盘棋”的格局基本形成，整体作战能力大为提升。下一步，要在前期工作的基础上进一步深化，不断建立健全制度机制流程，提高派驻监督质量。在驻建设银行纪检监察组层面，要进一步完善制度体系，持续做好制度“废改立”工作，对于新制定和新修订的制度，要加大推进力度，成熟一个、印发一个，尽快把各项工作的制度规矩立起来。要重点落实好“三个为主”要求，加强人才后备队伍建设，用好组织赋予的提名考察权；落实线索处置和案件查办以上级纪检机构为主的办法，规范工作运行机制，严明请示报告纪律；尽快印发纪检机构负责人年度考核办法，充分发挥考核的激励约束作用。在一级分行纪委层面，要结合本单位实际，把“三个为主”制度逐项进行细化、落地。逐步理顺派驻工作机制，细化派驻监督工作流程，建立健全对驻在单位领导班子履行全面从严治党主体责任、落实民主集中制、领导干部插手重大事项、重大金融风险事件及隐患等重要情况的报告制度，通过工作例会、约谈、述责述廉等方式加强对各派驻纪检组的全面领导、

业务指导和监督检查，真正打通基层监督的“最后一公里”，有效解决基层监督难题。

（二）进一步加大金融反腐力度，构建一体推进不敢腐、不能腐、不想腐体制机制

“构建一体推进不敢腐、不能腐、不想腐体制机制”，是党的十九届四中全会作出的最新表述，表述的变化体现了问题导向和目标导向的统一，顺应了新时代反腐败斗争的实践要求，反映了反腐败斗争方略和体制机制的与时俱进，为新时代反腐败斗争提供了重要遵循。一是要持续保持惩治腐败高压态势，突出重点削减存量，零容忍遏制增量，坚决落实线索处置和案件查办以上级纪检机构为主，解决一些机构发现腐败问题或线索后“不敢报、不愿报”的问题，确保底线常在、“后墙”坚固，强化“不敢腐”的震慑。二是要坚持一案一总结、一案一通报、一案一整改，扎实做好案件查处“后半篇文章”，针对案件暴露出的管理漏洞和制度缺陷，用好纪律检查建议书和监察建议书，督促推动涉及选人用人、信贷、投行资管、集中采购、基建工程等方面的监督，不断扎牢不能腐的笼子。三是要充分利用反面案例资源，有针对性地开展警示教育，引导党员干部坚守初心、牢记使命，做到知敬畏、存戒惧、守底线，切实增强不想腐的自觉。需要强调的是，“三不”是一个整体，要强化融合协同，在推进“不敢腐”时注重挖掘“不能腐”“不想腐”的功能，在推进“不能腐”时注重吸收“不敢腐”“不想腐”的有效做法，在推进“不想腐”时注重发挥“不敢腐”的震慑、“不能腐”的约束，切实放大“三不”叠加效应。

（三）从严从实建设忠诚干净担当的纪检监察干部队伍

贯彻落实好全会精神，推进纪检监察机关制度建设和治理能力建设，关键要靠高素质干部队伍。要以开展“不忘初心、牢记使命”主题教育为动力和契机，推动各级纪检干部把学习贯彻全会精神同学习贯彻习近平新时代中国特色社会主义思想贯通起来，在学懂弄通做实上下工夫，结合实际创造性抓好贯彻落实。一是加强自身学习。要坚持以习近平新时代中国特色社会主义思想为学习主线，认真学习习近平总书记关于全面从严治党、党风廉政建设和反腐败斗争的重要论述，学习中央纪委领导同志讲话精神和中央纪委文件要求，自觉对标对表，确保工作方向不偏。要围绕全会提出的重大思想观点、重大制度安排、重大工作部署，结合纪检监察工作实际强化调查研究，不断完善推动工作的思路、办法和举措。二是坚持依规依纪依法。在更深层次、更高水平上深化转职能、转方式、转作风，不断完善自身权力运行机制和管理监督制约体系，严格按照监督执纪工作规则和监督执法工作规定开展工作，把纪检监察这一重要的公权力关进制度笼子。《规则》和《规定》是党中央给纪检监察机关立下的规矩，必须认真学习到位、严格执行到位。要坚持刀刃向内，对执纪违纪、执法违法者“零容忍”，广大纪检监察干部特别是领导干部要铭记打铁必须自身硬，切实强化制度意识，带头维护制度权威，严格按照制度履行职责、行使权力，自觉作制度执行的表率。三是加强培训锻炼。要落实全员培训要求，持续加大纪法培训、技能培训、安全培训、信息化培训力度，提高各级纪检监察干部运用制度开展监督执纪执法的能力；要推动纪检业务骨干到驻建行纪检监察组和地方纪委监委跟岗锻炼常态化，发挥跟岗锻炼“传帮带”作用，通过参与专项工作、以案代训的方式，在实践中增强履职本领，努力建设政治过硬、本领高强、忠诚干净担当的纪检监察铁军。

深入学习贯彻党的十九届四中全会精神，是当前和今后一个时期的重要政治任务。各级纪检机构要把学习贯彻全会精神作为头等大事，与深学领悟习近平新时代中国特色社会主义思想相结合，与巩固深化“不忘初心、牢记使命”主题教育成果相结合，与完成今年任务、谋划明年工作相结合，以更加坚定的信念、更加勇毅的决心、更加有力的行动，努力推动新时代纪检监察工作高质量发展，为推进国家治理体系和治理能力现代化、实现“两个一百年”奋斗目标作出积极贡献。

在部分分行巡视整改督导推进会上的讲话

朱克鹏

（2019 年 11 月 26—29 日）

同志们：

2019 年上半年，总行巡视组对天津、河南、湖南、广西、海南等分行开展常规巡视。目前，各个分行正处于集中整改期的收尾阶段，总行首次组织召开巡视整改督导推进会，听取被巡视党组织巡视整改进展情况汇报。被巡视党组织负责整改工作的领导同志参加，驻建设银行纪检监察组，总行党委办公室、组织部、巡视办以及财务会计部、信贷管理部等相关条线管理部门共同参与，目的就是传导整改压力、压实整改责任、了解整改进展、督促整改落实。刚才，听了分行巡视整改的进展情况，分行党委对整改工作是高度重视的，整改方案周密翔实、措施具体，对巡视反馈的问题没有推诿，照单全收，态度端正。总体来看，这一阶段的整改成效是值得肯定的。但这只是开了个头，抓巡视整改不是一蹴而就的，真正的全面深入整改是一个长期的过程，还有很长的路要走，要以“永远在路上”的精神抓好整改落实。下面，就下一步整改工作提几点要求。

第一，认识到位。党的十九大以来，习近平总书记对巡视整改作出一系列重要论述，多次强调巡视整改是“四个意识”的试金石，整改不落实，就是对党不忠诚、对人民不负责。听取第三轮巡视汇报时，习近平总书记进一步指出，巡视发现问题，必须认真解决问题。否则，巡视效果就会大打折扣，巡视制度就会变成“稻草人”。总书记对巡视整改的阐述越来越深刻，把做好巡视“后半篇文章”提升到了一个新的高度。党的十九届四中全会，把监督工作纳入国家制度和治理体系作出顶层设计，巡视监督与纪律监督、监察监督、派驻监督一起构成“四个全覆盖”格局。总行党委对巡视工作历来非常重视，配备了专职化巡视队伍，把巡视作为发现问题、了解分行真实情况的重要渠道。但我们还是担心巡视整改效果，如果发现问题束之高阁，不加以解决，就会损害巡视的威慑力，“前半篇文章”就白做了，用总书记的话说“巡视发现问题的目的是解决问题，发现问题不解决，比不巡视的效果还坏”。这也是为什么要召开整改督导推进会，听取阶段性整改进展情况汇报。抓巡视整改，一定不要为整改而整改，要把整改和当前的工作紧密结合起来，和学习贯彻习近平新时代中国特色社会主义思想相结合，和学习贯彻党的十九届四中全会精神相结合，和当前正在开展的第二阶段主题教育相结合，和分行改革发展相结合。从巡视发现和揭示的问题看，很多是影响分行改革发展的重要问题，这些问题若不能很好地解决，会制约甚至阻碍下一步发展，所以不要把巡视整改同这些工作割裂开来，搞成“两张皮”。希望被巡视党组织能从这个高度认识巡视整改，提高政治站位。

第二，责任到位。巡视整改责任要压实，被巡视党组织承担整改主体责任，书记承担第一责任人责任，对巡视整改直接部署、直接协调、直接督办。班子成员落实“一岗双责”，抓好分管领域问题整改。一般都会成立巡视整改工作领导小组，确定整改牵头部门，相关职能部门承担具体整改任务，但责任是班子成员的，各位党委成员要把自己摆进去，坚持从本级、本人改起，对分管条线、分管领域的整改任务承担第一责任，有什么问题就改什么问题，该谁整改就由谁整改，该谁负责就由谁负责，不能把层层传导压力变成层层推卸责任，要防止整改责任部门化，防止以简单问责下级代替整改，防止以问责代替负责，更要防止“新官不理旧账”。当然，牵头部门也要切实履职尽责，过去纪检监察部门牵头多一些，现在更加强调党委主体责任，纪委聚焦监督，所以有些工作要进行调整，要适应新的工作制度变化。大家要各司其职、各负其责，同向发力。

第三，问责到位。巡视发现的问题，该问责的要问责。违反党纪行规的，灵活运用“四种形态”，执行“三严一适度”，力度不能减、尺度不能松。一旦松下去，党风行风大为好转的局面就会前功尽弃，很快就又没有规矩意识了，案件又会出来。所以一定要核查清楚、处理到位。另外，要强调的是党内的问责。新修订的中国共产党问责条例，主要就是对在党的建设、党的事业中失职失责、履职不力的进行问责。抓党建工作如果不问责，效果一定不会好，势必会出现屡查屡犯，新修订的问责条例为全面从严治党提供了利器。过去大家对党内问责有些误解，认为一说问责就是纪委的事，新的问责条例明确问责的主体还包括党委、党的工作部门，要在各自分管领域的机关、系统开展问责工作。问责的对象是党组织、党的领导干部，重点是党委、纪委及其工作部门领导干部。新条例还规定了问责的程序、方式等，明确对落实巡视巡察整改要求走过场、不到位，造成严重后果的，应当问责。各级党组织和党的工作部门要组织学习条例精神，结合巡视整改，把问责的利器用好，将党建的问责做到位。

第四，整改到位。从刚才汇报情况看，被巡视党组织都下了不少工夫，采取了不少措施。需要提醒大家，在整改落实上要考虑措施的针对性和可操作性，注重整改实效，防止轰轰烈烈走过场、为整改而整改。如制定了一系列规章制度，但是不抓制度执行，制度空转，无异于新一轮的形式主义。判断整改是否到位，不仅看态度、看措施，更要看行动、看效果。很多整改报告针对巡视发现问题都说自己“完成整改”，然而3个月的时间只是集中整改告一段落，取得的成效也只是阶段性的。巡视反馈的问题，不少都是陈年积习所致，若要真正改观，3个月远远不够，必须久久为功、常抓不懈，提高整改的持续性、系统性。这次巡视还发现很多上一轮整改不到位的问题，包括一些历史遗留问题仍然未得到彻底解决，对这类问题要下决心推动解决，不要总想着留给下一任，这是对党委担当精神的考验。

第五，监督到位。这里主要是对纪委提出要求，在巡视整改工作中，纪检机构扮演双重角色。一方面，要率先完成整改任务。对巡视组指出的纪委自身存在的偏轻偏软以及其他方面的问题，要带头抓好整改落实，自己没有整改好就没有资格监督别人，驻建设银行纪检监察组也要盯紧；另一方面，要承担分行巡视整改的监督职责。包括对同级党委的监督，这是政治监督的重要内容，纪委可以适时开展巡视整改的专项监督。重点监督党委对巡视整改工作重视不重视、措施到位不到位、落实不落实、有没有搞形式主义、是否注重实效抓住重点。

第六，督导到位。首先是巡视办，要加强对整改情况的统筹协调、跟踪督促，履行好日常督导责任，督促被巡视党组织抓好整改落实。其次是巡视组，要对巡视整改报告审核把关，巡视组深入了解情况，是有发言权的，要对被巡视党组织的整改态度、措施、成效等作出评价，这是标准程序。再次是总行相关部门，要切实履行条线管理责任，主要体现在两个方面：一要根据职责分工做好分管条线的整改督导工作，如组织部门对选人用人相关问题督导整改落实，党办对党建、议事规则等问题整改负总责、牵头督促，财会部门对财务管理、集中采购等问题进行整改督导，各部门同向发力。二要举一反三，不能只针对这一个分行，要看看其他分行有没有类似问题，是不是具有普遍性，从而进行系统性整改。要把整改融入日常管理，以点及面，推动标本兼治，巡视成果才能实现最大化。最后是驻建设银行纪检监察组，要督促好分行纪委的整改，督促分行纪委对巡视移交的违规违纪问题线索及时查处，同时做好涉及总行党委管理干部的问题线索核查。要抓好对分行班子的监督，把巡视报告和整改情况作为了解分行班子及成员的重要来源和依据，与对分行政治生态研判、廉洁画像、干部日常监督等相结合，把整改落实情况纳入党委主要负责人的党风廉政建设“第一责任人”和对班子成员“一岗双责”考核中，用好用足巡视成果。

应用新模式　打造数字力 加快向数字化、网络化、智能化转型

——在大数据网络化客户经营新模式全行推广会（视频）上的讲话

纪志宏

（2019 年 8 月 15 日）

同志们：

刚才听了四个分行的经验介绍，我感觉四个分行在新模式的运用方面确实做了很多新的探索，也取得了初步的效果，桂平行长在第二次数据治理专业委员会上听取了新模式的汇报，要求全行进行推广。本次会议的主要目的，就是在全行正式启动大数据网络化客户经营新模式推广工作。下面，我就推广大数据网络化客户经营新模式讲几点意见。

一、深刻认识新模式的主要功能

近年来，网络金融成为建设银行客户交易和服务的主渠道，也是产生数据最多、运用数据最直接的领域。新模式将“网络金融”和“数据”紧密结合，形成了从“采集数据”到“转化信息”再到“用于经营”的数字化“新”能力，对打造线上的“数字银行”，经营好线上的客户流量、提升产品销售、优化服务体验，具有重要意义。做好客户经营首先要触达客户，还要了解客户，还要持续维护客户。新模式聚焦了银行客户经营三个重要的数字化能力，首先，在了解客户环节，提升了数字化洞察能力。汇聚我们全量客户的数据，业务人员可以通过访问客户画像标签、模型等方法实现对全量客户认知，全面洞察客户需求，深挖数据应用价值。其次，在客户经营环节，强化了数字化客户触达能力，业务人员可以进入“神算子”智能推荐平台的统一入口，利用手机银行、个人网银、互联网站、微信、短信等方式高效精准触达客户，做到批量获客活客，实现长尾客户直接经营。最后在售后服务环节，新模式打造了数字化经营闭环，通过系统收集和展示客户的反馈信息，让数据模型、营销内容和方法不断改进，促进前台已有产品的体验优化。

新模式从底层到前端规划了客户洞察、智能推荐、数字创意、流量经营、成效跟踪五大功能模块，用数据串联客户经营各环节，打造全数字化流程。

（一）全面的客户洞察功能

新模式在整合客户交易数据基础上，应用客户行为、语音、文本等非结构化数据，实现对私对公客户、长尾客户的需求洞察。目前，已从交易系统数据、动态行为数据、第三方支付机构数据、外部数据 4 个方面采集和整合了全量客户数据，研发了几千个客户认知标签、数百个模型和智慧关系链等数据产品，实现对全量客户的全面洞察能力。这个洞察能力也是无止境的。

可以说新模式让“了解你的客户、了解你的业务、了解你的银行”这三个了解更加统一、更加实时、更加自动化、效率更高。通过不断提升对数据的整合分析能力，我们对客户的了解程度有可能比客户自己对自己还要更加了解。

（二）智能的营销推荐功能

新模式打造了数据驱动的智能营销推荐能力，让服务更契合客户的需求，目前已实现了千人千面。大家可能比较了解今日头条，今日头条已经改变了新闻的定义，不同客户每日看到的新闻都不一样。金融产品可能有自己的特殊性，但我们可以在深入把握客户偏好的基础上做到精准推荐。一是推进产品的交叉销售。基于客户画像和全生命周期模型，挖掘潜在需求，可以促进客户投资

理财、信用卡、快贷、支付缴费等产品的交叉销售，全面提升线上经营能力。二是实现线上触点的统筹。统筹个人手机银行、个人网上银行、互联网网站、短信金融、微信银行、善融商务等线上触点，实现了客户营销策略的“一点接入，线上直达”，截至7月底，已触达客户21.89亿人次。三是形成客户接触管理机制。原来我们部署在网点上，现在我们建设客户触达策略管理模型，形成休息时间不推送、重复信息不推送、客户有限次接触等策略、避免过度营销可能带来的负面影响，加强渠道信息推送管理和智能触客能力，以便给客户带来更佳的接触体验。

（三）共享的创意设计模块

新模式通过打造数字创意平台，通过内容吸引客户，我们支持丰富的图文广告、视频音频等设计和共享，让好活动迅速复制推广。数字创意平台目前正处在开发阶段，建成后将为全行数字化经营提供“一站式”的宣传内容设计服务，将文字、图片、链接等素材资源模板化，自动生成嵌入营销二维码的数字创意广告，满足非设计专业的业务人员，实现活动创意的快速组合创建。

（四）深度的流量经营功能

新模式按照流量经营理念，提升行内数字渠道“一键转化”能力，支持行外裂变传播，更充分发挥社交流量的作用，变现流量价值。一是不断创新接触客户的新方式，创新推出口令短信、口令海报等新功能，客户复制口令，打开手机银行即可进入指定产品购买页面，减少客户操作流程中的断点，实现销售直通。二是建立线上惠客闭环，客户参与线上活动完成交易后，可以在线实时激励，提升客户活动参与体验。

（五）完善的效果评估机制

新模式建立可量化的经营成效评价机制，支持体验提升、模型迭代、策略优化的数据应用闭环，强化数据跟踪评估，标志着我们数据的获取、分析、应用能力又上了新台阶。一是“神算子”智能推荐平台已建成活动跟踪评估的功能模块，具备了可量化的效果评估指标，可通过数据了解活动开展情况和客户反馈效果。二是已实现对线上经营活动的触达、点击、参与、交易达成等各环节的数据采集，收集客户对各类活动的响应数据并纳入数据仓库。

总体来看，总行已完成新模式主体功能模块搭建，具备了在全行应用推广的基础。新模式五大功能模块中，客户洞察、智能推荐、流量经营三项能力已相对成熟，成效评估模块也已初步建成，能够支持分行结合实际，选择适合的场景，开展线上客户经营，数字创意平台建成后将进一步提升营销活动创意的共享能力。

二、全面认识新模式的实施成效

2019年4月开始，总行网络金融部与数据管理部、信用卡中心等部门共同推进新模式试点，组织上海、江苏、广东、深圳、福建和四川共6家省、市分行，应用新模式创新场景，开展线上经营，组建包括数据专家和线上内容运营专家在内的敏捷运营团队，支持总行信用卡中心和分行经营场景运行。刚才4个分行介绍了新模式试点的经验和取得的阶段性成果。

（一）立足于服务全行业务开展试点

新模式站在企业级角度，发挥新模式数据和业务的“聚合效用”，支持全行业务拓展。一是重点支持零售业务产品交叉销售。刚才大家也听到分行的介绍，提供精准的金融和非金融服务，实现信用卡客户线上生命周期管理，推进投资理财、快贷、生活缴费等各项业务的线上场景化经营。二是探索对公对私联动。部分试点分行以企业代发工资等业务为切入点，挖掘优质的对公客户和小微企业客户群体，推荐员工或企业主办理个人产品及普惠金融产品，推进数据驱动的公私联动。三是促进母子公司联动。有的分行试点发掘潜在的保险个人客户，选择推荐适合的建信财险、建信人寿等子公司产品，满足客户需求的同时，促进母子公司业务的联动。

（二）新模式推进更高阶的数据应用

新模式创新数据应用，提升大数据建模能力，能够支持分行提出较复杂的数据需求和经营场景。一是将非结构化数据应用在客户经营中。在传统交易数据基础上，四川省分行试点应用客户动态行为、留言等非结构化数据，更快速和精准地发现客户“最新”的需求，智能营销投资理财产品。二是探索关系型的客户营销。新模式应用图计算等技术，准确描绘客户之间资金往来关系、担保关系、社交关系，形成专业的智慧关系链模型，支持网络化拓展客户。如广东省分行尝试“客户相似度产品交叉销售”，福建省分行探索“生意人客群智慧关系营销”等。三是数据自动化智能化应用程度更高。新模式支持数据模型和营销策略自动运行，实时、主动发现目标客户，提升智能化经营水平。如江苏省分行尝试“手机银行客户多波次自动化惠客营销”、上海市分行推进“代发工资客群资金深耕”等方面的探索。

（三）集约化经营成效显现

从试点情况看，总行和试点分行聚焦客户在线经营，强化产品线上销售能力，集约化经营成效开始显现。一是促进投资理财业务的交叉营销。提升投资理财产品的精准销售能力，截至6月底，四川省分行经营团队销售净值型理财产品78亿元，占分行整体销售金额的30%。二是提升消费信贷业务的线上经营，创新信用卡、快贷等消费信贷业务的线上经营场景。上海市分行对于信用卡潜在目标客群，按客户生命周期开展在线经营，精准推送手机银行信用卡各类功能，促进手机银行客户与信用卡客群双向渗透。信用卡激活成功率达17%，较常规成功率提升11%。三是强化网络金融客户的集约经营。深圳市分行应用新模式，向AUM2000元以上的信用卡、公积金、第三方支付等重点客群开展手机银行的线上营销，截至7月末，分行线上营销手机银行活跃客户达164.4万，由一级分行集中维护的活跃客户数占比达78.3%。

从上述成效可以看出，大数据网络化客户经营新模式为建设银行打造以“客户为中心”的数字化经营能力，纵深推进新零售发展发挥了重要作用。一是提升数据可用性。新模式全方位整合数据，为更完整洞察客户习惯、分析客户需求，增强我行获客、活客能力打下了基础。二是加强数据可得性。很多成熟的数据可以用来制定经营决策、精准生成目标清单、灵活设计经营方案，使数据更清晰可得，这些工作为全行客户线上经营打下应用基础。三是促进经营智能化。为客户推荐个性化的产品和服务；利用“神算子”的企业级智能触达能力，将产品服务与客户需求、营销场景进行精准匹配，这方面的能力我们在不断增强。四是支持营销连续性。新模式实现了实时捕获客户支付、线上浏览等行为，秒级推荐建设银行产品和服务，打造“一触即发”的场景化客户经营能力，达到同业先进水平。这对建设银行持续经营提供新的支持。五是客户经营集约化大大提高。新模式结合了网络金融业务特点，依托大数据应用，以网络化的方式批量经营客户，构建起更轻、更完整的客户经营活动管理体系，通过打通线上经营全流程、统筹客户流量触点、整合业务经营场景，让少量的人员具备集约化维护大量客户的能力。六是管理业务精细化。新模式的流程可标准化，执行效率更高；经营场景可以更加细分，能为客户提供更有温度、更个性化的服务体验；发现问题可及时优化；权益资源配置可精细化，从而提升成本管理能力。七是开发应用创新性。新模式充分利用建设银行现有流量资源，创新经营手段，提高销售直通能力，改进客户体验；打造裂变式营销场景，加强数字化、社交化媒体应用，从而激发客户对建设银行产品、品牌的认同和自传播，高效变现流量价值；突破传统营销形式，打造数字创意平台和创意设计功能，支持数字创意的全员共享与快速复制的营销推广。

三、切实加大新模式的应用推广

大数据网络化客户经营新模式紧紧围绕“开放共享、价值共赢、数字互联、以客户为中心”的新零售理念和打法，促进用户转化为价值客户，助力全行向数字化、网络化、智能化经营转型。本次新模式推广会是一个起点，全行要以此为契机，切实加大新模式的推广应用力度。

（一）加强落地推广

新模式在半年多的实施时间里已初步形成体系并顺利运转、快速见效，总、分行的努力付出值得充分肯定。但也要看到，各分行对新模式应用程度仍存在一定差距，还有很大提升空间。全行要从战略的高度认知新模式对我行经营转型的重要性，加强新模式在客户经营上的应用。一是牵头部门要继续加大力度做好新模式的宣传推广，向全行传导新模式的“新”能力，有效支持全行业务的发展；二是会议结束后，各分行要迅速行动起来，成立工作小组，开展新模式在一级分行的落地推广工作，加大培训力度，通过开展业务交流等方式加强新模式的应用；三是已取得成效的试点分行，要积极发挥引领示范作用，配合总行一起积极推广成熟的客户模型和经营场景，以新模式为依托全力打造建设银行“数字力”。

（二）加强案例复制

各分行要结合本次试点分行的经验，加强对新模式的理解，做好新模式案例复制和创新。一是要加强新工具和新方法的学习，结合自身实际，深挖客户数据，精准定位目标客户，捕捉更多业务机会，实现客户线上生命周期管理，推进各项业务线上场景化经营；二是要持续创新应用场景，进一步挖掘有潜力的客户，拓宽新模式应用的广度；三是在应用过程中，要注意收集、总结和提炼，形成更多新模式的典型应用案例，在全行推广，加快释放新模式应用成果。

（三）加强重点聚焦

各分行要从市场和客户需求出发，从当前客户经营痛点出发，充分应用新模式的数据和触达优势，结合2019年全行重点工作，助力全行业务的数字化经营转型。一是要充分发挥新模式线上获客活客优势，围绕交通出行场景，加强ETC线上营销力度，提高营销效率；二是要综合应用交易数据和行为数据等，挖掘产品需求，开展线上营销，提升产品交叉销售能力；三是要通过新模式，加强对快捷支付绑卡客户、AUM值2000元以上的手机银行客户、信用卡客户、流失预警客户等重点客群的线上集约化经营力度，实现自动化、智能化的获客、活客。

（四）加强业务协同

应用新模式经营好客户是全行推广新模式的主要目标，新模式的建设和试点是总行网络金融部和数据管理部、信用卡中心等部门相互配合、共同努力的结果，数据管理部充分发挥了统筹全行企业级数据应用的作用，信用卡中心也借助新模式应用开展客户在线营销取得了良好效果。以前我们数据的统筹能力不足，现在对部门协同的要求更高，对全行的业务产品、精准营销活动设计能力也提出了更高要求。一是全行各业务条线都要主动研究如何让新模式更好地融入自身业务，加强与网络金融部、数据管理部沟通合作，主动提出新需求，运用新模式推进数据驱动的公私联动经营；二是网络金融和数据管理部要通过和更多业务部门合作，主动收集问题与需求，不断丰富完善新模式的系统功能，更好地支持全行应用推广新模式；三是要关注建信财险、建信人寿等子公司产品的交叉营销，挖掘个人客户潜在需求，促进母子公司业务协同发展。

（五）加强渠道融合

全行要站在客户体验视角，深化线上线下渠道服务融合，既要满足客户个性化需求，又要保证多渠道服务体验的一致性。一是要为客户设计线上线下一体化的服务流程，总行渠道运营与管理部要会同网络金融部、数据管理部等部门，推进新模式建设与智能运营体系建设的有机融合；二是要加强企业级客户触达策略统筹管理，避免多渠道重复营销，让客户在任何触点都能感受到体验一致的服务，提高营销转化率；三是要持续推进数据的跨渠道共享，实现各渠道对客户的认知和营销服务策略一致，通过各渠道优势互补，创新线上和线下协同交互的经营场景，实现客户营销服务的无缝对接，打造开放共享、协同联动、集约高效的客户经营体系。

（六）加强外部合作

桂平行长在经营形势分析会上，谈到认清建设银行自身优势和劣势，借助社会力量，弥补自身短板时指出：要认识到我们的数据内容和能力与互联网企业存在不同，要根据金融行业特点，增强自身数据整理能力以及依托数据实现价值创造的能力，找到与互联网企业的合作点。下阶段，新模式的建设需要更多地开放吸收外部先进经验与技术，加强外部合作。一是要不断学习了解市场营销新手段与新工具，熟悉各类新媒体，了解网络社会化传播形式，在广告创意设计、新媒体编辑等数字化营销领域，以及深度学习、智能推荐引擎建设领域，积极探索引入优质社会资源，助力建设银行快速提高自身数据应用能力，与时俱进地适应时代发展节奏；二是要在应用新模式过程中，充分发挥建设银行在客户规模、数据资产、流量资源、品牌影响等方面的优势，积极与优秀的互联网企业寻找合作切入点，为客户提供有吸引力的线上优惠活动，通过互相引流获客实现合作共赢。

（七）加强队伍建设

要高效推动新模式落地执行和迭代优化，关键靠人。要加强网络金融条线数据人才队伍建设，为新模式落地提供充足保障。一是网络金融作为当前银行触达客户、提供服务的主阵地，全条线在新模式推广工作中要有更多担当，各一级分行网络金融部门要会同相关部门组建线上集约化经营敏捷团队，支持新模式落地实施；二是有条件的分行，要不断提升队伍的专职人员数量、专业能力和应用水平，培养更多懂数据、懂业务、懂互联网经营打法的综合型人才；三是各分行要制定配套考核激励机制，理顺职责分工，落实相应资源，让线上集约化经营敏捷团队更好地成为连接数据与各项业务，连接数字渠道与客户的桥梁，不断创造新价值。

（八）加强迭代创新

新模式要持续迭代创新，要在全行的应用过程中不断得到检验、锻炼和提升。我们在各家银行中不仅要行动早，关键还要做得好。我们应用得越多，做得越好，反过来带动数据累积的能力就会越强大，与现在人工智能训练方式类似，以数养数、循环改进，达到不断自我完善与提升。一是网络金融部、数据管理部、信用卡中心要继续紧密配合，牵头做好新模式应用推广与持续建设工作，不断丰富数据采集，完善客户画像，强化智能推荐能力，拓展线上经营场景，深入开展成效评估与模型迭代优化；二是金融科技部和金科公司相关事业群要做好技术支持，要关注金融科技和大数据应用最新趋势，学习同业和第三方新技术、新工具，共同推动新模式开发建设和迭代创新，更好地释放新模式的生产力；三是全行在应用过程中，要密切结合客户新需求和市场新变化，主动提出新需求，共同推动项目迭代创新，让新模式发挥更大的作用。

最后，各分行在应用过程中要多提需求、建议和意见，与总行一起推动大数据网络化客户经营新模式落地，并通过新模式的运用推广，持续锻造建设银行新能力，不断提升竞争力。

谢谢大家！

以聚合支付建场景 以快捷绑卡活客户 努力打造网络金融生态圈

——在聚合支付及快捷绑卡全行（视频）推广会上的讲话

纪志宏

（2019 年 10 月 12 日）

同志们：

为践行“新金融”发展理念，绘就网络金融“第二发展曲线”，总行将重点以聚合支付在商户端搭建场景，以快捷绑卡在 C 端促进客户活跃，努力打造网络金融生态圈。刚才，4 家分行就聚合支付和快捷绑卡推广工作介绍了经验做法。按照刘桂平行长对推广聚合支付的有关要求，召开本次全行视频推广会。下面，我对下一步工作讲几点意见。

一、充分认识打造网络金融生态圈的重要意义

网络金融已成为建设银行客户交易和服务的主渠道，以网络金融服务为基础，打造整合网络金融生态圈，是从“科技性、普惠性、共享性”角度探索新金融发展路径、推动全行业务经营和创新发展的重要举措，对全行各项业务的发展具有重要意义。

（一）落实监管要求，重塑商业银行支付结算主体地位

党的十九大把防范化解重大风险作为全面建成小康社会决胜期的首要战役。近年来，人民银行采取支付机构备付金上收、网络支付“断直连”、清理无证支付机构、防范电信网络诈骗、建设移动支付便民示范工程、推广银联“云闪付”等一系列措施，规范并促进支付市场稳健发展，防范金融风险。人民银行的有关要求在建立公平竞争市场环境的同时，为商业银行做强支付结算业务、重塑商业银行支付结算主体地位创造了难得的政策机遇期。人民银行《关于持续提升收单服务水平规范和促进收单服务市场发展的指导意见》（银发〔2017〕45 号），明确提出为商户提供聚合支付等综合支付解决方案。因此，以聚合支付建场景，以快捷绑卡活客户，努力打造网络金融生态圈，做大做强商业银行支付结算业务，积极赋能 B 端、G 端，利用方便、快捷的支付结算工具为全量客户提供优质服务，是建设银行担当国有大行责任、维护金融市场稳定、履践金融初心使命的重要体现。

（二）推进三大战略，建设生态场景

建设银行在推进“三大战略”过程中，始终聚焦各种民生问题和社会痛点，通过跳出金融抓金融，将建设银行服务真正“以人民为中心”深度融入百姓生活的方方面面。聚合支付是建设银行顺应市场发展形势，运用金融科技手段，推出的聚合建设银行龙支付、银联系客户端、支付宝、微信等支付方式，提供一码支付收款、“一站式”资金结算等服务的支付产品，解决了商户多个收款二维码、对账难、现金找零验伪等痛点，极大地方便了客户，大幅提升了商户资金结算效率。

聚合支付是践行普惠金融的重要体现。首先，聚合支付为移动支付的普及搭建了重要应用场景，北京大学一项研究显示，移动支付的普及打破传统的胡焕庸线，让东西部金融服务差距缩小了 15%。其次，聚合支付为个体工商户、小企业主等群体提供了“聚合收款码”“扫码盒子”等便捷、低成本的互联网收单工具。小微企业不再需要与银联、微信、支付宝或其他银行分别进行对接，与建设银行对接聚合支付即可实现龙支付、

微信、支付宝以及银联二维码的受理，并可“一站式”完成资金结算，通过商户服务云平台，享受经营分析、智能对账、会员管理、商户贷款等多样化增值服务，有效降低商户系统投入和运营成本，助力中小商户智慧经营。聚合支付有效拓展了建设银行支付结算服务边界，是落实田国立董事长在夏季工作座谈会提出的“丰富非信贷普惠金融服务，进一步下沉支付结算、电子渠道、投资理财等服务”的重要举措。

聚合支付是金融科技的重要成果。凭借领先的科技优势，建设银行在同业首先推出聚合支付产品，成为拓展与客户息息相关的衣食住行等生态场景的利器。同时，为满足客户在使用快捷支付时快速方便绑定银行卡的需求，建设银行在同业率先与网联等清算机构合作上线支付宝、美团等支付机构“一键绑卡”服务，为客户提供更安全、便捷的支付体验，有效提升客户黏性和覆盖度。

聚合支付有效提升住房租赁支付体验。聚合支付为建设银行住房租赁平台提供一点接入、支持他行客户、多种支付方式的结算通道，将住房租赁客户扩展至他行以及支付机构客户，大幅提升用户体验，助推住房租赁战略的实施。

（三）服务“零售优先”策略，抢抓全量客户

近年来，全行落实“零售优先”策略，推进“开放共享、价值共赢、数字互联、以客户为中心”的新零售理念和打法，打造网络金融生态圈是服务“零售优先”策略的具体体现。网络金融服务的边际成本随着客户的增加变得越来越小，更适宜通过以数字化、智能化手段为“长尾客户”提供服务，推动“弱连接”客群向“高贡献”客户转化。支付是一切商业活动的基础，是金融和商业资源的交融点，也是银行与客户及商户之间建立联系的重要纽带，承接着资金流、信息流和客户流。当前，互联网、大数据、人工智能等新技术不断驱动产业升级和重构，线上线下商品、服务、体验以及物流在深度融合。在新零售业态下，依托网络化服务，借助网络支付的发展，银行可重新建立与客户的关系通道，促进服务连通 C 端、B 端、G 端，营造共生共荣生态圈，构建第二发展曲线。借助聚合支付，可以接入 B 端商户丰富的线上线下交易场景，满足 G 端政务服务的金融需求，以场景促活 C 端用户，依托 B 端商户和 G 端政务的巨大流量强化与客户的关系，增加用户对建设银行账户和产品的使用黏性，从而带动龙支付等支付产品及客户的活跃，提升用户交易活跃度。

基于聚合支付，建设银行可以掌握全量用户支付数据及触达手段，可以逐步实现微信、支付宝等用户向建设银行客户的转化，吸引更多用户来建设银行办理开户、存款、理财、融资等，带动个人客户存款及消费资金沉淀于建设银行。聚合支付改变了银行被支付机构隐藏在交易后端的不利局面，使银行在前端，支付机构变为银行的通道，不仅保护了建设银行交易数据不外泄，同时也可获得他行客户在建设银行商户消费的交易数据，极大地拓展了建设银行数据来源，为开展商户理财、精准营销、信贷融资等综合服务打下坚实基础，具有重要的战略意义。

（四）以网络化服务促进业务发展

聚合支付可有效提升建设银行商户存款、资金承接，促进中间业务收入增长。2019 年 1—9 月，全行聚合支付有交易商户数为××万户，同比增加××万户，增长××%；总交易金额达××亿元，同比增长××%；总交易笔数达××亿笔，同比增长××%。截至 2019 年 9 月末，全行聚合支付有交易商户的关联结算账户存款××亿元，比年初增加××亿元，增长××%。2019 年 1—8 月，全行共收取聚合支付商户手续费收入××亿元，为 2018 年全行聚合支付商户手续费收入的××倍。

通过快捷绑卡及提现业务，有效带动建设银行中间业务收入快速增长，使客户消费资金与商户经营资金形成闭环，有力地支持了全行消费资金的承接，促进建设银行低成本存款的稳定增长。2019 年 1—9 月，通过快捷支付交易，支付机构为建设银行贡献的中间业务收入（税后金额）为××亿元，同比增长××%，四大行排名第一，是建设银行第二大中收产品。提现业务是客户将支付机构备付金账户的资金划转至客户在我行账户的过程。2019 年 1—9 月，全行网络支付总交易金额为××万亿元，提现回流××万亿元，消费资金承接率达××%。从提现结构看来，个人账户占到了提现笔数的××%、金额的××%，对公账户占到了提现笔数的××%、金额的××%。

从以上数据可以看出，聚合支付和快捷绑卡都是以网络化服务，对建设银行各项业务的发展作出贡献。

（五）以共享合作提升市场竞争力

微信、支付宝等龙头支付机构凭借其掌握的社交、电商及生活服务等场景优势，对C端客户产生了强大的黏性，深刻地改变了客户的消费习惯。微信、支付宝App的月活跃用户分别达到了××亿和××亿，长期位居App活跃排行的第一、第二位①。根据微信、支付宝公布的有关数据，2018年，微信支付（财付通）交易笔数超过××亿笔，支付宝交易笔数超过××亿笔，合起来占据移动支付××%②的市场份额，在移动支付领域的主导地位短时间难以改变。

支付的本质是客户通过某种方式（插、刷、挥、扫），通过一定验证手段（盾、证书、密码、生物特征）实现账户内权益（信用额度、券、余额、积分等）的转移。无论金融科技推动支付方式如何变革，支付之争的关键在于账户之争。让建设银行账户成为用户的消费主账户、提高建设银行账户的支付频率、降低第三方宝类产品及消费信贷类支付产品对建设银行产品的冲击，是未来C端支付市场竞争的关键，也是建设银行C端突围的关键之一。

全行要践行“开放共享”的新零售理念，从发卡侧，抓与支付机构合作，全力推动快捷绑卡客户数增长，努力使客户在建设银行的账户成为客户支付、消费的主账户，争取建设银行支付份额在支付机构交易的最大化；在收单侧，将支付机构营销能力、客户触达能力、风险防控能力等优势能力为我所用，并利用聚合支付与商户共享流量和场景，尽力争取建设银行利益最大化，不断提高建设银行支付业务在同业的市场竞争力。

二、聚合支付和快捷绑卡是打造网络金融生态圈的重要抓手

近年来，消费已成为拉动我国经济增长的新引擎，2018年我国社会消费品零售总额为××万亿元，增长××%，保持较快发展势头。据有关研究机构预测，未来5年，我国消费总额将达到××万亿元。消费连续5年成为我国经济增长第一动力，对经济增长贡献率已占到××%。近期，国务院印发《关于加快发展流通促进商业消费的意见》更是提出通过培育消费热点、优化市场环境等进一步稳定消费预期、提振消费信心的措施，消费对于经济的拉动效应必将进一步显现。在互联网时代，客户的消费行为融合到各类场景中，掌控场景才能锁定客户消费与商户结算需求，形成资金闭环。聚合支付是我行扩大支付场景，赋能B端、触达C端的重要手段，而快捷绑卡可以带动建设银行商户及客户活跃，引导客户将建设银行账户作为支付及提现首选账户，助力C端突围。因此，聚合支付与快捷绑卡都是服务于消费市场，可享受消费稳定快速增长红利，是构建网络金融生态的重要抓手。

（一）聚合支付为商户发展赋能

聚合支付支持静态二维码、动态二维码、扫码盒子、被扫收款、小程序、App跳转等主流支付方式，还可以为商户提供“一站式”资金结算、查询对账、营销管理等综合化金融与非金融服务，可在多方面为商户发展提供助力。

一是多码合一，集中入账。商户与建设银行一点对接，即可将龙支付、银联系客户端、支付宝、微信支付等多种支付方式收款的资金由建设银行集中进行入账，并为商户提供统一的对账单，对不同支付方式支付的资金进行标识，极大地简化商户的对账流程，提高财务对账效率，助力商户日常运营。

二是增值服务，助力经营。建设银行在企业网银、个人网银、手机银行、商户外联平台等多渠道打造了企业级的商户服务云平台，为商户提供全方位支付解决方案及综合金融服务。商户服务云平台功能丰富，提供企业经营管理所需要的金融和非金融服务，包括智能对账、电子回单、会员等级管理、优惠活动发布管理、优惠券发布、门店管理、收银员管理、经营报表等一系列增值

① 数据来源：Trustdata。

② 数据来源：易观。

服务，可为商户降低经营成本，实现 C 端精准营销，有效解决人力资源调配问题，满足小微企业经营管理需要。建设银行还为商户推出“慧点单”系统，将餐饮点单功能与聚合支付整合，支持自助下单、代客下单、预约下单、外卖点单等多种模式，满足商户多场景获客需求，节省商户人力成本和开发成本。

三是综合服务，搭建生态。发挥银行在资金安全、客户基础、服务渠道、综合金融等方面的优势，为商户提供信贷融资、投资理财、财务管理、可视化数据分析等金融产品及非金融服务于一体的综合化、生态化服务方案，助力商户快速成长。此外，建设银行创新推出的企业 ERP 云平台，为中小型商户提供集进销存管理、经营分析、资金管理、差旅服务等金融和非金融服务，提高小微企业经营效率，降低经营成本，助力商户数字化经营。

（二）快捷绑卡全面提升账户活跃

客户在使用微信、支付宝等进行支付前，需要将银行账户（银行卡）与支付机构支付账户经银行验证授权后完成绑定。绑卡后，客户可通过快捷支付向商户进行付款，或通过提现将客户在微信钱包、余额宝等支付账户的资金回流建设银行。客户进行快捷绑卡后，可持续为建设银行创造价值。

一是促进客户将建设银行账户作为支付主账户。客户支付的主账户之争，是未来 C 端支付市场竞争的焦点。客户在支付时最常用的银行账户将决定客户资金在哪家银行留存，客户在支付机构不绑定建设银行卡也很可能会绑定他行卡，客户的存款、提现及商户手续费收入就可能流失到他行。快捷绑卡则有助于提升建设银行全量客户的账户活跃，提高客户在建设银行的黏性，强化建设银行客户主账户的地位，有助于扩大客户规模、提升交易份额、增加资金存款等。

2018 年，建设银行推出了一款新型绑卡产品——无感支付，通过将机动车牌与银行账户的绑定，实现车主的“无感”支付。无感支付产品适用停车场、加油站、洗车店、高速公路缴费、车检、汽车美容等与“车主消费”相关的交通出行场景，可实现免停车、免刷卡、免扫码的良好客户体验，是一款由银行主导的支付产品。一方面，以银行账户为介质，增加银行与用户的深度绑定，并以此获得用户行为数据；另一方面，通过公私联动可实现产品综合营销及低成本批量获客，提升客户黏性。无感支付我们起步比较早，但其他行最近也在发力，我们要加大力度保持先发优势。

二是快捷支付是客户使用最为频繁的交易，绑卡客户在存款、中收、动账频率、产品覆盖等方面综合贡献度较高。2019 年 1—9 月，全行快捷支付总交易笔数为 × ×亿笔，占全行账务性交易的 × ×%，快捷绑卡客户人均存款是非绑卡客户的 × ×倍，人均 AUM 是非绑卡客户的 × ×倍；有中收客户数占比是非绑卡客户的 × ×倍，人均中收贡献是非绑卡客户的 × ×倍；人均动账频率是非绑卡客户的 × ×倍；人均产品覆盖度是非绑卡客户的 × ×倍，快捷绑卡客户对建设银行综合贡献较高。

三是快捷绑卡带动我行中间业务收入增长，是建设银行中间业务的亮点。2019 年 1—9 月，建设银行第三方支付业务产生的中间业务收入为 × ×亿元，同比增长 × ×%，四大行排名第一。第三方支付业务对全行中间业务收入提升的贡献显著，占全行手续费及佣金净收入的 × ×%，是除信用卡业务以外的第一大中收产品，已被列为全行八个中间业务收入重点产品，大力推广。

四是快捷绑卡有利于我行提升支付机构提现回流资金的承接。建设银行提现系统时效性强、客户体验好，一方面可吸引更多客户绑定建设银行银行卡作为主结算账户；另一方面使支付机构在为我行创造手续费收入贡献的基础上，将客户在微信钱包、余额宝等支付账户的资金通过提现回流建设银行，形成资金闭环，有力支持了建设银行客户在支付机构的消费资金承接，促进存款增长。2019 年 1—9 月，全行从支付机构提现回流 × ×万亿元。如果客户在支付机构的账户不绑定建设银行银行卡，那么建设银行就无法承接客户提现回流资金，最终形成客户资金流失到他行。

五是有助于建设银行获取客户交易的全量数据及优质二级商户信息，积累大量数据资产。通过快捷绑卡，建设银行可获取支付机构大量数据信息，包括二级商户名称、二级商户代码、行业类别、交易类型（如消费、转账、红包、充值、还款）等信息，以及客户在支付机构的全量交易数据，为建设银行积累了大量数据资产，可用于商户和客户的精准营销和产品销售，更全面、准确、有针对性地服务好客户。

此外，根据建设银行与支付机构的约定，因快捷支付产生的风险由支付机构进行全额赔付，建设银行承担的风险责任较小。

三、协同配合，做好聚合支付和快捷绑卡的推广工作

以聚合支付和快捷绑卡为抓手打造网络金融生态圈，不仅是网络金融条线的重要工作，更应该是全行上下各级机构、各业务条线的共同行动。

（一）加强部门协同，实现重点突破

在聚合支付推广过程中，各分行要高度重视，加强客户部门、产品部门、金融科技部门的联动，成立聚合支付及快捷绑卡业务推广工作组，由各分行行领导挂帅，网络金融部门牵头，协同公司部、机构部等部门，发挥好对公及机构客户经理触达客户的能力；联动个金部、房金部、卡中心、渠道部等部门，发挥建设银行个人客户和网点优势，加大聚合支付和快捷绑卡推广力度；联动金融科技部门，发挥金融科技在接口指导上的优势，加大辖内对动态码、被扫、小程序、App 等接口开发需求商户的专项指导，为大中型商户提供聚合支付等综合金融服务，抢占高黏性优质商户资源。重点发挥客户部门触达客户、产品部门提供方案、金融科技部门输出能力的优势，共同为客户提供适用其应用场景的服务，尤其是针对集团型、连锁型、SaaS（Software－as－a－Service 软件即服务）提供商等风险可控、适宜批量获客的商户，各分行应组建专项团队与其对接，实现在重点领域、重点客户的突破；在快捷绑卡推广中，各分行应发挥集中数据分析、基层机构应发挥营业网点众多的优势，加强线上线下互动式营销，通过圈式、链式、客群式营销快捷绑卡。

（二）提供综合服务，赋能商户经营

聚合支付解决了商户的支付结算痛点，但随着各家银行均推出同类产品，商户线上的综合服务、赋能商户数字化经营是未来竞争的关键。各分行要利用建设银行综合化金融产品服务优势，为商户量身订制金融及非金融综合服务解决方案。一方面，深度解析商户需求，利用建设银行商户服务云平台的智能对账、电子回单、会员管理、卡券管理与发放、经营报表、电子发票等功能，帮助商户引流客户，将建设银行产品深植到商户经营管理中去，综合化赋能，助力商户生产经营；另一方面，通过对商户经营数据的分析，将商户收款数据与银行存贷款数据进行比对、挂钩，为商户提供专属金融产品加配套行业服务的综合解决方案。

（三）借助各方能力，提升营销效能

一是针对不同规模的商户，提供个性化的服务方案。针对大型对公商户，充分发挥综合平台作用，通过个性化方案设计与客户开展整体合作，争取对其成员企业和上下游客户进行批量获客；针对机构商户，应密切与相关部门沟通，抓住客户信息化建设、招投标业务机遇，参与系统开发，将综合金融服务融入客户日常支付结算中；针对长尾客户，依托行内提供的综合服务平台进行批量拓展，承接消费资金，解决民生服务类小微商户痛点；二是针对行业提供差异化方案，如医疗健康、交通出行、教育考试、智慧政务、旅游景区、餐饮商超等重点领域，可参照总行印发的《2019 年网络支付业务发展指导意见》（建网〔2019〕32 号），各有侧重地为商户提供服务方案；三是借助支付机构的营销能力，增加商户黏性，使用支付机构提供的智慧经营方案服务商户的数字化转型，包括支付机构提供的优惠券发放、营销信息触达、朋友圈广告发布等，不断强化建设银行与商户的合作关系。

（四）强化数据运营，实现精准获客

在快捷绑卡推广工作中，各分行要强化数据分析及数据运营能力，针对重点客群实现精准拉新及客户挽留，如针对建设银行代发工资客群、有资产客户、学生客群、使用跨行资金归集功能等客群中未绑卡的用户及绑卡的流失客户，依托神算子智能推荐平台，以“大数据＋AI”打造商户增长引擎及全生命周期智能运营体系，通过短信、微信、手机银行消息推送、千人千面广告等触达形式，利用大数据网络化客户营销新模式，开展精准营销客户挽留，引导客户参加建设银行营销活动，绑定建设银行账户作为支付及提现首选账户，营销车主客群开通建设银行无感支付，

积极拓展新客户，提升存量客户留存率。

（五）注重实效，做好营销推广工作

以“促绑卡、促交易、促提现”为目标，建设银行与清算机构在同业首家上线支付机构一键绑卡功能，总行与支付机构已开展了支付宝绑卡送红包、京东绑卡送话费等总行层面的营销活动。近期，总行还将开展支付宝、财付通快捷绑卡专项营销活动，通过代金红包、抽奖等多种活动形式，吸引客户支付机构账户与建设银行卡进行绑定。各分行要在总行营销活动基础上，匹配更多营销资源，根据辖区用户消费习惯，制订个性化营销活动方案，充分利用第三方的优惠资源及市场影响力，结合建设银行聚合支付产品特点开展联合营销。比如，通过二维码开展邀请有礼等裂变式营销活动，开发 H5 页面实现签约促活、交易有礼等营销活动，通过与连锁类聚合支付商户联合开展活动实现多级推动，利用知名 App、微信公众号或线上社交平台等渠道的流量置换，实现绑卡引流。

对于总行或分行的营销活动，各分行要统筹行内外资源，通过整体规划进行多渠道广告投放，并制作宣传文案通过微信、微博、视频网站、新闻客户端等各类新媒体渠道发布，全面扩大聚合支付和快捷绑卡对客户的触达，提升扩大社会认知度。

（六）做好规范管理，防范业务风险

各分行在聚合支付和快捷绑卡业务拓展过程中，要深化合规经营理念，严格执行监管机构的合规经营要求，认真落实总行相关制度规定。一是严把商户准入关。各分行要加强商户资质审查，确保入网资料真实准确，严格遵守商户申请和准入审批流程，防控系统及操作风险，提高商户进件质量和效率；二是加强商户管理。各分行要针对商户账户管理、征信审核、资金结算、巡检培训、风险评级等方面，严格落实监管机构在执法检查中细化的业务合规要求，要定期开展商户业务自查和检查工作，发现问题应及时采取措施，整改到位；三是做好风险处置。各分行要及时处理五统一商户反欺诈平台推送的违规商户，以及总行与支付机构联防发现的高风险商户，认真核实商户交易情况，及时处置有问题的商户，并做好风险防控。通过“防、控、补”结合，防范和化解风险，确保业务的连续性和系统安全运行，确保业务合规有序发展。

总之，聚合支付和快捷绑卡推广工作，各分行既要加大力度，又要合规安全，要切实加强组织推动、加大资源投入，努力促进聚合支付和快捷绑卡市场份额的提升，积极服务 B 端赋能、G 端连接、C 端突围，绘就网络金融“第二发展曲线”！

谢谢大家！

在“裕农通·村村通”专项工作推进（视频）会上的讲话

纪志宏

（2019年10月16日）

同志们：

今天我们召开全行四级机构“裕农通·村村通”专项工作推进（视频）会议，主要目的是落实桂平行长月初主持召开的裕农通专题会议精神，统一思想、提高认识，认清形势、抓住机遇，对全面深入启动“十二个月内实现裕农通服务点乡村全覆盖”专项工作进行动员和部署。下面我讲几点意见。

一、深刻理解和把握推进“裕农通·村村通”的战略价值和意义

“不审天下之势，难应天下之物”。当前的金融竞争是一种立体式、战略性的竞争，建设银行一定要有能力和勇气深入原来我们不熟悉、不擅长的领域，“三农”市场就是这样一个很重要的领域。全行上下特别是各级机构“一把手”，一定要深刻认识到县域农村市场对建行转型发展的重要价值和意义。

从外部看，主要表现在“四个有”，这也是我们所处的一个大背景。

一是国家有战略。“农，天下之本，务莫大焉”。习近平总书记指出，“中国要强农业必须强，中国要美农村必须美，中国要富农民必须富”。我国有14亿人口，即使到2030年城镇化率达到70%，仍有4亿~5亿人口生活在农村。从我国社会主要矛盾看，现阶段最大的不平衡是城乡发展不平衡，最大的不充分是农村发展不充分。回顾新中国从成立到富强，一切都离不开一个“农”字。农村包围城市让中国“站起来”，以农村改革为起点的改革开放让中国“富起来”，而党的十九大首次作出的乡村振兴战略部署，是党中央着眼于实现“两个一百年”奋斗目标做出的重大决策，目标则是让中国“强起来”。乡村振兴战略将开启中国未来30年改革发展的新引擎，县域乡村必将在中国现代经济版图中迅速崛起。

二是政策有保障。党的十九大作出乡村振兴战略部署以来，一系列国家层面政策接连出台，密集程度前所未有，制度框架和政策体系正加速形成。2019年，中央一号文件已连续第十六年聚焦“三农”领域。此后，《关于金融服务乡村振兴的指导意见》《关于建立健全城乡融合体制机制和政策体系的意见》《数字乡村发展战略纲要》，乡村产业振兴和乡村治理两个指导意见相继发布。8月底《土地管理法》修正案通过，重点是土地征收的补偿、宅基地制度的改革、集体建设用地直接入市，特别是允许集体建设用地使用权可以抵押，为构建城乡统一建设用地市场作出基础性制度安排。同时，各省市乡村振兴规划陆续印发实施，一些省份已经配套出台了相应工作方案和专项规划，各级市县层面也正在着手编制乡村振兴战略规划或方案，比如国土空间规划等。这些具体制度安排，都将为社会资源要素向乡村振兴领域流动提供政策保障。2018年《农村土地承包法》修正案也已经通过，其核心是明确所有权、承包权、经营权的“三权分置”，允许土地经营权抵押融资。同时，农村宅基地也做了所有权、资格权和使用权的“三权分置”。这些都为金融的进入创造了条件。

三是市场有空间。随着乡村振兴战略推进，农业、农村、农民都会随之产生深刻变化，呈现三大变革趋势：①城乡要素自由流动，推动乡村经济发展与产业升级；②城乡公共资源合理配置，

推动乡村治理及公共服务完善；③乡村振兴推动农民生活方式变化和生活水平提升。前期，国立董事长指示建行大学普惠与零售研修院针对乡村振兴问题做了专题研究。研究结论表明，县域乡村将成为未来金融需求旺盛的新蓝海，在农业、农村、农民三个层面，共有公共服务、产业升级、基础建设、信用体系、科技、农村用户、农村产权和农村教育8个发展机遇，为金融供给提供了新的增量市场。尤其是随着农村产权制度改革，将原本僵化的潜在资源变为资本，带来激活要素流转的新契机。截至2018年末，全国农村承包地的“确权、登记和颁证”已基本完成，部分县市已建立农村土地承包经营权流转系统。把握农村土地资产源头，建立与金融资源的连接，对于商业银行耕耘农村金融市场意义重大。同时，我们还要看到，专业大户、农村合作社等新型的农村经营主体也不断在发育成长，我们不少分行已经开始做了很多工作。今后也是我们重点服务对象。

四是技术有支撑。数字技术也在加速融入乡村生产生活的全过程，搭建起城乡之间互联互通的“高速公路”。根据国家《数字乡村发展战略纲要》规划，到2020年，全国行政村4G覆盖率要超过98%；到2035年，数字乡村建设取得长足进展。未来城乡“数字鸿沟”将大幅缩小，农民数字化素养显著提升，城乡基本公共服务均等化水平将不断提升。

从自身看，做好县域农村工作，既是建设银行服务践行国家战略的使命要求，又是助力经营转型的必要举措。以裕农通为切入点，全面加快布局县域农村市场意义重大。具体也体现在“四个有”：

一是金融有使命。“三农”问题是关系国计民生的根本问题，金融是全面实现乡村振兴的关键一环，县域乡村是推进普惠金融事业需要聚焦的关键领域。当前，我国发展不平衡、不充分问题的关键点也是薄弱点就在县域农村地区，建设银行作为国有大行，履行大行责任、聚焦县域蓝海、解决社会痛点、精准助力乡村振兴责无旁贷。

二是转型有需要。长期以来，建设银行以经营“双大”为长，主阵地在城市，也带动零售业务在城市快速发展。自全行推进“三大战略”以来，以“双大”连接“双小”，大力发展普惠金融，取得了突出的成效。但客观地说，经营还是主要集中在城市，这是当前或者说前一个时期城乡资源要素分配的自然结果。随着农村产权制度改革的全面推进，将激活“土地”这一最大资源要素，进而带动人才、资金向县域农村地区聚集。近些年，农村居民收入增速持续快于城市居民，农村存款、县域存款的增长也高于城市，农行和邮储个人存款的优势不是削弱了，而是进一步加强了。乡村将是继城市化之后的又一轮历史性机遇，未来银行如果只会经营城市，不能把城市经营优势赋能到乡村，是缺乏竞争力的。因此，发展县域农村市场是银行转型发展的必由之路。

三是建行有优势。一方面我们要清醒认识到当下建设银行与农行、邮储银行等同业在传统农村市场领域客观存在的差距；另一方面也要坚定信心，充分认识到我们拥有同业不可替代的三大优势：①有新一代企业级核心系统的强有力支撑，为裕农通平台产品、服务和场景的“走出去、引进来”奠定坚实基础。②有C端突围串接B－C－G三端的理念、方法和技巧。通过将“村口银行”升级为服务乡村振兴的基础平台，串接B－C－G三端，整合叠加多方资源，可以形成快速打造乡村生态融合能力。③有智慧政务建设中积累的良好政府合作关系和信任对话基础。运用好这些经验和基础，快速将建设银行城市端智慧政务的成果延伸下沉应用到乡村端，助力赋能乡村治理提升。这三大优势将为建设银行实现县域农村金融市场“弯道超车”奠定了坚实和可持续发展的基础。

四是发展有基础。2017年以来，建设银行秉持服务县域普惠金融的初心，运用互联网思维、轻资产新模式推出了裕农通平台。经过1.0“批量拓展”、2.0“平台经营”两个阶段发展，目前已经进入了3.0“生态网络”阶段。在金融服务上已涵盖五大类、30项产品，在非金融服务上已覆盖四大类场景、15项服务，在生态网络上正在向“村口银行＋村口办事大厅＋村口就业站＋村口学堂”升级，走出了一条有别于传统银行、跳出传统发展思维的蓝海进军之路。同时，经过全行上下共同努力，以裕农通为基础的县域普惠金融探索，通过多年的实践，形成了清晰可持续的商业模式。

总的来说，我们起步是比较早的、决心也是比较大的，并取得了良好的成效和开端。

县乡服务网络快速延伸。服务覆盖面扩大。截至9月末，全行服务点总数达27.1万，遍及31个省级区域，覆盖全国三分之一的乡村，实现建设银行定点扶贫村全覆盖。服务能力持续提升。裕农通服务农户达1499万；日均存款917亿元，同比增长53.7%；存、汇、缴三类交易结构日趋均衡。

构建了多主体合作联盟，携手助力乡村振兴。目前已形成并落地六大相对成熟平台模式，如湖北分行与供销社合作模式、湖南分行与通信公司合作模式、山东分行与卫生系统合作模式、云南分行智慧政务模式、青岛分行与海尔合作模式、天津分行住房租赁模式，其他分行也有各种各样的有效探索。目前平台合作模式服务点占比已超总量一半，平台经营成效初步显现。

打造涉农标杆品牌，开展金智惠民“三农”实践。形成了行内外统一的品牌VI，打响了建设银行在金融服务乡村振兴中的特色品牌效应，激发了全行俯身县域的开拓意识，涌现出了“金湘通老杨”等一批典型人物。同时，会同建行大学普惠与零售研修院，印发《“乡村振兴·金智惠民”裕农小顺培训方案》，联合海尔大学举办10期“乡村振兴”裕农小顺金智惠民培训班。昨天我去辽宁调研，一个裕农通业主对我们“金智惠民”的培训印象十分深刻，从对话中可以感受到她对培训的认可肯定是发自内心的。助力建行大学“金智惠民—乡村振兴”万名学子暑期下乡计划，为暑期还乡大学生搭建勤工助学、参与农村金融实践机会的平台。

探索出一条对公带动裕农通、裕农通反哺对公的可持续发展之路。比如，湖南分行利用G端政府资源快速拓展裕农通，率先实现全覆盖，同时依托裕农通全覆盖的优势，突破了以往农商行、邮储银行、农行的垄断，实现财政惠民惠农补贴资金营销的突破。吉林分行“一把手”亲自抓个人业务、亲自部署裕农通推进，目前覆盖度已达98.3%。同时因裕农通全覆盖的优势，成功以更低的条件，入围省烟草公司招标金融服务。云南分行全力推进“裕农通+智慧政务”建设，通过对接政务服务功能，在丽江等没有营业机构的地区，实现县域裕农通100%覆盖，同时还带动大量C端批量代发获客。没有县域农村支撑，我们资金体系就不能形成闭环，现在虽然农行、农信社等同业都在县乡有机构，但村口银行还是很不错的，我们是直接植入到乡村里的，是最基层的单元，农行和邮储还不是这样，发展空间很大、农民痛点也很多。

二、充分认识当前发展面临的严峻性和紧迫性

三年前，建设银行从服务国家建设和提升乡村金融服务供给出发，战略布局裕农通业务，那时还可以称作蓝海。但从近期同业的竞争动向、路径选择和模式创新看，农村金融市场新主体、新模式的竞争格局已悄然开启。国立董事长一直十分关注县域农村市场竞争态势变化，十分关心裕农通业务发展。9月初，他指示2020年全行要提前实现裕农通乡村全覆盖；近期，国立董事长在阅批建行大学普惠与零售研修院《乡村振兴战略背景下的变革与机遇》课题报告时，又作出重要批示：“村口银行的事，近来兄弟行已开始阻击我们，未来这个市场很快就会由蓝海变成红海。”

具体来说，严峻性和紧迫性主要体现在内外两个方面：

从外部挑战看，目前争夺农村金融市场已风起云涌。

农业银行长期以来深耕县域农村市场，熟悉农村业务规律，懂农村业务的专业人才丰富，同时最近开展的一系列动作，用网络语言说就是，“比你优秀的人还比你更努力”。作为目前县域金融领跑者，2019年9月，农业银行进一步升级县域农村业务战略，力求巩固已有优势。一是发布《“三农”和县域业务数字化转型实施方案》。搭建1+2+3+N数字化转型体系，通过搭平台、建场景、优产品、抓联动，全面打造互联网金融服务“三农”“一号工程”升级版。二是加强外部联盟，加快布局县域支付与商户业务。与银联联合推出乡村振兴小镇计划、发布全国首张“乡村振兴主题卡”，深度融合数据与农业农村生产生活信息，为“三农”商户及农户提供一揽子涵盖电商、支付、信贷等综合服务。三是全面升级拳

头产品“惠农 e 贷”。将其定位为网点转型的基础性业务和信贷资产组合的战略性板块，开发统一农户档案数据系统，实现信息线上采集、核查、受理一站式作业。农行在县域农村的底子本身就好，这一系列数字化转型升级，一旦形成合围之势，就很难有我们的发展空间。

同时，与建设银行一样没有渠道优势的互联网巨头们，纷纷用数字化打法下沉县域布局乡村。比如，阿里巴巴成立农村金融事业部，并将农村金融作为三大战略之一，推出“智慧县域 + 普惠金融”项目，通过与地方政府合作，建立起涵盖政府公共服务、生活缴费以及数字化小额信贷的综合服务体系。该项目以助力社会治理为切入点，实现对农村金融业务系统底层嵌入，以支付为切入打破农村传统的基础金融服务市场，同时利用积累的数据拓展农村金融最核心的贷款市场。据了解，阿里正在和邮储银行合作，这更是强强联手。

其他同业及互联网机构也都在不同程度上布局县域农村市场，这里就不一一列举了。各类机构涌入农村金融市场，其背后反映的是农村金融市场的逐步成熟和完善。若我们不加快脚步，可能面临“起个大早、赶个晚集”。所有新事物都是“唯快不破”，一步慢可能导致步步慢，之前所有的努力都化为乌有。

从内部问题看，虽然裕农通拓展数量逐月提升，但还远达不到市场竞争要求的速度，“说起来重要，做起来次要，忙起来不要”等紧迫感不强的现象还存在，真正在市场上打得响的产品与服务仍不足，裕农通推进工作在全行上下还没有完全形成合力。

一是推动力度不均衡。2019 年第三季度，仅湖南、河南分行增量就占全行新增总量的 57%；湖南、上海率先完成乡村全覆盖任务，吉林分行接近于全覆盖。但有 27 家分行乡村覆盖度低于全行平均，部分分行还没有找到成熟合作推广模式。二是质效亟待提升。部分裕农通服务点存在“只拓不管”现象，全行仅三分之一服务点为活动点，单点获客、吸存能力还偏弱，27 家分行点均存款、22 家分行点均客户数低于全行平均水平。三是能力建设存在不足。核心产品缺乏。目前裕农通基础产品和服务已具备，但面向农村客户安全可靠的投资类产品，如国债、低门槛理财产品缺乏；面向农村小微个体经营性的信贷产品也不多，无法直接响应农村客户需求；关键场景缺乏。民生缴费类场景亟待丰富完善，如社保医疗、政务服务、交通出行等；运营维护缺失。现阶段各分行还处于业务发展“跑马圈地”阶段，运营维护机制尚未建立，持续促活增效的任务依然艰巨；专营机构及人员不足。目前全行仅北京、河北、湖北、湖南、青岛 5 家分行设有专门科室从事裕农通业务推进，多数分行在专营机构和专业人员上还相对缺乏。

三、全面打响“裕农通 · 村村通”攻坚战

服务乡村振兴是建设银行必须练就的本领和能力，面对挑战和问题，下一步要举全行之力，以更强大的决心、更明确的目标、更清晰的思路、更有力的举措，加快“裕农通 · 村村通”推进，要重点抓好以下五个方面工作。

（一）聚焦核心目标，确保一年时间实现裕农通服务点全覆盖

要扩大战场，从现在起到 2020 年 9 月末，全行要实现裕农通乡村全覆盖，总行将在 2020 年第四季度开展检查验收。具体来说，2019 年总量覆盖计划要从 40% 提升到 60%，服务点总量由年初综合经营计划 23 万个，提升到 36 万个；到 2020 年第三季度，完成裕农通总量覆盖计划，拓展服务点超过 60 万个，实现具备条件乡村全覆盖。各分行要根据总行统一部署，倒排时间进度，明确时间表和路线图，精准施策到天、到人、到区域，尤其是重点发力 2019 年第四季度和 2020 年旺季，利用客流量高峰期加速协同推进。

（二）创新策略打法，B 端赋能、G 端连接，实现建行县域农村市场 C 端突围

从分行裕农通推进实践看，无一不是依靠 G 端和 B 端合作伙伴合力推进，这也是裕农通平台不同于过往单点模式拓展的核心要义所在。一是在合作伙伴选择上因地制宜、不拘一格。既要用好以往经验，如深化与供销社、运营商、农村诊所等主体的多元化合作，又要抓紧衔接引进新力量，做好与退役军人事务部全国布点工作的有机结合。各地要因地制宜优选本地合作对象，从源

头抓合作形成批量拓展模式，避免出现单纯任务下放、一放了之的现象。二是要加强条线联动、资源共享。各条线要有整体意识、大局意识，公司、机构等部门要主动担责，牵头梳理营销龙头企业、上市公司、社保医保等存量G端、B端客户资源。要强化裕农通基础平台作用，形成G、B、C一体化技术解决方案，力争一点接入，快速嵌入、模块化组装。我们既然要下沉农村，就要扎得深一些，离农民近一些，同时要把聚合支付的推广、农村商户的拓展统筹起来。

（三）围绕“三个便利”，合力构建乡村金融服务综合解决方案

一是围绕“三个便利”找准突破口。要深刻理解民心是最大的政治，充分掌握农民的痛点需求，时刻以便利民生、便利乡村治理、便利老百姓获取金融服务“三个便利”为指引，丰富民生类生活服务场景，加快依托智慧政务服务乡村治理，设计布放简洁明了，适合“三农”特点的产品和服务。这是我们推进裕农通业务必须遵循的基本原则。昨天我去辽宁调研一个与海尔合作的裕农通服务点，最大的感受有两点：首先，“一把手”要重视，要有亲近“三农”的意识和服务乡村振兴的责任感，要懂农村市场规律。比如，辽宁行杨铁军行长，对农村特别是农村金融业务非常熟悉，亲自部署，把“三农”的文章做足做深，取得了非常好的成效。他还告诉我，下一步还要把收粮市场做起来。其次，产品“求精不求多”。我们产品设计一定要简单直观，切中痛点。这点相关业务部门一定要向我们一线同事去学习和请教。产品怎么布放？价格怎么定？应该说，一线同事在市场上摸爬滚打，对我们产品和服务优劣势最了解，对存在的问题及解决的方案理解也最深刻，一定要加强上下协同。

二是打造一批有市场影响力的拳头示范产品及场景。要加快“裕农快贷”产品体系创新，构建“数据化、场景化、智能化”线上服务新模式，提升县域乡村贷款可得性；加大“民工惠”和“裕农通”的联动力度，尽快实现“民工惠”“裕农通”的系统对接；优化“裕农通+社保卡”服务模式，为当地社保部门解决农村社保物理网点和服务缺失的痛点，进一步提升建设银行社保卡的激活率和资金沉淀量；加快研发手机银行农村专版，通过智能语音、大数据、无障碍设计等新手段降低服务门槛；制订乡村缴费整体方案，如整合电子社保卡、社保费用缴纳及医疗消费等服务，提供社保卡领取、充值、消费全场景服务。我们要把建设银行裕农通建成有吸引力的农村金融平台，找到突破口，往深里做、往实里做、往农民的心里做，还要定期加强评估和布局的优化。

（四）“一把手”亲自抓，从人财物等多维度给予有力资源保障

一是组织保障。在当下决胜时期，要进一步强化一把手挂帅，强化公私条线协同、后台保障协同、科技开发协同、总分行间协同这“四个协同”能力，形成快速响应、联动高效的工作机制，做好一线营销的支持保障工作。二是人才保障。要通过优化组合、结构调整，重点保障经营县域市场人员队伍，用制度传导和鼓励优秀员工到县域去培养和成长，打造一支数量足、有战斗力的县域乡村市场营销队伍。同时，要依托建行大学加快全行涉农人才队伍的培养，尤其是核心人才，比如各级机构主要负责人，要逐渐变成懂“三农”的行家里手。三是财务保障。总行全力支持裕农通乡村全覆盖计划目标实现，前期已下文明确打开120%的封顶政策，同时针对分行关心的服务点佣金、员工下乡费用补助列支、外包政策等问题，总行财会、资债部门已经在会同相关部门加快研究，后续明确后会第一时间下发通知。四是渠道保障。针对空白县域营业网点覆盖，总行渠道部正在进行专题研究。各行要根据裕农通推广需求，结合本行空白县域实际情况确定进驻清单，倒排建设计划。要加强与属地监管机构沟通，缩短网点审批周期，加快建设进度，确保在2020年前完成进驻计划。对于空白县，大家要一起去研究如何有效覆盖的方法。

（五）牢记风险防控，狠抓制度落实、常规巡检和外包管理等关键风险点

银行的服务边界就是风险管控边界，各分行在全力推进业务发展的同时要高度重视风险管理，确保合规经营。一是严格落实制度要求。严格按照总行最新管理办法开展业务，严格管控服务点准入、变更、退出流程，强化交易行为、限额控制、后期巡检等方面的管理和落实，做好关键部位、关键人员、关键环节的风险控制。二是加强日常监控。各行要及时针对交易量大的服务点重点进行交易排查，用好技术手段，及时整改风险隐患。三是加强外拓营销人员规范管理。各级行要对下乡营销人员做好岗前、事前培训，防范因人员违规操作带来的风险。四是要把握好宣传节奏。在推进裕农通覆盖工作期间，要讲究宣传策略，以内部动员实干为主，避免大张旗鼓对外宣传。

同志们！行百里者半九十。全行特别是各级机构“一把手”要认真学习本次会议精神，“天下武功、唯快不破”，请大家立即行动起来，全力加快裕农通全覆盖和提质增效工作，推动全行转型发展，助力新时代乡村振兴，谱写建设银行普惠金融事业新篇章，把“三大战略”进一步向纵深推进！

谢谢大家。

在打造“善建者行 乐建其城”品牌服务夜间经济专项活动启动会（视频）上的讲话

纪志宏

（2019 年 11 月 12 日）

同志们：

今天，我们召开全行视频会，主要目的是启动打造“善建者行 乐建其城”品牌、服务夜间经济专项活动，并对进一步加快建设银行支付结算业务发展进行再动员和再部署。下面，我讲几点意见。

一、深刻理解发展夜间经济业态的重要意义

行动的自觉首先源于思想意识的自觉。“夜间经济”这个词大家可能还比较陌生，实际上已经在广泛使用。“夜间经济”是英国在 20 世纪 70 年代为改善城市中心区夜晚空巢现象提出的经济学名词，就是指从当日下午 6 点到次日早上 6 点发生的消费经济，它就是消费经济的一部分，而且是越来越重要的一部分。原来大家是日出而作、日落而息，后来有了电，生活方式发生了重大变化。“夜间经济”一词虽为“舶来品”，但在我国是一直存在的经济现象。从改革开放初期的小商贩“夜市”，到后来大型“商圈”的出现，直至最近一段时间各地政府都在倡导“夜间经济聚集区”，可以说，“夜间经济”是中国经济社会不断繁荣发展的一面镜子。我们一定要认识到这种形势的变化，金融服务就是要跟随经济形态的变化因势而变。这种变化主要体现在以下三个方面。

（一）夜间经济已是国外成熟的经济发展业态

夜间经济在国际上已有成功的经验。目前，在伦敦、纽约等大型城市已经形成了包括“饮食、旅游、购物、娱乐、体育、展览、演出”等在内的多种夜间经济活动或业态，被视为城市经济的新蓝海。比如，伦敦将发展夜间经济纳入城市发展战略，公布“24 小时伦敦”愿景，夜间经济收入约占全国总税收的 6%，为其提供了 130 万个就业岗位，创造了全伦敦八分之一的就业；巴黎在发展夜间经济时，不仅仅局限在酒吧、餐饮等单一娱乐消费为代表的传统领域，更是拓展到了艺术、文化、演艺等更多领域，使法兰西文化与艺术的魅力在全世界绽放；首尔、新加坡、东京等亚洲城市也纷纷将夜间经济作为城市转型发展的重点，夜间经济对经济增长的推动作用也日益明显。

（二）发展夜间经济是我国经济高质量发展的内在要求

首先，扩大内需、促进消费是经济实现高质量发展的应有之义。随着中国经济由高速增长转向高质量发展阶段，消费连续五年成为经济增长第一动力。从贡献角度讲，2018 年，消费对经济增长贡献率已达到 76.2%，应该说还有巨大的增长空间。从绝对水平看，我国消费占比还比较低，目前我国消费占 GDP 的比重大约在 40%，而美国是 70%、英国是 60%。过去我们一直是投资拉动，投资占比很高。现在消费的比重在逐步增加，特别是服务业的消费，夜间经济的很大一部分就是服务。在当前出口承压、投资受限的背景下，我国经济转型发展必须在消费中找到新的增长点。其次，发展夜间经济是用供给侧结构性改革的办法促进内需的有效路径。7 月 30 日召开的中央政治局会议，明确提出要“深挖国内需求潜力，拓展扩大最终需求，有效启动农村市场，多用改革办法扩大消费”。8 月 23 日、27 日国务院办公厅连续印发了《关于进一步激发文化和旅游消费潜力的意见》《关于加快发展流通促进商业消费的意见》，指出要活跃夜间商业和市场，鼓励主要商圈和

特色商业街与文化、旅游、休闲等紧密结合，适当延长营业时间。当前消费不足很重要的原因是优质供给不足、高层次供给不足。发展夜间经济、推动消费供给侧结构性改革，可以进一步扩大内需，提升经济活力，支撑经济高质量发展。

（三）发展夜间经济是满足人们对美好生活需要的必然选择

首先，发展夜间经济是适应我国社会主要矛盾转化的要求。当前，我国社会主要矛盾已经转化为人民日益增长的美好生活需要和不平衡不充分的发展之间的矛盾，人们越来越注重精神文化层面的获得感及满足感，消费结构和消费需求不断升级。其次，夜间经济繁荣程度是一个城市民众是否有安全感、幸福感的重要衡量尺度。世界上夜间经济发达的城市同时也都是城市安全排名榜前列的城市。重庆等国内夜间经济发达的“网红城市”，背后往往都有良好的城市公共安全支撑。最后，夜间经济发达程度是衡量一座城市开放度、活跃度、投资环境等的“软实力”。发展夜间经济已经成为打造城市品牌、推动城市升级的新引擎，一座城市是否拥有一条从“下午 6 点到凌晨 6 点”的黄金消费带，是当下经济转型时期各地政府最为关注的问题之一。梳理各省市发展夜间经济的相关政策，仅 2019 年上半年，出台过专项政策的省市已达 10 余个。在上海，各区分管区长甚至直接担任起“夜间区长”，还有专职的“夜生活首席执行官”协助其工作；北京设立了市、区、街三级夜间经济的“掌灯人”。随着国家层面支持夜间经济政策的出台，预计夜间经济业态会在全国各大城市加速推进、全面开花。

可见，发展夜间经济，人民有需求、政府有动力，而且也有国际成熟经验借鉴。我们要深刻理解政策、制度背后的脉络和所要解决的痛点，把政策要求与自身业务发展结合起来，找准国家政策与业务发展的结合点、增长点。这既是讲政治的要求，也是我们做好业务经营的逻辑。

二、服务夜间经济是我行加快支付结算业务发展的重要机遇

（一）夜间经济为我行支付结算业务开辟新的发展空间

夜间经济本质上是商业形态在时间和场景上的延伸，是最广泛零售生态的重要组成部分，涉及 G 端、B 端及 C 端等多方参与主体。支付结算承接着商品经济的资金流、信息流和客户流，是金融与夜间经济的交汇点，也是银行与各参与主体建立关联的重要纽带。夜间经济蕴藏着巨大的资金流和数据流。以夜间经济为代表的零售生态具备流量集聚、客群年轻、消费频率高等特点，是银行获流量和获数据的必争之地，在获客活客基础上，有助于全面理解消费者行为和偏好，是银行精准触达、交叉销售的基础。商务部数据显示，2018 年，我国 60% 的消费发生在夜间，并预计将在 2020 年突破 30 万亿元。从某种程度上说，谁抓住了夜间经济支付结算业务，谁就掌握了未来银行业竞争中资金的“新蓝海”。夜间经济主要客群是建设银行亟须抓住的年轻客群。建设银行个人客户经营正面临着年轻客群“脱媒”的问题。从客户新增看，2018 年，建设银行 45 岁以下的中青年客户新增占比 47.9%，同比下降 4.5 个百分点。从消费交易看，建设银行客户夜间消费交易仅占全天交易的 39.3%，较全社会 60% 的占比还具有较大提升空间。调查数据显示，“90 后”与“00 后”是夜间经济消费的主力，夜间消费占比差距的背后反映出建设银行活跃年轻客群相对不足。服务好夜间经济的核心是氛围和场景，通过提升支付、商户平台及营销创新能力，建立龙支付品牌与夜间经济的强关联，对于抓住未来年轻客群意义重大。

（二）建设银行已初步构建起服务夜间经济的能力基础

在近几年的支付市场巨变过程中，全行对支付业务根基性地位的认识空前一致：支付业务是获客的源头，是培育客户习惯、形成客户黏性的最有效方式，是利率市场化条件下银行低成本资金的最主要来源。支付业务不牢，银行的客户之根将被动摇。近年来，建设银行支付业务围绕龙支付提升 B、C 两端创新力和发展力，初步锻造了四个能力基础。

一是综合支付能力。从实体银行卡到移动支付，建设银行已经形成兼顾线上线下，可刷、可挥、可扫的支付全产品体系；同时建设银行支付业务创新传统深厚，在新一轮支付技术更迭期，总行又推进数字账户和数字支付创新，打造数字账户实现外场景用户数字化连接，立足“智能支

付+支付方案”推出轻量级支付平台——龙支付App，前瞻性布局刷脸支付等新型支付方式。二是场景建设能力。建设银行在同业首家提出打造个人金融生态，最早通过支付结算生态圈，系统性探索场景建设，通过招商引资大力拓展商户业务。2017年以来，建设银行也是最佳落实央行移动支付便民示范工程的商业银行，场景建设起步早、覆盖广、有基础。2019年依托C端突围，规划构建了“衣、食、住、行、育、乐、医、公共服务”八大生态商业模式全景图和实施路径，数字化新模式下的生态建设蓄势待发。我们要充分发挥好在C端突围项目中总结提炼的好的理念、能力和方法，做好旺季营销。三是商户经营能力。成功推出商户“五统一”平台，打造了商户平台、服务协议、风险管理、营销组织、支付品牌五个维度的企业级基础，初步构建了对内支持商户管理，对外赋能商户经营的综合能力。四是品牌营销能力。对外推出了B端、C端统一支付品牌“龙支付”，构建App、公众号、手机银行、第三方平台等多方营销矩阵，初步形成一套从流量导入、数据分析到用户转化全流程营销策略。

通过全行上下共同努力，建设银行支付结算能力不断释放成果：个人客户方面，手机银行客户数量达到3.39亿，龙支付客户突破1.16亿。建设银行目前是银行业移动支付客户覆盖、交易规模最大的商业银行，“双十一”交易我们排名第一。商户方面，截至9月末，商户总量超500万户，位居银行业银联联网活动商户数首位；当年已有35亿人次到建设银行商户消费、消费额为2.4万亿元，同比增长48.9%，商户承接和归集消费资金的作用与日俱增。场景建设方面，高质量落实人民银行移动支付便民工程细分场景建设要求，累计建成规模以上支付结算生态圈超过2000个，在公交地铁、校园、医疗、超市、菜市场等场景，形成业内领先的支付解决方案，带动C端移动支付交易量、银联二维码交易量、B端商户受理移动支付交易等五大关键指标均稳居同业首位。

（三）服务夜间经济在支付结算上还有很大的提升空间

首先，场景打造能力尚需进一步提升。一是从发展理念上，传统意义的拓商户并未上升到建场景。传统商户业务注重收单服务和资金承接，对生态构建和数字连接能力认识不足，生态圈输出能力单一。相较于支付机构高黏性、高循环的生态场景，建设银行场景建设总体来看仍呈浅层次、散点化，重点领域未形成压倒性优势，在场景上简单叠加支付工具的传统方式，对支付、资金、数据的获取低效。在效益效果上，重数量轻质量仍是普遍现象。从商户结构看，我国服务业对经济增长贡献度接近60%，居民服务性消费支出占消费总支出比重升至49.5%，商品消费占比是下降的，旅游、文化、教育、养老等服务消费发展迅速，而建设银行的商户结构以房产、汽车和批发类商户为主，餐饮、娱乐、宾馆类商户占比仅为6.9%，热门商圈、重点场景短板明显；从场景黏性看，衣食住行等高频刚需场景客户体验不佳，车主消费、住房客户挖掘不足。

其次，支付统筹协调有待加强。从B端来看，“五统一”实现了统一的底层技术平台、企业级的业务管理规范，但管理体制尚未完全理顺。部分分行在“五统一”工作推进过程中，存在职责交叉或缺位，职责调整后人员没有及时到位，业务集中经营管理推进缓慢，存在等靠观望等现象，极大地制约了商户综合服务能力的提升；从BC端融合来看，目前商户端服务能力显著增强，但是缺少围绕C端客户的统筹，以B带C能力不足。建设银行客户周六日消费资金占比为33.25%，而周末收单占比较低，大量资金从C端流向他行。与之相对应，建设银行商户受理的扫码支付中，97%都是微信及支付宝的交易，龙支付仅占3%，B端、C端还没有形成共生共荣的生态系统。

最后，互联网化运营能力存在不足。“三分产品、七分运营”，运营能力是互联网产品成功的核心要素，也是传统商业银行的短板。与传统银行运营侧重作业保障不同，互联网化运营从与用户创造联系开始、到建立信任、再到最终实现价值变现，形成完整的端到端运营流程，最终实现用户价值最大化。“僵尸客户”“营销潮汐”“面子工程”都是缺乏互联网化运营能力的典型表现。形成互联网化运营能力不是件容易的事，要通过培育互联网化运营能力，提升夜间经济和零售生态的经营成效：一是将夜间经济打造成盘活客户的平台场景，推动规模化流量获取，丰富用户数据标签，完善用户画像，为连续客户经营实现价值提升夯实基础，逐步将粗放式资源驱动营销升级为精细化数据驱动经营；二是将夜间经济打造成资金流转闭环的样板场景，在连接获客基础上，围绕夜间经济中个人客户和商户的用户旅程，找到资金承接的关键节点，以优质体验精准切入金融产品和服务，将流量的优势转化为价值的胜势。

三、以服务夜间经济为契机，实现支付结算业务以及综合金融服务再上新台阶

面对激烈的市场竞争和自身经营发展的紧迫性，我们不应满足于成为支付机构背后账户的提供方，而要提升直接接触和经营客户的能力。全行要紧扣“G 端连接、B 端赋能、C 端突围”总体思路，以龙支付和商户“五统一”为基础支撑，通过全面打造夜间经济新业态，提升建设银行支付结算场景化服务能力、综合获客能力、价值贡献能力，实现支付结算业务再上新台阶。重点做好以下五个方面工作。

（一）聚焦核心目标，将龙支付打造成夜间经济的“金字招牌”

本次启动会同步推出了以“善建者行　乐建其城”为主题的活跃夜间经济综合服务方案，核心路径是以 B 端商圈拓展带动 C 端快速获客。到 2020 年 6 月，B 端要发展“乐建其城”商圈 1000 个、商户 160 万户（其中存量升级 68.95 万户、新拓 91.05 万户），集中力量快速发展一批活跃的民生类商户；商圈商户实现年化收单交易额 4000 亿元；新增龙支付微信公众号商户用户 92 万户。C 端新增客户 160 万户①；龙支付公众号粉丝新增 200 万。普惠类贷款“个体工商户经营快贷”贷款客户累计新增 60 万户，贷款余额 600 亿元。品牌打造上，在 B 端、C 端快速获客的基础上，用好龙支付 App 及公众号等轻型场景化工具，真正贴合目标客群痛点，通过持续运营迭代，建立龙支付品牌与夜间经济强关联，将龙支付打造为夜间经济的“金字招牌”。

（二）坚持借力协同，搭建优质夜间经济场景

搭建优质场景是服务夜间经济的核心。针对目前建设银行存在短板的餐饮、娱乐、购物、出行等夜间经济场景，要重点从以下三个方面发力：一是要外部借力，依托政府做场景。政府部门是夜间经济的重要组织者和发起者，也是夜间经济城市规划与基础设施配套主导方。要充分发挥建设银行在智慧政务平台、数字城市打造等工作中积累的政府合作经验和信任基础，在夜间智慧出行、夜间无现金商圈的场景打造中，与政府形成共建共治共享模式，用好数据资产助力政府夜间经济治理能力提升。二是内部协同，利用统一平台做场景。要继续大力推广应用商户平台，充分运用预制二维码、裂变式营销、服务商营销等新模式，以市场化运维手段、开放化外拓方式、平台化批量拓客模式，持续做大重点场景商户规模。三是精准施策，利用优势产品做场景。要结合商户特点和痛点，精准匹配建设银行优势产品。比如针对个体工商户，建设银行最新推出“个体工商户经营快贷”，可以为小商户提供操作便捷、流程简单、7×24 小时不间断的信贷服务，满足客户信贷需求，也为我们批量拓展商户提供重要抓手。再如，商户平台新推出 B2B 交叉引流模式，简单来讲就是客户在商户消费时，系统可以向客户推荐其他商户的优惠券，不仅为其他商户引流客户，还帮助引流的商户获得佣金收入。目前已在山西晋城试点，效果显著，总行将争取在 2020 年旺季实现所有分行地市级城市全覆盖。

（三）跟进市场变化，加快产品及营销的创新迭代

2019 年，总行全新打造推出龙支付公众号和龙支付独立 App，形成了龙支付完整应用矩阵，为场景化拓展支付业务 B 端、C 端创造条件，全行要在夜间经济推进中开展重点营销。一是推广龙支付 App，提升支付应用频率。龙支付独立 App 定位“极智、极简、极速”，主打“智能支付 + 支付方案”，在原有龙支付功能基础上，新推出亲情账户、鼓励金、中小商户会员等场景化

① 龙支付、借记卡、贷记卡客户合计新增。

功能服务，针对校园、医疗、社区园区等场景推出数字校园卡、电子社保卡、门禁身份码等专属支付解决方案，更适应网点外出拓客和场景实地营销的需求。全行要用好龙支付 App 成为夜间经济小额收单和高频支付的抓手，依托网点周边探索“龙支付 + 场景”，以平台思维结成利益共享的商户联盟，构筑银行和商户联动成长的良性发展路径。二是升级龙支付公众号，构建多层次导流路径。在已有的公众号功能基础上，总行拟尽快推出以实现感官体验、交互体验、情感体验全面升级为目标的新版龙支付公众号，用流量思维及精准营销的方式深度经营用户的消费需求，同时引导建立公众号与龙支付 App 交叉引流机制，完成由用户到账户再到客户的进阶成长体系。三是运用数字化工具，抢夺先发优势。总行 C 端突围项目组已经形成数字账户的完整解决方案，和以往的账户出海业务相比较，数字账户是用户—账户—客户三级进阶的最重要基础设施。在用户服务方面，数字账户开放性延伸至用户层级创造场景连接的第一触点；在账户服务方面，升级原有二三类出海账户功能和体验；在客户服务方面，承载更加互联网化的金融产品输出，加快价值变现。此外，在新型支付技术运用方面，总行准备以人民银行标准刷脸支付为范本形成标准化产品，已经试点在地铁、公交、校园等封闭场景推广应用。

各行应抓住龙支付三周年营销活动契机，结合 2020 年的旺季营销，开展龙支付 App 和龙支付公众号两大轻型化工具的联合推广、交叉导流，引入互联网方法等数字营销新方式和新手段，同时各行要积极探索数字支付新的产品功能和应用领域，提升场景渗透能力，提升龙支付品牌影响力。

（四）做好统筹协调，多维度给予有力资源保障

一是强化部门联动协同。各分行个人委要切实发挥统筹职能，加强公私条线协同、后台保障协同、科技开发协同、总分行间协同，形成快速响应、联动高效的工作机制。尤其是本次活动需要重点突破的大型商业综合体，公司、机构等对公部门要主动担责，加强与政府沟通，牵头梳理重点名单，列出时间推进表，争取有重大突破。二是理顺经营管理机制。从分行实践看，凡是建立了与商户“五统一”相适应经营管理机制的分行，商户推进工作都取得了不错的成绩。各分行要继续确保“五统一”商户平台是唯一企业级平台，统一计划分配和资源下达，年底前要实现辖内二级分支行商户业务集中经营，旺季期间要发挥实效，积极探索和推进一级分行商户业务集中经营，利用好“五统一”平台为基层减负。三是统筹营销资源。在夜间经济推进过程中，要坚持以有利于培育建设行 C 端客户支付习惯为出发点，站在企业级高度统筹商户营销资源投入和营销活动组织，保证总行考核政策和资源配置能够不折不扣落地，做到主题统一、步调一致、品牌聚焦。

（五）坚守风险底线，全面做好合规经营和风险防控

在快速推进夜间经济的同时，一定要有底线意识，牢记风险防控，狠抓关键风险点。一是坚持准入标准不放松。要牢固树立监管关于收单机构承担对特约商户合规经营行为监督负责的意识，严格执行商户准入标准和规范审批流程，严格执行“一户一合约”的管理规范。二是加强商户结算资金的监测。各行要运用系统严防套现、洗钱、欺诈等行为，跟踪交易金额情况，对商户流失、经营异常情况，及时采取措施。三是加强商户业务的声誉风险管理。各行要结合准入管理、巡检、维护加强管控，规避不良商户的欺诈行为、消费者侵权风险。四是加强信息风险管理。各行要提高知识产权意识和舆情管理意识，加强发布信息的合规管理。

总的来说，服务夜间经济是一个新的任务。全行要认真学习本次会议精神，深刻认识到服务夜间经济的重要意义，会后要立即行动起来，以更明确的目标、更精准的发力，抓住夜间经济的发展机遇，加大探索力度，不断总结经验，真正做一个有温度的银行，实现支付结算业务以及综合金融服务能力再上新台阶，将新金融行动进一步向纵深推进！

谢谢大家。

在全行渠道运营服务质量提升暨风险防控（视频）会议上的讲话

纪志宏

（2019 年 12 月 5 日）

同志们：

岁末年初之际，总行召开全行渠道运营服务质量提升暨风险防控（视频）会议，目的是落实桂平行长提出的“要认真分析我行的案防情况，结合行业案防特点，扎实抓好相关工作，时值岁末年初，尤其要克服麻痹思想”的要求，对服务和案防工作进行再提醒、再部署。刚才，渠道与运营管理部通报了“服务质量提升年”工作完成情况，内控合规部通报了 2019 年案件及问责情况，其中很多情况值得我们深刻反思。任何一个管理漏洞或客户投诉都可能成为引发严重操作风险、声誉风险的导火索，服务和安全永远是银行经营管理的重中之重。各部门、各分行务必高度重视，切实强化服务、合规意识，不断夯实经营管理基础，确保管控责任纵向深入基层、横向覆盖至条线。下面，我就当前服务管理和风险防控工作提几点要求。

一、提高站位，深刻认识提升服务质效和风险防控重要意义

提升银行服务水平是贯彻以人民为中心发展思想的具体行动，是落实国务院优化营商环境要求，践行“不忘初心、牢记使命”主题教育的重要举措，更是提升网点综合竞争力的关键环节。强化渠道运营风险管理是“三个能力”建设的重要方面，也是筑牢底板、夯实基础、保障安全经营的内生要求。总行党委高度重视服务和风险管理工作，多次提出明确要求。各行务必提高政治站位，深入贯彻中央要求和总行党委决策部署，发挥网点落实战略主渠道、检验市场效果和战略落地神经末梢的作用，不断提高服务质效和风险防控能力。

二、聚焦痛点，全力推进网点服务质效持续提升

自 2019 年初以来，全行深入开展“服务质量提升年”活动，聚焦服务痛点难点，积极推动网点服务问题治理和能力提升，取得明显成效。建设银行百佳示范网点数量初评首获行业第一，网点渠道客户满意度和第三方机构网点服务评价保持四大行第一，“劳动者港湾”公益服务品牌深入人心；员工主动服务意识不断增强，厅堂服务环境及客户体验明显改善，客户排队等候时间长等痛点问题得到有效缓解；网点服务标准化工作纵深推进，服务精细化管理水平逐步提高。

在肯定成绩的同时也要看到，部分分行服务管理仍存在一些问题，例如，客户投诉数量居高不下、网点人员配备不足、服务类岗位绩效资源配置不合理、员工关爱落实不到位等，这些都反映出部分分行对银行窗口服务工作重视程度不够。客户来网点是我们展示良好服务的难得机会，如不能抓住这一机会，就是失职。凡是“一把手”重视服务的分行，网点优质服务工作就抓得实、抓得好，出现的服务问题就少。春节将至，全行即将开展旺季金融服务活动，网点服务压力将显著加大。各行要牢固树立“服务无小事”的理念，把优质文明服务作为一项生命工程来抓，始终坚持问题导向，建立长效机制，久久为功。

（一）坚持把抓好网点服务质量作为重中之重的工作

一是坚决降低客户投诉。客户投诉具有引发重大负面舆情的潜在风险，事关银行声誉和品牌

形象。近年来，关于服务态度、营业秩序等方面的客户投诉高发，各行务必高度重视，妥善应对。在投诉始发时要积极化解，避免投诉升级或引发声誉风险；要深化客户投诉全流程管理，建立健全客户投诉问题分析、应用机制，从源头上降低客户投诉；要加大问题整治力度，严格执行“首问负责制”，对因投诉处理不当导致重大负面舆情的要严肃问责。总分行、各相关部门要加强联动，分行要定期召开服务例会，对客户投诉问题进行深入分析、分类解决，属于总行层面的制度、流程等问题，由总行相关部门协同解决。

二是加大服务理念宣导。优质服务是立行兴业增效之本，全行要大力加强对“以客户为中心”“客户至上、注重细节”等理念的宣导，学习和弘扬张富清精神，将文明优质服务要求和标准化服务流程渗透到每个部门、每个岗位，使服务内化于员工的血液，不断增强员工主动服务客户的意识。要常态化开展客户体验活动，主动收集客户意见并跟进整改，不断增进客户对建设银行服务的认同感。

三是加强标杆示范引领。总行党委高度重视、密切关注网点窗口服务问题，在 KPI 考核中对文明规范服务予以政策倾斜。打造服务标杆，不仅能提升服务质量和员工士气，赢得社会广泛好评，还能提升网点经营业绩，实现社会效益和经济效益双丰收。经过全行共同努力，建设银行在 2019 年行业百佳示范网点初评中首获同业第一。一花独放不是春，百花齐放春满园。各分行要再接再厉，尽快启动 2020 年行业千佳示范网点创建工作，以百佳带千佳，以千佳带五星，以五星带全行，以点带面，全面提升全行整体服务水平和品牌形象。

四是增强培训针对性和实效性。各分行要以问题为导向，以长效固化培训效果为目标，结合员工需求以及服务检查、客户投诉所暴露的问题，通过线上线下等多种渠道，加强网点员工在应知应会、重点产品、服务话术等方面的培训，切实提高员工的政治素质和业务素质，打造过硬的人才队伍。

五是严格落实消保工作要求。消费者权益保护工作不仅是践行党的根本宗旨和群众路线的具体体现，也是打赢防范化解金融风险攻坚战的重要举措。各分行要将消保要求全面融入到制度执行、监督检查和流程优化中，确保售前、售中、售后全流程合法合规。要重视金融知识宣教工作，发挥网点宣传主阵地作用，将宣传金融风险知识、培养消费者风险观念的意识贯彻到日常服务和营销过程中，构建和谐、共赢的金融消费关系，在全社会牢固树立建设银行关爱消费者并积极维护其合法权益的企业形象。

六是强化服务质效监督考核。各分行要持续健全服务质效监督管理体系，创新监督工具和监督方法，及时发现和整改服务问题。要加大正向激励，增加网点服务质效指标的考核权重，加强服务类岗位绩效资源配置，践行“服务创造价值”理念，在全行营造提质增效、创先争优的良好氛围。

（二）持续深化“劳动者港湾”运营管理

“劳动者港湾”是建设银行贯彻习近平新时代中国特色社会主义思想、落实党的十九大提出的“在发展中保障和改善民生”要求的生动实践，是增强网点综合竞争力、提升服务品牌形象的重要举措，受到了社会各界好评和认可。全行要紧紧围绕主题教育活动要求，持续加强“劳动者港湾”运营管理，强化服务资源保障，健全监督检查机制，确保立足公益本质，践行优质安全服务承诺；积极引入政务、教育、公益等第三方服务资源，不断扩展“劳动者港湾”线上线下服务功能，延伸客户服务触角，增加用户黏性和活跃度；持续打造特色港湾，开展丰富多彩的主题活动，在传递人文关怀中实现溢出效应，助推全行“三大战略”落地和“第二曲线发展”。

（三）加强网点服务领域的金融科技应用

移动互联网时代，同业和跨界竞争更加激烈，各分行要积极探索应用大数据与人工智能等前沿技术，通过机制创新和流程优化，助力构建全渠道一体化服务体系，提高网点获客、活客及客户服务能力。一是以“信息、交易、营销、服务”的共享协同为重点，创新线上线下协同交易模式、客户服务模式、人员调度模式，全渠道协同打造一致客户体验，为客户提供“无时不在、因需而在”的全渠道协同服务。二是要推进端到端客户旅程优化，从客户需求场景出发，消除流程冗余，衔接流程断点，促进业务流程向客户旅程从理念到实践的转变。三是加快构建开放共享、高效协同、智能集约的智能运营体系，加快门店数字化建设，在5G+智能银行基础上，构建远程支持服务模式，赋能网点营销服务与交易协同，全面提升渠道价值创造力。

三、主动作为，全面提升网点风险防控能力

自2018年底召开全行渠道运营条线风险防控（视频）会议以来，总行相关部门积极作为，重大违规事件反弹趋势得以控制，柜面业务操作规范性稳步提升。成绩值得肯定，但从刚才内控部通报的情况来看，案件防控方面还存在薄弱环节，需以案为鉴，进一步增强风险防控能力。

（一）认清网点风险防控面临的严峻形势

监管压力明显增大，严管重罚成为常态。2019年前三季度，全行共受到监管处罚××笔，处罚金额为××亿元（2018年同期上升××%）。截至11月末，建设银行各级机构配合监管检查项目256个，发现违规问题650个。外部监管呈现出检查“频率高、层级高、整改要求高”态势，且检查的范围更广、规则更细，处罚的力度加大，从严从紧成为新常态。

网点特别严重违规事件频发，呈现出新特点。近年来，建设银行现金尾箱、理财产品销售、智慧柜员机引导、营业网点场所管理、客户信息安全等多个部位发生风险事件。涉事人员多瞄准业务流程中风控的薄弱环节，有意规避系统、制度的约束，有针对性地选择作案对象和作案时机，违规风险呈现由柜台向电子银行、智慧柜员机等自助渠道蔓延，由“多环节失控”向“单人隐蔽性作案”转变的特点。

网点经营压力持续增加，风险防控难度加大。一是随着各类业务陆续下沉到网点，新产品、新业务不断推广上线，柜面操作风险的管理半径不断延伸。二是同业竞争越发激烈，经营压力和业绩至上的考核模式导致部分基层机构难以处理好稳增长与防风险的关系，重业务发展轻风险管控的现象在网点不同程度地存在。三是网点普遍反映柜面人员紧张，重要业务岗位出现断层情况日渐增多，新上岗的员工缺少熟悉和适应过程，对经办业务的相关规章制度、操作流程不熟悉，导致产生了一定的操作风险隐患。

外部诱惑因素增多，人员道德风险增大。近年来，股市大幅波动、P2P平台风险集中爆发、企业资金运转普遍趋紧，经济下行压力加大，个别员工不能抵御外界的各种诱惑和冲击，沾染不良嗜好，从而铤而走险所引发的案件数量超过半数，人员道德风险管控不容小觑。

（二）正视风险防控中存在的问题

部分机构风险重视程度不足，缺乏主体责任意识。有的机构连续多年未发生案件，部分干部、员工在思想上放松了警惕，在管理上降低了标准。有的机构、员工在业务推进过程中，对于操作的标准化及流程的程序化选择性忽略。个别基层网点负责人、营运主管的风控意识淡薄，对违规行为习以为常，默许、放任，更有甚者，还有意钻研如何打“制度与规范”的擦边球。

员工行为管理流于形式，缺乏有效管控手段。从案件情况看，涉事员工在实施违规或案件前，都或多或少地释放出一些信号，有的过度消费、过度负债，有的沉迷赌博、网络游戏，有的迟到早退、无心工作。对于员工出现的异常行为，部分机构在排查时碍于情面，怕伤害同事间感情，常常出现走过场现象，导致通过员工行为排查发现案件苗头的重要作用无法真正发挥。此外，目前员工行为排查手段单一，基于大数据的疑点分析能力较弱，排查的深度和有效性还有待提高。

部门协作联动不足，柜面风险防控的合力尚未形成。制度、系统和操作涉及多个部门，业务管理和操作管理衔接不够，没有形成源头管控、联合治理的合力，柜面风险隐患就难以得到根治，服务好基层、为员工减负也很难落到实处。基层行的“小需求”得不到充分重视，“大麻烦”就会长期、反复地出现。如基层网点保安、保洁等外包人员私人物品存放问题，貌似小事一桩，却容易引发行内外人员共同作案、盗窃现金实物等风险。

新系统处于上线后的问题高发期，新渠道、新业务、新模式潜在风险逐步显现。从历史情况来看，系统上线两到三年是各类问题集中凸显的风险窗口期，系统本身的控制不足、系统与制度的衔接不够等，容易形成新的风险点。新业务、新渠道、新模式在拓展服务范围、提升业务效率、

改善客户体验的同时，由于部分配套的制度流程还不成熟，对隐含的风险预见不足、挖掘不够，也暴露出一些新问题、新风险。此外，随着网点资源逐步对外开放，合作第三方借助网点平台可能产生的业务风险也需高度关注。

风险防控能力区域发展不平衡，部分机构管理基础薄弱。从实际情况看，各行对风险防控的重视程度和工作力度参差不齐，管控效能存在很大差距。以柜面操作规范性管理水平为例，2019年前三季度，营业机构核对类稽核问题率最高的分行是问题率最低的分行近10倍。暴露出有的分行业务基础薄弱，管理思路不清，对工作缺乏统筹考虑，缺乏有效的管控手段和措施。

此外，员工教育不深入、培训不到位，对员工关心关爱不够、奖罚不明等，影响了员工对风险防范工作的主动性、积极性。一些员工对制度要求不求甚解，对风险事项漠不关心，对违规后果不屑一顾，导致“踩红线”“越底线”，甚至“触碰高压线”等事件屡有发生。各级机构、各个条线要深刻认识上述问题，挖掘问题背后的深层次原因，努力做到举一反三，靶向治疗，系统性根源性地解决问题。

（三）构建主动智能长效风险管理体系

弘扬风险文化，厚植文化理念。全行上下要遵循“稳健、审慎、全面、主动”的风险文化核心内涵，构建符合条线业务特点的风险文化，使风险文化成为全员自觉遵守的价值观和行为准则。要通过各种形式的宣传和引导，推动风险文化理念落地生根，做到内化于心、外化于行，知行合一。

强化责任意识，压实各级机构主体责任。总行各相关部门、各分行要结合主题教育，全面压实主体责任，重点做到“三个下工夫”：一是要在强化责任担当上下工夫。2019年总行第一季度“两防”联席会已明确，各部门要履行“一岗双责”，业务发展与行为管理并重。对公客户经理的行为管理由公司业务部、普惠金融事业部负责，个人客户经理的行为管理由个人金融部、财富管理与私人银行部、住房金融与个人信贷部和信用卡中心负责，各管理部门对本条线员工的行为管理负责。二是要在夯实经营管理基础上下工夫。各级机构要从源头上加强内部控制管理，把风险控制嵌入规章制度、业务流程、系统建设中，强化员工行为管理和风险教育，构建合规经营长效机制。三是要在整改问责力度上下工夫。各级机构要对违规问题和风险隐患及时整改，举一反三，补齐短板，对责任人员按照法律法规、党规党纪和行规行纪严肃追究责任。此外，对基础相对薄弱、案件和严重违规事件多发频发的机构，要加大约谈、通报和帮扶力度，督促其查找问题、积极整改。

加强协同联动，形成齐抓共管的局面。协同就是“聚合力”，总分行、各条线都要形成“基层网点的风险控制和安全运营是基础性、长期性工作，是全行稳健经营、可持续性发展重要保障”的共识，协同做好网点风险防控，提升网点综合竞争力。总分行业务部门要“扎牢制度防火墙”，尤其对新推出的产品、“一点一策”的业务，要增强规章制度的科学性、可操作性和适用性，加强制度传导。各级机构要建立物理渠道风险信息共享、风险事件联合防控机制，特别是要加强培训、检查、整改等事项的协同，针对多发和高风险事项协同提出解决方案，对网点风险问题实现根源性、系统化的治理管控。

建立员工行为管理机制，推动员工行为排查常态化。前期，多个条线下发了员工行为管理细则。近期，总行又在研究推进员工行为网格化管理，目的是通过网格化管理的方式压实各级机构员工行为管理的主体责任，强化事前预防、事中监测、事后管控的全流程员工行为管理。各分行要切实落实总行要求，开展常态化的员工行为排查，综合运用好数据筛查、谈心谈话、强制休假等措施，加强员工行为日常监督管理，重点排查员工参与网络赌博、高风险投资、高消费及代客理财、代客交易等异常行为。

强化警示教育，筑牢思想防线。各分行要坚持开展违规警示教育，以案施教，将违法违规典型案例教育深入基层机构和一线员工，打通警示教育的“最后一公里”，让案件警示教育规范化、常态化，将警示教育融入晨夕会、风险例会等各项日常工作中，加强对重点岗位人员、新入行员工的风险合规教育和职业理念培训，使依法合规成为自觉。

持续优化业务流程，提高风险的智能化管控

水平。总行正在大力推进智能运营风控平台的建设及应用，逐步释放统一风险识别、统一风险策略、统一模型规则管理、统一风险视图等核心功能，实现风险防控智能化。各业务部门要坚持将风控要求融入业务流程，加大金融科技在重点环节及场景应用。全行要大力推广印控机、电子印章等应用，强化实物风险管理；以剥离比对操作类事项、精准定位授权事项、强化系统自动审核为重点，优化完善授权系统。

充分利用稽核监测成果，提高风险的数字化管控能力。稽核监测系统是事中、事后风险防控的有力工具。2019 年，总行通过研发优化模型，进一步提升了模型精准度，在发现员工异常行为方面取得了显著成效，及时揭示并化解了风险隐患。各分行应结合自身业务发展和风险管理状况，针对重点业务、热点问题和案件多发部位，加强模型研发和迭代调优，着力发挥模型的核心生产力作用，实现小成本管控大风险。

创新督导检查方法，充分发挥督导检查作用。2019 年，总行改进了渠道运营检查方法，以数据为引领，为基层减负，现场检查项目减少 54%，检查的效率效果有了明显提升。各分行要及时跟进、调整工作思路。一是转变观念，将检查监督与战略推进、经营管理深度融合，不仅要关注制度的执行力，更要关注全行战略及重点工作在网点的落地实施，以及各级管理人员相关履职情况。二是创新手段，持续推进现场检查与非现场稽核、线下督导与线上监测的有机结合，进一步提高“联防联查联治”工作效能。三是促进成果转化，对检查发现问题，要从机构、业务、岗位、人员等多维度分析，深入查找管理缺陷，有的放矢开展“一线帮扶指导”，将检查成果转化为完善风控的手段。

强化队伍建设，用好专家团队。建立专业敬业、务实高效、敢于担当的高素质风险管理队伍，对网点风险防控至关重要。各分行要抓好、用好营运主管、督导检查、稽核监测三支队伍，优化资源配置、挖潜内部效能、促进人员交流，充分发挥其发现问题、解决问题的能力。

落实员工关爱，切实提高团队凝聚力和员工归属感。做好服务和风控工作关键在人。作为提升网点竞争力的重要内容，总行还会围绕员工关爱，推出多项举措。各分行要以人为本，关爱员工，落实好“基层减负年”的要求，扎实开展为基层减负工作。

同志们，服务是银行发展之本，风险管理是立命之基。年末将至，收官在即，各分行要结合今天通报的内容积极自查整改，以“功成不必在我，功成必定有我”的精神和担当，改进工作作风，提升服务能力，坚决遏制案件和风险事件发生，统筹推进网点综合竞争力提升，推动全行业务高质量发展。

在2020年“兴建旺行”首季综合金融服务活动启动会上的讲话

纪志宏

（2019年12月9日）

同志们：

大家好！我们今天部署的首季综合金融服务活动，是建设银行每年经营、管理和服务工作中的一件大事。2003年以来，建设银行将每年首个季度称为旺季、并开展专项营销，抓好旺季就是决胜全年的共识已经深入人心，全行干部职工迎旺季、战旺季、胜旺季的精神风貌不断续写我们领先同业的骄人业绩。当前，正值全面建设小康社会的关键时期，全行38万员工在总行党委的正确领导下，以习近平总书记增强“三个能力”建设重要批示精神为指引，勇于面对严峻复杂的内外部形势，积极顺应和把握数字化时代大趋势，不断取得新的成绩。从现在开始，抓好首季综合金融服务工作，对于实现2020年的奋斗目标具有决定性意义。

根据会议安排，我讲四个方面内容。一是深刻认识和把握历史规律，加快“五个转变”；二是关于2020年“兴建旺行”全行首季综合金融服务活动方案基本内容；三是本次活动的配套政策；四是几点具体要求。

一、建设银行旺季营销的历史与现实

我要讲的第一个问题是关于规律和认识，深入把握当前形势，改进打法，提高行动自觉性。

习近平总书记强调，“历史是最好的教科书，也是最好的清醒剂”。认真总结2003年以来旺季营销的经验和打法，我认为可概括为一个基本判断、两项市场规律和三条历史经验。

（一）一个基本判断：抓好首季就是决胜全年

从个人存款新增看，自2011年以来，旺季对个人存款新增具有决定性的作用，在2015年、2016年、2017年和2018年，旺季个人存款新增分别占全年新增量××%、××%、××%和××%。当然有些也有冲时点的嫌疑，但其基础性作用不可忽视。

从高价值个人客户新增看，旺季是开展交叉销售、综合服务的关键时期，在2015年、2016年、2017年和2018年，旺季个人高价值客户新增分别占全年新增的85%、77%、127%和103%。抓好旺季是提升个人客户价值的重要法宝。

（二）两项市场规律：旺季资金旺、旺季客户旺

旺季之所以资金旺、客户旺，就是因为这个时期是金融交易最活跃的时期，特别是零售交易最活跃的时期，也是客户和金融机构往来最密切的时期。春节是中国人资金结转、财富积累和消费支出的重要节点，也是中国人心中的头等大事，“有钱没钱回家过年”，几亿人口的流动，伴随着大量资金流和消费，构成了全球范围内的特有现象。在春节前后巨量人员流动带来海量资金流，也为旺季县域等经营和营销创造了黄金商机。

旺季资金旺。从外部看，全国旺季资金供应充沛、需求旺盛，货币供应增量和社会融资规模增量两项指标均处于全年巅峰值，近三年平均分别占到全年新增的四成、三成。所谓资金旺，就是贷款旺、汇款旺、交易旺、收入分配集中、社交旺、收购资金集中投放，过去还有大量的侨汇。从时间段来看，前期是资金从企业到个人流动，后期是从个人再到商户。从内部看，旺季建设银行对公贷款时点新增也是全年新增比较高的峰值，公对公、公对私、私对私资金流动异常活跃。

旺季客户旺。从外部看，在春节及年末居民收入增长支撑下，旺季是全社会零售消费的高峰期，2015—2019 年旺季月均社会消费品零售总额均超过全年月均的 1.4 倍。同时这段也是企业用工、工作更换的高峰期。从内部看，旺季客户交易活跃，是拓展优质客户、激活零资产客户和提升存量客户价值贡献水平的关键时期。

（三）三条历史经验：始终要坚持认识到位、打法到位、支撑到位

一是认识到位。从总行机关到网点一线，建设银行干部职工对于旺季高度重视。总行层面，自从 2003 年个金业务首次开展旺季营销以来，私人银行、房金、信用卡、公司和小企业等业务均陆续开展旺季营销；到 2017 年，零售条线实现了方案统筹。分行层面，2018 年共有 25 家一级分行由“一把手”亲自主持召开启动会议。前几天，我到河北分行调研，陈中新行长亲自授课，讲解服务与营销的关系，强调服务创造价值，寓营销于服务之中，各层级员工召开誓师大会，摩拳擦掌。稍后还将有三个分行进行经验介绍，每年旺季，全行上下全员上阵、加班加点，舍小家、顾大家，让亿万客户能在建行网点内外、线上线下得到优质服务，感受到新春新气象。认识到位是旺季必胜的动力源泉。

二是打法到位。建设银行首季营销工作已经初步形成相对独到和领先的打法，体现在牢牢抓住“抢抓资金、抓户增存”这个核心目标，坚持发力建设银行“代发强、基建强”这个传统上的独特禀赋，注重形成体系化优势。打法到位，是旺季必胜的方向保证。

三是支撑到位。全行特别是个金业务旺季营销能够取得优异成绩，也是全行前中后台协同发力的结果，体现在四个方面：一是对公部门在 B 端代发和对公经营资金上积极拓展、机构部门在政府机构加强连接合作、资管中心和金融市场部门在产品供给方面大力协同。比如，2018 年和 2019 年旺季代发金额均超过 1 万亿元，有力支持了个人存款增长；二是财会部门在财务和考核资源上给予保障，过往旺季费用投入约占全年投入量的 40%，湖南等零售业务标杆分行更达到六成左右。三是人力、党群和公关部门在人力调配和宣传推广上全力参与和支持；四是金融科技和数据部门的全力配合，在新金融和数字化经营的新时代，这一维度的重要性将越发凸显。全方位协同变得尤为重要，成为旺季必胜的基础性保障。

我们在深刻认识历史规律，认真总结经验的同时，更要认真审视当前面临的挑战和机遇。

从外部经营环境看。一是压力不小，当前经济下行压力加大，居民杠杆率高企，财富增长承压。利率市场化改革深入推进，存贷款价格竞争更趋激烈，LPR 的应用范围也不断拓展。资金总量的增长态势放缓，过去动辄百分之十几的增长已经不复存在，在很大程度上进入了一个存量资金激烈博弈的阶段。资金下沉现象突出，特别是很多资金集结在城乡结合部，客户分层化的趋势明显，产业转型升级阵痛显现，这是我们面临的压力。二是挑战空前，数字化时代背景下，传统银行面临客户“脱媒”的压力不断增加，传统的主要基于物理网点竞争模式的有效性下降，特别是中国的互联网渗透率和客户行为数字化在全球居于领先地位。建设银行的客户平均年龄不断上升，有很多年轻人成为“线上原住民”。银行业竞争势必转向如何满足各类客户在线上线下的便捷性需求、提高用户体验等方面，未来几年将是银行转型的分水岭。三是机遇仍在，中央明确 2020 年经济工作坚持稳中求进工作总基调，以供给侧结构性改革为主线，推动高质量发展，做好“六稳”工作，加大货币与财政政策逆周期的调节力度，保持经济社会持续健康发展，这为我们提供了良好的外部发展环境。同时，风险出清的速度在加快，大量资金回归传统银行体系，中小银行特别是高风险的机构风险逐步暴露，理财市场规范性增强，结构性存款规范力度加大，地方专项债的发行力度持续加大，不健康、不合规竞争行为受限。这都为国有大型银行做好首季金融服务创造了有利条件，要紧紧把握好这些机遇。

从内部经营形势看较为紧迫，首先是时间上较为紧迫，2019 年春节较往年更早到来，从 2020 年元旦到春节只有 24 天，而节前两周个人存款新增基本占到旺季新增总量的七成以上。与此同时，2020 年全行的经营目标仍是要稳中有进，要有作为，这些指标的任务压力较大，所以首季开局就是决战。

基于上述历史和现实，2020 年首季综合金融服务必须要有新思路、新打法和新工具。总行由公司部和个人部牵头，制订了《2020 年“兴建旺行”全行首季综合金融服务活动方案》，核心思路是加快“五个转变”。

一是要由“以零售为主抓首季”向“对公对私一体化抓首季”转变，将 B 端赋能、G 端连接和 C 端突围深度融合，实现首季金融服务理念的转变。过去也这么做，2019 年更要体系化。

二是要由“陆战为主”向“海陆空一体化”转变，过去是传统打法，2019 年要强调两手抓；过去是陆地战、阵地战为主，现在要加强全产品、全客户、全渠道经营。考核导向上，设置“王中王”综合贡献奖，根据 12 项主指标与 10 大战机运行情况综合评价产生。

三是要由过去“分部门各自分散抓首季”向“体系化和精细化抓首季”转变，努力做到即时监测、即时对比、即时激励、即时调整，实现服务方法的转变。

四是要由“简单下任务和压指标抓首季”向“为一线赋能和减负抓首季”转变，目标聚焦再聚焦，全面向基层送产品、送数据、送策略、送培训、送激励和送关爱，实现首季金融服务作风的转变。

五是由“抓阶段性资金”向“客户价值提升贯穿全年”转变，全面提升建设银行存量个人客户价值和打造客户主关系银行，让更多的客户选择建设银行作为主关系银行。让资金首季“引得来”、之后还“留得住”，实现首季金融服务长效机制的转变。不仅来的都是客，还要讲客户的持续深度经营。

二、本次活动方案的解读

我要讲的第二方面，是本次活动方案的主要内容。

（一）构建“海陆空”一体化作战体系

过去我们主打“阵地战”，以网点为核心做足文章，三次转型赢得市场优势。第一次转型实现厅堂服务标准化，塑造了“蓝色银行”的品牌形象；第二次转型推动建立了差别化分层服务体系，锻造了一支素质高、口碑好、能力强的客户经理专业队伍；第三次转型通过实施“三综合”，扩充网点服务功能，综合营销能力不断提升。

在“新一代”支持下，我们已经有了一些更强的数据化支撑和基础，实现了“空对地”的能力提升，通过“精准营销”实现商机信息推送，帮助一线找到目标客户，通过“大众客户直营”支持总分行本部直接经营海量客户，通过“神算子”触达移动端外场景，我们“空对地”能力已经有重大进步，但还不够系统化。

2020 年首季活动最核心的变化，是运用系统性思维实施“海陆空”一体化作战体系，有两个突出特点：一是构建“洞察大脑”，基于全面精准洞察，实现全量客户经营、全渠道协同、全产品和权益的适配，提升资源管理效率；二是构建“指挥大脑”，即时监测运行情况，即时调整政策，发现问题快速迭代，实现端到端闭环管理。

本次新的打法，坚持和巩固了根植基层网点、层级体系推进、公私密切联动三大传统优势，以新金融思维进行全面升级：在战略支撑上，加大数字化的赋能，加大激励支撑，充分为基层一线减负；在战术打法上，运用数字化、智能化的手段，以“10 大战机”为重点，抓住、抓准首季客户、资金“两旺”的特点；在作战指挥上，实现“海陆空”一体化闭环管理、快速决策。

（二）作战体系四个关键词：锁定目标、航母战斗群、制空战斗机、作战指挥部

关键词一：锁定目标。

本次活动充分落实向一线赋能和减负要求，聚焦资金旺、客户旺的特点，大幅简化活动目标，由 2018 年 6 个部门 49 项目标，精简为 2019 年 17 个对公零售部门共 4 类 12 项目标：一是扩大全行资金总量，旺季实现个人存款日均新增 8000 亿元、对公日均存款新增 3000 亿元，这是赢取旺季战役的关键核心。二是全面深化客户关系，现在新客拓展进入瓶颈，流量的红利逐步消失，所以这次零售业务新设了全面关系客户、客户晋升两项新目标，注重存量客户经营和客户晋级，对公业务关注有效客户增长，着力于关系深化和价值挖潜。三是提升价值创造，抓住有利时机实现对公、零售中收快速增长。四是增强协同联动，在代发工资、民工惠投放、高贡献商户、移动支付、裕农通 5 项协同目标上聚焦发力。同时，在考核评价上，重点对 10 大战机全新打法进行综合评价与评比。

关键词二：航母战斗群。

根据综合价值高、适用数字化、旺季见效快三大要素，瞄准客户、资金两大方向，优选出10架战机，构建两路纵队进行精准打击。

第一路是“客户纵队”，有两个方面：一是基于客群经营全生命周期诊断，建立新客登船、老客晋升两大战机，过去客户是来得多、走得也多，现在我们要转变这个观念，巩固住新客、提升老客价值。二是以建设银行优势产品的客户为切入口，建立房贷、信用卡、平台、车主、代发五大战机，过去我们多从产品维度经营客户，要更加转向以客户为中心，把握客户经营关键时期，提升转化效率，特别是在GBC连接中建立的场景和平台优势要发挥好。

第二路是“资金纵队”。基于旺季公私资金流动异常活跃核心特点，建立经营资金、商户资金、县域资金三大战机，都是非常重要的服务对象。

关键词三：制空战斗机。

本次活动首次采用“制空战斗机”的概念，基本理念是端到端闭环管理。就是以客户洞见为基础，大数据模型为核心，设计钩子产品，制定营销策略，以线上营销为优先，辅以线下协同，实现对客户营销的闭环管控。每架战机的起降都有三个维度。

起飞前，做好“锁目标、配弹药”两项准备工作。一是锁目标。本次活动推出72个大数据模型，其中34个用于10大战机，38个供分行自选使用，近期已在十多家分行进行了“试飞验证”。比照2019年旺季初步测算，这些模型共涉及1.8亿个客户、7700亿元的资产新增、2.3万亿元的代发及到期资金，潜在挖掘价值显著。二是配弹药。一类是产品“弹药”，本次活动10大战机都匹配了最能打动客户的一些钩子产品，无论是产品功能还是定价，都形成创新及组合方案。如针对县域喜存户，推出了专属大额存单；针对代发客户，在发薪日前、后有节奏地推送“薪享通”等专属产品。第二类是权益“弹药”。本次活动将积分兑换、龙支付优惠、网络金融活动、卡组织资源等进行全面整合，打通内外场景，每架战机都匹配相应的权益体系，如在出行场景推送“空港易行”机场贵宾通道权益等，以非金融服务切入带动金融产品营销，把积分权益用好用准，有效激励客户，提升客户黏性。

飞行中，波段营销、渠道互通。两类“弹药”配好后，最重要的是在不同时间点分波次触达客户。触达一次没有实际效果，会自动进行下一波段营销，线上渠道没有实际效果，会转至线下客户经理，营销全渠道协同、无缝衔接。

飞行全程，闭环管理、敏捷迭代。在相关渠道与场景设计埋点，可以全面掌握客户触达、激活、转化等情况，实现端到端的全流程管控。

关键词四：作战指挥部。

本次活动总行非常重视，成立作战指挥部，由桂平行长亲自挂帅，更生副行长、我、乃密总监一并参加，每个战机配备机长，形成跨部门的机组团队，分行就是37大“战区”。按照桂平行长要求，总行作战指挥部2020年1月开始，每周召开周例会，桂平行长亲自主持，总行六个部门固定参加，还会根据运行情况灵活安排其他相关部门、分行参加，目的是即时监测首季活动作战情况，及时调整策略与政策，帮助一线解决实际问题，确保活动圆满完成既定目标。

作战指挥部集中体现“四个即时”：一是即时监测，高频监测目标和过程。二是即时激励，通过平台设定激励及预警触发规则，行领导可以直接把表彰卡通过系统转发到一线等。三是即时对比，全面营造比学赶超氛围，实现同级机构之间业务比较，支持分行自选对比标杆。比如江苏和浙江，北京和上海，通过对标比对，学先进、补差距。四是即时调整，全面加强过程化闭环管控。根据每周情况做决策、做检视，调整营销策略、动态调配资源。

（三）以“房贷客户”战机为例

全面洞察：房贷客户是高价值贡献客户，但总体深度经营不够，尤其是没有及时跟进二次营销、交叉销售覆盖不足。主要体现在：房贷客户的人均AUM（金融资产）仅2.1万元，93%的客户低于5万元。这些客户中配置投资理财产品的占比不足10%，降级流失率显著高于全行平均水平，特别是春节期间，往往是这些客户结清贷款、提前还款、流失降级的高发期，亟待加强产品覆盖和协同维护。

优选模型：房贷战机以房贷客户生命周期为切入点，通过有资金提升潜力的房贷新客（AUM小于其月均还款额）、有交叉销售潜力的房贷客户（在他行有大额消费还款或购买大额产品）及房贷到期结清的客户三大模型锁定目标客户。

适配产品权益：针对房贷客群特征，适配智富盈理财、结构性存款、信用卡等产品，逐步培育客户使用建设银行产品投资理财和支付结算的行为习惯，提升房贷客户黏性和价值。其中，特别是推出智富盈自动理财服务，实现自动理财、到期自动还款，解决了非建设银行主账户房贷客户的每月转账还款痛点，是提升客户AUM值的非常有力的工具；对于签约自动理财的客户通过数字化营销平台推送保洁等方面的权益。

波段营销。在具体战术打法上，在客户归还房贷时自动推送智富盈服务，如客户未成功签约，则转推荐至网点进行商机提示，开展二次追踪营销，实现线上线下协同。

闭环管理。全程利用数字化闭环实时监测产品销售、客户AUM提升等运营指标，即时评估和调整策略。

三、总行对本次活动的政策安排

总行高度重视2020年“兴建旺行”全行首季综合金融服务活动，桂平行长在2019年第三季度经营形势分析会上，就活动的重要性和组织形式作出指示。之后，桂平行长、更生副行长等行领导多次听取汇报，要求总行各部门高度重视、精心组织、紧密协同，切实要把活动打出气势、抓出实效。应该说，2020年全行首季综合金融服务活动，是近年来总行支持政策维度最全、力度最大和模式最新的一次。主要体现以下8个方面。

（一）财务资源

一是人力费用显著加量。总行安排专项人力费用××万元，较2019年的水平翻番。各级机构特别是“一把手”和资源配置部门，要深刻理解总行政策意图导向，拿出足够多、足够给力的费用政策。

二是透传一线。总行在活动方案中明确要求人力费用必须全部透传到网点、激励到个人，最大限度激发起基层一线员工的工作热情和积极性。上述××万元人力费用中，有××万元激励到网点、有××万元激励到优秀个人，总体覆盖面达1500个网点、8000名员工，网点激励中40%直接奖到网点负责人。总行希望今天参加启动会的广大一线干部职工，都拿出饱满的工作热情和积极的争先态度，展现自我、体现价值。

（二）人力资源

在桂平行长的亲自部署和人力资源部门的大力支持下，总行将对在本次活动中表现突出的网点负责人和客户经理，在职务晋升、评先评优等维度给予奖励，核心内容包括适当缩短职等提升年限、2020年度评先评优中设置专项比例等。抓好首季就是决胜全年，各级组织人事部门要注重在全行首季决战中培养干部、识别人才、树立典型，加强所辖人力资源政策配套。

（三）产品供给

产品是首季决战的生命线。资债、金科部门做了大量工作，产品供给政策主要体现在“三个突出”，即突出客群化、突出竞争性和突出数字化。突出客群化，首次按照客群维度配置产品，即为10大战机有针对性地装填了适配产品弹药，将全行对公和零售业务合计近300个首季适销产品体系化。突出竞争性，共创新研发了16个存款产品作为钩子产品抓资金，定价政策、大额存单、保险、银行理财和龙智投等也将优中优选，确保建设银行产品竞争力在四行中处于前两位，这一点请资债部门继续予以关注。突出数字化，一方面绝大部分产品均做到系统直达、一键销售；另一方面充分吸收和借鉴麦肯锡咨询经验，将会研发推出微存款、E红包、生肖存单、拼团存款和双币赢等有互联网特征的数字化产品。

（四）客户权益

客户权益已经成为新零售竞争的新利器，更因中国社会高速推进的数字化而越来越重要和越来越丰富。在本次活动中，总行将把客户权益提升到与产品供给一样的高度，计划打出覆盖8大场景、超过20类的客户权益组合拳。在财富规划上，有龙财富的财富体检、保险保障评估相关的保单健诊、手机银行“云之服务、悦之生活”；在休闲娱乐上，有夜间经济娱乐优惠等，夜间经济已经启动，不少分行也组织了大量的活动，这次要进一步加大经营力度，还有适合年青客户的“1分手气王”“CCB寻宝记”游戏活动等；在健康过节上，将有儿童牙科、家庭体检和医生服务等；在餐饮美食上，将有夜间经济“深夜食堂”优惠、龙支付“五折惠”等，夜间经济已经做了启动，有些分行已经开展得轰轰烈烈；在年货购物上，有“手机闪付”积分兑好礼、借记卡开通闪付送4倍积分、“善融商务元宵节”等；在返乡团圆上，有龙支付机票车票优惠、机场易行等；在亲友相聚上，有龙支付推荐有礼、“龙粉福利会”；在环球享乐上，有境外盗刷险和消费优惠等。

（五）数据模型

数据部门全力协助，总行在本次活动中将会下发72个数据模型，其中有34个模型助力10大战机找到目标客户，其他38个为分行自选模型。这些模型运用机器学习和智能算法技术，为各级机构在客户洞见、商机挖掘、精准营销和服务闭环维度提供强大支撑。

（六）活动组织

联合建信金科公司开展5大类创意活动，以数字化传播和裂变式营销为主要模式，吸引客户关注，依托新开发的数字营销服务平台，制作宣传素材库和营销活动模板，支持一级和二级分行灵活调用、快速组装。上述5大类创意活动都充满了年味、关注到不同客群需求，主要包括针对春节过年合家团聚拍“全家福”照片的“幸福家庭有你有我”活动，针对年轻客户的“去年没完成的目标、今年重新立”活动，针对裂变拓展新客的“幸福邀请1+1、开启红包大作战”活动，针对客户财富管理需求的“龙抬头财富播种季”活动和以促消费为核心的“幸运星期五”活动等。比如，县域战机就可以运用“幸福家庭有你有我”活动库的资源，打出团圆、亲情和送福的品牌形象。

（七）系统埋点

丰富、精准和前瞻性的系统埋点，是支撑数字化和闭环营销服务体系的关键。总行首次引入全流程关键环节埋点数据采集机制，首次建立营销埋点库，计划在普通短信、口令短信、手机银行、微信贴尾、裂变式营销、电话外呼、客户经理和员工渠道8大类客户触点，大量布设埋点，有力支撑各级机构营销服务的分析、评价和考核工作。

（八）宣传培训

2020年首季综合金融服务活动较过往安排发生了很大变化。根据桂平行长指示，总行将首次组织宣讲工作，将新理念、新打法、新工具加快在分支行扎实落地，并为下阶段数字化转型奠定基础。总行将成立8个宣讲组，统一组织、统一讲稿、统一场景，力争用7～10天的时间实现各一级分行全覆盖。

在培训方面，常规培训将突出减负。总行将尽量整合各单项业务和产品的培训安排，尽量减少需要各级机构特别是网点员工必须参加的现场或视频培训。新型培训将突出赋能，总行已协同建行大学，将包括10大战机对内要求和对客宣传等核心内容，以简短、直观和线上的方式推送给各级机构，让培训真正成为一线员工的工具而不是负担。

四、关于对各级机构的工作要求

我要讲的第四个问题，是对各级机构的工作要求。关于这个问题，一会儿桂平行长将做重要讲话，更生副行长也将总结强调。这里，我主要讲6个字，各级机构特别是“一把手”，要围绕“早、准、足、学、用、实”，贯彻会议精神，务求实效。

一抓早。尚未召开首季金融综合服务活动启动会的一级分行，本次会议后要立即召开、立即启动；已经召开的分行，要将今天会议要求特别是桂平行长讲话精神全面传达、扎实落地，做再动员、再部署、再推进。各一级分行的细化方案，不管有没有正式下达，都要尽快把总行方案中的内核、目标、策略和要求深度结合融入，尽快下达落地。

二抓准。理解要准，特别是要深刻领会好往年首季打法和明年首季新打法的辩证统一关系，深度嵌入协同。目标要准，必须要聚焦，把抓资金、增存款作为核心目标，各项工作都要紧紧围绕、形成合力。节奏要准，要把握好三个时间段的不同节奏，从现在起到年末，要全力做好今年经营收口、资金储备和宣传造势活动；明年元旦到春节的三周多时间，是本次活动的核心阶段，要全力冲刺、毫不懈怠；春节假期之后，要着手稳资金、强配置、提留存。

三抓足。这个问题刚才已经做了强调。关键是在财务、人力、科技和营销等维度的资源投入要充足、要给力。各一级分行必须比照总行的力度，可以更大一些，特别是抓人力费用、科技开发、网点排班和宣传物料等关键点。

四抓学。要以本次活动为契机，开展好全行大宣讲、大学习。一方面，要学习活动的新理念、新打法、新工具，实现好的成绩；另一方面，更为重要的是要将上述理念、打法和工具，全面融入2020年经营工作中去，提升各级机构的数字化经营、市场分析、专业服务能力，以及锻造更加优良的执行力和战斗力。

五抓用。“基础在学，关键在做。”要用新工具，特别是抓好10大战机模型工具和数字化营销系统应用，在这个维度上一级、二级分行本部是关键环节，要消化吸收总行要求、全面传导一线。要用新打法，各行要结合本行实际，找出适合本地特点的战机进行“试飞”，做好本地转化，要注重从B端、G端、县域等建设银行战略已经发力见效的维度挖掘新的增长点，把代发、对公经营性资金、社保、裕农通等业务，因地制宜抓出实效。要用新品牌，“兴建旺行”全面诠释了建设银行因建而生、因建而兴、因建而旺的历史渊源，也紧密契合了建设银行首季营销这个传统主题，总行公关部、各业务部门和各分行要围绕这个新口号加大宣传、打出品牌。

六抓实。要打出气势、打出目标、打出战斗力。首先认识要实，实事求是，各分行和各部门要准确把握首季服务的市场规律，特别是要结合好本地区的具体情况做好政策安排；业绩要实，要避免出现大规模冲时点等不健康和不合规行为；作风要实，要把首季服务工作抓得实实在在、搞得风清气正，进一步落实好中央八项规定、进一步纠正“四风”，让广大人民群众和干部职工体验到服务的热情和组织的温暖。

岁末年初，是抓客户、抓资金、抓营销的黄金时期，也是各类风险集聚的时期。全行要一手抓业务、一手抓风控，两手都要硬，不能以牺牲风险管理为代价，全面做好消费者权益保护工作，全面做好风险合规管理。

同志们！2020年全行“兴建旺行”首季综合金融服务活动，既要继承和发扬建设银行16年来旺季营销的好传统、好经验和好打法，也要为全行下一阶段打造新金融、实现新业绩、加快数字化转型提供强大牵引力。站在这样的历史节点上，让我们在总行党委的正确领导下，高度重视、精心组织、紧密协同，交出活动胜利的满意答卷！

在2019年海外工作座谈会上的讲话

张立林

（2019年1月25日）

刚刚国立董事长与大家进行了座谈，并围绕当前形势，就海外业务发展提出了新要求。在2019年全行工作会议上，王行长也对2019年海外业务发展进行了具体布置，希望大家认真领会落实。一天半的会议，大家进行了集中学习，总行几个部门也布置了2019年的工作，大家要结合各地和各机构实际吸收和借鉴。我结合近期工作提一些要求。

一、在新形势下积极践行“合规优先、稳中求进”的发展要求

（一）经过“稳健发展”，海外机构管理基础得到夯实

2018年，国际局势跌宕起伏，大国关系出现深刻变化。在中美贸易摩擦、国内经济面临增速放缓压力、境内外市场剧烈波动、内外部监管环境趋严的新形势下，各海外机构坚决贯彻“稳健发展”的主基调，严守合规经营底线，对当地市场的理解持续加深，业务发展基础不断巩固，实现业绩稳中有进，离不开全行上下的共同努力，在此对大家的辛勤付出与取得成绩予以充分肯定。

一是合规管理能力显著提升，在2018年12月举行的银保监会监管联席会议上，境外监管机构对建设银行情况的反馈总体较为正面，说明近年来建设银行在反洗钱与合规方面的努力是有效的，部分风险隐患得到化解并在向好的方向发展；二是制度化管理能力持续改善，重大事项报告较为及时，海外子银行公司治理水平不断提高；三是资产收益水平得到提升，受到境内外政策变化影响，2018年海外联动业务余额出现下降，带动商业银行类海外机构总资产下降9.1%，但通过提高资产收益水平，净利润增速仍然达到了9.2%，业务发展能力持续提升；四是国际化人才培养机制不断完善，全行多批人员奔赴海外机构开展跟岗、培训，海外机构成为建设银行大学的重要组成部分，多个海外培训项目成功签约落地；五是探索建立了海外机构分类管理体系，差别化管理的体制机制进一步深化；六是海外业务管理集约化程度持续提升，继海外审批中心之后，香港资金运营中心、海外审计中心先后成立；七是积极响应总行“三大战略”，在服务粤港澳大湾区建设、推动金融科技战略方面取得突破，新一代系统境内外一体化版本在建设银行亚洲的成功上线，标志着建设银行海外业务信息化水平迈上新的台阶。

（二）只有“稳中求进”，才能把握新的发展机遇

习近平总书记已经告诉我们：“世界面临百年未有之大变局，变局中危和机同生并存，这给中华民族伟大复兴带来重大机遇。”推动全方位对外开放是中央的重点任务之一，作为推动构建人类命运共同体的重要措施，2019年我国将继续放宽市场准入、扩大进出口贸易、推动出口市场多元化、促进贸易和投资自由化便利化。同时，中央将继续推行积极的财政政策和稳健的货币政策，通过改善货币政策传导机制和加大减税降费力度等措施，着力支持实体经济，改善投资环境，释放国内消费能力，解决民营企业和小微企业融资难融资贵的问题。作为国有大行，践行中央要求既是我们的义务，也是我们海外与国际业务发展的重要机遇。

2018年海外业务取得的成绩离不开各机构在“稳”字上所下的工夫，但建设银行海外业务在“发展”这个问题上要有“不进则退”的忧患意

识。我国与多国的双边自贸谈判都取得了进展，在扩大开放方面也已经迈出了实际步伐，中国消费升级以及生产方式转变也推动国际产能合作走向新台阶。我们在这场大变局中要发现机遇、创造机遇、抓住机遇。就在不久前举行的第二次中德高级别财金对话上，中德两国达成了一系列重要共识，其中多条内容均与我们未来的发展机遇密切相关。

因此，海外业务的“稳健发展”不是不发展，而是要追求风险可控的，与各机构合规、风险把控和人力资源支持能力相匹配的有效发展。只有不断发展，摒弃“守摊子”的思维，才能切实增强参与国际竞争能力。作为国有商业银行，海外业务要适应新形势、把握新特点，抓住我国继续推动“一带一路”、扩大进出口贸易、实施供给侧结构性改革等机遇，紧盯客户需求痛点和当下市场热点，重点把握好我国制造业转型升级、居民消费能力提升、扩大对外商投资开放等新形势下潜在的发展机遇，为海外业务下一阶段发展注入新的活力。

根据年初工作会议要求，总行决定，2019 年海外业务要按照“合规优先、稳中求进”的原则，落实集团发展战略要求。满足境内外一体化需求，发展特色业务，差异化制定年度目标；优化资产负债结构，提高资产收益和资本回报，持续加强成本管控，提升精细化管理水平和运营效率；继续深化“一行一式”发展，大力推进交易金融、第三方市场合作、港澳零售等特色业务，在重点产品和重点区域实现重点突破，并在业务发展中锻炼合规能力。海外业务谋求发展要合理把握“精进”的发展节奏，不片面追求规模。总行相关部门在制订海外发展计划时要做到实事求是，设定科学合理的增长目标，切实体现“稳中求进”的发展要求。

二、“稳中求进”的关键在于补齐短板

（一）客户基础仍然薄弱

受境内外监管政策变化影响，2018 年海外传统联动业务面临挑战，部分海外机构受制于业务结构单一、客户基础薄弱等问题，出现了资产规模波动、营业收入下滑的情况。尤其是客户基础薄弱的问题，已经成为制约建设银行海外业务发展的瓶颈。一方面，个别成立多年的机构，客户基础依然薄弱，既有存款又有结算的有效客户数量仅为个位数，客户拓展进度缓慢。在 2018 年总行下达客户数计划较为保守的情况下，还有部分海外机构无法完成计划。另一方面，海外机构客户质量也有待提高，存在客户有量无质、客户黏性不足、核心客户数量不多的问题。

（二）反洗钱与合规管理能力要持续加强

当前，全行各业务条线合规意识明显提高，合规能力不断进步，但以下问题仍要持续改进：一是部分机构反洗钱系统运行不畅。因规则、参数设置不合理，系统无效报警多，来不及处理，造成警报大量积压，甚至遭到监管警告。二是对监管机构提出问题的整改经验需要认真总结。总、分（子）行要形成合力，以问题为导向，举一反三，解决监管提出的实际问题，总行也要通过加强与监管、律师及合规官的直接沟通，提升处置合规问题的指导能力，对问题的性质与处置方法有科学认识和解决思路。三是海外合规能力不能完全跟上客户服务能力，现阶段仍有因合规能力不足而不得不放弃部分业务机会的现象。

（三）流动性管理不能放松警惕

2008 年国际金融危机的惊心动魄仍然历历在目，2019 年美元依然存在加息可能，国际市场突发事件仍然频出，境内外汇流出压力依然存在。近年来总行对海外机构的资金拆借余额总体保持稳定，随着海外业务规模的迅速发展，海外机构流动性问题也要引起重视。

这里要再次提醒各机构，市场估值、汇率的波动将首先传导到每家机构的流动性上，并影响一系列监管指标的变化。大家一定要明白一旦危机到来“树欲静而风不止”的道理，切忌对总行的流动性支持心存侥幸，要提高对流动性预警监测的范围和阈值，发展业务要量入为出，要拓宽自筹资金渠道，进一步巩固并增强主动负债能力，利用各种金融工具提高负债的稳定性，积极拓展中长期资金来源，扎扎实实打好客户基础，持续做好资产负债结构的调整和优化。

与此同时，总行资产负债管理部要发挥好海外流动性管理的牵头作用，在加强日常监测的同时，要做好海外流动性应急预案，统筹安排好境内外、各时区的流动性储备，要从最坏的情景着

眼，应对市场可能的变化。同时，要利用好海外资金平台，充分发挥香港资金运营中心的作用，确保不出流动性风险。

（四）主动风险管理能力有待提升

2018 年以来，部分境外监管机构开始关注建设银行联动业务，部分机构出现信用风险隐患，主要表现为：一是海外机构开展联动业务缺乏对境内外监管政策、业务第一还款来源、贸易背景真实性等各项因素的通盘考虑和认真分析，审计发现部分海外机构对贷款投向审查不严，贷款投向境内限制性行业与客户，同时集团风险偏好未能及时向境外传导；二是精准识别风险的能力不足。受制于客户行为分析能力弱的问题，海外机构缺乏对客户资金使用情况的监控，也不具备相应技术手段对客户经营情况作出判断，同时，流动性风险管理手段较为单一，操作风险仍时有发生；三是主动防范化解风险的动作不够。要通过与总行、境内机构、客户的主动沟通协调，防止发生风险事件。部分落地资产增速较快的机构要注意落实贷后管理，依靠他行保函拓展落地业务的机构，更要注意保函合规性与贷款投向问题。

（五）境内外一体化穿透管理能力无法满足业务发展

总行对海外业务管理的精细化程度依然不足，仍无法实现有效的穿透管理，存在总行部门各自为战、海外机构孤军奋战的问题。主要表现为，一是总行部门间、境内外间的管理协同度不高，信息传导不够顺畅，存在海外机构对总行政策理解不到位，总行对海外的第一手信息掌握不够，各海外机构间缺乏经验共享机制的问题。二是客户服务及产品间的协调程度不够。一方面，部分产品的设计未能充分考虑境内外的监管要求和海外实际运用效果，仅从本部门角度出发进行推广；另一方面，境内成熟的系统和产品向海外推广较慢。三是总行对海外的条线化服务与支持力度还需加强。部分部门对海外提要求多，服务与支持少，缺少为海外员工设身处地着想的担当，有的问题多年得不到解决。

（六）IT 支持与运用能力仍需持续改进

尽管新一代系统已在海外机构大规模推广，海外信息化程度得到提升，但当前建设银行海外业务人工处理的比例仍然较高，对于管理和风险控制都形成掣肘，海外机构运用 IT 系统的能力仍然欠缺，难以支撑建设银行海外业务的持续稳定发展。系统应用能力落后又反过来制约了海外机构的数据挖掘能力，限制了收益水平的提升。问题主要体现在以下几方面：一是新一代系统尚不能满足海外机构的全部业务需求。新一代系统初步上线了基本模块与功能，但部分功能尚不完善，已有功能也待优化。二是报表自动化程度较低，无法满足当前监管、审计和内部管理的需要。三是解决总行集中支持和各机构本地化需求的工作机制尚未理顺。一方面，海外机构要具备精准提出系统需求的能力，加强与开发人员的直接沟通；另一方面，总行部门也要及时将境内系统功能输出到境外，切实履行条线化管理职责。四是系统功能与设置还要充分考虑各国监管新规的变化，进行调整优化，比如数据管理如何适应欧盟通用数据保护条例的挑战。

（七）财务与制度化管理仍要严格执行

海外机构要按照总行要求，严格执行《公务接待管理办法》，国内团组出访也要自觉执行财务和外事纪律。

2017 年，总行国际业务部发文对海外机构制度化管理提出明确要求。近年来，海外制度化管理程度有所提升，但各机构仍要持续加强内部管理，防微杜渐。一是各机构要严格执行并定期重检“三重一大”决策清单；二是当前复杂形势下要加强本机构保密管理；三是针对特别紧急或可能对本机构造成重大负面影响的事项要及时报送总行相关部门，并做好应急预案；四是执行跨区域信贷业务规定；五是严格遵守外事纪律。各机构负责人要提高自身安全意识，做好员工的安全教育和管理工作。总行 2019 年要加强出访团组的管理力度，做好相关团组的行前教育。

三、2019 年经营和管理要求

（一）持续优化当前海外业务管理模式

总行要遵循有效性原则持续优化海外机构管理体系，坚持走相对集约、分层管理、专业化落实的发展道路，提升总行对海外机构主动性管控的能力。下一步要继续结合中资同业经验和区位资源优势，依托香港，研究设立海外集约化中心，并制订配套的内部管理及考核方案。对于已经成立的海外管理中心，要充分发挥专业化、集约化、常态化的特点。海外审批中心在解决海外审批专业化、高效化上发挥了巨大作用，下一步要继续发挥好集中处理的优势，将更多机构纳入中心进行审批；海外资金平台和香港资金运营中心要在统筹好各机构流动性需要的前提下，要提高全行海外资金的使用效率，为海外机构提供有竞争力的报价；刚刚成立的海外审计中心要以落实有效性管理为目标，增强对海外机构的主动管控，进一步提升海外机构内审工作整体效率和效果，加强境外监管政策研究，注重海外合规审计，加大国际化审计人才的培养力度。

（二）开创服务“一带一路”倡议的新思路

海外机构要抓住我国扩大对外开放的新机遇，参与全球经济治理体系变革，继续围绕“一带一路”倡议，以创新性思维挖掘联动业务新模式，形成一套服务双边经贸往来的业务打法和发展规划，重点做好“稳外贸”“稳金融”“稳外资”等相关工作。

一是服务客户要有新方向。要把握好当前形势下我国扩大进口的机会，重点挖掘本机构所在地跨国公司的需求，充分重视本地优质企业对建设银行融入当地市场的杠杆效应，加大对与中国有密切经贸与投资往来优质企业支持力度，增强主动授信能力，通过融资、融智等多种方式为客户提供服务。

二是满足客户需求要有新点子。2018 年海外传统联动业务发展模式受到挑战，但是客户跨境金融需求依然存在，在保证业务合规性与有效性的前提下，总行下一步要认真总结境内外客户需求，开发能够解决客户新痛点的产品。各机构要充分发挥在当地的窗口作用，立足全球思维，充分利用建设银行集团的能力和人民币业务优势，从客户营销、项目推荐、全球授信等方面加大境内外协同联动，服务跨国集团客户的业务需求。

三是防控业务风险要有新理念。海外机构开展联动业务要改变简单依赖境内机构担保，盲目开展业务的陈旧思维，稳健办理保函项下信贷业务，特别是他行保函项下信贷业务。办理信贷业务前要严格审查业务的第一还款来源，确保业务的全面合规，并落实贷后管理职责。

四是拓展海外市场要找新伙伴。要充分意识到境外同业业务是未来海外业务的蓝海，通过加强与外方先进同业在银团贷款、联合融资、转贷款等方面的合作交流，与其共同参与中资或发达国家/地区企业在“一带一路”沿线国家/地区等第三方市场的重大合作项目。此外，各机构要抓好 2019 年我国扩大 QFII 总额度的政策机遇，积极与当地投资人民币及有意深度参与中国市场的投资者开展合作，对照名单营销当地同业及非银行金融机构类客户，引导境外投资者用好 QFII 和 RQFII 额度。

（三）差异化发展海外零售业务

港澳机构要加快发展海外零售业务，提升综合竞争力。作为稳定低成本存款的重要来源和服务客户的重要手段，零售业务是建设银行亚洲推进综合化经营的关键一环。下一步港澳机构要办好零售业务，一是要摆脱“靠人力、拼规模、高成本”的老路，要将境内打造现代科技银行的理念延伸到境外，强化金融科技驱动，为零售业务的发展和创新深度赋能，走“精而优”的发展道路；二是以粤港澳大湾区建设为契机，推进粤港澳大湾区住房租赁服务，为港澳居民跨境生活提供便利化的金融解决方案；三是要重视境内系统与境外金融监管环境的差异，坚持“孰严原则”开展零售业务的科技创新；四是跨境私人银行业务的创新要经得起外汇管理政策的考验。

其他机构要慎重对待零售业务，已开办零售业务的机构要重新梳理存量业务的合规性，如发现有不符合境内或境外监管规定的情况应立即停办。开办新业务或新产品前要报总行分管部门核准。

（四）持续强化海外合规管理及风险防控能力

海外合规经营不是简单的符合当地法律法规，而是要体现对规则的深入理解和持续遵守。针对监管机构提出的问题，各机构不仅要认真整改，更要在整改过程中建立体制机制确保持续性合规，尤其是在当前敏感时期不可有丝毫懈怠情绪。一是落实全面合规经营的要求。海外业务既要遵守所在地的法律法规，也要严格落实银保监会、外汇局等境内监管机构的法律法规，贷款投向要按照“穿透原则”符合集团统一的风险偏好；二是开展业务要加强对企业背景和交易行为的审查，对于看不透、摸不清的业务和客户，不可轻易介入；三是加大合规反洗钱资源投入。支持海外机构结合当地监管要求和合规反洗钱实际，主动对标国际先进同业经验，加强系统建设，提升可疑交易筛查模型的准确度和甄别能力；四是要落实监管检查及审计问题整改，将整改要求嵌入业务流程；五是防范信用风险。部分机构本地贷款增长较快，要按照商业原则做好客户甄别，严格贷款准入，把握投放节奏，要做好贷后管理，监测分析客户行为。金融市场部要协助海外机构在债券投资过程中做好信用风险的判别和预警工作。

（五）提升总行对海外一体化管理和服务能力

经过几年的发展，总行海外业务的条线化管理责任制已逐步形成，但总行各条线部门对海外业务管理的专业性、主动性、全面性仍然需要持续加强，全行各条线各部门要继续齐心协力共同推动海外业务健康发展，从全局的角度整合各海外机构差异化的经营特色，形成建设银行集团服务客户的整体竞争优势。各部门推动海外业务要站在全行角度通盘考虑问题，不能各自为战。各部门要加强自我学习，不仅要能及时回应海外机构业务诉求，还要了解当地监管法规和客户需求，做到能够主动对海外发展提出有效意见，及时根据最新情况为海外业务发展提供相应的制度保障。国际业务部作为海外业务的牵头管理部门要主动发挥对海外机构和总行部门的统筹协调职能，发挥中枢作用；确保海外机构与总行间以及总行部门间信息沟通的及时、准确；掌握海外机构对总行要求的落实情况，提升海外机构管理水平。

总行部门要遵守海外当地公司治理规定，不得以行政命令管理海外子银行，而是要以股东意见的方式通过子行董事会传导总行战略要求。对于建设银行非全资控股的子银行，更要因地制宜研究管理方法以及对管理层的授权方式，避免以批复的形式直接指挥子行管理层。

（六）提升海外数字化治理与精细化管理水平

功能齐备的 IT 系统和完善的数字化治理水平是实现穿透式管理、精细化管理以及合规经营的基础。要让新一代系统真正成为能服务海外业务发展的工具，不仅仅是金融科技部和几家开发中心的事，更需要各业务条线勇于担当、明确分工、形成合力。一是金融科技部要牵头完善境外系统开发的工作机制，总行部门和海外机构的系统需求要“有人管、管到底、可追踪”；二是重点完善海外网银基础功能、反洗钱合规监测系统、监管报表数据自动采集，着力打通境内外客户需求信息的共享渠道；三是要提高新技术的应用能力，驱动业务发展。当前，中国互联网技术的应用已走在世界前列，国际先进银行也纷纷通过数字化变革引领传统业务升级，建设银行海外业务发展也要依托境内成熟的金融科技成果，以海外版网银为平台，在资金结算、贸易融资、零售业务等领域实现新技术的海外推广应用，改善客户服务体验并缩减与先进同业的差距；四是总行部门在开发系统时不仅要考虑生产需求，还要统筹考虑管理需求和海外机构监管报表需求，新上线的系统要尽快实现业务数据自动提取功能，尤其是涉及总行考核的业务数据；五是总行及海外机构要充分考虑当地监管要求和信息安全法规对系统布设的挑战。

（七）加快培养国际化人才

复合型的国际化人才短缺已经成为制约海外业务实现高质量发展的另一短板。2018 年，总行提高了外派员工的薪酬水平，充实了外派员工队伍，完善了海外人才库制度，制订了国际化人才发展规划，下一步要围绕提升人才质量，加快全行国际化人才发展规划的落地实施。当前，我们的海外人才库和海外后备干部选拔体系刚刚解决了最初选材环节的问题，但要培养出熟悉海外业务、了解海外市场、融入当地文化的国际化人才仍需付出更多努力。提升国际化人才质量要不断完善国际化人才培养体系，建立“常备军”和“预备役”结合的海外人才队伍，形成人才资源的良性循环和合理配置。一是要以建设银行大学平台为依托，打造以提升业务能力为导向的海外人才培养课程，尝试外派前针对不同岗位需求的定向培养；二是要坚持在实战中培养人才，提高人才质量。要发挥好建设银行亚洲、伦敦、纽约等位于全球金融中心机构的资源优势，打造建设银行海外业务专业人才的培养基地；三是海外机构负责人的聘任要遵循“熟悉市场、就近选才”的原则，综合考虑其境内和境外的工作履历，原则上要有在市场环境相近机构的工作经历；四是要结合当前海外业务发展的主基调和实际问题，注重树立员工合规意识，强化风险识别能力；五是要充分发挥好外派员工在管理、培训和产品研发等方面的作用，外派期满返回境内的员工可择优充实到总行海外管理岗位，增强境内管理力量。要制定灵活、有效、以人为本的境内员工与海外机构的交流和派出机制，研究员工多次外派方案，解决好长期外派的后顾之忧，降低外派员工适应海外工作的时间成本，提高外派员工队伍的稳定性。

（八）充分重视海外文化融合

海外机构要形成能够适应当地国情和价值观的企业文化，要从心态上转变，要从小事做起。一是中方管理层要珍视每一位本地员工的价值，有开放包容的心态，能够主动征求员工意见，虚心学习他们带来的同业经验。同时，要通过搭建本地员工培养体系，提高本地员工市场价值，增强其对建设银行的归属感。二是总行要加强与本地员工直接沟通，充分发挥本地员工作用，及时掌握真实信息、了解本地员工的心理动态、采纳本地员工提出的建设性意见。三是外派员工也要加强对境内市场和我国宏观政策的学习，通过日常对本地员工的知识传授和经验分享，讲好中国故事，在求同存异中加深本地员工对中国文化和国情的认同及理解。

2019 年将是不平凡的一年，大家在外打拼要常怀使命感，时刻关注境内外局势，坚定不移地落实总行对海外发展的各项要求，总行也将在大后方为大家提供一切可能的支持！也请大家尽快返回工作岗位传达落实全行工作座谈会和海外工作座谈会会议精神，也请各位帮助转达总行对大家新年的祝福和问候。

在此给大家拜个早年！祝大家返程顺利！

提质增效强服务　凝心聚力谋发展

——在全行渠道运营“服务质量提升年”动员会（视频）上的讲话

张立林

（2019 年 2 月 19 日）

同志们，上午好！

按照总行工作部署，决定将 2019 年定为全行渠道运营“服务质量提升年”。今天我们召开动员大会，一是统一思想，提高认识；二是查摆问题，明确方向；三是布置任务，提出要求，推动渠道运营服务品质尽快取得实质性提升，加快实现渠道运营无缝对接、客户体验一致性交互。今天参加现场会的部门除了渠道运营部外，还包括与服务相关的业务部门，目的就是通过各部门协同联动，共同促进全行服务水平迈上新台阶。

一、切实提高对银行服务质量重要性的认识

提升全行服务质量，既是建设银行自身实现可持续发展的内生需要，也是践行大行责任，落实中央“以人民为中心发展思想”的政治要求。服务工作事关人民群众的根本利益，服务质量的高低将直接影响人民群众对美好生活的获得感，党和政府、监管部门及行业协会都给予了高度重视。

习近平总书记在党的十九大报告中指出，“坚持以人民为中心的发展思想，就是要从人民群众的根本利益出发谋发展、促发展，不断满足人民群众日益增长的美好生活需要”，并强调，“提升金融服务的覆盖率、可得性、满意度，满足人民群众日益增长的金融需求”。

国务院持续深化“放管服”改革，加快推进“互联网 + 政务服务”，降低企业和群众办事成本，缩短办理时限，并设立推进政府职能转变和“放管服”改革协调小组，组织开展专项督查，确保改革成效。监管部门、银行业协会不仅持续推进文明规范服务示范单位评优工作，还开展服务质量明察暗访，保护金融消费者权益。我们一定要紧跟国家政策导向，渠道运营条线要首当其冲地贯彻落实。在 2018 年行业千佳网点创建工作中，建设银行进步很大，成果丰硕，值得肯定。

国有商业银行是代表党中央、国家政府面向社会大众提供金融服务的窗口，一言一行都代表着党中央和国家的形象。我们的服务渠道，也是党和政府与人民实现有机联系的触点，服务如果做得不好，不仅会影响自身发展，还会影响到党群关系。

国立董事长多次强调，全行要“践行大行责任”“由靠利差吃饭向靠服务能力吃饭”转变。祖继行长也指出，我们现在已进入“客户主权”时代。互联网彻底改变了客户的行为方式，现在的客户更加注重即时性、自主性、私密性等服务体验，据相关调查显示，25% 的客户在经历一次糟糕的服务旅程后就会转向其他同业。建设“以客户为中心”“客户极致体验”为终极目标的服务能力已成为先进银行的核心战略，是关乎银行生存与发展的生命线。渠道运营做好客户服务也是我们推进落实“三大战略”的基础和保障。

第一，服务是我们的生存之本。服务是银行从业人员的天职，不管银行的服务形态发生怎样的变化，银行服务永远在线。

第二，服务是我们的发展之源。现阶段各家商业银行的产品同质化严重，单纯依靠产品、网点规模扩张已难以形成竞争优势，唯有提升服务能力才能实现效益最大化，服务能力就是我们开启“第二发展曲线”的重要引擎。从统计数据来看，截至 2019 年 2 月 10 日，国有大行的存款增

长主要来自零售，且负债能力的差异主要源自服务零售的差异化竞争能力，说明这几年建设银行以客户为中心推进服务方式和服务能力的转换取得成效。我们关注的不再是简单的“面对面”服务，更是一张以营业网点为基础，依托智能运营体系数字化建设的服务之网。

第三，服务是我们的信誉之魂。我们向社会提供的服务能不能让大众满意，充分体现了我们的管理水平，反映出我们的产品研发、流程设计、营销维护是否真正做到“以客户为中心”，也将直接彰显我们的企业文化内涵和员工精神面貌。

二、总结经验，正视不足

2018 年是全行网点服务工作取得丰硕成果的一年。

一是行业千佳网点创建取得历史性突破。121 家网点被授予“千佳”单位称号，较上期增长 48%，入选数量四大行第一（工行、农行、中行入选数量分别为 100 个、80 个和 87 个），且唯一实现正增长，为建设银行获得 2018 年“陀螺”评价体系全国性商业银行综合评价初评排名第一贡献了一份力量。

二是“劳动者港湾”公益服务品牌全面打响。全国范围的服务网络迅速形成，服务人次持续增加，服务内容不断完善，品牌影响力日益扩大，社会各界充分肯定。“劳动者港湾”相继获得中央网信办和全总、新华网等单位颁发的多项大奖。

三是渠道服务网络持续完善。网点及自助银行布局持续优化，科学配置选址模型，撤并低效网点，充分释放资源到网点服务空白或薄弱区域，新增覆盖 50 个空白县；配置“龙易行”移动智能终端 7288 台，通过移动服务灵活满足客户需求。

四是渠道服务内涵不断延展。承接住房租赁相关服务，网点累计受理住房租赁业务咨询 415.78 万人次，出租房源 25.45 万套；推进普惠金融业务下沉网点，全行开办率 92.08%，网点办理普惠金融贷款余额合计 6658.26 亿元；挂牌普惠金融特色网点 784 个；网点渠道进一步加载政务办理功能，赋能智慧政务。

五是网点服务标准化持续推进。在业内率先推动《银行营业网点服务基本要求》和《银行营业网点服务评价准则》两项国标认证落地，2017 年和 2018 年共 27 家分行通过认证，在雄安和上海打造行业无障碍服务标杆网点，受到人民银行、国家市场监管总局、中残联及中银协等机构的充分肯定。

六是柜面业务流程持续优化。员工渠道新增、优化多渠道预约预处理、电子签名及电子填单等 463 个功能点，大大缩短了客户业务办理及排队等候时间，效率提升 50% 以上，客户体验显著改善。

七是网点服务质量和效率稳步提升。2018 年，全行网点客户平均等候时间为 10 分 3 秒，较 2017 年降低 1 分 11 秒。根据市场调查公司监测结果，全行网点服务质效和客户满意度持续提升，在国有大行中处于领先水平。

对于成绩，我们要继续保持，使之转化成为建设银行始终领先同业的优势。同时，我们也要正视不足，总的来看，服务管理存在以下五方面较为突出的问题。

一是部分分支机构对服务重要性的认识不足。不同程度存在“重业绩、轻服务”的思想，造成一些网点人员短缺、业务高峰时段柜台开放数量较少、客户排长队等候现象严重。全行网点服务管理系统监测数据显示，部分分行网点客户平均等候时间较长、超长客户占比较高、超长网点较多。2018 年，全行网点客户平均等候时间为 10 分 3 秒，在 10 分钟以上的分行有 16 家，其中，广西区、云南省、深圳市和上海市四家分行客户平均等候时间最长，在 14 分钟以上；全行超长客户占比为 9.08%，10 家分行在 10% 以上，占比最高的三家分行是深圳市、广西区和云南省分行，为 14% ~17%；全行超长网点数量 286 个，分布在 26 家分行，数量最多的三家分行是广东省、广西区和云南省分行，分别有 53 个、52 个和 39 个。

二是对智能化转型中出现的服务问题未能及时响应并提出改进措施，未能妥善处理“三个关系”。首先是智能化与人工服务之间的关系，智能化是银行发展的方向，但部分机构因为推进线上业务和智能服务而忽略了老年人等群体对人工服务的需求；其次是标准化与差异化服务的关系，虽然建立了网点服务标准，但忽略了地区间、城乡间的差异；最后是高峰时段与其他时段服务的关系，针对网点高峰时段服务，部分机构缺乏行之有效的调节能力和应急预案。

三是个别分支机构服务管理基础薄弱。在近几年的网点转型发展中，个别机构片面追求业绩指标，忽视日常服务行为监督管理，整改客户投诉问题不积极，错失及时改善客户服务体验的良机，导致服务质量问题反复出现。2018 年，全行共受理客户投诉 43205 笔，其中涉及服务态度及服务水平的达 24146 笔，占 56%；全行被客户投诉到当地监管部门的数量为 2038 笔，大年初一是五大行中升级投诉排名最高的行。但不管是行内受理的，还是升级到监管部门的，办结率和办结后的客户满意度都高达 99% 以上，说明只要客户一投诉问题就能解决，反映出全行对客户服务，尤其是客户投诉的重视程度还有欠缺，“以客户为中心”还没有真正落到实处。

四是网点服务精细化程度不高的现象较为普遍。总行提出的“一点一策”要求和措施未完全落实到位，部分机构未结合区域差异、客流量、客群特点及业务种类等因素合理调配服务资源。尤其是在窗口设置、人员安排、设备配置、排队叫号系统管理等方面，规则设置不够完善，VIP 客户插队影响大众客户体验被监管部门通报和媒体曝光的问题时有发生。这也从侧面反映出推进实施网点数字化的必要性，只有实现数字化才能使“一点一策”真正执行到位，才能使精细化滴灌到管理的各个环节。

五是部分网点员工的服务意识和服务能力亟待提升。部分员工主动服务意识不足，不能及时发现和响应客户需求。部分员工，特别是柜面人员，对业务规章制度没吃透，对产品知识掌握不全，造成业务办理质量不高、耗时长等严重影响客户服务体验的问题。

三、明确目标，部署任务

（一）树立明确的工作目标

2019 年，通过渠道运营“服务质量提升年”活动，全行上下要形成合力，确保达成以下工作目标。一是网点客户柜面平均排队等候时间要控制在 10 分钟以内，努力实现业内最短，超长等候客户占比和超长网点数量要实现明显下降。二是严格落实首问负责制，客户投诉数量持续降低，客户满意度持续提高，网点“神秘人”检查评分保持四大行领先。三是各一级分行均要力争辖内有网点入选行业百佳，全行百佳总量四大行第一。四是员工服务技能持续提升，专业服务能力不断增强，全年实现网点员工服务培训 100% 覆盖。五是强化部门协同配合，借助智能运营体系建设，打通系统、流程断点，实现资源管理精准化，使渠道数字化管控水平显著提升。

（二）积极行动，做客户最满意的银行

行胜于言，提升服务质量靠的是行动！近期，总行正在围绕渠道运营“服务质量提升年”活动，研究制订实施方案，近期将会印发，主要包括服务提升“十大工程”，目的就是要坚决将全行服务质量搞上去。

第一，网点靓化工程。一是美化网点环境。要加强对网点和自助银行区内外部设备设施、标识及环境卫生维护，明确责任人，确保客户视线范围内无卫生死角，保持网点环境和设施干净、整洁、美观。二是加强网点分区和物品布放管理。各分行应从增强网点服务效能、支持网点获客营销出发，充分考虑网点内部功能分区的便捷性、私密性、安全性，细化网点内物品布放要求，确保所布放物品符合网点视觉形象规定，与网点功能分区有机融合，营造整洁舒适、有序高效的服务环境。三是开展客户动线治理。各分行要安排督促所辖网点开展客户动线重检和调优工作，充分考虑客户服务流程中各区域间的功能关系，减少客户不必要往返，提升服务效率。针对拟装修的营业网点，各行应加强对设计方案的审核，确保网点内部布局及动线设计最优。

第二，温馨大堂工程。一是加强大堂营销服务人员配备。从现在起，各级分支机构不得任意减少网点一线服务人员，对新设网点，分行渠道管理部门要严格开业授权管理，人员配备不能满足日常服务需要的，不得开业。各分行要督导网点建立以网点负责人为核心，包括营销主管、大堂经理、网点客户经理、产品销售经理在内的大堂服务协同补位机制，理顺营销服务流程，充分发挥智慧柜员机渠道分流作用，提升服务效率。二是强化落实大堂服务要求。各分支行要加大检查力度，确保员工着装得体，仪容举止和用语规

范，服务态度礼貌谦和。要督促大堂营销服务人员严格按照总行服务规范开展客户迎来送往、引导分流、协同营销等服务工作。三是服务好特殊客户群体。日常要注重培养员工关爱和服务老弱病残孕等特殊客群的意识。对于部分特殊客户，网点内要开辟绿色通道，安排专人引导服务；对确实存在困难，无法到网点办理业务的客户，提供主动上门服务，满足客户特殊金融服务需求。四是高度重视客户投诉。各分行应根据总行出台的客户投诉处理管理办法及流程，建立健全敏捷、规范、透明的投诉处理机制。网点负责人作为第一责任人，要增强敏感性，遇有客户投诉，第一时间做好问题处理，有效化解客户不满情绪，防范声誉风险。

第三，效率提升工程。一是扎实做好网点客户分流管理。各分行会后要尽快安排网点服务管理系统规则重检，督促网点按照“一点一策”要求合理设置本网点的叫号分流、“网点排队拥挤预警”阈值等规则。各分支行要持续监测并及时分析总结网点客流变化规律、到店客户层级特点、柜员服务效率等情况，落实预警响应机制，及时解决网点超长排队问题。对网点的监督要实行一对一，不能单纯用平均排队时间掩盖个别网点存在的超长等候问题，总分行都要建立定期排名通报和约谈机制。二是持续优化业务、产品流程。这是提升服务效率的根本，总分行相关业务部门都要积极行动，从产品研发端开始抓起，将客户体验评价、优化贯穿于产品全生命周期管理中，持续改进产品和流程。网点操作层面，要继续深度分离柜面业务，不断拓展集约化运营支持业务范围，提升运营质效。进一步拓宽电子签名、电子印章、凭证电子化应用范围，着力解决基层反映的系统操作不便、流程冗长、风险难控等“用户最后一公里体验”问题。三是创新客户交易服务模式。要加快丰富多渠道预约预处理及“融易办”组合交易业务场景，通过前移柜面操作事项、组合交易减少客户身份认证、验密、签名频次，压缩客户柜面占用时间，从而缓解客户等候时间长等网点服务痛点问题。创新拓展多渠道协同业务办理模式，打通线上线下渠道协同及信息共享，实现手机银行扫码办理、生物识别办理等多种业务办理方式，进一步简化网点业务办理流程。

第四，科技赋能工程。一是提速智能运营体系建设。2019 年要以赋能渠道服务质量提升为着力点，确定分步落地实施内容。重点是按照客户旅程和业务旅程维度梳理业务流程，衔接流程断点，建立面向客户、各级员工的流程统一视图，提升客户体验。

二是推进门店数字化建设。渠道运营部等相关部门要抓紧研究验证，推进渠道产品数字化、销售数字化、交易数字化、管控数字化转型。持续探索基于位置服务的 LBS 场景经营模式，打通线上与线下环节，为客户提供多渠道触点及全渠道一体化服务。

三是加快推广网点智能管控平台应用。渠道运营部要多动脑筋想办法，让网点快速熟悉使用，通过智能化管理方式，规范网点所有宣传展示设备的接入标准与信息发布标准，支持符合标准的设备、信息快速接入和发布，助力全行业务发展。

第五，人员提能工程。一是抓培训。各行应持续加强对网点人员的培训工作，以培养员工主动服务意识、提高业务操作熟练度、提升客户服务能力为主要目标，依托网点直通、网络培训等多种形式，突出服务理念宣传贯彻、柜面业务操作、客户营销服务以及综合业务知识等内容，提高网点人员的客户服务水平。二是抓实战。各级分支行层面要建立专业导师团队，下到基层网点开展导入式培训，力求通过实战演练丰富网点员工的实践经验。2019 年要特别注重培养网点的大堂排队疏导能力，各分行要拿出具体措施，指导网点在客户排队高峰时段，通过开展金融知识普及或微型产品沙龙等活动，缓解客户焦急等待情绪。三是抓员工积极性。一方面，2019 年百佳网点创建、网点服务质效将纳入分行 KPI 考核，各分行也要配套设计相应的员工绩效考核指标，激发网点员工服务主动性；另一方面是要落实员工关爱，全行服务质量的提升不能靠施压一线员工来实现。2018 年总行下了大力气规划基层网点员工关爱系列政策措施，2019 年各级分支行要积极配合总行的工作部署，着力从落实岗位关爱、工作关爱、成长关爱、能力关爱、生活关爱等方面，提升员工归属感、幸福感。

第六，基础管理提升工程。一是推进网点服务标准化、规范化。持续推动《银行营业网点服务基本要求》和《银行营业网点服务评价准则》两项国标认证落地。重视消费者权益保护，投资理财产品销售中一定要坚持完成规定动作，切实维护客户的合法权益，妥善处理纠纷，确保客户对建设银行服务的信心和信任。二是落实首问负责制。各分行要严格推行“首问负责制”，落实“谁接待、谁负责”的要求，及时回应客户的金融服务需求，并做好网点内的营销服务协同工作。三是健全网点服务监督管理机制。持续开展网点神秘人检查，优化评价标准，加强对员工服务行为、服务窗口设置等方面的同业对比监测；深入推进柜外清客户服务评价工作，通过客户满意度即时评价，助推柜面服务质效提升；有针对性地开展内部人员暗访体验，及时发现和改进网点服务以及业务制度、系统和流程中存在的不足；加强客户投诉分析和应用，主动寻找服务流程和产品设计的改进点，迅速落实整改。

第七，客户体验提质工程。一是建立客户体验管理机制。2019 年，总行将推动设立专业专职的渠道客户体验管理机构，承担客户研究、体验设计、体验测评与体验管控职能，对渠道客户体验进行统筹规划和全生命周期管理。渠道运营部、网络金融部要相互配合，线上线下要一体化协同考虑。客户面对的是建设银行这个整体，因此各部门应通力合作，确保客户体验。二是抓紧解决物理渠道“服务最后一公里”痛点问题。由总行渠道运营部牵头开展客户“最后一公里体验优化”专项活动，通过系统快速迭代优化提升客户及员工体验。今后，要深刻领会祖继行长所提出的“客户主权”理念，切实杜绝“银行主权”思维，对服务质效的考量从结果管理向注重客户旅程设计的过程管理转变。

第八，服务标杆打造工程。一是全力做好百佳示范网点创建。各分行要以辖内有网点入选行业百佳为目标，开展服务标杆打造工作。总行将通过 KPI 考核加大对各分行百佳创建工作的激励约束力度。上述目标是一项难度极高的工作，但大家要有信心和决心去完成，同时要高度重视在百佳示范网点创建过程中所进行的客户体验改善、服务质量提升等长期性工作。

二是积极参与银行业五星级示范网点创建。行业五星级网点创建也是中银协主导的文明规范服务示范网点评定工作的重要组成部分。总行渠道运营部要带头抓实，根据中银协评选方案，强化落实总行、分行、支行和基层网点四级联动，确保组织推动、自评、申报、迎检等各阶段工作有序推进。为加强网点服务标杆的梯次管理，总行将于上半年启动行内星级网点评定工作，请各分行认真筹备参与。

三是培养和发掘“明星大堂经理”。总行将组织开展全行“明星大堂经理”评选活动，各行要积极动员，鼓励基层员工广泛参与，树立个人优质服务标杆。总行将择优推荐参加行业“明星大堂经理”评选。

第九，公益能量传递工程。一是持续提升建设银行公益服务品牌的影响力。“劳动者港湾”“裕农小顺”等都是建设银行践行普惠金融、服务大众民生的公益品牌，一定要经营好，这项工作请公关部多关心和支持，多帮助谋划，将公益与金融服务结合更有意义。二是深化“劳动者港湾”运营管理。各级行都要想办法不断丰富“劳动者港湾”服务内涵，广泛传播“便民文化、共享文化、社区文化”理念，促进与社区公益服务的深度融合，加强规范化管理，打造服务亮点和示范标杆。三是完善“劳动者港湾”App 功能。要加强多渠道宣传推广，策划组织丰富多彩的主题活动，积极引入与民生相关的第三方服务资源，抓用户、增流量。据了解，有些行对目前行内推广较多 App 平台有不同意见，大家应该客观看待，这是相关业务切入市场的一个必要的过程，总行也将在一定程度上对现行 App 平台进行有机整合。

第十，优质服务宣传工程。一是开展服务典型表彰宣讲活动。2019 年总行要将提升网点服务质效纳入全行劳动竞赛，也鼓励各分行自行组织开展“服务明星”“微笑大使”等系列评选，认真发掘服务典型案例、先进个人，表彰先进、宣讲典型，在行内营造创优争先的良好服务氛围。二是加大建设银行优质服务宣传力度。由各级行公关部门牵头推进，多层次、多渠道、多形式开展建设银行优质服务宣传和舆论引导，在行内外媒体积极推介建设银行服务品牌，要有效形成“四个联动”，即内外宣传联动、线上线下联动、部门基层联动、员工客户联动，营造有利于促进建设银行与客户良好关系的舆论氛围。

四、强力推进，确保尽快见实效

（一）认识到位

前面讲到，做好客户服务不仅是党和国家交给的政治任务，也是建设银行推进实施“三大战略”、实现可持续发展的内在要求，不仅董事长关心，党中央也极为关注，大家一定要统一思想，高度重视。服务质量提升是一项系统性工程，不仅涉及窗口服务，还涉及产品、系统、流程等，不光是渠道的事，还包括客户和产品部门。所以，服务质量提升也是一项全行工程和长期工作，需要各条线密切协同，齐抓共管，形成合力，持续推进。总行各部门都要主动作为，与党建和反“四风”工作结合起来，提高站位，讲政治、讲大局，共同努力加强管理，从根本上提升服务质量。

（二）组织到位

各一级分行要将提升服务质量作为“一把手”工程来抓，尽快成立由行长亲自挂帅、相关部门共同参与的工作小组，以自主、自觉意识对待服务管理工作，落实主体责任，建立服务工作责任制，逐项分解责任到人，切实做到“领责、负责、尽责”。

（三）保障到位

一是人力资源保障，近几年网点人员逐年在减少，2019 年总量上不能再减少。各分行还要拿出切实可行的措施，组织机动人力资源解决部分网点业务高峰时段人手短缺的问题，我们作为国有大行，不能像股份制银行一样设置客户准入门槛，只服务有限的客户群体，因此要特别重视业务高峰时段及节假日等特殊时段的营业网点人员排班工作；二是财务资源保障，要优先为基层网点改进客户服务、改善员工待遇配置财务费用；三是服务设施要保障到位，及时为网点维护、更新有关设备设施，补充日常运营所需的各项物品；四是员工关爱各项措施要落实到位，要让员工有归属感、获得感、幸福感，全面调动员工积极性。

（四）考核到位

2019 年总行拟将网点服务质效纳入 KPI 考核，分行也要加大考核力度，层层传导，压实任务，要制定详细、可操作的层级考核指标和评价标准，清晰界定责任，防止职责不清而影响服务质量提升效果。总行将持续跟踪督导各行服务质量提升情况，对工作推进不力的分行进行问责。

（五）抓重点工作

服务质量提升工作牵一发而动全身，一定要区分轻重缓急，有计划、有步骤地推进。当前的工作重点就是网点客户排队问题，一定要确保实现总行提出的目标，降低客户排队等候时间，尤其是重点地区、关键时点要确保服务质量。“两会”和“3·15”将至，任何疏忽都可能形成舆情，引发声誉风险。各分行务必提高警惕，加强与监管部门和媒体的沟通协调，要秉持零容忍的高压态势，坚决防范发生重大服务声誉风险。

（六）抓监督整改

总行已下发《关于切实加强营业网点客户排队等候管理　提升服务质量的通知》（建渠道〔2019〕19 号），要求加强重大服务风险和突发事件报告，各分行要坚决执行，杜绝弄虚作假现象，对于迟报、瞒报甚至串通搞“封锁消息”的行为，总行要追究相关分行管理责任。各分行要建立网点服务质量问题整改跟踪监督机制，对发现的服务质量问题要举一反三，深层次查找原因，坚持标本兼治，明确整改对象和期限，切实做到“三个不放过”，即服务质量问题原因未查清不放过、整改未到位不放过、问责未落实不放过。

（七）抓长效管控

提升服务质量是一项长期工作，不可能一蹴而就，总分行都要常抓不懈，不能当成运动一搞了之，要持续用力，久久为功。提升服务质量也要讲科学，要用科学的方法抓工作，不能片面地认为服务只是成本投入，要将其作为提升运营质效、降低成本的有力抓手。要坚持数字化发展方向，各层级要有效落实“因地制宜”“一点一策”要求，处理好智能化转型中出现的各种服务问题。

同志们，服务无小事，稍有不慎就可能引发重大声誉风险，损害建设银行形象。国立董事长指出，“渠道部门既是落实总行战略的主渠道，又是检验市场效果和战略落地的神经末梢，对实现总行战略意图至关重要”。全行在推进落实“三大战略”的过程中，一定要认真贯彻落实“以客户为中心”的服务理念，扎实细致地做好服务工作，不断提升客户体验和我行美誉度。最后，预祝渠道运营“服务质量提升年”活动取得圆满成功！

谢谢大家！

在商户管理“五统一”全行推广会（视频）上的讲话

张立林

（2019 年 3 月 19 日）

同志们：

为了整合全行力量，全力推动商户业务快速、健康发展，2018 年，总行启动了商户管理“五统一”项目。一年来，总分行多条线密切协同、攻坚克难，完成了项目设定的各项工作任务。2018 年，乃密总监召开了 8 家分行试点推广视频会，后续又在内蒙古召开试点分行座谈会重点查找系统存在的问题，并进行实地功能体验。从当时情况看，产品体验与最初设计和市场竞品是有差距的。目前有了很大改进，现在已具备向全行推广的条件。今天，我们组织召开全行推广动员会，就是为了推动商户管理“五统一”成果在各行尽快落地应用。下面我谈几点意见。

一、充分认识商户管理“五统一”项目的重要意义

（一）解决业务痛点，全面提升统筹经营管理能力

近年来，商户以其顺应消费转型升级的潜力、联结客户和银行两端的特殊属性以及承接资金的显著优势，成为具有战略意义的重要客户群体和场景，抓商户已成为全行共识。各条线基于自身需要，积极推进商户业务发展，但由于建设银行在商户管理上缺乏企业级的统筹经营，一度出现了多头管理、多头营销、商户重复统计、系统各自封闭且多个入口等问题，不仅造成资源浪费，而且形成内耗。针对这些问题，总行下定决心，集中专门力量，重点从商户平台、服务协议、风险管理、营销组织和支付品牌五个方面解决商户统一问题。从项目实施和试点情况看达到了预期效果，不仅解决了业务经营管理中的痛点，而且提升了业务发展关键能力，为业务进一步发展奠定了坚实基础，在全行商户发展历史上具有里程碑意义。

（二）赋能 B 端商户，开启数字化经营新征程

科技进步已深度融入生活，数字化经营将重构每个经营主体和经营场景，借助数字化力量层层解构，推动从简单的信息互通到实现万物互联，必须与时俱进运用新思维、新模式和新平台重塑业务格局。在新形势下，银行不仅要成为资源提供者，更应成为能力赋予者。

“五统一”正是商户业务在适应未来发展趋势，推进数字化经营方面迈出的第一步。“五统一”通过整合搭建商户平台和反欺诈系统，实现了商户经营管理数字化。下一步，要重点做好商户赋能，跳出金融本身，助力商户实现日常经营管理数字化，通过系统平台帮助商户降低管理运营成本、提高经营效益，助力商户生意兴隆。可通过两方面入手，一是在餐饮、出行、百货商超等领域与行业头部公司合作，通过 SASS 合作等外延方式，直接在纵深领域向 B 端商户赋能；二是在尚未出现头部 SASS 公司的行业，建设银行要承担起赋能职责，要主动查找商户痛点，利用建设银行科技优势积极创新，形成赋能能力。目前，“五统一”实施推出了一些行业增值服务和龙商通专业市场云服务，就是在商户赋能方面的积极探索，目前还属于起步阶段，将来要作为二期优化重点全力推进。

（三）助力 C 端突围，推动建设共生共荣生态系统

随着技术浪潮加速到来，数字和智能时代轮廓初显。基于对于时代变化趋势的洞察，田国立

董事长在2019年全行工作会上提出全行要开启“第二发展曲线”，明确指出要从B端、G端、C端推进数字化转型和模式重构，B端、G端蕴藏着诸多商户，是连接和汇聚C端的重要场景。C端突围项目已经将场景建设作为四大战役之首，大力发展商户仍是核心关键所在、重中之重。“五统一”把商户做扎实，就为C端突围提供了重要的底层支撑，C端就能在B端上跑得更好，从而实现以B带C，推动B、C融合，建设共生共荣的生态系统。从建设银行2019年存款情况看，春节前最高峰的个人存款增量是9200亿元，目前下降到5200多亿元，基本上每个周末净流出就是400亿元。如果没有B端商户，400亿元就是他行存款。如果我们抓不住B端，不仅个人存款会成为他行源头，公司存款也将受到挑战。因此，大家要有清醒的认识，负债将成为银行在相当长的一段时间里，极其艰难的一项工作，抓好B端商户使资金最大限度形成闭环，这是必须要下力气落实的一条重要措施。

二、深刻理解商户管理“五统一”项目实现的重大提升

（一）夯实企业级管理根基，精细化管理水平提升

商户管理“五统一”构建了六个方面企业级的基础，一是整合搭建商户共享综合服务平台，对内支持商户经营管理，对外提供金融和非金融综合服务，实现商户平台的企业级；二是整合原有分条线注册入口，实现注册入口和流程的企业级；三是构建统一商户身份号，确保商户唯一性，实现商户视图企业级；四是配套下发和完善实体特约商户、小微商户和网络特约商户管理办法，形成了企业级管理规范；五是从商户客户维度制定和签订统一的商户服务协议，企业级的统一协议让商户和员工体验更佳；六是将“龙支付”确定为建设银行支付结算业务统一品牌。这些为全行商户业务的精细化、规范化管理奠定了坚实的基础。商户管理“五统一”这项工作是我们比同业早了一步，但也没有绝对优势，目前同业纷纷加大工作力度，全力在连接场景和打造生态，我们这个先手棋要想转化成优势还有艰苦的工作要做下去。对此，大家要有清醒的认识。

（二）统筹营销组织和经营计划，协同化经营机制健全

商户经营管理回归到客户维度，涉及客户维度营销拓展，由对公和个人客户部门牵头推进；涉及收单产品工具创新和服务，卡中心、网金、个金、结算等产品部门要做好支付产品的丰富和创新，紧跟客户需求和监管要求不断推进产品优化升级。实际上，人民银行对支付领域的加强监管是给商业银行提供的机会，但如果不行动，这个机会就会错失。2019年综合经营计划，将按照对公商户、个人商户划分下达经营计划，分别由公司部、个金部牵头制订，经营目标更清晰，考核导向更明确。营销组织方面，也建立了B端、C端营销资源统筹机制，统筹开展C端在B端场所的营销优惠活动，营销目标更聚焦，财务资源配置更集约。

（三）完善功能简化流程，极致化用户体验更佳

平台研发以追求极致体验为目标，一方面推出聚合支付、权益支付等全渠道支付，简化消费用券操作流程，提升B、C两端用户体验，总行对于这项工作一定要引起重视，要充分收集分行的意见；另一方面，简化注册流程，上线一键风险查询和商户灵活定价等功能，实现预制码即时营销等，提高员工工作效率，降低人工操作误差。按照当前市场发展趋势，支付业务的手续费收入会越做越薄，单纯靠价格策略已不能支撑业务发展，必须通过产品创新和提升体验才能做强支付，从底层掌握客户的行为习惯，才有可能深度经营客户。

（四）探索开放共享新模式，平台化运营能力增强

“五统一”大力开放外拓业务发展模式，提供服务商营销、人传人营销新模式，打破传统产品输出型市场营销格局，以市场化运维提升我行拓展与服务能力，商户拓展更便捷、更开放；推出龙商通专业市场云服务，解决市场管理方和场内商户痛点，对管理方开放商户注册进件接口，既向外共享建设银行资源和信息，又获得外部资源向行内的输入。

（五）深入商户经营管理，综合化赋能助力商户成长

深度解析商户需求，推出智能POS、扫码终端等新型收单工具，提供全系列收单产品；推出

龙商贷、龙商保等商户专属金融产品；推出进销通、点餐通、开票通等多类行业增值服务，以及会员管理、优惠券、预付卡等，帮助商户引流客户，助力商户生意经营，积极实践B端赋能，形成了全系列收单产品+专属金融产品+行业增值服务的综合服务解决方案。现阶段，一定不要用封闭思想来做支付，一定要打通所有产品的跨行和跨界调用，以前我们习惯只有在建设银行开立账户才能办理业务的做法只会把客户赶走，必须用开放式思维先把客户吸引来，再把客户习惯培育起来，客户就自然会来建设银行办业务。

（六）统一风险管控架构，集约化风控水平提升

在风险系统开发建设方面，建立了统一的商户风险评级体系，打造了企业级的商户风险决策引擎，开发了全流程商户风险管控工具，建设了统一的商户风险运营作业平台，构建了企业级商户风险指标看板，风险系统的支撑能力大幅增强；在风险运营方面，下发了企业级商户风险管理制度，建立了分实体特约商户风险和网络特约商户风险的集中运营机制，风险管控更规范、更高效。

三、大力推广应用“五统一”成果，推动业务迈上新台阶

下阶段，全行推广应用“五统一”成果，重点要抓好三项工作。

（一）理顺管理体制，整合形成合力

通过“五统一”项目的实施，已经实现了统一的底层技术平台、企业级的业务管理规范、集约化商户营销组织和风险运营机制，考虑到各分行管理实践的差异，项目组前期并未对管理体制做统一要求。但根据试点行的实践情况看，管理体制能否理顺，直接关系到“五统一”推广应用成效，也会对未来商户业务发展产生重大影响。要在充分调研和总结试点行经验的基础上，完善管理体制。首先要解决二级分行层面商户集中管理问题。二级分行作为商户管理和经营的交集点，是管理体制理顺的关键点，各二级分行要尽快成立商户集中经营管理团队，切实承担起所辖全部商户业务的全面经营和管理，直接向分管零售的行领导汇报，对上承接一级分行各部门关于商户工作的具体要求，对下做好辖内商户工作的组织推动。各一级分行要积极推动，与系统上线同步推进，及时做好总结和指导，保证落地效果。

（二）做好平台推广上线，持续迭代优化功能

平台推广上线是“五统一”的重中之重，总分行各条线务必高度重视，统筹组织推进。总行个人金融部要牵头统筹协调，做好组织推进工作；要组建由各相关部门人员组成的全行推广上线支持组，分小组划片包干，赴分行进行现场辅导和支持；总行相关部门做好协同，同时组织和督导本条线做好推广工作。各一级分行要成立平台推广工作组，由分管零售的行领导亲自担任组长，各相关部门“一把手”作为成员，工作组要切实承担起辖内平台上线任务。一是做好培训，将系统功能和优势原原本本传达到一线，要保证学懂、弄通、会用。二是保质保量按照时间节点完成各项推广任务，工作组要重点协调推广中遇到的难点和重点问题。三是配合一线做好商户的营销，特别是对于平台新上的赋能功能，如优惠券、进销通、会员管理等行业增值服务和专属金融产品以及龙商通专业市场云服务，要做好市场推广。

商户平台是建设银行打造的唯一企业级商户经营管理及共享综合服务平台，平台已将融联和慧兜圈等进行了整合，本次系统整合不仅实现规范管理，更是将原有各平台优势进行叠加释放，实现向全行更多商户赋能，进一步提高建设银行支付市场竞争力。按照计划，融联整合已经完成，慧兜圈有关功能2019年3月后将全部整合到新平台上；慧兜圈公众号存量商户将于3月30日完成迁移；粉丝将于4月27日开始迁移，5月15日完成。慧兜圈作为建设银行在支付市场形成一定影响力的产品，各分行要给予关注，各条线要密切配合，确保迁移工作平稳有序。

（三）部门条线协同联动，确保业务发展实效

2019年商户业务综合经营计划将从客户维度出发，按照对公商户和个人商户下达计划指标，解决了以往多条线从不同管理维度重复下达指标，重复考核和配备激励费用的问题，业务发展导向更清晰。各分行要认真理解和落实，不仅要保证总行考核政策和资源配置不折不扣落地，更要抓住这次平台推广形成合力的契机，进一步加大工作力度，促进商户工作再上新台阶。

谢谢大家！

深化金融市场业务能力建设 打造发展新动能

——在建行大学国际金融研修院2019年金融市场业务专题研修班上的讲话

张立林

（2019年3月20日）

同志们：

2019年金融市场业务专题研修班的规模大于往年，请分行的主管副行长、分行条线部门负责人、总行相关部门以及海外分行都来参加。围绕总行党委在年初工作会上提出的“做优对公交易”战略部署，大家讨论得很热烈，也提出了很多建议。这里多说一点，要寻找“第二曲线”，首先要清楚“第二曲线”是个价值概念，要有具体措施、具体路径去实现。“做优对公交易”实际上就是要找一条路子去体现“第二价值曲线”。

金融市场业务目前来讲是建设银行“做优对公交易”的重要组成部分，并且是主体。债券投资5万多亿元，代客业务市场影响力日益提升，对全行的价值贡献很大。仅靠总行或一级分行直营很难把业务做大做强，每个客户经理都应该熟悉这块业务。除了要建设专业能力、培养专业队伍，从客户需求发现以及客户维护培养角度看，也需要前台客户经理及一线队伍对金融市场业务加深认知，否则无法准确把握市场机会。今天大家的发言让我感触很深，下面谈几点意见。

一、2018年金融市场业务取得的成绩值得充分肯定

过去的一年，全球政治经济形势复杂多变，国内经济出现下行风险，在外部经营环境发生较大变化的情况下，金融市场业务全面贯彻落实中央和总行党委各项决策部署，积极践行“三大战略”和“双优策略”，取得了良好的经营管理成效，业务基础持续夯实，盈利能力继续增强，市场地位不断提升。

（一）经营效益保持良好，为全行利润增长作出重要贡献；运用各种工具配合管好全行流动性

2018年末，金融市场条线资产规模合计××万亿元，占全行总资产的××%；境内实现总收入××亿元，同比增长××%，按可比口径占全行经营收入的××%①，EVA占全行比例达××%。金融市场中间业务收入××亿元，占全行中收比例9%。建设银行集团债券投资组合实际收益率已连续6年四大行第一。人民币日均备付××%，保持同业较好水平。货币市场交易量、活跃度均位居四大行第一。同业存单全年发行超过××亿元，有效平滑全行资金波动。

（二）投研能力、交易能力和销售能力不断增强，市场影响力持续提升

一是各类资产价格的趋势分析及预判多被市场验证，中美贸易摩擦、美国金融市场波动、国内宏观形势、下半年债券和汇率市场走势大多与预期一致，获得2018年度“远见杯”全球市场预测第二名。二是针对地方政府债券市场建设建言献策的报告得到国务院的肯定，人民银行、财政部等相关部委迅速出台措施，大力推动了地方债市场建设。三是2018年最值得肯定的是通过同业机构的联盟在债券承销及分销方面取得了突破。主动克服资金不足困难，多措并举，内外部挖潜，

① 考虑减值因素后，收入全行占比达29%。

圆满完成地方政府债券承销任务，打造了一支覆盖全国的分行政府债券销售队伍，××家营销金融机构通过我行投资地方债，其中中小金融机构超过××家，累计交易××笔，金额××亿元，提高建设银行地方债市场承销份额××个百分点。财政部在全年国债工作会议上对建设银行政府债券承销给予了充分肯定；通过积极联系客盘、把握市场趋势，卖出利率债××亿元，在不额外占用行内资金的前提下分别提升国债、政策性金融债承销规模××%和××%。希望2019年这项工作能有更大提升，把建设银行打造成为债券市场的引领者。四是债券做市交易量累计××万亿元，同比增长××%；“债券通”交易量较上年增长近3倍。外汇、贵金属做市交易全年实现收入××亿元，同比增长××%。

（三）支持实体经济发展，服务中小客群，客户基础进一步夯实

一是完成建设银行首单挂钩信用风险缓释工具（CRMW）的民营企业债券投资，下半年加大信用类债券投资力度，认购××亿元，同比增长××%。二是推广惠农产品“农保通”，在不增加农户额外负担的前提下，为农户提供了有效的价格保障。三是积极响应普惠战略，拓展中小企业及个人客群。对公汇率交易客户数达××万户，同比增长××%；对私金融市场交易客户达××万户。

（四）优化产品结构，补充产品线，推动新旧动能转换

一是主动压缩贵金属租借规模，时点余额下降300吨，降幅达72%。二是积极拓展个人类业务，个人客户金融市场交易收入占代客交易收入比例提升到17%。三是推出大宗商品套保、预付款远期等14项创新产品，不断丰富产品线。以往条线收入对个别产品（如贵金属租借）依赖度相对较高，因此2018年政策调整对个别分行产生较大影响。金融市场产品政策性很强，要充分考虑产品集中度问题，合理摆布产品结构、做好产品储备。产品的准备和创新要在紧跟市场变化的同时，重视客群培育。总行要通过分行及时发现市场及产品机会，提早准备，要判断产品的可拓展空间，敏锐把握市场波动，一旦出现市场机会，及时向分行、客户推送合适产品。

（五）借助金融科技，实施精准营销，发现客户及服务客户能力显著增强

一是通过大数据应用推进精准营销，开展涵盖对公、对私金融市场交易业务8个客户营销大数据分析项目。二是打造建设银行金融市场对客交易服务平台体系，全面覆盖网银、手机等电子渠道。三是金融市场业务系统功能持续优化，风险管控有效性和业务处理效率显著提升。接下来要在流程优化、产品创新支持等方面继续下大工夫。

（六）推动集团集约化运营，深化部门间业务联动

一是在充分调研基础上，制定《金融市场业务代客交易能力提升指导意见》，全面夯实代客交易业务发展基础。二是与信用卡中心联动，开展“积分兑黄金，‘金’喜再回归”专项营销活动；推出私人银行客户专属金融市场交易服务；与网金部合作，上线企业网银挂单结售汇业务。三是设立香港资金运营中心，上线海外机构流动性指标监控管理系统，持续提升集团投融资、交易做市与海外研究能力。四是将建银国际、建行巴西、建行印尼纳入金融市场业务经营策略，强化海外机构金融市场业务统一管理。五是以戴姆勒集团外汇交易需求为切入点，形成涵盖金融市场业务、资金结算与全球现金管理的《戴姆勒集团金融市场业务综合服务方案》，打通跨国公司客户境内外综合服务联动渠道。六是推进自贸区业务发展，形成快速可复制的经营管理模式。

（七）加强风险合规管控，确保稳健经营

信用风险和市场风险方面，在信用违约密集爆发期，加强存量债券排查，提升风险甄别能力，提前处置大连港、青国投等潜在风险较大的债券，有效保障资产安全，未出现发行体违约情况；密切跟踪代客衍生交易估值变动，未新增衍生垫款；建立金融市场业务本级交易对手白名单，严防导入风险。合规与操作风险方面，根据监管要求及业务发展实际及时制定、完善规章制度，认真落实反洗钱等合规要求；严格在授权、授信、风险限额、风险偏好框架内开展交易，全年未发生违规事件。审计署调阅自2012年以来全部交易明细，未发现任何问题事项，所有交易均符合各项监管政策及行内规章制度要求。

金融市场业务成绩的取得，得益于总行党委的正确领导，得益于总行各部门的大力支持，得益于全条线同事们的共同努力和辛勤付出。借此机会，我谨代表总行党委、高管层对大家表示衷心的感谢！

在肯定成绩的同时，我们也要看到，当前业务经营中存在的一些主要问题。一是投研能力与交易能力仍需进一步增强、匹配。第一是要做深，目前的研究成果已被同业、市场所认可，但从研究的深度和广度及与交易操作的结合度、全球化视野、对新生事物的关注度等方面来看，仍有提升空间。第二是要做透，研究报告体系较为成熟，但对市场趋势变化的把握、量化分析、场景分析等仍需加强，市场规律的总结、归纳和回顾仍需强化。第三是要主动，要更加主动地对接国家战略、寻找商机、研判市场、管理风险。第四是投研要在集团层面建立统一视图，要有统一安排。二是代客交易业务基础仍需进一步夯实。首先，客户基础相对薄弱。客户集中度高，对部分重点客户过度依赖，导致收入提升较为困难，下一步要重点关注中小企业及个人业务需求。其次，人员队伍建设亟待加强。一级分行要加强专业团队和直营能力建设，加大金融市场产品营销推介力度，产品部门要主动把金融市场的“货”搭上客户部门的“车”；一线客户经理要侧重加强金融市场业务知识的学习和运用。此外，全行对公外汇网点覆盖度较低。个别重点分行对公外汇网点覆盖度不足20%，较同业尚存一定差距。2019年各分行要根据《金融市场代客交易能力提升指导意见》要求着力提升辖内对公外汇网点覆盖度以及金融市场业务知识普及度。三是合规管理仍需进一步加强。合规是一把“双刃剑”，在当前的监管形势和趋势下，合规管理必须予以高度重视。但同时不能因噎废食，要把握好尺度。

二、准确研判经营形势，把握机遇，打造发展新动能

（一）落实做优对公交易策略，打造金融市场业务核心竞争力

同业竞争激烈，资本约束趋严，对公交易性业务价值凸显。对公交易性业务优先发展、培育交易性业务的投研能力，是总行的战略决策部署，是建设银行发展成为国际一流现代商业银行所需要的主要能力之一，必须一以贯之、推进落实。一是同业竞争要求主动求变。随着整个银行业市场的开放、新技术的应用、效率的提升、业态的改变，目前银行间的同业竞争已日趋白热化，需要主动研究探索新的方向、新的打法，寻找新的利润增长点，这就要充分发挥交易性业务在丰富产品体系、提供综合服务、增加客户黏性等方面所起到的重要作用。二是资本约束要求主动转型。建设银行已连续四年进入金融稳定理事会（FSB）发布的全球系统重要性银行名单。目前建设银行的资本充足率在四大行中位居第一，通过加强精细化管理也缓解了部分资本压力，但整体来看，未来几年建设银行的资本压力还将持续存在，迫切需要找到新的发展路径，需要将业务重心向资本消耗相对较少的零售业务、交易性业务倾斜。三是与国际先进同业相比，建设银行对公交易性业务仍有较大发展空间。国际先进银行具备更强的交叉销售能力和中收创造能力，如摩根大通、富国银行单位资产手续费收益率超过2%，而国内银行业不到1%。大力发展对公交易性业务，是银行转向“融智型+轻资本”的需要，是创造新的利润增长点的需要。

金融市场业务作为对公交易性业务的重要支柱，对于提升全行价值创造能力、投研能力等起着至关重要的作用。要落实总行党委要求，加快推动金融市场业务发展，把金融市场业务打造成为建设银行核心竞争力。一是金融市场业务在集团资产摆布、盈利贡献、收入结构调整、发挥大行责任担当等方面的重要性日益凸显。近年来，建设银行金融市场业务顺应中国经济和金融改革发展大势，资产规模和收入保持了较快增长。目前，总行直接管理的资产占全行比例达到21%，境内金融市场业务收入占全行的23%，EVA更是贡献了33%。其中，中收超过100亿元，近几年对全行中收贡献在10%左右。这既体现了金融市场业务所具有的轻资本优势，又反映出条线上下具有了较好的市场机遇把握能力，能够把优势转化为胜势。此外，通过内部挖潜、外部销售提升地方政府债认购份额，研发具有普惠金融属性的代客交易产品，也充分发挥了金融市场业务落实中央部署、支持实体经济的独特优势。二是社会

经济生态的变革需要金融市场业务快速发展。随着社会的发展以及生产生活方式的转变，商业银行所面对的客户群体、客户需求、监管环境已经发生了深刻而重大的变化，服务客户的业务场景已不再是简单的存一笔钱、贷一笔款，而需要商业银行主动去融入到社会经济的发展生态当中，主动去挖掘、发现、搭建金融产品的应用场景，满足各类客户综合化、个性化、专业化的产品服务需求，提供方便、快捷、体验好的渠道服务。“质量+体验”将是未来银行同业竞争胜出的关键，单纯靠存贷款产品已无法支撑商业银行业绩的稳定增长，需要在产品供给侧搭建由存贷款、托管、金融市场、资管、投行等组成的“多台引擎”，推动银行的高质量发展。三是解决客户、社会痛点需要金融市场业务贡献智慧。金融市场业务产品作为解决客户资产负债管理、风险管理问题的重要高附加值产品，随着基础市场的完善和客户认知的提升，将具有更大的发展潜力，需要全行上下高度重视、形成共识，大力发展。

（二）提升对国家战略及监管政策的敏感性，积极反应，主动出击，赢得市场先机

中央经济工作会指出，我国发展仍处于并将长期处于重要战略机遇期。从长期大势认识当前形势，认清长期向好发展的前景，充分把握深化金融改革和对外开放的国家战略，紧扣重要战略机遇及产业导向，才能赢得市场先机。

全方位对外开放带来新的拓展空间。改革开放40年来，中国不断扩大对外开放，不仅发展了自己，也造福了世界。习近平总书记指出，过去40年中国经济发展是在开放条件下取得的，未来中国经济实现高质量发展也必须在更加开放的条件下进行。这意味着今后中国的大门将进一步向世界打开，国内商品、服务、资本、金融等市场将进一步开放，与世界接轨。金融市场业务既要对市场开放所带来的竞争压力做好充分准备，又要有一双“慧眼”来发现新业务、新客户、新机会；既要服务好国内“走出去”客户，又要拓展“引进来”的客户；既要扎根中国大地、服务经济发展，又要有全球一体化思维，培育境内外一体化的投研、交易、服务能力。

供给侧结构性改革带来新的机遇。金融供给侧结构性改革，除了包括金融主体分层、金融产品分层外，还包括不同市场的分层发展，是整个市场全面健全发展的问题。目前国内金融市场的短板在于直接融资市场，直接融资市场本质上就是交易性业务。从这个角度来讲，金融市场业务的产品储备和客户储备显得极其重要。此外，2019年，国家将推动更多产能过剩行业加快出清，推动先进制造业、高新技术产业等高速发展。要关注国家产业政策的变化，发掘客户共性需求，对现有金融市场业务客户所在产业、行业进行深度分析，寻找规律、总结打法，支持国家产业升级，实现发展质量和效益的和弦共振。

“一带一路”倡议带来新的合作商机。目前“一带一路”所带来的商机主要体现为具体项目。服务中资企业走出去的需求，一是要有商业意识。集团内要加强机构间、业务间的协同联动，深入挖掘“一带一路”项目、“走出去”企业所带来的业务需求，为客户提供综合化金融服务方案，帮助客户解决汇率、利率风险管理方面的痛点问题。二是要尝试与当地银行合作。我们的惯性思维是项目“包圆”，这种做法在当地监管看来缺少透明度。要加强与当地银行合作，这样既可以增强国际风险处理能力，又可以提高业务透明度。三是要注重服务当地企业。要大力拓展本地客户，发展落地业务，增加当地监管信任。

区域发展战略带来新的发展契机。党的十九大以来，中央在促进区域协调发展方面的顶层设计密集出台，确立了建设中国（海南）自由贸易试验区及自由贸易港、建设粤港澳大湾区等国家战略。京津冀、长三角、粤港澳大湾区等地区的规模经济效应已经开始显现，逐步成为引领高质量发展的重要动力源。目前自贸区（港）业务发展遇到了一些困难，但自贸区（港）建设属于国家整体战略推进，不能放弃，要加强研究、做好准备。粤港澳大湾区属于跨制度安排，突破点可能就在资本流动方面，要走在前面，积极对接当地监管和政府。同时，京津冀、长三角业务开展也要加强区域协同，服务区域经济发展。

（三）国内金融市场处于成长性发展阶段，应有大行担当，积极作为，主动参与市场建设

中国金融市场方兴未艾——利率、汇率市场化改革尚未完成，资本市场仍处于成长和开放过程中。相应地，大型商业银行的金融市场定报价能力、市场引领能力、前瞻性预判能力还不成熟，交易性业务发挥的作用与国际领先同业相比存在较大差距，同时也具有很大的发展潜力。

债券市场的发展完善对于深化金融供给侧改革、增强金融服务实体经济的能力、扩大对外开放发挥着越来越重要的作用。一是作为国有大行要积极参与、勇于担当、推动市场建设。财政部和地方政府2018年在债券市场融资7.5万亿元，为积极财政政策的实施、防范化解政府隐性债务风险、国家重大项目建设顺利推进创造了有利条件。2019年政府债券发行量还要增长，要继续通过内部挖潜、外部销售，发挥大行引领作用，带动中小机构参与投资，支持政府“开前门”融资。二是切实落实中央服务实体经济、民营经济的决策部署。近期中央连续发了几个文，如国务院《关于加强金融服务民营企业的若干意见》、中国银保监会《关于进一步加强金融服务民营企业有关工作的通知》等，要认真学习、准确把握。目前经济运行中企业融资难融资贵问题依然存在，信用债券违约事件频发。既要深刻领会并落实中央提出的服务实体经济、民营经济的决策部署，还要防控住风险。要着力提升信用分析能力，在把控信用风险的前提下稳步加大信用类债券投资力度，积极支持实体经济、民营经济发展，发挥大行“头雁”作用。三是重点关注境外机构的投融资需求。现阶段境内债券市场是资本扩流入的重要“蓄水池”。目前参与到境内银行间债券市场的境外机构已囊括境外人民银行、主权类基金和银行、保险等金融机构，投资渠道有QFII/RQFII、债券通、债券直投等。要对这类投资者格外关注，想办法把客户吸引到建设银行开办债券结算代理、托管等业务，并借此机会提升做市交易、境内外联动营销服务能力。此外，还要密切关注跨境企业的融资需求。跨境企业可能会到境内发债，要有服务意识。目前境内外机构对跨境企业的服务存在不均衡现象，要尽量协调一致。

从交易角度来讲，汇率和利率是2019年的交易主体，要把握住机会，在行业、企业转型升级中捕捉新的商机，做好综合服务，满足客户多样化需求。一是汇率市场化带来新的业务机遇。近年来，人民币汇率市场化程度不断提高，人民币汇率双向波动性加大，客户汇率避险需求增多，可挖掘的业务场景和市场主体不断丰富。伴随“走出去”国家战略的实施，企业交易避险和货币对冲需求增加；随着中国进一步对外开放，境外大型跨国集团公司在华直接投资力度加大，境外主权类、央行类及其他合格境外机构投资者对境内债券和资本市场的配置力度加大，相应的汇率产品套期保值需求增加。二是利率衍生交易市场存在较大发展潜力。从市场参与主体以及产品与信贷市场的匹配度来看，目前人民币利率衍生品市场尚处于培育阶段，以银行间利率掉期交易为主，来自终端客户的交易较少。随着利率市场化进程的推进以及银行间市场与信贷市场的融合，未来终端客户对于人民币利率风险管理的需求将会大幅增加，要做好新产品的研发推广、风险对冲，提前布局、主动培育市场。三是贵金属及大宗商品市场将呈现新的金融需求。贵金属和大宗商品链条长、行业多，转型升级中会产生新的金融需求，比如在大宗商品价格和汇率波动加大的环境下，产业链企业跨市场、跨品种的套保需求增加；人民币国际化也将为跨境贸易和投资结算配套金融服务提供新的空间。贵金属及大宗商品业务既要按照既定策略调整，也要积极关注新的业务需求。

（四）加快科技驱动，提升金融市场业务发展效能

综观全球领先实践，相对于传统业务，金融市场业务对信息科技的依赖程度更高。国际市场上的领先者，如高盛、摩根大通等，其金融市场业务凭借卓越的科技能力取得了竞争优势。要充分运用现代金融科技，解决业务痛点，提升发展效能。一是要渠道立体化。通过科技构建对客服务场景，打造立体化对客服务渠道体系，搭建移动互联交易平台，拓展并丰富物理渠道及电子渠道的功能，着力提升用户体验。二是要流程数字化。在流程的集约和集中处理方面，系统建设相对缓慢，特别是外汇业务合规审核、结售汇等处理流程，目前只集中了一小部分。此外反洗钱系统建设仍任重而道远。要通过科技持续优化业务流程、产品功能，提升业务经营效率和机控水平。三是要管理精细化。通过科技提升精细化管理水平。依托新一代已有成果，充分利用数据资源，加强经营分析、客户分层、额度管控、风险管控及内控合规等管理类应用研发，提升金融市场业务精细化管理水平。四是要投顾智能化。目前金融科技的应用不仅体现在业务处理能力和服务能力上，已经延伸至风险管理的智能化、投资策略布置的智能化。对于公募组合和债券管理来讲，智能投顾是方向。一旦落后，个人客户、对公客户可能会很快流失。金融市场部、个人金融部等部门要抓紧时间研究，选好切入点，争取年内破题。智能的投资组合策略要有针对性，不宜过大，便于及时调整。

三、下一步工作要求

（一）总体要求

总体目标是进一步深化落实总行关于推进交易性业务发展的决策部署，以提升“五大能力”为抓手，切实增强金融市场业务核心竞争力。要抓住当前较好的政策机遇和发展空间，紧密围绕国家战略和全行发展导向，加快探索适应互联网时代的、由客户主导的平台化、场景化服务模式。在产品组合、渠道及系统建设、客户拓展、交易报价、人才队伍等各个方面深化金融市场能力建设，推动业务高质量发展，为全行战略转型打下坚实基础。2019 年，各分行要着力提升市场竞争力，当地四大行排名后两位的要进位，力争扫除四大行末位。各分行尤其是重点大行要着力提升四大行占比，努力实现《金融市场代客交易能力提升指导意见》明确的竞争力提升目标。同时要重点关注客户集中度问题，大力拓展客群，既要完成好业务年度经营目标，又要打牢、做实长期发展基础。

（二）几项重点工作

2018 年 11 月，我在杭州金融市场条线会上提出投研能力、活跃交易的能力、客户综合服务能力、科技应用能力、创新能力“五大能力”建设的总体要求。围绕深化金融市场业务能力建设这一主线，聚焦条线发展目标，全行上下、产品部门和客户部门要共同努力、紧密协作，把“五大能力”建设落到实处，打造金融市场业务核心竞争力，创出建设银行资金交易的品牌形象，开启金融市场业务“第二发展曲线”。下面，我再强调几项重点工作。

1. 提升“投研一体化”能力和投资组合“逆周期”交易管理能力。

投研能力首先是对宏观形势和市场走势的准确研判，更重要的是通过对各类资产价格的历史趋势、量化模型分析，形成对投资决策和交易操作的指导和重要依据，体现在对市场的精准把握和风险定价能力上，要突出前瞻性、主动性、阶段性、逆周期性，这是投资组合管理的核心竞争力之一。

一是积累投资研究成果，落实“投研一体”，将投资研究成果切实转变为经营效益和风险管理能力的提升。投研能力不能只靠总行，金融市场部、金融市场交易中心要做好牵头，把境内外机构、香港资金运营中心的投研分析能力通过网状化结构拢起来，充分共享研究成果。二是打通货币市场交易、债券投资本外币组合、境内外市场，提高大类组合的贯通能力。大类组合的贯通能力实质上就是投资策略的调整和应变能力，这一点至关重要。此外，要平衡好流动性管理与资产配置之间的关系，提高债券的交易出清能力。三是积极支持实体经济、民营经济发展，对行业进行深入分析研究，严把准入关，在信用风险可控的前提下，适度加大信用类债券投资力度。四是充分发挥大行稳定器和全行资产负债结构摆布的重要补充、协同作用；参与国债、地方政府债券承销，支持国家经济建设；继续做好地方政府债券销售工作，进一步拓宽客群，增强市场影响力。

香港资金运营中心要配合管好外币流动性，用好海外资金平台，充分满足海外机构中长期资金需求；加强海外资金的集约化管理，完善内部资金市场，提升集团整体资金使用效率；做好总行外币债券投资组合管理。此外，也要充分发挥香港国际金融中心开放的优势，培养有全球视野的人才。海外机构要把流动性放在首位，确保流动性指标满足当地监管要求；积极拓宽融资渠道，合理摆布负债结构，把资产负债期限、币种错配控制在合理水平；海外信用类债券投资风险偏好要与总行保持一致。要关注监管政策的变化，做好流动性应急处置方案，提升对市场重大事件的应对能力。

2. 坚持以客户为中心，从“卖产品的思维”转到“卖服务的思维”；做实客户综合服务能力，加强资源整合和条线联动，努力提供高附加值组合产品篮子。

过去，我们的工作思路在很大程度上还是从银行业绩出发制定客户拓展目标，表现为“为产品找客户”。如果产品能够抓住客户的难点、痛点，客户拓展可以水到渠成。随着客户需求的升级和同业竞争的加剧，要开启“第二发展曲线”，就要实现从“为产品找客户”到“为客户配产品”的转变。首先，前台部门（客户经理）和产品经理要联合起来对客户需求有一个整体分析，在此基础上，总分行共同为客户提供有价值的金融产品服务方案。有些企业发展到一定阶段后会选择外资银行的产品服务，原因就在于这些企业觉得外资银行能够提供综合化的产品服务方案。要改变与同业拼价格、提供单一产品报价的打法，向客户提供“综合化、专业化、个性化”的金融产品服务包。此外，当务之急还要深入研究境内外业务联动落地问题，在把控好风险和合规的前提下推进业务发展。

一是在客户营销上，要利用平台思维，加强场景嵌入。必须摒弃为了推产品而推产品或者为了考核而推产品的工作思路，实现对客户需求的掌控。通过搭建平台，将金融市场产品嵌入客户各类经营场景，如跨境资金流动、进出口贸易等，实现批量获客、活客。建立以客户为中心的统一视图，利用大数据精准营销，对客户进行分层化、精细化管理。

二是在产品创新上，要抓住客户难点痛点，发力改进用户体验、推进流程再造。要在坚持风控合规底线的前提下，摆脱对既有产品和流程的路径依赖，为客户提供功能最全、效率最高、报价最优的解决方案。对于客户经理难以有效覆盖的中小客户，可以提供流程便捷的标准化产品。

三是在渠道建设上，线上线下同时发力，提升客户交易便利性。逐步缩小建设银行开办对公外汇业务网点数量、覆盖度与同业的差距。丰富在网银、移动互联终端等线上渠道部署的产品种类，增加订单交易、大额询价等业务功能，增加客户黏性。

四是海外机构也要大力拓展落地业务。其一，要培养客户营销和交易能力，大力拓展当地客户，提供交易服务。其二，要提高对大型跨国集团公司的综合服务能力，与境内机构联动，以总部营销带动境内外业务共同发展。《戴姆勒集团金融市场业务综合服务方案》就是很好的蓝本，可以在集团内推广复制。

加大人才队伍建设力度，扎实推进《金融市场代客交易能力提升指导意见》落地。按照总行党委的部署要求，全行上下要高度重视金融市场业务的发展。各分行应按照指导意见要求，切实从渠道、人员、产品、激励、培训等方面加大业务推进力度，提升外汇业务网点覆盖度、产品交易渗透率，加强金融市场专业人才队伍建设。

一是加强条线专业人员配备，保障业务健康发展。总行、海外机构金融市场条线人员队伍都应保持稳定并与业务增长相协调。境内各一级分行要配足8～10名专业人员，并按业务潜力做好客户分层。对于业务潜力较大的客户，二级行以下要强化营销、服务，一线客户经理要盯到户。技术序列岗位、绩效薪酬等应向金融市场条线队伍倾斜。

二是加大专业能力培养，深化“直营”理念。总行、一级分行都要侧重培养专业能力，并将专业能力输送至“一线”。特别是产品经理要把“战线”前移，直接参与客户营销，成为既懂产品又善营销的“双肩挑”人才，将专业能力和产品有效输出至客户经理和客户，与其建立良性互动。基层行要侧重培养业务的发掘能力和客户日常关系维护能力，客户经理要与产品经理形成相对固定的营销组织机制，及时响应客户需求并提供产品服务。一级分行要进一步尝试探索建立直营机构和团队，筛选重点大客户名单，直接进行营销，打造专业化服务能力，形成品牌效应。

三是加大条线客户经理、产品经理、管理人员、柜面人员的分层次培训力度，提升金融市场产品交叉销售能力和服务能力。全行上下要积极开展金融市场业务知识的培训、学习，提高对金融市场业务的熟识度。充分利用建行大学教育培训资源，根据不同层级的培训需求，建立常态化、分层次培训体系，培养金融市场交易人才梯队，提升柜面服务水平。

四是加强信息沟通传递，及时捕捉客户需求、痛点，快速反映和承接。总行要加强对条线业务的指导和深入调研，一级分行要加强对下辖机构的专业支持，基层行要及时捕捉需求、提出问题，建立“一点接入、全面响应”的营销管理模式，使产品信息、客户信息、风险提示等能真正得到高效传递、处理。

4. 风险防控与合规管理要常抓不懈。

2018 年度中央经济工作会议提出要稳就业、稳金融、稳外贸、稳外资、稳投资、稳预期，打好防范化解重大风险攻坚战。2019 年以来，习近平总书记又在省部级主要领导干部专题研讨班、中央政治局集体学习等重要会议上部署防范金融风险工作。2019 年全球经济复苏趋弱，国内经济持续面临下行压力，银行经营风险整体上是上升的。在拓展业务的同时，必须坚持底线思维，抓好风险控制和合规管理。一是把控好信用风险和市场风险。重视化解存量风险，强化债券投后管理，发挥分行深入、动态了解发行体信用状况的优势，重检发行体资质，防范违约事件发生。代客业务严把准入关，加强交易实需背景审查，做好交易存续期管理，杜绝发生垫款。二是严格遵守监管及行内政策制度，降低操作风险。杜绝出现超授权、超授信现象；关注监管政策变化，加强与当地监管部门的沟通，吃准吃透监管规定，守牢监管红线底线。三是重点防范交易员道德风险，出现道德风险问题一律严惩不贷。四是海外机构还要特别关注流动性风险，确保集团流动性安全。

同志们，正如国立董事长所说，未来已来，我们要深刻认识当前的发展形势，居危思变，把握机遇，紧密围绕交易能力建设，加快发展，开拓创新，推动金融市场业务实现更高质量转型发展，为打造全行交易性业务竞争优势作出更大贡献！

谢谢大家！

顺应新趋势 抓住新机遇 金融科技赋能 重点区域重点突破 坚定不移推进海外数字化银行转型

——在海外专题会议上的讲话

张立林

（2019 年 4 月 1 日）

同志们：

前面总行金融科技部、各业务部门及港澳机构都作了发言。刚才牟总监讲的相关工作和事宜，下一步请金融科技部和人力资源部统筹考虑，重点研究如何有效支持海外的组织架构变革、体制和机制。下面谈几点意见。

一、顺应新趋势，抓住大湾区一体化深度融合带来的发展创新机遇

国家“粤港澳大湾区”战略的实施给予了新的发展机会，这个机遇是非常难得的。对建设银行来讲，我们在座的机构当中有内地机构、有香港机构、有澳门机构，还面临不同的监管政策差异。“大湾区一体化”实际上就是要在原来的制度和体制性有创新安排，实现金融监管与金融科技的良性互动，需要总行部门、港澳机构及湾区内的境内机构一起，做好顶层设计和超前谋划，这是重中之重。

（一）关于海内外一体化的融合发展

现在对海内外一体化融合发展提出了新课题。之前港澳机构采用自身的本地系统去支撑业务运营；随着新一代的上线，海外机构尤其是港澳机构的 IT 系统和基础设施变成了基于总行系统、建立在顶层上的，需要在原有基础变化的基础上再上新台阶，以前总行所提出来的海内外一体化管理的内容要向前进一步推进和深化。

（二）关于湾区一体化

湾区一体化就是要有创新的制度和体制性安排，如双向通，用额度进行管制。湾区一体化首先要实现人、财、物、信息、资本、资金的跨境流动和互通。实际上以后大湾区真的要通的话，港澳客户应该能够直接在湾区范围里融资，湾区内地的客户也可直接到海外融资，且不说具体如何管，首先政策上要有创新安排。

（三）关于金融监管与金融科技的良性互动

现在香港金管局也开始发力了，力推金融科技应用。金融监管与金融科技的良性互动，也推动了银行竞争格局的新变化。当监管有这个意图的时候，若跟不紧监管的这一变化趋势，基本上原来的领先也会变为落后。因为在湾区里面所能做的业务总量，比如双向开户理财通是有上限的、有额度控制的，若我们不能跑到前面、让同业先推出产品，那客户就都流失到别的银行去了，所以这个事要抓紧跟上。

（四）关于虚拟银行牌照

2019 年 3 月 27 日香港金融管理局发了三个虚拟银行牌照，基本上是银行控股和银行融合在一道的。要看准这个趋势、顺着这个趋势，力推金融科技应用和线上数字化经营，力争跑在前面。

面对大湾区一体化发展和香港监管力推金融科技应用的战略机遇，希望大家把思维打开一点，需要将我们现在所具备的能力转化为实际应用和支持，总行国际业务部、个人金融部、公司业务部要牵头与港澳机构及湾区内的境内机构一起，做好顶层设计和超前谋划，抓住湾区一体化深度融合带来的发展创新机遇，推动湾区一体化融合，

深化境内外一体化管理。

二、充分利用金融科技赋能，坚定不移地推进海外机构特别是重点区域的数字化银行转型

（一）加大总行条线化部门对海外业务的深化力度

总行条线化部门要切实提升IT需求提出和审核的效率和质量、加大对海外业务的深化和融合。海外新一代及其后续工作由国际业务部和金融科技部负责整体协调，国际业务部负责统筹跨条线及海外机构的协调工作，金融科技部负责技术的统筹和支持力量。其中，涉及零售的，相关工作请个人金融部总牵头整体推进；涉及对公的，相关工作请公司业务部总牵头，其他的都融到这里面去。业务层面，智能营运及网点转型请渠道与运营管理部牵头；反洗钱、客户尽职调查等相关流程及需求请内控合规部牵头；请网络金融部牵头统筹推进手机银行、网银、网络支付等海外客户渠道建设；信用卡相关需求请信用卡中心负责；个贷相关需求请住房金融与个人信贷管理部负责；私人银行业务相关需求请财富管理与私人银行部统筹；金融市场相关交易深化、产品创新的需求，请金融市场部牵头；数字化治理和手工报表清理工作由国际业务部、数据管理部和金融科技部牵头推进。其他各个部门也都要按条线化管理职责分工负责。

请国际业务部梳理明确各部门对海外支持和管理的机制流程、职责分工，财务会计部负责完善考核，使责权利相一致。

新一代每项业务和每个组件的牵头归口管理部门均须指定主管领导及联系责任人，落实到人，对口港澳等海外业务需求，并代表部门全程负责，对口要清晰。明确总行端、分支机构端、建信金科各事业群各个组件各项业务的归口管理部门、归口处室和联系人及负责人，畅通总分行沟通渠道。

（二）加快海外需求支持平台团队建设，提高海外机构融入总行的能力

对于海外机构，在海内外一体化融合过程当中，要提高融入总行的能力，抓好海外的需求管理、支持队伍的建设。一是海外机构的需求要做好与总行需求的整体融合。二是做好海外尤其是建行亚洲技术队伍的融合和转型。

同时人力资源部和金融科技部要尽快抓紧推动、整体研究对海外需求的支持平台团队建设，以此为基础，不仅仅是支持港澳、还要支持整个海外。

（三）对于海外新一代优化需求及功能拓展，分门别类，设立快速机制和流程，提升需求响应效率、纳入集中立项实施

这两年来，海外新一代是先上对公、再上零售；零售也是先上信用卡，再上其他；先是澳门试点，然后才到香港；走到这一步，至少能证明一条，大家对事情的理解在不断地趋于一致。

鉴于港澳机构新一代上线的时间不长，急需优化的问题和需求相对较多；同时面临香港监管力推金融科技应用以及“粤港澳大湾区”外部发展机遇带来的大量创新需求需要高效解决和应对；海外还有个特点，就是量不大、但类别复杂性一样不少。建亚资产将近7000亿元，零售做得也不错，但实际上港澳机构要想上一个台阶，就需要在新一代这个基础上做进一步深化。

对于海外尤其是港澳系统优化及市场创新需求，分门别类，在目前阶段要采用快速机制和流程去解决，以切实提升需求的响应效率；纳入全年需求计划和整体立项，在项目资源上要予以重点保障，并给予一定余量资源，适应紧急或突发需求；对于后续属于该项目目标范围内的优化需求，经过ITM系统提出需求，经总行业务部门审核确认、并初步核定工作量之后，可及时将需求纳入相应项目开发实施、快速上线。根据系统功能释放时间，定期事后据实结算。且这个机制至少要持续2年到3年再去调整，不是说今天开完会去解决这一个事项以后，这个机制就不存在了。大家要研究如何对海外支持的组织架构和协调机制变得更简单。

按照现在的情况，把需求和技术的融合做一个探索，探索一条路出来。若需求和IT做不到融合，就不存在灰度开发、不存在IT驱动的问题。IT驱动和需求驱动是有差异的，香港目前已经开始充分认识到金融科技对商业银行经营的重要影响；当你推动金融科技创新、走在前面了，那可能就是IT驱动了。所以提升对港澳尤其是香港市

场创新需求的响应效率，要采用快速机制和流程。

（四）港澳一体化，澳门分行尽可能保持需求和版本同步

香港、澳门同属粤港澳大湾区，比如远程开户、理财通等大湾区创新需求，澳门可以跟着建行亚洲同步走，一旦监管政策允许，即可赢得市场先机。澳门的监管实际上相对于香港的监管政策来讲，相对宽松一些，但澳门的金融应用是不发达的。对于建亚所提需求，经总行研究是能够在澳门复制、同样适用于澳门的部分，实现澳门紧密跟随建行亚洲，保持需求同步。从另外一个角度，澳门分行也要提高对市场的敏感度，增强需求的提出能力。

下一步总行要牵头建立港澳同步升级、一体化开发的保障机制。不能今天研究建行亚洲提出来的这么多需求，到最后建行亚洲上线了，澳门分行又来了，这是港澳一体化的问题。

另外，一体化需求要基于大湾区的整体应用来考虑，以后可能在湾区所有分支机构都要同步布局。比如湾区客户名单的认定肯定就有个范围，一旦放了一个区域出来，就不是仅仅建行亚洲和澳门的事，是所有湾区机构的同步一体化去做的事，这是湾区的一体化、IT 的一体化。

（五）加强总分行协同，充分发挥建行亚洲的力量

希望大家真的要充分重视和利用好建行亚洲 IT 团队资源，做好转型和融合。海外尤其是建行亚洲，要加大资源投入、切实加强海外需求团队的建设，与总行的海外 IT 支持团队要成为一体、协同工作，共同解决需求质量的提升、方案设计，推进项目的立项和实施工作。

对于建行亚洲保留系统，比如股票投资类系统、监管报表系统等，主要实施的责任在建亚，建亚要确保相关系统的开发实施和安全生产；但更重要的是，在目前的状态下，保留系统和新一代系统的连接只有一体化优化才上得去，如果仅局限于保留系统，对总行新一代不了解，港澳本地系统想优化升级迭代也迭代不上去。另外，总行境内团队也要加强对海外本地保留系统的理解，寻找替代或迭代优化的路径。总分行只有协同工作、融合在一起，才会有快速的机制。

建行亚洲在电子银行、大数据分析及监管管理类报表应用等重点工作任务上，加强相应的专业团队建设，专门推进相关工作；力争在手机银行、网上银行等客户渠道方面上个台阶、做出品牌来。

另外，关于外事，涉及 IT 支持、海外急需的，总行一直是鼓励到海外机构的现场支持和交流。从另一角度，这也是为什么要在海外建立专门的支持平台团队，也是为以后支持到全球，在香港更方便些。

（六）加强监管政策沟通、配套完成政策制度流程的制定

粤港澳涉及的监管机构有香港金管局、澳门金管局，境内有中国人民银行、中国银保监会，还涉及外汇管理局。港澳业务模式的创新均涉及香港澳门监管局的审批，大湾区跨境产品的准入还涉及两地监管部门的审批，在推进项目实施的同时，应切实加强与港澳金融监管局、中国人民银行、外汇管理局的沟通，为业务创新铺平道路。涉及境外监管机构的事，由境外机构负责；涉及境内监管机构的沟通，由总行和境内分行负责。

另外，港澳机构在推动创新融合、向总行提出业务需求的同时，配套的规范政策制度流程要同步跟上，因为没有规范的政策制度流程进行配套，容易出操作风险。

以上是讲要坚定不移地推进海内外机构重点区域，也就是港澳机构和大湾区的数字化银行转型。

三、切实抓好重点项目的落实

（一）贯彻“零售优先”和“移动优先”战略，大力发展手机银行 App 等电子渠道，在港澳机构等重点地区实现重点产品重点突破，全力打造海外零售数字化银行

一是要高度关注手机银行等电子渠道的用户体验问题，抓紧推进解决和持续优化；切实贯彻移动优先战略，强化手机银行等电子渠道的整体提升；抓紧落实龙支付和线上收单、远程开户、投资理财、理财通（南向通和北向通）等重点事项。

二是加强与第三方合作，在发展商户上实现突破。要充分利用第三方平台，比如建亚正在推进的中国有赞就是做支付收单的。充分利用香港开放 API 平台，加强与优质第三方合作渠道的协作，充分利用新一代在商户收单、聚合支付、客户信息整合等方面的优势，整合 FPS、银联、支付宝、微信商户，并实现中国内地、香港商户共享，提高产品覆盖度，强化金融场景应用，优化客户体验，不断打造零售生态圈，推进线上经营模式变革，增强获客活客能力，助力港澳机构加快零售业务发展，推动港澳机构实现零售业务的新突破。

三是将“手机上办银行”当成“虚拟银行”去办。现在建亚有 40 多家网点，不需要非得去申请个虚拟银行牌照。现在的重点，第一是要将建行亚洲的全渠道数字化，第二是网络化，第三是触点入口一体化，第四是把“手机上办银行”往虚拟银行方向走。若“虚拟银行”的服务方式上不去，线上办不通，境内居民不可能跑到香港建行亚洲去开户；同样，香港居民也不可能跑到内地建设银行去开户。至于境内外双向资产配置，首先要解决双向账户的开立；若账户开不成，则双向配置是空话；至于怎么额度管控、怎么资金回流，这都有办法解决，两个账户锁定，投到香港去的“原账户去、原账户回”都能解决这个问题。所以关键是要将手机银行 App 作为零售业务经营的主战场，提高电子渠道交易替代率和产品覆盖度，加强线上经营，将“手机上办银行”当成“虚拟银行”去办。

（二）大力发展海外交易银行产品服务

一是继续推进并基本完成全行新一代国际结算系统海外推广，实现合规条件下海外单证业务处理尽可能全行集中和集约化处理。二是大力推进海外现金管理系统的全面提升，重点丰富现金管理产品线，实现实时现金池和跨境资金归集，提升节节高息等产品处理的自动化水平，推进典型客户的银企直联，助力客户实现全球或区域资金的统一管理和资金运作。如果一个客户在两地跨区域经营，实际上外管政策已经开始在放了，没有跨境的现金管理系统是解决不了这个问题的。三是持续推进全球支付清算网络建设。四是推进金融市场产品创新和系统的持续优化升级和推广，完善金融机构额度管理功能，继续推进外币债券管理模块的海外推广。若人民币国际化推进快的话，要认真研究人民币债券在香港市场的交易地位问题。五是基本完成海外托管系统建设，增强建设银行自主托管能力。

（三）持续推进海外智能营运优化

首先强调一点，营运智能化不仅是网点渠道，也包括虚拟渠道、线上渠道，这是渠道一体化。网点所有的智能设备、所有的线上银行都是渠道、都是接触客户的。如果再按原来的分割去考虑，没有所有渠道的一体化，就永远提高不了客户体验；也提高不了员工体验。

二是大力拓展 STM 智慧柜员机应用范围。目前建行亚洲已部署 25 台 STM 智慧柜员机，但仅提供了 5 项有限功能，后续应尽可能将境内 STM 产品和功能尽快应用到港澳机构，解决网点排队时间长的问题。

三是切实解决支票存入业务的自动化、集约化处理，解决网点员工和营运后台集中处理支票量大、耗时长、下班晚的问题。香港目前使用支票还是很多的，当然，如果在香港线上支付推得好，将来支票问题也就顺利解决了，届时大家可能就不怎么使用支票了，但现阶段还是要抓紧解决支票问题。

四是进一步加大网点业务向总行业务处理中心集中或部分向港澳机构本部集中。在现有对私定期存款、对公对私汇款、对公开户及客户信息维护、信用卡进件、陆港通、见证开户六类业务集中总行的基础上，进一步提升汇款直通率；进一步对集约化业务进行优化、精简凭证种类、狠抓标准凭证管理，优化相应流程；推广电子会计档案系统，逐步推广使用电子凭证，减少纸质凭证打印量；提升集约化运营力度和水平，助力网点转型。

五是加大员工岗位整合力度，切实解决海外机构用户岗位多、影响用户体验的问题。随着流程和渠道的优化，员工组合和权限管理的变化也要同步跟进。刚才讲的港澳机构流程复杂、岗位较多，导致影响经营、影响用户体验，要一并予以解决。

六是加快智能营销设备推广应用。引入排队叫号机、员工渠道 App，协同 STM 业务处理和营销商机挖掘；推广龙易行，为客户经理行销提供营销利器。凡是境内开发的产品和功能，对于海外机构在领先创新上有用的，只要符合当地监管要求，都可以考虑在境外使用上线。以前总行未考虑境外，也属正常，因为以前海外机构总是说有特殊性；但现在不能做隔离了，因为一旦做隔离，就可能即使办了港澳的、在内地也做不下去，而影响大湾区一体化，根本就办不成跨境金融服务。所以关于智能化设备，不管港澳市场有没有，只要能推、能用，那就尽可能地推向港澳市场，也利于支持港澳机构推出的产品服务焕然一新，提升当地市场竞争力。

（四）坚持“合规优先、稳中求进”主基调，强化海外反洗钱合规和信息安全管理

IT 再先进，信息基础设施和平台利用得再好，始终都不要忘记了合规，要切实满足监管合规要求。进一步推进反洗钱制裁清单监测系统的海外推广，在满足监管合规的条件下优先推广使用总行反洗钱制裁清单系统，将合规要求内嵌在业务流程中，并实现与新一代系统的无缝对接。以建行亚洲需求为基础，推进海外客户洗钱风险评级、客户尽职调查相关系统的建设，切实提升海外反洗钱系统应用效果。

除了满足金管局要求的基本性合规要求以外，对信息安全和风险管理的能力也要相应提升，在这方面不能有纰漏。现在向数字化银行转型，转向线上、虚拟银行，除了反洗钱合规，还有数字安全、信息安全，涉及客户数据的收集、保存和比对问题，请大家务必重视，这也是大事。我们再先进的东西推到境外，都必须把信息安全处理好，对数据的使用和客户信息的保护不能放松，一定要切实做到合规。

（五）完善海外数字化治理，加快海外手工报表清理工作

目前海外大部分都是手工报表，不符合建设银行作为国际化银行、金融科技“国内一流、国际最佳”的形象和内在要求。解放人力、解放海外机构自身的管理水平是一方面，更重要的是要提高总行的管理能力。在数字化治理不到位的情况下，总行看不见，对海外进行穿透式管理都是没能力、都是空话。总行对海外穿透不了，海外数据到不了总行，总行管理就只能靠海外报送报表。另外，最底层的数字标准要清晰，数据管理部要负责做好数据标准相关工作，否则数字化治理只解决眼前问题，不能解决长远问题。

请国际业务部、数据管理部、金融科技部牵头，下大力气，切实解决海外机构报总行部门报表包括报银保监会报表的自动化问题，切实减轻海外机构手工报表压力，保障总行对海外机构的穿透式管理。同时，要推进海外机构本地监管报表及内部管理报表的自动化。

今天会议的主要目的，就是要让海外机构真正纳入总行一体化管理，海外机构是建设银行的重要组成部分。大家要切实抓住香港监管力推金融科技应用和国家大湾区发展战略机遇，充分利用金融科技赋能，深度支持海外业务发展，在港澳这一重点区域实现海外重点突破，坚定不移地推进海外数字化银行转型。

谢谢大家！

守正创新　担当有为 纵深推进建设银行新零售

——在2019年零售及网络金融业务工作会议上的讲话

张立林

（2019年4月2日）

同志们：

本次会议的主要目的是贯彻落实2019年全行工作会精神，总结2018年工作，研判内外部形势，重点部署纵深推进新零售工作，将零售优先全面贯彻，将“第二发展曲线”战略思维全面落地。下面我讲几点意见，供大家讨论。

一、2018年工作回顾

2018年是建设银行打造新零售的开局之年。零售条线全面落实三大战略和贯彻零售优先，聚焦用金融力量解决社会痛点问题，坚持“四个跳出”，推进“开放共享、价值共赢、数字互联、以客户为中心”的新零售理念和打法，贯穿经营工作始终，取得了历史最好经营成绩，为今明两年纵深推进新零售打下坚实基础。成绩的取得，是建设银行总体布局和战略发展的结果，是全行各条线部门树立全局意识、顺应战略调整的结果，也是建设银行对公优势延伸发展的结果。2018年的成绩主要体现在以下7个方面。

（一）市场竞争力和经营贡献度实现新提升

一是零售业务经营贡献稳步提升。个人客户实现净利润××亿元、经济增加值××亿元，全行贡献分别为××%和××%，零售优先对全行资本节约管理作用凸显。个人中间业务收入为××亿元，增幅为××%，同业可比口径中收居四大行第一，占比××%。

二是个人客户数量和金融资产新增创历史最优。有资产客户达××亿人，新增××万人，近三年合计新增超过××万人；金融资产余额达××万亿元，新增××万亿元。在网点总量不占优势的条件下，实现了个人客户总量和金融资产的快速增长。私人银行客户为××万人、金融资产为××万亿元，分别较年初增长××%和××%；家族信托顾问服务资产管理规模××亿元，签约客户数量和管理规模均居行业第一。

三是个人存款扎实稳健增长，新增全年领跑同业。个人人民币存款时点余额为××万亿元，新增××亿元，增长××%。时点新增四大行第一、占比××%。余额四大行占比突破××%的历史新关口。个人存款和银行理财合计新增××亿元，也居四大行第一。共有××家分行个人存款新增四大行前二，其中××家分行新增四大行第一。

四是最大零售信贷银行地位巩固。个贷余额达××万亿元、新增××亿元，均居同业第一。其中个人房贷余额为××万亿元、保持同业第一，新增××亿元。住房资金归集余额突破××万亿元，公积金归集余额四大行占比达××%。个人消费经营类贷款超越工商银行升至四大行第二，连续两年实现余额同业进位。创新推出龙商贷、个税快贷、军转e贷等40多项业务。

五是落实人民银行移动支付便民示范工程成效卓著。2018年是全行“移动支付突破发展年”，全行以人民银行移动支付便民示范工程为总纲大力推进，移动支付交易量和活跃账户实现双倍增长，云闪付等六项示范工程关键指标均居同业首位，有31家分行移动支付市场份额居当地首位；八大场景特别是公共交通、校园医疗等领域形成同业领先的建设银行解决方案。

六是信用卡业务核心指标同业领先。客户数突破××万户、贷款××亿元、中间业务收入×

×亿元、逾期90天以上不良率为××%，均同业第一，最大信用卡透支银行地位稳固。发卡量××亿张、消费交易金额为××万亿元、分期××亿元，均四大行第一。湖南、福建、陕西、辽宁、厦门分行信用卡核心指标均四大行第一。

七是网络金融业务快速发展。手机银行和网银客户数量均突破××亿大关。手机银行活跃客户××万户、增长××%，活跃用户数、交易规模、应用下载量均居同业首位；移动金融交易量占比××%，提升××个百分点；网络支付交易额××万亿元，增长××%。建设银行在支付宝、京东、美团等多家平台交易份额均居同业第一。善融电商扶贫覆盖××个扶贫县，交易额达××亿元。

八是线下渠道效能持续提升。支持全行战略，挂牌普惠金融特色网点××家，××万个网点开展住房租赁咨询、营销和服务；向社会开放××万个“劳动者港湾”；优化渠道布局，填补××个空白县域，扩大自助及“龙易行”渠道覆盖；加速物理渠道升级，投产××个数字化门店和××个数字化展厅，生物识别应用覆盖九大类近百项业务场景，广东、深圳、上海、北京等分行渠道数字化创新走在了全行前列。

九是远程客户服务能力显著增强。“云客服”平台同业领先，智能机器人军团建设全面起步，推出机器人“小导”“小催”，推进企业级“知识百科全书”共建共享；全渠道人工接通率达××%，创历史最好水平，智能渠道服务客户××亿人次，客户满意度连续两年六大行第一。客服与业务融合，云南分行试点智能营销，山东、海南、上海等分行内部联动解决客户问题成效良好。

十是建亚、澳门分行零售新一代系统成功上线。全面完成了零售业务境内外IT系统一体化，为全行新一代系统建设工作画上圆满句号。

从一级分行零售业务发展水平综合评价来看，2018年，综合评价排名前十位的分行分别是福建、湖南、陕西、厦门、辽宁、湖北、河南、吉林、内蒙古、山东分行；较2017年升幅前十位的分行分别是黑龙江、河南、浙江、江苏、江西、重庆、贵州、新疆、上海和广东分行。

（二）开放共享，进场景和建生态搭建新连接

聚焦民生问题和社会痛点，跳出金融抓金融，坚持开放共享、合作共赢，公私协同发力，依托平台连接G端、B端和C端，进场景、建生态，零售金融服务正深度融入百姓生活，逐步搭建起数字化新连接。

一是住房租赁平台日臻完善。与××个地区签订合作协议，监管服务系统在××个城市上线，上线房源××万套，注册个人用户××万户，建成××个“建融家园”长租社区。推出“建融慧家”平台，已上线××个社区、覆盖业主××万人，入驻商户××个。独家承办住建部全国住房市场监测系统建设工作。

二是“裕农通+”县域普惠金融服务取得突破性进展。在同业中率先研发推广轻资产、开放型“裕农通+”平台，打造服务“三农”、乡村振兴、金融扶贫三位一体的县域普惠金融服务新模式。与海尔合作共建“裕农小顺”服务点输出建设银行账务及服务，与云南智慧政务平台连接引入××项民生服务。“裕农通”服务点已超××万个，覆盖全国××%的乡村，服务农户超××万人。

三是“龙财富”家庭财富管理平台成功上线。面向社会发布建设银行龙财富服务，率先抢占家庭财富管理服务数字化、智能化经营的战略制高点，打出了建设银行财富管理服务的亮丽新品牌。一期成功上线财富全景、财富体检、智能投顾、咨询服务等功能。

四是“存款+”平台功能初步释放。坚持生态化经营抓低成本资金、差别化定价抓市场化资金的负债业务策略，坚持抓流量、扩总量、增存量，积极顺应和捕捉利率市场化下客户对存款产品差别化和灵活化需求，建起“存款+”产品智能化加工厂，打造四大产品线，助力个人存款业务取得近年最好成绩。

五是消费金融“两大引擎”发力。打造一体化、年轻化客户服务体系，狠抓信用卡消费支付和分期信贷“两个引擎”，信用卡客户移动支付绑定率达××%，移动支付交易额增长××%；打造百家“汽车金融主题支行”，购车和安居分期贷款额达××亿元。

六是商户“五统一”平台全面上线。加强商户经营管理的企业级统筹，重点推动商户平台、服务协议、风险管理、营销组织和支付品牌五个方面统一，实现了行内商户经营管理数字化，已有××个专业市场接入我行“龙商通”专业市场云服务。

（三）多维协同、融合发展形成新动能

零售优先的要义在于应用零售理念贯彻到各项业务发展上。2018年以来，全行支持零售发展、多维协同的新动能正加速形成。

公私协同方面，对公带动对私、对私反哺对公的一体化经营能力提升。公司、集团等部门抓代发源头和对公经营性资金拓展，全行对公基本户代发覆盖率和对公经营性资金流入量均稳步提升；新增代发工资基本户××万户、有贷户××万户；商户假日存款承接率为××%，提高近××个百分点。

前后台协同方面，资债部门配套政策前瞻有效、灵活及时，释放抓存信号、激发内生动力；财会部门在全年综合经营计划、旺季金融服务、综合积分、C端突围等方面加大倾斜；人力部门支持零售条线员工大规模轮训；银行理财产品设计部门顺应资管新规转型，做大净值型和开放式业务规模。全行智能运营体系和云生产平台建设加速推进，为集团业务发展提供有力支撑。

条线内协同方面，坚定不移地推进零售业务综合评价，已成为全行评价一级分行零售业务经营情况的全面性和战略性指标。零售条线各部门基于客户视角研发产品、交叉销售、配置资源的意识和能力增强，线上线下全渠道协同融合更加紧密。

母子公司协同方面，深化功能整合、资源共享，一体化销售能力稳步提升。全年代销子公司产品超过××亿元、增长××%，支持各子公司提升行业地位，子公司对母行产品供给能力增强。

（四）以客户为中心，客户用户连续经营迈出新步伐

巩固提升客户经营有效打法，坚持新客户拓展与老客户保有、做大规模与做优结构、城区县域协同发展“三个并重”策略，深化客群化、网络化、综合化打法。客群经营方法论和工具全面推广，推动个人客户综合积分体系持续完善和落地应用；个人客户智能直营平台成功上线，长尾客户聚类画像、精准营销、批发经营能力明显增强；依托集团合力支持私人银行业务发展。

研究构建“用户—账户—客户”连续经营迈出新步伐。大力布局场景、聚合流量，用户客户连续经营思维逐步形成。“账户出海”取得突破，小米、上海电信等重点项目落地实施，账户体系开放化、数字化和场景化水平提升；直销银行通过开户、交易、服务全流程线上化，“e账户”已在90家合作App上线运行。

（五）抓消保、防风险和强内控取得新成绩

狠抓消费者权益保护。加强企业级、全流程消费者权益保护，落实理财产品销售“双录”要求，健全“四位一体”网点服务质量监督管理体系，持续完善投诉渠道建设，监管转办投诉核查与处置工作办结率达××%，客户问题综合解决率达××%。

主动风控能力增强。资产质量同业最优。优化个贷风险预警模型，推出智能催收工具，个贷不良率下降××个百分点；深化信用卡全生命周期风险管控，建立矩阵式内控管理体系，信用卡贷款不良率为××%。上线借记卡反欺诈系统，加强与国际卡组织合作，防控盗刷风险。构建网络金融“风控大脑”，全年拦截线上交易风险事件××万起，避免客户损失××亿元。

合规经营水平提升。加强数字化工具运用，狠抓反洗钱、合规审计、违规整改和内控评价。对私客户身份基本信息完整率从年初××%升至××%。建立渠道运营督导稽核协同、风险例会、合规约谈等机制，实现新建客户、跨境汇款清单筛查总行集中处理。

（六）社会声誉和品牌价值打造展现新形象

建设银行“劳动者港湾”为社会注入正能量。向社会开放××万个“劳动者港湾”，累计服务约××万人次，转化××万余名户外劳动者为建设银行客户，成为建设银行标志性公益服务品牌，被中央网信办和全国总工会授予“网络正能量专题活动”“同心圆”特等奖，被新华网授予“2018社会责任优秀案例奖”。

个人客户满意度持续向好。2018年个人客户总体满意度××%，提升××个百分点，在四大行、交通银行和招商银行6家行中保持第二，较第一名差距缩小××个百分点。网点服务水平向好，神秘人检查连续多年保持四大行第一，全年有121个网点被中银协授予“行业千佳单位”称号、四大行第一，获奖数量增长××%。

建设银行连续4年荣获《亚洲银行家》“中国最佳大型零售银行”称号。“裕农通”获“2018年中国最佳普惠金融产品”、快贷业务获“2018年中国最佳个人信贷产品”。“龙支付”推出两年来，品牌形象和业务规模均领跑同业；龙卡信用卡连续两年获《第一财经》“年度信用卡品牌”；私人银行业务获《零售银行》“私人银行最佳国有大型银行”；网络金融业务获中国金融认证中心“最佳电子银行奖”；客服中心获银行业协会2018年“综合示范单位”。建设银行客户经理在“中国金融理财师大赛”等4项权威赛事中获奖数量均居同业首位，客户满意度连续8年四大行第一。

（七）2019年旺季金融服务再创新佳绩

开年以来，零售条线顺应市场变化，全面动员、突出重点、强化协同，扎实开展旺季金融服务，运用全面推送、精准聚焦、串接场景、灵活多样的营销策略，取得历史最好成绩。个人存款保持新增四大行第一，年内新增峰值超过××亿元。截至3月末，建设银行个人人民币核心存款时点新增××亿元，四大行占比××%，四大行第一；日均新增××亿元，四大行第一。私人银行、住房金融、信用卡、网络金融、渠道与运营管理、客户服务等各项工作保持良好发展势头。成绩来之不易，但只是刚刚起步。全行零售条线要保持恒心和毅力，持之以恒、久久为功，系统性、整体性、扎实推进各项工作，持续巩固提升零售业务市场竞争力和经营贡献。

同志们！2018年全行零售业务取得了良好成绩，得益于我们在总行党委正确领导下落实三大战略和贯彻零售优先，得益于董事会、监事会和监管部门的有力指导，更是全行零售条线的广大员工挥洒汗水、努力拼搏奋斗出来的！零售优先正在全行上下迅速有效贯彻落实，公司、机构、同业、普惠、金融市场、资管、国际业务等部门为零售业务带来源源不竭的源头活水，人力、资债、财会、风险、内控、科技等部门给予零售业务坚实有力的资源保障，各子公司和境外机构提供丰富的综合营销和专业服务。借此机会，我谨代表总行党委向各位代表并通过你们，向全集团对零售业务的关心、关注和支持，表示衷心的感谢！

二、当前零售业务内外部经营形势分析

（一）数字化转型不可逆

当前，全球商业银行迈进数字化4.0时代，数字化已成为零售业务变革的催化剂。一是一切都在转换为数据，从“数据”到“信息”再到“智慧”，构成未来发展逻辑。连接比拥有更重要，价值实现的核心是分享和协作；用户和客户同样重要，广泛触达用户是前提，通过数字化深刻洞察和有效满足，把用户转化为价值客户是目标。二是发展速度超乎想象，数字化技术创新与数字化应用普及双重叠加，国际领先银行每年投入税前利润的××%～××%用于数字化创新；5G技术商用催生人机融合、万物互联，可能带来新一轮颠覆。三是银行迎来难得机遇。监管规范金融科技发展，互联网金融结束野蛮生长和流量红利，银行迎来弯道超车绝佳窗口期。商业银行，特别是国有大行拥有强大的公信力，海量真实高质量的数据，以及严谨的技术风格，在智慧城市、数字政务等领域，银行相比第三方拥有天然绝对优势。四是同业和互联网巨头纷纷加速转型。走在零售银行转型前列的招行、平安，已全面开启向数字化、智能化、开放性银行迈进；国有大行也纷纷加大转型推进力度。互联网巨头腾讯、阿里，硬件巨头华为，纷纷将重心转向B端和G端，发力向产业互联网、政务互联网、智慧城市等领域渗透。零售转型如逆水行舟、不进则退，机会稍纵即逝。

（二）监管要求和客户需求的变化趋势不可逆

一是监管趋严趋紧，市场环境净化规范。围绕银行业市场乱象、信息安全、支付业务、信贷资金用途等管理更趋严格规范。一方面创造了公平竞争的市场环境；另一方面也对合规经营和精细化管理提出更高要求。二是客户主权时代来临。客户需求正从被动满足向主动要求个性化、综合化解决方案转变。如何将客户需求、金融产品、服务场景进行精准匹配和紧密融合，建立更加紧密的客户关系，是迫在眉睫的问题。三是消费需求高涨，消费金融前景广阔。2018年最终消费对经济增长贡献率为××%，连续6年成为第一引擎；居民消费意愿比例较10年前翻番，信用消费快速增长，2018年全国信用卡消费贷款余额为×

×万亿元；特别是“95后”“Z时代”的消费增速和透支消费明显高于社会平均水平。

（三）乡村振兴战略为零售业务提供历史性机遇

当前，国内经济长期向好趋势不变，仍处于重要战略机遇期，调结构、稳就业、惠民生，商业银行零售金融服务空间广阔。乡村振兴战略正在启动中国未来30年改革发展的新引擎，县域乡村将成为未来金融服务“新蓝海”：一是农村产业结构优化升级，为建设银行聚焦B端，服务新产业、新业态提供了机遇；二是乡村治理结构进化完善，为建设银行聚焦G端，服务现代化乡村治理体系和农村信用体系提供了机遇；三是城乡劳动力资源双向流动，人口结构调整，为建设银行聚焦C端，服务新型农业经营者、返乡创业、留守人群等客群，紧抓乡村消费升级，医疗教育升级、农村财富增值提供了新空间。建设银行县域网点仅为农行三分之一，需要运用数字化和平台化经营新模式，牢牢把握新一轮发展机遇。

（四）零售业务自身存在一些亟待解决的问题

一是零售优先和新零售的理念方法落地不足。理念先行首先要解决管理层问题。新零售能否真正落地，在座的各位甚至分行“一把手”能不能跟上转型步伐至关重要。比如湖南分行扎扎实实做大场景、构建生态，发展基础不断夯实；内蒙古分行做实以客户为中心，创造性地构建“存贷花”一体化经营体系。与此同时，有些分行对新零售认识还不到位、不深刻，迟迟不见新打法，经营业绩也难有突破。二是协同联动还有很大差距。部门银行问题依旧存在；底层数据还没彻底打通，外来数据也没有融合进来，如果没有数据的充分整合，一体化、智能化都无从谈起；数字化应用整体还停留在较浅层次；集团内App亟待整合。三是队伍建设不适应业务发展需要。几类人员短缺现象较为严重：①专业与维护能力强的客户经理；②懂数据、会建模，将科技与业务融合的数字化人才；③基于客户体验挖掘痛点的创新人才；④能够配套金融服务提供非金融服务的专业人才。智能投顾、智能资产配置专业队伍也亟待建立。

三、全面落实零售优先，纵深推进新零售

当前，商业银行面临业务结构转型和数字化升级的双重要求叠加。现代商业银行离不开强有力的零售业务，零售优先是整体业务结构转型的重要方向；零售业务要通过打造“新零售”，率先实现自身的数字化、智能化升级，找到新的发展动能，开启可持续发展的有效路径。2018年提出新零售，2019年要突破数字化，2020年要突破智能化。

打造“新零售”是一个长期、动态的过程，不可能一蹴而就，需要一以贯之、持续推进。2018年明确了新零售“以客户为中心，开放共享、价值共赢、数字互联”的基本方向，勾画出整体轮廓，推动重点关键领域率先突破。经过一年来探索实践，新零售理念和方法在全行达成共识，各项新能力、新打法加速形成，已迈出坚实一步。在此基础上，总行总结提炼出新零售“12356”系统框架和具体行动路线。

下阶段要纵深推进新零售：围绕“以客户为中心，打造最佳体验”一个核心，依托“客户需求”和“金融科技”双轮驱动，坚持开放共享、价值共赢、数字互联三条发展路径；以卓越客户关系、综合解决方案、线上线下一体化、场景平台整合、业务与科技融合五大关键能力为重点，提升数字化、智能化水平。聚焦客户总量、业务规模、场景建设、客户体验、品牌形象、价值贡献六大发展目标，力争到2020年作出明显成效。

要加速在五大关键能力上形成企业级优势。

（一）打造卓越客户关系能力，服务和提升客户价值

由渠道为王向客户关系为王转变。以数字科技赋能客户服务，构建用户—客户连续经营体系，推动银行主动服务和客户自激励服务两大体系扩围、本部直营和客户经理专业专注服务两大模式升级，为客户提供有温度、有广度、有深度的服务。

深化两维细分，构建用户向客户进阶的连续经营体系。要重新定义银行服务对象和经营思维，客户与用户并重，没有广泛的用户群体就无从找到客户，但不是每个用户都能成为价值客户。要串联“用户—账户—客户”三级进阶，拓展服务

边界，将金融服务融入百姓生活场景底层，通过良好体验促成更多用户转化为客户；要基于唯一用户 ID，完善全景画像视图，在数据库底层实现全集团数据和全场景数据汇集；要基于用户画像，深化“AUM 分层 + 行为分群”两维细分，以 AUM 分层体现客户价值，以行为特征分群洞察用户需求，这是提供精准化、差异化服务的基础。

扩围两大体系：银行主动服务和客户自激励成长。银行主动服务要从客户扩围到用户，建立用户向客户进阶、客户 AUM 晋级的全生命周期服务体系，完善“金融 + 非金融”差别化服务内涵。要落实客户分层维护职责，建设客群经营平台。自激励服务要从体内扩围到体外，打造“星级 +”综合权益平台，拓展综合积分应用场景，创新积分公益、积分出海等应用，探索通用积分云联盟、积分共享、积分清算等模式。2019 年，要在已建成综合积分系统平台基础上，加快打通和开放应用场景，让综合权益、积分应用能够切实发挥激励客户的作用。

升级两大模式：本部直营和客户经理专业专注服务。长尾客户服务要上移，中高端客户服务要下沉。本部直营要释放个人客户直营平台功能，提升海量客户“机管”和营销服务直达的智能化、精准化水平；做大做强总分行本部直营队伍，提升客户服务核心能力。2019 年各分行要全面落地做实。客户经理专业服务要借助平台工具和 AI 赋能拓展专人服务覆盖，总行要加快推出对私关系管理智能工作台、客户经理在线工作室、“龙睿通”社交金融平台、人工智能模拟最佳客户维护实践等新工具、新功能。

（二）打造综合解决方案能力，全维度满足客户金融需求

要真正基于客户维度，跳出金融思维、跳出金融资产配置的局限性，基于全面客户画像来描绘客户、分析需求、发现机会，才能真正提供综合服务方案，建立客户信任。考核方面也要跟进由产品维度向客户维度转变，请总行财会部带头研究。

要由单一产品销售向综合化满足转变。深化资产负债、表内表外统筹，加大全集团资源协同整合和对社会资源的金融化整合，提供全维度建设银行解决方案，持续做大个人客户金融服务体量。

顺应利率市场化，打造新型零售负债组织能力。要系统化网络化抓两头资金：一头做大交易结算网络，拓展和沉淀源头性、场景化低成本资金；一头做强综合资产配置，保有和吸引投资性、保障性资金。要丰富“存款 +”“理财 +”多元产品体系，推进个人存款产品化经营，完善灵活定价，依托存款智能化工厂，快速响应客户需求和市场变化。要综合满足客户融资和投资需求，加大个贷、信用卡、个人负债、投资理财等交叉覆盖。

聚焦财富管理，以“龙财富”为抓手提升资产配置能力。把握新一轮居民财富结构调整、资金重新布局的重要窗口期，加速形成资产配置核心能力。要做实“龙财富”平台，逐步从客户延伸到家庭，打响专业财富管理品牌；进一步打通与行内外各类资金账户和资产形态连接，构建完整财富全景图，基于专业模型，全维度诊断财务状况，提供个性化解决方案。要做强智能投顾业务，加快建起一支懂市场、懂客户、懂产品、懂建模的专业团队。

抢滩消费金融，打造“存、贷、花”一体化服务优势。要拓展优质年轻客群，优化信用卡和快贷业务模型，抢抓优质客户。要提升融入场景的借贷一体化支付体验，基于场景对支付方案进行聚合展示和推荐，支持用户灵活选择最优支付组合。要聚焦消费升级，加快融入场景的消费信贷产品创新，完善综合授信，推进家庭资产负债表项目，做家庭消费“生活管家”。要突破重点和潜力区域，抓重点城市行、经济发达区域、平台化跨区域场景。

升级公私协同，探索引流对公优势、反哺对公发展的有效路径。要充分引流对公优势，带动产业链上的个人客户和资金拓展，充分借力 G 端向 C 端延伸。要反哺对公发展，用零售理念、方法、平台，叠加公共服务和实体产业，助力 G 端和 B 端数字化转型。零售条线部门要积极发挥主导作用，提供终端解决方案。加速形成以 C 端撬动 G 端、B 端，再以 G 端、B 端带动 C 端的螺旋上升。

做实协同机制，提升个人客户经营综合效益。新零售要系统化推进，靠单产品、单部门都是不可持续的。要建立新零售评价体系，完善一级分行综合评价，逐步向分支机构延伸，将评价结果作为衡量一家分行零售综合实力的重要标准。要落实全行精细化管理要求，系统性抓好公私、私私、母子、境内外、总分行五大协同，进一步做实一二级分行零售委。

（三）打造场景平台整合能力，实现融入场景金融服务输出

由基础金融服务向构建“智慧生态”转变。整合全行场景平台和场景运营，把握智慧城市、数字政务、住房租赁、乡村振兴等机遇，通过平台连接场景、延伸构建立体生态网络，将金融功能作为底层服务和触角融入城乡居民生产生活。

整合全行生态场景运营，打造“云商平台”。目前全行场景生态多点开花、具备良好基础，但呈现浅层次、散点化问题，难以形成合力。要打造企业级场景平台，对内统一场景管理，全面整合存量和新拓，形成场景建设与运营的系统性方法论；对外统一用户入口，解决零散分布等问题，优化平台体验。

推进住房租赁战略，打造可持续运营模式。要着眼长远发展，确保房源真实，擦亮“最大最阳光”住房租赁平台金字招牌。要加快推进存房业务，激活闲置房源、助推“租购并举”，已开办的城市要快速上量、提升运行效率，具备潜力的城市要加快突破。要优化平台功能，提升用户活跃度，与智慧社区平台连接，力争上线智慧社区超千家、主要城市全覆盖。要深化与住建部门合作，积极参与公租房试点。编制住房指数年报，研发品牌公寓指数。

紧密融入公共服务生态体系，提供建行方案。云南分行已率先突破智慧政务连接，下阶段要在深度互嵌、形成C端成效上下工夫。要打通底层数据、实现三个引流，即引流公民身份ID，与建设银行用户ID形成映射；引流政务平台数据，丰富客户画像标签；从社会服务向金融功能引流，匹配建设银行产品服务，提升客户价值。要扩展体量大、频度高的应用场景，线上线下协同布局，依托网点打造百姓社群生活和享受公共服务的聚集地。各分行零售条线要积极协同对公部门，敏锐把握智慧政务建设契机，主动提前介入，宣传建设银行经验和平台优势，提供综合解决方案。

助力乡村振兴，布局乡村普惠“新蓝海”。国立董事长指出，“乡村振兴必将为金融业提供无限发展空间。要用大连接、大场景、大服务促城乡共赢发展”。要扩大服务覆盖，在空白县域、强县富镇及城镇化进程较快地区加大网点等物理渠道资源配置。要大力推广“裕农通＋”平台，叠加更多民生服务，共享数据和用户资源；坚持与外部优质的B端、G端平台共享协作、合作赋能，加快海尔日日顺、智慧政务等模式的推广落地；借力农业农村部“信息进村入户工程”第三方合作批量拓点。要丰富专属产品，加大优势存款产品营销宣传，探索“裕农通＋善融商务”电商扶贫模式。要加大县域业务资源倾斜。

加强App应用平台统一管控。对于基层强烈反映的App数量多问题，总行将拟定专项方案，提升用户和员工双体验。面向个人客户打造“3＋N”App矩阵，“3”即手机银行、龙支付、云商平台三大综合App，“N”即专项业务App和子公司App。建立统一用户体系，以综合类App为流量入口，联结各专项App，注重用户质量，从考核用户规模转为考核用户活跃。

（四）打造线上线下一体化服务能力，提供有温度的服务

由多渠道协同不足向线上线下深度融合交互转变。要基于服务的一致性，交付的一致性，改善端到端的“客户旅程”体验，客户在任何触点都能感受到舒适的、有温度的服务：一是全渠道共享客户画像，实现各渠道对客户的认知和营销服务策略一致；二是客户行为进程在全渠道同步，实现交易断点在任意渠道都能无缝接续；三是各渠道优势互补，线上要全面办理、高效交付，线下要开放交互、打造特色门店。加快推进企业级远程智能服务、智能运营体系建设，提供强有力支撑。

线上打造全新数字银行。提升全面业务承载和快速交付能力，运用人工智能、生物识别、远程智能客服等，实现专业队伍与客户在线沟通交互、更多业务在线“一站式”解决。要构建流量经营体系，优化服务流程体验，提升用户转化率。

线下打造网点数字门店。收集触点数据信息，形成客户、员工、设备和网点完整画像；提供开放银行、开放商圈服务；抢抓5G车联网金融应用，打造“汽车银行”网点，加快建设无人银行；依托“龙易行”构建“线上预约 + 网点体验 + 上门服务”闭环。

构建企业级远程智能服务。要以“云客服”平台为基础，加强在线、机器人、电话、视频等多媒体协同，以客户为中心构建“服务 + 营销”“线上 + 线下”“智能 + 人工”、不受时空限制的“一站式”远程综合金融服务新模式。

建设集团智能运营体系。逐步建立以“接触层、交付层、管控层”三层架构为核心的开放共享、有机协同、集约高效的智能运营体系，实现运营资源和需求精准匹配；推进客户旅程视角流程优化；推广云生产模式。要优化制度流程，避免把银行内部问题外部化。

（五）打造业务与科技融合能力，以现代科技助力 C 端突围

推动金融科技由底层基础设施向顶层创新先导转变。要将现代科技的思维方式、工具方法深度嵌入零售业务经营管理的方方面面，创新产品服务和商业模式，加快向数字化、智能化转型。

我们讲金融科技赋能，但商业银行业务的根本不会改变，只有将科技与业务与双向融合，才能实现创新发展。目前，建设银行在体制机制上有所优化，但距离真正形成领先市场的科技创新能力还有一定差距。

要加快建立一支强有力的队伍，搭建起科技与业务双向融合的桥梁。一是怎么定位，要做最大、最前沿技术的应用者和跟进者，能够真正把现代科技灵活应用于商业银行经营管理和客户服务，增强科技驱动业务发展的核心竞争力。二是怎么建，不仅要在总行层面建起这支队伍，还要把分行的能力建起来；要完善机制，吸引更多科技人才加入业务条线，加大高素质人员招聘。

系统化推进 C 端突围。在互联网金融科技巨头冲击下，传统银行零售业务面临获客活客受阻、客户交易脱媒、资金加速流出三大紧迫困境，客户黏性和经营基础不断流失，零售业务根基被动摇。总行党委审时度势，召开专题会议研究启动 C 端突围，上升为建设银行第二次“死里逃生”，作为全行战略推动。总行成立了 C 端突围项目组，2019 年年初到位后迅速集结内外部智囊，找准定位、方向和思路，从场景建设、工具完善、产品升级、营销推进四大方面明确打法。需要强调的是，C 端突围是事关全行的大事，不只是项目组的任务，总行相关部门、各分行都是 C 端突围使命的承担者，零售条线各层级更是责无旁贷。从定位来看，项目组要做企业级架构和整体性推动，一是数字化经营底层基础，打通底层数据，构建统一中台，支持前端创新；二是跨部门打通连接，2019 年要实现缴费项目整合；三是突破新技术、新领域，作出模式，选准落地分行快速释放。2019 年要落地郑州地铁刷脸支付，打响龙支付独立 App，重点推进与百货商超头部企业合作赋能批量 B 端、与国开行和邮储银行合作等事项。各分行要切实承担 C 端突围的主体责任，不等不靠，按照全行统一的方向和思路因地制宜加快推进。对于分行需要借力总行推动的事项，比如全国性平台、跨部门项目、新技术应用等，要积极向 C 端突围项目组提出需求，总分行共同推进。

全方位打造零售业务“数字力”。要夯实个人客户信息底层数据库基础，实现零售板块各部门数据共享，建立全场景用户数字化连接，丰富用户与家庭关系画像，依托开放 API 建设场景化的开放银行；要提升数据洞察能力，在精准营销、智能直营、智能投顾、风险管控等方面，持续深化数字应用水平。

建立完善业务与科技融合机制。一方面，深化 ITBP（金融科技业务伙伴）机制，向业务部门派驻技术人员，加强深度参与，加快需求转化；另一方面，建立金融科技创新应用激励机制，提高零售条线部门利用金融科技创新的意识和积极性，促进创新成果扩散。建立产出与回报挂钩机制，促进创新项目优化迭代。在基础技术构架上，要依托云平台向中台化发展，支撑前台快速响应，提升智能终端边缘能力。

以上是总行对新零售的整体思考，在此基础上，制订了新零售行动方案，提交本次会议讨论。方案融合了零售条线各部门、对公和科技部门、总分行的共同智慧。特别是采取子方案和案例形式，让大家看起来更直观，可操作、可复制推广。当然，这个方案还不完善，需要听取大家宝贵意见。

四、聚焦全年经营目标，扎实推进重点工作

2019 年是建设银行新零售纵深推进的关键之

年，全行零售条线既要全力突破新零售的重点方面，也要将新零售的理念和方法贯穿运用于日常工作扎实落地。

（一）主要经营目标

个人存款：个人人民币存款市场份额稳中有升，与主要同业的差距进一步缩小。时点和日均新增均突破××亿元。

个人贷款：最大最优零售信贷银行地位进一步巩固，个人住房贷款余额保持同业第一，消费经营贷款余额排名进位、力争第一，证券化保持领先，个贷资产质量确保四大行最优。

中间业务：零售中间业务毛收入为××亿元，其中信用卡产品收入为××亿元（含收单）。同业可比口径收入四大行占比提升。

客户基础：有资产客户新增××万人，有效客户新增××万人；私人银行客户数量超过××万人，管理金融资产突破××万亿元；"龙支付"个人客户突破××亿户，信用卡客户突破××亿户，手机银行活跃用户突破××万户。

场景和渠道：新建达标支付结算生态圈××个；"悦生活"缴费场景数新增××万个；"裕农通"普惠金融服务点新增××万个，××%覆盖建设银行网点空白县域；百佳网点和五星级示范单位获评数量力争四大行第一。

全面协同：个人客户产品覆盖度××个（考核口径）；零售业务协同机制流程化扎实落地、取得新突破。

（二）重点工作

1. 加强组织推动，全面扎实落地新零售行动方案。

落实零售优先、纵深推进建设银行新零售是未来两年零售业务的主基调、总抓手，各行要高度重视、认真组织、确保落地见效。一是加强组织领导，构建推进体系。总行将成立新零售推进领导小组，一级、二级分支行要对照成立相应组织，全面抓好落地推动工作。二是加强资源配置。加大科技、财务、信贷等资源投入，对新零售提供强有力的支持保障。三是加强"三维"过程管控，持续迭代丰富。按照时间、业务、层级维度，既要协同整体推进，也要分解落实职责和任务。总行要建立新零售综合评价体系和简报制度，定期考评通报；建立新零售智慧共享机制和平台。各分行要不断总结经验做法，充实丰富案例，在全行分享和推广。

2. 系统化网络化拓展资金，提升个人负债业务市场竞争力。

第一季度个人存款新增取得历史最好成绩，实现了"开门红"。当前，资金形势愈加复杂，面临消费、理财、资本市场等多重分流压力。对此各分行要保持清醒认识，切忌盲目乐观。要始终把个人存款增长作为长期首要任务，夯实基础，创新模式，为全行稳健经营作出贡献。

深耕业务协同，生态化、场景化获取低成本资金。一是持续拓宽代发资金源头，抓实十类重点客户，运用代发工资整合分析模型，加强对公代发客户流失风险预警和维护；抢抓县域城镇化改造、拆迁、养老保险等热点资金承接；把握民工惠业务发展机遇，大力拓展农民工工资代发和留存。二是持续织牢交易结算网络，加强对公经营性资金、个人商户资金拓展与维护，提升建设银行借记卡对各行信用卡、第三方信贷产品的约定还款率，依托支付结算生态圈、商户共享服务、"裕农通+"、E托保等平台和业务，聚焦大流量大、高频度场景，打造消费资金闭形循环。

做强存款产品，差异化、综合化满足资产配置需要。一是丰富产品体系，打造存款与理财、贷款、权益、公益等"存款+"组合，一键式满足客户需求，加快建立深层次、全自动、智能化个人存款定价体系，兼顾量价平衡。二是丰富专属配置，持续提升代发、县域、老年等重点客群存款贡献；打造存款智能化加工厂2.0版，支持快速迭代。三是要把"好产品"用在"刀刃"上，充分发挥大额存单等创新产品作用，吸引行外资金，做好到期承接，撬动传统存款增长。四是拓展交易渠道，推进个人存款主要产品在线上渠道和第三方平台部署，确保友好体验。五是将存款过程化管理嵌入客户服务全流程，借助智能直营工具，加大长尾、消费客群覆盖，推动"弱连接"客群向"高贡献"客户转化。

3. 统筹表内表外资金，满足客户多元化资产配置需求。

要做大做强总量资产配置。从个人客户角度来看是金融资产（AUM），从银行视角看是表内表外资金。要做大客户金融资产规模，提升精准化配置能力，夯实表内负债基石底座。事实表明，如果表外资产组织能力不强，表内负债也留不住，主动负债的结果必然导致抬高成本。当前，随着理财打破刚兑，P2P风险暴露等因素，投资者的风险观念和认知正在被潜移默化地改变，对于银行来说，要加强表内外统筹，综合运用存款、银行理财和代销类产品，提升大类资产灵活配置能力。

做实“龙财富”，做强基础功能和产品体系，各分行要加大宣传推广，开展员工体验，做大活跃客户规模。银行理财要顺应资管新规，构建净值化销售体系，加大保本型和净值型产品、结构性存款创新研发力度，做大产品规模。代理保险要顺应客户保险保障需求，向长期储蓄和保障类转型，打造成客户基础配置产品；加强销售模式创新，提升保险服务易得性和体验感，落实网点常态化经营。代销基金要以资产配置驱动产品销售，提升从需求分析到客户陪伴的全流程服务能力；提供投资顾问服务，加强分散播种、基金定投等策略引导；深化总、分行专家队伍建设。贵金属业务要擦亮“建行金”品牌；做优投资、收藏、消费产品线，抓好热点题材产品销售，加强智能直营、场景营销等新模式应用。个人外汇业务要以合规经营为重，发挥新一代系统优势，强化陆港和陆澳业务联动，稳妥推进“出国惠”等跨境服务创新。

4. 做最大最优零售信贷银行，加快个人消费信贷发展。

要巩固个人住房贷款业务优势。落实国家调控政策，保持信贷资源支持力度，努力实现新增同业第一。要大力发展二手房贷款，创新业务模式，力争余额、新增同业第一。要做大做强资产证券化业务，加快落地REITs，引入社会资本参与住房租赁业务发展。要完善业务量价均衡发展机制，增强差异化定价能力。做好新一轮房地产调控下的风险应对，提升主动风险管理能力。

加快个人消费和经营类贷款发展。力争余额提升至同业第一。要通过智能化、模型化手段，实现在支付场景中直接向客户提供信用和消费金融产品服务。要大力培养年轻客户群体，“校园贷”要在年内实现突破。快贷业务要加强代发工资、公积金、AUM值和房贷等优质客户渗透；引入具有政府公信力的第三方平台数据，扩大客群基数，创新地税快贷、社保快贷等产品。普惠金融个贷要增加资源投入，加大对小微企业主、个体户、农户等投放力度，推广龙商贷、供应链、军转e贷等产品。

要深耕房改金融生态圈。做好住房资金监管重大平台项目、住房公积金、维修资金系统等落地推广，用好住房公积金综合服务平台，实现住房资金闭环管理、市场份额稳中有升，发力维修资金蓝海市场。持续抓好智慧社区、住房租赁等业务。

5. 加快信用卡业务发展，培育消费信贷业务重要增长极。

要推动“第一钱包”方案全面落地实施。各分行要深化全要素结构化调整和全方位协同，结合区域发展实际制订细化落实方案，切实推进各项措施落地，提升信用卡业务综合效益。要抓好重点工作：一是高度重视并切实推进信用卡征审集约化工作，尽快落地总行要求。二是抓好重点中心城市行。加大资源倾斜、考核激励和对标管理，配备信用卡专业岗位人员，实现信用卡效益贡献和市场竞争力大幅提升。三是加快拓展优质年轻客群。同步做好激活用卡用信和电子支付绑定，完善产品体系；深挖行内优质客群，提升借记卡、代发工资、手机银行客户信用卡覆盖率。四是拓展消费金融场景。加强线上审批、发卡、支付等集约经营，丰富“龙支付—慧兜”应用；聚焦消费升级打响汽车金融、家装金融品牌，优化租房分期业务模式，推进分期通场景化应用，推广“龙卡随付贷”业务。五是在“五统一”框架下升级商户管理功能，拓展移动支付特约商户。

6. 打造私人银行品质服务，构建为客户创造价值的经营闭环。

坚持“品质服务，体验至上”，构建“深化客户关系，达成客户信任，为客户创造价值”经营闭环，围绕“一纵一横一新”精准施力。一是明确私人银行（部）是高端客户经营部门、不是产品部门的定位，打磨“客户信任”服务体系，深化私行客户分层经营，加速客户链式提升，落地差异化服务和客户经营五步法流程，加强服务精细化管理，举办BCG报告发布会等活动，提升市场影响力和客户口碑。二是打造标杆私行中心，推进“152工程”，增强私行中心经营能力，发挥对网点的专业辐射作用。推广并迭代手机银行专版。三是搭建投资研究体系，健全精选财富管理产品与资产配置平台，为超高净值客户提供家族办公室服务，推广家族信托、慈善信托等。四是集约化建立专业人才队伍，培养具备专业顶尖服务能力的财富顾问队伍，完善“阶梯”能力训练体系，依托建行大学开发面向私行客户的精品课程。五是做强做实新加坡私人银行中心、香港私人银行中心，使其成为建设银行海外私人银行服务标志和前沿阵地。

7. 推进网络金融数字化、智能化转型。

一是创新发展智慧网络金融服务。手机上办银行，开发手机银行小程序，优化智能语音交互；打造智慧网银，推出轻网银扫码；要建设营销型网站，推出“智能班克”，打造虚拟网点、普惠金融专区；要依托直销银行推出消费支付、供应链两大行业方案；要提升用户数字化体验，推出图片识别转账、数字保险柜、VR 虚拟服务。二是开展全产品智能营销。提升网上全量产品承载能力，对标互联网企业，提升流量引导与转化能力，大幅提升存量客户手机银行、网上银行覆盖度；打造开放互动场景，释放“神算子”智能推荐功能，加强事件拓展式营销、裂变式营销等新模式应用。三是拓展服务场景。加强线上支付创新，率先在高速公路等民生领域应用，拓展网络特约商户规模；完善悦生活云服务、手机银行智慧城市专区、网点电子银行服务区等场景功能。四是依托善融商务平台助力消费扶贫落地。

8. 深化网点开放和智能化转型，提升渠道一体化经营水平。

网点是银行宝贵的资源，但网点如果用不好也不能成为资源。要转变传统思维观念，前台业务部门要思考后台如何落地，渠道运营管理部门要用集约智能化思路处理业务问题。

要推进智能运营方案落地实施。搭建智能运营管控平台，新建新技术通用运营平台、重构集约化运营平台，打造全行共享智能信息采集服务、流程机器人自动化运营服务，支持业务快速订制上线；建立渠道营销协同机制，推进流程优化，优先实施与客户体验、运营生产密切相关的项目；建立云生产机制，行内拓展授权、外汇审核等应用；行外实现“云宠物”多渠道部署。

狠抓网点服务质量。力争 2019 年百佳网点和五星级网点获评数量四行第一。要顺应网点智能化升级，研究网点岗位配置和流程优化，提高流程效率，减轻员工压力，切实做到关心关爱一线员工。要丰富网点服务内涵，探索服务“双创”客群、开展智力众筹，将“劳动者港湾”与社区公益服务融合。要落实“服务质量提升年”十大工程，统一规范网点物品设备布放，改善产品和业务流程，实现以客户为中心的渠道体验一致。

强化战略业务落地支撑。要大力提升网点竞争力，提高网点产能，网点总量保持基本稳定，持续优化结构布局，加强公私一体化经营。要推进普惠金融特色网点建设，累计挂牌突破 × × 个，开放 G 端服务，推广网点自助社保缴费等功能。要深化住房金融服务中心建设，实现 × × 个总分行级中心对外营业，加快住房租赁平台与集约化运营平台对接。要拓展智能语音、生物识别等技术应用场景。

9. 加强客户服务集约运营，打造远程智能客服。

客户服务工作要坚持“两手抓”，一手抓集约运营管理，保持关键指标行业领先；一手抓远程智能银行建设，打造智能客服。一是加快智能客服项目研发应用。推出远程智能银行，加速机器人军团全域化应用，上线联络中心，争取居家客服上线、视频客服取得技术性突破，做好智能营销项目试点和推广，力争年内在全行推广 1 ~ 2 个智能营销项目。二是深化客户服务多维协同和流程优化。落实全行客户问题联系机制，提升事件预判和快速解决能力；要善于把客户问题转化为资源，促进流程改造与业务创新；要加强源头管理，在产品创新阶段全面考虑客户关系维护和权益保护；要建设企业级“知识百科书”，拓宽知识运用和专家经验共享，加强员工响应和业务支持保障。三是稳健规范发展外呼业务。高度重视一体化规范经营，确保系统、号码、规范、准入、布局、考核“六统一”；各分行要严格在总行统一基础上，基于场景优选外呼营销项目，经总行评估后有序推进，避免粗放营销。

10. 依托建行大学与专业研修院，推动产学研一体化。

建行大学普惠与零售研修院、住房金融研修院都与零售业务息息相关，体现了总行对零售业务的高度重视。建好两个专业研修院是零售条线的共同责任，各部门、各级机构要树立整体意识，紧密协作，共同把研修院办出特色。要共谋发展智慧，业务部门和分支行机构最贴近市场、最了解员工和客户需求，要与研修院共同开展员工培训、课题研究和成果孵化，选派兼职师资和业务骨干参与研修院工作。要打响“金智惠民”品牌，金智惠民工程要与建行战略相结合、与扶贫攻坚相结合、与零售业务发展相结合，通过面向客户和机构提供培训，探索建立客户关系新型举措。要加强开放合作，依托研修院优选外部咨询公司、培训机构、互联网平台，整合共享课程、师资、实践等教研资源，面向零售条线员工输出高品质培训产品，为前沿研究提供强大智力支撑。要突破重点领域课题，集中各方面智慧，加快重点及前瞻性课题研究攻坚，尽快输出有价值的研究成果，打响社会品牌。

11. 加强全维度风险管控，为新零售保驾护航。

高度重视消费者权益保护工作，预防声誉风险。要重点加强数字安全管理，确保信息收集的合规性。要做实事前预防、事中监控、事后整改三道风险防线，持续抓好源头和重点环节，加强投诉监督管理。

加强零售信贷风险管理，为全行资产质量作出更大贡献。加强准入环节客户风险把控，大力提升实时在线的风险监控和风险预警能力。个贷业务要保持资产质量同业最优，密切关注和做好新一轮房地产调控下的风险应对，重点防范集中性区域风险、楼盘项目烂尾等风险；用好个贷风险预警模型，构建全面风险监测预警和主动风险管理体系。信用卡业务要确保实现资产质量管控目标，切实提高催收能力，2019 年总行将对信用卡委外催收费用增量部分给予专项支持，各分行要用好政策。

严防操作风险和道德风险。制度的落实要靠流程进行控制，要善于在已发生案例中寻找规律，转化为预警模型。要加强员工行为管理和警示教育，及时发现行为异常，采取挽救措施。

密切关注和防范新兴风险。特别是支付结算领域的客户信息泄露、伪卡等风险。要切实增强敏感性，加强对新兴风险领域的前瞻性思考，建立健全信息收集和数据保护机制，提升风险发生后的恢复和修复能力。近日，人民银行发布《关于进一步加强支付结算管理　防范电信网络新型违法犯罪有关事项的通知》，各分行要高度重视、认真落实。

全面落实内外部监管要求，确保依法合规经营。要高度重视境内外反洗钱工作，迅速往国际标准靠拢。要持续抓好合规审计、违规整改等重点环节。2019 年全行面临两大外部检查：一是银保监会将从 3 月末至 7 月末对总行及山西、辽宁、福建、深圳、重庆、贵州、西藏 7 家一级分行开展风险管理及内控有效性现场检查。二是人民银行将对建设银行进行反洗钱检查。从近几年人民银行对同业检查情况看，基本是“逢查必罚”且处罚力度逐年加大。各分行务必高度重视，落实相关检查要求，做好准备、积极配合，加强检查过程中的总分行沟通和联动。

12. 以党建为引领，加强队伍建设。

全条线干部员工要深入学习领会习近平新时代中国特色社会主义思想，提高政治站位，深刻理解“以人民为中心”的精神内涵，不忘初心、回归本源，围绕满足人民对美好生活的向往需求，全面提升零售金融服务的效率和水平，以实际行动服务普惠大众、造福百姓民生。这既是承担政治责任，也是抢抓市场机遇，在主动奉献社会中发现商机、获得回报。要切实弘扬真抓实干的优良作风，进一步纠正“四风”问题，力戒形式主义、官僚主义。要以党建为引领打造一支有新零售思维理念、会新零售打法的干部员工队伍，在各级机构培养业务能力与科技能力兼备的综合型人才，吸引更多科技人才加入零售条线。要着力建好企业级智能投顾队伍、总分行本部客户直营队伍和营业机构客户经理队伍，数量和能力要与业务发展相匹配，建立常态化、进阶式培训培养体系，建设高阶人才库，培养“业务领头羊”和“市场影响者”。要鼓励客户经理参加社会权威专业培训，取得认证资格全额报销费用。要切实落地基层网点员工关爱工程 12 项举措。

同志们，2019 年是新中国成立 70 周年，也是全面建成小康社会的关键之年，有机遇也有挑战。让我们在总行党委的正确领导下，坚决贯彻落实全行发展战略，纵深推进新零售，激活新动能，扎实推进零售及网络金融业务实现新发展，为全行经营作出新的、更大的贡献！谢谢大家！

主动作为 聚力发展 提升渠道运营综合竞争力与价值贡献

——在2019年渠道运营工作会议上的讲话

张立林

（2019年4月26日）

同志们，上午好！

本次会议的主要任务是以习近平新时代中国特色社会主义思想为指导，深入学习贯彻全行工作会议、零售及网络金融业务工作会议精神，总结工作、研判形势，部署当前及今后一段时期重点工作。下面我讲几点意见，供大家讨论。

一、2018年工作回顾

过去的一年，渠道运营条线按照总行党委战略部署，树立全局观念，主动应对形势变化，积极推进“三大战略”落地、“劳动者港湾”、智能运营体系、门店数字化建设等重点工作，释放新动能，展现新面貌，强化了社会责任担当和对全行经营发展的价值贡献。

（一）服务全行战略取得新亮点

网点普惠金融业务做出实效。积极贯彻普惠金融战略，网点普惠金融业务开办率达92%，同比提升11个百分点；网点具备普惠金融业务资质的人员新增1万人，累计5.8万人，同比提升26%；配置普惠金融专员3400余人，覆盖2500余个网点；打造普惠金融特色网点784家，覆盖70%的二级分（支）行；强化营销服务，网点普惠金融贷款额为6600亿元，同比新增2200亿元。

住房租赁业务全面开展。推动网点承接住房租赁业务咨询及营销引流，向住房租赁平台引流710万人次，达成出租房源25万套；依托网点拓展房源、获客活客，全年新增房源620万套，联动新增对公结算账户8800余户、个人一类账户近8万户。试点实施全行住房租赁系统房源图片集约化审核，开业8个住房金融服务中心。

金融科技多领域、多场景应用。人脸识别全渠道部署，人脸库突破2亿人，覆盖9大类近百项业务场景。试点投产8个数字化门店和5个数字化展厅，为客户带来智慧服务体验。同业率先试点建设智能金库，入库及清分效率提升50%，交接效率提升3倍。建设银行智慧银行、汽车银行参展重庆智博会，受到广泛关注。在首届“创新马拉松”活动中，获住房租赁专场二等奖、金融科技专场二等奖、优秀团队奖、优秀导师奖四个奖项。深圳、广东、上海、江苏、四川等分行走在渠道数字化转型的前列。

（二）社会公益和优质服务树立新形象

“劳动者港湾”为社会注入正能量。积极履行社会责任，向公众开放1.43万个“劳动者港湾”，累计服务4900万人次，127万户外劳动者、2200家企业和机构成为建设银行客户。“劳动者港湾”成为建设银行标志性公益服务品牌，被中央网信办和全国总工会授予“网络正能量专题活动”“同心圆”特等奖，被新华网授予“2018社会责任优秀案例奖”。

行业“千佳”创建结硕果。加强组织推动，树立服务标杆，121个网点被中银协授予“行业千佳单位”，四大行第一，较上期增长48%，四大行唯一实现正增长。营业网点和自助设备的个人客户满意度均四大行第一。

网点规范服务再上新台阶。同业率先实施银行营业网点服务基本要求、评价准则两项国标认证，27家分行获行业认证。在雄安和上海打造无障碍服务标杆网点，提升网点大众客户服务水平。召开全行“服务质量提升年”动员会，促进网点服务提质增效。据第三方神秘人检查评价，建设银行渠道服务质量连续多年保持同业领先。

流程创新提升客户及员工体验。上线多渠道预约预处理、组合交易、电子签名等463项业务功能，简便客户业务办理，为基层员工减负。推动电子印章替代实物印章，电子印章覆盖柜面97%的对私交易、82%的对公交易及智慧柜员机的全量对私业务。远程集中授权覆盖98.84%的网点，精简并上收柜面授权审核事项102项。

（三）智能运营体系建设实现新进展

启动智能运营体系建设。规划设计智能运营体系，印发《智能运营体系建设方案（2018—2022年）》，明确了“提升全行运营质量和效率，优化资源配置，促进管理协同，统一价值主张和风险偏好”的实施目标，着力构建“接触层、交付层、管控层”三层架构体系。

集约化运营支持场景不断拓展。全年新增29类、累计174类事项实现集约化运营，日均95万笔，同比增长17%。重点推进外汇业务集约化运营，开展11家分行对公外汇政策性审核总分行协同云生产试点，业务上收率由28%提升至69%，为网点开办外汇业务奠定基础。为建行亚洲、澳门分行的零售定期存款、信用卡等业务提供离岸集约化运营，新增建信人寿保单录入等集约化处理，支持集团业务发展。

云生产平台产能持续释放。逐步深化云生产模式，由信息采集拓展到对公外汇审核、远程授权等领域，17.27%的行内集约化生产任务由云生产完成。云宠物用户拓展至384万，吸引43%的用户开通手机银行，获客效益明显。运用云宠物抽奖，在陕西安康试点创立“造血式”精准扶贫新模式，社会效益显现。

（四）渠道布局优化释放新活力

网点总量持稳结构调优。境内营业网点14873个，四大行占比23%，规模保持稳定。持续提升网点经营效能，全年完成198个旗舰店建设，优化低效网点布局319个；普惠型网点累计开业135个，填补51个空白县域，县域网点达4313个，县域覆盖率达80%。布放“龙易行”移动设备7300台，进一步延伸物理渠道服务网络。

升级完善自助渠道功能。自助设备硬件及软件功能全面升级，优化惠民缴费、吞卡领回等105项功能；ATM“刷脸”取款在全行推广上线，清机任务刷脸审核推广率超90%，效率提升，风控加强。打通智慧柜员机银联贷记通道，全年节约交易成本1900万元。试点大额存取款设备，20万元以上存款耗时由15分钟降至7分钟。推动自助设备跨一级分行、分行辖内调配5803台，盘活存量设备。

网点岗位资源配置优化。建立网点弹性排班指数监测机制，促进网点人员精细化调配，全年柜面业务量超全行均值三倍以上的高压力柜台数下降20%。试点实施网点岗位角色优化，制定网点员工岗位角色权限模板。试点网点岗位运营平台，上线电子例会、直通任务管控等功能，推进网点负责人、营运主管履岗线上流程化管控。

渠道经营效能增强。全行网点服务个人客户4.3亿户，同比增长8%，其中AUM50万元以上客户增长11.1%；服务对公结算客户264万户、网均180户，客户基础进一步夯实。手机银行、网上银行网点新签约个人客户分别同比增长2.7%和5.6%，网上银行新签约对公客户同比增长28.8%，线上线下协同成效明显。

（五）精细化管理激发新动能

金库及现钞管理不断深耕。强化库存管理，科学测算金库库存限额，现金备付率下降0.03个百分点，日均库存减少16亿元，同比降幅为2.3%。日均库存黄金104.72吨，同比降幅为9.5%。落实监管要求，假币浓度由百万分之0.44下降至0.33，建设银行获国务院反假货币工作联席会议多次表彰；圆满完成人行7批次纪念币发行任务；试点研发现金红包产品。

集中清算核算运营质效提升。跨行支付清算业务保持高速增长，人民币跨行汇款50亿笔，同比增长29%；外汇汇款585万笔，同比增长6.2%。研发智能汇划路由模式，人民币汇款单笔成本四大行最低，同比降低11%，获上海清算所“优秀清算会员”奖。实现跨境汇款全币种集中筛查，境外账户行黑名单查询量降低60%。开发集中核算业务线上审批平台，大幅提高业务效率。

运营支持响应能力增强。完成银联差错及核算信息交换107个业务功能上线，协同实施理财卡境外交易和境外争议处理流程再造，获银联“中国银联差错处理卓越运营奖”。优化数据协查系统应用，提升效率和用户体验。响应集团机构员工管理需求，完成多次优化，支持业务创新。

交易业务后台支持有力。主动参与金融市场业务产品创新和制度流程优化，完成外汇买卖、本币债券等12类产品结算清算64万笔，同比增长34%；完成海外清算系统12项功能优化、4家海外机构系统直连。获上海清算所“优秀结算成员”奖、外汇交易中心“外汇做市最佳后台支持奖”。

（六）渠道运营风险防控采取新举措

全面加强制度建设。根据业务发展、系统建设及运营模式变化，及时完善规章制度。制发网点普惠金融、住房租赁业务及劳动者港湾服务相关流程规范，支持合规有序开展；配套系统上线，建立柜面业务手册、营运主管一日流程、柜面现金业务等操作规范；结合业务模式创新，规范集中授权、生物识别、电子印章、产品业务渠道布放及流程设计等管理要求。同时，根据运营业务的海外及子公司拓展，建立相应的集约化规章制度和操作流程。

风险防控机制逐步完善。建立渠道运营条线重大事项报告、风险例会、合规约谈等管理机制，推动稽核与督导线上线下“联防联查联治”。加强营运主管委派管理与培养，筑牢风险防控第一道关口。开展监管、审计发现典型问题专项治理和员工行为排查；组织“精准点学”活动和员工警示教育，普及行规行纪，全面覆盖基层机构及一线员工。

技防力度加大。新研发稽核模型614个，稽核发现各类差错28万笔、潜在资金损失事件1678起，挽回潜在损失16.52亿元。推广自助设备“刷脸”审批、“刷脸”清机、试点自动盘库，控制“一手清”风险。推广新一代远程现金实物盘点应用，实现全天候、突击性的非现场检查。

（七）员工队伍建设培育新优势

持续加大营销服务转型。网点综合营销服务人员占比持续提升至67%，网点专职客户经理占比持续提升至18%，高柜柜员占比持续下降至24%，支持网点营销服务功能拓展，促进普惠金融、住房租赁等业务在网点实施落地。

不断提升员工综合素质。持续优化研发网点客户经理、网点员工综合能力提升等系列教材；创新eSpace、微信等线上多渠道培训方式，全年网点直通视频培训1621期、44.3万人次，微信“慧识金”培训151万人次；系统规划、组织开展全行网点人员轮训，网点具备综合岗位资质的客户经理占比提升至65%，30%的网点员工具备对公信贷业务能力，实现专业水平与综合素质能力“双提升”。

大力推动员工关爱。总行渠道、人力、财会、党群等部门联合开展基层员工关爱调研，梳理分析基层员工面临的痛点，从岗位、工作、成长、能力、生活5个方面提出12项具体关爱举措，充分调动基层员工干事创业的积极性。

同志们，一年的奋斗成果令人振奋，目前建设银行渠道服务、数字化转型、智能运营体系建设等工作已走在了同业前列，上海、浙江、福建、广东、江苏、山东、安徽、深圳、陕西、河南等分行走在了全行前列。一年的发展成果来之不易，这些成绩的取得，得益于总行党委的正确领导，得益于全条线员工的智慧和努力，也得益于各部门的大力支持。我谨代表总行党委向大家表示衷心的感谢！

二、认清形势，加快渠道运营稳健创新发展

2019年年初全行工作会上，国立董事长深入辨析时代变化趋势，提出“产业数字化、客户用户化、产品服务化、服务智能化、组织解构化、连接泛在化、迭代加速化、客群年轻化”八化的发展趋势，并把脉银行发展未来，要向“数字化、网络化、智能化”转型，为我们指明了方向。做好2019年乃至未来几年的渠道运营工作，既要把准形势、立足当前，又要看清大势、着眼长远。

（一）市场竞争激烈，迫切需要转变经营理念

目前银行业普遍面临利润空间缩窄、经营压力增大的问题，走内涵式、高质量发展道路成为必然。互联网公司也在往线下发展，开始探寻线上线下立体化的“新零售”战略。网点仍是银行业的经营优势，是与互联网竞争的“护城河”。在当前的市场环境下，网点大规模扩张、粗放式管理已不可能，必须转变经营理念，通过优化布

局、开拓业务、扩大收入、压缩成本、提升资源精准配置能力，走“小投入、高产出”的精细化经营之路。同时，运营质效成为银行核心竞争力的关键要素，这对渠道运营条线既是机遇也是挑战。

（二）客户主权时代，银行服务模式需顺势而变

随着线上消费、金融模式创新发展，客户主权时代来临，极致体验成为银行竞争力的核心。客户对金融服务的需求更加个性化、综合化，对服务的便捷性、实时性、安全性的要求越来越高，全渠道融合、多场景连接将成为经营客户的新模式。渠道运营工作要与时俱进，要由账户思维、客户思维向用户思维转变，努力使“交易型客户”转变为“关系型客户”。一方面，渠道的功能形态要更为多元、服务能力要更为综合，提供的服务要更加泛在化、场景化、生态化；另一方面，要以客户为中心，运用数字化手段，记录、分析用户行为数据，重塑“端到端”的客户旅程，不断提升客户服务体验。

（三）科技进步，给渠道运营创新带来机遇

全球商业银行迈进数字化4.0时代，5G商用将催生人机融合、万物互联，将带来各行各业的再一次重新洗牌。同业都在加快研究部署科技应用，先进银行推出了全渠道协同交易模式，实现了全面无卡化，满足了客户移动化、数字化办理需求，给客户带来全渠道一致体验。如何加强金融科技应用，更好地发挥银行线下优势，变线下优势为胜势，是我们面临的课题。

（四）监管日趋严格，必须强化基础管理

当前国内外经济金融进入调整期，稳健经营越来越重要。2018年以来，监管机构先后颁发了支付、账户管理、反洗钱、反恐融资、反假币等一系列办法文件，对银行业合规经营、服务民生提出了更高的要求。同时，银行员工容易受到外界的各种诱惑，引发案件，互联网时代传播速度快，声誉风险不容忽视。这要求我们在抓转型发展的同时，更要高度重视服务、合规等基础管理，具备更强的管理手段和管理能力。

面对形势与挑战，在看到成绩的同时，更要看到存在的不足与差距。与先进同业相比，我们的客户综合服务能力、渠道综合竞争力有待提升，金融科技在渠道运营的创新应用亟须加强，布局结构仍有调优空间，渠道协同亟待加强，渠道资源配置机制尚需完善，特别是网点人员紧缺、网点人员的配备与业务发展的供需矛盾非常突出，这些问题需要我们下大力气抓紧解决。

三、以渠道转型和智能运营体系建设为着力点，以金融科技赋能为手段，提升渠道运营综合竞争力与价值贡献

年初全行工作会上，国立董事长提出“唯有跟上时代节拍，果断迈进第二发展曲线，尽快培育新的价值创造能力，才能形成银行真正的‘护城河’”。近日桂平行长多次强调“一定要高度重视网点在业务经营管理中的地位。网点是稀缺、重要的资源，是银行最基础的经营单位，是大银行经营的主要优势，是三大战略、零售优先战略落地的重要基础，要把网点综合竞争力提升工作摆在非常重要的位置，作为长期抓、持续抓的中心工作，把渠道做实、做强、做优”，同时，对网点布局、网点服务、网点人员队伍建设及海外业务集约化运营等工作提出了新要求。

渠道运营条线要深入贯彻党的十九大精神，认真落实全行工作会议、零售及网络金融业务工作会议要求，坚持“开放、共享、稳健、创新”理念，按照渠道运营一体化、生产经营一体化、全网全渠道的要求，紧密围绕全行发展战略，主动适应市场、技术及经营管理新变化、新要求，以提升渠道运营综合竞争力和价值贡献为目标，把握体验、质量、效率、安全关键要素，持续建设数字化、网络化、智能化的渠道运营体系，支持全行稳健经营、创新发展。

2019年要重点做好以下六方面工作。

（一）纵深推进“三大战略”与“劳动者港湾”

要充分发挥落实总行战略的主渠道作用，以更有力的措施纵深推进落地实施，取得更好成效。

一要提升网点普惠金融服务能力。全行要新增打造300个普惠金融特色网点，实现80%以上二级分（支）行覆盖；要持续加强网点普惠金融专业人才培养，使具备经办资质的人员提升至35%以上；要进一步提高普惠金融业务网点开办率，年底要达到95%以上，普惠金融业务开办率低的分行，要加大对公业务的开办力度。

二要提升住房租赁业务的协同质效。各分行要规范网点住房租赁代理业务，在确保合规的前提下推动业务长足发展；要加快住房金融服务中心建设，6家总行级样板点应尽快完成验收投产，其他分行也应结合本行实际，加快进度，2019年底全行要力争实现30个住房金融服务中心对外营业，完成全行住房租赁系统房源图片集约化审核总行上收。

三要加大金融科技应用。要持续拓展丰富生物识别应用场景，由金融交易向民生、政务、公益、扶贫等非金融服务场景拓展，增加渠道服务触点，提升获客引流效益；要构建产品业务渠道布放及流程设计管理平台，研发模块化、标准化、图形化的流程装配工具，简化、整合渠道布放的对接路径，快速响应客户产品部门需求；要加大科技在集中核算清算、运营支持等领域的运用，推进运营流程再造，提升自动化、智能化水平。

四要传递“劳动者港湾”文化。各分行要持续推进“劳动者港湾”与社区公益服务的深度融合，践行“便民文化、共享文化、社区文化”理念。要加强与政府、公益机构等第三方合作，组织丰富多彩的主题活动，在服务“双创”客群、金融知识普惠等方面积极探索，持续丰富“劳动者港湾”服务内容。

（二）全力提升物理渠道综合竞争力

要从战略高度认识网点综合竞争力提升的重要意义。网点既是我们的传统优势又是未来发展的利器，特别是面对互联网企业的竞争，如果不把银行网点的优势发挥出来，我们将很难竞争过他们。提升网点综合竞争力，要把转型措施落到实处，网均、人均的综合价值创造能力自然就会提升。现阶段，要重点抓好网点规划建设能力、优质服务能力、综合经营能力、数字经营能力、队伍建设能力等关键能力提升，补齐短板，做强长板，把渠道做实、做强、做优。

一要坚持网点分类分级管理。要在现有旗舰、综合、轻型网点分类的基础上，进一步细化网点的分类分级，体现更具市场化、差异化的网点经营管理。要先有网点分类，以网点周边客群特点作为核心标志，统筹考虑业务规模、结构等因素，对网点进行科学分类，并在此基础上，根据网点服务能力、价值创造能力对网点进行分级分档。同时，要着力构建网点综合竞争力评价体系，通过同业对标、系统内对标，科学考核评价，提高网点综合经营效能。

二要调整优化网点布局和结构。我行现有网点布局在发达地区同业占比第三，经济发达地区的网点总量和结构仍有较大提升空间。总行正在制订全行网点建设发展规划，各分行要按照总行要求，全面摸底网点的同业布局，结合市场、经济发展、监管等要求，尽快科学制定本行的网点布局规划并组织实施。网点总量要保持稳定，确有需要的还可适当增加。网点结构要持续调优，总行在全行范围内统筹调优，各分行要在所辖区域内调优，持续延伸网点服务半径；网点的密度要合理，及时跟进经济发展、人口流动情况调优，积极布局城郊结合部等人口密集地区；自有/租赁结构要统筹考虑线上线下需求，凡是需重点经营的地方，要加大自有比例，具体比例要结合实际情况分析。

三要稳定网点员工队伍。网点员工是重要的生产力，各分行必须高度重视这支队伍的建设。近年来，网点人员在持续下降，境内营业网点员工17.15万人，近三年累计减少2万人。全行网均人数11.7人，全行10人（不含）以下的网点占比42%。但到店交易的客户数量在持续上升，同时，留存网点的监管类、复杂类、非金融服务事项在增加，网点人员还要参与搭场景、建生态等外拓工作，网点人员工作量和压力持续加大、持续紧缺的矛盾非常突出。各分行要加大网点人员配置力度，确保网点人员总量稳中有升，保障网点的基本服务功能。同时，要一体化考虑网点的分类分级、结构优化、人员配置、内部流程调整等，依托智能化的运营，简化网点业务办理，加大网点人员综合复用力度，提高网点生产力。

四要持续抓好网点优质服务。窗口的优质服务要引起高度重视，要把服务质量作为一项持续、长效的工作来抓。总行将进一步分类细化服务标准，各行要认真贯彻落实。要扎实开展“服务质量提升年”活动，加强全渠道、跨部门、全流程协作，落实好“十大工程”29项举措。2019年网点客户柜面平均排队等候时间务必要降至10分钟以内，超长等候客户占比和超长等候网点数量要明显下降，处理好优质客户和普通客户服务的关系，进一步降低客户投诉数量。要加强服务品牌打造，实现行业“百佳”网点获评数量四大行第一。

五要丰富网点功能和形态。要秉持“开放共享，科技赋能”的理念，持续升级网点建设，把网点变为建立信任关系的地方。要大力提升网点对公对私、本外币一体化、金融非金融等综合服务能力。要提高对公外汇业务网点开办率，有实际需要的综合性网点要开设外币办理窗口，要逐步配备有外币服务能力的综合客户经理。要积极推进智慧政务下沉网点，全行已有7500个网点提供政务服务，未来智慧政务开展得比较好的分行，网点将成为一定意义上的政务大厅。各分行要结合实际，积极探索特色化、多元化的渠道功能形态，“请进来，建场景”“走出去，建生态”，通过试点，为全行积累宝贵经验。

（三）以客户旅程为中心，构建全渠道一体化服务体系

要从交易思维转向客户旅程，从客户视角感知并优化银行的产品逻辑、交易流程、服务方式和交互设计，通过流程优化、技术应用和机制创新，建立全渠道一体化服务体系。

一要全渠道协同打造一致客户体验。要以“信息、交易、营销、服务”的共享协同为重点，应用生物信息识别等智能技术，创新线上线下协同交易模式、客户服务模式、人员调度模式，重点推进线下办理免介质，强化综合营销支持，不断完善客户旅程，为客户提供“无时不在、因需而在”的全渠道协同服务，实现线上线下渠道相互引流，提升渠道获客活客及价值创造能力。

二要推进客户旅程优化。要统一客户视角，推进端到端客户旅程项目实施，消除流程冗余，衔接流程断点，建立面向客户、各级员工的旅程及流程统一视图，提升用户体验。2019年，自助柜员机异常交易多渠道受理、自助渠道客服电话咨询、财私客户签约及申卡、购付汇及收结汇流程联动一体化等项目要统一纳入智能运营体系，加快建设。各分行要积极挖掘业务痛点，提出客户旅程优化方案，主动承担项目实施，总行将对此进行考核和指导。

三要建立客户体验管理体系。总行要建立客户体验管理中心，分行要积极试点建立客户体验实验室，共同承担客户研究、体验设计、体验测评与体验管控职能。要建立客户体验管理流程和评价机制，以客户视角优化渠道的设备、界面、服务、环境设计与旅程衔接，对客户体验进行统筹规划和全生命周期管理。要研究体验设计和测评的工具方法，全面提升基础管理能力。

（四）加快智能运营体系建设

要找准着力点，以点带面，分步实施，加快推动智能运营体系建设方案实施落地，确保早见成效。

一要搭建智能运营管控平台。要以提高运营质量效率为目标，统筹管理渠道、员工等运营资源和客户、行内各项运营需求，顶层设计资源管理、任务管理、分配调度、质效管理、风险管理、服务响应、成本计量等管控机制，构建智能运营管控平台并加快在各业务领域的应用。力争年内在渠道管理、流程统筹、风险管控、交易模式创新等方面实现重点突破，支持渠道运营竞争力提升和精细化管理。

二要提升运营智能化应用水平。通过新技术运用和体系化、平台化管理，构建全行共享的专业运营服务体系。2019年要重点推进三项工作：一是整合建立智能信息采集平台，以机器替代人工，实现主要集中生产凭证全行应用；二是应用流程机器人自动化技术，建立全行通用的运营服务平台；三是实施现金供应链智能化管理，实现金库自动化、无人化作业和现金业务全链条可视化、智能化管控。

三要全面推广云生产模式。要尽快完善云生产用户管理、内部计价、任务分配机制，建设云生产智能管控中心，实现运营资源和需求智能精准匹配，扩展云生产行内应用领域。加快推进外汇政策审核、柜面业务授权云生产，通过场景智派、任务云单，将网点业务和网点员工纳入云生产。各分行要发挥主观能动性，多手段营销推广“云宠物”，全年实现新增“云宠物”用户300万、活跃用户30万。

四要推进海外业务集约化运营。总行渠运、国际、人力、内控等部门，要集中研究不同国家运营、合规的标准、要求，在新一代核心系统海外推广的基础上集中清算运营，可考虑在境外或内地建立海外业务运营中心，进一步防控风险、提升效率、降低成本。

（五）全面主动管控渠道运营风险

要严格落实监管要求，紧盯风险动态，强化渠道运营操作风险、业务连续性、声誉风险的管控，加强智能技术应用，主动预防，以小成本管控大风险。

一要长效管控。以提升风控能力和降低案件发生概率为目标，在全行风险管理体系框架的指导下，以全面主动管理为基础，把风险控制嵌入业务流程，制度建设要及时跟进新业务、新产品、新服务以及系统流程的变化。要加强事前、事中、事后控制，构建本级、条线、境外机构全覆盖的渠道运营风险管控体系，形成长效管理机制。

二要智能管控。要提升风险的智能化发现能力，通过数字化分析能力，提升监控能力，同时要根据发生案件不断优化监控模型。要运用大数据分析和稽核检查成果，对客户、机构、员工进行多维度量化分析和风险画像，制定风险应对策略。研究利用行为视频分析识别技术，对关键岗位人员的异常行为智能识别、及时发现处理。运用远程监控系统，对柜面、金库、自助设备等重点部位开展检查。

三要主动管控。各分行要加强客户投诉问题的“预监管”，各级人员，特别是网点负责人和大堂经理，要提升主动管理客户投诉的意识和能力，增强敏感性，积极承担相应职责，对于可能升级的投诉，要提前防范、及时化解。各级管理人员要将客户投诉转化为制度流程改进的重要管理资源，主动识别管理缺陷并加以完善。

四要加强监督。各分行要加强行规行纪普及教育和警示教育，要建立常态化员工行为监测排查机制，梳理员工异常行为清单，采取线下摸排、线上稽核等方式，重点排查员工参与民间借贷、网络赌博、高风险投资、高消费及代客理财、代客交易等异常行为。网点主要负责人要认识到加强员工日常行为监督管理，避免违规违纪违法才是对员工真正的关爱。

（六）增强党建引领业务发展能力

渠道运营条线要紧扣新时代党的建设要求，统一思想步调，转变工作作风，凝聚发展力量。

一要加强条线党建工作。渠道运营条线要深入学习贯彻习近平新时代中国特色社会主义思想，进一步增强“四个意识”、坚定“四个自信”、做到“两个维护”。条线各级负责人要按照“一岗双责”的要求，切实担负起职责范围内党风廉政建设的领导责任；加强干部员工警示教育，筑牢拒腐防变的思想道德防线，营造廉洁从业的良好氛围；加强职业道德和职业能力建设，各分行在今后的调研和培训中都要增加党建、合规、员工关爱等内容。

二要抓好员工关爱工作。总行相关部门和各分行要落实好“基层减负年”的精神和要求，扎实开展基层减负工作。要落实好基层网点员工关爱工程，确保网点员工专项岗位津贴、专项补助和福利费用发放到位，推进建立“网点战略和重点业务专项奖励基金”；加大网点职工之家建设力度，新装修网点必须配套职工之（小）家，其他已具备条件的网点也必须配建，丰富和创新员工关爱活动。

三要加强员工队伍建设。各分行要高度重视基层网点员工队伍建设，包括思想建设和履职能力建设，要使员工有成就感、获得感。各行渠道部门、人力部门要统筹研究，为不同层级网点员工制定不同的发展路径，优化网点职务序列，加快落实网点职务、职等并行制度。要加大基层一线员工选拔培养、综合复用，对综合价值贡献大的员工，在职等晋升、职业生涯发展等方面给予政策倾斜。要持续加强网点客户经理队伍建设，配置相关资源，鼓励并激励网点所有员工获得与金融相关的资质、证书。要提升网点员工综合服务能力，建立网点员工成长进阶培训模式，研究网点员工成长培养体系，依托建行大学做好网点员工的培训工作。

四、几点要求

2019 年渠道运营工作要求很高，任务也很重，需要渠道运营条线和各相关部门的共同努力。最后，我再提几点要求。

一要保持战略定力。要准确理解“三大战略”对开启“第二发展曲线”的重要意义，这既是履行社会责任、践行大行担当的需要，也是建设银行围绕客户可持续发展的必然要求。要始终围绕全行战略方向，抓好落地执行。

二要转变理念。渠道运营条线要增强紧迫感，主动转变理念，要由中后台向中前台转变，由操作向管理经营转变，由被动、从动向主动转变，由线下向全网全渠道转变。相关部门和各行都要树立经营、管理、成本、效率意识，针对网均、人均的价值创造等网点经营情况及运营质效，开展持续监测、分析、评价并改进。

三要加强传导和组织推动。渠道运营条线点多面广、工作繁杂，链条长、环节多，尤其要强化传导和执行力。2019 年的各项工作，会后总行渠道运营部要梳理任务清单，明确时间表和路线图。各分行要抓紧启动，做好全盘统筹，尽快成立网点综合竞争力提升领导小组，分行“一把手”要亲自挂帅，各相关部门要积极参与，统筹推进。

四要强化协同。网点综合竞争力提升、智能运营体系建设是全行性的重要工作，总行相关部门、各分行要积极主动参与，要有大局意识和全局思维，要站在全局谋一域，做好一域促全局。渠道运营是全行各业务产品的通用平台，不是哪个部门的，需要前中后台、全行上下共同努力才能经营、运营好。渠道运营条线要强化统筹管理，建立一套业务、产品、流程、机具部署的规范和标准，同时，渠道运营条线要主动加强与产品业务部门的事前沟通，做好业务的承接衔接，共同遵守这套规范和标准。

五要提升大数据应用能力。渠道运营的各项管理工作，特别是网点建设布局、网点分类分级评价、渠道营销协同、风险精准识别等，都需要数据的支撑。目前渠道运营工作的数据基础还比较薄弱、应用能力不足、数据人才缺乏。各分行渠运、数据、科技部门要尽快完善渠道运营数据，加大渠道运营数据人才培养，提升数据分析应用能力。

同志们，未来已来，机遇与挑战并存。我们要居安思危、居危思变，主动作为、凝心聚力、开拓创新，在总行党委的正确领导下，坚决贯彻落实全行发展战略，持续提升渠道运营综合竞争力，为全行稳健经营和创新发展作出更大的贡献！谢谢大家！

在“护网2019网络攻防实战演习”全行动员（视频）会议上的讲话

张立林

（2019年5月21日）

同志们：

受桂平行长委托，我们对6月3日即将开始的公安部“护网2019网络攻防实战演习”进行动员和部署。

刚才金融科技部介绍了“护网实战演习”的前期准备和演练工作，准备工作充分、有序、扎实。下面我就做好“护网实战演习”工作讲几点意见。

一、充分认识“护网实战演习”工作的重要性

网络安全是国家安全的基础。2018年4月20日，习近平总书记在全国网络安全和信息化工作会议上强调指出，没有网络安全，就没有国家安全，就没有经济社会稳定运行，广大人民群众利益也难以得到保障。金融网络与信息系统作为金融体系的基础平台，是金融服务的载体，牵一发而动全身。在交易日趋活跃、每秒上万笔的今天，网络出现任何微小的问题，都可能影响海量客户，甚至引发连锁反应，造成系统风险，影响社会稳定和金融安全、国家安全。

网络攻击是全球性威胁。当前随着我行金融科技战略的有序推进，大家都感受到金融科技与业务结合的强大力量。但科技是一把“双刃剑”，掌握在好人手里，能造福人类；用在坏人手里，就会危害社会。2018年瑞士达沃斯论坛发布的《2018年全球风险报告》显示，网络攻击已经成为全球仅次于极端天气和自然灾害之外的全球性第三大威胁。据公安部门统计，我国网络犯罪已占犯罪总数的三分之一，并以每年30%以上的速度增长，网络犯罪已成为我国第一大犯罪类型。自2018年以来，相关国家陆续在贸易领域、科技领域发动贸易战、科技战，网络空间是一个没有硝烟的战场，未来网络空间战不是战与不战的问题，而是怎么战和如何打赢的问题。

“护网实战演习”是落实党的十九大网络强国战略和习近平总书记关于网络安全和信息化工作要求的一项关键任务，是经中央批准、公安部负责组织实施，检验我国主要企事业单位应对网络攻击威胁能力的一次重要行动部署，是迎接新中国成立70周年的一项重要工作举措。建设银行作为全球系统重要性银行、国内大型银行关键信息基础设施运营机构，首次以“防守方”的身份参与，对我们来说，这是一次全新的、严峻的考验。中国建设银行，建设现代生活，没有安全的网络保障，绝不是现代生活。十年树木，百年树人，声誉难建易毁，建设银行安全稳健的口碑来之不易，这次如果出问题，不仅是在银行业领域无光，还损失了建设银行在全国人民面前的声誉，因此大家要充分认识做好本次“护网实战演习”工作的重要性和紧迫性，练好内功、筑牢防线，坚决守住网络及信息系统不被攻破的底线。

二、清醒认识“护网实战演习”任务的艰巨性

系统的复杂性增加了此次护网的不确定性。当前建设银行与各类机构和消费者之间的连接日益增多，信息系统规模越来越庞大，系统与系统之间的关联关系更加复杂。近百个移动应用App、千余个互联网域名和微信公众号、上万条第三方外联线路、近十万台自助设备、数十万个电子邮箱用户等，都是潜在的攻击入口；应用系统开发

存在的漏洞、员工登录信息系统设置的弱口令、员工权限管控不严、软件源代码保管不力，都可能被攻击者利用，诱发场景相当多，而且一些小的风险控制不及时、控制不到位，就可能被攻击者层层渗透到建设银行内网，风险极高。还有一些分行委托第三方公司开发运营互联网应用，这些系统打着建设银行的LOGO、部署在第三方平台，不受行里安全措施保护，它们更是攻击的目标，一旦被攻破，也会记到建设银行头上，可见，护网工作面临的风险和挑战有多大。

新技术的广泛应用以及频繁升级引入新的风险。在移动互联、云计算、大数据等新兴技术与金融业务深入融合、新技术快速转化应用的过程中，一些新技术缺陷暴露时间晚于其实际投入使用的时间，客观上造成了潜在未知风险多、部分系统存在带病上线运行的问题，前期科技部门评估演练发现了多个应用系统漏洞，相信还有很多漏洞没有暴露出来。此次面对的攻击对手不是一个个孤立的个体攻击者，而是拥有严密分工、掌握最新攻击武器的攻击团队，防范强度和难度将更大。

网络攻防是“见招拆招”的动态比拼。为备战本次“护网实战演习”，科技部门虽然部署优化了针对性防控措施，包括及时增打系统补丁、将自动化封禁攻击IP能力由分钟级提高到秒级，但演练过程中还是发现有攻击者能够绕过已增打的漏洞补丁，使用未知系统漏洞实施攻击，为此，还要加强威胁情报获取，在安全监控和快速隔离处置方面下工夫，确保能够快速发现攻击、快速处置问题，采取有效反制措施，将攻击风险降到最低。

三、以高度责任心做好“护网实战演习”工作

公安部“护网2019网络攻防实战演习”将于2019年6月3日开始，此次“护网实战演习”是检验建设银行网络安全工作的一次大考，是考验我们责任心的一项重要任务，绝对不能出现疏忽和差错。

网络安全是一项系统性工作，重在齐抓共管。2017年建设银行应对“永恒之蓝”勒索蠕虫病毒、2018年抵御分布式拒绝服务攻击的实践经验证明，做好网络安全工作必须依靠全行一盘棋规划、专业高效地调度和实施。此次也不例外，“护网实战演习”期间，全行实行统一部署，总行与分行、总部与子公司、业务与技术、开发与运营各环节都要负担起相应的责任，形成安全生产流水线，织成纵深防控保护网，建立解决问题的应急沟通机制，造就真正具备应对网络攻击挑战的实力。这里，我再强调几点。

一是明确责任。各单位“一把手”是辖内网络与信息安全的第一责任人，要高度重视，亲自过问和部署此项工作。各分行、各子公司要成立由分管科技负责人牵头、技术和业务部门负责人参与的护网工作组，指定统一接口人，与总行保持密切沟通协作，一切行动听从总行指挥。总行业务部门要主动参与“护网实战演习”工作，有互联网应用的部门要指定一名部门负责人牵头协调、安排骨干人员参与总行护网实战演习小组应急值守与应急联动。鉴于“护网实战演习”期间，为应对攻击队伍的攻击而临时采取的安全防护措施有可能会对个别业务功能、个别客户造成误拦截等影响，因此，各部门要提前做好业务应对和客户解释方案，在“护网实战演习”期间，一旦出现安全事件，立即应急响应，开展业务应急处置。科技部门也要做好精准拦截，把对业务的影响降到最低。总分行安保部门要加强营业场所的安全保卫，防止攻击者假冒建设银行员工进入办公内网区域实施网络攻击。公关部要密切关注舆情，加强舆情监控与危机应对管理。总行金融科技部、运营数据中心、建信金科公司、相关业务部门承担起总行核心系统防控的主体责任，各分行、子公司要承担起所辖互联网边界、外联网边界、办公VPN、邮件系统、托管在第三方的系统、移动App、微信公众号、网站和网点物理设备等防控主体责任，一旦发现入侵和攻击，确保应急响应迅速及时有效。

二是严守纪律。各单位要将安全责任层层分解落实到每一个部门、每一位员工，要求员工在日常工作中严格遵守各项安全制度要求，不点击来历不明邮件、不安装来历不明软件、不接待身份不明人员接触我行网络系统，避免因员工安全意识不足导致被渗透攻击。各分行、子公司要严格遵守投产变更工作部署，“护网实战演习”期

间不做非紧急的投产和变更。严禁私自外联，控制外联接口。对于不符合规范要求的网站、微信公众号、App 等，要果断关停。在“护网实战演习”期间，各单位如出现由于准备不足、整改不到位、监控处置不及时、不听从指挥等原因造成被攻破的情况，总行将严肃追究相关单位和人员的责任。

三是抓好整改。建信金科公司、各分行、子公司等系统开发单位针对前期评估和演练发现的问题，务必要予以高度重视，对发现的问题要抓紧整改，及时修复系统漏洞和增打补丁，整改后要进行验证复测，确保问题得到彻底解决；运营数据中心、各分行、子公司等系统运营单位要针对安全监控和应急处置存在的问题，及时完善应急预案，熟练掌握配合流程，全行上下要精益求精，以最好的状态迎接“护网实战演习”检验。

四是做好值班安排。各单位要严格落实重大活动期间负责人带班和应急值守的制度，建立统一的指挥协调机制，实行 7×24 小时值班监控和预警处置，关键人员必须坚守岗位。

五是建立畅通沟通机制。“护网实战演习”期间，各分行、子公司应建立畅通沟通渠道，形成每日例会机制，严格执行突发事件报告制度，一旦发现攻击事件，要及时向总行报告。

六是发扬拼搏精神、打好护网攻坚战。本次护网面临攻击时间长、攻击强度大、护网任务重等挑战，考验我们各级管理者的智慧和执行力、各级安全护网人员的意志和耐力，希望全行各级单位统筹安排、周密部署、科学调配人员，发扬勇于拼搏，艰苦奋战、迎难而上的精神，全力打好此次攻坚战。同时相关部门要全力做好后勤保障支持。

2019 年是建设银行第一次以防守方参加“护网实战演习”，针对性采取防控措施是必要的，但要考虑长远，网络攻防归根到底是“人”的对抗，各单位要借此次“护网实战演习”契机，锻炼人才、挖掘人才、培养人才，稳定安全团队，壮大建设银行网络安全专业队伍，打造一支具有较高网络安全攻防实战能力的“建行蓝军”，同时进一步优化网络安全运营平台及工具，强化安全监控与应急处置，总结形成应对网络攻防的长效机制，立足打赢网络安全对抗持久战！

同志们，网络安全不是一朝一夕的事情，需要我们各级单位、各级管理者兢兢业业、久久为功，只有打牢地基，才能铸就高楼大厦。希望借此“护网实战演习”，检验我们的水平，提高我们的能力，为建设银行金融科技战略的实现增光添彩。

谢谢大家！

在中国建设银行2019年工作会议上的讲话

廖 林

（2019年1月22日）

风险条线就落实国立董事长、祖继行长讲话精神和其他行领导讲话要求，提出初步的贯彻意见，供大家参考。

2018年，全面主动的风险管理成效显著。全行风险指标实现“五个稳定”①，关键指标的协调性、均衡性与可持续性良好，保持了同业领先优势。成绩来之不易，值得格外珍惜。

2019年，不确定因素增多，世界银行“正在变暗的天空”报告预测，全球经济景气下行、风险上升，经济增速放缓；中金公司、摩根士丹利等机构持类似观点。我们面临的风险存在诸多不确定性，需要未雨绸缪，对症下药。

银行作为亲周期行业，其经营与绩效指标尤其是资产质量面临挑战。

我们需要认真研判，准确把握风险运行规律。研究表明，从2014—2018年建设银行不良率变动情况看，2019年处在一个关键节点上：2014年建设银行不良率是1.19%，2015年不良率飙升1.58%，随后稳步下降到2018年的1.46%。不良飙升的2015年面临的压力和今年情况有些类似②。2019年，全行不良率继续趋稳下行还是像2015年那样飙升反弹？六年间质量走势呈N字趋势还是倒V？固然有许多外部环境因素影响，从近几年实践看，能否坚决推进全面主动的风险管理至关重要。有三方面工作2019年要重点推进。

一、优化全面主动的风险监测体系，找对症状

建设银行风险监测体系经过多年摸索，可以理解为“$R_1 = 4 + X$”：主要从“资产质量、减值支出、信贷结构、经济资本”四个维度进行剖析，通过“望、闻、问、切”，精准发现问题。

“望”就是观察资产质量的“七率”指标③。近年来，从盯住不良走向“七率”监控，更加注重指标协调均衡、客观评判各级机构资产质量的整体健康水平。有些分行“不良”表象较好、关注等指标占比低，但实际隐藏风险高，表现在“七率”上就是很特别，不协调、不均衡。

“闻”就是了解影响减值支出的五个因素④。信贷减值损失程度高、信贷成本高、风险抵补能力差，就会影响机构对周期性风险因素的“抵抗力”。

“问”就是分析信贷结构的九个维度⑤。好的质量源于好的结构，而扎实的基础管理决定质量管控和结构优化水平。个别分行投向不当、结构失衡、管理薄弱导致“灰犀牛”隐患。

“切”就是研究经济资本的七大变化⑥，资本

---

① 不良率、逾期率、新暴露不良率、关注类占比、拨贷比保持稳定向好。

② 比较有关表述：2015年为“三期叠加”，政府工作报告提出风险挑战在于：投资增长乏力，消费热点不多，国际市场没有大的起色，稳增长难度加大，企业生产经营困难增多等；2018年末各类研究机构提出，2019年可能出现贸易摩擦负面影响加剧、经济增长内生动力不足、一些企业特别是中小企业经营困难、投资增势疲弱、部分地区经济下行压力较大等情况。

③ 即不良贷款率、逾期贷款率、新暴露不良贷款率、关注类贷款占比、纯新发放不良贷款率、关注类贷款迁徙率。

④ 即还原核销后当年不良率、拨贷比、拨备覆盖率、信贷成本率、信贷损失率。

⑤ 即业务结构、行业结构、区域结构、客户结构、产品结构、期限结构、担保结构、风险结构、收益结构。

⑥ 即风险成本率［风险成本率 =（预期损失 + 经济资本 ×10%）/贷款余额］、信贷业务经济资本占用率、对公贷款预期损失率、对公客户风险回报率、个人贷款风险回报率、资本业务增速比、经济资本监管资本比等。

耗用、风险承担与业务收益的平衡，体现了业务发展质量和可持续性，具体反映在分行经济资本和 RAROC 等风险收益指标。通过分析相关指标的异常情况，2018 年发现低信用风险领域的风险隐患并第一时间化解。

二、强化全面主动的风险预防体系，防治未病

要助力“三大战略”和“双优”，优化“三查”流程，做实“三道防线”，主动管好预期风险，从根本上强身健体，达到“上医治未病”的效果（$R_2=3+X$）。

助力“三大战略”赋能，支持开启“第二发展曲线”。通过实施“三大战略”，劳动者港湾、建行大学、民工惠等，在体现大行责任担当、解决社会痛点难点问题的同时，重构商业银行经营模式、培育新战略优势，是应对新形势下各类压力挑战的根本路径。助力住房租赁上要加大政策引导力度，落实好住房租赁授信审批“三优先”，发挥信贷资源对于推广租赁平台的撬动作用，把握租赁消费领域的重大机遇。助力普惠金融上要加强客户选择，引导培育普惠金融新生态，深化机控、数控、技控、智控应用，通过跨部门会商风险问题，跟进风险服务，落实质量管控。助力金融科技上要加快风险管理系统功能优化升级，做好风险信息共享，形成对全面主动管模式的支撑；总结创新马拉松经验，加快技术创新研发投产，对内促进价值创造，对外为金融同业赋能。

服务“双优”策略，促进稳健经营与创新发展。深化零售优先，充分认识零售信贷资产在稳定质量、提升价值回报方面的重要作用，引导信贷资源向零售领域科学配置，培育零售风险管理思维，基于大数定律开展科学管理，探索个人综合授信管控，及时防范应对零售客户群体出现的风险趋势、风险苗头。支持交易性业务加快形成优势，特别是要继续完善“六交”风险管控体系，围绕交易业务、交易对手、交易流程、交易系统、交易产品、交易人员六个方面，强化集团层面市场管理和交易业务基础管理，为交易服务能力提升奠定基础。

完善信贷“三查”，在全流程落实四眼原则。深化贷（投）前协同调查，打破僵化的“一线、非一线”风控分工认识，前中后台“三道防线”要通过贷前集中诊断机制，协同尽职履责，实现对风险的联防联控，客户部门做好尽职调查和评级申报，风险管理部门做好评级监管，信贷管理部门做好政策引导、名单管理，授信审批部门做好评估评审，审计部门分享数据审计结果，各部门共同实现对预期风险的前瞻性识别、管控。深化贷（投）中独立审查。围绕总分行“两级审批”体制安排，推广广东集中审批模式；继续优化独立放款审核模式，严格落实审批条件；巩固押品集约化管理成效，强化六个关键环节。强化授信审批、放款审核、押品管理的独立性和权威性。深化贷（投）后跟踪检查。前中后台部门共同参与，客户经理、风险经理、审计人员各司其职，协同打造贷后风险跟踪机制。客户部门要落实贷后检查规定动作，将存量客户经营与风险管理有机结合，持续落实授信方案，强化客户再选择、再融资管理。风险管理相关部门要提升“从上至下”的风险监测、预警能力，审计部门风险提示也要前移，形成主动营销和化解风险的合力。

防范“灰犀牛”，提前应对潜在风险。“灰犀牛”现象在国内金融领域广泛存在，总行总结提出高杠杆低效企业、地方政府债务、房地产行业、高风险区域等重点领域的 14 条“灰犀牛”特征，分析了政策、客户、融资工具、舆情、金融机构等五方面“灰犀牛”风险传导路径，各机构应根据总行提示，摸清相关风险底数，把握风险演变规律，必须保持足够的敏感性和前瞻性，提前优化结构，规避、分散、缓释风险，避免潜在风险隐患向实质性风险转变。

三、深化全面主动的风险管理体系，下对药方

首先要继续完善全面主动的风险管理体系。“全面管”要在统一风险偏好下，对四大板块九大类风险（$4+9+X$）实施差别化、精细化管理。“主动管”要坚持“三管齐下、五个到位”，夯实十项基础（$R_3=3+5+10$）。严格落实“五个责任”，完善责任认定审议机制，巩固精准认责效果。统筹风险督察、监控、检查手段，提升对机构、岗位行为的监督、引导能力。组织开展重大不良项目和重大损失项目“复盘”剖析工作，举

一反三开展整改，发挥警示教育作用。借助建行大学平台，培养专业专注的风险管理队伍，按照稳健经营和创新发展要求调整风险考核评价体系，发挥好考评指挥棒作用。

其次要围绕增收、节支、降耗精准发力，提升风险管理价值创造贡献。2019 年业务拓展全面承压，风险管理要提升价值创造能力。

风险管理要以信贷结构调整助力增收。通过优化结构、提升风险定价水平，促进信贷组合收益率提升。继续提高对私贷款占比，体现个贷特别是消费贷款的收益率贡献。巩固对公业务基石，提高绿色信贷、重点民营企业贷款占比，着力提升先进制造业、批零业客户经营能力；严控地方政府隐性债务总量不新增，积极化解隐性债务风险。

风险管理要以提升资产质量和减少拨备支出助力节支。既要通过管控预期风险实现资产质量水平持续稳定、降低信贷损失、确保拨备计提稳健充足，又要围绕拨备计提、回拨“做文章”，优化行业、客户结构，发挥拨备计提政策引导作用；同时提升不良资产处置的“质”与“效”，提高现金回收比例，特别是已核销资产的现金回收，减少拨备使用，实现一定量的拨备回拨。

风险管理要以降低经济资本占用助力降耗。将有限的信贷资源向低资本占用的产品、业务倾斜，有序退出高资本占用低收益的业务，为优质业务腾挪空间。调整计量模型与风险参数，开发专门系统功能，引导基层机构在发放新增贷款时分析客户 RAROC，先算账再发放（总行已调低经济资本占用系数，EVA 公式中经济资本成本挂钩系数由 10.5% 降至 10%）。积极推进小微快贷等业务的高级法实施申请，从源头降低资本占用。①

最后要探索线上风控新模式，打造新的比较优势。依托线上风控 AID（人工智能 + 信息技术 + 大数据）：贷前积极探索应用线上业务风险排查系统（RSD），通过不同维度数据交叉验证，对客户全息画像，提前排除问题客户。贷中应用风险模型管理组件（RMD），做好客户风险评价。贷后持续用好全面风险监控预警平台（RAD），构建线上业务风险预警响应机制，探索线上业务风险资产处置新模式，拓展风险处置渠道。同时，要开展线上产品风险评估，把好产品准入关。

展望 2019 年，各类风险因素交织叠加，坚信通过推进“三大战略”，落实“全面主动”风险管理要求，完善监测、预防、管理体系，我们一定能够为打赢防范化解重大风险攻坚战作出更大贡献！

① 总行主动调整参数，根据近三年数据情况，对公信贷 LGD 参数初始值将从 85% 调低至 70%；同时，为分行设置回收处置时间，在 6 个月观察期内的违约债项 LGD 上限设定为 70%；重检零售风险模型，单独设置支农贷款相关风险参数，动态优化普惠金融相关风险参数。

筑牢风控体系 助力三大战略 不断提升全面主动管控风险能力

——在2019年全行风险管理工作会议上的讲话

廖 林

（2019年3月19日）

这次会议的主要任务是贯彻落实年初全行工作会议精神，安排部署2019年风险管理相关工作。

一、2018年全面主动管控风险成效显著

2018年，全行坚决贯彻党中央、国务院关于防范化解重大风险的决策部署和监管机构要求，认真落实总行党委、董事会、监事会、高管层对风险管理的工作安排，全力支持三大战略及双优策略，风险管理从全面管到全面主动管，取得了显著成效，有力地支持了集团稳健经营和创新发展。

（一）初步形成全面主动的风险管控体系

以可量化的“三管齐下”“五个到位”和“十项基础”为支柱，持续推进全面主动管控风险的体系化建设。落实党委管，深化风险管理职责进党委。坚持全面管，风险管理全面覆盖集团四大板块和九大类风险。重点强化主动管，完善风险偏好框架，推进“三明确”；加强前瞻性管控，搭建企业级全面风险监控预警平台（RAD），初步实现全量风险敞口的管控和信息共享；正式开展全面风险管理评价，并与KPI、竞争力监测等考核体系挂钩；首次开展37家境内分行和10家子公司的轨迹督察，夯实管理基础。首家成立风险计量中心，提升风险计量能力。

各类重要风险得到有效管控。抓住关键环节，柜面风险管理得到加强；流动性风险统筹管理能力提升，各项指标持续满足监管要求；银行账簿利率风险管控有力，NIM等关键指标明显改善；国别风险精细化管理水平提升，全年无重大国别风险暴露；声誉风险总体稳定，负面舆情处置有效，未发生重大风险事件；理顺信息科技风险管理机制，系统运行安全平稳。

有效发挥监督作用，服务战略及风险内控监督效果显著。制订帮扶救助方案，“一人一策”从源头化解信访风险，体现国有银行社会责任担当。安保工作纳入全面主动风险管理体系，远程监控“五统一”项目建设取得突破性进展。注重审计作用发挥，提升审计的前瞻性，圆满完成了配合审计署工作。首次开展创新马拉松活动，完善产品创新长效机制，聚焦三大战略，全年完成产品创新达1300项。

厦门、广东、苏州、北京、重庆等行在全面风险管理评价中位居前列。

（二）信用风险管控有效，资产质量稳中向好

完善多维资产质量监控体系。资产质量“七率”稳定协调，关键指标持续领先同业。集团不良贷款率为××%、逾期贷款率为××%、关注类贷款占比××%、拨备覆盖率为××%，境内新暴露不良比率为××%，实现“五个稳定”。资产质量基础扎实，分类审慎，不良逾期“剪刀差”××亿元。北京、厦门、重庆、贵州、广西分行资产质量指标均衡性、协调性、可持续性保持了较好水平。

强化审和批、授与信的作用，提升实质性风险把控和服务战略能力。提升综合授信覆盖率和评审层级，综合授信覆盖率达98.74%；全球授信实现海外机构集团客户全覆盖，建立总行本级与海外审批中心双向联动审批作业机制，

审批事项沟通效率提升；集团并表授信余额达××亿元，子公司集团并表授信余额同比增幅为××%。

全力管控“灰犀牛”隐患，重点领域风险化解取得良好效果。及时清理全行不规范低信用风险业务；在同业中率先加快退出不符合国家政策的火电项目；严格房地产业务限额管理和总量控制等成效显著。推进“113”工作，总行党委成员督导的十家一级分行不良率下降0.14个百分点，5家重点帮扶二级分行实现不良、逾期额、率双降；总行相关部门牵头的30大项目金额减少55亿元，化解率为14%。

不良资产经营的价值创造能力持续提升。资产保全平台主体功能上线，全流程管控和精细化能力持续增强。共处置不良贷款××亿元，腾挪贷款规模达××亿元；不良资产市场化债转股取得突破；表内外现金回收创历史新高，浙江、深圳、广东、内蒙古、湖南、大连等行回收额、率较高。

（三）助力三大战略和两优策略，资产结构持续优化

发挥风险管理专业优势，助力战略稳健推进。信贷政策将住房租赁作为优先支持领域，在行业限额政策中予以支持；按照“三优先”原则，提升审批效率。创新优化普惠金融线上评分工具、审批模式以及处置流程，建立前中后台风险联席会议机制。依托金融科技，推进风险管理数字化工作，提升风险管理智能化水平，并做好对外赋能。

支持双优策略，培育新的利润增长点。坚持零售优先，境内分行零售贷款占比提升××个百分点至××%，不良率为××%，巩固最大零售信贷银行地位。支持交易性业务优势培育，将债券承销、托管类业务纳入全面风险管理范畴，金融市场、同业、资管三大业务总量突破13万亿元，整体资产质量良好。

坚持推进结构调整，夯实资产质量基础。“三分类”政策执行良好，优先支持行业信贷余额增速高于对公平均增速××个百分点，逐步压缩行业信贷余额减少500多亿元。服务供给侧结构性改革，钢铁和煤炭行业“去产能”风险客户退出信贷金额达100多亿元。成功发行绿色金融债券，绿色贷款高于对公贷款平均增速3.65个百分点，不良率为0.58%。

（四）稳妥应对金融市场波动，市场风险和交易投资业务风险管理能力显著增强

完善市场风险“三全六交”管控机制，自有资金投资人民币债券持续零违约，衍生品垫款连续6年无新增，同业业务保持零不良，资管业务不良率为0.28%。加强人民币信用债穿透式管理，新增违约率仅0.04%，显著低于全市场平均违约率（0.47%）。强化涉股业务协同管控，在A股市场大幅波动中表现平稳、风险可控，发挥了国有大行“稳定器”作用。

（五）强化海外机构和子公司风险管理，风险状况总体保持稳定

对海外机构始终坚守稳健合规底线。制定差别化信贷政策，推进“113”工作，建立差别化合规管理机制，海外授信审批中心运行良好，筹建海外审计中心，海外风控能力稳步提升。海外商业银行类机构不良率为0.38%，拨备覆盖率为195%。

对子公司继续强化内部制衡。举办CRO培训班，开展风险管理集中报告，强化公司治理、分管领导履职管理以及风险考评；提升服务母行、风险管控和合规经营能力。子公司不良贷款率为0.91%，拨备覆盖率达297%。

（六）推进内控合规管理体系建设，反洗钱能力提升

明确全行合规体系建设时间表、路线图和管理目标，合规管理的“三个责任”有效压实，“八个关键步骤”发挥效力；全行无新发生重特大案件，监管类案件数量和涉案金额实现双降。强化反洗钱管理，清单监测系统覆盖所有境内分行，重点目标客户身份基本信息完整率大幅提升。

通过全行共同努力，风险管理取得优异成绩。MPA、HRS、集团风险偏好执行较好，各类风险总体保持平稳，荣获英国《银行家》“中国最佳商业银行”，在中国银行业协会“陀螺”评价中，风险管控能力连续两年位居全国性商业银行第一，建设银行提出并起草的《商业银行担保物基本信息描述规范》成为行业标准。

这些成绩来之不易，是总行党委、董事会、监事会、高管层正确领导的结果，是监管机构长期支持的结果，是全行员工砥砺奋进的结果，特别是条线员工作出突出贡献，值得格外珍惜。

二、着力提升风险管理创造价值能力

党的十八大以来，习近平总书记多次强调要坚决守住不发生系统性金融风险底线，坚决打好防范化解重大风险攻坚战，2019年又在省部级主要领导干部专题研讨班和中央政治局第十三次集体学习时发表重要讲话，用“24字”精辟总结了经济与金融的辩证关系，提出深化金融供给侧结构性改革要求，为建设银行服务实体经济、防范化解风险提供根本遵循。

防范化解金融风险是金融工作的根本性任务。国立董事长要求，管控风险必须跳出风险看风险；祖继行长要求，风险管理要围绕支持稳健经营和创新发展，提升价值创造能力这一核心做文章。建设银行多年以来一直坚持推行经济增加值（EVA）的价值创造逻辑，从传统三大优势到三大战略，从“第一曲线”到“第二曲线”，从被动控到全面主动管，都是此逻辑下的实践演进和内涵拓展。EVA包括收入、支出和资本成本三要素，风险管理融入每个要素就可以提升价值创造。

（一）做好支持创新发展助力增收文章

风险管理要通过结构调整、工具和技术创新以及问题资产经营，支持创新发展，助力增收。净利息收入要提升，近年来NIM持续收窄，客观上要求我们必须在巩固传统优势的基础上，立足B端赋能、C端突围和G端连接，开启“第二发展曲线”，培育新的利润增长点，通过收入、客户、信贷结构调整不断提高生息资产利息收入，通过平台经营获客、活客及吸纳低成本资金，努力扩大NIM；中间业务收入是银行综合能力的重要体现，双优策略中加快交易型业务优势培育就是要弥补这一短板；其他收入也要重视，要通过提升资产保全经营能力实现增收，为价值创造多作贡献。

（二）做好支持精细管理助力节支文章

要提升经营费用管理效能。要通过精细管理减少拨备支出和监管处罚，助力节支。在提升资产质量和减少拨备支出上，既要通过结构调整和前瞻性管控保持资产质量稳定向好，减少信贷损失，又要围绕加大现金回收、盘活上迁，减少拨备计提、增加回拨统筹精细做好各项工作。在强化合规经营、减少监管处罚上，全行要强化合规意识，将合规意识贯穿于银行经营始终，找到引发处罚的风险成因，从根本上消除违规隐患。

（三）做好支持稳健经营助力降耗文章

保障稳健经营，关键是强化资本约束。各分行要从客户选择、授信方案设计、流程管控入手，降低经济资本（EC）占用。降低PD（违约概率），优先选择高信用评级的借款人、债券发行体和保证人；降低LGD（违约损失率），优先选择高债项评级的风险缓释，提高抵质押贷款占比；降低EAD（风险暴露），合理设定额度，避免过度授信，尽可能减少无效资本占用；合理确定M（期限）等，防止期限过长或错配形成风险。总行要继续优化经济资本计量模型，将RAROC有效嵌入业务流程，引导基层机构运用RAROC工具在准入环节算清账、算对账，平衡风险收益（V/R），全面加强EC和RC（监管资本）的管理。

三、筑牢全面主动的“预防、监测、管理”体系

2019年，集团风险管理要以全面主动为根本要求，以价值创造为核心，持续推进预防、监测和管理体系建设，大幅提升精细化和数字化管理水平，全力助推三大战略和双优策略，支持开启“第二发展曲线”，更好地服务集团稳健经营和创新发展。

（一）强化全面主动的风险预防体系，防治未病

主动预防积极应对风险，需要攻防两端同时发力。“守则不足，攻则有余”“可胜者，攻也”。进攻往往赢得主动，强身健体可防未病。要通过推进传统三大优势、三大战略和双优策略，获得持续发展能力，打好战略主动战，在支持实体经济发展中增强全面主动管控风险能力，从根本上强身健体，这是预防体系建设的首要之义。

防守也是最好的进攻，上医治未病。要充分运用“三查”“3R”“两防”等预防手段，及时发现并化解潜在风险。

一是以“3R”应用开启风控第二防线，强化人机和线上线下协同控险。发展需要开启“第二

曲线”，风控也要开启第二防线，重点构建线上数字化智能机控。贷前积极探索应用线上业务风险排查系统（RSD），通过不同维度数据交叉验证，重点强化真实性，对客户全息画像，选择“志同道合”“五官”“DNA”符合要求的客户，提前排除问题客户。贷中应用好风险模型管理组件（RMD），做好客户风险评价和审批。贷后持续优化并用好全面风险监控预警平台（RAD），丰富预警规则，提高准确性、时效性和智能化，避免成为信息孤岛。探索线上业务风险资产处置新模式，拓展风险处置渠道，加快研究建立线上业务风险客户的退出机制。开展线上、创新等产品风险评估，把好产品准入关。强化线下人力协同管理，重点做好预警协同管理，基层行要加强对RAD预警信息的响应，切实做到认真核实和及时处置。近期发生的多起风险事项，RAD都在半年前就发出预警提示，但相关分行没有认真对待，导致风险穿过层层封锁、错过最佳防化时机。

二是完善“三查”和三道防线协同机制，全流程落实“四眼”原则。要打破僵化的“一线、非一线”风控分工认识，全流程落实“四眼”原则，强化防线协同管控。深化贷（投）前协同调查和集中诊断机制，做实真实性核查和反欺诈管理，三道防线共同实现对预期风险的前瞻性识别和管控。强化贷（投）中独立审查，在全行推进实施一级分行集中审批，优化放款审核模式，巩固押品集约化管理成效。强化贷（投）后跟踪检查，着力解决贷后管理不到位的问题。客户部门要落实贷后检查规定动作，将存量客户经营与风险管理有机结合，持续落实授信方案，强化客户再选择、再融资管理；风险管理部门要提升“从上至下”的风险监测、预警能力；审计部门风险提示也要前移，形成主动营销和化解风险的合力。

三是抓好“两防”，提前应对潜在风险。总行前期总结了十四条灰犀牛特征，分析了五个方面灰犀牛风险传导路径，明确了可能引发黑天鹅事件的十类重点客户群体，评估了信贷业务的潜在风险，为下一步预控奠定良好基础。要将“两防”判断规则接入RAD，提升灰犀牛与黑天鹅的预警预控能力。要做好关注三级贷款管理，收益、风险、资本三平衡，多策并举，全面加强预防工作。

（二）优化全面主动的风险监测体系，找对症状

经过多年探索，建设银行已建立起多层次多维度的风险监测体系来积极应对风险，主要从“资产质量、减值支出、信贷结构、经济资本”四个维度进行剖析，通过“望、闻、问、切”，精准发现问题。

“望”就是通过观察信贷资产质量“七率”指标，评判各级机构资产质量的整体健康水平；通过监测交易投资业务“七率”指标，评判集团交易投资业务的风险程度。

“闻”就是通过了解影响减值支出的五个因素，评判各机构风险抵补能力及对周期性风险因素的“抵抗力”。

“问”就是通过分析信贷结构的九个维度，评判各机构信贷结构的调整优劣。

“切”就是通过研究经济资本七大变化，评判各机构资本耗用、风险承担与业务收益的平衡能力，业务发展质量和可持续性。

此外，通过等级行评定、KPI、全面风险管理评价、内控合规评价等综合考评，授信审批能力、信用风险管理、轨迹督察、内外部监管、关三贷款评估等专业评价，以及非现场审计、反洗钱系统等，不断完善风险监测体系，实现对各类业务、各类风险全方位、多维度的体检。各机构要高度重视总行发出的监测预警提示，摸清风险底数，提前化解。

（三）深化全面主动的风险管理体系，下对药方

坚持底线思维，持续推进以“三管齐下”“五个到位”“十项基础”为主要内容的全面主动风险管理，做到“管住人、看住钱、扎牢制度防火墙”。

坚持党委（班子）管，要全面落实班子六项责任、主要负责人三项责任、班子成员五项分管责任。要以党建引领风险管理工作，深入学习贯彻习近平新时代中国特色社会主义思想和十九大精神，树牢“四个意识”，坚定“四个自信”，坚决做到“两个维护”；要切实履行“两个责任”和“一岗双责”；要忠诚干净担当履职，树立正确政绩观，勇于担当作为，严格落实中央八项规定、总行党委提出的十项要求，坚决反对“四风”，认真落实“基层减负年”要求，践行“短实新”文风，坚持清简务本和行必责实，力戒形式主义、官僚主义；严格职业操守，强化政策制度执行力；加强警示教育，深入开展赖小民案及薛峰案对照反思，以案为戒，强化合规意识，培育健康风险文化；要加强队伍建设，探索培养和激励“工匠”措施，打造一支政治过硬、作风优良、精通金融的风险管理队伍。

坚持全面管，要在统一风险偏好框架下，对四大板块、九大类风险及其他风险实施差别化、精细化管理，加强数据、审计、合规、安保等工作成果在风险管理中的应用，提升集团风险整体管控和协同防控能力。

坚持主动管，要主动设定风险偏好，完善管理框架，做实偏好传导机制；主动强化预期管理，强调关键指标的长期稳健协调；主动调整资产结构，强化资产质量、减值准备、经济资本的精细化管理；主动提升风险经营与选择能力，破解风险难题，履行国有大行责任；主动实施事前、事中、事后全过程管理，增强风险管理的前瞻性、专业性和有效性。

坚持责任、管理、监督、人员、考核的五个到位落到实处。

坚持夯实十项基础。总行部门和各级机构要加强风险偏好的传达、传导和落实。重视风险计量，大幅提升模型研发、部署和应用效率。持续完善“三分类、九宫格”“1+70”的信贷政策体系，科学引导信贷投向和结构调整。落实风险防线责任，重点要明确零售业务三道防线分工并强化协同管控，尽快实施个人综合授信管控。加强行为管理，对“弄虚作假、有章不循、懈怠不为、不当交易”要抓典型，2019 年要有新成效。风险制度要站在全局角度，不能仅是部门视角，不能出现缺陷。风险板块部门间、前中后台部门间都要真正实现风险信息共享，实现对风险的穿透管理。风险报告不能局限于审计报告、重大风险事项报告，各机构、各条线都有发现风险问题和风险报告的职责。统筹应用门槛、限额、回报、拨备、评价、问责等风险工具，充分发挥其靶向管理作用。将风险预警（RAD）拓展到海外和子公司，接入安保录像、审计系统，在全集团加快释放预警平台的控险功能。

四、扎实推进几项重点工作

（一）积极推进金融供给侧结构性改革，助力“第二发展曲线”

要将优化金融供给作为完善金融服务的重点，增量上增加有效供给，合理加大信贷投放，增加中小微企业和民营企业支持力度，加强对中小银行、民营银行的赋能；存量上减少无效供给，从产能过剩行业及僵尸企业、多头授信企业及过度授信企业中压缩或退出，从回收再贷、资产证券化及不良处置中腾出规模支持有效供给。要助力三大战略，做好客户选择，落实好跨部门的风险会商机制，加强机控、数控、技控、智控的建设和应用；加快推进风险研修院建设，探索未来银行发展及风控模式；要继续服务好“零售优先”，支持“交易性业务加快形成优势”，建立完善覆盖全客群、全产品、全渠道、全流程的风险管理机制。

（二）强化客户选择和结构调整，确保资产质量稳中向好

加强资产质量监测穿透式管理，实现关键指标协调、均衡、可持续；坚持“113”重点监督，前瞻性管控“灰犀牛”“黑天鹅”；落实零售优先，继续提高零售类贷款占比，巩固对公业务基石；优化海外和子公司客户、产品结构。重点增强客户选择能力，选客户既要 KYC 还要 KYR，要抓行业研判，着重提升批零业、制造业、房地产等行业经营能力；抓生命周期，敏锐洞察企业发展阶段和风险演化趋势；抓价值创造，精算 RAROC 和 EVA。

（三）分类施策，提升资产保全经营能力

对不良贷款，要综合运用多种处置手段，保量提质，最大限度降低处置损失；对已核销资产，要分类施策提高回收率，增加拨备回拨；要强化“代价意识”，提高表内不良贷款、表外已核销资产的现金回收额，总行将加大表内现金回收战略性费用激励力度；总分行和子公司要形成合力，不断提升不良经营处置的价值创造能力。

（四）推进集中审批，强化授信和审批对风险的实质性把控

各分行要按照总行统一部署，稳步推进授信审批在一级分行的集中，积极做好制度重检、流程优化、系统开发等配套保障工作，确保审批队伍稳定、业务平稳过渡，审批质量和效率得到提升；总行要做好相关系统支持，探索实施评估和综合授信集中作业，加强与集中审批推进的配套协同；要切实发挥综授统一授信策略和集中管控风险的平台作用，把好客户准入和选择关口，确保稳健审慎，促进全行风险偏好统一；提升授信审批权威性，各级机构和人员不得以任何形式对授信审批决策进行不当干预。做好零售客户综合授信的推进工作。积极推进信用卡征审集约化工作，根据既定目标和要求，结合实际制订实施方案、配备合格人员。

（五）健全内控合规管理体系，保持违规严惩的高压态势

围绕内控合规管理目标和对象，建立全面主动的预防、推进、运行机制，推进网格化内控管理，突出不良行为排查的“一把手”责任，重点抓好关键岗位、关键人员；强化合规运行机制的落地落实，狠抓违规发现、违规处置与警示通报工作实效，做实制度、监督和评价工作；加强集团反洗钱管理机制和系统建设，提升可疑交易监测的数字化、智能化水平；积极做好监管机构现场检查配合。重视责任认定和追究工作，合理应用通报、考评、约谈、认责、追责、交叉监督等手段，从根本上弥补管理短板、消除风险隐患；解决问责泛化简单化、违规成本过低问题，对监督不力、隐瞒不报、决策失误等造成重大风险的，要严肃追责；坚持严管和厚爱结合，精准问责，真正达到“问责一个、警醒一片”的效果。

（六）完善长效机制，夯实风控根基

扩大全面主动的风险管理范畴，完善“预、监、管”体系。监督工作要突出风险管理监督重点，持续提升监督效能；信访工作要持续推进“一人一策”源头化解，完善配置，落实责任，确保不发生重大群体性事件；安保工作要以“精细化管理年”为主线，充分运用金融科技手段，确保全行安全稳定和安全运营；产品创新工作要聚焦开展创新马拉松活动、产品库建设、创意管理和产品创新评奖优化等任务，提升产品创新能力。审计工作要加强监督和服务，突出问题导向在精准上下工夫，继续提升“审”（揭示问题）的能力和“计”（解决问题）的水平。要夯实管理基础，围绕三大体系完善全面风险管理评价和轨迹督查，更加突出管理效果的考量；推进交易投资管理系统建设，着力提升市场风险机控能力；打造智慧风控体系，研究推进风险计量项目群建设；海外机构要重点抓好合规管理、风险控制和财务管理，确保稳健经营；子公司要强化公司治理、风险考评、分管履职，全面提升服务母行能力、全面主动管控风险能力、合规经营能力。

2019 年是新中国成立 70 周年，是决胜全面建成小康社会的关键之年。建设银行全面推进三大战略，开启第二发展曲线，创新未来动力引擎。我们要不忘初心、牢记使命，全力做好全面主动的风险管理，为稳健经营和创新发展作出更大贡献。

精准揭示　协力防险
全面提升监督和服务能力

——在2019年全行审计工作会议上的讲话

廖　林

(2019年4月23日)

这次会议的主要任务是贯彻落实全行工作会议精神，安排部署2019年审计工作。

一、准确把握审计工作面临的新使命

习近平总书记在中央审计委员会第一次会议上指出，新时代审计工作要更好地承担起职责和使命，更好地发挥审计在党和国家监督体系中的重要作用。审计条线要深入贯彻习近平总书记重要讲话精神，充分认识审计工作的重要性，巩固审计体制改革成果，认清新时代背景下的新使命，推动审计监督和审计服务工作迈上新台阶。

（一）审计体制改革20年成效显著

2019年是建设银行内部审计体制改革20周年。建设银行自设立内部审计机构以来，进行过两次审计体制改革。1999年，将原有分级管理模式调整为总行和一级分行两级管理模式；2005年，在四大行中率先建立了相对独立、垂直管理的体制。

20年来，审计作为全行重要的监督力量，建立独立的审计体制，形成科学的审计规范，开发领先的审计系统，打造专业的审计队伍，为内审发挥作用建立了长效机制。20年来，审计条线围绕中心、服务大局、同心协力为全行业务发展、风险管控、价值创造作出了重大贡献，行内外对建设银行审计均给予了高度评价，建设银行内审已经成为金融行业内审的引领者。

2018年，审计条线围绕全行稳健经营和创新发展大局，尤其在服务三大战略上做了大量工作，卓有成效。全年聚焦监管重点和管理薄弱环节，揭示重要风险隐患和问题，分析体制机制原因和内控缺陷，提出建设性建议，促进全行完善内控、强化管理、合规经营。在牵头配合审计署工作方面做了大量沟通协调工作，获得了审计署高度认可。各审计机构围绕全行三大战略、创新发展、稳健经营，提出了很多新思路和新举措，都值得充分肯定。

审计的丰硕成果和多方赞誉，得益于总行党委、董事会、监事会和高管层的正确领导，得益于审计条线的辛劳付出。在此，我代表总行党委向大家表示衷心的感谢！

成绩来之不易，经验弥足珍贵。审计条线要在继承原有优势的基础上，巩固优势、创新发展，按照新时代审计工作总体要求，一如既往地做好监督和服务工作，持续提升揭示问题的能力和解决问题的水平，充分发挥审计在全行业务发展、风险管控、价值创造中的作用。

（二）认清新时代内审工作的重要意义

2018年，从党中央到国家审计署、监管部门，都将审计工作的重要性提升到新的高度，采取了多项举措，保障内部审计充分发挥作用。审计条线要提高政治站位，认清新时代背景下内部审计工作的重要意义，以及国家和企业对内部审计工作的迫切需要，增强使命感和紧迫感。

一是中央对审计工作更加重视。2018年新组建的中央审计委员会，加强了党中央对审计工作的领导。习近平总书记亲自担任中央审计委员会主任，并在中央审计委员会第一次会议上指出，审计是党和国家监督体系的重要组成部分，要加强对内部审计工作的指导和监督，调动内部审计和社会审计的力量，增强审计监督合力。习近平

总书记还要求审计做好“经济体检”功能，既要查病，更要“治已病、防未病”。中央对新时代审计工作提出系列新要求，反映出审计工作在国家层面受到空前重视。

二是审计署更加强化对内审的指导。国家审计署采取系列措施加强对内部审计工作的指导。颁布《审计署关于内部审计工作的规定》，为内部审计体系建设提供了规范性指导。设立内部审计指导监督司，加强对内部审计工作的业务指导和监督检查。专门召开全国内审座谈会，研究加强对内部审计工作的指导和监督。

三是监管机构更加注重内审作用的发挥。2018 年国家审计署在建设银行审计时，审计内容覆盖建设银行内审工作，并提出一些改进建议。2019 年正在开展的银保监会现场检查，也包含内审有效性的相关内容。今后银行内审工作情况，将纳入审计署、人民银行、发展改革委、银保监会等监管部门的检查范围。审计条线要持续强化自身建设，完善内部机制，经得起监管的检查。

（三）主动践行总行党委赋予审计工作的重要使命

全行创新发展已进入新阶段，三大战略、劳动者港湾、建行大学等创新举措，正推动着建行向前迈进。2019 年工作会上，国立董事长宣布开启“第二发展曲线”，更是将全行创新发展推向新高潮，将全行上下干事创业的热情全面激发。审计条线要紧跟全行发展方向，以开放的心态投身于建行火热的事业，主动服务，加强监督，为稳健经营和创新发展提供保障。

2019 年初，国立董事长在 2018 年审计部工作总结上作出重要批示，肯定了审计工作的作用，希望审计部再接再厉，努力将审计部门打造成一支专业、尽责的队伍，为建行健康运营提供坚强保证。最近，桂平行长听取审计部工作汇报时强调，全行必须从严管理，加大整改工作力度，对标国内外先进水平；审计要敢于担当，加强对海外机构、子公司、信息科技的审计监督，主动揭示风险和问题，促进建设银行稳健经营。审计条线要认真学习领会指示要求，切实落实到具体的工作任务中去。

二、认真落实审计工作新要求

审计条线要顺应新形势，围绕服务三大战略、提升价值创造能力和风险管控能力开展工作，不断提升“审”的能力和“计”的水平。“审”就是要审时度势，加强监督，精准揭示问题；“计”就是要主动服务，专业献计，有效解决问题。要强化防线协同，积极融入全面主动风险管控体系，形成防范和化解风险的合力。

（一）尽责担当，全面提升监督能力

审计作为监督部门，要敢于得罪人，做到从严监督、守土尽责。要达到这个要求，不但要有担当的精神，更要在审计的力度和精准上下工夫，全面提升审计监督能力。

要在审计的监督力度上下工夫。审计基本上实现了对四大板块、九大风险的覆盖，其中对境内一级分行的监督力度较大、成效也较好，要在此基础上，进一步加强对其他重点领域和薄弱环节监督的深度和频度。一是加强对子公司的监督。子公司的内部管理仍不规范。2018 年审计署发现子公司的问题较多，部分问题性质严重。要提高对子公司的监督频率，重点关注子公司治理结构和重点财务事项。二是加强对境外机构的监督。境外机构是审计监督的薄弱领域。2018 年总行党委高瞻远瞩，推动成立了海外审计中心，2019 年要加快推进海外中心各项配套建设，与各专业审计机构尽快形成对境外机构的监督合力。重点关注海外机构的合规风险，加强对重点机构的监督覆盖。三是加强对直营机构的监督。总行直营机构在总行眼皮底下，但不能“灯下黑”，要进行必要的审计覆盖和监督。四是加强对信息科技方面的监督。金融科技迅猛发展，银行业务的稳定运营高度倚重信息技术，要在加强对信用风险、操作风险等常规风险监督基础上，加强对信息技术开发、运营等相关单位的审计，关注信息科技的合规管理、系统的稳定运行。

要在审计的精准监督上下工夫。审计条线要在精准上发力，取得突破。每年找出一些系统性问题，提前预警一批潜在重大风险。一是精准遴选审计重点。结合国家政策、监管重点，跟进全行战略和领导关切，了解金融行业已暴露的重大问题和风险，确保审计重点明确、思路清晰，能够精准地查找全行系统性问题。二是前瞻提示潜在风险。坚持探索常态化的监督方法，持续优化和升级监督手段，发现风险苗头和隐患时，要预判风险演变趋势，及时做好提示，强化三道防线协同管控，力争将风险消灭在萌芽阶段，不要让潜在隐患酿成“灰犀牛”“黑天鹅”等重大风险。三是准确分析问题根源。很多问题发生在经营层面，但问题根源出在管理层面，要运用成熟的内控分析方法，深挖问题背后的根源，有针对性地提出审计建议，充分实现审计价值。审计报告要突出问题导向，做到实质重于形式，精准反映所发现的问题。

（二）主动作为，不断提高服务水平

审计条线要进一步强化服务意识，主动融入全行战略，支持全行创新发展，促进全行业务的稳健、可持续发展。

要主动助力全行开启“第二发展曲线”。审计要做三大战略的助推器，发挥自身优势，更好地服务全行战略部署。一是做好战略配套的“研究员”。2018 年审计条线分别成立了三大战略的研究团队，并取得一些研究成果。要继续发挥专业人才优势，深入研究三大战略的内涵和外延，准确把握业务发展大势，找准推进过程中的难点，重点研究战略配套的制度、流程、系统、产品等内容。二是做实战略落地的“护航员”。目前全行在战略意图和“施工”方向上已统一共识，但各机构、各层级推动进度和效果参差不齐。审计要结合自身工作特点，加强对各级机构的提示，重点关注政策落地、考核导向、结构调整等方向性问题，以及推进过程中的新风险、新问题，为战略全面落地保驾护航。三是做优战略发展的“咨询员”。审计条线要依托审计平台优势和大数据应用专长，加强与业务部门沟通，在目标客户挖掘和精准营销方面提供支持。围绕 EVA、RAROC 对驻地分行进行整体“体检”，帮助分行找出对应的价值提升路径。结合三大战略各自不同的业务路径和商业模式，找出最迫切的需求，提供针对性的服务。

要主动助力全行业务稳健经营。审计要主动融入经营管理，从决策层的视角看问题和风险。一是全景分析，整体把握分行全貌。审计机构要做到守土尽责，必须具备全局意识，对分行的经营管理全貌有一个完整、清晰的认识和把握。分行的经营业绩好不好、内部控制状况怎么样、主要风险有哪些，审计机构都要搞清楚，每年要对分行有一个整体的分析评价，这既是本职工作，也是服务分行管理决策的重要内容。二是主动把脉，直击经营管理痛点。审计要主动“把脉”，通过数据分析查找出经营管理中的“异常”，结合审计专业能力深度洞察，帮助决策者找准管理层面的“病根子”；审计还要学会“出方子”，针对分行的经营管理痛点，运用审计的视角和方法，帮助分行寻求解决之道。三是提高站位，提供决策参考信息。审计要结合分行的实际需求，主动与分行加强协商，为决策层在事前、事中提供决策咨询和决策支持。借助审计技术手段优势，利用日常监督掌握的风险信息，以及其他审计成果，从分行党委的角度出发，为分行管理层决策提供参考信息。

要主动助力创新发展的可持续。审计要及时对创新业务跟进研究，研判和揭示新风险，为创新发展的可持续提供保障。一是提前揭示缺陷和风险。要加强对创新业务、产品的关注，及时揭示内控缺陷和新风险，促进管理部门改进完善，不给未来发展埋下隐患。对于新东西，要客观辩证地看，既要留足发展空间，也要做好成长“看护”，走到弯路上时要及时纠正过来。二是促进商业模式可持续。在保持对问题和风险关注的同时，还要加强对新商业模式可持续性的研究，预判业务发展趋势。2018 年，审计已开始了尝试，对住房租赁业务探索可持续运转的资金支持模式等提出了很好的审计建议，今后要持续加大研究的力度。三是关注经营质效真实性。总行在推进战略性业务和创新业务时，投入了很多资源，在配置上倾斜力度也很大。审计要加强对战略及创新业务的关注和监督，帮助经营机构树立和坚守求真求效的经营管理文化，确保“好钢用在刀刃上”。

（三）开放共享，主动融入全面主动风险管控体系

审计要主动融入全面风险管控体系，加强与其他相关条线的沟通，把审计经验做法及成果工具共享，将风控防线进一步前移，筑牢全面主动风险管控体系。

要主动融入。目前，建设银行全面主动的风险预防、监测、管理体系已经初步形成，以“三管齐下”“五个到位”“十项基础”为管理要求，实现了对风险的全面管控和主动管控。审计作为全行的重要监督力量，要主动融入全面风险管控体系中来。一是主动融入预防体系。与业务条线和风险管理部门共同完善三道防线协同机制，配合做好贷（投）前协查和集中诊断，提升贷（投）后风险预警能力并前移风险提示。二是主动融入监测体系。发挥审计专业优势和数据分析特长，持续推进风险的常态化监测，借鉴风险条线“望闻问切”监测方法，在学好用好风险监测预警系统的基础上，不断创新审计监测技术和手段，对全面主动的风险监测体系进行有效补充。三是主动融入管理体系。一方面，推动审计成果在风险管理中的应用，提升对集团风险的整体管控和协同防控能力；另一方面，要做好监督和服务，推动全面主动风险管理体系在全行落实落地。

要主动共享。审计要将审计系统、模型、经验做法等成果或工具，与业务部门共享。一是推动审计工具开放。非现场审计系统作为审计最核心的技术手段，年初已经向一级分行开放权限，体现出了审计应有的格局。接下来，还要共享成熟的审计模型思路和规则，让审计工具和方法发挥更大的作用。二是加强工作成果共享。将审计发现的重大风险、重要问题和缺陷，及时传递至分行及条线，为整改及风险化解创造更充足的时间和空间。审计机构要与分行建立风险信息的共享机制，互通有无，共同形成防范和化解风险的合力。三是强化内部资源共享。审计条线内部要加强审计成果跨层级、跨机构和跨业务板块的共享，深化审计成果运用。

要主动沟通。审计不能以监督者自居，要加强与“前后左右”的沟通。一是要加强与前中后台的沟通。通过加强与前中后台部门的联系和交流，实时掌握最新的业务发展情况，了解最新的操作规程，并与各部门建立协同联防的工作联系机制。二是要加强与驻地分行的沟通。审计机构作为派驻机构“驻扎”在当地分行，要帮助总行了解和监督分行，在坚守审计原则和底线的基础上，主动与驻地分行做好各方面的沟通。三是要加强与当地监管部门的沟通。审计机构要保持与当地监管部门的沟通联系，熟悉当地监管政策，掌握对我行的监管动向。

三、需要扎实推进的几项具体工作

审计条线在全行监督体系中肩负着重要任务，要尽快转变理念，探索新思路、新举措，努力打造一支专业、尽责的审计队伍。

（一）优化资源配置

审计必须树立全局意识，做到“一盘棋”，不断挖潜内部效能，优化资源配置，提升工作水平。一是要提高队伍素质和能力。在审计人员总量保持稳定的前提下，要注重审计人员综合素质和持续学习能力的提升，以应对日益复杂的经营环境和风险状况。二是要优化队伍人员结构。加大与分行的人员双向交流，优化审计队伍的知识、年龄结构，提升队伍活力。适应审计业务发展需要，培养和吸收急需的复合型人才，尤其是海外审计、信息科技方面的人才。三是要做好内部挖潜。总行要进一步发挥在资源配置上的作用，集中统一调配资源，加强对境外机构和子公司的审计力度。结合区域特点，综合考虑业务规模、风险状况等因素，将资源配置到风险较高的领域和地区。

（二）深化人工智能运用

审计要把握全行向数字化发展的态势，加强科技强审，深化 AID（AI 人工智能、IT 信息技术、DATA 大数据）运用，提升数据分析能力，以及利用数据解决问题的能力，打造智慧型审计。一是提升审计系统效率。要以提升用户体验、运行效率和智能化水平为目标，持续推动审计系统的升级优化，学习借鉴审计署、同业及其他条线系统的功能优势，为我所用。二是提升数据研究分析能力。董事长提出的“数据的整理能力和数据的洞察能力”，就是审计数据研究今后努力的方向。要提升数据收集分析能力，做好内部数据的挖潜、外部数据的引入、内外部数据的关联分析，及时应用到审计工作中。三是探索新技术的应用。在用好现有审计系统和“新一代”系统的基础上，逐步探索云计算、人工智能等新技术的应用，进一步提升审计数据分析能力，开创审计 AID 新动能。

（三）细化审计整改

总行各部门和境内外机构是整改工作的主体责任单位，对内外部审计及各类检查发现问题，要加大整改力度，将从严治行作为一条铁的纪律向全行灌输。一是要列出整改清单，明确整改部门、整改层级和时限要求。二是要把整改工作作为“一把手”工程。各单位主要负责人是整改第一责任人，要亲自抓、亲自管，如果发现问题不整改，将会破坏所在机构的管理文化，久了就容易出大问题。三是要举一反三、做好“回头看”。各单位要以根源性整改为目标，对内外部发现问题做到举一反三，定期组织“回头看”，防止问题屡查屡犯。审计条线要加强督促整改力度，加强与各单位的联动协调，积极推动问题整改；对问题进行分层分类管理，聚焦内部控制缺陷和重要风险事项，提出针对性解决方案，帮助全行解决全局性、系统性问题。审计部还要继续做好审计署的配合工作，牵头组织相关部门、分行，做好审计署发现问题的整改工作。

（四）强化党建引领

要始终坚持把政治建设摆在首位，牢固树立“四个意识”，坚定“四个自信”，坚决做到“两个维护”，切实履行“两个责任”和“一岗双责”，审计业务和党建工作要齐抓共管、相互促进。审计要把自身建设放在更重要的位置，强化党建引领和政治建设，持续改进工作作风，落实“短实新”的要求，力戒形式主义、官僚主义，做到信念过硬、政治过硬、作风过硬。审计条线党员领导干部要把责任放在心上、压力扛在肩上，做好示范带头作用，严于律己、敬业履职、带好队伍，倡导科学严谨、务实高效、客观公正、清正廉洁的审计文化。严格遵守各项党纪行规，在干部聘任、人员交流、财务开支等重要事项上，按照规定程序办理，确保审计自身规范管理。

2019 年是新中国成立 70 周年，也是建设银行战略推进的关键之年，建设银行已经全面开启“第二发展曲线”，审计条线要深入践行习总书记提出的“以审计精神立身，以创新规范立业，以自身建设立信”总要求，增强自身的责任和使命，强化审计监督和服务，为全行稳健经营和创新发展提供坚强保障。

完善创新体系 助启“第二曲线”推进全行产品创新工作再上新台阶

——在2018年度战略性项目成果汇报暨2019年度创新马拉松启动式上的讲话

廖 林

(2019年5月15日)

今天的会议，既是全行2018年度战略性项目暨11家产品创新实验室原型成果的集中展示，也是2018年全行产品创新工作的交流、分享。适逢产品创新实验室即将成立10周年，我们回到系统内首家产品创新实验室召开此次会议，非常有意义。会前，我们参观了北京产品创新实验室展示区，听了总行有关部门、各产品创新实验室的情况汇报，大家围绕总行党委决策部署和全行中心工作，在战略性产品创新和前瞻性创新方面做了大量卓有成效的工作，取得了显著的成绩。下面，我谈几点意见。

一、2018年产品创新实验室工作成效显著

创新是企业发展的灵魂和最核心的竞争力，建设银行的战略推进离不开创新驱动。战略性创新和前瞻性创新在推动全行创新工作中始终发挥着根本性、先导性的支撑和引领作用。近几年来，产品创新实验室围绕总行战略性项目研发和前瞻性创新孵化，聚焦原型设计和客户体验，逐步形成一套行之有效的研发支持模式，在建行设银行创新体系中，发挥了独特的价值和作用，已经成为战略性项目研发的重要环节和前瞻性创新的重要载体。

一是战略性项目价值贡献突出。2017年完成的41项总行战略性产品创新项目，2018年（上市首年）综合效益贡献约366亿元，占当年主营业收入的5.78%。2018年完成总行战略性项目36项，预计实现综合效益356亿元，覆盖“普惠金融、住房租赁、金融科技”三大战略和大数据、人工智能、云存储、云计算、区块链、物联网、小微金融、科技金融、民生金融等创新热点领域。11家产品创新实验室为战略性项目研发提供重要基础支持服务，承担的研发任务和成果数量较上年持续增长，并得到了总行项目牵头部门的充分认可，充分说明产品创新实验室已成为全行战略性产品创新业务价值创造的重要一环。

二是前瞻性创新孵化亮点纷呈。2018年，11家产品创新实验室以前瞻性项目为载体开展孵化探索，对照三大战略，建立6大前瞻性项目群，组织实施前瞻性创新项目28项，内容涵盖支付、人工智能、住房金融、财富管理等重点领域，这些探索为全行战略性引领创新提供了持续输入。其中，苏州实验室的电子不动产权证应用项目得到自然资源部和中国银保监会高度认可，将作为典型在全国范围内推广；湖南实验室大型机械施工设备融资租赁项目受到三一重工等大型机械设备厂商高度认可，已达成合作意向，并与我行成立联合实验室。

三是创新孵化机制取得突破。产品创新实验室不仅是创新项目的孵化基地，也是新机制、新模式的“孵化器”。2018年，全行举办“中国建设银行首届创新马拉松活动”，其中“48小时加速孵化活动”，充分依托湖南、广东、深圳产品创新实验室，提供场地、内外部导师、专业技术与方法、财务费用等资源，为创新孵化赋能，打

造了全员创新的新模式、新做法，发现并培养了一批创客精英，为构建全行性创新孵化机制进行了有益的探索。

四是实验室窗口效应不断显现。实验室成为展现“建行创新”品牌形象的“窗口”，成为展现建设银行“软实力”的“名片”。广东省政府欧阳卫民副省长到访广东实验室并对实验室创新模式、机制及创新成果充分认可。苏州实验室接待总分行、党政机关等社会各界人士交流访问近100批1200余人。大量的客户通过实验室了解建设银行产品创新的理念和成果，与实验室开展多层次、多种形式的合作，实验室作为“建行创新”品牌、创新成效展示平台的窗口效应不断彰显。

五是实验室专业特色和能力不断聚焦。近年来，各实验室充分发挥所在分行的区域特色、市场和客户的特点以及相关业务领域的特长，专注特定业务领域，逐步形成了重点突出、特色鲜明的专业化服务能力。2018年，新增香港、河南两家产品创新实验室。香港实验室是建设银行首次境外布局，将成为建设银行了解全球创新动态的窗口、风向标和桥头堡。河南实验室定位于智慧城市、乡村振兴、服务“双小”为重点的普惠金融模式创新，让创新部门实实在在走向普惠金融战略实施第一线。

产品创新实验室这些成绩来之不易，充分体现了总行党委对产品创新工作的高度重视和正确领导。这些成绩也离不开总行各部门、各相关分行和各产品创新实验室的共同努力。在此，我谨代表国立董事长、桂平行长向大力支持实验室工作的各部门、各分行表示感谢！向11个实验室人员的努力付出表示感谢！希望各实验室所在分行不要忘记实验室人员的辛勤付出，不要忘记他们发挥的重要作用，要主动关心他们的成长，为他们职业生涯发展提供更广阔的平台和空间。总体上，取得的成绩非常突出，但也面临不少问题。比如，全行上下对于实验室模式的认识、理解和支持也没有完全到位，各实验室的资源配置仍然比较有限，实验室在开展创新孵化方面的体制机制还需要不断探索。

二、进一步完善产品创新实验室机制

一是完善支持重大项目创新机制。产品创新实验室要成为全行重大研发项目的业务可行性验证支持平台，围绕总行重大战略性产品创新，为战略性项目牵头业务部门提供业务可行性调研、同业竞品分析、原型概要设计、客户体验等业务可行性论证支持，充分发挥实验室在360度内外部联动创新、迭代创新、跨界创新和与客户共创新方面的独特价值，加快形成自上而下的产品研发和自下而上的需求驱动相结合的创新机制，推出同业领先的核心优势产品，显著提升全行重点领域产品创新能力，形成实实在在的生产力。

二是探索建立前瞻性创新“产学研投”一体化孵化机制。充分依托建行大学平台优势，借鉴已开展的前瞻性项目研发和去年创新马拉松活动项目孵化经验，探索将产品创新实验室打造成为全行战略性前瞻研发的“产学研投”一体化孵化器，紧跟新产业、新业态和新技术发展趋势，开展创新孵化。建立包括预孵化、加速孵化、实验室入场孵化、沙盒孵化等在内的全流程进阶孵化机制，按阶段分轮投入孵化资金，形成以“投”为导向，带动“产学研”；对金融科技等前瞻性领域、市场前景不确定性较大的项目，借鉴风投模式，设立天使投资基金，依托产品创新实验室平台开展真实市场条件下的沙盒孵化，试行与传统开发流程并存的金融科技快速开发孵化模式。

三是探索构建支持创新孵化的赋能机制。实验室不能仅仅只是简单的“容器”，而要成为能够促进、加速、支持创新的“赋能器”，要为战略性创新、前瞻性创新赋能。2018年，我请徐××他们带队到深圳中科创客学院进行了调研交流，深入了解中科创客学院创新孵化机制与发展模式。中科创客学院通过打造“4C”（辅导Coach，支撑Cornerstone，资本Capital，交流Communication）支持体系为创新孵化赋能，取得了良好效果。产品创新实验室也要构建建设银行内部创新孵化的赋能机制。其一，提供孵化场地。依托现有产品创新实验室物理空间，在分级分类管理基础上，推动达到一定等级的实验室与建行大学各校区融合，借助各分行闲散物理空间资源，形成全国性、规模化、网络化场地资源，向行内及社会创客团队开放，为内外部创新团队提供孵化场地支持。其二，提供专业资源。挖掘行内创新人才和专家资源，联合总行部门、建行大学、研究院等部门，构建创新孵化内部导师库；借助外部机构资源，与高校、科研院所、高端智库、监管机构、领先企业合作，构建创新孵化外部导师库，为创新孵化提供专业化的智力支持。其三，提供孵化基金。设立内部创新孵化基金，支持内部创新团队开展创新选题研究、项目预孵化、原型设计、客户体验、沙盒实验和立项转化等工作，形成实实在在的生产力。

四是实验室要成为"机制创新"的实验田。创新难，难就难在要打破惯例，解放思想。因此，实验室在创新机制和创新模式的突破上也应该敢为人先、积极探索，可以在现有体制框架下、政策允许范围内大胆设想、小心求证。比如，产品创新实验室可以探索与建行大学、研修院等融合发展，在创新研发人才的培养选拔和互用共享上大胆探索，建立跨层级、跨条线、跨机构的人才灵活流动和使用机制。

产品创新实验室机制的不断探索和完善，需要全行进一步加大支持的力度。总行相关部门要强化实验室人、财、IT 等各类资源投入，新增总行战略性项目原则上全部对接产品创新实验室，并在项目研发、IT 立项等方面给予差别化的政策支持；要探索建立鼓励创新、容忍失败的相关机制，产品创新不可能尽善尽美，但是不要惧怕风险，关键要做好风险的预判和管控，及时解决问题、化解风险，为此风险和内控部门要为产品创新提供足够的支持。各实验室所在分行要按照孵化器的内在要求，加大实验室软硬件的投入和建设力度，明确岗位设置，原则上每个实验室应配备至少 5 名专职人员，具有专门的孵化场地，为战略性项目研发和前瞻性项目孵化提供良好的支持服务。

三、建立"五创"体系推进产品创新工作再上新台阶

习近平总书记指出"抓创新就是抓发展，谋创新就是谋未来"。2019 年两会期间，他再次强调，"创新是引领发展的第一动力""惟改革者进，惟创新者强，惟改革创新者胜"。当前，建设银行正处在三大战略实施的纵深加固期，全行上下应凝聚共识，辨析时代变化趋势，切实增强产品创新的紧迫感、责任感，真正把创新摆在更加突出的位置，变成自觉行动，以创新实践推动全行业务发展。产品创新管理条线要切实发挥综合管理职责，加强统筹和协调，发挥强有力的组织、推动作用，以"创意、创客、创研、创效、创优"为抓手，实现"创意有统筹、创客有舞台、创研有支撑、创效有评价、创优有激励"，建立健全涵盖产品创新全流程、全链条、全环节的管理体系。

一是做好创意统筹管理，释放创新源头活水。打造开放式的"众创平台"，将自上而下的创意统筹管理与自下而上的创意收集、筛选、审核、转化有机结合，构建全流程管理机制。开展各类创意活动，激发员工的原创精神，提升创意统筹的质量和效率，促进创意方案转化落地。

二是搭建创客创梦舞台，激发全员创新活力。紧紧把握"战略是创新的方向、基层是创新的沃土、青年是创新的主力军"的要求，对内，面向集团内部员工开展"2019 年度创新马拉松活动"，积极打造全员创新的新文化、新模式，逐步探索形成一整套前瞻性创新孵化机制，并推动一批高质量的项目方案转化落地。对外，面向社会公众探索开展"首届创新马拉松大赛"，整合社会各方资源和力量，为怀揣梦想、敢于创业的外部创客提供创梦舞台，输出建设银行创新能力，实现创新孵化双轮驱动，打造建设银行有社会影响力的创新名片和创新品牌形象。

三是强化创研资源支持，夯实研发与孵化基础。进一步加大总行战略性项目研发、前瞻性项目孵化人、财、IT 等各类资源投入，保障产品创新工作的顺利推进，构建更加有效的创新研发支持保障机制。依托产品创新实验室研发平台，借助建行大学的资源优势，充分发挥创新赋能的特色，通过广泛、快速地整合集聚组织内外部各类创新资源，并促进自由组合、高强度碰撞和加速孵化实现快速创新；探索建立由实验室所在分行进行"一次开发"，根据客户验证情况遵循企业级架构由总行进行"二次开发"并全面推广的模式，形成创新孵化闭环。

四是深化创效目标导向，完善量化评价体系。对标国际国内先进商业银行，基于业绩可计量原则，对现有产品进行分级分类，构建"中国建设银行产品库"，绘制中国建设银行产品谱系图。

完善产品评价体系，健全产品全生命周期管理。深化产品绩效考核，推进建立重点产品业绩责任制，提升产品创效能力。

五是完善创优评先，加大激励力度。完善产品创新评奖机制，组织开展产品创新年度评奖，表彰先进单位和个人，激发全员创新活力。充分体现战略导向，优先推评落实“三大战略”业务领域的产品创新，并实施重奖，助力开启建设银行“第二发展曲线”。

四、以更高的标准推进“创新马拉松”组织及品牌建设

刚才我们通过大屏幕简要回顾了2018年“创新马拉松活动”的精彩瞬间，透过屏幕依然能感受到青年创客们释放的创新激情和活力，这就是创新马拉松的魅力所在。习近平总书记指出“创新驱动实质上是人才驱动”“功以才成，业由才广”。当前，全行在推进三大战略实施，建立产品创新“五创”体系推进产品创新工作过程中，“创客”的作用和价值尤为重要，需要我们广泛动员基层和员工力量，集聚一批有创新热情和智慧的青年员工，形成“全员参与、万众创新”的磅礴态势。

（一）总结经验，不断优化“创新马拉松活动”

2018年，在国立董事长倡导下，总行举办“首届创新马拉松活动”，搭建全行“创客”专属创新舞台，为推动全行创新发展打开一扇全新的大门，并迅速成为行内外关注的重要创新创举。活动优秀孵化项目在2019年年初工作会上进行集中展示，这是全行工作会议上从未有过的安排，体现总行党委的高度重视。国立董事长在总结讲话中明确指示，要把“创新马拉松”活动持续开展下去，打造成为建设银行有社会影响力的创新名片和创新品牌。

今天举办全行2019年度创新马拉松活动启动式，继续面向集团内部员工组织开展“2019年度创新马拉松活动”，并首次尝试面向外部公众探索开展“首届创新马拉松大赛”，正是为了贯彻落实田国立董事长有关指示，以创新实践纵深推进全行战略，助力开启“第二发展曲线”，创新未来动力引擎。产品创新与管理部在总结2018年创新马拉松活动经验、听取各单位反馈意见的基础上，详细拟订活动方案，会后，将正式发文进行具体部署。

总体来说，“2019年度创新马拉松活动”将更加注重质量、更加注重公平、更加注重激励。一是活动赛制进一步改进。采取“半马+全马+成果展示”模式，分阶段推进实施。“半马”突出群众性，聚焦全员参与，采取不脱产方式，由各参与单位自行组织实施，在全行营造全员创新氛围；“全马”突出专业性，聚焦创新质量，采取脱产方式，由总行牵头组织实施，并推动优秀孵化成果的承接转化。二是孵化机制进一步完善。“半马”阶段，延续2018年创新马拉松提出的以员工工余时间为主开展“预孵化+48小时加速孵化”的普适性孵化模式，并将普适性孵化模式的主导权进一步下放至各参与单位，立足于提高资源支持的广度、覆盖面、灵活性和普适性。“全马”阶段，引入脱产专职开展“入场孵化”的专题孵化模式，由总行统一配置专项财务费用、专业导师等资源，立足于提高资源支持的深度、专业性和针对性，最大限度提升孵化成果质量。三是评审方式进一步优化。评审小组专家构成多元化，适当引入一级分行、子公司专家，并采取评审回避机制，提高评审的代表性和公平性；评审聚焦项目内容和质量，弱化表演成分。四是激励力度进一步加大。提高优秀孵化项目奖奖金额度，增设优秀创客奖，并扩大奖励覆盖面，进一步激发全员创新的热情。

（二）大胆探索，试点开展“创新马拉松大赛”

当前，“双创”已经成为推动国家经济增长的重要动力。为积极响应国家号召，加大内外部创新跨界融合，吸纳社会优秀创新人才和创意，培育扶持优秀创新创业群体，以创新实践推进“三大战略”实施，总行决定以广东省分行、深圳市分行为试点，组织开展“首届创新马拉松大赛”，以点带面，逐步形成可复制、可推广的经验。“创新马拉松活动”和“创新马拉松大赛”一个面向内部员工、一个面向外部创客，一内一外形成创新孵化双轮驱动，共同构建建设银行创新品牌。两家试点分行要充分理解和把握大赛的内涵和重要意义。一是以大赛为抓手，助推“双

创”战略，体现大行担当。围绕国家“双创”战略，践行社会责任，整合社会资源和力量，输出建设银行创新能力，为怀揣梦想、敢于创业的外部创客提供创梦舞台，培育扶持一批优质创业企业，加速创客项目的产业化，助推有潜力的企业快速成长，体现大行社会担当。二是以大赛为平台，树立创新品牌，营造共创生态。围绕建设银行发展战略，结合业务发展重点，搭建社会化开放创新平台，挖掘、收集一批优质创业企业金融创新解决方案，为行内创新输入项目来源，构建与社会大众共创、共赢、共享的新型创新生态文化，推动内外创新对接与跨界融合，树立建设银行创新品牌，为建设银行创新发展营造良好的外部生态。

（三）强化认识，切实加强活动的组织推动

一是产品创新与管理部作为活动主牵头组织部门要做好活动的统筹推进。2018 年成立的活动统筹组要继续运作，并做好 2019 年活动的总体决策部署、资源配置、统筹协调等。产品创新与管理部要发挥主导和牵头作用，在统筹组指导下做好活动整体组织实施。二是业务牵头部门要做好复赛的组织、评审及优秀成果对接转化工作。公司业务部、机构业务部、个人金融部作为“2019 年度创新马拉松活动”业务主牵头部门，要从创新方案的先进性、价值性、合规性等维度综合评价，组织联合牵头部门做好项目筛选和把关工作。投资银行部作为“首届创新马拉松大赛”业务主牵头部门，要积极搭建项目团队与总行部门及相关创投机构的对接平台，推动成果的转化落地。三是相关部门要做好活动的协同支持。各业务部门在做好创新方案申报的同时，要积极推荐创新意识强、业务经验丰富、专业能力出众的内外部专家作为导师，为活动提供业务支持与方向指导；对活动中发现的优秀孵化成果，要做好项目的主动认领、承接与转化推动。建行大学要积极争取为入场孵化提供场地、内外部导师资源支持。金融科技部及建信金融科技公司要派员提前参与项目孵化，提供快速原型制作的 IT 支持，推动优秀孵化成果的 IT 立项及转化落地。党群工作部要发挥长期开展工会、团委和青年工作的组织优势，继续协助做好本次活动宣传、发动和展示。四是各分行、直属机构及境内子公司要充分发挥创新主力军的作用。精心策划并组织“半马”，充分调动基层和青年员工积极性，聚全员创新智慧，精选出高质量的创新方案及团队；河南省分行、湖南省分行、苏州分行、上海市分行分别作为三场复赛（区域赛）及决赛的承办行，应尽快成立由分行行领导牵头的推进组，落实好现场承办工作。

创新是企业发展永恒的主题，希望通过这次会议，大家能进一步统一思想、奋发有为、努力拼搏、锐意进取，始终走在时代变革的前沿，让创新成为引领全行发展的动力引擎，以创新实践助力完成“第二发展曲线”的新跨越！

夯实合规基础 筑牢合规体系 不断提升内控合规反洗钱管理能力

——在2019年全行内控合规反洗钱工作会议上的讲话

廖 林

(2019年5月29日)

这次会议的主要任务是贯彻落实年初全行工作会议精神，安排部署2019年内控合规反洗钱管理相关工作。

一、2018年工作回顾

总行党委高度重视内控合规工作，国立董事长指出，“合规管理是建设银行一套重要的免疫体系”。桂平行长到任不久即听取部门汇报，作出“从严治行、加强整改”等重要指示。在总行党委的领导下，建设银行合规管理水平稳步提升。2015年大连合规工作会确立了“合规建行，人人践行”的理念，推进合规文化建设，扎实“打基础”。2018年北京合规工作会提出了全面构建合规管理体系的整体思路，聚焦合规主责主业，有序“建体系”。全行合规条线坚决贯彻中央防范化解重大风险工作部署，紧密围绕“两个确保、五个减少”的合规管理目标，助推“三大战略”落地实施，工作成绩值得充分肯定。

(一）管控有力，关键指标位居四行前列

2018年，风险管控持续加强，管理质量和实效有所提升。监管处罚方面，全行监管处罚××亿元，居四大行最低。案件防控方面，全行无新发重特大案件，监管类案件数量、涉案金额实现双降，案件数量四大行最低。洗钱风险管理方面，2017年度人民银行反洗钱考核评级中，建设银行由B级提升至BB级，四大行排名与工商银行并列第二。操作风险和信息科技风险管理方面，操作风险损失率和主要信息系统可用率均处于大型银行监管强化标准的目标值范围内。境外机构未出现新的重大合规事件，子公司合规风险基本可控。

(二）深耕布局，建立健全合规管理体系

2018年，总行党委审议通过《关于健全建行合规体系的报告》，正式确立了合规体系建设的时间表和路线图。经过努力，我们以合规制度为依据，以合规组织为保障，以合规运行机制为核心，以合规推进机制为手段，以加强反洗钱和境外合规管理为重点，以信息系统、专业队伍、合规文化为基础，初步建成一个集中统一、科学先进、权威高效、务实管用、覆盖全集团的合规管理体系，将合规管理打造成建设银行的管理特色。

支持全球化布局，保障综合化经营。严格遵循“合规优先，稳健发展”的海外业务发展基调，持续推进境外机构合规管理体系框架落地实施。聘请第三方机构开展反洗钱能力评估、选派合规专员、强化合规风险提示与通报，加强境外机构监管沟通、监管检查整改督导，督促境外机构夯实合规基础、提升参与国际竞争能力。建立健全子公司合规管理制度体系、合规信息报告机制，采取专项评价考核、合规检查和现场督导等措施，强化子公司合规管理。

(三）紧扣主业，合规运行机制行之有效

做好制度管理，保障业务发展。总行全面加强监管政策解读、外规内化、制度管理等工作，推动全行加强对监管政策的理解和运用。2018年，针对委托贷款、资管新规、金融机构数据治理等领域进行政策解读，为业务发展提供专业支持。组织全行重检现行规章制度，收集监管通报及检查指出的66项总行制度问题，切实推动制度缺陷的根源性整改。总行有效规章制度压缩至

4064 个，较 2017 年减少 780 个，其中发布 10 年以上的规章制度数量下降 46%，确保制度常用常新、科学规范。

深化合规审查，助力“三大战略”。全面加强新产品的合规审查，从产品设计源头把好关，全力支持“三大战略”和 B 端、C 端、G 端业务创新发展。2018 年，全行开展创新产品洗钱风险评估 4354 项；开展合规审查 4695 项。其中，创新事项 4544 项，占比 96.78%，对“小微快贷”系列产品、“裕农通”、精准扶贫理财等新产品进行合规审查，部分分行还为“三大战略”开辟快速审查绿色通道。

加强违规发现，做实违规整改。定位信贷、印章、征信等违规多发领域，紧盯关键环节和重要岗位，开展合规风险排查。针对监管、审计、合规检查发现的违规问题，压实整改责任，完善验证流程，防止屡查屡犯。2018 年，全行落实银保监会要求，认真开展整治市场乱象工作，发现问题 7614 个，截至向银保监会报告之日，已完成整改 6973 个；总行组织开展突击检查、飞行检查 98 次，发现违规问题 393 个，已完成整改 358 个；一级分行开展合规检查 181 次，发现违规问题 2604 个，已完成整改 2177 个。

强化违规处置，抓好警示通报，践行从严治行。2018 年，总行研究制定了《员工行为管理办法》《违规责任认定办法》以及《堵截、抵制和报告违法违规行为奖励办法》，从正反两方面营造有奖有罚、违规必究的合规环境。推动“两防”联席会常态化，推进案件处置，研究根源性整改，形成跨部门、跨层级的案防合力。加大违规处置力度，综合运用违规处置手段，处置各类违规事件 3229 起，对违规机构采取处置措施3000余项，对违规人员采取处置措施 2.4 万人次，实现“问责一个、警醒一片”。2018 年，全行印发 288 期案件和重大违规事件通报，在强化警示教育的同时，针对暴露的问题，组织自查自纠和风险排查，完善了相关内控缺陷与管理漏洞。

（四）压实责任，合规推进机制督导有力

一分部署，九分落实。将完善评价考核、强化工作督导作为提升条线执行力的有力抓手。

完善评价考核，进一步明确各项考核评价工作的功能定位，强调结果与过程考评并重，突出年度重点工作，强化定量考评。2018 年合规工作评价中，宁夏、河北、山东分行排名靠后，须引起重视、查找不足、迎头赶上。

强化工作督导，开展条线联系督导、落后分行整改督导，加强总行对分行合规工作的掌握和帮扶。制订合规工作制度遵循检查方案，将 20 余份内控合规核心制度文件的要求细化为督导指标、标准，以查促改、夯实基础。

（五）弥补短板，反洗钱管理能力快速提升

反洗钱管理组织架构全面完善。2018 年，总行反洗钱业务中心升格为二级部，37 家一级分行均成立反洗钱中心，实现了可疑交易监测一级分行集中、数据补录总行集中，形成了“集中做、系统做、专家做”的工作模式。

反洗钱系统建设取得突破。对照人民银行大额交易和可疑交易报告要求，持续优化模型，完善 49 项功能，报告准确性大幅提升。反洗钱清单监测系统在境内分行全面上线，并推广至 9 家境外机构，实现了对跨境业务和新客户准入的实时监测、存量客户的批量筛查。2018 年，有效阻断高风险跨境交易 3519 笔，识别新开户高风险客户 19773 个。

制裁合规管控水平显著提升。采取差别化管理策略，对高和较高风险国家（地区）客户实施名单制管理。积极开展业务指导，向总行部门和一级分行出具合规管理要求与风险提示。根据人民银行《风险提示单》及其他国际金融制裁风险事项开展风险排查和回溯性审查 32 次，对制裁高风险客户采取有效控制措施。

客户身份信息完善工作进展顺利。截至 2018 年底，全行对公、对私反洗钱客户信息完整率分别为 85.60% 和 79.99%（剔除证件失效超过三个月客户数据），在较短时间内赶上了同业平均水平，为普惠金融等战略推进打下了较为完备的客户信息基础。对关系广大民生的社保类业务，向监管申请豁免了反洗钱客户身份信息九要素完整性系统控制，做到业务发展与风险管控的平衡，助力价值创造。

（六）夯实基础，强化合规管理支撑保障

推动合规工作数字化、精细化管理。2018 年，总行克服时间紧、任务重的困难，加快集团合规管理平台建设，用不到一年的时间，完成了从需求编写、立项开发、投产上线到培训推广的全过程，迈出了合规管理平台从无到有的关键一步，初步实现了合规的数字化管理。

持续提升合规队伍素质能力。2018 年，设立合规经理专业技术岗位序列，建立反洗钱专家库，启动合规条线培训教材开发，组织全行合规条线考试，构建多形式、多层次、多渠道的培训体系，不断完善合规人员知识结构，有效提升合规条线专业水平和履职能力。

积极培育合规文化氛围。2018 年，总行向全行员工印发《合规必读》，兼顾理论与实务，宣导合规理念、加强警示教育。开展“五无”先进合规管理单位创建，充分发挥先进典型示范作用，促进合规体系落地实施。在这一活动中，大连、海南分行达到“五无”的标准，希望在今后能有更多分行成为“五无”单位。

二、筑牢人人尽责的合规管理体系

建设银行成立 60 周年，习近平总书记作出“增强三个能力”的重要指示。国立董事长强调，要将三个能力建设要求作为我们长期遵循的指针，用拓展“第二发展曲线”和“三大战略”将总书记的要求落地。桂平行长指出，围绕“三个能力”建设，主要是做好服务国家发展战略、服务实体经济、服务人民对美好生活的向往。无论是三个能力的提高，还是“三大战略”“第二曲线”“三个服务”的实现，都离不开全面主动的风险管控、人人尽责的合规管理和专业敬业的职业银行家队伍。发展千万条，合规第一条；内控不落实，大厦被吞蚀；风控不到位，考评两行泪。

合规条线要将防范化解金融风险作为重要任务，紧紧围绕“两个确保、五个减少”的管理目标，践行“合规创造价值”发展理念，以“一张蓝图绘到底”的决心，积极推进人人尽责的合规管理体系建设，发挥“运行、推进、管理”三大机制作用，大幅提升合规管理质效。

（一）深化运行机制

经过这几年的努力，建设银行已形成有效的“八步骤”合规管理运行机制，围绕违规的预防、发现、处置和整改实施闭环管理。下一步，全行合规条线要落实习近平总书记“看住人，管住钱，扎牢制度防火墙”的要求，贯彻“从严治行”铁的纪律，牢固树立使命意识、责任意识、担当意识，敢于得罪人。对违规之处敢于揭示、对违规之人敢于问责、对违规问题善于整改。

做好外规内化与合规审查，防治未病。贯彻制度先行的理念，加强对监管政策的解读，将外部监管要求转化为内部管理动力。梳理制度空白和漏洞，弥补制度缺陷，以科学先进的制度体系作为全行战略实施、曲线跃升的坚实起点。比照内外部制度规定，做好前瞻性课题研究，发布合规审查要点，对业务、产品、重大项目实施合规审查。合理平衡控制业务风险与保障业务发展的关系，以“解决问题”为目的，往前端做管理，从源头控风险。

提升违规发现能力，找准症状。围绕“准、小、深、快”四字诀开展合规检查，精准定位切入口，紧盯关键风险点，深挖问题根源处，快速跟进新型风险。除自我发现外，合规部门要善于广开门路，整合监督资源、发挥监督合力，多渠道收集汇总违规线索，如外部监管检查、内外部审计、业务条线检查、法律诉讼等。对已发案件、重大违规事件、同业案例等进行深层次剖析，总结近五年案发规律，查找违规易发多发的关键控制点。

加大处置与整改力度，下对药方。精准处置违规，细化违规事件分级分类标准，丰富对违规机构和人员的处置措施，对重大违规事件坚持重遏制、强高压。积极落实纪检监察体制改革要求，做好违规处理工作，坚持严管厚爱，精准问责、科学问责、规范问责。查问题千忙万忙，整改不抓实都是瞎忙。发展千招万招，内控不出招都是空招。要确保整改到位，厘清责任主体、跟踪狠抓落实、敢于较真碰硬、坚持标本兼治。要压实违规整改责任，列清单、定日期、回头看。盯住根本问题、关键环节，深挖病灶、精准治疗。对于制度、流程、系统等设计及运行方面的根源性问题，要集中力量优先整改。

（二）优化推进机制

优化评价考核内容和形式。贯彻中央要求，强化结果导向，杜绝过度留痕，对现有评价考核内容进行归并整合，切实为基层减负。丰富考核形式，把年度考核评价与日常了解相结合；完善考核指标，“打蛇打七寸”，借鉴武汉审计分部探索出的内部控制“九层次”分析指标体系，在考实、考准上下工夫；加强结果运用，将评价结果与风险提示、管理监督、激励约束等紧密结合，引导、督促各责任主体补齐短板、狠抓实效。

发挥督导帮扶作用，确保各机构合规管理齐头并进。常态督导，坚持一对一督导联系行制度，由总行部门负责人指导对口分行改进管理，一行一策。重点督导，对合规官试点分行按月督导，分享工作亮点、指出工作不足、鼓励有益探索。靶向督导，对考核评价靠后、重点任务完成不力的分行实施帮扶，动态完善整改措施并跟踪效果。此外，对基础相对薄弱、案件和严重违规事件多发频发的机构，进行约谈、通报，督促其查找问题、改进工作。

（三）强化管理机制

融入全面主动风险管控体系。当前，全行已形成全面主动的“预监管”风险管控体系，内控合规管理要积极融入，管好四类风险并做有益补充。一是加强合规风险管理，做好预防和应对，确保合规经营；二是加强洗钱风险管理，严格落实监管机构要求，推动洗钱风险管理融入业务流程；三是加强操作风险管理，强化技术支持，做好风险识别、评估和监测，有效减少损失；四是加强信息科技风险管理，防范重大信息科技风险事件，保证信息系统安全稳健运行，为金融科技创新提供支撑保障。同时，要强调系统的开放、信息的联动，避免形成信息孤岛。数字互联、成果共享，将内控合规系统数据、分析结果向“预监管”体系开放；部门联动、优势互转，将发现的问题和缺陷及时反馈分行和条线，为及时调整、实施控制措施提供支持，为防范化解风险赢得时间和空间，提升对集团风险的整体管控和协同防控能力。

贯彻“三管齐下”的管理理念。坚持党委管，各级党委要切实推动各项内控合规管理措施落地。坚持全面管，内控合规管理要覆盖境内分行、境外机构、境内子公司、总行直营机构四大板块，与全球业务发展相匹配、与全球监管相适应。坚持主动管，主动实施事前、事中、事后全过程管理，增强风险管理的前瞻性、专业性和有效性。

搭建科技智能的合规平台。深化应用 AID（AI 人工智能、IT 信息技术、DATA 大数据）等新技术，优化现有系统，借助集团合规管理平台，提升内控合规工作的数字化与精细化水平；完善反洗钱监测分析系统和清单监测系统，严控客户和交易的洗钱、制裁风险；利用操作风险管理系统，定期开展风险指标监测。加强风险、合规、审计、稽核、安保等相关系统的数据共享，针对各领域发现的问题，构建内控合规数据集市，支持合规审查、内控评价、监测预测等多样化内控合规大数据需求，进一步提升数字化管理、图表化展示、趋势性分析和专业性判断能力。

打造专业、敬业的职业合规人队伍。要培养具备工匠精神的专业人才，不断完善合规官工作机制和考评，稳步推进合规官制度，年内要有突破。全行合规人员要提升能力素质，自我加压，不断更新知识储备，既熟悉国家法律、监管规则，也精通银行业务；要细化职责分工，定向培养合规检查、反洗钱管理等专家；要强化担当意识，在发现违规、处理违规上绝不手软，确保全行各级干部员工遵守规则、合规经营。

厚植“人人尽责，主动合规”的合规文化。强化合规宣导，在全行开展先进合规管理单位、个人创建活动，强化合规事业荣誉感；普及合规知识，借力建行大学等平台持续开展合规教育；强化合规自觉，鼓励堵截、抵制和报告违法违规行为，让合规理念内化于心、外化于行。重点加强基层机构违规警示教育，确保打通“最后一公里”。

三、2019 年重点工作安排

建设银行开启“第二发展曲线”，创新未来动力引擎，需要强大有力的内控合规提供保障。2019 年，合规条线要进一步夯实合规基础，筑牢合规体系，立足“运行、推进、管理”三大机制，将“两个确保、五个减少”的合规管理目标与 EVA 价值创造逻辑、全面主动风险管控有机统一起来，合规优先、风险为本，助力将风险管理能力打造为建设银行核心竞争力。

（一）增强“三个能力”，服务金融供给侧结构性改革

要贯彻落实习近平总书记要求，用金融的思维设计解决方案，用“温柔的手术刀”解决社会痛点问题。唯有真正理解金融，了解合规边界，才能大胆设计产品、大胆追逐市场、大胆调度资源。合规条线要围绕“三大战略”和“第二曲线”，立足B端、C端、G端三端发力“新打法”，为业务发展作出探索与规划。收集、梳理相关监管规则，把好合规审查和洗钱风险评估关口，针对风险点提出有效管控建议；提升客户数据信息完整性、准确性、有效性，为获客、留客、活客打牢基础，提升客户服务能力。

（二）内控重在“控内”，要“管住人”

总行内控合规部要牵头制定员工行为网格化管理实施意见，明确具体管理内容和管理方式，同时鼓励分行进行有益探索，及时总结推广，共同构建“机构成网，网内有格，格内定人，人负其责”的管理格局，真正解决员工行为“谁来管、怎么管”的问题。具体推进上，一是全面覆盖，把握事前预防、事中管控、事后纠错三个环节，做好失范监测、行为排查、常态检查、违规举报等关键动作。二是调动资源，会同相关部门制定员工行为细则、总结异常行为清单；借助风险、稽核、审计等平台构建异常行为排查模型，研究异常行为大数据分析方法。

2019年，为顺应纪检监察体制改革，员工违规处理职责移交至内控合规部，各级机构要高度重视，尽快配人配机构，确保资源到位；各级内控合规部门要克服困难、敢于担当，现阶段仍按照原有办法进行责任追究，确保问责力度不减、尺度不松。

（三）监督资金流向流量，要“看住钱”

钱从哪儿来、到哪儿去，要加强监督，确保资金来源和用途合规合法。重点关注信贷业务、债权投资、资管同业、采购支出等违规高发领域，持续治理有章不循、懈怠不为、弄虚作假、不良交易等现象，既要坚持“严”字当头，敢于碰硬、敢于查处，又要谨慎准确、注意方法。此外，要对照国际标准，重检客户、产品、机构洗钱风险评估方法和指标体系，明确主要业务场景洗钱风险管控措施、优化管控流程，进一步控制洗钱风险。

（四）合规重在“规合”，要“扎牢制度防火墙”

确保制度科学，对照监管要求，本着于法周延、于事有效的原则，做好外规内化和制度重检，增强制度的科学性、可操作性和适用性，把制度的防火墙扎密扎牢，做到前后衔接、左右联动、上下配套、系统集成。监督制度执行，制度的生命力在于执行，关键在真抓，靠的是严管。要加大常规检查力度，及时发现执行中存在的问题，以提高“规”的严肃性为目标，减少被动应付等现象。评价执行效果，围绕工作重点，优化考核评价方案及指标，促进内控合规考核评价体系“短实新”转变，穿透到等级行、KPI，形成全行评价体系的有机整体，有力支撑全行价值创造。

（五）复盘反思，以案促改，举一反三

对于案件和重大违规事件，要发生一起、处理一起、通报一起。各机构、各部门要落实案件暴露问题整改的主体责任，深刻剖析案发原因，总结案件规律，查找违规易发多发的关键风险点，从制度、系统、流程等方面采取针对性措施，完善内控缺陷与管理漏洞。针对案件暴露出的风险，发案分行要组织全面、深入排查，充分揭示、有效化解潜在风险，不再重蹈覆辙。其他分行也要以案为鉴、举一反三，针对内控薄弱部位、重点风险领域、关键业务环节和重要岗位人员，组织对照排查，努力消除案件风险隐患。各分行要充分利用总行通报的各类案例开展违规警示教育，培养员工依法经营、合规操作的习惯。

（六）做好监管沟通与配合工作

大家要清醒地认识到，“强监管”将是今后一段时期的主旋律，建设银行内控合规管理基础相对较好，但仍然面临较大压力。近期，中国银保监会发布了《关于开展“巩固治乱象成果　促进合规建设”工作的通知》，全行要比照监管要求，从5个方面、16个要点深入开展整治工作。目前，中国银保监会正对建设银行开展全面检查，中国人民银行也拟于下半年对建设银行开展反洗钱检查，各级机构要高度重视、积极配合，提高监管沟通层级，给予充分尊重。牵头部门不能只做传令兵，要站在建设银行和监管的双重角度思考问题、做好工作。“无摩擦便无磨合，有争论才有高论”，监管与被监管之间也要共同促进、共同发展。

（七）加强境外和子公司合规管理

2018年以来，国际局势跌宕起伏，内外部监管环境日趋严格，要坚决贯彻海外工作座谈会要求，坚持“合规优先”，强化合规意识、监管意识和政治意识。切实履行金融制裁合规职责，守牢制裁合规底线；涉敏业务防止“一刀切”，妥善处理客户关系。要根据中国银保监会《关于加强中资商业银行境外机构合规管理长效机制建设的指导意见》，落实监管在合规责任、合规管控、合规履职、合规保障、监管沟通等方面的要求。持续推进集团合规管理平台、反洗钱清单监测系统等在境外机构的使用，提升信息化管理水平。子公司作为集团的重要组成部分，近年来保持高速增长态势，业务种类不断增多，产品创新更加灵活，要健全合规管理体系，加强日常检查和重点管控，准确分析合规风险，部署防范措施。

（八）强化党建引领作用

合规条线要旗帜鲜明讲政治，始终坚持把政治建设摆在首位，牢固树立“四个意识”，坚定“四个自信”，坚决做到“两个维护”，切实履行“两个责任”和“一岗双责”。要深刻领会党中央关于经济金融工作重要论述的精神实质，结合实际落实到建设银行内控合规工作的全过程和各方面，培养金融家“风骨与情怀”，在追求企业价值过程中牢记社会责任，强监督、正风气、捉内鬼、防内贼。要持续改进工作作风，落实“短实新”的要求，更好地为基层松绑减负，激励合规条线担当作为。合规条线领导干部要筑牢拒腐防变思想防线，做到心有所戒、行有所止，清清白白做人，干干净净做事。

2019 年是新中国成立 70 周年，是建设银行成立 65 周年。全行合规条线要认真贯彻落实中央经济工作会议和全行工作会精神，助力打好防范化解重大风险攻坚战，坚持“稳中求进”基调，守护“稳健经营”目标，为推进三大战略、开启“第二发展曲线”而努力。

不忘初心　牢记使命
全面提升客户选择能力

——在2019年三大重点区域一级分行审批条线负责人培训班上的讲话

廖　林

（2019年8月23日）

在建行大学及各有关部门的大力支持下，2019年三大重点区域的一级分行审批条线负责人培训班如期完成。总行党委对此高度重视，之前专门向田国立董事长、刘桂平行长作了汇报，两位领导都提出“提高审批质量”要求。培训安排节奏紧凑、主题突出、内容丰富，既有管理高度，又有理论深度，还很接地气，对实际工作具有很好的指导意义，体现了总行从重单一项目操作到重条线管理的理念转变。总行授信审批部要以此为契机，制订好培训规划，利用好建行大学这个平台，强化对业务条线，特别是分管行领导、部门负责人、牵头审批人的培训。

在昨天的分组讨论中，大家对如何用好授权、管好授权提出了很多很好的意见和建议。主要有四个方面，一是在授权调整考核指标中不再考虑审批人配备充足性因素；二是将单笔低信用风险业务审批权转授给前台经营部门；三是结合集中审批推进情况，对现行审批操作规程进行调整和优化；四是加强对条线的指导，增加培训次数。对于培训需求，总行将予以大力支持，今后将利用建行大学的境内外学院，尽量做到对全行审批条线两年轮训一次。关于审批队伍建设，需要强调的是，队伍建设、审批能力是决定分行授权权限的重要前提和基础。如果审批人员数量都不到位，授权的基础就不存在。光人员数量到位还不行，还得配备高素质的人员，能力水平不符合要求，同样不具备授权基础。请分行党委利用一级分行审批集中契机，加大审批人员结构调整，如果人员素养无法适应新授权，总行会考虑授权重新调整。

集中审批是2019年总行党委确定的重点工作之一，大家要坚定不移地向前推进，不要犹豫。推进方案要做深做细，要注意做好集中前后的有序衔接，防止因审批集中造成审批质效的下降。集中审批的目的不仅是统一风险偏好，更重要的是提高效率。一是审批人员配备调整好，个人意愿要服从工作需要；二是新入职审批人上岗培训好；三是合规智能审核系统上线使用好，不能因为系统问题影响审批效率；四是一票否决范围区分调整好；五是低风险业务审批分类把控好。要注意做好审批集中前后的耗时对比；要注意听取基层行、营销部门反馈；要通过审批集中，在不牺牲效率的情况下，切实将审批质量提上来。各分行的审批质量提上来了，总行扩大授权才能放心。结合当前工作，提几点要求。

一、好银行的特征

（一）好在平衡

在微观层面，好银行体现在指标和结构平衡。在宏观层面，侧重于以下平衡：一是商业价值与社会责任的平衡。让监管、客户、社会各方均满意。二是战略定位与经营定位的平衡。战略定位聚焦于银行未来发展方向，经营定位确定银行目前的经营和发展水平。三是金融创新与金融战略的平衡。实现创新的节奏与风险控制能力相匹配。四是治理架构与经营模式的平衡。建立完善的

"四会一层"①，在稳健审慎的风险管控下，寻求业务发展和稳健收益。五是业务发展与风险管控的平衡。发展要以风险管控为边界，努力追求商业银行安全性、流动性、盈利性三性平衡。

（二）祸在失衡

失衡体现在资产与负债失衡，资本与风险失衡，创新与发展失衡，激励与约束失衡，过程与结果失衡五个方面。以"七率"指标代替"双降"来衡量资产质量水平，就是过程指标和结果指标并重的体现。

（三）贵在制衡

制衡不是制约，也不是制止。好银行的公司治理要体现相互制衡原则，包括三道防线之间的制衡，董事会、监事会和管理层之间的制衡，以及各个委员会之间的制衡。

（四）优在均衡

衡量银行价值的重要指标是市盈率（PE），提升市盈率可通过 EVA 各指标均衡来实现。与 EVA 相关的 NIM、中收占比、减值支出、经营费用、资本成本、税费等多指标，应该均衡而非不平衡；每一指标发展态势应平稳；短期与长期要结合，发展指标、价值指标、财务指标、风险指标也应均衡，均衡可持续才是最终目的。

办好一家银行，授信审批环节甚为关键。

二、适应新变化，做好"五个适应"

新时代带来新变化，新变化呼唤新视野。面对国内经济高质量发展和转型换挡，风险管理要做好"五个适应"，开启风控新阶段，为打造好银行贡献力量。

（一）适应从国内大行到全球系统重要性银行（G－SIBs）转变，更加重视资本管理

好银行应强化资本约束。资本管理能力是商业银行的核心竞争力之一。金融危机之后，为解决银行"大而不倒"的问题，金融稳定理事会（FSB）和巴塞尔委员会（BCBS）建立全球系统重要性银行的监管框架，通过 5 个维度、12 项指标进行测算，确定入围银行名单。名单内的银行被分成五档，分别赋予 1% ～3.5% 的附加资本要求。2015 年，建设银行被认定为全球系统重要性银行，资本压力也相应增加。这就要求我们必须重视资本、风险和收益的平衡，做到资本集约化运用。

（二）适应从一般监管到严监管、强监管转变，重视合规管理

好银行应顺应监管要求。好银行应该是让监管满意的银行。近年来，国际监管机构不断强化资本监管，国内各监管机构，如人民银行、银保监会、审计署等也持续加大执法检查力度，严监管、重监管、强监管的态势已经形成。在监管处罚上，除处罚机构外，还对责任人处罚，合规管理要求更加严格。各分行一定要认清监管趋势，做到各流程、各环节合规，坚决守牢合规底线。要加强与监管的沟通，高度重视监管发现问题，取得监管机构的理解和支持。

（三）适应从高速发展到高质量发展转变，重视精细化管理

好银行应强调精细化管理。改革开放 40 年来，建设银行紧紧抓住历史发展机遇，确立了以个人按揭、基建贷款和双大客户为核心的经营战略，取得先发优势。建设银行良好的资产质量，既是管出来的，更是通过选择客户和产品选出来的。随着国内经济从高速发展向高质量发展转变，总行党委实施三大战略，开启"第二发展曲线"，培育新的业务增长点，实现从"双大"到"双小"，从住房按揭到住房租赁，从中长期贷款到绿色信贷的业务承接，全行的风险管控方式和风险管理能力也应做相应的转变和提升。通过细化行业信贷政策、优化经济资本计量等措施，更好地指导前台部门进行客户选择，实现业务发展"质"的转变。

（四）适应从传统金融到新金融转变，以新风控拥抱新金融

好银行应强化数据驱动。随着大数据、智能化、互联网等技术的不断发展，信息技术能力日益成为银行核心竞争力之一。近年来，建设银行积极践行新金融理念，发挥科技性、普惠性、共享性的特点，促进我行风险防控能力的提升。依托 AID（人工智能＋信息技术＋大数据），我们可以对"预、监、管"风控体系的各个指标进行量

① 党委会、股东大会、董事会、监事会、高管层。

化管理，可以在短时间内准确获取客户的风险信息，可以实现风险管理从人控到机控的转变。我们向小银行输出风险管理技术，实现同业共享；通过上线财务报表自动获取、风险信息精准投送等功能，为前台减负；加强对基层网点人员的培训，以及对未来产业行业的研究，为基层赋能。

（五）适应从线下到线上线下协调发展的转变，强调风险管理全覆盖

好银行应稳健创新。近年来，建设银行不断加强产品创新，线上业务种类逐年丰富，发展速度持续加快，线上线下业务并重发展的态势已经形成，风险管控也应适应这种变化，重点构建线上数字化智能机控。通过 3R（RSD、RMD、RAD）系统的应用，强化贷前风险排查、贷中客户评价、贷后监测预警，为线上获客和线上业务提供完整有力的风险防控手段。目前部分分行在这方面已经提前着手，如厦门分行在线上业务法律诉讼方面已经做了很多探索，其他行也提出了这方面的需求。希望大家主动研究，加强和法律部门的沟通，并实现信息共享。

三、强化客户选择，提升风险管控能力

（一）找准风险部位，提前做好应对

打造一家好银行，实现各项指标平衡发展，最终的落脚点还是在把好客户准入关口上。要想做好客户选择，应先分析不能选择什么样的客户。结合多年的经验教训，包括对失败项目的复盘反思，在选择客户中应该避免以下行为：一是业务发展策略过于激进，违背商业经营中的分散法则，一行独大，大包大揽；二是过于信赖客户描述的发展前景，盲目乐观，对客户风险预警信息视而不见；三是望名生信，被明星企业、上市公司的头衔冲昏头脑，忽视企业财务和股东变化；四是垒大户，突破综合授信总量的“天花板”，对大型集团客户实施巨额授信；五是忽视客户多元化经营，对脱实向虚、跨产业链扩张等风险苗头不够敏感，退出不够及时。

（二）顺应发展趋势，打造业务新优势

结合近 30 年来全球前十大上市公司变迁，以及国家产业发展要求和地方经济特色，未来业务发展应重点聚焦以下几个方面：一是建设银行传统优势领域仍需进一步保持优势，如基建贷款，可在土地整理、地下管廊建设等方面继续发力。二是“三大承接”应持续推进，双小客户和普惠金融业务符合商业银行经营的分散法则，特别是在改革完善贷款利率报价机制（LPR）的背景下，客户结构单一会导致银行存款负债端成本激增，继而侵蚀净利息收入（NIM），影响 EVA 指标，偏离好银行的发展方向。三是将信息通信、高端制造、高科技企业、新型基础设施、健康养老（医疗卫生）等五大领域作为建设银行转型发展方向。

（三）强化客户选择，做好业务引领

选择志同道合的客户。业务指标合理、公司治理规范的客户，专业专注、稳健审慎的客户，符合国家战略导向、承担社会责任的客户，能给银行带来风险收益平衡的客户。强化整体价值判断。一笔贷款的刚性资金成本约为 5%，高于一年期贷款报价利率（LPR）水平，EVA 为负，但这并不意味着就不能发放贷款了。没有贷款，可能就没有客户，贷款能够撬动更多市场机会，实现获客活客。因此，应以客户综合 EVA 作为选择标准，而不能只算单笔业务账。要注重比较优势。局部好客户，放在一个更宽泛的视野看，未必是好客户；某个区域内的好客户，如果在全行业内没有比较优势，也不适合作为银行的目标客户。

总行将统筹全行资源开展行业研究，以研究指导科学投放。各分行风险审批条线除了在工作中要做好客户选择和实质性风险判断外，还要配合经营层级下沉给基层经营机构赋能，及时向前台和基层机构传导总行的风险偏好和客户选择标准，指导前台经营部门做好客户选择，让一道防线的作用得以充分发挥。

（四）未雨绸缪，做好对潜在风险客户的持续关注

近年来，总行持续加大风险化解处置力度，鼓励各分行按监管要求有序暴露，但仍有部分行对资产质量盲目乐观，对潜在风险状况认识不足。

近期，总行建立“小潜在风险”客户①和“大潜在风险”客户②两个监测维度，对目前尚处于正常类的客户实施风险排查。结果发现，具有“小潜在风险”特征客户的信贷余额不小，具有“大潜在风险”特征客户，其信贷余额更大，充分说明我分行潜在风险仍在高位，需强化前瞻性研究和管控。

建设银行经过65年的改革发展，已经实现了从信贷风险管理到全面主动管控风险的跨越式发展，积累了丰富的风险管理经验。未来，在总行党委的正确领导下，在全行风险审批条线的持续努力下，建设银行风险管理的比较优势将进一步显现，各项困难都能克服应对。风险人要坚定信心、增强自信，严格执行好总行党委的各项决策部署，为增强“三个能力”贡献力量。

四、严格要求，做到“五个强化”

20年的风险管理实践，培育了“稳健、审慎、全面、主动”的风险文化。稳健审慎谋发展，全面主动控风险。此次扩大三大区域重点分行的授权权限，是落实习近平总书记关于增强服务国家建设能力的指示精神，支持重点分行抓住国家战略发展机遇，推动重点分行业务快速发展的重要举措。各分行应认真领会总行意图，珍惜机会，克服困难，用好权限，多出成果，并发挥对境内其他26家分行的示范作用，为审批重心向一级分行转移、向市场贴近积累经验。在今后的工作中，应做好“五个强化”。

（一）强化责任担当

全行审批条线应主动承担起保卫建设银行资产安全责任，敢于坚持原则。对于有实质性风险的客户，要敢于说不，坚决拒绝。要落实好董事长在2019年夏季工作会上关于“风险条线要有自己的声音”的要求，不要唯唯诺诺，不要推诿扯皮。要以更加强烈的责任感和担当意识，把监管部门对普惠金融和制造业提出的发展目标完成好、把三大战略推动发展好、把潜在风险防范控制好。

在推动制造业发展方面，要强化客户选择，优选细分行业中的头部企业、隐形冠军，技术含量高、专业能力强，有市场、有客户、有信誉的明星企业；要发挥项目评估优势，从技术先进性、经济可行性方面深入研究，并及时对评估方法进行更新；要改进方法，总行要加大培训力度，为分行赋能，为前台赋能；分行也要加强自我研究，提升审批把关能力。

（二）强化专业独立

要坚持独立审批，专业专注。要严格执行总行出台的不当干预授信审批工作行为禁止性规定，不管是谁，不得干预审批。要严格遵守审批相关规定，特别是保密规定，审批流程和审批结论为我行商业机密，任何人不得对外披露。违反规定的，要予以严肃惩处。各一级分行也应持续抓好日常保密管理工作，确保不出失泄密事件。

（三）强化规律意识

在银行工作的同志，要尊重经济规律、金融规律、自然规律、企业生命周期规律等。对于违背基本规律的客户，包括盲目扩张的，超越发展周期的，不符合风险偏好的，财务指标异常的，都要小心谨慎。此类业务背后肯定有问题，最后也往往有问题。

（四）强化代价意识

习近平总书记在“不忘初心、牢记使命”主题教育中提出了四点要求，其中“找差距”是要对照先进典型和身边榜样，找出自身存在的不足，进行反思整改。从另一个角度看，也可以把以前出现问题的案例拿出来，作为反面典型进行深入剖析。例如，某分行此前曾向总行申请过对一家客户的差别化政策，总行予以否决并作出风险提示，但分行仍然无视总行要求，在权限内自己干，最终该客户受媒体负面消息影响，股价大幅下跌，出现重大风险。又如，某分行无视客户实际生产经营和风险状况，短期内授信金额持续扩大，且无任何风险缓释措施，建设银行信贷风险激增。再如，某分行对行业形势判断过于乐观，忽视影响项目现金流来源的关键风险节点，贷款本息无

① 包括公开市场违约客户、负面舆情客户、财务指标持续偏差及低效客户、上市公司股票质押比例较高客户、债委会客户、四行占比第一客户、重大信用风险事项客户、再融资类客户、关注三级客户、观察名单高风险预警客户。

② 资产负债率超过85%、连续三年亏损、连续三年经营性净现金流为负、经营能力严重不足、被其他非主流公司占用资金。

法得到覆盖。这些事件的发生，反映出少部分分行和审批人，对宏观经济形势、行业发展趋势没有好好把握，对客户真实风险程度专业判断不足，对总行的政策和管理要求执行不到位，缺乏应有的审慎，放松审批标准，最终给信贷资产酿成损失。

历史是最好的老师，总行建立涉案及重大涉险业务复盘剖析机制，就是希望大家可以好好利用这些案例，核查风险成因，分析存在问题，并在总结经验教训的基础上，提升实质性风险判断和审批把关能力，避免同样的问题再次发生，别让已经交过的学费再白白损失。

2019 年，总行将强化客户选择能力作为信贷管理重点领域。如同“扎糖果”一样，管牢前端和末端，做实中段。2018 年强调中段，做好结构调整；2019 年强调前端，把好准入，确保新发放资产质量；2020 年强调末端，打通资产处置出口，腾挪信贷资源。

（五）强化管理意识

一是推行集中审批；二是推进全面主动的预防、监测、管理体系建设；三是加强审批人员队伍建设，四是推出授权管理红线，加强对授权执行情况的监测和督导力度，实施动态调整；对于违反要求的，将及时上收权限，做到放得下、管得住，避免“放乱死”，力争实现“放管服”。

五、全面提升“三个素养”

（一）提升政治素养

要以习近平新时代中国特色社会主义思想为指引，树牢“四个意识”、坚定“四个自信”，做到“两个维护”，特别是要严格按照“一岗双责”要求，忠诚干净担当地表率；严格执行六大纪律、八项规定，总行党委十项要求。坚持政治学习，提高政治素质，更好地指导审批工作的开展。

（二）提升专业素养

一是要强化对风险管理基本法则的运用。分散法则，不能把所有鸡蛋放在一个篮子里，更不能垒大户或一家独大。海恩法则，每一次重大事故之前有 29 次轻微事故，300 次先兆未遂事故，1000 个隐患。大家回顾一下大事故发生之前，是不是出现很多没有管理到位的风险点。监管部门每次检查提出问题，也是属于海恩法则中的事故，必须要防患于未然。危机法则，资产质量好的时候，要想到困难的时候，要趁形势好加大处置力度。二是要强化行业研究，要了解专业术语的内涵，如巴塞尔协议、MPA 评估、HRS 监控指标、陀螺评价、EVA、RAROC 等。要做在篮球场上远投三分球的强者，不做乒乓球场上靠擦边球取胜的侥幸者，要做平衡木上优雅的体操运动员，不做足球场红牌处罚的运动员，要做扑对点球或点球方向的守门员。

（三）提升综合素养

风险条线的同志普遍都比较内敛，不善言语，但工作中免不了要和前后台部门进行沟通，所以要注重提高自身的沟通和协调能力，尽量营造良好的工作氛围，实现心情舒畅。

此次培训班得到了青岛分行、建行大学普惠与零售学院的大力支持，向大家表示感谢！

在2019年绿色金融工作座谈会上的总结讲话

廖 林

（2019年9月6日）

2019年的绿色金融工作座谈会开得很好。五家绿色金改试验区分行做了很好的汇报，两家生态文明试验区分行和五家绿色生态示范分行做了补充。桂平行长作了重要讲话，特别是和我们一起回顾过去一年绿色金融取得的成效，一起学习领会习近平总书记生态文明思想深刻内涵，一起研究分析新时期绿色金融事业新机遇，一起谋划推进绿色金融发展新举措。下面，我就落实桂平行长讲话精神，再提几点要求。

一、要提高政治站位

党中央、习近平总书记高度重视绿色发展和生态文明建设。总书记在党的十九大报告中指出"加快生态文明体制改革，建设美丽中国"，对推进绿色发展提出新要求；五大"新发展理念"里就有"绿色"理念；党的十九大报告提出加快绿色发展，坚持以人民为中心、坚持新发展理念、坚持发展和改善民生、坚持人与自然和谐共生等；中央经济工作会议部署的"三大攻坚战"里就有"污染防治攻坚战"。

国家发展改革委、环保部、人民银行、银保监会等国家部委对促进绿色发展、支持绿色产业、发展绿色金融也提出新的要求，并对绿色信贷开展各类考评。

作为国有大行，作为银行业协会绿色信贷专业委员会主任单位，更要加强学习、提高认识，用习近平生态文明思想指导全行绿色金融工作，积极投身总行党委提出的新金融行动，按照桂平行长的要求，用实际行动加快绿色金融发展。

二、要加快培育新优势

2018年湖州会议要求实现"新突破"，一年过去，建设银行绿色信贷余额过万亿元。2018年苏州会议的关键是提出培育绿色金融"新优势"。2020年绿色金融座谈会重点就要看各分行新优势是不是培育起来了。

培育新优势要求"上量"。各分行要重视绿色信贷投放，要按照年初各自确定的目标加大投放力度，努力完成"绿色贷款增速高于对公贷款业务平均增速、绿色贷款占比高于年初水平"的目标。同时，要研究建立绿色项目库、加大绿色项目储备，夯实绿色信贷持续发展基础。

培育新优势要求"保质"。在传统固贷、流贷产品外，还要覆盖海绵城市贷款、管廊建设贷款、碳排放权质押贷款、节能贷等新的绿色信贷产品。

三、要高度重视创新

高质量发展首先是创新发展。发展绿色信贷既要承接传统优势，又要注入新内涵。刚才，桂平行长深刻分析国内外绿色发展新形势，从五个方面为我们梳理绿色金融发展新机遇。在这些方面有很多规则、很多业务、很多模式正在形成，为全行提供了开展业务创新的广阔舞台和空间。

作为国有大行，作为全球系统重要性银行，要自觉履行大行担当，前瞻谋划、积极参与、主动引领。特别是今天参会的绿色金改试验区分行、生态试验区分行、绿色示范区分行更是要充分利用国家在促进绿色发展和生态文明建设方面的有利政策支持，积极探索、先行先试，努力在产品服务创新、管理机制创新、发展模式创新等方面为全行提供更多有益经验，作出更好示范。总行在绿色创新方面将给予更多的支持，在考评上给予更大激励。

四、要完善机制

绿色金融持续健康发展需要良好的运行机制和有效的管理工具提供支持保障。本次会议提出“绿色信贷目标纳入年度综合经营计划、绿色信贷规模全额保障、新发放绿色项目经济资本打七折、绿色信贷经济资本差别化计量、绿色银行评价结果纳入 KPI 等”系列配套支持政策措施。动作之快、力度之大，超过以往、超出预期。各分行一定要很好利用总行政策，但绝不能弄虚作假。总行相关部门也要加紧配套政策措施落地实施。

五、要前瞻性布局

要积极参与标准制定。目前，国家发展改革委、人民银行、银保监会都在根据绿色发展的新形势研究制定绿色产业目录、绿色金融标准，很多地方政府也在结合区域特色制定当地绿色发展支持政策。我们作为国有大行要积极参与，这既有利于我们及时掌握国家政策，也能帮助我们准确理解各类监管规则、标准口径，掌握业务创新主动权，同时还能为国家作出应有的贡献。

要积极参与社会风险治理。在应用金融手段解决社会痛点、难点方面上，建设银行要有新的作为。

要切实提高环境和社会风险管理水平。气候变化、环境生态变迁对人类社会的影响越来越显著，我们不能满足于监管合规，要提前布局。相关部门要尽快将环保违法信息接入、环境风险信息分级预警提示、环境和社会风险的评估方法研究、压力测试等工作纳入日程。

要注意用绿色信贷承接传统优势。按照“存量新赋能（3+3）、增量新动力（5+X）”的行业投向基本框架，用金融科技和绿色信贷承接传统基建优势，为建设银行开启新征程提供更大动力。

强化客户选择 调整信贷结构 全面提升主动管理信用风险能力

——在2019年信贷管理工作会议上的讲话

廖 林

(2019年9月6日)

总行党委、董事会、监事会、管理层非常重视信贷经营管理工作。桂平行长出席会议并作重要讲话，提出信贷经营管理新要求及客户选择新方向，全行要认真贯彻落实。

近年来的信管会议都开得很好，每年都有重点研究专题，2017年突出“关键环节”、2018年突出“调整结构”、2019年突出“客户选择”。从讲“纲”到“砼”再到“筛”，形象表达信贷管理要求。2018年用“砼”讲信贷结构，沙石水泥等材料以一定结构比例搅拌，固化成高强度建材，结构比例如不达标就有安全隐患。在实际施工过程中，完美比例还需与优质基础成分相辅方可成功，如果选择劣质沙石水泥，依然会给工程质量带来大隐患。选择过程可归纳为“筛”，作名词如筛子，是工具，筛眼大小即规则；作动词如筛选，是用工具、经验作选择判断，形象的就是抖一抖、敲打敲打。“纲”突出关键环节，“砼”体现比例关系，“筛”强调构成品质。

从信用风险角度看，信贷构成包括客户、产品等成分，但归根结底基础是客户。筛客户，就是客户选择，客户决定信贷结构，结构决定质量、收益水平和竞争能力，是信贷流程和管理的源头。选择好客户是信贷管理能力的综合体现。

一、为什么要重提客户选择

(一) 强化客户选择，推动“三个能力”建设

服务国家建设能力，体现为结合新时期特点的新金融，提升与现代化经济体系建设的适配性，增强金融有效供给与有效需求的契合，在新兴领域的业务开展客户选择，形成新优势；防范金融风险能力，体现为支持国家建设的能力边界，也就是基于每一个客户的风险经营能力、基于客户构成的信贷结构风险波动特征；参与国际竞争能力，体现建行持续稳健的资产质量基础，并以此形成的竞争优势、专业素质、服务国家战略能力。

(二) 强化客户选择，促进“三大战略”实施

“三大战略”归根结底都是直接或者间接围绕客户做好服务，住房租赁、普惠金融、金融科技，就是依托大场景、大生态，运用新技术、新手段实现获客、活客、留客和黏客。全行上下提升战略执行能力，最终仍要以客户为中心、以客户为抓手；全行对战略推进情况考核、评价，最终都要落在客户上。战略的高质量执行、业务的又好又快落地，发展的可持续推进，都对全行在客户选择方面提出更高要求。平衡好发展与风险管理、收益与风险成本，最终落脚于客户选择。

(三) 强化客户选择，保证资产质量稳中向好

全行一直在防范“灰犀牛”和“黑天鹅”。近两年通过有效管控，将××煤化工板块、××钢铁等“灰犀牛”风险在同业率先消化、吸收。从2019年第二季度来看，一个客户级别的“灰犀牛”对全行资产质量指标形成了重大冲击，虽然通过主动前瞻管理有效应对了冲击，但是，单独这一户就吃掉了集团110亿元的负“剪刀差”，全行“剪刀差”几近转正。这给我们敲响了警钟，是否能够保持资产质量稳中向好，是否能够继续保持同业相对优势，关键在于客户选择这个

基本点上。

（四）强化客户选择，落实发展以风控为边界

从经济发展看，正由“量”向“质”、由高速发展向高质量发展转变。聚焦于“量”的增长时期，一些行业、区域底部企业成为了我们的客户，高质量发展阶段，就要选好“头部”、优质企业，筛除“底部”、劣质企业。从金融发展看，正由“聚焦资本”的传统金融向“以人民为中心”的新金融转变。要从科技性、普惠性、共享性三个维度深刻理解和把握本质内涵与未来走向。而承载这些变革的，是对每一个客户的选择。从“好银行”发展方向看，好银行应该是高质量发展的银行（创新、绿色、协调、开放、共享）；应该是平衡的银行（平衡、失衡、制衡、均衡）；应该是突出价值创造的银行（EVA = 收入 - 支出 - 资本成本）；应该是立足本源的银行（中介、信用、实体）；应该是稳健审慎、合规至上的银行。从风控发展看，1999 年建设银行信贷管理体制改革到 2019 年正好 20 年，其间进行了不断探索和优化，可以说硕果累累，值得全行认真总结。1999 年审贷分离，独立审批人制度保障了对客户（项目）的专业判断；2005 年上市后，按照商业银行运作模式逐渐建立“以客户为中心”经营管理架构；在同业中率先创立“九宫格”信贷政策框架，实施客户三分类，引入“名单制”管理；较早使用客户评级、限额管理、经济资本等风险计量工具，强化对客户风险排序、风险边界、风险收益的刻画；等等。强化客户选择有一条持续的脉络，无论明暗，都是信贷风险管理模式、方法、工具发展主线之一，也是落实各阶段发展要求、不断拓展风险管控边界的主要路径。

（五）强化客户选择，主动应对风险压力

客户是商业银行承担信用风险、收益的主要载体，是向商业银行传导风险的“毛细血管”。能否在当前复杂的外部形势下保持稳定，取决于每一个客户的投放选择、贷后再选择，小至几百万元的小微快贷客户、大至数十亿元的大中型客户。必须坚持分散法则、危机法则、海恩法则、代价意识、大数据等选择客户。从风险事件中看，客户选择还存在许多不足，主要表现为：一行独大，单一企业授信占比过高，业务发展过于激进、风险偏好偏差；盲目乐观，在前期客户选择时过度信赖企业描述发展前景，在合作期间对风险趋势预判盲目乐观；望名生信，过度迷信国企背景和规模效应、盲目追捧财报“靓丽”、所谓行业龙头的“明星”企业或上市公司；垒大户，对大型集团客户授信巨大；忽视过度多元化及过度扩张，对企业跨界套利行为、经营方向“脱实向虚”、产业链多元化等没有清醒认识。这些聚合在一起，就是未经有效筛选的“劣质沙石”，会影响资产质量稳固的根基。

二、选择什么样的客户

（一）遵循基本原则

服务实体经济。建设银行 65 年前因国家建设而生，65 年来因国家建设而兴，服务国家建设始终是建行的初心和使命。桂平行长讲到服务实体、服务企业、服务制造业的重要性，全行上下要认识到，“三服务”就是防范风险的重要前提。资本的空转套利、自我循环、自娱自乐，必然结果是金融走向异化、风险最终降临。2018 年有些行大量开展中小银行存单质押转口贸易业务，这种所谓“低风险业务”模式当中隐含的风险近期已显现。

服务发展战略。推进实施“三大战略”，本身就是践行初心和使命，就是知行合一的学习和实践路径。在信贷策略这个大的方向上，要符合“三大战略”落地要求，在客户选择这个着力点上，要确保“三大战略”的高质量落地。

统一风险偏好。客户选择就是要通过层层“疏密适宜”的“筛”，而统一的风险偏好，就是要有一层粗细一致的筛选标准。曾经在这个方面吃过亏，客户层面风险偏好不一致，致使此进彼退、穿“墙”打“洞”、逃“票”、自开“天窗”等，最终风险留存体内，分行不做的给子公司，境内不做的给海外，这就是在那层统一密度的“筛”上自己破了洞。

（二）遵循发展趋势

高速发展阶段，全行顺应发展趋势，大力发展“双大客户”、基础设施和个人按揭业务，形成了传统优势。高质量发展阶段，要落实国家政策要求、履行大行责任和担当，坚持从源头控制风险、实现未来可持续发展，就要用新金融理念来巩固传统优势、培育新的业务增长点、打造新的增长极、下好先手棋。总的来说就是传统赋能“$C_1=3+3$”，创新寻找动能“$C_2=5+X$”信贷策略发展方向。

“3+3”指的是双大客户+普惠金融、住房按揭+住房租赁和基建贷款+绿色信贷，要从“双大”领域向“双小”领域延伸拓展；从住房按揭领域向住房租赁服务领域发展融合；从中长期信贷业务向绿色信贷领域拓展，如清洁能源、清洁交通、绿色建筑、节能减排服务、清洁生产，以及环境保护“大气十条”“土十条”“水十条”等带来的机遇。

“5+X”指的是从传统产业领域向新型的信息通信、高端制造、传统产业升级、新型设施、健康养老五个领域转型跨越。一是信息通信，主要以5G技术及其应用为代表；二是高端制造，包含产品高品质及多样化、生产组织方式升级、高端装备生产等；三是传统产业升级，向价值链中高端迈进，如钢铁、化工、有色、石化、建材、纺织等行业，将加快新技术、新工艺、新装备、新材料应用；四是新型设施，即新的功能需求下产生的基础设施建设，如新一代互联网、工业互联网、物联网、地下管廊、海绵城市等；五是健康养老，如医疗卫生、医药器械等。

（三）遵循志同道合

适合的才是最好的，筛选客户也要找“志同道合”“气质相符”的；要出于公心而非私心；重长期而非短期；重“三性”和“三品”而非所谓“明星”。桂平行长讲话中指出，要服务那些“聚焦主业、聚焦创新、有企业家精神”的企业；要选择“自立、自强、自律”的企业。落实到信贷经营管理的具体要求，可以归纳为如下三个方面。

一是指标合理。原材料是有“标号”的。各企业、客户也有自身的“标号”，这就是企业的各项指标，如发展、财务、风险指标等。总行也在对这些指标持续监控；又如净利润为负、经营净现金流多年为负的，资产负债率多年远高于行业平均水平的，都是一些较为明显的风险指标。此外，指标间的协调性、可持续性要关注，某一时期某项指标突飞猛进超出异常的也要格外关注。

二是专业专注。原材料是有“技术等级”的。各种类型、规模的客户都有优劣之分。对于中小客户，要重点选择在细分领域市场占有率高、技术和服务领先、经营专业专注的“隐形冠军”；对于大客户，要重点选择经营稳健、掌握行业话语权的龙头企业。要准确掌握客户技术路线、市场应用、管理制度、行业地位、经营策略、实际控股人等情况，结合企业发展阶段和风险衍化趋势，把握客户进退策略。

三是治理规范。原材料的品质需要由规范生产来保障。同样地，治理规范、坚持合规经营是一个企业健康持续经营、维持偿债能力保证。近期，资本市场“爆雷”，都是公司治理不合规产生的欺诈行为，有的百亿元现金造假。近年来ESG（环境Environmental、社会Social、公司治理Governance）被投资界广泛提及，全行要对企业的非财务价值做好评估，有效开展客户及资产选择，是保证可持续发展、管控风险、稳定回报的关键。

三、怎么选择客户

（一）着力优化客户选择的机制流程（专业判断机制）

全面实施贷前诊断会议工作机制。要进一步加强“主动管、协同控”，把好信贷“入口”，前中后台协同履职，做好贷前客户选择。通过召开贷前诊断会，在贷前环节为经营条线、风险条线等有关部门针对客户选择提供交流和沟通平台，为后续审批等环节提供决策参考。从参加部门及人员来看，应由分管客户经营的行领导牵头，客户管理部门组织，风险管理、授信审批、法律、合规、审计、相关产品管理部门等部门负责人、经营主责任人、客户经理等相关人员共同参加。从诊断范围和内容来看，要对具备“疑难杂症”特征的大中型新客户进行集体会商，主要判断客户是否符合建设银行风险偏好及经营导向，并确定客户整体经营策略。

发挥贷中独立审查、集中审批、集中放款，统一风险偏好等来观察所选择客户质量。

优化贷后管理“三大平台”，强化存量客户再选择。客户选择，不仅是针对新客户，对存量客户的再选择是优化结构的关键。要在对客户的贷后再选择中及时调整信贷周期，做好信贷增和减的管理。2019年总行对贷后管理进行全面系统梳理，贷后管理之所以成为“老大难”问题，主要集中体现在贷后检查、预警监控和贷后跟踪机制三个薄弱环节。为弥补这些短板需要在优化“三个平台”上下工夫。一要优化“风险排查平台”，提升贷后检查的有效性，修订大中型客户贷后检查办法，落实“实、细、智”要求，提高及时发现风险能力；二要优化“风险预警平台”，提升预警监控的准确性，进一步优化预警监控指标，建立观察名单全流程管控体系；三要优化“风险经营平台”，提升贷后跟踪会议的实效性，以为分行减负为原则，修订贷后跟踪会议相关规定。

（二）着力提升客户选择的智能水平（了解客户）

加快推进从“人控”到“机控＋智控”。2017年末，全行有信贷余额的对公客户××万个，其中大型客户××个、中型客户××万个、小微型客户××万个；2019年第二季度，这个数据变成了××万个，其中大型客户××个、中型客户××万个、小微型客户××万个。客户总量翻了××倍，其中小微企业翻了××倍。这种情况下，“人控”必然不足。要持续推进“3R”（RSD、RMD、RAD）应用，完善智慧风控体系，提升风险管理的数字化、智能化水平。要借助大数据和人工智能技术，通过“经验策略＋机器学习”等模式，发现风险“变量”规律和演化趋势，增强风险洞察和预判预控能力。

加快构建效率和效果并重的线上业务风控“工具箱”。2017年末，线上业务余额为××亿元，其中信用卡××亿元、个人快贷××亿元、小微快贷××亿元。2019年第二季度，这个数据结构发生了变化，线上业务余额为××亿元，翻了××倍，其构成也发生较大变化，由原来单纯个人类信贷业务，发展成为信用卡××亿元、小微快贷××亿元、个人快贷××亿元。可以说，全行线上业务发展势头迅猛，适用于个人类、小微企业的数字化风控模型、反欺诈系统和管理工具研发要快速跟进。要尽快形成一套既能服务高速发展，又管用有效、高质量的线上业务风险管控工具箱。

（三）着力提高客户选择的专业能力（专业判断人员）

要敢于主动发声。风险、审批、信管、审计、合规等管理部门要有独立判断，该发声要发声，发扬专业精神和专业素养，赋能客户选择。国立董事长在夏季工作会上提出殷切期望，希望“风险管理成为全行最具专业技术含量的岗位之一”，桂平行长屡次强调“银行的经营管理以风险管控能力为边界，一定要扎实筑牢风险底板”，这也是我们风险管理者的责任与专业担当。机制流程解决发声的“合法性”、技术工具解决发声“合理性”，所以风险管理人员必须在客户选择中发出专业声音。

要加强行业研究人才储备。国标行业分类有20个门类、97个大类、1381个小类。制造业这个行业门类有31个大类、609个小类，与基建行业不良保持低位相对，制造业不良率近年来一直在6%以上。全行找寻信贷投放方向、制定信贷投放策略，就是要在把握发展大势的情况下，研究透这些行业的周期、特征，这就需要加强行业研究队伍建设。要通过长期跟踪产业发展运行、参加重大项目建设等方式积累相关行业领域背景知识、提升客户识别和选择能力。

要为前台网点赋能，加强网点客户经理培训。全行网点近1.5万个、网点客户经理3万人，这是互联网金融企业所不具备的、深入人民的真实触角。要通过对网点开展信用风险素养培训，提升风险管控能力，推动普惠业务发展。围绕小微快贷业务的信用风险管控，信贷EVA和客户EVA比较分析、结合典型案例，组织培训内容，做到“五知五会”（“五知”即知战略、知政策、知产品、知算账、知合规；“五会”即会流程、会查询、会选客、会排查、会报告）。

上面是从“取势、明道、优术”三个层面跟大家谈客户选择。利用这机会和各位再强调三个具体工作。

关于畅通风险处置出口，腾挪客户选择空间问题。当前外部形势错综复杂，监管趋严导向明显，行内结构性风险仍然突出，不良暴露压力巨大。在这时间窗口，全行应加强前瞻性管理，为未来均衡、健康发展打牢基础。这就对风险处置提出更高要求，目前风险项目呈现大额化趋势，一些大额不良项目处置面临外部压力、债委会协调等，推进难度上升。批量转让市场形势严峻，一些区域资产缺乏吸引力，不良资产转让市场整体降温，投资者风险偏好收紧，市场交易活跃度下降，成交价和成交率走低。处置量与同业有差距，国内主要同业抓住窗口时机、行动迅速，从近年来处置绝对量来看，处置最多的行比我们多处置2000多亿元。为保持全行的比较优势、腾挪客户选择空间，在有能力的前提下要加大加快不良处置总量和效率，畅通风险出口，把宝贵信贷资源加快释放出来。

关于发挥集中审批优势，服务客户专业选择问题。集中审批主要目的是统一风险偏好，提升授信审批工作集约化和专业化水平，为基层减负和赋能，也是总行党委基于一贯秉持的捍卫信贷资产质量持续向好、推动信贷资产规模稳健增长、提升价值创造能力、发挥“防守价值”的授信审批理念，在新时期、新形势下作出的重大决策。从全行情况来看，各分行推进进度基本符合总行计划，部分行进度较快。各分行要严格按照总行统一部署，积极稳妥地解决推进过程中遇到的人员队伍、工作效率、流程优化、系统开发等问题，总分行要有效协同、集思广益、精准施策，集全行之力，确保2019年底前保质保量完成集中审批工作。

关于加强并表授信管理问题。总行已经印发多项管理制度完善集团层面统一授信管理机制，突出加强“建设银行集团对同一交易对手风险敞口总量管控”；根据最新监管检查要求，对需纳入集团并表授信额度管理的业务，都要统一执行事前（放款前）“逐笔审核”并表授信管理流程。但近期内部审计发现一些分行特别是子公司不执行或执行不到位，各分行及子公司要全面排查，对不符合要求的业务要认真及时整改，加强共有客户事前审核，严禁“不拿门票”或自开“天窗”就办业务，强行违规介入。对母行授信策略已明确禁止的事项，各分行及子公司不能随意突破。

近年来，集团信贷结构持续优化、资产质量稳中向好并保持同业比较优势。全行要持续推进信贷结构调整再深化、精细化管理再深入，不忘初心、牢记使命，通过做好客户选择，全面落实习近平总书记“三个能力”建设批示要求，助力“三大战略”，开启“第二发展曲线”，全力打赢防范化解重大风险攻坚战。

第三部分　改革发展与内部管理

一、改革创新与业务发展

资产负债管理

2019年，资债部坚持稳中求进工作总基调，深植服务意识，全力支持“三个能力”建设和“三大战略”实施，加强综合协调和精细管理，较好地履行了部门职责，圆满完成了各项任务。2019年集团资产负债加快发展，业务结构优化；服务实体经济质效提升，资源配置精准保障“三大战略”和重点区域、领域，有效推动实体融资成本降低，贷款报价利率市场化深入推进，普惠贷款利率降幅同业第一。存款和中间业务等主要业务市场竞争力持续提升。ROA、ROE、NIM、资本充足率等关键业绩指标始终保持同业领先。流动性管理主动稳健审慎，利率风险、汇率风险适度可控。集团资产负债统筹协同管理进一步深化，金融科技应用和数字经济适应能力有效增强，精细化管理水平稳步提升。

一、增强系统思维，做好计划统筹平衡，确保主要经营指标同业领先

以系统性思维做好统筹平衡，加强计划管理统筹性、前瞻性和精细化，业务策略和经营导向充分体现高质量发展的要求，有效支持“三个能力”建设和“三大战略”落地，促进全行业务稳健协调可持续发展。一是以新发展理念统筹制定集团大资产大负债业务计划，展示集团完整金融服务视图，计划编制充分体现“三大战略”导向和巩固传统优势，引导全行发挥集团综合服务优势。二是保持资产负债协调增长，促进盈利性、安全性和流动性有机统一。多渠道统筹组织调度资金资源，积极安排贷款、地方债投资等资产新增，加大实体经济支持力度并保持核心业务市场竞争力。三是坚持价值创造理念，确保资产规模同业第二位次同时，保持关键业绩指标稳健、协调和同业领先。将资金、资本、风险、效益等各项约束贯穿业务计划编制和管理全流程，实现资产负债业务计划与财务、风险、资本计划的有序衔接和动态平衡。四是加强资产负债表和损益表掌控力，动态监测集团资产负债计划执行情况。密切跟踪内外部形势变化，对重点业务深入开展结构性分析研究，主动调整经营计划和业务策略；构建异常项目日常监测报告机制；季末、年末关键时点，提前开展形势预判、业务预测和统筹调度，确保业务稳健发展、主要指标监管达标。

二、履行大行担当，精准配置资源，服务实体经济质效提升

紧密围绕金融供给侧结构性改革和“六稳”要求，积极主动作为，加大支持实体经济力度，把更多更优的金融资源精准配置到经济社会发展的重点领域和薄弱环节，不断提升金融供给质量和水平。一是积极响应逆周期宏观政策要求，加

大对实体经济资金支持。2019 年人民币贷款和债券投资分别新增 1.38 万亿元和 5505 亿元，均创近年来新高，分别同比多增 1589 亿元和 1786 亿元。二是完善信贷资源配置机制，信贷结构进一步优化。信贷资源配置在坚持价值创造的基础上，积极统筹调度，加大向重点领域和区域的倾斜力度。足额保障普惠金融信贷投放，普惠金融余额和新增保持四大行第一；充分保障制造业贷款增长需要，支持制造业贷款、信用贷款和中长期贷款新增全面满足监管要求；助力脱贫攻坚和乡村振兴，在资源配置上给予专项支持；加强统筹协调，有效贯彻房地产金融政策并保持住房金融传统优势。对京津冀、长三角、大湾区出台战略性信贷资源配置方案，对重大项目库实际可投放需求予以足额保障，全年三大重点区域贷款增速为 11.5%，高于分行平均水平 0.5 个百分点。三是积极引导普惠小微等实体经济重点领域融资成本下降。加大普惠贷款外部定价优惠力度，圆满完成监管定价要求。2019 年新发生普惠金融贷款加权平均利率为 4.95%，比 2018 年全年下降 94 个基点，降幅大于同业，比监管要求多降 54 个基点。优化服务流程、规范服务收费，通过多项收费减免措施，降低企业负担，助力实体经济发展，全年减费让利金额超过 200 亿元。四是高效推进贷款利率市场化改革平稳过渡。积极落实人民银行监管要求，健全报价机制，完成利率发布、合约调整、系统配套改造、管理迭代、客户维护与分行培训等各项工作。2019 年 12 月，LPR 应用比例达 88%，较 8 月改革前提升 35 个百分点，居同业前列；全年新发生非贴贷款加权平均利率为 4.92%，下降 24 个基点。五是贯彻落实人民银行 MPA 宏观审慎监管要求，加强广义信贷计划管理，积极督促落实民营企业、制造业、绿色信贷、债转股等指标达标，MPA 各项指标持续保持较好得分。

三、践行新金融，强化政策保障，助力三大战略和重点领域孕育发展新势能

积极践行新金融理念，综合运用计划安排、资源配置、价格引导、激励考核等多种管理工具，全面加强对“三大战略”的支持力度，充分调动全行各条线、各机构的积极性，推动“三大战略”向纵深发展，助力开启“第二发展曲线”。一是强化全行战略引领。优化调整综合经营业务计划编制框架，突出战略导向，明确“三大战略”的量化发展目标、发展策略和具体发展措施，将战略目标横向分解至总行部门，纵向分解到各层经营机构，统一全行价值主张，形成战略实施合力，推动实现战略目标。二是加大政策支持和传导，提升普惠金融内生发展动力。对普惠贷款实行经济资本占用九折考核；完善内转激励优惠政策（比其他贷款低 110～115 个基点），并将奖励政策按月及时兑现落实到基层一线；积极做好监管沟通，累计获得 2650 亿元的低成本资金支持；足额保障普惠金融信贷需求，多方位形成政策合力，进一步提升普惠战略执行的内生动力，助力构建普惠金融长效发展机制。三是抓住资金痛点，深度参与住房租赁战略推进。多次牵头召开总行部门沟通协调会，专题研究住房租赁有关问题的解决方案。针对资金制约问题，对 11 家分行足额安排 65 亿元专项额度，并对住房租赁贷款实施 1.62% 的内转价格激励，低于正常贷款 172 个基点，支持存房业务发展。四是强化支持政策保障，促进 ETC、裕农通、C 端突围等重点业务快速发展。积极参与项目讨论和落地方案设计，在产品创新、定价授权、收费减免、手续费支出等方面给予全力支持。2019 年聚合支付手续费支出 20.1 亿元，同比增加 15 亿元，仅该项产品占全行手续费支出增量六成。

四、深植服务意识，精准优化管理机制，支持全行高质量发展

密切跟踪市场形势和客户需求变化，紧盯同业动态，针对业务发展中的重点难点问题，持续优化内部经营管理机制，为前台加力，为基层赋能，为客户解困，支持全行经营目标实现。一是聚焦对公信贷发展痛点，牵头制定信贷业务经济增加值计量等政策调整。从优化拨备和绩效考核、调整内外部价格政策、加大信贷资源配置、细化评级模型和风险计量等方面提出针对性解决措施，加大对重点战略、重点区域以及重点业务的政策保障，促进信贷业务提质增效。9 月政策调整以来对公非贴贷款新增 570 亿元，四大行第一，分别比工商银行、农业银行多增 645 亿元和 1542 亿元。二是坚持量价平衡原则，灵活应对市场竞争

和监管变化，增强存款价格政策精准支持力度。动态调整存款价格政策，保持价格同业竞争力。通过降门槛、增产品、升额度、扩渠道、提价格等组合措施，增强价格政策精准支持力度，为抓资金提供有力支持和可靠保障。为密切与全国社保基金理事会、各地政府关系，加大协议存款配置力度，2019 年共吸收协议存款 470 亿元，余额四大行第二，多于工商银行和农业银行。优化存款期限结构，有效控制存款付息率的过快上涨，量价平衡能力进一步提升。三是动态调整贷款定价策略，差异化定价和风险定价能力稳步提升。以 LPR 改革为契机，适时调整并扩大分行授权；持续做好对“三大战略”，重点领域、区域以及业务的内外部价格政策保障，三次下调贷款内转价格累计 15 ~ 20 个基点，促进贷款加快投放。四是聚焦外币业务发展难点，加大政策支持力度，提升市场竞争力。稳健安排外币资产负债发展策略，坚持外币流动性审慎管理，外币存贷款价格政策向基层倾斜，实施外币存贷款价格差异化授权，特别是对三大重点区域实施更灵活的价格管理权限，改进外币个人特色存款产品，全面提高价格市场适应性，促进外币资产负债实现较快增长，2019 年境内外币资产负债增速为 17%，高于人民币业务 8 个百分点。

五、深化长效机制，推动结构优化，提升主要业务市场竞争力

1. 坚持系统性网络化抓存款和拓展主动负债并重，统筹做好聚财承接，确保全口径存款发展质效同业领先。一是完善稳存增存工作机制，持续组织开展建网通竞赛活动，加大八个重点领域资金拓展和考核激励力度，挖掘推广稳存增存典型案例，引导全行不断夯实客户基础，加大低成本结算性资金拓展力度。二是有效运用客户利率敏感性模型，与前台部门共商聚财存款资金承接方案，精准承接聚财存款，存款和理财承接率达到 99%，圆满实现了客户不丢、存款稳定和成本下降的既定目标。三是量价平衡统筹把握主动负债规模和节奏，持续丰富全口径资金来源。统筹安排大额存单额度、期限，2019 年大额存单计划发行规模由 2018 年占一般性存款 8% 的比例提高至 10%，余额新增 5181 亿元。加大同业活期存款拓展力度。提升结构性存款内外部定价，促进业务加快发展。四是完善存款偏离度管理机制，认真做好存款预期管理，探索运用数据模型，提高预测预控精准性。存款稳定性明显好于同业，偏离度始终满足监管要求。五是统筹资金调度，丰富资金来源，提升主动负债能力，做好各类资金的量、价和期限的有机协调，有力地支持核心资产增长。

2. 抓重点产品，强标杆管理，推动中收增量增速四大行第一。一是加大计划引导，突出信用卡、理财等八项重点产品发展优势，加大考核激励力度，以点带面推动全行加快中收发展和服务能力提升。二是深入推动对标管理，扩大对标范围。深入开展面向二级分行的“挖潜增收”活动，完善重点产品的标杆交流培训，营造“比学赶帮超”氛围，拓展新的收入增长点。三是做好银行业协会牵头工作，推动行业标准制定实施。持续夯实服务收费管理基础，开展自查自纠及回头看工作，坚定合规发展。四是全面加强中间业务支出管控，提升支出效率。2019 年本行境内手续费净收入为 1325 亿元，增长 13%，总量四大行第二，增量增速四大行第一，与工商银行的收入差距大幅缩小 50 亿元。

六、加强精细管理，强化集团协同，增强可持续发展后劲

1. 持续推动精细化管理三年工作方案落地。探索形成精细化管理框架和机制。六大专题实施方案全部出台，组织相关部门研究确定 38 项重点工作，按季通报督促落实。结合近几年经营管理中发现的重点难点问题，突出管理效能、资源配置、条线协同、系统运营、风险合规和执行力建设等方面。初步建立量化精细化管理评价指标，纳入部门和分行的 KPI 考核。承担重点课题调研任务，研究完善全行精细化管理体系。明确整体推进思路和重点，强化总行部门率先垂范和重点区域分行率先推广，组织部门和分行推荐精细化管理标杆行，完善分类评价管理体系等。

2. 持续推进资本集约化管理，实现资本内生式发展，保持资本回报和资本充足双领先。一是进一步完善集团资本计划管理体系，加大境内外分支机构监管资本传导力度，强化资本并表管理，

利用培训、知识问答手册等方式提升各级机构资本管理意识。上线资本集约化措施微信推送平台，累计推送资本节约债项信息 13.4 万条，节约风险加权资产超过2500 亿元。2019 年集团风险加权资产增速低于资本增速 1 个百分点，资本使用效率继续提升。二是信用类表外业务坚持“有保有压”的发展策略，持续优化产品和期限结构，提升资本集约化水平。完善资源配置模式，优化非融资性保函减值参数等三项政策，推动鼓励类产品发展。表外风险加权资产增速显著低于业务量增速，鼓励发展类产品业务量增速达 20%，资本使用效率和回报率显著提升。三是有序开展资本融资。完成境外 18.5 亿美元二级资本债、境内 400 亿元永续债发行，发行价格、投资者结构等均成为新的市场标杆，有效补充资本，丰富长期限资金来源。持续做好已发行债券存续期管理工作，确保高效合规。

3. 坚持主动稳健审慎的流动性管理策略，资金调度的前瞻性和精准性不断提升，全行流动性安全可控。一是强化流动性预期管理，资金调控的前瞻性、针对性和有效性明显增强。持续改进现金流预测模型，提前预判月中缴税期、季末、年末、春节等关键时点资金状况，有效熨平存款波动和资金大额进出对流动性的扰动，稳妥前瞻安排资金来源运用的总量和结构。二是协调资金来源运用“管道”，建立更加活跃的流动性管理生态。合理安排流动性储备的规模和期限结构，充分发挥“蓄水池”功能；相机调控短期主动负债规模和期限结构，动态调整同业定存、同业存单的比例结构，线上、线下融资渠道协调发展，有力地支持信贷投放和地方债认购。三是夯实流动性管理基础。健全制度框架，修订印发压力测试和应急计划等管理办法，完善压力测试方法，增强极端情景应对能力。四是发挥大行市场“稳定器”和政策“传导器”作用。配合人民银行货币政策传导，稳定市场预期，引导市场价格，全年日均向市场融出资金近1600 亿元。2019 年人民币日均备付率为 1.04%，实现既定目标，各项监管指标持续满足监管要求。

4. 加强境内外资金统筹和母子公司协同发展，提升集团贡献度。一是提高境内外资金统筹管理力度，提高集团资金使用效率和安全性。优化海外机构借款额度方案，提高海外机构借款额度灵活性，总行对海外机构日常资金拆借超过 200 亿美元，新增超过 60 亿美元。发挥香港资金平台功能，持续做好外币中长期资金筹集，外债集中管理高效合规。2019 年累计成交金额 34.53 亿等值美元，顺利完成第二只境外绿色债券发行。出台海外机构资金归集方案，规范海外机构之间资金流动，提升海外机构整体流动性安全水平。二是加强海外机构流动性指标监测，做好海外机构流动性支持指导，加大资本金投入，统筹海外短期资金管理，协调卢森堡等部分机构流动性监管指标达标，守住安全经营底线，促进海外机构资产负债平衡增长和盈利改善。三是持续推动子公司结构优化和提质增效。综合运用计划编制、绩效考核等手段，引导子公司重点发展轻资本占用、高价值回报的本源业务，提升对集团的协同贡献。扎实做好子公司流动性风险指导管理，制定差异化流动性风险考核指标。综合使用业务管理、双向考核、数据分析等工具推动集团业务联动和资源共享。2019 年子公司资产余额为 6018 亿元，增速为 26%，管理资产规模为 3.6 万亿元，增速为 3%；境内子公司净利润增速为 14.9%，明显高于集团整体增速。

七、做实“两会”平台，扩展结构性分析，发挥好决策参谋作用

一是牵头组织并完善资产负债与成本控制委员会、综合经营形势分析会议事机制，丰富会议内容，改进会议流程，提高参会效率。专题研究对公信贷增长、中型客户、国际业务、网点竞争力、大资管体系建设等重点热点问题。狠抓各方面问题跟踪落实，持续推动问题解决。二是深入推进结构化分析，从板块、条线、客户、产品、区域、渠道、同业对标等多维度全面扩展经营情况分析，找准关键领域的业务短板、薄弱环节和问题症结，推动总行各条线各部门及时采取针对性的解决措施。三是加强宏观形势和政策的跟踪分析研究，撰写各类综合分析报告 60 余份，为管理层决策提供参考。

八、善用金融科技，夯实管理基础，锤炼数字经济适应力

推进金融科技战略落地实施，提高全行资产

负债管理的金融科技应用和智能化水平，提升管理决策效率。一是规范部门金融科技管理工作机制。编制部门金融科技需求计划基线；建立部门系统管理与金融科技应用工作全景视图；成立跨处室金融科技应用推进小组，全面对接金融科技战略实施。二是统筹项目资源，有序推进系统研发建设。2019 年累计完成个人存款差异化定价项目、内部资金转移定价系统重构、综合定价智能监测分析系统、经济资本智能化配置、海外期限错配指标管理等 11 项系统建设需求的实施落地，有效地促进了部门智能化应用水平提升。其中，个人存款差异化项目构建了覆盖个人存款全系列产品的智能化监测与评价体系，提升了价格资源的投放效力。自主开发的内部资金转移计价系统，建立了集中化、结构化、标准化的系统架构，全面提升管理效率、业务可拓展性和精细化管理水平。三是深入探索新技术应用场景，持续深化大数据应用。累计完成存款预测及资金承接、非融资性保函、代销保险、集团资本回报水平监测等多项大数据项目。四是上线流程自动化机器人，高质量完成定期报告编制。丰富披露内容，加强与投资者交流，持续提升编制披露水平并赢得国际大奖；组织评级公司访谈，助力推动建设银行个体实力评级上调，提升市场声誉。五是牵头组织新一代核心系统全行推广和应用。组建总分行两级新一代核心系统推广应用组织架构，形成工作方案，明确工作思路和策略，搭建常态化工作机制，重点推动 24 项工作，组织各领域研究细化实施方案，为新一代推广应用工作打好基础。六是推广办公自动化运用，提升公文办理效率，做好综合服务，促进部务管理规范化、制度化。

执笔：朱爽

财务会计管理

一、强化财务资源保障，支持集团战略纵深推进

一是精准配置资源，突出战略重点，强调构建金融生态。着力“三大战略”推进落地，2019 年“三大战略”专项费用 29 亿元，增长 123%，金融科技投入 176 亿元，在营收中占比提升 0.4 个百分点。住房租赁突出真实成交和客户活跃度，注重监管平台贡献。普惠金融突出平台化经营，鼓励线上业务拓展，形成规模、客户、渠道、风险等多维度激励体系。金融科技鼓励客户使用建设银行平台，注重平台有效用户和客户转换，实现科技反哺金融。积极探索海外机构资源配置机制化建设，引导海外机构在合规经营的前提下稳健经营、高质量发展。科学合理地建立子公司资源配置机制，引导子公司重点发展轻资产占用、高价值回报业务，鼓励母子公司联动协同。

二是坚持市场导向，加大实体经济支持力度。助力国家智慧交通建设，积极响应乡村振兴、脱贫攻坚战，推进生态构建，安排 ETC、裕农通、劳动者港湾、善融扶贫、金智惠民、C 端突围等专项费用 82 亿元。实施“三个 0.5”政策，下调 EVA 绩效薪酬挂钩系数 0.5 个百分点，腾挪财务资源支持普惠金融等战略性业务发展。下调经济资回报率 0.5 个百分点，提高信贷业务经济增加值贡献度，增强分支机构经营资产业务动能。统筹表内外合理信贷成本管理，区间下限调整为 0.5%，使高质量支持实体经济的分支机构获取更多财务资源。优化信贷业务 EVA 计量政策，对新增普惠金融贷款、先进制造业贷款、精准扶贫贷款、绿色信贷、战略性新兴产业贷款等重点领域贷款实施经济资本打折考核，强化分行对信贷政

策导向性行业加大投放积极性。研究制订重点区域配套的一体化发展财务政策方案，在现有统一的财务资源配置政策基础上，向京津冀、长三角、粤港澳三大区域合理倾斜，助力提升市场竞争力和系统贡献。

三是绩效考核更加聚焦实际应用和客户转化，精确传导战略推进要求。进一步提升战略考核精准程度，住房租赁强调真实房源和有效成交指标的考核。普惠金融增加对“惠懂你”“裕农通”“民工惠”等重点普惠金融产品应用的考核。金融科技指标考核业务关键驱动因素，如智慧政务、党群服务等社会化平台获客情况、商户共享、网络供应链等业务赋能平台活客成果等。双优策略指标从市场竞争、重点产品增长和母子公司联动等多个维度，大力推进“零售优先”和“对公交易优势”。信贷投放考核纳入普惠金融、民营企业、制造业、扶贫、涉农及乡村服务等专项指标，强化重点领域信贷投放。存款突出核心存款地位，设置专项指标考核，强化高贡献商户存款、结算收单业务等存款来源性指标考核，加强对公资金体内循化率和承接率、假日消费资金承接率等网络化拓展要求考核，多角度促进全行稳存增存。海外机构围绕集团发展战略，持续完善差异化绩效考核体系。子公司考核聚焦业务结构优化、质量效率提升和母子公司联动协同。

四是融入业务前端加强财务支持，提升精细化财务支持能力。以2020年“兴建旺行”综合金融服务活动为契机，融入业务前端事项，组织专题调研，统筹分析业务模式、配置方式、税务管理、核算规则、采购要求等，基于数据支撑，按集中统筹原则将资源配置到事项、活动、战机，提高营销活动质效。聚焦利益分享机制的难点，推进现金管理网络等重点利益分享项目的落地和完善，提升业务协同动力。

五是下沉资源重心，赋能基层共享发展成果。按普惠公平原则，加大福利安排，提高和保障基层一线员工福利待遇，较上年增加配置费用23亿元。提高工作餐补贴、体检费、防暑降温费等专项福利费配置标准。提高补充医疗保险标准。全行推进购买商业保险，切实解决员工“因病致贫”的风险。增加艰苦边远地区专项津贴和基层员工岗位津贴。将置装费、劳保用品费纳入定额

2019年3月4日至5日，建设银行2019年度计财工作会议在海口召开。

费用，统一配置标准。

二、深耕精细管理，助力全行稳健经营

一是巩固成本管理优势，保持同业领先。2019年集团成本收入比为26.75%，比上年上升0.14%，继续保持同业相对优势。坚持机制化、标准化和规范化的总体要求，推进成本精细化管理，持续优化费用结构。严控八项规定相关费用开支，招待费、会议费和车辆费用分别降低3.3%、14.9%和4.3%，实现管控目标。将置装费、劳保用品费纳入定额费用管理。对于科技预算等数量多、金额大、频率高的财务支出事项，建立和完善标准化审核模板，提高审批效率和效果。持续调整费用结构，将腾挪的资源主要用于促进业务发展和支持战略性业务任务目标实现，2019年业务管理费中战略性投入占比为33.8%，同比提升约11.4个百分点。

二是持续强化固定资产管理，支持网点综合竞争力提升。优化配置固定资产投资，重点支持“三大战略”实施，结构安排实行差异化考量和精准化配置。加强闲置和低效房产管理，重点改进体制、机制、流程等，从源头上解决房产闲置和低效问题。同时，建设非金融资产管理平台，实现实物资产完整流程的全生命周期管理，年度压缩相关房产净值7亿元，顺利完成年度计划。适时调整网点面积标准、装修标准等，助力提升物理网点综合竞争力。

三是加强总行本级成本管理，发挥本级带头表率作用。围绕发展战略和年度工作计划，合理谋划预算安排，优化费用结构，保障重点业务项

目推进和日常运营资源需求。严格落实中央八项规定及相关实施细则要求，对招待费、会议费、差旅费、车辆相关费用等行政支出严格控制。对本级自有房产摸底排查，研究各园区及信用卡中心空闲客房使用方案，为下一步优化行内人员差旅住宿用房、降低差旅费成本打下基础。强化责任主体提高投入产出意识，合理评估支出需求的必要性与合理性，从资源配置源头着手，把好各项财务事项准入关。平衡风险与效率，调整优化财务授权，改进业务处理流程，提高运营效率。

四是全面落实国家税收优惠政策，严控税务风险。密切关注财税改革热点，以税收优惠政策为着力点，落实国家对普惠金融等的财税支持政策，合理确定并有效降低小微企业融资成本，2019 年共申报小微贷款利息收入增值税减免额为 29.6 亿元。积极应对税总税收风险分析工作，统筹安排全行重点问题风险排查，提升税务风险防控能力。规范集团转让定价文档，建立逐级落实、层层审核的问责制度，防范境外税务合规风险。主动对住房租赁平台转让、资产证券化等涉税事项提供税收政策支持，助力新业务发展。

五是采购规模和效率大幅跃升，保障能力不断提高。组织实施采购项目 18672 个，采购金额增长 79%，节约资金 48 亿元，采购节约率为 7.2%。积极推动采购资源向业务资源转化，2019 年约 500 亿元合同资金实现行内循环，通过采购带动浪潮、华为等公司在政务云、金融云等重大项目中达成合作。积极践行国家关于金融业关键信息基础设施国产化、清理拖欠民营企业和中小企业账款等各项决策要求，2019 年 IT 类商品国产化率达 92%，无拖欠相关企业合同款项。

三、深化科技和数据应用，提升决策支持能力

一是依托管理会计工具，为业务提供多维分析和决策支撑。落实普惠金融战略，持续优化计量规则，及时发布普惠金融新“8+1”口径和监管口径报表，更好地发挥管理会计对战略产品的支持作用。完善利益分享机制，加强业绩分成平台应用，合理反映业务协同中各利益主体的价值贡献。与战略客户部联合完成超过 1 万多户集团客户现金管理网络的日均存款、现金管理服务费利益调整。分行层面，针对规则明确的个性化需求，加大支持力度，协助上海等分行对客户经理未下沉的网点对公存款实施梯度折算方法进行系统自动调整，充分调动网点稳存、增存积极性。结合网点考核与经营分析需要，精简报表样式，提取核心指标，推出网点“三张表”，进一步做实、做细、做深网点考核利润计量，有效支持网点精细化管理。

二是推进金融科技应用，提高财务报告和账务监控的自动化和智能化水平。开展“财务报告及监测分析平台”系统建设，实现财务报告 70% 的数据系统自动抽取，大幅减轻分行手工填报工作量。集成账务监控、财务报告、决算报表编制于一体，将日常监控与报表编制进行全流程打通，建立统一数据平台。建立健全全行监控体系，充分发挥分行骨干在日常账务监控中的作用，打造总分结合、上下联动的一体化账务监控体系，实现对绝大部分科目、存贷款产品账务数据每日监控并将结果精准推送至监控联系人，实现员工渠道平台可视化账务多维分析和监控，分级预警和提示。推动会计信息质量全面提升，2019 年重大账务错误金额由 2018 年 1407 亿元降至 332 亿元，降幅达 76.4%。

三是全力推广员工差旅系统，提升经费和总账的精细化管理水平。顺利实现差旅系统申请审批、商旅预订、报销结算等主体功能开发和全行推广上线，便利员工申请审批报销，提升员工差旅服务和管理效率。利用科技手段，通过优化经费应收款工作流程、机控清收时间、在 OA 系统开通 ERPF 系统事务审批功能等方式，提升经费和总账的精细化管理水平，切实为基层减负。搭建完整的集团财务机构树，实现全面集团总账覆盖。

四是龙集采系统顺利上线，科技赋能促进业务新发展。全方位落实采购工作内控要求，引入人工智能、大数据、云计算等前沿技术，提高龙集采的风控能力和决策支持水平，采购智能化、自动化、集约化程度提高；与行内其他应用系统实现互联互通，增强服务和支持中心工作的能力。

四、优化制度流程，提高财会工作规范化水平

一是持续完善财务会计制度，进一步夯实财

务会计规范化管理基础。财务管理制度方面，根据国家制度规范和本行财务管理要求，修订财务管理制度，持续跟进中央八项规定相关制度，适时做好本行制度更新，修订财会授权方案，完善财务审批内容。会计制度方面，配合人民银行推动自由贸易账户体系在全国自贸区的复制推广，参与确定建设银行自贸区分账核算业务模式、配合理财子公司的成立，制发代理销售商业银行理财子公司理财产品的会计核算规定、配合市场化债转股业务发展，规范本行抵债资产核算、配合本行证券化业务创新，制定核算规则等文件。采购方面，遵循国家最新法律法规并结合建设银行实际，修订发布新的集中采购制度。在海外机构管理制度方面，探索构建海外财会制度统一框架体系，提供制度保障支持，夯实管理基础。

二是配合业务创新，为产品创新提供专业支持服务。围绕会计准则与监管政策变化，对同业投资方式认购理财子公司理财产品的业务创新需求提出完善建议。积极响应总行战略部署，研究相关财务政策，提供管理思路。制发股权投资估值指引，推动股权估值落地实施。研究套期会计实施规范，建立套期有效性评估标准。为解决金融科技原始动力不足、现有项目后续迭代更新乏力的问题，制订全行金融科技激励机制方案。

三是不断完善会计信息加工机制，确保会计核算质量。利用金融科技手段，充分挖掘利用新一代财会组件功能，延伸管理触角。针对中间业务收入核算重点和薄弱环节，研究制定系统解决方案，分步实施对财会组件系统功能的持续优化；开展规范中间业务收入的专题研究工作，完成系统管理方案设计，从强化手工账管控为突破口，加强中收合约监控，提升核算信息准确性。加强内部账户管理，制订长期不动户清理和账户规范管理方案。做好新一代财会组件优化和维护工作，为新产品新业务开办提供核算支持。

四是加强监督检查，夯实财会管理基础。对8家分行进行会计决算实地检查，采取非现场账务数据分析、现场检查相结合的方式，重点聚焦内部账户管理和使用、暂收暂付款管理、中收计量、重点业务对账等，检查分行年终决算各项要求落实到位情况。组织开展全行检查，根据党委巡视、内外审计反馈的情况，对建信养老金、建银咨询公司及其辖下机构开展检查，帮助子公司规范财务夯实制度基础。组织全行开展积分兑换和辅助营销自查并对部分分行开展现场专项检查。组织全行开展2019年财务授权管理自查。应用金融科技手段，在全行推广财务非现场疑点筛查模型本地化。

深入调查研究，深化经费精细化管理。对条件成熟的分行推行备用金零余额管理，条件不成熟的分行强化账务核对机制，加快报销频率，加强备用金管理，推动内部机构周转金挂账规模持续下降。

执笔：王坤

股权与投资管理

一、主动作为，增强并表管理统筹能力

（一）研究优化集团管理顶层设计，提出集团并表管理整体思路

按照行领导指示开展了集团化管理专题研究，对国内外大型金融控股集团的管理模式进行比较，分析建设银行集团化管理模式面临的问题和挑战，以集团功能、资源整合为价值导向，提出在条线化管理基础上，建立模拟集团管控架构，推动集团一体化经营、一体化管理、一体化运营的政策建议。

（二）组织开展集团并表管理自查，督导子公司制订落实附属机构分类处理计划

围绕监管提出的严格新设附属机构标准、建

立附属机构退出机制等八方面要求，组织总行相关部门和子公司开展全面自查，通过全面自查发现薄弱环节，守住不发生系统性风险的底线。组织评估附属机构的功能和管理，清理长期达不到战略预期和既定目标的实质经营公司、未经审批或项目已结项的SPV机构。

（三）制定子公司机构管理制度办法，完善子公司机构管理

落实外部监管要求及行领导批示要求，全面摸排和实地调研子公司机构设立和管理情况，在此基础上制定印发《中国建设银行子公司机构管理暂行办法（2019年版）》，规范子公司附属机构（含SPV机构）、分支机构、派出型业务团队的设立、变更、退出和日常管理，严格机构设立标准，建立机构退出机制。

（四）推进实施并表管理系统建设，取得阶段性成果

组织实施并表管理系统建设工作，先后于10月、12月分批次上线项目一期全部功能模块，成功搭建并表线上管理平台，标志着建设银行率先在国内银行体系内创建集团并表管理专业化系统。同时并行推进项目二期工作，持续丰富和优化系统功能，探索创新管理模式和流程设计，努力打造国内领先的集团并表管理平台。

二、规范内部管理，提升子公司的公司治理水平

（一）持续完善子公司的公司治理机制

建立涵盖子公司各治理主体的多维立体评价机制，强化股东评价，规范评价指标体系。有序组织子公司各项议案审核，强化公司治理的规范性与有效性。首次开展子公司的公司治理情况通报，全面梳理公司治理现状、存在问题，明确管理要求。借助并表系统实现公司治理会议线上管理，提升议案审核效率，并实现子公司董监高信息的线上维护，实时查询、分析、检视公司治理架构的规范性和完整性。支持新成立子公司建立完善公司治理架构，尽快融入集团管理体系。

（二）健全集团授权管理体系

一是强化子公司授权管理，制定印发《中国建设银行子公司授权管理操作规程（2019年版）》，规范子公司授权管理事项、职责分工、工作程序，形成规范、标准的作业流程，进一步提升管理的规范化、精细化水平。二是统筹优化子公司《股东意见书》，完善股权投资授权方案，及时组织专题培训，传导集团授权管理要求，督导子公司通过公司治理程序落实《股东意见书》，健全内部授权管理体系。

（三）强化子公司董事会在公司治理中的核心作用

一是紧密围绕落实集团战略要求，完成子公司年度董事会工作计划的落地执行，定期跟踪计划执行情况，压实董事会战略决策和对管理层的监督责任。二是组织开展子公司独立董事专题调研，摸清子公司独立董事设置、履职情况，提出需关注问题及建议，推动子公司持续优化董事会结构和充分借助独立董事专业优势进行科学决策。三是指导子公司完善董事会专业委员会设置，有效发挥各委员会议事作用。四是强化专职董监事履职效能，推动履职管理的规范化和精细化。

执笔：李冠楠

公司业务

一、坚守初心使命，服务国家建设能力持续增强

人民币对公贷款余额为7.3万亿元①，较年初新增6515亿元，增速为9.8%；其中，非贴贷款新增4673亿元，9月政策调整以来四大行第一，2019年第四季度新增570亿元（农业银行、工商银行分别负增973亿元、74亿元，中国银行新增342亿元）；贴现新增1841亿元。截至2019年11月末，新发放非贴贷款加权执行利率与浮动幅度分别为4.68%、3.89%，均位于四大行第二位。

（一）助力国家区域战略推进

加大信贷支持力度。粤港澳（9个城市）、长三角、京津冀地区人民币对公贷款合计新增3743亿元，同比多增802亿元；三大重点区域贷款余额在全行占比47.7%，高于36.8%的GDP②占比。

构建区域合作联动机制。成立京津冀协同发展委员会、粤港澳大湾区协同发展委员会、支持深圳建设中国特色社会主义先行示范区委员会；制定长三角地区联动工作规程，京津冀地区对公客户协同营销及行际分配指导意见等。

依托项目清单推进区域战略扎实落地。下发《支持长三角区域一体化发展总体服务方案》《支持深圳建设中国特色社会主义先行示范区工作方案》《支持京津冀协同发展战略的总体服务方案》等，将“项目化、清单化”工作常态化、精细化，为业务发展提供差异化的政策保障和充足的资源配备。

（二）全力支持重点领域发展

服务基础设施领域补短板。基础设施领域贷款余额为36974.11亿元，较年初新增2292.40亿元，增幅为6.61%。自9月政策调整以来，基础设施贷款新增977.88亿元，占对公贷款新增的96.23%。支持PPP项目632个，贷款余额为2245.18亿元，较年初新增1099.20亿元。

落实国家创新发展战略。积极扶持、拓展优质科创企业群体，研究制订客户全周期金融服务方案。截至2019年11月末，上交所已注册上市科创板企业70家，其中43家③企业在建设银行开户；上交所已公示受理境内企业86家④，其中46家企业在建设银行开户。上交所已注册、已受理企业及各地区上市后备排名前五的企业合计拓展144家，开户拓展率为65.75%；各地区上市后备企业拓展247家，开户拓展率达80.19%，提前完成上市后备企业营销任务目标。

服务交通运输网络提升效率。全力配合国家推广电子不停车快捷收费系统（ETC），整合全行科技、产品、渠道、财务、数据等资源，推动ETC业务跨越式发展。ETC业务覆盖31个省、37

① 如无特殊标注，数据均截至2019年末。

② GDP占比为9月末数据。

③ 深圳传音控股股份有限公司分别在深圳分行和上海分行开立募集资金账户。

④ 不含注册生效企业，并剔除终止、终止注册及不予注册企业；公司注册地为境外的暂不列入境内分行拓展任务。

家分行，电子标签数量较4月末新增3501万个，计划完成率为63.5%。经与交通部路网中心发布的各省ETC发行数据比较，建设银行新增ETC累计发行量市场占比28.67%（市场排名未出）。

助力污染防治攻坚战。绿色信贷余额为11758.02亿元，较年初新增1335.7亿元，增幅为12.8%，高于对公贷款平均增幅。

（三）圆满完成监管要求

全面完成制造业“531”监管要求。与国家发展改革委共同推进金融支持战略性新兴产业工作，与工信部开展技术改造重点项目三方联动试点工作；发布《全球产业金融观察报告（2019）——金融支持新兴产业集群》；发布“建行·实体金融（CCB FINDUSTRY）”品牌，为制造企业提供新设备在线销售、存量设备在线共享服务；全行制造业客户15.73万户，较年初增长5.19万户；贷款余额为11754.64亿元，较年初增长679.49亿元，增幅为6.14%（监管要求全年增幅5%）。其中，中长期贷款余额4195.59亿元，较年初增长799.93亿元，增幅为23.56%，中长期贷款占比35.69%，较年初提升5.03个百分点（监管要求提升1个百分点）；信用贷款余额为4132.31亿元，较年初增长906.73亿元，增幅达28.11%（监管要求全年增幅3%）。截至2019年9月末，战略性新兴产业贷款余额为5427.01亿元，较年初新增1571.29亿元，增幅为40.75%。

民营企业服务连续三个季度获得人民银行MPA考核A档。下发《加强金融服务民营企业若干意见解读及精准落地措施》《中国建设银行民营企业授信业务尽职免责管理办法（2019年版）》，持续完善“敢贷、愿贷、能贷”机制。综合发挥全牌照优势，充分运用债券、投行、资管类产品，拓宽融资渠道。依托金融科技，深挖内外数据，从交易、结算、纳税等场景切入创新定制化产品。民营企业贷款余额为2.66万亿元，占企业贷款①的37.46%；较年初新增3315.01亿元，占企业贷款新增55.73%。秉承同舟共济的互助精神，坚持不盲目抽贷、压贷、断贷，真正做到“雪中送炭”。帮助科陆电子走出困境的做法，已成为市场中化解股票质押风险的“标杆案例”。

涉农与扶贫贷款投放完成监管增长目标。印发“跨越2020”金融精准扶贫行动方案、脱贫攻坚重点地区信贷业务差别化支持政策，持续加大金融精准扶贫贷款投放，截至2019年9月末，扶贫贷款余额为2046亿元，比年初新增139亿元，计划完成率达170.8%。与农业农村部签署战略合作协议，印发《关于加强与农业农村部全面合作的通知》，培育涉农贷款业务新的增长点。2019年11月末，全行涉农贷款余额为1.8万亿元，较年初新增541亿元，计划完成率达228.9%。

调控领域压降有序。产能严重过剩行业信贷、贷款余额“双降”，分别较年初下降6亿元、55亿元；对公信贷退出379.01亿元，计划完成率达217%。服务“房住不炒”，助力房地产市场调控，房地产开发类贷款余额为3963亿元，比年初新增306亿元，保持平稳发展；公司住房租赁贷款余额为266.19亿元，比年初新增112.55亿元，支持住房租赁企业159户，所支持项目可向社会提供租赁房源超过15万套。

二、践行为民服务，以新金融绘就“第二发展曲线”

（一）“民工惠”融资款、服务人数双双突破“四百”

运用区块链、大数据技术有效解决农民工工资“有钱发、发给谁、发到手”三大难题，根治农民工欠薪难题。“民工惠”已在37家分行落地，与全国各地1049家核心企业开展合作，为7238家小微劳务公司投放专项融资款454.87亿元，服务了遍布全国超过6000个项目工地上的428.8万农民工；业务领域从建筑业向制造业、采矿业、现代农业等领域快速延伸。特别是2019年春节期间特事特办，集中投放“民工惠”60亿元，服务40万名农民工拿钱回家过年。

（二）网络供应链赋能超六万家链条企业

持续保持同业第一优势地位，通过构建供应链生态和运用区块链、大数据、物联网科技创新发展供应链服务平台，不断赋能小微、民营和制

① 本外币贷款含贴现不含转贴现。

造业客户。共累计向6.50万家企业发放8799亿元网络供应链融资，其中2019年累计投放3446亿元，同比新增1633亿元；贷款余额为1846.21亿元，2019年新增950.07亿元，增幅达106%；带动普惠成效好，网络供应链普惠余额为614.43亿元，新增376.71亿元，增幅达159%；客户带动能力强，全年链条客户新增2.05万户，增幅达176%，其中带动普惠客户新增1.8万户，增幅达194%；服务民营效果佳，存量客户中民营企业3.1万户，占比达97%；制造业支持力度大，当年累计向757户制造企业核心企业的1.12万户链条企业投放1548亿元网络贷款；科技赋能凸显，业务日处理能力达2000笔，笔均193万元。

（三）构建共荣共生的互联网生态

持续完善“建融智合”平台功能。平台“项目撮合”在原有9个撮合子板块基础上，拓展建筑施工、工程设备共享、跨境项目3个子板块，并打造“建融智合”跨境版；同时新上线或优化园区缴费、公开招租、房源管理等功能，助力生态园区的智慧运营；并通过创新银政直连电子保函业务模式、研发配合企业管理的便捷工具、打造“融咨通”专区、上线“一键联”等不断完善平台功能。平台注册客户超55.6万户，比年初增加40.6万户；其中，小微企业占比96.7%，民营企业占比98.5%；平台注册纯新客户占比16.6%，其中近80%已在建设银行开户，转化为建设银行客户；累计发布需求超84万笔，撮合成功4.8万余笔；平台上线智慧生态圈26个。

推动“一部手机云企贷”创新，解决农业客户融资难。创新实现为大中型农业企业提供线上贷款申请、在线风险评价、在线智慧风控、全流程跟踪等功能，实现“线上+线下”融资服务；通过对建设银行普惠金融平台的优化复用，实现平台对小微农业企业及个人农户的全流程线上服务；拓宽平台产品布放，创新“地押云贷”“云花贷”“裕农快贷”等产品；构建“云信用”模型，为试点地区提供信用画像，并根据评价结果上线会员功能。云企贷累计访问量84802次，下载量12862次；云信用使用量32454次，注册量9487次，云信用会员数2905户（个人会员数2604户，企业会员数301户）；授信笔数83笔，累计授信11.09亿元（个人360.97万元，小微727.93万元，大中型线上加线下10.98亿元）。

三、深植全局意识，充分发挥对公基石作用

（一）账户客户基础不断夯实

客户总量四大行领先。公司机构客户总量为662.36万户，较年初新增89.34万户，增速为15.59%；公司机构有效客户为319.77万户，增幅为25.26%，计划完成率为265.66%；公司机构有效客户（加权后）1252.76万户，增幅为19.08%，计划完成率达330.76%。截至2019年9月末，按照四大行可比口径，公司机构客户总量四大行第二，有贷户四大行第一。

中型客户经营能力提升。完成《如何提升中型客户经营能力》《提升中型客户经营能力的指导意见》。中型授信客户18689户，较年初新增2127户；中型客户贷款余额为2.12万亿元，较年初新增2828亿元。

账户领先优势进一步扩大。截至2019年9月末，全行账户总量1055.57万户，较年初增长110.79万户，增速为11.73%，领先工商银行优势继续扩大至72.57万户，总量占比较年初提升0.28个百分点至31.01%，新增占比33.58%。

银政银企合作不断深入。组织完成与天津市、福建省、贵州省、北京市、重庆市、湖南省、山西省、广东省、辽宁省、湖北省、广西区、青岛市、上海市、苏州市、宁波市政府高层会谈及战略合作签约仪式。筹备完成与TCL集团、金光纸业、浪潮集团、捷豹路虎、物美集团、科大讯飞、首钢集团、博天环境、上海电气、库客音乐等重要客户高层会见、战略合作签约等工作，银政银企合作不断深入。

（二）对公存款量价平衡

对公人民币企业存款时点余额为87053亿元，较年初新增2410亿元，新增四大行占比较上年提升13.4个百分点；日均余额为85618亿元，较年初新增1817亿元，计划完成率达100.94%，考核口径四大行第二。其中，对公商户稳存作用突出。全行对公商户客户总量83.12万户，较年初新增3.61万户，增幅为4.54%，高贡献度对公商户客户新增4.95万户；对公商户结算账户存款日均余额为9815亿元，比年初新增583.8亿元。截至

2019年9月末，人民币对公存款付息率为1.33%，对公存款付息率连续五年四大行最低。

（三）对公交易能力四大行领先

对公中收①实现收入355.29亿元，计划完成率达103.5%，位于四大行第二。其中，单位人民币结算、境内保证、银团贷款等11项产品位于四大行前两位②。重点产品发展良好，全行实现常年财务顾问收入7.96亿元，同比增长4.62亿元，同比增幅为89.8%，计划完成率达197.83%；银团贷款收入36.81亿元，同比增长6.4亿元，同比增幅为21.06%，计划完成率达113.84%；境内保证收入25.85亿元，同比增长4.69亿元，同比增幅为22.18%，计划完成率达113.62%。工程造价咨询业务收入30.91亿元，计划完成率达102%；贴现业务交易能力和盈利能力进一步提升，全年累计贴现9729.37亿元，同比增长63.48%；实现贴现利息收入139.74亿元，同比增加76.62亿元，增幅达到121.39%。中标国家会展中心（天津）、横琴新区市政设施、深汕合作区、京新机场南航基地等重大项目审价咨询服务，为雄安新区市民服务中心等11个项目提供造价咨询服务，在集团造价咨询入库机构考核评比中名列前茅。

（四）对公业务协同带动持续增强

协同体制机制建设不断完善。下发《对公业务协同机制流程化工作方案》，提出协同机制建设的总体思路和发展目标；下发《对公业务母子协同工作指导意见》，规范母子协同领域职责分工与工作流程，搭建协同利益分成机制；深入推动物理网点综合竞争力提升，增强网点对公业务效能；推动协同营销服务平台搭建，完善协同流程化系统化发展。

有效带动全行业务发展。2019年前三季度实现母子协同联动业务量（租赁、信托、资本、期货、造价）2580.24亿元；代发工资个人有效账户10605万户，较年初新增889万户；累计代发金额为38285亿元，同比新增4437亿元，计划完成率达177.48%；建设“客户+渠道+场景”获客场景生态圈，公司条线新增信用卡客户77.28万户。全年共发行对公正常类贷款信贷资产支持证券四期，规模合计327亿元。

四、培育前瞻思维，领航高质量发展

（一）研究分析能力持续增强

及时指导条线业务发展。研究制定5G产业、公司类房地产业务、建筑业、企业智能撮合综合服务平台、对公存款、生猪养殖、内控合规、粤港澳大湾区、集成电路、新型显示面板、企业级服务器、操作系统与工业软件等十余份营销指引/指导意见，分析机遇，明确投向；起草《ETC业务营销推广方案》《2019年常年财务顾问高质量发展推进方案》《提升对公业务价值创造力工作方案（2020年）》等，抢抓机遇，明确工作重点，全力指导条线业务发展。

重点领域研究成果丰硕。加强工具应用，研发全国地级市政府财力评价模型、客户财务指标行业对标模型（制造业），推进行业研究工作模型化，为分行提供行业分析工具。强化产业研究，制订印发业内首份《产教融合综合服务方案》；加强养老产业研究，完成金融支持养老产业发展报告；与发展改革委合作对接，研究制订《支持普惠托育综合服务方案》，推动普惠托育金融服务合作；落实行领导指示，会同研究院共同完成供应链产业与供应链金融课题研究，研判发展趋势，明确业务规划。及时跟踪时事热点。撰写《平台经济发展机遇及对策研究报告》，助力平台经济生态圈高效构建和良性发展；完成《关于苏宁易购网络供应链业务相关情况的报告》，见微知著，防微杜渐，赢得行领导高度认可。

（二）创新发展取得新突破

荣获创新马拉松“大满贯”。取得“2019年度全行创新马拉松活动”项目奖、团队奖、组织奖和个人类奖项在内的“大满贯”。其中，“智汇生态”项目荣获“G端连接”主题一等奖，“智多星”项目荣获“B端赋能”主题二等奖，“智汇生态”“智多星”以及“e农通”农业产业链金融服务平台三个项目均获“优秀创新团

① 大对公中收口径：公司部（含结算部）、战客部、机构部、同业中心、国际部、托管部。

② 中收四行数为截至2019年11月末数据。

队”奖。

分层开展产品创新。农民工普惠服务平台、智享+、智能撮合平台（2019）、对公雷达（2019）4个项目入围总行战略性创新项目，项目数量较上年翻番。将知识产权质押融资场景化运用创新并纳入总行前瞻性创新项目。创新推出乡村振兴贷款、集合型单位结构性存款、“e票通”“e贴通”“e政通”“e医通”。修订新农村支持贷款、单位购房贷款、商用物业抵押贷款、境内并购贷款等产品。

（三）数字力建设取得初步成效

加强大数据智能化、场景化应用。实现对公客户舆情信息智能分类应用，增强客户经理对客户、市场的敏锐性和风险把控能力；优化“对公客户流失预测分析”模型，将流失客户从事后发现变为事前预警，提升客户挽留的数量和质量；通过外部数据和行内数据的智能分析，推动系统化自动识别集团关系并生成集团关系树。

积极推进对公业务系统建设。积极推动对公业务系统在海外分行的推广上线；上线对公客户财务报表智能识别、转换功能，降低客户经理工作量；在员工渠道手机App端上线对公信贷业务评级审核、授信审核等功能，提升对公信贷业务条线业务处理效率。

五、聚焦精细管理，充分释放管理效能

（一）人才队伍保障持续强化

加强队伍建设。全面完成对公客户经理聘任目标，全行已聘任对公客户经理36146人，完成率达109.49%。牵头起草对公板块“客户经理—产品经理—专家支持团队”三层营销支持架构建设方案，对内助力基层赋能减负，对外激发营销合力。成功上线对公客户关系管理系统（商机管理）优化项目。组织开发岗位教材及题库更新，初步构建《建行大学客户关系研修院课程库》。

统筹做好培训工作。全年完成26项境内培训计划。创新银企联学模式，分别在建行大学华北学院、西北学院、西南学院、大湾区金融创新学院举办了“基建补短板与新兴投资”专题高级研修班、“5G时代新兴产业”专题研修班、“先进制造业”专题研修班、“粤港澳大湾区‘科技+’新型产业模式”专题研修班、“投贷联动培训班”；举办“科大讯飞人工智能”银企培训班、“客户拓展、重点客户精细化管理及综合金融服务”培训班、“新希望六和农牧产业”银企培训班三期培训班。

（二）经营管理能力不断加强

加强产品全生命周期管理。对总分行近三年的公司业务创新产品开展后评价，共涉及370个产品。继续做好对分行创新的指导，前三季度先后指导分行创新了先进制造业固定资产卖方支持贷款、项目前期贷、重点工程支持贷、e政通等5项产品创新。

表外业务结构持续优化。银行承兑汇票、境内保证及贷款承诺三项产品加权风险资产余额为7944.57亿元，比年初减少72.81亿元，RWA折算系数为45.48%，比年初下降4.06个百分点（11月）。

着力提升条线执行力。下发《对公业务综合评价方案》，全面评价分行对公业务条线经营管理水平；下发关于银团、民工惠、网络供应链、对公商户、PPP、常年财务顾问、战略性新兴产业等近20项加强业务营销与管理的通知，加强对分行的督导力度，强化执行力。

服务分行能力不断提升。构建高成本产品灵活分配机制，结合当期分行一般性存款整体表现，及时合理调整资源分配方案，确保资源使用效率最大化，推动对公存款量价均衡增长。累计发行单位大额存单431期，定制聚财产品300余期，支持了包括多省市财政局、公积金管理中心等机构客户及中国移动、美的等重要公司类客户的营销拓展，助力客户黏性提升和结算资金撬动。不断提高市场响应效率，快速响应分行需求7986次，助力精准营销和稳存增存，市场和分行反响良好。

（三）对公业务发展获得内外部好评

“建融智合”企业智能撮合综合服务平台荣获中国人民银行2018年度银行科技发展奖二等奖、总行2018年度“创新需求奖”；建设银行产业扶贫实践在“第二届中国优秀扶贫案例”评选活动中获评十佳“社会扶贫优秀案例”，成为唯一获此殊荣的金融机构；在2019年度21世纪亚洲金融竞争力评选中，建设银行荣获“2019中国精准扶贫优秀案例”；获评国务院扶贫办评选的

"企业精准扶贫综合50佳案例"；荣获2019年度亚洲金融合作协会产融委"金融服务新兴产业优秀案例"一等奖、"金融服务产业集群优秀案例"一等奖；建设银行荣获《银行家》杂志2019年"十佳民营企业金融服务创新奖"；"民工惠"创新先后被全国总工会和中央网信办评为"互联网+普惠服务"最具影响力平台、银行家杂志2019"最佳金融创新奖"、2019金融界"杰出区块链应用创新奖"；在《中国银行业》杂志社主办，中国银行业协会银团贷款与交易专业委员会组织的2019年银团贷款业务评优活动中，建设银行一举斩获7个奖项，包括银团贷款"最佳业绩奖"、"最佳管理奖"和"行业贡献奖"3项管理类大奖，紫光集团与英特尔公司晶圆采购银团贷款等4个项目荣获"最佳项目奖"；北京新机场南航基地项目造价咨询服务被授予北京大兴国际机场南航基地项目集体卓越奖；在雄安集团造价咨询入库机构首次考核评比中，建设银行服务的三个项目全部评为A级，在诸多咨询机构中排名第一。"对公客户经理能力素质提升培训"项目获得建行大学2019年度"最佳学习项目"荣誉称号。

六、守住风险底线，增强防范金融风险能力

（一）强化条线信用风险管理

圆满完成资产质量管控任务。新暴露不良、逾期贷款、关注类贷款均控制在计划之内。持续做好信用风险基础管理。完成对公信贷内控名单系统优化，扩展名单范围，合理下放管理权限；跟踪2018年大中型客户"体检"异常客户最新化解进展。积极推动"30大"项目风险化解。资产管理部牵头的11个项目（不含海航）信贷余额共计441.41亿元，较年初下降91.22亿元，其中43.68亿元为现金回收，51.57亿元为表外业务余额压缩（9月）。

（二）强化条线合规管理

持续做好条线反洗钱相关工作。积极配合做好人民银行反洗钱现场评估及发现问题整改工作，进一步做好条线客户身份识别管理与管控工作，加强反洗钱客户信息补录，全行对公反洗钱重点目标客户身份基本信息总体完整率为94.20%（剔除身份基本信息不完整、不准确及证件失效的客户）。强化员工行为合规管理。下发《关于加强公司业务条线员工行为管理的通知》，提出"四个必须"管理要求。

（三）强化监管要求落实

配合银保监会2019年风险管理及内控有效性现场检查、2019年代销及收费业务现场检查等外部监管检查，配合审计署审计检查相关工作，做好相关问题的沟通衔接。配合普华永道、安永外部审计师审计工作。认真落实银保监会"巩固治乱象成果，促进合规建设"和信贷管理专项检查工作要求；继续做好内部审计发现问题的整改工作。

（四）强化风险客户管理

坚决贯彻落实中央"守住不发生系统性金融风险的底线"的精神，对于海航、中民投、信威等部分重点客户，讲政治、顾大局，严格按照相关中央、监管部门、债委会等要求，不折不扣落实各项工作。从一年来风险防范化解情况来看，既充分维护了建设银行综合权益，避免了因客户风险造成的建设银行资产损失，又坚决守住了风险不先从建设银行引发，妥善处置潜在风险，确保不发生系统性风险。

（五）加强综合事务管理，提高公文流转效率

全年共办理OA公文5332份，其中，处理行内收文1251个，处理分行请示883份，制发及承办便函3043份，向行领导和其他部门签报155份；收到其他部门联系单1939份，通过邮箱反馈相关部门或上级单位118份。在办理外部来文中主动担当，上半年办理外部单位来文数量居全行首位，办理质量和效率得到相关部门充分肯定。

执笔：郭芳辰　彭湛

战略客户业务

一、勇担使命，切实增强“三个能力”

（一）增强服务国家建设能力

1. 聚焦重点领域，支持实体经济。截至 2019 年末，央企及全球客户贷款余额为 18995.2 亿元，较年初增长 4.8%。支持基础设施建设，加大京雄城际、沿江高铁等重大铁路项目营销力度，积极支持公路桥梁、轨道交通、海绵城市、地下管廊、特色小镇项目，基础设施领域贷款余额达 13458.19 亿元，占全行基础设施领域贷款的 36.4%，较年初增长 8.6%。加大制造业投放，认真梳理客户贷款需求，重点支持信息科技、轨道装备、汽车、船舶等先进制造业企业。2019 年末贷款余额为 1888.1 亿元，较年初增长 201.6 亿元；贷款余额、中长期贷款占比、信用类贷款余额增速三项指标分别高于监管要求目标 6.95 个、5.87 个和 13.9 个百分点。践行绿色金融，截至 2019 年末，央企和全球客户绿色贷款余额达到 7214.4 亿元，占全行绿色贷款余额的 61.4%。与北京环交所共同搭建碳金融服务平台，独家落地首笔碳配额质押融资；为华电、国电投、中核下属的水电、核电项目提供融资近百亿元；完成亚行中国化工节能减排项目 3700 万美元投放。积极拓展 ETC 业务，依托央企客户资源，创新使用手机运营商、加油站、4S 店、高速公路等典型场景营销 ETC。其中，通过中石油、中石化加油站场景成功签约私家车 23.1 万辆。

2. 紧跟央企改革，提供综合服务。一是抢抓新设央企业务机会，成为融通集团资产管理系统建设和司库管理独家咨询顾问，开立总部及所有房地产板块子公司共 17 个基本户。成为国家管网公司主要合作银行，完成资金归集账户开立、企业网银及对公客户现金管理合约签署，承接首期注册资本金的 60%。抢抓铁塔集团新设铁塔能源公司机遇，开立全部 382 个新设基本账户。二是助力央企混改和市场化债转股，联动子公司参与国铁集团、联通、中石油等 14 家企业的混合所有制改革，直接投入资金超过 80 亿元。截至 2019 年末，累计与鞍钢、中国建筑、国电投等 9 家央企签订债转股框架性协议，签约金额为 1746 亿元，实现落地投放 447.5 亿元。

3. 拓展扶贫合作，助力脱贫攻坚。截至 2019 年末，已与 25 家央企建立扶贫战略合作关系，与其中 16 家签署扶贫协议。产业扶贫方面，撮合中茶公司与安康市 15 吨茶叶原材料采购合同顺利签署并交割落地，预计带动不少于 800 户茶农增收脱贫。消费扶贫方面，2019 年 10 月依托善融商务平台成功上线央企扶贫馆，仅两个月就实现 21 家央企入驻，3.4 万央企员工注册认证，共销售商品 30 余万件，销售额超过 1300 万元。

（二）增强防范金融风险能力

1. 多重手段施策，提升风险防控能力。持续开展央企客户风险分类管理和风险排查工作，2019 年主动排查、重点监控央企高、中风险客户 181 户，涉及贷款余额 682 亿元。通过回收处置、压缩敞口、追加缓释措施等方式，累计化解各类风险贷款约 200 亿元，处置不良贷款本息合计 61.6 亿元（包含全额回收大唐内蒙古多伦煤化工不良贷款 38.4 亿元）。做好总行“30 大”示范项目风险管控工作，本条线“30 大”项目年末全口径风险余额为 95.3 亿元，较年初下降 31.2 亿元。

2. 抓重点补短板，履行合规管理主体责任。一是强化业务合规管理，下发条线客户反洗钱身份识别及管控工作通知，明确提升央企及全球客户身份信息质量、整改监管检查发现问题、加强问题客户业务管控等要求。二是强化条线合规检查，配合牵头部门做好信贷业务、内部账户等检查整改工作，对部分境外机构跨境并购贷款业务进行现场合规检查，指导其进一步规范业务操作。三是强化发现问题整改，开展“巩固治乱象成果促进合规建设”自查自纠，整改国家审计署指出的“高负债企业融资”问题，压缩问题业务金额17.4亿元。

（三）增强参与国际竞争能力

2019年，建设银行签约海外项目243个，签约金额为231.32亿美元，其中：“一带一路”签约项目34个，签约金额为36.25亿美元。2015年以来，建设银行“一带一路”累计签约项目151个，签约金额为242.68亿美元，覆盖32个国家和地区。

1. 担任多个海外项目核心角色。以独家协调行、牵头安排行、簿记行等核心角色完成马来西亚边加兰石油炼化厂97亿美元银团、中粮国际23亿美元银团、太平洋水电16亿澳元银团贷款再融资、大众100亿欧元备用银团等多个重大项目。根据彭博数据统计，2019年建设银行在香港（含澳门）地区银团簿记行排名第四。

2. 实现国际融资产品多点开花。国际银团全年签约金额为117亿美元，签约项目120个，由建设银行牵头的边加兰石油炼化厂国际银团贷款被路孚特（Refinitiv）评为亚太地区年度十大交易。跨境并购全年签约金额为50.4亿美元，完成中远海运收购东方海外、国信收购英国西北电网、国网收购阿曼国家电网等新签约项目31个。项目融资（含出口信贷）全年新签约金额为41.7亿美元，完成CMEC老挝南萨输变电、吉利马来西亚宝腾汽车、越南南定一期燃煤发电等新签约项目47个。飞机融资完成签约21笔，签约金额为9亿美元，首次中标德国汉莎航空飞机融资业务。国际商业转贷款覆盖32家境内分行及16家海外分行，年末余额为1779亿元，较年初增长144%，实现转贷费收入6.3亿元。跨境财务顾问业务稳步增长，成功中标能建设计集团财务顾问、中国有色并购顾问、丽新集团香港酒店物业银团贷款绿色金融顾问等。推进中的财务顾问项目涉及投资金额69亿美元，并借助财务顾问角色，获得项目融资、存款、换汇、担保代理等业务资格。

3. 完善海外项目经营管理体系。加强金融科技赋能应用，利用新一代系统对公客户关系管理组件，推送国际银团潜在客户精准营销清单；通过大数据挖掘，确定优质“走出去”企业国际银团贷款定价中枢；发起区块链国际银团转让项目。完善产品制度体系，2019年分别下发跨境并购贷款、出口信贷、飞机租赁融资管理办法，对业务流程、合规经营、风险防范、贷后管理等提出规范化的管理要求，探索创新“包销赢”产品和经营模式。优化行际利益调整机制，2019年对14个海外重大项目进行行际利益调整，包括境内外联动项目4个，境外分行之间利益调整项目10个，涉及16家境内外机构。

4. 推动海外项目平台化经营。独家与全国各省市商务厅合作，共建中资企业“走出去”综合服务平台。湖南省上线“湘企出海+”，注册用户超过3500家；广西区上线“桂企出海+”，注册企业用户超过1000家；北京市已上线京企“走出去”综合服务平台。此外，还与河北、天津、四川、重庆、湖北等多地商务部门签订平台合作协议或达成合作意向。

二、坚定不移，全面落实“三大战略”

（一）普惠金融持续发力

充分利用大客户的信息、数据、资源、场景优势以及产业链核心地位，依托央企及全球客户的电子化平台、供应链网络、经销网络、资金支付数据实现批量获客、活客，全年累计拓展普惠金融客户数超过31000户，贷款余额为340.6亿元。推出“烟草快贷”“云电贷”“沃易贷”“核链云贷”等创新产品。其中，“烟草快贷”在建设银行16家分行上线，全年拓客7668户，累计投放14.5亿元；“云电贷”在21家分行上线，获国家电网批量推送的10万户客户信息，全年拓客2105户，累计投放10.6亿元。利用建设银行E信通、E点通、E销通、E棉通等重点产品服务央企供应链上下游，全年拓客17742户，贷款余额为302.6亿元。对央企及全球客户资金支付数据进行充分挖掘，确定目标客户6124户，全年拓客1576户，贷款余额为22.9亿元。积极推进“民工惠”业务，全年为328家央企核心企业累计投放216.1亿元，涉及农民工201万人次。

（二）住房租赁稳步推进

截至2019年末，建设银行共与16家央企集团签署住房租赁合作协议，累计投放公司类住房租赁贷款 61.1 亿元。创新推出“散收整租”模式，有效地解决了首都新机场等项目建设人员住房难问题。

（三）金融科技深度融合

强化科技在客户服务和内部管理中的应用，实现金融科技对业务发展的赋能。建设银行仅总行层面就推进金融科技项目 30 个，其中客户对接类项目 19 个，内部管理类项目 11 个。

对外，建设银行独家牵头融通集团资产管理系统建设，为其系统顶层架构及数据标准化建设提供咨询服务；为国家电网、中国烟草、中国联通等开发供应链线上融资、线上理财等功能模块，带动产业链上下游业务协同发展；与国新“企票通”平台、澳交所系统进行直连对接开发，助力央企完善资金管理体系；开发中石化无感加油、中石油天然气零售系统，为 C 端突围搭建平台。

对内，新开发和优化了综合金融服务方案系统、综合利益调整系统、集团风险预警平台战略客户模块、海外项目信息管理平台等系统，为营销服务和风险管控提供有效支持。

三、多措并举，加强综合化经营和精细化管理

（一）提升综合金融服务能力

截至 2019 年末，为客户制订综合金融服务方案 3799 个，其中新营销客户 343 个，向客户推荐营销建设银行公司条线产品 24642 次、个人条线产品 3171 次、子公司产品 2411 次。同时，重检制订 72 家客户的总行版综合金融服务方案，调整经营策略，增加“三大战略”“第二发展曲线”、扶贫、大数据、建行大学等内容，推动建设银行战略落地。

（二）完善综合利益调整机制

截至 2019 年末，参与利益调整工作的现金管理网络总账户达 2.2 万个，分账户 13.9 万个，涉及客户 6.7 万个，涉及经办机构合计 9500 多个。全年调整存款日均 1755.8 亿元，较上年增长 18.3%；调整存款收益 24.95 亿元，较上年增长 19%；调整现金管理服务费 1200 多万元；分配非员工费用 3 亿元。

（三）强化母子协同和条线联动

1. 母子协同方面。条线 2019 年与 16 家子公司开展联动营销、互荐商机、交流培训、联合创新等不同形式的协同联动近 180 余次，实现项目落地 33 个，业务金额约合 238.2 亿元，涉及债转股、资产证券化、境外发债、信托计划、财务顾问等多个领域。在同业中率先搭建央企改革金融服务公有云系统——“央企改革一站通”，解决长期以来母子公司分散营销、信息交互不畅和联动数据不能准确计量的问题。

2. 条线联动方面。全年实现央企及全球客户债券承销 1748 亿元。中标国家能源集团、能建集团、邮政集团企业年金托管资格，与国家铁路集团及下属 8 家铁路局续签年金托管及账管协议，成功获得诚通集团发行的国企改革 ETF 基金托管资格。客户代发工资个人账户 687.9 万户，同比增长 8.7%；代发工资金额为 3078.4 亿元，同比增长 19.2%。为中国黄金、中铝、宝武、鞍钢、托克等客户办理黄金租借业务近 200 吨。

执笔：姚颖

机构业务

一、机构业务价值创造能力持续提升

机构存款压舱石作用持续显现。截至2019年末，机构存款日均余额为39464亿元，新增1952亿元，在对公存款新增占比107.44%，机构存款新增占比46.26%，较上年同期提升20.66个百分点。余额占比提升0.56个百分点。中间业务超额完成全年任务。机构类账户实现快速增长，机构重点四类账户较年初增长6%，长尾客户账户较年初增长16%。机构部客户口径EVA实际完成461.66亿元，计划完成率达113%，贡献度位居全行第二位。

二、智慧政务战略成功落地实施

在建设银行总行党委高度重视、行领导高层营销的带动下，在总分行多方协同、共同发力，智慧政务战略形成了全面推进态势，取得了覆盖25个省级政府的协议签约，六省五市“一办一会一平台”项目整体落地，实现近40万政务事项的可查询、可预约、可办理；政融支付覆盖34家分行，与133个省市县政务服务平台对接，上线5200余个公共服务便民缴费费项，平台用户数超过3700万。

2019年11月21日，建设银行召开深入推进智慧政务战略实施暨全行机构业务座谈会。

智慧政务战略在2019年实现了从国家到“省市县乡村”六级落地。在国家层面，与国务院办公厅电子政务办公室开展合作，深化顶层合作，由建设银行完成国家政务服务平台公共支付系统上线，个人银行卡查询、跨省社保缴存、异地交通违章缴罚等功能系统。在“省市县乡村”层面，初步形成各具特色、百花齐放的战略推进态势。建设银行还连续两年与社科院等机构联合发布《中国营商环境评价报告》。

智慧政务的推广收到了良好的市场反响。中央政治局常委、国务院副总理韩正在山西调研时对建设银行助力建设山西省“一体化在线政务服务平台”的做法表示肯定。国务院办公厅电子政务办公室致信感谢建设银行对国家“全国一体化政务服务平台”建设的贡献。“中国建设银行智慧政务团队”获得由中国社科院信息化研究中心、清华大学等机构颁布的“2019数字政府十大创新人物奖”；建设银行主建的云南“一部手机办事通”、陕西“中国建行援建·安康智慧治理”获得2019年“数字政府”50强奖项。辽宁“辽事通”获得2019中国营商环境特色50强奖项；云南“一部手机办事通”被云南省政府列为“十大惠民实事”之一，国务院第六次大督查认为其“有效提高政务服务效率和群众办事便利度”。

三、领先同业创新推动平台场景建设

在建设银行推进的社会化平台中，宗教、养老、党群、军建安鑫等平台实现37家一级分行全覆盖；智慧政法、智慧营区、退役军人、农民工工资等平台扎实推进，签约数和交易量呈现快速增长态势；新上线建融慧学、智慧缴费、智慧监控等全新社会化平台，打造出全流程、多场景的生态闭环。中共中央政治局常委、全国政协主席汪洋在河南调研宗教工作时，高度肯定建设银行宗教平台，指出“这个平台做得很好。探索积极，成效显著”。国务院副总理孙春兰在第五届双创大赛参观建设银行展区时，对建设银行支持教育事业发展相关工作高度评价，并指示：“建融慧学智慧校园平台非常好，要继续好好做”。建设银行机构业务重点社会化平台用户数6728万户，累计为人民群众办理业务量超过3000万件，较好地推进了“指尖办、就近办、马上办”。

四、不断提升市场竞争能力

一是社保资金不断做大做强，实现社保存款新增同业第一，新增四大行占比63%，新增额超过工商银行、农业银行、中国银行、交通银行四大行之和；签发电子社保卡106.7万张，覆盖28个省359个城市，获人社部颁发“2019优秀组织奖”。

二是军警存款时点余额首次突破4000亿元大关，新增737.92亿元，增幅为22%，创近年新高；新开立军警账户95户；基本实现了代建办账户全覆盖。军建安鑫新增签约130家，军队承接竣工结算项目市场占比为63%。

三是在财政部中央财政授权支付业务和中央财政非税收入收缴业务代理银行综合考评中，取得“双第一”的突破。

四是创新打造“裕农通退役军人创业服务站/点”，在全国30个省份完成退役军人首挂示范，服务站总量超1.6万个，退役军人事务部拥军优抚司领导高度评价我行走在了银行同业拥抚工作的最前列。

五是成功承办并冠名“建行杯”第五届中国“互联网+”大学生创新创业大赛，共惠及近1000万大学生客户群体。

五、开拓新的产品、客群和市场

加强数据挖掘能力培养，在上海大数据中心合办“绿树工程”专项培训班，“数中有术、术中求数”，探寻数字驱动发展新路径。与人社部、全国社保基金理事会加强数据治理体系建设，落地人社大数据创新实验室，推动信息化、数字化能力提升。与工信部签署战略合作协议，成为唯一参与国家制造业转型升级基金出资的商业银行。与新华社签订战略合作协议，拟作为股东参与新华财经平台公司化运作。

六、提升账户和资金承接能力

落实乡村振兴战略，探索基层政府长尾客户G端连接新模式，挖掘县乡财政长尾客户资源，农村“三资”平台在湖南、河北、辽宁、广东、苏州等地试点上线。全年新开立县乡级财政账户493个，占新开立财政账户总数的55%。牵头C端突围教育和医疗生态场景建设，带动教育、医疗长尾客户批量获客。挖掘社团账户蓝海价值，社会团体、基金会等长尾客户较年初新增活期结算账户1.2万户。

七、为机构业务创新发展夯实根基

坚持创新驱动，牵头开展创新马拉松“G端连接”主题活动，获得建设银行“创新马拉松活动优秀组织奖”“优秀孵化项目一等奖”等多个奖项。建设银行机构业务条线完成自主创新与移植创新合计386项，创新数量位居建设银行总行各条线第二位，对公条线首位。建设银行共完成7项创新，包括智慧政务、善行宗教和人社大数据应用平台3个战略性项目。推进“四类账户”报表定制，加强账户分析体系建设。加强分类指导和案例指引，组织编写《机构业务践行“三大战略”平台化经营创新发展微案例集》。加强宣传阵地建设，被评为“中国建设银行2019年度新闻宣传和声誉风险管理先进集体”。时刻绷紧风险控制的弦不放松，严守风险底线，全年无重大风险事项。

执笔：张蓓

同业业务

一、同业业务主要经营情况

（一）同业负债增长创历史新高，付息成本持续下降

截至2019年末，同业存款时点余额为14006亿元，为2016年同业中心成立以来最高值，时点新增2403亿元，增速为20.71%；日均余额为11840亿元，日均新增187亿元，增速为1.61%，时点、日均余额均居四大行第二。同业存款综合付息率为2.16%，较上年同期下降35个基点，居四大行第二。

（二）同业资产回归本源，投放规模创新高，结构不断优化

截至2019年末，同业资产时点余额为6840亿元，较年初下降817亿元；日均余额为6564亿元，较年初下降69亿元。按照同业业务回归流动性本源的经营策略，主动收缩同业资产规模，全力支持贷款投放及专项债认购。在较难安排长期限资金的情况下，通过反复开展高频、短期限的交易，加快资产周转速度提高盈利能力。

（三）效益创造能力提升，重点产品市场竞争力巩固

截至2019年末，同业业务净收入为116.6亿元。从构成看，资产业务净收入为44.6亿元，负债业务净收入为53.2亿元，中间业务收入为18.8亿元。其中，中间业务收入同比新增3.7%，代理对公保险、资金业务授信承诺业务收入增幅较大。

1. 代理对公保险业务收入5.08亿元，同比增速为25.05%，计划完成率达113%。四大行可比口径代理保险业务收入72亿元，四大行占比28.40%，居四大行第二，与农业银行（76亿元）差距逐步缩小。

2. 证券保证金第三方存管业务收入4.9亿元，同比增速为21%，计划完成率116%。建设银行CTS考核口径新开户501万户，计划完成率达111.33%。收入居四大行第一，领先工商银行0.5亿元，四大行占比36%，较上年提高4个百分点；客户总数为5611万户，四大行占比30.32%，居四大行第二；管理资金总额为2880亿元，居四大行第二。

二、工作亮点及举措

（一）同业合作平台纵深推进，科技赋能成果显现

截至2019年末，同业合作平台签约产品协议377份，签约金额超过7.2亿元。一是战略项目稳步推进，国开行、农发行、中债登项目已进入实施阶段（其中国开行项目合同金额4.5亿元，中债登项目合同金额1.21亿元，入账金额4872.6万元）；二是产品线持续丰富，服务能力日趋成熟，已推出零售智能风控慧系列、大数据治理咨询、双录云、代理打印保单、实时代收保费等近21项赋能服务，并在此基础上探索建立了14种业务合作模式；三是对外赋能产品为行内产品提能增效，逐步建立起赋能与反哺的良性循环。建设银行技术能力得到进一步打磨、提升，得以更好地服务建设银行同类业务发展；四是以金融科技思维再造客户服务，客户营销成果水到渠成，带动账户开立、存款、金融市场、托管业务发展。

（二）蓝色共享生态圈稳步搭建，构建同业合作新生态

2019年蓝色共享生态圈建设推广实现重大突破：一期功能上线并试运行，依托领先的金融科技手段和流动性管理经验打造形成信息共享、资金互通、交易撮合的金融同业客户生态圈；全年共有102家同业机构加入生态圈，其中建设银行所有金融子公司已全部加入，覆盖银行、证券、

财务公司、基金、保险、信托、金融租赁等各类型金融机构；办理法人账户透支业务超过10亿元，时点存款规模超过500亿元。

（三）客户营销服务成果显著，合作深度广度不断拓展

1. 强化营销指导和高层营销。积极推动建设银行总行领导级别高层会晤，并相继与国开行、国寿集团、上海清算所、上海期货交易所、大连期货交易所、伦敦证券交易所等20余家行业龙头客户签订全面战略合作协议，与多家保险、证券、信托客户开展专项联合营销活动。

2. 加强境内外资非银行金融机构客户营销。下发《关于加强境内外资非银行金融机构营销管理的通知》，加强对分行境内外资非银行金融机构的营销指导；与国内首家外资独资保险控股公司——安联（中国）保险控股有限公司签署合作备忘录，成功营销基本结算账户；与国内首家新设立的外商控股证券公司——野村东方国际证券签署第三方存管业务合作协议，成为首批第三方存管业务合作银行；积极布局“沪伦通”业务。获得“沪伦通”存托凭证业务资格，积极对接有意向发行CDR的英国企业。

3. 金融要素市场客户拓展市场领先。成功营销上海保险交易所、中债金融估值中心和中债数字金科公司的基本户、上海总部的基建专户；成为大连商品交易所、郑州商品交易所场外业务平台的存管业务合作银行；作为独家合作银行参与大商所基差交易平台上线。

（四）强化客户分层分类管理，提升精细化管理水平

1. 批量申报国内金融结构客户低信用风险额度。组织开展国内金融机构客户低风险额度批量申报，累计获批336家，获批额度共计3126.2亿元，将低信用风险业务纳入统一授信管理，有效满足债券质押回购、债券借贷等业务需求。

2. 研究制定国内金融机构客户授信策略。按照“分类型、分体量、分区域、分单户”的原则，初步建立了银行、财务公司、金融租赁客户授信额度模型，计算敞口额度建议量，提高客户主动选择和授信额度总量指导。

3. 加强客户准入与名单制管理。修订各类客户授信业务准入底线和投资及交易业务风险政策限额方案，制定并下发各类客户初始化名单和批量例外准入名单，审慎开展授信业务差别化准入，并组织开展存量客户授信重检。

（五）重点产品外延不断拓展，提升业务发展质效

一是证券保证金第三方存管业务，加强渠道开发与联动，完成“码上通”、手机银行证券频道系统上线，下发《中国建设银行“码上通”系统业务操作规程（2019年版）》，通过科技赋能，推动银证合作实现“第二曲线”创新发展；与22家券商开展总对总联合营销，通过重点客户总对总与区域特色联合营销结合，有效拉动客户新增。

二是代理信托业务，积极布局网络代理渠道，拓宽获客途径；加快转型发展，扩大标准化信托规模，尝试TOF、MOM、FOF模式；大力拓展绿色信托、供应链信托、普惠信托、家族信托、先进制造业信托等；通过信托计划实现对棚改计划、普惠贷款的间接支持，增强同业服务普惠金融的能力。

三是代理对公保险业务，加强银保合作和业务转型，与保险公司开展代理对公财险业务专项营销活动、ETC业务联合营销活动、托管业务联合营销活动等，持续提升保险公司客户综合贡献度，2019年全行准入保险公司托管覆盖度达到61.2%；深入挖掘对公客户保险需求，积极推广出口信用保险、工程建设质量保险、重大装备首台（套）保险等产品，不断丰富合作产品类型。

四是其他代理及咨询业务。充分利用建设银行客户及项目资源优势，巩固“鑫融通”“建信保”等非银行金融机构增值业务优势，大力发展财务公司筹建咨询顾问业务。加强与建银咨询协同联动，以综合服务形式向金融机构客户推荐建银咨询工程咨询服务，拓宽中间业务收入来源。

（六）产品创新迭代升级，激活同业转型发展动能

2019年完成战略性创新项目3个，分别为“蓝色共享生态圈”“同业合作平台”、存托凭证存托人业务（与托管部联合申报）；重点创新项目6个，自主创新项目28项、移植创新项目110项，移植率为126%。参赛“慧保云”马拉松创新项目并入围复赛，获得创新马拉松“优秀创新团队奖”。

（七）母子联动持续深化，集团协同效应增强

密切母子联动协同，代理代销方面，实现对公代理建信人寿保费规模 6.63 亿元，同比增长 8.75%；对公代理建信财险保费规模 9703 万元，同比增长 36.60%；审批发行建信信托项目 59 期，金额 38.74 亿元；资产推介方面，办理“建信保”业务 8 笔，新增投放 24.94 亿元；资金支持方面，向建信投资投放同业借款 787 亿元，实现定向降准支持市场化债转股资金全部投放；累计为建信租赁办理同业借款及 SPV 同业借款 42 笔，合计金额折人民币 307 亿元；系统支持方面，完成代理银行系统优化上线，支持中德住房储蓄银行依托建设银行渠道开展住房储蓄业务。

（八）系统功能完善优化，赋能同业业务发展

持续优化和完善同业业务系统，做好银保通、代理保险、“码上通”等系统运维和拓展，发挥系统对业务的支撑作用，提升了同业业务精细化管理水平。同业业务系统上线多渠道竞报价和提前支取功能，提升客户服务体验；将授权、授信、交易对手准入、风险管理等嵌入业务流程系统，提升同业业务系统管控水平；对资金划拨流程进行重大升级改造，实现放款条件和划拨资金自动化处理，加强资金统一管控，防范资金划付风险。

（九）风险管理不断强化，确保业务合规经营

一是强化制度体系化建设，全年制定、完善业务制度 21 项，涵盖营销指引、授信管理、客户准入和差异化准入名单等；二是完善风险监控体系，做好日常风险监测与突发舆情监测，强化风险报告机制和沟通协调机制，根据风险监测成果采取冻结授信额度等多种措施切实控制风险；三是建立高效、长效的风险排查机制，采取按季自查和不定期抽查的方式进行同业业务风险排查；四是落实反洗钱管理要求，将反洗钱各项要求落实到各项同业业务产品设计、客户准入、合作机构管理、业务存续期管理等全业务流程；五是落实监管部门窗口指导要求，协调相关部门向列入监管部门重点关注名单的金融机构提供融资支持，共同维护金融市场稳定。

执笔：种佳伶

普惠金融业务

一、业务发展情况及工作亮点

信贷投放领航同业。持续增加普惠金融领域贷款供给，切实缓解小微企业融资难题。截至 2019 年末，人民银行定向降准口径贷款余额为 9986.51 亿元，较年初新增 3391.92 亿元，新增占各项贷款新增 24.51%，满足定向降准“二档”标准，释放低成本资金约 2600 亿元，连续三年实现普惠贷款新增份额四大行第一。银保监会考核口径贷款余额为 9631.55 亿元，比年初新增 3530.81 亿元，增速为 57.88%，完成“普惠型小微企业贷款较年初新增 30%”以上的监管目标。

获客能力不断提高。客户拓展扩面增速，进一步提高获客、活客、留客能力。截至 2019 年末，普惠型小微企业贷款客户 132.51 万户，四大行第一，较年初新增 30.72 万户，增速超过 30%，当年累计服务客户 125.2 万户；“小微快贷”等新模式产品贷款客户 72.19 万户，较年初新增 34.45 万户，增速达 91.29%；推广“惠懂你”App，运用平台经营、数据经营手段，实现互联网在线批量获客，“惠懂你”注册用户 1013 万户，绑定企业 285 万户。

资产质量持续向好。实现贷款不良额、不良率“双降”。截至 2019 年末，普惠型小微企业不良贷款余额为 139.80 亿元，较年初下降 11.42 元；不良率为 1.45%，较年初下降 1.05 个百分点。“小微快贷”等新模式产品不良率为0.55%，重点产品风险可控。

成效显著广受赞誉。通过战略推进落地实施，全行普惠金融呈高速度、高质量发展态势，市场认可度和社会美誉度不断提高，建设银行普惠金融服务品牌深入人心。2019年初，李克强总理到建设银行考察工作，充分肯定“惠懂你”App并寄语“小企业、大事业、无止境”；郭树清主席在两会“部长通道”再度对建设银行运用大数据技术发展小微企业的实践予以肯定；央视《焦点访谈》两次报道建设银行服务小微做法成效。此外，国务院研究室、清华大学国家金融研究院、国家金融与发展实验室、社科院相关学者，以及人民日报等央级媒体记者先后赴建设银行调研普惠金融业务。

二、工作措施与成效

（一）数据运营，开创数字普惠新型业务模式

一是夯实数据资源基础。深入业务场景，加强税务、房产、电力、海关等外部数据资源连接、采集，推动行内数据资源的集成整合，丰富数据指标维度，实现不同来源、不同格式数据的互联互通、共享应用，为业务数字化运营提供数据支撑。

二是增强客户识别能力。依托大数据技术应用，完善客户标签体系，加强客群细分、客户特征剖析，全面分析客户行为，完善企业客户画像。通过客户需求分析和趋势研判，整合商机推送、智能推荐，进一步提升客户区分和选择能力。2017年以来累计开展大数据应用项目60余项，将大数据应用和数据挖掘贯穿到获客、活客等全流程，全面提升客户数字化经营水平。

三是构建定制化产品体系。通过客群特征描画，设计个性化产品，实现新产品的按需定制、快速定制，有效提升小微企业服务能力，形成小微快贷、个人经营快贷、裕农快贷、交易快贷四大产品体系。拳头产品“小微快贷”已形成入门级、成长类、通用类、定制类的产品谱系，包含近三十项子产品，有效连接供需两端，近年来累计发放贷款超1.7万亿元，惠及客户超百万户。

四是建立数字化风控机制。探索应用线上业

2019年10月18日，建设银行普惠金融业务发展务虚会议在武汉召开。

务风险排查系统，通过不同维度数据交叉验证，强化贷前客户风险识别。应用风险模型管理组件，细化评分卡模型和应用流程，强化贷中客户风险评价和审批。持续优化全面风险监控预警平台，提升贷后风险预警准确性、时效性。针对“数据造假”“养流水”等外部欺诈行为，推进企业级反欺诈研究。

（二）平台经营，构建科技普惠新型基础设施

一是创新“三惠合一”运营平台。全面打造面向企业端的“惠懂你”App，打造“一站式”服务平台，支持线上贷款测额、预约开户、客户识别、在线授权，以及贷款申请、签约、支用、还款等功能在移动端的快捷办理，满足客户随时、随地使用需求。支持在政府机构等网上平台部署入口，将“惠懂你”核心功能和建设银行普惠金融服务嵌入外部平台和小微企业生产经营场景，通过场景接入实现从源头获取普惠客群经营数据信息，第一时间对接客户需求。截至2019年末，通过“惠懂你”累计授信客户数32.67万户，累计授信金额达1837.81亿元，支用金额为1433.65亿元。同时，持续探索构建“惠助你”普惠金融移动办公平台，创新推出“惠点通”商机展示和可视化营销平台，并集成“惠懂你”“惠助你”“惠点通”和普惠金融运营管理平台，打造以客户体验为中心的“三惠合一”普惠金融新模式，建立全方位支持、功能一点触达的金融供给终端。

二是推出智慧工商联服务平台。研发上线智慧工商联服务平台，通过与工商联、商会、企业

信息互联互通，提供融资、融智、融信、融惠、融技等场景化服务，打造“工商联”生态圈，构建工商联平台服务新生态，推进B端赋能，内挖外拓优质客户。

三是搭建智慧乡村平台。构造“入口+服务+数据”服务网络，实现土地信息线上采集，土地流转交易“一站式”服务，农业产业链综合化服务，将手机打造为农民的新农具。已创新“裕农快贷”产品系列，在河南、河北、江西上线“土地流转管理系统”，在黑龙江试点推出“地押云贷”“农信云贷”等线上产品，截至2019年末，累计发放贷款13.21亿元。

（三）生态共享，建立普惠金融泛在服务格局

一是打造线上线下融合的服务生态。下沉经营重心，将网点作为服务普惠金融客户的重要触角。截至2019年末，全行已开办“小微快贷”等新模式业务的营业网点占比95.74%，较年初提高3.66%；开发“需求发掘+实时推送+响应承接”标准化服务流程，在互联网渠道主动发现客户需求，自动匹配适合客户的产品与服务，实时推送到就近网点客户经理的移动终端，推进线上流量与线下营业网点有机融合，提升网点综合竞争力。

二是实现广泛连接的共享生态。推进与发展改革委、工信部、科技部、国家税务总局、市场监督管理总局、知识产权局等政府部门合作，在信息对接和信用增信方面，走在同业前列，特别是银税合作模式，被银保监会作为先进典型予以推广。

三是构建“双大”“双小”有机融合的供应链生态。充分发挥建设银行大生态、大产业、大客群的资源优势，搭建协同共享、连接共生的网络供应链金融服务平台，聚合核心企业、链条企业、仓储公司、物流公司、第三方公司、政府机构等多个协同主体，整合信息流、资金流、物流，围绕产业链及链条小微企业多样化的生产经营场景，量身定制金融+非金融服务的一揽子综合服务，已累计向5.6万家企业提供7700亿元网络供应链融资。

（四）价值赋能，重塑商业银行经营文化

一是整合科教资源，推进融智赋能。整合内部和知名高校等社会资源，打造互联互通、互用共享的学习生态圈。推进“金智惠民”工程，开展“普惠金融百万创业者培训计划”，为小微企业主、个体工商户等提供多层次、多形式的金融普及和实用知识培训，建设银行共计3.6万期培训覆盖92余万人次。推动产学研跨界协同，推出普惠金融蓝皮书，发布建行·新华普惠金融——小微指数6期，首次打造我国普惠金融运行状况的“晴雨表”。

二是创新解决农民金融需求，实现涉农赋能。建立“裕农通”村口服务生态，为农户及涉农小微商户提供集“存贷汇缴投”于一体的综合金融服务，打通农村金融服务“最后一公里”，已建立“裕农通”普惠金融服务点超过60万个，基本覆盖全国的行政村，惠及1700余万农户。应用区块链解决农民工工资拖欠“老大难”问题，“民工惠”投放专项融资款215亿元，服务农民工214万人次。

三是打造“劳动者港湾”和“创业者港湾”，实现社会赋能。充分利用网点渠道优势，建设“劳动者港湾”，为社会公众提供便民惠民服务，向社会开放“劳动者港湾”1.43万余个，累计服务超过1亿人次。与政府部门、知名创投、核心企业、孵化机构等平台合作，建立“创业者港湾”，通过创新投贷联动等机制，为中小科创企业提供全景式、全要素、全生命周期支持。

执笔：王守鉴

资产托管业务

一、经营发展情况

（一）关键指标表现优异

6大关键指标计划完成率全部超120%；托管规模和收入四大行占比分别提升0.5个和0.23个百分点。

（二）托管规模、收入上新台阶，大幅缩小与工商银行差距

全年规模新增9100亿元，达到13.13万亿元，其中保险突破4万亿元、养老金突破1万亿元；对标工商银行规模差距缩小6700亿元。全年实现托管业务收入47亿元，对标工商银行差距缩小2.87亿元。

（三）综合贡献突出

托管业务经济资本回报率541%，全行第一；成本收入比10.3%，全行第二；人均净利润688万元，名列前茅；账户经济增加值37亿元，是建设银行对公账户户均EVA的近4倍；托管业务带来对公存款日均余额超过2500亿元，对公一般性存款日均新增600亿元，在建设银行对公一般性存款日均新增中占比约40%。

（四）市场营销取得突破

科创板基金托管数量同业第一；养老目标基金托管数量同业第一；连续四年企业年金央企中标率同业第一；职业年金保持已投标30个地区项目全中，并获6个主托管资格；受托外包业务规模从不足10亿元增至1500亿元；继取得全球最大资管机构——贝莱德私募基金托管及外包资格后，又取得其公募基金托管及外包资格。

（五）协同联动深入推进

建设银行相关部门协同作战，一是共同推进职业年金营销；二是营销国家能源集团企业年金托管业务，规模带动超300亿元；三是建立表内资产投资固收类基金机制，规模带动近200亿元。

2019年12月6日，建设银行2019年重点分行资产托管业务座谈会在天津召开。

（六）合规管理稳健有效

未发生重大风险事件和监管处罚；在各项内、外部审计当中无重大发现；连续11年获得国际标准ISAE3402托管业务内控鉴证无保留意见。

（七）集约化运营效力不断增强

建设银行已承接除监管和特殊客户要求外的总行全部直营产品，以及12家不具备证券类运营能力分行的产品运营工作。

（八）业务创新与研究开创新局面

“鹰眼”项目获创新马拉松“G端连接”优秀项目二等奖；参与监管机构多级托管、质押式回购、中新通等行业前沿及重大课题研究，发挥建设银行大行引领作用。

二、主要工作举措

（一）建机制，促联动，持续推进托管业务协同发展

一是依托建设银行集团整体优势，加强相关部门、分行条线及相关子公司的战略协同，在市场营销、客户准入、产品准入和委外投资等方面联动开展业务。

二是建立托管业务与建设银行内部上游业务

的数据交换、信息共享机制，确保“应托尽托”，实现建设银行利益最大化。

三是提升托管业务对建设银行内部上游业务的价值和贡献，深入挖掘托管系统海量数据，通过风险绩效、业绩归因分析，为经营管理和决策提供支持，实现共同可持续发展。

四是进一步优化托管业务考核评价、托管费收入分成方案，发挥好指挥棒的导向工作，引导建设银行所属分支行扩大自主经营规模，注重价值创造和效率提升。

（二）抓重点，抢市场，不断推进托管业务战略发展

一是抓重点客户，积极与重点资管机构建立战略合作关系，一户一策，提供包括销售、配资、流动性支持等在内的全面金融服务，不断拓展业务份额。

二是抓重点产品，打好职业年金争夺战，托管人资格排名保二争一，同时提前与排名靠前的受托机构绑定合作，确保托管份额不低于资格排名；把握理财产品净值化转型窗口期，抓好净值型理财产品托管及外包业务营销，以托管带动外包，以外包促进托管；积极、审慎、有序地开展交易类资金存管等新兴业务，在有效防范业务风险的前提下，拓展托管业务新的增长点。

三是抓重点分行，10 家重点分行和 15 家设立托管业务一级部门的分行要有大作为、大担当。

（三）重服务，保运营，大力推进托管业务集约发展

一是做好“集中化运营，属地化服务”运营模式的推广和优化，进一步破解不具备证券类托管运营资质的分行开展证券类投资托管业务的难题。

二是完善托管运营服务标准，持续优化业务流程，提高运营效率。

三是积极推进涵盖建设银行及托管运营中心全流程客服体系建设，建立客户服务投诉应对处置机制，提升托管服务水平，不断改善客户体验。

（四）建平台、优系统，积极推进托管业务可持续发展

一是持续推进托管系统优化，引入机器人、AI 等技术，进一步提升系统自动化水平。

二是推进建亚托管系统开发工作，为托管业务全球布局打好基础。

三是推进风险绩效系统自主开发，增强托管核心竞争能力。

执笔：周毓彤　陶雷

结算与现金管理业务

一、主要经营业绩与亮点

（一）单位人民币结算账户拓展同业领先

截至 2019 年末，单位人民币结算账户总量 1105.34 万户，较年初增长 101.55 万户，增幅 10.12%。其中正常户 824.8 万户，排名四大行第一，四大行占比 30.93%（自 2019 年第四季度起，人民银行不再提供四大行全量账户数据，本次报告采用四大行交换数据）。当年新开立账户 193.23 万户，开户量四大行第一，四大行占比 31.15%。新开账户带来人民币活期存款新增 5378 亿元，账户新增成为存款增长的主要动能。

（二）现金管理产品价值贡献持续提升

新型结算产品交易量 10.77 亿笔，同比增长 2.68 万笔，增速达 33.15%；对公一户通、多模式现金池、票据池、监管易等重点产品沉淀日均存款 2.92 万亿元，较年初增长 2171.38 亿元，增速达 8.03%，对公交易性业务优势持续凸显。

1. 多模式现金池助力客户实现跨区域资金管理。多模式现金池签约客户 3.24 万户，较年初净增4898户，增速达17.81%；入池账户19.77万个，全年共为客户归集资金11.64万亿元；当年为中国盐业集团、中国建筑集团、北大荒粮食集团等170余家重点客户组建跨一级分行的现金管理服务网络，帮助客户实现跨区域资金集中管理，提升资金使用效率。多模式现金池为建设银行带来2887.52亿元稳定的活期存款沉淀，较年初增长153.47亿元，增速达5.6%。

2. 监管易直击行业痛点，实现监管资金有效沉淀。监管易迅速抢占市场，签约客户达1.94万户，较年初净增1.34万户，增速达224.24%；监管账户日均存款100万元以上客户达8177户，较年初净增5639户，增速达222.18%；共签约监管账户3.02万个，承接监管资金1286.99亿元，较年初增长874.33亿元，增速达211.88%，全年实现中收2.96亿元。监管易在社保、工程建设资金、房地产交易、社会团体、租赁、保理等领域得到广泛应用，今年已为内蒙古兴安盟公立医疗机构药品集中采购平台、首都机场集团“非主基地航项目”、广州市住建委农民工工资监管项目、沈阳市科技创新建设等重要项目提供资金监管服务。

3. 对公一户通获客吸存效果显著。对公一户通为客户搭建分级分类账户体系，有效解决客户专项资金专户管理、分账核算等痛点；截至2019年末，活跃客户21万户，沉淀在一户通账户体系内的存款2.5万亿元，其中机构类客户的存款1.54万亿元，占比机构类存款总量的47.67%。

4. 代收代付产品发挥公私联动优势，B端带动C端作用明显。代付产品有效客户净增6.46万户，增速17.13%，代发至我行C端账户资金4.87万亿元，其中为农民工代发工资1969万笔、1277亿元；代收及缴费产品有效客户净增633户，增速达10.41%，新上线水费、电费、公用事业等民生领域缴费项目114个，代收缴至我行B端账户资金1.16万亿元。

5. 惠市宝打造对公、对私一体化闭环结算体系。自2018年底推出“惠市宝——对公专业结算综合服务平台”以来，现已在32家分行推广落地，全行签约惠市宝市场类客户192个，交易总量达153万笔，交易总金额3.54亿元。惠市宝深耕核心分账功能，提供多种资金流转路径，以平台优势全面带动账户、客户、商户、基本户拓展，不断完善渠道接入，丰富拓客新模式。现已实施湖南“三一重工云商城”、广西“一键游桂林”、厦门“智慧体育平台”、河南“升学之路教育服务平台”、深圳“驿住房屋租赁”等多个重点项目，在住房租赁、教育培训、体育文化产业、旅游服务行业、工程机械制造、民生工程等领域实现“B端赋能、C端突围、G端连接”的突破性应用。

（三）规模以下无贷户价值潜力不断释放

规模以下无贷客户366.33万户，净增60.07万户，增速达19.62%。加权折算后有效客户数330.61万户，净增108.22万户，增速达48.66%。日均存款5313.05亿元，较年初增长963.18亿元，增速达22.14%。2019年，培育并移交27.45万户信贷客户，移交日均存款608.45亿元。

二、主要工作措施与成果

（一）加强账户服务管理，夯实支付结算业务发展基础

一是按照人民银行的统一部署，顺利完成取消企业银行账户许可工作，切实落实“两个不减、两个加强”的监管要求，发挥国有大行的“稳定器”作用，全力支持实体经济的高质量发展，为企业尤其是民营企业、小微企业提供更加优质、安全、高效的金融服务。二是组织开展全行支付结算自查自纠工作，在全行范围内开展取消企业银行账户许可、防范电信网络新型违法犯罪、“断直连”等三项工作的专项督查。三是全面推进全行账户提质增效工作，制定标准，分类督导，并召开账户管理专题调研会对重点分行进行督办。四是不断夯实支付结算的管理基础，制发本票、汇票相关操作规程，优化汇票签约功能，全面升级电子验印系统，进一步提升电子验印系统效能。

（二）持续加强账户营销拓展，提升支付结算服务能力

一是大力推动G端源头拓客，全面深化工商合作，加强工商数据深度应用，打造源头获客新模式，有效促进账户源头精准营销。二是创新推出“账易行”账户服务品牌，打造从线下延伸至

线上 + 线下 O2O、更贴近客户和市场的数据化、智能化账户服务管理模式，突出渠道端“获客”、管理端“悦客”能力，全面升级账户管理和服务能力。三是创新推出凭电子营业执照的单位结算账户服务，提升广大企业尤其是小微企业、民营企业等账户服务体验。

（三）战略引领提升服务实体经济能力，不断优化产品服务

围绕“国际化、智能化、移动化、场景化”四大领域开展产品创新，总分行共完成产品创新104 项，“禹道”现金管理品牌获得《财资中国》《贸易金融》颁发的“最佳现金管理银行奖”“最佳现金管理产品创新银行”等奖项。

一是持续优化“惠市宝——对公专业结算综合服务平台”功能，深耕核心分账功能，提供多种资金流转路径，以平台优势全面带动账户、客户、商户、基本户拓展，不断完善渠道接入，丰富拓客新模式，打造对公、对私一体化闭环结算体系。二是“监管易”聚焦行业痛点，全线上监管服务模式和“易回款”回款资金监管服务在农民工工资监管、商品房预售、应收账款回款等场景和社保、工程建设、房地产、融资租赁和保理等领域得到广泛应用。三是大力推动代发客户拓展，加大 B 端客户的源头营销，通过合约签订、系统参数配置，并配套对公网络等电子渠道，优化 C 端授权等方式，推动代发客户增长，助力个人存款增长。四是创新推出小微企业结算卡，有效满足客户支付结算、企业信息化建设、经营管理等基本核心需求。五是推动智慧缴费项目建设，优化扫码缴费功能，增强 C 端缴费渠道体验。

（四）全球现金管理服务能力持续增强，全球现金管理布局不断优化

一是推动实时池、收付款、信息报告等存量优势产品在海外本地的创新应用，为澳交所、马来联合钢铁等海外客户上线现金管理服务，提升我行海外分支机构参与国际竞争能力和本地化服务能力。二是全面升级全球现金管理服务，优化完善 SWIFT 现金管理服务合约，创新“全球收付款”“全球账户信息报告”“全球账户统一视图”等服务，在国内银行中“首家”为客户实现对“境外他行”账户的“可视”“可控”，帮助“走出去”和“引进来”跨国集团客户实现“一点接入”的全球多银行账户管理。三是全面提升跨境资金交易的合规管理水平，对接反洗钱清单监测系统，实现对资金支付类交易信息的逐笔黑名单和反洗钱筛查。

2019 年为拜耳集团、大众中国投、奥迪集团、浦项集团、海大集团、上汽集团、宝武集团等 43 家“走出去”和“引进来”世界 500 强客户上线全球现金管理服务，与境外 66 家商业银行建立 SWIFT 报文交互，登记境外他行账户 281 个，累计接收他行账户对账单 9.4 万个，全球现金管理服务能力持续增强，产品“获客、活客、留客”优势不断凸显。

执笔：秦婧

财富管理与私人银行业务

一、私人银行业务平稳发展，各项业务指标完成情况

截至2019年12月底，私人银行客户金融资产（AUM）达15093.36亿元，比年初增长1608.23亿元，增速为11.93%。私人银行客户数量为142739人，比年初增长15528人，增速为12.21%。

二、抓好执行力，逐步形成内生动能

纵横发力，抓实落地。纵向举办私人银行管理人员领导能力提升培训班，实施全方位联系行制度，抓首席客户经理营销、分行工作会议推动，实施支撑推动；横向推进集团协同，深化家族信托顾问业务等拳头产品内涵，拓展金融市场交易、市场研究专业服务，开展“私企变私行”联合营销、公私联动案例编撰、私享品及入驻企业综合金融服务、家庭资产负债表项目、创新联动思想汇、境外机构联动等工作，深耕金融生态，融入全行业务。

三、做好私人银行高品质活动与服务，提升市场与客户影响力

一是总行领导出席并参加了《中国私人银行2019》报告发布会、2019年中国建设银行家族财富论坛、家族办公室客户签约等国内重要活动、赴新加坡出席并参加第二届亚洲私人银行研讨会等境外重要活动。二是持续做好健康关爱服务。在原有境内已推出的健康关爱服务基础上，新增境外就医安排和境外体检等服务，逐步实现健康关爱服务的全球化。截至2019年底该服务全年使用量37146人次。三是举办丰富多彩的教育培训活动。开办一代企业所有人、二代创新创业人士、中小企业主、家族子女财富课堂等客群培训；设计个性化留学规划，举办海外财富课堂、名校夏校、研学营等子女教育服务。四是引入专业律师事务所，为私人银行客户提供咨询、讲座等高品质法律服务。其中，由合作的律师事务所知名律师举办财富传承讲座36场，覆盖客户30000余人。五是建设银行已在全国40多家机场推出机场服务。2019年新增北京大兴国际机场的机场服务；与建设银行相关部门协同合作，开发并推出部分二线城市机场在善融商务渠道的线上预约服务。截至2019年底，建设银行机场服务使用量为126407人次。

四、加快培育私人银行体系化打法

完善私行产品服务货架与资产配置体系，制定优化私行代销产品适销性审核标准和流程，丰富推出私募股权、资本市场多策略等优质产品，推动资产配置及精选产品管理系统平台开发；丰富投研策略、法律税务专业研究服务，推进财富架构法律和税务咨询服务项目，发布季度大类资产配置策略分析、税收优惠政策等系列研究报告；聚焦核心产品服务，做深核心客户，家族信托顾问业务新签约委托规模为553.78亿元、配置金额为380亿元，资产管理规模达280亿元；推进家族办公室服务，签约上市公司股东、富豪榜上榜家族等客户10户，签约资金10亿元；持续加强私行数字力建设，推进建设银行e私行手机银行私行专版一期及二期功能上线应用、私行客户经理智能工作平台建设、私行客户签约及申卡流程精益化一期，以及“私享远望”“私享商机”数据应用优化项目。

五、抓实队伍培育，提升专业服务与创新能力

持续建设私行专业培训体系，与西南财大联

合成立“私人银行教研中心”，搭建科学理论与全球最佳实践相结合的教研平台；组织开展1130人次专业培训，派出兼职培训师12人赴建设银行15家分行培训，提升私行专业经营能力。持续开展私行人才队伍建设，创新成立财富架构、宏观策略、投资产品、法律、税务5个专业研究团队，推进全面集中培训、专项培训、跨领域交流培训及专业比赛，年内58名条线员工荣获第二届中国私人银行精英赛各类奖项，湖南分行3名员工荣膺2019年第十一届“福布斯富国全国优选理财师60强”。加强创新管理，推进创新联动长效机制建设工作，打造对内融合、对外协同的良好生态，组织“坊间群英汇”“半马”评审会、创客团队孵化展示等多种形式创新活动；加强私行条线知识产权管理，全年建设银行私人银行业务成功注册新商标4个，进入注册公告期商标1个。

六、增强私行中心经营能力，释放专业辐射产能

持续推进私人银行中心“1+1+1+N”专业团队服务模式，加力落实五步法经营流程，扎实做好私人银行中心“152工程”，提升精细化经营，协同建设银行支行网点共同拓展市场客户，全面提升私人银行中心活客、留客能力，发挥公私业务联动桥头堡作用。截至2019年末，建设银行管理客户金融资产规模超过50亿元的私人银行中心66家，其中，超200亿元的有7家，超100亿元的有16家，超50亿元的有43家。完成私人银行中心经营能力全面综合评价，制定私人银行中心经营服务管理工作指引，强化私人银行中心职能定位，围绕精细化客户关系管理、强化专业服务、赋能网点综合竞争力提升、规范业务运营管理等方面提出具体要求，做实私人银行中心经营。

七、积极执行集团战略，主动融入全行发展

协同推进普惠金融战略，开展联动营销、业务培训及交叉推荐；践行“三带一融合”公益理念，组织开展陕西安康健康扶贫、乡村学生星光夏令营、云南腾冲公益慈善行、定向扶贫理财产品发行、“听建未来”系列慈善信托捐赠等工作；加强金融科技成果运用，已启动或开发上线重要业务系统5类，推进智能平台建设，打造“私享”系列私行数据应用体系。持续推进三个能力建设，发行私募股权类系列产品，积极引导私行客户资金投向国家战略重点领域，助推实体经济发展；加大反洗钱管理、产品风险管理，提升私人银行业务全面风险管理能力；助推悉尼分行申请扩展基金产品一般性资讯服务资质，配合新加坡分行申请QFB牌照，联动境外机构对接客户需求，支持海外机构发展。

八、强化风险合规管理与消费者权益保护工作

制定私人银行业务反洗钱工作制度办法，构建私人银行客户身份识别及私人银行业务关系审核流程，开发反洗钱系统，提升反洗钱风险管控措施及能力；严格履行合规主体责任，将行内外内控合规管理要求内化到业务流程中，以内外部审计与检查发现问题为导向，加强条线指导，促进合规经营；加强投资者教育与消费者保护，在“建行私人银行”公众号上开展金融知识宣传，编制下发私人银行业务舆情风险信息监测快报和风险管理案例月度解析，加强业务风险教育、提升风险防范意识和业务风险认知水平。

执笔：徐超

住房金融与个人信贷业务

一、业务经营情况

（一）住房租赁业务

截至2019年末，住房租赁综合服务平台已经服务324个地级及以上城市，个人实名注册用户超过2100万，累计上线房源2336万套。目前，平台现有市场化可租房源270万套，已出租房源中通过建设银行平台完成交易的房源共126万套。监管服务系统在296个地级及以上行政区上线，并覆盖全部发达县域，已在100多个城市完成房源核验871万笔，合同备案348万笔，初步形成了全国范围的住房租赁服务体系。

截至2019年末，共26家分行开展存房业务，其中13家分行同时采用两权分离和撮合模式。建设银行累计受理存房业务申请90万笔，签约客户51万户，签约房源80万套，已出租房源74万套，其中通过建设银行平台出租的房源28万套。此外，建设银行有33家分行已挂牌“CCB建融家园”项目204个，房源共13万套。

（二）个人贷款业务

截至2019年末，建设银行个人贷款余额为56912亿元，比年初新增5401亿元，还原证券化贷款数据后，比年初新增6780亿元。个人贷款余额、新增在建设银行各项贷款中分别占比为40.70%和39.03%。个人贷款余额四大行第一，零售信贷第一大行地位稳固。

建设银行个人贷款不良余额为178.99亿元，比年初增长16.02亿元；不良率为0.31%，与年初持平，四大行最低。其中，住房贷款不良率为0.27%，与年初持平，资产质量四大行最优；个人消费贷款不良率为1.63%，比年初上升0.28个百分点。个人逾期贷款余额为326.64亿元，逾期率为0.57%，较年初下降0.05个百分点。

（三）个人住房贷款业务

截至2019年末，建设银行个人住房贷款余额54982亿元，在全行各项贷款余额的占比为39.3%；比年初新增5602亿元，占全行各项贷款新增额的40.5%。考虑证券化还原后，全行个人住房贷款比年初新增6828亿元，四大行第一。

2019年共发行建元系列个人住房抵押贷款资产支持证券12单，发行规模为1400亿元，在同类产品市场中占比27.12%。2015—2019年末，已累计发行建元系列产品49单，累计发行规模为5119亿元。此外，2019年发行建鑫系列个人类不良贷款资产支持证券8单。

（四）个人消费贷款业务

截至2019年末，个人消费贷款余额为1930亿元，比年初负增200亿元。其中，快贷贷款余额为1757亿元，比年初负增142亿元，累计投放超过1.37万亿元，累计服务客户超过1500万户。

（五）房改金融业务

截至2019年末，建设银行住房资金归集余额为32836亿元，比年初新增2561亿元，同比增长346亿元。住房资金存款时点余额为8789亿元，比年初新增791亿元，其中，住房公积金存款余额为5251亿元，比年初新增485亿元；住房维修资金存款余额为2561亿元，比年初新增233亿元。住房公积金个贷余额为23993亿元，比年初新增1890亿元，同比增长277亿元。

（六）个人贷款利息和中间业务收入

2019年建设银行新发放一二手住房贷款加权利率为5.62%，四大行第一，为基准利率的1.150倍。截至2019年末，全行累计实现个人贷款利息收入2593.46亿元，同比增长15.92%。实现中间业务收入42.01亿元，同比增长15.06%，其中房改金融中间业务收入34.65亿元。

（七）产品创新成效显著

应用众创平台组织创意挖掘，推动101项产品创新；“存房”“零售客户综合授信”和“住房公积金数字平台”3个项目入选建设银行战略性项目；“校园贷”“AI房贷管理及证券化估值”等5个项目列入建设银行年度重点创新项目；“丝路建元”“掘金城市区域画像”2个项目入围年度建设银行马拉松C端突围主题复赛。

二、主要工作措施

（一）纵深推进住房租赁业务，助推国家战略落地见效

从百姓端、企业端、政府端不同用户角度，不断迭代优化住房租赁综合服务平台，深入推进平台实质性使用，为各级政府监管规范市场提供有效工具和手段，为各类主体提供公正透明的交易环境和服务保障。

围绕政府在工建审批、工程建筑、房屋交易、住房保障、物业服务等领域提升信息化治理能力的急迫要求，构建覆盖“审、建、管、住”等全生命周期的“数字房产”信息化管理服务平台，现已推广到13个省40多个城市，总结出了可快速复制推广的经验，为政府“放管服”改革提供有力保障，实现“让数据多跑路，让群众少跑腿”的目标。

因地制宜推进存房业务，激活社会闲置房源，形成几种较为成功的模式：一是为高校、机构、企业提供优质租赁房源及租住服务，如北京交大、大兴机场项目；二是为中心城市新就业大学生和底层劳动者提供质优价廉的租赁房源，如广州“大五时光”、环卫工人租赁用房；三是与养老机构合作为年长者提供养老房源，已在上海、广东、浙江、陕西、吉林等地开展相关业务；四是为商旅及旅游人士提供精品民宿房源，目前在云南昆明、大理及海南海口打造精品民宿等。

围绕住房租赁产业链，加强与海尔、小米、中国建筑科学院、大和房屋、黑石投资等国内外头部企业合作，牵头组建住房租赁产业联盟，整合住房租赁相关领域资源，以批量化配置和专业化服务，降低成本能耗，改善装修等居住环境，共建开放共享高效的住房租赁新生态。协同建信住房公司，全面推进战略实施。公司承担平台优化运营、存房租赁权获取与管理、“数字房产”系统建设、牵头产业联盟等职能，在策应战略全面实施落地上起到了重要作用，拓宽了租赁业务开展的空间。

（二）发挥建设银行金融科技优势，助力提升房地产市场治理能力

配合住建部建设全国房地产市场监测系统，已接入331个城市，全国“一张网”的管理体系将逐步建成，为完善调控措施提供决策依据。协助住建部制定公租房信息基础数据标准，开发公租房标准化系统，配合推动各城市公租房系统贯标，在224个城市完成数据共享，推动构建公租房信息化管理体系，提升保障房使用效能。目前公租房累计上线超800万套。

依托“区块链＋云平台＋大数据”技术，为住建部搭建住房公积金业务四大平台，包括全国住房公积金数据平台、公积金决策分析平台、公积金结算应用平台、公积金异地转移接续平台，支持构建标准规范的公积金缴存、运用、管理体系，提升公积金缴存职工的服务体验。公积金数据平台完成437家公积金中心的上线接入，实现与国税总局、统一社会信用代码、国家政务服务平台的系统对接，全国公积金微信小程序在28个城市、40家公积金中心试运行；结算应用平台接入456家公积金中心、175家银行，累计交易6亿笔、金额为7万亿元。

为助力大数据时代的政府房地产治理创新和实践，推动房地产市场数据服务体系建设，开发建立“市场—企业—楼盘—客户—产品”的多维度楼盘大数据分析体系和建设银行住房价格指数体系，以建设银行1500多万个人住房贷款数据为基础，每月引入500多万条内外部最新数据，实现市场研判、房屋评估、风险分析等功能。目前楼盘大数据已覆盖200个城市，住房交易价格指数和租赁价格指数均扩大到83个城市，持续通过技术对外赋能，助力政府实现决策科学化、社会治理精准化。

（三）贯彻落实“房住不炒”定位，合理把握个人住房贷款投放节奏

加强宏观经济形势和房地产市场形势分析，严格落实监管要求，密切联系分行，依托楼盘大数据，从区域、开发企业和楼盘、合作中介机构等多维度加强管理，支持百姓合理自住购房需求，为建设银行业务发展顺畅提供保障。

积极稳妥推进新发放个人住房贷款 LPR 相关工作，研究制定个人住房贷款利率调整业务实施细则，修订个人住房（商业用房）借款合同，增加 LPR 定价条款有关内容；完成系统改造升级，支持 LPR 定价方式的个人住房贷款全流程办理；组织员工培训，做好客户咨询服务工作，全辖推进部署。

创新个人住房业务模式，持续推进“互联网 + 不动产抵押登记”项目的落地实施，通过 G 端连接，实现远程抵押登记办理；开发上线个人贷款自助服务平台，提升在线获客能力和客户满意度。规范楼盘项目准入退出管理，研究开展合作方与楼盘项目管理流程优化；加强二手房合作中介机构管理，强化合作机构名单制管理。

（四）积极创新产品服务，推动快贷业务稳健发展

扩大快贷客户覆盖，做大客户基数。开发代发工资客户标准化模型，统一风险偏好，提高对优质代工客户的覆盖度。加快与公积金中心的合作对接，通过数据直联获取客户收入信息，统一公积金客群评价标准。加快与社保、税务等具有公信力的政府平台数据接入合作，扩大客群覆盖。研究存量优质客户授信方案，差别化授信规则，提升优质客户留存率。大力发展生态链快贷，围绕核心企业为其上下游农户、个体工商户等群体提供贷款，实现批量快速获客和数字化经营。目前已在 18 家分行上线 58 个项目，与国家电网、中国烟草、汾酒集团等企业集团开展合作，形成了新的业务增长点，支持消费品流通领域新业态发展。

充分发挥协同效应，创新“速 e 通”快贷、货车司机快贷，助力全行 ETC 业务发展；创新云企贷产品，助推智慧政务战略，增强政府连接和服务赋能；创新裕农快贷、农垦快贷等，支持乡村振兴发展；发展智慧社区和社区金融，创新社区快贷产品，促进金融科技与业务发展衔接。

（五）深化房改金融业务生态圈，守牢市场半壁江山

持续推进系统集约化建设，组织做好住房资金业务系统及渠道的推广上线工作，为 80 余家住房资金管理部门客户上线建设银行开发的住房公积金和住房维修资金业务管理系统，赋能住房资金行业信息化转型。研究住房资金系统运维生态新模式，形成一套多方合作的生态系统运营方案，全面提升建设银行综合竞争力。

进一步深化与政府住房资金监管部门的合作关系，深入参与住建部《全国住房公积金信息系统建设需求》《住房公积金个人住房贷款风险管理专项研究》《住房公积金信息共享机制研究》等多项课题研究，在建行大学华东、东北学院组织承办住建部住房公积金数据平台、住房公积金信息共享研讨班。夯实基础管理，研究推进公积金贷款流程优化和风险防控，上线 7 大类、11 个公积金贷款稽核模型。

（六）加强风险主动防控，促进个贷资产质量稳中向好

从预警模型、核查制度、流程系统、问题整改等多方面同时着力，全面构建个贷监测检查管理体系。建立交叉监督检查工作机制，组织预警模型核查整改攻坚战，对所有存量预警疑点开展“回头看”；向建设银行全行推广检查流程系统功能，加强对预警核查工作的管理，开发检查工具和风险标识，持续推动预警模型迭代优化，目前预警模型已达 102 个。

加强风险监测与催收处置，做好资产质量管控。落实风险的日常监测与分析统筹；优化催收策略，充实催收力量，扩大委外催收范围，提高对逾期贷款的催收覆盖面和催收强度，机器人智能催收覆盖全部分行和全部个贷产品；持续组织推动核销申报，引导建设银行全行重视基础性不良处置手段的应用；加大贷后管理系统建设，系统性重构个贷催收功能模块，研发个贷催收风险评分工具，推动个贷责任认定和呆账核销相关系统功能开发。

强化内控管理和制度建设，完善条线员工行为管理、个贷黑名单管理和应用、个贷评分卡业务操作等多项基础性制度规范，落实条线反洗钱工作，推进条线“防范外部侵害、加大违规警示”教育活动，夯实业务合规经营基础。面对强监管的外部环境，认真做好一系列内外部监管检查和审计工作，积极响应配合与汇报沟通，针对检查发现的问题，查找经营管理薄弱环节，组织做好根源性整改。

（七）适时开展资产证券化工作，助推零售信贷业务发展

准确把控资产证券化项目进度，确保在关键时间节点如期发行。完善基础资产筛选管理，根据需求确定入池资产规模和地区。合理选择入池资产利率水平，以低利率贷款出表置换规模投放高利率贷款，提升了表内资产生息水平，优化信贷利率结构。逐步丰富零售类不良贷款证券化产品，拓宽不良资产处置通道，为业务发展提供有力支持。

持续推进国际化发行，广泛吸引境外投资者参与。2019 年共发行标普 AAA 级国际评级的建元系列产品 3 单，在国内首次实现优先档各档均有国际投资者中标，引入日本三井住友银行、新加坡政府投资公司等境外投资者 16 家，境外投资总额为 75 亿元，打通债券通投资渠道，搭建境外分销平台。

稳步发展证券化承销业务，2019 年承销 9 单证券化项目，承销规模 154.42 亿元，承销佣金 464 万元，进一步扩大承销市场份额，丰富承销证券化产品基础资产类型，树立专业品牌形象，巩固建设银行在零售信贷证券化领域的综合优势地位。

（八）提升数字化管理能力，不断夯实业务发展基础

创新开展家庭资产负债表项目，在建设银行行内实现了“三个首次”。一是首次提出“家庭客户”类型，并实现了家庭成员关系的自动采集和更新，目前已获取 2057 万对夫妻关系数据。二是首次与建设银行行内有关平台融合应用，搭建了家庭客户视图的整体架构，创新引入了房产、汽车等非金融资产信息并进行量化。三是首次围绕“家庭客户”试点开展业务应用，探索创新零售业务模式，初步显现了应用价值。

牵头推进 C 端突围住房生态项目，成立工作小组，围绕策略分析、实施路径、行动方法论等内容，研究制订住房生态场景突围工作方案和实施方案初稿，努力打造具有科技性、普惠性和共享性的住房生态，进一步提升建设银行住房金融领域的获客、活客、黏客能力。

深入开展个贷业务流程迭代优化项目，在微信小程序试点开发“建行智慧个贷”功能，客户可在线提交贷款申请，上传相关资料，查询贷款进度；同时在“建行员工” App 端开发贷款受理功能，客户经理可在手机端处理贷款申请，有助于进一步提高个贷业务办理效率。

推广使用个贷业务电子印章，开发用印登记功能，减少手工登记及实体印章的取用频率，实现在线审批、全程管控、批量申请，防范了用印风险。推进个贷档案管理项目，已上线个贷重要档案出入库管理、权证信息查询等部分功能，助推实现个贷电子和实物档案的全流程线上管理。

持续推进零售客户综合授信管理相关工作，牵头组织相关部门共同完善零售客户管理模式、细化流程、构建模型，完善个人客户额度模型和人企合一额度模型（含企业主消费额度模型），将额度工具和预警工具嵌入个贷、信用卡和普惠条线业务流程，下发实施细则并探索应用。

执笔：王芳

信用卡业务

一、业务发展情况

（一）经营效益稳健增长

截至2019年底，建设银行信用卡实现业务收入612亿元，其中，中间业务收入509亿元，手续费及佣金净收入全行占比33.5%。

（二）主要指标再创新高

截至2019年底，建设银行信用卡累计发卡量达到1.33亿张，客户总量达到9734万户，连续五年同业第一；当年净增发卡1276万张，净增客户733万户。全年实现信用卡消费交易额3.15万亿元，对全国社会消费品零售总额贡献达到7.8%；信用卡累计贷款余额达到7425亿元，当年新增891亿元。

（三）多项核心指标同业第一

截至2019年底，建设银行信用卡客户总量、贷款余额、资产质量等多项核心指标同业第一，业务收入、中间业务收入、银联跨行消费交易额等指标保持四大行第一，客户满意度六大行第一。

（四）质量效率稳步提升

截至2019年底，建设银行信用卡逾期90天以上不良率为1.02%，与上年同期基本持平，低于六大行平均水平0.72个百分点，资产质量保持同业最优。

（五）品牌影响力持续提升

2019年先后荣获国际卡组织及主流媒体颁发的“2019年度最佳信用卡品牌”“年度信用卡人气品牌”“中国企业社会责任榜创新驱动贡献奖”等多个奖项，龙卡信用卡品牌社会影响力进一步提升。

二、主要工作进展

（一）聚焦重点区域，加快推进区域差异化经营发展策略

加大调研力度，围绕重点中心城市行、县域支行、长三角地区差异化发展等方面出台一系列措施，积极推进产品创新、分期创新在重点分行先行先试，围绕乡村振兴战略推出裕农通信用卡产品，开辟乡村消费金融新蓝海。

（二）深耕长尾客户，目标客群适配产品创新推广力度持续提升

围绕年轻、车主、境外消费等目标客群，创新推出QQ音乐卡、飞驰畅行龙卡、龙卡畅享卡等产品，迭代创新喜马拉雅卡刘慈欣版、变形金刚大黄蜂卡、LINEFRIENDS新版珍藏系列、芭比卡60周年版、MUSE卡设计师版、奥运卡东京版等产品。线上“秒申秒办”的虚拟信用卡“龙卡贷吧”发卡量229万张；积极推进全行“决战ETC”战略，截至2019年底，信用卡累计签约ETC客户2024万户，占建设银行全行总签约量达到36%；2019年新增汽车卡、尊享白金卡、JOY卡、优享卡等效益型、战略型主推产品865万张，重点拳头产品超额完成全年推广计划。

（三）践行普惠金融，消费支付场景化建设快步前行

深化移动支付绑定与创新，信用卡活动客户移动支付绑定率达到76.8%，移动支付消费交易额同比增长27.7%。加快推进商户场景化布局，智能POS平台创新推出行业应用131个，截至2019年底，信用卡全量收单商户157万户，全年承接消费资金2.26万亿元，关联日均存款余额为9433亿元。

（四）做优消费信贷，满足人民美好生活需求能力持续提升

分期信贷保持又好又快发展，深耕汽车、安居等重点生活消费场景，全年投放各类分期信贷4527亿元。其中，购车分期实现交易额866亿元，同比增长12%，市场渗透率达到4.73%，不良率为0.42%，在全国车市低迷、销量负增长的情况下实现逆势增长；装修分期实现交易额622亿元，同比大幅增长42%；全年实现分期通交易额959亿元，通过数据驱动精细化运营，新入库客户1550万户，交易贡献360亿元；全年实现账单分期交易额1834亿元，同比增长15%，客户渗透率达到19.2%，创历史新高。

（五）深化科技赋能，大数据分析应用成果显著

全年推进完成29个重点项目立项，投产687项功能；加快推进信用卡在网点、手机银行等渠道的功能集成交付，信用卡新增客户手机银行渗透率超过86%。持续加大全条线大数据人才建设，持有数据分析资质的人数达到230人，通过“育苗工程”培养大数据人才140余人次，持续推进外部数据融合应用，不断丰富信用卡客户标签体系与模型体系，深化数据与业务的融合，信用卡数字力建设卓有成效。

（六）严守风险底线，风控合规经营管理能力全面提升

主动优化风险策略，持续完善差异化授信体系，加快推进审批集约化，信用卡自动审批率和征信率分别达到89%、53%，同比分别提升11.3个百分点、10.0个百分点；严格落实刚性扣减、多头授信、反欺诈、反洗钱等监管要求；加强资金用途管控，交易欺诈在线监控自助处理率实现零突破，通过微信、短信等多种自助渠道交易核实，月均服务客户超2万户，自动处理率提升17%；建设银行企业级商户风险管理体系，商户风险管控始终保持同业领先；加大不良资产回收处置，全年共回收处置不良资产141亿元，资产质量始终保持同业最优。

（七）加强精细化管理，客户体验持续提升

深入落实全行精细化管理要求，完成各类精细化项目39项，其中账务处理流程优化推动分期退货人工作业量降幅近60%，电子化账单替代率达到90.3%。通过流程优化、自助渠道分流和智慧客服应用，客服每百万张卡电话量同比下降26%，每万户工单量下降10%，累计优化全生命周期服务流程2200余项，解决客户疑难问题5800余件。“龙卡信用卡”微信订阅号粉丝数达到1961万，已连续三年在人民网舆情监测室——银行信用卡微信传播力排行榜的信用卡订阅号中排名第一。

（八）稳健合规经营，基础管理扎实有效

一是持续强化内控合规能力建设，将合规、合法性审查嵌入业务流程，组织推进覆盖全条线的信用卡合规检查，加强监管、审计协调对接，全力配合银保监会检查组完成2019年风险管理及内控有效性现场检查项目，切实落实问题整改。二是高度重视消费者权益保护，以“客户之声”驱动服务改进，广泛开展金融知识宣传活动，对26家分行开展消保现场检查，扎实推进侵害消费者权益乱象整治工作，妥善化解客户投诉和声誉风险，荣获上海市金融消费纠纷调解中心授予的“银牌信用卡中心团队”称号。三是加强后勤安保管理，成功开展特色美食日、午间音乐会、健康养生讲座等活动，以及全员消防疏散演练、急救培训、反恐防暴管理等项目，荣获“上海市物业管理优秀示范项目”等多项荣誉，为全体员工营建了安全、健康、舒适的办公环境。

（九）践行社会责任，公益扶贫与企业文化建设成效显著

一是积极开展公益扶贫，依托“龙卡信用卡爱心100分”和“积分圆梦·微公益”平台持续开展积分捐赠活动，累计已有66万持卡人参与，捐赠积分68亿分，约合1360万元，受益贫困学生、特困户上万名。二是全面加强品牌宣传，全年围绕ETC、新产品上市、金融知识宣传等重大事件加强主题宣传，在新华网、第一财经、新闻晨报等行内外各级媒体刊发新闻稿件超过8000篇次，为信用卡业务发展营造了积极向上的社会舆论环境。三是落实员工关爱，坚持“以人为本”，围绕员工思想关爱、生活关爱、健康关爱等五大方面，提出35项针对性措施，着力解决列员工关心关切的突出问题；组织开展国庆歌会、诗朗诵、滨江健步走、趣味运动会等大型文体活动，员工队伍凝聚力、战斗力、向心力持续提升。

执笔：王瑛琦

网络金融业务

一、继续巩固移动端金融服务同业领先地位

个人手机银行客户数、活跃客户数稳定增长。截至2019年末，个人手机银行用户数达3.51亿户，比年初新增4121.43万户，增速为13.31%。个人手机银行活跃用户数（年账务性交易4笔及以上）9644.39万，同比新增1542.86万户，增速为19.04%。个人手机银行交易量为173.17亿笔，交易额为58.93万亿元。截至2019年末，个人手机银行在月活用户数、交易规模、应用市场下载量等业界公认评价指标中持续保持银行业第一，手机银行客户满意度连续五年保持六大行（工商银行、农业银行、中国银行、建设银行、招商银行、交通银行）第一。企业手机银行用户数为158.84万户，比年初新增52.52万户，增速为49.40%。企业手机银行交易量为973.32万笔，交易额达1.06万亿元。

二、网上银行渠道价值凸显，业务稳中求进

截至2019年末，个人网银用户数3.41亿户，同比增长3594.06万户，增速为11.78%；个人网银活跃用户1445.56万户，同比增长45.98万户，增速为3.29%。个人网银交易量311.65亿笔，交易额为31.09万亿元。企业网银客户数908.66万户，同比增长152.07万户，增速为20.10%；活跃客户数为379.46万户，同比增长67.74万户，增速为21.73%。企业网银交易量为20.38亿笔，交易额为208.68万亿元。海外版企业网银客户数1.79万户，同比增加1.58万户，增速达732.84%。海外版企业网银实现交易量19.83万笔，实现交易额1285.77亿元。在全行33家海外机构中，上线企业网银机构29家，通过验收开办企业网银服务机构21家。

三、微信银行用户数、业务规模和品牌影响力保持同业第一

截至2019年末，微信银行关注用户数为1.02亿户，比年初新增1277.58万户，增速为14.35%；绑定用户数为7693.62万户，比年初新增1250.51万户，增速为19.41%。微信银行交易量为1164.68万笔，交易额为288.14亿元。客户数、业务规模和品牌影响力稳居同业第一。

四、网络支付交易规模同业领先，商户规模及关联账户存款稳步增长，聚合支付业务发展态势良好

截至2019年末，全行网金条线商户已达239.98万户，较年初增长44.51万户，增速为22.77%。其中活动商户数142.95万户，增速为6.74%，计划完成率达105.89%。全行网金条线商户关联结算账户时点存款余额为4200.35亿元（其中对公商户存款占比89.50%），比年初增长840.71亿元，增速为25.02%；日均存款4253.96亿元（其中对公存款占比89.60%），比年初增长845.00亿元，增速为24.79%。截至2019年末，全行网金条线商户的全量账户时点存款余额为2.96万亿元（其中对公商户存款占比97.40%），比年初增长5848.69亿元，增速为24.64%。

聚合支付交易规模增长迅猛。截至2019年末，全行聚合支付有交易的商户数为321.97万户，比年初增长15.16万户，增速为4.94%。2019年交易金额10930.73亿元，同比增长7909.38亿元，增速达261.78%；交易笔数为45.72亿笔，同比增长34.53亿笔，增速达308.70%。

五、积极履行国有大行责任，多措并举拓建电商扶贫

以善融商务为平台，继续扎实开展电商扶贫工作。一是定点扶贫，设立安康“一区三县”扶贫馆，和“三区三州”扶贫专区，全年促进安康扶贫交易16.95万笔，交易额为2.01亿元，“三区三州”扶贫专区交易14.16万笔，交易额为2217.97万元。二是联合北京市政府，开创东西部协作、“政府+银行+电商”消费扶贫新模式。建设线上“北京市消费扶贫特色产品馆”，促进“两馆一卡”（北京消费扶贫产业双创中心、北京市消费扶贫特色产品馆、北京消费扶贫爱心卡）项目合作。三是与中央企业合作，创新“央企+银行+消费扶贫”模式。21家央企与善融商务合作开设央企扶贫馆，销售商品30.73万件，销售额为1300.81万元。四是发动全行员工参与消费扶贫。3.46万名央企员工在善融商务进行员工认证。2019年全行共有21.27万员工在善融商务购买扶贫商品，购买金额为8117.46万元。建设银行善融商务扶贫荣获《人民日报》《国际金融报》“年度扶贫企业奖”和“中国社会责任贡献企业奖”，并成为中国电商扶贫联盟主席团单位。截至2019年底，善融商务累计入驻扶贫商户增至4230户，扶助范围由2018年的845个贫困县扩大至925个贫困县，开设28家省级扶贫电商馆。善融商务扶贫交易额为144.17亿元，同比增长44.90亿元，增速为45.36%。善融商城有效买家239.21万个，同比增长83.28万个，增速为53.41%。善融商务交易额为1276.80亿元，同比增长102.54亿元，增速为8.73%。

六、普惠金融，网络先行，推动金融服务扎实服务实体经济

丰富企业ERP云平台服务功能，推出企业ERP云平台零售版，用户规模及活跃率同步快速增长，成为服务普惠金融战略的重要抓手。截至2019年末，企业ERP云平台注册会员216.15万户，较年初新增204.07万户，活跃用户181.01万户，活跃用户占比83.74%，与人民银行征信中心开展合作，为广大企业尤其是小微企业提供便捷高效的企业网银征信查询服务，促进中小、民营企业了解并维护良好信用记录，助力其融资发展。截至2019年末，小微快贷通过网络金融渠道实现交易量415.93万笔，同比增长66.31%；实现交易额为11875.38亿元，同比增长80.66%。

七、流量管理更加智能精准，场景化获客能力不断提升

营销型移动门户带动网站获客能力大幅提升，截至2019年末，国际互联网网站日均页面浏览量达1.16亿个，同比增长1915.32万，增速为19.84%；日均独立访客791.05万人，同比增长186.89万户，增速为30.93%；注册会员7279.03万个，同比增长1403.03万个，增速为23.88%。直销银行线上场景化获客取得突破，与中国联通、微信、百度、小米、芒果TV、美团等战略性合作机构开展对接，银行服务融入物联网智能家居主入口。直销银行服务累计开立“e账户”2134.66万户，当年新增开户342.85万户，其中绑定他行账户新增开立88.55万户，同比增长253.73%；全年交易量为1976.18万笔，交易额为75.87亿元。

八、以全产品智能营销为基础，构建大数据网络化客户经营新模式

搭建了客户洞察、智能推荐、数字创意、流量经营、成效评价五大功能模块，打造从数据采集到客户经营“端到端”交付能力，并依托企业级触达策略管理组件“神算子”，探索更高阶的数据应用方法，持续推进新模式应用场景创新和推广，支持全行应用大数据网络化新模式开展线上营销活动，赋能客户经营，促进全产品智能交叉销售。应用新模式开展线上客户经营活动9345项，精准触达客户35.03亿人次。截至2019年末，全行利用“神算子”助力理财产品销售11514.9亿元，线上渠道产品销售额占比16.71%；助力基金产品销售1494.76亿元，占比24.9%；实现大额存单销售359.83亿元，占比25.14%；促成快贷线上申请1878.75亿元，占线上申请金额的39.5%；带来信用卡新增34.2万张、信用卡分期81.87亿元；助力新增ETC签约客户达110.9万，快捷绑卡899万人。

九、创新引领，科技赋能，金融科技战略落地生根

网络金融业务应用金融科技，优化网银、网站、手机银行等线上全渠道功能一万余项，为改进产品服务、优化客户体验、防范业务风险、确保合规运营提供了坚强支撑。创新推出手机银行微应用，通过对外提供包括身份认证、消息推送、生物识别等在内的标准化接口，以及微应用开发、发布、管理、运维、数据分析等工具，打造开放的移动金融生态平台，吸引各方参与手机银行功能和场景建设。目前已试点推出龙财富、灵活金、银衍业务等服务，特惠充值、手机充值等第三方合作伙伴服务，支持分行开展“摇一摇”“锦鲤裂变”等营销活动，同时有效解决手机银行安装包大、功能优化依赖应用商店更新等痛点，功能部署更为灵活。

运用3D建模和3D交互技术，推出“智能班克”全新数字品牌形象，在移动门户、微信银行、5G + 智能银行等渠道搭建可切换式服务场景，通过实时语音交互与客户行为分析，实现语音、语义识别与需求、意图判断，提供智能化的业务导航、产品推荐、业务办理、事项提醒等服务。

开放银行产品输出更加多元。以开放银行管理平台为基础，运用API或SDK等金融科技手段，打破服务门槛与壁垒，将建设银行金融服务延伸至合作机构，构建“数据 + 场景 + 服务”的新型金融服务生态。对小米、多点等知名社会企业输出账户出海和联合用户服务等产品服务内容，开展B端赋能。向云南省移动政务服务平台“一部手机办事通”、山西移动政务服务平台“三晋通”等政务平台对接输出“惠懂你”和ETC线上发行服务，实现G端连接。通过海尔小顺管家延伸裕农通服务边界，扩大“三农”服务覆盖范围。

十、深度参与智慧政务工作，增强服务国家建设能力

积极参与国家政务平台建设银行旗舰店建设，与国务院办公厅电子政务办公室对接，将建设银行金融服务在国家政务平台建设银行旗舰店中进行部署。

统筹支持各分行，推进政务功能线上线下渠道一体化协同。线上通过手机银行为各地智慧政务引流，当年已完成云南、深圳、宁波等分行的公积金、社保、综合政务等智慧政务服务嵌入。如云南分行“办事通”、广东分行“粤省事”、厦门分行“白鹭分”服务，为建设银行手机银行用户提供社保、税务、公积金、教育科研、医疗卫生、就业创业等政务服务。线下如江苏分行利用网点的电子银行服务区，支持单位、职工的公积金信息查询，职工公积金账户的开立、封存、启封等信息变更，以及单位公积金汇缴申报等服务。

输出“悦生活”智慧缴费场景，丰富北京、福建、山东、云南、陕西、青海等地，包括国家政务平台、京津冀一体化、智慧安康、云南一部手机办事通、雄安政务等在内的智慧政务平台功能。以聚合支付、无感支付等技术手段为抓手，支持财政、社保、公安、税收、法院等政务电子化需求，积极主动提供支付等金融服务。通过开放银行管理平台开放、包容的业务架构，向云南省“一部手机办事通”、山西“三晋通”等政务平台输出“惠懂你”、ETC线上发行等特色服务，在平台上发布渠道共享管控服务目录，为政务平台提供网点政务服务目录等服务。

十一、践行新金融理念，助力乡村振兴，推动实现“裕农通、村村通”

利用裕农通服务点，积极推广手机银行服务。帮助乡村群体熟悉和使用手机银行，让农户享受到城乡一致的金融服务体验。在农业生产领域，联合相关部门，在手机银行推出“垦区快贷”“惠e农快贷”“农户信用快贷”“农户抵押快贷”等一系列涉农类贷款产品，为农业生产提供资金支持。

发挥电子商务优势，方便农民生产生活。打开“农产品进城”通道，在裕农通服务点逐步叠加善融商务电商服务站功能。推荐裕农通业主作为扶贫商户的农产品代收人，推动贫困地区农产品上网销售，帮助贫困户脱贫增收。稳步推动“工业品下乡”，发展裕农通业主兼职善融商务宣传推广，辅导农民开通使用善融商务。拓展有条

件的裕农通服务点为物流代收点，在裕农通服务点代卖质优价廉的生活日用品、快消品，通过O2O现场提货，以“看得见、摸得着”的方式引导农民使用善融商务。与农资农具生产厂家、一级经销商和地方政府合作，对接农资市场需求，借助善融商务外联服务，打造农业机具、种子、化肥等物资直采平台，推动农资企业管理集约化、市场规范化、价格透明化、生产现代化。

大力普及移动支付，建设农村美好生活。针对持有建设银行账户的农民客户，引导其开通微信、支付宝的快捷绑卡，通过快捷支付进行网上购物、转账、充值、缴费等，让农民会用移动支付，推广建设银行龙支付品牌下的系列移动支付产品。依靠聚合支付、无感支付、刷脸支付等新型支付产品，搭建农村地区的学校、医疗、缴费、政务、餐饮等支付场景，培养农民客户使用移动支付进行收、付款的习惯。同时，借助建设银行商户服务云平台丰富的产品功能，可有效降低商户经营成本，提升管理水平，促进农村地区民宿、餐饮、民俗、旅游等特色产业发展，助力农业产业结构升级。

创建互联网+“村口学堂”，提供网络金融服务培训。以裕农通服务点为基地，派遣数字大使等网络金融业务辅导人员“送教上门”，惠民以智。为农民提供手机银行、移动支付、线上缴费、网上购物等培训；为善融商务代收点提供专业化运营培训；为回乡创业人员提供网上开店培训；为聚合支付收单商户提供商户管理等操作培训。

十二、持续推进网络金融智能“风控大脑”建设，增强主动风险防范能力

在综合对比领先实践和分析现实风险威胁的基础上，加快网络金融智能“风控大脑”的感知识别、分析思考和决策控制三大能力建设，引入流式数据处理，实时计算复杂的特征指标变量；将风险侦测范围扩展到直销银行、轻网银、智能班克等网络金融渠道。截至2019年末，当年累计拒绝可疑风险事件6.34万起，通过风险监控、紧急止付及商户追赔等方式帮助客户避免资金损失2.65亿元；累计主动搜索建设银行门户网站、善融商务和海外企业网银相关网站1172.58万个，处理关闭钓鱼网站及支付链接14086个。创新风险信息共享私有云服务模式，增强第三方支付机构风险监控。在对多年积累的客户交易与行为数据整理、洞察、整合的基础上，通过快捷支付私有云服务平台，为第三方支付机构提供量身定制化的风险监控服务，形成风险联防联控的合力。截至2019年末，拦截支付宝风险事件5594起，金额达2167.50万元；拦截财付通风险事件21605起，金额达6359.30万元。加大人工智能技术应用深度，将规则移植到人工智能实时侦测引擎，丰富智能风控大脑模型，采用智能风控手段覆盖新业务场景，全面识别防控风险。创新新版通用盾在手机银行企业服务的应用，推广新版通用盾全行应用。

执笔：孟杨

金融市场业务

截至2019年末，金融市场条线资产规模6.1万亿元，较上年底增加1.05万亿元，占全行总资产的25%，占比较年初提升2.2个百分点；经营收入1956亿元，同比增长8.3%。根据管会系统，金融市场业务EVA贡献全行占比达27%①，经济资本回报率（RAROC）在资产经营业务中位列第一（见表1）。

表1 金融市场主要业务情况

市场排名	
①建设银行集团债券投资实际收益率连续三年七行第一	
②利率债承销量全市场第一（国债第一，农发行、进出口行和国开行债分列第一、第二和第四位）	
③地方政府债券承销额居市场第一方阵，成为第一家利用互联交易平台销售政府债券的金融机构	
④银行间市场人民币货币市场交易量突破45万亿元，四大行第一	
⑤银行间市场外币拆借交易量四大行第一、回购交易量市场第一；外汇交易中心报价行月度综合排名由年初第十三名提升至第一名	
获奖情况	
奖项名称	颁发单位
2019非凡战略洞察力团队	财新数据资讯
2019年度“金融债优秀承销商”“金融债创新奖”	国开行
2019年度“金融债优秀承销商”“金融债券承销商最佳机构奖——最佳全国性商业银行”	农发行
2019年度“债券市场优秀利率债承销机构”	深交所
2019年度“中债绿色债券指数样本券优秀投资机构”“结算100强——优秀自营机构”“优秀承销机构”	中央结算公司
2019年度银行间本币市场“核心交易商”“优秀货币市场交易商”“对外开放贡献奖”	外汇交易中心
2019年总行机关体育节“优秀组织奖”	总行机关工会

一、债券投资组合实现四个同业“第一”

人民币债券组合。一是精准把握市场走势，科学安排投资进度。全年本币债券投资收入同比增加202亿元，其中通过抓住利率高点提前投资进度、存量债券置换等主动管理措施增加收入47亿元。二是防范化解金融机构风险，支持实体经济发展。全年信用债认购量同比增加74%。落实中央精神，协助重点金融机构补充流动性。支持头部券商融资，保障建设银行永续债顺利发行。三是体现大行担当，促进债券市场成长。向国务院办公厅及监管机构呈送建言献策报告16篇，多条建议如债券违约处置机制被国务院相关部门采纳。与国债协会共同举办两次大型研讨会，推动市场建设。

外币债券组合。投资组合综合收益率为2.70%，较上年提升43个基点，积极参与债券市场对外开放进程，提升参与国际竞争能力。一是启动“债券通”业务。通过“债券通”累计达成交易51笔，交易金额为27.6亿元人民币。二是探

① 最新数据截至2019年11月底。

索开展以SOFR① 为基准的债券投资。成为首批4家有能力投资SOFR债券的中资金融机构之一。三是助力境内机构发行离岸债券。成功获得财政部2019年美元主权债券联席簿记管理人资格，及农发行2019年外币债券、境外人民币债券、“粤港澳大湾区”主题绿色金融债券联席主承销商和簿记管理人资格。

二、主动经营货币市场组合，发挥“市场稳定器”和“政策传导器”作用，有效确保流动性安全

人民币货币市场组合。一是对外履行大行责任担当。在确保交易安全的情况下，向618家中小金融机构提供流动性，有效支持中小金融机构发展，有力促进货币政策传导。二是积极拓展主动负债，同业存单发行创历史新高。全年发行同业存单4511亿元，年末余额3999亿元，同比大幅增长185%，有效缓解全行流动性缺口压力。三是引领市场发展，交易量四大行第一。银行间人民币货币市场交易量达45.3万亿元，同比增长16.9%。开展全国首笔对台金融机构人民币账户融资交易。市场首批与境外央行类机构国际清算银行（BIS）开展人民币债券回购交易。

外币货币市场组合。一是提高境内外币货币市场影响力。银行间市场外币拆借交易量1.18万亿美元，同比增长106%，四大行第一。外币回购交易量685亿美元，市场占比近40%，排名第一。在外汇交易中心报价行月度综合排名由年初第13名提升至第1名。二是把握市场机会提升组合收益。全年完成本外币联动交易量958亿美元，为集团实现收益2937万元人民币。三是积极创新交易品种。完成境内首单以人民币债券为抵押品的外币回购交易。从境外拆入人民币资金并拆放给新疆霍尔果斯分行，拓宽离岸人民币运用渠道。

三、多措并举夯实代客交易业务发展基础，同业竞争力提升

一是科学设置分行考核指标，统筹各种资源和措施充分调动分行积极性。将代客交易业务纳入一级分行KPI“对公交易优势”指标和国际业务综合评价指标考核。安排战略性费用1亿元，优化兑现规则，力求发挥激励资源最大效用。二是扎实推进《金融市场代客交易能力提升指导意见》落地，成效显著。全行对公结售汇开办网点较指导意见基数大幅增加590个至3326个，覆盖度提升5个百分点至23.6%。江苏、福建等32家分行建立了一级分行对重点客户直营模式。代客资金交易收入占工行比值较上年末提升4个百分点以上。三是搭建金融市场业务案例共享平台，形成条线经验长效互通、快速推广机制。向37家分行征集案例60余份，评选出首批金融市场业务优秀案例18个。四是推进条线管理机制创新，建立覆盖境内分行的“片区经理制”、辐射境外机构的“一对一专员”机制，积极赋能分行。全年解决境内分行业务问题200余项，成为总行服务基层行的重要窗口。五是加强专业人才队伍建设。境内各一级分行金融市场业务从业人员共计456名，其中已有32家分行配备8名以上从业人员。在境内外举办条线专业培训班4期，各类讲座33期；安排分行人员赴总行跟岗培训72人次。启动金融市场业务客户经理轮训，近千人参加培训。

四、提升市场研究工作的业务支持能力和品牌影响力

一是进一步丰富研究报告体系。持续跟踪市场变化和政策动向，完成日、周、月、季例行研究报告近2900篇，中美贸易局势、全球货币政策变化等专题研究报告167篇，完成大型研究课题《海外机构所在国家地区经济金融市场信息汇编》。二是利用“金融街廿五论坛”和“CCB金融市场智库”积极调动行内外研究力量、支持金融市场业务发展。举办“金融街廿五论坛”（双周讨论）23期、“CCB金融市场智库”微信讲座8期。三是支持分行客户营销。通过营销授课、实地调研和微信推送等方式为分行客户营销提供市场研究支持，派员参加营销活动37次。四是积极对外发声，提升金融市场研究影响力。“金融街廿五”微信公众号累计阅读量近39万次，在公

① 即担保隔夜融资利率（Secured Overnight Financing Rate，SOFR），用于替代伦敦银行间同业拆放利率（LIBOR）的新的美元市场利率。

开媒体刊发稿件90余篇，在澎湃、新华财经先后开设专栏。

五、精细化管理产品体系，强化创新驱动，提升创新质量

一是建立金融市场业务产品清单。包括8类产品属性、46组基础产品、115个可售产品和195项具体产品及策略。二是推动创新产品移植推广。金融市场条线创新产品移植61次，在全行18个业务条线中位列第四。三是加强创新研究，开展同业信息搜集与比较分析。举办4次产品创新专题讨论会，充分发挥“CCB金融市场产品专家库”的创新引领作用，整合产品创意、群策群力研讨创意转化。

六、加强金融科技应用，提升交易效率、降低操作风险

全年共组织42项金融科技应用项目研发及实施，项目数量创历年之最，成功投产29项。一是持续推进新一代系统建设、开拓线上客户渠道。实现同业存单、贵金属及大宗商品等产品的全流程直通式处理，在香港、纽约、阿斯塔纳、纳闽、海南及上海自贸区推广新一代金融市场系统。打造移动互联交易平台，为同业特别是中小金融机构和企业客户提供便捷、智能的金融市场投资与交易服务，促进多层次金融基础设施体系建设，得到客户和监管部门高度肯定。二是建设金融市场业务核心能力和精细化管理能力。衍生产品定报价平台实现了汇率期权及利率互换两类重要衍生品的自主定报价。完成投资与交易自主管控平台（“蓝芯”项目）前台需求研发，为后续全面下线Kondor+和POMS等外购系统奠定基础。三是增强风险合规管理的机控能力。开发上线低信用风险额度、特殊用信管控、客户—产品“九宫格”等多项内控合规和风险防控系统。

七、加强风险与合规管理，确保全行金融市场业务稳健合规经营

一是严把信用债券准入关，加强投后管理，投资组合保持信用债券零违约。建立企业债券信用风险预警模型，对违约发行体的预测准确率提升至92.86%。投前成功拦截康美、海航、北大方正等多只后续违约债券，投后实时跟踪组合发行体负面信息，及时处置邦银租赁、华融资产等潜在风险较大的债券。二是加强交易对手管控，防范操作风险。完成了5000余个交易对手分类数据的补录，实现本级金融市场业务“白名单”机控。应对香港地区反修例风波，香港资金运营中心制定了应急预案并完成演练。三是强化授信授权管理。印发《关于进一步加强境外机构债券投资业务授信额度管理的通知》，明确“谁投资、谁占用”的原则。四是持续开展海外机构顶岗检查。安排三组人员分赴纽约、卢森堡、巴西顶岗，发现制度、流程问题17项，已督导分行整改。

执笔：王金石

集团资产管理业务

一、初步完成集团资管新体系整体设计和框架搭建，基本搭建形成新的管理架构

2019年4月23日，总行党委审议同意设立资管委及资管委办公室，将原资管中心更名为“集团资产管理部”，作为集团资产管理业务的综合经营管理部门，与资管委办公室合署办公。5月22日，总行正式发文成立资管委，更名设立集团资产管理部，集团资产管理体系组织基础初步夯实。现已明确部门职责和内设机构，初步人员安

排调整到位。

确定新体系建设思路并逐步落地。根据总行党委决策，资产管理部会同资管委成员及相关部门、分行、子公司于9月29日正式牵头召开资管委第一次会议，上会《集团资管体系建设方案》。完成全行11个重点研究课题中的资管课题，草拟《集团资产管理业务2020行动方案》及项下17个子课题，明确建设银行集团资管业务发展理念和目标，并创造性提出"SMART"集团资管协同平台，以全集团协同作战为方向，以行领导新提出"渠道销售、金融科技、资产配置、投资研究、风险管理、投资运营"六个统筹为着力点，制定母子公司资产管理业务资产统筹配置方案等落地措施。

行业首家筹建的理财子公司获得银保监会批准设立，同步完成"大资管家"一期上线工作，满足理财子公司日常经营需求。

二、战略执行情况

（一）服务住房租赁战略

积极研究不动产资产管理，部门协同联合开展住房租赁公募REITS课题研究，研究探索资管服务住房租赁新模式。

（二）服务普惠金融战略

一是探索合力扶贫，创建扶贫工作长效机制。推出"乾元—扶享"系列扶贫理财产品，探索总结出精准扶贫理财产品的三种模式，将建档立卡贫困户作为扶贫理财考核的关键指标。全行共发行扶贫理财产品53亿元，惠及建档立卡贫困户3500余人。二是创新扶贫场景，带动产业扶贫可持续发展。在理财产品框架下，创新了"资管+保险+期货"农业服务场景。三是提炼扶贫模式，因地制宜实现精准扶贫。创新性引入具有公募资质的慈善机构，将扶贫项目升级为慈善项目，为建设银行扶贫理财捐赠工作的合规性保驾护航。

（三）服务金融科技战略

强化金融科技，着眼集团资管，持续推进"大资管家"系统建设，打造"3A生态圈"。4月27日首期功能释放上线，有效满足建信理财开业及首发产品需求。打造AMCC资产管理协同中枢，包含统筹管理、资管产品适配、投研协作、共享服务、风险管控和大力资产配置等模块，将逐步服务于集团内各资管子公司。

（四）服务国家建设

一是着眼重点区域发展，大力支持项目建设。截至2019年末，债权、股权、债券余额共计12041亿元。其中非标资产、私募基金、资产证券化余额共计8370亿元，投向京津冀、长三角、粤港澳大湾区、西部地区均超千亿元。二是关注重点行业转型，精准助力供给侧结构性改革。截至2019年末，投向高端制造业资产余额为43亿元，投向民营企业资产余额为940亿元；发展供应链理财融资业务，为多家核心企业上游供应商融资达32亿元。三是助力基础设施补短板，积极参与政策研究落地。参与国家发展改革委《关于加强固定资产投资项目资本金管理》（国发〔2019〕26号）及PPP政策制定讨论，推动实现新疆分行乌鲁木齐市天山区老城改造PPP项目投放。

（五）防范金融风险

一是严格按照整改方案，有序压降预期收益型产品。在保持资产质量平稳、风险资产率维持在较低水平的前提下，压老长新（净值型产品），推动老产品规模有序压降，顺利完成全年综合经营计划各项指标。完成"乾元—恒赢"理财产品净值化改造。二是保持非标稳定发展，妥善应对地方政府隐性债务。协助分行主动化解潜在风险项目，稳妥处理地方政府债务风险。截至2019年末，通过期限调整、还款计划调整等方式，对75笔资产缓释了资金还本付息压力。形成《关于理财业务投资政府类资产相关情况的报告》呈送行领导。三是积极有序落实存量资产整改和风险资产处置责任，持续加强合规与风险管理。持续保持高压态势，加强存量资产风险排查，严控风险资产暴露。四是初步完善资管委存量与风险处置组织架构。制定多项制度文件，明确相关要求，多方面做实资产整改处置工作。

（六）参与国际竞争

一是深入开展全球资管研究，积极参与国际合作。拓展全球范围内的大类资产配置，形成《全球资产管理业务体系建设方案》，打造集团资产管理板块"中国资产投资整体能力"。二是发行QDII理财产品，推进资管海外布局。联动北京分行、全球资产管理中心（建行亚洲）发行"乾元—开泰纳财"系列净值型美元理财产品。该系列产品为建设银行首只QDII净值型美元理财产品，弥补了建设银行QDII净值型外币理财产品的空白。三是发行“一带一路”主题产品，积极响应国家倡议。发行瑞士“一带一路”指数战略票据产品，在瑞士、德国等多家交易所成功挂牌交易。

三、经营管理情况

（一）整体规模保持稳定，理财收入稳步增长

截至2019年末，全行理财产品规模为2.14万亿元（含交接至建信理财的723亿元净值型产品），四大行第二。符合新规的净值型产品5508亿元，较年初增加2512亿元，理财产品净值化转型率四大行第一。全行理财产品实现考核还原前收入103亿元，同比增幅为14.51%；收入同口径四大行第二，四大行占比28.13%。

（二）资产结构更趋优化，期限错配明显改善

截至2019年末，母行理财资产规模为21036亿元，保持稳定。从资产结构来看，标准资产占比大幅提升，年末标准资产余额为10448亿元，比年初增长2126亿元，增幅为25.54%；非标及权益类资产受资管新规影响占比下降，资产余额为7768亿元，比年初下降19.95%。

（三）夯实风险管理基础，加快存量风险暴露

一是合规制度建设方面，始终遵守行内各项规章制度，持续补充下发规范性文件。二是合规文化方面，抓制度，抓规划，抓治理，抓本级，抓条线。三是理财经营风险管理层面，建章立制，完善合规管理制度体系；推动存量风险资产处置和潜在风险资产化解，妥善应对地方政府隐性债务；组织配合银保监会现场检查工作；有序推进过渡期内相关整改工作，严格按照整改方案，有序压降预期收益型产品。

（四）强化产品集约化运营，提高管理精细化水平

总行产品集中到产品管理处进行统一管理，集中规模超7000亿元。产品集中管理后，严格按照监管要求和行内相关制度对全行产品运作管理进行了统一规范。

（五）培训工作发掘亮点，“致知传家”行稳致远

创立并推进“致知传家”集团资管培训品牌。举办覆盖资产管理业务各领域的大型培训班11场；开展“致知传家——子曰、他曰、己曰”共3个系列主题讲座21场，覆盖37家分行、10家资管子公司共计600余人次，全年活动覆盖超千人次，形成培训材料、PPT课件20余件，宣传材料10余篇；编制《资产管理业务概论》，系统梳理全集团资管业务版图。“致知传家”获评建行大学2019年度全行最佳学习项目奖项。

执笔：钱文彬　麻男迪

投资银行业务

一、深入践行“三大战略”，落地成果不断显现

金融科技战略方面，制定《投资银行金融科技发展规划（2019—2021年）》，初步打造投资者联盟、财务顾问、债券承分销、资产证券化、并购重组、投行研究、“飞驰驾驶舱”等金融科技系统，全面构建线上智能投行生态系统。推动条线金融科技创新工作，在广东、厦门、江苏、上海、四川、天津、江西、湖北等分行落地10个金融科技创新重点项目。开展数据力建设，上海、山西、浙江等分行针对债券、财务顾问、资产证券化等主要业务5个大数据项目，发挥大数据分析在客户认知、信息获取、风险控制和经营决策

和风险管理中的作用，初步构建投行条线数据创造价值体系。

普惠金融战略方面，创设飞驰普惠一揽子财务顾问产品，构建“融资 + 融智 + 融技”顾问咨询综合服务体系。“飞驰 e 智”财务顾问智能服务系统为超过 8000 家普惠客户提供免费顾问服务。承办双创债务融资工具 37 亿元，扶贫债 62 亿元。发行“普惠金融”信贷资产支持证券 21.48 亿元，涉及 140 余家小微企业；承销或以财务股份身份参与反向保理供应链类 ABN、ABS 业务，累计为上游 1000 余家小微客户提供融资服务。

住房租赁战略方面，保障房定向债务融资工具为 3.5 亿元。

二、积极贯彻落实国家重大发展战略，支持经济高质量发展

一是积极参与多层次资本市场建设，综合运用债券、资产证券化、财务顾问、并购、基金、股权融资等投行手段为客户提供直接融资超 1.6 万亿元。二是服务供给侧改革，以财务顾问方式参与综合化降杠杆业务，打造“飞驰 降杠杆”品牌，深化母子公司联动，承销发行各类降杠杆类资产支持票据 23.78 亿元，设立首只政银企债转股基金——建信金投（成都）股权投资基金，实现全国首单自贸区债转股项目落地。利用出表型资产证券化盘活应收账款、信贷资产等存量资产，规模合计超 130 亿元，有效帮助企业调整资产负债结构，降低企业资产负债率。三是贯彻落实长三角、京津冀、粤港澳重点区域发展战略，完善广东、上海两个并购中心组织架构和工作机制，搭建并购基金。探讨北京、雄安京津冀并购中心建设方案，打造服务重点区域战略的桥头堡。全力支持雄安新区建设，以银行类投标人排名第一的成绩中标雄安集团超短融主承销团成员资格。四是积极支持民营企业融资，成功中标华为公司境内首单债券发行项目，成为其中期票据发行的牵头主承销商。全年为民营企业承销 51 期债务融资工具，合计金额 225.8 亿元，市场排名第一；利用债务融资工具信用风险缓释凭证，支持民营企业 11 亿元债券成功发行；以承销或财务顾问角色承办民企资产证券化项目 74.7 亿元。

三、加快投资者联盟（大资产供给平台）建设，扩大品牌影响力

整合资金端和资产端资源，精准适配客户投资端和项目端需求。从资金和资产两端同时发力，全力拓展“投资者联盟”和“飞驰客户群”两大核心客户群体。总行举办 CCB 投资者联盟飞驰 e + 推介会，各分行逐步建立、完善本地区特色的联盟体制机制，组建专业化联盟服务团队。梳理分析、全面掌握不同类型投资者信息，并进行分层分类管理，提供精准画像、精准营销和个性化服务。飞驰 e + 平台系统中客户共有 1585 个①，大资产供给平台储备项目共 1224 个，落地项目共 315 个。

四、创新投行业务模式，支持实体产业发展

一是加快拓展跨境投行业务，实现 100 余笔中资企业境外债项目承销发行，合计金额 691.29 亿美元，首次担任同一发行人双币种境外债双全球协调人角色，成功发行市场首笔高级优先熊猫债，中标亚洲基础设施开发银行首笔熊猫债项目，担任澳门地区首笔美元莲花债项目全球簿记管理人，成功落地京东集团海外入境并购项目，发行全国银行间市场首单“债券通”对公信贷资产证券化产品。二是践行绿色金融理念，本年度累计承办 240 亿元绿色债券项目，承办绿色信贷资产支持证券 44.12 亿元，成为同业中首家拿出绿色金融改革创新试验区试点成果的银行。三是探索股权投资基金业务发展新领域和新模式，稳步促进战新基金发展。四是拓宽资产证券化底层资产范围，在供应链、第三方金融机构消费信贷、非标转标、商业物业、金融机构信贷资产支持证券等业务领域实现新突破。

五、大力发展财务顾问业务，提升价值创造力

强化对标，全面推进财务顾问业务。构建协

① 投资者联盟线上和线下客户共计 2083 户，已由线下向线上迁移客户 1585 户，后续将持续客户线上迁移工作。

同联动机制，加大客户营销力度，打造任务型服务团队，持续完善产品服务体系。一是构建“客户部门搭台、产品部门唱戏、后台部门支持”的团队协作模式，加强总分支联动，成立任务型服务团队，加大业务下沉力度，实现客户服务全覆盖。二是细化服务内容，加强服务收费指导，建立“客户分类、服务分级、收费分层”的常年财顾产品运营模式，定期提供有针对性、个性化、专家型的全面金融解决方案。紧抓“六大主题”市场机遇，打造新型财务顾问拳头产品，提炼推广优秀案例，提升综合化服务水平。三是依托“飞驰 e 智”财务顾问智能服务系统提升业务交易撮合和批量获客能力，服务质量数量双提升，为客户量身打造“千人千面”个性化服务，对客户精准画像、资讯精准投放、产品精准对接，多渠道增加产品服务供给。四是搭建“并购基金 + 并购贷款”产品框架，围绕重点客群、国家战略重点行业、重点区域打造并购服务生态圈，打响“飞驰 合翼”品牌，落地并购重组项目 407 笔。

六、夯实“一道防线”，促进债券承销业务高质量发展

一是提高风险管控能力。部门协作共建联合风险工作机制，对 15 家债券风险类、违约类发行人进行针对性监测，有效把控了风险。建设银行当年新增违约 9.5 亿元，同比下降 76%，下半年实现零违约，显著优于市场和四大行平均水平。从历史看，建设银行承销债券历史违约率为 0.25%，低于市场平均水平 0.56% 的一半。二是不断加强存续期管理能力。河北、山西、湖南、湖北、浙江、云南、四川、陕西等分行本年度未发生债券重大风险事件，存续期管理较好。三是不断优化存量债券客户结构。建设银行当年新增承销债券主体评级主要集中在 AA + 及以上评级，新增高评级债券合计占比进一步提升至 93.21%，促使存量债券结构进一步优化。四是违约债券处置能力不断提升。当年成功回收违约债券 20 亿元，违约处置成功率达 68%，处置能力位列四大行第一，同业第三。建设银行违约债券成功处置率达到 30.91%，显著好于市场 21.43% 的市场平均水平，位列四大行第一。

七、加强精细化管理，不断加强合规建设

一是主动开展覆盖全业务板块的合规自查，切实降低操作风险。在反洗钱、不相容岗位等核心环节不断加大合规力度，积极落实银保监会、内外部审计等各类内外部检查，做到立查立改。制定新型财务顾问服务材料模板、并购重组产品手册等文件，规范产品服务内容，加强服务收费指导，提升业务精细化管理水平。二是完善规章制度建设，印发《中国建设银行非金融企业债务融资工具应急管理指引》《中国建设银行非金融企业债务融资工具信用风险缓释凭证创设业务操作规程（2019 年版）》《2019 年证券化业务风险管理指引》《中国建设银行银行业信贷资产登记流转中心信贷资产登记流转业务操作指引（2019 年版）》《债券承销业务准入标准及流程（2020 年版）》等各项业务管理指引和办法，完善投行业务合规体系。

八、加大培训力度，建设人才队伍

一是壮大投行人才队伍。制定投行专家人才库管理办法，组织人才推荐和选拔，梳理 300 人首批入库名单。累计举办“飞驰创新说”月度分享会 10 次。二是以新金融理念推动产教融合。开发 4 本《投资银行业务岗位培训教材》并编写题库，组织投行条线参与全行岗位资格考试，推进 2 个教研开发项目和 1 个课题研究，协助建行大学资管与投行研修院和厦门大学管理学院联合设立资本市场教研中心。三是打造精品培训。依托建行大学平台，举办投行业务培训 14 期，其中并购重组实战训练营获评为建行大学 2019 年“最佳

2019 年 11 月 26 日，CCB 投资者联盟飞驰 e + 平台发布会在总行大楼战略展示大厅举行。

学习项目”。开展“送培训到基层”活动，覆盖学员近1500人次。举办“金智惠民”培训，为30余家民企及投资机构输出投行智慧力量。

九、打造投研品牌，提升创新能力

一是编制100余期《投行业务参考》《投行研究》，刊发50期《FITS投行研究热点资讯》，开展专项课题20余个。发布《智在投行》投行原创研究成果。二是壮大投行研究员队伍，建立能力晋升体制，搭建覆盖宏观、战略、行业、投行业务与创新等四大方向近40个细分领域的研究框架。三是打造“飞驰慧研”品牌，举办“研智有理”论坛，创建“建行投行”微信公众号，搭建慧投研卖方智能投研平台。

执笔：陈祎聪

国际业务

一、推进“三个能力”建设，参与国际竞争能力稳步提升

海外机构网络进一步完善，“一带一路”沿线布局提速。哈萨克斯坦阿斯塔纳分行和马来西亚纳闽分行分别于9月和10月开业，栗战书委员长应邀出席阿斯塔纳分行开业仪式，并与哈总理马明共同为分行揭牌。目前建设银行各级境外机构211家，覆盖全球6大洲30个国家和地区。

海外机构盈利能力持续提升，人民币清算行运营稳定。商业银行类海外机构实现净利润91.1亿元人民币，同比增长7.6%；商业银行类海外机构管理口径总资产余额为2606亿美元，同比增长6.0%；建设银行英国、瑞士、智利人民币清算行运营稳定，英国人民币清算行清算量累计突破40万亿元人民币，继续保持亚洲以外规模最大的人民币清算行。

对外交流合作持续深化，国际影响力与日俱增。总行相关领导出席了第二届“一带一路”国际合作高峰论坛，并在“资金融通”分论坛作为唯一中资银行代表发言；相关总行领导还应邀出席了建设银行与重庆市人民政府合作共建“西部陆海新通道”签约仪式，建设银行作为唯一受邀金融机构参加，积极组织沿线13家境内分行及4家海外机构参加，加快推动区域合作与对外交流；在同业中率先推出跨境智能撮合平台，助力重点跨境项目落地，成功撮合苏州工业园区与匈牙利创新企业互设海外创新中心；在上海、韩国、日本成功举办境外金融机构合作论坛并参展SIBOS伦敦年会，市场反响强烈；继续发挥国际保理商联合会副主席职责，积极参与国际事务决策及全球会员服务，提升中国保理业在国际组织中的话语权和影响力，荣获中国银行业协会保理专业委员会“突出贡献单位”。

产品创新屡获殊荣，品牌知名度显著提升。贸易金融产品创新能力业界领先，先后荣获《环球金融》“全球贸易金融最具创新力银行”、《亚洲银行家》“最佳大型贸易融资银行”、《投资时报》“最佳区块链金融服务银行”等多项大奖，建设银行是唯一获得“全球贸易金融最具创新力银行”这一全球性大奖的中资银行；区块链物流金融项目荣获中物联“2019中国物流及供应链金融优秀案例奖”，入选《2019中国物流与供应链金融行业报告》和《2019中国物流与供应链产业区块链应用白皮书》；共建国际能源贸易新业态，成功入围国际原油GATEWAY区块链项目，共同发布能源石化交易行业区块链应用白皮书纲要。

二、推进战略落地，服务实体经济质效提升

创新引领，科技赋能，助力小微外贸企业跨

境服务便利化。建设银行作为首批与“国际贸易单一窗口”直联银行，已上线金融服务功能10余项，绑定客户近3万户，始终保持“签约最早、上线最早、功能最全、业务量最大”的同业领先优势；“跨境e+”签约客户15万户，同比增长172%；同业首创小微企业全线上融资“跨境快贷”系列产品，退税贷、出口贷、信保贷、平台贷、进口贷、电商贷、融税贷“七朵金花”先后落地，累计投放近40亿元，同比增长近20倍；成功发布“BCTrade2.0区块链贸易金融平台”和“FTI福费廷指数”，区块链平台已在国内信用证、福费廷、国际保理、再保理四个产品落地应用，建设银行55家境内外机构参与，吸引同业客户50余家，累计交易金额超过4000亿元，继续保持同业领先。

落实国家战略，支持重点区域和行业发展。服务“一带一路”建设，牵头推进建银国际与瑞士冯托贝尔银行共同研发瑞士市场首个“一带一路”主题权益类票据金融产品；“三建客”系列产品为多家“走出去”企业提供金融支持，在首届中国—非洲经贸博览会上作为全国101个中非合作优质案例之一被收入《中非经贸合作案例方案集》；粤港澳大湾区跨境金融合作深化，持续推动协同联动，8项产品已落地，10项创新产品正在推进；自贸区业务保持同业领先，国有大行中首家实现自由贸易账户分账核算单元总分模式并在海南成功落地，居同业领先。支持航空产业链发展，为国航、南航、东航、春秋四大航空公司提供飞机租赁国际保理融资服务。

三、严守合规底线，风险防控与合规管理成效显著

涉外业务合规管理能力显著提升。24家境内分行获评当地外汇局合规管理考核A档，较上年增加10家；外汇集约化生产全行推广，集中度超过80%；标准化外汇业务实施云生产，覆盖70%以上涉外收付汇业务；建立11类涉外业务合规风险非现场监测预警模型，为分行自查自改提供先进工具；反洗钱清单监测系统海外推广步伐加快，已完成11家海外机构系统对接。

涉外监管数据报送质量稳步提升。外汇业务信息管理系统（FIMS）全年完成9个批次上线任务，累计优化功能119项。截至2019年底已报送数据达1646万条，准确率达99.98%，远高于外汇局标准；数据自动化采集率达到71%，稳居同业第一；30家境内分行跨境人民币监管数据漏报率低于1%，伦敦、苏黎世、智利三家人民币清算行集体入围人民银行RCPMIS信息报送良好银行名单。

外汇网点减负提质增效。外汇业务集约化生产完成全行推广，对公外汇汇款集中度超过80%；标准化外汇业务全行推行总行云生产模式，覆盖70%以上涉外收付汇业务；更新下发32万字的《对公涉外业务政策审核指引》和166类《对公涉外业务政策审核清单》，为柜面人员政策审核提供便利；全年新增对公外汇网点578家，同比增幅为18.2%。

资产质量保持优良，国际业务不良“双降”。国际业务不良余额为15.38亿元，同比下降25%；不良率为0.24%，同比下降0.07个百分点。

四、强化服务保障，外事管理能力迈上新台阶

合理压缩外事出访总量。科学统筹制定全行因公出访计划，全年因公出访团组（含境外培训和海外机构筹备）288个，同比下降7.4%；出访人数共计2801人次，同比下降30.8%

全力推动高层对话与国际合作。全年共服务行领导及高管出席各类境内外事活动76场，累计接待359人次；外事活动级别高、场次多、形式丰富，对外交流成果丰硕；在2019年第二届“一带一路”国际合作高峰论坛期间，集中接待包括匈牙利总理欧尔班和瑞士联邦主席于利·毛雷尔在内的政府首脑及外国元首来访。

合规有序开展外事管理。严格落实中央关于因公出国管理工作相关要求，对重大问题、敏感事项及时请示报告；持续完善全行因公出访审批制度，规范外事管理工作流程；持续开展全行外事管理年度专项检查，有效提升外事管理合规性；首次实现因公出访“事前规划、事中管理、事后监督”全流程线上操作；将境内外分支机构因公出访情况纳入外事管理信息系统，成功实现全行机构出访信息全覆盖。

执笔：陈雯

渠道与运营管理

一、网点战略加速推进

普惠金融业务覆盖96%的网点，网点普惠金融专员配置达12491人，已挂牌普惠金融特色网点1360个；新进驻7个空白县域，县域网点达4341个，依托网点和“龙易行”下乡入村拓展“裕农通”服务点，为农户上门提供金融服务，助力乡村振兴；住房租赁业务协同质效不断提升，全年网点受理咨询935万次，同比增长125%；网点营销出租房源57.7万套，同比增长127%；35家分行实施共享系统房源图片审核集中处理；新增投产住房金融服务中心20家，累计49家。

二、“劳动者港湾”惠民公益品牌深入人心

全行打造扶贫助贫、综合政务等特色港湾810个，与316家机构合作共建，举办“劳动者港湾号春节返乡车”“高考加油助力站”“服务到工地”“金融知识下乡”等公益活动4.5万次，全行运营“劳动者港湾”14310个，累计服务超1亿人次，App注册用户数超851万户。“劳动者港湾”屡获殊荣，在上年度获奖基础上，再获中国银行业协会“最佳社会责任实践案例”、中国金融出版社“品牌传播年度案例”及“中国金融年度品牌”、公益时报“社会责任卓越项目”等奖项，并成为首个被中华全国总工会授牌的户外劳动者服务站点共建品牌。

三、渠道服务质效实现新突破

行业“百佳”及“五星”网点获评数量均居同业第一，20个网点入选中国银行业“百佳”单位，较上期增长67%；137个网点被评为“五星级”网点，较上期增长28%，六大行唯一正增长。“服务质量提升年”活动成效显著，全年客户平均等候时间、等候超长（30分钟及以上）网点和客户占比全面下降，网点客户满意度和第三方机构网点服务评价均四大行第一，网点服务标准体系建设同业领先。成立物理渠道客户体验管理中心，开展客户体验常态化管理工作。

四、网点综合竞争力提升工程全面启动

强化顶层设计，印发系列指导文件，成立总、分行渠道统筹管理委员会。落实财务、人力、业务政策等资源，因地制宜加大网点支持，着力构建“客户经理—产品经理—专家支持团队”三层营销支持体系，推进网点普惠、国际、数据等战略及专项业务提能，网点价值创造能力不断提升。截至2019年末，网均、人均拨备前利润同比分别增长7.18%、7.26%；网均、人均中间业务净收入同比分别增长13.61%、13.69%；网均个人、对公存款日均余额同比分别增长13.66%、2.69%；网均个人、对公加权有效客户数同比分别增长8.59%、17.99%。

五、积极探索实践渠道生态场景建设

深度运用金融科技，建成多家“5G+智能银行”，在“金融界”主办的2019领航中国年度评选中获“杰出智能网点创新奖”；在网点试点打造5G汽车金融体验区，试点应用“建行到家”“乐高式”智能综合柜台等新型服务模式，研发全行统一的非金融场景应用“建行生活”，完成打车、餐饮等核心高频外部场景对接上线，探索将网点金融服务与居民社交、生活等场景相连接的服务新形态。智慧政务进网点取得积极成效，10015个网点提供政务类服务，服务种类达166项，4.9万台智慧柜员机提供16大类政务服务。

六、智能运营释放新活力新动能

搭建智能运营架构体系，客户旅程、管理驾驶舱等重点项目取得突破，实现资源精准配置和调度。国内首个企业级数字化劳动力（RPA）管理运营平台上线，业务应用场景达 100 个。全行推广首个客户旅程项目“财私客户签约申卡”及外汇审核云生产，显著提升客户体验。ICR 智能识别应用于对公财报、营业执照等 11 种场景，效率提升 91%。开展“我要留学”“我要开公司”等客户旅程项目，形成多层次、覆盖全行主要产品及客群的客户旅程清单、项目规划和工作标准，指导赋能全行持续开展客户旅程优化；开展海外机构集中运营规划建设，推进“蓝芯”项目建设。

七、云生产应用领域逐步扩大

推广应用云生产模式，开展外汇政策审核，实现 6237 个政策合规和反洗钱控制规则机控，助力扩大网点外汇业务开办，效率提升 17.41%。完善制度和平台功能。制定集约化云生产管理办法，明确生产组织与管理、服务计价等核心机制。研发资源与任务跨系统、跨机构调度管控功能。云宠物全年新增用户 748 万人，替代 19.41% 的外包作业；联动手机银行新签约用户 604 万个，达成善融商城有效购买 98.08 万人次，增加销售额 1679 万元，获客活客营销效益突出。

八、精细化管理成效显现

推进渠道精细化布局，通过迁、并、转调优网点 561 个，升格 55 个储蓄所、分理处，提升网点经营效能。推进大数据智能备付，日均人民币现金备付率为 0.35%，同比下降 0.08 个百分点，节约资金成本约 2.5 亿元。日均库存贵金属下降 12 吨，同比下降 10%，可产生租赁收益约 5900 万元。假币浓度由百万分之 0.33 下降至百万分之 0.26。核算业务审批平台上线，节约耗时 60% 以上。推广上线用户智能管控项目，清理冗余岗位 440 个，实现岗位配置流程智能化控制，节省工作量 385 人/月。改进理财卡相关维护规则，年节约运营成本 106 万美元。

2019 年 4 月 24 日，全国总工会为“户外劳动者服务站点·劳动者港湾”授牌。

九、运营安全基础进一步夯实

健全渠道运营全面主动风险管控机制，建立条线风险例会、合规约谈、员工行为管理等规范，形成对风险问题的闭环管理。员工行为排查覆盖全部管理机构和网点员工。稽核模型精准度由 2.1% 提升至 20.14%，成功堵截一起案件。渠道运营条线监管案件、严重违规事件数量及金额同比“双降”，未发生千万元以上案件及严重违规事件，总分行核算清算、运营支持及金融市场业务运营全年零事故、零舆情。

十、完善员工关爱和培养机制

下发《2019 年基层网点员工关爱工程实施意见》，从岗位、工作、成长、能力、生活 5 个方面提出 12 项具体关爱举措；开展 7 期员工关爱满意度在线测评，基层员工参与人数达 8.9 万人。试点网点网格化管理，推进错峰轮休；研发网点操作类课程 20 多门，开展培训近 3000 期，受众达 300 多万人次；举办“渠运创优先锋”“优秀柜员”“网点创新马拉松”等评选活动，加大基层激励。推进网点职工之家（小家）建设，已建成 9438 个。

十一、多举措为网点赋能减负

明确减负量化指标，部门实现发文数量同比下降 35%、会议数量下降 58%、报告报表数量下降 79%；推广应用电子印章、刷脸识别、智能识别等科技手段，实施金库智能化改造，推动手工向电子、线下向线上、分散向集约的转变，实现科技减负、智能减负、创新减负；全行开展用户体验问题收集及流程优化，着力攻坚系统优化，解决用户“最后一公里”问题，促进客户体验有效提升。

十二、助力扶贫攻坚

精准施策，整体有序开展金融精准扶贫和定点扶贫工作。构建“集中式云生产基地、村口分布式云生产站点、移动端云生产应用”三级扶贫模式，在陕西安康一区三县取得显著效果。在汉滨区建立红升社区外包集中生产基地，优先面向建档立卡贫困户，提供稳定就业岗位；建立20个村口银行“云生产”站点，与“裕农通”“龙易行”等相结合，助力建设银行品牌向乡村渗透；推广移动端云宠物应用，使1202名贫困户实现增收。

执笔：冯园园

数据管理

一、数据治理持续完善，发布数字力建设总体方案

优化完善数据治理组织架构，数据治理委员会单独设立。印发数据治理办法，进一步明确高管层、总行部门和分支机构数据治理职责。印发《数字力建设总体方案（2019—2023年）》，筹备启动包括数据供应架构优化等13项专项工作在内的数字力一期工程。累计制定数据规范十万余项，为数据的互联共享奠定基础。总分行组建实施团队，联动推进全行首个数据治理能力同业输出项目——成都银行“数据治理二期”项目，支持同业提升数据治理能力。派员参与包商银行托管组工作，负责评估包商银行数据管理工作，并对流动性风险预警等工作进行数据支持。数据治理工作得到监管机构肯定，在中国银保监会数据治理高层指导委员会成立大会上，建设银行作为国有大型银行代表分享数据治理经验。

二、数据应用持续深化，对战略的支撑作用进一步显现

统筹管理全行数据应用需求，近两年协同上海大数据智慧中心完成数据服务1700项。全年共支持总分行实施大数据应用项目近1000个，向行领导报送数据分析报告45份。累计发布可复制数据产品117项，覆盖普惠金融、ETC营销、信用卡、风险管理等多个业务领域，分行复制2100多次。已引入共享工商数据、司法涉诉等外部数据130多项，嵌入风险防控、信用卡管理等40多个业务场景中，支持建设银行从信用卡新客户中获得收入22亿元，避免潜在损失32亿元。利用内外部数据研发“数助ETC”数据产品，向全行筛选推送9000万未办理ETC车主客户清单，挖掘作为裂变式营销的“种子”客户约500万户，支持ETC获客近600万户。接入多点联合会员订单数据，构建车主画像等大数据模型，为C端突围外部场景提供数据引入、存储和应用的端到端解决方案。联合普惠部发布五期“建行·新华普惠金融——小微指数”。与房金部联合开展住房指数编制，住房价格指数和住房租赁指数均已覆盖83个城市。开展“互联网+不动产抵押登记”和数据共享推广工作，已完成福建、四川等11家分行不动产抵押登记数据接入。参与全行物理网点综合竞争力提升，完成北京分行10家网点画像分析，支持网点选址模型优化和网点生态建设。支持建行大学大数据实验室建设，与南开大学、复旦大学、西南财经大学签约大数据实验室合作课题。

三、创新研发数据应用新模式和新产品

开发智慧关系链等公共数据产品，直接嵌入

客户营销、风险防控等业务场景，支持夜间经济商户挖掘、风险预警、超级雷达等总分行各类业务场景应用110多项。在研发“龙信商”数据产品的基础上，结合云南当地特色农业数据，上线云南“云信用”评分，创新对农业企业、农户等新型经营主体的信用评价，助推当地农村信用体系发展和信贷资源有效配置。创新“网银查询企业征信报告”功能，增加社会信用服务渠道，截至2019年底已有18家分行上线。慧视数据产品研发基层管理页面，累计上线展示指标近1000个，月均点击率400万左右。部门协同推进大数据网络化客户经营新模式建设，有效发挥数据洞察和高效触达优势，为数字化经营提供基础设施和业务运营支持。

四、全力支持“兴建旺行”综合金融服务活动

下发36个数据模型，通过运用大数据、机器学习和智能算法等技术，为各级机构在客户洞见、商机挖掘和精准营销等方面提供强大的数据支撑。在企业号设置“兴建旺行”专栏，及时展示总分行相关信息。在分行成立数据服务团队，支持做好“兴建旺行”营销活动的数据结构性分析和数据服务工作。

五、高质量完成监管数据报送工作

对口中国人民银行、中国银保监会、国家统计局和巴塞尔委员会等10余家境内外监管机构，及时准确完成各项监管数据报送工作，满足境内外监管要求。持续做好资本充足率报告编制和信息披露、全球系统重要性银行（GSIB）数据报送工作、“有效风险数据加总和风险报告原则”自评估等工作，完成征信二代上线。通过新一代数据应用平台和系统建设，减轻境内外分行报表负担，将分支机构报送当地人民银行、银保监局等监管统计报表自动化率提高到90%以上。

六、利用数据为基层减负

上线移动端“一键体检”功能，快速便捷实现对全国所有工商注册企业的诉讼、欠税等16类负面情况的一键核查，帮助客户经理严把客户入口关，提升工作效率。通过员工业绩计量系统，实现了ETC等重要业务营销业绩的自动计量，每日为全行基层员工节省约2万小时的员工业绩手工登记工作量。完成23家海外机构企业级数据应用平台（海外）的推广工作，实现了216张手工报表的系统化，减轻了海外机构手工报表负担。

七、打造数据专业人才队伍

建设数据专业人才库，在全行范围内统一选拔、培养和管理具备专业数据能力的人才，首批223名人员已入库。印发《中国建设银行数据分析师岗位职务管理试行办法》，拓宽数据分析人员晋升通道。2016—2019年连续四年开展21期“绿树”大数据种子人才培养工程，为全行培养数据分析人才1000多人。

执笔：任岳辉

金融科技管理

一、落实金融科技创新体制改革总体方案

深化金融科技体制改革，推动金融科技新机构成立，设立了海外金融科技中心、信息安防中心、网管中心、集团金融科技创新（山东）中心、集团金融科技创新中心（雄安）5家机构。发布《关于加强分行金融科技工作的指导意见》，明确分行金融科技工作职责和定位，发挥科技条线人才与专业优势，优化创新体制，整合全行创新和研发力量。

二、加强技术能力建设，提升科技创造力

夯实技术能力，提升科技创造力，落实国家信息系统自主可控工作的要求，全面推进自主可控、建设灵活稳定满足灾备要求的基础设施、打造金融科技支撑平台、提升企业级公共服务能力、完善智慧运维体系、强化信息安全保障体系、推动金融行业标准体系建设。

加快人工智能、大数据、区块链等新兴技术的基础平台建设，提高金融科技应用研发效率。人工智能平台支持了116个机器学习和深度学习算法，支撑了图像识别、视频识别、自然语言处理、知识图谱等6大类18个人工智能组件，覆盖338个业务场景。大数据云平台实现了数据以服务的方式对外发布，方便数据使用。大数据云平台支撑了云南政务、住建部公积金数据平台等重点客户的大数据服务。区块链服务平台支持了9个领域26个业务场景。金融场景包括福费廷、国内信用证、再保理等，非金融场景包括房源信息发布、电子证照、公益慈善等。物联网服务平台实现物联终端的统一接入、统一管理、统一控制以及数据共享。平台支持了5G+智能银行、智能金库、智能钞箱等应用。分布式微服务平台为核心银行、贷记卡、个贷等关键应用提供分布式改造、多活部署的支撑。流程机器人平台已上线100个机器人应用，覆盖渠道运营、信用卡、财务会计、资产负债、资产托管等10个银行业务领域，每天可节省人工530工时。智慧协同研发平台实现软件研发与投产过程的智能化，提供应用系统软件全生命周期协同工作平台，提高软件研发协同效率和资源利用效率，为信息化工作提供数字化决策支持。

三、赋能业务发展，持续推进成果转化

2019年推进12个大型项目群、32个重点项目、809个总行项目、570个分行项目的有序立项并实施。全年累计处理集团内总分行、子公司需求8734项，是2018年全年需求总量的202.08%，需求承接能力提升。

推进重点项目建设。一是构建“场景化、个性化、智能化”新零售，支持数字化营销转型的精准触达能力，C端突围场景孵化初见成效。二是打造“交易性业务与新兴业务无缝融合”的新对公服务，优化集团共享供应链管理服务，建立企业经营管理工具，建设投资者联盟生态。三是建设“智能、高效、强风控”的普惠金融，持续迭代“惠懂你”，实现“惠懂你”服务出海到31家外部机构，推出云电贷、核链云贷等28个信用快贷产品，创新交易快贷产品。四是实现集团一体化协同经营，提供集团机构、客户、产品管理和渠道共享能力，为客户提供综合化服务方案，完成中德银行等6家子公司核心业务系统的实施；为9家子公司提供公有云资源及灾备服务。五是推进海外业务稳健发展，完成“新一代”核心系统、国际结算系统的海外推广，持续强化反洗钱合规IT系统建设和海外数字化治理专项实施。六

是构造"多触点、一体化"智慧渠道，充分利用5G、物联网、生物识别等新技术，打造5G+智能银行新型网点体验；推出龙睿通、云工作室、龙易行等渠道服务新模式；支持裕农通乡村推广应用。七是塑造"纵向贯通、横向融合"的全集团智能运营体系，搭建智能管控平台，建设以客户旅程为流程优化方法的在线流程管理能力；建立网点网格化管理数据分析平台，支持分行在线区域化管理，增强网点综合竞争力。八是建立"全面智能、精准及时、主动前瞻"的风控体系，以3R为核心初步构建集团全面风险管理，自主研发实现市场风险两个外购系统（KGR、RM）替换，持续优化反欺诈模型。九是提升集团经营管理精细化水平，实现业务资源的有效配置；实现财务会计报告、决算、预算计划及管控的全流程线上化，提升各级财务部门工作效率。十是拓展开放共享型智慧生态，围绕G端客户，建设政府建设与管理、住房生态、社会保障等8大领域，连接B端、C端，为客户提供整体解决方案，助力生态服务升级。

四、完善金融科技治理体系，提升科技管理能力

完善金融科技创新机制，搭建"金融科技创新服务云平台"，创立金融科技创新合作联盟，构建多方参与的创新生态。强化总行项目日常审批组织工作，通过持续做好预审、调整审批权限、简化材料、函审等措施，在总行项目立项数量比2018年激增至3.9倍的情况下，平均审批时间缩短了28%，满足业务快速创新与发展需要。

建设总分行协同研发体系。创新ITBP团队协同工作模式，成立分行ITBP团队；开放分行自主开发领域，优化分行项目管理流程，允许分行自主立项实施；加大对分行的培训支持力度，通过集中培训，跟岗培训、参与项目等方式，锻炼分行人员；指导分行优化人力资源池建设，满足快速响应的需要；制订科技创新KPI考核方案，并对实施效果进行评价，引导支持全行落实金融科技战略。通过一体化研发模式完成ETC线上发行的投产，一体化研发体系带来的总分协同效应和对业务的敏捷支持能力得到显现。

推进数字化IT治理。启动架构视图可视化建设，实现应用架构视图的实时管控和展现；建立开发任务管理机制，快速支持应用推广和基础配套开发；发布企业级灰度发布方案，推动信息系统灰度发布能力建设；建立自动化测试流水线，提高自动化测试能力；规划智能研发工厂，构建在线集成研发平台。推进IT资产管理系统建设，实现资产全生命周期管理，全流程线上操作，大幅提高工作效率，有效节省业务处理时间80%以上。

完善金融科技制度体系，建立"三横五纵"科技制度体系，确保制度科学合理、层次清晰、覆盖全面。2019年共完成包括《信息技术基础设施建设及运维事项管理规程》《企业级应用架构师管理规程》《分行金融科技工作指导意见》等16个制度的修订。

五、保障系统安全稳定运行

2019年共投产7262个版本，较2018年增长了50.57%，充分保障了高速增长的业务需求快速释放。全年无重大生产事件，"双十一"电商大促业务高峰期间，建设银行支付渠道平稳畅通，当日交易峰值16952笔/秒，全天交易总量为2.30亿笔，交易额为764亿元，连续6年居同业首位，顺利完成了运维保障工作。

2019年6月，监管部门组织开展了"护网2019"网络攻防实战演习，建设银行首次以"防守方"身份参与。经过3个月精心备战和19天艰苦奋战，建设银行成功抵御了210余万次网络攻击，防守未失一分，在全国120支防守队伍中排名并列第一，荣获"护网2019最佳防守单位"，充分检验了建设银行网络安全防护体系的实用性和有效性。

六、科技成果显现

在中国银保监会科技评价中，建设银行取得84分，位于行业第二名；风险内控现场检查、消费者权益保护检查未指出科技管理方面问题；加强专利组织管理，推动全行专利申报工作。2019年全行申报专利929项。组织完成6个项目参评2018年度人行银行科技发展奖。2018年度，建设银行"住房租赁综合服务系统"项目荣获一等奖，"全球一体化营运资源配送平台建设""贷记

卡发卡主机下移项目”“‘建融智合’企业共享服务平台”“‘建信乐业’普惠金融综合服务平台”和“龙支付——新支付应用创新”5个项目荣获二等奖。

七、以党建促发展

金融科技部坚持以党建引领金融科技工作，以习近平总书记系列重要讲话精神和党的十九大精神为指导，细化工作举措、明确责任清单、逐级任务分解、狠抓推动落实，有力促进金融科技改革、金融科技战略稳步落地实施。坚持将党建与文化建设相融合，组织员工参观《复兴之路》展览、参观改革开放40周年大型展览等活动。

执笔：赵晓玲

战略与政策协调工作

一、围绕中心工作，转变部门职能

（一）向加强战略管理转变职能

一是完善战略推进领导架构。建议完善战略推进委组成部门并承担办公室职责，充分发挥推进办作用，为全行战略的统一协调推进打好组织基础。二是强化战略推进。围绕全行工作重点，从理论、管理、工具、案例推广和宣传等多个维度提出意见建议；牵头组织战略务虚会，凝聚战略共识，描绘全行战略推进的“路线图”和“施工图”，推动形成战略发展合力；拟定《中国建设银行2020年战略推进要点》。三是提升战略发展支撑。加强国际国内同业、行业、区域发展和国际国内重大经济金融政策研究，分析战略面临外部环境，提出相应的参考建议。

（二）注重向提升政策研究水平转变

加强政策研究人员力量配备，发挥政策沟通协调作用。2019年，战略与政策协调部先后牵头渠道部、机构部、普惠金融事业部、公司部、数据部、金融科技创新委员会等部门，就民工惠、金融科技、小微企业、智慧政务等事项分别与人社部、银保监会、工信部、国办等部门加强沟通协商，按行领导指示及时起草工作报告，得到肯定和支持。

（三）注重向推动规划落地转变

围绕全行战略，建立战略与规划双层战略管理落实架构，加强对国内外同业和重点区域规划研究分析，密切与资债、财会等部门沟通，发挥重点分行、重点城市行在落实全行发展战略中的示范带动作用，强化规划落实落地。

同时确保“两刊”的编辑工作顺利、平稳交接。

二、围绕战略规划管理，推动落地

（一）进一步加强集团战略顶层设计

一是开展战略评估。分别向董事会战略委及战略推进委员会提交建设银行集团战略推进情况报告，系统评估、总结全行战略推进情况，分析存在的问题并提出政策建议。二是推动战略实施。进一步明确、细化战略实施路径，推动实现战略目标；协调相关部门通过优化资源配置强化战略的引领和导向作用；做好23家重点城市行差异化管理。三是积极衔接国家“十四五”规划。密切跟踪国家“十四五”规划编制过程，由部门领导带队赴国家发展改革委开展工作调研，研究同业、宏观环境等重大战略课题，为战略接续国家“十四五”规划，重检全行战略，适时动态调整编制发展规划，做好基础准备。

（二）不断提升战略管理水平

一是加强战略调研和培训。2019年，五位部门领导分别带队奔赴12家一级分行、13家二级分行，围绕“三个能力”提升、“三大战略”推进、重点分行和重点城市行管理等中心工作进行专题调研，听取基层行在发展中遇到的问题和建议，并结合主题教育要求，梳理出88个问题，提出10条建议供有关部门参考。同时，邀请国际咨询机构负责人为全行员工讲解战略理论和国际发展趋势，在建行大学东北学院和南开大学分别举办战略管理理论培训班，邀请黄毅副行长和高校专家学者进行授课。二是优化战略管理工具。加强战略管理工具的研究和开发，进一步完善战略管理制度；完善战略实施的分层监测评估体系，建立对集团战略目标、三大战略执行、重点分行和重点城市行的梯次评估体系。三是完善战略风险管理体系。“一把手”带队赴工商银行、农业银行、中国银行座谈了解同业在战略管理及战略风险管理方面的最新实践；结合4家国外银行战略风险管理情况，完善战略风险管理工具，提升全流程战略管理成效。四是搭建全行战略推进案例交流平台。组织相关部门历时4个多月，开展三大战略典型案例征集评选活动，收集整理案例252篇，评选出获奖案例60篇，有效发挥典型案例示范和借鉴作用；通过《商业银行导刊》激发全行热情，全年刊登“三大战略”方面文章50余篇，占全年刊发文章总数的26%。

（三）高效推进规划实施

通过不断提升规划实施水平，进一步促进战略目标和任务深化。一是提升重点分行、重点城市行战略执行能力。开展重点分行、重点城市行差异化管理，编制2019年全行综合经营计划重点城市行业务指引，加强对重点城市行的政策、资源支持，推动分行有效落实全行战略，增强同业竞争力，提升价值贡献。二是进一步加强精细化管理。本着强化目标导向、精简指标体系、为基层减负原则，修订完善重点城市行考核办法，建立重点城市行经营管理和战略推进数据的常态化交流机制。三是研究区域规划新思路。提交《关于加快三大区域发展有关事项的请示》，就未来建设银行在重点区域发展事宜提出战略政策建议；完成《建设银行区域战略历史沿革和现状》《当前阶段我国区域经济发展的几个主要特征》《建设银行在重点区域核心指标市场表现分析》《重点区域行要进一步“扬长、补短、固底”基于重点区域行贡献度比较分析》等报告。

三、围绕政策理论研究，当好决策参谋助手

（一）深入研究解读三大战略

在深入实地调研的基础上，围绕三大战略主题，研究完成《以大情怀不断开创普惠金融新局面》《以大担当不断拓展住房蓝海新深度》《以大视野不断构建金融科技新高地》《画好三大战略工笔画，开创第二发展曲线》《推进智慧政务发展，助力深化政府机构改革》《中国各地智慧政务实践情况》《十八大以来我国“放管服”改革取得积极成效》等报告；与国脉集团合作完成《智慧政务助力政府改革研究报告》。

（二）积极开展新金融研究

一是开展理论合作研究。与西南财经大学合作开展新金融理论研究，历时近半年，与财大专家研讨并修改报告十余次，形成《新金融理论体系研究》共六章近九万字。二是坚持进行自主研究。组织抽调部内骨干力量组成六个课题小组，分别从新金融的意义、内涵及外延、理论基础、对银行业影响、与三大战略关系、发展及实施路径等主题开展自主研究，最终形成《新金融理论体系与实践路径研究》。三是积极开展建设银行新金融行动相关研究。2019年承担了刘桂平行长牵头的课题《数字经济时代建设银行体制机制改革研究》；参与全行乡村振兴战略研究课题，完成《三社融合有关情况及建行策略建议》《关于城乡融合共促乡村振兴典型金融服务方案报告》《建设银行金融服务乡村振兴的经验总结》《关于分行金融服务乡村振兴工作总结报告》等报告材料。

（三）积极开展重要政策研究

一是高效做好行领导重要文稿起草工作。加强重大问题研究，努力发挥决策参谋助手作用，为行领导起草全行工作会议、专题会议、座谈会、接受媒体访谈、会见外宾，以及参加专家委和政委会议等各类讲话稿、演讲稿、刊物约稿、谈话口径等近40多篇，相关研究报告获得行领导批示、圈阅计10余次。在时间紧、任务重的情况下，为了按时完成工作任务，常常加班加点，甚至通宵达旦。准备《“十四五”前瞻研究需要关注的几个重点问题》等多份材料。二是深入开展

战略环境基础研究。完成金融支持乡村振兴战略和国有大行未来改革发展方向两个课题，撰写的如何借力国家区域发展战略提升服务国家发展能力和全行竞争力研究报告、《LPR 改革对银行业的影响及应对建议》《以城乡融合助力乡村振兴打造建设银行发展新优势》等报告获行领导批示；完成夏季工作座谈会材料《银行发展战略环境简析》《全球货币政策趋紧态势逐步发生转向》《由中等收入迈向高收入国家的国际一般经验》《中国迈向高收入国家的主要影响因素及应对》《迈向高收入国家进程中国经济几个显著发展趋势》《加速培养内需是实现高质量发展的迫切需要》《区块链技术对商业银行的影响及应对建议》等研究。三是加强国际同业跟踪研究。完成《国际经济形势季度分析与展望》《国际银行最新战略情况》《国际先进银行资产负债表比较》《国际评级机构对银行的评级研究及对建设银行的启示》等报告。

（四）高效开展对内对外沟通

一是精心筹办专题讲座。2019 年，部门策划组织了全行夏季工作会期间“5G 创新与发展”及总行党委中心组学习“数字时代与公共治理”专题讲座，分别邀请中国信息通信研究院、华为公司相关专家、国务院原副秘书长江小涓就相关前沿领域进行讲解，引进新认识，开拓新视野，取得良好效果，受到充分肯定。二是积极配合中国人民银行、中国银保监会等部门开展相关工作。完成中国人民银行定期开展的《银行家调查问卷》等工作；向中国银保监会报送高质量发展座谈会相关材料、“调整优化银行业体系结构以及民营银行和社区银行发展”建议、“我国经济韧性较强”“宏观经济金融形势分析与研判”等材料；配合中国人民银行金融机构现场评级、中国银保监会有关消保、代销及收费业务、风险管理及内部控制有效性现场检查以及消保自评估等工作。三是加强与行内相关部门的协作配合。配合董事会办公室、人力资源部、建设银行大学等 30 多个部门完成多项工作，提供报告及材料超百份，如为资债部提供金融供给侧结构性改革研究素材，银行业监管、周期判断以及下半年影响因素分析等材料，经营形势分析会、年报编写等有关素材；对总行 30 多个部门的相关制度、办法等阅提意见超百份；参加全行创新马拉松评审活动。四是主动对接银行业协会相关工作。组织全行参与中国银行业协会发展研究优秀成果评选，并作为评委参加优秀成果专家初、复评；参加银行业协会陀螺评价体系征求意见讨论会，并配合开展 2019 年陀螺评价体系评价工作，做好行领导出席银行协会年会和陀螺评价体系评价发布相关活动组织、讲话素材准备和宣传工作；承担银行业协会相关研究课题，撰写《中国银行业发展报告》金融科技有关章节，完成《新形势下商业银行战略管理及研究规划部门职能设计研究》报告。五是积极参与外部学会工作。参与中国金融教育发展基金会相关工作，代表建设银行参加《金融从业规范——风险管理》标准审稿工作；参与金融教育基金会年会活动，提升建设银行社会声誉及品牌影响力；参加“2019 年中国金融学会学术年会暨中国金融论坛年会”。

四、围绕加强队伍建设，提升凝聚力战斗力

（一）营造团结奋进的和谐氛围

一是注重抓班子带队伍。部门主要负责人主动担当，带领班子成员学在前、做在前，以上率下；明确两位专业技术二级人员作为班子成员，并根据特长调整分工；坚持民主集中制，积极完善内部议事规则，做到公平公正公开，重要事项加强事先沟通酝酿、集体决策，有效增强了班子的团结力和凝聚力。二是培育良好的部门文化。结合部门实际和特点建立了“抱德炀和，格物致知，领异标新，知行合一”的部门文化；努力把部门打造成一个温暖和谐的家庭、一所创新育人的学校、一个激情奋进的舞台。三是加大人才培养力度。加大人才培养力度，积极创造培训、出差出国、参与课题等机会，2019 年参加外部门培训员工达到 30 人次，参加出国培训 2 人次，创历史纪录；建立“转培训”机制，以点带面放大培训效能。

（二）组建高效工作团队

一是创新工作方式。以“当好战略推进者、参谋者、支撑者，培养一批复合型专家、学者”为目标，成立青年研究小组和数据工作小组 2 个跨处室工作团队，充分发挥各自专业特长，为部

门战略研究、信息共享与数据挖掘提供有力支撑。二是构建人才梯次培养体制。针对部门人员平均年龄偏高、脱离一线业务等情况，从分行借调3位一线年轻业务骨干，优化队伍结构；通过以老带新，压担子、促成长，加强对青年员工的培养；结合学历、年龄、经历、专业等情况，对处室人员进行适当调整，发挥每位员工能动性，形成工作合力。三是优化激励机制。注重发挥每位员工的能动性、创造性，建设团结奋进的集体；在实践中锻炼和激励干部，营造“让想干事者能干事，能干事者干成事”的良好氛围。

（三）提升内部管理效能

一是制定部门管理办法，规范流程和管理。2019年，结合总行相关规定，重检部门相关管理制度、流程，从议事、会议、员工、公文、档案等9个管理方面，梳理制定了2万多字的《战略与政策协调部内部管理办法》，筑牢制度底线，确保思想有遵循、行为有约束，职责更明确。二是加强制度落实和执行。为确保制度落实，部门将内部管理办法印发人手一册，明确一位部领导牵头负责，并通过专题会议、讲座等形式，进行公文管理、保密等主题内容的讲解和培训，真正做到人人知制度、事事有遵循。三是加强重点领域重要部位管理。年内结合行内检查，对照相关制度要求，加强印章、保密、消保安全等基础工作的检查和管理，及时改进不规范做法，完善相关管理流程，确保了部门内部安全规范运营。

五、围绕党建业务融合，提升引领力组织力

（一）推进支部标准化规范化建设

一是强化理论学习，提升政治素养。2019年，各支委全年讲授专题党课六次，支部书记两次为全体党员讲授党课；全体党员、干部通过个人自学和集体学习，闭卷笔试测试等方式提升理论学习成效；主题教育期间支部的“五天十讲、三读三亮”集体学习特色做法得到了第四巡回指导组的高度肯定和推广。二是加强长期教育，切实抓好整改。结合“不忘初心、牢记使命”主题教育，扎实开展深入检视问题，认真推动整改；召开专题民主生活会和组织生活会，认真对照检查，深入开展批评与自我批评，提出下一步整改措施，坚持主题教育长期化、常态化。同时，加强廉政教育，认真查找官僚主义、形式主义问题，严格执行中央八项规定精神，严在经常、抓在日常，做到警钟长鸣。三是丰富组织生活，强化支部建设。严格落实“两学一做”“三会一课”制度，积极开展形式多样的主题党日活动，全年开展活动30余次；分别与董办、风险部、江苏省南京市分行等开展联学共建，达到以党建促业务的效果。

（二）打造“一二七”支部工作法特色品牌

支部与南京分行建立了长期联建机制，由支部书记及群工委员先后两次带队赴江苏，与基层机构开展联学共建，以党建业务深度融合，支部标准化、规范化建设为目标，开展理论学习、作风建设、调查研究、工作建议、解决难题、战略宣讲、案例推广七项具体活动，推动解决基层行在推动战略落地过程中遇到的难题，搭建经验交流的平台，取得良好效果。

（三）发挥政治建设的凝心聚力作用

一是积极开展政治文化建设。注重以活动凝聚人心，以内容提升境界，通过参与“礼赞新中国，奋进在建行”主题宣传文化活动，组织开展集体大合唱、绿色公益快闪、拍摄视频短片等活动，增强党员集体意识和支部凝聚力。二是弘扬正气汇聚势能。积极学习和弘扬张富清同志的优良传统和无私奉献精神；强化纪律意识，做到抓早抓小、防微杜渐，营造风清气正的工作氛围。三是积极开展扶贫工作。与安康市紫阳县高桥镇铁佛村党支部开展“结对共建”活动，部门全体党员和群众募集善款1.3万余元，捐赠支持铁佛村小学；与董事会办公室联合赴北京市扶贫双创中心开展消费扶贫活动。

执笔：杨金予

远程智能银行中心工作

一、全渠道接通率三年连续提升，人均产能四大行第一

面对业务量四大行第一、400余次不确定性波动压力，中心全面建立“集约管理、统一运营、专综结合、动态调控、互为备份”运营机制，通过“削峰填谷”均衡资源、七群联动高效联络、新渠道推广强化业务引流等多举措稳运营、提效能，圆满完成BS、护网、系统升级、ETC等服务保障，全渠道接通率实现90.73%，较成立前提升25个百分点；人均日受理量四大行排名第一，较第二名高出37通。

二、客户体验连年改善，客户满意度三年连续保持六大行第一

客户问题结构化分析和按权限分级处理纵深推进，全周期客户问题管理成效显著，电话渠道业务量较去年降低13.4%，7次总行级联席会推动30项痛难点问题解决，发布客户之声及专题分析28期，客户服务综合满意度超过96%，客户问题综合解决率突破98%，95533、400热线满意度连续三年保持六大行第一。

2019年7月31日，远程智能银行中心组织开展“党建知识我最棒　坚定信仰忠于党”党建知识竞赛。

三、智能创新及应用不断突破，智能服务分流超七成

创新组建机器人调优团队，“业务+技术”联合运维迈出第一步，机器人军团全域建设深化，其中，咨询机器人“小微”拓至“惠懂你”“惠助你”和5G+智能银行等渠道，导航机器人“小导”导航准确率提升至85%，催收机器人“小催”应答准确率提升至81.68%，营销机器人“小营”新增ETC营销场景。创新项目快速推进，联络中心平稳上线，电话居家客服完成开发，远程视频客服、移动客服成功立项。全年智能渠道累计服务客户12.41亿人次，“建行客服”微信号粉丝数突破597万人。

四、人机协同催收效果不断增强，资产质量保障业务实现“三增长”

“智能+人工”分层催收精准实施，智能应用于信用卡和个贷催收，人工与智能无缝衔接，催收成效大幅提升。其中，职责范围内信用卡催收稳步增长，回收户数1304.71万户、回收金额1442.05亿元、60天内非风险账户回收率达97.04%，分别较上年增长2.88个、2.68个、1.43个百分点。个贷、小企业催收客户处理量双升，个贷催收处理客户数356.67万户，小企业催收处理客户1.57万户，分别较上年增长64.51%、237.49%。

五、全行外呼业务持续规范发展，营销收益连续三年高速增长

项目制营销推进外呼规范发展，实施从需求提出到效果评估的全流程规范管理，指导34家机构上线联络中心，项目丰富至客户挽留、促活、普惠金融等，实现全行禁呼系统化管控、系统号

码统一以及业务准入和布局统一。嵌入式营销场景化实施，契合来电规律，在呼入服务中开展信用卡分期及客户挽留，成功分期金额107亿元，挽留客户45万户。智能营销成效显著，试点范围拓展至7家分行，手机银行客户促活和个人临界客户提质项目平均营销成功率超20%，ETC项目试点成功率是网点的2倍。据统计，2019年全行外呼营销统计金额为992亿元、营销统计收益为52亿元，分别较上年增长33%、42%。

六、“知识百科全书”建设全速推进，共建共享价值越来越高

首创C端互联网金融知识库，入驻百度“知道合伙人”，累计浏览量超602万次，荣获“2019百度知道合伙人最佳影响力奖”。知识应用场景扩宽，与授信审批部合作搭建授信审批专题知识库，创建《建行报》客户版“知识百科”栏目。知识使用自动化水平提升，与自助设备管控系统、理财业务综合支持子系统对接，上线网点信息一触即发功能，推出知识核实一键提单，累计具备“智享”搜索、知识图谱等200项功能，储备知识5.86万篇，日均浏览检索量11万余次。

七、“智能解决+专家会诊”纵深发展，企业级响应支持不断增强

首次从单纯的业务响应延伸至员工差旅、人力资源App等非业务响应，形成智能解决方案9300余套，2019年解决员工问题咨询66.55万次，高效完成十余次重大版本及常规版本上线保障任务，成立以来受理问题覆盖84%一线网点、79.52%全行机构，其中“一键秒回”智能响应解决占比达76.96%。

八、海外服务能力逐年提升，对境外业务发展支持不断增强

针对建亚、澳门、台北分行不同业务框架，建立与海外机构的常态化联系机制，上线海外统一客服平台（建亚），实施差异化业务管理及服务策略，提供咨询、账务查询、挂失等47项服务，适时开展嵌入式账单分期营销、客户挽留，2019年服务客户68万人次，在建亚聘请的第三方机构抽查中保持95分以上的优异成绩，获客户表扬410笔，2016年以来年均分期1238万港元，年均挽留2900位销卡客户。

九、积极践行全行战略，重点业务支持保障坚实有力

优先支持战略性业务需求，提供号码、系统、培训等支持，助力“住房租赁”战略实施；为龙集生活App提供优质客户服务，支持C端突围重点项目。为物理网点综合竞争力提升“八赋能”，线上线下联动为网点减负赋能。重大业务调整保障有力，圆满完成“决战ETC”、身份证过期管控、高风险借记卡管控等服务保障。为“惠懂你”提供小微企业智能服务，累计服务客户24.1万人次，受理客户提问数51.4万条，客户问题解决率达98.87%。

十、“三道防线”扎实筑牢，合规运营三年“零风险、零舆情、零案件”

构建契合客服特点的三线合规，推广合规桌面书，制发客户投诉受理、条线员工行为管理等制度，开展服务应急桌面演练，进行万余次安全检查。全年协司法查处涉案账户1.5万笔，深圳市公安局来信对中心警银联动工作表示感谢；在服务中甄别反馈疑似风险事件140起，通过“客户投诉快处”化解网点服务类紧急问题4.4万笔，妥善受理总行投诉电话及来邮3100余笔。

十一、队伍建设保障有力，员工关爱深入人心

构筑高质量发展的人才支撑，人力补充效率明显改善，招聘周期缩短近四个月；特色教育培训成效彰显，133期培训覆盖近50%员工，“头雁计划”获评建行大学“最佳学习项目”，中银协首届培训业务技能竞赛斩获“最佳培训团队”；多通道职业发展体系初步建成，1472人晋级经办岗位职务，1005人评定初中级职称，452人取得理财师资格，136名劳务派遣制人员成功转制，进阶式岗考体系全面建立；榜样文化引领前行，评选先进个人283名、先进集体72个。传递有温度的员工关爱，节日慰问、谈心谈话、扶贫帮困、活动拓展等关爱抓细做实，一线员工人均工资较上年增长5%，员工离职率降至历史同期最低，

低于同业平均水平12.12个百分点。

十二、客服特色“党建+”工作成效显著，党建引领业务发展强劲有力

扎实开展“不忘初心、牢记使命”主题教育，创新“四边三结合”“统一+特色”工作法，全面完成20项主题教育任务；认真学习宣传贯彻落实十九届四中全会精神，开展“学习张富清精神，争做客户服务模范”活动，开办“远银读书会”理论学习，掀起全条线学习热潮。创新“党建+服务”“党建+业绩”“党建+合规”工作模式，力戒形式主义、官僚主义，切实为基层减负，完成54项“党建+”重点工作。持续推动聚力、暖心、模范“三大工程”，开展“您为客户，我为您”服务接力活动，用100件实事解决痛点、温暖员工；强化纪委监督职责，运用“四种形态”打造风清气正、清廉务实的良好氛围。

执笔：胡莹

子公司改革发展与内部管理

一、建信基金管理有限责任公司

（一）主要经营成果

管理规模持续领先，保持行业前列。截至2019年底，公司资产管理总规模达1.62万亿元，与上年持平，继续保持行业前列。其中，公募基金规模为5295亿元，日均规模近6000亿元，位居行业前列；专户业务规模为5346亿元，逆势增长706亿元，增幅为15%，首次连续两年位居行业第一；建信资本管理规模为5534亿元，继续居行业首位。

财务效益再创新高，全年实现净利润12.38亿元。2019年公司全年实现合并净利润12.38亿元，较上年增长8%，圆满完成年度预算目标，达到历史最好水平；全年实现营业收入29.66亿元，同比增长5%，ROE23.36%，ROA18.81%，成本收入比42.70%，继续保持行业较好水平。

投资业绩显著提升，绩优产品不断涌现。2019年公司公募整体业绩排名前47%分位，较上年提升了4个百分点，大安全战略、健康民生等多只产品同类业绩排名前10%，稳定得利凭借优秀的长期业绩表现，荣获“五年期开放式债券型持续优胜金牛基金”等奖项。专户方面，整体业绩稳健向上，固定收益类组合中有25个组合取得了年化5%的收益率，权益类产品中，国寿集团委托产品2019年收益率近62%，居同类可比产品前列。

客户数量再创新高，留存率保持稳定。2019年，公司客户总量突破3708万户，较上年增长37%；持有客户数1406万户，较上年增长32%；客户留存率基本保持稳定，品牌影响力逐步扩大。

（二）转型创新卓有成效

一是服务母行切实有效。2019年，建设银行代销公募规模为1805亿元，占公司公募规模的34%，在基金首发、指数产品持营、定投等业务上，公司规模均为全行第一；专户业务承接总行资金4996亿元，较2018年增加727亿元，增幅为17%，为母行资金创造152亿元投资回报。联合推进小米、多点合作项目，开发货币基金T+0赎回和基金支付等功能。推动“速盈”产品升级“速盈+”，增厚整体组合收益，丰富“定投盈”对接产品，为建设银行客户提供更多的定投产品选择。全程参与“龙财富”财富管理平台的框架模块设计和系统开发工作，独立管理12个智能投资组合产品。

二是产品创新亮点纷呈。2019年，公司抢抓国开债指数、成本法债等市场热点，新发基金规模达200亿元，创近3年新高。“金字塔”受托资产体系第二层日臻完善，ETF 产品线持续拓展，工具类产品规模大幅增长：业内首批发行能源化工期货 ETF，规模近 5 亿元；发行沪深 300 红利 ETF，实现多只股票换购；获批大湾区、上海金等热点 ETF 产品。推动公司工具类产品规模达到 190 亿元，较 2018 年增加 98 亿元，增幅达 94%，规模、增量和增幅均为历年最好水平。

三是国际化发展全面突破。公司担任投资顾问的中国机遇基金（CDOF）再创新高，规模突破 9 亿元人民币，荣获“大马年度最佳发行基金”奖项；获得马来西亚信安资管“信安粤港澳大湾区基金”投资顾问资格；富时 100 指数获批，实现公司 QDII 基金首次转型，为客户搭建起欧洲市场配置的桥梁。香港子公司筹备完成，展业在即。

四是市场化渠道建设成效显著。2019 年，公司加快多元化渠道建设力度。行外代销方面，新增 10 家代销渠道，涵盖特色中小银行、外资银行、保险公司、同业平台、第三方平台等多种类型；深化网金渠道合作，嘉薪宝接入余额宝项目，贡献了 135 亿元新增规模，助力公司稳定货币基金规模；大力发展直销业务，直销业务规模达到 2648 亿元，占公募总规模的 50%，与代销渠道形成均衡发展的良好局面。

五是风控合规有序有力。2019 年，股债市场风险事件时有发生，信用分层和流动性分层加剧，公司全面贯彻总行和监管机构的风控合规要求，着力提升投资风险管理能力，强化内控合规管理，经受住了市场变化考验，获得了总行高度认可，在总行 2019 年内控合规评价中排名子公司第一，投资风险管理部荣获“2019 年度优秀风险管理团队”称号。

六是建信资本转型业务不断取得突破。主动管理业务转型实现突破，建立健全了组合产品主动管理投研工作机制，培育核心竞争力。升级优化与母行联合管理业务，助力母行理财资金从非标资产投资向标准化资产配置转型。信贷资产证券化咨询顾问业务类型拓展取得突破，新拓展行内子公司中德银行、行外机构河北金租，作为财务顾问参与总行相关部门发行的 28 单信贷资产证券化项目，规模达 1880 亿元。企业资产证券化业务服务母行普惠金融战略，创新设立并发行五期供应链 ABS 产品，为超过 330 家次上游企业融资近 20 亿元。

执笔：建信基金　赵鹏宇

二、建信金融租赁有限公司

（一）主要经营成果

2019 年公司经营效益稳中求进。截至年底，管理和持有租赁资产余额为 1809.67 亿元，较年初增长 26.53 亿元，租赁资产规模排名行业第 5 位；实现净利润 17.89 亿元，ROE 为 11.26%，ROA 为 1.06%，全年租赁资产投放 479.88 亿元（含管理资产），融资租赁资产不良率为 0.95%，控制在计划范围内。

（二）转型发展亮点、经营管理及业务发展成果

一是发挥融资融物优势，有力策应集团三大战略。住房租赁领域，制定业务指引，为集团住房租赁云平台获取独家发布房源，7261 套已正式上线。金融科技领域，协同集团科技力量，做好租赁云平台建设，12 月进入新老系统并行运行阶段；不断扩展财税机器人应用范围。普惠金融领域，积极策应“双小战略”，有效服务民营经济，降低涉农企业融资成本，加大探索厂商租赁。在陕西省安康市开展了金融项目、教育、公益等一系列精准扶贫工作，积极履行国有金融企业社会责任。

二是支持实体经济，服务国家建设。优化业务结构，加强母子协同，围绕基础设施、交通、绿色租赁领域加大投放；在新能源公交车基础上开拓乘用车市场，当前新能源汽车总数突破 1.5 万辆。回归租赁本源，支持国内制造业的更新改造，实现对芯片生产等高端制造业务投放。

三是坚持底线思维，防范金融风险。认真贯彻“三管五到位”要求，强化信用风险防控，做好并表管理，紧密联动化解不良资产。提升负债主动管理能力和资金来源稳定性，为流动性管理提供有力保障。筑牢全面主动防控体系，做好市场风险、操作风险、声誉风险等的防控。同时，持续完善合规风险控制体系，增强公司合规经营理念；通过警示教育，提升全员合规意识。

四是拓展特色业务，推进海外平台建设，参

与国际竞争。机队规模达 180 架，与挪威航空深度合作，首次获取新飞机订单；圆满处置 Thomas Cook 航空破产事件，协商取回处置奥凯航空两架飞机；成功拓展印度、墨西哥、智利、俄罗斯等重要市场，首次开展飞机交付融资和欧元融资。船队规模 57 艘，资产增长近 80%，利润保持较高增长的同时保持租金回收良好。推进落实爱尔兰平台实体化和股权拉直工作，理顺海外业务总体框架。

五是进一步拓宽融资渠道，优化负债结构。境内获 114 家金融机构授信，额度为 4609 亿元；爱尔兰平台获 26 家金融机构授信，额度为 36.84 亿美元，已基本具备独立融资能力。完成 10 亿美元债券发行，并首次筹组境外银团，募集中长期资金 4 亿美元。全年通过多种融资产品融入本外币资金 704 笔，融资发生额约 5457 亿元。

六是夯实转型发展基础，提升精细化、专业化、信息化管理水平。根据利率市场化改革不断完善定价管理，促进行业深耕和产品创新，探索“第二发展曲线”；加强资本管理，深化数据治理，优化财务管理；结合践行“三个能力”建设统筹激励考核，强化市场化机制选聘优秀人才；主动有效做好各项综合服务工作。

七是坚持全面从严治党，深化责任型、学习型、实干型、凝聚型党组织建设。认真履行党委主体责任和纪委监督责任，以多种形式组织开展主题教育、学习张富清同志先进事迹、宣贯党的十九届四中全会精神专项活动；认真开展落实“三个能力”建设，脱贫攻坚，整治形式主义、官僚主义，漠视群众利益等工作；抓好抓实党风廉政建设，将党建工作优势转化为公司转型发展优势，促进公司治理水平、经营管理能力不断提升。

执笔：建信租赁　王欣

三、建信信托有限责任公司

全年实现净利润 22.08 亿元，同比增长 8.8%。信托资产规模为 1.39 万亿元，与上年基本持平。核心信托规模为 1.09 万亿元，较上年增长 973 亿元，增幅为 9.8%。公司完成增资，资本实力明显增强，固有资产规模达到 246 亿元，同比增长 55.7%。全年所有信托项目均按期足额兑付，为受益人兑付本金及收益 1155 亿元；固有资产不良率保持为 0。

（一）切实发挥党建工作引领作用

公司深入开展“不忘初心、牢记使命”主题教育和向张富清同志先进事迹的学习活动；严格落实中央八项规定精神，坚决纠治“四风”，开展“增强责任心，提升执行力”专项活动；结合组织机构改革，优化党组织设置及管理；践行信托文化建设，有效提升干部员工思想政治水平，以坚强的政治保证引领公司高质量发展。

（二）为服务集团三大战略作出新贡献

1. 住房租赁业务取得新进展。“存房”业务从 C 端向 B 端延伸取得突破，与亦庄开发总公司、北京房地集团等机构客户推进合作“存房”业务，规模为 4 亿元；创新开展集中式长租业务，投资北京大兴机场 1629 套长租公寓 30 年租赁权项目，进入落地环节；探索开展长租公寓 REITs、ABN、CMBS 业务，形成一定积累。

2. 助力建设银行供应链业务成效显著。协同建设银行集团供应链业务，打通“最后一公里”，有效释放供应链金融服务的生产力。2019 年，建信融通公司与建行联动发放供应链贷款超过 12 万笔，较上年增长 4 倍，投放贷款 2200 亿元，年末余额为 1500 亿元，较上年增长 281%，其中全年投放普惠贷款 760 亿元，服务民营和小微企业客户 3.3 万户。助力建设银行供应链业务成为银行业标杆，市场占比大幅领先，吸引工商银行、农业银行、中国银行、交通银行和招商银行等同业争相学习。

3. 为农民工提供综合服务取得新成效。创新推出“劳务通”产品，投放农民工工资专项信托贷款 1.5 亿元，惠及 2 万余建筑农民工；依托建信开太平公司，助力建行“民工惠”业务，定向精准发放农民工工资；为山西等省市搭建农民工实名制监管平台，得到人社部及当地政府高度认可；为建筑企业建立劳务管理系统达到 2300 余家，累计覆盖 1.7 万个项目工地；搭建“农民工互联网生态平台”，实名注册用户数达到 56 万；设立开太平公益基金会，开展针对农民工的系列公益活动，惠及 3400 多个农民工家庭。

4. 扶贫攻坚发挥信托特色。扎实做好结对共建，通过教育扶贫、消费扶贫、联合培训等多种形式帮扶陕西安康汉滨区大竹园镇粮茶村，支持当地脱贫攻坚取得突破，入选"陕西省美丽宜居示范村"。公司设立和参与多个扶贫慈善信托，总规模为685万元，向陕西安康、内蒙古呼伦贝尔等贫困地区捐赠255万元。

（三）业务转型创新呈现良好局面

2019年，公司抢抓机遇，加大力度推进重点城市业务发展，制定出台了11类重点产品策略，明确业务拓展方向，通过试点和重检后，推向全国区域，有力地推动了各类业务的项目落地，取得了比较好的效果。

1. 传统融资业务"老树发新芽"。抓住政策、市场窗口期，快速推进新设项目落地，加强价格管理，提高议价能力，传统固收业务当年增量收入大幅提高，并为未来发展打下坚实基础。同时，业务创新取得可喜成绩，地产股权投资业务落地3单，与美国信安集团合作的物流地产基金业务，取得实质性进展；成功发行两笔"飞驰系列ABN"，设立"如意生金"产品，打通"非标转标"全业务链条，拓宽传统业务空间。

2. 股权部门业务发展加快。成功设立首期科创新兴基金、龙头产业基金，规模合计16亿元；投资的10个股权项目实现上市，投资收益率接近100%；11个投资项目预计2019年登陆资本市场；跻身清科—国资投资机构20强；成功运作千方科技、龙帆、狮桥等大型并购项目，蝉联中国并购公会"最佳并购管理奖"。

3. 证券市场主动管理类业务进步明显。主动管理业务规模突破550亿元，新设立7个系列、共12只主动管理产品，产品种类、管理规模、业绩表现等明显提升，货币通宝、盛景通宝、安心收益等产品，在可比基金中名列前茅。

4. 优势业务领先地位进一步巩固。财富管理业务大幅增长，年末规模突破500亿元，增幅达80%，服务超高净值客户近1600人，新增637人，其中榜单级客户新增46人，达到84人，蝉联《亚洲银行家》"中国年度家族信托"奖，规模、产品、客户、品牌影响力等均领先同业。

资产证券化业务市场占比保持第一。当年新发行信贷资产支持证券32单、规模2345亿元，累计发行超过7000亿元，存量规模超过5000亿元，三项指标均以明显优势蝉联市场第一。

国改业务成为建设银行集团"金字招牌"，"国改通""撮合通"等产品是建设银行国企客户营销的重要抓手。国企混改基金规模超过20亿元，投资18家央企及地方国企，总规模近15亿元。

5. 业务创新成果亮点纷呈。创新产品的数量和质量均明显提升，涌现多笔原创性业务。例如，首单省属国企跨境并购项目——山东水发集团跨境收购；跨境基础设施投资基金；资产配置类、FOF类证券投资产品；家族基金、永续型家族信托、股权（股票）信托等定制化财富管理产品；与渤钢集团合作设立财产权信托，作为全国首笔破产重整服务型信托，受到中国银保监会高度肯定；债券承销业务也实现了零的突破。

（四）运营管理水平有效提升

成立风控委员会，推进全面风险管理，风险防控和化解成效明显，在总行全面风险评价中保持A档；加强内控建设，全年新制定制度15项、修订8项，涉及股权投资、金融市场、联动营销等业务运营机制改革，以及下属企业、IT、授权等管理短板的加强，年末规章制度达到268项，制度体系进一步完善。在总行内控评价中保持一类第一名。

成立创新委员会，有效促进业务创新；优化业务评审差异化政策，推进投研一体化，业务评审质量和效率明显提升。

成立数据治理委员会，通过数据治理完善管理，明确300余张报表的汇总管理部门、5000余项数据的归口管理部门及口径，完成全要素报表流程化改造。

加强下属企业管理，重检和升级"四集中一垂直"管理体系，全面提升下属企业在机构设置、授权、财务、信息化管理等关键事项管理的规范性、计划性。

提升信托业务会计核算水平，及时、准确地完成2743个独立核算单位的核算工作。

持续推进内部组织架构优化，引进专业人才120余人；进一步夯实关联交易和反洗钱管理基础，建立完善消费者保护工作体系，强化印章、档案等基础管理，推进品牌建设等均取得良好成效。

执笔：建信信托　胡飞飞

四、建信人寿保险有限公司

（一）主要经营成果

2019年，公司紧扣集团战略，坚定不移深化改革、推进转型，取得了多方面的成绩。

业务和资产规模稳步增长。全年规模保费收入（含账户式医疗）467亿元，同比增长7.4%。其中，新单和续期保费分别为377亿元、90亿元，同比分别增长2.2%和36.9%。公司总资产增长至1770亿元，较年初增加33.9%。

业务结构持续优化。新单期缴保费收入71.7亿元，同比增长39.8%，银行系排名第一；期缴业务占比（新单+续期）提升至35.8%，同比提高7.7个百分点，新单期缴占比提高至19.8%。

盈利能力和投资水平稳中有升。全年实现净利润9.03亿元，同比增长26.3%；考核口径ROE达到9.91%，较上年提升1.35个百分点；财务投资收益率为5.45%，综合投资收益率为7.31%，银行系排名第一。

价值增长保持稳定。全年定价新业务价值9.34亿元，同比增长19%。新业务价值达到4.89亿元，实现正增长。

风险合规紧抓不懈。综合和核心偿付能力充足率分别为137%和111%，满足监管要求。连续四个季度风险综合评级结果为A类，上年度反洗钱分类评级结果为BB类，资产不良率控制在集团考核要求内，整体风险可控。

公司实力和品牌得到市场认可。穆迪和标普维持对公司A2和A-较高评级，评级展望为稳定。公司获得《金融时报》“年度最佳普惠金融服务保险公司”、人民日报社《国际金融报》“年度公益创新企业”、《理财周刊》“年度金牌寿险公司”、《上海证券报》“企业社会责任奖”等诸多奖项。

（二）深化改革

服务集团发展。助力集团“三大战略”，不断扩大小微、涉农等普惠保险服务范围；服务总行重大战略项目，积极推进工信部产业基金、苏州投贷联动基金、建信云能数字公司等项目，苏州观园项目落地；积极参与总行安康精准扶贫和建设银行大学建设；举办“独墅论坛”，推动产学研用协同创新，在业内形成较好影响；提高股东业务服务质量，为近20万建设银行员工及家属提供保险保障；子公司协同建设银行实现信用卡账单分期190亿元、回收信用卡欠款5.6亿元、新增手机银行及扫码付等电子银行客户141万户；对集团中收贡献不断提高；公司通过旗下金服公司同分行开展了“裕农通”业务协同合作，解决了“裕农通”推广中渠道结算难题；公司联合建行ETC推广营销，卡单发卡269万张，保费超过1000万元。

推进体改项目落地。完成市场化职级、薪酬体系落地实施，优化薪酬结构、拓宽发展通道，完善人才发展体制机制。

深化运营改革。不断改进运营效率，团险询报价系统上线；推进团险理赔业务外包；开发双录云平台；启用智能语音回访。电话回访成功率提高0.66%，理赔申请支付时效、保全时效分别减少0.53天、0.07天，理赔获赔率提高0.44%。

（三）创新发展

夯实客户管理基础。客户洞察项目顺利结项，完成数据处理、分析应用、系统建设规划等18项交付物。推进客户信息整合，公司历史上首次生成统一的企业级客户编号（OneID），实现客户保单全景视图。

加快信息化建设和数字化升级。立项启动系统建设项目59项，完成24项延续在建项目和5项新建项目；完成新一代保险业务系统咨询项目，正式进入系统建设实施阶段；完成COS_ T个险新契约优化；建成新一代呼叫中心系统；引入人脸识别技术和智能外呼机器人；依托云管平台及自动化运维项目建设，月度上线发布时间由4小时缩短至2小时以内；建信e保和微信两大移动互联平台实现数据共享；构建保费集市，首次实现销售快报移动端展示，保费统计穿透到中支。

（四）全面从严治党

开展“不忘初心、牢记使命”主题教育。严格按照“守初心、担使命、找差距、抓落实”的总要求，贯通理论学习、调查研究、检视问题、整改落实四项措施，深入学习贯彻习近平新时代中国特色社会主义思想和重要指示批示精神。总公司领导干部带头开展党委中心组学习，举办领导干部集中学习读书示范班，组织各类形势教育，深入基层调研，讲授专题党课，查摆检视问题，督办整改落实，取得了实际成效，获得了党员群众的普遍认可。

持续加强组织建设。推动党的领导与公司治理有机结合。强化基层党组织政治功能，全年新设和调整设置基层党组织20个，常态化组织基层党组织书记述职评议考核，开展基层党建工作排查，促进基层党组织提升组织力。加强联学共建，全年开展联学共建78次，参与人数4479人次。加强党员教育管理，全年发展党员80名，党员占比连年提升。深入学习张富清老英雄先进事迹，组织“致敬老英雄争做新传人”评选，激励全司员工见贤思齐。

全面加强纪律建设。深化党风廉政建设，做实日常监督，对两百余名干部进行廉洁意见审核和任职廉洁谈话，对123名干部建立廉洁档案。推进“不敢腐、不能腐、不想腐”机制建设，开展党纪廉洁教育368场、1.1万人次。公司荣获总行2019年纪检监察工作先进单位称号。

执笔：建信人寿　钱永圆

五、中德住房储蓄银行有限责任公司

（一）主要经营成果

2019年，中德住房储蓄银行有限责任公司（以下简称中德银行）认真学习贯彻习近平新时代中国特色社会主义思想，不断强化“三个能力”建设，积极投身“三大战略”实施，全面推进“一心一意抓存款，聚精会神搞住储，充分借力谋发展，精细管理提效率”经营思路落地，各项工作捷报频传，为实现“有特色、小而好”的发展目标奠定了坚实基础。

2019年经营业绩全面大幅提升。一是各项业务指标屡创新高。年末一般性存款余额为148.10亿元，新增41.81亿元，为前3年存款新增之和，计划完成率为159.84%；日均余额为134.91亿元，较上年新增36.44亿元，计划完成率为227.67%；住房储蓄贷款新增23.05亿元，为历年最好水平，计划完成率为125.42%；实现净利润4492万元，较上年增长5848万元，高于总行计划值7440万元。二是住储业务占比加速提升。住储存款余额为135.63亿元，日均余额119.35亿元，在一般性存款中占比分别为91.58%和88.47%；住储贷款余额为79.59亿元，在全部贷款中占比50.04%，提前一年实现50%的监管要求。三是资产质量保持稳定。不良贷款余额为8609万元，不良贷款率为0.54%，分别低于总行计划值2291万元和0.15个百分点。

（二）经营管理成果

第一，住储产品本土化创新成果突出。一是按照“以存定贷、存贷结合”的基础原理，以提高产品竞争力和个人客户满意度为目标，设计推出智融系列产品，并在建设银行手机银行、STM、自营微信平台等全新的销售渠道部署上线。试运行阶段就取得存款日均余额达2.19亿元，存款时点余额达4.76亿元，新增客户数6924户的亮眼成绩，实现了住储产品的大胆创新。二是与济南市槐荫区政府联合推出“智汇槐荫”人才安居低息贷款计划，实现了住储+政府模式首推成功，取得了住储业务对公发展模式的重大突破。三是进一步优化住房储蓄产品结构，先后停售了三类、九款住房储蓄产品，使在售产品分类更清晰、特色更突出，有效提升了营销效率。

第二，协同联动进展显著。一是建行手机银行个人住储代理销售功能日趋完善，已成为建设银行向客户推荐的首选渠道，在个人住储产品销售中发挥了重要作用。二是无机构区域委托建设银行代理住房储蓄贷款项目取得阶段性进展，明确了试点行并制定相关业务操作细则。同时开始探索建设银行独立代理对公业务，三款对公住储产品已布放在建设银行企业网银渠道。三是将部署在本地的外联、办公、管理类系统托管至建设银行公有云，一般性IT维护工作委托建设银行，有效提高了信息安全水平。同时，将安保监控值守委托经营机构所在地建设银行分行代理，大大提升了工作效率。四是成功将建设银行外网网站改版事宜纳入建设银行海外分行网站上收项目。新网站采用建设银行网站的统一风格，界面友好，定位清晰，网站可维护性和安全性显著提升。

第三，风险合规管理进一步强化。一是推进全面风险管理覆盖全行各层级，建立报告和监测机制，推动风险信息共享机制落地，开展风险压力测试和重点领域风险排查，切实防控风险隐患，提高风险应对和处置能力。二是加大合规管控力度，有序开展“废、改、立”工作，完善优化制度体系，加大对违规事件、违规问题的责任追究力度，起到了震慑、遏制违规的效果。三是有效发挥审计功能，全年完成审计项目21个，促进风险管理和内部控制的持续加强与改进。

第四，精细化管理水平明显提升。一是充分发挥考核指挥棒作用，增配“挣绩效”资源，突出对住储核心业务、基层和前台部门、价值创造主体的激励倾斜。二是个贷业务、营运管理、资产保全、反洗钱等业务全部或部分集中上收至总部，压缩管理成本，提升管理质效。三是优化员工职级等晋升机制，拓展专业技术职务空间，打破员工职业发展“天花板”。四是开展青年专业技术人才选拔，激发青年员工干事创业热情。

（三）全面从严治党工作成果

一是扎实开展“不忘初心、牢记使命”主题教育，深入学习贯彻习近平新时代中国特色社会主义思想及习近平总书记重要指示批示精神。坚持问题导向，深入基层开展调研，解决了一批基层和群众的烦心事、操心事、揪心事。二是不断夯实基层党组织建设，将总部机关4个联合党支部调整为11个独立党支部，明确2个下属经营机构党支部由总部党委直管，实现了党组织与行政机构相匹配，并组织开展基层党组织主体责任考核，促进党建和业务紧密结合。三是积极推进为基层减负工作，2019年中德银行分支机构执行类收文数量较2018年下降30.19%，参加的总部召开的会议较2018年减少30.77%，接受检查督查较2018年减少50%，报送的报告报表较2018年减少29.58%。四是完成全行纪检组织架构调整，成立纪委办公室，延伸监督触角，任命五家经营机构纪检特派员、成立纪检办公室，实现了全行监督全覆盖，监督执纪工作取得成效。

执笔：中德银行　何彦妮

六、建信期货有限责任公司

（一）主要经营成果

一是经营状况整体平稳。2019年，公司实现营业收入（不含风险管理子公司销货成本）1.55亿元，实现净利润789.10万元，年末时点客户权益达到47.67亿元。全年累计期货代理交易量、代理成交额分别为3302.06万手、25020.40亿元。

二是服务实体经济能力有所提升。公司积极践行集团战略，2019年“保险+期货”规模创新高，全年完成5个“保险+期货”项目，累计承保农产品9.36万吨，名义货值2亿元，较2018年增长2倍，最终赔付280.63万元，惠及2000余农户。公司“生猪饲料成本保险项目”创新运用品种组合模式，被列入2019年度“大商所农民收入保障计划”案例汇编中。同时，公司优化供应链大宗商品买断融资业务，配合相关分行融合“区块链+大宗买断+福费廷”模式，创新运用背对背信用证工具为企业提供库存管理和融资贷款一体化服务，为服务实体经济提供了新路径。

（二）主要经营管理措施

1. 践行总行“三大战略”，切实服务“三农”产业链。一是利用期货风险管理子公司持货功能，配合相关分行推出“棉花标准仓单流动资金贷款”，以解决企业棉花收购资金不足问题。二是将衍生品风险管理功能与相关分行的农贷产品系列有机结合，实现涉农信贷与期货、场外期权的深度融合，帮助产业客户规避成本波动风险。三是与集团合作，丰富产品品种和服务形式。公司与集团合作将天然橡胶品种纳入行内押品范围，推进首单服务对象为民营企业客户的天然橡胶买断融资业务和豆油品种供应链模式大宗商品融资业务落地，有效解决中小民营企业解决融资难、融资贵问题。

2. 落实主体责任，风险合规工作更加精细有序。2019年，公司继续围绕总行“三个强化”“三个提升”目标以及董事会工作要求落实全面风险管理各项工作。一是加强全面风险管理体系建设，出台全面风险管理办法，厘清风险类型、风险管理架构及风险责任机构。二是抓业务过程管理，细化风险合规管控措施。三是扎实开展问题整改和责任追究，提升审计检查效果。四是加强信息系统支持，提高并表与风险管理自动化水平。五是强化风险合规考核管理，注重风险合规文化理念传导。公司全年未发生监管处罚和操作风险损失，各类风险监管指标持续符合要求。

3. 应对新品种持续上市，强化服务保障工作。2019 年，为应对期货新品种的密集上市，公司在研发、营销、信息技术、结算交割等方面统筹协调，确保服务保障机制的平稳运转。一是扩充研发团队力量，丰富投研服务内容，增强研发实力。二是整合服务保障资源，优化信息技术，风控结算和开户服务系统，围绕新品种提供更多营销服务，推进服务基础体系升级。

4. 服务总行产品创新，推进母子联动。一是完善协同联动机制，在渠道建立方面与集团加强合作，在对公、对私条线方面共同探索新的发展模式。二是与总行合力推出“智联交易平台”（期货通），创造性地以期货风险管理子公司为媒介为集团授信客户提供利用期货及衍生品进行风险对冲的便捷渠道。三是融入建行大学，构建期货及衍生品专业课程体系。为探索期货在集团风险管理中的运用，公司成立课程开发项目组集中编撰期货及衍生品专业系列教材，作为独立板块并纳入建行大学课程体系。

执笔：建信期货　芮玥

七、建银国际（控股）有限公司

（一）主要经营成果

2019 年，面对国内外经济及资本市场的波动与挑战，在总行的领导下，建银国际积极发挥自身投行业务优势，着力提升“三个能力”，认真贯彻“三大战略”，积极开启“第二发展曲线”，稳步推进业务结构转型，切实服务粤港澳大湾区、长三角一体化等国家战略，保持了核心投行业务指标同业前列的位次。

一是投行业务稳步发展，核心指标同业居前。2019 年，建银国际依托“业务链条全”的优势，持续巩固投行业务竞争力，核心投行业务指标居在港同业前列。在 IPO 业务方面，以全球协调人角色完成项目数量位列中资银行系投行第一，在 2019 年港股募资规模前十大的 IPO 项目中，建银国际参与了其中五个，体现了公司抢抓市场热点服务大型重点项目能力；在债券承销业务方面，完成 G3 债券发行承销项目数量位列中资银行系投行第一；在并购及财务顾问业务方面，自 2012 年以来，连续八年完成中港地区并购项目数量保持中资银行系投行第一。

二是切实服务国家战略，积极开启“第二发展曲线”。2019 年，建银国际发挥专业所长，融入国家战略，积极开启“第二发展曲线”，做强、做优资产管理业务。服务长三角一体化战略，发起上海建银长三角战略新兴科创基金，12 月 24 日时任上海市市长应勇与董事长田国立共同为科创基金揭牌，基金启动短短三个月内，建银国际先后拜访营销了 30 多家大型央企、国家级基金，取得近百亿元规模认购意向，获得业内广泛认可。服务粤港澳大湾区战略，12 月 13 日在广东省李希省委书记、马兴瑞省长及田国立董事长、刘桂平行长等领导的见证下，建银国际会同广东分行与相关政府部门正式签署了合作框架协议，以专业能力打造“金融 + 科技 + 产业”的综合孵化生态，服务大湾区发展，助力粤港澳腾飞。服务健康养老产业，12 月 10 日，成功举办“2019 年建银国际医疗健康产业（北京）峰会”，北京市殷勇副市长及纪志宏副行长等多位领导出席峰会，进一步提升了建银国际产业基金的品牌知名度。

三是承担国有投行责任，加强企业品牌构建。2019 年，建银国际响应精准扶贫号召，支持陕西安康“一区三县”定点扶贫；关爱少数民族留守儿童，与“苗圃行动”携手在云南红河共建希望小学；帮助贫困患者重见光明，支持“健康快车”慈善单车赛；培育未来金融人才，连续参与香港财经事务局、民政事务局的青年交流计划。公司业务发展得到市场广泛认可，荣获“IPO 年度发行公司”（《彭博商业周刊》）、“香港最佳本地企业及机构顾问”（《财资》）、“杰出中国投资银行”（《资本》杂志）、“全球投行区域科技奖”（《环球金融》）、“私募股权年度投资机构”（《中国证券报》）等 30 多个境内外奖项。

（二）基础管理措施

一是注重合规经营，提升专业素养。2019 年，建银国际持续加强合规管理，公司各层面充分认识合规管理的重要性，以“合规优先”为经营理念，紧跟境内外法律法规、监管政策变化及总行相关要求，优化合规制度，开展全方位、多元化合规培训，提升员工合规意识和业务水平，扎实推进合规文化建设，全面夯实合规管理基础，持续提升合规管理水平。

二是夯实业务基础，提升管理能力。2019年，建银国际面对经济下行与资产质量管控的双重压力，平衡发展与风险两者的关系，一手抓发展、一手抓风险。找准业务定位，合理规划布局，锁定重点项目，健全统一风险偏好、统一审批机制、统一项目管理体系，强化资产质量管控，持续优化资产结构。

执笔：建银国际　李冉

八、建信养老金管理有限责任公司

2019年，公司积极服务集团战略，贯彻总行对子公司的战略导向和管理要求，以新发展理念引领新金融实践，守正创新，合规经营，在做好专业养老金管理的基础上，打造养老金融生态圈，各项业务实现了稳健高质量发展。

（一）资产规模持续壮大，财务状况持续向好

公司实现了养老金管理规模跨越式发展和财务业绩的逐年提升。截至2019年末，公司资产管理规模为5417亿元，增幅为23%；实现净利润19729万元，同比增长224%，均超额完成全年业务发展目标。资本使用效率逐步提高，2019年ROE达到8.31%，同比提升5.6个百分点。

（二）深入贯彻落实集团战略

按照总行党委新金融发展理念，公司积极探索开启“第二发展曲线”，进一步深化和发展公司战略，研究提出构建养老金融生态圈业务模式，链接个人、机构、政府三端，从供给与需求两端发力疏解养老社会痛点和国家难点。一是积极推进住房租赁战略。公司将房屋租赁与养老有机结合，积极推进“存房+养老”产品模式，成功推动首单“存房养老”业务在上海落地签约。二是金融科技赋能养老事业。搭建数字化、智慧化的安心养老云平台暨建颐人生App，目前已有累计推广上线养老机构及服务商1.1万多家，近千家民政部门使用，App注册客户数238万。三是策应服务普惠金融战略。公司打造建养“安心、省心、放心”系列产品体系，全新打造“金融+权益+支付”的“一站式”养老服务产品，为客户提供便捷支付功能，实现了养老投资与养老服务的有效对接。

（三）市场拓展成效显著。一是打赢职业年金攻坚战

公司依托集团优势，密切加强母子协同，全面加强联动营销，全力以赴，抢抓先机，打赢职业年金攻坚战。截至2019年末，在总行、各地分行的支持配合下，协同联动营销成果显著，在30个完成评选的统筹区中，公司连战连捷，全部中标，为职业年金业务发展奠定了坚实基础。二是企业年金业务继续稳步增长。成功中标中国国家铁路集团、中国华电集团、汾酒集团等一批大型重点企业的年金资格。

（四）投资核心竞争力持续提升

公司以投资管理为核心，采取“投研一体化”的模式，建立起完善的投资管理制度和规范化的投资决策流程，以通过市场化的方式组建了专业的投资管理团队，引进具有丰富经验与专业能力的投研人员，投资管理能力不断提升，投资业绩经受住市场考验，保持了稳健态势。受托投资收益保持较高水平，建设银行受托全部年金计划2019年以来整体资产加权平均收益率为7.60%，比目标业绩基准4.35%，高出3.25个百分点。

（五）产品创新能力持续增强

一是公司主动适应资管新规优化产品结构，发行公司第一款净值型长期限定开式个人养老保障管理产品——建信养老飞越366。二是创新为社保基金定制养颐嘉信（分期）信托产品型养老金产品，社保委托的基本养老保险基金组合成功建账，开启了公司第一支柱业务新篇章。

（六）风险防控全面加强

在当前“严监管”环境下，公司严格按照监管机构和总行要求，全面加强风险管理，完善养老金公司风险防控体系，形成了与建行集团一致的风险偏好，实现了对企业年金业务、风险内控、投资管理等各项经营管理领域的全覆盖，公司资产质量整体情况良好。

（七）坚持和加强党的建设

深入学习贯彻落实党的十九大精神，切实提升全体党员“四个意识”“四个自信”，做到“两个维护”。公司落实全面从严治党责任，党建引领作用充分发挥。总行党委批复成立建信养老金管理有限责任公司党委，公司积极做好党委筹建工作，加强党委职能部门建设。同时，深入贯彻落实总行党委部署要求，“不忘初心、牢记使命”主题教育高效有序开展。成立主题教育领导小组，组建专门人员团队负责推进工作，坚持从严从实，把握质量标准，将学习教育、调查研究、检视问题、整改落实同步推进、贯彻始终，主题教育成效得到广大党员群众的普遍认可。

（八）市场影响力显著提升

参与监管部门研究课题，包括人社部基金监督局第三支柱个人养老金监管课题及信息披露课题、中国社会保险学会《我国城镇职工基本养老保险待遇计发办法研究》等，为国家多层次养老保障体系建设建言献策。公司荣获2019年中国资产管理金贝奖、“最具竞争力养老金管理公司”、2019最具人气养老金融产品奖、2018中国新经济年度领军品牌奖、第九届“金貔貅”金牌创新力金融产品奖、“中国商业模式创新示范单位”及“2019中国品牌影响力优秀示范奖”众多荣誉奖项。

执笔：建信养老　陶星

九、建信财产保险有限公司

（一）加强党的建设，落实党的全面领导

实施“党建入章”，以制度形式明确党在公司治理机制和公司经营管理中的领导作用。以政治建设为统领，全面落实党的建设各项要求。持续完善基层党组织建设，激发基层党组织活力，发挥党员领导干部先锋模范作用，推动基层力量在党组织领导下拧成“一股绳”、合成“一张网”。推进党建和业务深度融合，压实各级领导干部“一岗双责”，切实做到同规划、同部署、同考核。高质量开展“不忘初心、牢记使命”主题教育，着力解决发展中的突出问题，建立长效机制。狠抓作风建设，强化日常监督，深入推进反腐，严格正风肃纪。

（二）经营成果显著，核心指标超额完成

一是业务持续高速增长。实现保费收入5.49亿元，首次突破5亿元，同比增长43%，超额完成全年目标任务。其中，车险实现保费收入0.67亿元，非车险实现保费收入4.82亿元，非车险占比约88%，高于年度计划8个百分点，大幅优于行业水平。二是经营效益持续改善。综合成本率较上年同期下降5.48个百分点。实现净利润-9818万元，较上年同期减亏165万元，超额完成总行下达的效益计划目标，较总行下达计划少亏4986万元。三是投资收益稳健增长。2019年，公司实现账面投资收益3327万元，计划完成率达113%；综合投资收益率为5.05%，同比上升52个基点。四是偿付能力充足率保持稳定。截至2019年底，公司偿付能力充足率达416%，保持在监管要求最低比例（100%）的4倍以上。五是全量有效客户增长46.4%，客户数量达1203.33万人。

（三）坚持价值创造，提高服务集团的能力

多维度助力住房租赁战略推进。持续扩展保障范围，创新开发空气质量治理保险、家庭房屋装修工程保险等产品，升级“租房保”到“安心住”，有效解决了住房租赁业务痛点。全方位护航普惠金融战略实施。通过多样化的保险产品和定制化的服务方案助力建设银行服务小微、双创客群，支持服务小微企业、民营企业客户数超过5300户，提供风险保额372亿元。配合抵押快贷业务，为小微企业定制“微小保”贷款抵押房屋保险，为900多户小微企业客户提供风险保额16亿元。全场景融入建设银行金融科技生态圈。全面融入建设银行金融科技生态圈，将财险产品嵌入建融公寓、裕农通、普惠金融等10大建设银行对内对外平台，推动建设银行金融科技战略稳步发展。与建设银行企业手机银行实现对接，为个人商户定制的“商户保”账户险、综合意外险、公众责任险产品已实现布放。多形式服务建设银行“零售优先”策略。丰富建行渠道线上产品线，2019年在建设银行手机银行悦享生活完成了包括家庭综合保险在内的5款新产品的上线布放。推进总行积分兑换保险合作方案，丰富建设银行客户积分兑换内容。

（四）坚持创新发展，经营管理迈上新台阶

一是建信财险“三大战略”有序推进。“零售优先”有效触达C端客户。在服务蓝海项目中，通过与租赁子公司及租赁市场公司合作，积极实现C端突围。加强与建设银行协同，打通微信投保、龙支付系统（含投保与支付系统）渠道对接，借助节日营销、满减优惠等多种营销活动及形式，促进提升建设银行客户活跃度，顺利实现项目爆发式释放。“科技赋能”有效提升运营效率。重塑升级核心业务系统，自主研发基于微服务架构和容器云服务平台的新车险理赔系统、车险承保系统、非车险系统查询功能，在性能、稳定性、可靠性、扩展性、快速发布等方面均有大幅提升，为快速支持业务发展提供了基础和保障。“人才兴司”促进组织架构优化。提升公司前台销售、中台运营协调、后台支持等板块的管理功能和组织效能，建立完善以客户为中心的销售、运营、风控及支持服务等流程化的体系，使“价值创造”理念落地做实。结合“雄鹰计划”，抓好架构调整后的指导与督促，根据业务实际和管理需要，促进管理集约、经营集约、功能集约。

二是四大战略项目成效显著。2019 年公司启动了“银保融合、法人突围、健康守护、特色车险”四大战略项目，2019 年累计保费收入 1.94 亿元，成为实现年度目标任务的重要保证。其中，银保融合项目总结梳理创新案例取得突出成效，已收集超过 200 个案例，为提升展业效率奠定了基础。法人突围项目对于寻求通过建设银行渠道穿透到对公客户的发展道路进行了有效探索。

（五）坚持合规经营，风险管理取得显著成效

风险管理“三个能力”全面提升，内控合规“六大基础”不断夯实，守住廉洁自律、管控风险、守法合规三个底线，全年未发生重大风险事件、重大违规事件、重大案件，未受到监管处罚，年度风险偏好执行情况良好。2019 年，在中国银保监会组织实施的风险综合评级中持续保持 A 类。

执笔：建信财险　朱琳琳

十、建信金融资产投资有限公司

（一）年度经营业绩

截至 2019 年末，建信投资市场化债转股累计签约 8543 亿元，累计落地 3146 亿元，继续保持同业第一。全年新增签约 1300 亿元，新增落地 1594 亿元；圆满完成 787 亿元降准资金的投放任务。2019 年末公司资产总额为 1026.80 亿元，净资产为 124.17 亿元（业务数据为公司初步统计数据，尚需国家发展改革委最终确认）。

（二）主要业绩成果

推动实体企业降杠杆。围绕建设银行总战总重客户，推动央企、国企降负债，落地中国建筑、中远海运、鞍钢等多家重要央企客户项目。助力民企发展，落地万向“三农”、鑫达集团、新希望集团等优质民企项目。落地项目增强了企业资本实力，推动了实体经济的高质量发展。

促进国企深化改革，支持重点行业转型发展。在综合化降杠杆方面，对淮南矿业、黑龙江建投等企业实施债转股，推动落实去产能、减员增效、“三供一业”减负、补短板等改革增效措施。在国企混改方面，对洪都航空、厦深铁路等企业落地实施债转股，引入民营产业投资人，推动优化公司治理结构。对 20 家钢铁、化工、机械设备等传统制造业优质企业实施债转股，促其释放先进产能，推动企业转型。

贯彻落实集团战略，协同集团业务联动。探索普惠金融创新实施途径，指导分行获得 22 家标的企业普惠金融营销额 24.9 亿元，e 信通业务放款 2000 余笔，“民工惠”新增金额 18 亿元。通过股权投资撬动其他金融服务，在投资协议中约定存贷款等业务优先合作权。协助集团化解风险方面进行有益探索，推进渤海钢铁、北方重工、通钢集团、丹东港等不良资产项目重组处置。

（三）管理不断完善

探索创新，专业水平不断提升。与市场机构共同发起设立债转股基金的募资模式收到成效，金融债成功获批发行，有效引导各类社会资本参与市场化债转股。参与债转股资产交易平台建设，取得首单债转股资产转让挂牌。积极探索投后增值服务，董监事队伍不断壮大，投后监督机制进一步优化。

严控风险，确保业务合规推进。落实总行和监管部门风险合规要求，完善风控制度和管控机制，设立风险管理与内部控制委员会。明确风险偏好，坚守合规底线，制定年度投资策略，优化投资流程体系。

深化党建，公司治理不断完善。健全公司治理制度，将党建写入公司章程，制定董事会各委员会工作细则。董事会积极发挥决策职能，监事会充分发挥监督职责，全年召开 10 次董事会、3

次监事会，内部治理不断完善。

执笔：建信投资　李宁

十一、建信理财有限责任公司

2019年是商业银行理财子公司元年。建信理财有限责任公司（以下简称建信理财）是国内首家商业银行理财子公司。经过审慎研究和周密部署，建设银行党委于2018年10月31日决定出资150亿元在深圳设立建信理财，董事会于2018年11月16日审议通过了议案。2018年12月3日建设银行向中国银保监会递交建信理财公司设立及筹建申请，2018年12月26日银保监会批准公司设立及筹建；2019年5月7日建设银行向中国银保监会递交公司开业申请，2019年5月22日中国银保监会批准公司开业。建信理财于2019年5月23日取得金融许可证，5月24日取得工商营业执照。2019年6月3日建信理财在深圳举行开业仪式暨新品发布会，标志着我国首家商业银行理财子公司的诞生。

建信理财注册地是广东省深圳市福田区，注册资本金为人民币150亿元。公司成立初期办公地点为深圳市福田区金田路2028号皇岗商务中心57、58层。

2019年4月16日，公司召开创立大会，宣布建信理财成立并通过公司章程。4月19日公司成立临时党支委，对筹备及开业初期“三重一大”事项做决策，保证党组织对理财公司的集中统一领导。4月26日公司召开2019年第一次董事会，成立董事会下设的战略发展委员会、薪酬与提名委员会、审计委员会、风险管理和内部控制委员会，审议并通过了《建信理财公司授权管理办法》等9项重要规章制度。2019年11月15日，公司举行职工代表大会并选举出2名职工监事，12月3日公司召开2019年第一次监事会，成立监事会并选举监事长。

公司成立时设立22个部门，包含产品管理部、产品销售部、研究部、大类资产配置部（合作机构管理部）、固定收益部、股票投资部（量化与衍生品投资部）、债权（非标）资产投资部、权益（非标）资产投资部、专户理财部、全球资管部、资本市场部、交易部12个前台业务部门，以及协同发展部、审计部（监事会办公室）、风险管理部、审批部、法律合规部、金融科技部、运营部、办公室（董事会办公室）、人力资源部、财务会计部10个中后台保障部门。

2019年7月29日，公司发行理财产品“建信理财大湾区指数灵活配置型产品”“睿鑫科技创新封闭式产品”，标志着我国商业银行理财子公司产品的诞生。10月16日，公司成功发行私募产品40亿元，投资于深圳中小企业信用融资担保项目，标志着公司第一笔非标投资落地以及第一只机构私募产品发行成立。2019年公司共发行大湾区指数灵活配置、建信宝、睿鑫、睿智、嘉鑫、创鑫等系列累计38只理财产品，产品线覆盖现金管理类、固定收益类、混合类、权益类等诸多品种。2019年12月20日，公司顺利承接母行“乾元—龙宝”按日开放净值型理财产品。截至2019年末，公司管理资产规模达到838.42亿元，存续产品39只。其中公募产品规模为727.19亿元，私募产品规模为111.23亿元；建行代销产品736.56亿元，直销产品96.33亿元；个人客户产品742.09亿元，机构客户产品96.33亿元。

2019年，公司实现净利润6003万元，管理费收入839万元，自有资金投资收入24453万元，上缴各项税收792万元。截至2019年底，公司整体运作良好，各类监管指标和集团风险偏好指标全部达标，未发生重大风险事件。

公司依托建设银行金融科技力量，坚持金融科技赋能理财业务，创新开发“大资管家”业务核心系统。大资管家平台项目一期于2019年4月27日正式上线运行，并通过监管验收。11月，项目一期通过试运行验收；12月，大资管家平台项目一期完成正式验收，顺利完成产品、销售、TA、估值核算等9项项目目标，实现业务需求项81项，为公司前期业务开展奠定基础。

截至2019年，公司员工人数232人，平均年龄33.6岁。其中35岁以下员工163人，占比70.26%；硕士及以上学历176人，占比75.86%；中共党员145人，占比62.50%。公司主要高管人员为：刘兴华董事长、谢国旺总裁、周鑫泉监事长、李丽杰副总裁、杨爽副总裁、张洁董事会秘书。

执笔：建信理财　邹琪琪

境外机构

一、香港机构（建行亚洲、香港分行）

（一）业务发展情况

2019年末，香港机构资产总额为902亿美元；全年实现净利润6.9亿美元。资产负债结构进一步优化，价值创造能力持续提升，主要财务指标同比增长，不良资产率和不良贷款率保持较低水平。

（二）主要经营管理举措

坚定不移地推进金融科技和创新发展，大数据驱动精准营销实效显著，开放银行进度列全港第七、五大国有银行第二，中后台智能化、数字化水平不断提升，围绕金融科技开展创新马拉松等活动激发全员创新热情，2019年荣获香港经济日报“金融科技大奖”等三个奖项。

大力发展交易银行业务，成为香港唯一提供对公信托代理全产业链服务的中资银行。

加强粤港澳大湾区融合发展，2019年在湾区投放对公贷款达575亿港元，在零售业务领域打造“支付通、宜居通、理财通、服务通”产品及服务体系，多项产品落地。

深化境内外多维联动，协同服务好“一带一路”和“走出去”客户，牵头兄弟机构合作完成15个海外重大项目，项目总金额达1200亿港元。

二、新加坡分行

（一）业务发展情况

1. 利润持续稳定增长。实现净利润1.4亿美元，在当地中资同业中连续第三年保持第二。

2. 资产质量优良。2019年末资产总额达206.6亿美元，不良率及不良额持续保持为零。

3. 管理指标大幅优化。ROE为27.2%，ROA为0.67%，NIM为0.86%，成本收入比仅9.3%，经营效能进一步提升。

（二）主要经营管理举措

1. 合规管理获得监管肯定。分行注重合规监督工作取得实效，在总行对海外分行的内控评价考核中，被评为一类行。

2. 市场竞争能力显著增强。分行在当地中资同业中继续保持净利润排名第二、总资产排名第三位的名次。

3. 业务发展成效显著。对公业务在本地树立综合服务能力强、处理效率高的品牌形象；资产结构不断优化，可持续盈利能力上升；积极推进海外对私一体化系统建设，完成总行首个海外基金系统上线；不断培育资金市场和资本市场的整合优势，实现投行团队成功转型；拓宽融资渠道，成功发行10亿元离岸人民币债券，形成分行长期资金融入渠道。

三、法兰克福分行

（一）业务发展情况

2019年末，法兰克福分行总资产为63.5亿美元，全年实现主营业务收入2055.3万美元，净利润为656.3万美元。

（二）主要经营管理举措

1. 落实和践行“三大战略”，发挥海外桥头堡功能，积极对欧洲及德国工业进行调研，向总行提供各类调研报告20份。

2. 深化“跟随”和“联动”，为兵工、徐工、中集等集团下属公司办理内保外贷约1亿欧元；协助营销奥特斯集团在重庆分行开立账户。

3. 牵头境内外分行营销，投标汉莎航空日税飞机融资业务，实现建行首次中标；成功参与大众集团全球备用银团，入围其核心合作银行；牵头汉莎、奥特斯、博世等集团全球授信。

4. 强监管下稳步创新。加强奥地利地区业务拓展，推进落实与李斯特公司签署银企合作文件；

营销大众集团熊猫债业务并提交综合服务方案；协调推动戴姆勒集团与建行机构签署外汇交易框架协议；大力营销跨境托管和债券等业务。

5. 资产质量、审计结果良好；德国监管对分行经营管理无监管关注点。

6. 总行于6月向分行增拨营运资金7500万欧元。

7. 2019年9月举办成立20周年庆祝活动。

四、约翰内斯堡分行

（一）业务发展情况

2019年末，约堡分行总资产为26.0亿美元，全年实现净利润1485.9万美元。

（二）主要经营管理举措

约翰内斯堡分行严格遵循总行“合规优先，稳中求进”的业务发展基调，立足本地，各项工作有序开展：

一是调整组织架构，增强运营能力。对资债委、风控委等委员会的职能及人员进行调整，建立健全了分行重大事项决策机制。同时，对现有部门、岗位职责进行全面梳理，通过部门整合、优化分工等举措，整体运行效率显著提高。

二是优化资产结构，提升收益水平。分行调整策略，以提升信贷资产占比为工作重点，实现年末贷款余额较年初增长1.9亿美元，增幅为21%，信贷资产占比由32.6%增至39.5%，资产结构得以优化。

三是充分履行社会责任。与中国驻南非大使馆、当地工商界共同举办“龙山论坛”，独家赞助第二届“桌山越野马拉松赛”，提升了建行在当地的品牌影响力。另外，与开普敦红十字儿童医院、格里尔兔唇微笑慈善基金会建立友好合作关系，彰显了建设银行的社会责任和担当情怀。

五、东京分行

（一）业务发展情况

2019年，东京分行以“合规优先、风险为本、稳健经营、创新发展”为指导方针，较好地完成了各项经营指标。截至2019年末，分行资产总额为213.8亿美元，全年实现净利润5211.5万美元。

（二）主要经营管理举措

一是开展“精细化管理年”活动，不断夯实合规与风险管理基础。日本央行在年内两次与总行行领导会晤时均对分行经营管理给予积极评价。

二是成功与三井住友银行、日本政策投资银行签署战略合作协议，促成三井住友银行5次购入建设银行“建元”RMBS产品，配合总行营销并成功中标三井住友银行首笔熊猫债独家牵头主承销商。

三是以联合牵头行身份参加日本企业欧洲大型并购银团项目，实现分行与日本企业在第三方市场的首次成功合作。独家牵头吉祥航空日税结构飞机融资项目，并向日本政策投资银行进行分销。

四是首次成功发行3年期日元债券，并在东京证券交易所上市，拓宽长期资金筹措渠道。

五是大力营销本地金融机构客户，配合总行成功举办中日金融机构合作论坛，反响热烈。

六是积极履行社会责任，组织19号台风灾后救援志愿活动，获得当地各界高度评价。

六、首尔分行

（一）业务发展情况

落实总行“三大战略”和各项经营管理要求，积极推进“三个能力”建设，圆满完成综合经营计划和各项工作任务。经营效益连续四年保持当地中资银行前两位。截至2019年末，分行总资产为167.5亿美元，全年实现净利润6329.2万美元。

（二）主要经营管理举措

推进“一行一式”发展。本地业务收入连续七年保持增长；完成韩国前五大集团客户全球综合授信；以企业网银为平台，提升拓客留客能力；人民币韩币做市交易量市场排名前三，双边交易额同比增长123%。

深化全面风险管理，贷款不良额、不良率为零；抓好“七个加强，七个提升”合规能力建设，优化反洗钱和金融制裁防控系统；实现内审与合规职能分离，提升自查自纠能力。顺利通过当地监管反洗钱专项检查、韩国银行联动业务专题调研和国税厅税务现场检查，整体评价良好；被首尔市政府授予“模范纳税人”称号；成为获韩国金融监督院表彰的唯一中资银行。

七、伦敦机构（建行伦敦、伦敦分行）

（一）业务发展情况

2019年末，伦敦机构总资产余额为107.1亿美元，全年实现净利润2144.7万美元。

（二）主要经营管理举措

1. 充分发挥伦敦国际金融中心优势，推进与伦敦金融城等多个政府机构在金融科技领域方面的合作。4月，在总行成功举办“中英金融科技圆桌会议”；6月，田国立董事长与汇丰银行集团主席分别作为中方英方联席主席，在伦敦金融城共同主持了第三届中英金融服务峰会。

2. 英国人民币清算行地位进一步巩固，市场影响力持续提升。6月末，伦敦分行续任英国地区人民币清算行；11月末，人民币清算量突破40万亿元。

3. 深化境内外联动，牵头银团贷款和贸易融资业务取得新突破，完成多个海外重大项目。

4. 突出金融创新，金融市场交易量和收入稳步增长。

5. 持续强化公司治理，以“效率与效益”为业务发展和规范管理的落脚点，倡导多元、包容、合作的企业文化。

6. 深入践行集团“三大战略”，伦敦学院办学开局良好。

八、纽约分行

（一）业务发展情况

2019年，纽约分行坚持“合规优先，稳中求进”的发展要求，面对复杂多变的国际政治经济环境和日趋严峻的监管形势，持续优化业务结构，不断提质增效，全年实现净利润9546.1万美元。

（二）主要经营管理举措

1. 主动调整信贷业务结构。积极拓展在美财富500强客户，主动与世界知名银行开展合作，进一步加大对美国本地市场的营销力度。

2. 提升建设银行集团全球服务功能。支持总行战略客户在美业务发展，为中国石化盛骏、中化集团（美洲）等企业提供融资支持。

3. 完善各类规章制度，夯实管理基础。修订了《反洗钱风险评估方法》等制度及流程；进一步完善市场风险、信用风险评价和防控体系，优化流动性压力测试框架，提升风险敞口的识别水平。

4. 积极推进建行大学纽约学院建设。整合美国优势资源，围绕总行普惠金融、金融科技和住房租赁三大战略开展研究；与北美知名院校合作，支持建行大学培训项目。

九、胡志明市分行

（一）业务发展情况

2019年末，胡志明市分行资产总额为2.7亿美元；全年实现净利润148.4万美元。分行围绕总行“合规优先，稳中求进”的发展主基调，控风险、拓客户、立合规、谋发展，实现业务拓展和风险合规能力协调发展，圆满完成了全年工作目标。

（二）主要经营管理举措

1. 守初心，为实体。成功筹组越南市场上由我国四大国有银行在越机构共同参贷的首个银团——浙江海利得美元贷款项目，全力支持“一带一路”实体经济建设。

2. 强联动，促发展。加强集团联动，促成韩国晓星越南项目、盟东电力再融资、越航飞机租赁、南定一期电厂固贷等多个越南重点项目的跨境合作。

3. 抓合规，控风险。练好内功，牢筑风险防范底板，全年继续保持零不良贷款、零监管违规、零洗钱违规、无重大监管处罚，资产质量持续向好。

4. 优系统，助经营。成功上线本地监管报表系统和总行清单监测系统，进一步提高内部管理能力；促成总行与越南投资发展银行（BIDV）签署关于金融科技在内的全面合作备忘录，为建设银行金融科技跨境输出、促进与本地金融机构的深入合作打下基础。

十、悉尼分行

（一）总体发展情况

截至2019年末，分行资产余额为197.5亿美元，较上年末增长13.8%；分行风险管理扎实稳健，不良贷款保持为零。

（二）主要经营管理举措

1. 深耕本地银团市场，竞争能力增强，2019年末在澳洲本地银团牵头市场排名第10位，比2018年末上升6位。

2. 牵头海外大项目能力提升，重点支持“一带一路”和“走出去”企业大项目，包括国电投太平洋水电项目、莫桑比克鲁伍马液化天然气项目等。

3. 调整信贷结构，加大绿色信贷投放，逐步压缩或退出总行预警行业，加大清洁能源、电力、电信等优先支持行业投放力度。

4. 注重协同联动，与总行联动举办人民币资本市场营销推介活动；与国开行悉尼代表处、新华社悉尼分社等联动，签订合作协议；与境内分行联动，联合苏州分行成功营销悉尼大学开立基本户。

5. 积极开展业务创新，与深圳分行、广西分行、广东分行联动，开发“福保通”、福费廷转卖、跨境贸易参贷等业务。

6. 拓展负债来源，成功发行三年期澳元债券。

7. 提升私人银行业务服务能力，积极挖掘客户潜力，引导客户设立家庭信托账户。

8. 落实总行“三大战略”要求，每月编写《澳大利亚经济金融动态》，积极参与建行大学活动。

十一、建行俄罗斯

（一）业务发展情况

2019年末，建行俄罗斯总资产为4.6亿美元，全年实现净利润267.6万美元。

（二）主要经营管理举措

1. 合规优先。引入World - check、X - compliance名单筛查服务、生物识别系统、反欺诈系统，提升合规管理自动化水平；全年修订完善70余项内部规章制度以及130余项与交易对手的合同文本；俄本地评级公司ACRA给予子行AAA级的评级，惠誉对子行评级BBB级，等同于俄主权评级。

2. 稳中求进。推进全面风险管理，严格落实贷后管理及监管要求，继续保持零不良、零逾期；融入当地市场，优先支持行业及客户占比不断提升；投资俄罗斯卢布国债，多元化资产结构；服务中俄战略合作，完成中俄东线天然气管道气源点项目牵头银团签约，贷款余额较上年翻一番；加强境内外联动，全面完成“一行一式”特色指标；积极参与当地公益慈善事业，展现建行良好社会形象。

十二、迪拜国际金融中心分行

（一）业务发展情况

2019年末，分行总资产为48.5亿美元，全年实现净利润1862.6万美元。

（二）主要经营管理举措

深入贯彻“合规优先，稳中求进”与“一行一式”发展要求，强化公司治理，落实“三重一大”决策制度。践行“三大战略”，结合“DIFC2.0”计划推进金融科技海外落地。积极拓展境内外联动业务，发挥协同发展作用；重点支持“一带一路”重点项目和“走出去”中资企业；稳步推进落地经营，优先支持迪拜政府、主权基金、金融机构等核心行业龙头企业；大力拓展区块链福费廷等业务；推进人民币联动产品、跨境人民币结算业务发展；发展“轻资产”业务，提升表外和中间业务收入贡献度。推动产品创新，拓宽融资渠道，降低集团负债依存度。夯实管理基础，提升风险、合规和反洗钱管理能力，将内控体系嵌入业务全流程。

十三、台北分行

（一）业务发展情况

2019年末，分行总资产为228.1亿美元，全年实现净利润5891万美元。分行净利润位居当地29家外资银行及陆资银行第一，开创了分行业务发展新的里程碑。

（二）主要经营管理举措

1. 持续提升内控合规管理、风险管理转化为业务发展生产力的能力。持续不断完善和提高内部管理机制，2018—2019年连续两年荣获总行海外分行内控评价、全面风险管理两项评价第一名的佳绩。

2. 依托集团优势，积极开拓“第二发展曲线”，不断提升市场竞争力和价值创造力。用好离岸人民币资源，充分调动境内外机构协同联动资源，积极参与推动人民币国际化。

3. 主动担当、敢为人先，助力“科技金融”迈向海外。2019 年 7 月，总、分行联动营销中国信托商业银行成为建设银行区块链贸易金融平台首家大陆以外成员银行。

十四、建行欧洲

（一）卢森堡机构

1. 业务发展情况。建行欧洲（含所辖分行）和卢森堡分行 2019 年坚持合规优先、稳中求进的主基调，协同联动促发展，多措并举实现了经营与管理水平双提升。继 2017 年卢森堡机构首次实现整体扭亏为盈之后，2018 年和 2019 年连续两年实现建行欧洲全辖和卢森堡分行双盈利。2019 年末，卢森堡机构总资产为 83.8 亿美元，全年实现净利润 2833.7 万美元。

2. 主要经营管理举措。

（1）公司治理出成绩、监管互信促发展。完善公司治理规范，强化董事会管理，加深与监管的理解和互信，公司治理工作受到监管肯定，为建行欧洲稳健发展奠定良好基础。

（2）业务种类求创新、绿色金融引瞩目。在做大做强大项目融资、飞机租赁融资等传统业务的基础上，积极创新服务内容，包括与卢交所签署合作备忘录，与卢交所、中央财经大学合办“2019 年中国绿色金融与国际市场高层对话论坛”，推动总行、卢交所和上清所签署三方合作备忘录等。

（3）总分协同共发展、规模利润双突破。在总行的指导下继续推进区域总部管理体制调整，建行欧洲全辖形成了“下好建欧‘一盘棋’、奏好发展‘协奏曲’”的共同理念，各分行依托驻在国经济发展特色，加快推动所辖分行业务多样化发展。

（二）建行欧洲巴黎分行

1. 业务发展情况。2019 年，巴黎分行积极践行总行“三大战略”，在资产总量、主营业务收入、净利润、成本收入比、授信客户数等核心业务指标均位居建行欧洲辖属机构首位。2019 年底总资产为 2.7 亿美元。

2. 主要经营管理举措。

（1）成立了“中法银色经济合作工作组”，成功为欧葆庭集团投放了德式银团贷款，与法国商务投资署等政府机构和协会达成合作协议意向和 2020 年行动方案。

（2）绿色金融合作方面，完成法国环保巨头威立雅集团全球授信，配合欧洲总部做好绿色债券投后管理，成功参与投资中广核国际绿色欧元债券。

（3）跨境人民币合作方面，成功为法国农业信贷银行发行首笔熊猫债，并担任联席主承销商；在巴黎成功承办由人民银行、欧洲金融市场协会和建设银行联合主办的“跨境人民币新前沿——中国金融市场开放”论坛。

（4）非洲法语区第三方市场合作方面，已与道达尔、中交建等企业达成合作意向，并将根据具体项目情况进行合作探讨。

（三）建行欧洲阿姆斯特丹分行

1. 业务发展情况。截至 2019 年末，分行员工 20 人，总资产为 2.5 亿美元。

2. 主要经营管理举措。2019 年，分行秉承“合规优先、稳中求进”的经营管理思路，按照“一行一式”的业务发展要求积极推进各项工作，取得了较好的经营业绩。

（1）在业务发展上坚持“突出特色、防控风险”导向，在巩固传统业务优势的基础上，重点推进跨境托管、金融机构授信等业务。

（2）在风险内控管理上落实“主动管”“全面管”要求，保障风险合规管理的资源投入，完成第三方反洗钱能力评估、“系统性诚信风险分析”，上线“银行数据检索平台”项目；确保安全运营，全年机构和人员安全生产无事故。

（3）积极履行社会责任，成功当选荷兰中资企业协会副主席单位，着力培育品牌声誉，促进机构可持续发展。

（四）建行欧洲巴塞罗那分行

1. 业务发展情况。截至 2019 年末，分行总资产为 1.2 亿美元。

2. 主要经营管理举措。

（1）多策并举强化合规风险管理，在合规制度细化、人员配备与培训等方面特别予以资源倾斜，逐步打造合规优先的企业文化。

（2）在立足传统资产业务，重点服务“走出去”企业的基础上，着力调整业务结构，努力开启轻资产业务发展的“第二发展曲线”。成功获得某中资企业海外并购的财务顾问资格，成功促成该客户与西班牙卖方签署股权买卖协议。

（3）积极践行总行“三大战略”，在当地与西班牙国有开发银行ICO探索普惠金融合作，与西班牙IESE商学院就建行大学海外培训进行深入洽谈。

（五）建行欧洲米兰分行

1. 业务发展情况。2019年末，分行总资产为2.7亿美元。

2. 主要经营管理举措。米兰分行始终坚持“合规优先，稳中求进”的发展理念，把合规经营放在首位，积极落实总行三大战略，不断夯实业务基础。通过打造跨境撮合平台，以新思路、新办法解决两国政府和企业的痛点难点，不断提升分行的“三个能力”。

（1）2019年，分行在严控风险的基础上，聚焦意大利重点优势行业，精选意大利优质企业，加大了对意大利电信（Telecom）、芬坎蒂尼集团（Fincantieri）等本地知名企业的贷款投放。

（2）持续跟踪走出来企业，为中国电建集团意大利子公司开立多币种账户，为风神轮胎开立长期合同保函，持续积累国内重点客户资源。

（3）紧跟总行战略业务发展导向，积极开展撮合业务，构建业务发展“第二发展曲线”。分行与宁波分行、宁波市商务局成功联合举办“宁波—米兰产业合作对接会”，进一步丰富了客户资源与渠道，为未来业务发展打下了良好的基础。

（六）建行欧洲华沙分行

1. 业务发展情况。2019年，分行资产规模稳健增长，资产结构不断优化，在联动、落地业务及中东欧业务拓展方面均实现突破，年末总资产为0.8亿美元。

2. 主要经营管理举措。

（1）2019年重点强化反洗钱工作，多次接受内外部审计与检查，无违规情况出现，在毕马威合规反洗钱能力评估中实现零审计发现。

（2）以联动业务为抓手，稳健拓展当地业务。2019年累计办理联动业务2.9亿美元；累计投放人民币掉期项下跨境融资产品13亿元；与波兰国家电力公司、波兰国家石油公司、波兰第一大银行等当地优质客户建立合作关系；参与紫金矿业并购银团贷款项目，并承担该项目塞尔维亚核心资产的贷后管理工作。

（3）践行“三大战略”，积极传播建行理念与文化。与波兰著名高校华沙大学合作举办了“华沙—北京大学生论坛”；探索与波兰本地银行开展金融科技合作；推进与新华社华沙分社合作；开展以温暖孤残儿童为主题的爱心公益捐助活动。

十五、澳门分行

（一）业务发展情况

2019年末，澳门分行总资产为135.3亿美元，全年实现净利润4821.8万美元；人均净利润、成本收入比等核心指标创历年最优。

（二）主要经营管理举措

1. 立足粤港澳大湾区及澳门特区发展规划，积极探索实施“三大战略”。与多家机构共同推出港珠澳创业青年公寓计划；办理粤港澳大湾区首笔普惠金融跨境资产转让业务；完成ATM-KYC项目上线、澳交所平台直连上线、分行首个移动支付项目澳门通的阶段性上线。

2. 把握机遇，力促债券业务新突破。债券实现突破性增长，带动总资产规模首次超千亿澳门元；在本地债券业务中实现“双首发”，一是成功参与财政部于澳门首发国债业务，二是成功参与澳门首只公募公司债发行；自主债券投资金额、目标客户数量、产品种类同比大幅增加。

3. 持续完善内控风险体系建设，提升内控合规水平。全力落实澳门金管局各项工作部署，合规工作水平及工作态度再次得到本地监管正面评价。

十六、新西兰机构（建行新西兰，新西兰分行）

（一）业务发展情况

2019年末，新西兰机构资产总额为20.6亿美元，全年实现净利润1333.9万美元，中间业务收入和资产回报率均表现出色。

（二）主要经营管理举措

1. 加大对当地市场和中资企业的深耕挖掘，探索联动业务创新，做好中新客户“撮合”交易。拓展奥克兰机场、沃达丰等重点客户，支持伊利、蒙牛等在新西兰的并购业务。

2. 坚持“合规优先、稳中求进”思路，不良贷款率为零，全面风险管理体系不断完善；着力加强与监管机构沟通，完善反洗钱和反恐怖融资制度。

3. 顺利完成子行董事长换届选举；首度制定并实施子行董事会及董事绩效考核办法，为大幅提升董事会运作效能奠定基础，公司治理再上新台阶。

4. 制定费用管理、预算考核等多项制度，建立前台团队业绩量化考核体系；引入内部资金转移定价和经济增加值考核机制。

5. 成功发行首笔新西兰元债券；办理首笔信用债投资及 CFETS 平台首笔新西兰元拆借交易。

十七、多伦多分行

（一）业务发展情况

截至 2019 年末，多伦多分行总资产为 25.5 亿美元，全年实现净利润 1421 万美元。

（二）主要经营管理举措

1. 成功营销全球最大的能源基础设施企业恩桥集团，成为首家与恩桥集团合作双边贷款业务的商业银行，并与其签署战略合作协议。

2. 成功发行三年期债券，成为首家成功在当地发行中长期债务工具的加拿大中资银行，进一步提升中长期融资能力、拓宽融资渠道。

3. 积极融入当地社会，不断提升影响力。2019 年，分行首次组队参与当地龙舟赛，成功获得了第 31 届多伦多国际龙舟赛 500 米金融组冠军；加大宣传力度、精准投放广告，冠名国际能源峰会、华人春晚等，不断提升在当地市场和华人社区的影响力。

4. 成功举办“分行成立五周年”客户答谢会，五年深耕受当地认可。加拿大六大银行、美日欧主流银行驻加分行、加拿大各行业龙头企业以及中资“走出去”企业代表出席了答谢活动，并表示希望进一步增进与建设银行的合作。分行通过五年深耕，客户覆盖能源、电力、汽车制造等当地支柱产业，资产规模跃居当地中资银行第二位。

十八、巴西子行

（一）业务发展情况

截至 2019 年末，巴西子行总资产为 45.8 亿美元，全年实现净利润 23.7 万美元。

（二）主要经营管理举措

2019 年巴西子行在总行指导下，推进管理架构调整和业务转型，内控管理、经营效率和盈利能力显著提升。

1. 推动管理架构调整。一是充实业务、合规风控等核心领域力量。二是选用有经验、有活力、敢创新的员工从事中层管理岗位。三是引入总行绩效考核体系。

2. 深化业务转型发展。对公方面，提升优质中型企业贷款占比，加强厚利产品配置。对私方面，压缩不良率较高的汽车贷占比，压降中介手续费支出。2019 年子行贷款突破 100 亿雷亚尔，创近五年新高，利差水平和资产质量均较年初改善提升。

十九、苏黎世分行

（一）业务发展情况

2019 年末，苏黎世分行总资产为 32.0 亿美元，全年实现净利润 441.8 万美元。

（二）主要经营管理举措

1. 建立普惠金融营销数据库，形成瑞士中小企业调研报告，开展小企业精准营销。与瑞士中小企业协会合作进行跨境撮合。

2. 与瑞士证券交易所 SIX Payment Services 签署人民币移动支付战略合作协议，推进龙支付二维码与 SIX 平台二维码互认共享，丰富人民币在瑞跨境支付渠道。

3. 第二届“一带一路”国际合作高峰论坛期间，在田国立董事长和瑞士联邦主席见证下，分行成功发行瑞士首只“一带一路”主题金融产品。截至 2019 年末，产品募资金额达 3300 万瑞郎，获得欧洲国家多个奖项①。

4. 协同联动，撮合 12 家瑞士跨国企业集团

① 奖项包括：德国 Der Zertifikate Berater 2019/2020（The Certificate Consultant）（投资凭证/结构产品顾问）杂志颁发的最佳参与性产品，2019 年意大利融资票据类产品评比中取得第三名的好成绩。

与系统内分行合作，2019 年新增信贷余额近 11 亿元人民币，新增存款 1 亿元人民币。

5. 积极履行社会责任，展示建设银行风采。独家冠名中国建设银行欧洲国际乒联 16 强比赛。为苏黎世社会福利中心 Sunestube 提供餐食服务并捐款 1000 瑞士法郎，为无家可归者送温暖。

二十、智利分行

（一）业务发展情况

2019 年，智利分行坚持“合规优先、稳健发展、强化管理、注重效益、突出特色”的经营策略，取得了良好的经营成果。2019 年末，智利分行总资产为 3.7 亿美元，全年实现净利润 114.4 万美元。主动调整资产结构，努力发展存、贷款。各项贷款同比增长 42.5%，对公存款同比增长 566%，整体上降低了分行的融资成本。

（二）主要经营管理举措

坚持合规立行。2019 年为分行的“内控合规管理年”，分行通过认真排查、重点剖析、强化整改、总结提炼等措施，夯实合规基础，为业务发展保驾护航。

实行全面风险管理。分行贯彻总行“五个到位”要求，在信用风险、市场风险、操作风险、流动性风险和国别风险等维度狠抓落实，全年实现无重大风险事件、零不良。

打造特色业务品牌。分行成功将保函业务打造成为亮丽的业务名片，转开保函业务数量上实现年复合增长率 129%，“开保函，到建行”已经成为智利中资企业的共识。

搭建中资企业合作平台。筹建智利中资企业协会并成为首任会长单位，为打造中资企业首选银行打下良好基础。

二十一、建行印尼

（一）业务发展情况

2019 年，子行总资产为 13.6 亿美元，总负债为 11.6 亿美元，全年实现净利润 568.8 万美元。

（二）主要经营管理举措

1. 战略转型成效初显。根据并购后业务发展战略，子行在保持原有业务合理增长的基础上，努力推进战略转型，公司业务快速健康发展。2019 年末，子行公司贷款在全部总贷款中的比例上升至 37.5%，且所有公司贷款均为正常类贷款，不良贷款为零。

2. 内控管理不断完善。近年来，子行在经营管理模式、业务、产品、流程、机制等方面努力探索，不断完善内控管理机制，得到监管部门高度认可。

3. 整合工作稳步推进。子行大力推进并购后战略整合、业务整合、人员整合、管理系统整合及文化整合，目前各项整合工作稳步推进。同时，子行高度重视员工培训工作，增强当地员工对建行集团的归属感和荣誉感。

二十二、马来西亚机构

（一）业务发展情况

截至 2019 年末，总资产为 22 亿美元，全年实现净利润 217 万美元。纳闽分行于 2019 年 10 月 25 日正式开业。关键业绩指标稳健均衡，把服务“一带一路”和“西部陆海新通道”建设要求转化为工作动力，合规优先、稳健经营、打磨优势、严控风险。

（二）主要经营管理举措

一是勇于竞争，加快发展。支持产能合作、文化教育、绿色金融、民营企业等。2019 年度牵头授信、全球银团重点项目包括吉利宝腾汽车、厦大马来西亚、马来西亚国家石油和绿色能源融资等。

二是科技赋能，创新发展。通过纳闽分行取得东盟地区第一张数字银行牌照；完成全球现金管理系统联钢银企直连上线。

三是落地服务，互利共赢。2019 年跨境人民币结算量市场占有率超过 30%；成为地区人民币清算服务行、人民币期货做市商及马央行授权离岸林吉特交易唯一中资行。

二十三、阿斯塔纳分行

（一）业务发展情况

阿斯塔纳分行是首家在阿斯塔纳国际金融中心（AIFC）注册的中资商业银行，2019 年 9 月 23 日开业，由全国人大常委会委员长栗战书与哈萨克斯坦总理阿斯卡尔·马明共同为分行揭牌。

2019 年，分行与 AIFC 签署战略合作协议，携手共建离岸人民币中心。当年累计完成跨境人民币业务8.3亿元，其中，单笔6亿元人民币跨境风参创下当地中资金融机构单笔人民币跨境业务新纪录。2019年末，分行总资产为2.1亿美元。

（二）主要经营管理举措

以“打牢基础、防范风险、合规先行”为基础，建立健全分行内设部门、委员会等治理结构和组织架构，制定分行中长期发展规划，明确员工岗位职责，编制完善内部规章制度，基本形成了风险控制的“三道防线”机制。完成新一代核心业务系统上线，成为首家开业即实现系统上线的海外机构。

围绕“一带一路”倡议，结合哈萨克斯坦“光明之路”新经济政策，抓住中哈产能合作、AIFC发展离岸人民币中心契机确立业务发展目标。

执笔：薛恬歆

二、内部管理与风险控制

办公室（党委办公室）工作

一、服务全局，当好参谋助手

（一）提高政治站位，带头做到“两个维护”

推动全行认真贯彻落实党中央决策部署。建立落实习近平总书记重要指示批示精神工作台账，做好相关事项督办，组织开展“回头看”，推动形成长效落实机制。对照中央要求，结合建设银行实际制定党组织重大事项请示报告清单，建立健全各级党组织重大事项请示报告制度。牵头成立工作专班，会同总行有关部门开展基层减负专项调研，制订工作方案、整治方案和考核督查方案并推动落实。2019 年全行发文、会议、报告报表、检查督查同比分别减少 41%、47%、35%、58%；总行办公室发文、会议、报表分别减少 23%、33%、50%。

深入开展“不忘初心、牢记使命”主题教育。全面梳理近年来习近平总书记关于金融工作重要指示批示精神，为党委中心组学习提供支持。结合主题教育，协调党委成员到基层联系点开展调研，抓问题，出实招。就检视发现涉及办公室职责的 62 条问题和牵头整改的 3 个专题，制订专项方案推进落实整改，形成《关于贯彻落实习近平新时代中国特色社会主义思想和党中央决策部署专项整治情况的报告》等 3 个专题整改报告。

健全完善全行党建工作体制机制。承接纪检派驻改革后移交的相关职责，充实党建制度规划处、党建督导处、联席协调处党务工作人员，做实党建工作领导小组办公室职能，全年共协调召开 7 次成员单位联席会议。协助制定总行党委年度工作要点，开展基层调研，推动全行党建重要工作部署、重大事项落实。组织全行签署《全面从严治党责任书》，会同相关部门制定党委主体责任考核办法，压紧压实各级党委主体责任。牵头就落实中央巡视发现问题整改、整治形式主义官僚主义等工作向驻建设银行纪检监察组专题汇报，协同履行监督职责。加强全行党建综合能力建设，制订集体学习计划，开展党建课题研究，起草党委工作规则，组织党委秘书专题培训，完善跟岗学习制度，提升党建工作水平。

加强研究学习提升政治素养。强化中央和全行重要文件精神学习，深入开展农村金融服务、作风建设、定点扶贫等专题调研，组织青年团队研究、研讨、研习新金融理论，不断提升队伍政治素养、战斗力和业务能力。不断加强文字能力、思考能力、多媒体创新能力，协助行领导准备参加党中央、国务院相关会议以及全行重要会议和调研素材。编撰《中国建设银行年鉴 2019》，报送《中国金融年鉴》有关材料，为人民银行、银保监会等上级部门及行内部门提供行史素材。开展老领导口述行史活动，挖掘整理历史文献资料。

（二）主动靠前服务，强化统筹协调

做好全行重大任务的牵头联络。全程参与国务院领导来行考察的组织协调工作，为调研考察提供了有力保障。先后接待中组部清华北大培训班来行考察调研，研究制订“分组异步”接待方案、制作介绍三大战略考察手册。

做好重要会议策划组织。组织2019年工作会议、夏季工作座谈会，运用科技手段优化信息发布，提升办会质量效率。全年组织传达中央精神重要会议2次，党委会29次，行长办公会14次，做好办公会议题动态管理。完善严格办公管理、提升办公效能的制度措施。

强化重要活动协调对接。全年协调行领导会见中央、国家机关及省区市政府负责人167次，出席上级及行内会议940余次，业务营销活动232次，其他会议活动71次。主动服务行领导会议承办部门，通过共享经验让各单位少跑路、好办事，共协助组织重要活动50余次，审定会议制度8项。主动承担复杂事项责任，研究制订任务分解方案，落实银保监会突发事件报告，推进总行大楼三层展示大厅建设。周密部署国庆70周年专项工作方案。

二、敢抓善为，当好“大服务员”

（一）夯实基础管理，确保行务高效运转

强化公文基础管理。一是抓好OA系统运维保障提升日常办公效率。牵头实施OA系统公文效率提升项目，完善超时待办事项督办提醒、文件处理进度反向提醒功能。二是建好公文收发机制，注重公文减量提质。完善文件交换系统注册用户到培训交换员的“一站式”服务。全年系统内电子收文19652件，发文8284件。外收发岗位接收、分发信件报刊等49.2万余件。配合中国银保监会现场检查组确认材料用印14281个。严格发文、签报审核，全年退回部门发文710件，下级机构文件253件，共审核行签报2261件，退回修改264件。急件即来即办，一般件每日一清。三是办好公文业务培训，举办两期公文培训班，提升全行公文处理技能。

积极做好日常信息报送服务。一是扎实做好政务信息专报。深入挖掘全行中心工作的鲜活素材，重点完成银保监会约稿任务27次，报送专项材料31份。贯彻落实国务院领导“小企业、大事业、无止境”重要指示精神，报送疏解融资难融资贵的“建设银行方案”以及创造性落地执行党中央、国务院决策部署的新作为新成效。二是深入做好日常信息服务。结合《每日动态》日常采编工作，建立贯通基层一线的信息支撑和服务机制。全年共印发《每日动态》专刊1期、副刊9期，编发各类信息57条。三是强化门户网站信息管理。加强企业门户主页信息审核，确保涉密信息脱敏，严格把关置顶信息，全年推送主页信息726条。

持续做好全行保密工作。一是深入落实中央保密工作要求。组织召开全行保密密码工作会议，传达学习2019年全国保密工作会议精神，部署全行保密工作。二是完善保密规章制度。修订《保密工作管理办法》，细化操作和管理要求。制定《涉敏工作管理规程》，组织新任职七职等以上干部签署保密责任书，建立涉密人员轮训和境外出差团组行前保密教育机制，着力做实重要会议、敏感地区和涉外人员保密工作。三是做好保密培训和支持服务。通过网络、专题培训班等多元化的方式，抓实保密宣教培训。配备保密柜、信号屏蔽柜和2个国家标准的专用保密室，完善物理防护措施，提供保密咨询与支持服务。四是加大监督检查力度，注重科技应用创新。组织各机构开展保密自查，对总行本部计算机进行保密体检。启动商密专用手机配备事宜，完成国家电子政务内网接入区建设，完善保密监督管理技术。

强化内宣职能，发挥建设银行报信息主渠道作用。以《建设银行报》为阵地，一是主题上紧密契合中央部署和全行工作大局。宣传党的十九大、十九届四中全会和中央经济工作会议精神，围绕全行中心工作，对“三大战略”、新金融行动、“建行大学”等内容做跟进式报道，提升报纸的引导力和传播力。二是内容上以重点栏目为统领，深入开展中心工作及核心业务宣传。精心组织学习张富清老英雄、共和国70周年和党的十九届四中全会主题宣传；加强服务产品营销推广的策划宣传，加大对重点工作的理论探讨和员工工作生活的宣传力度，丰富素材的多元化和鲜活度。三是形式上创新传播技术，优化传播效能。如期完成了建设银行报网络版升级、主报单彩印刷、手机版公众号上线。四是队伍建设上丰富形式，加强力度。分批次开展基层通讯员跟岗培训，全行新闻采编业务和媒体融合发展专题培训。

提高档案管理水平。一是提升档案集约化管理水平。明确“涉档必会签”的发文原则，加强全行档案工作的统一领导，加大分行档案集约化管理检查与考核力度；统一规划全行档案库房建设，降低档案存储成本。二是提升档案管理精细水平。建立同业、资产托管等各项业务的立卷归档标准，实现立卷归档、鉴定销毁等档案全流程管理；提升资料获取和编研服务能力。规范行领导活动摄影申请，提供摄影服务约 110 次，数字化加工照片 10836 张。三是提升档案信息化建设水平。加强专题研究，参与云档案项目的开发与国家档案局教材编制组，牵头立项《基于低频次利用的金融行业凭证类档案大容量存储解决方案研究》课题，探索人工智能等技术解决海量纸质会计凭证档案存储痛点的方案。对一级分行档案主管及业务骨干开展 ARMS 系统应用培训，并对各机构档案归档进度和质量进行非现场监测。2019 年获全国企业档案信息资源开发优秀案例评选优秀组织奖。

强化优化印章基础管理。一是加大管理力度。完善管理机制建设，把控关键环节，降低风险隐患。开展行务公章大检查，督导履行印章归口职责，强化风险管控。二是深化管理效果。完成印章机控设备应用测试，优化印章管理模块，开展科技管章专题培训。牵头组织 OA 与 CP 系统对接集成二维码项目，并在北京等 5 个分行试点运行。三是优化用印流程。加快监印盖章审批效率，全年使用总行党委印章 3430 次，董事长、行长名章 2340 次，印章、机要岗位用印共 75136 个。

（二）做细后勤服务，全面提升员工体验

做实做细优化差旅工作。一是牵头建设全行员工差旅自助系统，创新服务平台。推动员工差旅系统上线，将买票报销的模式改为线上预订行程、统一对账报销的模式，减轻出差员工和财务岗报销压力。二是节假日轮值无休，保障礼遇和票务工作。完成要客出行票务及礼遇保障工作 117 次。为全行节约差旅费约 234.85 万元。三是车辆保障安全高效。全年出车 17682 余次，行驶 1201212 公里无事故，连续三年获得“北京市年度市级交通安全先进单位”。

用心用情保障员工健康。一是保障基础医疗服务。开通绿色医疗服务，及时应对员工突发疾病，先后 4 次聘请专家为总行重要会议和重大活动提供优质医疗保障。分批次、全覆盖开展 4810 人体检，扎实做好医务室规范建设，日常诊疗服务 10000 余人次。二是提供高效健康餐饮服务。高标准完善食堂财务管理和激励考核制度，细化食堂费用核算。高效率保障重要活动用餐，实现 30 分钟配餐，完成公务餐饮服务 32 次。明确食堂经理安全主体责任，232 个工作日坚持安全“零报告”制度。积极推进“新餐饮，智慧食堂”系统建设项目，改善员工用餐体验。

提升办公环境质量。一是推动楼宇环境改造。优化楼宇管理方法，通过办公区购置、租赁分配调整以及绿植空调优化配置等多元化措施，改善总体办公环境。二是优化办公用品配置。会同财会部、采购部推行新增办公用品及家具集中采购制度，降低成本。三是从严管理基础运维，抓好数据中心安全生产。坚持运维和巡检工作全覆盖，加强连续性管理，组织应急演练测试共计 450 余次，确保楼宇运转有序，重大事项顺利开展。四是全面加强控烟管理，杜绝办公楼内吸烟现象。

细化住房服务举措。一是深入开展外单位房改房调研 107 次，认真落实国家成本价和总行市场价房改政策。做细服务，协助办理公积金、报销采暖费和新员工外租住房费用，维护员工切身利益。二是优化住宅生活环境，维护住房档案管理系统和维修基金管理系统，启动老旧住宅楼“穿衣戴帽”工程。三是妥善处理回迁户办理房产证的诉求，设置 24 小时值班点，处理邻里纠纷，处置安全隐患，确保全年无任何安全事故。

三、围绕中心，当好高效督办员

（一）全力抓好重大决策、重点任务、重要专项落地落实

全年共立项督查 628 项工作，较上年新增 113%。一是梳理全行工作会议和夏季工作座谈会议部署的重点工作，形成需推进落实的细分事项，制定了 153 项督查清单和 63 个问题清单。二是对总行战略务虚会所议 25 个重点事项进行跟踪督办，及时回应基层一线诉求，有力地促进了“三大战略”以及智慧政务、乡村振兴等战略举措在全行的落地实施。三是精细做好行长办公会事项分解立项工作，明确107项督查任务，并借助OA2.0严格抓好督查反馈工作。四是持续跟踪行领导在日常工作中研究布置的工作，共立项督办280项具体事项。对特别重要的任务采取迭代式“滚动”督查，对于在分行调研期间布置的工作，据实采取“成熟一批、通报一批”的方式，推动相关工作有序开展。

（二）认真抓好请示事项办理工作

2019年共督查各分行、子公司、海外机构请示事项7981件，较上年减少60件，办结完成率达99.5%，平均用时5.4个工作日，较上年减少0.8个工作日。其中，部门独立承办事项平均用时较上年减少0.4个工作日；部门配合事项平均用时较上年减少2.6个工作日。对于日常文件分办中涉及较多部门的综合性请示事项以及无循例可参照的新情况等工作难点，予以重点关注，保持密切跟进。同时，着力加大重要事项催办力度，督促相关办理部门切实做好办公组织协调和对基层单位的指导。

四、精准发力，金融赋能推进脱贫攻坚

2019年扎实完成各项扶贫目标任务，获得了中国企业社会责任峰会精准扶贫奖。定点帮扶的安康市汉滨区、汉阴县、紫阳县、岚皋县（以下简称“一区三县”）已经脱贫摘帽。

（一）提高站位，尽锐出战，践行脱贫攻坚使命

一是高质量超额完成目标任务。建设银行在“一区三县”直接投入引进帮扶资金1.4亿元，培训基层干部和技术人员超过4万人次，超额完成定点扶贫责任书中的6项指标，3项指标居各金融机构首位。二是精心组织强化督导。协调安排行领导赴安康一区三县实地调研督导脱贫攻坚工作。细化落实中央关于脱贫攻坚各项要求，制订脱贫攻坚工作方案精准扶贫行动方案。三是选优派强扶贫干部。协助人力部选派安康扶贫干部共19名，组建驻安康扶贫工作组。四是严格考责问效。制定定点扶贫工作督促检查的指导意见，推动总行扶贫工作领导小组各成员单位加强对脱贫攻坚责任落实的指导和督查。针对“一区三县”专设金融扶贫考核指标，并纳入对当地分行KPI考核。

（二）整合资源技术优势，探索金融赋能新模式

党建引领，强化基层组织建设带动扶贫工作。发动总行部门和子公司29个党支部（总支）开展联学共建、精准帮扶。统筹全行捐赠党费800万元帮助“一区三县”66个乡镇党员活动室和838个行政村党支部改造提升乡村党建活动基础设施，建立党员干部政治理论和专业技能学习的乡村课堂。

搭建平台，力推农产品进城和金融服务下乡。一是依托“善融商务”发力消费扶贫，安康“一区三县”实现交易额1.28亿元。二是依托“裕农通”平台打造服务“三农”的“村口银行”，在一区三县建立981个“裕农通”服务点，服务近10万贫困群众，发放扶贫助农卡2.6万张，打通农村金融服务“最后一公里”。三是依托“智能撮合平台”利用大数据匹配客户的供求进行在线撮合，帮助找销路、找市场、找项目、找投资，带动农村产业发展和贫困人口增收。四是探索社区赋能平台，使用清缴党费和捐赠资金2470万元，支持汉滨财梁社区等地建设9家标准化新社区工厂，累计吸纳5421人就业，为易地搬迁贫困群众创造就近就业机会。

疏解痛点，补强医疗和民生基础设施短板。一是联合北京协和医院等合作单位依托“云诊疗”技术建立三级分层健康扶贫体系，解决医疗服务进村“最后一公里”问题。二是依托子公司建信人寿研发推出定制化保险产品，为一区三县11.6万建档立卡贫困人口无偿提供保险，防范因病致贫、因病返贫等风险。三是助力贫困地区民生基础设施建设。出资近1160万元修路建桥，解决长期困扰群众的出行难问题。出资315万元改造基础设施，改善乡村人居环境。

扶贫扶智，引入智力资源助力新农村建设。一是量身定制培训项目，依托建行大学组织开展各类扶贫培训200余期，培训基层干部、医生、教师等共计4万余人次。在贫困村开设建行大学“乡村课堂”，把专业培训送到田间地头。二是探索引入格莱珉普惠金融模式，推动建设银行与格莱珉（中国）签订合作协议，为低收入妇女和农村留守妇女创业提供金融支持和素养培训。

五、用心用情，增强信访工作质效

2019年全行化解重点协解人员92人，总行接待各类群众来访607人次，同比减少28.8%，其中协解人员进京上访307人次，同比减少46.6%。中国银保监会大型银行部、办公厅等领导给予高度评价：“建设银行工作主动，创新扎实，措施多、亮点多，成效明显，很有价值，值得其他银行借鉴。”

（一）强化责任意识，扎实做好新中国成立70周年信访工作

一是下发新中国成立70周年期间保障安全稳定的专项通知，周密部署，传导责任。二是开展片区调研督导，对重点区域、重点群体，逐人逐事进行分析研判，有效转化一批困难户、钉子户。三是建立应急预警处置机制，对骨干分子多包一、人盯人，将人员稳控在当地。四是建立信息动态报告机制，实行每日“零报告”制度，确保信息畅通无阻。五是建立协同联动机制，与地方政府合作构建“大防控”格局。国庆期间，各级机构成功劝返拟进京上访人员27人次，未发生协解人员进京上访的情况。

（二）强化规范意识，进一步优化信访工作方法

一是认真做好日常接访。对待信访人员不打官腔、不绕弯子、不踢皮球、及时回复，耐心接听投诉电话190余起，做到合理诉求督办到位、无理诉求解释到位、非法缠访警示到位。二是与总行有关部门建立联合来信转办机制，明确转办事项范围，并做好跟踪督办，提高来信转办质效。三是成立工作组对重点信访事项进行督办，督导各分行开展源头化解工作，将矛盾解决在属地。四是细致做好初期工作，努力将矛盾纠纷化解在萌芽状态。

（三）强化攻坚意识，推进“一人一策”纠纷源头化解

一是推进表单管理，定期更新完善协解人员进京上访花名册和台账。二是加强调研指导，在15个重点分行、重要时段进行集中调研，联合当地政府形成化解稳控合力，指导帮助分行积极推进源头化解工作。三是加强考核问效，层层压实责任。将信访工作纳入各机构党委主体责任考核、KPI考核和领导班子综合竞争力监测，督导各分行把考核结果与各级领导干部综合考评、提拔晋升相挂钩。

（四）强化为民意识，进一步加大帮扶救助力度

一是积极为失业协解人员推荐岗位，创造再就业机会，累计实现再就业6万多人。二是进一步做好救助资金的使用和管理，全年投入救助资金240.8万元、救助1086人次。三是坚守法律底线，对个别扰序滋事、煽动集体上访、触犯法律的骨干分子，坚决依法处置。

（五）强化联动意识，确保重点敏感时期安全稳定

一是全国“两会”期间，联动15个分行成功将有进京上访苗头的57名协解人员化解、稳定在当地。二是香港业绩发布会期间，成立工作组赴港开展劝返和稳控工作，促使在港协解人员主动撤销示威申请并返回，保证了会议顺利召开。三是股东大会期间，召开专题视频会议部署信访工作，成立工作组实地督导，最终无一人在会场发声滋事。

（六）强化组织意识，进一步发挥信访职能作用

下发通知明确分行信访干部队伍配置要求。定期报送《信访动态》《来信情况分析》和《来访情况分析》，供各级领导参考决策。

六、科技赋能，提升精细化管理水平

优化流程，提升精细化管理的精度。一是优化文件流转，开发射频机要文件管理平台，实现文件流转自动记录、位置自动更新；上线OA2.0版本，解决实物流转商密文件流程烦琐、保密性能弱等“痛点”，使建设银行成为国内金融行业首家规模化、体系化应用国产办公管理系统的大型企业；建立“效能看板”办文效率评比评价机制，推动总行部门办事效率提升16.4%，平均办结分行请示事项用时缩短1天；二是优化常规流程，依托ARMS系统实现重要活动信息和数码照片线上归档，印发秘书处工作手册，将日常工作清单化、在线化，采集83家单位报送的值班信息8093条，以评促改，信息瑕疵率较上年下降约6.02个百分点，提升全行办公效率。

执笔：杨鹏

风险管理

一、坚持党建引领，组织打好防范化解重大风险攻坚战

风险管理部坚持党建引领，以“三个能力”建设要求作为工作的根本遵循，切实推进防范化解重大金融风险各项工作。牵头制订《中国建设银行防范化解重大金融风险攻坚战实施方案》，从积极服务实体经济，优化资产负债结构，完善管理机制，加强穿透管理，筑牢风控底板，加强基础管理等方面，明确了工作要求。同时，认真参与包商银行托管工作，坚决守住不发生系统性风险底线，该项工作获得高度认可。此外，制订《风险管理部落实“三个能力”行动方案》，组织风险条线提高防范化解金融风险的能力。

同时，持续开展作风建设，切实做到为基层减负赋能，制定了《风险管理部解决形式主义突出问题为基层减负的十项措施》，真正减轻基层负担。

二、坚持科技和创新双轮驱动，助力新金融实践

（一）服务普惠金融和线上业务发展

一是研发线上风险排查系统（RSD）。充分运用AID技术，通过数控、智控、联控等手段做实贷前环节的底线核查，基本实现对全行“五类风险底线”① 的偏好、标准、管理及信息共享要求的“四统一”，有效隔绝客户带病准入现象。截至12月末，RSD系统已应用于小微快贷、个人快贷、ETC小额临透业务、跨境快贷、供应链E系列产品等条线产品；并实现全行个人客户风险画像的应用。累计筛查线上业务630.2万笔，拦截1.71万笔，拦截率为0.27%；其中，小微快贷业务共计调用86.7万笔，拦截率为0.71%；个人快贷业务共计调用531.8万笔，拦截率为0.14%，有效地保障了普惠业务快速健康发展。

二是持续推进评分卡工具深度应用，助力普惠金融健康发展。完成新版零售小微企业评分卡研发和上线运行，持续推进零售小微分池模型优化工作；完成个体工商户经营快贷评分卡的开发，结合业务需求完成逻辑回归模型和XGboost模型。

三是对接普惠部、房金部、卡中心多项业务创新，参与跨境快贷、商户云贷、外贸云贷等30个普惠金融产品的研发；完成跨境快贷——阿里贷、个体工商户“商户云贷”、小微企业“商户云贷”、劳务通等10个普惠新产品的风险评估工作。

四是开展客户风险画像，提升风控体系的精细化。引入画像技术及标签化方式，精准绘制零售客户风险画像，推进个人客户风险评价体系营销端的深化应用，支持前台部门准确定位客群风险，提升获客质量。如在信用卡业务营销中，针对全行营销名单进行风险预筛查，排除高风险、中高风险客户，单次可节约短信营销成本70万元。

（二）支持制造业信贷投放及中型客户经营能力提升

对大中型制造业客户，设置信用增级评价指标体系及增级机制，聚焦外部支持、股东（出资人）、产业链、科研技术及银企合作五大关键评价维度，突出优质客户竞争优势，对先进制造业客户、优质集团内中型客户、供应链顶部腰部中型客户、瞪羚客户等业务重点客户群实现差别化评价，提高评级模型弹性，支持制造业及中型客

① 普惠金融贷款法律法规类、反洗钱类、内部业务（退出）类、行为风险类、信用风险等。

户经营发展。从行业、规模、财务、文化、管理、技术六大类维度分析企业的“五官”和“DNA”，形成《关于对公客户“五官”及“DNA”画像的研究报告》，有效支持对公客户经营发展。

（三）支持智慧政务，提升重点领域服务能力

支持金融服务乡村振兴战略，开发农业、农户评价体系，开展农村信用体系研究，成果用于黑龙江农垦快贷、地押云贷和农信云贷等业务产品；支持云南分行“云企贷”项目，针对当地农林牧渔中型客户，研发中型农业企业智能评分模型，基于企业财务报表及农业奖补助信息、工商信息、税务信息等政务数据评价客户风险，适应线上业务模式；服务年轻客群综合经营服务体系建设，完成大学生金融服务分析研究报告，协助学e贷产品完成针对学生客户信贷行为表现的风险评价工具；完成线上业务失联客户修复测试应用。调研14家厂商的126项数据产品，形成相关数据产品测试报告和使用建议；成立联合工作小组，与中国移动、百融、同盾、集奥聚合四家外部供应商开展合作，完成个人客户失联修复测试工作。

（四）推进安康道德银行数字化，助力扶贫工作

风险管理部在与安康岚皋县蔺河镇和平村“结对共建”的基础上，利用金融科技手段，研究设计道德银行线上化项目。该项目结合农村实际，把勤劳致富、孝老爱亲、团结邻里、诚信品行等日常小事、生活好事变成评价标准，化成农村信用，并结合善融商务渠道，将金融服务和信用建设有效结合，使信用生金，生活添彩。道德银行从“勤劳致富有目标”“孝老爱亲有传承”“诚信友善有品行”等方面，制定了27个加分项和25个减分项，通过群众自荐、群众推荐、组织推荐等方式收集线索，经过线上可视化的登记、核实、公示等程序，最终将积分计入道德账户，可以用于兑换爱心超市的商品。在金融科技部门的支持下，已经对接智慧安康平台，12月上线应用。

三、坚持精准发力，持续完善风险管理体系

（一）加强风险文化建设，提升风险管理“软实力”

树牢风险文化的核心地位，提炼形成“稳健、审慎、全面、主动”的风险文化主题词及核心含义，明确全行在风险管理实践中应遵循的统一价值取向。同时，风险管理部牵头制订方案，明确要求，推动风险文化建设有效融入管理机制、政策制度、业务规则、操作流程、技术工具、行为准则等日常工作，渗透到各项风险管理动作。

（二）加强全面风险管理，发挥风险偏好的引领作用

坚守偏好协同底线，探索根据不同机构的发展定位制定差异化的风险偏好导向；持续完善风险偏好传导机制，将偏好融入分行日常管理决策；督促子公司及时重检风险偏好，做好与集团风险偏好协调统一。做好关键指标稳健协调，加大对集团重大战略、重点业务等的支持力度。按季对风险偏好传导及执行情况进行监测，及时向高管层及董事会报告。

（三）更新完善2019年集团恢复与处置计划，持续抓好集团机构牵头管理

完成2019年集团恢复与处置计划更新。审阅建行亚洲、建行欧洲、建行伦敦恢复计划，配合建行亚洲进行恢复计划演练，与南非央行进行恢复与处置计划交流，协助首尔分行完成韩国央行关于恢复与处置计划的问询，指导中德住房储蓄银行编制其首份恢复计划等。

（四）落实主动管要求，提升风险管理敏感性、前瞻性

一是对标国际活跃银行。组建对标研究小组，从业务结构、管理架构、风险计量及发展规划等多角度，对美、欧、日、中5家优秀银行的风险管理实践开展对标研究，寻找差距，取长补短，为管理决策和行动实施提供支持。

二是牵头健康养老行业研究工作，围绕是什么、做什么、怎么做三个核心问题，完成健康养老总报告，以及医药制造、医疗器械、医疗机构、医药流通、养老产业、健康管理6份子报告，为全行客户选择和信贷结构调整提供支持。

三是做好金融市场和投资交易风险分析、开展课题研究，持续跟踪宏观经济运行情况。针对大额商誉减值导致上市公司业绩“暴雷”、潮汕企业丑闻风波等市场热点风险事件，完成商誉减值分析、潮汕上市公司风险分析等研究报告，为分行提前预判、排查和应对风险提供支持提升风

险管理的前瞻性。

四是积极推动新型风险管理。对押品风险、数据风险、模型风险、外包风险、系统性风险分类及管理分工等提出建议，明确相关风险防控“三道防线”职责定位。

五是优化2019年分行全面风险评价方案，首次将法律风险纳入评价范围，提升评价的管理效力。

（五）首次实现全集团、全口径非信贷资产减值规范管理

落实董事会健全非信贷资产减值管理基础制度的要求，制定《非信贷资产减值管理办法（2019年版）》。该办法是建设银行实施新金融工具会计准则的重要举措，通过制定非信贷资产减值管理办法与信贷损失准备金计提管理办法，共同构成了完整的建设银行资产减值规章制度体系，标志着建设银行在银行同业中较早实现了对各类信贷资产、非信贷金融资产、非金融资产减值的全面覆盖，对夯实全行资产质量，提升全面风险管理水平具有重要意义。

（六）夯实子公司风险管理

加快推进子公司客户风险视图建设，建立覆盖全部子公司的客户风险信息台账，逐步实现并表风险管理要素自动化采集和处理。进一步完善细化子公司全面风险考核指标体系，引入风险数据自动提取率考评指标，推进子公司风险管理IT系统的优化与健全。

（七）完善模型风险管理体系，强化新型风险应对

一是印发《模型风险管理规定（2019年版）》及模型验证阈值重检结果。该规定是国内大中型银行首份企业级模型风险管理制度，建立了全行模型风险管理体系。

二是搭建总行模型验证及评审专家库，并制定模型风险专家委员会工作规程，推动模型验证及审批工作更加规范。2019年共完成包括小微企业PD分池优化模型投产前验证、市场风险内部模型法等21个模型验证项目（共120个模型）的验证。

三是按照中国银保监会要求，对海外机构高级方法模型相关工作提出了规范性要求，强化了海外分行模型风险管理；按照美联储要求，对纽约分行使用的客户评级模板开展全面验证，推进海外机构监管合规。

（八）强化风险限额管控，守牢风险边界

一是印发《2019年行业限额管理方案》，完善差别化限额管控机制，加大对优质客户和战略业务的支持力度，强化重点风险领域的集中度风险管控；强化子公司行业限额管控，严防集团内“此退彼进”；首次构建涉房、涉政府类业务的集团全口径集中度限额监控机制。

二是印发《关于试行零售客户风险限额管理的通知》，进一步强化零售客户风险管控基础性建设；研发零售客户风险限额模型，科学估算零售客户可承担的最大的客观的债务总量。目前，通过制度实施及系统上线，完善并规范了个人客户限额管理的管控流程，实现对个人客户共债风险、过度授信等系统性风险的有效管控。

四、坚持价值创造，提升风险管理的有效性

（一）优化升级全面风险监控预警平台（RAD），增强风险预警能力

全面风险监控预警平台（RAD）项目二期有序推进，从数据、规则、流程、功能、技术、场景等多维度优化提升。一是数据基础不断夯实；深入分析优化重点规则80余条，新增负面名单、市场风险监测、灰犀牛黑天鹅“两防”规则6类30余条；上线包括客户智能体检功能、诚信事件查询展示、风险管理轨迹督察、专项风险排查等最新功能10余项。二是开发智能舆情推送功能“神投手”，7×24小时扫描外部舆情。三是慧风控升级至App3.0版本，打造移动端智能风控新模式。

目前，系统覆盖的深度和广度持续扩展，系统用户13.48万人，慧风控手机App用户近6万人，系统日均点击量最高可达80万笔/日，较上年末增长3.8%；预警管理质量和效率提升，全行规定期①内核查处置率达96.08%，保持在较高

① 目前，全行预警核查处置规定期为7个工作日。

水平；截至11月末，全行累计新增不良客户中有72.49%的客户、97.92%的贷款余额曾触发预警，系统约提前4.7个月揭示客户风险。经分行核查应对，截至12月末全行累计压降预警风险敞口（贷款余额）1166.38亿元。

（二）建成模型工场（RMD），为分支机构模型工具应用赋能

一是RMD平台基本建设完成，一线客户经理和风险管理人员可在模型库中直接查找解决风控问题的模型，通过“拖拉拽”方式，自主灵活定制研发模型。为基层解决日常风险管理痛点、难点问题提供了“利器”，让基层人员能从原来需要大量手工完成的风险监测、分析任务解脱出来。

二是实现风险模型统一部署、集中管理功能，为搭建企业级模型风险管控体系打好基础。

三是通过总行研发、组织分行三次案例演练等多种形式，针对在线信贷业务风控、管理精细化，在模型库中部署研发48个模型来识别和监控风险，分行应用不断深入。

（三）深入开展压力测试，提升极端风险研判和应对能力

一是按照监管要求和内部管理规定，完成恢复与处置计划（RRP）压力测试、内部资本充足评估（ICAAP）压力测试等5项日常压力测试，牵头完成包括资本充足压力测试、房地产压力测试、股票质押风险压力测试和流动性风险压力测试等7项人民银行和银保监会组织的压力测试任务。①

二是密切跟踪经济金融热点难点问题，开展中美贸易摩擦、华为事件和房地产专项压力测试。

三是主动探索新方法，首次开展押品风险压力测试、环境风险压力测试和国别风险压力测试。

四是稳步推进压力测试体系，首次实现对全行压力测试宏观情景的统一规范，首次组织子公司开展信用风险压力测试，启动集团压力测试实施和管控平台建设，研发优化五十多个压力测试模型。

（四）深入推动经济资本精细化管理

一是优化经济资本计量模型，印发《2019年经济资本计量方案》，部分重检对公业务LGD模型参数，及时重检普惠金融业务参数，细化地方政府债系数分档，调整衍生工具交易对手信用风险经济资本计量方法。

二是建立以“经济资本七率”为基础、结构报表作沿伸的监测体系，助力分行主动推进业务结构调整。

三是推进RAROC展示功能和RAROC计算器嵌入到CLPM系统的单笔信贷业务申报、审批和合同支用放款等信贷业务流程关键环节。

（五）完成并（有望）通过银保监会现场验收，有效提升资本充足率

一是积极推进资本管理高级方法现场评估问题整改，提交核准扩大范围申请。如通过核准将有望提升资本充足率0.1~0.2个百分点，相当于内源式补充资本140亿~270亿元（根据目前银监会不增加校准措施的初步意见测算）。

二是持续优化银行账户风险暴露分类功能，该功能已于2019年3月顺利上线运行，分类的准确性和全面性得到提升。

三是全力支持建行亚洲高级方法三年达标规划，审批高级方法实施范围、自建模型上线计划等重要事项，对项目实施中的难点给予技术支持和指导，保证项目关键环节的正确性。

（六）创新技术工具和管理手段，加大技术支持力度

一是推进对公评级智能化升级，企业财务报表智能识别录入功能全行上线应用，将客户财报录入时间由1个小时大大缩短到几分钟甚至几秒，极大地减轻了客户经理负担，提升客户财务信息质量。上线7个月以来，通过该功能导入的报表2.35万份，粗略测算，仅此一项，相当于节约1500人一天的工作量。

二是完成地级地方政府评级和风险限额模型研发和系统投产应用，实现36个省级和300多个地级地方政府线上自动评级，提高评级智能化水平，有效评价地方政府偿债能力；印发《境内地方政府信用评级和限额管理办法》，规范地方政府评级和限额管理工作，完善地方政府业务管理制度体系，支持地方政府债券投资相关业务发展。

① 其中2项为流动性风险压力测试，我部牵头汇总。

三是应用人工智能、机器学习等先进方法，构建人工智能风险评价模型，快速实现模型及策略自迭代。

（七）积极研究行为风险管理技术，加强运营风险管理

一是形成《关于行为风险与行为监管相关情况的报告》，就加强行为风险管理提出相应的政策建议。

二是持续推进集约化视频监控在行为风险和操作风险方面的防范作用，积极推动安保视频和RAD对接。

三是印发《关于以案为鉴　进一步强化全面风险管理的通知》，推进薛峰案件反思及整改工作。

四是形成《关于部分地方银保监局对建设银行一级分行监管情况的报告》及《部分银保监局监管关注及监管意见情况表》，建立监管发现问题库；形成《关于部分审计项目发现问题的情况报告》及《审计问题清单》，建立审计发现问题库，会持续跟踪推进问题整改。

五、坚持主动融入流程，持续提升市场风险管理专业能力

（一）启动“蓝芯”项目①，全面提升投资与交易业务系统建设水平

2019年，风险管理部牵头，总行9部门和建信金融科技公司协同推进，实现了对已使用11年的KGR和已使用17年的Riskmanager等两大外购系统的自主研发上线，取得了阶段性的里程碑式突破。实现了市场风险系统外汇、货币市场、商品、债券业务数据源从Kondor+和POMS系统迁移到新一代系统。在落实监管要求方面，实现了交易对手信用风险资本SA－CCR单笔交易计量上线。在内部管理方面，实现了资产管理业务风险分类、委外穿透系统开发，并建立资管业务全量资产的信息管理系统台账。在机构管理提升方面，在新加坡和纽约分行试点上线海外机构市场风险系统。

（二）推行双周例会重检机制，严格规范金融市场交易操作行为

建立交易投资业务风险管控沟通例会机制，采取双周定期沟通和不定期沟通相结合的方式，研究落实行领导批示、整改监管审计发现问题，分析重大风险事项或业务重检事项等，与业务部门、境内分行、海外机构、子公司加强协作沟通，主动研究和有效化解全行交易投资业务出现的风险事件。全年累计发出17期沟通会备忘，涉及建亚交易删改、约堡分行操作风险、债券投后管理事项、芝加哥商品交易所宕机事件等，分别从防范操作风险、推进系统建设与限额管理等问题提出了管控措施及建议。

开展每周重检，从交易价格、交易量、交易对手等多角度分析，发现交易录入错误、违规更改套保标识、违规手动暂停押品处理等22个问题，涉及24家分行。通过流程重检和专项检查，发现黄金租借利率审批交易预先审批等14个问题，形成4份检查报告提交行领导。

加强市场要情监控和负面舆情排查，每日对国内主流财经媒体和资讯报道的舆情信息进行监测，及时排查瑞银集团、芝加哥商业交易所、中民投、中信国安等企业在建设银行的风险敞口，全年累计排查并报告风险信息61次。采取市场风险快报形式对“两轨并一轨”、英国脱欧、路透外汇交易系统宕机、美联储降息、油价波动、德意志银行重组等重大政策调整、重大市场变化或者突发事件进行专题分析，合计发出市场风险快报23期。

（三）优化监测预警方式，着力做好重点业务领域风险防控

拓展投资交易客户统一风险视图，利用线上预警工具加强风险核查监测，提高预警工作质量和效率。一是上线债券承销风险预警功能，将承销业务头寸纳入RAD系统，对建设银行1.5万亿存量承销债券、560余家承销业务客户开展实时监控扫描，实现债券承销业务线上风控、查询展示和精准推送。

二是开发完成资管业务风险管理系统。资管业务风险管理系统是行内首个资管业务风险管理信息化系统，改变长期手工线下的现状，实现资管业务风险管理信息、数据、档案管理的系统自

① 致力于打造投资与交易业务全集团、全部业务、全流程、全部集约化、全部自主研发的投资与交易业务智能管控平台，简称蓝芯项目。

动化、资管业务数据灵活报表和管理报表等的查询展示功能，目前该系统为全行8475人提供资管业务风险分类管理服务。

三是建立交易投资业务风险“七率”指标体系，持续优化“慧风控”交易投资风险组件，设置7个一级指标（下设30个二级指标），全面直观地反映集团交易投资业务的关键风险。

（四）推动风险管理融入流程，有力保障全行投资与交易业务持续稳健发展

一是建立大额风险客户跟踪和预警处置机制，累计下发17期风险提示书、50期风险监测提示书，对中民投、鸿达兴业、欧菲光等12家发债客户开展实地调研。

二是持续推进资管业务“113”重点督导机制，按全行分工牵头做好新奥集团、吉林森工、东旭集团、广州富力等4户总行“30大”示范项目风险管控工作，促进风险资产回收化解，2019年成功处置风险资产28.71亿元，风险化解率为24.93%。

三是实现集团人民币信用债投资穿透式管理，覆盖集团14个成员单位、共计1.36万亿持仓信用债，实现对自营、代理、通道、委外多形式嵌套下的穿透管理。截至11月末，全集团已发生实质性违约的存量债券27笔、66.47亿元，集团存量违约率为0.49%，远低于全市场0.97%的存量违约率；集团新增违约规模仅4.77亿元，大幅低于全市场1065.66亿元的新增违约金额。

四是加强境内分行风险融入流程工作监督，每半年对境内分行债券、贵金属、衍生业务风险融入流程情况进行通报，及时督促分行落实总行政策要求。

（五）完善政策制度体系，有效构筑金融市场风险安全屏障

一是印发《新产品风险评估工作管理办法》，立足主动预防，对建设银行承担实质性风险的公司类、零售类等业务领域新产品实施全面风险评估。重检产品清单，首次建立涵盖金融市场、同业两大类业务共计161项产品，实现全行自营产品目录的集中统一。

二是制定下发《委外投资业务风险管理办法》《集团大额风险事项统计工作机制》等规范性文件，针对薄弱环节提出业务准入、风险排查与信息报告要求，防范金融风险跨机构、跨市场、跨行业传染。

三是积极应对中小金融机构风险，下发《金融机构客户风险准入底线》，建立差别化管理和产品分层准入机制。优化交易对手名单管理，重点加强高风险同业金融机构的监测预警，精确控制导入风险。

四是强化资管业务过渡期整改和风险化解。印发《资产管理业务基础资产风险分类管理办法》，规范风险分类的范围、流程和标准，提高分类的准确性和前瞻性。提交《关于资管业务过渡期整改的风险管理措施建议》，明确境内分行过渡期间风险监测、应急管理、风险分类、放款审核、责任认定等关键流程，提升集团资管业务协同控险能力。

六、坚持统筹协调，发挥风险板块牵头组织职责

（一）组织落实董事会有关风险管理事项

按照董事会及其委员会要求，认真准备会议参阅材料和议题材料，全年累计提交参阅材料6份、专项审议议题10份，同时认真回复董事有关工作问询，协助开展专题调研，发挥好沟通桥梁作用，有效支持董事会工作开展。

（二）认真履行风控委办公室职责

作为风险管理与内控管理委员会办公室，全年组织召开风控委会议5次，累计研究审议事项13次，其中具体承担风险管理报告4次、议题3次、传达中央会议精神1次；同时，认真督导行领导有关批示及工作要求的落实，持续跟踪推进，有效发挥了统筹协调职责。

（三）有效落实监管要求，做好监管发现问题的整改工作

一是牵头组织年度监管通报及季度监管会谈工作，做好年度监管通报、季度监管会谈的牵头整改落实。印发《监管通报整改落实方案》，并对年度监管通报和季度监管会谈中涉及分行的问题下发通报，明确整改要求。

二是跟踪整改落实情况，按季填写、更新整改跟踪台账；组织召开监管通报及现场检查整改部署（视频）会，针对三次监管通报及三次现场

检查①的整改工作进行专项部署，推进根源性整改。

（四）持续探索方式方法创新，开展风险管理线上督查

重检并印发《全面主动管理风险推进规范（2019年版）》和《子公司全面主动管理风险推进规范（2019年版）》，明确督查事项和判断标准，并开发线上轨迹督查平台，以线上非现场方式全面完成37家境内分行督查工作；完成对10家子公司的督查工作。此外，通过通报年度督查结果，督促做好发现问题的整改落实，确保各项要求得到有效贯彻执行。

（五）组织风险板块年度工作会议和高级研修班

牵头组织召开风险管理板块（含风险管理部、资产保全经营中心、信贷管理部、授信审批部、内控合规部）条线会议，实现集约高效办会，确保总行党委决策部署在板块得到有效传导。同时，认真组织风险管理高级研修班，组织境内外分行、子公司风险分管负责人进行专题研修，学习贯彻党中央、国务院防范化解金融风险的决策部署，交流重点领域风险防范化解经验和体会，研究深化全面主动管控风险工作措施。此外，组织海外机构首席风险官及风险主管培训班，围绕如何打造建设银行风险管理比较优势以及如何通过风险管理提升价值创造能力展开培训，并对海外分行风险管理工作提出具体要求。风险偏好及风险文化在海外机构得到进一步统一。

（六）加强培训，提升风险管理队伍专业素养

持续加强培训管理，全面提升风险管理队伍专业素养。2019年风险管理培训班以身边的“典型案例”研究与教学为培训主线，更加突出实务操作、实践应用，实现举一反三，培训效果显著提升。全年共举办包括市场风险管理培训班、一级分行部门负责人风险管理培训班、二级分行负责人风险管理培训班、子公司部门负责人风险管理培训、风险部门负责人培训班等14期，共1085人。此外，牵头完成《大型商业银行综合管理》风险管理分册教材编纂工作，为在新时代下构建新金融、打造新生态的企业大学贡献力量。

执笔：孟彩云

资产保全

一、经营处置情况

2019年处置不良贷款1584.50亿元。较上年增加120.82亿元，完成1176亿元计划的134.70%。

境内分行处置不良贷款1555.19亿元，较上年增加111.68亿元，其中：现金回收358.20亿元，盘活上迁159.74亿元，以物抵债49.94亿元，呆账核销528.13亿元，批量转让289.02亿元，证券化170.15亿元。实现不良贷款利息回收35.80亿元。

境外机构处置27.04亿元，其中：现金回收14.43亿元，盘活上迁5.30亿元，呆账核销7.31亿元。

子公司处置2.26亿元，其中：现金回收1.98亿元，盘活上迁0.28亿元。

已核销资产现金回收90.23亿元，较上年增加15.17亿元，增幅为20.21%。

实现不良资产经营处置价值贡献323.74亿元，完成273.15亿元计划的118.52%。

① 三次现场检查包括风险管理及内控有效性现场检查、代销业务及服务收费消保情况检查以及人民银行正在开展的洗钱与恐怖融资风险评估和现场检查。

二、经营处置亮点

（一）处置总量迈上新台阶，风险化解能力稳步提升

全年共处置不良贷款1584.50亿元，处置总量首次突破1500亿元大关，同比增加120.82亿元，增幅为8.25%，创历史新高，腾挪贷款规模1419.17亿元，同比增加87.49亿元，增幅为6.57%，为全行高质量发展和资产质量稳定提供了坚实支撑。

（二）处置效益领先同业，价值创造能力稳步提升

实现现金回收374.61亿元，居四大行第一。实现已核销资产现金回收90.23亿元，同比多回收15.17亿元，增幅为20.21%，居四大行第二。批量转让回收率为38.80%，居四大行第一，在市场降温、回收率下滑的情况下，巩固和强化了良好的市场品牌形象。

（三）化解重大项目风险，服务实体经济能力稳步提升

多措并举化解制造业不良企业风险，全年共处置制造业不良贷款本金534.35亿元①，为制造业资产质量管控保驾护航。积极推进不良资产市场化债转股，充分发挥债委会机制作用，联合同业共同推进催收处置、破产重整、债委会框架下的重组等风险化解方案。

（四）努力践行“三大战略”，战略执行能力稳步提升

加大普惠金融不良处置资源倾斜力度，共处置公司类普惠金融不良贷款114.14亿元②，较上年增加42.76亿元，增幅达59.90%。处置零售类不良贷款457.67亿元，同比增加59.50亿元，增幅为14.94%，处置占比28.88%。

（五）强化金融科技赋能，数字化管理水平稳步提升

资产保全业务经营管理平台实现5个版本功能上线。实现小微快贷全生命周期管理和线上产品数字化管理，上线核销自动化功能。探索建立基于大数据的不良资产估值模型、开发关注三级贷款大数据预警迁徙模型、完成企业级不良资产经营处置灵活查询模型。

三、主要工作措施

（一）坚持积极主动作为，服务国家战略和全行大局，经营处置能力持续提升

认真贯彻党的十九大会议精神，以“打好防范化解重大风险攻坚战”为根本遵循，加大处置力度，服务全行经营大局。充分发挥债委会机制作用，联合同业开展债务重组、破产重整、市场化债转股等工作，多举措助力金融服务制造业高质量发展、坚决支持民营企业发展。成功处置天津“渤钢系”、大唐集团、吉林通钢、丹东港、光汇石油、沈阳机床等重大不良项目。全年两次调增处置目标，处置总量首次突破1500亿元大关。

（二）坚持全面服务全行战略，促进服务实体经济能力稳步提升

立足保全、放眼全行，全面衔接“三大战略”稳步推进相关工作：对标住房租赁业务需求，滚动组建2期“资产保全经营中心住房租赁业务合作资产库”，江苏省分行无锡分行凤凰城项目落地实施；探索建立线上产品不良贷款快速处置模式，协同内外部机构推进线上产品诉讼难、执行难问题破解；继续加强资产保全平台建设和推广应用，提升不良资产经营管理智能化和数字化水平。

（三）坚持用心做好过程管控，继续落实“六化”要求，精细化管控能力持续提升

围绕“六化”夯实管理基础，坚持“抓当季，看下季”，推动均衡处置和精准管控。坚持“抓两头、带中间”，按季度对重点分行、重大项目进行“一对一”现场诊断和指导，加大环渤海、中西部、东北等地区的资源倾斜力度。重点围绕对公不良财产线索查找、个贷不良尽职追索、已核销资产日常管理、系统运维四项内容，推进条线精细化管理。

（四）坚持完善经营管理机制，经营管理能力有效提升

全面优化经营机制，把握市场规律，推进处

---

① 不含审计后不良贷款处置。

② 不含审计后不良贷款处置。

置创新，制定下发债转股操作规程，开发市场化债转股全流程处置功能。实现大海集团、通钢集团等6户不良资产市场化债转股债权转让。按照“差别管理、权责对等、风险可控”的原则，优化调整资产保全业务审批授权。统筹抓好对公零售、表内表外、信贷非信贷、境内境外不良资产的经营处置工作，探索建立审计后不良贷款和关注三级公司类贷款经营管理机制。

（五）坚持推进数字保全、智能保全理念，金融科技应用能力再上新台阶

以平台建设和应用推广为依托、以大数据项目为抓手，切实以金融科技增强资产保全业务精细化和智能化管理水平。通过人工智能和大数据技术应用，进一步提升保全平台智能化和数字化水平，“数字保全”和“智能保全”建设推向深入。与党群工作部联合举办保全平台创新应用活动，组织开展“平台论道”和“平台论剑”专题活动，持续深化平台创新应用。运维流程系统化、操作标准化，系统运维精细化成效显著。

（六）坚持守牢合规经营底线，合规经营理念深入人心

坚持依法合规，筑牢经营基石，增强依法合规审慎经营意识，狠抓基础管理，促进依法合规经营。完善制度体系，制定和修订了6项规章制度，加强专业化管理。用好考核“指挥棒”，继续保持“零容忍”的高压态势，引导分行提升资产保全业务的价值创造能力。实现合规管理的完整闭环，严格落实纪检监察“三关四看”要求。

（七）坚持强化队伍建设，加大专业化培训力度，条线履职履岗能力持续提升

摸排并分析保全条线队伍建设情况，对分行队伍建设提出针对性要求，紧密联系业务发展的重点难点，围绕“三个提升”的管理目标，着力打造分层次、分层级、分阶段的培训体系，增强条线队伍素质和经营处置能力。

（八）深入开展主题教育活动，促进党建与业务发展深度融合

严格落实“不忘初心、牢记使命”主题教育工作要求，深入学习习近平新时代中国特色社会主义思想和党的十九届四中全会精神，不断强化基层党组织建设，持续优化支部工作法，深入打造“党建+”特色品牌，有效提升中心凝聚力和战斗力。

执笔：于明炜

信贷管理

一、以全面主动管理理念，持续构建信贷管理长效机制，增强防范金融风险能力

（一）围绕“夯基础、稳趋势、严标准”的总要求，坚持资产质量主动管控

一是坚持并持续完善行之有效的资产质量管控机制。落实资产质量管控主体责任，将资产质量指标列入董事会经营计划、KPI考核及综合经营计划，持续发挥分行、条线资产质量立体管控作用；持续完善以“7+5率”关键指标为核心的资产质量监测报告机制。二是强化主动性、前瞻性管理，确保指标平稳运行。坚持季度末资产质量监测机制，确保关键时点数据平稳；加强对重点分行、重点业务的逾期监测管控；坚持做好不良贷款新暴露与处置的均衡衔接。三是严格审慎分类，充分释放风险。严格执行监管要求，风险分类标准严于同业；抓住指标向好时机，充分释放重点区域、重点客户风险，主动管控资产质量“灰犀牛”。四是实施拨备模型闭环管理，保持拨备计提充足可靠。国内同业首家实现涵盖预期信用损失模型研发—验证—审批—监控—退出的全业务流程拨备管理，实现拨备管理从线下到线上的重大转变；

对外输出模型开发与管理经验①，有力推进新旧准则平稳过渡。

（二）持续完善全面风险监控体系

一是做实并持续完善“113”机制。由信贷管理部牵头，总行前、中、后台11个部门及子公司②联合开展督导帮扶。总行党委亲自督导，党委书记田国立两次③赴河北开展资产质量督导工作；党委副书记刘桂平6月赴上海分行开展资产质量督导、7月主持召开资产质量重点督导行座谈会，旗帜鲜明地提出“充分暴露，加大处置”的资产质量管理要求；其他党委成员分别开展现场督导④，把脉分行资产质量、诊断重大项目风险。深入基层帮扶，严格落实“四个一”⑤ 工作要求，“一行一策”制订帮扶方案并持续跟踪督导，归纳总结典型风险案例。防范重大风险，将“30大风险项目”升级为“30大示范项目”，行领导主持召开“30大”项目汇报会，按季督导风险化解处置。二是加强重大信用风险前瞻管理。按季对重大信用风险事项上报及时性、处置化解情况进行考核通报。三是推进全维度、穿透式监测管理。持续优化“三大维度、十类指标”信用风险监控体系。按季监测四大板块业务情况，开展与子公司风险信息双向共享。

（三）强化“全程过程、全员参与”的信贷流程精细化管理

一是完善对公信贷制度体系建设。探索对公信贷制度分层管理体系；制定完善重要信贷制度，强化固定资产贷款管理、建立例外事项管理机制、形成大额风险暴露限额管理体系；强化制度日常管理，持续更新《对公信贷业务操作手册》，建立产品风险定期沟通机制。二是全面推广实施贷前诊断会议工作机制。三是完善贷中放款中心机制建设。进一步明确放款中心职责边界、精简岗位流程；探索建立“四率”监测指标体系，提升放款环节自动化水平。四是完善贷后管理流程体系建设。优化贷后跟踪会议机制，聚焦“急、难、险、重”客户，提升会议质效；规范观察名单客户管理；完善贷后检查管理，明确岗位职责、精简检查指标、优化工作流程。五是完善押品集约化、智能化管理。实施差别化押品政策，针对重点行业和区域扩大可接受押品范围，推进知识产权质押融资，联合开展排污权质押业务试点研究；业内首家上线“互联网+不动产抵押登记”系统直连项目，24个城市实现抵押登记系统直连；持续推进集团押品集约化管理，实现对子公司押品管理的统一监测，开展股票押品逐日盯市估值。

（四）积极服务“三大战略”

一是制定并传导住房租赁差别化政策，支持业务发展。继续将住房租赁业务列入优先支持行业，给予配套激励措施；及时传导监管要求，明确信贷策略，合规开展住房租赁信贷业务。二是构建零售业务风控新模式，助推普惠金融战略落地。强化政策及机制管理，制定线上业务信贷管理政策，构建线上业务风控新体系；国内同业中首次实现“以客户为中心”的零售客户统一授信管理机制；搭建企业级、智能化零售业务统一催收平台；强化前瞻性风险监测，构建“345”小微快贷监测指标体系和零售类贷款及重点业务监测指标体系；强化科技赋能，运用大数据开发小微企业生命周期项目，探索建立小微企业信贷策略三分类体系；强化分析研判，完成《全行线上信贷业务风险情况报告》等多份深度报告。⑥ 三是依托金融科技，推进实施智能化信贷管理。开发数字信贷管理（DCM）系统，初步建立线上核查流程及信用风险隐患识别模型库。

---

① 担任中国银行业协会新金融工具会计准则实施工作组下设金融资产减值工作组组长，牵头制定IFRS9减值模型在银行业的最佳实践。

② 包括资债、财会、人力、风险、保全、审批、公司、战略、房金、资管、法律部和建信投资。

③ 2019年4月和2019年12月。

④ 王永庆党委副书记10月赴内蒙古督导；章更生党委委员7月、8月分别赴深圳、天津督导；黄毅党委委员10月赴河南督导；朱克鹏党委委员5月赴山西督导；廖林原党委委员8月赴山东督导；纪志宏党委委员10月赴辽宁督导。

⑤ 开展一次现场调研、组织一次专题培训、参加一次贷后跟踪会议、参与一个重点项目处置。。

⑥ 其他有《零售优先（信贷）分析报告》《信用卡资产质量相关情况的报告》《小微快贷不良成因分析报告》《零售贷款风险情况简析》《普惠金融贷款风险分析报告》《线上贷款业务风险管理情况报告》《关于小微快贷资产质量的趋势分析》《关于小微快贷资产质量情况的简要分析》。

（五）做好重点领域风险管控

一是强化低信用风险业务管理。持续开展低信用风险业务监测，与总行党校合作开发《低信用风险业务避险案例》。二是加大再融资等四类业务跟踪监测力度，落实监管要求，优化相关制度，强化分类管理，严格办理条件，建立再融资等四类业务定期监测报告机制。三是研究“关注三级”、债委会客户等重点客户管理机制，明确风险分类为“关注三级”等重点客户的风险化解处置机制和债委会客户会商机制。

（六）不断深化“五个到位”，提升信贷基础管理能力

一是强化责任到位，研究完善风险管理责任体系。持续推进风险管理职责进党委，研究细化风险管理五级责任体系；推进精准、专业问责，优化精简工作程序，明确权限划分标准。二是强化人员到位，持续推进条线队伍建设。按季跟踪督导分行信贷管理人员配备；牵头组织条线业务培训8期；开展分行信贷管理岗位人员情况调研分析。三是强化考核到位，持续完善信用风险评价机制。实施2019年境内分行和海外机构信用风险管理评价，引导各级机构主动管控信用风险。四是强化监督到位，加强根源性问题整改。优化信贷检查工作机制，统筹安排、分层实施信贷检查工作，形成标准化核查指引，打造《鉴往知来》案例品牌。五是强化管理到位，抓牢信贷基础管理。按季分析通报信贷基础管理情况，持续督导问题整改。持续推进信贷文化建设，研究信贷文化涵养体系路径，培养信贷管理“软”实力。

二、围绕国家经济发展战略，优化信贷资源配置，增强服务国家建设能力

（一）主动推进信贷结构优化调整

制定年度信贷政策，持续做好九大信贷结构监测，推进定期评估、主动退出、协同管控等主动结构调整工作机制，加强评价考核和激励约束，初步实现信贷政策目标可量化、可监测、可考核。

（二）持续提升行业研究能力

按照“3+3”“5+X”总体部署及“存量赋新能、增量新动能”总体框架，围绕新动能培育较为集中的“信息通信、高端制造、新型设施、健康养老、传统转型”领域，牵头开展6大主题、35项行业研究项目。[①]部分课题已形成初步成果并在经营管理实践中推广应用。

（三）加大制造业政策支持引导力度

一是优化制造业行业信贷政策。在同业率先提出支持制造业发展20条有关政策，在管理机制、资源配置、考核激励等方面予以政策倾斜，引导分行积极支持制造业高质量发展。二是重检先进制造业客户选择标准。覆盖高端制造业和传统产业转型升级两大领域，按季做好先进制造业信贷客户备案管理。

（四）大力推动绿色金融业务发展

一是组织筹办2019绿色金融工作座谈会。谋划部署新时期培育绿色金融新优势各项工作，刘桂平行长出席并发表重要讲话。二是完善绿色金融运行管理机制。围绕“绿色业务发展、环境和社会风险控制、社会责任自身表现”建立绿色金融推进情况评价体系，加强监督评价通报；推进绿色金融新标准实施配套系统开发；配合完成境外绿债发行工作。三是强化政策研究与储备。参与国家绿色信贷标准制定工作，加强与发展改革委、中国金融学会绿金委、“‘一带一路’绿色投资原则”（GIP）秘书处及亚金协等机构的沟通协调。

（五）持续强化重点管控行业管理

一是完善“黑白名单”管理机制。建立实施“去产能”行业正面清单和风险客户台账，扩大“白名单”适用范围[②]。二是加强火电行业信贷管理。持续按照“控总量、调结构”策略实行区域三分类差别化管理；主动压缩退出单机规模30万千瓦以下落后产能。

（六）加强基础设施、房地产、政府类债务等重点领域政策管理

一是夯实基础设施领域发展优势。把握国家

---

① 总行相关部门又进一步细化为52个具体题目。

② 由钢铁、煤炭扩大到电解铝、水泥等行业。重检钢铁、煤炭、电解铝、水泥、平板玻璃、船舶、铜冶炼及加工、铅锌冶炼等八个行业“去产能”风险客户。

"稳增长"政策基调，牵头制定基础设施领域差别化政策。二是加强房地产行业监测管理。强化分析研判，主动落实监管要求，研究形成房地产业务集中度管控策略建议。三是持续推进地方政府隐性债务风险化解。研究重检地方政府类业务信贷政策；及时传导监管政策导向，配合开展财政部地方债务信息比对试点。

三、完善海外机构信贷管理和国别风险管理，服务建行全球化经营，增强参与国际竞争能力

（一）完善海外机构信贷管理

制定22家海外机构"一行一策"差别化信贷政策，明确行业三分类信贷政策和压退客户名单，持续监测政策执行。开展海外机构"113"重点督导工作，主动管理潜在风险。

（二）加强国别风险管理建设

完成98个国家（地区）的国别风险评级、限额设定及《国别风险评估报告》，从政治、经济等维度对国别风险开展系统评估；推进国别风险管理系统上线，实现国别风险敞口及国别风险准备金计提、国别评级和限额设定、国别风险监测预警等功能，提升国别风险抵御应对能力。

执笔：张航

授信审批

一、转变理念、提质增效，全面助力三大战略实施

一是持续深化"两个转变"，推行顾问型审批和前瞻性审批，助力普惠金融快速发展。印发《授信审批条线全面助力普惠金融业务发展工作方案》和《关于切实做好民营企业、小微企业和"三农"等普惠领域客户授信审批工作的通知》，核定"民工惠"专项额度，确定首批《"白名单"建筑业客户民工惠业务需求表》，推动普惠重点领域专业化研究。2019年，全行普惠金融对公贷款审批113万笔、金额7225亿元，同比分别增长69.2%、54.2%。

二是持续实行"三个优先"，促进机制流程优化，确保住房租赁授信业务审批质效。推进住房租赁智能审批系统开发，坚持将房源上线纳入审批条件要求，不断推动提升住房租赁综合价值创造水平。2019年，全行审批单笔对公住房租赁授信业务249笔、批复金额为529.7亿元，金额同比增加31.6%，审批金额通过率达94.7%。以贷款支持项目上线建行租赁平台的房源共计29.4万套，较年初新增20.5万套。

三是持续推进"三化"建设，金融科技赋能水平大幅提高。制订下发《授信审批条线贯彻落实金融科技战略规划工作方案》，推动授信审批工作"流程自动化、决策智能化、管理数字化"建设。2019年完成智能合规审查系统、审批辅助决策智能化模块、并表综授系统一期功能、应用大数据技术投产评估行业地图、授信审批知识库（手机/电脑端）、低信用风险额度管控、RAD平台授信审批监测功能升级、债券业务智能决策辅助工具（单机版）八项技术或平台开发。

二、科技先行、统筹兼顾，顺利完成集中审批工作

印发《一级分行授信业务集中审批推进方案》并持续推进督办，做好集中配套机制保障。截至2019年12月10日，境内所有一级分行已完成辖内集中审批工作。从初步统计结果看，一是审批资源大幅节约，审批人员减幅达38%。二是信用审批效率明显提升。第一批实现集中审批的22家分行整体对公客户信用额度业务审批全流程

平均用时较集中前下降24.1%，三是审批专业化水平明显提升，审批人派驻管理更为规范。从总行回收的11356份调查问卷结果来看，总体满意度近80%。

三、优化流程、理顺机制，全力提升工作效率

一是采取四项措施减少流程环节和用时。如，改“折线”为“直线”，减少环节和流程用时；改“闭卷”为“开卷”，设置会前“问题清单”提高审批会议沟通质量；改“远期”为“即期”，建立会后表决机制，减少审批决策用时，保障审批独立性；改“低频”为“高频”，将固定排会调整为“固定+机动”排会方式，为重点项目开辟“绿色通道”，减少排会等待时间。

二是调整地方政府债券投资额度审批模式和流程，优化表内资金债券投资决策流程，提出差异化优化措施，助力交易性业务发展。

三是探索综合授信集中作业，优化综合授信贷前诊断。完成《综合授信集中作业实施方案》《关于进一步优化贷前诊断会议工作机制的报告》。

四是优化评估作业管理模式。实现项目评估作业全流程电子化管理，制订《中国建设银行项目评估集中作业实施方案》征求意见稿加强项目评估集中管理，合理调配全行资源参与重大项目评估，开展项目评估后评价，制订《项目评估转型实施方案》征求意见稿，推动实现六个转变，为贷款审批提供更加全面的决策支持。

五是优化双向联动审批作业机制。修订《总行本级与海外审批中心双向联动审批作业规范》，统筹使用本级及海外审批中心专职审批人资源，增强对跨境业务和全球授信客户的审批把控能力，促进相互赋能，提升双方决策质量与效率。

四、提升能力、强化管理，全力提升工作质量

一是提升服务实体经济能力。做实“两定一提”，促进“两头延伸”与“三结合”，制定25个行业客户选择标准，初步搭建联合授信系统建设平台，充分发挥综授对信贷结构调整的促进作用。

二是提升客户选择能力。完成《大中型集团客户选择指引》，下发《关于进一步加强PPP项目融资业务合规审查的通知》《对于专项债券支持配套融资项目相关授信要求》《建筑企业PPP项目授信选择标准（2019年版）》《关于长江经济带污染整治企业授信情况的报告》，更新《PPP项目融资业务合规审查要点》，提出《存量地方政府隐性债务化解业务相关问题及建议》。

三是建立审批后评价机制。下发《关于建立授信业务审批后评价机制的通知》，对授信审批业务进行“复盘反思”。将后评价工作与重大项目调研活动相结合，安排调研小组进行现场“回头看”。

四是加强信用评级质量管理。以评级审定偏差和评级推翻率“双维”考核，持续对评级审定管理进行系统考核。积极参与中国银保监会资本管理高级方法验收评估工作。

五是加强集团并表授信管理。完成《关于进一步加强集团并表授信工作管理的通知》，完善并表信用额度管控规则，实现对子公司并表信用额度的前端管控，稳步推进并表授信管理系统开发，严格把关子公司额度占用审查。

六是加强海外授信审批管理。实现海外审批中心业务范围对境外机构的“全覆盖”。召开部分海外机构授信审批工作座谈会，形成海外机构授信审批业务17类问题答疑库，下发《关于进一步做好全球授信工作的通知》，实现境内外机构充分有效沟通。

五、紧跟导向、强化重点，持续加强专业化研究

一是推进专业化建设纵深开展。确定的授信评估和审批指引专业化研究课题，共计648个，覆盖总分行、子公司和海外机构。完成《总行信贷审批指引组织操作细则》，规范总行信贷审批指引评审发布流程，同时稳步推进成果发布。

二是部署传统转型及高端制造行业专题研究，采取“总行牵头，总分行联动”方式，统筹全部资源力量完成30个具体课题。

三是加快合规审查模板标准化建设。完成PPP项目融资业务、政府购买服务、融资平台客户授信、住房租赁贷款、并购贷款、再融资、境

内金融机构客户、资管类业务、债券和非债券类业务的行内政策制度及行外监管规定梳理，完善合规审查模板，精简材料，提高申报效率。

六、强化督导、动态管理，持续强化条线管理

一是召开16家分行授信审批工作座谈会，收集分行对总行2020年授信审批工作思路的主要意见和建议，辩证思考授信审批守牢底线与助力发展的逻辑关系，统一条线思想认识。

二是建立授权动态调整机制，提高授权管理精细化水平，加大对重点区域、重点业务的差别化授权力度，定期对AB类和差别化授权客户名单进行重检，对重点优质客户提高授权权限。

三是强化队伍素质建设。坚持能力素养及履岗表现并重的审查原则，优化完善审批人任职条件，把好准入关口。持续推进“分层分级分类”培训工作，提升队伍水平。

四是强化考评沟通机制建设。推进境内外机构授信审批能力考核评价工作开展，完善定期工作报告制度，加大重大项目现场调研指导力度，加强统一偏好传导，为基层赋能。

五是加大监测检查力度。制定《提升RAD系统监测核查工作成效工作方案》、修订《授信审批工作现场检查操作规程》，制订年度现场检查计划，下发《授信审批检查督导建议书》。同时开展违反八项规定精神问题专项整治自查、配合完成中国银保监会风险管理与内控有效性现场检查、代销业务及服务收费消保现场检查、审计署建设银行经济责任审计配合收尾等工作。

七、严格纪律、树立权威，营造全条线风清气正的工作氛围

一是严肃审批纪律，将不当干预行为列为2019年各级巡视监督检查的工作重点。出台《关于以案为戒 进一步强化授信审批管理的通知》，形成《薛峰案涉案信贷业务授信审批情况剖析报告》，下发《中国建设银行不当干预授信审批工作行为禁止性规定》，强化作风建设、树立独立审批权威。

二是根据中央对巡视工作新部署及总行党委巡视工作要求，高度重视充分准备，坚定不移配合政治巡视。共向巡视组提交工作材料87份，共安排部门中层人员谈话59人次。

三是加强本部内部事务和纪律管理，开展整治形式主义、官僚主义自检自查，加强部门工作作风建设，提升部门办文办事办会的效率和质量，树立良好工作形象。

执笔：廖琛

内部审计

一、突出精准，强化前瞻，为高质量发展保驾护航

（一）关注三大战略推进情况，促进全行战略落实落地

通过审计项目和专业化研究，持续关注战略推进情况，以及出现的倾向性、苗头性问题。住房租赁方面，组建专家团队，跟踪研究租赁平台法律风险和存房业务，结合区域特点提升获客、活客质效等开展现场调研。普惠金融方面，建立“小微快贷”模型疑点和新一代风险数据交叉验证的分析架构，推动优化反欺诈策略系统控制。金融科技方面，关注“公有云”建设和运营风险、分行在战略推广中面临的网络安全、业务连续性管理等问题，并提出前瞻性审计建议。

（二）关注全行大资产业务风险，促进信用风险管控治理能力提升

组织开展大中型信贷客户综合融资管理、个

人贷款、理财、同业、信用债、资产证券化、子公司资管业务风险摸排等审计项目，全量揭示建设银行7.3万亿元对公贷款、3.6万亿元个人贷款、2.2万亿元理财、3.2万亿元子公司资管业务及0.7万亿元同业资产的整体状况、潜在的信用风险和重大管理问题，促进了全行集团层面大中型客户潜在信用风险监测体系的优化和综合融资管理治理体制机制的完善。

（三）关注基层机构管理状况，促进合规经营和发展

专题调查绩效考核在基层落地、网点营销服务方面的突出问题。关注印章、授权、岗位等重要领域，分析柜面业务操作风险管理情况，揭示六类员工异常行为特征及变化趋势。组织开展二级机构信贷基础管理审计。开展经济资本管理审计调查，为分行调整业务结构、压降经济资本占用提供参考。开展对公存款专题研究，归纳形成公司存款潜力挖掘“六法”。运用数据式审计方法筛选财务顾问业务潜在客户清单，提出构建数据驱动型商机捕捉机制等审计建议。自主开展中间业务发展、交易性业务发展审计等，助力分行挖掘业务增长潜力，促进业务健康快速发展。

（四）关注深层次管理问题，促进提升精细化管理水平

开展账户与核算管理审计（内部账户）、部分分行固定资产管理审计和基建装修审计，揭示了相关管理领域存在的突出问题和管理风险。开展分行IT管理、客户信息与支付安全、商户与移动金融等审计，揭示IT管理痛点难点。开展信用卡业务审计，揭示了系统、技术、业务规则等方面的缺陷。开展“三低”代发对公户、“两低”对公人民币账户专题调查，揭示账户管理与精细化考核方面的不足。开展资本管理审计，促进全行2019年资本管理高级法现场评估达标。开展反洗钱、消费者权益保护、关联交易管理审计，剖析重点难点问题，促进管理能力和效率效果的提升。

（五）关注海外机构、子公司和总行本级，促进提升集团金融风险防范能力

开展10家境外机构主要业务经营管理审计，全面反映经营管理情况和内部控制水平。开展建信财险、建信期货、建银国际、建信养老金等子公司全面审计，以及并表管理审计、财务事项检查，促进子公司规范经营加强管理。开展总行金融市场部、总行托管运营中心主要业务审计，揭示制度建设、系统控制、操作风险和基础管理等方面的问题。此外，2019年组织实施各层级经济责任审计700余个。

二、协同创新，夯实基础，全面加强审计自身建设

（一）不断创新，激发数据式审计新动能

一是持续完善非现场审计工具，提升系统效率。优化“系统管理”“系统监控”“审计分析”模块，最大限度保留可供追溯的用户操作轨迹，规范用户操作行为。通过数据分区和清理、敏感数据管理、用户监控等方式，促进系统应用效能提升。跟进新一代改造及业务需求做好新数据接入，完成新一代5个组件的77张数据表接入，扩展审计业务数据覆盖面。

二是组建数据分析团队，培育大数据分析人才。下发《关于加强非现场审计动态数据分析工作的指导意见》，组建408人的数据分析团队，逐步探索非现场审计动态数据分析工作机制。梳理形成信贷、资管等12个业务领域的新一代组件审计应用指导，提升审计人员新一代核心系统的应用能力和水平。探索双主审制，增设数据主审，不断提升审计人员的数据分析能力和水平。

三是借助金融科技力量，为审计业务赋能。持续优化“新一代审计资源与流程管理系统（ARPM）”功能。实现信贷流程、信贷管理、风险预警等5个新一代组件与ARPM系统的对接，提供更及时、精准的数据支持。新增审计疑点库管理、非现场数据线上授权等功能，打通OAS和ARPM两大系统数据边界，整合系统价值。加强操作技能培养，提升应用水平，强化审计项目线上管理。

（二）积极探索，强化境外机构和子公司审计管理

一是筹建人才集约、专业有效的海外审计中心。配合人力部做好筹建准备工作，参与海外人才库审计专业人员选拔，推进建章建制，职责定位等工作，打造海外审计中心和境内审计力量协

同作战的海外审计新模式。

二是做实境外机构内审职能，持续加强境外内审管理。制定《中国建设银行境外机构内部审计指引》，指导各机构完善内审工作机制和操作流程，建立健全内审制度。配套下发关于内审活动外包、人员配置及整改验证的指导意见，全面完善境外机构内审职能建设。指导有关分行制订当地监管检查问题整改方案，切实落实监管整改要求，降低监管处罚风险。

三是指导子公司完善自身内审职能，明确集团审计职责分工。制定《子公司内部审计指引》，指导各子公司完善内审工作机制，夯实子公司内审职能，建立健全内审管理制度。明确审计部和各审计机构在子公司审计工作中的职责，建立对子公司经营管理活动的长效审计机制。

（三）持续发力，深化审计自身基础建设

一是完善制度设计，夯实审计质量控制基础。落实监管要求，修订内部审计章程，为更加有效地发挥内审作用提供坚实的保障。启动审计准则第二轮巡讲，探讨审计方案、审计底稿、审计报告撰写等提高工作质量和效率的方法手段。开展内部审计质量评估工作，评估结论得到董事会审计委员会的肯定。

二是从专业化、项目协同、机构协同等维度，统筹推进审计一体化建设。从实际业务发展出发，重新构建专业化研究目录，以此为基础统筹协调开展各项专业化建设工作，促进日常研究和审计实践的有机结合。制订机构协作指导方案，提升审计条线整体工作质量，搭建起人才培养和工作交流的平台。

三是搭建培训平台，持续加强人才培养。开展教材、课程、师资建设，构建审计条线课程体系和内部审计师资库。建立月度培训机制，每月组织覆盖全辖审计人员的业务培训，日常通过举办各类短期培训班，开展网络培训，搭建“亮点分享”“审计大家谈”学习平台等方式，促进员工学习借鉴、交流分享。创建青年员工“五个一”工程成长机制，促进青年员工成长为业务专家。

三、开放共享，协调配合，为行内行外各方支持助力

（一）牵头配合国家审计署审计工作

牵头配合国家审计署2019年贯彻落实国家重大政策措施情况审计，积极协调行内各层级的汇报、联系和有效沟通。根据中组部、审计署要求，协调总行相关部门、子公司完成经济责任审计整改及深化整改相关工作。配合审计署“金审三期”项目测试，根据审计署统一安排牵头编写并正式出版《大数据技术在银行内部审计中的应用》。

（二）牵头负责外审联系和管理工作

明确海外机构外部审计师聘用要求，调整子公司聘任外部审计师授权方案，统筹推进过渡期衔接管理和集团会计师事务所更换事宜。探索优化外部审计师评价机制，高效完成董事会议案报送、信息互递、审计访谈等多层级协调沟通工作，规范敏感信息的传递交接流程，不断完善外审高效配合管理机制。

（三）积极配合驻行纪检监察组、巡视办工作

按照驻行纪检、巡视办等要求，克服自身困难，选派条线业务骨干积极支持检查工作。全年累计派出28人次工作2393人天，其中15人次工作超90天。协助进行系统数据授权近50次，协助为审计机构直接派出的7人开通非现场权限，有力地支持了各级党委的监督执纪工作。

（四）大力支持防线联动和资源共享

面向一级分行内控合规部和风险管理部，按需开放系统功能并提供培训支持。积极支持员工行为网格化管理推进工作，提供相关审计模型清单、要素及技术规则等。为信贷管理部门按季提供大中型客户潜在信用风险信息，为风险管理部、信贷管理部、房金部等部门提供审计模型支持，促进信贷与资管等业务风控能力的提升。

执笔：王婷婷

内控合规管理

一、持续健全合规管理体系，提升合规治理能力

深入推进人人尽责的合规管理，完善顶层设计，规范合规管理整体框架，印发《合规管理政策》和《反洗钱管理政策》两大基础性文件，明确合规从高层做起，强化全行“合规人人尽责”文化氛围，推动“三道防线”各司其职、各尽其责、协调配合，将合规工作落到实处。2019 年，根据中国银保监会公开披露数据，建设银行监管处罚笔数四大行最低，监管类案件涉案金额四大行最低，境外机构未出现新的监管处罚，子公司合规风险基本可控。

二、严格监管遵循，适应“强监管”新常态

理顺外规内化流程。制定下发《中国建设银行监管规则适用管理办法》，建立外部监管规则内化管理机制，规范监管规则收集、政策解读、外规内化流程；增强政策领悟能力，加快外部监管政策的落地实施，对重要监管新规及时开展差异分析与解读，督促内化，提升政策执行水平。同时严格执行规章制度审查，在合规性、控制有效性、规范性等方面把好制度入口，从设计源头控制风险。

2019 年 5 月 29 日，建设银行内控合规反洗钱工作会议在杭州召开。

有序有力开展监管协调。牵头完成中国银保监会风险管理及内控有效性现场检查和人民银行洗钱与恐怖融资风险评估的配合协调工作；组织开展中国银保监会“巩固治乱象成果 促进合规建设”专项工作，2019 年自查发现问题数量较上年减少 5294 个，增量问题得到有力遏制；通过修订制度、完善信息系统，做好根源性整改，存量问题得到有效整治；强化境外监管对接，牵头组织参加 2019 年度核心监管联席会，全面展示建设银行集团合规管理情况，获得积极评价；指导纽约、伦敦等机构应对监管检查，切实推动监管要求落地。

强力提升监管整改质效。建立监管发现问题整改长效机制，加强流程化、标准化管理；集中力量整改根源性问题，进一步打通问题发现在基层行、整改主体在上级行的整改路径；推行整改验证制度，对 2018 年监管检查、合规检查、审计发现的 364 个高风险问题进行逐个验证。

三、聚焦合规主业，提升防范化解金融风险能力

着力提升规章制度管理能力。全面升级集团规章制度管理系统，整合全行 4.9 万余个规章制度，收录 4093 个监管规则，构建系统有序的制度树，建立监管规则与内部制度的关联关系，促进监管规则与业务发展紧密耦合。强化规章制度全流程管理，突出抓好制度重检修订，保障制度常用常新。截至 2019 年末，总行发布 10 年以上的规章制度减少 37 个，试行暂行规章制度减少 43 个，制度补丁减少 104 个。

强化合规审查助力业务创新。2019年，共开展300项新产品合规性审查，其中，涉及三大战略的新产品合规性审查达117项，有效助力三大战略业务发展与产品创新。

纵深推进合规检查。独立实施“准、小、深、快”的合规检查，聚焦违规多发易发业务环节，实行清单式检查；梳理监管处罚点140个，组织全行自查自纠。2019年通过合规检查发现问题1275个，较上年增加882个，违规发现能力持续提升。

持续加大违规处置与案件防控力度。违规处置措施充分运用，2019年全行处置违规事件数量较上年增加386起，对违法违规行为保持有效震慑。案件防控力度加大，梳理82项员工异常行为典型特征，组织开展自查自纠和根源性整改。警示教育效果良好，在全行范围集中组织开展案件警示教育活动，编制44个严重违规典型案例，通过“送课上门”、在线答题等方式强化案件警示教育。

用好考核评价“指挥棒”。突出结果导向，强化案件处置、监管罚款、违规损失和声誉风险等结果类指标考核，持续提升考核体系的科学性、合理性，引导全行形成比学赶帮超的良性氛围。

四、探索网格化管理，初步搭建员工行为管理体系

将违规行为和案件风险防控向前端延伸，加大对员工行为管控力度，初步搭建起“线下网格化、线上智能化”的员工行为管理体系。线下，在9家分行部署网格化试点工作，共设置网格12491个，开展异常行为排查28次，发现异常行为969个，处置321人次。线上，打造员工行为监测模型与信息平台，构建员工个人消费贷款流入禁止性领域、员工经商办企业等26个模型，为员工行为管理提供有力抓手，有效减轻基层网格管理员的工作负担。

五、承接问责职责，积极配合国家纪检监察体制改革

有效承接原纪委、监察部门承担的调查处理违反企业内部规章制度行为职责，按照“完善问责组织体系、加强问责程序保障、优化问责实体标准”三位一体的思路，持续完善问责机制。在同业中率先建立查审分离的“双委员会”问责机制，总行层面成立责任认定委员会与问责委员会，开始有效履职。2019年，“双委员会”审议审定5个非信贷项目和16个总行级信贷项目责任认定情况，以及44名员工问责事项。

六、提升集团反洗钱能力，践行国有大行政治责任与担当

客户身份信息质量管控赶超同业。国内同业中首家实现客户身份信息系统校验，超额完成客户身份信息总体完整率年度目标，全行对公、对私反洗钱重点目标客户身份基本信息的总体完整率分别已经达到94.20%和94.16%，彻底改变了落后的同业面貌。

可疑交易报告“质升量减”势头继续保持。2019年全行报送一般可疑交易报告数量较上年减少37.4%；直接报送公安、人民银行立案审查的重点可疑交易报告数量较上年增加12.4%。各分行收到人民银行或公安就提供重大洗钱案件破获线索的表扬信90余份。

洗钱风险管控成效显著。在50个主要业务场景对洗钱高风险客户进行系统管控，领跑国内同业；首次对全行1.6万余个中风险及以上的存量可售产品开展洗钱风险重检，停用399个产品。

持续巩固制裁合规管理。明确集团统一的管理口径和筛查策略，对全行7亿存量客户开展全面回溯排查；建立跨境交易清单筛查抽查验证机制，告警处理不规范的交易占比从初期的25%下降至7.5%。

反洗钱技术实现内外赋能。顺利完成人民银行“3号令”对标，率先对接人民银行新报送平台；清单监测系统覆盖全部跨境交易，并推广至14家海外分行，全年共阻断境内跨境业务473笔，中止或拒绝有洗钱或金融制裁合规风险的客户2750个；反洗钱技术实现同业输出，反洗钱监测分析系统、清单监测系统输出至国家开发银行，得到同业广泛认可。

七、统筹协同，集团一体化管理持续加强

境外机构合规管理全面推进。从责任机制、

管控机制、履职机制、保障机制、监管沟通机制等方面，全面强化境外机构合规管理长效机制建设。助力集团境外合理布局，开展建行欧洲增资、匈牙利分行设立事宜合规审查，对阿斯塔纳分行、纳闽分行开业进行合规验收。

有序开展子公司合规管理。以考核评价和定期报告为抓手，推动子公司健全合规管理体系；对部分子公司开展合规工作现场检查，规范子公司合规管理工作，推动子公司融入集团合规管理体系。

八、深度耕耘，合规精细化管理扎实推进

持续深化操作风险管理。组织开展操作风险自评估和关键风险指标监测，增强操作风险预警能力；制定重要岗位目录，重检不相容岗位，督促“乌龙指”问题整改，增强风险防控能力；2019 年，操作风险损失率控制在银保监会设定的监测目标值 0.09% 以内，操作风险基本平稳。

稳步开展信息科技风险管理。跟踪“影子IT”问题整改，设计企业级信息科技风险指标，探索信息科技风险识别和评估方法；开展业务影响分析，建立完整预案体系，搭建完成业务连续性管理平台，提升突发事件应对水平。

增强关联交易信息化管理能力。加快行内主要业务系统和关联交易管理系统的联机改造，加强关联交易事前控制，主动融入业务流程；强化关联交易和内部交易数据管理，实现全集团系统覆盖。

合规管理智能化水平明显提升。集团合规管理平台全面覆盖总行、境内分行和境外机构，实现数据自动提取或线上填报，管理效率和数据质量显著提升；创建合规视图，多领域、多视角、多维度聚合展示合规信息，合规工作持续向数字化管理、图表化展示、趋势性分析和专业性判断迈进。

九、夯基蓄势，不断强化合规管理基础保障

涵养合规意识与合规文化。在全行范围内进一步强化合规文化氛围，将“合规人人尽责、合规创造价值”的合规理念贯穿于建设银行文化要素体系、网点信用风险素养和新员工教育中，实现合规意识的全员渗透、精准滴灌；表彰年度合规先进集体和个人，在全行范围内树立合规标杆，激发全员主动合规动能。

锻造专业化合规队伍。构建五位一体的合规培训体系，针对董事、监事和高级管理人员，编写《反洗钱与金融制裁合规读本》，开展了美国监管合规培训，践行合规从高层做起；针对条线业务骨干，组织现场培训 20 期，有效提升了条线合规管理执行能力；编发首套《合规经理岗位培训教材》《反洗钱岗位培训教材》，填补了集团合规专业教材空白；组织开展合规条线考试，并在国内同业中首家开展反洗钱岗位资格考试，以考促学，淬炼队伍。

执笔：徐昭

产品创新与管理

全年完成产品创新千余项，覆盖了住房租赁、普惠金融、金融科技、区块链、5G、智能制造、绿色金融、大数据、物联网、人工智能、知识产权质押融资、粤港澳大湾区发展等创新热点领域。产品创新总行战略性项目龙头效益进一步凸显，跨部门整合统筹得到进一步强化，在 11 家产品创新实验室实施总行战略性项目 44 项，完成原型 66 个，预计首年价值目标合计 390.57 亿元。以实验室为主体开展前瞻性项目研究 36 项，完成原型 31 个；两类项目合计完成同业比对等研究报告 46

份、客户体验77项。

一、激发全员智慧共促创新，创新实践成为建设银行战略实施“助推器”

（一）持续提供创新孵化平台，推动全行创新要素快速融合落地

一是2019年创新马拉松活动采取“半马+全马+成果展示”模式，赛制兼顾群众性与专业性，孵化强调普适性与专题性，评审注重公平公正，前后台齐力发声，在全行营造了“全员创新”的浓厚氛围。“半马”聚焦全员参与，突出群众性，保留以员工业余时间为主开展的“预孵化+48小时加速孵化”普适性模式，由各参与单位配备创新孵化基金，提高资源支持的广度、灵活性。“全马”阶段聚焦创新质量，突出专业性，引入专职脱产的“入场孵化”专题模式，由总行统一配置专项资源，入驻产品创新实验室专业孵化，提高资源支持的深度、针对性，最大限度提升孵化成果质量。

二是加大内外部创新跨界融合，整合社会资源和力量，面向外部创客探索开展创新马拉松大赛。大赛以“拥抱新金融，服务新时代”为主题，面向科创企业、小微企业、港澳企业或双创青年、高校在校师生、科研单位等外部公众，聚焦新金融的科技属性、普惠属性、共享属性，针对社会难点、痛点问题，征集金融解决方案，助推国家“双创”战略落地。以加大内外部创新跨界融合，吸纳社会优秀创新人才和创意，培育扶持一批有潜力的创新创业群体，输出“新金融人才产教融合联盟”和建设银行创新能力，服务新时代经济社会发展。

三是建立创新马拉松获奖项目的定期跟踪机制，及时收集项目研发中存在的问题意见，做好协调推进。

（二）打造员工创意直通平台，加强全行创意统筹科技支撑

一是完成“众创平台”建设，为全行创意活动统筹提供专业化的信息系统工具。平台各版本分别于1月、4月和5月上线，功能不断优化完善，实现创意收集、筛选、审核、整合、转化等的全流程管理，支持各级机构、各条线多维度、全方位对创意进行跟踪展示，提供在员工渠道客户端和移动端随时随地提创意、查创意、审创意。平台为畅通创意收集，提高创意质量，提升处理效率，助推转化实施提供了技术支撑，更是为全行员工特别是基层员工提供了参与创新，直通业务中枢的路径和通道。

二是加快“众创平台”推广应用。制定下发《中国建设银行众创平台操作规程》、具体应用场景的《众创平台操作手册》，依托“众创平台”，组织完成了相关金融科技创新，创新马拉松活动创意的收集、申报和审核工作，同时支持“我为网点献计策”等创意征集活动以及分行发起的“科创板”企业建言献策、社区获客方案竞赛、教育生态圈建设讨论等创新征集活动。截至2019年底，全行登录使用“众创平台”员工人数4.55万，人次19.09万，发起创意活动404个，共提出创意35094条。

（三）聚焦金融科技构建创意全流程管理模式，有效激发创新源泉

以促进金融科技创新为重点，完成创意收集、筛选、整合、转化、评比、奖励相融合的全流程管理模式及机制构建。基于金融科技创新发展规划的重点方向，收集、筛选、整合金融科技创新创意方案，组织开展创意方案年度评比；制定下发《关于建立促进金融科技创新激励机制的通知》，向全行印发《2019年金融科技创新创意统筹和评比激励工作方案》，明确运用众创平台开展创意统筹和评比奖励的执行流程、具体规则和工作要求。“2019年金融科技创新创意统筹与评比激励”主题活动，累计收集各单位925条创意方案，经完备性、专业性审核后，总行计划实施405条，正在实施221条，暂不采纳299条。根据总分行专家打分结果及金融科技立项情况评选出优秀创意方案奖80个、优秀创意方案转化奖52个、优秀组织奖20个，着力推动创意的转化落地。

（四）依托产品创新实验室支持总行战略性项目研发并探索开展前瞻性项目孵化，夯实创新研发支持机制

一是做好总行战略性项目研发支持。围绕总行战略在集团范围内征集战略性创新需求90项，经过需求沟通、初筛整合及专家评审，最终确定总行战略性产品创新项目44项，并全部对接产品

创新实验室。二是以实验室为主体开展前瞻性项目孵化。紧扣 B 端赋能、C 端突围、G 端连接三大主题，收集各实验室前瞻性项目需求 66 项，经筛选整合并会商各业务归口管理部门审核同意，确定实验室前瞻性项目 36 项，提升战略性创新储备性研究能力。三是强化创新研发资源支持，配备产品创新实验室专项财务费用预算 2500 万元，开展原型设计和客户体验，支持战略性项目研发及前瞻性项目孵化，逐步形成一套行之有效的创新研发支持模式。

（五）稳步推进数字人民币项目研发试点，各项工作成效良好

完成项目一阶段项目研发、业务测试工作，在生产系统环境下率先完成建设银行端系统部署，分阶段完成内部封闭验证工作，行内 300 多名员工在食堂场景进行了扫码、碰一碰（NFC）和刷脸消费体验。根据人民银行统一安排，在深圳、苏州、河北雄安、四川成都地区组织开展外部可控试点工作。对接中欧班列跨境支付结算需求，研究提出中欧班列跨境支付需求解决方案，积极推进方案落地。

（六）紧贴市场基层需求优化流程及平台，力争移植创新推广无障碍

一是降低移植推广门槛，扩大可移植项目选择范围，提升分行移植贴近当地市场需求的便捷度。二是面向移植库基层行直接使用者，进一步优化重点可移植创新产品库，对产品功能进行梳理，优化库内项目展示形式凸显产品关键功能，有效提高实用性、针对性。三是重视调查研究，认真倾听基层行反馈和要求。组织多次调研，深入二级分行，听取基层员工对移植创新工作的需求、意见和建议，不断优化移植创新审核流程。

（七）延伸创新触角，服务好脱贫攻坚与乡村振兴

开展乡村振兴领域专题研究，为推进建设银行普惠金融战略实践拓宽思路，加强对标国内先进金融同业。为更好地把握国家的乡村振兴战略实施的机遇，对金融支持乡村振兴的趋势和重点领域，同业 4 家银行、4 家互联网金融机构支持乡村振兴的产品服务等进行了分析研究，提出建设银行支持乡村振兴战略金融服务模式建议，供行领导决策参考。

持续做好扶贫督导，着眼帮助结对分行形成长效工作机制。一是加强对重庆分行日常指导和具体帮扶。总分行联动完成巫溪县天元乡高楼中心小学“龙卡信用卡，爱心 100 分”积分助学活动，累计捐赠 6 万元资助音乐舞蹈教室建设。帮助分行尽快将 205 万元定点帮扶捐赠资金拨付到位。二是通过现场和非现场方式，做好金融扶贫、定点扶贫的督导工作。

（八）加快与建行大学融合发展，对员工客户进行创新赋能

一是逐步完善产品创新培训体系，注重各类培训内容、案例、师资等成果的沉淀和固化，培养了创新孵化组织模式及机制研究、产品移植创新管理等特色课程的兼职师资，在满足内部员工能力提升的同时也可以对外输出赋能。二是关注对基层员工的创新赋能。将前瞻业务领域产品创新培训、产品创新管理能力提升培训等的资源向基层倾斜，重点支持基层员工提升对新技术应用和新场景创新的视野，提升分行前瞻性研究能力和依托金融科技创新产品的能力。三是部门协同，依托分行召开重点移植产品推介会，直接面向客户推介产品功能、成效服务对象等，促使重点领域产品在更大范围落地实施。

二、深耕创新基础，引导产品管理进一步向高质量发展

（一）纵深推进产品谱系图建设

在产品谱系图 1.0 版的基础上，深入研究产品管理现状，完成了产品谱系图 2.0 版的建设工作。

一是基于企业级管理视角，重构了谱系图架构。在原 1.0 版的基础上，聚焦企业级经营管理视角，全面反映产品的业务逻辑、管理现状、市场表现和量化评价，重新构建形成了 2.0 版“一图三表”架构体系，即企业级产品谱系图、产品结构表、产品评价模型表、产品分级表。

二是建立管理产品清单，为全行经营管理提供索引。为发挥产品谱系图体系聚焦企业级管理视角的特点，对各产品经营管理部门开展了 20 余次一对一的访谈、宣讲，并一同对总行级产品进行了详细的梳理，确定了包括子公司产品在内的 14 个产品领域、44 个产品子领域、316 个管理产

品，确定了各产品层次之间的映射关系，提供产品分级分类结果，为全行经营管理提供索引。

三是研究探索产品数据自动化获取方法。研究探索产品评价指标数据采集方法。根据《新一代实施工艺》要求，各产品交易组件将“新一代”产品目录中的可售产品编号嵌入产品交易流程，以可售产品作为取数单元，从企业级数据应用平台进行数据获取、加工，确定产品数据标准及加工规则，通过“原型法”印证了方法的可行性和可操作性，为下一步实现数据自动化获取找到了切实可行的方法。

四是构建产品评价模型库。探索以定性、定量相结合的方式，使用线性加权法构建产品评价模型。初步确定市场表现、价值贡献度、发展潜力、品牌效应四个评价维度，并以产品数据为基础，通过25个量化指标，按照产品领域或产品子领域确定了22个定量评价模型。

五是对管理产品进行初步分级。基于数据挖掘成果，结合定性因素，研究建立了“定量评估40%＋定性分析10%＋部门管理现状50%”的产品评价模型，依托模型运算，对244个总行级管理产品（聚类产品）进行了评价分级。为加强企业级产品管理提供了参考依据。初步筛选出总行级拳头产品10个、核心产品43个、一级产品141个、二级产品48个、三级产品2个。

六是研究制定架构管控机制，明确IT架构治理需求。针对工作开展中发现的与“新一代”相关的问题，与金融科技部共同研究制定产品目录与产品模型架构管控机制，实现业务管控与IT架构管控融会贯通。对于已发现未按照《新一代实施工艺》要求进行产品化设计的组件，提出治理要求，与金融科技委办公室共同研究，形成共识，为下一步制定IT架构治理方案打下基础。

（二）完善产品全生命周期管理制度

加强产品全生命周期管理，完善产品管理制度。根据最新监管要求，修订《中国建设银行产品创新与管理暂行办法》《中国建设银行产品创新与流程优化奖励办法》，精简整合奖项，突出质量，大幅提高对核心创新的奖励标准。印发《产品退出管理工作指引》，建立健全产品退出机制。

（三）高定位对标国际先进同业，提供市场前沿产品创新信息

一是建立海外同行业信息收集网络。开展国际先进银行产品、技术、模式创新的分析和研究工作。同时，首次尝试联合纽约分行完成了富国银行零售业务分析报告，对富国银行的渠道整合、客户细分新策略、交叉销售策略等进行了研究分析。二是不断完善年度报告数据收集手段。在国有四大行比对基础上，增加招商银行部分业务领域作为比对对象，通过广泛收集同业产品信息、客户经理问卷调查等方式，形成国有四大行和招商银行产品竞争力分析报告，并根据行领导指示打印成册供相关部门参考。三是开展全行产品创新体系研究工作。在充分研究建设银行现有体系架构和分行调研基础上，形成《全行产品创新体系建设的思考》报告，对全行产品创新体系的现状、存在的问题、产品创新体系建设的指导思想、目标和原则等进行了分析研究。

（四）强基础完善实验室自身能力建设，充分发挥实验室窗口效应

一是探索开展实验室分级分类管理，下发《2019年度中国建设银行产品创新实验室绩效评价方案》，加大对年度绩效评价排名靠后实验室的督促力度，推动产品创新实验室提升总行战略性产品创新项目支持服务能力，不断培养自主创新能力。二是根据总行战略发展需要新设江苏产品创新实验室，进一步优化实验室布局；香港、河南产品创新实验室正式投入运营并承接两类项目研发，实验室辐射能力不断增强。三是围绕金融科技、创新孵化等领域，与华为、微芯边缘计算、三一重工、ThoughtWorks等领先企业开展深入合作交流。四是加强产品创新实验室物理场地建设，提升创新孵化支持能力的同时，充分发挥产品创新实验室“窗口”效应。

（五）重联动推进集团一体化创新，有效发挥子公司员工创造力

一是扩充创新交流平台，首次举办母子公司产品联动创新培训班，组织子公司参加2019年创新马拉松活动。二是加大创新考核激励力度，首次将子公司产品创新考核纳入集团对子公司的管理考核体系。三是推动子公司新产品嵌入集团产品销售、精准营销流程，助力子公司加强新产品交叉销售。四是进一步加强母子公司产品创新常态化协同联动，强化开发实施资源协同。五是推动子公司加强新产品研发，建信基金、建信信托等12家子公司自主研发创新项目较上一年均有所增长。

执笔：王玉辉

法律事务

一、主要亮点

服务全行重大战略任务成效突出。贯彻落实总行党委决策部署，为“三大战略”、两个优先以及三大重点区域加快发展等重大战略提供全流程、有温度的法律服务。全流程参与总行级所有主要产品的研发，专人参与重要项目。

诉讼维权效益再上台阶。全行共办理各类诉讼14万余件，办结诉讼5万余件，结案金额为760.78亿元，其中胜诉金额为751.41亿元，胜诉率（以金额为准）为98.77%。全行通过诉讼回收现金277.19亿元，避免被诉案件潜在赔偿责任54.63亿元，两项合计实现效益331.82亿元，法律工作直接创造经济价值的效果更加明显。除诉讼手段外，全行通过发送律师函等非诉讼法律手段回收现金183.84亿元。

授权对战略发展的支持效能不断提升。完成对建设银行集团所有单位的新一轮授权，涵盖总行本部、境内外分行、境外子行、综合化经营子公司共110个单位。新授权体现了全覆盖、差别化管理要求，有效传导了总行战略意图。积极响应京津冀、长三角、粤港澳大湾区三大重点区域的发展需求。

知识产权权利继续保持同业领先。推进“劳动者港湾”“建行大学LOGO”等系列商标注册，开展“新一代”等科技创新专利申请。截至2019年末，全行共有商标2277件、专利1621件、著作权568件，同比分别增长20.03%、39.62%、1.06%。商标申请及授权数量、发明专利授权数量位列四大行第一。

法律审查寓于服务之中更有温度。坚持将“把业务做成”作为最高目标，法律条线全年审查法律性文件32万次、55万余份，同比增长23%。总行本部审查法律性文件、提供咨询服务6500余次，参与重大项目和产品创新150余项。

课题研究直面痛点实用性强。紧贴业务需求，开展实用性法律专题研究，下发《对公重大项目法律服务典型实例之“交易性业务”篇》《个人信息保护法律问题研究报告》等15个指导性文件。

标准合同文本体系进一步完善。顺应贷款利率市场化改革，及时修订建设银行100余份业务合同文本LPR利率条款；建立对私业务合同文本电子书库，收录总行下发的210份示范文本。当年新制作、认定标准合同文本95份，对公对私标准合同文本库已涵盖1087种主要合同。

二、主要措施和效果

（一）围绕中心，保障战略实施

参与住房租赁国家立法。编写《住房租赁条例》立法论证报告，设计了“适住性默示担保义务”“承租人安静生活权”等前沿的、创新性法律条款，得到司法部高度肯定并同意将相关内容纳入国家立法之中。按照中国银保监会要求，对以租赁权为住房租赁贷款提供质押的合法性问题进行研究。

服务普惠金融深入发展。在前台产品研发方面，全面参与“裕农快贷”“乡村振兴贷”“e票通”“e贴通”“跨境快贷—信保贷”“个体工商户经营/抵押快贷”“学e贷”等产品研发。在后台系统改造方面，支持“惠懂你”App 升级，全程参与小微快贷、网络赋强公证等系统功能研发。

服务金融科技平台拓展。深度参与“投资者联盟”“薪酬管理”“安心养老”“智慧政法”“智慧营区”“龙集采”等交易平台、政府平台的建设，对关键法律问题提出意见。

服务零售业务。在重大项目方面，参与决战 ETC、龙卡贷吧、速 e 通、C 端突围等 16 个重大项目；在产品研发方面，全面参与资产全球视图等 18 项产品的设计；在消费者权益保护方面，制定和完善总行运营的 16 款 App 的隐私政策。

服务交易性业务。参与存量理财产品向子公司交接工作，为福费廷系列创新业务、标准化票据创新业务提供支持。

（二）服从大局，支持集团重大业务推进

为子公司重大事项提供法律支持。就建信金科出资设立建信金服所涉及的国有资产交易审批手续等法律问题深入研讨；对村镇银行股权转让后暂停“柜面通”业务提出法律咨询建议；全面审查建信住房、建信财险等子公司的公司治理文件；研究集团成员间信息共享问题，促进母子协同发展。

专人全程参与包商银行托管和熊猫项目。全程参与包商银行托管项目的方案设计、托管协议制作、重组改制方案设计等各项核心工作；全程参与熊猫项目，牵头完成制度建设、协议架构体系搭建、项目退出机制研发、反洗钱系统搭建等重点工作。参加“秋分”和“清风”等特别项目的工作。

（三）优化法律纠纷处理模式，防范化解重大风险

全行重大民事诉讼处置成效显著。最高法院审理的重大民事诉讼案件均取得有利结果。国华能源公司“煤代油”巨额委托贷款系列纠纷处置进展平稳。积极配合中国银保监会处理建设银行“E 商贸通”客户起诉中国银保监会信息公开行政诉讼案，中国银保监会非常满意。北京分行代销基金案善后平稳。

涉美民事纠纷处置平稳。推动国内银行同业一致行动，积极谨慎地处理国内客户侵犯 Nike 公司知识产权引发的涉美长臂管辖案件，目前取得了于我有利的初步结果，胜势可期。指导海外分行妥善处理了长臂管辖案 17 件。

防范化解线上贷款纠纷成效显著。防范方面，与业务部门合作，对通过互联系统从法院获取的数据进行挖掘，一方面，与信贷客户进行匹配，直接向基层信贷人员预警客户涉诉风险，助力贷后风险管理；另一方面，向业务部门提供法院的诉讼、执行信息，便于对潜在客户进行精准画像，对提升普惠金融贷款质量大有裨益。化解方面，支持普惠金融部探索网络赋强公证，拓宽小微快贷清收的法律渠道；创新线上贷款诉讼支持模式，指导全行通过流程公证、当庭演示等创新方法做好举证工作，线上业务立案难、胜诉难的问题得到改善。

沉着应对总行本级被诉案件。2019 年，直接经办了总行法人作为当事人的境内法律纠纷 221 件，涉及金额 1.53 亿元。其中，当年新发生 108 件；当年办结 141 件，结案金额 7721 万元，全部胜诉或达成调解、和解，胜诉金额为 7719 万元。

倾力解除知识产权侵权巨额索赔威胁。全力以赴应对周建军起诉建设银行自助设备专利侵权纠纷，取得压倒性胜利。指导和督促全行妥善处置自媒体公众号、善融商户侵犯他人知识产权引发的大量纠纷，有效阻止知识产权侵权指控数千起。

（四）落实金融科技战略，提升自主知识产权水平

瞄准前沿金融科技，主动展开专利申报。组织挖掘 5G + 智能银行研发、应用中产生的 5G、物联网、大数据、生物识别等技术创新点 55 个，提交专利申请。组织挖掘智慧柜员机的技术创新点，提交专利申请 16 件。

优化管理机制，提升知识产权管理水平。牵头理顺了总行与金科公司之间知识产权管理关系。优化权利申请流程，提高申报的质量效率和授权比例。强化专利侵权风险防范，有效避免智慧柜员机（升级版）采购的外观专利侵权风险。完善知识产权奖励及代理机构评价办法。

（五）坚持“差别化授权”理念，持续提升授权效能

适应业务发展需要，制订新的行长授权方案。组织集团内 110 家单位制定了 2019 年新版行长授权方案，对重点区域、重点客户、重点业务的授权给予优先支持。

支持重点区域发展需求，及时实施授权调整。加大对京津冀、长三角、粤港澳大湾区三大重点区域的授权支持力度，根据业务发展需求，及时组织授权调整。

（六）加强条线管理，提升法律支持发展的能力

培养专业人才提升履职能力。在全行建立公司律师和法律专家制度，打造一支“离得近”“叫得应”“忠诚度高”“预防性强”的公司律师和法律专家队伍。

加强制度建设与执行监督。对《法律工作管理办法》《法律纠纷管理办法》等重要制度进行修订。优化一级分行法律工作考核评价指标，突出法律支持“三大战略”“两个优先”等指标的权重。组织对10家分行法律工作的调研。

履行法律义务开展法治宣传。开展员工遵规守纪教育，发布《治安违法典型案例》。通过《建行报》“善建法治”“以案说法”2个法律专栏普及法律知识。组织开展“我与宪法”微视频征集，推选作品在司法部荣获全国优秀奖。

加强法律专业能力建设。聚集业务发展及法律、政策变化，不定期组织开展部门学习。举办全行性的法律业务人员培训班2个。持续推动分行加强法律机构建设和人员配备。优化法律工作管理信息系统功能。

认真履行银行业协会法律工作委员会主任单位职责。2019年建设银行当选为协会法工委主任单位，积极参与行业立法修法、法律实务调研、法律课题研究，与最高人民法院合作，组织开展“四个一批”活动，促进了银行业不良贷款回收。

（七）坚持抓好党建，以党建引领业务发展

党支部以习近平新时代中国特色社会主义思想为指导，认真落实新时代党的建设总要求，以开展“不忘初心、牢记使命”主题教育为契机，将党建工作与业务工作深度融合，创建“四强”党支部。落实总行党委和机关党委的决策部署，助力脱贫攻坚，与安康贫困村党支部结对共建。严格执行党的组织生活制度，深化理想信念与纪律廉政教育。

执笔：李菊

安全保卫工作

一、讲政治、有担当，安全维稳工作扎实有效

一是新中国成立70周年等重点时段全行总体安全稳定。坚持工作前移、重心下移，把安全维稳工作作为重要政治任务，加强责任传递和检查督导，确保大庆之年全行总体安全稳定。通过印发工作要点、下发通知等途径，对做好新中国成立70周年大庆等重要时间节点的安全维稳工作作部署、提要求，引导各级提高政治站位，压实政治责任。加强对重点地区重要时段的检查督导，严格执行值班制度和安全稳定信息“零报告”机制，重要时段全行没有发生安全责任事故和群体性事件。二是李克强总理来行视察等重点安保任务圆满完成。加强安全筛查，做好现场管控，圆满完成李克强总理、刘鹤副总理来行视察和匈牙利、瑞士领导人来访的安保任务，保障了股东大会、业绩发布会等重大活动安全。强化总行本部安保管理，组织开展防火、防暴等各种演练30余次，加强办公楼人员出入和工程施工改造现场管理，实现安全稳定无事故。三是直属机构和子公司安全监管到位。明确责任主体，根据机构特点分类加强“两地三中心”安保工作，推进洋桥数据中心自主管理，加大对北京和武汉两个生产园

区安保工作的指导力度，确保“两地三中心”安全。推动“总行安全智慧管理系统”在直属机构上线运行，提升管理的主动性和科学性。四是海外机构安全管理稳步推进。以保护人员安全为重点，探索海外机构安全管理新模式。及时了解海外机构所在地发生的群体性事件和重大案件、灾害、事故等突发事件情况，掌握建设银行受影响情况并及时报告，全年共报告海外突发事件84次。

二、抓科技、重应用，服务“三大战略”积极主动

一是“五统一”项目建设取得进展。硬件方面，总行指挥中心正式落成，福建、湖北两个试点分行按照“五统一”标准完成指挥监控中心建设，全行已建成监控中心264个。软件方面，“龙视界”视频管理系统在试点分行上线运行。认真履行条线管理职能，举办安全技术防范管理培训班对90名技防骨干进行培训，加强对分行监控中心建设方案的审核把关，组织专家按照标准审批方案41个，已建成15个，新一代技防系统升级改造工作取得重要进展。二是反欺诈系统建设持续深化。以外部欺诈风险管控系统为基础，建立柜面统一查控平台，实现柜面司法查控工作的统一流程管理。发挥反欺诈系统海量数据作用，启动反欺诈智能模型建设，利用大数据、知识图谱等技术，实现快速精准查办案件。优化完善国家监委“总对总”涉案资金网络查控功能，推动有权机关通过“总对总”平台实施案件查控。三是服务“三大战略”更加主动。积极参与创新马拉松工作，“慧思”智能风险防控项目获全行创新马拉松决赛一等奖。将反欺诈系统与RAD、RSD系统对接，服务普惠金融反欺诈，2019年共提供风险信息查询1486万次，匹配风险信息152万次，有力地支持了普惠金融等业务稳健发展。积极参与5G+智能银行项目建设。在福建、湖北分行4家网点开展特定异常行为场景自动识别试点验证，将可疑风险事件事后处置变为主动预警。

三、抓整改、强基础，安全生产监督管理稳步推进

一是监管工作格局初步形成。提请成立全行安全生产工作领导小组，由党委副书记、行长担任组长，加强安全生产工作组织领导。从讲政治的高度落实驻行纪检监察组安全生产专项约谈要求，召集安全生产工作领导小组成员单位联席会议研究落实，阶段性完成整改任务。二是消防安全管理稳步推进。制定印发消防安全管理办法、消防安全责任制管理办法等系列规定，初步形成相互衔接、相互配套的长效工作机制。贯彻落实中央领导关于江苏“3·21”特大事故的指示精神，深刻吸取行内外事故教训，组织开展消防安全隐患专项整治工作，围绕10个方面进行重点排查，发现整改了一批隐患问题。三是安全检查更加精准细化。坚持常规检查和专项检查相结合、基层自查与上级督查相结合、机构自查与条线督导相结合，通过检查整改推动隐患治理，打牢安全管理基础。部署开展安全生产大检查，制定包括15个条线、328个项目的检查清单，覆盖全行安全生产所有领域。修订安全隐患分级分类标准，依据标准对北京等22家分行进行安全检查，逐个分行下发问题预警督促搞好整改。四是平安文化宣传取得实效。多渠道开展消防制度法规宣传活动，在全行部署开展安全宣传月活动，组织学习习近平总书记关于加强安全生产工作的重要论述和指示精神，宣传安全发展理念，开展安全技能培训和预案演练。利用“平安建行”微信公众号平台交流安保工作信息，传播平安文化理念，增强了广大员工的安全意识。

四、抓防范、严处置，案件防控积极稳妥

一是风险防控主动及时。注重加强案防分析研究，研判案防形势，完善制度体系，主动提出预案。制定印发堵截案事件管理办法，每季度进行总结通报。先后发布8期案事件风险预警，提示各级机构做好风险防控。对2018年以来虚假对公开户数量大增的情况进行深入分析，研究提出防范措施和建议，为加强反洗钱风险防控提供参考方案。对近年来全行人员非正常死亡事件进行梳理分析，针对有效开展员工人身安全突发事件预防和危机干预工作提出建议。二是案事件处置妥善有序。充分发挥职能作用，着重围绕协助破案、追赃挽损、问题查清、风险排查，妥善做好外部侵害案件处置工作。积极指导宁夏、河南、

广东等分行及时应对虚假抵押物骗贷案、自助银行歹徒抢劫伤害事件、骗提公积金案等案事件，处置工作取得明显成效，防控了声誉风险。三是司法协查和配合监管依法合规。贯彻落实监管部门要求，部署开展对涉嫌黄赌毒和黑恶势力相关违法犯罪行为的排查整治，配合政法机关做好相关工作。认真做好涉嫌电信网络诈骗企业对公账户停止柜面业务专项工作，累计终止2319个涉案账户业务，对602个买卖银行账户个人实施惩戒。现场受理司法查询和冻结事项238批次，积极配合做好国家审计署驻行审计、中国银保监会代销及收费业务现场检查等相关工作。

执笔：李海斌

三、党建工作与队伍建设

驻行纪检监察组工作

一、深刻领会中央精神，全面推进派驻改革

按照中央纪委国家监委关于中管金融企业派驻改革的有关工作要求，紧密结合建设银行实际，快速有序推进各项改革举措。党委第一时间学习中央派驻改革实施意见，在2019年第1次党委会上审议通过机构改设和职责调整方案；3月底完成全集团内设纪检机构改设工作，移出处理企业内部违规行为等职责；5月底正式印发派驻改革实施方案，6月10日召开派驻改革动员部署会，对派驻改革工作进行再动员再部署。驻建设银行纪检监察组建立与党委沟通协调机制，与党委进行会商，通报全行纪检监察工作、反腐败工作及选人用人专项调研督查情况，针对发现的突出问题提出建议。加强派驻改革工作宣传引导，通过党委会、全行工作会、全行党风廉政建设工作会及时传达学习中央关于派驻改革的部署要求，统一思想认识；利用中央纪委网、报刊平台和建设银行、驻建设银行纪检监察组各类信息平台，主动宣传派驻改革工作成效，为派驻改革顺利推进营造良好氛围。全年中央纪委网站共刊登建设银行党风廉政建设和反腐败工作信息稿件21篇，其中专题报道稿件《从驻建行纪检监察组实践看派驻机构改革：发挥制度优势 推进金融领域反腐》在纪检监察报一版刊登。

二、认真履行监督第一职责、基本职责

全行各级纪检机构坚守职责定位，把强化监督职能作为各项工作的重中之重，主动监督、靠前监督，力求监督实效。

把政治监督摆在首位。各级纪检机构紧密围绕党中央重大决策部署和习近平总书记“三个能力”建设重要批示精神在本单位贯彻落实情况开展监督检查。其中，开展脱贫攻坚专项督查，通过调阅资料、交流座谈、实地检查、问卷测试、项目抽检等手段，发现各级各类问题472个，驻建设银行纪检监察组向总行党委发送监督建议书，督促做好“靶向治疗”；开展深化小微企业金融服务、降低小微企业综合融资成本专项督查，各一级分行纪委共发现4类137个问题，向相关机构发送监督提醒函、建议函累计90份，扎实推动问题整改；根据中央纪委统一部署安排，开展安全生产运营、整治漠视侵害群众利益、防范和整治统计数据造假等专项监督。

做实做细日常监督。紧盯关键少数，制定《总行党委管理干部党风廉政建设责任制考评办法》，选取3个总行部门、15家总行直管单位开展现场述责述廉和廉政访谈，压实领导干部管党治党第一责任和“一岗双责”。全面收集领导干

2019 年 1 月 29 日，建设银行召开党风廉政建设暨纪检监察工作会议。

部“廉情”信息，建立完善廉政档案，为领导干部多维“画像”。紧盯重点业务领域和要害部位，开展不良资产处置和财务列损工作监督，严把不良资产核销、打包、财务列损“三关”，就是否存在违规、违纪、违法及涉嫌犯罪情况进行“四看”。开展合规管理工作专项监督，督促各级党委和合规管理部门切实履行好合规管理工作职责，做到执规力度不减、尺度不松。

三、把纪律和规矩挺在前面，持续强化执纪问责

坚持纪在法前、纪严于法，突出执纪问责的政治性、严肃性和精准性。全行共给予党纪处分 313 人次，其中总行党委管理干部 3 人次，处级干部 58 人次；共问责党组织 50 个、领导干部 230 人次。加强问题线索集中统一管理，全面重检排查涉嫌职务违法犯罪问题线索。全行共受理问题线索 2333 件，完成分类处置 2046 件。精准运用“四种形态”。总行党委与驻建设银行纪检监察组联合印发《深化运用监督执纪“第一种形态”工作办法》，明确规定适用方式、适用情形、组织实施及工作机制。全行共运用“四种形态”处理 1073 人次，其中，“第一种形态”746 人次，“四种形态”占比分别为 69.6%、20.8%、8.4%、1.2%。用好问责制度利器，深入学习贯彻《中国共产党问责条例》，严肃查处管党治党失职失责行为。针对个别分行在党的十八大以后仍长期违规购买高档酒水、领导干部乘坐头等舱、超标准住宿等问题，向总行党委提出问责建议，给予分行党委原主要负责人党内严重警告处分、原纪委书记诫勉谈话处理，对分行党委、纪委通报批评并责令作出深刻检查，对其他相关班子成员予以批评教育。

四、坚持不懈纠治“四风”，加强作风建设

认真落实习近平总书记关于推动作风建设在新时代向纵深发展的重要批示精神，持续用力，久久为功，狠纠“四风”顽疾。力戒形式主义、官僚主义，为基层减负。驻建设银行纪检监察组开展整治形式主义官僚主义、为基层减负专项督查，发现问题 182 个，向总行党委发送监督建议书督促整改。全行共查处形式主义、官僚主义问题 108 起，处理 216 人，其中给予党纪处分 18 人，对查处的 13 起典型案例在全行集中通报。持之以恒落实中央八项规定及其实施细则精神。聚焦违规吃喝、收送礼品礼金、操办婚丧喜庆事宜等共性问题，加大查处力度，对不吃公款吃老板、收送电子红包、私车公养等隐形变异问题，坚持露头就打。强化日常监督，在重要节日和周末等关键时间节点，开展提醒教育和监督检查。全行共查处违反中央八项规定精神问题 50 起，处理 94 人，其中给予党纪处分 44 人。

五、坚持“三不”一体推进，加大金融反腐力度

认真落实中央纪委三次全会关于加大金融反腐力度的工作要求，一体推进“不敢腐、不能腐、不想腐”。始终保持惩治腐败高压态势，有腐必反、有贪必肃，对腐败“零容忍”。驻建设银行纪检监察组全年共组织查办干部员工涉嫌职务犯罪案件 9 起。深化以案促改，认真开展赖小民案件对照整改工作，出台各项工作方案，细化 69 项工作措施，督促各条线、各机构压实责任。针对查处的山东省分行原党委书记、行长薛峰案件和大连市分行张文发、殷岳晖案件暴露的问题，分别发送监督建议书，督促相关党组织和职能部门在强化“一把手”监督制约、完善信贷管理、构建亲清银企关系等方面采取有效措施，切实堵塞漏洞。针对陈德案件暴露出来的集中采购业务问题，督促采购管理部门在全行组织开展专项检

查，做到“查处一个，规范一方”。加强案件警示教育。驻建设银行纪检监察组召开警示教育视频大会，向全集团万余名副处级以上干部集中通报查处的涉嫌职务犯罪、严重违纪、违反中央八项规定精神等典型案例，提出具体工作要求。选取近年查处的真实案例，拍摄两部职务犯罪案件警示教育片，组织全行员工观看。

六、加强条线统筹管理，打造“一盘棋”格局

落实“三为主一报告”制度安排。印发《总行直管单位纪检机构负责人提名考察办法》《总行党委直管单位纪检工作考核办法》《总行党委直管单位纪检机构负责人年度考核办法》《关于落实线索处置和案件查办以上级纪检机构领导为主的通知》，从体制机制上解决直管单位纪委监督执纪问责的后顾之忧。大力推进建设银行内设纪检机构派驻改革。撤销二级分支行纪委和纪委办，改为一级分行纪委向二级分支行派驻纪检组，全行37家一级分行纪委共向二级分支行派出纪检组613个，实现基层机构派驻监督全覆盖。改革后，全行专职纪检人员总数由改革前的3668人下降为2837人，本科及以上学历占比由76%提高至86%，平均年龄由48.9岁降低到46.5岁，队伍结构得到进一步优化。各派驻纪检组认真履行监督职责，围绕监督发现的问题向驻在单位发送纪律检查建议或监督建议书共1132份。全行形成驻建设银行纪检监察组、直属单位纪委、二级分支行派驻纪检组、基层机构纪检员四级监督架构，实现内外协同、上下贯通的一体化管理格局，条线整体作战能力显著提升。

七、紧密围绕政治过硬、本领高强要求，从严从实加强纪检监察队伍建设

把政治建设摆在首位。驻建设银行纪检监察组和各级纪检机构认真开展“不忘初心、牢记使命”主题教育，深入检视整改自身存在的问题。召开全行纪检条线视频会，传达学习党的十九届四中全会精神，就纪检条线抓好学习贯彻落实工作提出具体要求。开展全员教育培训。通过视频与现场教学、跟岗锻炼等方式，针对性加强政策理论、纪法知识及办案安全培训，先后举办总行直管单位纪委书记、纪委办主任和业务骨干专题培训班，实现专职纪检干部培训全覆盖。充分运用中央纪委统一配发的18张教学光盘，“一竿子插到底”开展全条线视频培训，做到课前有预习、课中有领学、课后有讨论。加强跟岗锻炼交流，各一级分行纪委共选派63名纪检干部到地方纪委监委接受实战训练，在审查调查实践中增强履职本领。严格管理监督，制定《关于加强纪检监察干部教育管理监督的意见》，健全教育监督管理机制。坚持刀刃内向，对两家一级分行纪委履职不力问题进行严肃问责，全行共处置纪检监察干部问题线索64件，给予党纪处分16人。

人力资源（党委组织）管理工作

2019年，人力资源部（党委组织部）工作以习近平新时代中国特色社会主义思想为指导，学习贯彻党的十九大和十九届二中、三中全会精神，围绕总行党委战略决策和中心工作，坚持和加强党的全面领导，深入开展“不忘初心、牢记使命”主题教育，着力培养忠诚干净担当的高素质干部，着力培养爱岗奉献的各方面优秀人才，强化责任担当、锐意改革创新、聚集专业专注、狠抓工作落实，为建设银行实施“三大战略”，开辟“第二发展曲线”提供了坚强组织保证。

牵头组织“不忘初心、牢记使命”主题教育。根据中央和总行党委要求，牵头全行主题教育组织工作，推动全行以主题教育为契机深入学习贯彻习近平新时代中国特色社会主义思想。做好总行党委班子成员集中学习研讨、32次深入基层调研、对照党章党规找差距会议、调研成果交流会、专题民主生活会等工作。印发《整改落实方案》，明确各责任部门职责，强化一把手责任意识，抓好63项659条具体表现的检视问题整改和“8+1”项专项整治，组织召开整改落实推进会议，坚持立行立改与持续跟进相结合，逐条整改与系统整改相结合，全面整改与重点整改相结合，甄选出20项对全行战略发展制约较大的问题重点整改，成效显著。制定《建设银行第二批主题教育工作内容清单》，分类明确处级班子和干部需落实的51项内容、普通党员需落实的21项内容。做好总行两批18个巡回指导组和一级分行203个指导组的组建、联络、协调等工作。配合指导组和巡回督导组赴上海、西北三省、广东、广西、四川、福建等地开展调研。召开工作推进视频会议，对9600余家二级分支机构及县级支行再动员，开展全面业务培训，全行2.7万人参加培训。向中央有关机构和媒体报送建设银行经验做法，中央《简报》3次编发建设银行主题教育情况，《人民日报》4次进行报道，中组部、《经济日报》等对建设银行抓党建促发展情况进行宣传。编发行内《简报》33期，在企业网专栏刊发总分行动态700多篇。

不断加强全行党建工作基础。根据全国国有企业党建工作会议精神和总行党委要求，制订了《2019—2022年基层党建工作规划》。抓好软弱涣散基层党组织集中整顿，对排查出的196个软弱涣散基层党组织逐一列明问题具体表现、整顿措施、责任领导，“一支一策”确保整顿到位。加强组织条线人员体系化进阶式培训，针对总行部门负责人、一级分行组织员和组织科长、二级分支行组织员举办9期培训班。学习张富清精神，开展“大学习、大讨论、大练兵”，成立张富清金融服务队9500多个、张富清党员突击队8600多个，开通张富清服务热线7600多条，设立党员示范岗、先锋岗3万余个。梳理党建制度，汇编中央和总行党委党建制度文件近200份，研究中央对各类党组织设置、职责方面要求，有针对性地开展专题政策研究，分析存在的问题，提出工作设想。针对基层党建存在的制度执行不规范、基础数据不全、督导力量不足等问题，在智慧组工模块下设计党建信息系统，实现考核评价、决策支持、统计分析等功能。

加强总行党委领导干部班子综合管理。对领导班子现状、人员总量结构等信息进行多维度统计、分析，加强全局把握和整体施策。做好干部人事工作制度建设，贯彻新修订的干部任用条例，研究修订总行党委管理干部选拔任用工作规定。做好党的十八大以来处分决定执行情况自查自纠工作，会同驻行纪检监察组制定印发总行直管单位纪检机构负责人提名考察办法和年度考核办法，探索建立总行党委管理干部选拔任用信息沟通机制。持续加强干部人事档案工作，研究修订行内档案管理办法，制订总部档案管理工作场所改造方案，当年累计审核接收档案410卷、入档材料8209份、转递档案59卷、办理查借阅952人次。优化建行大学组织架构和人员配备，合理设置校本部和校区各类机构，印发《关于明确建行大学分行分校挂牌有关事项的通知》，明确分行分校命名规则、工作机制和领导人员配备。印发《关于做好从成员部门（单位）选派人员到建行大学专业研修院交流锻炼工作的意见》《建行大学新员工入职培养方案》。

加强客户经理和科技人才队伍建设。印发《关于进一步加强客户经理队伍建设的意见》，努力建设一支忠诚于建设银行事业、能力强、活力足、客户信任、在业内具有比较优势的客户经理队伍。印发《关于加强对公客户经理聘任工作的通知》，加强对公客户经理聘任，夯实对公业务发展人员基础。印发《中国建设银行数据专业人才库管理暂行办法》，多渠道充实金融科技人才，建立了数据人才库，首批入库人员220人。印发《中国建设银行数据分析师岗位职务管理试行办法》，为全行数据分析师人才队伍开辟晋升通道。组织开展网点人员队伍调研，分析梳理网点“八岗位”人员配置现状，对约17万条网点员工基本信息、14000个网点37项业务指标等约54万个数据信息分类分析，赴分行开展实地调研访谈和问卷调查，完成营业网点人员现状及优化配置分析报告。持续推进“213人才工程”，组织领军、拔尖、骨干三类人才培训1.2万人次，4.1万人天。加强对入库人才的多岗位历练，切实提高“213”人才应对复杂局面的能力。印发《关于进一步严格总行本部六七职等专业技术职务选拔任用工作的意见》，严格总行本部六七职等专业技术职务选拔任用。落实中央关于深化职称改革有关政策要求，印发《关于优化初级中级专业技术资格管理工作的通知》《中国建设银行高级专业技术资格管理办法》，切实为基层一线员工减压解负，弱化学历资历论文要求，更加注重业绩成果。

不断提高组织人事工作的自动化、数据化和智能化水平。完成“员工全景视图”开发部署，全面展示员工基本信息、工作履历、年度业绩、考核奖惩、培训信息。对建行员工 App 进行了升级，整合事务审批、移动办公、即时通信、学习发展、员工服务等 12 大类功能，打造“一体化员工服务平台”。全新设计了招聘页面，采用人工智能技术自动识别简历，开发远程视频面试功能。构建“关键能力 + 关键行为 + 关键业绩”的全面人才评价体系，已纳入全行精细化管理实施规划，并在部分分行开展试点。举办了“金融科技创新研修班”，组织各一级分行开展组织人事大数据分析课题研究。

扎实做好总部干部管理各项工作。进一步优化干部队伍结构，拓宽选人用人视野和渠道，面向全行开展总行部分部门总经理岗位竞聘工作，在全行产生了积极反响，取得了良好成效。配合监管机构做好高管人员任免及日常服务工作。持续选优配强总行部门领导班子，不断加强处级干部队伍建设。组织总行本部、信用卡中心及在京直属机构 270 名新员工开展了为期 11 天的入职培训，通过基本认知培训、业务培训和拓展训练等环节，帮助新员工尽快了解建设银行、熟悉建设银行、融入建设银行，顺利完成由学生到建设银行员工的转变。做好新员工下派锻炼及培养管理工作，分赴全国 15 个省、市分行进行下派锻炼。构建和谐劳动关系，开展了总行本部 2019 年择优录用劳务派遣制人员为劳动合同制员工工作。修订总行部门领导班子和领导人员考核评价办法，调整优化考核内容指标，改进考核方式方法，强化考核结果运用。加强挂职干部选派与管理工作，从总行各部门选派 24 名处长赴分行和子公司交流任职，进一步树立了培养选拔干部的基层导向，鼓励年轻干部到基层干事创业。

持续优化分行领导班子结构，增强干部队伍活力。注重梯次配备，选优配强一级分行领导班子。2019 年，完成干部调整 130 人次，涉及 35 家分行，11 家审计机构。提高一级分行人力资源管理精细化水平，加强业务指导，及时纠正分行存在的选拔任用程序不规范、违反机构规格配备干部、超职数提拔干部等情况。加强扶贫干部队伍建设和管理，强化对扶贫干部的关爱激励。加强研究探索，完善综合经营竞争力监测评价，开展市场竞争力综合评价和任期监测，为干部履职评价和岗位调整提供决策参考。制定《关于进一步加强审计条线人力资源管理的意见》，明确管理流程和职责分工。举办审计条线人力资源管理培训班，提高审计条线人力资源管理规范化水平。

做好直属机构和子公司干部管理工作。在符合条件的建信住房、建信养老金、建信期货、建信投资 4 家境内子公司成立党委，推动党的全面领导在子公司落地落实。选优配强直属机构、境内子公司领导班子，加强干部队伍建设，调整子公司正职 13 人次，副职 6 人次，专兼职董监事 12 人次；调整直属机构负责人 13 人次。分批开展直属机构处级干部聘任，先后完成 8 个直属机构 121 名处级干部聘任。通过校园招聘、系统内招聘和社会招聘等形式和渠道补充直属机构和 230 名员工，优化人员结构。组织“建习生”暑期实习和 Fintech 超新星夏令营，为 55 名应届生提供了实习锻炼的机会。举办直属机构人力资源管理培训班，推进组工干部队伍专业化建设。

推进国际化员工队伍建设，保障海外业务发展。加强制度建设，制订了《全行国际化人才发展规划》，修订了《中国建设银行境外机构内派员工管理办法》《中国建设银行海外人才库管理办法》，明确了总行对境外机构的人员管理要求和国际化人才的培养方向。加强干部队伍建设，优化境外机构领导班子结构，优化员工选拔与选派机制，加快国际化人才梯队建设。2019 年，海外人才库人员选拔入库 284 人，截至目前，共计 14 个岗位在库人员总量 1060 人。加强内派人员选派精细化管理，共选派 97 人到境外机构工作，涉及公司业务、金融市场、信息技术、综合管理等多个岗位。加大国际化人才培训力度，组织实施了“国际化人才综合管理培训项目”，首次采取“6 个月境内英语强化 +9 个月境外高校学习”

的培养方案，旨在全面提升学员全球视野和创新思维，有效增强其跨文化沟通交流，重点提升境外机构经营管理能力，向行领导做了项目集中汇报和全英文的学习成果分享。组织开展英语强化培训班，进一步夯实了人才队伍的英语基础。

持续推进干部监督各项工作。开展查核验证工作，梳理掌握查核验证对象范围，明确各类情形需提供的说明材料要求，做好政策解释和过程沟通指导，共查核验证领导干部 44 人，对存在漏报情形的，已按照相关规定分别给予批评教育和诫勉处理。开展领导干部亲属经商办企业分析摸底。初步发现 4 家企业属于禁业范围，278 家企业存在与建设银行发生利益往来的可能，将在完善相关资料后进一步核实确认。下发《关于认真落实〈干部选拔任用工作监督检查和责任追究办法〉有关规定的通知》，细化任前事项报告、“一报告两评议”、专项检查、离任检查、问题核查等工作的具体任务。规范开展个人事项报告工作，做好开展随机抽查和重点查核工作，共查核 135 人，发现未如实报告 38 人，对其中 17 人进行批评教育，6 人进行诫勉。制作《图解领导干部个人有关事项报告》手册，针对易漏易错点作出指导，帮助领导干部准确填报，提高如实报告率。强化选人用人工作检查和指导，把检查重点从选拔任用的程序性检查转向用人导向和用人质量等内容的监督检查。

做好机构人员配置、员工招录等工作。编制年度境内外机构发展计划，合理规划人员总量保障业务发展，截至 2019 年末，全行境内营业机构总量稳定在 1.49 万个，员工总量 35 万人。人员配置向战略业务、向基层一线倾斜，不断调整优化组织架构。优化管理层下设委员会设置，成立资产管理业务委员会，负责统筹集团资产管理业务板块；将数据治理委员会在管理层单列，强化全行数据治理能力。保障战略性业务需求，优化调整部门和处室，推进总行集团资管部、乡村振兴部设立；金融科技部成立信息安全防控中心（二级部）；印发托管部、资管部、战略部、消保部主要职责。优化调整省会城市行和重点区域组织架构，调研省会城市行改革成效，形成《广州分行成立一年来的运行情况报告》；研究银川、太原组织模式，进一步优化完善管理方式、管辖关系等；研究贵州、大连等分行机构调整方案，提出优化意见；批复合肥、赣江新区、江北新区、上海自贸新片区等二级分行筹建方案。不断提高招聘精细化，招聘政策差异化。支持分行根据实际灵活选择招聘渠道与时间；推进分类招聘，在分行校招中设置管培生、科技、小语种专项人才等岗位，细化招聘条件。组织“建习生”暑期实习项目，实习表现优异者可优先录用，提前锁定优质生源。在多家分行开展科技、造价、消防人才及边远县域营销服务等岗位的社会招聘，及时满足分行需求。招聘宣传精细化。选拔 12 名招聘代言人，以空宣、短视频、图文等多种形式展示企业面貌和员工风采，传递招聘信息。总行招聘精准化，总行坚持按部门招聘，细化部门职责介绍与岗位要求，提升部门在人才招聘工作中的参与度，进一步明确新员工的职业预期，提升就业满意度与职业稳定度。不断抓好机构管理基础工作。梳理规范异地非持牌机构。根据监管要求进行摸底自查，形成异地非持牌机构相关报告报银保监会。与监管沟通在雄安设立集团金融科技创新中心、在香港设立海外金融科技中心等事宜，形成筹建报告正式呈报监管。启动营业网点综合竞争力提升相关支持工作。赴广东、四川、黑龙江、福建、厦门等地基层网点进行调研，深入了解网点员工面临的问题与困难，为营业网点综合竞争力提升提出针对性措施与意见建议。研究制定相关规章制度。研究起草《公开招聘管理办法》，明确招聘类型、权限、条件、程序、工作要求等内容。

立足服务员工，优化激励保障机制。完善年薪制人员薪酬政策。整合简化规则，加大绩效考核激励力度，明确延期支付和追索扣回政策。健全子公司人员薪酬与公司业绩、个人业绩的挂钩机制，进一步鼓励价值创造。资源定向配置，提升基层机构薪酬保障水平。抽取人力系统及管理会计系统的基层机构薪酬及经营数据，分析基层机构低收入的具体原因，提出基层机构薪酬增长率要高于分行本部薪酬增长率、基层机构薪酬水平不得低于分行平均薪酬一定比例等管理要求，有效发挥薪酬的保障作用。拓展疗休等专项福利，打造建行员工福利品牌。整体上线医疗健康团购通道，为员工提供高性价比的终生重疾、定寿、孝老、教育成长基金等保障产品；设立“员工港湾救助基金”，提高员工保障力度；建立普惠“员工疗休积分”制度；开发“员工福利管家”模块，统一团购产品及社保等服务的线上供应接口。做强基金运维，落实政策修订年金方案。加强企业年金、统筹外费用、员工股权激励基金投资运维，包括日常管理、投资管理监督、合同期考核续聘等，保障待遇支付，合理保值增值。根据政策变化修订企业年金方案，履行向监管部门报备流程。

执笔：焦乐

巡视工作

一、把“两个维护”作为根本任务，确保政治监督聚焦聚神

（一）紧盯政治责任

一是深入了解贯彻落实习近平总书记对建设银行作出的关于增强服务国家建设能力、防范金融风险能力、参与国际竞争能力“三个能力”重要批示精神情况。建设银行党委以新金融行动深入贯彻总书记关于“三个能力”重要批示精神，在全行推动实施住房租赁、金融科技、普惠金融“三大战略”。巡视将落实“三大战略”情况纳入监督重点，制定《“三大战略”巡视检查指引》，查找和推动解决贯彻落实中存在的突出问题，特别是形式主义、官僚主义问题，为确保政令畅通发挥监督保障作用。二是重点关注防范化解金融风险决策部署落实情况。深入了解被巡视党组织是否牢固树立风险防范意识，是否准确把握促发展与防风险的关系，督促被巡视党组织牢固树立底线思维，增强忧患意识。

（二）紧盯“关键少数”

盯住领导班子和领导人员，特别是“一把手”这个关键中的关键。围绕遵守“六项纪律”、落实中央八项规定精神、反对“四风”等方面的突出问题，研究梳理“一人一表”对照检查清单。对问题反映集中的党员领导干部，必要时核查个人有关事项报告情况。近年来，巡视发现并移交山东省分行原行长薛峰涉嫌贪污腐败的重大违纪违法问题线索，成为金融领域依靠自身巡视力量发现并成功查处较高级别涉案人员的典型案例，引起强烈震动和反响。

（三）紧盯金融领域腐败易发多发环节

一是抓住“三个关键”。紧盯信贷、选人用人、集中采购、不良资产处置、资产管理等重点领域和关键环节。特别将信贷腐败问题作为重中之重，抓住“三个关键”，即把信贷、风险、授信作为“关键岗位”，贷前调查、贷后管理作为“关键环节”，信贷调查、审批人员作为“关键人员”，紧抓不放。二是拓宽发现问题的有效途径。利用内部审计系统、工商信息系统等多种渠道进行数据关系筛查，及时发现违规违纪的蛛丝马迹，查找违规背后的以权谋私、“靠行吃行”问题。

2019 年 4 月 11 日，建设银行召开 2019 年巡视巡察工作会议暨巡视动员部署会。

二、把提质增效作为工作重点，完善巡视巡察监督格局

（一）积极探索“五位一体”全链条管理模式，推动巡视巡察同向发力

建立以工作要点为指引、以分类指导为重点、以日常报备为途径、以专项检查为突破、以年度考核为抓手的“五位一体”管理机制。一是明确工作要点。根据中央巡视工作新精神和总行党委具体要求，研究制定巡察工作要点，明确年度工作思路和工作重点。二是加强分类指导。根据机构特点、队伍现状、管理水平，分类加强工作指导，研究制定县支行巡察、城市行巡察工作指导意见。三是及时报备报送。制定分行党委书记听取巡察汇报情况报备制度及规范报备和报送事项的通知，督促分行党委履行主体责任，切实加强领导。四是强化专项检查。巡视的同时对被巡视党组织巡察工作进行专项检查，压实巡察主体责任，督促规范开展巡察工作。五是严格年度考核。每年对分行巡察工作进行全面考评，与工作要点有效衔接，形成年初有要点、年中有督导、年末有考核的闭环管理。

（二）不断创新联动方式，促进巡视巡察同频共振

一是监督任务联动。以巡视带动巡察，巡视根据任务需要调配巡察力量，充分发挥巡察对巡视的补充、拓展和延伸作用，同时有效发挥巡视对巡察的示范、指导和推动作用。二是成果运用联动。巡视充分运用巡察成果，在巡察发现的问题中寻找突破口。巡察将巡视通报的问题作为监督重点，举一反三，寻找差距。三是队伍力量联动。采取“以干代训”、跟岗交流等方式，整合资源、形成合力。不断加强业务指导、示范传导，实现经验做法互通共享，以点带面提升队伍履职能力。四是信息宣传联动。建立总分行信息联动平台，完善内部巡视巡察信息报送和发布机制，做好政策传导和经验交流。

（三）立足增强群众获得感，打通巡察监督“最后一公里”

一是坚持试点先行。探索实践在前、总结提炼在后，试点基础上全面部署对县支行的巡察工作，政治监督直达“神经末梢”。二是坚持量体裁衣。根据县支行特点，明确“六个聚焦”监督重点，即聚焦基层党建工作弄虚作假问题，聚焦基层会议多、报表多、微信群多等形式主义、官僚主义问题，聚焦基层领导班子不担当不作为问题，聚焦员工身边微腐败问题，聚焦违反员工从业禁令问题，聚焦决策不公侵害员工切身利益问题。三是坚持群众路线。凡是群众反映强烈的问题都要严肃认真对待，凡是损害群众利益的行为都要坚决纠正，把群众满意不满意作为评判县支行巡察成效的最终标准，进一步增强广大基层员工的获得感。

三、把成果运用作为关键环节，做好“后半篇文章”

（一）明确整改责任，强化政治担当

一是压实主体责任。巡视工作领导小组成员参加现场反馈，传导总行党委对巡视整改工作的鲜明态度和坚强决心，传达领导小组会议精神及整改要求，进一步增强反馈的严肃性、权威性。二是完善整改机制。探索建立与驻行纪检监察组、组织人事部门的协作配合机制，强化整改日常监督，形成工作合力。开展巡视“回头看”，持续强化再监督、体现再震慑。三是狠抓整改落实。对久拖不改的重点问题，党委主要负责同志专门部署成立专项督导组，驻行纪检监察组主要负责同志任组长，切实加强重点事项督办。

（二）善用巡视成果，发挥治本作用

一是成果共享固实效。及时移交违规违纪问题线索，同时将巡视发现的一般性问题，按照部门职责分送。总行部门将抓好条线分管工作的整改落实作为加强条线管理的重要抓手，有力固化整改成效。二是深入分析探规律。统计分析近三年巡视发现问题，掌握问题特征和变化趋势，向党委提交《巡视发现问题统计分析报告》，为党委决策提供参考。三是改立并举求长效。巡视将发现的普遍性、倾向性问题进行总结归纳，形成专题报告30份，提供相关职能部门及时研究改进措施，完善制度，堵塞漏洞。对一些触及领导体制、工作机制的深层次问题，着力构建整改责任机制，强化分管行领导的督导责任、总行部门的牵头落实责任及巡视办的统筹督促责任，多管齐下，推动破解沉疴积弊，

切实发挥治本作用。

四、把制度建设作为重要基础，推进规范化建设

（一）建章立制，构建科学“制度树”

一是根基制度。根据中央巡视工作规划，研究制订建设银行巡视工作五年规划，及时修订巡视工作规定，科学部署谋划。二是主干制度。针对巡视工作各主体，研究制定巡视工作领导小组、巡视组、巡视办工作规则及被巡视单位配合巡视规定。研究制定巡视工作操作规程，为各环节工作提供制度依据。三是分枝制度。不断提升精细化管理水平，研究制定问题底稿管理办法、巡视工作档案管理办法、规范被巡视党组织整改工作意见等。从“根”到“干”再到“枝”，在实践中探索发展“制度树”，巡视工作规范化水平有效提升。

（二）敦本务实，打磨配套实用工具

一是改进指引清单。研究制定选人用人、集中采购等7个检查指引，实现对重点领域巡视内容的定制化。二是完善报告模板。及时修订形成巡视报告、专题报告等工作标准，实现巡视报告的模板化，将政治巡视要求贯穿其中。三是优化操作手册。以图表形式生动展示巡视各阶段重点工作，实现巡视流程的规范化。

五、把信息系统开发作为创新手段，提升信息化水平

（一）统一平台、统一部署、统一应用

全行统一开发“巡视巡察工作支持管理系统”并在全系统推广；总行统一部署服务器，各级机构均通过企业网直接访问；巡视巡察按照统一流程操作，切实提高规范化水平。

（二）分级管理、分群授权、分类展示

按照分级负责原则实行分级管理，总分行分别负责本级系统管理和应用。注重系统安全实施分群授权，将用户分为巡视办和巡视组，巡视办人员根据职责授权，巡视组人员一次一授权。根据用户需求实现个性化展示，呈现巡视办负责人、巡视组负责人、巡视工作人员、普通用户四种不同操作界面和展示内容。

（三）强化流程支持、强化决策服务、强化分析统计

强化全流程支持，将巡视计划、现场巡视、整改移交等16项工作系统化、流程化、模块化，并实现巡视档案电子化管理。强化巡视管理决策支持服务，直观显示全行巡视巡察进度，实现线上审核审批，提升管理决策的支持服务效力。强化数据统计分析，研发数据分析和报表定制工具，实现各类报表的生成、校验、上报、汇总等功能，为政治“显微镜”“探照灯”连上“数据线”。

六、把队伍建设作为根本保障，锻造巡视铁军

（一）培养锻炼优秀干部，发挥熔炉作用

一是强化培训效果。为提升巡视人员政治素养和履职能力，每年举办巡视巡察工作培训班。聚焦巡视重点，邀请驻行纪检监察组及总行人事、财务等10个部门有关负责同志授课。二是选调巡视干部坚持“三必选”，即新任职纪委书记必选、一级分行优秀年轻干部必选、纪检巡视条线优秀领导干部必选。近三年选调“三必选”人员43人，经过巡视岗位锻炼，12名优秀年轻干部中已有一半走上分行行级领导岗位。

（二）树立先进典型，弘扬巡视正能量

加强宣传报道，传播巡视干部正风反腐正能量。在总行“身边的榜样”评选中，巡视干部的先进事迹得到全行员工的支持认可。第一巡视组获得“十佳集体”荣誉称号，一名巡视专员获得“先进个人”荣誉称号。先进典型发挥示范引领作用，激励巡视干部担当作为、再创佳绩。

公共关系与企业文化工作

一、强化正面宣传，营造良好舆论氛围

全年在各类新闻媒体刊稿23万余篇，营造有利舆论氛围。

（一）突出开展党建宣传

扎实做好“不忘初心、牢记使命”主题教育宣传。编发“不忘初心、牢记使命”主题教育简报34期，着力宣传主题教育有关情况、特色做法和典型经验。协调《人民日报》、新华社、《中国组织人事报》、中国共产党新闻网等媒体报道建行主题教育开展情况，相关媒体报道共1.3万余篇。深入学习宣传贯彻党的十九届四中全会精神。及时宣传建设银行召开党委会和全行党员干部大会学习传达和贯彻会议精神情况，协调人民网、新华网、《金融时报》等中央媒体刊发报道。会同党委办公室、党委组织部等，制定下发《关于深入推进全行学习宣传贯彻党的十九届四中全会精神实施方案的通知》，安排部署全行学习贯彻工作。深入组织学习宣传张富清老英雄先进事迹。多次探望采访老英雄，协调当地媒体报道老英雄事迹，引起中央媒体广泛关注和报道。习近平总书记对张富清同志先进事迹作出重要指示后，迅速传达学习指示精神，并通过“今日建行”等持续宣传，在全行持续掀起学习老英雄热潮。

（二）突出服务国家重大战略宣传

积极做好新中国成立70周年主题宣传，集中力量宣传展示建设银行服务国家经济建设、助力百姓美好生活责任担当。如，与《瞭望新闻周刊》合作，推出特刊《建设银行：履践初心使命服务国家建设》，展示建设银行从服务重点建设到服务大众安居乐业的实践与成果。推出系列海报“哪里有重点建设，哪里就有建设银行——新中国成立70周年服务重点建设巡礼”和“建设者之歌”专题，通过精美海报和历史资料，回顾中华人民共和国70年巨变和建设银行服务国家建设历程。组织做好助力脱贫攻坚宣传，例如，策划组织消费扶贫主题中国银保监会新闻发布会，多次组织中央媒体深入陕西、贵州等地开展调研采访等，多形式、全方位宣传建行创新扶贫的举措和成果。策划“一带一路”专题宣传，例如，积极配合“一带一路”国际合作高峰论坛，协调新华社刊发《国际合作、绿色金融成“一带一路”金融服务新亮点》专稿。

（三）突出新金融成果宣传

做好2019年工作会议精神宣贯，创新采用长图、漫画对“第二发展曲线”进行宣传，协调专家解读，发布《建行在下一盘很大的棋》等深度文章，引发强烈反响。住房租赁方面，配合住房租赁产业联盟成立、建融家园公益驿站建设等做好宣传报道，集中宣传“南京管家桥”、贵州“公租房一站通”等特色项目。深入传播普惠金融“建行方案”。例如，央视《焦点访谈》两次对建设银行破解小微企业融资困境举措进行报道。《人民日报》整版刊发《善建笃行　返本开新——中国建设银行全方位推进普惠金融》，宣传普惠金融“建行模式”。积极宣传金融科技优势。参加中英高端金融科技圆桌会议、福建数字中国建设峰会、第三届世界智能大会等论坛峰会，配合智慧政务、云南“一部手机办事通”App、山东药品溯源综合服务平台等，过高层发声、调研采访等形式，展现建设银行的金融科技成果和优势。做好特色产品宣传。搜集整理分行特色产品，多次组织中央和主流财经媒体，赴北京、广东、山东、江苏、山西等多地现场采访“民工惠”“药品溯源”等特色产品和服务。跟进重要活动和重大事件宣传，例如，结合“劳动者港湾”一周年、全国总工会“户外劳动者服务站

点·劳动者港湾”授牌仪式等重要时点，协调《人民日报》等媒体刊发报道，诠释建设银行用金融力量关爱民生、建设美好生活的情怀。配合建行大学产教融合联盟、“金智惠民—乡村振兴”万名学子暑期下乡活动，组织媒体赴上海、贵州、广西等地调研采访，进行深入宣传。

（四）突出媒体活动宣传

利用重大新闻、重大事件和重要活动契机，积极组织参加有影响力的媒体活动，策划高水平新闻发布活动。协调邀请行领导、高管接受媒体专访、参加重要媒体活动50余次。积极做好行领导参加陆家嘴论坛、中新（苏州）金融科技应用博览会、金融街论坛年会、财新论坛等活动宣传工作。协调《金融时报》《学习时报》《中国金融》等刊发行领导、高管署名文章十余篇，有力传播了建设银行改革发展的好声音。全年组织各类新闻发布活动30余场，邀请中央媒体和主流财经媒体记者400余人次现场报道，宣传了建信理财开业、普惠金融高峰论坛、新金融人才产教融合联盟、5G智能银行开业、区块链贸易金融平台2.0上线等重要活动。例如，创新将银行业保险业例行新闻发布会安排至首农双创中心，邀请媒体现场体验消费扶贫成果。

二、创新品牌建设，打造新金融品牌

（一）护航全行战略品牌

深度打造普惠金融品牌。例如，策划《青蘋之末的养风人》解读文章，借助媒体大鱼漫画以诙谐口吻，发布《还不上钱就卖身？细说那些借钱的苦》幽默视频，凸显普惠金融温度。制作新媒体《南北方人傲娇行为大赏》《一分钟如何获得100万?》及《一个价值百万的借钱故事》互动视频，“惠懂你”品牌深入人心。加快构建住房租赁品牌。深入阐述CCB建融家园品牌内涵，制作《关于租房：你有话说》访谈视频，推出《长租安家：四两拨千斤的幸福》等深度报道，策划《长租安家：住房租赁市场的建行解决方案》解读文章。开展“美好生活守护者”微博话题营销，话题阅读量高达2000万人次。牵头制作苏州润家乐璟集宿式租赁模式宣传片，打造分行特色品牌传播标杆。打造“存房”品牌，推出“要存房　到建行”全套营销物料。持续推广劳动者港湾公益品牌。策划“致敬劳动者”主题宣传，冠名《人民日报》“我来露一手”专题活动，形成具有全网影响力的大型传播事件，品牌累计曝光2.37亿次、参与人次1003.4万。《人民日报》发表《你们认真的样子，真燃!》，展示北京分行王晋军点钞技能，取得良好社会反响。开展港湾品牌发布一周年专题宣传，发布一周年形象海报，发起港湾漫画故事征集，推出《深植劳动者沃土，播撒“种子精神”》专题文章。策划“温暖你的春夏秋冬”微博话题，阅读量高达2.3亿人次。

（二）助力重点业务营销拓展

打造城乡金融服务品牌。例如，设计民工惠品牌形象，制作视频片等宣传物料，推出《且以细微暖日月，照亮城市建设者前行之路》和《“无欠薪城市”离我们究竟还有多远?》专题文章，展现有温度、有情怀的金融品牌形象。制定裕农通品牌视觉形象规范，推进服务网点品牌建设，展示乡村金融新形象。推广智慧政务品牌。完成智慧政务品牌Logo、宣传语、品牌形象、宣传片设计制作，策划《从八百里加急到办事通，中国政务两千年》专题文章，累计点击量200多万次。推出《生活在未来是种什么体验》原创漫画、《智慧政务开通朋友圈啦，速来围观》专题，借助主流媒体广泛传播。助力“决战ETC”营销宣传。完成ETC营销宣传广告，适配各类媒体渠道延展49款画面，制作全套ETC网点指示标识方案，在全行网点、手机银行、网上银行等自有渠道布放。制作“ETC复古小视频”，曝光高达1290万次。以古典名画《虢国夫人游春图》为背景推出短视频《愣着干嘛，找老板啊》，制作《打卡祖国大好河山》互动专题，积极宣传ETC“建”证美好出行。展示“5G+金融科技”品牌形象。支持北京分行特色网点建设，设计“5G+智能银行”网点视觉形象，制作专题宣传片。策划《一只猫的夏日乘凉之旅》卡通故事，嵌入VR视频，增强用户实景体验。

（三）创新提升广告效应

紧密结合全行战略发展实际，制定全行广告投放指导意见。提升设计品质，支持业务营销。设计个体工商户经营快贷、云电贷、跨境托管等30多个业务广告。完成公司业务品牌“FINDUS-

TRY 实体金融”、金融市场互联交易平台、建信理财等业务品牌包装。在央视《朝闻天下》《新闻30分》和《晚间新闻》栏目投放战略业务广告，观看人次高达28亿。在主流网络媒体、报刊投放龙支付、账户云贷等广告，累计曝光46亿。在北京、上海、广州、深圳四地机场、部分住宅和写字楼，投放业务广告，高频次触及商旅、城市优质消费人群20亿人次。抢占新中国成立70周年庆及新年黄金档期，投放住房租赁、劳动者港湾等广告，覆盖面超3000万人次。积极支持海外品牌传播，持续在《银行家》《金融时报》《欧洲货币》等国际知名财经媒体投放形象广告，指导新加坡、伦敦、首尔等分行投放机场广告，蓝色银行形象影响扩大。持续创新“逢节必有图”。牵头完成智慧政务、药道溯源、惠懂你、金蜜蜂创客空间等特色宣传片20余支，在建行大学、全行网点及各类推介会宣传。携手故宫超级IP，共同推出“故宫×建行24节气海报”，将故宫大展主题“和善吉祥”融入2020年旺季营销素材，以传统文化提升设计品质。锤炼体育营销能力，全力做好第七届世界军人运动会营销宣传工作，制定军运会联合Logo、品牌形象和视频片，配置优质广告资源。独家支持“2019全国无障碍环境建设成果发布推广应用暨第十四届信息无障碍论坛”，策划“世界艾滋病日——爱让我们在一起”大师有约公益音乐会冠名宣传，展示建设银行积极关注公益事业的国有大行形象。

（四）提升品牌规范化水平

完善品牌建设相关制度要求，明确品牌架构、审批路径、品牌打造、品牌监测和品牌退出原则和机制。完成全行广告营销物料规范修订工作，加强互联网用户公众账号、App、小程序等品牌形象展示规范。梳理总行注册商标向综合化经营子公司许可情况，开展集团内子公司使用注册商标情况检查。制发《关于进一步规范广告营销工作的通知》，加强知识产权保护和广告审批。持续跟进研究国际知名机构品牌价值评估报告，研究影响品牌价值提升途径措施。在全行开展“VI知识30天学习计划”活动，共计66428人参加。启动总行级视觉形象示范网点建设，推出江苏南京中山南路支行作为全国首家视觉形象示范网点。配合渠道部制订网点竞争力提升工作计划，全力推动旧网点形象规范升级改造。进一步加强职业装着装规范教育，制作领带、丝巾、胸徽佩戴三个教学视频片。

三、强化理论武装，筑牢思想基础

（一）扎实做好中心组学习服务

各级党委聚焦学习贯彻中央精神，落实《中国共产党党委（党组）理论学习中心组学习规则》，结合“不忘初心 牢记使命”主题教育和“两学一做”常态化要求，不断推动学习创新。2019年，总行党委中心组围绕习近平总书记关于“党史、新中国史”“新发展理念”“张富清同志先进事迹”“三个能力”等内容，开展11次集体学习研讨，编辑学习参考资料9期。加强对全行各级党委中心组学习指导和检查，对重点内容安排提出要求，编辑授课提纲，列席一级分行中心组学习，检查调研，开展学习交流活动，并通过《建行报》《今日建行》和《文化建行》刊发了一批总行部门和一级分行“一把手”体会文章 。

（二）创新移动互联时代员工思想教育

举办“2018最美建行人”典型事迹集中展示活动，引发广泛反响，切实发挥了榜样引领和思想教育作用。开展“与祖国共成长 与建行同奋进”员工故事会活动，挖掘和讲述员工身边的故事，开展广泛宣传。编辑《最美建行人故事集》，收录老英雄张富清、两届十大“最美建行人”获得者典型事迹以及建行人“最美瞬间”，作为全行“不忘初心、牢记使命”主题教育教材。开展移动互联时代员工思想政治工作调研，与分行宣传部负责人、基层管理者、普通员工进行面对面座谈和问卷调查。组织开展2018—2019年中国建设银行思想政治工作“双先”评选，评选出99家先进单位和104名先进工作者，并择优遴选5家单位及6名个人参与全国金融系统“双先”评选。有序推进“老干部口述行史”摄制工作，基本完成第四集《死里逃生》制作。

（三）加强文明创建工作

组织开展“当好战略发展领头雁　传好文明风尚接力棒”主题创建活动，培养第六届全国文明单位“种子”机构55个。组织全国文明单位复查工作，总行成立复查小组对系统推荐全国文明单位进行抽查，并通过“一张体检表”“一份宣传稿”来检查和展示践行“三大战略”及落实“五弘扬、五争做”倡议情况。在福建莆田、河南郑州、新疆和田开展3场文明创建交流活动，为2020年全国文明单位评选做好动员。加强文明创建日常管理和制度建设，制定印发《中国建设银行文明单位创建管理办法（2019年版）》。

四、坚持文化引领，凝聚发展共识

（一）以文化活动凝聚共识力量

开展“礼赞新中国　奋进在建行”主题系列宣传文化活动。组织主题采访活动十余场，新闻报道15.5万篇；征集笔谈文章近百篇，在《建设银行报》刊发笔谈专版8期；开展快闪活动数百场，参与人数超万人；发布爱国爱行抖音创意视频超千条，话题播放量近600万次，位居“礼赞新中国”抖音话题榜第一位；举办“礼赞新中国　奋进在建行”国庆员工会演，回顾建设银行65年来改革发展故事，展现了新时代建行人追梦奋进的精神风貌。举办“同心赞颂　爱我建行”员工优秀作品展，进一步激发了员工文化自豪感。

（二）加强文化教育学习宣贯

加强集团文化建设，印发2019年版文化要素和员工行为规范，研究集团文化建设实施路径，为全行积极践行建设银行价值理念提供有力支撑。完成《建行文化培训教材》22万余字修订工作。推进建设银行文化教育宣传片、建设银行历史瞬间视频片和历史文化图册制作工作，推进建设银行文化展厅、协助推进总行大楼三层展厅建设，努力打造文化展示阵地。围绕新时代文化建设重点、难点问题，开展宣传思想文化课题研究，共收到全行课题127篇。

（三）培育打造标杆典型

发挥文化典型示范，推进第三届示范单位换届工作，举办总行级企业文化建设示范单位交流研讨活动，总结分享典型做法和优秀成果。持续做好服务品牌打造，培育打造“朱超工作室”“东莞普惠快车”等具有新时代内涵和特征的服务品牌，荣获中国企业联合会“2018—2019年度全国企业文化优秀成果”。其中，“普惠金融朱超工作室品牌”荣获中国金融年度品牌案例大赛“企业文化年度案例奖”第一名。

五、强化舆情防控，维护良好声誉

（一）强化风险分析研究

强化舆情预警、研判和报告。向董事会全面汇报建设银行声誉风险管理情况，为董事会近年来首次专题听取声誉风险汇报。每季度总结分析集团声誉风险总体情况，向行领导和风险管理部门汇报。全年向行领导报告舆情事件专项报告30余份。每日编发《媒体敏感信息摘报》《住房租赁市场媒体舆情摘编》《“接管包商银行”媒体报道情况》《媒体监测快报》，为党委战略决策和重点业务开展提供及时舆论参考。全年累计编发各项媒体信息报告901期，预警总行部门及分支机构舆情信息600余条。行领导在各类舆情文件上批示共62条，我部积极主动作为，保证行领导批示件件有落实、事事有回音。

（二）全力以赴应对负面舆情

主动作为保障全行中心工作。做好“3·15”晚会、“托管包商银行”、业绩发布等重大事件舆情防控工作。压缩舆情扩散渠道，通过各种有效方式引导舆论，妥善处置河南网点“跑路”、北京代销基金被判全赔、劳动者港湾投诉、ETC投诉等重要舆情，及时应对香港多区域出现建银国际员工肖像张贴物、租房分期合作机构暴雷、总行被同业机构起诉等突发事件，有效防控潜在声誉风险，尽力减小舆论负面影响。全行全年共监测并处置各类负面舆情3.9万余条，其中形成较大声誉风险事件7起、一般声誉风险事件32起，基本做到了舆情不蔓延、不扩散、不升级，防控效果总体较好。在中国银保监会2019年上半年银行业十大舆情中，建设银行确保了再次不上榜，考评总分在银行业系统内获并列第一。

（三）提升专业化水平

强化制度保障，修订声誉风险管理办法，完善媒体舆情应急联络机制，把声誉风险管理制度建设始终放在突出位置。开展声誉风险课题研究，系统研究当前商业银行声誉风险管理理论和方法。提升媒体舆情监测有效性，在原有的7×24小时监测基础上，针对性提升境外媒体监测能力。2019年以来及时监测、报告了美国、新西兰媒体及中国香港、中国台湾地区媒体针对建设银行相关的敏感信息，有效研判并采取防控措施。重视条线培训和工作指导，组织开展模拟演练，针对性开展专项培训。

六、夯实基础管理，提升消保工作价值

（一）完善消保体制机制

进一步完善向董事会、监事会报告机制，定期报告消保工作开展情况。按时主动向监管部门报送半年度、年度报告及年度考评材料。制定2019年消保工作考评标准，指导分行有序开展消保工作。2019年共向监管机构报送消保工作报告16份，印发消保规章制度和通知文件7份。牵头配合开展银保监会代销、收费及消保检查。作为本次监管检查的牵头部门，组织总行相关部门，全面配合检查组完成了资料调阅、查前调查、现场访谈、事实确认、检查结论交换意见等各项工作，前后历时近七个月，组织报送调阅材料1000余份，涉及总行37个部门和37家一级分行，得到中国银保监会检查组和总行各部门的充分肯定。完善总行消保工作联系人机制，召开消保工作联席会议。配合开展全行消保审计工作，先后组织开展10次内部审计、监管会谈、监管通报等问题整改。

（二）加强投诉源头治理

落实消保工作行为融入管理目标，持续对新产品和服务等开展消保审核，全年共完成消保审核业务414件，提出修改意见320条。进一步明确压降升级投诉数量、上移工单办结层级、加大考评力度、突出业务部门主体责任等管理要求。有效处理监管转办投诉，加强分析与改进，推动疑难问题解决。2019年直接处理监管转办投诉74件，报送客户投诉核查报告37份。重点梳理分析2017年以来代销业务客户投诉及问责情况，要求投诉问责不到位的分行进行整改自纠。历时7个月，开发上线客户投诉管理系统，基本实现全行客户投诉资源统一分类管理，并在此基础上完成与人民银行投诉系统的对接直连和投诉数据的实时报送。开展客户满意度调查，聚焦产品和渠道服务中暴露的问题和短板，进行有针对性的优化和整改。2019年，建设银行个人客户总体满意度为81.1%，与2018年相比，提升0.1个百分点，基本保持稳定。

（三）开展金融消费者教育

组织开展“3·15金融消费者权益日”“普及金融知识，守住‘钱袋子’”“金融知识宣传服务月”等主题宣教活动。全行1.4万多个网点积极参与，受众人数2800多万。内容上，兼顾对消费者声音的回应，梳理具有普遍性和代表性的消费者金融知识缺陷，按需施教，充分发挥金融宣教“预防为先”作用。形式上，顺应宣教发展趋势，将金融教育融入社会文化生活，自主设计新媒体宣传作品。建设银行优秀新媒体作品被人民银行和银保监会新媒体公众平台转载宣传。注重行内消保理念宣导，开展全行消费者权益保护培训班，组织全行相关机构学习消费者权益保护网络课程，全年学习人数48万余人次。

七、践行“三带一融合”理念，公益影响力不断提升

（一）全力支持全行定点扶贫

着眼脱贫攻坚决胜阶段特殊政治任务需求，主动协调财政部申请增加3500万元临时额度专项用于扶贫。将捐赠额度近70%资金投向扶贫工作。全年安排扶贫捐赠资金超过1.08亿元，较2018年增长74.2%。重点支持安康扶贫工作，全年安排扶贫捐赠资金达到3500万元。加强扶贫捐赠资金使用管理。在要求分行搞好自查的基础上，对12家分行进行了检查调研，走进32个贫困村，实地查看56个扶贫捐赠项目，较好地起到了督导作用。落实结对帮扶责任。对我部负责结对指导的青海分行扶贫工作进行了深入调研。

（二）公益品牌价值不断提升

举办母亲健康快车发车活动，累计捐资6200万元，购置410辆快车发往全国24个省区市的乡镇卫生院，累计受益386万人次。策划北京、深圳两地“拥抱科技、放飞梦想”第二期建设银行希望夏令营，25个省区的136名师生参加。创新组织第二期员工支教活动，建设银行20余名志愿者及有关媒体分赴陕西省安康市和贵州福泉市下辖的7个乡村小学开展支教活动。完成冠名“建行杯”中国妇女手工创业创新大赛工作。挖掘宣传了一批分行公益品牌，各分行纷纷成立公益团体，积极打造公益活动品牌。创新工作思路，搭建开放共享的建设银行公益平台，目前完成平台

技术开发工作。创新策划公益宣传。根据建设银行驻村第一书记何文清同志真实事例拍摄的公益视频片《你是我的眼》，通过各类媒体上线传播上百万次。在人民网、新华网、凤凰网、今日头条、南方周末等媒体广泛宣传建设银行公益品牌。

（三）社会责任报告披露领先同业

报告坚持以满足监管要求、突出大行担当、坚持国际标准、彰显建设银行特色为编制思路，持续提升社会责任报告编制水平。2019 年创新将报告分为机构投资者版和社会公众版两个版本，得到广泛认可。2019 年，配合社会责任报告发布宣传，还精心制作《奔向美好生活的路上，一个都不能少》H5，阅读量超过 10 万人次。加强 ESG 管理，组建专业团队，加强与利益相关方对话，举办 ESG 培训，积极推动 ESG 课题研究，ESG 信息披露及研究初见成效。明晟指数公司（MSCI）对建行的 ESG 评级由 BB 级提高到 BBB 级。

八、打造新媒体平台，新闻传播力实现突破

（一）今日建行影响力持续扩大

“今日建行”官方新闻平台全年刊发文章 609 篇，粉丝数超过 22 万人，总阅读量 226 万次。“今日建行”已成为媒体获取建设银行信息的主要渠道，成为大众客户了解建设银行的重要窗口。2019 年以来，着重发挥党建宣传和理论教育功能，将“今日建行”打造成宣传学习贯彻党的十九届四中全会精神、宣传主题教育开展情况和成果、宣传学习张富清老英雄精神的重要平台，大大提升了党建宣传的影响力和渗透力；集中力量提升发布及时性、准确性，配合行内重大活动和事件，第一时间发布重要资讯，宣传了建设银行重要活动情况；持续创新传播方式和内容，《开启“第二发展曲线”，创新未来动力引擎》《足不出户办理 ETC》点击量创新高，有力配合了建设银行战略发展和业务推广的传导和传播；配合热点话题，策划专题评论，“今日建行”逐渐成为有态度、有温度、有热度的新闻平台。

（二）构建“一微一抖一园地”文化传播网络

打造新媒体传播矩阵，丰富创新文化产品和传播渠道，进一步传播建设银行声音、传导总行战略、传承建设银行文化、分享基层经验、展示员工风采。做精“文化建行”微信平台，关注量 13.6 万次，推送信息 338 条，总点击量 121 万次，阅读人次 90 万，荣获中国企业文化研究会“中国企业文化与品牌传播优秀微信公众号”一等奖。继续发挥官方抖音平台宣传作用，抢占短视频宣传新阵地，共发布作品 145 个，点击量 406 万余次，粉丝量 13.5 万。继续做好“企业文化园地”等传统传播渠道，刊发稿件 800 余篇，居总行网站栏目前列。

九、有序组织奖项参评，建行斩获多项大奖

2019 年，建设银行共荣获国内外奖项荣誉 100 多项。其中，在国内同业中独家获得《银行家》杂志“最佳金融创新奖”、《亚洲银行家》“2019 年中国最佳贸易融资银行”、《财资》杂志 2019 年度 ESG 金奖、《亚洲货币》最佳支付服务银行等国内外大奖；在英国《银行家》杂志发布的 2019 年“世界银行 1000 强”排名中连续第 6 年位列第 2 位，在 2019 年 BrandZ 最具价值中国品牌 100 强中位列第 9 位，品牌价值达 228.41 亿美元，同比增加 14%，得到了同业和社会各界积极好评。单项奖收获颇丰，劳动者港湾品牌荣获“品牌传播年度案例奖”第一名及“中国金融年度品牌大奖”。社会公益获奖数量超过 20 项，获评南方周末“年度杰出责任企业奖”等 3 项大奖，获评青基会颁发的“希望工程 30 年突出贡献奖”，获香港《财资》ESG 管理金奖。

执笔：娄芸

离退休人员管理工作

一、聚焦发展，大力推进“三化”建设

紧跟时代发展、紧盯任务要求、健全制度机制，厘清工作思路，逐步建立形成中远期发展规划，增强发展后劲。

信息化建设破冰发展。大量调研、充分论证，密切协同，研发搭建“离退休工作”信息化管理平台，在离退休工作信息化建设中取得“从无到有”的突破性进展。平台实现了网上党建、信息阅览、活动报名、通信联系、药费报销、在线问诊等功能，与“建行员工”“党群平台”深度融合，老同志纷纷点赞，表示既体会到了信息化的便利便捷，也通过平台和建设银行紧密联系在一起，感到无比温暖。目前，总行本部已有500余名老同志下载使用。

精准化建设不断深化。践行“离退休工作重在精准、贵在精准”工作理念。认真分析离休干部和退休人员养老需求，结合不同年龄、不同职级以及不同爱好老同志的特点，进行分类服务，提升效能。全面建立老同志信息档案，详细掌握个人信息、爱好特长、身体状况 ，为针对性服务提供支撑。在全条线部署开展社会养老供给侧调研，实地考察中高端医养及康养机构，多维度了解评估机构实力，积极对接上门诊疗、看护保洁等社会服务，着眼构建养老服务“全国一张网”，为全行老同志们提供可靠、多样的养老选择。

规范化建设持续完善。结合现实需要，全面整合现行制度，出台涵盖工作指导、党支部建设、服务管理、内部管理等意见规定6个，努力开创建设有标准、服务有规范、管理有依据的良好局面。其中，《关于进一步加强和改进离退休工作的意见》，为全行离退休工作提供具体指导；《关于进一步加强和改进离退休党支部建设的意见》《关于加强总行本部离退休人员党组织建设的实施意见》《离退休党支部书记和委员工作职责》，规范了离退休党组织建设，为建好建强离退休党支部提供制度遵循。制定《总行本部离退休人员服务管理规范》明确了服务管理的流程规范，有效解决了人员变化造成工作衔接不畅的问题。

二、明确重点，扎实做好疫情防控

狠抓疫情防控，保障老同志所需，传递组织关怀。加强引导，鼓励老同志发挥作用，为抗疫决战决胜助力。

生活服务暖心贴心。疫情初期，组织条线向老同志普遍问安问好，做到全覆盖，了解情况，传达关爱，传递信心。本部员工走进老同志集中居住区、医院病房，为老同志分批、多次送去急需的防护口罩1.4万枚、保温桶500余个。针对疫情期间老同志行动不便、开药取药难的实际，我们为部分老同志送医送药，陪同就医治疗。工作人员坚持全天候在线值守，做到来访有人接、电话有人听、微信有人回、咨询有人答，得到了老同志的一致称赞。总行原工会主席王琳撰文写道：“离退休部树立了‘老同志的事比天大’的服务意识，体现了对老同志的关心关爱，我们深受感动。”

教育引导及时有效。第一时间整理汇编《疫情防控注意事项有关提示》，及时学习传达总行党委疫情防控要求，组织本部老同志开展“防疫知识线上问答”活动，丰富防疫知识，巩固抗疫成果。在全条线开展“抗疫情、聚同心”活动，刊发15期老同志的作品展示，在全条线营造赞颂伟大祖国、赞美抗疫英雄的良好氛围，树立抗疫必将全胜的信心。

正能量持续释放。向全条线发出《关于在新型冠状病毒肺炎疫情防控中发挥离退休党组织战斗堡垒作用和离退休党员先锋模范作用的倡议》，

老同志们积极响应，在力所能及范围内，投身社区防控和网点消杀，踊跃捐款捐物，为战疫一线提供支持，总行88岁离休干部刘国文捐款10万元，事迹在旗帜网、老年报上刊登宣传。

三、立足本职，创新实践服务管理

聚焦老同志最关心、最烦心、最现实的问题，为老同志解忧纾困，把工作做到老同志的心坎上。

创新迎新模式。为加强员工退休的荣誉感和归属感，精心安排新退休人员欢迎仪式，向新退休老同志介绍人员情况、活动安排、工作流程以及各项福利，并带领他们参观体验活动场所，使他们了解到退休生活的快乐多彩，体会到部门服务的温馨周到，帮助他们顺畅完成角色转变，快速适应退休生活、迅速融入集体之中。总行本部共举办9次新退休人员欢迎仪式，迎接退休人员47人。

发挥支部作用。落实中央要求，确定全行离退休党支部书记、委员的补贴标准，明确列支渠道及补贴方式，使党务工作人员感受到关怀，工作热情进一步提升。拓展支部职能，将党支部作为工作人员触手的延伸，在服务关怀、联系沟通、管理教育以及情况掌握方面发挥积极作用。总行本部先试先行，构建总支、支部、党员和群众上下联动的格局，疫情期间发挥了积极作用，实现了防疫动态全员知晓、信息全员掌握、要求全员明晰，大大提升了管理效能。

强化教育管理。邀请辖区刑侦民警，向老同志普及防诈骗知识，提升反诈防骗能力。严格微信工作群管理，实施实名认证，制定管理办法，严明群内纪律，加强警示教育，严肃处理发表不当涉政言论人员。支部书记约谈长期不参加组织生活、不按时交纳党费、有思想症结人员，做通思想工作、化解矛盾。通过视频连线，同不在京人员建立联系，掌握思想底数，明确管理要求。

做实关爱行动。主动作为，圆满组织本部450余名老同志的专场体检。积极协调老同志反映强烈的电梯安装、股票处置、房屋修缮、用水、停车等诉求。为避免人员聚集，增加医疗费用现场报销场次。申请经费，在原任分行行级领导去世后发放慰问金，部门领导分别到河北和江苏参加老同志追悼会，总行本部全年协助家属处理后事6人次。

解决个性问题。通过多种渠道，帮助家属寻找疫情期间失联的老同志。了解失独离休干部实际需求，帮助联系并考察养老机构，联动社区支部为其提供精准帮扶。为罹患精神心理疾病的老同志联系服务机构，敦促亲属履行监护职责。协调多方，妥善化解老同志间的邻里矛盾。

创新活动载体。坚持线上线下相结合，丰富老同志文化生活。开展“云旅游”，筹办“学历史、游北京、看变化”主题游览知识问答，组织书画摄影作品评选活动。举办“离退休人员服务管理系统及智能手机应用”“电子渠道药费报销及相关政策解读”“疗养项目发布会”等13期系列讲座，解决实际需求。开设老年模特班，受到广泛欢迎。组织全条线通过公众号收看3期“全国离退休干部网上专题报告会”。

发挥优势作用。组织老同志积极参与到建行发展和老同志服务工作之中。邀请周道炯、王洪章、张建国、谢渡扬等老领导参加“口述行史”和“‘十四五’规划高端访谈”工作。邀请退休老同志刘仁刚发挥特长，开设书法艺术讲座，帮助其他老同志培养爱好，陶冶情操。在总行离退休人员中招募志愿者，让有能力、有意愿、有热情的老同志参与到服务管理中来，组织了“急救知识”培训，使志愿者提高应急处突能力。

四、密切协同，提升条线管理水平

注重强化“条线”一盘棋思想，通过工作指导、督查检查、组织交流等形式，使条线统一思想认识、明确工作目标，推动离退休工作水平整体提升。

实现快速联动。完善离退休工作重大事项报告制度，严格制度落实，实现了总分行间突发信息快速共享、重大情况及时处理。全年共收集全行各类突发案件、信访、非正常死亡情况计22件，均已妥善处置。

搭建交流平台。利用网站、微信群等平台，及时收集整理各分行特色做法，供条线参考学习。建立了信息统计评比办法，鼓励和督促分行分享经验。开设离退休干部先进集体和先进个人的集中展示专栏，大力营造学有标杆、见贤思齐的良好氛围。听取分行工作汇报，互通有无，将分行好的做法引入总行并推广。

加强条线管理。结合年度工作要点，制定条线考核评价标准。受疫情影响，以电话沟通为主、实地查看为辅的形式，开展工作调研，了解重大工作落实以及日常工作开展情况，广泛征求意见，了解实际困难，协调解决问题。印发《离退休条线案例通报》，组织条线学习，通过案例警示，引导老同志知法懂法守法，远离非法违规活动。

五、锤炼能力，全面加强自身建设

坚持以政治建设为统领，努力建设模范总行机关。大力营造团结奋进、干事创业良好氛围，不断提升员工综合素质，为促进全行离退休工作提质增效奠定基础。

党建教育入脑入心。制定《2020 年离退休人员管理部党支部学习计划》，建立台账，逐项落实。召开 10 次党员大会，学习党的十九届五中全会精神，落实强化政治机关意识、“灯下黑”专项整治、党支部标准化规范化建设“三项内容”。严格落实“三会一课”制度，部门党总支书记围绕“强化政治机关意识”，从“制度建设、素质提升、工作创新”三个方面为部门全体党员讲授党课，围绕深化认识、强化信念、细化措施等方面，开展讨论交流和经验分享，进一步强化学习教育效果。

全面从严治党不断深入。认真落实全面从严治党主体责任，推进“一岗双责”。经常性集中学习驻行纪检监察组有关精神和相关案件通报，并在重大节日、敏感时期对作风建设进行提示，进一步加强对员工的警示教育，推动作风建设不断深入。在处理我部员工管非疾病发作伤人事件中，多次邀请双方家属、反复沟通协调，最终达成一致意见，事件得到妥善处理，事件影响得到有效控制。

大力营造良好氛围。开展“不忘初心，弘扬优良家风”主题党日活动，观看建设银行离休老英雄张富清的受采访视频，重温老英雄不忘初心、矢志奋斗的英雄事迹，感悟老英雄朴实纯粹、淡泊名利的高尚道德情操，进一步强化了开展家庭家教家风建设的思想认识。部领导带领全体员工，积极行动，清理库房、改造房间、擦拭玻璃、布置活动室、修缮活动设施，营造明亮有序办公环境，也为老同志提供了宽敞舒适的活动场所，员工“以岗为家、爱岗爱家”意识得到进一步强化。

工作能力不断提升。组织全体员工学习田国立书记《以“两个维护”强化政治机关意识，在新金融行动中走在前作表率》专题党课，深化坚持党对金融工作集中统一领导和“以人民为中心”的新金融行动等理论认识。部门领导全勤参加建行大学组织的专题讲座。鼓励员工用好线上学习平台，参加各类培训讲座，拓宽视野，增长见识。与同业离退休工作部门进行工作交流，相互借鉴经验，探讨行业发展。

2020 年，我们在抗击疫情和服务管理工作中较好地完成各项任务，并在一些方面有了突破性进展，对照年初制定的工作要点，除因疫情不能举办大型活动外，已全部完成实现。

执笔：李娜

党群工作

一、深入学习贯彻习近平新时代中国特色社会主义思想，全面推进机关党的建设高质量发展

（一）深入学习贯彻习近平总书记在中央和国家机关党的建设工作会议上的重要讲话精神

印发《关于贯彻落实〈关于加强和改进中央和国家机关党的建设的意见〉的通知》，提出加强和改进总行机关党的建设的十项措施，制定《中国建设银行总行机关党委工作规则》。

（二）组织学习贯彻党的十九届四中全会精神

组织召开全行党员干部大会，认真传达学习党的十九届四中全会精神，组织机关各基层党组织制订学习计划、明确学习任务。总行党委委员带头深入机关党支部、基层行宣讲党的十九届四中全会精神。

（三）持续夯实总行机关组织建设

组织召开中国共产党中国建设银行机关第八次党代表大会，选举产生第八届机关党委和机关纪委。组织召开中国建设银行新时代机关党建高质量发展推进会，推动机关党建高质量发展。组织召开总行机关党建工作述职评议考核会，督导基层党组织书记述职测评。

（四）组织开展向张富清同志学习活动

把开展主题教育与学习张富清同志先进事迹有机融合，下发表彰决定和学习活动方案。编印10万余册《英雄张富清是咱建行人》宣传手册。创作“党的好战士——张富清先进事迹情景报告会”，先后面向金融系统、行政机关、部队武警等不同类群举办19场巡回报告。

（五）扎实推进“不忘初心、牢记使命”主题教育

制订总行机关开展主题教育实施方案，安排

2019年6月21日，建设银行第五届职工代表大会第一次会议在北京召开。

支部开展主题党日活动40余次、结对扶贫活动20余次；组织机关各基层党组织围绕“破解机关党建‘两张皮’问题”等8个专题开展课题研究，共撰写30篇课题论文；举办5期兼职党务干部集中学习读书示范班和2期党小组组长培训班，全年累计培训500人次。

（六）持续打造“机关大讲堂”学习品牌

邀请金融、党建理论研究等相关领域的专家学者开展讲座12次。依托企业网、“党群同心”公众号等平台全年累计宣传报道1000余条。加强对兼职党务干部激励，表彰先进党群工作者325名。持续打造一系列机关党建品牌。

（七）扎实做好纪检派驻改革后的相关工作

立足机关纪委职能变化，认真做好受理和处置总行本部非总行党委管理干部党员违反党纪的问题线索处置、有关廉洁意见回复等。

（八）从严抓实经常性纪律教育，做好监督执纪问责

督促党支部履行好直接教育管理监督党员的职责，配合驻行纪检监察组做好《赖小民严重违纪违法案件对照整改方案》的推进。严格落实任职廉洁谈话制度，做好处级干部提拔任职党风廉

洁意见回复、处级干部操办婚丧喜庆事宜备案、员工礼金礼品上交登记等从业行为监督。加强问题线索管理，从严执纪问责。

（九）积极配合完成中央和国家机关工委对机关党委的督查工作

配合中央和国家机关工委政治建设督查组，通过查阅资料、访谈、测评、调研等多种方式对建设银行开展督查工作。

二、聚心聚力、聚智聚情，引领广大职工在“第二发展曲线”的新征程中奋力逐梦

（一）制定新时代全行工会工作指导意见和企业民主管理办法

印发《关于认真学习宣传贯彻习近平总书记重要讲话和中国工会十七大精神，团结带领广大职工投身“第二发展曲线”创新实践，积极建功新时代的指导意见》，推动科学思想在全行工会系统和职工群众中形成生动实践。制定发布《中国建设银行企业民主管理办法（试行 2019 年版）》，深化落实行务公开，开启建设银行民主管理工作新纪元。

（二）组织开展“致敬老英雄　建功新时代”主题活动

召开全行常态化学习张富清先进事迹工作研讨会、学习宣传张富清同志先进事迹报告团专题培训班，通过加强学习教育、开展主题征文、争创榜样先进、开展实践活动、鼓励职工创作等多种形式，在全行掀起“学英雄、提境界、比贡献、促发展”的热潮。总行张富清先进事迹报告团被中国金融工会命名为“新时代金融职工宣讲团队”。

（三）积极扩大“劳动者港湾”社会影响力

承办全总“户外劳动者服务站点·劳动者港湾”授牌暨金融行业推进服务资源开放共享工作启动仪式，打造全国首个正式挂牌的户外劳动者服务站点共建品牌。《劳动者港湾之歌》和《信仰》分获全国总工会、中央网信办联合举办“网聚职工正能量　争做中国好网民”主题活动歌曲类金、银奖。

（四）成功组织召开五届一次职代会

召开全行五届一次职工代表大会，完成换届选举，产生 367 名新一届全行职工代表，首次出现子公司正式职工代表。《关于“同心计划”延展，有效落实普惠关爱的提案》被全国厂务公开协调小组办公室确定为首批“聚合力　促发展”全国优秀职工代表提案，是全国金融系统唯一获奖提案。

（五）持续加强基层员工关爱

继续开展“我爱我家，双百工程”建设，将建设资源全部向基层倾斜，共计投入资金 1000 万元，补助建设 100 个新建网点职工小家，100 个升级改造职工小家。研究制定《中国建设银行 2019 年基层网点员工关爱工程实施意见》，提出岗位关爱、工作关爱、成长关爱、能力关爱、生活关爱五大方面共 12 项针对性措施。联合多部门研究制订推动“同心计划”员工健康综合保障方案落地实施。

（六）扎实做好各项女工工作

组织“新时代·新征程·新女性”主题活动，激发女工工作热情和创新动力，“夸夸咱们的女职工”在中国金融工会展演。出台“女职工关爱室”共建活动方案，支持共建资金 160 多万元，将女职工关爱室打造成集女职工哺乳、学习、减压为一体的活动空间。关注单亲女员工和生活困难女员工等群体，探索建立结对子关爱帮扶机制，组织困难女员工结成帮扶对子 1875 个。推动签订女职工专项集体合同，维护女职工权益。

（七）积极构建立体化职工文体活动新格局

坚持“全员参与、快乐共享”的活动理念，组织举办“庆新中国 70 华诞，展新时代职工风采”全行第九届职工乒乓球比赛。成功承办中国金融书法家协会第五届全国金融书法篆刻展。组织做好“中国梦　劳动美　金融情”学习贯彻中国工会十七大精神新媒体主题创意大赛。成立全行首个职工文体协会——中国建设银行职工乒乓球协会，不断探索多样化、区域化、小型化的文体活动新模式。颁布《关于开展区域性　群众性　多样化　小型化职工文体活动的通知》，搭建“总行主导、分行承办、协会运作、职工参与”的文体活动组织体系。

（八）规范全行工会财务经审管理

大力推进工会财务信息化建设，在党群平台构建全行“全流程、在线化”财务管理体系，推进系统在总行机关、北京、厦门等工会组织试点。

加强经审工作的规范化、制度化建设，印发《工会经费审计操作规范》《经审规范化考核办法》等制度性文件。认真开展工会经费管理审查工作，多个审计项目获得全总、中国金融工会优秀审计项目，建设银行经审工作在金融工会2019年经审规范化考核中荣获特等奖。

（九）努力增强机关工会的群众凝聚力

举办总行机关第四届职工代表大会，选举产生机关第四届工会委员会、工会经审委和女职工委员会。积极推动工会经费向基层和员工倾斜，慰问困难员工、交流员工共176人。组织参加中央和国家机关职工运动会，金牌总数、奖牌总数均位列第一。组织总行机关体育节，举办足球、篮球等8个项目450余场比赛。

三、加强团青组织建设，服务大局和青年成长

（一）加强青年思想政治理论学习

持续深入开展“青年大学习”和“不忘初心　牢记使命”主题教育，成立习近平新时代中国特色社会主义思想青年学习小组3800多个。全年开展学习活动近8000次，专题报道84期。发布《学英雄事迹坚守初心　展青春风华善建行远》倡议书，提出用“四知四行”的实际行动向张富清学习。

（二）举办国庆系列纪念和献礼活动

举办主题团日、组织观影、“我爱你中国”摄影大赛、“我和我的祖国”征文大赛等，参与“礼赞新中国　唱响新时代”活动，增强青年员工的荣誉感与使命感。其中，建设银行青年员工的摄影作品在中央和国家机关1万多张作品中获一等奖；征文活动共征集优秀作品100余篇，向中央金融团工委推荐2篇并全部获奖。

（三）组建青年突击队，开展劳动竞赛

动员青年员工发挥生力军作用，成立民工惠、ECT、裕农通、三大战略、智慧政务等多个青年突击队，开展营销和宣传活动11700多次，参与人数近16万人次。策划组织开展全行劳动竞赛，包括12项业务发展类竞赛、2项竞争力和服务力提升竞赛、1项金融科技技能竞赛。多方联动助推工作开展，组织参与为西部大学生提供实习岗位、万名学子下乡汇报、创新马拉松活动以及中央金融团工委港澳台学子实习项目等多项活动。

（四）开展青年论坛和青年联学实践

围绕开启“第二发展曲线”主题，举办第二届青年论坛暨表彰先进活动，持续打造“建行青年说”品牌。开展2019年“根在基层”青年联学实践，邀请总分行、子公司、中央和国家机关部委50余名青年共同走进基层调研，并开展扶贫公益活动。编撰《2018年度CCB青年论坛成果汇编》，为全行发展建言献策。发挥“青春建言”宣传队的积极作用，引导青年员工积极参与行内各项宣传工作。

（五）打造青年志愿公益品牌

持续推进“积分圆梦·微公益”项目，新捐建设34家音乐教室，兑换40万元资金支持乡村艺术教师培训。开展“善心慧思”扶贫冬令营。发起“爱在港湾”志愿服务品牌。鼓励各行策划开展特色志愿公益活动。截至2019年末，全行注册青年志愿者5.3万多人，全年开展志愿服务近3600次，参与人数超7.2万人次，服务时长约14万小时。开展青年单身联谊、读书分享、汽车优惠“易购”活动，为青年员工学习工作生活等多方面需求提供服务。组织青年员工编演《金融街25号》舞台剧，展现青年员工综合素养和才华。

（六）升级理念和工作方法，加强团青组织建设

加强团组织覆盖度和规范换届。严肃团费收缴、管理、使用。严肃团内政治生活，推进落实从严治团。贯彻“变工作对象为工作力量”的理念，让基层团干部、青年骨干和团组织参与策划、组织和管理，激发基层活力。进一步“请进来，走出去”，与行内外各部门和组织充分联动，整合资源。加强与党组织、工会、协会等党群组织的协作。优化改进年度工作考核评价方法，广泛征求意见，细化评分标准，突出重点和导向。积极推进“党群同心”App建设，完成团青2个领域、11大功能模块、数百个功能点的规划设计。

（七）建立科学团青培训体系

实施开发一本手册、一套教材、一个微课堂、一个案例库和建立一个师资库的“五个一”工程，为提升基层团干部履职能力提供指导。组织1000名基层团干部和青年员工开展10期培训。举办针对一级机构、青年文明号负责人和青年志

愿者的专题培训班，提高团干部在团青工作细分领域的专业能力。召开青志协理事会第一届第三次扩大会议，印发《关于加强中国建设银行青年志愿服务工作的意见》，推进青年志愿服务工作专业化发展。

（八）开展青年思想状况和心理健康水平调查

通过线上问卷、电话访谈、专家面谈、实地走访等方式了解全行6万多名员工的思想状况和心理健康水平，进一步掌握员工需求和特点，为党委决策和有针对性地开展工作提供参考依据。

（九）持续推进青年思想和宣传阵地建设

持续推进青年之家建设。开展爱国主义、思想教育、志愿公益、青年建功、榜样人物、学习张富清、ETC营销、创新马拉松等多个主题宣传，全年推文上千篇，阅读量累计上百万。鼓励各行开展特色团青品牌活动，帮助青年成长，满足青年所需，成为各单位和青年想得起、找得到、靠得住的组织。

执笔：赵佳

党校（高级研修院）工作

一、发挥好培训党员领导干部主渠道主阵地作用，深入推动学习贯彻落实习近平新时代中国特色社会主义思想

党校坚持“党校姓党”的根本原则，履行党的理论学习和党性教育主阵地的职责要求，突出党的理论教育和党性教育的主业主课，创新形式、深化理论，推动习近平新时代中国特色社会主义思想进教材、进课堂、进头脑，内化思想、知行合一。

（一）坚持党校姓党，突出主业主课

两期主体班围绕“学懂弄通做实习近平新时代中国特色社会主义思想，不断提高学员党性修养”的主线，严格执行中央党校的教学计划要求，将习近平新时代中国特色社会主义思想放在最突出的地位上，邀请行内领导干部进行面授课程，符合中央党校教学指导计划提出的理论教育和党性教育不低于总课时的70%、习近平新时代中国特色社会主义思想不低于必修理论课程的50%、领导干部授课不低于总课时的20%的要求。

（二）深化党性教育，锻造坚实品格

组织主体班学员赴中国浦东干部学院、大别山干部学院开展现场教学活动；安排学员及时跟进学习贯彻党的十九届四中全会精神；邀请相关专家开展警示教育专题讲座；组织学员观看纪念五四运动100周年大会并就习近平总书记重要讲话进行研讨，观看《党的好战士》张富清情景式报告会，多种形式深化党性教育，增强学员党性修养。

（三）加强教学管理，提升培训质量

更新完善了《中国建设银行党校主体班培训项目手册（试行）》；对哈尔滨、常州分校开展教学质量评估，推动“一校三地”党员培训质量高标准一致化；推进各类教学档案、学员信息档案电子化管理，形成可追溯、可对比、易查阅的教学档案。

2019年，总行党校（高级研修院、领导力学院）举办2期主体班，此外主办、承办各类研修班、培训班共19期，共计培训1161人次和14211人天，圆满完成了全年培训工作。

二、积极探索培训新模式

2019年，党校持续推进领导力培养和线上教学，于8月加挂领导力学院的牌子，实施了一系列全新设计的培训项目、课程和活动，其中蓝英

人才系列培养项目、案例工作坊被评为2019年度建行大学“最佳学习项目”。

（一）打造领导力培养精品项目

2019年，设计开发、组织实施了针对后备人才和现职干部的各类领导力培养项目，其中蓝英人才系列培训项目作为完整设计完全创新的领导力核心培训项目，具有新生态新特点：一是培训模式上突破现有规制采取长周期培养；二是培训内容上设计科学合理层次清晰，涵盖政治素质、企业家精神、前沿知识和管理技能四大模块；三是培养方式上融合面授、研讨、测评、体验式学习、跨界学习等多种方式；四是引入行动学习，围绕全行战略重点和业务难点，采取“研讨+实践”的方式；五是整合境内境外、行内行外、线上线下的培养资源，境内学习期间引进各类优质版权课程并邀请行内外各领域专家学者授课，其中蓝英一班与清华大学合作密切，清华大学授予建行大学“优秀教育伙伴奖”；同时创办针对新任职领导干部的新任职L+培训项目，其中主办的总行新任处长启航培训班，采取“党性教育+领导力提升”两段式培训，引进备受好评的版权课程、性格测评、体验式课程等，全方位多形式加强学员素质。

（二）推进线上教学工作

制订《建行党校线上教学管理工作方案》，指导线上教学工作；面向全行推出《银行人如何做案例》《党建献策》之“党建引领业务发展专题论坛”、《领导力沙龙会》之“了解领导力 提升领导力”等网络直播，邀请行内精英、业界专家进行深入交流，拓宽党校知识输出渠道；录制《列宁晚年著作导读》《〈中国共产党章程〉公开课》等微课。

（三）开展项目和课程研发

首创案例工作坊培训项目，与信贷管理部、结算与现金管理部等总行部门进行深入合作，聚焦建设银行案例，提升参训人员素质；联合党群工作部、东北学院，开发完成《学习贯彻落实“党的十九届四中全会”精神》培训项目；自主开发完成《银行人如何做案例——案例理论篇》和《银行案例写作与教学——案例实战篇》培训课程，为案例对内发展、对外传播提供保障；完成《模拟银行项目优化升级实施方案》，为2020年项目落地夯实基础。

三、深化“三个子平台”作用

（一）发挥全行重大专题课题研究子平台作用

围绕“三大战略”和全行经营管理中的重点难点问题，开展全行重大专题课题研究，全年“一校三地”两期主体班共完成56篇小组课题论文，蓝英人才系列培养项目共完成28篇行动学习课题报告。

（二）发挥案例提炼子平台作用

2019年联合机构业务部、云南省分行就云南省“一部手机办事通”进行案例开发，完成开发《云端指尖——建设银行智慧政务系列案例云南篇》；联结业务发展与案例开发，同业务部门加深合作，共完成《珠江观潮》《千里追“金”》《沧海拾遗》等27篇信贷风险、无贷户成长等领域的案例；在两期主体班中邀请案例开发专家为学员赋能案例开发方法，组织学员开发案例并进行案例展示，共完成12个高质量的优秀案例；与总行部门和建行大学校区联动，为业务研修培训开展案例授课和实战训练，通过编写宣讲案例来传导发展战略、管理思路和价值理念。

（三）发挥成果转化应用子平台作用

发挥《党校研究与思考》成果平台作用，全年共推出11期，呈送行领导及高管层参阅；创刊《简史周刊》，搜集整理我们党成立近百年的奋斗史、新中国成立70年来的发展史以及经济金融领域的一系列重大事件、重要会议、重要文件和重要人物，提高全行学员学习党史、国史、国内外金融史以及建设银行史的便利性、时效性和针对性。

四、提升管理和服务水平

（一）推进装修改造工作

在基建办和各部门的协同推进下，原地税培训中心第一期装修改造于2019年10月正式现场施工，同时第二期建设功能需求制定、招标设计工作已经完成，并提交基建办进行二期费用估算。

（二）推进规范化管理

以建章立制为根本手段规范化管理，起草或修订采购管理、安全管理、应急处置等多个制度办法，上线库存物资管理系统，确保各项工作有章可循、有制可依；在餐饮服务、客房服务、会议服务、安全保卫等各个班组建立服务标准、流程指南、责任体系，加强应急知识学习和突发事件演练，创建安全和谐、温暖可靠的校园环境；推进管理透明化，执行新版劳动派遣制员工薪酬管理办法，开展年度优秀班组和服务标兵评选工作，各项评比、考核公正公开公平，重大事项提前公示，推动党校始终风清气正、坦荡严明；推进采购规范化，确立采购实施的过程管控、合同规范、执行审核，加入竞争性磋商机制，梳理各领域供应商库，提升效率、降低成本、缩小风险。

（三）推进校园信息化建设

升级无线网络设备，持续增加网络出口带宽；更新会议发言系统、显示设备，支持研讨和会议开展，确保培训质量；完善并持续更新“中共中国建设银行党校”微信公众号，开通建行大学网络培训平台党校主页，打通党校线上交流信息渠道。

执笔：邹玲

建行大学

一、服务社会，贡献新金融解决方案

（一）打造“金智惠民”招牌

围绕社会热点和公众关注痛点，掀起金融普及运动，将金融“甜水”引入千家万户，成为建设银行开启“第二发展曲线”的“金字招牌”。通过推出“金智惠政”“金智惠创”“金智惠农”“金智惠工”“金智惠学”等系列项目，开展金融基础知识、法律法规、风险意识等全面金融知识培训，提高全民金融素养。截至 2020 年 2 月底，累计开展系列培训 1.52 万期、培训 148 万人次。

（二）搭建“新金融人才产教融合联盟”平台

组织成员单位在产教融合、科学研究、人才培养、创业创新等领域开展合作，先后开展银校合作公益培训、创新马拉松大赛，共同进行课题研究、成果转化和职业培训，实现银校供需对接、优势互补、资源转化、协同创新和利益共享，在高校与企业之间搭建产教融合共生共赢平台。

（三）探索乡村振兴之路

扶智与扶贫结合，积极探索乡村产业与教育振兴之道，把大学生自身成长与农村振兴相连接，为大学生提供了解乡村、感知金融、锤炼自我的机会。面向在校大学生招募 10324 名暑期下乡实践队员，深入全国 1.08 万个村庄开展实践活动。

（四）培养金融科技人才

联合中国银行业协会、深圳大学、香港科技大学共同开发金融科技师（CFT）认证培训项目，为金融行业提供科技从业人员顶级能力认证，打造“培、考、战、评”四位一体的高端人才认证体系。与南开大学共同开发国内首个系统性风险指数体系。

二、服务战略，推动转型创新发展

（一）支持国家发展战略

深入学习领会习近平总书记关于防范化解金融风险的重要论述，立足建设银行业务实际，自觉落实和主动对接国家重大战略。精准把握实体经济发展痛点开展相关培训。系统组织全行防控金融风险能力培训。持续推进金融扶贫跨越 2020 年行动计划培训，提升涉农和精准扶贫等金融服务水平。

（二）助推“三大战略”

组织编印“三大战略”辅导教材，统筹推进战略落地培训，为住房租赁战略、普惠金融战略、金融科技战略实现提供支持。深入解读“三大战略”重大意义、深刻内涵和实现路径，主要面向城区和县域支行行长、网点负责人和基层网点员工，举办“三大战略”培训项目338期，培训2.6万人次。

（三）助力拓展“第二发展曲线”

紧扣全行战略转型的重点业务和重点领域，围绕B端赋能、C端突围、G端连接实施培训项目，探究新时期金融服务新需求，实践客户营销服务新打法，塑造强化新型客户关系，助力打造生态场景经营平台、开放性数字支付平台、互联网化产品创新能力和数字化营销体系，共举办创新未来动力引擎系列培训项目57期，培训5516人次。

2019年11月13日，建行大学大湾区金融创新学院成立，同时在广东启动100家乡村学堂。

三、服务员工，提升终身学习素养

（一）新员工培训：重文化融入

以产品思维为指导，推出了面向集团全体新员工的“遇建未来”培训项目，为全辖机构提供课程、运营、评估、品牌一体化的项目方案，指导全行对1.4万名新员工进行了标准化培训，帮助新员工尽快完成从学校到职场的角色转变。

（二）网点客户经理培训：重绩效提升

按照“项目定位精准化、教学设计场景化、运营管理标准化、课程研发定制化、线上线下一体化”五大策略，聚焦履岗3年以内客户经理岗位的痛点难点，通过场景化教学设计、案例萃取、共创课程等培训，将业务战场搬进课堂，实现了从传统教师单向输出，向师生互动共创的转变。

（三）岗位考试：重沉浸式体验

本着“以考促学，让员工有感”的思路，优化考试科目，扩大业务覆盖面。首次在全行统一组织考前培训直播，在大学网络平台上建设岗考专区，方便员工利用碎片化时间学习业务知识。组织了“我为岗考代言”“高分考生经验分享”等一系列专题趣味活动，帮助员工实现沉浸式学习，赢得普遍好评。

四、突出专业，持续提高办学能力

（一）推进师资队伍和教研管理建设专业化

将师资队伍建设作为树立实力品牌和影响力的重点工程。打造政治素质硬和理论水平高的专职师资；选聘行内各级领导干部、各条线专家担任兼职师资；外聘有关机构领导干部，知名高校、研究机构专家学者、行业精英和资深专家等担任行外师资，初步建立全行共享、分类分级、动态管理，融合专职、兼职、行外“三位一体”的师资体系。对标国内外一流企业大学加强教研管理队伍建设，在深圳、中国香港、新加坡举办3期院长培训班，赴瑞银大学、华为大学等一流企业大学开展实地调研学习，帮助大学各级人员加深对企业大学使命和运营的理解，进入角色、履职尽责。

（二）推进课程体系建设一体化

以专业能力和核心能力模型为基础，通过自主开发、合作开发、课程引进等方式，建立理论武装和党性教育、领导力、专业条线、基层员工、金智惠民等课程类别，初步形成了全行教学标准统一、区域学院协同、专业学院各有特色、服务功能完整齐备的一体化课程体系。

（三）推进国际化人才培训多样化

落实《国际化人才发展规划》，充分挖掘境外优质教育资源，聚焦真正需要出国（境）寻找解决方案的“瓶颈问题”，举办54期境外项目（含香港学院），参训学员1974人。

（四）推进网络平台在线培训多元化

2019年，全行网络学习平台发展驶入快车道，网络培训32.2万人，在线学习638万人次，涵盖视频、音频、文库等课程学习以及在线直播、在线考试、专题班学习、建行论道等多种方式。

通过推出线上学习活动，建行大学微信公众

号已经成为广大员工学习培训的线上家园，公众号关注用户达25.2万人，公众号点击量累计631.6万人次。

“在线直播”突破了知识传承的时空限制，拉近了师生距离，学习时间更灵活，学习场景更生动，深受全行员工欢迎，成为网络培训“爆款功能”。全年累计举办系统操作、产品介绍、内控合规、党建知识等专业培训1613场，参与人次达34万。

五、夯实基础，全面加强内部管理

（一）加强组织建设

加强政治理论学习，规范“三会一课”制度，加强思想意识形态教育。在治理结构上纵向一体，通过顶层设计，建立起全行教育培训工作统一的企业级管控体系。以推进机构职能优化协同高效为着力点，完善校本部内设部门、区域学院、专业学院和分行分校机构设置。

（二）加强制度建设

扎实推进思想政治、教学能力、校区基础、技术系统、人才队伍、财务管理、体制机制七大方面制度建设，制定《“金智惠民”工程行动指引》《校区建设对口联系推进工作指引》以及科研管理与专业资格认证管理规范。

（三）加强人才队伍建设

严把选人用人关，着力选聘有学养、有经验、专业功底深厚的资深领导人员担任研修院院长、教研部和实验室主任，配齐配强学院领导班子。通过系统内选调、校园招聘、社会招聘等多种方式补充大学人员。印发《关于做好从成员部门（单位）选派人员到建行大学专业研修院交流锻炼工作的意见》，构建教育培训与业务发展双向赋能、大学建设与干部锻炼相互促进的良好格局。

（四）加强校区建设

统筹协调各区域学院、专业学院建设，积极研究特色化路径，推动各学院充分利用当地优势教育资源，打造自身特色和专业强项。各一级分行按照统一部署完成分校挂牌，并积极打造“员工成长学院”“乡村振兴学院”品牌，立足区域特点提升培训效能。合作办学进展顺利，与南开大学、中南财经政法大学、香港科技大学、西南财经大学、西安交通大学、华南理工大学共建学院，通过互派负责人、加强培训协作、共同组织科研等途径，不断扩大银校合作领域。与南开大学、西南财经大学、厦门大学等合作高校共建教研中心，深化特色培训与科研项目。

（五）加强品牌与宣传建设

按照“覆盖全域、更新及时，内容权威、版式统一，形式多样、繁简适宜”的原则，重要节点重策划，日常宣传重持续，借助论坛、发布会等重大活动，提升品牌宣传能力。通过编印《建行大学构想与实践》《建行大学校报》《建行大学纵横》等刊物，讲好大学好故事，传播建行好声音，在央视、新华网、人民网等外部媒体曝光近亿次，提升了社会大众对建行大学形象的新认知。

执笔：杜红升

研究院

一、加强党建引领研究工作

研究院坚持党对研究工作的领导。认真组织开展“不忘初心、牢记使命”主题教育。秘书处领导班子认真集中学习研讨，赴6家分行深入调查研究并形成调研报告共同交流学习。认真执行新形势下党内政治生活若干准则，严格落实“三会一课”制度，先后召开支委会18次、党员大会12次、专题党课6次，组织开展主题党日活动2次以及多次党小组集中学习。在中央和国家机关工委政治建设重点督查组调研访谈中，督查组对研究院党建工作给予较高评价。

二、研究成果数量跨越式增长

研究院紧密围绕宏观经济金融形势与热点、建设银行战略、银行业实证研究、金融法律法规、风险管理等重点方向，刊发内部参阅件、专题报告、工作论文、观察述评、交流动态等研究报告以及向中央有关部门、行领导呈报材料200余份，外部发表中英文论文40余篇，出版著作5部，全年成果数量整体同比2018年全年翻两番。

三、研究成果价值逐步显现

研究院部分成果获得领导批示及相关部门肯定，多家外部媒体报道发布，形成了一定的社会影响力。全年研究成果获得各级领导批示60余次，特别是与国务院发展研究中心合作的相关报告等成果获得中央领导多次批示。博士后论文《监管压力、资本调整与银行风险承担》获中国银行业2019年发展研究优秀成果一等奖。

四、做好新精神新金融学理支撑

研究院积极贯彻落实党的十九届四中全会精神，发挥专业优势，组织开展制度理论研究，密切结合金融业实际，确定了多项课题开展研究，为贯彻全会精神努力做好学理支撑，如撰写《建行智慧政务助力提升国家治理能力和水平》专题报告。同时，组织团队对新金融相关学理进行梳理与研究，积极为推进新金融理论与实践相结合提供理论支撑。

五、实地走访百家机构开展一线调查研究

先后赴近50家高端智库机构调研交流，学习借鉴先进做法，为长远发展积累经验。赴瑞士、德国调研欧洲银行业以及住房制度，与当地银行业、住房协会进行交流。赴日本、新加坡就全球经济与负利率政策开展调研。联合建信住房公司，赴13个一级分行、30余个二级分行、支行和营业网点进行住房租赁战略专题调研。赴10余省市就银行业支持先进制造业、小微企业发展、普惠金融业务、政银合作推进智慧政务、中美贸易影响和风险管理、数字经济时代商业银行转型发展等开展调研并形成报告，部分报告呈报行领导参阅。

六、构建智库制度体系和中长期发展规划

制定并不断完善配套机制和管理办法，包括《研究院管理架构和规则》《研究院院委会会议议事规则》《研究院秘书长办公会管理办法》《专家例会和专家工作职责》《研究院课题管理办法》《研究院市场化人员考核评价办法》《研究院内刊管理办法》等，探索建立智库机构运作新机制，依法合规提供资源支持。各项制度汇集成《研究院规章制度汇编》，为下一步标准化管理奠定了基础。着眼长远发展，编制《研究院各板块职责》《研究院三年规划》，以确保研究院工作方向

明确、重点突出且可持续发展。

七、学术交流规格与水平不断提升

2019 年，邀请龚克、沈建光、张明等知名专家学者举办 8 场大型主题讲座，包括 1 场全行工作会议主题讲座和 7 场机关大讲堂，总行、分行、子公司领导和广大员工在现场或通过视频观看讲座，倾听学术顶级专家或业界领军人物对经济金融、业态发展的最新前沿观点，讲座受到广泛好评。举办近百场宏观经济、货币政策学术研讨会、博士后论坛等各种类型学术交流研讨活动，千余人次专家学者参与研讨。

八、博士后工作站规模列四大行第一

在严格执行用工要求基础上，结合研究院实际，建立研究院博士后招聘的机制化、标准化、常态化流程。持续加大博士后招收力度，增加招收频次和招收数量，2019 年启动春秋两次招聘工作，在站博士后达 18 人，为建设银行博士后工作站最高人数纪录，数量居四大行之首，同时调整博士后生活费用和住房补贴标准。博士后已成为建设银行重要研究力量，博士后工作站也成为建设银行高级人才培养基地之一。

九、构建行内外合作交流平台和研究体系

研究院外部研究资源专家和机构网络逐渐扩展。与国务院发展研究中心、中国宏观经济研究院等机构的合作不断加深，在课题合作、成果共享、渠道互通、学术交流等方面，都取得很好成效。内部研究协同体系日益完善，与总行部门、分行、子公司共同推动研究协同机制建设。在全行招募首批 100 名建行智库兼职青年研究员基础上，形成以参与研究、联合研究和自主研究相结合，以“青年论坛、学术杂志《青年思享汇》、青年研究 e 沙龙”等品牌活动为抓手的工作思路。

十、打造“三核”学术期刊

根据工作安排，《投资研究》于 2019 年正式移交研究院主办，研究院从负责《投资研究》编审工作转为负责刊物的全面管理。2019 年共编审稿件千余篇，未发生任何差错或投诉等问题。《投资研究》持续入选北大核心期刊目录和南大 CSSCI 核心期刊目录扩展版，并新入选社科院核心期刊目录扩展版，影响力进一步扩大。

执笔：宋伟

第四部分　境内分行改革与发展

北京市分行

北京市分行行长　袁桂军

一、业务发展概况

负债业务：全口径存款时点余额为19453亿元，较年初新增2602亿元。一般性存款时点余额为14032亿元，新增1302亿元，其中，个人存款新增742亿元。同业存款时点余额为5420亿元，保持区域、系统双第一。

资产业务：各项贷款余额为8712亿元，新增1208亿元，区域四大行第一，新增四大行占比超过40%；对公贷款新增1056亿元，区域、系统双第一；普惠贷款新增176亿元，余额区域第一。

中间业务：实现中间业务净收入92.51亿元，同比增长6.59亿元，增速为7.67%，区域四大行占比由30.17%提升到30.24%。

经营效益：拨备前利润为256.1亿元，同比增长1.5亿元。

资产质量：不良额为18.98亿元，不良率为0.22%，资产质量在系统和区域四大行中保持领先。

客户基础：单位人民币结算账户总量为41.6万户，保持区域四大行第一。

员工收入：员工人均收入增长3%，实现了预期目标。

二、主要工作举措

（一）“初心、使命”坚强引领

“不忘初心、牢记使命”主题教育。分行党委带头学，开展了为期一周的集中封闭读书班，举办了9期党委中心组学习，通读并精研了《党章》《选编》和《纲要》；全辖71个处级领导班子均开展了不少于5天的集中学习研讨；各基层支部集中学习2268次，党日活动1349次。各级干部分别讲授主题教育党课；张富清先进事迹报告团巡演38场，宣讲覆盖全分行。分行党委成员到部门、二级行、基层网点调研24次，各部门开展调研55次，各二级行调研723次，各级领导人员形成调研报告204份，实现纵横结合全覆盖。复查主题教育开展前的问题1151个，主题教育中征集到对分行党委的建议25条、对各部门建议75条，各二级行班子检视问题709个。到2019年末，1151个问题整改率达100%；100条建议的85%已整改；709个检视问题，223个已立行立改。

贯彻落实党的十九届四中全会精神。制订学习宣传贯彻党的十九届四中全会精神实施方案，确定12个方面39项重点工作。分行党委组织专题学习4次，邀请中央党校教授集中授课；全辖373名处级干部举办专题会、读书班；各基层支部掀起学习热潮，全会精神迅速传达到全行6100多名党员。分行党委成员到联系行宣讲四中全会精神6次。在企业信息门户、微信发布宣传信息200余条。中国银保监会12月例行发布会宣传建设银行“两馆一卡”推进消费扶贫，产生了良好的社会反响。

打通打牢基层党建基础。定主题，将2019年定为分行基层党支部组织力提升年，提出4方面17项51条组织力提升措施，绘制基层支部运行

"路线图"，规范工作程序。用科技，所有网点开通视频系统，增配OA节点和电脑设备，让基层员工及时学习总分行党建、业务文件，初步打通了基层党建"最后一公里"。减负担，视频会议系统开通到所有网点，让视频多跑路、员工少跑路；发文减少30%，会议减少33%，报表减少55%，各类督查检查减少60%，柜面业务授权审批审核环节减少70%。强队伍，新发展党员160名，其中基层一线党员占比65.6%；开展联学共建1023次；打造"一支行一品牌""一支部一特色"，评选出二级行和部门优秀党建品牌各10家。转作风，六项专项管理费比总行计划节约806万元，其中会议费同比下降49%；督办184项，形成办结反馈机制。强监督，全面完成纪检派驻改革，开展了安全生产等11项专项监督，巡察15个单位，巡察"回头看"4个单位。严问责，查处各类违纪问题2件，分别给予党内警告、党内严重警告处分。

（二）推进新金融、落实新布局

住房租赁打开新局面。各种存房模式全部落地，年末存房2.12万套，上线房源51.9万套。与政府、国家机关、军队客户合作更密切，完成市公租房系统贯标，受托运营中直管理局、海军保障大队住房近万套。沉淀存款13亿元，新增放贷84亿元，新增银行卡近4600张。

普惠金融促增长。普惠贷款余额为330亿元，较年初新增176亿元，增速达114.5%，普惠贷款KPI考核系统第三；贷款客户2.87万户，新增1.08万户，贷款余额及新增额、客户总量及增量均为区域第一，贷款增速系统第一。2018—2019年底，普惠小微企业贷款利率由6.38%降至4.81%，综合融资成本由6.9%降至5.32%。民工惠投放38亿元，惠及40万农民工；"惠懂你"App下载60多万次，绑定企业近9万户，授信24亿元，发放贷款33亿元。

金融科技实现新驱动。智慧政务系统三线推进，发布新版"北京大兴"App，用户超过25万；北京市政务系统上线96项功能；京津冀政务服务平台多类高频事项四地"一网通办"。首批3家5G⁺智能银行建设社会反响热烈，服务超过15万人次，国内外知名媒体报道3500余条。全国首创对公网银企业征信服务，已推广到19家兄弟分行，被人民银行作为先进经验分享到京津冀其他金融机构。平台获客又增存，两大类平台共新增对公客户10万余户、个人客户136万余户，社会化平台日均存款新增270亿元。

助力脱贫攻坚体现新格局。投身党建扶贫，以双创中心为基地举办党建活动670场，参加党员2.4万人次。开展爱心扶贫，首创扶贫爱心卡，全年发卡62万张，消费额超过20亿元；发行"乾元—至善"扶贫理财，实现捐赠额160多万元。创新科技扶贫，搭建线上消费扶贫馆，组建专业运营团队，打通贫困地区产销渠道，交易额为1700多万元。通过做扶贫，与600多所学校、200多家医院、42家市属国企集团及其成员单位共202家企业实现了新合作。

支持乡村振兴站上新高度。建成村口银行3841个，覆盖北京全部行政村、镇，助农服务点数量区域第一。发行乡村振兴卡，作为连接城市和乡村的桥梁，助力农村"三资"平台建设。

劳动者港湾打造新品牌。400多个营业网点全部开设劳动者港湾，从2018年8月首批开设至今，累计服务超过650万人次，成为传递温情、体现共享的社会"润滑剂"，并成为首家被全国总工会授予"户外劳动者服务站点"的共建品牌。

建行大学办出新气象。对内对外同步赋能，为行内员工现场培训696期，参训员工3.65万人天次；为社会大众免费培训1557期、15万人次，形成了"金智"惠政、惠创、惠农、惠学、惠军五大子品牌，新金融普及行动荣获总行"最佳学习项目奖"。

（三）服务实体，做强资产业务

支持实体经济。服务重点建设，为37个京津冀协同发展项目投放贷款381亿元、42个非首都功能疏解项目投放342亿元、13个副中心项目投放105亿元。服务产业升级，为首钢京唐二期等项目投放29亿元。服务债转股，联动建信投资，债转股落地78亿元。

支持"一带一路"。签约海外重大项目21个共48亿美元，保持系统第一。与敦煌网合作创新"跨境快贷—电商贷"，有效解决190万跨境电商融资难、融资贵问题。与北京市商务局共建京企"走出去"服务系统，打造首都唯一涉外企业

2019年6月10日，北京市分行与北京市大兴区人民政府、建信金融科技有限公司举行"智慧政务"合作协议签约仪式。

"全线上、一站式"综合服务平台。

支持民生改善。大兴集体建设用地项目贷款余额为85亿元，支持了西红门、寿保庄科技产业园等项目。发放公积金贷款235亿元，余额为1649亿元，保持区域第一。

（四）筑牢根基，做大负债业务

对公新增抓源头。抓住人民军队重塑机会，新开军警账户18户，基本实现了军警代建账户全覆盖，军警存款新增超过700亿元，总量超过2400亿元。营销国家制造业转型升级基金、中央网信办基本户，新增存款46亿元。与总行联动，营销中国融通基本户，吸收注册资金50亿元，管网公司开立账户。

个人新增抓统筹。加强统筹管理，持续做大资金总量，个人存款+理财日均新增737亿元，同比增长300亿元；个人客户金融资产时点新增1640亿元，同比增长147亿元；代发额为2456亿元，同比增长318亿元。

同业新增抓机遇。落实总行"量价平衡"部署，抓住年底前总行提升同业定期存款内转价格的窗口期，快速营销定期存款，不到一个月即吸存1732亿元，年末余额1760亿元，创历史新高。

（五）优化结构，创新价值

信贷资产结构优化。民营客户贷款余额为954亿元，新增322亿元，增速为51%；制造业贷款余额为493亿元，新增147亿元，增速为42%。大力节约经济资本占用，年末信贷业务经济资本占用比例3.03%，比年初下降0.01个百分点，节约经济资本1.4亿元。

中收产品结构优化。发行系统内首只外币净值型理财产品"乾元—开泰纳财"，首期募集金额超过3200万美元。联动6家海外分行发放人民币国际商业转贷款266亿元，实现中收1.02亿元，规模和收入均排名系统第一。中标中国邮政、国家能源等5家央企年金托管行，托管业务共实现中收10.9亿元，保持系统第一。

客户类别结构优化。央企、市企、全球客户新开189户。AUM600万元以上私行客户9834人，新增1570人，增速为19%，增量及增速均为系统第二；客户金融资产1033亿元，新增170亿元，增量系统第一。ETC新增47万张，总量122万张，保持区域第一。新增POS商户7927户，收单交易额为811亿元，超额完成总行计划。信用卡客户净增36.15万户，分期余额为121亿元，均为区域四大行第一。

（六）合规运营、防控风险

信用风险得到有效防控。全面完成资产质量控制计划，10个信用风险重点项目信贷余额较年初减少24.65亿元，5个关注项目减少34.68亿元；处置不良资产32.13亿元，计划完成率达643%。

合规基础更坚实。狠抓反洗钱管理，持续推进完善客户身份信息工作，向人行上报重点可疑交易报告10份。落实监管要求，认真开展巩固治理市场乱象成果检查、信贷管理专项自查等工作，全面推进"携手筑网、同防共治"防范非法集资宣传。开展合规警示教育宣讲511次，教育培训5986次，参加员工11.7万人次。

案防成果突出。落实北京银保监局建立"三线"合一案防机制要求，建立"纪委监督+业务、行政、审计"的1+3立体案防体系。聚焦信贷、柜面、票据、同业等领域组织案件排查43项，发现9个问题，已全部整改。堵截诈骗等案件21起，金额为375万元。

平安运营圆满实现。高质量完成新中国成立70周年等重要时段安保维稳任务。远程监控报警"五统一"系统启用，人脸识别门禁系统在全辖营业机构推广，安防智能化水平明显提升。平稳托管包商银行北京分行，顺利完成各批次纪念币预约及现场兑换任务，维护了首都金融秩序的稳定。

（七）关爱员工，提升动能

全力为员工谋幸福。制定的《2019年关爱员工身心健康十件实事》，已全部按时完成。为660人次申请到互助保障款190万元；发放慰问金和互助基金补助932人次、184万元；调剂解决65名员工就近上班；在分行本级增设员工更衣室32间。为员工增投商业保险，59人次获得保险理赔2950余万元。通过“书香建行”平台组织参观博物馆、心理培训等员工减压活动60场，参与员工1.1万人次。组织离退休老同志参加“一月一主题、一季一展示”系列活动，走访看望老同志95人次。

企业文化建设深入开展。筹建行史馆，正在按“一馆、一书、一册、一片”的目标推进。优质服务文化继续厚植，在人民银行消保考评中保持同业第一，银保监局考核保持一类行，保持系统第一，青年路支行的优质服务得到我国驻瑞士大使的高度评价。

执笔：杜国增　何冰

天津市分行

天津市分行行长　张　敏

一、业务发展概况

负债业务：截至2019年末，天津市分行全口径存款余额为2986亿元，全年新增232亿元，增幅列系统内第12位。其中，一般性存款余额为2900亿元，历史性超越工商银行列四大行第二，新增215亿元，列四大行第一；对公存款在四大行中唯一实现正增，余额、新增额均为四大行第一；个人存款时点和日均新增四大行第一，增幅在系统内位列三甲，取得近年来最好成绩。

资产业务：各项贷款余额为3148亿元，新增156亿元，个人贷款保持同业领先，普惠金融贷款实现翻番增长。

中间业务：中间业务净收入连续第九年保持四行第一，实现拨备前考核利润74.09亿元，同比增长8.7%。

二、主要工作举措

（一）恪守初心，以“一心向党”的政治担当，扎实推进党的建设全面提升

一年来，分行党委坚持以习近平新时代中国特色社会主义思想引领党的建设和经营管理。扎实开展“不忘初心、牢记使命”主题教育，着力解决各级党组织和党员中存在的突出问题，推动专项整治，完成分、支行两批主题教育单位整改落实工作318项，得到总行巡回指导组“深”“实”“快”的评价。组建张富清金融服务队和突击队、设立党员示范岗和先锋岗，引导广大党员干部把初心和使命转变成干事创业的精气神和真抓实干的自觉行动。明确“四个一”的基层党支部建设目标，在系统内率先搭建党建人才库，推进基层党建工作向职业化、纵深化、常态化发展。严格落实为基层减负要求，各类发文、会议降幅超过30%，督查检查降幅50%以上，创新打造“基层网点需求响应服务系统”，以科技赋能基层减负。积极配合总行第五巡视组对建设银行巡视，压实整改责任，做好“后半篇文章”，巡视反馈4个方面15个具体问题初步完成整改14个，正在整改1个。

2019 年 1 月 27 日，天津市分行召开 2019 年工作会议。

（二）不辱使命，以“一心奉公”的责任担当，扎实推进各项业务高质量发展

一年来，围绕总行“五个始终”工作要求和分行“12345”总体工作思路，积极践行新金融行动，大力加强“三个能力”建设，扎实推进“三大战略”实施，着力延展“第二发展曲线”。

服务国家建设方面。助力京津冀协同发展和天津“一基地三区”建设，为轨道交通、电力能源、环境治理、园区建设、住房租赁、棚户区改造等领域 360 余个重点客户投放人民币对公贷款近千亿元。助力产业结构调整和转型升级，绿色信贷业务余额持续增长，占分行全部对公贷款余额近十分之一。助力供给侧结构性改革，认购地方政府债券 130 余亿元，成功支持天津市首个市场化债转股项目落地，组建银团发放境内并购贷款 100 亿元（建设银行承贷份额的 50%），成为支持国企混改工作的中坚力量。

防范金融风险方面。面对资产质量管控压力巨大的困难局面，将“党委管、主动管、全面管”各项工作穿透落地，合理把控和释放风险。全年处置盘活不良资产为 2018 年的 6.12 倍，实现不良额、不良率双降，资产质量四大行最优。认真履行“渤钢系”债委会主席行职责，运用以物抵债处置方式实现“渤钢系”不良贷款处置，为妥善解决国有企业风险化解问题提供了范例，得到市领导高度赞誉。

参与国际竞争方面。大力推动“一带一路”沿线国家出口买方信贷、海外投资等项目，为中交一航局、天航局等 12 个客户发放 25.34 亿元人民币短期国际商业转贷款。支持“单一窗口”和统一收费平台建设，首家上线“智慧口岸综合服务平台”，有效帮助企业提升通关效率、降低通关成本。培育国际业务发展基础，网点对公外汇业务开办率从 2018 年的 9% 提升至 29%。

住房租赁战略推进方面。与市住建委达成网签备案系统建设合作意向，完成房地产信息联网数据采集工作。上线住房租赁共享服务系统，签约企业 36 家，累计发布房源 12 万余套，挂牌“CCB 建融家园”6 个。以信贷支持住房租赁企业 20 亿元，带动租赁房源新增约 5400 套。29 个小区签约“津租通”特色产品，惠及居民 4 万余户。以“好享存”模式为主积极推进存房业务发展，智慧社区平台被市住建委列入全市推广计划，创新推出“订单式租赁住房租金提取业务”，解决社会痛点问题，体现大行担当。

普惠金融战略推进方面。全年累计投放普惠金融贷款 145 亿元，贷款和客户数均较上年实现翻番增长，新增额为 53.7 亿元，四大行占比超过 50%。与市科技局、工信局签署全面合作协议，主动服务“小微企业创业示范基地”和中小企业“专精特新”产品库建设。应用“民工惠”供应链融资产品，为 19 家核心企业发放近 16 亿元工资，覆盖约 14 万人次农民工。全面完善打造“劳动者港湾”功能特色，通过港湾共建、助力中高考等系列主题活动，让品牌形象更加深入人心。

金融科技战略推进方面。依托场景开放、知识开放、技术开放、资源开放全面参与城市治理现代化，得到天津市委市政府充分肯定。成为直辖市行中首个签约智慧政务协议、首个在智慧柜员机上线政务服务事项的分行。与天津市住建委合作上线“不动产登记一网通系统”，在全市金融机构中率先实现抵押类业务线上办理。积极推进大数据交易平台、政融支付平台、便民服务热线平台等“数字天津”智慧政务项目建设，600 余台智慧柜员机上线超过 110 个政务服务事项，使建设银行网点成为市民身边的政务服务大厅。

落实零售优先方面。制订个人客户发展规划和新零售行动落地方案，推动公私协同与私私融合，举全行之力加快弥补历史短板取得显著成果。个人全量客户新增提升幅度系统第十，个人加权有效客户增速系统内第二，个人客户金融资产增速系统内第九。信用卡消费交易额稳步增长，随附贷计划完成率超过300%，位列系统第一；分期交易额同比增幅位列系统第七。手机银行活跃客户达到近年来最好水平，同比增长30%，位列系统第五；存量手机银行活跃客户留存率提高16个位次，位列系统第十四。全员出击、线上线下协同拼抢市场，ETC业务同业市场第一。

发展对公交易性业务方面。全年债券承销收入四大行第一，系统排名第五。投行业务交易中心成立后，已协助总行销售信用债50只共120亿元，收入完成率达165.83%。保持银团贷款市场份额领先地位，被银行业协会授予2019年银团贷款先进单位。跨境融资掉期、大宗商品期权等创新产品成功运用，金融市场交易支行覆盖度大幅提升，客户持续增长。全辖上线现金管理直连业务，通过为客户组建全国资金结算网络，累计归集资金超过200亿元。成功中标国家会展中心及雄安新区等十余个重大项目全过程造价咨询服务，系统内唯一一家入围中国雄安集团有限公司工程造价咨询机构库，且在首次考评中排名第一。完善托管运营机构建设，全年自营资产托管规模、实现收入均位列四大行第一。

助力乡村振兴方面。依托"农家贷""扶贫助农贷""乡村农担贷"等产品持续服务涉农客户，涉农贷款余额较上年增长37.2%。全年新增"裕农通"服务点近3000个，实现全市范围"村口银行"全覆盖。建立善融商务天津扶贫馆，向市政府对口帮扶重点地区贫困村推广电商扶贫模式。

发挥U端融合方面。建行大学华北学院全年承办培训班67期，培训近5000人次，逐步形成了金智惠民（惠政、惠军、惠创、惠农、惠学）、风险管理、银企交流等一批特色培训项目。与南开大学联合成立"系统性风险研究中心"，发布国内首个系统性风险指数，成为建行大学十件大事之一。

（三）夯基垒台，以"一心为行"的情怀担当，打牢可持续发展基础

一年来，分行集约化管理推进力度不断加大，先后完成账户审批集中上收、贷款审批集中管理，进一步提升柜面远程集中授权业务上收率，集中整合柜面业务检查工作，建立起"一点对接"工作机制。制订物理网点综合竞争力提升方案，全力推进六方面70项工作举措，11家网点获总行五星级网点认定，1家网点获评中银协百佳创建示范单位，2家网点获评中银协五星级网点。持续完善合规工作领导机制，加强合规督导和违规问题问责处置力度。在天津市首家也是唯一一家推出企业网银征信查询服务，个人和对公客户身份信息完整率系统内排名大幅跃升。建立自有房产"全生命周期"管理机制，完成闲置房产彻底清查，创新房产出售方式，处置闲置房产15处。持续加大创新工作推动力度，"飞驰对公资产证券化管理系统"获总行2018年度创新产品原型制作优秀奖。制订实施分行"英才计划"，推动建立各条线客户经理业绩评价体系，完成劳务派遣人员择优转制60人。围绕世界智能大会、三大战略等主题，组合运用传统媒体和新媒体平台开展全方位宣传，塑造建行品牌价值。全年表彰先进250余人，基层员工收入平均增长4%，营造出"心相通、情相融、力相合"的和谐发展氛围。

执笔：徐垚

河北省分行

河北省分行行长　李　民
（2019 年 8 月免）

河北省分行行长　陈中新
（2019 年 8 月任）

一、业务发展概况

（一）资产负债业务

2019 年末，分行本外币全口径存款时点新增 828.36 亿元，系统第四、同业第一，其中一般性存款时点新增 834.77 亿元，系统第四、同业第一。本外币全口径存款日均新增 715.45 亿元，系统第三、同业第二，其中一般性存款日均新增 705.27 亿元，系统第三、同业第二。本外币各项贷款时点新增 452.87 亿元，系统第十、同业第一。

（二）中间业务

实现中间业务净收入 50.51 亿元，系统第十一、同业第一；拨备前利润为 154.08 亿元，系统第九；经济增加值为 54.84 亿元，增速为 18.3%。单位人民币正常结算账户 42.28 万户，新增 5.95 万户，均为历史新高，结算账户总量和新增分列系统第四和第三，账户总量保持四大行第一。

（三）三大战略

在 KPI 考核中“三大战略”整体排名系统第六，其中住房租赁战略系统第四，普惠金融战略系统第十三，金融科技战略系统第五。金融科技平台推广方面，社会化服务平台及重点业务赋能平台 KPI 考核分别为系统第六和第七。

（四）对公业务

对公存款日均新增 148.55 亿元，系统第五，时点新增 213.44 亿元，系统第四，均超额完成总行计划。对公贷款新增 143.51 亿元，系统排名同比提升八位至第十八位。对公板块实现中间业务收入 19.74 亿元，四大行第二。折算后公司机构有效客户新增 10.98 万户，系统第四，完成总行计划的 388.0%，增幅为 25.1%，高于系统平均水平 6.03 个百分点。

（五）零售业务

个人存款日均新增 556.71 亿元，时点新增 621.63 亿元，均居系统第三，超额完成总行计划。个人贷款（不含卡）新增 280.00 亿元，系统排名较上年提升八位至第五位。零售板块实现中间业务收入 32.61 亿元，保持同业第一。折算后个人有效客户新增 379.33 万户，系统第三，完成总行计划的 132.1%，增幅为 10.8%，高于系统平均水平 1.28 个百分点。

（六）资管投行

全年完成资管投行融资总量 733 亿元，是上年度的 1.6 倍；理财产品规模一度突破千亿元，年末余额为 981 亿元，较年初增加 54 亿元。投行牵头口径收入 5.47 亿元，系统排名至第十一位，其中理财销售收入跃居系统第一，财务顾问收入系统第八，且两项收入同业占比分别提升 5.9 个和 7.6 个百分点；投行销售口径收入 3.64 亿元。理财管理、理财销售、债券承销、财务顾问四项核心业务均超额完成全年计划。

（七）国际业务

国际贸易单一窗口客户绑定数计划完成率系统第三。实现中间业务收入 2.65 亿元，保持四大行第二，系统排名提升 2 个位次至第十三位，增速快于系统平均水平 9.3 个百分点；对公外汇存款余额、新增均居四大行第二；国际业务信贷余额较年初增长 25 亿元；累计投放 440 亿元，同比多投 90 亿元。连续三年在河北省外汇局外汇合规考核中获评 A 级。

（八）信用卡业务

实现中间业务收入 23.9 亿元，系统第六，同比多实现 2.5 亿元，总量、增量同业双第一，中收可比口径四大行占比 34.18%。信用卡客户新增 62 万户，系统第三，累计客户共 501 万户，系统第四，居同业第一，其中活动客户 327 万户，系统第二。ETC 总量和新增同业第一。分期交易额为 218 亿元，系统第四，居同业第一。消费交易额为 1630 亿元，系统第五，居同业第一。年末贷款新增 29 亿元，系统第十一；不良贷款率为 0.85%，系统第七（由低到高）。

（九）网络金融业务

手机银行活跃用户数系统第八，居同业第一，个人网上银行活跃用户数系统第三，企业网上银行活跃用户数系统第四，银企直联活跃用户数系统第一，企业 ERP 平台活跃用户数系统第三，网联协议支付有交易客户数系统第四，居同业第二，悦生活场景数系统第四，善融商务交易额及企业商城交易额均为系统第一，善融商务扶贫买方交易额系统第四；网络特约活动商户数系统第三。网络金融直接业务收入 6.28 亿元，较上年增长 1.24 亿元。

（十）风险内控

认真落实监管要求，加强全面风险管理，狠抓内控合规案防。年末不良贷款额为 57.25 亿元，

2019 年 10 月 17 日，河北省分行在石家庄举办普惠金融系列产品发布会。

较年初减少 7.25 亿元；不良贷款率为 0.99%，较年初下降 0.22 个百分点。不良率和不良贷款金额为近三年最低。合规工作评价系统第十八，较上年提升 18 位，内部控制评价跃居系统二类行。

二、主要工作举措

（一）突出党建支撑，从严治党治行

以加强党的政治建设为统领，全面加强党的建设，纵深推进全面从严治党从严治行。一是推动“不忘初心、牢记使命”主题教育扎实有序开展，促进党建与业务深度融合。认真学习张富清同志先进事迹，教育引导广大党员干部对标身边榜样，学先进、当先进。推进学习贯彻党的十九届四中全会精神进部门、进网点、进基层，强化传导落实。实施基层党建质量整体提升工程，进一步夯实基层党建基础。二是加强党风廉政建设，认真开展赖小民严重违纪违法案件对照整改，保持反腐高压态势，发挥巡察利剑作用，严格执纪问责，形成有效震慑。三是制订基层减负年行动方案和深化纠正“四风”和作风纪律专项整治推进方案，集中整治形式主义、官僚主义。积极传导内部服务理念，围绕打造“严实新细廉”五字作风，开展“转作风、提能力、暖基层、创一流”活动，开发“网点事务一点通”，运用科技手段，持续为基层减负赋能。

（二）坚持回归本源，服务实体经济

强化系统内与子公司协同联动，综合利用各类产品服务满足实体经济需求。一是围绕京津冀协同发展、雄安新区建设以及北京冬奥筹办等重大战略实施，抓好高端高新产业转移项目及重大

设施建设项目对接，积极拓展战略性新兴产业、绿色信贷等领域，大力支持医药制造、装备制造、食品制造、学校、医院等行业龙头企业。2019年，综合融资总量、新发放人民币各项贷款、本外币各项贷款新增、本外币非贴公司类贷款余额及新增、债券承销总额均居同业第一。二是聚焦社会痛点难点，积极推进“三大战略”，助力乡村振兴战略实施。创新开展存房业务，首创的“建融公租通”项目荣获总行二等奖，并在全省6个地市上线推广。线上线下相结合，通过“金融＋非金融”综合化服务推进普惠金融战略，年末银保监口径普惠金融客户余额及新增、贷款余额及新增均居同业首位，其中贷款新增同业占比45.7%、客户新增同业占比83.5%。大力推广金融科技平台，系统内率先与省级政府签订“互联网＋监管”合作协议，上线雄安新区“互联网＋政务服务”平台。借助“互联网＋现代农业”以及PPP撮合服务平台，做好乡村振兴贷款投放，年末涉农贷款比年初增加49.95亿元；“裕农通”助农服务点实现全省乡村（有条件）全覆盖。以网络供应链业务为抓手，大力推进“民工惠”业务，民工惠完成金额12.55亿元，涉及人次15.57万。三是发力国际业务，积极参与国际竞争。积极响应国家“一带一路”倡议，综合运用国外保函、出口信贷、贸易融资等产品，为河北省企业“走出去”项目提供金融服务。全年累计投放国际业务贷款439.51亿元，同比增加90.26亿元；累计办理国外保函14.85亿元，出口贸易融资9.02亿元。持续提升网点外汇业务覆盖度和专业能力，年末对公外汇网点覆盖度提升2.5个百分点，人员持证上岗率由41%提升至75%。四是落实零售优先策略，打造新零售。在考核、财务资源、人力资源等方面为零售业务发展提供支持和保障，深入落实“四个跳出”，着力抓好县域零售业务发展，零售业务“稳定器”作用进一步凸显。

（三）助力脱贫攻坚，彰显大行担当

一是将扶贫作为“一把手”工程，制订河北分行“跨越2020”金融精准扶贫行动实施方案，积极运用新金融工具，创新推出多种扶贫模式，抓好定点扶贫，发力产业扶贫，推进电商扶贫，全力推进脱贫攻坚。年末精准扶贫贷款余额为104.11亿元，新增36.65亿元；开设善融商城河北助残馆，贫困县善融商户覆盖度达100%；裕农通助农点实现定点扶贫村100%全覆盖；选派127名优秀干部开展驻村帮扶，因地制宜开展“造血式”扶贫。二是打造“劳动者港湾”，关爱劳动者。开放共享金融资源，在所辖768个网点建设并开放劳动者港湾，与河北省总工会合作共建“户外劳动者服务站点·劳动者港湾”，全年为快递小哥、环卫工人等户外劳动者提供歇脚、喝水、如厕等服务340多万人次。

（四）强化底线思维，全面防范风险

严格落实“风险管理职责进党委”要求，强化底线思维，加强全面风险管理。一是信贷风险管控有力。深化信贷结构调整，筑牢“预防、监测、管理”体系，强化经济资本约束和引导，加强资产业务全过程管理，信贷资产质量进一步改善。二是合规案防有效加强。着力构建严密的内控案防体系，教育和惩治并举，引导全员合规经营。三是安全运营得到保障。深化“平安建行”创建，创建率达到97.4%。抓实信访维稳，较好地发挥了首都政治“护城河”作用。抓实柜面风险、操作风险、IT风险管控、印章、保密以及关联交易、反洗钱客户身份识别管理，做好“一区双录”和消费者权益保护，营造了安全稳定的运营环境。

（五）关心关爱员工，加强队伍建设

一是持续做好关爱员工工作，重点做好分行关爱员工10件实事落地落实，推出关爱员工20大举措。二是树立鲜明业绩导向，制订《河北分行重大工作突破奖励方案》，奖励干部担当作为。启动启航、英才、储备、继任、领军五级进阶式人才培养工程，做好干部培育、选拔、管理和使用，进一步畅通员工晋升通道。三是加强员工培训，挂牌建行大学河北分校、建行大学河北省分行员工成长学院和建行大学河北省分行乡村振兴学院，建立大讲堂学习制度，建立先进典型荣誉表彰体系，营造良好的企业文化建设氛围。

执笔：史庆辉

山西省分行

山西省分行行长　江文波

一、业务发展概况

负债业务：全量资金余额为4352亿元，新增318亿元。核心存款余额为3419亿元，新增251亿元，四大行第一。其中企业存款新增24亿元；个人存款新增227亿元，四大行第一。

资产业务：各项贷款余额为2353亿元，四大行第二；新增148亿元。其中个人类贷款余额、新增四大行第一；普惠金融贷款余额四大行第一。

中间业务：实现收入21.45亿元，四大行第一；同比增长2.14亿元，增速系统第七。

客户发展：单位人民币结算账户总量17.8万户，新增2.4万户。总量、增量均保持四大行第一。

经营效益：实现主营业务收入92.1亿元，增幅为7%。实现拨备前利润57.6亿元，增幅为12%，高于系统平均水平6.5个百分点；员工收入增长9%。

资产质量与风险控制：不良贷款额为42.33亿元，不良贷款率为1.80%，下降1.41个百分点。

内控合规建设：落实"两防"联席会议制度，强化员工行为日常管理，严肃开展责任认定和责任追究；反洗钱工作综合评级连续四年获得监管A级评价；圆满完成银保监风险管理及内控有效性现场检查配合工作，荣获总行"整治市场乱象优秀组织奖"。

二、主要工作举措

（一）坚定政治忠诚，铭记初心履践使命

抓牢组织保障。第一时间召开动员大会，成立领导小组，编制行动方案，推广特色经验做法。临汾分行鼓楼支行作为全国建设银行系统选出的4名先进典型代表之一上报中央第十二督导组和中组部。抓实教育研讨。原原本本学原著悟原理，每位班子成员谈体会、谈见解、谈感悟，入脑入心，学有所获；举办"永不消逝的党魂"全国首场张富清英雄事迹报告会、十大"最美建行人"风采展示大赛，引导群众见贤思齐。抓深调查研究。以"党建、作风建设、风险防范、金融科技、脱贫攻坚"为专题，开门听意见，多方查问题，对照党章、准则、条例及18条重点内容逐一查摆违背初心和使命的问题。抓严整改落实。建立问题、责任、举措、成效"四位一体"整改体系，党委班子主动认领问题，整改落实；建立"建账、对账、查账、销账、交账"机制，第一批整改完成率达95%，第二批达到100%，确保见行见效。

（二）坚定战略定力，创新智慧政务模式

智慧政务落地得到总行党委高度肯定，在工作会上两次作经验介绍；赢得政府全面信任，省委省政府将"三晋通"App写入省委经济工作会议报告和"两会"政府工作报告。一是一点切入，"一部手机三晋通"App成功上线运行。（智慧政务放在三大战略后面，各行统一排序）总行与山西省政府签订"数字山西"建设全面合作协议。先后完成4期迭代，以"23个办事主题+15

个特色主题”上线1178个事项，用户注册553万、点击办件量超过1000万人次。6.5万个审批事项可同步查询；嵌入“惠懂你”、对公预约开户等金融功能；新增农民工工资查询、晋中“中易办”城市频道等特色应用。二是系列项目，多点开花。“互联网+监管”、工建审批系统、数字房产、智慧政法、领导驾驶舱取得阶段性成效。三是顶层引领，系统集成。深度介入山西“数字政府建设实施方案”“优化营商环境行动计划”，正在参与开发的占比过半。四是立体赋能，渠道共享。62个政务便民事项同步到全省3.6万个“裕农通”平台，2.5万个行政村全覆盖；145个高频政务事项及58个缴费项嵌入30台政银服务一体机及418个网点的1480台STM，百姓随时随地可办政务。

（三）坚守家国情怀，精准服务实体经济

助推地方经济提升发展质效。紧紧围绕山西省委省政府转型综改试验区建设和供给侧结构性改革的经济发展主线，2019年累计投放各项贷款1700亿元，集中支持公路、铁路、电力、建筑、制造业、城市基础设施建设、乡村振兴等领域，为综改示范区建设提供贷款121亿元；支持企业深化改革，参与组建山西交控银团项目，实现投放116亿元。释放投行融智作用，承销非金融企业债券145亿元，认购地方政府债89亿元；撬动民间资本35亿元支持市场化债转股，累计落地148亿元，金融机构第一；为省属煤炭重点企业投放保险资金56亿元。增强国际业务服务能力。加大对山西构建内陆地区对外开发“新高地”的金融支持，表内外信贷余额同比增速为54.6%，“单一窗口”用户任务完成率系统第一，“跨境e+”平台签约客户新增完成率达189%。对公外汇存款余额连续四年保持四大行第一；跨境人民币客户增速系统第一。汇聚众力决胜脱贫攻坚。金融精准扶贫贷款额突破50亿元，增速高于各项贷款平均增速15个百分点。电商扶贫收到订单12万笔，交易额为10亿元。定点扶贫、公益扶贫力度加大，189名干部员工加入91个定点扶贫村，投入200多万元捐赠扶贫资金。

（四）坚定人民立场，普惠服务社会民生

普惠金融贷款余额为134亿元，以绝对优势领先同业。大数据赋能疏解融资难题。小微快贷客户、贷款均实现翻番；“惠懂你”App与“三

2019年4月20日，山西省分行举办第三届职工运动会。

晋通”App成功对接，累计绑定企业4.3万户，余额为18亿元。成功举办系列产品发布会，“交易快贷”“个体工商户经营快贷”“云电贷”“晋叶云贷”“医保云贷”“云税贷”等业绩卓著；信用快贷年利率降幅达32%。小微快贷、“云税贷”写入“两会”政府工作报告。B端赋能助推核心企业去杠杆。网络供应链累计为48家核心企业投放贷款89亿元，服务上下游小微企业供应商800户，增长171%。“民工惠”业务根植欠薪难题。“民工惠”完成金额18亿元，惠及18万次农民工群体，为破解“农民工讨薪难”蹚出一条新路子，社会反响热烈，省委常委曲孝丽给予专门批示，省住建厅写入官方文件全面推广。普惠非金融服务走出新格局。“劳动者港湾”覆盖全部对外营业网点，日均服务5000人次，荣获“劳动者港湾建设运营工作先进分行”称号。与山西大学签订“建行大学”合作办学协议，邀请其作为成员单位加入新金融人才产教融合联盟。举办金智惠民现场培训班175期，覆盖11个地市，赋能3.5万群体。开展学子暑期下乡实践活动，策划“七彩之旅”“拉手行动”，引导莘莘学子参与助力乡村振兴。

（五）坚持创新实践，构筑“第二发展曲线”

夯实客户账户经营基础。启动“3+2”攻坚战，ETC、社保卡均居同业第一；个人客户质量明显改善，零资产客户激活比例系统第一；对公加权有效客户新增计划完成率超过200%；商户净增完成率达128%；代发工资额增幅为16.6%。增强新零售竞争力。个贷余额、新增保持四大行第一；信用卡累计客户、消费交易额、分期交易

额、贷款余额、中间业务收入、资产质量六项核心指标四大行第一；创新“晋社区”平台，与全省最大的零售连锁商“唐久便利”开展合作；“手机银行活跃提升年”效果显著，提升6个位次；在晋城等地试点“C端突围”商户间权益交易市场，个人客户新增1万户。内外协同提升交易性业务能力。融资租赁收入完成率达304%；保函市场份额四大行第一；以A档第一梯队成绩中标山西省职业年金受托人资格；资管投行收入同比增长58%；票据贴现收益率系统第二；对公黄金积存新增客户为上年的6倍。

（六）坚持标本兼治，全面主动管控风险

积极落实总行三管齐下、五个到位、风险管理职责进党委等要求，以“标本兼治”为总原则，加快处置、反复摸排、调整结构、优化流程。治标方面，实事求是，做实资产质量，加快不良贷款处置。2019年累计处置79亿元，为近五年年均处置量的3倍；累计现金回收40亿元，回收率为52%；成功运用市场化债转股方式处置大额风险资产7.9亿元。治本方面，反复摸排，准确分类，坚决把风险因子控制在可控范围内。加快结构调整，先进制造业、战略性新兴产业合计新增88亿元；个贷行内资产占比接近系统平均水平；主动全额或减额退出中高风险客户42户共34亿元；拨备覆盖率由170%提升至237%。优化流程，全面实施“六集中三统一”，提升审批效率，潜在风险得到阻燃。

（七）坚持从严治行，凝聚砥砺前行合力

正本溯源从严治党。从严落实“两个责任”，切实履行“一岗双责”；完成派驻纪检组改革任务，构建完整监督体系，召开警示教育大会，深化四种形态运用；切实为基层减负，全面减少会议、发文、报告报表、督查检查，完成既定目标。精细管理优化机制。完善太原地区行机构设置，强化省分行直接经营能力和服务效率，提升太原地区市场竞争力；增强渠道运营能力，网点实现县域全覆盖，推进“美化、亮化、标准化”，社会形象提升；打造优质服务标杆，临汾鼓楼支行荣获“中国银行业文明规范服务百佳示范单位”称号；“五星级网点”获评数量四大行最多；消费者权益保护工作监管考核第一。在山西金融服务口碑榜评选中，建设银行山西省分行高居“服务山西经济综合贡献奖”和“消费者满意大堂服务奖”榜首。干部队伍活力迸发。树立选人用人正确导向，公开选拔二级分行副职，推进百人工程交流挂职，储备优秀青年骨干，进一步优化队伍年龄结构。抓牢意识形态导向，不断在央视、新华社、人民日报等央媒，山西主流媒体及建设银行报发出山西建行好声音。依靠学习提升能力，“建行系列讲堂”分别开展35期、240期、6800期，全员综合素质得到提升。以人为本关爱员工，落实年度关爱十件事，实打实解决员工衣食住行难题。信访工作管控得力。实现“三个下降”，连续4年总行系统考核第一，确保全行安全稳定运营。

执笔：薛峰

内蒙古自治区分行

内蒙古自治区分行行长　邵　斌
（2018 年 8 月免）

内蒙古自治区分行行长　张连钢
（2018 年 8 月任党委书记、12 月任行长）

一、业务发展概况

（一）主要业务指标

截至 2019 年末，一般性存款日均余额为 3057 亿元，新增 294 亿元，增幅为 10.64%，余额、新增均列四大行第一。各项贷款余额为 2492 亿元，四大行占比 30.16%，排名保持第一。实现中间业务净收入 18.36 亿元，计划完成率达 99.25%，四大行占比 33.3%，排名第一。实现拨备前利润 60.91 亿元，计划完成率为 86.5%，四大行排名第一。

（二）客户、账户

公司机构客户、个人有效客户折算后增速均高于系统平均水平。对公有效客户增速系统排名第三。个人客户总量达 1312 万人；个人有效客户（折算后）新增 165 万户，增速为 13.29%，系统排名第一。单位人民币结算账户总量、新增均保持四大行第一，优势不断扩大。账户总量 16.1 万户，四大行占比 38%，新增 1.73 万户，四大行占比 39.1%；基本结算账户占比 78.2%，系统排名第八位。

（三）三大战略

住房租赁战略。上线住房租赁系统 31 个，新增社会化房源 3.2 万套。完成呼和浩特等地区住建部公租房系统贯标及联网。配合自治区住建厅完成全国房产信息联网。普惠金融战略。普惠金融（8+1）口径贷款新增 18.4 亿元。完成银保监会“两增两控”目标。“小微快贷”新增、“惠懂你”授信客户净增、“惠懂你”新增客户绑定率均超额完成计划目标。资产质量保持平稳，不良率为 2.52%，较年初下降 2 个百分点。发放“民工惠”贷款 5583 万元。“劳动者港湾”可提供 22 项便民服务，新建特色“港湾”15 个，累计服务 134 万人次。成立建行大学内蒙古区分行分校，累计举办“金智惠民”培训 281 期，参训 1.66 万人次。累计拓展“裕农通”服务点 1.2 万个，当年新拓激活服务点 1.1 万个，乡村覆盖率达 108.8%，实现全区“裕农通·村村通”双覆盖。金融科技战略。成功上线 ETC2.0 项目、公积金快贷等 20 多个社会化服务平台和业务赋能平台。启动实施智慧体育综合服务平台。兴安盟三家医院被选为“建融智医”全国第一批试点项目。系统首家上线网点大堂无线创新暨分行网络灾备项目。

（四）零售业务

零售及网络金融条线中收占比达80%。118个网点存款新增超亿元，占网点总量的36%。个人客户经营综合竞争力系统排名第10位，较年初提升4位。“一个个贷中心、配备多个前端直营机构”的新模式落地实施。住房资金归集余额四大行第一。私人银行客户及金融资产增速系统排名第5位、第12位。信用卡客户突破200万，消费交易额突破1000亿元，多项核心指标保持四大行第一。网络金融客户四大行第一，新增“悦生活”场景864个。零售业务发展水平综合评价系统排名第6位。蝉联2019年度内蒙古最佳零售银行奖。

（五）对公业务

网络供应链融资增速系统排名第10位。累计贴现136亿元、新增30亿元。新型结算交易业务增速为22%。“建筑工人薪酬宝”项目全面落地。完成代客资金交易16.42亿美元，四行排名第二。对公黄金积存、大宗商品累计交易额分列系统第八位、第五位。累计新增债券承销、理财、市场化债转股等277亿元。财务顾问业务收入同比增长112%。

（六）国际业务

“单一窗口”绑定客户计划完成率系统排名第六位；贸易融资累计投放12.3亿美元，四大行排名第一；国际收支客户增长率系统排名第一；跨境风参、国内信用证、福费廷等重点产品全面落地，全年发生业务量12.8亿元。在自治区外汇管理局2019年度外汇业务合规考核和跨境人民币考核中均获评A类。

（七）资产质量与风险控制

截至2019年末，不良贷款率为2.19%，与上年基本持平。全年处置不良资产32.07亿元，拨备回拨5.59亿元，不良资产处置量、质、效协调推进。全面实施集中审批，减员增效成果显著。操作风险、柜面风险管理水平持续提升。连续八年未发生6级以上信息安全事件。稳妥有序做好包商银行托管工作，助力化解金融体系风险。

（八）内控合规

创建合规管理对接机制。开展合规检查85次，发现违规问题165个，处置机构179个，处置人员2737人次，开展警示教育1761次。反洗钱工作水平持续提升，在人民银行呼和浩特中心支行2019年度的反洗钱分类评级中，获评A级，在非法人金融机构中位居第一。

2019年12月31日，内蒙古区分行举办建行大学内蒙古自治区分行分校成立挂牌仪式。

二、主要工作举措

（一）坚定不移强化党建引领、从严治行

坚持党建引领。深入学习宣传贯彻党的十九届四中全会精神。扎实开展“不忘初心、牢记使命”主题教育，检视梳理问题378个，其中236个立行立改问题全部整改。深入学习宣传张富清同志先进事迹，成立以张富清命名的工作团队近600个。深化推进“联学共建”和“党员示范岗”创建。建立“绿色党员之家”。坚持党建带工、群、团建设，完善民主管理，召开三届二次职工代表大会，各项工作稳步推进。强化从严治行。全面完成纪检派驻改革。深入开展四风专项整治。深化“四种形态”运用，运用“第一种形态”159人次，给予党纪处分4人次。对43个机构开展巡察，发现各类问题353个，区分行巡察工作考核系统排名靠前。整顿机关工作作风，做实基层减负年各项工作，发文、会议、检查分别减少52%、32%和55%。

（二）坚定不移服务国家和自治区大战略

紧跟自治区着力扩大内需、加快构建现代产业体系、深化供给侧结构性改革、继续打好三大攻坚战、统筹城乡区域协调发展、实施更深层次改革、扩大对外开放、保障改善民生等方面的改革导向，进一步提升服务实体经济能力。全年投放人民币非贴贷款677亿元。坚持生态优先，全力推进绿色金融发展。成立绿色信贷委员会，制定《全面加快推进绿色金融业务发展实施意见》。绿色信贷余额为290.4亿元。全力支持民营企业发展，民营企业贷款余额为391亿元，当年投放254亿元，民营企业客户新增8002户。认购地方政府债券226.4亿元。ETC累计签约95.5万户，四大行排名第二，计划完成率从系统排名第36位跃升至第22位。全面助力脱贫攻坚，金融精准扶贫贷款余额为96亿元，当年累计投放12亿元。实现善融商务扶贫交易额为3623万元。扎实开展定点扶贫各项工作，累计实现脱贫1758户、4116人，脱贫率达98.19%。

（三）坚定不移加强全面风险管理

筑牢"预防、监测、管理"体系，加强全面主动风险管理。持续强化资产质量管控，加强信贷资产风险分类工作的窗口指导；以名单制管理为基础，主动压缩、退出潜在风险程度高、综合贡献度低、不符合政策导向的信贷业务；确定区分行重点帮扶对象；选择潜在风险大、社会影响大的十个关注类风险项目作为区分行风险管控示范项目，逐户制订风险管控方案，跟进化解进展。重点帮扶机构和区分行十大示范项目风险管控取得积极进展。列入区分行重点帮扶的3家机构合计化解重点风险项目7户，压缩信贷余额4.11亿元；区分行十大风险管控示范项目信贷余额较年初下降3.88亿元。加快推进信贷结构调整。零售类贷款占比30.4%，较年初提高3.17个百分点；普惠金融贷款占比2.02%，较年初提高0.71个百分点；零售、普惠金融、优先支持行业、绿色信贷和先进制造业贷款占比均完成总行确定目标；重点控制行业贷款余额继续下降；前六大行业贷款集中度较年初下降3.7%；政府购买服务贷款余额较年初下降22亿元。

（四）坚定不移推进新零售转型

坚持探索符合新零售业态的全新发展方式，不断优化新业态下的生产关系和生产要素。以做好用户经营为出发点和落脚点，将数字化经营核心理念和方法寓于经营分析、系统工具、经营决策和效能评价全过程。扎实推进"两个一体化"经营落地落实。精耕细作用户经营，建构以"智能魔方"、营业机构"四梁八柱"效能诊断、"两个一体化"经营评价体系等为核心的"数据工程"，为全行各层级经营决策、精准施策提供数据支持。为网点提供"一行一策"支持的个人客户矩阵式经营体系架构，精准赋能网点，提升用户价值。个人存款日均新增312亿元，增幅为20.73%，个人存款时点余额及新增，日均余额及新增均四大行第一。网点到店客户营销成功率达25%。手机银行到店客户276万人，同比增加112万人，到店率为78%；手机银行办理现金分期、账单分期、理财产品、基金、保险的交易额分别提升29%、7%、44%、43%和45%；"9选4"模式将存量活跃客户留存率大幅提升至91%，高于系统平均水平14个百分点，系统排名第二。

（五）坚定不移推进关爱员工措施落地实施

一是为保障全行基层员工基本薪酬福利水平，进一步深化对广大员工的关心关爱，增强员工对预期收入增加期望值满意度，从2019年1月起调整增加单位薪点值150元。二是按照总行要求，专项核定落实体检费、工作餐食补助、补充医疗保险和员工防暑降温费等专项福利费用的安排，确保各项补助标准与总行明确的标准保持一致，持续改善基层员工福利保障水平。三是建立全行统一的补充医疗保险商业化运作模式，进一步完善和规范补充医疗保险基金管理和运用，为员工建立全方位医疗服务保障。四是持续开展青年员工家长进建行活动。准格尔、乌兰察布、包头、赤峰分行通过多种形式开展活动。

执笔：其木格

辽宁省分行

辽宁省分行行长 杨铁军

2019 年 9 月 2 日，辽宁省分行与辽宁省营商环境建设局、省信息中心签订《辽宁省政务便民综合服务平台合作备忘录》，辽宁省营商环境建设局周轶赢、辽宁省信息中心主任甄杰、辽宁省分行行长杨铁军出席。

一、业务发展概况

（一）资产负债

截至 2019 年底，各项贷款余额为 3394 亿元，新增 165 亿元。一般性存款日均余额为 4693 亿元，新增 470 亿元。均保持四大行第一。

（二）经营效益

实现中间业务净收入 30.4 亿元，新增 2.7 亿元。税前利润 54.7 亿元，新增 45.7 亿元。均为四大行第一。

（三）资产质量

不良贷款为 60.7 亿元，减少 34.8 亿元；不良率为 1.79%，下降 1.15 个百分点。计提表内外信贷减值准备金 18.3 亿元，减少 52.5 亿元。拨备覆盖率为 170.5%，提升 56.9 个百分点。

（四）客户发展

新增对公加权有效客户 2.8 万户，首次实现二级行全部正增长。新增个人有资产客户 90.8 万户，占全量客户比重提升 2.4 个百分点。新增手机银行活跃客户 73.2 万户，增长 38%，系统第二。新增私人银行客户 453 户，同业第一。新增单位结算账户 3.4 万户，连续六年四大行第一。

（五）结构优化

先进制造业贷款、战略性新兴产业贷款、优先支持行业贷款、绿色信贷分别增长 433.8%、120.8%、30.1% 和 12.5%。民营企业贷款增长 39.2%，国有大型商业银行中唯一获得辽宁省委、省政府支持民营企业发展奖励。个人类贷款占各项贷款余额的 40.6%，提升 1 个百分点。八项重点产品实现中间业务收入 22 亿元，增长 25.8%，比分行平均增速高 14.8 个百分点。

（六）交易性业务

投行业务中收 5.4 亿元，四大行占比 62.4%，提高 5.1 个百分点；投资标准化资产 30 亿元，增长 76%；非标准化资产余额下降 13.3%。托管业务中收 0.67 亿元，四大行占比 66.8%，提高 3.6 个百分点；获得盛京银行、阜新银行理财产品托管资质，他行理财托管规模系统第一。认购地方政府债券 226 亿元。承销非金融企业债券 55 亿元，四大行第一。债券分销业务量 241.5 亿元，是上年的 3 倍。

（七）零售业务

总行零售业务发展水平综合评价排名第五位。个人住房贷款业务，对 10 家重点优质房企采取直营模式，投放金额同比提升68%。贷款余额为1209.8亿元，新增89.5亿元，四大行占比34.1%，提升0.4个百分点；还原证券化后，新增123.4亿元，均保持四大行第一。信用卡业务，净增信用卡客户19.3万户，系统第十四，提升九位；做大消费金融，分期业务交易额为102.5亿元，增长22%。

（八）三大战略

住房租赁，累计上线房源10.3万套，新增4.7万套；注册用户27万户，新增8.2万户。普惠金融，贷款余额为118.8亿元，新增15.3亿元，均保持同业第一；贷款客户2.5万户，新增0.3万户。金融科技，全力参与数字政府建设，系统首批上线省级政务平台“辽事通”App。

二、主要工作举措

（一）提高服务本领，“三个能力”建设持续增强

积极服务实体经济、民生及国防建设。对公贷款余额为2015亿元，新增66亿元，均为四大行第一。鞍钢集团三期债转股落地84亿元。独家代管省级预算单位资金集中管理业务，营销省本级职业年金总托管账户、医疗保障事务服务中心基本账户和13个市（县）职业年金归集账户。与沈阳联勤保障中心建立战略合作关系；新签“军建安鑫”14户，系统第1；设立“裕农通退役军人创业服务站”30家。

不断筑牢风险防控“底板”。不良贷款额和不良贷款率、逾期贷款额和逾期贷款率、新暴露不良贷款额和不良贷款率，近三年以来，首次实现全部“双降”。“30大”项目有26户取得进展，处置化解44.5亿元，化解率为33.9%；落实信贷结构调整规划，压退高风险贷款29.3亿元；通过巡回指导帮助二级行逐户制定改进措施，月均节约经济资本9亿元。持续推进不良资产攻坚战，处置不良贷款30.4亿元；不良贷款现金回收11.6亿元，已核销资产现金回收1.4亿元，均为历史最高水平；配合政府化解重大金融风险，完成沈阳机床、丹东港37.4亿元不良资产项目重整；协同打通司法催收流程，个贷新暴露不良10.1亿元，减少2.9亿元。筑牢合规管理防线，处置违规事件157起，问责机构60家、464人次。积极配合内外部检查，内审和外部检查发现问题整改率达96.6%。

发挥建设银行集团整体优势，扩展深化境内外联动业务。办理国际商业转贷款149.6亿元，跨境风参、福费廷等交易性融资业务345亿元，实现联动中收2亿元，新增0.6亿元。把握“单一窗口”机遇，绑定客户514户，新签约“跨境e+”客户1199户，新增“跨境快贷”客户67户，投放贷款3390万元。实施对公外汇业务政策集中审核，38家网点新开办对公外汇业务，网点覆盖度提高7个百分点。

（二）贯彻新金融理念，“三大战略”落地不断深化

因地制宜全面布局住房租赁。9个城市①上线公租房平台，沈阳、鞍山等4市完成贯标，累计拓展公租房8.5万套，占全部公租房源的53%。完成全辖住房网签信息联网，获取房产数据资源800万条。深度介入沈阳自有住房交易资金监管系统，开辟“数字房产”推广新模式。探索存房业务路径，组建建信住房辽宁分公司，挖掘公租房托管运营、养老机构集中式存房、企业闲置资产盘活三种业务模式，储备地铁公租房等5个项目。

全员全渠道发展普惠金融。召开“万人动员”大会，强化战略穿透。实施精神激励，制定大数据信贷产品尽职免责细则，研发“普惠盾”“普惠E”“普惠助手”三大辅助管理工具，破解员工不想、不敢、不会难点。做强供应链金融，新增贷款23.6亿元，普惠贷款占比32.5%，提升24.8个百分点；投放“民工惠”专项贷款8亿元，服务农民工6.4万人次；创新“三角惠”，助力解决“清理拖欠民营企业中小企业账款”问题；为上游小微企业办理贴现6亿元。持续释放大数据信贷潜力，上线“薪金云贷”“政采云贷”等7项产品②，“抵押快贷”覆盖面扩大到全省11个地市，“小微快贷”贷款余额新增22.2亿元，

① 9个城市：沈阳、鞍山、抚顺、本溪、丹东、锦州、营口、朝阳、盘锦。

② 7项产品：“薪金云贷”“政采云贷”“云电贷”“交易快贷”“科技云贷”“个体工商户经营快贷”“辽叶云贷”。

年均周转4.3次，覆盖全部网点，点均客户26户，点均授信1163万元，均翻倍增长。“惠懂你”企业绑定5.21万户，新增4.4万户；贷款客户转化率为8.1%。

金融科技深度赋能。“新一代”系统应用成效显现，依托“3R”提升智能风控水平，贷前拦截问题客户61户；预警客户下迁率为0.04%，系统第三；用好“反洗钱清单监测系统”和“黑名单组件”，差别化管控，对公、对私客户信息有效率为94.78%、92.92%，分别提升5.2个和14.45个百分点；运用“大众客户智能直营平台”深耕长尾客群，触达客户145万人次，手机银行直接引流17.1万人次。

（三）全面推进转型创新，培育业务发展新动能

C端突围持续升级扩围。创新客群深耕模式，新增ETC签约116.3万台，同业占比42.3%，累计签约157.9万台，均保持同业第一；实施收粮客群专项营销，拓展收粮经纪人207名，承接资金2.5亿元。打造“8+N”场景商户营销体系，贯通48个重点场景，个人商户总量20.7万户，新增3.7万户。推进个人客户线上经营，建立“三方平台缴费支付客户引流”等97项精准营销任务，触达客户724万人次。

深入开辟农村金融新市场。涉农贷款余额为227亿元，新增17亿元。推广“裕农贷”，上线两周，对接1.68万户种植农户，授信1.44亿元，投放贷款503万元。联合海尔、联通、卫生站等社会力量共建“裕农通”服务点，覆盖全省1.15万个行政村，系统首批实现“村村通”。

主动推进B端赋能。积极培育大型行业商户及带动能力强的核心企业。协助烟草公司更好服务商户，定制“辽叶云贷”等综合金融服务，升级收银机具精准管控销售资金，新签约烟草商户2106户。助力监管，研发专用智能POS，将省公安厅“机动车修理业治安管理信息系统”直接连接商户，拓展“惠行机修”商户2640户。

（四）深入推进精细化管理改革，激活发展内生动力

创新协同联动机制。以五大联动指标为抓手，推动公私联动常态化、规范化、流程化，代发工资1102亿元，新增74亿元；基本户代发覆盖度系统第1。新拓“悦生活”场景1024个。新增对公高贡献商户1565户，带来存款142亿元，同比新增43亿元。“E托宝”房开贷客户签约率达100%。“惠懂你”新增绑定个体工商户1.48万户。

着力提升网点综合服务效能。分行物理渠道建设三年规划落地成效显著，累计建成旗舰网点7家，机构迁址50个，调整低效网点25个，新设网点和离行式自助银行54个、实施装修277个。入围中银协百佳网点1家、五星网点5家、四星网点4家、三星网点2家，同业第一。推进资源配置改革，落实绩效工资穿透网点；优化结构，一线工资总量增长4.6%。推进柜面授权业务集中处理，组建鞍山、盘锦授权分中心，交易覆盖率、授权集约度分别提升28.64个和32.59个百分点；上线“网点报修”App，为沈阳地区提供日常类维修923次，维修费用降低18%。

持续推进集约化管理。加强房产管理，整改“两高一低”① 租赁网点99处，统一管控租赁价格，节省租赁费用1071万元。集中管理全省工程类维修，节约资本性投入563万元。对分行档案管理中心实施密集架改造，扩展8年存储空间。严控十一项定额费用，减少1239万元，降低15%。成本收入比为33.01%，下降1.14个百分点，同比多降0.95个百分点。

强化中台支撑水平。统筹推进授信业务集中审批，先行试点、分批推进，信用额度审批平均用时缩短4.21个工作日，单笔支用平均用时缩短1.36个工作日。完善集中放款操作流程，精准调度，放款效率系统第三。

（五）坚守为民情怀，主动践行国有大行担当

做好脱贫攻坚，新增金融精准扶贫贷款2亿元；善融商务扶贫交易额为1.29亿元，增长30%；帮助组建肉鸡养殖公司和种植合作社，以产业扶贫巩固脱贫成效。

金智惠民赋能社会。建行大学辽宁省分行分

① “两高一低”：超面积、高租金、低效率。

校暨员工成长学院、乡村振兴学院正式挂牌，培训1.67万人。在浙大、沈阳农大，培训“第一书记”、扶贫干部等农村骨干104名。

用心打造温情港湾。组织各级“青年文明号”集体走进“劳动者港湾”，开展公益及宣讲活动371次。创建分行首家“创业者港湾”联盟店。

（六）推进党建与业务深度融合，激发国有金融发展强劲动力

扎实开展“不忘初心、牢记使命”主题教育。组织各级党员领导干部集中学习726期，形成调研报告206份。分行党委检视问题28项，整改64%；分行部门整理问题清单100条，整改81%；二级行领导班子检视问题479个，45%立行立改。其中，对大中型客户信贷业务流程进行优化，效率提高63%，切实把主题教育成果转化为解决问题、推动发展的实际行动。

推进党建工作协同发展。提升基层组织力和基层党组织战斗堡垒作用，发挥弘扬党员在各项劳动竞赛中的先锋作用。关心关爱员工，补充医疗保险重疾保障额度提高至50万元，赔偿身患重疾员工0.29亿元，是上年的2.6倍。

厚植“新金融”发展的人才基础。增强多岗位历练，平调交流领导人员51人。坚持基层导向，提拔16名领导人员中80%来自基层行。加快梯队建设，选派48名优秀年轻干部交流挂职。实施职等奖励晋升，399人获得晋升。

强化政治监督从严管党治行。高效完成纪检监察体制改革，严肃执纪问责。充分运用“第一种形态”，处理人次占“四种形态”处理总数的94.5%。总行巡视反馈问题全部整改到位。对3家二级行开展个人住房不良贷款履职尽责机动式专项巡察。

坚决克服形式主义官僚主义。在完成总行基层减负量化考核计划基础上，主动精简微信工作群420个，压缩32.2%。破解问责难题，对1起漠视群众利益问题，启动党内问责程序。

执笔：孙三齐

吉林省分行

吉林省分行行长　梁德顺

一、业务发展概况

（一）资产负债

截至2019年底，全口径存款时点和日均余额及新增额、对公存款日均余额和时点余额及时点新增额、个人存款时点和日均余额及新增额等11项指标均居四大行首位。全行全口径存款时点余额为2950亿元，时点新增额256亿元；全口径存款日均余额2882亿元，日均新增额为240.9亿元。各项贷款余额居四大行第二位，对公贷款余额、个人贷款新增额居四大行首位。各项贷款余额为1930亿元，新增额为82.8亿元。其中，对公贷款余额为1157.7亿元，个人贷款余额为771.8亿元。

（二）经营效益

全年实现中间业务净收入19.2亿元，拨备前利润45.4亿元，持续保持四大行首位。

（三）资产质量

不良贷款额为60.39亿元，比年初下降3.54

亿元，不良率为3.13%，比年初下降0.33个百分点；逾期贷款余额为44.01亿元，比年初下降2亿元，逾期率为2.28%，比年初下降0.21%，不良额和不良率、逾期额和逾期率均实现“双降”。

（四）账户发展

结算账户总量14.5万户，账户净增1.2万户；基本账户总量11.7万户，账户净增1万户。结算账户及基本账户总量稳居同业首位。

（五）公司业务

持续推动落实“金融助振兴—吉林行动”，为20个项目投放85.2亿元。为轨道交通、城市开发、地下管网等基础设施建设投放贷款277.8亿元，为一汽集团综合授信450亿元，为中车长客、长光卫星等高端制造企业投放贷款115.9亿元，为修正药业、吉尔吉药业、金宝药业等重点医药企业投放贷款20.9亿元。积极支持皓月集团、中庆建设、中东集团等省内重点民营企业，民营企业贷款余额为422.9亿元，相关工作得到省政府领导批示肯定。

（六）机构业务

紧抓国家机构改革契机，省公安厅、省市场监督管理厅、省文化和旅游厅等政府类单位在建设银行开立账户32户，与省住房和城乡建设厅、省教育厅、省退役军人事务厅等签署了战略合作协议，相关客户存款余额为371.1亿元。

（七）投资银行业务

完成标准化资产配置12期，规模26亿元，承销及认购地方政府债券7期，承销额165亿元，依托总行支持和子公司联动，通过司法重整方式，完成了通钢集团债转股工作。

（八）国际业务

大力推动跨境融资业务，累计办理“跨境融资”业务26.5亿元；积极拓展对公代客交易业务，代客交易金额为62.3亿美元，业务量保持同业第一。

（九）个人金融业务

有效推进落实了新零售行动，运用大众客户智能直营平台拓展长尾客户，通过“个金晨露”“营销指引”“思维导图”等方式强化了过程化管理和针对性指导，全年个人核心存款新增四大行占比系统内排名首位，一级分行零售业务综合评价系统内排名第6位。

2019年7月23日，吉林省分行举办建行大学“乡村振兴——金智惠学”培训班。

（十）住房金融业务

新增住房贷款141亿元，居四大行首位。配合省直公积金中心实现系统全国首家接入住建部数据平台，住房资金归集新增51.9亿元。

（十一）信用卡业务

3项主要指标居四大行首位，全年消费交易额为572.4亿元，分期交易额为73.7亿元，信用卡累计发卡192.9万张。

（十二）网络金融业务

积极推动“一体两翼”网银直营模式，4项指标居同业首位。创新搭建“约惠吉林”平台，新增悦生活服务场景1237个。

（十三）风险防控

坚决落实总行风险管控“四管齐下”和“五个到位”要求，深化落实“风险管理职责进党委”，组织签订《信贷资产质量管控目标责任书》，实施资产质量“累进制”约束方案。动态调整完善分行信贷结构调整三年规划，优先支持类贷款余额为274.5亿元，比年初增长20.4亿元。建立风险管控重点分支行帮扶督导机制，加快推进总行和省行“30大”项目化解处置，全年共处置不良贷款74.22亿元。深入开展“双基”管理强化年活动，共梳理规章制度112项，优化流程43项，确定473条“双基”任务清单；扎实做好银保监局“巩固治乱象成果 促进合规建设”专项治理工作，注重问题“举一反三”和“自查自纠”，强化根源性整改。

（十四）住房租赁战略

与省住建厅签订战略合作协议，独家承办吉林省“数字吉林房产”信息化平台建设工作，完成省内9个主要城市住房信息联网上线工作，推进长春、吉林市、延边州等地区首批重点城市公租房系统贯标及数据采集工作，成功营销8亿元中央财政住房租赁奖补资金。全省住房租赁综合服务平台累计注册认证用户12.7万人，新增6.9万人；发布房源5.3万套，新增1.3万套；实现线上交易1369笔，新增670笔。

（十五）普惠金融战略

设立48家普惠金融特色网点，加大资源配置力度和考核权重。狠抓普惠金融系列特色产品营销推广，着力推动云税贷、个体工商户经营快贷、抵押快贷等小微快贷系列重点产品，普惠金融贷款余额为92.4亿元，较年初新增为13.9亿元，增速为17.8%，全面完成总行和监管部门考核计划。加力推广“惠懂你”App，通过嵌入“e商融通”企业全程电子化注册登记平台、在省工信厅官方网站进行宣传等方式，App拓展普惠贷款客户3287户，贷款余额为6.6亿元。

（十六）金融科技战略

扎实推进总行金融科技平台应用推广，积极推动分行特色平台与“数字吉林”建设有机结合，自主开发上线49个政务性、行业性、民生性共享服务平台，实现全省325个网点总行金融科技平台100%全覆盖，累计签约上线4217个，平台获客678.6万人。与省市场监督管理厅合作搭建“e商融通”企业全程电子化注册登记平台，共有1.7万户通过平台核准注册企业在建设银行开立账户，新设立企业四大行开户占比51.5%；与省税务局、省社保局合作建立“金税e保”智慧社保生态服务体系，累计代理缴费436.3万笔，金额为14.8亿元，相关工作得到田国立董事长批示肯定；与省财政系统合作搭建“数字财政”系列平台，实现中间业务收入1311.3万元，营销中央和地方零余额客户4585户，同业第一。

（十七）劳动者港湾

持续丰富延伸社会服务功能，与省退役军人事务厅合作增设“老兵驿站”，为退伍军人设置专属服务窗口和等候区，开展服务高考、节假日献礼、走进环卫站和交警队等特色活动510次，服务130.3万人次，拓展个人客户12.9万人。

（十八）建行大学

成立建行大学吉林省分行分校，着力推进“金智惠民”培训工程，开展“惠企”“惠农”“惠政”等培训1643期，培训2.7万人次；开展新时代政治使命教育、“三大战略”、核心业务能力等培训272期，培训5.5万人次。

二、主要工作措施

（一）坚持突出讲政治，强化党建引领实现新发展

深刻把握习近平总书记关于坚持党的领导、加强党的建设重要指示精神，紧紧围绕增强“三个能力”、助力打赢“三大攻坚战”、落实金融工作“三大任务”以及总行党委决策部署开展各项工作，注重将党建工作与经营发展有机融合，全面强化落实战略性重点业务发展等重点工作的党委主体责任，突出发挥党员领导干部先锋模范作用和基层党组织战斗堡垒作用，实现以高质量党建促高质量发展。

认真开展两批次“不忘初心、牢记使命”主题教育，组织读书班、理论中心组专题学习、领导干部学习研讨示范班，省分行党委班子成员结合8个调研专题先后17次深入二级分行和县域支行开展专题调研，形成8个方面、41类、112个具体问题的检视问题清单；各二级分支行及以下基层机构开展专题调研162次，征集意见建议512条，深入检视查摆问题632个。深入推进党风廉政建设，完成省分行本级纪检机构设置及职责调整，向所辖25家二级分支行统一派驻纪检组，实现派驻监督“全覆盖”。

（二）贯彻总行战略部署，提早布局抢抓市场新机遇

深入学习领会田国立董事长关于“第二发展曲线”和新金融行动系列讲话和论述精神，把握金融科技先发优势，在B端、C端、G端广阔搭建全方位合作发展平台。结合吉林农业大省实际，实现“e农心合”乡村振兴金融综合服务平台体系在全省全面推广落地，培育新的业务增长极，为全行保持市场竞争力和发展后劲提供有力支撑。

（三）转变经营理念，不断开拓创新塑造同业竞争新优势

努力提升习近平总书记提出的“五大思维”能力，加力推动落实新发展理念，深化推动“公司业务+”“个人业务+”“平台+”“客户+”“1+N”综合金融服务模式，持续拓展ETC、商户、代发工资、信用卡分期等战略业务，形成客户需求一点接入、多方协同的全方位联动服务机制，从多维度实现客户批量拓展。

（四）紧紧依靠员工和客户，凝聚各方力量开拓发展新局面

全行干部员工面对空前的压力和挑战，展现爱岗敬业、团结一心、无私奉献的进取精神和情怀担当，在分行创新推出的“行动学习”实战培训中，直面困难，紧咬牙关，奋勇争先，全面打赢旺季营销攻坚战。把握东北振兴发展机遇，将自身发展与支持地方经济建设有机融合，坚持以客户为中心的服务理念，紧紧依靠客户、始终心系客户、竭诚服务客户，用实实在在的成果赢得客户支持与认可，全面厚植业务发展基础。

执笔：贺楷元

黑龙江省分行

黑龙江省分行行长　樊庆刚

一、业务发展概况

（一）负债业务

截至2019年底，集团全量资金（账面口径）日均余额为3971.1亿元，新增310.3亿元，增幅为8.5%，高于系统平均增幅2.1个百分点。全口径存款（日均）余额为2959.3亿元、（时点）余额为3095.3亿元。一般性存款日均新增272.5亿元，同业四大行第二，增幅为10.2%、高于系统平均增幅3.3个百分点，9年来增速首次达到两位数，同比多增167.1亿元；时点新增314.7亿元，同业四大行第二，列系统内第15位、同比提升3位。一般性存款日均及时点新增均创10年来新高。

（二）资产业务

各项贷款余额新增83.1亿元，增幅为6.7%。若还原资产证券化出表和不良处置因素，各项贷款实际新增101.2亿元。对公贷款新增-0.4亿元，其中非贴现贷款新增18.8亿元、票据贴现新增-19.2亿元。零售类贷款新增83.5亿元，其中个人消费经营贷款92.3亿元，同比多投放32.5亿元；新增22亿元，均列系统内和同业四大行第一。为重点企业提供直接融资38亿元。

（三）中间业务

实现中间业务净收入13.1亿元，同业四大行第二。同业可比口径18项产品收入居四大行前两位，其中9项产品排名第一。

（四）经营效益

实现主营业务收入73.2亿元、拨备前利润37.2亿元，均居四大行第二；税前利润为37.8亿元，同比增长19.7%。创造经济增加值（EVA）20.03亿元，同比多实现6.21亿元，增幅为44.9%。

（五）账户发展

单位人民币结算账户净增2.54万户，达到19.86万户，增幅为14.7%，总量及新增继续领跑同业；基本结算账户15.58万户，四大行占比28.9%，跃居首位。公司机构加权有效客户新增1.44万户，为5年来最高水平。信用卡客户净增13.76万户，四大行第二。

（六）资产质量

不良贷款余额降至23.1亿元，较年初减少

10.6亿元，比总行控制计划少15.5亿元；不良贷款率降至1.75%，较年初下降0.98个百分点。逾期贷款余额为19.1亿元，较年初减少12亿元，比总行控制计划少20.5亿元；逾期贷款率为1.45%，较年初下降1.07个百分点。累计处置不良贷款25.4亿元，超额完成计划。不良贷款率两年累计下降3.85个百分点，重回“1”时代，彻底摘掉了不良大行的“帽子”。

二、主要工作措施

（一）抓党建，引领一切工作

扎实开展主题教育。分两批开展“不忘初心、牢记使命”主题教育，第一批主题教育问题整改率达到96.7%，第二批主题教育单位处级领导班子制定整改措施481项。力戒形式主义、官僚主义，深化基层减负，废止及拟修订规章96个，发文、会议、检查、报表报告分别压缩30%、25%、60%、15%。举办张富清同志先进事迹情景报告会14场，成立429个张富清金融服务队和党员突击队、226条张富清服务热线、474个党员示范岗和先锋岗。

着力加强队伍建设。从严选任省分行党委直管领导干部154名，选拔119名优秀青年干部深入基层挂职锻炼。增配基层一线八、九职等职数262个、旺季营销中级专业技术岗位职数140个。完善国际业务专营机构设置和县域支行负责人晋升四级专业技术职务机制。客户经理总量增至2922人。

巩固夯实组织基础。召开全行党建工作会议。将基层党建工作考核结果纳入等级行和KPI考核体系。建立省分行领导班子成员调研制度和二级分支行新任职党组织书记执行党委工作规则面谈机制。完善省分行机关党建工作机制。抓强基层组织力，新增党支部52个，整顿软弱涣散基层党组织25个。

全面深化从严治党。集中清理173名长期不在岗员工，专项整治亲属回避问题。建立定期分析研判政治生态制度。完成二级分支行纪检派驻制改革。制定纪委同级监督办法。开展政治、业务和专项监督21项。优化薛峰案件以案促改相关制度30项。招待费和会议费同比分别压缩4.8%和28.6%。巡察发现32个单位119个问题。建立

2019年7月4日，黑龙江省分行召开2019年扶贫工作会议。

省分行行领导带队现场反馈巡察意见机制。严肃执纪执规，党纪处分18人，行政处分168人次。

努力践行为民宗旨。召开全行扶贫工作会议，举办扶贫培训186次，精准扶贫贷款新增4.93亿元，善融商务扶贫交易额增长20倍，突破3000万元。投入扶贫资金533万元帮助332个贫困户脱贫。扫黑除恶专项斗争中堵截6起案件，挽回经济损失53.3万元，协助抓获犯罪嫌疑人1名。服务水平不断提高，13家机构被中国银行业协会评为星级网点，五星级网点数量四大行最多。“金智惠民”系列培训112期，受众2万多人次。开放“劳动者港湾”419个。完善信访工作机制，强化源头防控，信访来件数量3年来首次下降，被评为“中国建设银行信访工作先进单位”。

关爱员工。实施补充医疗保险“同心计划”。优化员工费用配置政策，工资总量同比增长6.7%；八职及以下员工人均薪酬同比增加11%；增设艰苦边远地区津贴和二级分行及以下机构员工岗位津贴；餐食补助增至6600元/年。为121名员工解决异地就业和两地分居困难。

（二）坚持守正创新，全面推进“三大战略”

实现住房租赁新突破。“蓝海项目”系统上线区域发展到45个，列系统内第14位；注册用户4.7万户；社会化房源增至18.81万套，增幅达285.4%，列东北地区分行第一；签约合同备案数和房源核验数分别增长445.6%和143.5%。与省住建厅签署战略合作协议，共同启动数字房产系统开发及应用项目。

开启普惠金融加速度。普惠金融（“8+1”口径）贷款余额为88.1亿元，新增33.9亿元，

增幅为62.4%，高于系统平均增幅9.9个百分点；授信客户新增3.08万户，增幅达139.5%。“智慧乡村”平台5款线上惠农贷款产品累计投放72.7亿元，惠及全省1636个新型农业经营主体和6.88万户农户，为农民增收减负约3亿元。布放“裕农通”服务点1.38万个，实现全覆盖；联动发行惠农龙卡23.2万张。开立农村经济组织账户830户。创新推出“惠农宝”系列产品。“民工惠”系统内分组考核排名第三，投放专项融资3.6亿元，发放农民工工资4.82万人次。小微快贷余额为22.4亿元，新增10.7亿元、增幅达91.9%，授信客户新增2527户、增幅达88.7%。网络供应链融资投放25亿元，余额为16.9亿元，新增6.7亿元，系统内分组考核第一。

为金融科技添注新动能。省市县三级10个智慧政务平台、27家医疗机构智慧医院项目、22所高校智慧校园项目、7个市（地）22个县（区）以及覆盖5万台出租车的智慧交通项目等相继投产或迭代优化。已上线和正在推进实施的金融科技项目累计149个，社会化平台用户发展到253万户，关联金融总量为893亿元。

（三）实行融合互联，蓄势延伸“第二发展曲线”

促连接，精耕银政互动。推出全国第一个金融业与文化旅游业全域合作的智慧旅游平台。系统内首批上线“互联网+不动产抵押登记”系统、“智慧工商联”系统、基层医疗“建融智医”云HIS和“建融慧学—缴费大厅”。同业独家参与省级政务服务一体化平台“全省事”App建设；上线“互联网+监管”平台，向国务院办公厅传输数据130万条。“慧缴税”项目实现全流程“一站式”纳税服务。完成“指点伊春”“智慧安达”等政务服务项目开发，“码上讷河”“鹤城在线”等平台功能完善升级。智慧油田企业级平台顺利落地。承接省税务局公众号代收社保费等“税费通缴”项目和省人社厅“办事不求人”便民项目。

拓商户，力耕草根金融。商户总量突破20万户，净增11.32万户，列系统内第3位，增幅达129.8%。其中，高贡献对公商户新增739户，增幅为38.1%；高贡献个人商户新增1.54万户，增幅达173.7%。商户客户关联存款400亿元，同比增长10.5%；收单交易量1.18亿笔，收单交易额达到630亿元，同比增长159.8%。“悦生活”云平台商户总量1.04万户，新增6705户，其中活动商户新增3617户，均居系统第一；新增“悦生活”交易场景5577个，列系统内第2位。创新“龙烟云贷”“龙医云贷”“个体工商户裕农快贷”等商户信贷业务。

搭场景，深耕便民服务。累计建设移动便民支付场景2.76万个，新增1.79万个。移动支付交易量占全部金融机构的83.19%。龙支付个人客户新增交易1900万笔。支持中石油、中石化使用聚合支付模式加油，交易笔数72万笔。创新打造“慧点单”智慧列车场景；绥化、伊春、鸡西智慧公交项目有序实施；牡丹江智慧公交平台形成区域轰动效应，扩口引流作用凸显；出租车智慧场景加速搭建；上线机动车登记服务站项目。

（四）根植实体，持续提升服务质效

支持经济发展转方式调结构。为大中型企业（项目）注入信贷资金366.2亿元。制造业贷款余额为99.8亿元，新增8.6亿元、增幅为9.4%，计划完成率达157%；绿色信贷余额为93.3亿元，新增11.9亿元、增幅为14.6%，高于对公贷款平均增幅13.8个百分点。发放民营企业贷款98.2亿元，贷款余额为123.8亿元。有序退出限制性行业贷款10.7亿元以及总行管控名单客户贷款6.43亿元。“众银帮”民营企业无还本续贷解决方案投放规模8000万元。落地全省首笔债转股资金——鑫达集团5亿元债转股项目，并为其提供5亿元股权收益权理财资金。

支持缓解政府债务风险和国资国企改革。地方政府债券承销总量达到903.3亿元，四大行占比30.7%，保持市场领先；新增157.8亿元，四大行第二，份额为28.7%。强化对省七大产业投资集团、哈电集团、北大荒集团、中国一重、哈铁路局等重要集团客户及优质企业的主动授信服务，授信总额约700亿元。与省建投、交投等5家产业集团签署战略协议，搭建现金管理网络。为省交投集团新增委托贷款31.2亿元。启动龙煤集团和建投集团20亿元债转股项目。

支持内需增长动力释放。投放个人住房贷款113.9亿元，余额突破500亿元，新增47.8亿元。个人消费经营贷款余额为53.6亿元，其中快贷项下业务新增24亿元，新拓客户27.7万户。推动省内7个重点城市公积金快贷功能上线，创新推出助保贷产品。信用卡年轻客群新增15.1万户，同比增长25.8%，高于系统平均增幅14个百分点。信用卡消费交易额达450亿元，同比增长6.5%，高于系统平均增幅0.5个百分点；实现分期交易额56.9亿元，同比增长8%。

支持沿边开发开放战略。国际收支客户新增15户。跟进服务黑龙江大桥口岸联检设施和黑河进出口加工区保税物流中心（B型）等重点项目。新签约“跨境e+”客户142户，实现平台产品应用全覆盖。系统内首家通过“跨境e+”贸易融资功能办理跨境风参业务。“单一窗口跨境快贷”绑定客户143户。“跨境快贷—退税贷”和国内证+福费廷自营业务成功“破冰”。同业中率先拟订支持黑龙江自贸区建设总体服务方案。落地系统内首笔美式小麦期权业务，办理2210吨玉米亚式期权交易；大宗商品套保客户净增404户。开办对公外汇业务网点增至92家，覆盖率由8.1%提升至22%。

（五）主动防控，不断筑牢风险底板

愈加有效防控风险。建立制造业客户授信申报“绿色通道”。有效压缩潜在风险较大和RAROC较低的存量贷款风险敞口。完成审批职能集中上收。推行贷前诊断和贷后跟踪会议机制。授信业务风险预评价向前延伸至客户贷后管理阶段。完善放款核查、终止及疑难诊断等机制。押品定期重估比率99.8%，同比提高5.6个百分点，高于系统平均水平。RAD预警核查处置率达到97.8%，同比提升26.5个百分点。观察名单客户下迁率0.34%，优于系统平均水平2.9个百分点。新暴露不良贷款14.8亿元，较总行控制计划少1.6亿元。近3年纯新发放对公大中型贷款零不良。批量转让和证券化大幅超额完成计划；现金回收已核销资产近2.15亿元；旗凯丽园“假个贷”实现全回收、零损失化解。

更加有力加强合规管理。合规管理工作系统内排名大幅度提升。合规检查项目75个，累计发现问题417个。违规处置力度空前，15名机构负责人被约谈，对违规机构采取各类处置措施93项，处置违规人员536人次。启动“3113”员工行为网格化管理试点，划分网格2015个。召开警示教育大会65次，组织观看警示教育片110场次，制发违规通报72份；二级分支行合规官送课上门582次，覆盖所有基层机构。监管处罚金额系统内排名下降13个位次，下降62.6%。被总行评为“巩固治乱象成果　促进合规建设”专项工作先进集体，并授予“优秀组织奖”。成立对公外汇政策审核团队。连续第3年获得监管部门A级评价。对公和对私客户身份信息完整率分别提高到92%和95%，人民银行反洗钱分类评级中也由B级晋升至BBB级。

（六）扬长补短，不断提升管理水平

开展“精细化管理年”活动。系统推行精细化管理方案，68个项目完成整改。减少风险加权资产无效占用5.2亿元，监管资本调整项减少4.65亿元。经济资本占用比例下降0.18个百分点，压降经济资本4.5亿元。对公客户RAROC提高0.27个百分点，个人贷款RAROC提高4.35个百分点。在业务量增长1.9%的情况下，表外信贷加权风险资产减少7.8%。风险成本率同比下降10.2个百分点。对公客户“两率”指标与系统均值的差距分别缩小1.68个和2.41个百分点。有序推进远程监控“五统一”项目和“1+3”消防制度落地，在全省第六轮安全评估中取得同业四大行第一的好成绩。启动物理网点综合竞争力提升工程，实施“四大战场”对公业务竞争力考核评价。远程集中授权实现网点和业务种类全覆盖，业务量上收率达到88.3%。自助设备与柜面账务性交易量比增至6.2，STM服务迁移率提高到92.2%。全口径稽核问题率下降1.01个基点，达到0.18‰。

执笔：王玉明

上海市分行

上海市分行行长　林顺辉

一、业务发展概况

（一）负债业务

截至2019年底，本外币全口径存款日均余额为12289.28亿元，新增543.70亿元，增幅为4.65%。本外币一般性存款日均余额为10000.72亿元，新增314.01亿元，增幅为3.24%。

（二）资产业务

本外币各项贷款余额为6760.61亿元，新增383.01亿元，增幅6.01%。人民币各项贷款余额为6495.89亿元，新增429.56亿元，增幅为7.08%。

（三）经营效益

全年实现税前利润158.1亿元，新增15.9亿元，增幅为11.1%。（总行未下发）。其中，中间业务收入为74.4亿元，新增4.9亿元，增幅为7.0%。

（四）资产质量

不良贷款额为59.49亿元，不良贷款率为0.88%；逾期贷款额为50.88亿元，逾期贷款率为0.75%。

（五）客户发展

公司机构有效客户总量77.2万户，新增7.36万户，对公新开基本户5.93万户。个人加权有效客户超3000万户。

（六）公司业务

本外币对公存款日均余额为6242.36亿元。本外币对公贷款余额为3871.04亿元，新增92.29亿元，增幅为2.44%。

（七）机构业务

人民币机构一般性存款日均余额为1840.99亿元，新增193.22亿元，增幅为11.73%。

（八）零售业务

本外币个人存款日均余额为3758.35亿元，新增364.87亿元，增幅为10.75%。本外币个人贷款余额为2884.07亿元，新增285.23亿元，增幅为10.97%。

（九）同业业务

同业存款日均余额为2238亿元，新增183亿元，增幅为8.9%。成功争办保交所、安联（中国）等9个重要账户，与上清所和卢森堡交易所签署《合作备忘录》。

（十）住房租赁战略

系统平台注册用户超60万户。全年存房推荐4.3万套，签约2.05万套，出租1.7万套。

（十一）普惠金融战略

普惠贷款新增144亿元，贷款价格下降118个基点，普惠对公客户新增1.03万户。

（十二）金融科技战略

对公获客4.11万户、对私获客83万户，平台签约客户金融总量新增484.1亿元。

（十三）建行大学

“金智惠民”行内培训4.3万人，对外培训4.1万人次。组织学子开展乡村振兴暑期下乡实践活动。

（十四）劳动者港湾

“劳动者港湾”累计服务300万人次。

（十五）合规建设

全年无监管类案件、无监管处罚、无特别严重违规事件、无高风险违规问题、无重大恶性案件、无重大安全责任事故、无重大群体性事件、无重大声誉风险事件。合规 KPI 考核及合规工作评价结果均系统第一。

总行等级行评定一类行第四、KPI 考核系统第五。

（十六）智慧政务

促成上海市政府与总行签署《关于落实“三项新的重大任务”全面战略合作协议》。上海同业首家将“一网通办”政务服务引入网点渠道，智慧政务“市民办事大厅”全辖网点全覆盖。ETC 用户市场份额过半，“裕农通”村口银行实现村村通，系统内首家服务点全活跃。同业首家获批并开业自贸新片区分行。

（十七）荣誉奖励

连续两年获上海市“小微企业融资”最高奖励。在上海银行业同业公会年度评选中获得银团贷款最佳机构奖、最佳小微企业服务案例等 10 项大奖。“科创金融实验室”“村财通”“龙 e 分”分获总行创新马拉松决赛一、二、三等奖。被《零售银行》杂志评为上海唯一“最佳零售银行”，获上海“公益之申十佳公益伙伴企业”称号。“未来银行”唯一入选上海市首批人工智能试点应用场景“AI + 金融”项目。浦东分行营业部被评为中银协“百佳”示范单位，7 家网点获“五星”网点称号。

二、主要工作措施

（一）守牢初心使命，统筹推进党的建设

扎实开展主题教育，进一步坚定理想信念。紧扣“守初心、担使命、找差距、抓落实”的总要求，结合学习张富清先进事迹和增强“三个能力”，一体化推进“学习教育、调查研究、检视问题、整改落实”四项重点举措。牵头制订两批次主题教育实施方案，召开 15 次党委中心组学习研讨，联合总行在沪机构举办学习班。扎实推进 5 个专项整治，细化出 23 个重点项目，制定 24 项具体工作，并自我加压，专项整治减少重复和无效劳动。

强化基层组织力，打通全面从严治党“最后一公里”。以党建引领发展的先行者为目标，推动党建“四责协同”，制定实施基层党建三年规划，积极构建“优强快稳实”的党建生态圈。通过探索“红色头雁”“红色晨夕”等特色实践，开展“为‘第二曲线’谋一策”等活动，推动党建延伸至基层“神经末梢”。

严抓党风廉政建设，增强正风肃纪反腐的自觉性。全面完成派驻改革任务，强化政治监督，做细日常监督，精准执纪问责，开展“七项”专项监督，释放派驻改革效能，在总行纪检工作年度考核中名列第六。严格执行“四风八规”要求，发文、会议、报告报表、检查督察同比分别减少 31.4%、30.9%、22.5%、52.7%，解决 10 项历年信访和行长接待日未决事项。不断完善“三不”机制，印发党风廉政建设主体责任清单，通过开展 2 次警示教育、“廉者行健”小视频挑战赛等系列举措，引导全行知敬畏、存戒惧、守底线。

抓住“关键少数”激活“绝大多数”，提振干事创业精气神。推动主要负责人“五不直接分管”、亲属回避制度落实，加大跨部门、跨地域及上下交流力度，全年交流处级干部 81 人次；实施客户经理“双千人计划”，建立大数据、金融科技和外汇业务专业人才库；持续推动薪酬向基层一线倾斜，提升员工福利待遇。做实做细员工关爱，实现基层员工家访全覆盖，常态化行长接待日制度，组织职工健步走、文体赛事、申龙奖颁奖等活动。

（二）聚焦主责主业，经营发展呈现新气象

住房租赁社会效益初显。配合政府建设廉租房实物配租系统。协同支持子公司构建租赁新生态，盘活企业存量闲置住房，提供专业管理服务。走进社区批量拓展居民住房，协助基层政府整治群租痛点，供给高品质住房，解决企事业单位引进人才租住难题。支持住房租赁建设项目，签约租赁用地 23 幅，租赁贷款余额超过 20 亿元。

普惠金融服务城市乡村。“裕农通”村口银行实现村村通，系统内首家服务点全活跃。“民工惠”投放金额 28.57 亿元，服务 38.23 万人次。ETC 用户新增 99.2 万户，实现计划完成和市场份额过半“双目标”。为 160 万市民申领金融社保卡，志愿者龙卡发卡突破 20 万张。

金融科技融入社会场景。升级打造“5G + 智能银行”，亮相第二届进博会。上海地区首家推出不动产抵押登记“不见面办理”和“企业征信网银查询”服务。参与上海公共数据开放普惠金融应用，推出“沪惠贷”产品。打造公交“一码通乘”、智慧公证、智慧海事等智慧场景，上线退役军人事务局微信公众号。

建行大学公益性和品牌影响力凸显。成立建行大学上海市分行分校，揭牌员工成长学院和乡村振兴学院。与复旦大学、张江地区政府机构联合举办“科创企业家研修班”，获评总行“2019年度建行大学最佳学习项目”。

支持上海实施“三项重大任务”和国际金融中心建设。促成上海市政府与总行签署《关于落实“三项新的重大任务”全面战略合作协议》。对纳入总行长三角一体化库的12个项目实施清单化管理，当年新增贷款45亿元。设立科创金融核心实验室，“一户一档 + 一户一策”服务科创板上市企业，为7家本地科创板上市企业开立募集户、为11家开立账户。同业首家获批并开业自贸新片区分行，总行在沪设立建设银行（上海）国际金融创新中心，发布《推进自贸新片区创新发展方案》，为特斯拉等重点项目提供信贷支持。升级进博会服务方案，创新“进博贷”系列产品，做好第二届进博会金融服务。争办保交所、安联控股基本户，成为沪伦通、摩根大通、野村证券首批合作银行。

（三）筑牢风控合规底板，确保行稳致远

全面主动筑牢风险底板。坚持经营管理水平以风险管控能力为边界，落实“三管齐下”“五个到位”要求，夯实“十项基础”，信贷结构持续优化，风控机制运行有效性提升。5个普惠金融风控模型被总行推广。声誉风险管理实现由“被动”向“主动”转变。“护网演习”建起常态化安全监控和应急处置机制。全年未发生重大安全责任事故。

完善合规管理免疫系统。树牢“100 - 1 = 0”理念，围绕“五无”目标，完善合规管理机制，构建人人尽责的合规体系。持续抓好制度建设，将监管指标纳入合规考核，制定同级合规评价方案，从严监督制度执行。抓好员工网格化管理和网点合规管控，从源头上堵住案件风险。落实内外部监管和审计要求，抓实问题长效整改。持续提升反洗钱客户身份识别工作质量，客户身份信息完整率提升至95.6%。修订消费者权益保护工作制度以及相关考核评价体系，强化投诉处理管理，有效化解客户矛盾。

（四）坚定不移打基础、谋长远，办高质量商业银行

网点服务功能完善、体验提升。新增对公外汇业务网点191家，覆盖度提升至66%，实施对公外汇集中处理和云生产。全面实施远程集中授权，新增“云翻译”等助残服务。加强排队时间管控、网点窗口服务监测，客户平均等候时间下降。

坚持走内涵式发展道路。加大经济资本压降力度，全年信贷业务信用风险经济资本占用较年初减少1亿元，经济资本占用比例较年初下降0.14个百分点。

做实做细员工关爱。持续推动薪酬向基层一线倾斜，提升全行员工福利待遇。落实监管要求，实现员工家访全覆盖。常态化实施行长接待日制度，健全完善员工互助机制，组织职工健步走、文体赛事、申龙奖颁奖等活动。组织“礼赞新中国、奋进在建行”系列活动，组建“明日之星”新媒体团队，打造“建行申音”公众号，群团的引领力、组织力、服务力提升。

执笔：尤嘉杰

江苏省分行

江苏省分行行长　张　毅
（2019 年 9 月免）

江苏省分行行长　张伟煜
（2019 年 9 月任）

一、业务发展概况

截至 2019 年底，大负债（全口径存款 + 理财）10717 亿元，较年初新增 618 亿元；一般性存款余额为 9472 亿元，四大行第二，系统第五；较年初新增 640 亿元，系统第四，较上年提升 6 位。大资产①9986 亿元，新增 202 亿元；各项贷款余额为 8310 亿元，新增 742 亿元，余额新增均保持系统第三。中间业务规范发展，全年实现中收 71.9 亿元。拨备前利润 211 亿元。不良实现“双降”，年末不良额为 89 亿元、不良率为 1.07%。拨备覆盖率达 285%，较年初提升 14.7 个百分点。

（一）公司业务

本外币对公存款日均余额为 4916 亿元，四大行第二，日均新增 149 亿元。本外币对公贷款余额为 4253 亿元，新增 384 亿元，其中人民币非贴贷款新增 280 亿元，同比多增 235 亿元。对公账户总量 65.99 万户，新增 8.14 万户，新增四大行第一，余额份额突破 27%。对公客户票据池、现金池、监管易三项重点结算产品覆盖度 46%，较年初提升 29 个百分点。

（二）零售业务

个人核心日均余额为 4557 亿元，同业第二，新增 490 亿元。个人住房贷款余额为 3623 亿元，新增 417 亿元（还原证券化后），均列同业第一。信用卡贷款余额为 341 亿元，同业第一，新增 35 亿元。个人有效客户（折算后）4165 万人，系统第二，新增 318 万人，增速为 8.3%；信用卡客户总量 535 万户，带来中间业务收入近 24 亿元，连续三年行内贡献度第一，四大行第一，四大行占比 34.7%。

（三）三大战略

普惠金融贷款余额为 648 亿元、系统第四，比年初新增 267 亿元、系统第三，同比增速达 70%，高于系统 17 个百分点。支持小微企业降低融资成本，普惠贷款利率较年初下降 115 个基点。

① 大资产 = 各项贷款 + 同业资产 + 非标资产 + 表外资产。

住房租赁总行考核指标中三项位于系统前五，在线支付金额8409万元、活跃用户66万户、合同备案10.3万笔，分列系统第五、第三、第四位。金融科技总行社会化平台及重点业务赋能平台获客66.5万，平台客户金融总量为553亿元，综合指标排名系统第二。

（四）国际业务

全口径外汇存款日均余额为27.6亿美元。外汇贷款余额为9.6亿美元，新增4.9亿元，均列四大行第二。国际收支客户新增126户，国际结算收入2.15亿元，四大行份额较年初分别提升0.4个和1.46个百分点。完成国际结算量500亿美元，其中跟单国际结算量93亿美元，系统第一。跨境人民币业务量达489亿元。

（五）资产质量

资产质量稳中向实，不良贷款额为89亿元、不良率为1.07%，不良率连续四年下降。新暴露不良贷款率0.77%，较年初下降0.05个百分点。全年处置不良贷款64.5亿元，其中现金回收及盘活上迁占比近40%。回收已核销资产4.69亿元，总行计划完成率达154%。

二、主要工作举措

（一）全面从严治党，彰显国有大行鲜亮底色

一是自觉把政治建设摆在首位。把党的政治建设纳入分行党委工作总体布局，写入党委工作要点。从严落实党委主体责任，对下层层传导压实。扎实开展“不忘初心、牢记使命”主题教育，紧紧压实主题教育主体责任。聚焦主线，列出9个专题集中学习7天。把张富清同志先进事迹作为生动教材，普遍成立党员金融服务队、突击队，履践初心使命。二是全面加强基层党组织建设。动态调整基层党组织设置，联合党支部比重较年初下降10%。加大基层网点负责人党员发展力度，党员比重提升至96%。省市分行均设置组织员，党建工作职业化队伍初步建立。推动全辖建立支部结对共建长效机制。三是建设高素质干部人才队伍。坚持党管干部党管人才，把好选人用人政治关、廉洁关、专业关。选优配强各级机构“一把手”，全年提拔七职等及以上管理岗位职务人员14名，九成以上有基层任职经历。常态化组织实施优秀年轻干部挂职锻炼和跨部门交流培养，搭建基层机构负责人培养平台。加强金融科技、法律、产业研究、国际业务等专业人才队伍建设。四是强化推动党风廉政建设责任落实。全力支持纪委履职，2次听取纪委汇报全面工作，20次召开党委会对33个党风廉政建设议题进行研究。全面推动二级分行纪检派驻改革工作，政治监督、专项监督和日常监督同步推进，体制优势加快转化为治理效能。全年对3个二级分行、4个省分行部门开展常规巡察，对9个省分行部门和8个二级分行开展专项巡察。认真落实信访维稳职责。五是狠抓四风推动作风建设化风成俗。制发《贯彻落实中央八项规定精神政策清单》，提炼出89项政策要点、56个执行难点和64个典型案例，帮助消除模糊认识、强化贯彻执行。开展为基层减负工作，面向四个层级开展减负调研，掌握基层负担较重问题，靶向施策推动解决，省分行发文同比下降近31%，系统行政类会议下降37.9%。细化“会议管理、公车管理、食堂安全和财务管理”制度细则，进一步扎紧制度笼子。

（二）积极践行战略，实现新时代的新担当

一是普惠金融保持领先。深化四级立体营销体系，强化省市分行经营职能，通过平台搭建、数据经营、客群经营，做好基层营销支持。初步打造“苏商贷”品牌体系，其中“苏叶云贷”投放贷款4.4亿元，在一级分行自主创新平台快贷中投放量保持第一。二是住房租赁生态效应初显。在南京地区设立全国首批15家“房产交易便民服务点”。与南京市房管局达成租金托管服务合作。闲置资产改造“CCB建融家园”项目开业，社会反响热烈。配合省住建厅建设江苏版公租房系统。探索园区集中式存房累计签约19个园区人才公寓项目，获取房源1.61万套。三是金融科技双向赋能提速。协同建信金科成功中标省“互联网+监管”项目，实现建设银行在智慧政务领域市场化首单突破，项目建设涵盖42个厅局，近500类资源库和上亿海量信息，在深化政务合作和贯通G端、C端、B端探索出江苏模式。助力各级“数字政府”建设，上线智慧政务项目144个，在南京等多个市分行将直销银行、政融支付、劳动者港湾等嵌入地方政务App。移植优化“超级雷达”实现了圈链关系全面集成。四是新金融社会属性深化。省市分行成立“一把手”任组长的“裕农通·村村通”工作领导小组，抽调骨干组建100人的省市县三级裕农通专管员团队。年末“裕农通”实现行政村全覆盖，“裕农通”服务点总量1.65万个，新拓激活服务点1.48万个，服务点活动率为42.9%，高于系统平均0.6个百分点。加快“民工惠”推广。为中核华兴等87家核心企业办理“民工惠”业务，服务上游劳务分包商和民工群体，共投放金额32亿元、代发金额8.53亿元、承接金额8.27亿元，分列系统第四、第二和第二位。劳动者港湾实现网点全覆盖，App注册用户82万户，系统第一，社会共振效应不断扩大。依托建行大学大力开展“金智惠民”，全年培训开展1047期，累计培训人数11.2万人次。履行国有大行社会责任，制订金融精准扶贫行动方案，精准扶贫贷款较年初新增23.5亿元，超计划完成总行任务。

（三）聚焦主线，推动重点业务加快发展

一是坚定实施“两优”策略。统筹推进“零售优先”。信用卡客户数、发卡量分别突破500万户和700万张，客户数、分期交易额、消费交易额、贷款余额、资产质量、中间业务收入等6项指标居同业第一。网络金融新增悦生活场景3230个、交易额为105亿元，分别列系统第二、第三位。中小学幼儿园云平台缴费市场覆盖度达到25.4%。个人住房贷款、房改金融保持市场领先。加快对公交易性业务发展。外汇资金业务实现收入4.4亿元，系统第三，创新产品“云担保”获总行推广。网络供应链核心企业行业覆盖面拓宽至十大行业，贷款投放超亿元平台38个，年末贷款余额为112亿元，较年初新增61亿元，均居系统第四。资管投行收入保持系统第二，联合建银国际开展13亿美元海外债业务，联动建信投资落地债转股业务32亿元、同业第一，通过永续债等权益类产品为重点客户提供资本金融资20亿元。二是加快国际业务发展。大力支持“走出去”国际融资项目，围绕国际结算重点客户、“单一窗口”金融需求客户等多渠道加快拓展。推出“跨境快贷”系列大数据产品，加大对小微出口企业金融支持。提升外汇管理水平，外汇资产零不良，外汇监管考核评级为A级。

（四）坚守底线，大力夯实风险内控基础

一是构筑江苏特色预监管体系。做实“风险管理职责进党委”。严格执行“一票否决”，持续推进风控委会议常态化运行和潜在风险客户“四级负责、四级化解”，优化风险观察名单管理。全年化解潜在风险信贷余额为69亿元。积极应对重大风险事项。制定重大信用风险事项管理实施细则。强化逾期贷款管理。推进省市分行双线协同，逾期贷款5日监测、按月提示、按季约谈。逾期额较年初减少15.66亿元，逾期率下降0.3个百分点。推进经济资本精细化管理。存量经济资本压降12亿元。提升智能风控水平。借助大数据分析和金融科技，开发上线“贷后管理关键风险点监测模型”等五大模型。提升不良资产经营能力。优化处置结构，提升处置效益。二是提升内控合规管理效能。增强案防前瞻性、主动性、有效性。对2013年以来总行通报的案件及违纪违规案例进行全面分析，查找系统性问题和缺陷，强化重点区域、重点部位、重点环节的风险防控。提升违规发现能力，全年组织共开展了合规检查73次，发现问题164个。建立健全员工行为风险预警机制，实施员工行为网格化管理，构建“员工行为风险大数据模型体系”，识别员工行为疑点400余条。深入推进“巩固治乱象成果、促进合规建设”工作，横纵双向推动落实，自查做到全员覆盖。出台业绩合规管理办法，强化过程管控和失信惩戒，增强全员合规诚信意识。

执笔：王璐

2019年1月7日，厦门市分行与沙特阿美亚洲公司签订合作备忘录。

2019年1月11日，深圳市分行举行首笔孵化云贷签约放款仪式。

2019年1月18日，山东省分行举办离退休人员新春团拜会。

2019年2月1日，江苏省分行举办2019年新春联欢会。

2019年2月1日，天津市分行携手国安社区共同打造“24小时劳动者港湾”。

2019年3月2日，广东省分行在广州中山纪念堂举办2019年“双先”表彰大会。

2019年3月7日，青海省分行举行“情系玉树 建行有爱”抗雪救灾捐赠仪式。

2019年3月13日，甘肃省分行与中国移动甘肃分公司举行战略合作协议签约仪式。

2019年3月16日，广西区分行举办“建行家装联盟会”签约暨VIP尊享卡发放仪式。

2019年3月20日，江苏省分行在南京举办建信住房江苏公司揭牌暨“建融家园·南京管家桥店”开业仪式。

2019年4月30日，青海省分行与青海省退役军人事务厅举行退役军人服务卡首发仪式。

2019年5月10日，内蒙古区分行举办“青语青声”——行领导与青年员工面对面活动。

2019年5月15日，河北省衡水分行组织青年员工对打击非法集资倡导理性投资进行志愿宣传。

2019年5月21日，黑龙江省分行举办“建行杯”第五届黑龙江省“互联网+”大学生创新创业大赛启动仪式。

2019年5月22日，黑龙江省分行与中国联通黑龙江省分公司举办战略合作签约暨全面业务合作启动会。

2019年5月25日，福建省分行“动起来 益健康”第二届职工运动会启动仪式暨福州城区员工健步走活动在福州大腹山步道举行。

2019年5月25日，贵州省分行在花果园举办“花果园智慧社区欢乐节”活动。

2019年5月27日，福建省分行举行“志愿服务驿站”授牌暨“全员公益一小时建行公益八闽行”项目启动仪式。

2019年6月13日，山东省分行到对口扶贫村——临沂市平邑县地方镇黄城村开展活动。

2019年6月21日，贵州省分行走进定点扶贫村开展党建捐赠。

2019年6月28日，湖北省分行召开“迎七一”庆祝建党98周年座谈会。

2019年7月3日，重庆市荣昌支行党总支与对口扶贫村党支部开展结对共建活动。

2019年7月11日，广东省分行与广东省扶贫开发办公室在省分行联合举办“万小企扶万农户”普惠金融精准扶贫交流座谈会。

2019年7月12日，甘肃省分行与中国石油甘肃销售分公司举行战略合作协议签约仪式。

2019年7月12日，山西省分行开展创新马拉松晋级深度孵化活动。

2019年7月13日，浙江省衢州江山支行开展“不忘初心、牢记使命”主题教育调研。

2019年7月18日，广东省分行举办“金智惠民 乡村振兴”学子暑期下乡实践活动。

2019年7月19日，青岛市分行举行“金智惠民 乡村振兴”高校学子暑期下乡实践活动。

2019年7月19日，西藏区分行与国家税务总局西藏自治区税务分局在拉萨香格里拉酒店举行"云税直连"项目上线暨"云税贷"产品发布会。

2019年7月25日，西藏区分行举行拉萨北京中路支行"普惠金融特色网点"揭牌仪式。

2019年7月29日，北京市分行与北汽新能源汽车营销公司举行北京地区战略合作协议签约仪式。

2019年7月30日，陕西省分行举行"金智惠民　乡村振兴——万名学子暑期下乡启动暨出征仪式。

2019年8月2日，建行大学华东学院与南京大学共建“教育实践基地”签约揭牌仪式暨产教融合论坛在华东学院举行。

2019年8月3日，吉林省分行召开善创者新零售板块创新马拉松展示会。

2019年8月5日，广东省分行举办“民工惠·候鸟行动　建筑工人子女游学夏令营”活动在广州中山纪念堂开营。

2019年8月14日，山西省朔州分行员工在ETC外拓点开展营销。

2019年8月15日，上海市分行成为首家获批设立上海自贸试验区新片区分行。

2019年8月20日，新疆区分行举办结亲干部与和田结亲亲戚合影活动。

2019年8月28日，北京市分行召开学习宣传张富清同志先进事迹报告团巡演启动会。

2019年8月28日，环卫工人到吉林省西安大路支行“劳动者港湾”歇脚。

2019年9月11日，宁夏区分行与宁夏区农业农村厅举行金融服务乡村振兴战略合作协议签约仪式。

2019年9月16日，宁夏区分行召开“不忘初心、牢记使命”主题教育第一批总结暨第二批部署大会。

2019年9月20日，河北省廊坊分行综合管理部员工到居民小区进行网络安全周宣传活动。

2019年9月25日，湖北省分行举办普惠金融系列产品发布会。

2019年9月27日，海南省分行举办“小微梦想 贷动未来”普惠金融系列产品发布仪式。

2019年9月27日，重庆市万州分行“张富清金融服务队”到定点扶贫村重庆市万州区白土镇谭家村裕农通服务点，现场宣传金融政策和产品，为村民办理储蓄卡。

2019年9月28日，湖南省分行隆重举行“礼赞新中国 奋进在建行”职工文艺汇演。

2019年9月29日，广西区分行举办“南宁江悦蓝湾智慧社区”揭牌仪式。

2019年9月29日，厦门市分行举办服务“三高”企业“PLUS”计划发布会。

2019年10月10日，云南省分行举办“不忘初心、牢记使命”张富清同志先进事迹情景报告会。

2019年10月17日，大连市分行团委举办“我和我的祖国——献礼祖国70周年”主题团日活动。

2019年10月17日，新疆区分行与新疆数字兵团信息产业发展有限责任公司举行战略合作协议签约仪式。

2019年10月18日，辽宁省分行举办“辽事通”App——辽宁政务便民服务平台启动仪式，辽宁省分行行长杨铁军、辽宁省营商环境建设局局长周轶赢、辽宁省信息中心主任甄杰出席。

2019年10月25日，云南省分行与云南省工业和信息化厅举行数字普惠金融战略合作签约仪式。

2019年10月27日，海南省分行举办员工健身舞蹈（鬼步舞）大赛。

2019年10月27日，辽宁省分行举办“礼赞新中国 奋进在建行”暨2018—2019年度省分行“百佳典型”表彰大会。

2019年11月11日，河南省分行与河南省农村信用社联合社签订全面战略合作协议。

2019年11月16日，深圳市分行举办员工趣味运动会。

2019年11月22日，内蒙古区根河支行员工深入全国最寒冷地区——根河市冷极村营销裕农通业务。

2019年11月23日，贵州省分行“党群同心”实践基地成功揭牌。

2019年11月26日，湖南省分行与湖南省委统战部、省民宗委共同举办“湖南省宗教信息化综合应用平台”启动暨签约仪式。

2019年12月12日，安徽省分行举办第十届小微企业“成长之星”授牌仪式。

2019年12月12日，天津市分行与中国出口信用保险公司举办落实国家稳外贸和普惠金融政策 支持天津市中小企业“走出去”专项合作协议签署仪式。

2019年12月23日，上海市分行与上海市大数据中心签署《上海市公共数据开放普惠金融应用数据利用协议》。

浙江省分行

浙江省分行行长　高　强
（2019 年 8 月免）

浙江省分行行长　邵　斌
（2019 年 8 月任）

一、业务发展概况

（一）负债业务

本外币核心存款日均余额为 6735 亿元，还原支付宝后新增 555 亿元，系统第七。其中，对公存款日均新增 168 亿元，系统第四；个人存款日均新增 387 亿元，系统第十。

（二）资产业务

本外币各项贷款余额为 6637 亿元，较年初新增 542 亿元，列系统第八。其中对公贷款新增 269 亿元，列系统第八；个人贷款新增 273 亿元，列系统第九。

（三）中间业务

实现中间业务净收入 68.6 亿元，列系统第六；同比下降 1 亿元，降幅为 1.5%。除第三方支付同比下降 12% 外，转型重点产品整体发展良好，同比增速为 15%。个人中收总量列系统第三。

（四）资产质量

资产质量保持稳中向好态势，审计后不良额为 75.86 亿元、不良率为 1.14%，分别较年初下降 7.77 亿元和 0.23 个百分点。新暴露不良 64.05 亿元，四大行最低。逾期额为 56.89 亿元、逾期率为 0.86%，分别较年初下降 14.3 亿元和 0.31 个百分点，均为四大行最低。

（五）经营效益

实现拨备前利润 164 亿元，同比下降 8 亿元，降幅为 4.6%；经济增加值 57 亿元，同比下降 11 亿元，降幅为 16.2%。

二、主要工作举措

（一）党建为纲，推进全面从严治党向纵深发展

扎实推进主题教育。紧扣主题教育总要求和目标任务，深入学习宣传贯彻习近平新时代中国特色社会主义思想，结合浙江“三个地”政治优势，学出浙江特色，设置践行“红船精神”等具有浙江特色的专题学习研讨，开展“重走一大路”现场教学。持续抓好主题教育整改落实和专项整治，全辖处级及以上领导班子共提出整改措施 1600 余条，完成 433 个问题立行立改，明确 520 个中长期问题跟进责任，完成率为 45.46%。

制定或修订各类规章制度近40项，切实推动分行主题教育取得制度建设成果。

充分发挥国有企业党建优势。制定《创建"新时代红船旁党建高地"三年行动计划(2019—2021年)》，明确"三强六好"创建标准，持续丰富"党建+"系列产品，出台专项指导意见，体系化推进党建共建活动，并引领推动1058个党建共建单位共同深入学习张富清老英雄先进事迹，推动基层党建"有形"向"有效"升华。助力乡村振兴，积极践行"两山"理念，引领绿色金融发展，深化"党建引领、普惠助农"专项工作，组织225个张富清党员突击队走村访户，提前实现"裕农通"全覆盖。

严抓作风建设，出实招反对形式主义、官僚主义。深入推进为基层赋能减负工作，落实中央"基层减负年"精神和总行党委要求，制订专项工作方案，明确减负量化目标，践行"三不"工作原则①和《减负事项18条》，按季公示减负情况，全年压缩发文36.8%，精简会议60%，报告报表减少23.5%，督查检查事项减少65.8%。压实"两个责任"，制定党委成员"一岗双责"清单、《浙江省分行党委管理干部履行主体责任考评办法》，进一步完善考核体系，贯通"四种形态"运用，严把问责尺度，全年共处理违纪违规责任人155人次。

深入开展反腐败斗争，用好巡察利剑。紧盯"关键少数"、关键领域和问题多发环节，紧盯权力集中、资金密集、资源丰富的部门和领域，并将其作为线索处置、巡察、日常监督的关注重点。制定、组织落实赖小民、薛峰严重违纪违法案件对照整改实施细则，组织开展警示教育，以案促改、举一反三形成长效机制。深化政治巡察，紧扣被巡察党组织的政治责任，完成对6个省分行部门、3个二级分行、12个县支行和15个综合型城区支行的巡察，共发现"四个落实"方面的问题365个，不断提升监督质效。

自觉扛起国有大行责任担当。通过善融商务平台开展精准扶贫，为新疆等15个省区的贫困地区农户搭建"扶贫桥"，交易金额超7460万元。开展"民工惠"业务，累计向48家核心企业投放60646万元，发放农民工工资77703人次，以实际行动为"浙江无欠薪"作出贡献。开展746期"金智惠民"培训，向社会开放金融教育资源。

（二）发展为要，推进新起点高质量发展

住房租赁全面布局。累计存房7.72万套，为客户实现住房长租收益2.63亿元；累计打造"CCB建融家园"17个；上线智慧社区18个。公租房系统率先实现"一窗办""网上办""一证通办"，实现全省数据贯标和区域扩围；数字房产系统建设在嘉兴、富阳迈开步伐；中标诸暨公租房运营管理服务国家级试点项目，为系统首单，成功打造了可向全国复制推广的浙江样板。战略溢出效应初步显现，累计投放公司住房租赁贷款22.33亿元，个人住房租赁贷款898.99万元。

普惠金融稳步推进。截至2019年末，全分行普惠金融"8+1"贷款余额为770亿元，列系统第三，较年初新增185亿元，列系统第五，不良率为1.21%，低于全国平均水平0.28个百分点。重点业务方面，"小微快贷"贷款余额为308亿元，较年初新增137亿元；"惠懂你"App当年下载量24.8万次，绑定企业5.4万户。抢抓小微园区金融服务，准入合作园区19个，总入园企业数2374家。

金融科技有效赋能。组建金融科技战略推进委员会，印发《金融科技工作指导意见》，进一步强化金融科技思维。前移金融科技部站位，成立营销支持中心，深化ITBP团队建设，赋能业务发展。与之江实验室、建信金科签订三方战略合作协议。在总行金融科技KPI考核的6个社会化平台中，建设银行分行总有效活跃客户数列系统第八位，其中善行宗教平台居全国第一。

不断提升新零售支撑作用。个人客户经济增加值、零售净利润在全分行占比均达到51%。用34天时间推动"裕农通"覆盖率从30%提升至100%，累计拓展裕农通服务点21837户，列系统第八；累计签约农户7.1万户，日均存款18.4亿元。个人商户15.9万户，日均存款127.6亿元，新增23.1亿元，列系统第四。实现信用卡中间业

① 即"不解决问题的会议，不准开；不解决问题的文件，不准发；不解决问题的调研，不准去"。

务收入28.2亿元，系统第二、四大行第二。深入贯彻“移动优先”，全省移动金融交易量占比达97.0%，列系统第七，移动金融交易笔数达柜面交易的34倍。

稳步推进对公业务发展。客户基础方面，名单制管理上市公司、科技型企业开户率分别达到83%、44%。与省妇联、浙石油、之江实验室、海康威视等14家重要客户签订战略合作协议，深化与阿里巴巴及蚂蚁金服集团的全面合作。交易性业务方面，全年实现单位人民币结算业务收入3.07亿元，列系统第九，四大行占比29.5%，居四大行第二。国际业务实现收入5.44亿元，列系统第六。投行业务实现中收4.29亿元，为近四年来最高，发行全国首批“乾元—赢来赢往”系列结构化理财产品，开辟资管新规后理财发行新模式。托管业务规模为2327亿元，同比增幅27%，托管业务总收入增速、增量位列四大行第一。

有效支持重点领域建设。大力支持先进制造业、民营企业、国家地方建设及绿色金融。先进制造业贷款余额为96.12亿元，占制造业贷款的12.55%。民营企业贷款新增89.4亿元，基建、PPP、BOT等领域新增175.3亿元，分别占对公非贴新增的39%、77%。绿色信贷余额达437亿元，较年初新增124亿元，列系统第一。

不断增强网点综合竞争力。制订《物理网点（二级支行）综合竞争力提升行动落实方案》，持续加强人力、财务、管理等资源配套倾斜。完成85家普惠金融特色网点建设，新增对公外汇网点15家，达到117家。累计打造103个“劳动者港湾”特色网点，注册用户数38.27万户。创新“劳动者港湾—第三方综合体”模式，与53家第三方单位签订合作协议，累计服务502万人次。

（三）筑牢底板，全面风险管理再上台阶

压实各级党委风控责任。制发浙江分行全面风险管理办法，在系统内首创全面风险约谈机制，压实各级党委风控责任。持续完善风险信息共享机制，促使三道防线协同控险。统一风险偏好，持续推进“一讲堂”“两反思”“三必讲”，开展信贷案例编写和宣讲，全年举办信贷文化大讲堂397次，积极营造前、中、后台风险协同共管氛围。

做深做实全面风险管理。强化RAD系统运用，不断完善信用风险监测防控体系，加强重点区域和大额信贷客户的管控。落实审计发现问题整改工作成效显著。持续推进“平安建行”创建，连续四次获得银行业金融机构安全评估第一名，辖内9家二级分行取得同业第一。强化IT风险防控，圆满完成公安部“护网2019网络攻防实战演习”任务。消费者权益保护工作继续保持系统和同业前列，有效化解处置负面预警146起、潜在声誉风险33起，全年未发生重大声誉风险事件。

持续增强合规经营能力。积极探索员工网格化管理浙江新模式，开展“合规大家学”“合规大家谈”“合规大考”系列活动，全年无监管一二类案件发生。推进屡查屡犯问题根源性整改，制订银保监满意度、人民银行满意度等专项满意度评价方案，完善监管对接。深化客户身份识别整治，对公、对私客户身份信息完整率均超95%，实施较高洗钱风险等级客户“一户一档”管理，持续提升洗钱风险防控能力。征信合规管理获人民银行A档评级。合规工作评价实现系统内大幅跃升，从2018年26名上升到2019年第七名。

（四）以人为本，加强干事创业保障

完善人才队伍建设。全年提拔30名优秀的人才充实六、七职等管理岗队伍。开展多种形式的跨机构岗位交流、上挂下派，加速人才培养。深化建设“星起点”人才品牌，全年招录新员工1023人，同比增加30.7%，确保全分行改革发展的源头活水。正式挂牌建行大学浙江省分行分校、乡村振兴学院、员工成长学院，助力人才培养和业务发展。

激发员工创新活力。2019年共完成自主创新236项，总行级自主创新108项，移植创新294项，管理创新251项。其中自主创新数量位列系统内第二名，移植创新数量位列第一，数量均创历史新高。“众创空间”平台活跃用户近2300人，收集6656条创意，评选出537条优秀创意。在总行“创新马拉松”活动中首次获得优秀创客团队奖。

抓实企业文化建设。开展新中国成立70周年、建设银行65周年主题宣传文化活动、“礼赞新中国、奋进在建行”南湖红船百人快闪、

"听·建美好"线上员工故事会等活动，以文化凝心聚力、引领发展。实施"同心计划"，为员工搭建综合性保障平台。开展"为女职工办一件实事"，推出"夸夸咱们的女职工""寻找建行金玫瑰"等女工工作品牌。对一线员工开展"夏送清凉、冬送温暖"活动，并为基层网点员工增配羽绒服。实现二级分行上缴工会经费全额回拨，对人均经费不到2000元的64个基层工会予以补足，有效提升基层网点员工福利费用。加强交流干部工作和生活保障，关心关爱大病、困难的在职员工和离退休老同志，切实增强员工获得感，营造干事创业的良好氛围。

执笔：蒋怡

安徽省分行

安徽省分行行长　戴跃明
（2019年9月免）

安徽省分行行长　方华平
（2019年9月任）

一、业务发展概况

（一）负债业务

截至2019年底，全行一般性存款日均余额为5264亿元，四大行第一，日均新增432亿元，四大行第二。

（二）资产业务

各项贷款余额为3936亿元，四大行第二；新增356.2亿元，四大行第二。中间业务毛收入34.57亿元，四大行第一。不良率为1.06%。全年保持安全运营。

（三）对公业务

一是对公存款日均余额为2804亿元，日均新增99.5亿元，分别为四大行第一和第三位，系统内分别为第十一和第九位。二是对公贷款余额为1724亿元，新增143.31亿元，分别为四大行第三、第四位，系统内分别为第十八和第十九位。三是对公结算账户总量35.38户，继续保持四大行第一，占比30.44%；账户净新增4.46万户，账户新增四大行第二、占比27.01%。四是银保监局口径普惠型小微企业贷款余额为430.44亿元，较年初新增126.2亿元，增速为41.48%，高出全行各项贷款近31.5个百分点，完成监管部门"两增"阶段性目标任务；"8+1"口径普惠金融贷款余额为461.1亿元，系统内第五位，小微快贷余额为162.7亿元，系统内第十一位。五是国际结算量为235.74亿美元，四大行第一，占比29.19%；跨境人民币量为169.64亿元，四大行第一，占比30.74%。六是机构存款时点余额为1464.37亿元，系统内第十位；日均余额为1597.04亿元，日均新增114.55亿元，分别为系统内第八和第七位，时点、日均存款余额继续保持四大行第一；机构客户贷款余额为53.67亿元，系统内第十四位。七是承销各类债券99.33亿元，继续保持四大行第一，占比58%，系统内第十八位。

（四）个人业务

一是个人存款日均余额为2460亿元，四大行第三，占比25.03%，系统内排名第十五位；个人存款日均新增332.4亿元，四大行第二，占比27.54%，系统内第十三位。二是个人贷款余额为2212亿元，四大行第一，占比27.76%，系统内第十三位；个人贷款新增212.9亿元，四大行第二，占比23.75%，系统内第十一位。三是私人银行客户总量2430户，客户规模四大行第一；客户金融资产总量为225.05亿元，资产规模四大行第二。四是信用卡新增分期交易额为150亿元，分期交易额系统第十二位；信用卡分期交易额、消费交易额、贷款余额等核心指标四大行第一。五是住房资金存款余额为680.9亿元，较年初新增134亿元，系统内第九位；个人贷款余额为1961.15亿元，较年初新增191.89亿元，分别为系统内第十二和第十三位。

（五）中间业务

中间业务毛收入为34.57亿元，四大行占比30.05%，四大行第一；中间业务净收入30亿元，系统内第十五位，其中对公条线9.5亿元，个人条线20.5亿元。

（六）重点业务

规上企业5124户，较年初增长1309户；贷款余额为860.76亿元，较年初增长114.94亿元，增速达到15.41%。手机银行活跃用户数达到406万户，系统内第十位；手机银行活跃用户占比33.7%，系统内第四位；手机银行产品覆盖度为63.4%，系统内第八位；手机银行用户总量、月活跃数、年活跃数、交易额及客户满意度均居四大行第一。对公商户总量4.37万户，新增1653户，其中总行级对公商户2241户，系统内排名第八位；个人商户总量34.06万户，新签约个人商户7.60万户；信用卡商户总量5.3万户，系统内第九位。

（七）资产质量与风险控制

不良率为1.06%，较年初上升0.09个百分点；逾期率为1.12%，较年初下降0.02个百分点，连续4年下降；新暴露不良率为0.88%、纯新发放不良率为0.026%，均为近四年最低。2019年内部控制评价结果为一类。

二、主要工作举措

（一）持续强化党建统领

一是层层压实管党治党责任。牢固树立“四个意识”，坚定“四个自信”，坚决做到“两个维护”。各级党委和领导班子切实履行“两个责任”和“一岗双责”；深化政治巡察，先后安排四个批次常规巡察和两轮巡察“回头看”，将县支行纳入巡察规划。二是深入开展“不忘初心，牢记使命”主题教育。通过主题教育，进一步提高了党员干部理论素养，坚定了党员干部的理想信念，激发了党员干部的干事热情，增强了党员干部的宗旨观念和党员干部的自律意识。三是加强作风建设。落实基层减负工作要求，大幅压缩文件、会议数量，精简报告报表，严控督查检查总量和频次，减轻基层负担。查摆形式主义、官僚主义新表现，并制定整改措施。四是持续正风肃纪。认真落实中央八项规定精神，抓好整治“四风”，强化监督执纪问责。用好“四种形态”，着力用好第一种形态，做到抓早抓小、防微杜渐。全行干部员工队伍党规党纪意识、合规经营意识明显提升。

（二）持续推进战略落地

一是做实普惠金融。充分激活内外部资源，推进全员普惠，把普惠金融的大数据业务下沉到网点。跟着政府做普惠，用好政府部门的平台和数据，实现批量获客。与省自然资源厅、省经信厅、合肥市、芜湖市达成合作意向，拓宽普惠金融业务渠道。带着客户做普惠，依托供应链金融发展核心客户的上下游客户。先后推出“富农贷”“草莓贷”“龙虾贷”“徽茶贷”“劝耕贷”“婚纱贷”“中国声谷信用贷”等金融创新产品。二是做深住房租赁。数字房产推广成功落地，马鞍山“智慧房管”系统首家在建设银行“公有云”成功投产运行。公租房委托运营项目在宣城市和合肥高新区先后成功中标，成为系统内首个中标地市级和省会城市公租房运营管理服务项目。完成22家“建融慧家”App上线，均实现试运营。三是做优金融科技。从省级、省厅局级、地市级三个层面加强特色平台合作与推广，成为全省首家银行网点办理省级政务事项的商业银行；政融支付服务嵌入统一公共支付平台第一阶段线下POS项目顺利上线；智慧政法平台在合肥市监察委员会、合肥市蜀山区监察委员会成功上线，完成了淮北濉溪法院分行特色案款管理系统的上线；宗教事务平台在四大佛教圣地九华山取得重大突破。此外，还积极扩展行业应用，成功实现省民政厅发扶贫资金信息共享系统上线和红十字会善款捐赠平台开发。四是ETC拓展同业领先。全行ETC拓展68.29万户，市场占比26.5%、四大行占比32%，均居第一位。五是“裕农通”完成全覆盖。强化部门协调联动，加大激励考核力度，全力推进“裕农通”布点。“裕农通”服务点总量18961个，已覆盖乡村16226个，完成总行和省分行全覆盖目标。新拓服务点活跃率达91.75%，实现全省77个定点扶贫村全覆盖。六是深化“劳动者港湾”建设。全辖440家网点劳动者港湾建成对外开放服务，打造完成30家扶贫、旅游、警民共建、政务等特色港湾，15家网点荣获2019年省级工会户外劳动者服务站点称号。港湾App新增注册量系统内第九位。七是建行大学建设取得重要进展。2019年12月，成立建行大学安徽省分行分校、员工成长学院、乡村振兴学院，推出“第二发展曲线大讲堂”。全面推进“金智惠民”培训，2019年累计开展218期，累计培训人数28675人次。创新开展暑期下乡实践活动，来自不同高校的450名学子参加了各类特色主题活动。

（三）持续增强风险内控

践行全员、全业务、全流程的主动风险管理，加强“稳健、审慎、全面、主动”的风险文化传导，推动全员理解并转化为共识，成为习惯，充分发挥风险管理的价值创造作用。一是全力以赴抓好资产质量。按照总行和监管的要求，加强分类管理，做实资产质量，夯实基础。二是强化风险监测预警。积极应对外部导入风险，加大重点风险领域的前瞻性化解力度，参照总行“10+3”黑天鹅特征，省分行对5000万元以上正常关注类客户各类风险特征全面梳理，建立监测台账。三是加强前瞻、主动管理。在系统发起高负债率客户、环保化工客户专项风险排查，强化定期报告、风险会商、协同联动和专项考评，推动重点督导行、重点帮扶行和“30大”示范项目的风险化解工作取得实质性进展。四是继续保持逾期贷款管控高压态势，对大额项目到期回收提前做好主动安排和应对。继续推进“预监管”体系建设，按照总行打造“预监管”全面主动风险管理体系建设的总体要求，持续推进“三管齐下”“五个到位”，强化各级党委（班子）六项责任、主要负责人三项责任、班子成员五项分管责任。五是精心组织完成集中审批。11月底已经完成全省审批集中，通过流程优化、劳动优化组合，提升效率。六是持续加强不良贷款处置，加大小企业不良处置力度，加快推进超期不良项目处置。此外，还持续加强合规内控，构建员工行为网格化管理体系，强化柜面风险防控，提升反洗钱管理水平，创建“平安建行”，严防案件风险发生。

（四）持续突出文化引领

一是加强文化品牌建设。组织评选“瑞琴热线”工作室品牌建设奖，将“瑞琴热线”工作室建设纳入物理网点综合竞争力提升行动；提炼、打造、宣传专项文化理念、内涵、做法及成效；积极推进企业文化馆建设和企业文化全景视图工作，文化馆已建成并开馆；深入开展学习张富清同志活动，在全行范围内掀起“学英雄、提境界、比贡献、促发展”的热潮。二是持续推进关爱员工工作。制定了落实关爱员工十件事，涵盖福利关爱、精神关爱、为基层减负和向基层倾斜等多个方面，充分考虑员工现实利益，着力解决员工实际困难；抓好关爱员工各项举措推进和督促检查，按季度通报落实情况，确保关爱员工十件事落地执行。三是履行企业社会责任。持续开展员工爱心基金募捐活动，全行共捐款364.58万元；认捐500名小学生，其中270名直接来自定点扶贫村；积极落实扶贫工作，深入开展“驻村行动”，组织开展了“三大战略进乡村 爱心消费促脱贫”扶贫周系列专题活动。先后荣获总行扶贫工作组织奖、“安徽希望工程25周年贡献奖”，

“员工爱心基金”荣获中国建设银行年度“十佳公益案例”。四是持续开展文明创建。组织全辖各机构积极争创省级文明单位；参加总行文明单位交流会，安庆桐城支行作经验交流。

执笔：凌云

福建省分行

福建省分行行长　刘丽华
（2019 年 12 月免）

福建省分行行长　黄惠玲
（2019 年 12 月任）

一、业务发展概况

（一）业绩指标

截至 2019 年底，全口径存款余额为 5194 亿元，贷款余额为 5011 亿元，存贷款总量突破 1 万亿元，存贷款总量连续 16 年四大行第一。一般性存款日均余额为 4968.2 亿元，新增 495.7 亿元，同比多增 293 亿元。贷款余额为 5011.3 亿元，新增 401.1 亿元。存贷款利差（3.31%）、存款付息率（1.30%）保持四大行最优。实现主营业务收入 182.1 亿元。其中，中间业务收入为 50.3 亿元，四大行占比 36.58%，稳居第一。实现税前利润 80.6 亿元，经济增加值 30.4 亿元，均超额完成计划。资产质量保持四大行最优。逾期贷款超额完成压降目标，逾期贷款率连续 3 年下降；不良逾期“负剪刀差”扩大到 33.4 亿元。处置不良贷款 53.3 亿元，回收盘活占比 37%；已核资产现金回收 8.8 亿元，系统第三。不良处置实现减值回拨 16.0 亿元，创历史新高。

（二）服务实体

深入落实总行与省政府签署的新一轮支持新福建建设战略合作协议，累计为全省提供各类资金支持 5109 亿元。民营企业贷款余额为 753 亿元，完成当年新增不低于公司类贷款新增三分之一的监管目标。制造业贷款余额为 683 亿元，有效储备客户 137 户、金额 1437 亿元。战略性新兴产业贷款余额为 120 亿元，当年新增 34 亿元；绿色信贷余额为 189 亿元，钢铁水泥煤炭等行业信贷余额下降 40%。

（三）业务经营

零售优先、对公交易性业务优先开辟新空间。连续 4 年获得总行“零售和网金业务旺季综合贡献一等奖”，全年保持零售发展水平综合评价系统第一，个人客户经营综合竞争力保持系统前两位。信用卡贷款余额突破 400 亿元。单位结算账户收入四大行占比51%；理财资产端余额突破300亿元，产品端余额突破600亿元。托管自营规模超800亿元。金融市场代客资金收入系统第五，大宗商品套保业务收入系统第一。全国首批实现“跨境e+”对接海关“单一窗口”，通过跨境区块链平台落地同业首笔跨境融资业务，并实现同业规模最大。办理系统首笔“跨境快贷—信保贷”业务。公积金归集四大行占比71%，稳居同业第一。营销省级职业年金归集145亿元，其中他行资金123亿元。全省首发第三代实体社保卡（发卡1.1万张），突破他行一家独大局面。

（四）客户经营

单位人民币结算账户总量38万户，总量、增量四大行占比均达36%，连续6年四大行双第一。对公加权有效客户新增6.6万户，增长额、增长率均创近5年新高。对公客户产品覆盖度为5.11，保持系统前五。小额无贷户日均存款增长36%。投放“民工惠”贷款金额7.7亿元，服务9.1万人。机构改革新设单位账户成功营销579户。拓展2个师级基本户、3个团级结算户，土拍代理资格实现100%全覆盖。个人全量客户突破1900万户，每两名福建人中就有一人是建设银行客户，有资产客户产品覆盖度、个人有效客户占比均为系统第一。私人银行客户新增完成率和增速系统第一。信用卡客户突破400万户，超过农业银行、中国银行总和；各项指标全面保持四大行第一。手机银行活跃用户441万户，日均交易额系统第一，是工商银行、农业银行、中国银行三大行的总和。规模化直营客户2740万人次，基础客群月日均AUM值提升524亿元。

（五）三大战略

住房租赁总行考核系统前十。探索打造“智慧蓝海”生态，获得董事长肯定。深度服务福州租赁市场培育，配合申请中央财政24亿元奖补资金，全程参与制定配套制度，建设银行住房租赁系统被指定为唯一管理平台。“建融·学易居”创意顺利落地，首批开卡获客3000人。普惠金融贷款余额为351亿元，当年新增119亿元，是上一年增量的1.5倍。高质量完成监管“两增两控”目标，小微企业法人贷款余额和当年新增连续三年保持四大行第一。分行创新发展普惠金融的做法得到省领导的批示肯定。金融科技行业平台考核居系统第四。精彩亮相第二届数字中国建设峰会，独家与省政府签署“数字福建”建设合作协议。高位对接“闽政通”，开通10大项、70家单位缴费功能，实现公积金全品种、全场景线上服务；独家中标“三码融合”，首批12家医院实现无卡就诊、一码通行。开展“数智工程”，研发投产大数据课题28个，建立分行特色模型95个。

（六）赋能社会

服务乡村振兴，涉农贷款余额为1014亿元。出台并落实服务乡村振兴34条举措，中标农业农村部“金融支农创新试点政府购买服务”；“裕农通”提前实现对全省行政村全覆盖。助力脱贫攻坚，落实定点扶贫资金60万元，实现辖内贫困县电商扶贫100%全覆盖，开展电商扶贫活动超过300场。“漳州电商助力精准扶贫”案例入选国务院扶贫办《全国脱贫攻坚典型案例选编》。“劳动者港湾”累计服务超过380万人次，建成特色港湾23家，覆盖全省地级市，深化与32家单位共建合作。建行大学打造“金智惠民·智惠八闽”品牌。与福州大学共建产教融合基地，推出全省首家“校园e银行”。组织70支大学生实践队深入164个村庄开展下乡实践。举办“金智惠民”活动1362期，培训6.2万人次。

（七）强化管理

总行“30大”项目涉及1户信贷余额减少3.9亿元，均为现金回收；分行“30大”项目化解金额16.02亿元，11个客户全额化解。防范反洗钱风险，提前一年完成总行客户身份信息完整率目标。在全行系统内独家获评“七五”普法中期先进集体，在当地金融同业独家蝉联全省“平安先进单位”。内控评价等级位居系统一类行。渠道营运率先推行网点“网格化”管理，获得总行向全国推广。生产系统平稳运行，集中账务核算准确，柜面集中作业高质高效，现金备付率降低23%。人才队伍一线人员占比保持70%以上，新提拔省分行管理领导人员配置到业务岗位占比82%。加强“3123”入库人才多岗位历练，轮岗率为34%。114名基层青年骨干到省分行跟岗，51人次到基层行帮扶。

（八）文化培育

福清营业室获评“百佳”网点，分行成为系统内“双百佳”的6家分行之一。省分行获评全

2019 年 6 月 28 日，福建省分行与福建省退役军人事务厅联合举办“共学张富清奋进新时代”党委（组）理论学习中心组联学共建。

省“五一劳动奖状”，是驻闽央企金融机构中唯一一家。许朝霞获评全国建设银行“最美建行人”。全辖县支行及以上机构有 92% 获得各级“文明单位”荣誉。消保考评居系统第六，在当地银保监局考评中首次获评一级、同业第二。持续打造“新关爱 · 心温暖”品牌，开展“新曲线 · 新动力”劳动竞赛。

二、主要工作措施

（一）保持发展定力

坚持服务实体经济导向，全面落实《支持新福建建设战略合作协议》，工作得到福建省委、省政府高度认可。全力把发展和市场竞争力提升做到极致，把风险防控做到极致。坚持价值创造主线，做好制度设计、资源配置、绩效考核，千方百计提质增效、增收减支。聚焦等级行、KPI、领导班子综合经营竞争力考核，坚持“市场看份额、系统看位次、发展看质量”，努力做到“新增份额高于余额份额”。

（二）纵深推进战略

深入探索新金融行动，纵深推进“三大战略”，开启“第二发展曲线”，用金融的手段和力量解决社会痛点、难点问题。普惠金融强化普惠意识、基层动员、积极创新，强化价值贡献。做透“小微快贷”等大数据产品，“云税贷”“云电贷”“惠闽宝”等创新产品相继落地。住房租赁探索“数字房产”，实现住房租赁综合平台全省全覆盖；高质量配合住建部做好住房信息联网、公租房系统贯标联网等工作。围绕“住有所居”，拓展公租、青年、养老、教育等场景。金融科技融合业务，加快走向前台。推进全员学好用好“新一代”，建立健全金融科技专业团队运作机制。成功实施省行中心机房搬迁，圆满完成“护网”任务。

（三）提升管理能力

突出研究式、融合式、穿透式推进工作。强化结构性分析，落实问题导向；注重市场分析、行业研究、前瞻性判断。与省内各地方政府、省直各厅局开展战略合作，推出“服务民企 30 条”“服务乡村振兴战略 34 条”等；制定信贷经营指引，采取名单制营销；开展“走千家、访万户、拓客群、夯基础”活动。突出“层级架构、扁平管理”，推广“专班工作”“一行一策”“一户一策”，提升工作专业水平；加强集约管理，减少环节，缩短路径，为基层减负、为竞争提力。开展个人客户分层分类经营，致力打造“强大的省分行”，组建市场化团队，稳步推进分行和二级行本部直营。

（四）强化队伍建设

推进分行“3123 人才工程”，出台并落实进一步尊重人才、用好人才、留住人才的 41 条措施，对领导抓班子、带队伍实施“一行一表”考核，系统化地推进人才工作。突出基层出干部、出人才的导向，推进职务与职等并行制度，严格执行营业网点专业技术岗位职数配置三个“不低于”要求。实施“未来 · 我来”人才助力成长计划，打造“未来星”人才工程。推行“3123”导师制，创新公开遴选、挂职见习制度。开展“最美建行人”“幸福追梦　奋进有我”“共筑荣耀　成就美好”等主题活动，90% 的员工参与各类劳动竞赛并闪亮出彩。持续推进各级机构为员工办“十件实事”，努力越做越细、越做越好。

（五）抓好风险防控

层层签署《风险防控责任书》，从严制订管控工作方案，完善考核体系，定期督导进展、通报进度、考核执行。将信用、市场、操作、声誉、柜面、安保、信息科技等主要风险纳入全面风险管理体系，做好交叉领域风险防控，强化协同联动管理，做实前、中、后台“三道防线”。持续关注并应对市场波动，推进风险管理融入同业、资管、金融市场业务流程，强化前瞻管控。对标“稳健、审慎、全面、主动”的风险文化，在全辖巡回宣讲风险案例。整治市场乱象、强化合规案防、保护消费者权益、履行反洗钱义务，合规管理工作得到了监管部门的好评。

（六）强化党的建设

把抓党建摆在分行工作首要位置，扛牢压实“两个责任”，旗帜鲜明打造“党建工作标杆行”。加强政治建设，持续推进“12345党建工程”，扎实推进“不忘初心、牢记使命”主题教育，体系化推进抓党建工作。加强基层党建，开展“党建促进月”活动，做透“党建挂钩结对帮扶”，做实“支部建在网点”，做好“‘我知我行’党建共创行动”，发挥好党支部战斗堡垒作用和党员先锋模范作用。顺利实施纪检机构派驻改革，建立廉政教育长效机制，实现行内政治巡察全覆盖。驰而不息反“四风”，大力整治形式主义、官僚主义，营造风清气正政治生态。

执笔：周卉

江西省分行

江西省分行行长　万国平

一、业务发展概况

（一）业绩指标

截至2019年底，全量资金日均新增368亿元，一般性存款日均新增325亿元，增长10.5%，四大行占比24.7%，新增四大行第二。各项贷款新增335亿元，增长13.9%，新增创历史新高，新增四大行第二。中间业务净收入28亿元，四大行占比32.4%，四大行第一。主营业务收入120亿元、增长9.07%，拨备前利润82.97亿元、增长10.28%。

（二）资产质量

不良贷款余额为33.07亿元，比年初减少0.31亿元；不良贷款率为1.2%，比年初下降0.18个百分点。处置不良贷款31.76亿元，处置额再创历史新高，现金回收不良资产13.73亿元，依法收贷、拘传拘留等特色做法得到了总行肯定。

（三）客户发展

对公账户新增4.1万户，四大行占比38.6%；对公基本户新增3.1万户，四大行占比35.4%；借记卡净新增147.8万张，四大行占比30.5%；OBU新增96.9万户，上述指标市场份额均居四大行第一。信用卡客户总量、发卡总量、当年净增客户、当年净增发卡、分期交易额、消费交易额、贷款余额、中间业务收入占比均列四大行第一。手机银行客户新增121.9万户，当年活跃客户188.4万户。代发工资个人有效账户比上年净增50万户，增幅为18%；代发金额同比新增220亿元，同比增幅为24.6%。国际收支客户数、国际收支业务量、结售汇业务量位列四大行第二；外汇对公存款余额第二、外汇贷款余额新增四大行第一。境内外发债总额及境内外发债单项、新增总额与单项新增额等指标均居四大行第一。

二、主要工作举措

（一）坚决落实总行战略

坚决落实总行党委工作部署，加快推进新金融行动落实落地，取得了较好的成效。普惠金融方面，普惠金融贷款新增87亿元，增速为57%，客户新增1.59万户，增速为56%，新发放普惠型小微企业贷款平均利率5%，低于上年0.96个百分点，小微企业不良贷款实现“双降”，资产质量近五年来最优。住房租赁方面，创新推出“九大租赁”模式，全年新增社会化房源49.5万套、签约备案合同8.61万份，新增在线支付交易9180笔、金额为1133万元，在全国乙组22个非试点城市中排第六位。金融科技方面，围绕客户的“生老病死养、衣食住行教”全生命流程和个性化需求、围绕民生领域和省直合作单位，积极打造平台场景和生态圈，为经济发展和民生改善赋能。社会化服务平台累计活跃用户30.2万户，客户转化率为57%。裕农通村口银行方面，全年新拓激活裕农通村口银行1.7万个，总量达到1.9万个，覆盖了全省所有行政村，把金融服务送到田间地头。劳动者港湾方面，全年累计服务201万人次，取得了良好社会效果，得到了各级政府及监管部门的充分肯定。建行大学方面，先后开展“金智惠民·情暖赣鄱”培训142期，培训2.8万余人次，积极推进“金智惠民—乡村振兴”万名学子暑期下乡活动，得到了广泛好评。

（二）全力服务实体经济

信贷投放再创新高，包括新增贷款、资产证券化、债转股、母子公司联动等在内，综合融资新增769亿元（其中新增贷款335亿元），是上年的1.54倍，融资总量再创历史新高。金融供给侧结构性改革成效显著，基础设施贷款余额为610亿元，占对公贷款的50%；制造业贷款余额为163亿元，同比增长10.4%；绿色贷款余额为234亿元，占对公贷款的19.1%，向省水投发行系统内首笔境外绿色债券3亿美元；民营企业、小微企业贷款分别新增143亿元、72亿元，同比增长36.8%、91.1%；教育行业新增贷款2.8亿元，卫生行业新增贷款2.9亿元，养老行业授信8.3亿元，殡葬行业授信6.1亿元。完成洪都航空、建工集团两家企业21亿元债转股。有业务合作的拟上市企业达到238家，为61家拟上市企业提供信贷支持41亿元，建设银行为主要信贷银行的拟上市企业达到了42家。切实帮助企业渡过难关，对经营暂时困难的10户企业，坚持从大局出发，不随意抽贷、压贷和断贷，帮助实施兼并重组、渡过难关，涉及贷款近30亿元。涉企收费优惠减免1.06亿元。金融扶贫精准到位，金融扶贫贷款新增8.1亿元、同比增长32.3%，25个贫困县新增贷款65.8亿元、同比增长23.3%。全行113个定点扶贫村全部脱贫摘帽，其中脱贫户占比90%，脱贫人口占比92%。依托“善融商务”平台，累计销售江西贫困地区农副产品3.3亿元。2018年，江西省分行的各项工作彰显了大行情怀，赢得了社会尊重，得到了江西省委书记和省长的充分肯定和高度评价。

（三）狠抓全面风险管控

领导班子全面落实总行党委“三管齐下”“五个到位”和“十项基础”等全面主动风险管理要求，持续推进“预防、监测和管理”体系建设。一是突出信用风险管控，提前完成集中审批工作，统一全行审批偏好，审批质量和效率稳步提升。累计压降问题客户贷款风险敞口7.23亿元，全额清收3.92亿元；不良贷款余额为33.07亿元，比年初减少0.31亿元；不良贷款率为1.2%，比年初下降0.18个百分点；处置不良贷款31.76亿元，处置额再创历史新高，现金回收不良资产13.73亿元，依法收贷、拘传拘留等特色做法得到了总行肯定。二是强化监管风险防控，召开全行警示教育大会，坚决落实反洗钱、乱象整治、扫黑除恶、非法集资等监管要求，全力抓好内控合规、问题整改、安全生产、舆情监测、信访维稳和消费者权益保护等工作。三是狠抓操作风险管控，推进员工行为网格化管控，强化异常行为排查和自查，对违规违纪违法问题一律从严处理、从重问责。充分发挥内外部审计检查和“六大中心”的作用，为全行稳健发展保驾护航。

（四）坚持全面从严治党

一是突出政治建设。领导班子深入学习宣传贯彻习近平新时代中国特色社会主义思想和党的十九大、十九届四中全会精神，巩固和用好“不忘初心、牢记使命”主题教育成果，牢固树立“四个意识”，坚定“四个自信”，坚决做到“两个维护”。扎实开展主题教育，两批单位总体评估为“好”的占比均超过97%，达到了预期效果，提升了学用贯通、知行合一的能力。二是坚持全面从严治党。全面落实“两个责任”，履行“一岗双责”，坚持党建和业务“两手抓、两手硬”，做到同谋划、同部署、同考核。强化责任传导和考核评价，对党委主体责任考核排名后两位的分行党委书记公开约谈和通报，通报批评处理基层党支部1个、党纪处分1人，并在全行公开通报曝光。强化政治监督，共完成27个单位巡察、2个单位巡察“回头看”，发现问题185个，移交问题线索10件。三是强化对纪委监督执纪问责的领导和支持。完成二级行派驻纪检组改革。强化监督执纪问责，从严查处违纪违规行为，全年给予党纪处分 24 人、政纪处分 109 人；累计查处违反八项规定精神、形式主义官僚主义、全面从严治党落实不力等问题线索 6 个，给予党纪处分 6 人次、诫勉谈话 6 人次、提醒谈话 4 人次。四是强化基层党建工作。制定下发加强基层党支部建设若干意见、全面从严治党基础工作清单，严格落实基层组织工作条例，持续开展基层软弱涣散党组织整治，加强基层党建组织覆盖和工作覆盖，提高基层党组织战斗力。制定全行党员教育培训实施细则，抓好党建分级分类培训，举办处级干部党建及战略研讨培训班 2 期、基层党组织集中轮训 4 期。大力开展"党建 +"活动，全行共与 516 个教育和卫生系统基层单位开展党建联建活动，激发基层党组织活力，促进党建工作和业务融合发展。

（五）不断转变作风提升形象

在联系群众方面，实施行领导包干联系基层行制度，协助抓好客户营销，帮助解决经营管理问题。班子成员 2018 年共下基层调研、营销客户 230 余次，帮助解决各类问题近 400 个。针对基层反映会议多、邮件多、微信群多、报表材料多和督察检查多等问题，专门制定基层减负有关问题整改措施，全力压缩发文、会议、报告报表及督查检查数量，扎实做好基层减负各项工作，全年的会议、发文、检查较上年分别下降 45%、41%、53%，均完成了总行的控制计划。在选人用人方面，坚持注重创造、注重实绩、注重基层的用人导向，坚持绩效、培训和人力资源配置、评先评优、晋职晋级向基层和前台倾斜，做到珍重人才、用好人才、留住人才。狠抓干部队伍建设，全年共提任、交流处级领导人员 28 人，选派 74 名年轻干部到基层挂职锻炼。严把大学生招聘关，新入行大学生优先充实到了一线，补充了县域机构缺额人员。在关心关爱员工方面，认真做好工会、共青团、妇女和老干部工作，积极实施"同心计划""同心保险保障"，调增新入行员工最低工资标准，提高员工体检费和误餐补贴标准，打通低职等员工职业晋升通道，实行营业网点公休日和节假日轮休安排，慰问特困员工 415 人次、大病困难员工 5 人次，发放救助款项 100 万元，开展"六必访""六必贺"关爱活动，发放关爱款项 120 余万元，使员工的获得感和归宿感进一步增强。

执笔：卢松　吴建辉　余菲

山东省分行

山东省分行行长　段红涛

一、业务发展概况

（一）效益指标

全年实现拨备前利润 153.7 亿元。

（二）负债业务

一般性存款日均余额为 8124.4 亿元，日均新增 622 亿元；其中个人存款日均新增 606 亿元，增速为 16%、居四大行首位。对公存款时点、日均余额继续保持同业双第一。

（三）资产业务

各项贷款余额为 5622 亿元，新增 398.5

亿元。

（四）中间业务

实现中间业务净收入 87.6 亿元，同比新增 1.9 亿元，四大行占比 28.3%，居同业第二位。

（五）客户拓展

着力构建“万户培育、千户成长、百户升级”的客户梯队；6 项核心指标排在四大行首位：单位人民币正常结算账户总量为 39.84 万户，个人手机银行客户总量为 2167 万户，信用卡累计发卡 735 万张、客户 526 万户、消费交易额为 1913 亿元、贷款余额为 353 亿元；商户总量等 24 项战略指标居系统前三；与 15 个市、77 个县及县级市政府签订战略合作协议，新开立财政账户 564 户、政府类账户 384 户，社保账户 90 户、居系统首位。

（六）资产质量与风险控制

不良贷款余额为 144 亿元，不良率为 2.56%，分别较年初减少 66.4 亿元、下降 1.45 个百分点，逾期贷款余额为 78.6 亿元、逾期率为 1.39%，分别较年初减少 96.5 亿元、下降 1.93 个百分点；已核销资产现金回收 13 亿元，居系统首位。

二、主要工作举措

（一）深化落实“三大责任”

严格落实党委主体责任。认真学习贯彻党的十九届四中全会精神，扎实开展主题教育，在全辖巡回宣讲张富清同志先进事迹，厚植“学英雄、比奉献”的浓郁氛围。抓紧抓实基层党建，不断巩固党委带动支部、支部带动党员、党员带动员工的“四级带动”机制。系统内首家接受驻行纪检监察组述责述廉现场考察，驻行纪检监察组指出分行“实现了凤凰涅槃、浴火重生，向总行党委交出了一份满意答卷”。贯彻“基层减负年”要求，全年文件、会议、报告报表、督查检查分别较上年减少 39%、46%、31%和 68%。

严格落实监督执纪责任。深化改革派驻监督，实现二级分行派驻监督“全覆盖”。将“三个能力”“三大战略”、扶贫工作、安全生产运营等作为巡察监督重点，基本实现分行本部、二级分行和县域支行全覆盖。充分运用监督执纪“四种形态”，建立健全“发现问题、严肃查处、警示通报”的常态化“三部曲”。

严格落实队伍建设责任。出台优秀年轻干部加速培养指导意见，开展三轮处级岗位干部公开遴选，干部队伍结构不断优化。加强轮岗交流，全年选拔调整的处级干部中，从基层选拔和向基层选派的数量占比达到 62%。建立员工最低收入保障机制，出台新入行大学生、偏远县域机构员工专项关爱政策，员工离职率低于全行平均水平。

（二）全面提升“三个能力”

打造服务地方的主力银行。围绕山东新旧动能转换重大工程规划，全年累计向山东动能转换“十强产业”及重点项目投放贷款 960 亿元，制造业贷款余额 922 亿元。借助金融科技力量，摸清民营经济发展规律，民企信贷客户新增 1.62 万户，累计投放民营企业贷款 1242.1 亿元。明确“六个聚焦”① 扶贫策略，精准扶贫贷款新增 21.8 亿元；全年向扶贫村选派 13 名“第一书记”，向定点扶贫村投入帮扶资金 1000 余万元，帮扶村 560 多名贫困人口全部脱贫。在系统和同业内率先推出 ETC“总对分”线上签约工具，全年累计发行 502 万户，居系统和当地市场首位；通过“一点对全国”功能，支持 36 家兄弟分行签约 145 万户。推动资产质量稳定向好：树牢“底板思维”，强化代价意识，坚持党委管、全面管、主动管“三管齐下”，综合采用“控、管、疏”等多种方式，主动加大风险释放、化解和处置力度，资产质量“七率”② 先行指标较年初明显改善，新拓展大中型客户保持零不良，机构、金融市场、国际条线资产保持零违约，辖内 13 家二级分行资产质量当地四大行最优。积极构建风险化解处置“双 513 责任体系”，加快推进信贷审批集中上移，8 月将全部业务、人员、授权集中到省分行。

提升国际业务发展质效。围绕“一带一路”和“走出去”重点项目，着力提升“跟随”服务

① 聚焦党建抓扶贫、聚焦产业抓扶贫、聚焦农户抓扶贫、聚焦金融抓扶贫、聚焦电商抓扶贫、聚焦民生抓扶贫。

② 不良贷款率，当年纯新发放不良贷款率，当年新暴露不良贷款比率（年化），关注类贷款占比，公司类关注贷款迁徙率（年化），逾期贷款率，垫款率。

能力，贸易融资授信客户同比增幅达138%，国际业务信贷资产余额为385亿元。与阿斯塔纳分行合作办理6亿元跨境融资业务，创哈境内中资金融机构单笔跨境人民币业务新纪录。围绕本外币、境内外、线上线下一体化，相继开发新型建信通、代保通、互证通、跨境风参类等系列创新产品，实现国际业务收入2.23亿元。实现全省首家“跨境e+”系统和山东国际贸易“单一窗口”直联，推出“跨境快贷—退税贷、出口贷、信保贷”等线上融资产品。积极参与山东自贸区发展建设，为重点客户开立保函44亿元，信贷投放43亿元，新增对公账户823户，办理结售汇1.71亿美元。

（三）扎实落地“三大战略”

推动普惠金融创新发展。大力推广以优质资产为抵押的“小微快贷”系列产品；系统内率先实现“互联网+不动产抵押”全省市县区全覆盖；成立服务乡村振兴工作领导小组，以农村土地流转平台为依托，以裕农通为纽带，拓宽涉农金融服务渠道，实现金融服务乡村全覆盖；对接全省156个乡村振兴重点项目，与省农业农村厅合作建设农村土地承包经营权流转管理系统，依托“农业大数据+金融大数据”，构建“互联网+两权+建行”新生态，其中“乡村振兴贷—齐鲁惠农贷”一期产品获批农业农村部金融支农创新试点项目。创新推出“惠农股权贷”，实现“裕农通·村村通”全覆盖。与省政协共建“泉城暖意·共享书房”“环卫工人爱心歇脚点”公益项目，“劳动者港湾”App注册数52.8万个，累计服务738万人次。挂牌成立建行大学山东省分行分校、员工成长学院和乡村振兴学院，组织万名学子暑期下乡活动，被总行授予“产教融合实训基地先进单位”。

打造住房租赁领先优势。以做实系统为基础、做多房源为核心、做活交易为关键，加快构建住房金融全流程生态圈。目前，分行住房租赁综合服务平台入驻企业490家、中介489家、活跃用户30.2万户、上线房源100万套，实现线上交易1.7万笔。住房租赁综合服务业务系统实现全省全覆盖，政府公共住房服务平台在辖区内137区县全部上线。住房信息联网接入及公租房信息系统贯标工作全国率先完成，并纳入总行典型案例。牵头开发的公租房数据预处理系统获得住建部和总行高度认可，将在全国推广。挂牌“建融家园”长租社区7个，在辖内15个地市全部上线存房系统；为山东省最大招商引资项目威海惠普提供住房租赁贷款，用自有房产建设5处人才公寓、青年公寓，购买租赁权模式中银龙青年公寓成功入围济南市首批住房租赁补贴试点项目。

提高金融科技赋能水平。建成系统内首家集团金融科技创新中心，加强人才队伍建设，加快推进政务平台、社会平台建设。对接居民衣食住行需求，建成“智慧生活十大场景”① 7.3万个，累计服务1.2亿人次。创新推出药品追溯系统，实现省、市、县食药监局系统全覆盖，为平台274家药品批发和医药生产企业提供供应链融资60.2亿元。拓展民工惠核心企业109家，上游企业356家，累计惠及民工26万人次。落实总行与山东省政府“数字山东”建设战略合作协议，充分发挥总集成作用，建成全国首个省级“三网融合”“政务服务一网通办”总门户；辖内全部网点、裕农通服务点和智慧设备均上线政务功能，在济南建成全国首家“金融+政务”智慧政务示范大厅，打造了银行政务办理新模式。

（四）稳步推进“三项升级”

推动合规经营水平升级。在所有二级分行设立独立的内控合规部，规范各级机构合规岗位设置，构建横到边、纵到底的合规管理架构。扎实推进“行业规范建设年”活动，开展员工行为常态化排查和“七个一”② 安全生产检查，建设智慧型指挥监控中心。全年堵截案件379件，堵截或挽回损失金额1995万元。

深化网点集约能力升级。加快低效网点“撤并歇转迁”，优化渠道布局，组织开展“服务质量提升年”活动，全年申报并批复总行旗舰网点20个，迁建网点22个，升格29个，新设6个；“龙易行”业务办理量120万笔；远程集中授权网点实现100%全覆盖；移动渠道账务性交易量

① 智慧社区、智慧交通、智慧住房、智慧医疗、智慧校园、智慧园区、智慧旅游、智慧商圈、智慧裕农、智慧缴费。

② 每一个摄像头、每一个灭火装置、每一台电梯、每一张门禁卡、每一个食堂、每一天值班、每一台用车。

占比96.3%，形成了旗舰、综合、轻型网点协同互补，自助渠道有效补充，电子渠道快速发展的服务格局。

加速结构调整优化升级。持续推进开放共享、价值共赢、数字互联和以客户为中心的新零售战略，以零售业务升级进位带动各项业务跨越赶超。分行个人存款、贷款、中收、主营业务收入行内占比分别达到54.9%、52.4%、64.2%和52.9%，分别较系统平均水平高5.6个、6.9个、4.1个和3.2个百分点。将贷款增量主要集中在质量优良的零售板块，零售贷款余额为2946亿元。制定分行信贷结构调整三年优化方案，2019年对公贷款（余额为2590亿元）新投放主要集中于涉农、基础设施、普惠金融和绿色信贷等领域；逐步压缩行业信贷和贷款余额分别较年初下降36亿元、20亿元，山东区域十大风险高发行业累计压缩综合融资敞口476亿元、压缩信贷敞口383亿元。

执笔：刘太丽

河南省分行

河南省分行行长　石永拴

一、业务发展概况

（一）经营效益

实现账面拨备后利润82.58亿元，同业排名第二，同比增长22.75亿元。

（二）负债业务

全行集团全量资金日均余额突破8000亿元，达到8290.31亿元，比年初新增546.36亿元，增速为7.06%，其中一般性存款日均余额为6344.75亿元，日均新增473.74亿元，新增同业第二、系统第八。

（三）资产业务

各项贷款余额为5212.37亿元，比年初新增587.74亿元，创历史新高，新增同业第一，系统排名第七。

（四）中间业务

实现中间业务净收入51.26亿元，创历史新高；净收入同比新增4.74亿元，增速达10.18%，高于全国平均水平0.16个百分点。

（五）客户情况

公司机构有效客户13.52万户，比年初新增3.56万户，新增系统第四，折算后增速达到26.75%，其中普惠金融有效客户新增占全行公司机构有效户新增的53%；个人有效客户761.05万户，比年初新增60.9万户，新增系统第三，折算后增速达到10.42%。

（六）资产质量

不良贷款余额为78.71亿元，比年初减少12.87亿元；不良率为1.51%，比年初下降0.47个百分点；逾期贷款余额为69.17亿元，比年初减少14.55亿元；逾期率为1.33%，比年初下降0.48个百分点；表外业务垫款0.56亿元，比年初减少0.09亿元。

（七）对公业务

对公存款日均余额为2603.84亿元，日均新增61.02亿元，新增同业第四、系统第十五；对公贷款余额为2516.55亿元，比年初新增264.37亿元，新增同业第一，系统第九；实现中收19.4

亿元，系统第八，同业第一，同比增速为9.7%。

（八）零售业务

个人存款日均余额为3740.91亿元，日均新增412.72亿元，四大行第一，系统第八；中间业务收入8.94亿元，系统第六，同业第一；个人有资产客户新增216.5万户，系统排名第三。

（九）投行资管业务

实现投行资管收入66816万元，完成计划的122%，同比增加14091万元，增幅为27%；按照系统内可比口径，投行资管收入66126万元，系统排名第四。实现债券承销发行73.1亿元，四大行排名第四，市场占比58%，同比提升8个百分点。

（十）金融市场业务

直营业务实现中收1.66亿元，计划完成率达131%，系统排名第八，同业排名第一；同业资产累计办理量3374亿元，系统排名第三；同业资产余额为185亿元，系统排名第九；专营业务实现净利润1.2亿元，系统排名第十；同业存款时点余额为103亿元，较年初新增44亿元，增幅75%。

（十一）信用卡业务

净增发卡80.93万张，系统排名第二；当年新增活动客户38.49万户，系统排名第二；当年净增客户42.53万户，系统排名第四；消费交易额新增1946.7亿元，系统排名第四；分期贷款余额新增52.2亿元，系统排名第二；实现分期交易额175.96亿元，系统排名十，较年初提升3个位次；同比增幅为35%，位居系统第一；不良贷款余额和不良贷款率同业最低。

（十二）网络金融业务

手机银行客户总量1927万户，同业第一，活跃客户494.5万户，实现总行计划完成率、活跃客户增量、增速、总行“建网通天下转型创未来”竞赛活动单项产品考核四个全国第一。

（十三）国际业务

对公外汇存款时点余额为18.20亿美元，四大行占比20.61%，四大行排名第三，系统第七；外汇贷款余额为24.68亿美元，比年初新增3.32亿美元，系统第三位。

（十四）普惠金融业务

“8+1”口径普惠贷款余额为389.8亿元，新增144.6亿元，系统排名第九。银保监口径普惠贷款新增140.9亿元，贷款余额占四大行总和的46.2%，新增额占四大行总和的56.2%，连续3年保持四大行首位。

（十五）住房金融业务

系统内首家成功实现全国公租房信息系统与河南省政务网的对接；累计实现撮合式存房新增3.23万套，系统第五，其中，线上实现存房申请706套，系统第二；线上实现签约576套，系统第一；出租297套，系统第一。

（十六）金融科技业务

金融科技持续赋能智慧体系，与13个地市、13个区县签订“互联网+政务”合作协议；郑州所有已运行地铁线路全线开通刷脸支付，累计实现客户注册22.2万户，刷脸过闸通行笔数突破172万笔。

（十七）风险控制与内控合规

主要资产质量指标均完成总行下达的控制目标；健全内控评价常态化制度，2019年度合规工作评价系统第二；持续提升反洗钱管理能力，人行反洗钱分类评级结果为A级，居四大行首位。

（十八）特色业务

新服务模式不断惠及大众，创新打造“豫建·益农宝”项目，“裕农通+益农信息社”模式成为总行重点打造的全国性平台叠加、服务及账户出海的典范，裕农通服务点总量达到5.6万个，乡村有效覆盖率达114%。成功举办“建行大学进军营 金智惠民促融合”“金智惠民助力民营经济发展”“金智惠民情满中原”等培训活动，惠及人员近6000人次。“民工惠”业务累计投放专项融资款16.9亿元，惠及农民工21.6万人次，系统第八，获得省政府、省住建厅领导高度认可和专门批示。

二、主要工作举措

（一）以“三个发展”为总体布局，主动作为、全面发力，各项业务稳中有进

深入贯彻中央和总行党委重大决策部署，坚持以“三个能力”建设为基本遵循，以三大战略、三端发力为动力引擎，以“三个一工程”为重要抓手，齐心协力，迎难而上，推动传统业务、战略性业务持续快速发展，综合经营能力和市场竞争力持续提升，在总行 2019 年度等级行和 KPI 考核中分获第 9 名第 10 名。聚焦“三个能力”建设，多渠道释放信用资源，服务实体更加有力，全年各项贷款新增创历史新高。地方政府债券联动营销初见成效，累计服务专项债项目 21 个，金额 48 亿元，承接项目资金 82 亿元，得到总行高度认可。

（二）以三大战略为动力引擎，提质上量、综合赋能，新金融行动加快推进

凝聚全员共识和统一行动，从服务发展大局着眼，从解决社会痛点入手，深化落实三大战略，持续释放 GBC 端活力，推动新金融行动向纵深推进。把新金融行动作为指引全行转型发展的行动纲领，深刻认识新金融的科技、普惠和共享属性，结合河南实际推动理念、思维、发展方式变革，努力以新金融行动绘就“第二发展曲线”。把“三大战略”作为改变局面、变道超车的动力引擎，在前期一系列工作的基础上，进一步凝聚思想共识、转变思维打法、强化协调配合，推动“三大战略”深化落地、全面开花。“云税贷”写入河南省政府工作报告，智慧工商联、安阳土地流转平台在总行夏季工作会议作经验介绍。把平台系统作为推动战略落地的核心抓手，深化平台系统思维和“以小博大、以点带面”思维，认真梳理选取具有典型性、代表性的小切口、突破点，率先在智慧政务、智慧宗教、智慧工商联、地铁刷脸、土地流转、智慧乡村、智慧出行等平台系统上实现突破，提升了平台化、批量化获客能力。

（三）以转型创新为主题主线，扬长补短、厚植优势，发展活力持续激发

根据社会痛点、市场需要，持之以恒育动能、增优势、塑亮点，走创新引领发展之路。综合金融服务成效明显，累计办理综合融资 685 亿元，网络供应链业务累计投放量系统第 10。零售转型统筹发力，围绕客户拓展、维护、团队成长建立“三个体系”，协同推进新零售在河南落地见效，零售业务综合评价系统第 11 名。创新势能持续蓄积，蝉联总行“最具创新力奖”，在总行创新马拉松活动决赛中荣获优秀组织奖。“三个一工程”深入推进，为全行转型发展培育了新动能，打造了新优势。持续加快物理渠道转型和智能运营体系建设，集约化运营生产质量和效率继续保持系统前列；进一步完善消保工作制度，被河南省银保监局评为 2019 年宣传活动先进单位。

（四）以从严治行为基本方略，多措并举、防控风险，发展基础更加扎实

始终把资产质量和风险管控作为重中之重的头等大事，进一步强化全面主动风险管理，打牢业务发展“底板”。注重标本兼治，负起“党委管、全面管、主动管”责任，进一步强化科学发展理念引领，加快不良处置，推动资产质量稳中向好，不良率基本达到系统内平均水平。注重抓常抓长，内控合规保障有力。开展形式多样的教育活动，推动警示教育规范化、常态化、制度化。积极推动员工行为网格化管理，健全内控评价常态化制度。注重防控并举，平安建行持续打造，在省银监局和公安厅组织的安全评估中荣获省级金融单位第一名。

（五）以党建引领为主责主业，融合融入、压实责任，发展氛围持续优化

旗帜鲜明地把政治建设摆在首位，层层压实“两个责任”。紧扣“十二字”总要求，深入开展“不忘初心、牢记使命”第一批和第二批主题教育，努力做到真学、真查、真改。以坚决的态度、有力的举措抓好总行巡视整改，较好地完成了集中整改任务。与政府、军营、高校、医院、社区开展联学联建活动，展演张富清同志先进事迹 35 场。稳妥推进纪检派驻改制，强化政治监督，严肃执纪问责。建立完善领导班子研判机制，对缺职、结构不优或运行状态不佳的进行调整。实现全行员工岗位晋升常态化。持续推进“省分行党委关爱员工十件实事”落实；召开五届三次职代会，深入落实民主管理制度；做好送温暖和困难帮扶慰问工作，营造和谐健康的发展氛围。

执笔：孙俊岭

湖北省分行

湖北省分行行长　王　浩

2019 年 1 月 30 日，湖北省分行召开 2019 年工作会议。

一、业务发展概况

（一）经营效益

全年实现拨备前利润 129.7 亿元，同业排名第二。比上年增长 4.4 亿元，增幅为 3.5%。实现税前利润 94.3 亿元，比上年增加 32.2 亿元，增幅为 51.9%。实现经济增加值 42.1 亿元，比上年增加 31.34 亿元。

（二）负债业务

本外币全口径存款时点余额为 6617 亿元，四大行占比 27.04%，同业四大行第三，新增 204 亿元。一般性存款时点余额为 6534 亿元，四大行占比 27.24%，同业四大行第三，新增 174 亿元。本外币全口径存款日均余额为 6643 亿元，四大行占比 27.98%，同业四大行第二，新增 312 亿元。一般性存款日均余额为 6563 亿元，四大行占比 28.07%，同业四大行第二，新增 314 亿元。

（三）资产业务

新增社会融资总额为 1132 亿元，其中各项贷款新增 489 亿元（同业四大行第二），信托、租赁、理财等直接融资 643 亿元。各项贷款余额为 4968 亿元。

（四）公司业务

对公结算账户创历史新高，总量、新增和基本户新增均为同业四大行第一。系统内首个成功突破开立空军某部财务结算中心基本账户。开立武汉市公共资源交易管理办公室账户，打破武汉市同业 15 年的垄断。被财政部评为全国建设银行代理中央财政业务的十大先进行之一。“民工惠”业务投放金额为 26.5 亿元，系统第五。

（五）个人金融业务

零售业务发展水平综合评价排名系统第七；个人核心存款日均新增同业四大行第一，付息率四大行最优；个人贷款余额同业四大行第一，个人住房贷款利率执行水平同业四大行第一；手机银行客户数、信用卡客户数、私人银行业务客户数同业四大行第一；零售条线收入同业四大行第一；与建信人寿、建信基金等母子公司战略协同居系统前列；“网点 4.0”创新项目在总行创新马拉松活动取得“C 端突围组”全国第一。

（六）中间业务

全年实现中间业务净收入 39.2 亿元，增幅为 10.45%，同业四大行份额为 30.36%，上升 0.65 个百分点。其中，公司条线实现中间业务净收入

15.9 亿元，同业四大行第二，个金条线实现中间业务净收入 23.3 亿元，同业四大行第一。

（七）资产质量

不良贷款余额为 52.61 亿元，比年初减少 2.66 亿元，比总行控制计划少 8.65 亿元；不良率为 1.06%，较年初下降 0.18 个百分点。

（八）专项重点工作

ETC 业务攻坚成效显著，总量同业第一、新增同业第二。创业者港湾建设稳步推进，“旗舰店”“联盟店”“服务点”三种模式开始试点。着力提升网点综合竞争力，整治低效网点 17 个，4 个网点获评银行业文明规范服务五星级网点，同业第一。“裕农通·村村通”实现双覆盖，裕农通存款、服务客户数均居系统第一。积极配合做好张富清老英雄关爱照顾工作，落实老英雄正省部级医疗待遇、居住环境改善、津贴待遇、将其有智力障碍长女纳入分行“同心计划 +”医疗保障。精细化管理水平进一步提升，实现授信业务集中至省分行本级，实施信用卡征审作业集约化管理，推进全省柜面业务远程集中授权。省分行在本部扎实推进精益管理，节约成本，提高效率。积极做好第七届世界军运会金融服务与品牌宣传工作。

（九）内控合规建设

进一步完善体制机制，成立问责委员会，在六个二级行试点合规特派员。“巩固治乱象”“内控合规管理巩固年”工作取得成效，2018 年发现问题整改率达 100%。反洗钱客户身份信息合规率持续提升达到 93% 以上。强化合规文化建设和案件防控，组织员工行为排查和合规检查，整改审计重要跟踪事项。着力保障安全稳定，实现了“平安建行”和“三无三安全”目标，全行无重大声誉风险，信访维稳“两确保一下降”。被总行评为“全行信访工作先进单位”。

二、主要工作措施

（一）着力服务实体经济，积极助推区域经济迅速恢复

加强疫情防控保障、制造业、传统基建、“新基建”、普惠金融等重点领域支持及个贷业务拓展，积极助力乡村振兴，做好地方政府隐性债务化解与承接，强化综合融资服务。

（二）纵深推进科技赋能，持续助力政府提升治理效能

积极开拓住房租赁市场，稳妥推进存房业务，推进平台实质性应用及系统建设，深化住房租赁新生态搭建。深入推进金融科技战略，加快拓展社会平台应用，加强技术与业务的深度融合。统筹做好教育培训赋能社会，有序推进“创业者港湾”建设，做实做优“劳动者港湾”服务。

（三）强化风险管理与安全防控，坚决守住不发生系统性金融风险底线

深化全面主动智能风险管理，保障资产质量基本稳定，加强风险与合规文化建设，抓实合规案防管控，确保安全稳定。

（四）主动创新求变，着力提升发展能力与治理效能

积极抢抓政策机遇，快速壮大存款业务规模，努力提升中间业务价值贡献，积极探索客户经营与培育新模式。持续加强精细化管理，推进数字力建设，着力提升网点综合竞争力。

（五）强化党建引领，不断推进全面从严治党

持续加强政治建设、思想建设、组织建设、作风建设、纪律建设，更有力地发挥党员先锋模范作用。聚力脱贫攻坚，确保如期全面完成目标任务。做好群团工作，全方位做好新冠肺炎疫情期间对员工关心关爱。

执笔：李志浩

湖南省分行

湖南省分行行长　文爱华

一、业务发展概况

（一）负债业务

一般性存款余额为 6998 亿元，新增 370 亿元，四大行市场占比 34.8%。

（二）资产业务

全年累计投放贷款 4188 亿元，同比多投 407 亿元，贷款余额迈上 5000 亿元台阶，达到 5344 亿元，新增 646 亿元，同比多增 105 亿元，四大行市场占比 33.54%，系统第六。

（三）中间业务

全年实现经营收入 231 亿元，其中中间业务净收入 57.5 亿元，增幅为 11.4%，四大行占比 48.14%。

（四）经营效益

实现税前利润 126.2 亿元，四大行市场占比 36.10%。

（五）资产质量

不良率为 1.06%，下降 0.06 个百分点，不良贷款为 56.65 亿元，逾期贷款为 56.58 亿元，均控制在总行下达的计划之内。

（六）公司业务

对公存款 2839 亿元，较年初新增 26.76 亿元，余额四大行占比 38.32%。公司机构有效客户新增 2 万户；单位人民币结算账户新增 4.5 万户，连续 5 年总量、新增、增幅四大行第一。托管业务规模 940 亿元，四大行第一；代发工资新增 299 亿元，系统第三，增幅为 22.1%。CTS 客户总量 359 万户，系统第三；财务顾问收入 8444 万元，增幅为 37%；对公中收 15.2 亿元，连续 11 年四大行第一；对公贷款余额为 3076 亿元，四大行占比 34.28%，较年初新增 362 亿元，系统第六，四大行占比 30.27%。基础设施建设投放 583 亿元，“5 个 100”项目投放 215 亿元，制造业投放 507 亿元，服务领域投放 587 亿元，民生领域投放 304 亿元，“一湖四水”治理领域投放 290 亿元；涉农贷款余额为 897 亿元，扶贫贷款余额为 123 亿元，均超额完成总行计划。民营企业贷款新增 209 亿元，占对公贷款新增的 57.8%，增幅为 27%，高于对公贷款增速 13.7 个百分点；普惠金融贷款新增 142 亿元，余额达到 438 亿元，四大行占比 51%，提升 3 个百分点；对公外汇贷款余额为 10.3 亿美元，投放进出口贸易融资 39 亿美元，均为四大行第一。认购地方政府债 517 亿元，增幅为 76.4%；直接融资持续增长，债券承销量 154 亿元，继续领跑全省市场。

（七）个人金融业务

个人存款额为 4159 亿元，四大行占比 35.01%，比年初新增 343 亿元，四大行占比 33.74%，个人存款持续保持系统、同业领先优势；个人贷款额为 2268 亿元，比年初新增 284 亿元，余额、新增四大行占比分别为 37.23%、38.59%，继续保持四大行第一；个人有效客户新增 45 万户，个人商户总量、新增、高贡献商户和日均存款均为系统第一，经营性资金体内循环率达 84.7%，系统第一；个人手机银行达到 1796 万户，覆盖度系统第一；直销银行获客 50 万户，占全国总量的 36.8%，系统第一。信用卡 12 项核心指标保持四大行第一、系统领先，其中信用卡中收四大行占比 56.37%，对全行中收的贡献度达 40.22%。开创系统首单家庭亿元保单。

（八）资产质量和风险控制

强化授信审批全流程精细管理，时效缩短一半，实现全行集中审批。调整信贷结构，对公优先支持行业贷款新增 128.5 亿元，增幅为 35.5%，绿色信贷新增 78.5 亿元，增幅为 29%。高风险高占用的非不良信贷客户退出 67 亿元。13 个重点管控行业贷款余额下降 13 亿元，降幅为 47.1%。平滑政府隐性债务 84 亿元，为湘潭市等地方政府制订债务化解综合服务方案。“20 大”项目化解处置 55 亿元，化解处置率为 78%，帮助泰富重工引进战略投资者并恢复生产经营。处置不良贷款 46.3 亿元，长浏高速实现现金回收 7.5 亿元，已核销资产现金回收 3.6 亿元，创历史新高。

二、主要工作举措

（一）主动有为服务地方经济

积极参与中非经贸博览会，对接企业 150 余家，签约海外项目 4.1 亿美元。与商务厅共建招商引资合作平台，“湘企出海”平台 14 个地市专区上线。首家与湖南“单一窗口”系统对接，服务客户近 600 户。开展“服务实体经济 对接民营企业”市州行活动，累计走访企业 200 余家，对接融资需求 560 亿元。在长沙开展“千人帮千企 建行在行动”活动累计对接企业 1310 家，授信批复金额 85 亿元。全面深化银政合作，促成总行与省政府签订《深化全面战略合作协议》，与省农业农村厅开展全面战略合作，76 个区县签约农村集体产权管理信息平台，开立农村集体经济组织账户 2592 个。与省委统战部、省民宗委合作，共同推广宗教事务信息化综合应用平台。搭建“智慧政法”监狱管理平台，实现省监狱管理局和 23 家监狱合作全覆盖。打造全省“互联网 + 政务服务”统一支付平台，集成 298 项公共服务缴费和 148 项非税缴费行政事项。支持脱贫攻坚，对口扶贫村 110 个，派驻扶贫干部 63 人，新增扶贫捐赠项目 25 个，连续两年荣获总行“扶贫组织奖”。

（二）平稳有序推进战略工作

协助长沙市政府成功申报中央财政支持住房租赁市场发展试点城市，实现公积金系统与建设银行住房租赁平台对接。在岳阳临港新区、长沙

2019 年 11 月 23 日，湖南省分行举办本部第四届“快乐工作 健康生活”员工趣味运动会。图为员工在参加趣味运动会项目：奔腾旺季。

湘江新区投入 10 亿元支持人才公寓建设，解决近 2 万人住房问题。完成智慧住房平台一期建设，打造住房金融生态圈，涵盖了大数据监测、住房租赁、物业监管、企业资质管理、住房金融等主要应用功能，逐步实现房地产市场全生命周期闭环管理，为全国建设银行系统第一家。普惠金融贷款中的小微企业贷款新增 99 亿元，增幅为 66.7%，远超全国两会“增长 30% 以上”的要求。普惠金融授信客户新增 1.3 万户，总量 7.9 万户。打造金融生态圈 864 个，完成自主创新项目 44 个、移植创新项目 167 个，连续四年获得总行最具创新力奖，创新考核列总行第二，“裕农 e +”“善建慈善 +”项目分别获总行创新马拉松二等奖和三等奖，“公安便民智慧金融服务方案”获“湖南金融力量”奖和总行创新一等奖。成立建行大学湖南省分行分校、员工成长学院、乡村振兴学院，推进湖南大学、中南大学产教融合实训基地建设和湘潭大学乡村振兴学院组建。开展“金智惠民”培训 1234 期，培训 18 万人次。乡村金融初见成效，成立乡村金融领导小组和六个工作小组，完成顶层设计，先试先行、做出样板，制订三年规划，搭建了三大平台，产品研发 15 个，建立全套制度 16 个，共 30 万字研发培训课件 30 套。金湘通在全国率先实现行政村全覆盖，累计拓点 4.5 万户、发卡 244 万张、沉淀存款 127 亿元，叠加非金融场景 10 个，其中民生代缴项目 9 个，年交易量超 1000 万笔，其中医保社保缴费 429 万笔，占系统裕农通交易量的 33%。

（三）切实强化风险内控管理

强化“党委管”机制，各级行党委定期听取风险管理情况报告。狠抓“315工程”落地，对二级行开展现场督导，通报4户履职不到位典型案例。计提拨备38亿元，审计前拨备覆盖率达260%，提升23个百分点。完善信贷业务尽职免责规定，责任认定133人次，尽职免责2089人次。推动人人尽责合规体系建设，强化三级风险经理和“八岗位”履职尽责，优化动态考核评价机制。合规教育入脑入心，警示教育成为常态，下发各类警示通报72份。开展“护航高质量发展规范员工行为”专项行动，加强员工异常行为监测排查。成立责任认定委员会和问责委员会，制定违规处置流程，给予行政处分89人次。员工轻微违规行为积分9714分、7334人次。开发整改流程管理系统。配合开展外部监管检查32个，监管罚没金额下降24.4%。生产运营安全平稳，连续被省委省政府评为综治工作“先进集体”和“平安单位”，被总行评为“信访工作先进单位”。消保考核位列同业第一，消保和声誉风险考核在总行名列前茅。圆满完成护网行动。

（四）持续加强全面从严治党

扎实开展主题教育，各级领导班子讲党课1020次，处级及以上领导干部调研687次，各二级行基层支部学习研讨3670次，开展主题党日活动1099次，基层支部书记轮训全覆盖，省行检视发现问题46个，整改率达93.5%。制订基层党建工作三年规划，以“四个融合”为抓手提升基层组织力，发展党员185名，党支部总数达725个，85个县支行建成高标准党员之家，36个党员之家建成示范点。设立张富清党员先锋岗939个，张富清金融服务队502个。签订全面从严治党责任书，精心推进派驻改革，实现派驻监督全覆盖。开展专项监督11项，发现问题223个，出具建议书185份。精准执纪问责，运用“第一种形态”处理521人次，党纪处分7人，对4个基层党组织和5名党员干部失职失责行为进行问责和通报。严格落实总行减负清单，公文、会议分别压缩34%、37%，报告报表、督查检查分别精简29%、50%。积极配合总行巡视组开展工作，认真进行整改，整改率达93%。对5个二级行和6个部门及15个基层机构常规巡察，对3个二级行和1个部门巡察“回头看”，发现问题262个，整改率达92.3%。加大巡察结果运用，问责384人次，党纪处分1人次，行政处分7人次，对两个二级分行主要负责人分别进行了提醒谈话和诫勉谈话。

执笔：彭新伟

广东省分行

广东省分行行长　刘　军

一、业务发展概况

（一）存款情况

截至2019年末，全口径存款日均余额为15998亿元，比年初新增1928亿元，同比增速为13.7%；一般性存款日均余额为15019亿元，比年初新增1480亿元，同比增速为10.9%。

（二）贷款情况

截至2019年末，各项贷款余额为11366亿元，比年初新增1497亿元，同比增速为15.2%。

（三）中间业务

全年实现业务净收入 142.7 亿元，同比增长 16.4 亿元，同比增速为 13%；其中，公司委中收 61 亿元，同比增长 1 亿元，同比增速为 1.7%；个人委中收 83.2 亿元，同比增长 15.6 亿元，同比增速为 23.1%。

（四）经营效益

全年实现拨备前利润340.7 亿元，同比增长31.5 亿元，同比增速为 10.2%；实现税前利润 267.7 亿元，同比增长19.2 亿元，同比增速为 7.7%。

（五）客户情况

截至 2019 年末，单位人民币结算账户 102.95 万户，市场占比 28.31%，较年初提升 0.47%，是全国首个对公账户总量突破百万的一级分行；当年新增账户 16.59 万户，新增占比31.07%，增速为 19.22%，增速四大行第一。公司机构加权前有效客户 32.46 万户，当年新增 7.63 万户；加权后有效客户 124.24 万户，全年新增 27.10 万户，增速为 27.90%，保持加权前余额和新增、加权后余额、新增和增速系统内五项第一；个人加权有效客户新增 634 万元，一级行 KPI 考核排名首位 AUM5 万元以上个人客户 295 万户，新增 19.2 万户，创历史最高；AUM20 万元以上客户 98.3 万户，新增 7.5 万户，总量四大行占比 22.93%，比年初提升 0.24%。

（六）零售业务

个人存款余额日均和时点余额分别达到 7226 亿元和 7403 亿元；日均新增和时点新增均创历史最高，分别为 815 亿元和 720 亿元；日均及时点余额市场份额占比“双提升”，分别提升 0.37% 和 0.35%。信用卡中间业务收入、分期业务收入、分期交易额、信用卡累计客户、净增发卡、贷款余额六项核心指标在系统内和当地四大行双第一。信用卡贷款余额突破 900 亿元、累计客户突破 800 万户、累计发卡突破 1200 万张。实现分期交易额 595 亿元，同比增长 14%。

（七）公司业务

企业存款日均、时点余额分别达到 7793 亿元、8004 亿元，当年新增分别为 665 亿元、745 亿元，日均余额及新增额均排名四大行第一，时点新增排名系统第一。对公贷款余额为 5197 亿元，比年初新增 817 亿元，新增额排名四大行第一，余额四大行占比 23.91%，比年初提升 0.6%。对公中间业务净收入 61.03 亿元，同比增长 1.71%，位列系统第一。

2019 年 9 月 19 日，广东省分行、广东省商务厅与中国出口信用保险公司广东分公司在广州联合召开“贸融易”普惠金融服务发布会。

（八）私人银行业务

私人银行级客户拓展系统领先，AUM、客户数余额及新增四项指标系统排名领先，其中客户数 15487 户，新增 1661 户，系统排名第一；客户 AUM 余额为 1789.93 亿元，新增 157.96 亿元，系统排名第二。

（九）移动金融业务

个人手机银行活跃客户系统内率先突破 800 万户，全年活跃客户完成860 万户，系统内连续4 年排名第一；网联协议支付有交易客户 2130 万户，系统排名第一；个人网上银行活跃客户 157 万户，系统排名第一。移动金融交易量占比 97.8%，系统排名第一。

（十）国际业务

国际业务中收、国际收支客户、跨境人民币客户数创历史新高，国际结算量、单一窗口签约户数、跨境快贷余额系统第一，获国家外汇管理局广东省分局“外汇业务合规与审慎经营评估等级”A 级殊荣。

（十一）托管业务

系统内首创“投资、交易、外包”三大托管板块，托管规模达 14115 亿元，同比增长 28%；中收达 47647 万元，同比增长 24%，四大行占比上升 4%。创新打造龙存管业务综合产品平台，年化交易量突破 1000 亿元；系统内率先成立“广东受托资产外包业务中心”，业务规模突破1300亿元，系统排名第一；职业年金归集账户托管业务勇夺当地市场第一，市场占比达40%。

（十二）风控与合规

不良贷款余额为90.13亿元，不良率为0.80%，较上年下降0.16%，其中，公司类不良贷款2016年起得到有效控制，不良率逐步回落；个人贷款和信用卡资产质量保持稳定，不良率保持在较低水平。2019年，分行在总行年度合规工作评价排名第四，内控评级为一类行，反洗钱评级为A级，获评总行“合规工作先进集体”、广东省“平安金融感动团队”。

（十三）住房租赁

累计上线房源216万套，在线签约20.6万笔，在线支付43万笔，与19个地市政府签订平台共建协议，上线系统81个。存房签约18.9万套，已出租17.9万套。开放共享打造“房存管”“云生态”及“建邦安心养老”三大平台。与政府开启“数字住建”全面合作，全国率先完成公积金、公租房数据贯标及迁移联网。存房业态持续丰富，房源形态涵盖家庭整租、个人合租、青年公寓、养老公寓、民宿短租及特定群体定制，形成“存房十大案例”，被安排在总行大楼展厅向各界领导人员展示。

（十四）普惠金融

贷款余额为1138亿元，新增427亿元，增幅为60%，同业第一；“云税贷”余额和户数占全国建设银行的15.7%、15.6%，均列系统第一。“民工惠”投放专项融资83亿元。创新“技术流”评价体系，打造了“综合金融服务产品包”，创建了“万小企扶万农户”公益品牌和“金智惠民”工程等。

（十五）金融科技

实现对公有效活跃用户数3.3万户，对私有效活跃用户251.23万户，对公客户转化率达92.82%，对私客户转化率达88.42%，位列全国第一位。实现对公加权高贡献商户4484户，对私加权高贡献商户152458户，位列全国第一。首创的贷前合规调查智能化系统列入全国推广项目；创新住房租赁业务，上线了全国首个住房租赁系统——珠江租赁系统平台；搭建信用卡分期车融通平台，研发广州市社保卡小程序，开发ETC小程序等。

（十六）信誉情况

在总行2019年考核中，广东省分行荣获KPI考核系统第一，等级行考核系统第一，全面风险评价系统第一等三项第一，党委主体责任考核连续4年排名系统前列，纪委监督责任考核连续4年排名第一；住房租赁、普惠金融、金融科技的KPI考核均为系统第一。

二、主要工作举措

（一）提高政治站位，走好党建引领之路

坚决贯彻党中央对国有金融企业党建工作要求，把党的领导融入经营管理各环节。做实党建机制和体系建设，建立健全党建考核体系。做实党建组织与管理，建立“点线面”网格化党建工作格局，按照党委、党总支、党支部三个层级建立党建工作清单，实现八个领域规范化目标。做实党建内容与载体，与广州越秀区委共建新金融民生服务窗口，针对县（市）支行的情况，实施“百日帮扶”计划。按照总行部署，先后开展第一批和第二批主题教育，形成《第一批主题教育边实践边整改边总结案例选编》《主题教育优秀调研报告选编》《学习践行张富清精神典型案例集》等成果。

（二）开展新金融实践，走好金融赋能之路

创新提出“9+1”工作体系，重点推进三大战略和民工惠、劳动者港湾、科技金融、乡村振兴、扶贫、创新和建行大学等十项工作。“9+1”工作体系。在服务制造业方面，推出“伞式服务”模式，打造制造业服务综合生态圈。着眼于基层社会治理，创新推出了法律港湾、老人港湾、书香港湾等特色港湾。依托省农业厅的益农渠道铺设“裕农通”，研发智慧乡村平台帮助政府加快乡村治理体系建设。

（三）响应国家战略，走好服务湾区之路

制订《粤港澳大湾区综合金融服务方案》，编写《推进粤港澳大湾区建设三年行动计划（2018—2020年）》，与广州、珠海、东莞、南沙等地政府签署了支持服务粤港澳大湾区战略合作协议。抓基建金融，2019年组织营销191个湾区重点项目。抓产业金融，重点支持符合国家发展导向的先进产业，累计向战略性新兴产业相关行业投放贷款965亿元。抓青年双创服务，与省港澳办共同开展多项服务大湾区青年创新创业活动，出台《服务粤港澳大湾区青年创新创业“金九条”》。抓跨境金融，推动金融服务互联互通，落地个人金融综合服务方案，探索构建跨境资金交易平台，加强与港资银行、保险机构内地机构的合作。与华南理工大学合作，设立大湾区金融创新学院，推动新金融人才产教融合。

（四）深化金融供给侧结构性改革，走好服务实体之路

充分发挥资本市场作用，为科创板拟上市企业制订综合金融服务方案；引导各类创投基金、天使投资人弥补创新型、成长型制造企业融资缺口；支持符合条件的制造企业用好公司债、企业债等直接融资工具。把支持民营小微企业作为服务实体经济的主要方向，细化推出增配资源、考核激励、减费让利等13个方面30条措施。积极推进乡村振兴战略，成立了各级乡村金融服务领导小组，13家二级分行设立了乡村金融业务部。与省农村农业厅、15个地级市、95个县、184个镇街签订乡村振兴合作协议。稳步推进金融扶贫和定点扶贫工作，形成了信贷扶贫创新、普惠金融赋能、电商扶贫先行、服务网络延伸、公益扶贫带动“五位一体”扶贫模式。

（五）保持战略定力，走好改革创新之路

依托网点分级分类，对网点进行经营授权，构建了以差别化授权为核心、以信贷业务下沉为重点、以信贷风控机制为保障的网点经营管理体系。扎实推进社区金融，网点布局实现县域全覆盖，打造了80个特色网点，连续两年百千佳网点获评数量四大行第一。对全省授信审批机制进行改革，全面实施二级分行纪检派驻改革。重点抓广佛莞等中心城市行的经营管理机制改革工作，通过组织架构、要素配置、经营模式、管理机制全方位的深化改革，重构广州地区的经营格局；强化佛山地区“中心+网点”的扁平化经营模式。

（六）强化风险内控，走好稳健发展之路

持续强化信用风险管控，完善全面主动风险“预监管”体系，深化风控长效机制建设，成立贷后风险集中监测中心，探索智慧风控体系。将全面风险管理评价结果直接纳入KPI考核，在经营条线部门设置风险管理考核指标。从管理机制、管理责任、考核约束等多个方面加强风险分类合规管理。深化合规文化建设。开展“10+N”项合规文化建设活动。深化员工行为网格化管理，首创合规风险指数。探索线上智能化管理，构建15个员工行为排查疑点数据模型进行排查。

执笔：刘慧君

广西壮族自治区分行

广西壮族自治区分行行长　李思影

一、业务发展概况

（一）负债业务

一般性存款日均余额为3251.19亿元，新增230.95亿元，增速为7.65%，其中，对公存款日均余额为1695.10亿元，新增59.06亿元，增速为3.61%；个人存款日均余额为1556.09亿元，新增171.89亿元，增速为12.24%。

（二）资产业务

各项贷款余额为2978.11亿元，新增309.58

亿元，增速为11.60%，其中，对公贷款余额为1623.92亿元，新增175.45亿元，增速为12.11%；个人贷款余额为1354.18亿元，新增134.13亿元，增速为10.99%。

（三）中间业务

实现中间业务收入27.43亿元，四大行占比31.79%。

（四）经营效益

实现主营业务收入109.18亿元，拨备前利润75.40亿元。

（五）资产质量

不良贷款余额为15.44亿元，不良率为0.52%，连续16年保持系统前列、四大行最优；全年不良贷款处置20.88亿元，不良回收盘活14.14亿元，已核销资产现金回收1.54亿元。

（六）客户发展

对公有效客户（折算前）新增1.80万户，增速为36.00%；个人有效客户（折算前）新增23.27万户，增速为7.86%。人民币对公结算账户总量25.29万户，净新增5.02万户，总量和净新增均为四大行第一。

（七）公司业务

支持广西社会经济发展，提供综合金融服务超过1800亿元。基础设施领域贷款投放313亿元，比上年同期多60亿元；投向制造业贷款169亿元，余额新增24亿元；支持战略性新兴产业发展，累计投放贷款169亿元，余额新增23亿元；为广西与东盟国家经贸合作提供信贷支持折合人民币20亿元；投放绿色信贷37亿元；投向民营企业341亿元，其中投向小微民营企业232亿元。

（八）机构业务

紧跟机关事业单位养老保险改革，利用职业年金账户沉淀资金规模达196亿元；参与农民工工资保证金三方存管改革，累计开立施工企业保证金账户1.15万户；开立各级政府机构客户“四类账户”600余户；“银彩直联项目”、智慧政法应用平台、安心养老平台、“军建安鑫”“智慧营区”等业务得到长足发展。

（九）投行资管业务

全行资管投行业务实现直接融资106亿元；资管资产配置合计34亿元；非金企业债券投放39亿元；与境内子公司联动投放33亿元；与建银国

2019年8月15日，广西区分行与中国华能集团有限公司广西分公司举行战略合作框架协议签约仪式。

际联动承销境外债券8亿美元；承销地方政府债券172亿元；为优质企业拓宽融资渠道，债务融资工具承销39亿元，全年实现债券自主销售22亿元；建设银行作为第一主承销商，全年累计额承销广西地方政府债券172亿元。

（十）金融市场业务

金融市场业务市场竞争力保持同业领先，荣获总行“2019年金融市场代客业务赶超优胜先进集体”“金融市场业务系列营销活动优胜团队完赛奖”称号。金川公司的黄金业务恢复办理，南方公司的外汇期权业务取得进展，同时拓展了中广核新能源分红、金投外债等业务。

（十一）零售业务

借记卡新增发卡172万张，借记卡累计消费额为5308亿元；ETC记账卡累计新增发行量134万台，排名同业第一；累计代发工资金额为856亿元，同比新增118亿元；私人银行客户总量为1836户，金融资产为171亿元；家族信托业务市场占有率同业第一。

（十二）信用卡业务

信用卡中间业务净收入突破10亿元，分期业务交易额进入“百亿俱乐部”；信用卡累计客户总量180.13万户，净增15.25万户；信用卡活动客户新增4.47万户；新增信用卡28.61万张。信用卡中间业务收入、累计客户量、贷款余额、分期贷款余额四大行第一，资产质量稳居五行首位。

（十三）网络金融业务

手机银行活跃用户总量243万户，净增57万户，快捷支付绑卡率为67.20%；微信银行客户总量为 248.89 万户；短信银行 776.36 万户；个人网银活跃客户 46.53 万户；企业网银活跃客户 8.52 万户；善融商务总交易额为 27.46 亿元；移动金融交易量占比 95.72%；“悦生活”交易额为 15.73 亿元。

（十四）国际业务

资产跨境转让等多项利用金融门户开放政策的产品落地，全年双向跨境转让资产 23 亿元；对公外汇存款日均余额为 3.82 亿美元，同业占比 36.09%；客户基础不断夯实，单一窗口绑定客户达 255 户；全年累计办理跨境人民币业务 82.35 亿元，国际结算 45.79 亿美元，结售汇业务 19.85 亿美元；跨境快贷系列产品累计投放 3155.68 万元。

（十五）住房租赁

与政府合作不断深化，提前完成住房监测分析系统联网，自治区住建厅选用建设银行公租房系统进行公租房贯标工作；投放公司住房租赁贷款，支持建设 1210 套租赁住房；奥凯航空公寓等 3 个“建融家园”项目完成挂牌；存房业务储备成功落地 3 个项目，投资金额为 995 万元，存入房源 1073 套，其中 483 套房源已租出。

（十六）普惠金融

普惠金融贷款连续两年超额实现“两增两控”，监管口径下普惠金融贷款余额为 155 亿元，新增 62 亿元，新增四大行占比 48%，增速为 67%，均居四大行第一；“小微快贷”新增 58 亿元，余额突破百亿大关；“惠懂你”注册用户近 20 万户，带动贷款支用近 50 亿元。产教融合服务社会，建行大学广西壮族自治区分行分校、员工成长学院、乡村振兴学院挂牌，创立挂牌 7 个产教融合讲习所助力扶贫，开展“金智惠民”培训 200 余期。

（十七）金融科技

上线特色应用 80 项，涉及银医、银校、财政、公积金、社保、ETC 等场景。联动总行共同研发“微信渠道 ETC 签约平台”“广西淡村农贸市场智慧农贸圈链平台”；参与广西数字政务一体化平台建设，与广西大数据发展局签订《战略合作框架协议》；实现广西非税电子化缴费业务在建设银行智慧政务政融支付平台上线；为全行 351 个营业网点的 1582 台智慧柜员机开通政务服务功能，打造百姓身边的“政务大厅”。

（十八）风险控制与内控合规

资产质量持续保持系统前列、同业最优，连续 10 年还原核销不良贷款后不良率低于 1%；信贷结构不断优化，普惠金融、先进制造业、抵质押信贷业务占比持续提升；信用风险有效管控，化解对公重点风险项目 17.71 亿元；实施“合规工作进党委”，持续深化银行业乱象治理工作，实现合规管理“五无”工作目标。

二、主要工作举措

（一）服务实体经济，提升“三个能力”

精准支持基础设施建设，包括云桂铁路、南宁城区棚户区改造、柳南高速公路改扩建、南宁地下综合管廊、广西农村电网改造等一批重大项目；支持西部陆海新通道、工业高质量发展战略；支持制造业转型升级，包括防城港钢铁基地项目、防城港华昇氧化铝、桂林比亚迪新能源汽车、制糖业等；支持绿色信贷项目，包括防城港核电、中广核钟山风电、南宁轨道交通、邕江综合整治等重点项目。

加强党委风险管控主体责任落实，统一全行风险偏好，建立资产质量管控长效机制，深耕经济资本管理，推进押品集约化管理，扩大抵质押融资范围，优化放款中心独立审核，推进全区审批集中，成立不良个贷处置中心。

进一步夯实国际业务客户基础；建立金融门户开放和自贸区推进小组，与钦州点对点金融创新；落实“一带一路”倡议，同业首创“桂企出海 +”综合服务平台，为马来西亚关丹钢铁项目筹组经营周转国际银团落地；全年无监管处罚，无新增表外垫款和不良贷款，不良贷款余额为零。

（二）解决社会痛点，实施“三大战略”

提出“中心开花、多点并进”工作思路，推进中心城市行住房租赁业务，集中式购买租赁权存房项目，加快打造典型案例并推广至全区；与存房业务项目开展深入合作，推进“建融家园”挂牌工作，提高建设银行住房租赁业务品牌影响力；组建专业团队主动对接区住建厅，配合政府部门完成广西所有地级市全国住房监测分析系统联网工作。

依托大型制糖企业增信并直接面向甘蔗种植

户投放“线上蜜农贷”、为横县茉莉花全产业链赋能搭建“数字茉莉”平台、立足国家级贫困县三江侗族自治县推出“茶业贷”等，通过创新业务助力广西特色产业扶贫和乡村振兴；推出助销e贷、招商贷，扶持广西小微实体经济。

打造智慧社区共生平台，推进总行智慧社区App和小区物业管理平台的对接，公积金缴交和贷款查询等政务应用在STM上线，开放银行平台E账户开立功能在移动广西“和掌柜”App平台上线；加大原创项目的研发和实施力度，开发广西分行声像档案管理系统、通过大数据智能平台实施首个直营类数据应用项目、完成移动统一充值项目等。

（三）建设美好生活，开启“第二发展曲线”

通过找准增长点、用好发行工具、拓展合作场景、线上线下结合等有效措施，为广大车主提供ETC“一站式”签约、多渠道办理，服务百姓出行生活，ETC记账卡累计新增发行134万张。大力在贫困地区推广裕农通，带动贫困地区农产品销售，助力当地经济发展，“裕农通”服务点总量达1.55万户，实现全区行政村全覆盖。

聚焦“三大战略”，贴近市场及客户研发创新，开展创新马拉松活动，全年共完成产品创新126项；在“2019广西金融服务百姓口碑榜”中获“创新力典范银行”。创新推出“惠市宝”专业结算综合服务平台；金融市场产品创新填补了LPR、同业存单、期权等业务空白点；为越南劳务人员办理系统内首张跨境劳务人员储蓄卡；办理首笔跨境金融区块链服务平台试点业务；完成首笔征拆补偿款的E托保来账冻结发放交易。

（四）牢记国企使命，提升发展动能

金融精准扶贫贷款余额新增18亿元，增速达134%；全年共实现757户贫困户、2893贫困人口脱贫，3个贫困村出列，全面完成政府交办的年度扶贫任务。创新“乡村土地综合整治贷”“蜜农贷”“扬翔扶贫贷”“边贸市场贷”等产品，支持贫困地区特色产业及基础设施、乡村土地整治建设；通过“善融商务”开展电商扶贫，扶贫交易额增速为99%，员工消费扶贫参与率系统排名第一；单位扶贫捐赠249.80万元，员工扶贫捐赠48.38万元。

开展物理网点综合竞争力提升行动，网均存款和中收保持四大行第一，平均等待时间和业务处理时间实现“双降”；银行业百佳和星级网点数量居同业第一，柳州河东支行荣获全国金融先锋号和银行业文明规范服务百佳示范网点；实现劳动者港湾辖内网点全覆盖，打造32个特色港湾，累计开展300余场活动，累计服务公众101万人次；设立广西壮族自治区分行远程智能银行中心，建设会计凭证交接智能管理平台，线上线下渠道协同，支持网点赋能减负。

继续深入开展习近平新时代中国特色社会主义思想、党的十九大精神和十九届四中全会精神学习，以及向张富清同志学习等活动；为基层减负取得实效；全面派驻改革顺利完成；扎实完成三个批次对13个单位的巡察；持续夯实党建基础，9个党总支全部升格为党委；开展213人才重检，公开选拔21名员工参与“百人工程”挂职锻炼，“一工程三计划”人才培养平台日趋成熟，“3158”管理人才后备队伍基本成型。

执笔：刘轶菲

海南省分行

海南省分行行长　张中科

一、业务发展概况

（一）效益指标

截至2019年末，受海航集团流动性危机影响，全年实现税前利润-135.74亿元；净利润-101.8亿元。

（二）负债业务

全行一般性存款年末时点余额为947.79亿元，一般性存款日均余额为970.53亿元。

（三）资产业务

全行各项贷款年末余额为990.88亿元，余额四大行第一；比年初新增130.51亿元，增速为15.17%，增速在系统内排名第四、四大行排名第一。

（四）中间业务

全年实现中间业务净收入6.78亿元，收入总量四大行第二。

（五）金融科技业务

"智慧政务""智慧市场""智慧交通""智慧政法""智慧营区"等平台建设成效显著，覆盖全省的"智慧政务"项目正式签约，进入组织实施和研发阶段；"智慧市场"项目加快推广复制，累计拓展农贸市场21个、服务个人商户1810户；"智慧交通"项目覆盖海南环岛高铁全岛动车站和海口港航码头，累计服务旅客超百万；"智慧政法"项目成功上线省监狱管理局服刑人员资金管理系统，成为独家为监狱管理系统提供金融科技综合服务的国有银行；"银医通"项目已与省内24家二甲以上医院开展合作，业务合作覆盖度达80%。建设银行的"军队港口'一站式'服务项目"获得总行2019年度金融科技优秀优意方案奖。

（六）住房租赁业务

分行特色"短租"系统平台稳步推进；全省新增9个子平台上线，新增市场化房源17545套，"建融家园"App实名注册用户数30744户，新增18536户；在线签约1056笔，新增1046笔；房源核验12788笔，新增12641笔。

（七）普惠金融业务

截至2019年末，根据银行监管考核口径，分行普惠金融贷款余额为71.84亿元，新增18.35亿元，增速为34.31%，较各项贷款高19.14个百分点；贷款户数11880户，新增2099户，全面完成"两增"监管考核目标；普惠金融贷款余额、贷款新增、客户总量、客户新增四项指标均居四大行首位。

（八）公司业务

企业存款时点余额为556.09亿元，企业存款日均余额为574.89亿元。对公贷款余额为456.06亿元，比年初新增62.39亿元，增速为15.85%，新增位居四大行第一。

（九）零售业务

个人存款时点余额为391.71亿元，比年初增长5.05亿元；个人存款日均余额为395.64亿元，比年初增长23.46亿元。个人类贷款（含信用卡透支）余额为534.82亿元，比年初新增68.12亿元，增速为14.60%，余额四大行第一、增速系统内第六；其中信用卡透支余额为43.37亿元，

2019年2月1日，海南省分行召开2019年工作会议。

比年初新增2.01亿元，增速为4.85%，余额四大行排名第二。

（十）信用卡业务

信用卡客户累计37.24万户，当年净增1.91万户，净增客户数四大行占比41.54%，四大行排名第一。

（十一）网络金融业务

网银客户的手机银行覆盖度56.95%，提升值6.17%，系统内排名第十四；个人网银覆盖度为66.28%，提升值为3.86%，系统内排名第九；短信金融覆盖度为79.71%，系统内排名第五。

（十二）国际业务

分行自由贸易账户体系投产上线，成为海南省第一家采用“总—分”管理模式、“标识法”的金融机构，开立FT账户2968户，月均新增账户数424户，同业排名第二。

（十三）资产质量与风险控制

剔除单一客户因素影响，按CMISII系统口径，分行本外币不良贷款额为5.46亿元（含信用卡透支），不良贷款率为0.55%。创新推行“三线网格化日督平台”，扎实做好案件防控、合规经营和员工行为管理等工作，实现全年无案件发生、无重大风险损失、无重大安全责任事故、无重大声誉风险的“四无”目标。

二、主要工作举措

（一）狠抓资产负债，进一步筑牢高质量发展根基

大力提升个人存款市场占比。系统化、平台化、批量化推动存款业务发展，搭建“人单合一”个人存款计量系统，打造分行个人存款营销、考核利器。持续拓宽代发工资源头，开展代发工资战役活动。截至2019年末，建设银行核心个人存款日均余额新增23.46亿元，四大行占比提升0.2个百分点，个人存款市场竞争力不断提升。

深入挖掘对公存款业务增长点。深挖农民工业务领域，充分运用金融科技优势，增强与省人社厅合作关系，加快农民工工资保证金业务发展。截至2019年末，保证金存款继续保持独家代理优势，日均余额为58.88亿元，新增8.89亿元。深挖财政及政府业务，取得海口市江东新区首宗拍卖保证金及海口市其他区域拍卖保证金、省级财政国库现金定期存款共计39.5亿元，取得三沙市财政国库集中支付人行代理资格，成功中标海南省职业年金计划托管人资格。

个人贷款继续领跑同业。大力拓展房贷业务，巩固住房贷款优势，通过新一代楼盘大数据分析子系统精准营销楼盘，不断扩大与重点开发商、中介机构的合作。发挥快贷、工商易贷通业务引领作用，批量化发展消贷业务。重点营销纳税客户、新增的公积金缴存户等，拓宽快贷获客渠道。截至2019年末，分行个贷余额为491.34亿元，四大行占比36.10%；新增66亿元，四大行占比47.65%。余额新增均居当地四大行第一。

把握战略政策稳抓对公贷款。紧抓海南自贸港建设历史机遇，大力营销总部经济企业及地方政府重点项目。坚持绿色发展理念，大力发展绿色信贷，支持环境治理、海绵城市、地下综合管廊、工业节能改造、新能源、新材料、绿色建筑、绿色交通和绿色农业和林业等重点领域项目建设。截至2019年末，全行对公贷款余额为456.06亿元，新增62.39亿元，增速为15.85%，新增、增速排名均四大行第一，增速在37家分行中排名第五。

（二）深耕客户集群，进一步激发高质量发展动能

加快个人加权有效客户发展。依托精准营销平台开展零资产客户激活活动，加强条线内协同机制，推动产品间联动营销，截至2019年末，个人加权有效客户为353.74万户，较年初新增33.4万户，全年计划完成率达115.92%，新开户客户产品覆盖度为5.67，持续保持系统第一。

继续保持单位结算账户发展优势。进一步深化政银合作，上线“商事登记全业务自助一体机”项目，成为省内首家实现企业注册登记全程电子化服务模式的银行。推动账户提质增效，将数量优势转化为经营优势，截至2019年末，单位人民币结算账户总量为110233户，四大行第二，全年新增账户19169户，完成计划的159.74%，增量四大行第一。公司机构客户产品覆盖度为4.87，系统排名第十，其中单位结算卡排名系统第二。

独家发行海南北斗＋ETC项目设备。与省交通征稽局积极对接ETC车载终端发行事宜，成功获得自海南省里程费征收立法实施之日起的1年内，独家发行省内所有北斗＋ETC车载终端设备资格。

成功取得省级城乡居民医保统筹专户。把握海南省成立社保（医保）医疗服务中心契机，成功取得省本级城乡居民基本医疗保险统筹专户，一举打破地方农商行的独家垄断。

全力推进国际贸易“单一窗口”建设。对接国际贸易“单一窗口”金融服务功能，打通与国际贸易互联互通的渠道。截至2019年末，分行国际贸易单一窗口绑定客户数35户，通过国际贸易单一窗口办理跨境快贷系列产品授信142.3万，成功实现分行“跨境快贷—出口贷”“跨境快贷—退税贷”业务破零。

（三）强化内部管理，进一步夯实高质量发展基础

持续抓好全面风险防范和处置。完善全面主动管理风险的机制，设置普惠金融和涉农贷款容忍度，配合总行建成智能风控体系和数据应用管理体系。稳步提升过程及结果管控能力，积极做好单一客户风险化解工作。全力推进信贷结构优化，推动项目贷前“会诊”制度落地。提升不良处置“质、效、量”，截至2019年末，全行不良贷款处置额为70327万元，完成总行计划的117.19%。

严格把牢内控合规管理关口。制订分行员工行为网格化管理实施方案，结合扁平化管理特点划分三级管理网格，有序推进“三级网格、一张清单、一份档案、三项机制”员工行为网格化管理体系构建。持续提升反洗钱精细化管理水平、操作风险与业务连续性管理工作力度。提升法律纠纷维权成效，通过依法收贷手段压降逾期个贷金额33064.34万元，通过诉讼成功回收贷款本息11098.36万元。

全力推动安全运营责任落实。切实做好安全维稳工作，2019年全行无群体性上访事件。协助公安机关做好案防工作，全年共防范堵截诈骗案件7起，配合公安机关成功抓获犯罪嫌疑人7名。2019年上半年总行对一级分行安全管理工作考核海南分行被评为优秀。2019年银行金融机构营业网点安全评估工作中，分行在四大行排名第二。

着力促进网点服务质效双升。紧跟海南自贸区发展规划，进一步调优网点布局，全年在热门商圈建设网点4个、离行自助银行点12个，迁址网点1个。做实做优“劳动者港湾”服务，创新开展系列主题活动，共打造特色“劳动者港湾”21家，其中海府支行首创全国“24小时劳动者港湾”，社会反响强烈。抓细抓实服务提升“十大工程”29项举措，重点解决网点客户排队等候时间过长问题，2019年，全辖网点平均排队等候时间7.9分钟，较上年减少4.35分钟。组织参加“中国银行业百佳、星级网点文明规范服务示范单位”创建，9家网点获评银行业星级。

（四）坚持党建引领，进一步展现高质量发展新气象

认真开展“不忘初心、牢记使命”主题教育。分两批次在全行认真组织开展“不忘初心、牢记使命”主题教育，认真抓好主题教育中问题清单的整改落实，制定基层党组织“堡垒指数”、党员“先锋指数”考评管理办法，以及基层行党建引领三年一致性行动弱项清单评价实施意见，推进全面从严治党向基层延伸。深入开展向张富清同志学习活动，引导全行见贤思齐、奋发进取。做好党的十九届四中全会精神学习宣传工作。

高度认真负责做好巡视整改工作。持续深入学习贯彻习近平全面从严治党思想和总书记关于巡视工作的重要论述，强化整改自觉。成立巡视整改领导小组及办公室，整改期间，分行党委书记对每个问题整改把关，其他党委成员负责具体整改，纪委全程监督，责任清单共列出38项具体整改任务，已问责37人次。加强源头治理、系统整改自巡视整改启动以来，已建立28项长效机制。

充分发挥纪委监督执纪问责效能。向海口地区44个支行派驻四个纪检组，实现扁平化管理模式下具有海南分行特色的派驻监督全覆盖。建立“巡诊”工作机制，编制《“巡诊”工作机制实施指引》，为基层纪检人员精准监督提供抓手。建立基层纪检干部与基层党员日常谈心谈话工作机制。制定分行《运用监督执纪“第一种形态”工作实施细则》，全年共运用“第一种形态”问责32人次。

全面实现为基层减负工作目标。精简向下发文，建立发文通报制度，2019年共向下发文1231份，减幅为33.9%。严格会议管理，在海口地区所有行全部上线视频会议系统，大幅减少基层行到省行开会频次，分行共召开现场会议30次，减幅为52.3%。严格执行督查检查计划，改进督查检查方式方法，2019年分行共开展督查检查34次，减幅为61.3%。严格报告报表计划管理，2019年分行要求基层行报送报告报表共36份，减幅为21.7%。规范邮件和群信工作群管理，全面清理各部门微信工作群，微信工作群数量压缩至29个，减幅为61.33%。

树立正确的选人用人导向。严把选人用人政治关、作风关、能力关、廉洁关，健全优秀年轻干部选育管用全链条机制，2019年分行共对47名领导人员进行提拔聘任和任职交流，其中提拔聘任35名，交流任职12人。持续加强后备人才队伍建设，进一步完善“213人才、专业技术人才、双百人才”的立体后备干部队伍平台，2019年分行共提拔各类后备人才9人。

按质完成扶贫攻坚年度任务。认真落实总行和地方政府要求，扎实做好定点扶贫和金融精准扶贫工作，2019年共派出20名驻村干部、104名帮扶责任人支持地方政府定点扶贫及乡村振兴工作，帮扶的建档立卡贫困户均于2019年末实现脱贫，分行在2019年海南省定点扶贫工作考核中获评“好”（最优档次）。

关爱员工激发人力资源效能。制订分支行负责人、员工“人单合一”评价及激励方案，进一步促进全行干部员工创造活力竞相迸发。推行关心关爱员工特别项目计划，全年共完成海口区域17名员工就近上班的岗位交流工作，向在琼中、白沙和洋浦三个特别区域的分支行员工发放绩效工资补贴。完成省分行及23个基层网点“职工之（小）家”升级改造，并在有条件的基层工会逐步推进“女职工关爱室”及“五小”阵地建设。加强全行各个条线、层级先进典型的培育、选树和宣传，全年共有80个集体、335名个人受到总行、地方政府和外部监管部门等单位的表彰。

执笔：王天雷　朱瑜

重庆市分行

重庆市分行行长　王新立
（2019 年 3 月免）

重庆市分行行长　李　涛
（2019 年 4 月任党委书记，8 月任行长）

一、业务发展概况

（一）主要指标

实现税前利润 70.7 亿元，同比增长 4.5%；中间业务净收入为 25.2 亿元，四大行第二。一般性存款日均新增 183 亿元，增速为 6.1%。本外币贷款新增 377 亿元，增速为 10.1%。不良率为 0.93%，逾期率为 0.74%，均为四大行最优。

（二）对公业务

本外币对公存款日均余额为 1676 亿元，四大行第二。人民币对公贷款新增 164 亿元，四大行第二；跨境贷款投放 48.8 亿元，市场占比近 50%，同业第一。发行债券 103 亿元，承销规模四大行“六连冠”。对公结算账户总量、新增和基本账户总量四大行第一。

（三）零售业务

个人存款日均新增 142 亿元，同比多增 79 亿元，创历史最好水平。个人贷款新增 210 亿元，余额为 2037 亿元，四大行第一。零售中收 13.8 亿元，四大行第一，四大行占比 39.6%。微信银行覆盖度为 34%，系统第一。ETC 签约总量四大行第一。信用卡客户数等 8 项核心指标居四大行第一。

（四）风险内控

不良率、逾期率分别居系统第十、第六。内控合规评价系统第十，授信审批能力评价系统第一，消保工作考核较上年前进了九位。

（五）住房租赁

住房租赁 KPI 考核系统第十；“建融家园”累计新增市场化房源 23 万套，线上交易 9.7 万笔，新增注册用户 36 万户；两权分离存房签约 2200 余套。

（六）普惠金融

普惠金融银保监口径余额为 225 亿元，新增 87 亿元，贷款客户 3.6 万户，均列四大行第一，其中普惠型法人客户增幅为 74%，四大行占比 76%。网均授信客户数、网点“小微快贷”开办率等 8 项指标居系统前 10；“惠懂你”用户增幅达 298%。

（七）金融科技

社会化服务平台活跃用户 15.8 万户，转化客户 11.4 万户，转化率系统第一。重点业务赋能平台获客28.9万户，金融总量增长235亿元。

二、主要工作举措

（一）履践初心使命，持续增强“三个能力”

一是担当服务国家建设的“排头兵”。聚焦习近平总书记对重庆提出的“两点”定位、“两地”“两高”目标和发挥“三个作用”的重要指示精神，成功促成总行与重庆市政府签署“1+8”战略合作协议。围绕落地落实协议，牵头多项总行级、市级重大活动，推动唐良智市长到访总行，张轩人大主任等10余位市领导来行调研视察或出席活动，银政合作达到新高度。2019年，保持铁路、机场贷款余额全市第一，完成重庆轨道四号线二期、十八号线等重大项目授信300亿元；与渝湘高铁、紫光国芯、京东方等重点基础设施及产业升级项目深入合作；制造业中长期贷款、信用贷款增速分别达到75.7%、13.6%，均超总行目标计划；连续两年被总行评为“绿色金融5星级分行”。全年累计为重庆市提供综合融资2113亿元，同比增长9.1%，完成“五年1万亿元”年度融资金额的106%。唐良智市长批示：“建行市分行的工作很有成效，有力地推动建总行与重庆市政府战略合作落地落实。”

二是担当防范金融风险的“国家队”。始终把风险防控能力作为经营管理的边界，分行党委班子定期听取九大类风险管理情况汇报，按季组织召开重点业务发展与主动风险防控联席会、大额风险项目诊断会，牵头化解处置“20大”项目及重大风险项目，持续强化预期风险管控。2019年，牵头76家企业成立债委会，稳贷、增贷超400亿元；处置不良资产28.6亿元，同比多处置12亿元；四年来首次实现不良逾期“剪刀差”为正。全面加强内控合规管理，全力配合监管部门开展“风险管理及内控有效性”“反洗钱”等检查，有力地推进问题整改，整改完成率达94.1%。切实强化合规警示教育，组织拍摄《诱惑之殇》，汇编、宣讲典型案例，以身边事教育身边人。持续加大员工行为排查，开发监测预警系统，对员工失范行为进行线上智能化监测。实现无案件、无特别严重违规事件发生“双无”目标。

三是担当参与国际竞争的“主力军”。紧跟重庆高质量对外开放步伐，聚焦“西部陆海新通道”等国家战略，助力建设银行成为唯一参加“合作共建西部陆海新通道”签约的金融机构，并推动建立以重庆为中心节点，总行牵头、集团协同的服务机制。在“中新金融峰会”期间，承办“金融支持陆海新通道建设对接会”，组织400多家境内外企业洽谈对接，现场达成合作意向169项、签约65项。积极参与市政府重大外事经贸活动，作为金融机构代表陪同市领导出访，强化“走出去”“引进来”重点企业的金融服务。连续九年获市外管局外汇政策执行情况A级评价。被重庆主流媒体评为“年度最佳跨境融资银行”。

2019年9月，重庆市分行举行2019年度劳动技能竞赛。

（二）深化新金融实践，纵深推进“三大战略”

一是创新推进住房租赁。聚焦公租房贯标、数字房地产等重点领域，全面巩固住房租赁领域先发优势。成为系统内首家省级“数字房地产”签约机构、重庆市“数字房地产”唯一战略合作金融机构，创新上线“渝快租”、一二手房交易资金监管、房地产监测预警等多个平台。完成系统内首个老旧小区改造“建融家园”。协助政府制定住房租赁政策，助力重庆市获得30亿元中央专项补贴。探索推进“存房”业务，助力政府培育和规范租赁市场、稳定租赁价格。在全市38个区县推进公租房贯标，首创公租房固定资产盘活融资方案。

二是持续发力普惠金融。搭建重庆市财政局、税务局、经信委、大数据局、医保局、公积金中心等10余个普惠金融平台，系统内首家打造“智慧税服”样板间，持续巩固普惠金融先发优势。

聚焦网点提能，全员普惠，开展“渝微聚惠”系列活动，建立“普惠达人”人才库，普惠金融贷款增幅为59.4%，余额达到240.5亿元，四大行第一。积极配合工信部开展普惠金融调研，调研报告专刊报送中共中央办公厅、国务院办公厅。荣获人民银行重庆营管部“小微企业信贷优秀单位”、重庆银保监局“小微企业金融服务先进银行”、重庆金融工会“金融先锋号”等7项大奖；被总行授予“普惠金融突出贡献先进集体”。

三是强化金融科技集智赋能。高度重视金融科技的基础和支撑地位，举办金融科技招聘专场，充实科技人员队伍。加快赋能客户，依托金融科技深化G、B、C三端连接。在G端，成为重庆市人民政府“渝快办”总集成，开创了对政府运营5年政务平台实现替代、全面主导的先例，是系统内唯一与政府开展全方位智慧政务合作的直辖市分行。聚焦“惠民、优政、利企”，抽调骨干组建总分行120人协同实施团队，高效推动“渝快办”2.0上线。高质量参展第二届“智博会”，打造西部首个5G+智能银行综合体验馆，刘鹤副总理、陈敏尔书记现场视察并给予充分肯定。在B端，深化“E签约”推广，化解马上消费金融、度小满等“断直联”痛点，贡献中收近3000万元，沉淀资金近20亿元；“多维商户风险预警”系统在18家一级分行推广。在C端，强化平台引流获客，社会化平台考核系统靠前，金融总量增长26.5亿元。

四是打造“劳动者港湾”、建行大学社会品牌。推动“劳动者港湾”写入2020年重庆市政府工作报告，获重庆金融“突出影响力银行服务奖”，成为标志性公益品牌。与重庆市总工会、市团委共建“劳动者港湾”，入选“2019年重庆十大金融事件”，累计服务市民269万人次。成立建行大学重庆市分行分校，开展行内外培训410期，培训3.8万人次。优选233名大学生参加“万名学子暑期下乡”，荣获总行“产教融合实训基层先进单位”及市团委“新金融人才青年实习实训基地”称号。

五是有序衔接脱贫攻坚与乡村振兴。建立金融扶贫、定点扶贫统筹协同机制，配强扶贫工作力量。创新“保险+期货”精准扶贫模式，设立全国首单住房租赁扶贫慈善信托。2019年，分行金融扶贫贷款增速为30%，帮扶建档立卡贫困户310户、1087人全部脱贫。在全市所有8000多个行政村设立“裕农通”服务点10464个，提前实现“村村通”。拓展退役军人服务点1934户，系统第三。加强与益农信息社、供销社、卫健委等合作，总结推广“裕农通+拆迁代发+大额存单”“裕农通+普惠金融+行外揽存”等成功案例，稳步开展“裕农通”服务点“点点活”探索。

（三）压实两个责任，深化全面从严治党

一是主题教育深入开展。抓实组织领导到位，建立分、支行两级领导机构，派出指导组全覆盖巡回指导。抓实思想认识到位，举办读书班、张富清先进事迹报告会，利用重庆丰富红色资源开展形势教育，结合“三会一课”、主题党日等将学习教育融入日常。抓实检视问题到位，各级党员干部聚焦“三个能力”“三大战略”等深入基层一线调研、讲授专题党课。抓实整改落实到位，立行立改，销号管理，具备整改条件的问题全部整改到位，短期不能解决的已制定具体措施和办法。《建设银行报》5次头版报道宣传建设银行主题教育成果。总行指导组高度评价分行“准备充分、重点突出、剖析材料质量高、批评深刻、‘一把手’作用到位、成效显著”，体现了“质量高、有成效、新气象”。

二是党建工作扎实推进。优化基层党组织设置，集中整治软弱涣散党组织，推进党建队伍专业化，35家分支行全部配备专、兼职党务工作者。树立重实干、重实绩的用人导向，一批优秀“80后”“90后”干部走上领导岗位。深入落实“基层减负年”，建立周三、周四“无会日”制度，清理微信群，上线“需求易”小程序服务网点物品领用，全行考核口径发文、会议、报告报表和督查检查同比分别减少48%、66%、63%和69%。全面落实派驻纪检组改革，设立21个派驻纪检组，实现二级分支行全覆盖。单独设立巡察工作办公室。纪检工作考核系统第十四。

三是党建引领增添动力。坚持高目标引领，培育“只当先进、绝不落后”的经营理念，始终紧盯市场、同业、系统，领导班子以上率下，广大干部员工实干笃行，以主要指标四大行保二争一、系统确保前20、力争前15为标尺自我要求，抓重点、补短板、强弱项，统筹推进“第一、第二曲线”协同发展，分行本部指挥作战能力和基层行狠抓落实能力全面提升。特别是下半年以来，一般性存款、贷款、中间业务收入等关键指标取得同期四大行领先，全行高质量发展的态势加快形成。

执笔：张力

四川省分行

四川省分行行长　杨丰来

一、业务发展概况

2019 年，四川省分行等级行考核系统第五、KPI 考核系统第二，成都在总行重点城市行排名连续六年保持第一。在人民银行成都分行综合评价中连续九年保持 A 档。

（一）资产负债

一般性存款日均余额为 9701 亿元，系统第四；新增 573 亿元，系统第六，其中储蓄存款日均新增 509 亿元，系统第五。各项贷款余额为 5798 亿元，新增 710 亿元，系统第四。

（二）效益质量

实现中间业务净收入 48.4 亿元，增速为 7.6%，高于系统平均 1.1 个百分点。实现拨备前利润 167 亿元、系统第六。各项贷款收益率 4.64%，提升 12 个基点。不良贷款额为 58.7 亿元、不良率为 1.01%，实现“双降”，风险资产总量（不良 + 关注）保持四大行最低。信用风险管理评价系统第三、提升五位，全面风险管理评价系统第六、提升九位。内部控制评价保持系统内一类行，排名第二。

（三）公司业务

对公账户总量 38.5 万户，四大行第一；加权有效客户新增 9 万户，系统第六。抢抓机构改革机遇，新开立机构账户 2080 户，突破财政社保空白点 60 余个。与全省 84% 的三甲医院、70% 的本科高校建立合作关系，教育卫生行业存款余额系统，同业双第一。机构存款日均余额为 3721 亿元、新增 73 亿元，均居同业第一，养老金业务规模保持同业第一。系统首创“银证一码通”，开户 33 万户，系统第四。新签约国新建信基金，托管资金 300 亿元，规模创全省新高。现金管理产品关系存款 3521 亿元，其中对公一户通存款 2905 亿元，系统第一。

（四）投行资管业务

同业首家发行扶贫理财、绿色中票等产品，联动建信投资完成省内首笔市场化债转股，推动成立建信成都发展债转股基金 100 亿元，全年债转股项目金额为 117 亿元，系统第一。创新资产证券化承销业务，承销金额 63 亿元，系统第一。

（五）金融市场业务

实现债券销售 90 亿元，系统第五，积极开辟债券借贷业务新蓝海，业务量 145 亿元，系统第一。

（六）国际业务

实现国际结算量 90 亿美元，收入增速达 309%，系统第一。投放跨境融资 191 亿元、市场占比超过 90%，带动实现跨境人民币结算超过 330 亿元。

（七）零售业务

个人加权有效客户新增332万户，系统第五，客户金融资产新增586亿元，系统第六。个人有资产客户新增204万户，系统第四，有资产客户保有率达97%，系统第三。强化资源整合、联动拓展，代发个人账户新增81万户，系统第二，私人银行客户新增606人，金融资产新增47亿元。个人贷款新增286亿元，系统第四。快贷新增10亿元，系统第四，其中生态链快贷新增3.6亿元，系统第一。加强客户资产配置，实现代销保险收入4.5亿元，系统第五，代销基金收入为1.1亿元，四大行第一。

（八）信用卡业务

客户净增43万户，系统第三；分期交易额为217亿元，系统第五；实现净中收18.2亿元，增速为12%。

（九）网络金融业务

手机银行活跃客户净新增76万户，系统第四。

（十）渠道建设

新增开办对公业务网点13个，国际业务网点22个，9个网点获评银协五星级网点，数量同业、系统双第一，首次获评百佳示范网点。智慧柜员机、自助柜员机台均交易量均居系统第一，人均柜面账务性交易量下降13%。

（十一）三大战略

住房租赁战略考核排名系统第三，新增签约32万笔、活跃用户155万户，均列系统前二。普惠金融战略贷款（建设银行“8+1”口径）余额为385亿元，在各项贷款中占比提升2.2个百分点，超计划新增25亿元，系统第一，普惠金融业务等级行排名系统第二。金融科技平台整体排名系统第七，其中重点业务赋能平台排名系统第二。

二、主要工作举措及成效

（一）发挥党建统领作用

分行党委切实担当管党治党主体责任，一年来召开26次党委会、8次中心组学习研讨党建工作。组织签订《全面从严治党责任书》，统筹开展16家分支行党建专项督查、组织12家分支行党组织书记现场述职，层层推动工作落实。精心组织开展“不忘初心、牢记使命”主题教育，两批单位总体评估为“好”的占比均超过96%，中央主题教育领导小组办公室联络二组对分行主题教育工作予以肯定，认为推进有序，抓得紧、抓得实。积极学习张富清同志先进事迹，示范带动广大干部员工立足岗位履职尽责。深入学习宣传贯彻党的十九届四中全会精神，制定34项工作任务，逐条推进落实。加强正面宣传引导，考核排名系统前三。坚持结果、过程并重，抓好总行巡视“回头看”“两个责任”考核反馈意见的整改落实。严抓形式主义、官僚主义整治，发文、会议、报告报表、督查检查分别减少41%、40%、34%和51%。

着力提升基层组织力，健全机关党委4项制度，完善机关党委、纪委设置，继续推进4家成都城区支行党总支改设党委，新设党支部42个。加强干部员工队伍建设，优化调整领导班子，新提拔任用处级干部30人。通过交流锻炼拓宽经营视野，横纵向交流处级干部75人次。为员工特别是基层员工搭建展示平台，19人竞聘为省分行经营部门科长、副科长，平均年龄为34岁。公开选拔渠道数字化专业人才，入库51人。

（二）持续增强服务实体经济能力

主动对接“成渝城市群一体化”“西部陆海新通道”发展战略，基础设施贷款余额为1664亿元、四大行第一，增速为11%，其中公路、铁路行业贷款余额为900亿元，增速为11%。创新支持城市改造项目，政府类贷款余额为706亿元、增速为25%。加大制造业客户支持力度，贷款余额为169亿元、增速为4%。积极服务全省“5+1”现代产业体系，10户企业纳入总行先进制造业名单，贷款余额为14.4亿元、增速为116%，在制造业贷款中占比提升5个百分点。以单位会员身份加入川商总会，大力支持民营企业发展，贷款余额为613亿元、增速为32%。主动对接网络供应链普惠金融服务平台，与78个核心企业（平台）合作，信贷投放130亿元，总行考核小组第一。

（三）全力推进“三大战略”

积极推进住房租赁战略。系统内率先实现公租房系统贯标全覆盖，完成全省21个市州、209个区县，近50万套公租房、70万户保障对象数据贯标采集，数量、进度系统领先。创新存房模式，协助东方电气改造闲置住房用于出租，努力盘活国有闲置资产。联合建信住房公司为成都住建局搭建智慧物业平台，帮助近4000个小区、300余万户业主实现小区维修资金、物业、业委会等信息在线查询，助力政府对全辖1100多家物业服务企业的监测监控。

全面发力普惠金融战略。夯实客户基础、优化客户结构，对公普惠客户数新增1.6万户，小微企业投放占比高于系统平均8个百分点。强化重点产品运用，全国首创“减税贷”，受到国务院督查组和国家税务总局肯定；成立电商信贷中心，上线推广信用类平台快贷“数链云贷”，新增8亿元，系统第一；个人普惠贷款新增34亿元，系统第四。全力打造小微企业生态共享平台，下载“惠懂你”App 130万次，系统第二。拓宽“民工惠”业务场景，为300余家劳务公司办理24亿元，惠及农民工近22万人次。新建50个特色劳动者港湾，服务165万人次。设立“裕农通”普惠金融服务点近4.1万个，系统第四，覆盖全省91%的乡村。

加强金融科技应用。持续做好社会化平台推广，对公活跃有效用户近万户，转化率为77%，对私活跃有效用户33万户，转化率为33%。推动智慧物业与智慧社区融合，拓宽获客渠道，智慧社区平台签约社区582个、上线社区135个，均居系统第一。强化重点业务赋能平台运用，商户共享综合服务、龙财富、建融智合等平台排名均居系统前四。为省财政厅打造“政采贷”平台，上线网络供应链“e政通”产品，发放系统、同业首笔全线上政府采购订单融资贷款。推广“龙财富”平台，提升个人客户财富管理服务能力，活跃客户新增77万户，系统前四。协助成都银行建立数据治理体系，系统内首家实现数据治理能力同业输出。

强化金融科技自我赋能，打造个贷智能预约平台、个贷催收管理系统，业内率先投产智能仓储配款机器人，以金融科技牵引外部营销及内部管理提质增效。加强大数据推广，AI稽核等四个项目入选总行优秀大数据项目，“离职预警模型构建与应用”“薪酬大数据多维动态分析”研究课题分获总行一等奖和三等奖。

（四）提升精细化管理能力，夯实经营管理基础

增强防范金融风险能力。积极适应市场和客户变化，持续推进贷前、贷中、贷后全流程风险管控，提升驾驭风险能力。不良贷款额为58.7亿元、下降8亿元，不良率为1.01%、下降0.3个百分点，逾期额为60.9亿元、逾期率为1.05%，均控制在总行计划内。深入推进党委成员督导机制，9家督导行不良贷款额、率分别下降6.4亿元、0.9个百分点。稳妥有序地推进包商银行托管各项工作，取得了阶段性成效。

贷前加强行业分析和客户选择，结合四川经济特点，建立10个优势行业研究团队，明确发展指引，加大分支行指导力度。持续完善线上业务数据模型和产品设计，加强风险管控。贷中强化集中审批和放款管理，完成全辖审批集中，大中型客户审批时效较上年缩短4天。持续提升集中放款质效，笔均放款审核时间较上年减少67%。稳步推行管贷分离，试点在分支行组建专业贷后管理团队。加强预警管理和处置，化解观察客户78户、139亿元，其中全额化解39户、113亿元。强化关键客户风险管控，总、分行“30大”客户分别压退11亿元、21亿元。政府类信贷业务79%集中于省级和成都市，明显高于同业。加大不良资产清收处置力度，处置不良资产23.5亿元，其中现金回收8.6亿元。积极推动川煤集团、鑫福高速、成安渝高速等重点项目处置，现金回收4.9亿元。

加强合规管理和案件防控。持续提升客户身份信息质量，对公、对私客户信息完整率分别达97%和96%，分别居系统第三、第五。以基层机构负责人、客户经理、网点员工为重点，加强员工警示教育，营造依法经营、合规操作良好氛围。强化员工行为管理，开展网格化管理试点，探索与纪委、公安、法院等单位加强信息联动，多渠道掌握员工动态。持续落实“机控优于人控”，依托风险、稽核、审计等模型及时发现问题线索，运用疑点数据加强异常行为排查。加强印章、保密、档案、信息安全等监督检查，强化声誉风险管控。全年暂无监管类案件发现。上访人数较上年下降37%，获评总行“全行信访工作先进单位”。

提升集约化、精细化管理能力。持续推进"四做四不做"和营运后台"应收尽收"。成立个贷业务处理中心，实现个贷催收、放行放款、抵押登记、权证及档案管理等环节集中作业，在线抵押查询等业务办理量占比45%，同业第一，个贷逾期率为0.31%，系统第二。创新集中外呼营销、反洗钱客户等级分类等6项业务，试点集中对公账户审批，累计实现52项业务前后台分离，业务量系统第三。系统内率先运用云生产作业模式，实施远程集中授权，授权集中度为85%。加强经济资本管控，清查高占用产品，丰富增信担保措施，经济资本回报率为34%，系统第三。

（五）加强企业文化建设，积极履行社会责任

13家单位、27名个人分获"全国金融五一劳动奖章""全国金融系统思想政治工作先进工作者""四川金融先锋号"等总行和省部级以上荣誉称号。积极组织劳动竞赛，广泛开展文体活动，加强员工关心关爱，补助52个职工之家（小家）建设资金205万元，看望慰问困难员工和离退休人员2500余人次，金额达231万元。完善扶贫工作机制，调整定点扶贫牵头部门，建立健全规章制度，进一步明确驻村干部人员选派、工作职责、纪律监督、绩效考评等要求，加强管理和关爱。在14个市州扶贫点实施捐赠项目22个，捐赠资金476万元。探索推广"产教扶一体化"可持续扶贫模式，获评"四川金融扶贫优秀创新案例"，善融扶贫KPI系统第一，消费扶贫金额系统第三。金融精准扶贫贷款新增18亿元，增速23%。分行在2019年度省直单位定点帮扶工作成效考核中综合评价为"好"、排金融系统前列，被评为省委省政府2019年度脱贫攻坚"五个一"帮扶先进集体，荣获四川银行业"年度最佳扶贫先进机构奖"；两名驻村干部获评省委省政府2019年度脱贫攻坚"五个一"帮扶先进个人。

执笔：彭佳伟

贵州省分行

贵州省分行行长　李洪茂

一、业务发展概况

（一）资产负债

2019年，分行一般性存款、对公存款、个人存款时点新增额和增速均为四大行[①]首位。一般性存款年末余额为2398.80亿元，四大行余额占比保持第二，新增11.73亿元，增幅为0.49%。其中，对公存款年末余额为1336.19亿元，新增-29.51亿元；个人存款年末余额为1062.61亿元，新增41.24亿元。一般性存款日均余额为2497.58亿元，四大行余额占比保持第二。各项

① 四大行：区域四大行。

贷款年末余额为2541.64亿元，新增371.07亿元，增幅为17.10%，增速系统内排名第二，高于全国和西部地区平均水平。其中，对公贷款年末余额为1590.63亿元，新增214.60亿元；个人贷款年末余额为951.01亿元，新增156.46亿元。累计投放1049.30亿元，比上年多投放304.13亿元，个人类、信用卡、普惠金融、涉农贷款实现较快增长，增速均高于各项贷款。实现拨备前利润74.86亿元，区域四大行排名第二。

（二）资产质量与风险控制

2019年全面风险管理评价等级为A档，系统内排名第五；信用风险管理评价等级为B档，系统内排名第十四；获得总行“优秀风险管理团队”表彰。全年处置不良资产9.55亿元（含信用卡），实现计划完成率达153.84%，其中现金回收金额2.66亿元，现金回收计划完成率达105.32%。审计后不良贷款余额为15.82亿元，较年初（审计后）减少1.38亿元，不良贷款率为0.62%，不良率、不良额实现“双降”；逾期贷款余额为15.11亿元，较年初增加0.38亿元，逾期贷款率为0.59%。

（三）内控合规建设

持续推进“健康家园”建设，累计开展谈心谈话、家访等1.8万余次。强化员工合规安全意识，开展“合规教育进网点 送教上门万里行”警示教育，完成全辖14家二级行219个网点现场宣讲，覆盖2498人。融入业务扎牢制度“防火墙”，完成62项规章制度、新产品的合规性审查，其中51项涉及“三大战略”。围绕监管处罚点，结合重点业务、重点部位，组织合规检查，提升违规发现、整改和处置能力。持续推进客户基本信息完善工作，强化反洗钱工作管控。

（四）公司业务

单位结算账户总量、新增、增速及四大行占比提升值均排名四大行第一，新增四大行占比达53.63%。账户拓展带动机构客户稳步增长，全量客户增速系统内排名第一。持续加大基础设施的支持力度，为公路、铁路、水利等行业客户提供各类融资295.02亿元。大力支持绿色信贷，支持节能环保项目107个，绿色信贷余额为414.19亿元，新增58.16亿元，增速为16.33%。加大制造业贷款投放力度，投放贷款13.33亿元，增幅系统内排名第十九，新增四大行第一。响应支持国有企业“降成本”“降杠杆”号召，实现市场化债转股落地13亿元。加大民营经济支持力度，民营企业贷款余额达159.37亿元，新增60亿元，增幅达60%。精准扶贫贷款余额为369.09亿元，较年初新增38.02亿元，余额连续四年蝉联系统内第一。引资入黔服务实体经济发展，累计投放较上年增长51.36亿元，租赁业务系统内排名第四。巩固财政社保传统优势，全年承接中央社保补助金约85亿元；全省代理财政覆盖度为81.84%，代理社保覆盖度为89.39%。同业存款余额较年初新增10.6亿元，新增额系统内排名第十七；同业条线中间业务收入计划完成率达142.4%，系统内排名第四。新发生托管业务规模31.86亿元，实现中间业务收入1288.51万元，较年初新增594.42万元，增幅为85.64%。

（五）投行资管业务

理财资产余额为152.49亿元，其中理财资产配置非标资产余额为127.01亿元，配置标准资产25.48亿元。累计实现中间业务收入为41632.07万元，其中资管业务收入15413.98万元，四大行排名第一；投行业务收入为26218.09万元，系统内排名第五。全年完成地方政府债券承销237.34亿元，市场占比为17.63%。

（六）金融市场业务

完成代客资金总交易量13.81亿美元，其中代客结售汇量7.69亿美元，代客利率业务量2.34亿美元，系统内排名第十八。完成总行跨境融资掉期交易量3.78亿美元，新增1.9亿美元；CCS货币利率互换、LPR利率互换实现突破。全年实现代客资金收入5149.38万元，四大行排名第一；占比较年初提升13.16%，系统内排名第一。

（七）零售业务

有资产客户758.51万人，新增88.09万人，增幅为13.1%，系统内排名第二，计划完成率达122.35%。AUM0.2万元以上客户产品覆盖为5.19，较年初提升0.16，系统内排名第十七。个人客户经济增加值为13.80亿元，中间业务收入为14.78亿元。个人短信、代销基金、实物贵金属、国债、代理寿险等多项产品中收排名四大行第一。拓展裕农通普惠金融服务点1.63万个，提前实现乡村全覆盖。建成达标生态圈20个，系统内排名第二。创建直营子方案106个，直营客户AUM较年初增长20.34%。同业可比口径私行客户新增60户，金融资产新增8.39亿元，四大行排名第一。

（八）信用卡业务

当年净增信用卡发卡33.73万张，系统内排名第十七；净增客户15.34万户，计划完成率达102.27%，系统内排名第六。其中，年轻客户新增17.82万户，系统内排名第三。当年实现消费交易额446.2亿元，计划完成率达102.6%，系统内排名第四；实现分期交易额110.78亿元，计划完成率达117.35%，系统内排名第三，增速位列系统内第二。信用卡贷款余额172.27亿元，当年新增44.06亿元，较年初增长34%，系统内排名第一。

（九）网络金融业务

手机银行活跃用户达163万户，KPI口径系统内排名第六，快捷支付有交易客户数占有资产客户数系统内排名第三，短信银行中收继续保持四大行第一。企业ERP云平台为46838户小微企业、个体工商户提供优质服务。“悦生活”当年交易量260万笔，交易额为21.66亿元。善融商务扶贫交易额系统内排名第十六，销量是上年的3倍。梳理4户扶贫商户入驻央企扶贫馆，销量位居前列。

（十）国际业务

全年保有国际收支客户228户，较年初增长14.6%。完成国际收支量17.17亿美元；完成跨境人民币结算量43.66亿元，同比增加16.03亿元，增长率为58%，四大行排名第二。完成中间业务收入8712.49万元，同比增加4012.6万元，增长率为85.38%，计划完成率106.25%，四大行排名第一。外汇信贷余额为40.13亿元，增长56.2%，当年累计投放外汇信贷35.24亿元。“单一窗口”客户绑定67户，总行目标完成率达112%。

（十一）普惠金融战略

全面完成“两增两控”目标，银保监口径普惠型小微企业贷款余额为90.79亿元，较年初新增41.80亿元，余额及新增均位列四大行第一，贷款客户超2万户。普惠金融“8+1”贷款余额为104.71亿元，较年初新增38.27亿元，余额首次跨过百亿元大关。成功打造首个自主创新平台快贷产品“货主云贷”，系统内率先实现“薪金云贷”公积金直连模式上线，实现“贵商通”“乡村农担贷”等产品落地。持续与贵阳市金融办开展风险资金池业务合作，实现贷款投放7.7亿元，有贷客户数2205户，均为15家合作银行之首。深入推进“贵工贷”“黔微贷”业务，分别实现投放0.5亿元、13.37亿元。建设银行“惠懂你”App累计绑定企业7.17万户，总行计划完成率达110.54%，系统内排名第十六，累计授信金额达25.2亿元，累计授信客户7241户。资产质量稳中有降，责任部门口径普惠小微企业贷款不良率为0.73%，系统内排名第七，较年初下降0.42个百分点，实现连续四年下降。

（十二）住房租赁战略

以公租房业务为切入点，首创“公租房一站通”，纳入总行“数字房产”模块在全国推广，数字房产项目已进入实施阶段。截至2019年末，住房租赁业务KPI考核排乙组第三、系统内第十一，其中“用户类、监管类、房源类”三大类指标综合评价分别在乙组排第二、第四和第五。累计新增社会化房源96.31万套，在线签约合同21.29万笔，新增在线支付11.93万笔，在线支付租金总额为3544.04万元，月活跃用户数14.11万户；6.24万户客户通过建设银行平台进行房源真实性核验，签约后向住建系统成功备案3263笔，实现外接平台新增14个，业务导向性房源新增2124套。

（十三）金融科技战略

金融科技KPI考核系统内排名第十，较上年提升9位，其中社会化平台系统内排名第六，重点业务赋能平台系统内排名第十六，科技创新系统内排名第十。积极开展新金融创新实践，打造具有全国影响力的“满帮集团综合服务平台”“一部手机乐安居”花果园智慧社区平台、“中天·服务家”智慧社区平台、“智慧政务·黔融通”政务服务平台等。率先在全国打通总行小程序智能路由总对分模式、黔通智联App客车签约建行账户模式、黔通智联App货车签约建行账户三种模式六种接入方式，实现ETC发行多模式应用。

（十四）其他特色业务

在总行大力支持下，成功创建满帮集团综合服务平台，成功上线“货主云贷”“货主E贷”

"司机E贷"，疏解近百万货主与千万司机乃至整个行业的"痛点"，荣获总行2019年度"三大战略"优秀案例二等奖；建设银行——满帮ETC卡合作模式获得认可，平台司机ETC发行突破123万张，分行ETC发行当年净新增170.7万张，全国率先超额完成ETC发行任务。创新公租房综合金融服务，全国首创"新租贷"，以公租房资产化解政府隐性债务，荣获贵州省"金融机构支持实体经济创新金融产品"二等奖，全年累计投放40.88亿元，实现房源贯标上线近80万套，盘活公租房18.77万套。创新"民工惠"服务民生工程的"贵州模式"，累计投放专项贷款10.68亿元，惠及3.17万余名农民工，投放计划完成率系统内排名第二。"一部手机乐安居"花果园智慧社区成功上线运营，实现70余项金融便民服务，注册用户数达11.80万户，全国注册用户最多，智慧社区云平台KPI排名系统内第一。大力推广"龙头企业+金融+合作社+农户"新金融扶贫模式，为13家龙头企业授信37亿元，投放18.86亿元，带动4.4万余户农民就业增收，7500多户建档立卡贫困户批量稳定脱贫。创新推出"智慧政务·黔融通"，216个营业网点可办理700种政务业务，累计服务达6万多人次。依托建行大学平台累计开展四大系列培训589期，覆盖6.93万人次，荣获总行"产教融合实训基地先进单位"。

二、主要工作举措

（一）聚焦"三个能力"，纵深推进"三大战略"

坚定不移推进"三大战略"落地落实，积极主动以总行"三大战略"深度对接贵州省"三大战略行动"。"三大战略"助力脱贫攻坚。大力推广新金融扶贫模式，支持龙头企业全产业链发展，带动农民就业增收、建档立卡贫困户批量稳定脱贫。创新"民工惠"服务民生工程的"贵州模式"，实现业务范围和业务模式双重突破，缓解政府关键时点民工工资集中支付压力。持续提升金融服务小微及民营企业能力，网络供应链"双大"带动"双小"效果明显。金融扶贫和定点扶贫精准发力，精准扶贫贷款余额及新增均列系统内第一，帮助扶贫点完善教育设施和改善生产生活条件，依托善融商务平台积极推进消费扶贫。"三大战略"助推数字贵州。创建满帮集团综合服务平台，疏解近百万货主与千万司机乃至整个行业的"痛点"。创新推出"智慧政务·黔融通"，打造"市民身边的政务中心"。实践全新城市社区生活体验，花果园"一部手机乐安居"成功上线运营，"中天·服务家"智慧社区取得阶段性成果。助推省内企业信用体系建设，成功上线省内首家企业网银信用报告自助查询系统。"三大战略"助建生态贵州。创新公租房综合金融服务，全国首创"新租贷"，以公租房资产化解政府隐性债务，首创"公租房一站通"纳入总行"数字房产"模块在全国推广。大力支持绿色金融发展，加大九大领域绿色金融信贷支持，余额和增速保持"双增"。"劳动者港湾"为社会增添温馨，拓展与政务、医疗、教育等社会各界合作，进一步丰富便民设施和服务。建行大学紧扣新金融实践，走进企业、学校、田间地头开展四大系列培训。

（二）抓实"五个重点"，持续提升服务地方建设能力

抓实重点区域，明确贵阳、遵义、贵安新区作为重点发展区域，重点倾斜人、财、物资源。抓实重点板块，大力支持基础设施"补短板"及"六网会战"项目建设，积极发力制造业领域提供信贷支持。抓实重点客户，探索上市企业综合金融服务，实现省内29家主板上市企业账户全覆盖。抓实重点产品，资管投行产品实现直接融资50.25亿元，理财产品收入四大行第一，财务顾问收入达2.57亿元，系统内排名第三。抓实重点突破，共与11家子公司开展母子联动，联动建信养老金获得省社保职业年金受托资格，取得首个省级政务信息系统项目资金监管资格。

（三）落实"双优"策略，进一步提升综合竞争力

系统思维布局大零售业务，探索C端突围新打法，以精准营销平台、神算子系统、外呼中心助推数字化直营长尾客户。抢抓消费金融新机遇，聚焦信用卡、分期、商户、手机银行等重点产品实现获客活客。个人住房贷款投放、新增均位列同业第一。国际业务竞争力持续提升，省内首家在"单一窗口"嵌入金融服务。

（四）坚持稳健经营，进一步筑牢风险底板

加强全面主动风险防控，建立横向到部门、纵向到各行的全面风险管理评价机制，持续推进“5+3”专题研究。强化风险成本管控，经济资本和减值压降工作取得明显成效，信贷业务经济资本占用比例下降至5.84%，全年减值计提7.45亿元。突出风险管理价值创造，对公重大不良项目处置取得突破。进一步优化信贷资产结构，零售和普惠贷款年末占比提升，加强产能过剩行业、风险敏感性行业退出。推进依法依规治行和安全生产，主动开展重点业务、重点部位和基层网点的违规整治和案防工作，积极加强监管沟通，深挖病灶。内外部检查发现问题，跟踪狠抓落实。集中力量强化反洗钱工作管控，持续推进完善客户基本信息，对公、对私重点目标客户身份基本信息完整率大幅提升。持续推进“健康家园”创建，强化员工合规安全意识，开展员工行为合规季、防范非法集资宣传教育、警示教育巡讲、扫黑除恶宣传等活动。

（五）强化党建引领，纵深推进队伍和思想政治建设

把“不忘初心、牢记使命”主题教育作为重大政治任务，结合学习宣传贯彻党的十九届四中全会精神、学习张富清精神持续推进。省分行党委带头学习宣讲，组织处级领导干部199人次、基层党支部书记258人次集中专题学习，实现全覆盖。组织开展张富清先进事迹情景报告会11场，广泛宣传老英雄一辈子坚守初心的感人事迹。党员教育片《一颗红心　不忘初心》获总行特等奖和中组部优秀奖。严抓“四风”整治，分行党委班子成员带头落实，“基层减负年”工作取得实效。在深化从严治党中历练队伍、促进发展，坚持“从严管理、强化监督”，推进二级行派驻纪检组改革，纵深推进政治巡察。深入开展赖小民案、薛峰案对照反思，以案说法、以案促改。坚持“服务战略、创新机制”，创新突破人力资源体制机制，成立10个直营中心及“4大项目”专项团队，制定下发人才培养等10余项规章制度。坚持“倾斜一线、惠及员工”，职数配置下沉一线倾斜经营条线，员工晋升可突破职等“天花板”。坚持关心关爱员工，创建员工劳动实践生产基地，优化员工补充医疗保险保障方案，设立健康室和女职工关爱室，把关心关爱员工措施落到实处。

执笔：傅华　雷雪华

云南省分行

云南省分行行长　陈中新
（2019年8月免）

云南省分行党委书记　杨中仑
（2019年8月任）

一、业务发展概况

（一）经营业绩良好

一般性存款日均余额为4023.5亿元，新增300.6亿元，时点新增219亿元；各项贷款余额为2889.9亿元，新增254.6亿元；中间业务净收入为21.4亿元，同比增加1.7亿元，四大行占比29.7%居第一位；实现税前利润56.85亿元；不良贷款额为31.3亿元，不良率为1.08%，实现"双降"。

（二）客户基础夯实

对公结算账户总量四大行第一；个人全量客户1500万，有资产客户突破千万，私人银行客户数量和金融资产规模四大行双第一；个人手机银行、网银存量客户数四大行占比32.1%、31.8%，均居第一；信用卡累计客户数、累计发卡量、分期交易额四大行第一。

（三）竞争优势巩固

个人住房贷款余额及新增四大行分别占比38.6%、37.7%，保持首位；机构存款同比多增121亿元，新增和余额分别为系统第四和第九，四大行双第一；储蓄存款日均新增四大行占比38.4%，居第一位，时点新增四行占比29.3%，居第二；ETC新增OBU 98.6万套，单位车辆ETC市场占比第一；对公高综合贡献度商户新增系统第十二；全行网均存款、中收、利润四大行第一，网点等候时间减少48.7%。

二、主要工作举措

（一）战略推进成效显著，赢得了先发优势

坚定不移推进"三大战略"本地化落地，关键领域取得积极突破。智慧政务、云企贷平台全国首创。构建起覆盖"一部手机办事通"、网上大厅、STM、微信小程序、微信公众号、裕农通、实体大厅七大渠道的一体化便民服务平台，实现19个主题、579个事项手机办，助力政府提升治理能力、改善营商环境，成为全国系统样板间，"一部手机办事通"入选全国九大省级政府优秀政务App。打造"一部手机云企贷"，"线上+线下"为涉农大中型企业、小微企业和农户提供全方位服务，首创会员管理机制和云信用模型，搭建土地流转平台，运用农业大数据创新地押云贷，一期、二期顺利上线。金融科技持续赋能。抢抓机构改革机遇累计开立账户2565户；为滇中引水

工程建设管理局开发资金监测系统，新增存款35.1亿元；与省地方金融监管局合作开发金融监管及预警平台；对接省高院“微法院”、昆明市中院“智慧法院”系统，沉淀法院存款122亿元，系统、同业双第一；与省自然资源厅共建“互联网+不动产抵押登记”平台；与相关政府部门和企业签署《云南省公共资源交易大数据平台合作框架协议》等近10个协议，挂牌成立建信云能数字科技有限公司，设立“数字产业发展基金”；承办“数字云南”区块链国际论坛，参与省政府“数字云南”展示中心建设。普惠金融创新模式。围绕“数字、平台、生态、赋能”推进对公对私客户一体化经营，“云税贷”余额突破20亿元，市场占有率保持第一；“惠懂你”绑定企业新增41673户，累计支用贷款34.3亿元。住房租赁全面布局。推广“数字房产”系统，与省住建厅开展全面战略合作，打造全国住建系统领先、建行首家省级数字管理服务体系，“互联网+住房+金融”构建住房城乡建设服务生态圈。客群和生态效应逐步显现，累计上线市场化房源4.1万套、公租房房源32.9万套、特色房源3.4万套；“建享康居”大理小院、爱戴公寓等长短租产品得到市场青睐，发行6期产品，实现签约486笔，交易额近80万元。零售业务突围C端。场景建设不断丰富，商户引流作用凸显，打造南强街巷商圈，两个半月交易26万笔，沉淀存款466万元，成为省内夜经济服务示范样板间；落地丽江古城“数字小镇”项目，持续为古城商圈5000多商户提供金融服务；围绕有车客群生态圈场景打造25个无感支付停车场；嵌入云商流供应链，批量拓展下游近2万小微商户；全国首家在省级铁路局全线列车上使用龙支付。数字打法初现成效，成为全国拥有智能外呼项目及线路资源最多的分行，人工外呼直营信用卡分期交易额突破22亿元。融智赋能提升温度。劳动者港湾挂牌100个职工驿站，打造智慧政务、银发、军人等28个特色港湾，组织800余场公益暖心活动，接待劳动者超过300万人次，成为有影响力、感召力的社会公益平台。建行大学探索产教融合新模式，推进金融素养提升千人培训计划，拓展“金智惠民”服务体系，举办“云南省厅级领导干部地方金融改革与发展专题研修班”等6期省外和现场重点班，开展社会化培训123期，组织134名大学生暑期下乡实践，荣获总行最佳学习项目表彰。

（二）“三个能力”明显增强，扛起了大行责任

主动履行国有大行责任担当，在解决社会痛点的大局中发展金融业务。支持国家建设能力明显增强。围绕电力、综合交通、特色产业等攻坚突围，重点加大“五网”“四个一百”“八大产业”“三张牌”等领域拓展力度，累计投放对公非贴贷款798.5亿元，同比多增152.8亿元。为供给侧结构性改革提供金融助力，成为云南国企改革“1+1+X”中两个“1”核心企业主办银行，落地43.5亿元国企改革项目，非金债承销157亿元居四大行首位。探索农村金融深化新路径，设立裕农通服务点13776个，覆盖全省所有乡村；累计投放“民工惠”贷款9477.7万元，惠及10096人次农民工。用心用情服务脱贫攻坚，金融精准扶贫贷款余额为76.5亿元，贫困县贷款余额为646.1亿元，向定点扶贫点捐赠资金490万元，扶贫工作被总行和省政府评为优秀。防范化解金融风险能力明显增强。持续推进以“三管齐下”“五个到位”和“十项基础”为主要内容的全面主动风险管理。完成全辖授信审批业务集中，“机控+人控”不断深化全面风险监控预警平台运用，落实“776”重点督导帮扶工作机制。深化“七个层次”内控案防长效机制，开展三清查、员工行为排查、合规宣讲、扫黑除恶、警示教育、谈心谈话“六个专项”活动，搭建员工异常行为排查平台主动筛查问题，未发生案件及重大违规事件。严格履行反洗钱义务，监管处罚较上年减少72%，被总行评为全国10家整治市场乱象工作先进集体之一。参与国际竞争能力持续增强。助推云南“一带一路”、面向南亚东南亚辐射中心、陆海新通道及自贸区建设，巩固与中信保、施工企业的“铁三角”合作关系，运用建信通、建信融为9个境外项目投放贷款24.4亿元，实现跨境融资18.5亿元、境外债券承销发行13亿美元。

（三）党建引领压实责任，激发了队伍活力

紧扣新时代党的建设总体要求，把党的全面领导与队伍建设有机结合起来。高站位做实党建工作。坚持以政治建设为统领深化全面从严治党，各级党组织和党员干部增强“四个意识”、坚定“四个自信”、做到“两个维护”的行动更加自觉。着力提升基层组织力，新设党支部54个，发展党员184名，网点主要负责人党员占比96%。精心组织“不忘初心、牢记使命”主题教育，两批单位总体评估为“好”的占比98%。深入学习宣传张富清同志先进事迹，涌现出500多个突击队和服务队。严抓形式主义、官僚主义整治，制定为基层减负55项措施，发文、会议、报告报表和督查检查分别减少36%、37%、50%和52%。强化监督执纪问责，运用“四种形态”处理201人次，深化扶贫领域腐败和作风建设专项治理。系统化推进队伍建设。“配”齐班子，调整充实26个领导班子、涉及64个六七职等领导人员，从基层和经营一线提拔人数占70%；“育”好人才，开展“一把手”和新任职领导人员培训，选派20名领导干部交流锻炼，组织两批次104名青年人才挂职培养。倾真情凝聚文化合力。打造企业文化品牌，推出关爱员工10条举措，安排基层员工岗位补贴和边远地区津贴3983万元，将基层员工体检费提高至管理行的1.3倍，打通低职等员工晋升通道，组织全省运动会，做好老干部工作。荣获“云南省银行业支持地方经济发展贡献奖”等10项大奖，城北支行营业室被评为“银行业文明规范服务百佳单位”。

执笔：杨勰

西藏自治区分行

西藏自治区分行行长　查克健

一、业务发展概况

（一）资产负债

全口径存款时点余额为809.56亿元，四大行占比24.20%，市场占比与年初相比基本持平。全口径存款日均余额为798.27亿元，四大行占比略有下降，其中个人日均存款余额比年初增加6.43亿元，增幅为3.42%。各项贷款余额为639.85亿元，其中个人贷款增长9.36亿元，增幅为13.15%。

（二）经营效益

实现税前利润11.85亿元，经济增加值3.50亿元，挂钩工资总量增长2.22%。实现中间业务净收入2.07亿元，同比增速为12.88%，计划完成率系统内排名第三。

（三）资产质量

不良贷款余额为5474.67万元，较年初增长1117.37万元，不良率为0.09%，保持系统最优。全年处置不良贷款3215万元，其中现金回收1819万元，已核销资产现金回收535万元，均超额完成总行下达的任务。

（四）对公对私业务

折算后对公有效客户新增6825户，增幅为11.32%；折算后个人有效客户新增9.71万户，增幅为6.99%。对公全量账户3.88万户，较年初新增4074户；正常结算账户3.04万户，较年初增长15.04%；基本账户2.67万户，较年初增长17.08%。个人全量客户新增13.58万户。累计发放ETC记账卡2.96万张；“龙支付”客户新增2.43万户，个人产品覆盖度增量、增速系统第一。

（五）网络金融业务

手机银行活跃客户数突破10万个、活动客户数突破18万，其中活跃客户增速为26%，移动金融交易量占比提升值系统第二，短信产品覆盖度系统第一，手机银行产品覆盖度系统第十三。拓展无感支付停车场11个，实现线上交易量13.8万笔，同业领先。代收付电子渠道实现交易量37.92万笔。实现代缴费交易额10.99亿元。悦生活云平台商户新增32户，增速达59%。平台商户关联结算账户日均存款1.7亿元，较去年新增1.2亿元。

（六）三大战略

住房租赁战略，公租房管理信息系统在拉萨、昌都、林芝顺利上线，业务覆盖33个县区，累计上线房源6774套。上线智慧社区云平台首个试点社区，覆盖业主1400户。普惠金融战略，推出“抵押快贷2.0”“云税贷2.0”“个体工商户经营快贷”等产品，“小微快贷”产品服务区内小微企业2002户，累计发放贷款49.86亿元。较好落实“两增两控”“涉农扶贫”等监管政策要求，全行普惠金融贷款余额为28.61亿元，增幅达91.63%。金融科技工作统筹、职能整合落地。科技融入业务能力不断增强，落实“社银平台”“抵押快贷”“云税贷”“智慧医疗”“智慧政务”、ETC、智慧加油等项目建设，智慧政法平台引流获客功能逐步显现，客户转化率系统内第二；上线征信查询监测数据应用项目，完成个人代发工资快贷流程创新。

二、主要工作举措

（一）“不忘初心、牢记使命”主题教育扎实开展

成立各级主题教育领导小组，党委书记带头、党委成员深入基层调研宣讲，将学习宣传贯彻党的十九届二中、三中、四中全会精神作为主题教育重要内容。全面深入开展问题检视整改，检视问题498条，整改率达90.43%；开展“九个方面”专项治理，制定整改措施115条，整改完成率达92.11%。

（二）党委主体责任进一步夯实

坚持问题导向，狠抓巡视问题整改。持续整治违反中央八项规定精神和“四风”问题，深化问题检视整改。深入整治官僚主义、形式主义，全面完成基层减负任务指标。突出政治导向，完成8个行部巡察。

（三）纪委职能有力发挥

完成内设纪检机构改设和职责调整、人员配备，实现纪律监督“全覆盖”。充分运用“四种形态”强化执纪问责，共受理问题线索7件，问责处理8人次，其中开除1人。

（四）基层党建基础进一步增强

建立分行党委班子成员基层党建工作联系点。推动党支部标准化，打造“党员之家”示范点，实现基层网点党员和活动阵地全覆盖。通过“结对共建”创新推动党建融合业务，组织开展形式多样的支部活动，增强凝聚力。加强党员队伍建设，强化党务知识培训，全年发展党员12名。

（五）社会责任担当更加凸显

与多地政府签署金融精准扶贫战略合作协议，累计发放精准扶贫贷款4.85亿元，带动建档立卡户1218户。上半年安排一名副行长脱产驻村，落实9个扶贫项目、投入资金150万元，捐款18.53万元开展结对帮扶，驻村扶贫点全部脱贫。以建行大学为依托，完成17期“金智惠民”培训，组织牧区大学生参与万名学子暑期下乡实践活动。深化“劳动者港湾”建设，开展医疗问诊、旅游等特色服务，累计服务超过1.5万人次。

（六）精细化管理扎实推进。协同联动机制持续完善

条线联动、分支行联动抢拼ETC市场，公私联动推动银医项目、社保卡业务，强化母子公司协同为建信养老金新拓区内企业2户。全面实现授信业务集中审批，公务用车、用印申请、出差管理等事项实现线上审批；上线新一代人力资源考勤和请休假系统。加大“三大战略”、协同合作、客户拓展的资源倾斜，配套相应考核机制，推动战略目标实施落地。加大员工业绩计量系统应用，提高经营绩效考核的精准度。

（七）资产负债业务发展基础进一步厚植

存款方面：精准营销交建、开投、高争、天路等存款大户，累计揽存资金80多亿元，策略性应用对公聚财产品，承接交通类存款25亿元；发挥国库现金管理稳存增存作用，市场份额为21%，同业排名第二；密切军警客户合作关系，西藏军区存款较年初新增2.5亿元。通过投放大额存单、惠存通等有竞争力的产品，加大商户资金承接、柜面资金挽留等措施，提升个人存款经营能力，个人日均存款新增整体四季度同业第一。贷款方面：对公信贷投放保持平稳，累计投放280.05亿元，累计回收306.74亿元。个人贷款余额增长率为11.4%，高于全行平均增速。个人住房贷款余额市场占比保持同业首位。个人“快贷”客户增长迅速，授信客户超1.4万户，代工客户渗透率系统第一，贷款余额增长率为32.8%，增速系统第二。交易性业务：连续四年成为地方政府债券主承销商，规模同业领先，并实现该业务中收破零；办理首笔政府背景投资基金托管业务。

（八）风险内控管理能力不断提升

落实轨迹督查和二级分行全面风险管理评价制度，加强基层机构关键岗位、关键人员管理。积极开展授信业务审批后评价及项目后评估。充分发挥RAD系统预警控险作用，加强民企、小微贷款客户等重点领域风险监控，加大风险排查及预警处置力度。提升不良资产经营处置水平，严控逾期，压降不良，实现资产质量持续稳定。发挥联防联控效能，积极推进“五统一”建设，开展全行安全生产大检查，抓实抓细安全维稳工作。

（九）合规管理体系效能有效发挥

持续推进合规“八个步骤”闭环管理，着力强化管控机制，推进合规关口前移，以规章制度合规性审查促进合规管理要求融入业务流程；推动系统排查与人工核查相结合，“一人一策”强化员工行为管控，违规处置能力得到提升，全面加强与外部监管沟通协调，赢得监管机构和总行的认可。反洗钱基础管理进一步夯实，重点目标客户身份基本信息总体完整率达96.51%，深入开展扫黑除恶打非治乱专项斗争反洗钱相关排查，有效防范洗钱风险。

（十）柜面操作风险管控有效

充分利用远程监控系统、稽核监测模型及手机App远程盘库功能，加强重要业务领域、重要岗位及重要人员的风险管控；积极推进远程集中授权，全面完成总行“网点、业务种类、业务量”三个100%覆盖集中的目标任务；加强营运主管的履职管理和员工新业务、新系统的培训，强化柜面操作风险考核管理，柜面差错率得到有效控制，提升网点人员综合业务素质；持续开展员工警示教育和行为排查，提升员工合规操作意识；规范网点重要岗位轮岗管理，防范操作风险和道德风险。

（十一）渠道运营转型成效卓著

完成开发区支行普惠金融样板网点打造和9个自助银行新建，自助银行与网点占比达3:1，系统第一；自助设备全功能服务率达98%，系统第二；智慧柜员机多项指标排名系统前三。实现柜面对公外汇业务线上集中处理，完成人脸识别全渠道部署。“龙易行”移动设备功能丰富，拓宽了获客渠道。

（十二）服务水平不断提升

优化网点日始日终流程和金库配送方案，引入弹性轮休制合理安排法定节假日网点轮休。获得人民银行拉萨中心支行颁发的2019年度唯一一家“移动便民支付示范工程单位”殊荣。冲吉路支行荣获2019年银行业协会“百佳网点”。

（十三）队伍凝聚力、战斗力显著提升

员工干部队伍建设不断强化。加强领导干部选拔任用全过程管理，配齐配强各级班子成员，提任七职等及以上人员10人。配齐配强“三大战略”所需重要岗位人员。聘任客户经理97名。完善交流干部管理制度，加强对异地任职干部规范管理和保障。

（十四）员工关爱和企业文化建设持续加强

加强员工关爱，实施“同心计划”。完成6个“职工之家”、1个“女职工关爱室”建设。发挥党群组织推手和杠杆作用，开展“礼赞新中国、奋进在建行”、寻找“高原红”等主题活动，以各协会、工会小组为平台开展各类文体活动，营造积极奋进、健康和谐的良好氛围。

执笔：雷勇

陕西省分行

陕西省分行行长　杨新丰
（2019 年 3 月免）

陕西省分行行长　李　军
（2019 年 3 月任党委书记、7 月任行长）

一、业务发展情况

（一）资产负债

一般性存款时点余额为 5085 亿元，新增 393 亿元，增长率为 8.4%；日均余额为 4914 亿元，新增 399 亿元，增长率为 8.8%；时点余额和新增、日均余额和新增，均居当地四大行第一。贷款余额为 3426 亿元，新增 373 亿元，当地四大行第一，增长率为 12.2%。实现中间业务净收入 28.92 亿元，当地四大行第一，占比 38.5%。实现拨备前利润 96.34 亿元，当地四大行第一，同比增幅为 5.73%。

（二）资产质量与风险控制

不良贷款额和不良贷款率分别为 28.18 亿元、0.82%，分别较上年末下降 0.77 亿元、0.13 个百分点。逾期贷款 30.73 亿元，逾期贷款率为 0.89%，分别较年初下降 5.13 亿元、0.28 个百分点。不良额、逾期额均控制在总行计划之内。

（三）内控合规

处置违规问题 1754 起，处置违规机构 17 次，处置违规人员 1836 人次，给予行政处分 40 人次。全年受到监管处罚 3 笔、84 万元，较上年减少 4 笔，反洗钱、外汇监管实现零处罚。

（四）公司业务

对公存款日均余额为 2059 亿元，新增 67 亿元。对公贷款余额为 1873 亿元，对公非贴贷款新增 149 亿元，均居当地四大行第二；对公非贴贷款累计投入 873 亿元，较上年多投 63 亿元。实现结算收入 1.6 亿元，当地四大行第一。

（五）零售业务

个人存款日均余额为 2855 亿元、时点余额为 2964 亿元，分别新增 332 亿元、337 亿元，双破 300 亿元大关。个人贷款余额为 1553 亿元，新增 212 亿元，均居当地四大行第一。个人中收 19.3 亿元，增幅为 15.6%，高于系统平均水平 5.8 个百分点。

（六）投行业务

投行融资 529.47 亿元，资产托管规模为 1506.64 亿元，第三方引资 98.31 亿元，高收益资产新增 99.03 亿元，理财产品余额为 578 亿元，资管投行收入为 4.95 亿元，均居当地四大行第一。

（七）金融市场业务

落地系统首单苹果大宗商品期权套保交易。

对公黄金积存及大宗商品客户新增1140户，同比增长15倍。代客远期结售汇、货币掉期交易量分列系统第六和第一。

（八）信用卡业务

分期交易额为146.8亿元，当地四大行第一，计划完成率系统第一。信用卡当年净增发卡、累计客户、贷款余额和新增、分期贷款余额、中间业务收入五项指标，当地四大行占比均超过45%。

（九）网络金融业务

移动支付交易额为910亿元，系统第四，户均交易额系统第一。聚合支付活动商户覆盖度为39.63%，系统第四。手机银行、个人网银客户总量双双突破千万，个人网银活跃客户77万户，活跃客户占比系统第五；手机银行活跃客户274万户，系统第十三。

（十）国际业务

国际收支客户增速为10.9%，系统第八。国际结算量48亿元，同比增长42.24%，首次进入系统前十。跨境人民币结算72亿元，当地四大行第一。跨境融资投放62亿元，当地四大行位次“脱三进一”。福费廷交易额为157亿元，系统第五，较上年翻番。

（十一）住房租赁战略

签约住房租赁企业433家、政府公租房管理部门10家，上线各类房源100万套，撮合成交6.75万套。前11个月，分行住房租赁业务用户、监管、房源三项大类指标分列非试点行第三、第一和第一，KPI考核位居非试点行第一。

（十二）普惠金融战略

“8+1”口径普惠金融贷款余额为154.42亿元，较年初增长45%。银保监“两增两控”口径普惠金融贷款余额、新增均居当地四大行第一，超过其他三大行之和；普惠金融贷款客户2.5万户，较年初增长20%。

（十三）金融科技战略

创新研发金融科技项目60个，同比增长50%；实施大数据项目20个。金融科技6个社会化平台、5个重点业务赋能平台中，企业ERP、建融智合、网络供应链、安心养老、善行宗教等8个平台考核位居系统前列。

二、主要工作举措

（一）积极探索实践新金融行动，全力落地“三大战略”坚持问题导向，以经营客户、经营业务、经营管理“三个经营”探索践行新金融行动，布局推动持续高质量发展。创新普惠小企业融资业务线下集中作业模式，办理时间较集中前缩短60%；系统首家启用“抵押快贷”业务和合同专用章，首家上线“抵押快贷”业务流程自动化机器人平台系统，首家开放合同自动打印功能，“抵押快贷”集约度系统领先；自主开发普惠赋能小助手，直观展示带动客户、存款、对公产品、个人业务“四本账”；创新“科技云贷”“个体工商户经营快贷”“秦巴呼叫贷”“女性创业贷”等一批满足不同客户需求的普惠金融产品。坚持抓上量、抓特色、抓创新、抓溢出效应、抓G端赋能的“五抓”策略，开展住房租赁“破零”行动，住房租赁五大平台应用扩面上量，监管平台房源核验和合同备案量系统领先；巩固扩大智能撮合存房业务的原创优势，累计签约房源5.1万套，占系统总量的8.2%，成功出租4.54万套；自主开发“建融e家”平台，累计注册用户5765户，核验房源532笔，办理线上贷款预约94笔、提前还贷预约95笔，打通了存量房贷客户转化为住房租赁客户的通道；以监事身份推动设立西安住房租赁行业协会，成为唯一一家银行业金融机构创始会员。围绕重在解决客户问题、重在获客活客、重在对业务需求的理解想象的“三个重在”，开展“金融科技提升年”活动；协助总行成功上线“安康智慧治理”服务平台，上线便民服务类事项437个、注册用户5.08万、办理便民事项50多万件；联合西安民政部门共建“暖分助老”平台，覆盖养老机构153家、社区养老中心825家、农村幸福院1060家、异业联盟商217家，服务老年客户80多万人次；开发上线公共资源交易管理平台、矿山治理与土地复垦基金监管系统等平台，帮助政府解决了一批现实痛点。“劳动者港湾”累计服务劳动者近300万人次。依托建行大学，开展内外部培训100多期，惠及1万多人次。推行“裕农通+”模式，“裕农通”服务点总量1.9万个，新拓激活1.8万个，做到乡村总量及乡村有效覆盖率100%双覆盖。制订落实“跨越2020”金融精准扶贫行动方案，分行定点扶贫工作和金融扶贫工作得到了地方政府和监管机构的高度认可，超额完成总行下达的安康一区三县金融扶贫KPI指标。

（二）纵深推进零售优先，扛牢个人业务领先旗帜

以客群化、场景化、生态化有效推进“零售优先”战略，零售业务综合评价排名系统第三，实现市场占比、行内贡献、系统份额“三个再提升”。开展决战ETC和分期大会战的“两战”，个人住房贷款和个人消费信贷继续保持传统优势地位，余额突破1500亿元，行内贡献进一步提高；个人中收增长13.9%，同业占比提升3.61个百分点；网络特约商户活跃客户17.6万户，系统第一。

（三）坚持资产引领，夯实对公业务基础柱石

将资产引领作为分行战略性工作，建立重大项目会商机制，对公非贴贷款较上年增幅系统居前，余额四大行占比提升。开展机构业务“攻城拔寨”专项竞赛活动，实行名单制和责任田制，全年突破“10+5”政府机构改革账户409户。推行“一行一册”，实施绿标工程，名单制、网格化拓展国际业务，国际收支客户增速为10.9%，系统第八。

（四）聚力打牢竞争主阵地，有效释放网点综合竞争力

开展物理网点竞争力提升行动，实施网点分类分级管理，构建集效益规模、核心业务、战略协同和运营管理评价为一体的网点综合竞争力评价体系，促进网点焕发新的活力。开展服务质量提升年活动，推出十大工程、29项举措，个人客户满意度重回当地四大行第一。

（五）深化全面风险管理，筑牢合规经营底板

强化基层管理、基础管理和基本功提升的“三基”管理，推行大额重点风险项目和经营责任“双名单制”，全年处置不良资产23.84亿元。制定信贷结构调整三年规划，零售、普惠、绿色信贷、优先支持行业、先进制造业、逐步压缩行业贷款余额占比实现了“五升一降”。聚焦近年来分行案防工作的隐患，开展五类重点人群违规问题自查自纠及学习教育活动。逐部门制定落实合规任务清单，开展全员学习《合规必读》、送课上门、警示教育及线上学习、专项合规检查、整治市场乱象“回头看”等活动，努力让合规经营意识内化于心、外化于行。

（六）压紧压实“两个责任”，从严管党治党

分两批扎实开展“不忘初心、牢记使命”主题教育活动，通过排演张富清同志英雄事迹情景报告会、印发党建重要知识点应知应会手册、开展领导干部党建知识测试等举措，推动主题教育走深走实。实行“党员之家”经费直配机制，选树十佳及标杆“党员之家”，建强党建阵地。开展“基层减负年”活动，首次实施工作微信群清理行动，文件、会议、报告报表和督查考四类重点事项完成总行压降任务。全面实施派驻制改革，初步形成“纪律监督+巡察监督+派驻监督”的大监督格局。全年提醒诫勉、谈话函询203人次，党纪轻处分3人次、党纪重处分2人次、问责7人次。

（七）全面加强队伍建设，营造“和衷共济、上下同欲”工作氛围

将关心关爱基层员工确定为战略性工程，推出两轮35条具体措施，维护和提升了员工的主人翁地位。开展“讲述员工故事”主题宣传活动，选树先进典型5批、15人，让基层员工走向舞台中央。出台《全面加强领导干部队伍建设管理的意见》，对分行中层领导干部履职尽责提出7个方面、25条纲领性要求和原则性遵循。创新实施领导干部群众满意度测评，根据测评结果提醒谈话25人、警示谈话10人、转序列使用2人、降职1人，增强了广大员工的话语权，激发了党员领导干部不忘初心、干事创业的激情。

执笔：徐迪

甘肃省分行

甘肃省分行行长　方华平
(2019 年 9 月免)

甘肃省分行行长　宋　涛
(2019 年 9 月任党委书记、12 月任行长)

一、业务发展概况

(一) 资产负债

2019 年，甘肃省分行全口径存款时点余额为 1861.18 亿元，实现税前利润 4.26 亿元。各项贷款余额为 1508.47 亿元，较年初新增 123.76 亿元，增幅为 8.94%。其中，对公类贷款余额为 916.48 亿元，新增 51.83 亿元，增幅为 5.99%；个人类贷款余额为 591.98 亿元，新增 71.93 亿元，增幅为 13.83%。公司机构加权有效客户 141632 户，较年初新增 14282 户；个人加权有效客户 8480144 户，较年初新增 568028 户。

(二) 资产质量与风险控制

不良贷款额、不良贷款率、逾期贷款额、逾期贷款率较年初实现“四降”，超额完成总行不良贷款额、逾期贷款额管控计划。不良贷款额为 26.63 亿元，较年初下降 10.18 亿元；不良贷款率为 1.77%，较年初下降 0.89 个百分点；逾期贷款额为 32.58 亿元，较年初下降 7.11 亿元；逾期率为 2.16%，较年初下降 0.71 个百分点。全年共处置不良贷款 238167 万元，完成总行计划的 122%。其中，公司类处置 140982 万元，个人类处置 67161 万元，不良信用卡处置 30024 万元。全年已核销资产现金回收 8222 万元，完成总行计划的 116%。

(三) 对公业务

对公存款日均余额为 843.16 亿元，较年初新增 -33.3 亿元；时点余额为 851.94 亿元，较年初新增 30.01 亿元；全量客户数 83507 户，较年初新增 12333 户，增长率为 17.33%；有效客户加权前数量 39657 户，较年初新增 7426 户，增长率为 23.04%，有效客户折算后数量 141623 户，较年初新增 14282 户，增长率为 11.21%。全年 ETC 发卡新增 354103 个，完成全年新增计划的 55.33%，ETC 有效客户及当年新增持续保持市场第一。对公商户新增 4684 户，高综合贡献度对公商户新增 1155 户。

(四) 零售业务

个人存款日均余额为 942 亿元，同业占比 30.07%，时点余额为 994 亿元，同业占比 30.03%，实现个人存款日均及时点余额四大行占比双提升。日均新增 93.87 亿元，计划完成率达

2019年6月4日，甘肃省分行召开2019年扶贫工作会议（视频）。

171%，时点新增97.82亿元，计划完成率达163%，实现个人存款日均及时点新增计划完成率双超额。个人有资产客户新增58.47万户，完成总行计划的146%，增速为9.16%。个人加权有效客户新增56.8万户，完成总行计划的114%。双达标生态圈计划完成率达140%，系统排名第四。个人高贡献商户加权后新增59531户，系统排名第十一。裕农通乡村总量覆盖率达116.8%，系统排名第八；有效覆盖全省14625个行政村，有效覆盖率达108%，系统排名第二十三 。

（五）网络金融业务

移动金融交易量占比97.53%，较年初提升8.45个百分点。手机银行活跃客户总量142万户，完成全年计划的109.23%，手机银行活跃客户占比26.96%。龙支付个人活跃客户91.56万户，完成全年计划的106.46%。网络特约活动商户55208户，完成全年计划的145.38%。善融商务个人有效买家23574户，完成全年计划的119.08%。善融商务交易额为21145万元，完成全年计划的107.32%。个人网银活跃客户达到12.34万户。

（六）房金业务

住房资金归集余额为478.02亿元，新增34.23亿元，全年计划完成率达107%，四大行占比56%，市场份额继续保持第一。个人住房贷款余额为436亿元，新增58亿元，全年计划完成率达117%，余额和新增四大行占比分别为36.75%和38.71%。实现中间业务收入6759万元，计划完成率达113%。

（七）投行资管业务

投行资管实现中间业务收入6335.19万元，计划完成率达97.46%。实现资产新投放61.7亿元，其中标准资产投放32.20亿元，计划完成率达484.26%；非标资产投放29.5亿元，计划完成率达273.15%。实现财务顾问收入2559.16万元，其中实现新型财务顾问业务收入2107.74万元，同比增长50.24%，总行任务完成率达192.38%，系统排名第四。实现市场化债转股业务落地26亿元，通过采用“收债转股”和“投股还债”模式，以债转股专项资金撬动社会资本，率先为省属国企提供了“降杠杆”建设银行方案。累计实现银行间市场债务融资工具承销四期，规模合计55亿元，占当地市场份额的11.03%，四大行排名、市场排名双第一。

（八）国际业务

外汇对公存款时点余额为10631万元，较年初增加2978万元；外汇对公存款日均余额为15861万元，较年初减少24279万元。外汇贷款余额为14.53亿元，较年初减少5.45亿元。国际结算量为31.13亿美元，跨境人民币结算量为55.62亿元。实现中间业务收入9123.11万元，其中贵金属租赁业务收入3212.24万元，四大行占比40%，四大行排名第二；国际结算手续费收入为3653.04万元，四大行占比57.01%，四大行排名第一。

（九）其他业务

结算账户总量为146987户，四大行占比38.01%；账户净增15740户，四大行占比43.01%；基本户净增12139户，全行账户总量、净增及基本户总量、净增均四大行排名第一。管理“养老金托管资产”36.67亿元，新增5.51亿元。兰州地区一般性存款日均余额为788.23亿元，四大行占比31.91%，四大行排名第一。其中，对公存款日均余额为409.88亿元，四大行占比27.18%，四大行排名第三；个人存款日均余额为378.35亿元，四大行占比39.32%，四大行排名第一。

二、主要工作举措

（一）全力推进新金融，业务贡献成效初现

一是普惠金融扩面上量。以“惠懂你”“小微快贷”等平台产品为载体，加快业务发展。小微企业授信户新增3603户，授信客户和贷款客户

"双过万";普惠金融贷款新增8.69亿元，余额为85.75亿元，计划完成率系统排名第三。以"双小"承接"双大"，网络供应链核心企业平台用户达到20户，投放贷款443笔，余额为12.7亿元;"民工惠"贷款投放3.1亿元，受惠民工5万人次。裕农通新拓激活15184个，总量达到16287个，乡村有效覆盖率达108%。二是金融科技发力赋能。助力地方政府"放管服"改革和治理体系、治理能力现代化，智慧政务取得突破，社会化平台有序推进。助力全省"陇政钉"系统和庆阳市"智慧政务"平台上线;实现全辖293个网点1500台智慧柜员机与政务服务网互联;与省市场监督管理局合作启动"互联网+监管"平台建设，与甘肃省委统战部实现"宗教事务管理服务平台"合作，与省自然资源厅签署"互联网+不动产抵押登记"平台建设合作协议;协同省住建厅完成14个市州商品房网签备案联网和政府公租房信息系统贯标工作，住房资金归集余额和新增同业占比分别为52%和57%。加快新一代系统和大数据应用，主推"慧视"系列、网点体检单等展示应用，持续为内部管理和经营赋能。三是服务地方积极有为。紧抓"一带一路"机遇，优先支持补短板项目。全年基础设施建设领域贷款投放174.28亿元;绿色信贷新增44.1亿元，增速为13.31%，高于对公贷款平均增速7.31个百分点;支持民营企业成长，民营企业贷款新增12.02亿元。发展消费金融，个人消费贷款余额为33.22亿元，信用卡分期交易额、贷款余额、中间业务收入等核心指标同业第一。为省内企业提供融资融智服务，认购地方政府债券148.7亿元，承销非金融企业债券33.75亿元，实现市场化债转股26亿元。ETC新增发行35.41万户，存量及新增同业第一。四是回馈社会尽显情怀。深度服务脱贫攻坚，金融精准扶贫贷款余额为50.4亿元，新增12.32亿元;高度重视产业扶贫，创新政银担企四方联动模式，全年投放特色产业工程贷款20.23亿元;实现定点扶贫捐赠395万元，支持富民惠民项目43个，增派5名驻村干部，完成年度定点帮扶任务。产教融合赋能社会，成立建行大学甘肃省分行分校，举办金智惠民培训37期，惠及1815人次。劳动者港湾公益品牌反哺社会，开放劳动者港湾283个，提供便民服务260万人次。

(二)强化渠道服务管理，提升综合金融服务能力

一是网点总量稳中有降结构调优。全行撤并低产低效网点8家，迁址7家，对外营业网点298个，四大行占比22.8%;网点及多功能自助银行覆盖县域54个，县域网点95个，占网点总量的31.88%，县域覆盖率为78.26%。二是"劳动者港湾"建设全面深化。283个对外营业网点设立"劳动者港湾"，累计服务257万人次，打造26个"精准扶贫类特色港湾"，与读者集团联合共建2个以阅读为特色的"生活便民类港湾"。三是持续提升网点服务质量。网点客户平均等候、柜面业务平均处理时间系统排名前五，客户评价满意度99.21%;嘉峪关分行营业室被授予中国银行业文明规范服务"百佳单位"称号，行业百佳和五星网点获评数量全省同业第一;消费者权益保护指标系统排名提升，在甘肃银保监局考核中被评为A级。四是持续提升网点综合竞争力。有序推进"三个一体化"、网点分类分级管理，坚持移动优先，移动金融交易量占比达到97.53%，系统排名第五位。

(三)狠抓责任落实，加强人人尽责的合规管理

一是创建"知行百合"合规品牌。开展"严管厚爱　知行百合"合规教育系列活动，开展案例巡讲22场，组织合规考试68次，在全行营造知行合一、百事合规的氛围。二是完善违规整改问责机制。强化内外部审计、监管检查发现问题系统性、根源性整改，规范了员工违规处理的制度规程，有效处置各类违规事件179件，形成了跨部门、跨层级的案防合力。三是加强员工行为风险管理。积极推进"线上智能化、线下网格化"员工管理机制，搭建1165个网格，建立违规行为分析模型23个，自主研发员工行为网格化管理系统，实现了合规管理日常工作流程化、规范化、智能化。四是有序推进扫黑除恶专项斗争。全面传导中央政策和监管要求，积极配合监管机构和政法机关开展线索核查，推动"打财断血"和"打伞破网"政治责任履行到位，确保专项斗争有序推进。五是不断夯实反洗钱管理基础。建立横纵合力的组织机制，进一步完善洗钱风险防御体系。客户信息质量持续向好，对公和对私客户身份信息完整率分别达到93.74%和94.98%。可疑交易报告情报价值高，受到人民银行书面表扬，实现反洗钱监管零处罚。

（四）全面坚持党建统领，着力加强组织力建设

一是开展“不忘初心、牢记使命”主题教育。领导干部学在先、干在前、作表率，调研557次，讲党课142次。先后组织了党史新中国史专题学习读书班和处级以上党组织书记轮训，在16个城市开展了26场“党的好战士——张富清先进事迹情景报告会”“百问百答”学习答题124期。开展党建工作排查，对整顿对象逐条对照检查30余次，对48个问题进行了整改落实。二是抓好“红色头雁”增强组织力。将会业务、懂党建、有作为、能担当的员工骨干选出来，作为“红色头雁”培养，从组织上夯实党建基础。调整充实党支部62个，配备党建联系人475人，实现了网点党支部和党员的全覆盖。举办2期党务人员培训班，192人参加。三是活跃“红色细胞”增强凝聚力。开展“一个党员一面旗帜”“学习张富清先进事迹”“党支部政治生日”“党支部结对共建”等主题实践活动，组建张富清金融服务队237个、党员突击队214个，参加志愿服务3912人次，组织党员带头营销重点项目、重点客户、重点场景和ETC。对29个软弱涣散基层党支部按时完成集中整顿任务。在春节和国庆期间慰问困难党员、老党员和老干部304人。四是强化党性教育开展各类培训。举办2期基层党务人员培训班，130人参加；举办4期支部书记轮训班，534名支部书记和基层党务工作者参加；举办1期入党积极分子培训，88人参加；举办业余党校31期，2380人次参加。五是抓好基础推进“党员之家”建设。下拨党组织活动阵地升级建设专项资金50万元，建设了50家“党员之家”示范点。全行已建成“党员之家”344个、党员示范窗口274个、党员先锋岗（示范岗）523个。

（五）聚焦监督执纪问责主业，全面深化派驻制改革

一是加强政治监督，促进落实工作部署。坚守政治监督定位，督促分行党委严格执行党的政治纪律和政治规矩，加强政治建设，营造良好政治生态。二是做实做细日常监督，督促整改落实。制定《纪委监督责任工作清单》，紧盯中央八项规定精神落实，持之以恒纠治“四风”，开展扶贫领域腐败和作风问题专项治理，对新任职领导干部开展集体任职廉洁谈话。三是精准执纪，严格干部管理。加强线索核查和执纪审查工作，坚持“惩前毖后、治病救人”工作方针，落实“严管厚爱结合、激励约束并重”工作要求，科学运用“四种形态”，精准把握“三个区分开来”，加强“第一种形态”的运用，让红脸出汗成为常态。四是严防“四风”，一体推进“三不”机制。对金融领域反腐工作始终保持“高压态势”，通过建立重点领域、关键环节的规章制度，发挥案件查办的治本功能。有针对性地开展警示教育，引导党员干部坚守初心、牢记使命，做到知敬畏、存戒惧、守底线。开展“落实中央八项规定精神、整治形式主义官僚主义专项督查”活动，督查全行落实中央八项规定精神，持之以恒纠正“四风”。五是强化队伍建设，深入推进派驻制改革。全面完成省分行纪委向二级分行派驻纪检组工作。加强实践锻炼，强化跟岗培训和以干代训力度，选派纪检干部分4批次到驻建设银行纪检监察组、省纪委监委跟岗学习，选派基层纪检干部到省分行纪委参加跟岗学习和线索核查，重点培养纪检干部实践能力。

（六）深化政治巡察，发挥利剑作用

一是深化政治巡察定位，高质量推进巡察工作。突出问题导向，紧盯集中采购、选人用人、信贷业务、资产管理等重点领域和关键环节，坚持原则，动真碰硬，深入查找政治问题。二是聚焦全面从严治党，扎实推进巡察全覆盖向基层延伸。完成辖内6个单位的常规巡察，4个单位的巡察“回头看”，延伸至20个县支行，85个营业网点，基层党组织覆盖面达到100%。发现并如实报告问题111个，提出巡察建议43条，出具《立行立改通知书》88份。三是强化巡察整改和成果运用，做实“后半篇文章”。督促被巡察党组织切实担负起整改主体责任，加强整改工作的规范性管理，强化整改公开和责任人责任追究。通过优化工作流程，完善制度体系，建立整改工作长效机制。

执笔：王敦生

青海省分行

青海省分行行长 梁世斌

一、业务发展概况

（一）资产负债

截至2019年末全口径存款时点余额为918.1亿元，较年初新增28.47亿元。一般性存款时点余额为912.71亿元，新增25.88亿元；日均余额为890.14亿元，新增2.34亿元。其中，对公存款时点余额为454.41亿元，减少7.31亿元；日均余额为463.5亿元，减少22.24亿元。个人存款时点余额为458.3亿元，新增33.19亿元；日均余额为426.65亿元，新增24.58亿元。同业存款余额为2.24亿元，减少0.05亿元。各项存款、对公存款时点余额四大行占比分别为31.56%、30.64%，日均余额占比分别为30.31%、29.31%，均居第一位；个人存款时点余额及新增额、日均余额及新增额四大行占比分别为32.52%、44.64%、31.49%、34.67%，均居第一位。

各项贷款余额为746.32亿元，新增4.71亿元，余额和新增额四大行占比分别为27.69%和5.25%，分别居第一、第四位。不良贷款余额为93.19亿元，新增66.37亿元，超出总行全年控制数63.44亿元；不良贷款率为12.19%，上升8.87个百分点。实现中间业务净收入5.85亿元，同比增加1.62亿元，四大行占比37.72%，继续保持第一。

（二）经营收入

分行实现净利润-30.2亿元，同比减少35.61亿元。中间业务收入总量、增量和增速均保持四大行第一。零售条线实现中间业务净收入3.02亿元、增速为21%，全行占比51%；对公条线实现净收入2.91亿元，同比多增1.9亿元、增速为70%，全行占比49%。网络供应链业务带动国内保理业务跃居四大行第一，成为新增长点。债券承销业务、理财业务、贵金属业务收入均居四大行第一。

（三）公司业务

中标省烟草公司2019—2022年三年期大额存单合作银行库项目，烟草跨行支付结算项目累计归集对公存款177.04亿元，日均存款余额为8.65亿元。重点支持了格库铁路、西宁城北客运站等重大基础设施建设项目，发放西海至察汗诺公路PPP项目银团贷款6.2亿元，全年累计发放基本建设贷款28.35亿元、制造业贷款31.24亿元。

（四）机构业务

35户省级、108户市州级、县区级机构改革客户账户落户建设银行青海省分行。社保业务突破“双百亿”。开立退役军人事务机构账户35户，业务覆盖度领跑同业。军警存款新增9.28亿元。办理首笔5亿元同业存单业务，累计办理存放同业业务40亿元。取得全省职业年金代发业务资格，全国第三家中标职业年金托管业务主托管资格，分配资金8.9亿元。

（五）投行业务

全年累计认购地方政府债券84.8亿元，认购量同比提升4.66%，认购金额新增21亿元、四大行第一。为客户提供直接融资47.9亿元。联席主承销省内首笔双创类中期票据，承销量四大行第一。推动27亿元市场化债转股项目落地。

（六）零售业务

推进新零售行动落地方案实施，总行监测零售业务综合发展水平系统排名由35位提升至29位。个人贷款及个人住房贷款余额、个人消费贷款及公积金个人住房贷款余额、新增额四大行第一。信用卡客户总量、净增客户数、发卡总量、净增发卡量、当年贷款新增、跨行收单交易额、跨行活动商户数等七项指标保持同业第一。个人手机银行活跃客户突破29万户，私人银行客户金融资产净增1.94亿元。

（七）国际业务

联动澳门分行开展跨境融资性风险参与及国际商业转贷款业务6亿元。跨境人民币结算量为6.47亿元，四大行占比52.93%，居第一位。绑定“单一窗口”17户，向2家小微外贸企业发放“跨境快贷—退税贷”16.6万元。办理福费廷业务8笔、4.45亿元。贵金属业务量同业第一。

（八）特色业务

省内首家实现“商事登记和开户便利化服务”，单位人民币银行结算账户总量连续四年保持四大行第一。系统内首创发行残疾人专用社保卡。累计发放社保卡444万张，激活率同比提升7%；存款新增24亿元，消费交易额为79亿元。取得青海省职业年金计划受托人、主托管人和双投管人资格，三江集团受托管理人及投资管理人资格、盐湖工业投资管理人资格，养老金业务市场占比保持第一。ETC客户总量23.6万户，居同业第一。

（九）住房租赁战略

住房租赁综合服务平台上线区域覆盖5个地市，累计发布房源21874套。成立省分行住房租赁中心和2个住房金融服务中心，挂牌2个“CCB建融家园”。全国首家省级全辖接入住建部住房市场监测分析系统，完成西宁市全国公租房数据贯标及系统上线，首创地方特色周转房租赁服务系统。

（十）普惠金融战略

普惠金融特色网点实现二级分支行全覆盖，普惠金融贷款余额18.52亿元。上线“云税贷”，省内首家实现“银税直连”。“民工惠”实现零突破。累计发放民营企业贷款35.44亿元、小微企业贷款19.6亿元。“裕农通”服务点增长率达450%，挂牌省内首个“裕农通退役军人服务站”。与省退役军人事务厅合作共建“劳动者港湾”。成立建行大学青海省分行分校，挂牌建行大学乡村振兴学院、员工成长学院。

2019年3月28日，青海省分行首家智慧银行运营发布会在西宁举行。

（十一）金融科技战略

12个金融科技平台上线运行。独家提供“青松办”政务服务平台，系统内唯一与省级民政部门签约并上线安心养老综合服务平台。青海拉面产业互联网平台、住房公积金管理中心数据平台成功上线，全国首批、全省首家上线运行“海南模式”财政一体化系统；首创的智慧柜员机“一站式”发卡项目成功落地，同业中率先实现“不动产抵押登记业务”线上办理，政融支付平台“智慧缴费”项目实现全省政务无缝接入。自主创新“青海分行大数据（周）分析地图”“乐裕贷”2项产品，计划完成率达200%。

二、主要工作措施

（一）强化管理，资源配置引领作用有效发挥

制订员工费用总量配置办法和资源配置精准化工作方案，提升业务和财务资源配置精细化水平。加强专项费用差异化管控，招待费和会议费同比分别下降3.59%和0.98%。制订综合管理扁平化、资源配置精准化等六大专题精细化管理实施方案，上线员工差旅自助服务系统。运用“龙集采”平台新模式，实现集采业务系统化、流程化、无纸化。

（二）多措并举，风险及内控管理体系日臻完善

首次制订信贷风险偏好策略、出台跨年度的信贷结构调整优化实施方案。以“3R”系统为主的智慧风险监测管理系统初步形成，绿色信贷余额为225.99亿元，对公贷款占比37.03%。完善放款集中审核工作机制，初步实现了西宁地区押品集约化管理。推进全辖“合规与风险管理专员”试点工作，建立全辖三级合规与风险管理体系。建立全面问责管理体系，加大问责力度。反洗钱业务位次提升，首次依法申报知识产权。

（三）合力攻坚，不良资产处置化解积极有效

确定“12345”工作思路，推出3个批次、4个资产包、本金16.69亿元全部成交。牵头青投集团等债委会工作，有序推进债务重整。累计处置不良贷款19.57亿元，计划完成率达203.68%；现金回收1.61亿元，盘活上迁0.83亿元，退出公司类客户21户。

（四）党建引领，全面从严治党扎实有力

扎实推进“不忘初心 牢记使命”主题教育，第一、第二批主题教育总体满意度测评分别为94.44%、98.6%。开展“五走进”活动，省分行领导深入基层宣讲党的十九届四中全会精神20次。举办张富清同志先进事迹报告会16场（次），成立张富清金融服务团队86个、党员突击队61个。重点整顿软弱涣散党组织11个。发展党员63名，基层占比79.4%。创建“微党建”平台阵地，加强组织条线队伍建设，实现专职党务人员全覆盖。推进纪检派驻改革，实现派驻监督全覆盖。开展信贷、扶贫领域腐败行为和作风问题专项治理、利用名贵特产类特殊资源谋取私利问题专项整治活动，以及赖小民严重违纪违法案件对照整改工作。总行党委巡视和巡视“回头看”反馈问题整改取得了重大突破和实质性成效。运用第一种形态问责处理117人次，完成脱贫攻坚、“三个能力”建设等6个专项监督，完善了巡察领导体制，配齐配强巡察人员队伍。加强队伍建设，提拔七职等以上领导干部81人，跨地区、跨机构交流领导干部19人，转任非领导岗位职务人员48人，选拔69名优秀年轻干部到基层交流挂职锻炼。扎实推进基层肩负，实现重点目标。取消省分行月例会，例会，试点推行RPA报表项目，全年发文、会议、报告报表、督查检查数量同比分别减少54.4%、35.5%、36.4%、64.1%，微信工作群减少64个。

（五）夯基固本，综合支持保障能力进一步提升

成立省分行对公业务委员会、零售业务委员会、金融科技创新委员会、乡村振兴金融工作推进委员会，强化风险管理与内控管理委员会，协同机制初步建立。优化调整省分行本部内设科室，完善二级分支机构部分内设职能部门设置。省分行层面成立后勤服务中心、私人银行中心、住房租赁中心、指挥监控中心、金融科技经营中心、集约化运营中心、智慧政务中心，更名“反洗钱中心”为“反洗钱业务中心”；各二级分支行设立渠道运营中心。西北地区同业首家智慧银行旗舰店投入运营，网点综合竞争力提升工作全面启动，深入开展“平安建行”主题创建活动、扫黑除恶专项斗争，实现了全年无重大案件、无监管案件、无安全责任事故、无群体性事件和重大信访事项目标。

（六）以人为本，改革发展动能不断汇聚

落实薪酬配置“两个不高于”，财务、人力资源下沉到基层，绩效、薪酬、福利向一线倾斜，车辆配置优先考虑基层、艰苦边远地区机构实际需求。制订落实员工关爱十项实事实施方案，建立员工关爱长效机制，105人实现就近上班，组织5批次共243名劳模及先进工作者到省外疗休养，消除身份差异让353名劳务派遣专制和定向招聘员工受益。响应“情系玉树 建行有爱”抗雪救灾活动募集资金60万元，助力玉树灾后恢复生产。组建“高原蓝”艺术团，成立文艺、体育、书画等职工协会，举办“最美高原建行人”评选表彰活动，慰问退休老干部、困难员工、复转军人，员工荣誉感、获得感、幸福感、归属感显著提升。

执笔：段荣国

宁夏回族自治区分行

宁夏回族自治区分行行长 张 庚

（2019年2月任党委书记、4月任行长）

一、主要业务发展概况

（一）负债业务

一般性存款（含保本理财）时点余额为733.03亿元，比上年新增93.49亿元，增速为14.62%，系统第二，增速为近三年复合增速的3.5倍。其中对公存款余额为341.19亿元，四大行第一，新增44.24亿元，增速为14.9%；个人存款余额为391.84亿元，四大行第二，新增49.25亿元，增速为14.38%，系统第八。

（二）资产业务

各项贷款余额为739.10亿元，新增13.01亿元，增速为1.79%。其中对公贷款余额为523.85亿元，四大行第二，新增21.82亿元；个人贷款（不含卡透）余额为162.15亿元，四大行第二，新增-11.32亿元。信用卡透支余额为53.10亿元，新增2.51亿元。

（三）经营效益

实现主营业务收入25.47亿元，拨备前利润15.56亿元。实现中间业务净收入5.97亿元，四大行第一，新增0.16亿元，四大行第三，增幅为2.76%。

（四）资产质量

不良贷款20.80亿元（系统数据），比年初下降22.83亿元；不良率为2.81%，比年初下降3.19个百分点。累计处置不良贷款47.64亿元，计划完成率达215.16%，系统第三。

二、主要工作举措

（一）着力提升三个能力

服务国家经济建设方面。持续加大信贷投放力度，全年累计投放贷款183亿元，认购地方政府债券51.2亿元。重点支持银川都市圈、宁东能源基地等自治区战略重心，积极响应自治区经济高质量发展的导向，对于企业技术升级改造、攻关创新给予优先支持，累计投放制造业贷款106亿元。结合自治区实际确定了煤、电、油、路、水、暖、气、教育、医疗、高端装备制造、先进种养业、生态环保12个行业，贷款余额为105.86亿元。积极服务民营企业、小微企业，全年累计向民营企业发放贷款63.19亿元，贷款余额为137.48亿元。坚持主动服务国家乡村振兴战略，截至12月末，全行涉农贷款余额为149.59亿元，占全行贷款规模的20.24%，金融精准扶贫贷款余额为4.75亿元。

防范金融风险方面，着力调整信贷结构，限制性行业贷款较年初下降10.95亿元，降幅为25.98%。绿色信贷领域贷款余额为113.32亿元，比年初新增18.32亿元，增速为19.28%。对全行信贷余额1000万元以上的175个客户的经营及风险情况逐户诊断，明确管理方案。开展“不良资产”“经济资本集约”两项攻坚战，聚焦信贷结构调整、风险基础管理和信贷精细化管理，通过加强放款审核、严格责任认定、押品集中管理、定期开展信贷检查等措施，切实提升风险管理水平，深入推进风险文化建设和风险条线队伍建设。全力通过核销、批量转让等手段处置不良资产，处置额创历史最高水平。

参与国际竞争方面，主动参与自治区打造丝绸之路经济带战略支点，推动国际业务由客户融资为主向以交易性业务为主转型。推动与政府对接“单一窗口”直联工作，积极拓展区内同业机构加入建设银行区块链平台，开展区块链福费廷和国内信用证通知业务。组织企业参加西部陆海新通道对接，7 家企业成功签订了 9 份合作备忘录，合作意向金额为 11.9 亿元。利用新 LPR 机制的市场机遇，实现浮动转固定、固定转浮动利率互换业务破零；充分利用总行政策利好及国外资金利率低的优势，实现国际商业转贷款业务破零，丰富了国际业务产品体系。

（二）稳步实施五项改革

一是激励约束机制改革，调整绩效考核办法。制定《宁夏区分行 2019 年费用配置办法》，配置办法首次采用平衡计分卡考评和专项计件激励相结合的方式，强化了对存款、中收、资产质量以及有效客户、商户、场景、代发工资的考核，绩效分配充分体现了业绩引领的导向，引导全行将发展重心聚焦到创造价值的业务当中。

二是资源分配机制改革，将人力和财务资源向前台部门和一线倾斜，选派 10 多名青年骨干员工补充到前台部门，突出前台部门的战斗前线地位；调整财务费用配置模式，重点加大增量拓展业务的资源配置力度。

三是薪酬分配体制改革，将领导干部浮动薪酬比例提升至 60%，同时浮动薪酬的 40% 分三年延期支付，强化绩效分配的约束性。

四是干部晋升机制改革，坚持以事业为重选人用人，坚持德能勤绩廉的标准，加大年轻干部选拔力度，通过公开竞聘、挂职交流、人才库选拔等方式为肯干事、想干事、能干事的年轻干部搭建谋事创业的平台。2019 年区分行管理人员提拔任职 34 人，调整任职 78 人次，挂职锻炼 22 人。组织开展副处级和正科级管理岗位人员公开竞聘，选拔任职副处级管理人员 6 人，正科级管理人员 10 名。在分行本部设置科室，选拔了 84 名优秀年轻员工担任科室负责人，加快年轻干部成长速度。

五是组织机构改革，将原区分行营业部拆分为“四行一部”，提升管理效能和精细化程度，大幅提升银川地区市场竞争力，“四行一部”一般性时点新增四行占比达到 60.4%，较改革前提升了 15.1 个百分点，员工士气空前高涨。

（三）持续推进三大战略

普惠金融，截至 2019 年 12 月末，普惠金融重点产品“小微快贷”客户余额为 2277 户，较年初新增 611 户，贷款余额为 6.7 亿元，较年初新增 1.65 亿元。实现了“民工惠”业务破零，累计发放贷款 420 万元，帮助 666 名农民工工资发放到位。通过“善融商务绿色通道”，帮助贫困地区企业销售特色农副产品，销售金额为 1894.21 万元。拓展“裕农通”服务点 2542 个，当年新增 2257 个，服务点总量覆盖率达 117.08%，系统第七，活跃服务点 1062 个，活跃率为 41.78%，裕农通服务点存款 4182.48 万元。实施金智惠民培训 84 期，惠及小微企业主、个体工商户、双创人群、涉农群体、政府公务员、现役军人等近 7000 人。向全行 8 个定点扶贫村派驻驻村干部 18 人，投入定点扶贫资金 552.5 万元，帮助扶贫村改善基础设施，建立自主产业，提升“造血”能力。

住房租赁，全区所有地市住房租赁监管服务系统、企业租赁服务管理系统、住房租赁服务共享系统均成功上线，住建部住房市场监测系统成功联网，现已入驻 28 家企业、32 家中介机构。住房租赁平台房源稳步增长，公租房贯标版系统导入房源信息 86831 套，企业及共享平台发布社会房源 5874 套。银川外来务工人员公寓正式挂牌“CCB 建融家园”并成功入驻建设银行企业租赁服务平台，为园区内职工提供在线签约、缴费支付、报修评价等便捷的线上全流程租赁服务。

金融科技，与银川市政府合作建设“i 银川”政务 App；率先开发 ETC 线上预约申请功能，并嵌入“i 银川” App，打通善融商务与“i 银川”连接，实现全国首例善融商务与智慧政务互通互联。打通建设银行网点和手机银行代收社保费渠道，协助银川市税务局代收灵活就业人员社保费用。搭建银川哈纳斯智慧缴费平台，银川市 26 万哈纳斯燃气用户可就近到建行网点便捷购气。与各地市不动产登记中心合作对接，搭建“互联网 + 不动产登记”平台，实现数据交互。

（四）不断夯实发展基础

结算成网推进成效逐步显现。一是场景流量建设成效显著。建设个金类、网金类、信用卡类场景

3767个，当年新增2635个，场景交易额为26.2亿元。二是平台建设取得实效。全年完成智慧停车项目7个，建成智慧停车场59个，占全区智慧停车场的53%，实现交易量183.15万笔，交易额为951.25万元；完成智慧政务项目1个，实现建设银行“政融支付平台”与银川市政府“i银川”政务App的对接；完成智慧营区项目2个、智慧校园项目5个、智慧医疗项目6个，深化与军警、教育、医疗行业客户的关系，初步构建结算成网生态圈。

渠道建设逐步优化。一是优化渠道布局，新设平罗宝丰路支行、海原支行两个县支行，补充空白县域；挂牌普惠金融网点23个；完成5个网点装修改造、8个低效网点撤销、7个自助银行撤销，调整低效设备13台。二是加强自助设备精细化管理，完成全行270台自助设备刷脸清机摄像头改造；将银川地区自助设备集中管理，开机率提升到99.55%。三是推行网点分类分级管理。制订下发《中国建设银行宁夏区分行营业网点分类管理及人员配置方案》，建立升降级机制，挂钩激励措施，促进网点之间“比学赶超”，在提升人力资源配置效能的同时，提升网点综合竞争力。银川东城支行被评为全区唯一一家百佳网点。

客户、商户、账户拓展逐步深化。一是大力拓展对公客户群体，从增总量、优结构、提份额等方面着手，强化市场拓展，有效推动客户基础建设，加强核心客户的深度营销和维护。截至12月末，公司机构有效客户1.59万户，新增2177户，增速为15.92%。二是个人客户通过落实客户分层维护、做深智能直营、培育客户自激励体系，客户规模持续扩大。截至12月末，个人全量客户392.10万户，宁夏地区市场覆盖达到57%；个人有效客户100.14万，占比25.54%，系统第六。三是认真落实商户“五统一”要求，实施统筹营销。搭建客户有效消费场景和商户有效承接资金场景，开展“惠聚建夜城·夜享五折惠”活动，共294户商户参与活动，收单交易额为454.69万元，交易拉动比267.39%，系统第六。四是结算账户继续领跑同业。截至12月末，建设银行单位人民币对公结算账户全量为63613户，四大行第一；新增5043户，增量、增速连续六年保持四大行第一；基本户47777户，占比75.11%，较年初提升近1个百分点。五是机构类账户拓展成效显著。积极组织开展“攻城拔寨”、网点“五个一”等系列活动，全年实现新开机构账户355户，其中，基本户171户，一般户12户，专用户172户。

（五）持续从严治党治行

扎实推进主题教育。建设银行紧紧围绕“不忘初心、牢记使命”主题，全行开展理论学习1236场次，处级及以上领导干部开展调研336次，各级党组织检视问题951个，其中立行立改529个，不能立即整改的，列出清单持续整改。通过深入开展“不忘初心、牢记使命”主题教育，涌现出了海振忠、徐建军等一批张富清式先进个人，银川东城支行主题教育还受到了中央第十二巡回督导组肯定。

狠抓党风廉政建设。夯实全面从严治党主体责任，对2018年度党委主体责任排名靠后的党委负责人进行公开约谈，逐级签订全面从严治党责任书。运用“四种形态”处理19人次，给予党纪处分2人次，其中1人开除党籍，1人严重警告。召开覆盖全行的警示教育大会；成立案件警示教育小组，到二级行巡回宣讲42场。对3个二级分行、6个机关部门开展了全面巡察，发现问题171个，督促被巡视党组织加强从严治党，切实履行“第一责任人”职责。根据巡视情况，区分行党委共调整干部11人。通过持续加强从严治党，从严治行，在全行形成了风清气正的良好氛围。

守牢合规底线。扎实推进制度建设，对全行制度完备性、适用性开展自查，共组织自查规章1257份，发现问题83个。不断加大违规处置力度，全年处置监管三类案件1起，案件风险1起，特别严重违规事件1起，严重违规事件1起，一般和轻微违规事件分别为13起、7起。对于发现的违规事件和问题共运用合规管理措施235次，其中给予51人行政处分（开除5人，解除劳动合同1人，撤职1人，降级1人，记大过11人，记过21人，警告11人。其中处分处级以上干部20人），批评教育47人次，公开通报62人次，积分处理55人次（除稽核发现的违规问题），取消当年评先评优资格4人次，建议调整工作岗位2人次，降低考核等级1人次，减发年度绩效13人次。对6个机构或部门给予合规约谈的合规管理措施。

关心关爱员工成长。区分行党委部署了关爱

员工“十件实事”，切实提升广大员工的安全感、归属感和幸福感。不断加大员工培训力度。2019年共举办现场培训班426期，培训17741人次。举办五期“行长大讲堂”，分行党委书记及各级机构负责人、兄弟行业务专家现场授课，通过解读业务，分享心得和经验，为员工传授知识技能，提高全行员工的业务素养。开展兄弟行跟岗培训，选派41名优秀业务骨干到先进行学习经营管理的成功经验和做法，学成后在全行范围内发挥示范引领作用。发挥群团力量，通过开展“青春建功旺季 争做营销先锋”“创新马拉松”等活动，挖掘基层先进典型，凝聚全行青年员工力量，为开启“第二发展曲线”增添创新活力。

执笔：李尚乘

新疆维吾尔自治区分行

新疆维吾尔自治区分行行长　杨险峰
（2019年2月免）

新疆维吾尔自治区分行行长　徐军世
（2019年2月任党委书记、4月任行长）

一、业务发展概况

（一）主要指标

实现中间业务净收入19.53亿元，增速为6.95%；一般性存款日均余额为2334.67亿元，新增91.53亿元，较上年同期多增70.08亿元；各项贷款余额为1755.78亿元，较年初新增118.54亿元；不良贷款额、不良贷款率实现“双降”，不良贷款额为12.69亿元，不良贷款率为0.72%，分别较年初下降0.29亿元和0.07个百分点；个人全量客户新增92万户，总量突破1000万户；公司机构有效客户加权后19.8万户，较年初增长2.47万户，增幅为14.24%。

（二）公司业务

公司类贷款余额为1193.75亿元，新增80.77亿元。对公日均存款余额为1358.49亿元，时点新增81.19亿元，增速为5.84%，新增及增速均进入系统前10位；机构存款增长76.73亿元，增速为11.05%；中标自治区财政厅定期存款16.6亿元，与新疆医科大学签订战略合作协议，业务延伸至其辖属7家附属医院；商户日均存款新增30.53亿元，占人民币一般性核心存款新增的32.94%；实现金风、天康等重点客户从单点到产业链的全流程金融服务；创新推出棉花期货标准仓单贷款和棉花收购贷款产品并投放14亿元；民营企业贷款余额为157.15亿元，新增23.34亿元；绿色贷款增速为11.92%，高于对公贷款

4.14 个百分点；成功认购绿色中期票据 4000 万元，实现绿色债券投资业务“零突破”。

（三）零售业务

储蓄存款日均余额为 976.19 亿元，新增 119.43 亿元。个人核心存款时点新增 152.17 亿元，含保本存款时点新增 100 亿元，近年来首次双口径时点新增同业第一。个人类贷款余额为 532.78 亿元，新增 37.95 亿元，余额同业第一。个人客群利用精准营销及智能直营系统，助力基层网点维护触达客户 1663 余万人次，实现直营客户 AUM 增长 23.43 亿元，存款平均增幅为 97%。个人及住房贷款新增同业双第一，同业首家创新推出住房公积金贴息贷款。信用卡客户活动率、贷款收益率等 10 余项指标系统领先，累计客户数、消费交易额等 13 项指标同业第一。

（四）住房租赁战略

上线住房租赁综合服务管理平台 27 个，实现政府公租房系统全疆 14 个地州及兵团 3 个师全覆盖，上线房源 34 万余套，挂牌 2 家“CCB 建融家园”；打造特色房源核验系统，以“平台 + 金融产品和服务”模式提供综合解决方案，打造政府住房租赁监管新模式。

（五）普惠金融战略

普惠金融贷款余额为 85.63 亿元，新增 23.13 亿元，增速为 37%，小微企业授信客户数 1.8 万户，新增 7668 户，增速为 72.85%，以上指标均居同业第一。通过朱超大讲堂、微课堂等多种形式，形成内生动力，树立良好口碑。将“裕农通”作为贯彻落实乡村振兴战略和助力脱贫攻坚的重要抓手，拓展服务点 2759 个；创新上线兵团农户快贷，并拓展至 13 个师、46 个团场，有效提高个人金融普惠覆盖面。

（六）金融科技战略

因地制宜推动“智慧政务”深入发展；将“政融支付”融入到财政厅非税网银系统中；在兵地司法、监狱等 10 家单位上线“智慧政法”平台；成为自治区税务局首批社保费征缴试点合作银行，独家上线税务渠道社保缴费功能。将兵团农业全产业链云平台作为“一号工程”，推广上线至 8 个师，28 个团场，建档农户 6.28 万人，发卡 1.46 万张，得到田国立董事长批示肯定。累计上线智慧城市场景 3021 个，为 C 端用户提供 2312 万次支付结算服务；第三方支付绑卡客户新增 92.6 万户，增速为 38.3%，系统排名第一；涉及水电气热的“智慧生活”覆盖所有地州，“智慧医疗”“智慧出行”辐射效应明显，民工惠客户群不断扩大。

（七）兵团业务

兵团对公时点存款新增 18.68 亿元，日均新增 1.76 亿元。“新疆生产建设兵团农业全产业链云平台”获总行“乡村振兴”活动三等奖；“新疆区分行行业龙头企业全产业链服务”，即天康模式上线；先后中标兵团职业年金计划受托人、投管人和托管人资格；兵团供应链金融实现高速增长，增速接近 300%，普惠供应链贷款计划完成率高达 433%；为天富售电办理建设银行新疆分行首笔 10 亿元市场化债转股业务；兵团区域“裕农通”拓展总量达到 322 个。

二、主要工作举措

（一）一抓到底强战略，构建新金融实践新范式

一是加快金融科技服务精准性。加快建设“智慧金融生态”，围绕智慧政务、智慧医疗等领域场景推进智慧城市建设；搭建医院、校园等重点公共事业领域的企业级系统平台，深入客户衣食住行抓资金沉淀。形成“金融科技、资产业务、结算服务”对公三大支柱服务；构建兵团农业全产业链云平台，依托兵团核心企业为各服务机构和农户提供全产业链管理服务；成功为金风科技、特变电工、新疆建工、新疆农资、果业集团等重点客户上线网络供应链业务。二是增强普惠金融服务延展性。以“双大”带动“双小”，抓核心企业供应链上下游小微客户，以网络供应链及线下“供应贷”等开展链式经营；通过科技赋能扩大获客范围，实现“门市化 + 批量化”的快速发展。建设专业化团队扩充营销渠道，加快推进“惠懂你”App 聚客黏客；运用“云税贷”等推动普惠金融业务上量。提高线上业务在网点的营销份额；借力产业集群、供应链核心企业等推进线下批量获客；与自治区自然资源厅、兵团国土资源局合作建立不动产抵押登记平台。通过朱超大讲堂、微课堂、朱超做公益等持续推广“朱超工作室”品牌，促进业务发展。三是提升住房租赁覆盖面。坚决贯彻“房住不炒”的定位，结合新疆社会面管控、兵团向南发展等政策，积极与政府合作推进住房租赁平台落地，与政府或行业相关平台数据交互共享拓展房源，引导租赁企业、中介使用平台，为政府出台租购同权政策提供支持。

（二）一鼓作气冲领先，形成“两个优先”竞争胜势

一是深化零售优先。运用金融科技搭建金融新生态“获客”，加快C端突围打造支付结算新优势“活客”，扎实开展客户分层分群维护及“留客”。利用“商户管理平台”及金融科技力量，提供“金融＋非金融”增值服务，实现聚圈串链的批量化拓展。聚焦重点城市发展和年轻客群等优质客群，聚焦分期通、装修、购车等重点产品。坚持“移动优先”，针对民生高频及市场规模较大的重点行业加强场景应用创新。二是提升对公交易性金融服务竞争能力。加快对接“跨境e＋”平台与“国际贸易单一窗口”直联推广。大力推广全面金融解决方案（FITS）品牌。

（三）一点一滴提质效，围绕“三项重点”夯实基础

一是通过“抓账户、拓商户、资产业务支持、科技赋能”四轮驱动来系统性网络化拓展存款。综合运用新一代、对公雷达等工具，重点拓展财政支付、民营经济发展基金和基建“补短板”等重大项目资金。跟进核心客户上下游的小微企业、大众个人等长尾客户，运用现金管理、供应链融资等产品，形成资金闭环。抢抓政府机构改革、兵团财政体制改革、政府发债等机遇，利用金融科技搭建系统平台，抢抓四类源头性账户。运用智慧生态建设抓资金、存款、账户、商户等个人客户。实施平台融合策略，搭建线上线下全网立体渠道，金融与非金融交汇的生态场景，嵌入账户资金管理、支付结算等金融服务，促进消费资金沉淀。运用代发工资“薪享通”等产品组合，拓展县域市场。二是要加快推进中间业务重点产品发展，以信用卡、代理保险等10项重点中间业务产品为核心，带动中间业务收入全面稳健增长。加强与标杆兄弟分行的产品差异分析，学习借鉴兄弟行的先进经验和好的做法；继续提高产品应用和覆盖度，提升有效客户转化率；发挥集团优势，为客户提供一揽子综合金融服务。三是进一步赋权二级分行、赋责区分行各职能部门，发挥二级分行党委的主观能动性，调动各方面的积极性和主动性；大力推进目标管理，通过从同业、系统和自身增长三个维度建立对标机制，逐条线、逐部门分解等级行和KPI指标并根据市场形势及时调整考核导向，突出相关指标；专项推动《物理网点综合竞争力提升落实方案》。

（四）一往直前重引领，助力实体经济稳步发展

贯彻总行“大中小微，国有民营，一视同仁”的政策，持续推进“一主两翼”大资产发展策略。重点聚焦自治区重大战略，支持基建补短板、产业类项目、旅游兴疆、乡村振兴等重点领域建设，一户一策制订综合金融服务方案。利用新型投行业务和债务融资工具，有效满足客户和项目的融资需求。着重发展股权类、证券化等降杠杆类业务。进一步加大对民营企业和小微企业的支持力度。紧抓社会消费增长机遇，积极拓展个人消费类贷款，加快个人贷款的产品创新与运用。

（五）一丝不苟控风险，提升风险合规价值创造

实施营运主管矩阵式管理，坚持横向考评和垂直管理相结合，统一营运主管工作职责、权利，统一考核评价标准。建立“机构成网、网内有格、格内定人、人负其责”的员工行为网格化管理机制。坚定不移地传导落实总行风险偏好，持续完善全面风险管理体系建设。不断优化完善“七率”管控体系、“3R”智能风控机制等，形成一整套科学有效的制度和“工具箱”。

（六）一以贯之抓党建，履践初心使命政治责任

扎实开展“不忘初心、牢记使命”主题教育，将主题教育学习与增强“三个能力”建设相结合、与学习张富清同志先进事迹相结合，全面提升干部员工的政治能力、精神面貌和责任担当，主题教育务实成效被人民日报点赞。制定基层减负24项具体措施，超额完成文件、会议、检查督查和报告报表等“基层减负年”量化指标；特色化实施两级制微信群措施。运用“第一种形态”处理和处分209人次。认真配合完成总行巡视工作；对21家单位开展巡察及“回头看”，切实发挥政治巡察标本兼治作用。

执笔：焦奎

深圳市分行

深圳市分行行长　王　业

一、业务发展概况

2019年，分行实现拨备前利润251.9亿元，增幅为19.3%；中间业务净收入为116.8亿元，增幅为25.3%，占主营业务收入比重达37.2%，比上年提升2.8个百分点，收入结构持续优化。

（一）资产负债业务

截至2019年末，分行全口径存款余额为8187亿元，较上年新增1442亿元，其中本外币一般性存款余额新增858亿元，同业存款余额新增584亿元；人民币一般性存款日均5537亿元，四大行份额为30.6%，较上年提升1.1个百分点；人民币各项贷款余额为6544亿元，较年初新增671亿元，其中普惠金融贷款余额为1450亿元，新增487亿元，增幅为50.6%，在人民币各项贷款新增中占比达72.6%，比上年提升20.7%。全口径存款、一般性存款及各项贷款等主要指标总量及新增均保持市场领先地位，经营基础进一步夯实。

截至2019年末，分行本外币及人民币企业存款日均和余额持续保持同业第一，其中人民币企业存款日均市场份额为34.27%，比2018年提升2.69个百分点，份额领先第二名中国银行8.71个百分点。人民币对公非贴贷款余额为3407亿元，四大行排名第一，2019年新发放人民币对公非贴贷款2834亿元，新发放贷款价格加权平均上浮15.88%，定价水平保持同业第一。对公中间业务账面收入（含投行不含资管）30.33亿元，总行一级分行KPI考核口径对公交易中收实现33.16亿元，四大行占比31.61%，比上年提升0.62个百分点。对公账户规模连续七年保持第一，人民币结算账户总量突破45万户，四大行占比33.04%，四大行第一。

截至2019年末，分行个人客户全量金融资产日均3595亿元，新增384亿元，增幅为11.9%，系统第六；储蓄存款日均（不含保本）1781亿元，新增195亿元；个人客户经营综合竞争力系统第四，保持系统领先地位；有资产客户新增突破81.4万户，增速城市行第二；深圳分行私行客户全量资产占比及户均金融资产系统第一，是目前深圳地区四大行中首家私行客户资产过千亿元的银行，总量及增量均排名四大行第一；对私中间业务收入份额保持四大行第一。

（二）投行资管业务

2019年实现投行（资管）业务收入10.40亿元，其中资管业务收入8.34亿元，投行业务收入2.06亿元，受资管新规影响，资管业务收入有所下降，但仍居四大行第一、系统内各分行第一。截至2019年末，分行自主管理发行理财产品余额999.4亿元，其中资产组合型产品余额为922.2亿元，净值型理财产品余额为77.2亿元，较年初新增53.06亿元。实现财务顾问业务收入1.75亿元，客户数67户；分行承销量达到203.88亿元，覆盖客户13家，地区同业排名第二，承销量较2018年大幅增长95.2%。

（三）金融市场业务

2019年，分行本外币同业存款余额为

2029.63 亿元，高出第二名工商银行 439.41 亿元；日均 1749.67 亿元，高出工商银行 155.05 亿元，四大行第一，四大行份额占比 35.27%，比上年市场份额提升 0.22%。2019 年代客资金及贵金属业务实现分行口径中收 2.9 亿元，其中黄金租借业务收入总量同业及系统均排名第二。增长较快的产品包括：网银渠道业务量占比提高 10%、远期掉期交易量增幅为 60%、结构性存款业务量增幅达 486%。客户方面，通过发挥科技赋能优势迅速赢取多家大客户主要结算银行地位，带来 8 亿美元结售汇增量；同时不断夯实小微企业客户基础，2019 年结售汇量 500 万美元以下客户数量、交易量、收入增幅分别为 4%、7%、16%。分行托管规模突破 2 万亿元级台阶，达 2.13 万亿元，创历史新高。规模四大行占比 40.5%，较上年提升 5.4 个百分点，近 5 年复合增长率为 38.44%；同时重点产品份额继续保持优势。保险、基金专户、信托、私募四项产品合计市场占比 44.55%，均四大行第一。

（四）信用卡业务

2019 年深圳分行在“2019 年信用卡业务客户先导年”信用卡客户拓展劳动竞赛活动中，获得“最佳标杆奖”“重点中心城市发展奖”两大奖项。截至 12 月底，当年信用卡业务收入 27.3 亿元，同比增长 21.3%，其中中间业务收入 23 亿元，同比增长 28.7%。深圳分行中间业务收入、累计客户数、消费交易额、分期交易额、分期贷款余额、贷款余额、资产质量、活动商户数 8 项指标保持四大行第一；年轻客户占比、钻白卡新增客户数、网点产能、账单分期渗透率 4 项指标全行第一；电子支付活动客户绑定率、客户活动率在系统内名列前茅。

（五）网络金融业务

分行个人电子银行业务中收 48.72 亿元，电子渠道账务性交易量占比 99.53%，直销银行合作机构数新增 16 户，上述指标系统排名均为第一；单位电子银行中收 1.53 亿元，系统排名第二；手机银行产品覆盖度为 67.37%，系统排名第三；移动金融交易量占比 97.63%，直销银行新增账户数为 14.77 万户，企业手机银行新增客户数为 35338 户，该三项指标系统排名均为第四；善融商务扶贫指标得分为 0.47 分，系统排名第九；网联协议支付有交易客户数为 601.5 万户，计划完成率达 120.30%。

（六）国际业务

2019 年分行国际业务核心指标系统领先，国际结算收入为 3.2 亿元、四大行第一，全量国际收支客户数为 8461 户、总量排名系统第四、增幅排名系统第一，对公外币存款余额较年初翻倍增长；持续释放产品创新动能，跨境商海通荣获 2019 年创新马拉松全国总决赛一等奖，国内证 + 福费廷区块链平台交易量 364 亿元、系统第一；重启与先进制造业客户合作，境外保函业务量超 5.1 亿美元，成为华为此业务份额最大的主办银行；平台化、场景化助推普惠发展，跨境快贷支用额达 18.9 亿元、系统第一。

（七）三大战略业务

2019 年初，分行普惠金融贷款余额突破千亿元大关，成为系统内首家千亿元普惠分行。站在千亿元新起点上，分行持续深入践行总行普惠金融战略，围绕“广拓场景、创新产品”工作主线，进行普惠金融业务新模式的探索，取得阶段性成效。截至 2019 年末，分行普惠金融贷款余额达 1450 亿元，系统占比 14%，同比增长 51%；当年新增 487 亿元，系统占比 13.7%，同比增长 27%，在分行各项人民币贷款新增总量中占比 73%；余额和新增额均位居系统第一、四大行第一。普惠金融客户 5.5 万户，当年新增 1.6 万户，占全行公私信贷客户总增量的 78%，成为分行主要客群之一。普惠金融贷款四大行占比 73%，贷款客户四大行占比 62%。

2019 年分行常态化推进住房租赁工作，至 2019 年末 CCB 建融公寓平台新增签约合同数 3108 笔，新增在线支付笔数 9785 笔，新增在线支付金额为 1.95 亿元，月活跃用户数 342517 户，新增与住房租赁综合服务平台对接的外部平台数 6 个，新增签约合同备案数为 86935 笔，新增房源核验数为 345244 笔，新增社会化房源数为 64807 套，新增业务导向性房源数为 35174 套。

2019 年分行持续推进科技与业务深度融合，运用金融科技驱动业务能力迭代创新。推动“建行到家”平台建设，实现业务模式创新，客户足不出户即可享受银行优质服务。依托开放银行框架，向场景方输出标准化服务，共建 BCG 整体场景生态闭环。目前已在科创、汽车、医药、产业园区等领域，拓展了20多个场景。另外，应用物联网技术，打造车主智慧出行生态圈，借助“大数据+AI”，在数字化营销、数字化风控、数字合规方面支持业务创新迭代。

（八）资产质量与风险控制

2019年末，总行审计口径不良额为87.06亿元，按2018年同比口径不良额为84.50亿元，不良率为1.23%，分别比年初下降0.61亿元及0.15个百分点；逾期额为77.93亿元，逾期率为1.14%，分别比年初下降3.23亿元及0.18个百分点，分行不良及逾期额、率实现四降，均超额完成总行下达的计划任务。2019年，分行实现不良贷款处置56.25亿元，计划完成率达151.46%，超额完成总行计划。深圳银保监局给予分行2019年度监管评级中，资产质量指标由1B级上升至最高等级1A级，分行不良率在同业四大行排名中继续保持第二。

（九）内控合规建设

2019年，分行推动合规官试点工作继续向专业化深入迈进，用科技手段有效融入业务流程，促进内控合规管理提质增效。完成合规审查197项、监管解读和风险提示9项、合规检查6项；编制《合规风险地图》和《合规科技发展纲要》，建立25个监测模型和4类黑名单为基础的合规数据平台，合规科技项目入选人民银行深圳中支牵头的金融科技应用试点；组织案防排查与警示教育19次，累计开展员工行为排查12次，组织5批次违规问责处理，全年无监管案件发生，无特别严重违规事项。

（十）特色业务

1. 创业者港湾。为进一步缓解小微企业融资难题，服务实体经济，分行在深圳创新打造了“创业者港湾”，与政府部门、知名创投、核心企业、科研院校、孵化机构等平台合作，以金融为基，服务中小科创企业的“平台中的平台”，通过创新投贷联动机制，为中小科创企业提供全景式、全要素、全生命周期的资金支持。践行金智惠民理念，以公益教育为水，通过建行大学愚公学院平台，为创业者提供线上课程学习资源，打造“创业小白扫盲利器”，多渠道开展共享交流的“创课堂”，为小微企业提供“线上线下相结合、交流与交易撮合、产学研用一体化”的开放共享学习生态圈，打造新时代服务小微企业和民营经济发展的公益教育新模式。构建“金融+科技+产业+教育”的线下、线上科技创新综合孵化生态。

目前“创业者港湾”正在建设6万平方米的孵化基地，已入驻了6家科创企业，共计150人左右。截至2019年12月31日，“创业者港湾”已与121个平台机构建立合作；已入湾企业646家，信贷余额为53.89亿元，已签署认股权协议企业242家。其中，首次获得银行贷款的客户203户，占比31.42%；获得创投机构投资的客户243户，占比37.30%。

2. 建行到家。“建行到家”是深圳分行分析客户需求、定位客户痛点、重塑业务流程、改善客户体验的先行创新性方案，这一便民服务新模式在银行业内尚属首创。客户扫描二维码即可接入“建行到家”，体验到建设银行为客户提供的金融外送服务，从此业务办理不再受时间空间限制，足不出户即可享受金融服务送达到家。

“建行到家”是突破传统经营模式，践行金融科技战略，推动金融平台共享，提供金融普惠服务的落脚点，它的推出是新金融理念在服务先行示范区建设上的具体落地和生动实践。从长远来看，“建行到家”平台更是为了适应银行未来发展趋势的一次革新性的尝试，是拓展新的业务增长点、开启“第二发展曲线”的一次全新探索。

平台于2019年7月7日公测，支持社保卡/少儿社保卡申请、房产证资料打印申请、个人信息修改、生活缴费代收授权等20余项民生痛点业务在线办理，截至2019年12月31日，平台业务量已经顺利突破16.7万笔，注册人数突破19.9万人，关注用户达31.3万人，累计访问人次超1091万次。

二、主要工作措施

（一）党的全面领导不断加强，进一步提高政治站位，把政治优势转化为发展优势

党建引领发挥作用，主题教育取得实效。扎实开展“不忘初心、牢记使命”主题教育，各级领导班子平均集中学习研讨超过5.7天，共形成调查报告342份，并对各级党委查摆形成的234条意见建议逐条剖析、扎实整改，实现原定目标。

聚力脱贫攻坚，金融带动乡村振兴。选优配强定点扶贫村第一书记和驻村力量，建成村党群服务中心。举办“万名学子下乡”活动和“金智惠民　乡村振兴”系列大讲堂9期。建设六大民生重点工程，实现“裕农通”项目精准落地，提前实现44户贫困户181名贫困人员的100%脱贫。制订《分行金融精准扶贫行动方案》，开创扶贫新模式，如携手华大基因在安康市实施“助力天下无残”项目等。推动“女性创业贷”“裕农通”“惠农贷”等创新产品落地，帮扶贫困户发展生产，带动乡村振兴。

基层党建根基筑牢，作风建设不断加强。树立党的一切工作到支部的鲜明导向，配齐配强组织条线人员，分层次、全覆盖开展党性培训，共计1.3万人次；摄制的党员教育电视片《筑梦》荣获中组部优秀奖、总行特等奖；运用建行大学和分行移动学习等智慧平台开展理论宣传及党性培训，平台点击量达60.3万次。进一步深度整治形式主义、官僚主义，切实落实“基层减负年”要求，组建分行工作专班，制发《工作方案》《实施方案》，发文、会议、督察检查、报告报表数量分别较上年下降14.33%、42.98%、55.3%、42.35%。

压实纪委监督责任，狠抓监督执纪问责。分行党委领导纪委以政治监督为主线，全面开展各类专项监督，共发现问题102个，发送《监督建议函》和《监督提示函》59份；严执纪强问责，对党员干部存在的苗头性、倾向性的问题及时批评提醒，其中副处级以上干部25人次，让“咬耳扯袖、红脸出汗”成为常态；深化政治巡察，完成9个单位的常规巡察和16个网点的延伸巡察；完成了纪委向二级分支行的派驻改革，明确了派驻纪检组设置、人员编制、职责权限等内容。

（二）聚焦经济高质量发展，不断提升服务实体经济质效，积极为社会赋能

服务“先行示范区”建设，助力深圳打造彰显中国特色社会主义制度优越性的生动样板。分行率先成为业内首家对接市委市政府的单位，从提供授信支持、共建高质量发展高地、助力智慧政务优化营商环境、创新服务美丽深圳绿色发展、大力支持现代城市文明建设、全面服务民生领域补短板六个方面，全力做好服务先行示范区建设的具体落地。

持续发力支持实体经济，带动业务发展。率先联手政府开展系列支持实体经济活动，加大对基础设施、民营经济、小微企业、消费升级、乡村振兴等领域的支持力度，2019年人民币对公非贴贷款达3408亿元，四大行第一。大力发展对公交易性业务，满足实体经济发展的不同金融需求，带来了显著效益，分行对公净中收达37.9亿元，四大行第一。重点产品领先优势显著，如账户总量及基本户连续七年四大行第一；境内保函业务总量1617亿元、实现收入7.7亿元，均为四大行、系统第一；托管业务规模突破2万亿元大关，总量、增量、增速均为四大行第一；完成造价咨询量538亿元；同业存款余额达2029.6亿元，日均达1749.6亿元，均为四大行第一；资管业务收入10.4亿元，位居四大行和系统前列。积极运用区块链等现代科技，推出“跨境商海通”“跨运保”等创新产品，紧扣“双区”发展脉搏，将大行担当转化为发展机遇，通过“因需定制”“为客户而改变”实现与中兴、华为等客户传统国际业务合作的恢复性增长。

深化“零售优先”，带动了业务的发展，个人客户全量金融资产规模、占比、增量，私行客户资产规模、新增均为四大行第一。为居民提供优质金融服务，网点基本覆盖深圳全市所有街道办，网点总量、离行自助覆盖均同业第一，轻型人工网点占比系统第一。

（三）全面发力三大战略，以新金融行动推进经济发展，为社会赋能

纵深推进住房租赁战略，以市场化运作为导向，让房地产市场回归到居住本源。探索创新出“存房+人才安居”“存房+互联网”“存房+普惠金融”“平台+租赁补贴”等业务模式，以市场化、可持续运作为导向，让房地产市场回归到居住本源。上线各类房源主体超过200家，累计上线房源22.7万套，出租7.57万套，新增平台用户58.5万户，为客户实现长租收益12亿元，为深圳市筹集8556套人才用房，共计17132套（间），面积达62.66万平方米，其中配租

2965套。

大力推进普惠金融业务，多渠道发力，以优质服务普惠百姓美好生活。建立小企业经营中心，探索小微企业信贷工厂集约化经营模式。陆续推出或升级抵押云贷、平台云贷、交易云贷、孵化云贷、场景云贷等产品。创新开发商机流转系统、大数据合规审查系统、流程监测系统、贷后预警系统等，形成“智能信贷工厂4.0模式”。率先实现普惠不良贷款逾期180天快速核销，首推无还本续贷。截至2019年末，普惠金融贷款余额为1449.86亿元，新增487.18亿元，均为系统第一，不良率仅0.52%。服务创新驱动发展战略，在总行部署下先行先试开展“创业者港湾”建设，全年累计批复入湾科技型企业贷款646笔，信贷余额为53.89亿元，已签署认股协议企业242家。设立跨部门大消费金融团队，大力发展消费金融普惠，推出“营运司机快贷”“机动车保险快贷”“社保快贷”等创新产品。信用卡分期额四大行占比近35%。切实保障消费者权益，全年举办了数百场宣传活动，覆盖近2万人，推出“CCB消保小剧场”，原创《消保之歌》、“消保小卫士”动态表情包等。继续打造特色劳动者港湾，打造交警、少儿、党建、商圈等10家特色港湾、23家普惠金融特色网点。

积极建设建行大学华南学院及“愚公学院”，为社会赋能。深化产教融合与银校合作，与香港科技大学、深圳大学签订战略合作协议，在教育培训、职业认证体系、联合实验室等方面展开合作，如首创金融科技师认证体系等。搭建创业公益教育平台——愚公学院，推出线上App、线下“创课堂”，为创业者免费提供全生命周期的培训和咨询服务。全面实施“金智惠民”工程，累计开展200余场金融启蒙公益活动，覆盖小微双创、产业工人等群体约18000人次。

深挖新金融的科技属性，为提升社会治理能力贡献力量。连续两年定向引进金融科技管理培训生，科技条线人员突破220人，设置房屋银行、零售直营、普惠金融等6个跨部门“科技+业务”敏捷性部落式团队，完成流程优化和开发项目169项，推动开展数字化营销156场。深入推进智慧政务，与南山、龙岗、福田、罗湖区政府合作，创新“金融+政务”“一站式”直通车，带动机构存款高质量发展，余额为2176亿元，新增768.5亿元，日均1712.88亿元，新增271.88亿元，四大行占比达43%。推进数字银行建设，积极搭建服务场景，全年营销对接场景1396户，其中已上线1050户。立足新金融的共享、普惠、科技属性，创新打造“无界银行BankFree（建行到家）”，近20万人平台注册，订单数达16.7万笔。以金融科技为依托，实现人工网点综合经营效能和竞争力系统及四大行“双领先”。打造创新发展新模式，2019年分行在总行创新考核综合排名系统第一，创历年最好成绩，连续七年蝉联总行“最具创新力奖”。全年完成自主产品创新项目70个，移植创新项目215个，其中原创支持156个，移植他行产品59个，质量考核系统第一名，自主创新考核并列第一名，深圳实验室再次获得A档评级。在创新马拉松全国总决赛中，分行的B端《跨境商海通》项目以总分第一名荣获一等奖，C端《DT银行》项目获三等奖、“优秀创新团队奖”，分行荣获活动“最佳组织奖”。在2019年深圳市金融创新奖评选中，分行获奖数量和等级刷新历史最高纪录，居同业首位，其中“开放式银行”获“深圳市金融创新奖一等奖”，“代建安鑫”获深圳市金融创新奖二等奖，“AI交互型智慧银行”获市金融科技专项奖二等奖。

（四）持续筑牢风险底板，规范合规管理，提升金融风险防范能力

全面主动、压实责任，落实全面风险管理职责。深入践行全面风险管理，落实风险职责进党委，完善横、纵双向的全面风险管理体系，不断加强“预防、监测、管理”的风险体系化建设，加强“三道防线”的协同，提升全面主动管控风险的精细化水平。

狠抓防控、大力处置，严守信贷风险底线。风险抵补能力不断增强，拨备计提44亿元，年末信贷拨备保有量211.53亿元，新增26.2亿元，拨备覆盖率达242.97%，比年初提升25.22%。大力处置风险项目，分行党委全年召开10余次党委会听进展、定对策、促落实，千方百计控风险、稳质量、抓回收。全年处置不良资产56.42亿元，计划完成率达151.9%，成效显著。

筑牢根基、面向未来，提升合规管理水平。将合规管理以专业化、数字化融入业务，修订分行《合规方略（2.0版）》，描画《合规风险地图》，制定《合规科技发展纲要》，建设合规实验室，在对公、零售、反洗钱业务和员工行为四个板块建立20个监测模型，开展31个合规课题研究。成立问责委员会，规范和强化违规处理，提升问责警示性效果。扎实防范财务、操作、声誉、市场风险，深化“平安创建”，全年无重大安全责任事故、无重大已遂案件。

（五）持续加强队伍建设，强化“勤奋工作、愉悦生活”良好氛围

探索干部考核强制排名和末位淘汰机制，新提拔处级干部49人，交流处级干部46人次，退出管理岗位12人，解聘4人。树立重视基层的用人导向，鼓励干部员工到基层干事创业，锻炼成长，让基层成长起来的干部“占便宜”，新提拔管理岗位员工100%具备基层工作经历。加速培养青年人才，出台了若干年轻干部挂职锻炼、首席客户经理聘任、专业技术人才加速培养等政策，为优秀人才开辟了快速培养新通道，解决了优秀人才晋升难、晋升慢的问题。持续探索实践干部提拔“三步走”，对新任处级干部实施“先挂职”“再考核”“后聘任”，2019年，共加速培养12名年轻人才进行挂职锻炼。

加强员工关爱力度，紧盯年度26项关爱举措落地，关爱员工及家属的工作、生活与成长，关怀老同志退休生活。狠抓发展，让全体员工分享成果，员工特别是基层一线员工薪酬福利保持良好增长。扎实做好员工关爱，在物资、后勤、工作住宿环境、心理健康等方面做好全方位保障。开展形式多样的员工活动，推进“职工之家”建设，“勤奋工作，愉悦生活”的良好氛围越发浓厚。

执笔：赵轶

大连市分行

大连市分行行长　李岩梅
（2019年4月任行长）

一、业务发展概况

（一）资产负债快速增长

一般性存款时点余额为1399亿元，四大行排名第二；新增98亿元，四大行第一。其中，个人存款时点新增突破115亿元，跃居四大行第一，创造历史新高。一般性存款日均余额为1323亿元，新增78亿元，四大行第二；其中，对公存款余额、个人存款新增及增速，均为四大行第一。各项贷款余额为1142亿元，四大行第二。其中，个人贷款余额、投放额四大行第一。效益水平稳步改善。实现主营业务收入32.03亿元，较上年增长6.56%，实现中间业务净收入8.83亿元，市场占比第一。实现税前利润20.91亿元，经济增加值9.11亿元，较上年分别大幅度增长37.92亿元、31.44亿元。资产质量企稳趋好。实现额率双降，不良余额为56.73亿元，四大行第三，较上年提升1个位次，较上年减少12.37亿元；不良率为4.97%，较上年下降1.22%。资产质量“七率”指标全面优化。信贷结构明显优化。零售类贷款占比为49.51%，较上年提高2.55个百分点；普惠金融贷款占比较上年提高1.2个百分点；先进制造业占制造业比重较上年提高 17.63 个百分点；逐步压缩行业贷款，余额较上年下降 7.84 亿元，下降 1.3 个百分点。客户账户稳定增长。公司机构有效客户 1.8 万户，增速为 18.6%；加权有效客户 7.21 万户，增速为 8.4%。单位人民币结算账户总量 6.44 万户，较上年新增 7159 户，增速为 12.50%。个人有效客户为 103 万户，增速为 4.95%；加权有效客户为 670 万户，增速为 9.55%。

（二）业务发展优势不断显现

一是对公业务发展基础得到夯实。建立项目储备机制，挖掘网络供应链潜力优质客户，推进子公司联动合作。开展对公存款营销竞赛活动，稳定全量资金。打造现金管理新模式，实现“直连+”服务创新，成功上线首笔 SWIFT AMH 全球现金管理产品。大宗商品及贵金属业务收入较上年增长 203%，四大行占比第一。成功营销 26 家涉改机构客户，机构存款余额创近三年新高，财政社保市场份额占比稳步提升，高校、医疗卫生客户市场份额占比 75% 以上。全年跨境 e+签约客户计划完成率达 184%，单位国际结算收入和跨境人民币结算量同业领先，对公结售汇交易量四大行第一，国外保函收入增速系统内排名第一。资管和投行业务升级发展，参与总行投行专家人才库建设。全面推进与大商所业务合作，上线场外出入金系统；推进产融培育基地建设和“普惠金融创新平台”项目，成为系统内东北地区首家获得总行“证券类产品——集约化运营”托管资质的分行，实现全部托管业务线上操作。二是新零售业务发展取得新成效。强化代发、长尾、私行“三大客群”经营，深化客群资金经营，统筹理财产品、保险、基金、外汇等投资类产品协同发展，个人筹集资金总量新增四大行第一。推进商户管理“五统一”，深耕交通、高校、医疗、旅游、县域、商圈、社区七个生态圈，推进账户出海、智慧社区项目。房改金融归集余额为 512 亿元，同业第一，四大行占比达 75%。成功推出全国首家“系统直连+开放银行”模式生态链快贷项目“可乐贷”。信用卡贷款余额、客户活跃率保持四大行第一；分期交易额、净增发卡量四大行排名第二；信用卡资产质量同业最优；全年实现中间业务收入 2.5 亿元，地区四大行占比 35%，同业第一。构建智慧民生应用场景，累计新增场景数 291 户。手机银行用户规模和新增四大行首位。

（三）“三大战略”推进成效显著

普惠金融同业领先。推进“税银互动专区”项目落地，加快产品迭代创新进度，研发“医供贷”，移植“民校易贷”，鼓励有条件的核心支行成立普惠金融特色部门，年内建设 34 个特色网点。客户数、客户新增、贷款余额及贷款新增四行排名均为第一。投放“民工惠”贷款 2.32 亿元。“裕农通”服务点 1071 个，地区行政村有效覆盖率达 133.7%。住房租赁实现突破。推进公积金 E 路通数据交互平台项目，完成“互联网+不动产抵押登记”系统平台搭建。推进公寓存房项目，实现首批短租平台上线。金融科技强化支撑。成立金融科技创新委员会，着力推进社会化服务平台应用。“辽事通” App 中上线落地行政审批事项 616 项、公共服务事项 18 项；全国首家参与政府智慧药房建设，与 127 家药店合作，累计沉淀资金 1000 万元；上线市中院网络司法查控项目；独家参与大商所基差交易平台，成功上线资金存管业务；系统内首家将“校园 e 码通”接入校方微信公众号；安心养老综合服务平台首次成功入围第十七届中国国际数字和软件服务交易会，成为数字大连展区唯一一家银行养老平台参展商。建行大学内外赋能。挂牌成立建行大学大连分校，累计赋能员工 4 万余人次；开展“金智惠民”系列培训 50 余场，累计受众达 5800 余人次；开展万名学子下乡暑期实践活动，深入 16 个行政村，开展公益活动 30 余次。打造特色“劳动者港湾”惠民服务，开展专题活动，惠及客户及公众 7 万余人次。

二、主要工作举措

（一）坚持把政治建设摆在首位

严明党的政治纪律和政治规矩，切实推动中央和总行党委决策部署落地。深入开展主题教育活动，推出“党的好战士——张富清同志先进事迹情景报告会”，与监管机构和重要客户开展联学共建活动。层层压实党建责任，强化“两个责任”和“一岗双责”，完善党建制度和分行党委成员基层调研工作机制，制定分支行两级党组织主要负责人“四个亲自”落实清单，严格贯彻重大事项请示报告要求，组织全辖签订《全面从严治党责任书》。持续抓好作风建设，严抓形式主义、官僚主义整治。建立特色基层减负清单，开展“办事难”专项整治活动。切实加强案件专项整治，坚持问题导向，全力做好总行巡视反馈问题整改；深入推进巡察工作，突出政治监督；开展以案促改工作，不断释放制度约束力，制定完善主体责任和监督责任落实、信贷合规管理、员工管理等整改类规章制度24个。

（二）体制机制运行进一步健全

一是锻造高素质人才队伍。做强“三个层级”，建立本部人员总量控制机制，进一步增强本部业务发展指导、统筹规划、培训传导、产品创新和支持服务能力，积极打造“智慧大脑”。规范核心支行内设机构设置，整合优化部分营业机构，实现资源优化配置组合。完善营业网点管理体制，制定《网点型支行机构级别管理办法》，实行能上能下动态管理，优化营业网点职数结构。系统搭建员工职业生涯发展体系，完善后备人才培养机制、科级干部队伍选拔任用机制，健全专业技术人才队伍常态化、规范化长效聘任机制。出台“经办岗位职务序列管理办法”，打破基层员工职等晋升“天花板”。加强客户经理队伍建设，健全各类专业人才库，储备了一批金融科技、大数据、资金交易等新兴领域专业人才。

二是全面主动管控风险。落实“四管齐下”“五个到位”“十项基础”管理理念和要求，建立完善全面主动的“预监管”体系和风险监测体系。再造信贷业务处理流程，增强信贷全流程集约化管理，实行“五集中”。提升贷后管理能力，制定对公客户贷后管理“三大平台”执行规范，持续推进风险管理轨迹督查。加大资产保全工作力度，开展“加快不良资产风险化解处置攻坚战”，与核心支行签订“不良资产处置目标责任书”。全年累计处置不良贷款38.92亿元，为历年最多。

三是有序完成纪委派驻制改革。组建6个派驻纪检组，优选配备13名派驻组组员。出台《派驻纪检组管理办法》，建立派驻组领导体制和工作机制。

四是深化合规文化建设。成立问责委员会，强化“两防”联席会议作用，加强员工异常行为排查核查，开展全面家访活动。提升反洗钱管理能力，完善反洗钱内控制度；加强操作风险检查计量、监测评估工作，强化诉讼业务管理与非诉讼服务。强化内审联动和资源共享，建立定期高层会晤机制。

2019年，大连市分行荣获大连市银行业服务管理评价第一名；分行营业部获评地区唯一“银行业文明规范服务百佳示范单位”，3家机构获评银行业协会“五星级”示范网点。荣获大连市银行业消费者权益保护及优质服务大赛第二名。“三医联动”项目首次入围全国创意大赛30强，“网点4.0”承接孵化项目荣获总行创新马拉松总决赛一等奖；“跨境客群画像预测模型”协助个人结售汇业务新增3148万美元，被总行推荐为大数据可复制项目在全系统推广。调查统计工作位列市人民银行考核第一名。安保工作被辽宁省公安厅授予集体三等功。定点扶贫村实现脱贫摘帽，定点扶贫项目获总行“社会责任百优案例”，定点扶贫工作被市政府评价为“优”。

执笔：刘宏成

宁波市分行

宁波市分行行长　方建平

一、业务发展概况

（一）资产负债业务

截至2019年12月末（下同），一般性存款日均余额为1446.2亿元，新增94.4亿元，全年保持四大行第一。本外币贷款余额为1742.2亿元，新增158亿元，新增四大行第一。本外币贷款、人民币贷款、对公贷款、普惠金融贷款新增均列四大行第一。

实现税前利润34.6亿元，同比增长13.3亿元，增幅为62.71%，增额、增速均列四大行第一。中间业务净收入10.7亿元，总量、增额、增速均列四大行第二，四大行占比提升1.93个百分点。经济增加值14.2亿元，同比增长11.3亿元，增幅达387.18%。经济资本回报率为22.1%，较上年提升9.25个百分点。

不良额为20.79亿元，较年初减少8.62亿元；不良率为1.19%，近年来首次低于系统平均水平。逾期率为1.33%，较年初下降0.48个百分点，系统关注贷款总量远低于其他三大行。累计处置不良贷款20.12亿元，超额完成总行年度计划。

人民币结算账户新开12837户、净增7751户，新增四大行第一。公司机构有效客户12.41万户，增长16%。对公信贷客户接近8000户，增长85.9%。个人有效客户新增37.94万户，完成总行计划的123%。手机银行活跃用户同比增长33%，增幅系统第三。

（二）“三大战略”

普惠金融（8+1口径）贷款余额为87.42亿元，较年初新增40.63亿元，系统第二十一，提升8个位次。监管口径普惠金融贷款和客户新增均列四大行第一。

政府公共住房服务管理系统覆盖9个县市区，累计新增社会化房源5.7万套。住房租赁贷款余额为7.9亿元，系统第八；新增6亿元，系统第七。

“智慧政务”上线社保缴税业务，“智慧营区”实现开立账户历史性突破，“智慧后勤”项目成为全国政府后勤信息化示范典型。“智慧宗教”系统覆盖宁波地区962家宗教场所，上线率达97.6%。“智慧社区”宜家花园项目落地，e码通平台加速推广。信用卡收单人脸支付、甬叶云大数据信贷产品等上线应用。

（三）主要业务板块

信用卡消费交易额为164.5亿元，四大行第二。客户净增2.4万户，四大行第三；活动客户电子支付绑定率为81.2%，系统第八。实现净中收2.04亿元，同比增长2.6%，四大行第三，份额提升0.9个百分点。消费交易额为164亿元，四大行第二。分期交易额为21.8亿元，逐季走高。

设立分行私人银行中心，强化集中经营。私人银行客户新增和增速系统位次双双提升2个位次，家族信托指标超额完成总行计划。

手机银行活跃用户67.78万户，同比净增16.34万，同比增长31.8%，增幅系统第三。悦生活场景新增439个，超额完成总行计划。网络特约商户4539户，系统第二十七。

实现中收2.43亿元，同比增长16%，四大行第二。其中债券承销49亿元，四大行第一，占比42%。实现综合化降杠杆32亿元，收入、投放和储备项目分列系统第十一、第十和第十一。理财产品日均余额为141.37亿元，新增28.03亿元，增速为24.7%。

实现代客资金收入1.3亿元，同比增长73%，四大行第二。代客利率交易量1.8亿美元，系统第九。跨境融资60亿元，是上年的4倍；福费廷为199.4亿元，同比增长302%。开展同业资产业务186.61亿元，实现同业利息收入7611万元、净收益1658万元。新营销托管项目45.57亿元，实现政府基金托管业务、资产证券化业务和公募基金专户理财托管业务突破。

二、主要工作举措

（一）增强“三个能力”

服务国家建设能力。与市政府签署战略合作协议，与市农业农村局达成“乡村振兴”战略合作协议。开展制造业客户“攻坚攀高”大营销大走访，制造业贷款余额为273.8亿元，新增32.6亿元，四大行第一。制定支持民营经济和小微企业发展三十项措施，全年累计发放民营企业贷款504.29亿元，民营企业贷款占对公贷款比例达到52.5%，民营企业信贷客户增长3686户。加大重点项目投放，对接宁波“246”万千亿级产业集群，重点项目全年批复金额为310.2亿元，同比增长36.3%；项目累计投放94.2亿元，同比增长24.6%。网络供应链上线核心企业32户，同比增长300%；贷款余额为16.6亿元，同比增长96%。“民工惠”投放3.9亿元、服务5.9万人次，“裕农通”服务点实现乡村全覆盖，ETC签约户数四大行第一。

防范金融风险能力。新建潜在信用风险客户化解机制，亿元以上项目行领导牵头化解，每季现场走访风险客户，重检化解措施。风险管理价值创造能力不断提升，全年共压降信贷业务经济资本11.5亿元，经济资本占用比例下降0.63个百分点。有效履行托管行职责，确保了包商银行宁波分行接管工作有序开展。持续保持安全稳定运营，未发生“三类”案件和事故。

参与国际竞争能力。结合宁波开放型经济特质，从资源配置、联动营销等方面持续加大国际业务发展力度。全年实现中收2.16亿元，同比增长24.87%，中收占比提升4个百分点。联动10家海外分行举办“跨境融资及海外项目交流会”，促成34家“走出去”企业与建设银行海外分行直接对接。跨境快贷客户90户，系统第十。

（二）践行新金融

构建“信贷工厂”运营体系，成立分行普惠金融经营中心，配置支行服务团队。狠抓“一点一周一户”，加强对网点的穿透式管理，打造普惠金融特色网点30家。“惠懂你”成功出海宁波市中小企业公共服务平台。“互联网+不动产抵押登记”项目全面推广，全辖网点实现抵押贷款登记“一站式”办理。

全市首家“建融家园”挂牌，首个智慧社区投入运营。与住建局合作移植创新“新租贷”产品，打通公租房融资渠道，储备超20亿元融资需求。在第二批联网城市中率先完成房产交易数据与住建部数据平台接入工作。成功实现网点“网签备案+产权过户+按揭申请+抵押登记”多环节一事联办。

与市政府签订支持智慧城市、金融监管科技协议。与鄞州区行政服务中心合作开发企业预开户系统。成立金融科技创新委员会，组建金融科技创新团队。

深化与建行大学产教融合联盟理事单位宁波诺丁汉大学的多方面合作。“金智惠民”工程累计开展培训75期，覆盖超3.3万人次。组织宁波学子暑期下乡实践活动，直接受益人群近2万人，图片直播点击量突破200万人次。

创建宁波银行业首个户外劳动者服务站点共建品牌，打造5个特色港湾，劳动者港湾App新增用户11万，注册完成率系统第七。开展劳动者港湾特色主题活动105场，惠及群众4200人次。

（三）铸实三个基础

铸实客户基础：开展“大营销、大走访”活动，实行客户拓展清单制。建立对公客户推进月例会、项目储备月对接会等制度。加强与工商、中介等单位合作，加大客户源头引流。推进精准营销平台应用，重点针对高资产流失客户、潜在大额收入客户等开展精准营销。单位人民币结算账户总量四大行第二，新开户数四大行第一。

铸实队伍基础：选优配强“一把手”，配齐配强班子成员，严格考核管理。加快干部梯队搭建，建立3个领导人员后备库，共有后备干部466人。实施干部挂职交流。推出“行长接待日”机制，落实“关爱员工十大实事”。拓宽员工职业发展平台，经办岗位职等晋升实现常态化，择优晋升比例由30%提升到60%。实现补充医疗保险全面商业化管理，员工住院生病、婚娶生育、高温津贴等福利标准大幅提升。严格落实薪酬分配“三高于、一保护”，加强基层员工工资保障，专业技术岗位职务聘任向基层倾斜。优化低职等网点负责人晋升条件，2019年网点负责人职务职等晋升193人，同比增加58%。

铸实质量基础：2019年分行全面风险评价和信用风险评价系统排名均较上年提升7个位次。制发信贷结构调整实施意见，提出“五个提升、两个巩固”信贷结构调整目标，优先支持行业贷款占比、绿色金融等指标均较年初提升。不良处置的表内现金回收、已核销资产现金回收创历史新高。实现授信业务集中审批，实施项目评估集中作业，信用额度审批时长较上年减少2.5个工作日，房地产项目评估平均用时减少到3～5个工作日。加强合规案防宣导和员工异常行为排查，2019年分行内控评价系统第十六，较上年提升10个位次。反洗钱工作受到人民银行表扬，公、私客户信息完整率分别提升至91.6%和94.7%。

（四）坚持党建引领

展开“不忘初心、牢记使命”主题教育活动。先后开展7次集中研讨，举办4期处级干部学习读书班、2期基层党支部书记集中轮训班，创新开展“每日一学”应知应会等特色做法。分行党委带头开展调研、讲授专题党课，全行累计形成调研报告238份、讲授党课296次。深入基层广泛听取群众意见建议，问题整改率达100%。

出台改进作风27条，建立工作日志、营销周报、每日动态等机制。将作风建设纳入各级领导班子和领导人员业绩考核，按季考核测评。严格落实总行基层减负“硬指标”，全年发文、会议、报告报表、检查监督分别同比减少42.6%、47.5%、61.5%、62.2%。

纪检工作考核系统第七。高标准完成派驻制改革，确保监督独立、有效。严肃查处各类违纪违法行为，给予党纪处分3人，查处问题线索9件，发送提示提醒函19份。召开千人警示教育大会，组织460人次党员干部现场参观违纪违法案例展，全年运用第一种形态处理32人次。

执笔：张哲

厦门市分行

厦门市分行行长　黄惠玲
（2019 年 12 月免）

厦门市分行党委书记　黄建锋
（2019 年 12 月任党委书记）

一、业务发展概况

（一）资产负债业务

截至 2019 年末，厦门市分行一般性核心存款、各项贷款余额和新增额，日均数和时点数，全面保持本地四大行第一。一般性核心存款余额为 1625 亿元，四大行占比 37.4%，当年新增 113.2 亿元，四大行占比 28.7%。一般性核心存款日均余额 1554 亿元，四大行占比 38.6%，年新增 130.9 亿元，四大行占比 40.2%。外币核心存款日均新增四大行占比 65.4%，稳居四大行第一。

各项贷款余额为 1633 亿元，四大行占比 33%，年新增 193.4 亿元，四大行占比 32.1%。对公贷款增速全国建行系统内排名第一。

（二）经营效益

全年实现拨备前利润 40.38 亿元，年增速为 11.1%，四大行占比 39.5%；实现中间业务收入 15.15 亿元，创历年新高，年增速为 8.5%，四大行占比 34%。一般性存款付息率为 1.43%，保持四大行最低。

不良贷款余额为 5.36 亿元，较年初下降 7.31 亿元；不良贷款率为 0.33%，较年初下降 0.55 个百分点，创近六年新低；同业同等口径不良率为 0.23%，资产质量保持四大行最优。荣获厦门外管局外汇审慎与合规经营考核 A 类，总行全面风险管理等级和信用风险管理等级预评价 A 级。

（三）各个业务板块

私人银行客户增速及人均 AUM 均位列系统第一。代发工资增速为 24.02%，超过系统平均增速 12 个百分点，稳居系统第一。个人住房贷款当年新增 60 亿元，新增四大行占比 36%，同业领先优势扩大；房改金融优势巩固，住房资金存款和公积金贷款余额四大行占比分别达到 67% 和 63%。信用卡客户总数、当年新增客户数、年消费交易额、贷款余额均保持四大行第一。ETC 新增量位居同业首位。

资产托管规模突破 500 亿元，规模、收入均较去年翻番。标准化资产投资余额 100 亿元，占高收益资产的 60.2%，“非标转标”转型效果显著；成功搭建投资者联盟，有效促进多方联动；母子公司联动金额为 84.48 亿元，实现翻倍增长；

债券承销金额连续十四年保持四大行第一。

国际业务竞争力持续提升，全辖新增12家对公外汇网点，实现国际结算收入8905万元，保持四大行首位；落地全国首单服贸支付区块链业务。金融市场与同业业务发展势头强劲，代客资金业务收入为1.6亿元，衍生产品签约量、债券分销量、债券业务中收、代理信托中收等多项重点指标位居系统第一。

（四）三大战略

“Ccb 建融家园”面市，打响住房租赁品牌。2月22日建设银行集团子公司建信住房服务（厦门）有限公司在厦门开业。建信住房（厦门）公司积极协助厦门市提升对租赁市场的管理能力，协助建立一套管理厦门各类政策性房源的数据管理系统。同时，加大房源有效供给，发挥国有资本对租赁市场的“稳定器”和“压舱石”的引领作用。全年共有“ccb 建融家园”南山公寓、嘉晟物流园、软件园二期长租公寓三个项目相继落地。建融家园 App 注册用户超过17万户，上线房源4.5万套，累计出租房源超过2200间。在线支付金额和交易笔数分别是上年的10倍和5倍。个人存房业务试点实现收储零的突破。

金融科技多点突破，便利客户，减免网点。全市首家“互联网+不动产抵押登记”系统直连，推出企业风险综合管理的“信易查”、开户流程优化的“龙易开”等产品，实现数据跑腿、便利客户、减负网点。

普惠金融贷款客户年新增1752户，贷款余额年新增35.8亿元，增幅为51.9%，比各项贷款平均增速高出38.5个百分点；不良贷款率为0.31%，系统内最低。第11次获评“厦门市小企业金融服务先进单位”荣誉称号。

二、主要工作措施

（一）搭建开放共享大平台，促进产业资本尝试融合

7月3日，分行举办投资者联盟（厦门）启动暨投行业务发展策略发布会。此举既体现了建设银行经营模式从传统的信贷支持向提供金融解决方案的重要转变，也是以实际行动助力厦门市委市政府“大招商、招大商”重大决策部署、支持厦门市高质量发展的重要举措。

分行利用集团资源，汇集建银国际、建信基金等10家集团子公司，联合68家机构成为首批联盟成员，中金公司、中信证券等近60家投资机构与厦门市的60余家企业代表对接。还推出“飞驰 e+”平台系统，依托投资者联盟，运用新一代信息技术，搭建开放共享的数据信息系统，使资产端与资金端高效对接、精准匹配，真正成为交易撮合者、资金安排者、服务集成者和全面金融解决方案提供者。

（二）加强与中东国家能源企业的合作

沙特阿美亚洲公司系全球综合性能源企业沙特阿拉伯国家石油公司（简称“沙特阿美”）的全资子公司，“沙特阿美中国化工总部项目”在厦门自贸片区落户后选择建设银行作为主要合作银行。

1月7日，分行与沙特阿美亚洲签订合作备忘录。厦门市市长庄稼汉，市委常委、自贸委主任倪超，中国建设银行总行营运业务总监牟乃密、战略客户部资深副经理刘刚，沙特阿美亚洲总裁安沃·何加齐，分行行长黄惠玲、副行长赖利显参加了签订仪式。

（三）精准滴灌实体经济，推动招商项目落地

紧跟全市招商引资步伐，顺利推动159个招商项目落地；制造业非贴贷款余额为127亿元，民营企业贷款余额为321亿元，累计为投资总额超过600亿元的重点项目提供造价咨询服务。“民工惠”全年投放金额为2.9亿元，累计服务农民工4.4万人次。

（四）推进“PLUS”计划，服务“三高”企业

9月，分行推出为“三高”企业量身打造的“PLUS”计划，并与6家“三高”企业签订银企合作协议，开启建设银行服务“三高”企业的新模式。创新推出服务“三高”企业“PLUS”计划，通过赋予“三高”企业“五优”（信贷政策优享、业务办理优先、服务价格优惠、信贷规模优配、服务团队优选）运行机制，提供“直接融资+间接融资、境内融资+境外融资”的全面资金支持、打造“一点接入、全方位服务”的服务体系。

（五）提升营商环境，服务实体经济

12月16日，厦顺铝箔有限公司在分行通过“跨境金融区块链服务平台”，成功办理了一笔10万美元的税务备案信息查验并完成对外支付，用时仅仅2分多钟就完成了以往要两三天才能完成的对外支付。这是全国首单跨境金融区块链服务平台服务贸易支付便利化场景业务，也是建设银行优化营商环境的又一举措。

分行积极推进该平台的试点工作，利用“出口应收账款融资（发货后）”和“企业跨境信用信息授权查证”，解决传统贸易融资虚假融资和重复融资的难题，推动了金融科技和普惠业务的深度融合。上线当月，分行成为当地10家试点银行中“业务笔数”“放款金额”“授权查证企业数量”最多的银行，业务占比超过50%，居各家试点银行首位。

（六）乡村振兴快速布局，成立建行系统首个乡村振兴金融服务中心

9月5日，在同安区“中国农民丰收节”上，分行与同安区人民政府签订《乡村振兴战略合作协议》，并举行分行首个“乡村振兴金融服务中心”（以下简称“中心”）揭牌仪式，这是建设银行系统首个乡村振兴金融服务中心。

中心将为同安乡村振兴提供最全面的支持，在未来五年内提供不低于100亿元的授信、创新农村金融产品、推进“村口银行”建设、启动建行大学“金智惠民”工程、推动“互联网+”农村电商发展、“金融科技+乡村振兴”合作、拓宽乡村旅游、盘活农村集体用地项目、打造乡村振兴专属金融服务团队。

至年末，分行已实现全市132个行政村裕农通服务点100%全覆盖，解决农村金融服务“最后一公里”的难题。

（七）设立建行大学分校，探索产教融合新模式

12月14日，建行大学厦门市分行分校、建设银行厦门市分行员工成长学院、建设银行厦门市分行乡村振兴学院正式揭牌。分行秉持开放共享的理念，通过资源整合赋能社会，探索产教融合新模式，通过与厦门大学开展合作，为小微企业主、个体工商户、村镇街居书记、村主任、扶贫对象、涉农群体、在校大学生等提供多层次多形式的金融普及和实用知识培训，将智慧活水引入寻常百姓家。至年末，分行已组织开展各类“金智惠民”培训350场，共计近3万人次。

（八）开放更多共享空间，基础管理精细赋能

劳动者港湾成为厦门市户外劳动者爱心驿站建设的示范单位。举办首届综合田径趣味运动会、最美网点最美办公室评选，提升补充医疗保障力度、改善网点通风系统、推进员工租赁住房等，以关爱实事凝聚全行力量。推进善融扶贫，全年交易额为615万元；开展云霄县和平乡定点扶贫、甘肃临夏贫困村扶贫协作结对帮扶，以实际行动履践大行担当。

全年获得客户表扬632人次，比2018年增加54人次；客户平均等候时间较上年下降47%；监管有效投诉量降至五行最低。

执笔：陈勇鹏

青岛市分行

青岛市分行行长　郝子建

一、业务发展概况

（一）主要指标完成情况

截至2019年末，青岛市分行本外币全口径存款时点余额为1545.78亿元，一般性存款时点新增48.25亿元，人民币各项贷款余额为1666.02亿元，新增289.5亿元，同业四大行第一，增速为20.2%，系统内排名第一。实现拨备前利润37.73亿元，税前利润25.78亿元，持续稳定增长。中间业务净收入实现11.6亿元，保持四大行第一。全年纳税4.84亿元，同比增长10%，税收贡献持续增长。

（二）对公业务

对公存款余额为778.20亿元，同业四大行第二；其中公司存款余额为420.74亿元，同业四大行第一；机构存款余额为357.46亿元；对公贷款余额为823.70亿元，新增154.15亿元，同业四大行第一；公司有效客户新增6092户，增速为29.20%，增速直属六大行排名第一。

（三）零售业务

个人存款余额为646.78亿元，新增65.41亿元，余额及新增同业四大行第三；个人贷款余额为897.45亿元，新增135.34亿元，余额及新增同业四大行第二。个人有效客户新增6.94万户，增速为6.42%，增速直属六大行排名第一。信用卡当年净增客户3.78万户，客户总数74.89万户，同业四大行第一；实现信用卡中间业务净收入为2.76亿元，同业四大行第一，增长28.52%，增速直属六大行第一。手机银行活跃客户72.11万户，同比新增14.03万户，增速为24.17%，系统内排名第十一。实现电子银行中间业务净收入7211.63万元，完成全年计划的126.74%。

（四）投行资管业务

办理债券承销75.48亿元，同业四大行第一；债券投资业务14.50亿元，成功办理建信理财首单无授信覆盖私募债券投资业务；投行资管业务实现中间业务收入1.50亿元，其中财务顾问收入为6657.84万元，同比增长1211.37万元，增幅为22.24%，新型财务顾问收入占比达到55.34%。

（五）金融市场业务

同业资产业务日均余额为109.2亿元，系统排名第十四，直属六大行第三；实现净利息收入6047.74万元，系统排名第十三，直属六大行第三；实现中收2359.3万元。同业存款时点余额同业四大行第一。票据贴现余额及新增均为同业四大行第一。债券销售同比新增296%，荣获总行“债券销售业务先进集体”称号。

（六）国际业务

国际结算量243.88亿美元，系统排名第十；对公外币贷款余额为55.09亿元，同业四大行第二；实现外汇中间业务收入2.32亿元，系统排名十四。全口径国际收支客户2287户，增幅为5%。完成3个自主创新产品、1个移植产品，其中“智慧制造”项目荣获总行2019年度“创新马拉松”活动B端赋能优秀孵化项目三等奖。

（七）“三大战略”业务

住房租赁平台累计注册用户 14.64 万户，发布社会化房源 6.81 万户。完成合同备案 7.45 万笔，房源核验 1.76 万套，上线合作企业 25 家，在总行“蓝海出击　周周比拼”竞赛活动中 3 次获得奖励。普惠金融贷款余额为 78.17 亿元，新增 32.01 亿元，增速为 69.35%，系统排名第八，四大行第一。普惠金融客户 9579 户，新增 2875 户，其中“云税贷”客户较年初新增 927 户，贷款新增 4.02 亿元。金融科技考核社会化平台用户数 9523 户，有效活跃用户数 519 户。

（八）资产质量与风险控制

不良贷款额为 42.10 亿元，不良贷款率为 2.45%，持续稳定“双降”，逾期贷款额为 16.74 亿元，逾期贷款率为 0.97%，不良额、不良率、逾期率均为四大行最低。拨备总量为 77.26 亿元，账面拨备覆盖率达 183.52%。

二、主要工作措施

（一）坚持党建引领，增强发展动能

树立“抓党建就是抓发展，抓党建就是抓全局”的鲜明导向，全面落实新时代党的建设总要求，推动党建工作与业务发展深度融合，不断将党建优势转化为改革发展优势。

一是主题教育践行初心使命。把主题教育作为加强党的建设有力抓手，精细推进、务求实效。坚持党委班子、领导干部领学，不断提高运用党的创新理论指导实践的能力；聚焦总行专题、制约分行发展的难题、客户和基层员工关切问题，分行班子成员深入全辖 124 个网点，开展调研 177 次，重点整治形式主义、官僚主义，切实完成基层减负工作目标。

二是两条路径精准提质赋能。年初印发《党委一号文》和《党建工作实施方案》，优化党建工作顶层设计，在抓实“五个关键”① 的基础上，对内开展党支部“达标升级”工程精准提质，抓实“任务清单”和“量化评价”清单，紧扣“七个规范”，全面推进支部标准化建设；对外一体化搭建“1 + N”党建生态圈②赋能共赢，精准响应 G 端、B 端、C 端需求，提供综合服务，与合作方立体化构建“五同生态”。

三是三大体系实施人才强行。构建人才工作三大体系，创新方法加强队伍建设。构建“六位一体”考评体系，坚持“看德才选人、凭实绩用人”，对各级领导班子及领导人员履职情况、各业务条线及重点岗位工作情况精准画像，公平“赛马”。构建“全生命周期”培养体系，抓实青年员工进阶培养、管理人员综合素质培养、基层重点队伍竞争力提升培养、专家人才高端分类培养。构建“命运与利益共同体”综合体系，优化薪酬结构，将更多资源向一线倾斜、向价值创造倾斜；落实员工关爱，优化员工补充医疗福利保障体系，提升员工“三感”。

（二）建设三个能力，笃践初心使命

积极将“三个能力”建设与重点工作紧密结合，充分发挥国有大行头雁作用，为青岛新一轮发展注入新动能。

一是加强服务青岛实体经济能力建设。与青岛市政府签署战略合作协议，将服务青岛市“十五个”攻势建设作为推进金融供给侧结构性改革、新金融实践的主战场，全力支持全市重点项目建设、先进制造业、战略性新兴产业、民营企业、涉农领域发展，加大信贷投放，新增对公贷款同业第一。

二是加强防范金融风险能力建设。坚决守住不发生系统性、区域性风险的底线，认真落实总行全面、主动管的工作部署，不断完善风险“预监管”体系，有效平衡好不良处置、风险暴露、成本管控、结构优化等关键环节，不断提升全面风险管理能力，确保各项业务安全运营、各类风险总体稳定。

三是加强参与国际竞争能力建设。支持上合示范区建设，制订上合示范区综合服务方案，2019 年累计为区内企业办理资本项目直接投资登记业务 3 亿美元；支持自贸区建设，自自贸区支

① 五个关键：抓实思想体系建设，做到入脑，扭紧思想总开关；抓实制度体系建设，做到精细化，有效规范执行；抓实组织体系建设，做到增能，增强基层党建组织力；抓实“党建 +”动力体系建设，发挥政治优势和组织优势，助推改革发展；抓实评价体系建设，保证责任落实，提升党建工作质量。

② “1”即党建共建搭台；“N”即“建行大学架桥 + 三大战略赋能 + N。

行升级挂牌后，为区内企业办理跨境收支业务9亿美元，外币贷款投放折6亿元人民币；拓宽融资渠道，与海外分行联动，为企业提供低成本高效率的融资服务，2019年累计办理境内外联动产品143亿元。

（三）践行三大战略，铺展新金融行动

因地制宜将“九大领域”作为推进三大战略、建设智慧青岛的重要抓手，加快开启分行“第二发展曲线”。

一是住房租赁搭建共享平台。密切银政合作，持续推进与青岛市住房和城乡建设局公租房系统联网贯标事宜，全国首家将总行采集程序部署至住建局数据采集服务器，同时将青岛市7万余条存量社会化房源系统备案信息、6万余套公租房房源纳入分行系统管理，实现青岛市合同备案与公租房房源信息系统全覆盖；密切银企合作，与25家租赁企业及中介机构合作，“CCB建融家园”上线房源近2000套，营销13个社区签约“智慧社区”平台，优选青岛租赁企业开办存房业务，撮合办理907笔。

二是金融科技加强智慧聚能。赋能智慧营区，与北海舰队签署“智慧营区”战略合作协议，成为系统内首个落地项目。赋能智慧政务，与青岛市政府签署“智慧政务”战略合作协议，实现政务服务网点自助办理，2019年机构存款日均新增42亿元，同业第一。赋能智慧民生，成功上线善行宗教服务平台，平台对公有效用户数直属六大行排名第一；打造“金融惠民”智慧校园项目，入选人民银行总行金融科技试点项目。

三是普惠金融下沉服务重心。搭建生态平台，搭建山东地区首个“线上银税互动”平台，与青岛市公积金中心合建“薪金云贷”数据直连平台，完成首批“交易快贷”平台落地。促进客户拓展，筛选纳税企业、科技云贷、惠懂你等目标客户5.65万户，助力网点营销；推进网络供应链业务，新增核心企业平台29个，累计拓展链条企业客户385户；推进“营业网点+工商驻点”双线代理工商注册及银行开户，新开账户1.67万户，同比增长12.53%。提升社会形象，组织开展“金智惠民”工程培训班67期，培训人员7000余人；“劳动者港湾”累计服务30万人次，App累计下载6.2万次，擦亮青岛市分行公益服务品牌。

四是裕农通服务乡村振兴。将“裕农通”作为服务乡村的工作重点，运用“建行裕农通+日日顺乐农”乡村普惠服务平台，以及“裕农通+益农信息服务社”“裕农通+退役军人”等合作模式，多点融合、共推共建，在青岛市乡村建设裕农通服务点6153个，实现青岛市5652个行政村全覆盖。同时加快产品服务方案和高频交易推广，围绕“存贷汇缴投”五大金融业务，提升农村综合金融服务能力。

（四）夯实“三个基础”，厚植发展沃土

不断完善管理机制，下大力气夯实网点、服务、内控管理“三个基础”，筑牢发展底板，培育发展优势。

一是夯实网点基础。将网点作为推进零售优先的重要抓手，扎实推动网点综合竞争力提升。优化考核机制，通过“增组增类”，扩大激励约束网点比例，收窄网点安全边界，着力营造浓厚竞争氛围。全面倾斜资源，落实“综合经营计划、绩效分配政策、人力资源政策、激励考核办法”四个全面倾斜，抓实“存款增长、收入创造、客户基础”三大核心业务，将网点经营表现、网点负责人履职表现纳入分行党委视野，激发网点内生动力。

二是夯实服务基础。牢固树立“服务是最具持续性竞争力”的意识，着力打造“最佳服务银行”的品牌形象。持续开展“服务质量提升年”活动。以创建中银协星级网点及百佳网点为抓手，打造服务标杆网点，获评银协星级网点7家，总行星级网点35家。持续夯实消保工作。把消费者权益保护融入管理和经营的各个环节，提升管理层级，明确由分行行长任消保委主任，分管行长任副主任；根据监管意见印发《客户投诉突发事件应急处置工作预案》等5个制度，不断改善客户体验，2019年外部投诉减少81笔，降幅达83.5%。

三是夯实内控基础。推进人人尽责的合规案防管理体系建设，抓关键领域、抓关键风险点，从案件易发点、监管重点和处罚点、审计发现严重问题点和部门重点管控点四个维度，分级管控，加大检查考核力度。深入推进实施网格化管理。坚持案防、合规、员工异常行为“三线合一”，一体化推进实施网格化管理，层层压实管理责任。

着力加强员工思想教育。按季召开“从严治行”全员警示大会、开展部门与支行“结对子”送警示教育到基层活动；通过案例通报、案例宣讲、演讲比赛等多种形式抓好警示教育，“不想违规、不能违规、不敢违规”的管理环境和合规文化氛围日益浓厚。

执笔：安瑜

苏州分行

苏州分行行长　张伟煜
（2019 年 9 月免）

苏州分行行长　朱斌晨
（2019 年 9 月任党委书记、12 月任行长）

一、业务发展概况

（一）资产负债业务

截至 2019 年末，一般性纯存款日均余额为 3252 亿元，列四大行第二，四大行占比 24.44%，较年初提升 0.48 个百分点；日均新增 339 亿元，列四大行第二，四大行占比 29.55%。

各项贷款余额为 3526 亿元，列四大行第二，四大行占比 25.65%；新增 362 亿元，列四大行第二，四大行占比 27.07%。

中间业务净收入 32.03 亿元，四大行占比 28.93%。累计实现拨备前利润 89.25 亿元，同比增幅为 4.03%。成本收入比为 20.14%，列系统第二。

不良贷款额为 22.7 亿元，不良贷款率为 0.64%，资产质量保持稳定。

（二）加快提升“三个能力”

增强支持国家建设能力。支持制造业和民营企业，民营企业贷款增幅为 20.3%；综合金融服务、支持制造业企业融资在苏州市金融服务实体经济综合评价中排名第一。绿色信贷贷款增速为 35.7%，被总行评为“五星级绿色分行”。创新“三优三保”贷款，全年实现投放 20 亿元。

增强防范金融风险能力。深化全面风险管理，推进客户标签化、监控责任化、工具多样化等提升预警监测的有效性，开展网格式风险排查，资产质量稳中趋实。加快不良资产处置，累计处置不良贷款 18.33 亿元。强化内控合规管理，荣获总行内控合规工作先进集体。实现零案件零事故，达成“平安建行”年度目标。

增强参与国际竞争能力。2019 年国际业务累计投放 480 亿元，同比增速为 60%。“单一窗口”签约客户 2113 户，列系统第四位。全年跨境融资业务量47亿美元，同比增幅达95%。把握苏州自贸试验区建设重大机遇，挂牌设立自贸区支行。

（三）践行"三大战略"

"三大战略"创新推进。普惠金融领跑同业，贷款余额、新增均列四大行第一，连续两年荣获"小微企业金融服务工作先进单位"称号。普惠金融不良率为0.78%，列系统第八位。住房租赁深入布局，推进苏州市租赁房屋信息监管与服务平台建设，开发"安居苏州"App移动端服务系统。实现公租房信息成功贯标。住房租赁综合服务平台房源发布新增21万套，建融家园注册用户新增46.6万户。金融科技持续赋能，全年上线IT创新项目99项，实施大数据应用项目103项，建设数字工厂，挂牌成立苏州大数据实验室，筹建建信金融科技苏州公司，参加中新（苏州）金融科技应用博览会全方位展示我行金融科技实力。荣获总行"创新马拉松"大赛B端赋能主题二等奖、G端连接主题三等奖。

对公对私协同取得新突破。零售优先推进加快，个人条线净中收同比增速12%，保险、基金、贵金属中收均列四大行第一，私人银行客户增速列系统第三，ETC用户新增任务完成率系统排名第十二位，信用卡消费交易额、贷款余额均列四大行第一，个人贷款、住房贷款、房改金融保持当地领先地位，成功打造全新"苏式生活"平台。对公交易性业务发展加快，供应链余额较年初增长197%，同业存单销售量系统排名第五，托管业务收入同比增长27%。建银科创（苏州）投贷联动股权投资基金正式成立运作；落地恒力、亨通优质债转股项目；债券承销稳居苏州市场第一。多项业务实现首单突破，承销发行总行系统首单区县级保障房专项债务融资工具，发行苏州市首单双创债务融资工具，落地系统首单期权择期业务、首单黄金定存业务。

开放互联拓宽金融服务边界。深化金融科技聚智赋能，强B端、连G端、促C端。完成"征信云贷"与人民银行征信对接、智能撮合平台与苏州综合金融服务平台对接，开发"苏微贷"产品获人民银行服务实体经济竞赛"支持小微类"一等奖，上线自然资源和规划局"互联网+不动产登记2.0"项目，独家承建苏州市"阳光惠农"监管平台。推进智慧政务进网点，7×24小时车管服务等多项政务进入网点厅堂。

遵循共享理念践行大行担当。深化"劳动者港湾"内涵，开展"苏善·劳动者港湾"户外工作者医疗帮扶项目，打造"快递小哥青春接力站"，获2019年"苏州市优秀慈善项目"奖。落地建行大学苏州金融科技学院、苏州金融保险学院，产教融合探索现代金融教育。持续推进"金智惠民"，累计举办各类主题培训225期，培训13800人次。扎实做好扶贫工作，以善融平台为纽带协助政府帮扶对口扶贫县，开启银政合作扶贫新模式。跨区域联合苏州市慈善基金会与陕西安康慈善协会，发行扶贫理财产品，募集超50万元慈善资金协助解决贫困地区安全饮水问题。

二、主要管理举措

（一）突出政治建设，筑牢思想根基

积极开展"不忘初心、牢记使命"主题教育，党委班子带头深入基层宣讲、讲好专题党课，创新领导干部读书示范班、主题论坛、情景报告会等学习教育形式，开展处级领导干部调研132次，推动全行在深思细悟中提高政治站位。深入学习张富清同志先进事迹，全行成立张富清金融服务队82个。

（二）履行主体责任，深化从严治党

细化责任清单，强化考核约束，确保党委主体责任落实到位。完成纪检机构派驻改革，突出政治监督，深入开展"三个能力"建设等专项督查。强化党风廉政建设，用好四种形态，一体推进"不敢腐、不能腐、不想腐""三不"机制。提高巡察质量和效率，完成对6个分行部门、2个二级分行及下辖56个营业网点的巡察。扎实推进基层减负工作，2019年文件、会议、报告报表和督查检查同比分别下降42%、64%、24%和60%。

（三）坚持党管人才，加强队伍建设

选拔年轻优秀干部进行挂职锻炼，选优配强各级领导班子。深入推进"双基"工程，荣获2019年度建行大学"最佳学习项目"。组织"党员突击队"协助开展决战ETC、决战旺季等活动，发挥党支部战斗堡垒作用和党员先锋模范作用。开展"新员工快速启航计划""行业专家大讲堂"、业务训练营等，强化人才培训培养。

（四）践行群众路线，凝聚发展合力

优化员工工作生活环境，完成食堂智能化升级，做好关爱员工九项实事。推广“分享一刻”制度，着力营造团结、紧张、严肃、活泼的工作氛围。强化文化引领，2019年分行公共关系、企业文化、宣传思想、消费者权益保护工作均被总行评为先进，连续五年获“全行新闻宣传和声誉风险管理先进集体”。

执笔：杨雪梅

建行大学东北学院

建行大学东北学院院长　于宁哲
（2018年12月任建行大学东北学院
党委书记、院长、资深经理（专业技术一级））

2019年，建行大学东北学院积极贯彻落实总行发展战略和建行大学建设各项要求部署，主动参与建行大学建设相关工作，积极开展产教融合特色化办学，围绕四大角色定位的发展目标和四大体系完善的建设路径，努力开启东北学院“第二发展曲线”，在办学思路、教学改革、管理与服务以及校园建设等方面均取得显著成果。

一、培训业务工作概况

全年共承办培训班495期，培训学员39543人次，完成培训工作量206115人天，其中完成“金智惠民”培训班12期，培训2079人次，培训工作量6679人天。研发新项目6个，开发新课程46门，参与总行项目21个。完成科研课题研究3个，总行级课题、中心级课题、部门级课题各1个，完成案例教学开发5个。

二、主要工作举措

（一）深刻领会建行大学新理念、新模式、新要求，以特色化办学谋划东北学院新发展

深入学习建行大学新理念，深入贯彻落实建行大学建设新要求，立足学院实际，积极探索适应建行大学规划要求的发展思路和目标定位，制订了《东北学院特色化办学建设方案》，为东北学院的未来发展绘制了两张图，一张是规划图，一张是施工图。规划图从东北学院的发展思路、办学理念、角色定位和教研方向等战略层面进行全新规划。施工图则是为了实现规划图中的设计，从组织体系、教学体系、运营体系和保障体系四大体系进行学院治理框架和管理运行体系的建设，从需求挖掘、需求响应、项目实施、成果落地、评估反馈五个环节完善和巩固培训研发管理、培训项目全流程运营。

（二）特色化办学落地开花，教学改革成效显著

八大硬核发力新金融，成为学院特色化办学的过硬品牌。一是采用课程研发团队集体开发课程、集体备课的模式，高质量地完成了项目研发。二是做实普惠金融战略传导大文章，《县域支行行长普惠金融战略推进示范培训项目》直接、迅速、精准地传导总行战略，培训对象主要是起着战略落地支撑作用的县域支行行长，共有37家一级分行的780位县域支行行长参训，覆盖全系统1200个县域支行的64.46%。三是致力于打造“培训专家”的品牌形象，助力专业化兼职师资

队伍建设，《“建行好讲师”兼职师资训练营培训项目》教学相长融通了讲台与一线，还作为学院独立研发实施的项目，荣获建行大学年度最佳学习项目奖。四是差别化设计《“三大战略”宣贯系列培训项目》，对基层机构负责人、网点负责人及基层网点员工等进行分层分类培训。五是用金融教育赋能社会，金智惠民培训落地开花。通过《智慧乡村“金智惠民”培训项目》培训师走向田间地头传授金融知识，将金融教育赋能到农村，精准滴灌“三农”。“金智惠军　军民共建”培训班的成功举办，促进了军民融合深度发展。六是构建智能商业模式下的数字化转型思维，《金融科技数字化转型培训项目》作为建行大学首批精品课登录学习强国 App，在服务社会、赋能客户方面也迈出了可喜的步伐。七是《资管新政下对私客户经理投资理财业务能力提升培训项目》助力业务转型发展，高标准、严要求的团队研发，夯实了培训师的专业学科理论和业务基础，培育了精益求精的学研风气。八是行校合作推动产学研用、产教融合，与黑龙江省分行、哈尔滨工业大学联合申报的课题在建设银行研究院正式立项，成为以课题研究为引领推进企业大学产学研融合的一次重要尝试，也是东北学院在科研领域打通业务研究与教学研发联动的一次创新探索。

五项创新探索特色教学新模式，教学方式方法不断丰富。一是拓展模拟教学，引入投资模拟仓，开启金融实训先河。学院克服各种困难，与建信期货子公司建立合作关系，引入实时行情与模拟操作系统、风险控制系统，全景式呈现市场真实状况的投资模拟仓，学员在模拟的真实场景里深度融入其中，在边做边学中提高了市场敏感度和对金融市场的理性思考与感性认知。二是提升体验教学，开发旱地冰壶，在运动中感悟领导力。将冰上特色项目冰壶融入培训教学中，在旱地冰壶比赛中让学员领悟团队领导力与追随力。三是探索案例教学，让培训从实践中来到实践中去。根据全行战略和当前业务重点，对于案例研究成熟一个，应用一个，通过《明园花开，春满建行——新疆区分行朱超工作法》等三个普惠金融教学案例的开发和教学实践，学员实现了愿做、敢做、会做的培训效果。四是发力网络教学，实现教育资源扩大化共享化。利用线上学习模式传导总行战略，“三大战略系列辅导”微课点击量突破 30 万，总行人力资源部专门发来感谢信，称赞其战略传导精准，设计感强，效果好，点击率高，成功地推进了“三大战略”。东北学院已有 1525 个课件挂在总行学习平台，上传微课 45 个，视频课程 76 个，标准课程 14 个，有些微课学习人数平均超过 4 万人，居于建行大学平台年度人气课程前列。建行大学平台前十位课程排名中东北学院制作的课程占据 6 个。五是精选现场教学，让学员亲身体验理性思考。根据培训班的特点开展现场教学。赴中国第一重型机械厂和建三江农场等地学习，在震撼于大国重器的精良和万亩大良田的壮观的同时，学员们深刻领会着习近平总书记提出的“中国要发展，最终要靠自己”的深刻内涵；赴大庆铁人学院，亲身感受了铁人精神，提升学员“四个意识”。

（三）培训管理和服务工作不断改进，学员培训体验持续提升

积极适应建行大学办学的新形势、新任务、新要求，在现场培训管理服务方式上主动对接建行大学新要求，坚持“学员为本、体验为先”“培训让学员有感”的培训管理服务理念，完善培训管理机制，加强培训项目现场组织和日常精细化管理与规范化服务工作，以提升学员培训体验和培训满意度为目标，确保培训项目有序实施。

把提高培训班现场管理服务水平作为现场培训管理服务的核心，实施培训项目全流程管理，提升服务细节和品质。完善分层管理模式，有效落实带队、班委会、班小组等管理制度，做到齐抓共管。组织好培训班开展形式多样的文体活动，坚持开展课前诵读、课间醒脑等活动。坚持为学员排忧解难，积极解决学员培训生活中遇到的困难。组织做好培训管理服务体验评价反馈工作，为改进管理和服务提供数据。

（四）硬件设施建设有序推进，新生态智慧校园雏形初现

将园区建设整体规划逐步落实。对园区中心景观和园区道路进行了整体改造，增设了园区南大门，解决了长期以来只有一个大门，存在的诸多不便，特别是安全管理隐患等问题。对园区道路进行了整体改造，围绕中心园区形成新的交通循环体系，沿途设置人行空间，做到人、车分离，提高了安全保障能力。校园一卡通系统投入使用，对出入园区人员进行统一管理，给学员提供了智能、安全、便捷的培训及工作环境。一个全新的文化校园、融通校园、活力校园、绿色校园以蓬勃的姿态展现出来。

（五）员工队伍建设稳步开展，打造高素质专业化员工干部队伍

积极组织开展干部选拔聘任工作，开展了两次五级、六级专业技术岗位职务聘任工作和一次高级培训师岗位职务选聘工作。派遣新入职员工到分行交流锻炼，加快其成长成才。

按照“新角色、新打法、新形象”的要求，增强对干部员工专业化能力的培养。秉承“专业、专注”的专职师资培养理念，围绕“三力一专”进一步明确了培训师教研主攻方向，同时研究开展专职培训师系统化培养工程。成立了学习技术柔性团队，开展对素质模型、学习地图等培训工具以及案例教学、行动学习等教学方法的研究和使用，切实履行好“培训专家”角色。对东北学院特色化办学做进一步思考和探索，做好“设计者”“推动者”和“支持者”，以特色化办学树立东北学院的新形象。

（六）党建和党风廉政建设常抓不懈，促进全面从严治党向纵深发展

认真开展了“不忘初心、牢记使命”主题教育，教育引导党员干部牢记党的宗旨，坚持实事求是的思想路线，树立正确政绩观，真抓实干，转变作风。坚持党要管党、全面从严治党的总方针，以习近平新时代中国特色社会主义思想为指导，认真抓好党的建设工作，发挥党建的引领作用。认真学习老英雄张富清甘于奉献、淡泊名利的革命精神。

狠抓党风廉政建设。积极落实中央和总行纪检监察派驻制改革相关工作，成立了纪委办公室作为学院纪委的日常办事机构。进一步严明党的纪律，持之以恒正风肃纪。制定了建行大学东北学院解决形式主义突出问题为基层减负的落实措施，精简文件和会议，规范督查检查工作，切实减轻了基层负担。加强对党员领导干部教育和监督，加强对权力的制约，坚持用制度管人、用制度管事、用制度管权。

执笔：和素军

建行大学华东学院

建行大学华东学院院长　屈建伟
（2018 年 12 月任建行大学华东学院党委书记、院长）

一、业务工作概况

2019 年，学院党委贯彻落实总行党委重大战略决策，围绕建行大学使命，以新思维指导新打法，以新打法开启培训事业新征程，全年完成全口径培训总量 21.47 万人天。

（一）线下培训情况

全年共举办各类培训班 485 期，其中总行班 262 期（包含党校班 43 期），分行班 126 期，自主办班 54 期；全年完成现场培训量 19.82 万人天，教学平均满意度达 99.08%，培训组织平均满意度达 99.78%。学院自主研发的线下产品模拟银行决策专题培训项目、与原领导力高级研修院合作开发的“蓝英”培训项目斩获“建行大学2019年度最佳学习项目”殊荣。

（二）线上培训情况

全年完成各类电子课件开发347个，完成网络培训8.8万人。完成新一代模拟训练系统4.0版本开发，完成公司客户经理进阶式培训项目20门新课程开发，完成对私客户经理在线学习项目29门新课程开发。网络学习平台运维完成网络课程注册180.86万人次、技术咨询支持1.6万次。学院线上产品在“2019年中国企业微课大赛”中分别斩获1个“最佳实践奖”、1个“百强优秀作品奖”和1个“最佳创意作品奖”。

（三）考试与测评情况

全年完成考试项目147个，测评项目37个；笔试命题256套，面试命题827题；累计测评人数4544人次，考试人次18.36万人次；设计并投入使用的无领导小组讨论题本36个，公文筐处理作业案例10个。参与建行大学《资质管理办法》《客户经理对私资质人才测评中心建设方案》编写工作。

（四）党校办学情况

紧跟热点焦点，贴近基层需求，研发并实施2期“不忘初心、牢记使命”主题教育。针对基层党建工作难点痛点，先后开发了“换届选举”“发展新党员”等模拟教学活动，其中发展新党员模拟教学在6月的中组部示范培训班上受到学员好评，同时得到中组部和总行党委组织部的高度认可。

二、主要工作措施

（一）创新推出空中课堂，打造拳头产品

全面贴近行内培训需求痛点，充分把握互联网时代教育培训趋势，多条线、多形式打造空中课堂，助力培训发挥最大效能。学院推出了“e直播”和“讲建行故事，听战略花开”，实现学员碎片化时间随时随地学习，全年累计网络直播76场，观看人数超过1.4万人次，全年开发完成57个案例音频课件。精心打造“主播训练营”项目，赋能行内员工。通过互动训练、实战演练、现场直播等教学形式，引导学员构建独立直播教学的能力，实现“人人可以开直播、人人可以当主播”的目标。

（二）聚焦科研素养提升，厚植发展根基

学院高度重视科研素养培育与提升，全面加强教育科研能力。强化原创教学模型研发，培训师在多门新课程中原创“EMDS”“SHARE”“供给侧”“BACK”等模型。注重教学成果转化，培训师结合研究方向，在建行报、外部期刊杂志等发表学术论文近20余篇，同时启动了《商业银行声誉管理》《研精致思》《“财”眼看企业》《行动学习实践指南》等书籍编写和出版工作。

（三）积极拓宽合作平台，开展对外交流

在建行大学开局之年，学院积极对接研修院开展合作，协助普惠与零售研修院开展其岗位能力素质库、课程库、师资库、案例库和教材库“五库”建设工作，参与风险管理研修院的信用风险素养“五知五会”培训项目学员用书和教师用书编写工作。积极探索与高校和学术机构的合作实践。2019年，学院与南京大学教育研究院共建的“南京大学Ed. D & Ed. M实践基地”顺利签约揭牌，并成功举办了首次产教融合论坛；与上海交通大学合作启动了大数据分析建模项目，开展“用数据为组织赋能，提升组织活力”专题交流研讨活动；与起航咨询、安迪曼资讯、培训杂志等外部机构积极建立链接、开展合作实践。

（四）坚持科技赋能发展，加强技术应用

学院加快推进数据仓库建设工作，初步完成数据仓库平台建设，并在学院仓储数据、直播数据、培训管理数据等方面开展了数据挖掘实践。技术加持智慧校园建设，学院积极开展人脸识别、大数据分析和机器学习等技术在成人培训中的研究和应用，采集学员课堂行为数据40余万条，客观量化分析教学活动，分析发现成人教学规律。

（五）突出政治引领作用，提升党建质量

始终树牢“四个意识”，坚定“四个自信”，做到“两个维护”。以高度政治责任感、使命感，抓实抓牢全院“不忘初心、牢记使命”主题教育。以处级以上干部为重点，组织党委中心组专题学习6次，处级以上领导干部读书班学习5天，党委书记带头在党员大会上讲党课、班子成员分别在分管部门讲党课。班子成员围绕各自分管工作重点，深入部门、学员、员工中开展调研10余次，个别谈话30多人次，形成高质量调研报告5

份。聚焦查找的8个方面、20项问题、35条具体表现，逐一剖析原因、明确整改方向和改进措施。及时召开党委会、中心组学习会学习贯彻四中全会精神，印发《学习宣传贯彻党的十九届四中全会精神实施方案》《关于在华东学院深入开展党的十九届四中全会精神教育培训的通知》，推动四中全会精神在学院落地生根。组织召开年度党建工作会议、党建工作联席会议4次，推动党建各项工作落到实处。印发《党建工作计划及考核细则》《党支部书记党建述职评议考核工作通知》等多个党建规范性文件，以清单管理压实党建工作责任。坚持把党建与业务发展相融合，组织开展学院发展论坛、青果杯教学技能大赛，各支部积极组织开展微课大赛、赛课等活动。积极组织开展特色党日活动，激发基层组织生机活力，先后组织党员参观上海中共二大会址、党员观影活动、集中收看中国特色社会主义思想专题辅导讲座等。学院多个党支部运用“拆书帮”“世界咖啡”等研讨式学习方法开展党课学习，促进党员理论学习入脑入心。

（六）抓实党风廉政建设，筑牢廉洁防线

学院严格落实“两个责任”，年初召开党风廉政建设工作会议，组织全体党支部书记签订了《全面从严治党责任书》，印发《党支部主体责任考核细则》。严格落实中央八项规定及实施细则精神，聚焦文风、会风、工作作风等重点，进一步深入开展整治形式主义、官僚主义自检自查工作。充分发挥巡察工作震慑和提醒作用，印发《华东学院2019年巡察工作实施方案》，对学员工作部开展现场巡察工作，同时对办公室和党校分校办公室开展巡察整改“回头看”工作。印发《华东学院关于解决形式主义突出问题为基层减负的通知》，并通过邮箱收集部门和员工诉求，学院全年发文数量较上年减少10%。坚持常态化廉洁教育，开展中心组集中学习全面从严治党相关专题内容5次，组织全员观看警示教育片1次，组织党员干部赴常州党风廉政教育基地参观学习，教育引导全体党员干部知敬畏、存戒惧、守底线。

（七）完善人才培养机制，推进队伍建设

选优配强中层干部队伍，2019年提拔任用部门总经理4名，平级调整部门总经理2名；组织开展12名中层干部聘期期满考核及续聘工作。修订青年人才库管理办法，加快培养适应学院发展需要的青年管理人才和青年业务人才。选拔9名副科级青年管理人员，完成4人高级专业技术资格申报，8人初级专业技术资格确认，15人专业技术岗位职务聘任。积极为员工成长搭建平台，组织青年管理人员赴东北学院学习，针对培训师和培训经理举办《学习项目设计培训班》《用数据为组织赋能——华东学院幸福顾问培训班》。

（八）坚持务实精细管理，激发组织活力

抓实安全运营管理，全年召开安全工作联席会议4次，组织签订安全管理责任书，加强安保制度体系建设，进一步完善消防安全管理办法、施工现场消防安全管理规定等规章制度。组织开展消防安全隐患专项整治、安全生产大检查、安全讲座、消防演练、全员案件警示教育、合规知识竞赛、员工异常行为排查等，增强全员安全意识和合规意识。发挥榜样引领作用，积极开展向张富清老英雄学习活动，在员工中开展评选表彰优秀员工、巾帼标兵等活动，全院掀起了“学榜样、提境界、比贡献、促发展”的热潮。发挥群团优势，组织开展迎新春茶话会、运动会、健步行、“走进龙城，领略常州文化历史”系列活动、“六一”亲子活动、主题读书、青年课题研究、青年团建、爱心公益等活动，同时探索将工会经费下拨工会小组，丰富创新员工活动形式和内容，增强员工凝聚力、激发员工工作热情。

执笔：田艳

CHINA 中国建设银行年鉴 2020
CONSTRUCTION BANK ALMANAC

第五部分　综合统计

中国建设银行股份有限公司资产负债表

	本集团		本行	
	2019 年 12 月 31 日	2018 年 12 月 31 日	2019 年 12 月 31 日	2018 年 12 月 31 日
资产:				
现金及存放中央银行款项	2621010	2632863	2609597	2619762
存放同业款项	419661	486949	368495	463059
贵金属	46169	33928	46169	33928
拆出资金	531146	349727	586245	354876
衍生金融资产	34641	50601	32091	47470
买入返售金融资产	557809	201845	551985	183161
发放贷款和垫款	14540667	13365430	14052500	12869443
金融投资				
以公允价值计量且其变动计入当期损益的金融资产	675361	731217	388350	529223
以摊余成本计量的金融资产	3740296	3272514	3646480	3206630
以公允价值计量且其变动计入其他综合收益的金融资产	1797584	1711178	1710424	1614375
长期股权投资	11353	8002	69290	50270
纳入合并范围的结构化主体投资	—	—	111113	161638
固定资产	170740	169574	138898	140865
土地使用权	14738	14373	13400	13443
无形资产	4502	3622	3504	2690
商誉	2809	2766	—	—
递延所得税资产	72314	58730	68597	55217
其他资产	195461	129374	202191	147305
资产总计	25436261	23222693	24599329	22493355
负债:				
向中央银行借款	549433	554392	549339	554392
同业及其他金融机构存放款项	1672698	1427476	1658501	1410847
拆入资金	521553	420221	417963	323535
以公允价值计量且其变动计入当期损益的金融负债	281597	431334	279700	429595
衍生金融负债	33782	48525	32710	47024
卖出回购金融资产款	114658	30765	93194	8407
吸收存款	18366293	17108678	18024561	16795736
应付职工薪酬	39075	36213	34584	32860
应交税费	86635	77883	82164	74110
预计负债	42943	37928	40334	36130
已发行债务证券	1076575	775785	1001304	702038

续表

	本集团		本行	
	2019 年 12 月 31 日	2018 年 12 月 31 日	2019 年 12 月 31 日	2018 年 12 月 31 日
递延所得税负债	457	485	42	6
其他负债	415435	281414	217263	141985
负债合计	23201134	21231099	22431659	20556665
股东权益：				
股本	250011	250011	250011	250011
其他权益工具				
优先股	79636	79636	79636	79636
永续债	39991	—	39991	—
资本公积	134537	134537	135109	135109
其他综合收益	31986	18451	33527	21539
盈余公积	249178	223231	249178	223231
一般风险准备	314389	279725	306686	272867
未分配利润	1116529	990872	1073532	954297
归属于本行股东权益合计	2216257	1976463	2167670	1936690
少数股东权益	18870	15131	—	—
股东权益合计	2235127	1991594	2167670	1936690
负债和股东权益总计	25436261	23222693	24599329	22493355

中国建设银行股份有限公司利润表

	本集团		本行	
	2019 年度	2018 年度	2019 年度	2018 年度
一、营业收入	705629	658891	647483	607761
利息净收入	510680	486278	495165	471853
利息收入	883499	811026	853976	781859
利息支出	-372819	-324748	-358811	-310006
手续费及佣金净收入	137284	123035	131517	117306
手续费及佣金收入	155262	138017	147759	130734
手续费及佣金支出	-17978	-14982	-16242	-13428
投资收益	20549	14586	15169	7443
其中：对联营企业和合营企业的投资收益	249	140	—	—
以摊余成本计量的金融资产终止确认产生的收益/（损失）	3359	-2241	2786	-2391
公允价值变动收益/（损失）	2456	144	-646	1714
汇兑收益	4617	6153	4718	6805
其他业务收入	30043	28695	1560	2640
二、营业支出	-378675	-350377	-333085	-311939

续表

	本集团		本行	
	2019 年度	2018 年度	2019 年度	2018 年度
税金及附加	-6777	-6132	-6415	-5852
业务及管理费	-179531	-167208	-167577	-156537
信用减值损失	-163000	-151109	-158007	-149114
其他资产减值损失	-521	121	-349	475
其他业务成本	-28846	-26049	-737	-911
三、营业利润	326954	308514	314398	295822
加：营业外收入	1467	1070	1271	1007
减：营业外支出	-1824	-1424	-1441	-1267
四、利润总额	326597	308160	314228	295562
减：所得税费用	-57375	-52534	-54762	-49378
五、净利润	269222	255626	259466	246184
归属于本行股东的净利润	266733	254655	259466	246184
少数股东损益	2489	971	—	—
六、其他综合收益	13546	38214	11988	35659
归属于本行股东的其他综合收益的税后净额	13535	38050	11988	35659
（一）不能重分类进损益的其他综合收益	702	-133	900	253
重新计量设定受益计划变动额	199	-296	199	-296
指定以公允价值计量且其变动计入其他综合收益的权益工具公允价值变动	444	120	642	506
其他	59	43	59	43
（二）将重分类进损益的其他综合收益	12833	38183	11088	35406
以公允价值计量且其变动计入其他综合收益的债务工具公允价值变动	8984	35734	9220	35044
以公允价值计量且其变动计入其他综合收益的债务工具信用损失准备	1624	301	1616	609
前期计入其他综合收益当期因出售转入损益的净额	-175	-149	-175	-253
现金流量套期储备	-292	-267	-240	-267
外币报表折算差额	2692	2564	667	273
归属于少数股东的其他综合收益的税后净额	11	164	—	—
七、综合收益总额	282768	293840	271454	281843
归属于本行股东的综合收益	280268	292705	271454	281843
归属于少数股东的综合收益	2500	1135	—	—
八、基本和稀释每股收益（人民币元）	1.05	1		

中国建设银行股份有限公司现金流量表

	本集团		本行	
	2019 年度	2018 年度	2019 年度	2018 年度
一、经营活动现金流量:				
吸收存款和同业及其他金融机构存放款项净增加额	1461277	602520	1439496	590898
拆入资金净增加额	96186	16211	89172	—
以公允价值计量且其变动计入当期损益的金融负债净增加额	—	11922	—	10872
卖出回购金融资产款净增加额	83663	—	84628	—
已发行存款证净增加额	338170	40963	341831	39671
存放中央银行和同业款项净减少额	183478	367756	188445	353012
买入返售金融资产净减少额	—	6778	—	11863
收取的利息、手续费及佣金的现金	890987	833666	862814	804600
收到的其他与经营活动有关的现金	200470	252156	115499	245293
经营活动现金流入小计	3254231	2131972	3121885	2056209
拆出资金净增加额	-94096	-50390	-136976	-88802
为交易目的而持有的金融资产净增加额	-10791	-35256	-46881	-22326
买入返售金融资产净增加额	-355758	—	-368642	—
发放贷款和垫款净增加额	-1297965	-852702	-1306535	-851056
向中央银行借款净减少额	-2132	-3121	-2226	-3121
拆入资金净减少额	—	—	—	-15155
以公允价值计量且其变动计入当期损益的金融负债净减少额	-149986	—	-150120	—
卖出回购金融资产款净减少额	—	-44616	—	-44886
支付的利息、手续费及佣金的现金	-359899	-331462	-345983	-317079
支付给职工以及为职工支付的现金	-103020	-98834	-95412	-92672
支付的各项税费	-110265	-88111	-107845	-85044
支付的其他与经营活动有关的现金	-189032	-183713	-157900	-177134
经营活动现金流出小计	-2672944	-1688205	-2718520	-1697275
经营活动产生的现金流量净额	581287	443767	403365	358934
二、投资活动现金流量:				
收回投资收到的现金	1504300	1198833	1403807	1072136
取得投资收益收到的现金	192870	176475	181778	170426
收回纳入合并范围的结构化主体投资收到的现金	—	—	50525	25848
处置固定资产和其他长期资产收回的现金净额	2366	2612	2063	1685
投资活动现金流入小计	1699536	1377920	1638173	1270095
投资支付的现金	-1963872	-1553492	-1728726	-1346371
取得子公司、联营企业和合营企业支付的现金	-4978	-1360	-15000	—
对子公司增资支付的现金	—	—	-4020	—
购建固定资产和其他长期资产支付的现金	-23234	-20783	-17125	-15899
投资活动现金流出小计	-1992084	-1575635	-1764871	-1362270
投资活动所用的现金流量净额	-292548	-197715	-126698	-92175
三、筹资活动现金流量:				
发行债券收到的现金	42106	123524	20150	107917
子公司吸收少数股东投资收到的现金	1980	—	—	—

续表

	本集团		本行	
	2019 年度	2018 年度	2019 年度	2018 年度
发行永续债收到的现金	39991	—	39991	—
筹资活动现金流入小计	84077	123524	60141	107917
分配股利支付的现金	-81010	-76811	-80465	-76689
偿还债务支付的现金	-79052	-6319	-61459	-2209
偿还债券利息支付的现金	-18051	-11335	-16124	-10343
子公司购买少数股东股权支付的现金	-196	-138	—	—
支付的其他与筹资活动有关的现金	-7609	—	-5622	—
筹资活动现金流出小计	-185918	-94603	-163670	-89241
筹资活动（所用）/产生的现金流量净额	-101841	28921	-103529	18676
四、汇率变动对现金及现金等价物的影响	4740	14390	4327	13678
五、现金及现金等价物净增加额	191638	289363	177465	299113
加：年初现金及现金等价物余额	860702	571339	813791	514678
六、年末现金及现金等价物余额	1052340	860702	991256	813791

中国建设银行存贷款主要指标统计表（人民币）

2019 年 12 月　　单位：亿元

项　　目	本期余额	比年初新增		新增比 2018 年同期（±）
		2019 年	2018 年	
一、一般性存款	173806.85	11850.97	8043.98	3806.99
1. 对公存款	87052.51	2409.58	1346.22	1063.36
其中：活期存款	58268.81	963.65	1887.76	-924.11
定期存款	28783.70	1445.94	-541.54	1987.48
2. 个人存款	86754.34	9441.39	6697.76	2743.62
其中：活期存款	41018.80	8378.16	1067.24	7310.93
定期存款	45735.54	1063.22	5630.53	-4567.30
二、归入存款口径的金融机构存款	**9934.91**	**1688.11**	**-444.39**	**2132.50**
三、保本理财资金	**1768.47**	**-1648.77**	**-126.57**	**-1522.20**
1. 对公保本理财资金	812.18	-609.95	-539.38	-70.57
2. 个人保本理财资金	956.30	-1038.82	412.81	-1451.63
四、同业存款	**3479.99**	**549.92**	**1022.17**	**-472.24**
五、各项贷款	**139831.92**	**13836.85**	**12247.64**	**1589.21**
1. 对公贷款	72978.08	6514.55	4926.44	1588.11
其中：贴现贷款	4977.48	1841.49	1893.76	-52.27
2. 个人类贷款	64781.14	6368.99	6638.00	-269.01
其中：个人住房贷款	54982.07	5601.63	5572.96	28.67

注：1. 个人类贷款包括个人住房贷款、个人消费类贷款和信用卡透支，不含“个人买方信贷”。

2. 个人住房贷款中含个人商业用房贷款。

中国建设银行存贷款主要指标统计表（外币）

2019年12月　　单位：亿美元

项　目	本期余额	比年初新增		新增比2018年同期（±）
		2019年	2018年	
一、一般性存款	**496.83**	**37.32**	**-200.43**	**237.75**
1. 对公存款	407.04	40.89	-192.52	233.41
其中：活期存款	127.20	-9.71	-38.82	29.10
定期存款	279.85	50.60	-153.70	204.30
2. 个人存款	89.79	-3.57	-7.91	4.34
其中：活期存款	43.08	-2.55	-1.02	-1.53
定期存款	46.70	-1.02	-6.89	5.87
二、归入存款口径的金融机构存款	**20.31**	**0.82**	**-1.89**	**2.72**
三、同业存款	**64.88**	**22.38**	**-15.04**	**37.43**
四、各项贷款	**360.27**	**17.21**	**-259.65**	**276.87**
1. 短期贷款	43.68	-22.48	-12.49	-9.99
2. 中长期贷款	111.87	15.67	-73.52	89.20
3. 进出口贸易融资	85.46	-1.99	-236.14	234.15
4. 各项垫款	0.86	-0.06	0.26	-0.32
5. 境外贷款	118.40	26.07	62.25	-36.18

中国建设银行个人贷款主要指标统计表（本外币）

2019年12月　　单位：亿元

项　目	本期余额	比年初新增		新增比2018年同期（±）
		2019年	2018年	
个人贷款合计	**64786.05**	**6367.71**	**6637.64**	**-269.93**
1. 个人消费贷款	1898.02	-203.23	174.69	-377.92
2. 个人助学贷款	0.36	-0.18	-0.26	0.08
3. 个人住房贷款	53051.09	5515.06	5561.45	-46.39
4. 个人商业用房贷款	1916.30	95.62	37.99	57.63
5. 个人其他消费贷款	0.01	0.00	0.00	0.00
6. 下岗失业人员小额担保贷款	2.65	1.33	0.42	0.92
7. 个人助业贷款	429.83	64.00	2.08	61.92
8. 个人住房最高额抵押贷款	14.71	-9.06	-26.49	17.43
9. 个人支农贷款	29.16	1.60	-19.16	20.76
10. 个人信用卡透支	7424.50	890.30	899.80	-9.51
11. 个人其他贷款	19.41	12.28	7.13	5.15

中国建设银行各分行存款主要指标统计表（本外币）

2019 年 12 月　　单位：亿元

地区	一般性存款		其中：对公存款		其中：个人存款	
	本期余额	比年初新增	本期余额	比年初新增	本期余额	比年初新增
境内合计	**177265.56**	**12151.44**	**89886.15**	**2726.63**	**87379.41**	**9424.81**
总行本级	30.46	-13.85	30.28	-14.02	0.18	0.17
信用卡中心	118.29	6.01	0.21	0.06	118.07	5.96
长三角	31408.64	1796.85	18149.75	473.33	13258.89	1323.52
上海	10246.16	484.36	6291.61	6.38	3954.55	477.98
江苏	9564.28	566.96	4964.91	121.38	4599.37	445.58
浙江	6913.18	472.25	3861.54	206.42	3051.65	265.83
宁波	1463.18	62.73	983.19	36.49	479.99	26.24
苏州	3221.83	210.55	2048.51	102.66	1173.32	107.89
珠三角	28296.31	2885.03	15126.60	1579.73	13169.71	1305.31
广东	15407.56	1465.51	8004.21	745.05	7403.35	720.46
深圳	6157.16	857.76	4237.58	647.72	1919.58	210.04
福建	5107.05	448.61	2049.81	146.94	3057.24	301.67
厦门	1624.54	113.15	835.00	40.02	789.54	73.14
环渤海	34469.89	2820.46	18220.10	616.31	16249.79	2204.15
北京	14002.41	1316.26	9174.90	573.86	4827.51	742.40
山东	8205.94	401.32	3701.53	-153.76	4504.41	555.07
天津	2899.59	214.78	1513.29	4.30	1386.30	210.48
河北	7992.94	834.77	3073.77	213.14	4919.18	621.63
青岛	1369.02	53.33	756.62	-21.25	612.40	74.58
中部	36276.62	1745.74	16244.53	-196.69	20032.09	1942.43
山西	3504.23	249.01	1354.88	3.31	2149.35	245.69
广西	3109.04	26.27	1526.34	-124.60	1582.70	150.87
湖北	6468.73	250.62	2677.54	-77.08	3791.19	327.70
河南	6491.88	439.98	2649.74	79.73	3842.14	360.26
湖南	6998.19	369.70	2839.02	26.76	4159.17	342.94
江西	3507.87	341.81	1873.71	114.45	1634.16	227.37
海南	947.79	-90.36	556.09	-95.41	391.70	5.05
安徽	5248.89	158.71	2767.22	-123.83	2481.67	282.55
西部	34505.50	1936.62	17601.88	161.22	16903.62	1775.40
四川	9843.82	455.65	5275.24	-37.09	4568.58	492.74
重庆	3251.58	147.34	1709.00	14.30	1542.58	133.04
贵州	2398.80	11.73	1336.19	-29.51	1062.61	41.24
云南	3999.18	183.87	2281.66	59.01	1717.52	124.86
西藏	770.69	-32.61	561.19	-37.28	209.51	4.67
内蒙古	3117.29	297.27	1200.03	-11.59	1917.26	308.86
陕西	5084.36	392.80	2120.15	55.24	2964.21	337.56
甘肃	1846.31	127.83	851.95	30.01	994.36	97.82
青海	912.71	25.88	454.41	-7.31	458.30	33.19
宁夏	733.03	93.50	341.19	44.24	391.84	49.26
新疆	2547.74	233.36	1470.88	81.19	1076.86	152.17
东北	12159.85	974.57	4512.79	106.70	7647.06	867.87
辽宁	4778.04	301.18	1701.80	2.14	3076.24	299.04
吉林	2900.82	260.64	1133.28	54.24	1767.54	206.41
黑龙江	3081.18	314.68	1073.70	67.33	2007.48	247.35
大连	1399.81	98.06	604.00	-17.01	795.81	115.07

注：存款不包含保本理财资金。

中国建设银行各分行贷款主要指标统计表（本外币）

2019 年 12 月　　　　单位：亿元

地区	各项贷款		其中：对公贷款		其中：个人贷款	
	本期余额	比年初新增	本期余额	比年初新增	本期余额	比年初新增
境内合计	**142339.91**	**13987.03**	**74632.62**	**6497.44**	**64786.05**	**6367.71**
总行本级	2981.68	837.65	65.93	-278.73	0.00	0.00
长三角	26966.95	2178.24	14221.02	1085.26	12740.43	1087.48
上海	6752.24	374.65	3871.04	92.29	2875.71	276.86
江苏	8309.88	741.73	4252.40	384.00	4057.48	357.73
浙江	6637.12	542.13	3346.72	269.29	3290.40	272.85
宁波	1742.17	158.03	960.30	92.98	781.87	65.05
苏州	3525.53	361.70	1790.56	246.70	1734.97	115.00
珠三角	24864.68	2769.39	11540.02	1628.34	13324.66	1141.05
广东	11366.06	1496.58	5196.55	817.06	6169.51	679.53
深圳	6854.79	678.30	3704.97	511.42	3149.82	166.88
福建	5011.26	401.14	1924.69	165.92	3086.57	235.22
厦门	1632.57	193.37	713.81	133.95	918.75	59.42
环渤海	24905.24	2530.14	14487.49	1423.21	10417.75	1106.93
北京	8645.80	1233.41	6619.64	1081.47	2026.16	151.94
山东	5622.11	398.45	2676.50	-0.58	2945.61	399.03
天津	3148.16	155.92	1702.95	44.66	1445.21	111.26
河北	5768.02	452.87	2664.70	143.51	3103.32	309.36
青岛	1721.15	289.49	823.70	154.15	897.45	135.34
中部	28530.54	3002.24	14525.32	1545.92	14005.22	1456.31
山西	2352.85	148.11	1321.00	62.67	1031.84	85.44
广西	2978.11	309.58	1623.92	175.45	1354.18	134.13
湖北	4967.99	489.13	2582.63	276.67	2385.36	212.46
河南	5212.37	587.74	2516.55	264.37	2695.82	323.37
湖南	5344.20	645.90	3076.19	362.12	2268.00	283.78
江西	2748.24	335.09	1225.06	198.94	1523.18	136.15
海南	990.88	130.51	456.06	62.39	534.82	68.12
安徽	3935.91	356.19	1723.90	143.31	2212.01	212.88
西部	26307.34	2313.89	15376.66	1035.18	10930.68	1278.70
四川	5797.55	709.82	3061.55	368.54	2736.01	341.28
重庆	3752.30	377.49	1715.07	167.11	2037.23	210.38
贵州	2541.64	371.07	1590.63	214.60	951.01	156.46
云南	2908.78	248.15	1569.74	91.08	1339.03	157.07
西藏	639.85	-17.34	559.30	-26.69	80.55	9.36
内蒙古	2491.82	-7.99	1734.58	-84.79	757.24	76.80
陕西	3425.74	372.67	1872.29	160.55	1553.44	212.12
甘肃	1508.47	123.76	916.48	51.83	591.98	71.93
青海	746.32	4.71	610.16	-9.45	136.16	14.16
宁夏	739.10	13.01	523.85	21.82	215.25	-8.81
新疆	1755.77	118.53	1223.00	80.58	532.77	37.95
东北	7783.49	355.47	4416.18	58.25	3367.32	297.23
辽宁	3394.29	164.62	2014.86	66.06	1379.43	98.56
吉林	1929.53	82.81	1157.73	8.48	771.80	74.33
黑龙江	1318.15	83.07	667.17	-0.44	650.98	83.52
大连	1141.52	24.97	576.42	-15.84	565.10	40.82

注：信用卡透支数据已拆分至各分行。

中国建设银行各分行国际结算业务量情况统计表

2019 年 12 月　　单位：笔，万美元

地区	进口业务		出口业务		边贸业务		收入
	笔数	金额	笔数	金额	笔数	金额	（人民币万元）
境内合计	**1386800**	**48858514**	**3014684**	**60272042**	**20477**	**168226**	**378594**
总行本级	108	233428	4911	94774	0	0	2778
长三角	482235	14802876	1211278	25505637	0	0	80924
上海	186795	7423366	202466	5484001	0	0	23383
江苏	67566	1867447	215693	3134115	0	0	21456
浙江	73332	2020420	536194	12217944	0	0	19336
宁波	24114	621669	86446	999118	0	0	5924
苏州	130428	2869974	170479	3670459	0	0	10824
珠三角	437175	16011205	919886	16593085	0	0	101065
广东	128561	9884832	407670	10175271	0	0	50709
深圳	250706	3958819	194784	3738241	0	0	31670
福建	21668	916450	171952	1221146	0	0	9782
厦门	36240	1251104	145480	1458427	0	0	8905
环渤海	216814	9340585	444907	9780117	0	0	94833
北京	100949	5527132	76593	5213829	0	0	54997
山东	57719	1826088	204002	2122790	0	0	17642
天津	18437	325092	21905	233367	0	0	1234
河北	14482	608366	75047	825246	0	0	10142
青岛	25227	1053907	67360	1384885	0	0	10818
中部	77098	4313869	234059	4321053	4624	29248	39004
山西	2046	272367	4814	206956	0	0	3404
广西	6281	224515	10105	204152	4624	29248	3937
湖北	9060	713415	32214	407270	0	0	4245
河南	15548	369673	73132	1124889	0	0	5392
湖南	11012	834701	33372	710946	0	0	6862
江西	6301	524067	23747	517656	0	0	5329
海南	7887	187308	5404	42686	0	0	1177
安徽	18963	1187823	51271	1106498	0	0	8659
西部	114929	2254102	89546	2685805	10100	113667	34527
四川	40829	452956	25527	449495	0	0	7763
重庆	25385	922855	22228	1441225	0	0	7778
贵州	4385	79955	3324	97561	0	0	2778
云南	9626	109251	7110	141468	2977	36478	2473
西藏	65	85	154	129	0	0	0
内蒙古	14738	228261	6922	91279	6475	73063	1061
陕西	12123	214585	15706	222544	0	0	2072
甘肃	920	131946	1798	179373	0	0	4153
青海	530	13003	369	8758	0	0	269
宁夏	725	6923	1461	15840	0	0	525
新疆	5603	94282	4947	38133	648	4126	5655
东北	58441	1902449	110097	1291571	5753	25311	25463
辽宁	15849	606696	44165	465638	0	0	18801
吉林	15552	613479	21272	97626	0	0	948
黑龙江	6302	88797	10371	43354	5753	25311	1035
大连	20738	593477	34289	684953	0	0	4680

中国建设银行各分行中间业务收入情况统计表（本外币、境内）

2019 年 12 月 单位：万元，%

地区	中间业务毛收入	中间业务支出	中间业务净收入	同比增速（毛收入）
境内合计	**15194004**	**1541278**	**13652726**	**10.89**
总行本级	364560	117401	247159	—
长三角	2799524	276916	2522608	-1.24
上海	787120	66985	720135	4.60
江苏	805560	91049	714511	4.37
浙江	759838	87468	672370	-9.37
宁波	112081	10270	101811	-2.75
苏州	334926	21144	313781	-6.11
珠三角	3434668	212315	3222353	13.58
广东	1553795	143835	1409960	13.31
深圳	1158792	2243	1156548	20.89
福建	556842	53946	502897	2.20
厦门	165240	12291	152948	10.78
环渤海	2507626	226384	2281242	4.50
北京	951542	51516	900025	4.20
山东	643053	78841	564212	2.65
天津	223405	15554	207851	0.93
河北	565695	67225	498470	9.01
青岛	123930	13246	110684	3.60
中部	2896729	346151	2550579	8.77
山西	230219	23138	207081	12.27
广西	267001	27996	239004	9.79
湖北	424999	51602	373397	9.82
河南	577211	64588	512622	11.51
湖南	668418	91177	577240	13.86
江西	307189	33151	274038	4.17
海南	75977	8817	67160	-19.22
安徽	345715	45681	300035	3.41
西部	2431288	275204	2156084	11.01
四川	546560	65090	481470	9.06
重庆	277399	29280	248119	-0.38
贵州	302739	20822	281917	30.13
云南	239517	25691	213826	9.24
西藏	22649	2359	20289	10.09
内蒙古	204307	20703	183604	4.43
陕西	330565	47033	283532	15.67
甘肃	158712	25249	133463	6.99
青海	64149	5677	58471	36.58
宁夏	68725	8999	59726	2.41
新疆	215968	24302	191666	11.17
东北	787669	86907	700762	4.85
辽宁	329446	32115	297332	11.02
吉林	209783	21697	188086	6.08
黑龙江	151107	24051	127056	-4.28
大连	97333	9044	88289	-1.57

注：本表数据来源于资产负债管理部提供的用于报送行长月报的数据。

中国建设银行各分行借记卡主要指标统计表（本外币）

2019 年 12 月

地区	发卡总量（万张）	存款余额		交易总额		购物消费额（万元）
		余额（万元）	卡均（元）	余额（万元）	卡均（元）	
境内合计	**112941**	**414442876**	**3670**	**11963249898**	**105924**	**2317036187**
长三角	16812	61840800	3678	1877059221	111648	350960593
上海	2856	16684737	5842	410778031	143829	71528386
江苏	6389	17946076	2809	583046679	91265	117753062
浙江	4567	17974532	3935	590096399	129199	104296581
宁波	1035	2500070	2416	93481752	90337	16735875
苏州	1966	6735385	3427	199656361	101577	40646690
珠三角	17118	74927949	4377	2438177950	142430	432491208
广东	9657	38593327	3997	1000717678	103630	218408060
深圳	3046	12433649	4082	388966096	127700	61439169
福建	3489	18946112	5430	845020808	242201	121337037
厦门	927	4954862	5345	203473368	219499	31306943
环渤海	18122	70298770	3879	1806222808	99670	339477711
北京	2924	21802228	7456	437341364	149566	84426397
山东	6900	19442792	2818	603126472	87403	114811458
天津	1858	4870462	2621	114566181	61646	20282838
河北	5548	21468129	3870	576676493	103952	103738158
青岛	891	2715160	3046	74512299	83592	16218860
中部	29442	98158862	3334	2998120749	101832	601132781
山西	3360	8015286	2386	212961707	63385	44310619
广西	2383	8317932	3490	243453044	102147	51732611
湖北	4469	18314420	4098	521777763	116750	109727438
河南	7174	20876974	2910	653845991	91136	126828690
湖南	5244	20010443	3816	611543993	116626	129332500
江西	2981	9607770	3223	339942705	114040	55748939
海南	521	2204388	4230	62265882	119469	13349161
安徽	3309	10811649	3267	352329664	106466	70102823
西部	22765	82527003	3625	2081326150	91428	449598128
四川	5331	21373069	4009	529293348	99277	110045919
重庆	2399	7810987	3256	238090964	99250	48862504
贵州	1724	6132575	3558	178844364	103767	43161176
云南	2475	9155984	3700	232585258	93993	52941482
西藏	159	1474564	9279	30681662	193067	5305071
内蒙古	2330	8380671	3597	217741505	93444	41318656
陕西	3376	12204369	3615	288482584	85447	65792831
甘肃	1678	5429428	3235	128367459	76485	30734686
青海	838	2601371	3104	45231948	53974	10476254
宁夏	650	2303039	3544	71401223	109875	13808774
新疆	1805	5660946	3137	120605836	66830	27150775
东北	8682	26689492	3074	762343020	87803	143375766
辽宁	3213	9510101	2960	271495487	84505	53037676
吉林	1866	6903637	3700	218288883	116977	37624336
黑龙江	2552	7836423	3071	202949740	79536	39987951
大连	1052	2439330	2319	69608910	66176	12725804

中国建设银行分行信用卡主要指标表

2019 年 12 月　　单位：户，张，万元，元/户，%

地区	一、规模类指标										二、效率、质量类指标			三、效益类指标			
	客户拓展				消费交易			贷款投放									
	1. 累计客户数	2. 净增客户数	3. 新增年轻客户数	4. 净增发卡	5. 纯消费交易额[1]	6. 分期交易额[1]	7. 收单交易额[2]	8. 贷款余额	9. 其中：分期贷款余额	10. 当年新增贷款	11. 客户活动率	12. 贷款收益率	13. 不良率	14. 业务收入（不含增值税）	15. 其中：中收	16. 活动户均收入	17. 信用卡中收在分行占比
全国总计	97337834	7331476	9094157	12759279	288690442	45267329	226290441	74246542	46059797	8913967	58.76	6.56	1.02	6120172	5094328	1087	33.53
长三角	16644536	986399	1445683	1481697	37676753	7168629	36656812	11422588	7721636	846157	51.63	6.40	0.88	952480	802484	1116	28.18
上海	4497392	93395	258214	214031	10589854	1936688	10981318	2860061	1836811	369712	54.84	6.22	0.67	233480	189653	947	23.44
江苏	5350935	438864	556451	588982	11287514	2260350	11217304	3407017	2314596	351723	47.68	6.70	0.94	279571	238926	1119	29.25
浙江	4678396	333585	436748	503872	11160381	2093444	8586487	3695032	2583533	37138	52.04	6.24	0.97	326057	281782	1342	36.62
宁波	746003	16645	43979	21149	1646149	217526	1773902	365632	205649	2581	48.95	6.38	1.18	31875	24973	858	22.00
苏州	1371810	103910	150291	153663	2992856	660620	4097801	1094845	781046	85004	56.54	6.53	0.81	81497	67150	1062	19.84
珠三角	15684146	1048816	1402964	1961098	50531725	10153303	28998847	16587757	11479912	2125008	63.07	6.69	1.09	1327927	1126664	1359	32.11
广东	8081665	683849	856161	1324092	22570084	5951821	15293213	9389197	7050309	1840905	62.95	6.65	1.03	677605	573248	1364	36.45
深圳	2629641	135327	201118	195257	9532060	1613952	6333249	2521480	1533588	44256	65.51	7.35	1.46	273740	230407	1589	19.22
福建	4064707	177373	273000	358600	15825414	2215528	6506781	4016322	2492395	193614	63.38	6.43	1.06	325086	279643	1261	49.14
厦门	908133	52267	72685	83149	2604166	372002	865605	660758	403621	46232	55.72	6.28	0.77	51496	43366	1024	25.77
环渤海	16039507	1209332	1521884	2007227	46973356	5949685	35957293	10011351	5630440	1023138	58.54	6.21	0.85	832356	695407	895	27.22
北京	3727333	361452	385100	655592	8377228	1355971	8118953	2061651	1235424	367549	50.11	6.44	0.81	164295	131960	883	13.51
山东	5257911	338805	442534	728089	19143829	1832032	13006714	3529528	1792106	261265	61.19	5.96	0.88	307302	258021	956	39.53
天津	1296444	74697	125208	88206	2175244	278734	1556908	462996	249563	30098	46.28	7.05	0.81	41082	31994	699	14.22
河北	5008948	396537	494518	467830	15107298	2185116	11447713	3450192	2050250	293524	65.33	6.22	0.85	278418	238824	867	41.52
青岛	748871	37841	74524	67510	2169757	297833	1827005	506984	303097	70703	57.75	6.23	0.87	41258	34609	965	27.61
中部	21597221	1774543	2125525	3163401	75792301	10049949	57678046	17416456	10037183	2165253	59.62	6.42	1.12	1419774	1185377	1124	40.19
山西	2682220	169352	208822	282808	9367620	738273	3078405	1544923	678663	111446	61.18	5.75	1.31	128713	103965	791	44.40
广西	1801307	152491	178393	286149	6285729	1070030	4803757	1826642	1189102	276964	64.33	6.96	1.33	146184	120853	1286	44.51

续表

地区	一、规模类指标										二、效率、质量类指标			三、效益类指标			
	客户拓展				消费交易			贷款投放									
	1. 累计客户数	2. 净增客户数	3. 新增年轻客户数	4. 净增发卡	5. 纯消费交易额[1]	6. 分期交易额[1]	7. 收单交易额[2]	8. 贷款余额	9. 其中：分期贷款余额	10. 当年新增贷款	11. 客户活动率	12. 贷款收益率	13. 不良率	14. 业务收入（不含增值税）	15. 其中：中收	16. 活动户均收入	17. 信用卡中收在分行占比
湖北	3506343	242796	303976	440083	9657320	1273504	4781410	2163364	1207773	200875	53.36	6.49	1.05	177746	145204	960	33.37
河南	4346555	425253	487474	809333	19470402	1759621	12073013	3338986	1477846	757640	67.09	5.09	1.01	246607	205287	873	34.90
湖南	4257199	328412	407862	542342	15029424	2157247	14192611	3638178	2169664	371874	58.81	7.08	1.17	328688	274705	1341	40.43
江西	2184799	222192	247402	410755	7892166	1337304	9570788	1990729	1242372	227394	54.23	6.77	1.09	167048	142348	1432	45.63
海南	372415	19137	27943	31903	1807467	213985	1868972	433740	258832	20061	66.80	7.08	1.30	40370	32106	1625	41.62
安徽	2446383	214910	263653	360028	6282173	1499985	7309090	2429894	1812930	198998	55.28	6.72	0.97	184418	160908	1389	45.77
西部	20180025	1823466	1975103	3285287	59817192	9390447	55347184	14942979	9006187	2242647	61.23	6.94	1.03	1273992	1036947	1059	42.01
四川	4583141	432903	423922	710627	10283401	2168331	12631786	3122834	2062896	533863	59.66	7.29	0.80	262995	214727	986	38.68
重庆	1838340	107274	167460	188917	5479353	729159	11312858	1309848	754888	75506	57.49	7.01	1.11	118860	94302	1124	33.53
贵州	1526453	153369	178161	337914	4466907	1107860	3437575	1722678	1247612	440596	63.56	7.00	0.97	127131	103683	1358	33.85
云南	1775568	186539	201022	315703	5548585	1046353	5466583	1516781	946636	361063	65.43	6.78	0.96	120058	97777	1079	40.09
西藏	91957	11892	12354	16186	311223	44083	1115407	66178	31676	7323	71.91	8.76	1.06	8469	6400	1344	27.80
内蒙古	2000865	164306	174385	260980	10132915	852738	2684893	1552170	588534	149199	71.01	5.88	1.04	132364	104583	956	50.35
陕西	3867279	318862	359089	687333	6483953	1469242	7407543	2177366	1557814	421757	48.71	6.80	1.00	169155	143798	917	42.75
甘肃	1666738	172955	182392	301120	6121725	699764	3988418	1227085	638982	143569	67.33	6.69	1.21	109076	87823	1007	54.39
青海	399623	38121	38510	54738	1165687	155639	1543526	266509	149102	21808	65.51	7.94	1.23	28572	22282	1118	34.32
宁夏	662777	59551	64396	110900	3664761	215060	1350204	530965	195948	25048	76.45	6.01	2.05	50715	40251	1030	57.56
新疆	1767284	177694	173412	300869	6158681	902220	4408390	1450563	832099	62917	66.34	7.82	1.10	146597	121322	1295	55.61
东北	7191807	488966	622998	860568	17898649	2555316	11652258	3865412	2184437	511764	56.86	7.01	1.15	341426	275233	851	34.40
辽宁	2696125	193281	250983	410453	5993168	1025439	3846359	1460094	901225	270202	56.14	7.30	1.15	125406	102201	848	30.57
吉林	1929099	131423	163975	177324	5894485	737498	3052889	1159766	617184	95118	59.59	6.75	1.05	105068	84096	926	39.45
黑龙江	1882757	137607	150626	211129	4502462	568735	3737994	895531	459789	136020	56.45	6.73	1.26	77673	61319	746	39.74
大连	683826	26655	57414	61662	1508534	223643	1015016	350021	206238	10425	53.08	7.39	1.18	33279	27618	927	28.06

注：1. 账单分期、消费分期、商户分期、益贷卡交易额双边计入纯消费交易额。
2. 收单交易额含网络商户收单交易额。

中国建设银行分行网络金融业务主要指标表

2019 年 12 月　　　　单位：户，%，万元

地区	移动金融柜面替代率		企业网银当年活跃用户数		个人网银当年活跃用户数		手机银行当年活跃用户数		善融商务交易额	善融商务个人商城交易额
	期末数	比年初	期末数	同比增长	期末数	同比增长	期末数	同比增长	期末数	期末数
总计	95.81	3.82	3794566	21.73	14455531	3.29	96443852	19.04	12780915	542116
长三角										
上海	93.85	2.85	228464	12.55	284194	-5.08	2752461	22.95	576592	15258
江苏	96.83	3.18	246987	20.99	505297	-6.87	7393731	22.79	532124	18684
浙江	97.15	3.91	152845	18.66	381318	-9.89	3659670	20.04	603086	9055
宁波	89.72	5.74	27019	3.49	113259	19.13	677710	31.77	105824	1617
苏州	95.95	4.02	79037	22.35	109772	-12.67	1516697	16.41	382898	14038
珠三角										
广东	97.79	3.18	387564	23.84	1568099	-4.98	8597071	16.74	627096	45953
深圳	97.63	1.70	156391	10.29	280830	-11.52	2148077	9.85	91766	9923
福建	97.70	1.35	158312	19.00	438378	-6.87	4417099	8.75	1595092	49152
厦门	97.63	0.99	60140	8.47	323752	12.39	1055387	12.37	168780	2059
环渤海										
北京	91.49	1.60	147666	4.24	335568	-13.97	2570756	21.12	19791	11133
山东	96.31	2.67	172585	26.38	766839	20.93	5698798	13.23	1375205	37786
天津	92.86	7.44	46055	25.78	73765	-22.39	1093171	29.93	108520	7240
河北	95.42	2.72	184766	21.60	971482	-0.60	4779359	17.45	1847709	31881
青岛	93.89	1.51	33666	34.12	66025	-9.43	721142	24.17	177552	5206
中部										
山西	94.59	4.14	56289	35.68	137161	-18.68	1829589	26.94	345322	21393
广西	95.72	2.14	85241	36.86	465328	117.12	2427999	30.60	274730	9464
湖北	96.07	3.87	163284	28.44	577007	10.95	4205550	19.15	513251	18821
河南	94.83	5.22	166967	33.35	616801	13.15	4945057	40.76	423550	47383
湖南	95.92	4.35	108290	23.47	870496	-17.98	4779134	9.78	412250	36123
江西	96.65	4.92	98302	24.18	161550	-12.90	1883949	17.25	508546	18133
海南	94.62	2.58	37866	33.58	99689	76.70	500978	14.64	7540	2020
安徽	94.68	4.98	118247	23.78	1381679	8.85	4078628	8.97	184686	11500
西部										
四川	92.72	2.32	169859	15.47	640000	22.61	4232599	21.71	474651	10051
重庆	94.35	5.36	80530	25.01	338668	11.76	2195246	16.71	298804	4922
贵州	95.15	4.21	62680	39.58	78417	-10.39	1634160	24.80	72719	10794
云南	95.40	4.16	66559	19.02	164113	-31.62	1875009	-1.62	284089	10857
西藏	86.15	9.60	11075	28.81	5698	2.63	104629	24.58	725	357
内蒙古	93.29	3.24	56483	32.60	127928	-3.33	1641867	20.93	171397	7144
陕西	96.73	3.76	90618	28.82	769648	-0.32	2743850	23.68	269050	17178
甘肃	97.53	5.16	40440	29.68	123428	51.97	1420038	21.57	21145	1205
青海	90.16	6.63	12545	12.35	15513	-13.31	293773	12.91	1938	697
宁夏	95.37	4.39	22380	13.32	66967	-21.36	578084	16.82	5143	740
新疆	97.37	4.15	61679	27.21	615310	16.46	1478570	26.86	29718	27535
东北										
辽宁	94.51	3.86	85743	23.80	341252	27.75	2663401	37.94	214901	13583
吉林	94.63	6.17	59558	19.51	453701	21.36	1528055	25.14	35551	5439
黑龙江	89.64	6.97	40196	34.18	136770	10.35	1661891	18.82	10139	2706
大连	93.19	6.94	18238	21.30	49679	-6.29	660641	16.91	4987	1037

中国建设银行各项存款市场占比表（本外币、分地区）

2019 年 12 月　　　　单位：亿元，%

地区	各项存款				其中：对公存款				其中：个人存款			
	余额	占比	比年初	占比	余额	占比	比年初	占比	余额	占比	比年初	占比
全国总计	**190070.22**	**25.55**	**12591.88**	**24.43**	**90488.83**	**26.19**	**2242.56**	**17.22**	**87634.79**	**24.64**	**8278.68**	**26.11**
长三角	33959.93	22.66	1888.51	16.67	18395.29	23.68	431.33	10.25	13317.12	21.06	1063.20	18.59
上海	12091.57	26.61	738.10	25.72	6304.04	28.00	-66.64	-44.04	3915.11	24.09	457.56	31.13
江苏	9908.28	24.10	571.06	20.03	5077.83	25.01	130.01	14.42	4627.77	23.23	403.00	22.83
浙江	7120.76	16.85	337.80	8.01	3897.52	17.61	203.13	8.37	3115.98	16.32	120.65	6.39
宁波	1490.31	21.26	76.78	20.82	1006.87	22.89	54.12	25.87	481.18	18.63	21.77	13.25
苏州	3349.01	23.88	164.77	16.08	2109.03	25.27	110.71	21.32	1177.08	21.89	60.22	13.89
珠三角	31393.53	28.09	3285.47	30.94	15478.59	28.68	1277.49	29.24	12753.65	25.54	1168.30	25.76
广东	16417.11	25.43	1423.06	28.13	8248.90	27.58	510.16	24.91	7210.52	22.47	652.90	26.16
深圳	8054.61	30.71	1276.75	36.14	4201.75	29.07	545.24	32.39	1764.85	25.61	173.70	22.26
福建	5266.54	31.98	476.35	29.32	2156.75	30.90	191.08	41.99	3025.70	32.96	274.02	25.61
厦门	1655.27	36.88	109.31	27.15	871.19	33.15	31.01	17.07	752.58	42.42	67.68	35.85
环渤海	37229.32	23.54	1513.60	19.17	17821.86	22.36	276.95	51.65	16419.31	24.12	2008.31	30.37
北京	16285.87	21.15	203.12	7.14	8693.01	18.30	355.20	54.51	4879.76	24.20	670.35	39.11
山东	8385.95	26.02	406.78	29.56	3731.89	28.11	-117.29	-23.79	4542.15	24.45	507.66	27.74
天津	2987.91	24.14	54.58	11.51	1513.54	28.19	-154.72	-38.12	1399.84	21.19	189.41	27.24
河北	8127.61	26.76	791.52	29.25	3103.53	29.41	210.46	33.07	4953.04	25.24	575.75	28.22
青岛	1441.98	23.28	57.60	11.62	779.89	26.00	-16.70	-11.34	644.52	20.75	65.14	19.51
中部	36930.29	27.83	1632.11	21.33	16250.31	29.57	-194.82	-16.59	20179.92	26.53	1749.82	28.34
山西	3550.61	24.31	225.58	22.97	1366.48	26.45	1.75	0.79	2169.15	23.26	220.90	29.84
广西	3138.15	25.43	19.95	5.50	1533.33	28.57	-123.28	-112.71	1587.66	23.10	141.16	29.59
湖北	6581.23	27.22	190.03	14.57	2626.35	25.05	-90.66	-33.44	3844.87	28.70	257.31	25.98
河南	6581.11	27.59	428.58	29.93	2646.11	30.48	120.02	57.17	3864.06	25.90	333.78	27.50
湖南	7158.68	36.32	394.41	34.81	2855.53	38.39	36.76	51.32	4171.70	35.01	324.50	33.74
江西	3607.98	26.09	329.46	25.86	1883.32	30.65	101.23	25.22	1651.24	22.11	204.90	24.94
海南	955.45	21.49	-95.26	-75.60	559.75	22.81	-96.68	-72.73	395.22	20.14	1.19	—
安徽	5357.08	27.13	139.36	10.79	2779.44	30.12	-143.96	-59.35	2496.02	24.48	266.08	27.47
西部	35489.60	28.17	1946.17	30.48	17977.35	29.71	335.17	31.45	17145.13	26.79	1511.46	30.41
四川	10165.46	28.08	561.27	24.23	5434.08	31.87	83.99	16.84	4638.95	24.73	444.32	25.96
重庆	3391.66	24.94	219.72	22.03	1746.35	25.97	68.65	19.53	1548.31	23.84	123.22	25.51
贵州	2421.91	29.34	6.06	2.16	1340.57	30.12	-27.87	-7.66	1067.33	29.46	32.87	58.29
云南	4027.46	29.65	179.28	21.45	2293.70	32.91	61.08	14.89	1721.74	26.50	112.76	26.46
西藏	906.58	26.06	-42.11	-56.26	692.50	26.20	-46.06	-44.34	211.68	25.69	3.39	13.30
内蒙古	3197.79	29.35	278.05	30.20	1202.93	28.88	-15.60	-12.48	1947.60	29.39	277.41	35.96
陕西	5219.00	30.22	340.55	31.68	2130.37	30.12	56.24	20.89	3018.03	30.16	273.15	35.27
甘肃	1866.82	28.45	115.00	49.98	853.00	27.80	25.66	282.29	1003.19	29.11	83.73	33.65
青海	921.85	31.56	21.39	23.50	454.27	30.76	-7.67	-4.76	464.03	32.52	26.26	44.64
宁夏	749.27	30.74	78.80	55.10	341.54	30.77	44.69	109.70	407.44	30.72	34.57	33.72
新疆	2621.80	24.31	188.16	59.98	1488.04	25.77	92.06	1130.96	1116.83	22.44	99.78	32.08
东北	12367.15	30.59	922.43	34.50	4532.63	35.17	129.45	38.93	7701.39	28.42	771.41	32.68
辽宁	4854.03	33.08	313.96	39.89	1713.22	38.38	9.85	12.17	3083.26	30.53	278.73	32.45
吉林	2968.75	32.82	233.35	37.01	1132.15	37.72	40.02	32.22	1786.47	30.20	171.36	35.70
黑龙江	3117.60	27.15	298.68	29.54	1077.90	29.65	75.54	26.27	2026.88	26.10	223.05	30.20
大连	1426.77	27.28	76.44	31.18	609.36	34.11	4.04	244.15	804.78	24.26	98.27	34.75

注：1. 本表数据来源于人民银行信贷收支月报，2019 年 12 月 31 日人民银行美元汇率 6.9762。

2. 与建设银行口径比，人民银行各项存款均包含保本理财资金，“对公存款” 多包含邮储银行协议存款。

3. 占比为建设银行占国有四大银行的比重。

中国建设银行各项贷款市场占比表（本外币、分地区）

2019 年 12 月　　单位：亿元，%

地区	各项贷款			
	余额	占比	比年初	占比
全国总计	**142345.21**	**26.38**	**13995.69**	**27.10**
长三角	26967.81	23.40	2179.71	19.61
上海	6752.80	26.56	375.65	22.28
江苏	8310.03	24.83	741.92	20.34
浙江	6637.16	19.17	542.21	13.54
宁波	1742.20	21.81	158.07	35.83
苏州	3525.62	25.65	361.86	27.06
珠三角	24865.17	27.54	2770.30	25.81
广东	11366.33	24.29	1497.10	23.94
深圳	6854.92	30.51	678.51	28.92
福建	5011.31	31.18	401.25	26.21
厦门	1632.61	32.98	193.44	32.14
环渤海	24906.31	27.55	2531.87	35.04
北京	8646.52	31.36	1234.51	41.85
山东	5622.30	23.12	398.79	25.97
天津	3148.17	26.66	155.96	24.20
河北	5768.05	28.05	452.93	32.30
青岛	1721.27	28.04	289.68	41.84
中部	28531.28	28.58	3003.44	27.40
山西	2352.85	26.48	148.11	17.12
广西	2978.16	27.80	309.67	25.79
湖北	4968.06	27.33	489.23	25.71
河南	5212.73	28.96	588.31	30.41
湖南	5344.35	35.47	646.14	33.54
江西	2748.25	25.93	335.12	27.71
海南	990.91	27.78	130.56	41.38
安徽	3935.97	26.57	356.30	22.16
西部	26307.52	27.20	2314.24	24.88
四川	5797.59	24.02	709.91	23.97
重庆	3752.33	27.09	377.54	23.67
贵州	2541.64	25.94	371.07	31.57
云南	2908.82	27.28	248.23	24.46
西藏	639.85	27.13	−17.34	−18.44
内蒙古	2491.84	30.16	−7.96	−2.08
陕西	3425.75	31.72	372.69	31.19
甘肃	1508.50	27.06	123.82	38.39
青海	746.32	27.69	4.72	5.27
宁夏	739.10	28.93	13.02	14.47
新疆	1755.78	29.05	118.54	31.13
东北	7783.60	29.80	355.67	33.95
辽宁	3394.35	33.82	164.74	49.33
吉林	1929.53	30.78	82.81	35.70
黑龙江	1318.20	23.44	83.15	25.88
大连	1141.52	27.22	24.97	15.56

注：1. 本表数据来源于人民银行信贷收支月报，2019 年 12 月 31 日人民银行美元汇率 6.9762。

2. 占比为建设银行占国有四大银行的比重。

CHINA 中国建设银行年鉴 2020
CONSTRUCTION BANK ALMANAC

第七部分　大事记

领导重要活动类

1 月 4 日 国务院总理李克强前往长安兴融中心建设银行普惠金融事业部考察普惠金融服务情况，董事长田国立、行长王祖继、副行长章更生、副行长黄毅、纪委书记朱克鹏、副行长张立林、副行长廖林，董事会秘书、首席经济学家黄志凌陪同。

1 月 9 日 行长王祖继在南京参加江苏省分行党委民主生活会。

1 月 9 日 董事长田国立在京参加国务院有关会议。

1 月 11 日 董事长田国立、行长王祖继在京参加十九届中央纪律检查委员会第三次全体会议。

1 月 11 日 董事长田国立、行长王祖继、副行长黄毅、副行长张立林、副行长廖林在京出席 2018 年十大“最美建行人”典型事迹集中展示活动。

1 月 11 日 行长王祖继到总行办公室宣布有关人事任免事宜。

1 月 14 日 董事长田国立在京参加国务院有关会议。

1 月 14－15 日 董事长田国立在广州参加广东省分行党委民主生活会，并开展“三大战略”和基层党建工作调研。其间到广州天河支行营业室，调研了存房业务情况及“党员之家”建设情况；到深圳调研有关普惠金融业务发展情况，并会见深圳市委书记王伟中。

1 月 16 日 董事长田国立在京出席国务院有关会议。

1 月 16 日 行长王祖继、副行长章更生在京会见交通银行行长任德奇一行。

1 月 17 日 董事长田国立在京出席德国大使馆举办的德国副总理兼财政部长奥拉夫·绍尔茨（Olaf Scholz）小型招待晚宴，共同探讨进一步加强中德、中国与欧盟金融合作等议题。

1 月 21 日 董事长田国立在京参加中央组织部有关会议。

1 月 21 日 行长王祖继在京会见内蒙古自治区副主席张韶春一行。

1 月 23 日 董事长田国立、副行长章更生、副行长张立林在京会见山东省副省长刘强一行。

1 月 24 日 董事长田国立在京会见福建省副省长郭宁宁一行。

1 月 28 日 行长王祖继、副行长廖林在京会见中国电子科技集团总经理吴曼青一行。

1 月 28 日 董事长田国立、行长王祖继、副行长章更生、信息总监金磐石到天津市河西友谊路支行“劳动者港湾”调研，了解普惠金融业务发展情况并看望员工。

1 月 30 日 董事长田国立在京参加国务院相关会议。

1 月 31 日 董事长田国立在京会见雄安新区管委会副主任吴海军一行。

1 月 31 日 行长王祖继先后到总行住房金融与个人信贷部、个人金融部、投资银行部、建信住房服务公司、资产负债管理部、办公室看望员工。

2 月 3 日 行长王祖继在人民大会堂参加中共中央、国务院 2019 年春节团拜会。

2 月 11 日 董事长田国立在京参加国务院相关会议。

2 月 13 日 董事长田国立在京会见安永中国主席及大中华区首席合伙人吴港平一行。

2 月 13 日 董事长田国立、行长王祖继在京会见中国银行保险监督管理委员会首席检查官、国有控股大型商业银行监管部主任杨丽平、巡视员王大庆一行。

2 月 20 日 董事长田国立在京会见北京市地方金融监督管理局局长霍学文。

2月20日　行长王祖继在京会见蚂蚁金服集团总裁胡晓明一行。

2月21日　行长王祖继在京会见沙特国际电力与水务公司（International Company for Water and Power Projects）董事会主席穆罕默德·阿布纳扬（Mohammad A. Abunayyan）一行。

2月22日　行长王祖继在京会见捷信集团（Home Credit Group）首席执行官兼捷信消费金融公司董事长翁德雷·弗里德里奇（Ondrej Frydrych）一行。

2月22日　董事长田国立、行长王祖继在京会见北京市市长陈吉宁。

2月27日　行长王祖继、副行长张立林在京会见中国进出口银行董事长胡晓炼。

3月5日　董事长田国立在人民大会堂旁听十三届全国人民代表大会第二次会议。

3月5日　董事长田国立在京会见英格兰银行（ Bank of England ）副行长兼英国审慎监管局（ Prudential Regulation Authority）首席执行官山姆 · 伍兹（ Sam Woods ）一行。

3月7日　董事长田国立、副行长章更生、纪委书记朱克鹏在京分别参加中央纪委国家监委调研组访谈。

3月8日　董事长田国立在人民大会堂旁听十三届全国人民代表大会第二次会议第二次全体会议。

3月12日　董事长田国立在人民大会堂旁听十三届全国人民代表大会第二次会议第三次全体会议。

3月12日　行长王祖继在京会见红杉资本全球执行合伙人沈南鹏一行。

3月13日　行长王祖继在京会见上海交通大学校务委员会名誉主任马德秀。

3月13日　董事长田国立、行长王祖继在京会见中国邮政集团公司董事长刘爱力、邮政储蓄银行党委书记张金良一行，双方商讨了深化合作事宜。

3月14日　董事长田国立、行长王祖继在京会见了华平投资集团（Warburg Pincus）总裁、美国前财政部部长蒂莫西·盖特纳（Timothy Geithner）一行，双方就金融科技、资产管理等领域的交流与合作交换了意见。

3月15日　董事长田国立在人民大会堂旁听十三届全国人民代表大会第二次会议闭幕会。

3月15日　董事长田国立出席上海市委市政府加快推进上海国际金融中心建设座谈会

3月18日　董事长田国立在京会见卢森堡证券交易所（ Luxembourg Stock Exchange ）首席执行官罗伯特 · 沙弗（ Robert Scharfe ）一行，双方就绿色金融及加强合作等话题进行了深入交流。

3月19日　董事长田国立在京会见中国（海南）改革发展研究院院长迟福林。

3月20日　董事长田国立在京参加国务院有关会议。

3月21日　董事长田国立在京先后会见TCL集团董事长李东生、满帮集团董事长王刚。

3月22日　董事长田国立在京会见美国彭博公司（Bloomberg）董事长高逸雅（Peter Grauer）一行。

3月25日　董事长田国立、党委副书记刘桂平、副行长张立林在京会见河北省副省长、雄安新区党工委书记陈刚一行。

3月26日　董事长田国立在京参加国务院有关会议。

3月26日　董事长田国立在京会见即联即用创业投资公司董事长拉希姆·阿米迪一行。

3月26日　董事长田国立、党委副书记刘桂平在京会见中国融通资产管理集团筹备组组长温刚、副组长马正武。

3月27日　董事长田国立在京出席中国融通资产管理集团成立大会。

3月29日　董事长田国立在京参加中国银行保险监督管理委员会2018年度监管通报会谈。

3月29日　党委副书记刘桂平到建行亚洲、建银国际、建行大学香港学院、海外审批中心和香港资金运营中心等在港机构调研，副行长张立林、副行长廖林陪同。在港期间，刘桂平一行拜会了中央人民政府驻香港特别行政区联络办公室副主任杨建平和香港金融管理局副总裁阮国恒。

4月1日　董事长田国立在京会见金光集团董事长兼总裁黄志源一行。

4月2日　党委副书记刘桂平在京会见人民银行副行长、国家外汇管理局局长潘功胜。

4月3日 董事长田国立应邀出席在爱尔兰驻华大使馆举行的爱尔兰中央银行行长菲利普·莱恩（Philip Lane）召开的经济学家和经济领域专家早餐会。

4月3日 董事长田国立在京会见中信建投集团董事长王常青一行。

4月3日 党委副书记刘桂平在京参加国务院相关会议。

4月9日 党委副书记刘桂平在京会见白俄罗斯共和国驻华特命全权大使基里尔·鲁德（Kiryl Rudy）一行。

4月9日 党委副书记刘桂平在京会见恒大集团董事局主席许家印一行。

4月11日 党委副书记刘桂平在京会见四川省副省长彭宇行一行。

4月12日 董事长田国立在京出席中国企业高管培训发展联盟第四届（2019）年会暨高峰论坛。

4月14日 董事长田国立在深圳出席建行大学愚公学院首期“创课堂”。

4月14日 董事长田国立在深圳出席第三届“龙门创将”全球创新创业大赛·中国赛区决赛。

4月16日 董事长田国立在京会见法兰西银行（Banque de France）名誉行长、前行长克里斯蒂安·努瓦耶（Christian Noyer）一行。

4月17日 董事长田国立在京参加国务院相关会议。

4月19日 董事长田国立在京会见浪潮集团董事长、首席执行官孙丕恕。

4月19日 党委副书记刘桂平赴中国银行保险监督管理委员会对接沟通有关工作。

4月19日 董事长田国立在中国银行保险监督管理委员会参加有关会议。

4月22日 董事长田国立在京出席“十四五”规划专家委员会会议。

4月23日 董事长田国立在京参加国务院有关会议。

4月23日 党委副书记刘桂平在京会见中南财经政法大学校长杨灿明一行。

4月24日 董事长田国立在京会见华为技术有限公司董事长梁华一行。

4月24日 党委副书记刘桂平、副行长黄毅在京出席全国总工会“户外劳动者服务站点·劳动者港湾”授牌暨金融行业推进服务资源开放共享工作启动仪式。

4月25日 董事长田国立在京参加第二届“一带一路”国际合作高峰论坛“资金融通”分论坛，并在“构建开放、市场导向的‘一带一路’投融资体系”主题演讲环节发言。

4月25日 董事长田国立、党委副书记刘桂平在京会见匈牙利总理欧尔班·维克多及随行高级政府代表团。

4月25日 董事长田国立在京会见英国渣打集团（Standard Chartered）董事长韦浩思（José Viñals）一行。

4月26日 董事长田国立、党委副书记刘桂平在京会见瑞士联邦主席于利·毛雷尔及随行金融和经济代表团成员。

4月26日 董事长田国立在京参加第二届“一带一路”国际合作高峰论坛开幕式。

4月26日 党委副书记刘桂平在京会见尼克松基金会董事会成员、美国前总统尼克松外孙、美国BrightSphere投资集团亚洲公司副主席克里斯托弗·尼克松·考克斯（Christopher Nixon Cox）一行。

4月28日 董事长田国立在京参加2019年中国北京世界园艺博览会开幕式。

4月30日 董事长田国立在人民大会堂参加纪念五四运动100周年大会。

4月30日 党委副书记刘桂平赴国务院国有资产监督管理委员会拜访。

5月5日 党委副书记刘桂平在京会见海口市市长丁晖。

5月5日 党委副书记刘桂平在京参加国务院有关会议。

5月5-6日 董事长田国立、副行长张立林，信息总监金磐石到福州出席第二届数字中国建设峰会，与福建省政府签署战略合作协议，并到福建省分行调研。峰会期间，中共中央政治局委员、中央宣传部部长黄坤明视察建设银行展厅。在闽期间，田国立会见了福建省委书记于伟国，省长唐登杰，省委副书记、福州市委书记王宁，有关副省长张志南，省委宣传部部长梁建勇，副省长郭宁宁等省领导。

5月6日　党委副书记刘桂平在京会见中国进出口银行行长张青松。

5月8日　董事长田国立在京参加国务院有关会议。

5月8日　董事长田国立、副行长章更生到北京稻香湖生产园区检查指导园区建设管理工作，并看望慰问建信金融科技公司北京事业群、北京生产园区管理办公室等入驻园区单位员工。

5月9日　行长刘桂平、副行长张立林赴海关总署拜访。

5月10日　董事长田国立在京出席亚洲金融合作协会“一带一路”金融合作委员会成立仪式暨2019年“一带一路”金融合作国际论坛。

5月13－22日　行长刘桂平率团赴新加坡、马来西亚和日本，进行建设银行2018年度和2019年第一季度业绩路演，先后与淡马锡控股、新加坡政府投资公司、马来西亚雇员公积金局等主权基金，以及瑞银资产管理公司、富登金融和日本三井住友信托等18家国际重要机构投资者进行会谈。在马来西亚期间，刘桂平行长会见了马来西亚纳闽金融服务管理局（LFSA）主席丹尼尔·马·阿卜杜拉及相关监管部门负责人。

5月14日　董事长田国立到苏州分行进行调研。在苏期间，董事长田国立会见江苏省委常委、苏州市委书记周乃翔，苏州市市长李亚平。

5月15日　董事长田国立出席在苏州举办的2019中新（苏州）金融科技应用博览会开幕式并致辞。

5月16日　董事长田国立到天津出席第三届世界智能大会，并到天津市分行调研。在津期间，田国立会见了天津市委书记李鸿忠，天津市委副书记、市长张国清。

5月17日　董事长田国立在建行大学本部出席云南省厅级领导干部地方金融改革与发展专题研修班开班仪式。

5月17日　董事长田国立在京会见广西壮族自治区有关副主席秦如培。

5月20日　董事长田国立、副行长张立林、信息总监金磐石在京出席区块链应用研讨会。

5月20日　董事长田国立、副行长廖林在京会见纽约联邦储备银行执行副行长、首席法律顾问、纽联储银行管理委员会成员麦克·海德一行。

5月21日　董事长田国立到湖北恩施来凤县看望慰问建设银行优秀共产党员、功勋员工，湖北省分行离休干部张富清。

5月22日　董事长田国立在京参加国务院有关会议。

5月22－24日　董事长田国立到贵州省分行、六盘水市农业产业扶贫点、贵阳花果园智慧社区调研。期间，田国立会见了贵州省委书记、省人大常委会主任孙志刚，省委副书记、省长谌贻琴，共同出席建设银行与贵州省政府战略合作协议签字仪式；与贵州省政协副主席、全国工商联常委、省工商联主席李汉宇，贵阳市市长陈晏等共同出席建设银行与满帮集团战略合作协议签字仪式。

5月27日　行长刘桂平在京会见青海省省长刘宁、副省长王黎明。

5月28日－6月5日　董事长田国立赴德国、卢森堡、法国考察，期间通过建行大学网络平台观看了全球投行业务中心跨境业务之“债券通”视频直播。

5月28日　行长刘桂平在京参加人民银行有关会议。

5月29日　行长刘桂平在京参加国务院有关会议。

5月29日　行长刘桂平在京出席迪拜金融服务管理局午餐会。

5月29日　行长刘桂平在京会见湖南省湘潭市委书记曹炯芳。

5月29日　行长刘桂平在京会见美国富达国际（Fidelity International）董事长、富达投资（Fidelity Investment）董事长兼首席执行官艾比·约翰逊（Abby Johnson）女士。

5月30日　行长刘桂平在京出席2019金融街论坛年会，并作题为《以二次“入世”的姿态推动金融开放》的主题演讲。

6月3日 行长刘桂平、副行长章更生到深圳市分行调研。

6月4日 行长刘桂平、副行长张立林在京会见了台湾三三企业交流会理事长许胜雄一行。

6月5日 行长刘桂平在京参加国务院有关会议。

6月6日 行长刘桂平在京出席国务院有关会议。

6月9日 行长刘桂平在上海会见上海市委常委、浦东区委书记翁祖亮。

6月10日 董事长田国立在京参加国务院有关会议。

6月10日 行长刘桂平到建设银行上海相关机构调研。在沪期间，刘桂平会见了上海市委书记李强、上海市市长应勇、副市长吴清；会见了中国东方航空集团董事长刘绍勇。

6月11日 行长刘桂平在武汉生产园区调研。

6月12日 董事长田国立在上海应邀出席2019年中国银行保险监督管理委员会国际咨询委员会第一次全体会议并作主题发言，随后陪同中国银行保险监督管理委员会领导同志和国际咨询委员会委员调研建信金融科技有限公司。在沪期间，田国立还会见了上海市委常委、浦东新区区委书记翁祖亮，并到上海市分行第五支行调研。

6月12日 行长刘桂平在湖北省分行调研。期间，刘桂平会见了湖北省委书记蒋超良、省长王晓东、省委秘书长梁伟年等领导同志。

6月12日 董事长田国立到建信人寿保险股份有限公司、建信期货有限责任公司调研。

6月12－13日 行长刘桂平赴湖北省来凤县看望慰问战斗英雄、建设银行优秀共产党员、功勋员工，离休干部张富清，并出席中共中央宣传部授予张富清“时代楷模”称号发布仪式。

6月13日 董事长田国立出席第十一届陆家嘴论坛开幕式暨全体大会。

6月14日 董事长田国立在京出席金融科技助力小微企业发展座谈会。

6月14日 董事长田国立在京参加中央第二十七指导组访谈。

6月14日 行长刘桂平、副行长章更生到天津市分行调研。期间，刘桂平一行会见了天津市市长张国清。

6月15日 行长刘桂平在京应邀出席上海交通大学上海高级金融学院十周年庆典暨2019高金论坛并作题为《数字经济时代的普惠金融》的主题演讲。

6月16－20日 董事长田国立出访英国，其间在伦敦出席第三届中英金融服务峰会，作为中方联席主席，主持“一带一路”、养老金与人口统计、金融科技、金融风险、绿色金融等议题讨论；到伦敦子行调研；拜访当地监管机构；出席建设银行与标准人寿安本集团谅解备忘录签约仪式、与捷豹路虎战略合作谅解备忘录签约仪式。

6月17日 行长刘桂平在京参加中央第二十七指导组访谈。

6月17日 行长刘桂平在京会见国家发展改革委财政金融司司长陈洪宛。

6月19日 行长刘桂平在京参加国务院相关会议。

6月21日 行长刘桂平赴全国社会保障基金理事会与理事长刘伟会谈。

6月24日 行长刘桂平在浙江省台州市参加中国银行保险监督管理委员会党委“不忘初心、牢记使命”主题教育座谈会。

6月25日 行长刘桂平在浙江省台州市参加中国银行保险监督管理委员会“不忘初心、牢记使命”小微企业金融服务经验现场交流会。

6月26日 董事长田国立在京参加国务院有关会议。

6月28日 董事长田国立、行长刘桂平、副行长廖林在京会见人民银行办公厅主任周学东。

6月28日 行长刘桂平在京会见交通运输部副部长戴东昌。

6月29日 董事长田国立在京出席中央企业金融创新与经济发展专题研讨班学员建设银行调研活

动座谈会。

6月29日 董事长田国立在京参加中央"不忘初心、牢记使命"主题教育领导小组召开的部分中管金融企业和中管企业"不忘初心、牢记使命"主题教育工作座谈会并发言。

7月1日 行长刘桂平在京调研OA2项目进展情况并看望开发团队员工。

7月1-2日 董事长田国立在海南省琼中支行开展"不忘初心、牢记使命"主题教育调研。期间，田国立前往琼中县湾岭镇新坡村调研指导定点扶贫工作。

7月2日 行长刘桂平在京会见马来西亚财政部长林冠英（Lim Guan Eng）一行。

7月2日 行长刘桂平在京听取住房租赁战略实施情况汇报及C端突围项目组工作汇报。

7月3日 董事长田国立在京参加国务院有关会议。

7月4日 行长刘桂平、副行长黄毅，营运业务总监牟乃密在京出席中国银行保险监督管理委员会代销业务现场检查工作启动会。

7月5日 董事长田国立在京会见北京市西城区区长孙硕。

7月8日 董事长田国立在京就2018年度党委主体责任考核结果公开约谈有关分行主要负责人。

7月8-9日 行长刘桂平在河北省阜平支行开展"不忘初心、牢记使命"主题教育专题调研。期间，刘桂平到阜平县北栗元铺村调研指导定点扶贫工作。

7月9日 董事长田国立、副行长黄毅在京参加中央和国家机关党的建设工作会议。

7月10日 董事长田国立在京参加国务院有关会议。

7月10日 董事长田国立到总行公司业务部调研企业智能撮合综合服务平台，并就"不忘初心、牢记使命"主题教育召开征求意见座谈会。

7月11日 行长刘桂平在上海会见银行间市场清算所股份有限公司董事长谢众。

7月12日 董事长田国立在京出席共同推进广西建设面向东盟的金融开放门户座谈会。

7月12日 董事长田国立在京出席领导干部会议。

7月12日 行长刘桂平在京会见宝武钢铁集团董事长陈德荣。

7月13日 董事长田国立、副行长廖林、董事会秘书胡昌苗、信息总监金磐石在京出席中组部"深化国有企业改革，完善国有资本投资运营体制"专题研讨班调研活动。

7月15日 董事长田国立、行长刘桂平、副行长章更生在重庆会见重庆市委书记陈敏尔，市长唐良智。

7月15日 董事长田国立到重庆市分行沙坪坝支行调研，并就"不忘初心、牢记使命"主题教育召开征求意见座谈会。

7月15日 行长刘桂平到重庆市分行调研。

7月15-16日 董事长田国立到四川省分行、远程智能银行中心调研，并就"不忘初心、牢记使命"主题教育召开征求意见座谈会。在蓉期间，田国立会见了四川省省长尹力，与西南财经大学党委书记赵德武、校长卓志会谈交流。

7月16日 行长刘桂平在京会见新加坡金鹰集团主席陈江和一行。

7月17日 董事长田国立在京参加国务院有关会议。

7月18日 董事长田国立、副行长章更生在京会见阿里巴巴集团董事局主席马云一行。

7月19日 行长刘桂平参加资产负债管理部党支部组织生活会，讲授专题党课，并主持召开"不忘初心、牢记使命"主题教育征求意见座谈会。

7月19日 党委副书记王永庆、副行长章更生在京参加"不忘初心、牢记使命"主题教育巡回指导组工作会议。

7月19日 董事长田国立到云南省分行调研，并就"不忘初心、牢记使命"主题教育召开征求意见座谈会。在滇期间，田国立会见了云南省委书记陈豪、省长阮成发。

7月19日 党委副书记王永庆到监事会办公室开展“不忘初心、牢记使命”主题教育调研，了解基层实际情况，征求基层意见建议。

7月20日 董事长田国立在昆明出席2019年首届“数字云南”区块链国际论坛。

7月22-23日 董事长田国立在杭州出席2019年亚太经合组织（APEC）工商咨询理事会（ABAC）第三次会议及“建行之夜”活动，到浙江省分行调研。

7月24日 董事长田国立、行长刘桂平、副行长章更生、董事会秘书胡昌苗到湖南省分行调研。期间，田国立、刘桂平、章更生一行与湖南省省长许达哲、副省长谢建辉等省政府领导同志会谈。

7月24日 党委副书记王永庆在湖北看望建设银行优秀共产党员、功勋员工，湖北省分行离休干部张富清。

7月29日 董事长田国立、副行长章更生在京会见上海市副市长吴清。

7月29日 行长刘桂平在京参加人民银行商业银行信贷结构调整座谈会。

7月29日 董事长田国立、行长刘桂平、副行长章更生在京会见诺贝尔和平奖得主、格莱珉银行（Grameen Bank）创始人穆罕默德·尤努斯（Muhammad Yunus）教授一行。

7月29日 党委副书记王永庆到沈阳城内支行开展“不忘初心、牢记使命”主题教育调研并看望员工。

7月30日 董事长田国立、副行长章更生拜访华为技术有限公司，与华为技术有限公司创始人、总裁任正非，董事长梁华进行会谈。

7月31日 董事长田国立在京参加国务院有关会议。

7月31日 董事长田国立、党委副书记王永庆、董事会秘书胡昌苗在京会见中投公司董事长、汇金公司董事长彭纯一行。

7月31日 党委副书记王永庆到总行审计部开展“不忘初心、牢记使命”主题教育调研。

7月31日 行长刘桂平、副行长廖林一行到内蒙古区分行调研。在呼和浩特期间，刘桂平、廖林一行会见了内蒙古自治区副主席包钢等领导同志。

8月1日 董事长田国立在京参加中央宣传部部长黄坤明接见张富清同志先进事迹报告团有关活动。

8月1日 董事长田国立、行长刘桂平，副行长章更生到山西省分行开展“不忘初心、牢记使命”主题教育调研。期间，田国立会见了山西省委书记骆惠宁。

8月2日 董事长田国立在京会见中国信托商业银行副董事长利明献一行。

8月2日 行长刘桂平在京出席人民日报第二届“中国普惠金融创新发展峰会”，并作题为《求解普惠金融难题》的主旨发言。

8月2日 行长刘桂平、副行长章更生在京会见重庆市副市长吴存荣一行。

8月5日 董事长田国立在京参加人民银行有关会议。

8月5日 行长刘桂平在京为建设银行2019年新入行员工（视频）授课。

8月6日 党委副书记王永庆在京会见中国农业银行监事长王敬东一行。

8月7日 党委副书记王永庆在京会见中国银行保险监督管理委员会消费者权益保护局局长郭武平。

8月7-8日 行长刘桂平一行到江苏省分行调研。在南京期间，刘桂平会见了江苏省委书记娄勤俭、省长吴政隆、副省长王江等领导同志。

8月8-9日 行长刘桂平一行到苏州分行调研。在苏期间，刘桂平会见了江苏省委常委、苏州市委书记周乃翔、市长李亚平等领导同志。

8月9日 行长刘桂平在上海会见上海电气集团股份有限公司董事长郑建华。

8月12日 董事长田国立、副行长章更生在京会见国家石油天然气管网有限公司筹备组组长张伟。

8 月 13 日 党委副书记王永庆在京出席“拥抱科技，放飞梦想——2019 建行希望夏令营”结营式。

8 月 13 日 行长刘桂平到北京稻香湖生产园区调研园区建设和投产前筹备工作。

8 月 13－14 日 行长刘桂平在北京市分行调研并走访客户。

8 月 14 日 党委副书记王永庆到总行党校进行调研，听取工作汇报并看望员工。

8 月 14 日 董事长田国立、副行长章更生在京会见北京市海淀区委书记于军、代区长曾劲一行。

8 月 15 日 党委副书记王永庆在京讲授“不忘初心、牢记使命”主题教育专题党课。

8 月 16 日 董事长田国立在京参加国务院有关会议。

8 月 20 日 董事长田国立在京会见中共中央宣传部副部长孙志军一行。

8 月 20－22 日 行长刘桂平到云南省分行调研。期间，刘桂平会见了云南省委副书记、省长阮成发，副省长陈舜等领导同志。

8 月 22 日 党委副书记王永庆在京主持召开“不忘初心、牢记使命”主题教育评估座谈会。

8 月 22－23 日 行长刘桂平到四川省分行调研。期间，刘桂平会见了四川省委书记彭清华、副省长李云泽等领导同志。

8 月 23 日 行长刘桂平到成都远程智能银行中心调研，先后到中心员工响应、智能客服、总控运营、客户体验、呼出客服等工区现场察看业务运行情况，看望慰问一线员工。

8 月 26 日 董事长田国立在京参加人民银行有关会议。

8 月 26 日 行长刘桂平在重庆出席 2019 中国国际智能产业博览会开幕式，“智慧政务与金融科技融合发展”分论坛、“智能产业与跨境投资”分论坛。

8 月 26 日 党委副书记王永庆先后到北京长安支行、北京总审计室开展“不忘初心、牢记使命”主题教育专题调研。

8 月 28 日 董事长田国立、行长刘桂平、首席风险官靳彦民、董事会秘书胡昌苗在京参加美国银行保密法、反洗钱法年度专题培训。

8 月 29 日 董事长田国立、副行长刘桂平、党委副书记王永庆在中国人民大学出席“青春为梦想绽放　为梦想担当”万名学子暑期下乡实践汇报交流活动。

8 月 30 日 董事长田国立、党委副书记王永庆到总行人力资源部宣布有关人事任免事宜。

8 月 30 日 行长刘桂平在京听取 C 端突围项目组工作汇报。

8 月 30 日 党委副书记王永庆在京与全体监事座谈。

9 月 1 日－11 月 6 日 董事长田国立在中央党校参加省部级干部进修班（第 67 期）。

9 月 3 日 行长刘桂平在京会见内蒙古自治区副主席包钢。

9 月 3 日 行长刘桂平在京出席中国银行保险监督管理委员会风险管理及内控有效性现场检查情况通报会。

9 月 4 日 行长刘桂平在京参加国务院有关会议。

9 月 5 日 行长刘桂平在京参加国务院金融稳定发展委员会全国金融形势通报和工作经验交流电视电话会议。

9 月 11 日 党委副书记王永庆应邀出席在钓鱼台国宾馆举行的中哈企业家委员会第六次会议暨中国企业界代表圆桌会议并发言。

9 月 16 日 董事长田国立在京会见美国贝莱德集团董事长、首席执行官劳伦斯·芬克一行。

9 月 18 日 党委副书记王永庆在京参加人民银行洗钱与恐怖融资风险评估进场会。

9 月 19 日 董事长田国立在京参加国务院有关会议。

9 月 19 日 党委副书记王永庆到北京清华园支行调研 $5G^+$ 智能银行有关情况。

9 月 19 日 党委副书记王永庆在京会见启明星辰信息技术集团股份有限公司董事长王佳。

9 月 19 日 董事长田国立在京参加中国银行保险监督管理委员会有关会议。

9 月 20 日　党委副书记王永庆在京出席审计条线月度（视频）培训会议。

9 月 22 日　董事长田国立在清华大学出席 2019 第四届中国金融科技大会“金融科技和小微贷款的未来”公开论坛并作主题演讲。

9 月 16－25 日　行长刘桂平出访瑞士、奥地利、哈萨克斯坦。

9 月 22 日（哈萨克斯坦当地时间）　行长刘桂平在哈萨克斯坦首都努尔苏丹出席阿斯塔纳国际金融中心（AIFC）介绍会。

9 月 23 日（哈萨克斯坦当地时间）　行长刘桂平在哈萨克斯坦首都努尔苏丹出席建设银行阿斯塔纳分行开业暨阿斯塔纳国际金融中心人民币清算行启动仪式。

9 月 23－24 日　党委副书记王永庆到深圳市分行开展“不忘初心、牢记使命”主题教育专题调研。期间，王永庆出席建设银行在深圳南山科兴科学园举办的“创业者港湾”品牌发布会，出席建设银行与深圳市工商联及有关企业座谈会；会见深圳市副市长艾学峰，深圳市工商联主席陈志列，南方科技大学校长陈十一。

9 月 25 日　党委副书记王永庆到云南省分行开展“不忘初心、牢记使命”主题教育专题调研。

9 月 26 日　党委副书记王永庆到沈阳城内支行开展“不忘初心、牢记使命”主题教育专题调研，并出席建设银行与中国人民解放军沈阳联勤保障中心合作协议签字仪式。

9 月 26 日　董事长田国立在京参加国务院有关会议。

9 月 26 日　行长刘桂平在京参加中央有关会议。

9 月 27 日　党委副书记王永庆在京参加中国银行保险监督管理委员会有关会议。

9 月 29 日　党委书记田国立、党委副书记王永庆在京会见中央第十二巡回督导组组长卢纯。

9 月 29 日　董事长田国立在京会见了印尼力宝集团（Lippo Group）创始人和董事局主席李文正博士（Dr. Mochtar Riady）一行。

9 月 29 日　董事长田国立在京参加国庆 70 周年联欢活动。

9 月 30 日　行长刘桂平在京会见紫光集团董事长赵伟国一行

9 月 30 日　董事长田国立、行长刘桂平参加庆祝中华人民共和国成立 70 周年招待会。

10 月 1 日　董事长田国立、行长刘桂平、党委副书记王永庆在京参加庆祝中华人民共和国成立 70 周年大会及联欢活动。

10 月 8 日　行长刘桂平在京参加国务院有关会议。

10 月 9 日　党委副书记王永庆在京参加中央组织部有关会议。

10 月 9 日　党委副书记王永庆在山西太原会见山西省副省长王一新。

10 月 10－11 日　行长刘桂平在陕西安康调研督导脱贫攻坚工作。在安康期间，刘桂平会见了陕西省人大常委会副主任、安康市委书记郭青。

10 月 10 日　党委副书记王永庆出席河北省分行中层以上领导人员大会。

10 月 11 日　董事长田国立在京参加国务院有关会议。

10 月 12 日　党委副书记王永庆在京参加中国银行保险监督管理委员会有关会议。

10 月 12 日　行长刘桂平一行到陕西省分行调研。在西安期间，刘桂平会见了陕西省委书记胡和平、省长刘国中。

10 月 13 日　行长刘桂平、副行长章更生应邀出席重庆市人民政府举办合作共建“西部陆海新通道”签约仪式。

10 月 14－15 日　行长刘桂平、副行长章更生在浙江杭州出席“建行杯”第五届中国“互联网＋”大学生创新创业大赛总决赛及颁奖仪式，参观“大学生创客秀”、浙江大学紫金港校区艺博馆，并到之江实验室、杭州浙大支行进行调研。

10 月 14－15 日　党委副书记王永庆在辽宁出席辽宁省人民政府、东北振兴金融合作机制联合举办的“金融助振兴——辽宁行动”系列活动并发言。在辽期间，党委副书记王永庆会见了辽宁省人民政府省长唐一军、有关副省长陈向群、副省长张立林。

10月16日 总行党委副书记王永庆到内蒙古区分行调研并出席分行干部大会。

10月16日 行长刘桂平在京参加国务院有关会议。

10月17日 党委副书记王永庆在浙江出席浙江省分行干部大会。

10月18日 董事长田国立在京会见汇丰集团主席杜嘉祺一行。

10月18日 行长刘桂平、副行长章更生在湖北武汉体育中心出席第七届世界军人运动会相关活动。

10月21日 行长刘桂平在京会见橡树资本（Oaktree）创始人、联席董事长霍华德·马克斯（Howard Marks）一行。

10月21日 行长刘桂平在京会见沈阳市市长姜有为一行。

10月22日 董事长田国立在京参加中国银行保险监督管理委员会有关会议。

10月23日 董事长田国立在京参加国务院有关会议。

10月24日 行长刘桂平在京会见上海市委常委、副市长吴清一行。

10月25日 行长刘桂平在上海会见中国远洋海运集团有限公司总经理付刚峰。

10月27日 董事长田国立、行长刘桂平在京会见重庆市市长唐良智、副市长李波一行。

10月28－31日 董事长田国立在京出席中国共产党第十九届中央委员会第四次全体会议。

10月28－31日 行长刘桂平在京列席中国共产党第十九届中央委员会第四次全体会议。

10月28日 党委副书记王永庆在京会见德国中央合作银行（DZ Bank Group）联席首席执行官乌维·弗洛利希（Uwe Fröhlich）及监事会主席亨宁·德内克－约翰斯（Henning Deneke－Jöhrens）一行。

10月29日 党委副书记王永庆在京会见安永大中华区审计服务主管合伙人王鹏程。

11月1日 行长刘桂平到总行财务会计部宣布有关人事任免事宜。

11月2－3日 行长刘桂平一行到青岛市分行调研。在青岛期间，刘桂平会见了山东省委常委、青岛市委书记王清宪、副市长刘建军等领导同志。

11月4日 监事长王永庆在重庆出席第二届中新（重庆）战略性互联互通示范项目金融峰会，并发表题为“并肩携手，推动中新金融合作再获新突破”的主题演讲。

11月4－5日 行长刘桂平在上海出席第二届中国国际进口博览会开幕式及相关活动，并到位于国家会展中心的“5G⁺智能银行”慰问。

11月5日 监事长王永庆在重庆出席金融支持陆海新通道建设对接会。

11月7日 董事长田国立出席在伦敦金融城举行的建设银行伦敦人民币清算服务5周年暨清算量突破40万亿元答谢会。

11月7日 行长刘桂平赴湖北省分行调研督导ETC发行工作。

11月8日 行长刘桂平在湖北武汉出席“建行杯”中国妇女手工创业创新大赛颁奖仪式。

11月7－8日 监事长王永庆、营运业务总监牟乃密在安康调研督导脱贫攻坚工作。在安康期间，王永庆会见了安康市负责同志以及汉滨区、汉阴县、岚皋县主要负责同志，出席了陕西省分行与西安邮电大学、陕西路桥集团、汉阴县人民医院扶贫合作协议签约仪式。

11月9日 行长刘桂平在钓鱼台国宾馆出席第十届财新峰会，并作题为《以增强“三个能力”建设为统领　全力支持经济高质量发展》的主旨演讲。

11月11日 董事长田国立、驻建行纪检监察组组长朱克鹏在京参加中央和国家机关工委政治督查见面会。

11月11日 董事长田国立、董事会秘书胡昌苗在京参加董事会办公室党支部党员大会。

11月11日 行长刘桂平、副行长章更生在京会见中国铁建股份有限公司总裁庄尚标、总会计师兼总法律顾问王秀明一行。

11 月 11 日 监事长王永庆在甘肃出席甘肃省分行干部大会。

11 月 12 日 董事长田国立在京会见匈牙利创新与科技部部长鲍尔科维奇·拉斯洛（Palkovics László）博士一行。

11 月 12 日 监事长王永庆在苏州出席苏州分行干部大会。

11 月 12 日 行长刘桂平在京参加国务院有关会议。

11 月 13 日 行长刘桂平在京参加国务院有关会议。

11 月 13 日 监事长王永庆在南京出席江苏省分行干部大会。

11 月 13 日 监事长王永庆在合肥出席安徽省分行干部大会。在皖期间，王永庆会见中国科学技术大学党委书记舒歌群、科大讯飞公司董事长刘庆峰。

11 月 13－14 日 行长刘桂平、副行长章更生到宁波市分行调研。期间，刘桂平一行会见了浙江省委副书记、宁波市委书记郑栅洁和市长裘东耀，并共同出席建设银行与宁波市人民政府战略合作协议签约仪式。

11 月 13－15 日 党委书记、董事长田国立一行赴陕西安康专题调研，前往汉滨区、恒口示范区、岚皋县、紫阳县、汉阴县督导推动脱贫攻坚工作。在陕西期间，田国立一行还到西安曲江支行基层联系点了解基层党建、消费扶贫等情况，出席安康智慧治理服务平台二期上线仪式，出席财梁社区“建行连心桥”项目启动仪式，出席汉双公路农民工“民工惠”发卡仪式，出席建行、马来西亚谱赛科集团、紫阳县甜菊产业扶贫合作备忘录签约仪式。董事长田国立还会见了陕西省委书记胡和平、省长刘国中。

11 月 14－15 日 行长刘桂平在浙江省分行调研。

11 月 16－17 日 监事长王永庆在广西南宁出席 2019 亚信金融峰会，并发表题为“科技赋能金融，创新驱动未来”的主题演讲。期间，王永庆监事长会见了自治区党委书记、自治区人大常委会主任鹿心社，自治区党委副书记、自治区政府主席陈武等党政领导。

11 月 18 日 行长刘桂平在上海出席上海清算所“建设安全高效的金融基础设施”国际研讨会并致辞。

11 月 18 日 行长刘桂平在上海会见上海市委常委、副市长吴清。

11 月 19 日 行长刘桂平在苏州建行大学苏州金融保险学院出席“独墅·2020 银行与保险资产管理峰会”并发表主题演讲，期间会见江苏省委常委、苏州市委书记蓝绍敏。

11 月 19 日 董事长田国立在京参加人民银行有关会议。

11 月 20 日 董事长田国立在京参加国务院有关会议。

11 月 20 日 董事长田国立在京会见新加坡国务资政兼社会政策统筹部长及新加坡金融管理局主席尚达曼（Tharman Shanmugaratnam）一行。

11 月 20 日 董事长田国立在京参加国务院发展研究中心副主任王一鸣主题调研。

11 月 20 日 行长刘桂平、信息总监金磐石在京出席建设银行与中国人保集团工作交流会。

11 月 20 日 监事长王永庆在京出席全国金融纠纷多元化解机制建设推进会。

11 月 21 日 董事长田国立在京出席 2019 年“创新经济论坛”开幕式。

11 月 21 日 董事长田国立赴湖北武汉看望“共和国勋章”获得者、建设银行离休干部张富清同志，并宣读了中共中央组织部关于张富清同志享受医疗待遇的通知。

11 月 21 日 行长刘桂平在中国银行保险监督管理委员会出席制造业金融服务工作座谈会。

11 月 21 日 监事长王永庆在京出席 2019 年中投公司控参股中管金融机构监事会工作座谈会。

11 月 22 日 监事长王永庆到总行安全保卫部宣布有关人事任免事宜。

11 月 22 日 监事长王永庆在京出席建信金融租赁有限公司干部大会。

11 月 22－24 日 行长刘桂平到广东省分行调研。在粤期间，刘桂平分别会见了广东省委常委、广州市委书记张硕辅，东莞市委书记梁维东、市长肖亚非，并出席了广东省分行与暨南大学的银校战略合作签约仪式。

11月26日 行长刘桂平在京会见天津市副市长康义。

11月26日 监事长王永庆在京出席全国政协有关会议。

11月26日 董事长田国立在京会见社会价值投资联盟主席马蔚华一行。

11月27日 董事长田国立在京参加国务院有关会议。

11月27日 监事长王永庆在河南省分行出席河南省工商联智慧服务平台发布暨工作培训推动会议，并会见河南省委常委、统战部部长孙守刚，河南省委常委、有关副省长黄强。

11月28日 行长刘桂平在京与有关干部进行任前谈话。

11月29日 行长刘桂平在京参加总行资产负债管理部党支部组织生活。

11月29日 董事长田国立、行长刘桂平、首席财务官许一鸣在京出席机关大讲堂“区块链产业技术与应用”专题讲座。

12月2日 董事长田国立在京会见贵州省副省长谭炯。

12月4日 董事长田国立在京参加国务院有关会议。

12月5日 监事长、党校校长王永庆在党校出席蓝英一班行动学习课题成果汇报会。

12月5日 监事长、党校校长王永庆出席总行党校第41期干部进修班学员座谈会。

12月6日 行长刘桂平在京会见中国进出口银行副行长谢平。

12月6日 行长刘桂平在京会见鞍钢集团有限公司董事长谭成旭。

12月6日 行长刘桂平在京会见中国人寿保险集团总裁袁长清。

12月6日 董事长田国立拜会国务院扶贫开发领导小组办公室。

12月8日 监事长王永庆在故宫博物院出席“须弥福寿——当扎什伦布寺遇上紫禁城”文物大展开幕式。

12月9日 行长刘桂平在京出席国家石油天然气管网集团有限公司成立大会。

12月9日 董事长田国立在京会见华为技术有限公司董事长梁华。

12月10－12日 董事长田国立、行长刘桂平在京参加中央经济工作会议。

12月12日 董事长田国立在京参加国务院有关会议。

12月13日 董事长田国立到广东省分行基层网点宣讲党的十九届四中全会精神。

12月13日 行长刘桂平到广东中山大学调研，并到中山大学支行慰问基层网点员工。

12月16日 监事长王永庆在京参加中组部有关会议。

12月17－19日 党委副书记、监事长王永庆到上海宣讲党的十九届四中全会精神，调研在沪机构基层党建工作情况，看望在沪机构员工。期间，王永庆会见上海市委常委、统战部部长郑刚淼，上海市工商联主席王志雄。

12月18日 行长刘桂平在京出席中国银行保险监督管理委员会银行业保险业例行新闻发布会。

12月19日 董事长田国立在京出席中德住房储蓄银行2019年第四季度董事会。

12月19日 董事长田国立在京会见北京市副市长殷勇。

12月20日 监事长王永庆在京出席监事会与专职董事座谈会。

12月24日 董事长田国立、监事长王永庆到上海卢湾支行宣讲党的十九届四中全会精神，并看望员工。期间，董事长田国立、监事长王永庆会见上海市委书记李强、市长应勇。

12月24日 行长刘桂平在京出席北京市金融座谈会。

12月25日 监事长王永庆在成都调研远程智能银行中心、建行大学西南学院、四川省分行和成都审计分部，并在建行大学西南学院出席第三期“金智惠民”全国创业创新优秀女性专题培训班。

12月26日 董事长田国立到河北省分行宣讲党的十九届四中全会精神。期间，田国立会见河北省委书记王东峰、省长许勤。

12 月 27 日 董事长田国立在京会见天津市委常委、滨海新区区委书记张玉卓。

12 月 27 日 董事长田国立在京参加人民银行有关会议。

12 月 27 日 行长刘桂平在京听取湖南省分行乡村振兴金融工作汇报。

12 月 30 日 董事长田国立在京参加国务院有关会议。

12 月 30 日 行长刘桂平到山东省分行调研，并到济南泉城支行宣讲党的十九届四中全会精神。期间，刘桂平会见山东省省长龚正、有关副省长王书坚。

12 月 31 日 董事长田国立到北京市分行基层机构和建信住房（北京）公司看望员工，检查安全生产工作。

12 月 31 日 行长刘桂平到总行财务会计部、数据管理部、运营数据中心看望慰问员工，检查安全生产工作。

12 月 31 日 监事长王永庆到总监事会办公室、党群工作部、人力资源部、公共关系与企业文化部（消费者权益保护部）、审计部、公司业务部和总行营业部、北京兴融支行看望慰问员工，检查安全生产工作。

12 月 31 日 监事长王永庆在京参加中组部有关会议。

会议类

1 月 4 日 2018 年度子公司风险管理集中报告会议在京召开，副行长廖林出席并讲话。

1 月 10 日 建设银行党委中心组开展“坚持新发展理念”专题学习研讨。党委书记、董事长田国立主持学习并讲话，党委委员、副行长章更生作主题发言，在京党委成员逐一交流了学习体会。中央第 33 督导组成员、中央和国家机关工委组织部李江明副处长列席指导，总行高管人员及党委职能部门主要负责人列席学习。

1 月 15 日 建设银行 2018 年度经营形势分析会议在京召开，行长王祖继主持会议，副行长章更生、副行长黄毅、纪委书记朱克鹏、副行长张立林、副行长廖林，董事会秘书、首席经济学家黄志凌，首席财务官许一鸣，营运业务总监牟乃密出席。

1 月 16－17 日 建设银行 2019 年董事会第一次会议及专门委员会会议在京召开。会议审议通过建设银行 2019 年度经营计划、2019 年度固定资产投资预算、内控基本规定、风险偏好陈述书、恢复与处置计划更新情况报告、信息科技风险管理办法、反洗钱工作管理办法、金融制裁合规管理办法、提名格雷姆·惠勒先生担任独立非执行董事的议案。会议期间召开了董事会战略务虚会。

1 月 22－23 日 建设银行 2019 年工作会议在北京全国人大会议中心召开。党委书记、董事长田国立作题为《开启第二发展曲线　创新未来动力引擎》的讲话；党委副书记、行长王祖继作题为《坚持稳健经营和创新发展，在稳经济防风险中履行大行责任担当》的经营情况报告；总行党委成员，高级管理人员，部分董事、监事出席会议。国务院办公厅、中组部、发改委、财政部、人民银行、审计署、银保监会、证监会和汇金公司有关同志应邀出席会议。会议期间，进行了总行领导班子和领导人员年度考核测评以及选人用人“一报告两评议”；开展全行首届“创新马拉松”路演并进行了颁奖；全体会议代表观看了警示教育片；套开办公室主任座谈。

1月24日　总行党委在京召开2018年度党组织书记抓基层党建工作述职评议会，党委书记、董事长田国立点评并讲话。党委委员、副行长章更生主持，党委成员、高管人员，以及总行党建工作领导小组成员部门主要负责人、5家现场述职单位党委书记、部分党代表和党员群众代表参加会议。中组部组织二局、干部四局有关负责同志应邀出席会议。

1月25日　建设银行2019年海外工作座谈会在京召开，董事长田国立、副行长张立林出席。

1月28日　建设银行总行指挥中心落成暨"龙视界"视频管理系统上线发布会在总行大楼举办。行长王祖继，副行长廖林，信息总监金磐石出席。

1月28日　2019年总行本部暨离退休老同志迎新春团拜会在京举行，董事长田国立、行长王祖继，在京的行领导和高管，部分董事、监事出席。

1月29日　2019年度建设银行党风廉政建设暨纪检监察工作会议在京召开。党委书记田国立，党委副书记王祖继，党委委员章更生、黄毅、朱克鹏、张立林、廖林，部分董事、监事、高管人员出席会议，中央纪委国家监委第三监督检查室代表应邀出席会议。会议传达学习了中央纪委三次全会精神，党委书记、董事长田国立讲话，驻建行纪检监察组组长、党委委员朱克鹏作年度纪检监察工作报告，并作会议总结。

2月14日　建行大学——北京大学汇丰商学院（英国校区）国际化人才综合管理培训项目行前动员会在京举行，副行长张立林出席并讲话。

2月12－13日　建设银行2019年对公业务工作会议在成都召开。副行长章更生作题为《担当作为　开拓创新　凝心聚力推动对公业务高质量发展》的工作报告，副行长张立林主持并宣读对公业务条线表彰决定。

2月25－28日　2019年建行大学工作会议暨院长培训班在深圳举行。建行大学校长王祖继讲话，常务副校长章更生主持会议。

2月27日　建设银行在总行大楼举行《商业银行担保物基本信息描述规范》金融行业标准发布会。人民银行副行长、全国金融标准化技术委员会主任委员范一飞与建设银行行长王祖继出席发布会并讲话。建设银行副行长廖林、人民银行金融稳定局局长王景武、科技司司长李伟、银保监会统计信息与风险监测部主任刘春航、中国银行业协会首席信息官高峰，以及中国工商银行、中国农业银行、光大银行相关领导及监管部门、银行同业、媒体、科研机构100余名代表出席发布会。

2月27－28日　总行在广东省东莞市组织召开广东省东莞分行"云税贷"业务发展经验推广会议，副行长章更生出席并讲话。

3月4－5日　建设银行2019年计财工作会议在海口召开。行长王祖继出席并作题为《坚持稳健经营创新发展　持续引领全行价值创造》的工作报告，首席财务官许一鸣主持并讲话，部分董事、监事出席会议，中央汇金公司有关人员应邀出席会议。

3月6日　总行在京举办庆祝"三八"国际妇女节暨主题系列活动总结表彰大会。

3月15日　总行在昆明召开全行智慧政务推进现场会，副行长章更生出席并讲话。

3月19－20日　2019年全行风险管理工作会在厦门召开。副行长廖林作题为《筑牢风控体系　助力三大战略　不断提升全面主动管控风险能力》的工作报告。

3月20日　总行召开领导干部会议。中组部干部四局局长钟海东出席会议并宣布党中央决定：刘桂平同志任建设银行党委副书记、副董事长、行长，免去王祖继同志建设银行党委副书记、副董事长、行长职务；副董事长、行长的职务任免按有关法律规定和章程办理。党委书记、董事长田国立主持会议并讲话。刘桂平和王祖继分别发言。总行党委成员、高管人员，中组部干部四局有关同志等出席会议。

3月22日　中英高端金融科技圆桌会议在总行大楼举行。董事长田国立致辞，副行长张立林主持，信息总监金磐石介绍了建设银行金融科技发展战略和金融科技转型的创新实践，英国伦敦金融城市长彼得·艾思林，高级市政官威廉·罗素及相关随行20余人参加了圆桌会议。代表中方参加圆桌会议的还有腾讯集团、蚂蚁金服、京东数字科技、华为集团、小米科技、百度公司等企业有关负责人。

3月22日 建设银行资产证券化业务市场合作机构座谈暨答谢仪式在总行大楼举行，副行长章更生出席。

3月26－27日 建设银行2019年董事会第二次会议及专门委员会会议在京召开，全体董事出席会议，中央纪委国家监委驻建设银行纪检监察组、监事和部分高管列席会议。会议审议通过了关于刘桂平先生担任本行行长和执行董事、2018年年度报告、业绩公告及摘要、内部控制评价报告、资本充足率管理报告、资本充足率报告、社会责任报告、利润分配方案、会计基本政策修订、反洗钱管理政策、合规管理政策、全面风险管理报告、执行董事和高管人员绩效考核方案、莫里·洪恩董事继续担任独立非执行董事、聘任靳彦民先生为首席风险官、聘任胡昌苗先生为董事会秘书和提请召开2018年度股东大会等议案。

3月26－27日 建设银行监事会2019年第一次会议及专门委员会会议在京召开。驻建行纪检监察组组长朱克鹏列席了会议。会议审议通过关于2018年年度报告、年度报告摘要的议案，关于2018年度利润分配方案的议案，关于2018年度内部控制评价报告的议案，关于2018年社会责任报告的议案，关于股东代表监事2019年度绩效考核方案的议案，关于2018年度监事会报告的议案，关于监事会2018年度工作总结的议案，关于监事会对董事会及其成员2018年度履职情况的评价报告的议案，关于监事会对高级管理层及其成员2018年度履职情况的评价报告的议案，关于监事会及其成员2018年度履职情况的自我评价报告的议案等。

3月28日 建设银行2018年度业绩发布会在京、香港两地同时召开。党委副书记刘桂平，副行长章更生、黄毅、张立林，副行长、首席风险官廖林，董事会秘书、首席经济学家黄志凌，首席财务官许一鸣，部分董事、监事，总行各部门、在京子公司及在港机构负责人出席发布会，230余名分析师和媒体记者应邀参加。刘桂平主持了香港媒体和分析师业绩发布会并回答了提问。

3月29日 中国共产党建设银行机关第八次党代表大会在京召开。建设银行党委书记、董事长田国立出席大会并讲话。建设银行党委委员、副行长、机关党委书记黄毅主持大会。中央和国家机关工委委员、组织部部长顾祥胜应邀出席大会。大会听取和审议通过了第七届机关党委工作报告，审议通过了机关纪委工作报告、党费收缴使用管理情况报告，选举产生了第八届机关党委和机关纪委。

4月2－3日 2019年全行零售及网络金融工作会议在广州召开。副行长张立林作题为《守正创新 担当有为 纵深推进建设银行新零售》的工作报告，营运业务总监牟乃密作总结发言，部分董事出席会议。

4月8日 建设银行联合波士顿咨询公司在上海召开“守正创新 匠心致远”《中国私人银行2019》报告发布会，副行长张立林、中国银行业协会副秘书长白瑞明出席并致辞。

4月9日 建设银行党委中心组举办以“完善金融服务，防范风险挑战”为主题的集体学习研讨。党委书记、董事长田国立主持并讲话，驻建行纪检监察组组长、党委委员朱克鹏和党委委员、副行长廖林作主题发言，在京党委成员逐一交流了学习体会。高管人员、驻建行纪检监察组负责人、党委职能部门主要负责人列席。

4月9日 中共建设银行党校举行第40期专题研究班开学典礼，党委委员、副行长兼党校校长黄毅出席并讲话。

4月10日 建设银行投行业务2019年度策略会在长沙召开。副行长章更生出席并讲话。

4月11日 2019年建设银行巡视巡察工作会暨巡视动员部署会在京召开。党委副书记、巡视工作领导小组副组长刘桂平传达了习近平总书记听取2018年中央巡视工作情况汇报时的重要讲话精神，党委书记、巡视工作领导小组组长田国立对深入学习贯彻习近平总书记重要讲话精神进行了部署，驻建行纪检监察组组长、党委委员、巡视工作领导小组副组长朱克鹏对全行巡视巡察工作进行了动员。

4月17日 总行在江苏南通召开长江经济带暨长三角区域协同发展座谈会，副行长章更生出席会议并讲话。

4月23日 2019年全行审计工作会议在南京召开，副行长廖林作题为《精准揭示 协力防险 全面提升监督和服务能力》的讲话，部分董事、监事受邀出席会议。

4月26日 2019年全行渠道运营工作会议在湖南长沙召开，副行长张立林作题为《主动作为，聚力发展，提升渠道运营综合竞争力与价值贡献》的工作报告，营运业务总监牟乃密作总结发言。

4月28－29日 建设银行监事会2019年第二次会议及专门委员会会议在京召开。驻建行纪检监察组组长朱克鹏、副行长兼首席风险官廖林列席了会议。会议审议通过了关于2019年第一季度报告的议案、关于提名赵锡军为外部监事候选人的议案等。

4月29日 建设银行董事会暨战略发展委员会2019年第三次会议及审计委员会会议在京召开，全体董事出席会议，党委副书记刘桂平、全体监事和部分高管列席会议。会议审议通过了关于2019年一季报、2019年内部资本充足评估报告、发行资本债券和二级资本工具、调整2019年度固定资产投资预算等议案。

4月30日 建设银行召开业绩电话会议，淡马锡、施罗德、富达投资、阿布扎比投资局、摩根士丹利、摩根大通、高盛、花旗、瑞士银行及美银等约125名机构投资者和分析师应邀参会。首席财务官许一鸣、候任首席风险官靳彦民、候任董事会秘书胡昌苗参加会议。

5月7－9日 建设银行子公司专职董监事履职培训班在建行大学西南学院举行。

5月9日 建设银行党委中心组举办以"加强调查研究，深入推进三大战略"为主题的集体学习研讨。党委书记、董事长田国立主持并讲话，非执行董事朱海林、吴敏应邀作主题发言，党委副书记、行长刘桂平及其他党委成员悉数出席并作讨论交流。高管人员，驻建行纪检监察组负责人，总行党委职能部门、"三大战略"牵头部门主要负责人列席。

5月9－10日 建设银行在湖北恩施组织召开学习宣传张富清同志英雄事迹专题研讨会。

5月10日 "2019年建设银行家族财富论坛"在杭州举办，副行长张立林出席论坛并致辞。

5月20日 建设银行在京召开区块链应用研讨会。董事长田国立，副行长张立林，信息总监金磐石出席。

5月22日 建设银行在上海举办以"拥抱金融开放 建设共赢未来"为主题的国际金融机构合作论坛，副行长张立林出席论坛并致辞。论坛现场发布了2019年人民币国际化报告。

5月24日 建设银行2019年扶贫工作会议在贵州贵阳召开。党委书记、董事长田国立，党委副书记、行长刘桂平，驻建行纪检监察组组长、党委委员朱克鹏出席会议并讲话，党委委员、副行长章更生主持并作会议总结，党委委员、副行长黄毅、张立林出席会议。部分董事、监事出席会议。人民银行机关党委常务副书记傅国文应邀出席会议。

5月27日 建设银行党委召开会议集体学习习近平总书记对张富清同志先进事迹做出的重要指示，对全行进一步开展向张富清同志学习宣传活动进行部署。党委书记、董事长田国立代表党委作讲话，全体在京党委委员参加会议。

5月29日 2019年全行内控合规反洗钱工作会议在浙江杭州召开，副行长廖林作题为《夯实合规基础 筑牢合规体系 不断提升内控合规反洗钱管理能力》工作报告，部分董事、监事受邀出席会议。

6月3－6日 建设银行智库青年研究员能力提升培训班在建行大学华北学院举办，首席经济学家、研究院副院长、建行大学住房金融研修院院长黄志凌出席并为学员授课。

6月5日 建设银行党委中心组举办扩大学习会，集中学习中央"不忘初心、牢记使命"主题教育工作会议精神。党委书记、董事长田国立主持并讲话，党委副书记、行长刘桂平传达中央精神，在京党委成员参加学习。高管人员，驻建行纪检监察组负责人，总行各部门、在京子公司主要负责人列席。

6月6日 建设银行在京召开"不忘初心、牢记使命"主题教育动员大会，学习贯彻《中共中央关于在全党开展"不忘初心、牢记使命"主题教育的意见》和习近平总书记在"不忘初心、牢记使命"

主题教育工作会议上的重要讲话精神，对全行开展“不忘初心、牢记使命”主题教育进行动员部署。党委书记、董事长田国立作动员讲话，中央第二十七指导组组长姜建清出席会议并作讲话，党委副书记、行长刘桂平主持会议并就贯彻落实会议精神提出具体要求。

6月6日 中共建设银行党校第40期专题研究班毕业典礼在京举行，党校哈尔滨分校、党校常州分校通过同步视频的方式同期举行毕业典礼。总行党委委员、副行长章更生出席并讲话。

6月10日 建设银行派驻改革动员部署会在京召开。党委书记、董事长田国立出席并讲话，驻建行纪检监察组组长、党委委员朱克鹏代表驻建行纪检监察组表态，党委委员章更生、朱克鹏、张立林、廖林及高管人员出席会议。

6月11－12日 2019年中间业务重点产品标杆交流培训在贵州遵义举办，首席财务官许一鸣出席并总结发言。

6月12日 建设银行总行机关第四次职工（代表）大会第一次会议在京召开。

6月12日 建设银行“2018年青年员工互联网理念及方法研究成果专题汇报会”在京召开，副行长张立林出席并主持会议，营运业务总监牟乃密出席会议。

6月14日 建设银行京津冀协同发展委员会2019年度例会在天津召开，行长刘桂平出席并讲话，副行长章更生主持会议。

6月19－21日 建设银行第五届职工代表大会第一次会议在京召开。党委书记、董事长田国立出席并作了题为《履践初心使命　激发全员智慧　汇聚“第二发展曲线”的强大势能》的讲话；党委副书记、行长刘桂平作了题为《稳中求进善建行远　加快建设“三个能力”》的工作报告；党委委员、副行长、工会主席黄毅作了题为《红旗高扬跟党走　同心共绘建行蓝　团结动员广大职工在“第二发展曲线”新征程中奋力逐梦》的工会工作报告；董事会秘书兼董事会办公室主任胡昌苗，营运业务总监牟乃密，信息总监金磐石出席会议；中国金融工会常务副主席梅志翔应邀出席会议并致辞。

6月19－20日 建设银行董事会2019年第四次会议及专门委员会会议在京召开，全体董事出席会议，行长刘桂平、部分监事和高管列席了会议。会议审议通过了关于设立建行（欧洲）匈牙利分行、非信贷资产减值管理办法、提名副董事长和独立非执行董事、选举专门委员会委员、聘任副行长、修订执行董事和高管人员绩效考核等议案。

6月21日 建设银行2018年度股东大会同时在北京、香港召开，两地以视频连线方式进行。董事长田国立担任会议主席，在京主持会议并回答股东现场提问，行长刘桂平、副行长黄毅出席；副行长张立林主持香港会场股东问答环节；董事、监事和部分高管分别在两地参加会议，外部审计事务所、公司法律顾问等出席会议。会议审议通过了2018年度董事会报告、监事会报告、财务决算方案、利润分配方案、2019年固定资产投资预算与2017年董事和监事薪酬分配清算方案，选举刘桂平先生担任执行董事，选举莫里·洪恩先生连任独立非执行董事，选举格雷姆·惠勒先生担任独立非执行董事，选举田博先生、夏阳先生担任非执行董事，选举赵锡军先生担任外部监事，聘用2019年度外部审计师，发行减记型无固定期限资本债券和发行减记型合格二级资本工具等议案。

6月24日 新金融人才产教融合联盟第一届理事会暨论坛在上海双辉大厦举办，会议由建行大学主办，建行大学上海金融创新学院协办。

6月24日－7月1日 建设银行监事会2019年第三次会议以书面会议方式召开。本次会议审议通过了关于提名建设银行监事会履职尽职监督委员会委员、关于提名建设银行监事会财务与内部控制监督委员会委员的议案。会议选举赵锡军担任本行监事会履职尽职监督委员会委员、监事会财务与内部控制监督委员会委员。

6月26－27日 建设银行举办“不忘初心、牢记使命”主题教育第1次党委成员集中学习读书班。党委书记、董事长田国立主持读书班并作学习小结，党委成员领读习近平总书记重要讲话和论述原文并作交流发言。

6 月 28 日　建设银行党委中心组以“学习习近平总书记对张富清同志先进事迹的指示精神”为主题举办专题集体学习研讨。党委书记、董事长田国立主持并带头发言，党委副书记、行长刘桂平及其他党委成员出席并逐一交流学习体会。中央第二十七指导组赵珉同志到场指导。高管人员，驻建行纪检监察组相关负责人，总行党委职能部门主要负责人列席。

6 月 28 日　建设银行党委中心组以“学习习近平总书记关于防范化解金融风险的重要论述，妥善应对中美经贸摩擦”为主题举办了“不忘初心、牢记使命”主题教育专题集体学习。党委书记、董事长田国立主持并讲话，党委副书记、行长刘桂平及其他党委成员参加学习。高管人员，驻建行纪检监察组负责人，总行党委职能部门、相关业务部门主要负责人列席。

6 月 28 日　建设银行与新华社、经济参考报社、平安集团联合举办的“供给创新　聚合发展”2019 普惠金融高峰论坛在京举行，行长刘桂平出席并作题为《新时代国有大行普惠金融服务的创新实践》的致辞。

7 月 12 日　长三角一体化联动发展座谈会在上海召开，行长刘桂平出席并讲话，章更生副行长主持会议。

7 月 17 日　建设银行党委举办党委成员第二次集中学习读书班。党委书记、董事长田国立主持读书班并作学习小结，党委成员领读学习原文并作交流发言。总行党委职能部门主要负责人列席。

7 月 18 日　建设银行党委中心组以“学习习近平总书记关于党风廉政建设和反腐败斗争的重要论述”为主题举办专题集体学习研讨。党委书记、董事长田国立主持并带头发言，党委副书记、行长刘桂平，党委副书记王永庆及其他党委成员出席并逐一交流学习体会。高管人员，驻建行纪检监察组负责人，总行党委职能部门主要负责人列席。

7 月 18 日　建设银行党委中心组以“学习习近平总书记对建设银行增强‘三个能力’建设的批示精神”为主题举办专题集体学习研讨。党委书记、董事长田国立主持学习、带头发言，党委副书记、行长刘桂平，党委副书记王永庆及其他党委成员出席并逐一交流学习体会。中央第二十七指导组刘世茹莅临现场指导。高管人员，驻建行纪检监察组负责人，总行党委职能部门、相关业务部门主要负责人列席。

7 月 19 日　建设银行 2019 年上半年经营形势分析会议在京举行，行长刘桂平主持会议，副行长章更生、副行长黄毅、驻建行纪检监察组组长朱克鹏、副行长张立林、副行长廖林、副行长纪志宏，首席经济学家黄志凌、首席财务官许一鸣、首席风险官靳彦民、董事会秘书胡昌苗、营运业务总监牟乃密出席。

7 月 22 日　“不忘初心、牢记使命”主题教育总行党委成员调研成果交流会在京举行，党委书记、董事长田国立主持会议，党委副书记、行长刘桂平，党委副书记王永庆，在京党委成员出席会议。

7 月 23－24 日　建设银行“不忘初心、牢记使命”主题教育集中学习研讨示范培训班在湖南长沙举办。党委书记、董事长田国立，党委副书记、行长刘桂平作专题党课辅导，党委副书记王永庆主持开班并提出学习要求，中央第二十七指导组刘世茹同志到总行莅临指导。党委成员章更生、黄毅、朱克鹏、张立林、廖林、纪志宏出席，刘桂平作培训班总结，高级管理人员出席。培训班上，党委书记、董事长田国立作了题为《以初心使命锻造忠诚　引领新金融发展》专题党课辅导，党委副书记、行长刘桂平作了《守初心　担使命　不断深化金融供给侧结构性改革》专题党课辅导，党委副书记王永庆主持培训开班并参加集中学习研讨。

7 月 25－26 日　建设银行 2019 年夏季工作座谈会在湖南长沙召开。党委书记、董事长田国立作题为《笃践初心使命　聚焦三个能力　以新金融行动绘就第二发展曲线》的讲话；党委副书记、行长刘桂平作题为《稳健经营　精细管理　全力实现全年各项目标任务》的经营情况报告；党委副书记王永庆主持并作会议总结；总行党委成员，高级管理人员，部分董事、监事出席会议。人民银行、汇金公司有关同志应邀出席会议。会议还就普惠业务和农村金融进行了专题研讨。期间，举办了“5G 创新与发展”和“新一代人工智能发展趋势与战略”两场专题讲座。

7月 建行大学风险管理研修院与风险管理部在京联合举办了2019年风险管理专题研修班。副行长廖林，首席风险官靳彦民出席并授课。

8月2日 建设银行党委在京召开对照党章党规找差距专题会议，党委书记田国立主持会议，在京党委成员出席。

8月2日 建设银行在京举办“党的好战士——张富清同志先进事迹情景报告会”。建设银行党委书记、副书记，在京的党委委员、高级管理人员出席报告会；主题教育中央第二十七指导组、中央组织部、中央宣传部、中央和国家机关工委、退役军人事务部、中国人民银行、中国金融工会、中国银行业协会以及有关部队等单位的领导出席报告会，《求是》《党建研究》《旗帜》杂志社以及多家媒体也应邀参加。

8月6日、8日 建设银行在韩国首尔、日本东京分别举办“携手金融同业·建设共赢未来”境外金融机构合作论坛。

8月15日 全行大数据网络化客户经营新模式（视频）推广会在京召开，党委委员纪志宏主持会议。

8月22日 建设银行党委中心组以“学习党史、新中国史，增强守初心、担使命的思想和行动自觉”为主题举办专题集体学习。党委书记、董事长田国立主持并讲话，在京党委成员参加学习。高管人员，驻建行纪检监察组负责人，总行党委职能部门主要负责人列席学习。

8月27日 建设银行党委在京召开“不忘初心、牢记使命”主题教育专题民主生活会，党委书记、董事长田国立主持会议，在京党委委员出席会议。

8月27－28日 建设银行董事会2019年第五次会议及专门委员会会议在京召开，董事会会议由董事长田国立主持，全体董事出席或委托出席会议，党委副书记王永庆、监事和部分高管列席了会议。会议审议通过了关于2019年半年度报告、修订内部审计章程、数字力建设总体方案、新增扶贫捐赠临时额度授权、成立总行乡村振兴金融部、上半年全面风险管理报告等议案。

8月27－28日 建设银行监事会2019年第四次会议及专门委员会会议在京召开。监事会全体监事出席会议。党委副书记王永庆、驻建行纪检监察组组长朱克鹏、首席财务官许一鸣、首席风险官靳彦民、董事会秘书胡昌苗列席会议。会议审议通过提名王永庆为股东代表监事候选人、修订股东代表监事2019年度绩效考核方案、2019年半年度报告及摘要三项议案。

8月29日 建设银行党委中心组举办扩大学习，邀请国务院原副秘书长、全国人大社会建设委员会副主任委员、清华大学公共管理学院院长江小涓围绕“数字时代与公共治理”作专题辅导。党委书记、董事长田国立主持并作讲话，党委副书记、行长刘桂平，党委副书记王永庆及其他党委成员参加学习。

8月29日 建设银行2019年中期业绩发布会在北京、香港两地同时召开，两地以视频方式连线。业绩发布会由副董事长、行长刘桂平主持，副行长廖林、纪志宏，首席财务官许一鸣，首席风险官靳彦民，董事会秘书胡昌苗，部分董事、监事，总行各部门和在京子公司负责人出席发布会。

9月2日 建设银行支持深圳建设中国特色社会主义先行示范区工作方案专题汇报会在京召开，行长刘桂平主持会议。

9月2－6日 2019年全行“金智惠民”善融商务扶贫商户培训班在中国（丽水）两山学院举办。

9月6日 2019年全行信贷管理工作会议在苏州召开。行长刘桂平出席并作题为《筑牢底板、增强能力，持续提升全行信贷经营管理水平》的讲话，副行长廖林提出要求，首席风险官靳彦民作工作报告。部分董事、监事以及驻建设银行纪检监察组派员出席会议。

9月6日 建设银行2019年绿色金融工作座谈会在苏州召开。行长刘桂平作了题为《积极践行习近平生态文明思想 努力培育绿色金融新优势》的讲话。副行长廖林主持会议，首席风险官靳彦民出席。

9月6日 新金融人才产教融合联盟秘书长交流活动在建行大学青岛普惠与零售学院举行。联盟秘书长、副行长、建行大学常务副校长章更生出席活动并发表讲话。

9 月 9 日 建设银行党委召开会议传达学习中央“不忘初心、牢记使命”主题教育第一批总结暨第二批部署会议精神和王沪宁同志讲话精神。党委书记、董事长田国立主持会议，其他党委成员参加会议，驻建行纪检监察组及有关部门负责人列席会议。

9 月 16－20 日 全行战略发展研究能力提升培训班在南开大学，副行长黄毅出席开班式并讲话。

9 月 17 日 中共建设银行党校举行 2019 年秋季学期第 41 期干部进修班开学典礼，党委副书记兼党校校长王永庆出席开学典礼并讲话。

9 月 18 日 建设银行在京召开第二批“不忘初心、牢记使命”主题教育工作推进会暨总行巡回指导组、一级分行指导组培训会议，党委副书记王永庆出席会议并讲话。

9 月 18 日 总行召开 2019 年巡视总行部门进驻动员会，建设银行党委委员、驻建行纪检监察组组长、巡视工作领导小组副组长朱克鹏出席并作动员讲话。

9 月 23 日 建设银行在深圳南山科兴产业园举办“创业者港湾”品牌发布会，党委副书记王永庆、深圳市人民政府副市长艾学峰出席发布会并致辞。

9 月 25 日 全行物理网点综合竞争力提升工作（视频）启动会在京召开，行长刘桂平出席会议并作讲话，营运业务总监牟乃密主持会议。

10 月 13 日 建设银行支持西部大开发战略推进座谈会在重庆召开。行长刘桂平出席会议并讲话，副行长章更生主持会议。重庆市副市长李波到会致辞。

10 月 17 日 总行国际贸易“单一窗口”金融服务专项营销活动启动会在京召开，副行长纪志宏出席并讲话。

10 月 21 日 2019 年全行审计专题研修班在建行大学井冈山党性教育学院举办，党委副书记王永庆参加了座谈并讲话。

10 月 23 日 建设银行审计整改落实会议在京召开，董事长田国立、行长刘桂平、党委副书记王永庆、驻建行纪检监察组组长朱克鹏、副行长廖林，首席财务官许一鸣、首席风险官靳彦民、董事会秘书胡昌苗出席。

10 月 24 日 建设银行 2019 年第三季度经营形势分析会议在京召开，行长刘桂平主持会议，副行长章更生、副行长廖林、首席财务官许一鸣、董事会秘书胡昌苗、营运业务总监牟乃密、信息总监金磐石出席。

10 月 28 日 全行党员干部警示教育（视频）大会在京召开，驻建行纪检监察组组长、建设银行党委委员朱克鹏出席并讲话。

10 月 29－30 日 建设银行 2019 年第一次临时股东大会、董事会 2019 年第六次会议及专门委员会会议在京召开，董事会会议由董事章更生主持，全体董事出席或委托出席会议，驻建行纪检监察组、部分监事和高管列席会议。2019 年第一次临时股东大会以普通决议审议通过了选举王永庆先生担任本行股东代表监事、选举米歇尔·马德兰先生担任本行独立非执行董事、本行 2018 年度董事、监事薪酬分配清算方案、新增扶贫捐赠临时额度授权的议案等。董事会会议审议通过了关于 2019 年第三季度报告、境内外优先股股息分配、向建设银行（欧洲）有限公司增加资本金、建设银行伦敦机构整合方案、成立贵金属及大宗商品交易中心、提名董事会专门委员会委员、变更悉尼分行境外高级监察官等议案。

10 月 29－30 日 建设银行监事会 2019 年第五次会议及专门委员会会议在京召开。监事会会议由监事长王永庆主持，全体监事出席会议，驻建行纪检监察组组长朱克鹏及部分高管列席会议，银保监会派员列席会议。会议选举王永庆先生担任建设银行监事长，审议通过关于 2019 年第三季度报告、监事会 2019 年年度履职监督与评价工作方案等议案，听取并表管理工作情况等汇报。

10 月 31 日 全行“不忘初心、牢记使命”主题教育第一批整改落实推进工作会议在京召开，党委副书记、监事长王永庆主持会议。

11 月 1 日 建设银行党委与驻建行纪检监察组工作会商会议在京举行，党委书记田国立主持会议，总行党委委员、驻建行纪检监察组领导班子成员出席会议，总行党委办公室、党委组织部主要负责人列席会议。

11 月 1 日 建设银行党委召开会议传达学习习近平总书记在党的十九届四中全会上的重要讲话和全会精神，研究贯彻落实有关工作，党委书记田国立主持会议。

11 月 5 日 建设银行“2019 年支付清算业务高峰暨‘双十一’保障工作动员（视频）会”在京召开，营运业务总监牟乃密作动员部署。

11 月 6 日 建设银行召开全行党员干部（视频）大会，传达学习党的十九届四中全会精神，就全行学习宣传贯彻工作进行部署。党委书记、董事长田国立作部署和动员、提出具体要求，党委副书记、行长刘桂平传达党的十九届四中全会精神，党委副书记、监事长王永庆主持会议。

11 月 7 日 建设银行在伦敦金融城举行答谢酒会，庆祝伦敦人民币清算服务 5 周年暨清算量突破 40 万亿元大关。建设银行董事长田国立、中国驻英国大使刘晓明、标准人寿安本集团主席及“一带一路”特使范智廉爵士、伦敦金融城第 690 位市长查尔斯·鲍曼爵士、英国财政部高级官员等中英各界近百名嘉宾出席答谢会。

11 月 12 日 打造“善建者行　乐建其城”品牌、服务夜间经济专项活动视频启动会在京召开，副行长纪志宏出席并讲话，营运业务总监牟乃密主持会议。

11 月 14 日 “加强零售业务统筹发展能力”专题研讨座谈会在广东召开，副行长纪志宏主持会议。

11 月 18 日 2020 年绩效考核和综合经营计划调研座谈会在上海召开，行长刘桂平、首席财务官许一鸣出席。

11 月 20－21 日 深入推进智慧政务战略实施暨全行机构业务座谈会在武汉召开，副行长章更生出席并讲话。

11 月 22 日 基层机构经营管理调研座谈会在东莞召开，行长刘桂平、首席财务官许一鸣出席会议。

11 月 25 日 建设银行党委中心组以“学习贯彻党的十九届四中全会精神”为主题进行集体学习研讨。党委书记、董事长田国立主持并讲话，党委副书记、行长刘桂平，党委副书记、监事长王永庆，以及在京党委成员出席并逐一交流学习体会。高管人员，驻建行纪检监察组负责人，总行党委职能部门、相关业务部门主要负责人列席。

11 月 25－29 日 蓝英二班在总行党校（领导力学院）进行第三次集中培训。党委委员、副行长、建行大学常务副校长章更生听取汇报并讲话。

11 月 21 日、29 日 建设银行 2019 年度子公司风险管理集中报告会议分两批在京召开，首席风险官靳彦民出席会议。

12 月 2 日 建设银行党委召开会议传达学习国务院常务会议精神，研究部署优化营商环境有关工作，党委书记、董事长田国立主持会议。

12 月 2－6 日 蓝英一班在总行党校（领导力学院）进行第三次集中培训，党委副书记、监事长、党校校长王永庆听取汇报并讲话。

12 月 3－5 日 2019 年全行工会主席工作研讨班在广西举行，党委副书记、监事长王永庆出席并讲话。

12 月 6 日 2019 年重点分行资产托管业务座谈会在天津召开，副行长章更生出席并讲话。

12 月 6 日 总行战略展示中心能力提升方案汇报会在京召开，行长刘桂平主持会议，信息总监金磐石出席。

12 月 9 日 2020 年“兴建旺行”首季综合金融服务活动（视频）启动会在京召开，行长刘桂平，副行长章更生、纪志宏，营运业务总监牟乃密出席。

12月10日 消费者权益保护工作专题会议在京召开，监事长王永庆主持会议，副行长黄毅、副行长纪志宏出席。

12月13日 粤港澳大湾区合作发展座谈会在广州召开，行长刘桂平出席并讲话，副行长章更生主持会议。

12月13日 建设银行在广州举行粤港澳大湾区综合金融服务方案发布会，董事长田国立、行长刘桂平、副行长章更生、副行长黄毅出席。

12月14日 2019年度集团财务会计决算（视频）会议在京召开。

12月16日 建设银行党委召开扩大会议，传达学习中央经济工作会议精神，研究部署贯彻落实工作。党委书记田国立主持会议，总行党委委员、高管成员、总行部门主要负责人参加会议。

12月16日 2020年综合经营计划和绩效考核办法课题专题汇报会在京召开，行长刘桂平主持会议，副行长章更生、副行长黄毅、副行长纪志宏，首席财务官许一鸣、首席风险官靳彦民出席。

12月17－18日 建行大学工作会议暨学习贯彻党的十九届四中全会精神培训班在青岛召开。行长刘桂平、监事长王永庆、副行长章更生，首席财务官许一鸣、首席风险官靳彦民、董事会秘书胡昌苗、营运业务总监牟乃密出席。

12月17日 建设银行与中国国债协会、中国银行、交通银行联合在京举办“地方债市场建设与发展研讨会”，全国政协常委、外事委员会主任楼继伟，财政部副部长许宏才，国家金融与发展实验室理事长李扬应邀致辞，纪志宏副行长出席会议并发表主题演讲。

12月23日 建设银行监事会2019年第六次会议及专门委员会会议在京召开。监事会会议由监事长王永庆主持，全体监事出席会议，驻建行纪检监察组组长朱克鹏及部分高管列席会议，银保监会派员列席会议。此次会议审议通过了监事会2020年度工作计划，听取2019年流动性风险管理等情况汇报。监事会财务与内部控制监督委员会会议听取2019年市场风险管理、2019年案件及员工行为管理等情况汇报。

12月 2019年海外机构首席风险官及风险主管培训班在上海顺利举行。首席风险官靳彦民作专题授课，独立董事钟嘉年出席开班仪式并授课。来自24家海外机构的39名学员参加了培训。

机构人事类

1月7日 总行发文，郭友不再担任建设银行监事长职务，余静波不再担任建设银行副行长职务，庞秀生不再担任建设银行执行董事、副行长职务。郝爱群因任期届满不再担任建设银行董事。

2月25日 总行发文，对纪检监察机构设置及相关部门职责进行调整和明确：中国建设银行纪委根据中央要求改设为中央纪委国家监委驻中国建设银行纪检监察组，撤销总行监察部。相关部分职责移交总行内控合规部、总行党委办公室、总行机关纪委负责。撤销各级分支行、境内子公司、总行直属中心监察部门，成立纪委办公室。境外机构监察专员更名为廉政专员。

3月25日 总行发文，田国立兼任建行大学校长、校务委员会主任，王祖继不再担任建行大学校长、校务委员会主任职务。

3月27日 总行发文，王祖继不再担任中国建设银行股份有限公司副董事长、执行董事职务、行长职务。

4月16日 建信理财有限责任公司（筹）创立大会在京举行，行长刘桂平、副行长章更生出席。

4月23日 总行发文，山东省分行金融科技部加挂“中国建设银行集团金融科技创新（山东）中心”牌子。

4月25日 建设银行阿斯塔纳分行获颁牌照。

5月7日 总行发文，刘桂平任中国建设银行股份有限公司行长。

5月14日 建行大学苏州金融科技学院（苏州金融保险学院）正式揭牌。

5月15日 建行大学大数据实验室（苏州）、建信金融科技（苏州）有限公司、建信金融科技创新（苏州）实验室揭牌。

5月22日 建信理财有限责任公司开业申请获中国银行保险监督管理委员会批准。

5月20日 总行发文，成立中国建设银行资产管理业务委员会。资产管理业务委员会设办公室，作为资产管理业务委员会的日常办事机构。同时总行资产管理业务中心更名为集团资产管理部，作为集团资产管理业务的综合经营管理部门，与资产管理业务委员会办公室合署办公，并印发《资产管理业务委员会主要职责及组成人员》。

5月20日 总行发文，靳彦民任中国建设银行股份有限公司首席风险官，廖林不再兼任中国建设银行股份有限公司首席风险官。

5月28日 总行发文，胡昌苗任中国建设银行股份有限公司董事会秘书，黄志凌不再担任中国建设银行股份有限公司董事会秘书。

6月3日 建信理财有限责任公司在广东省深圳市开业并发布新产品。

6月5日 建行大学与南开大学联合成立系统性风险研究中心揭牌仪式在天津举行。

6月14日 建设银行投行业务交易中心在天津揭牌。

6月14日 总行发文，总行战略规划部更名为战略与政策协调部，战略推进委员会办公室设在战略与政策协调部，负责战略发展规划推进具体工作。

6月14日 总行发文，总行部分部门及内设处室进行优化调整并更名：总行办公室信访办公室升格为二级部，信访办公室内设信访督察处、来信办理处、来访接待处；总行办公室增设党建制度规划处、党建督导处、联席协调处，行史年鉴处。总行人力资源部（教育学习发展部）增设新金融人才产教融合联盟秘书处，社会服务处（金智惠民工程办公室、新金融人才教育联盟（筹）秘书处）更名为社会服务处（金智惠民工程办公室）。总行股权与投资管理部增设子公司信息管理处、银行业处、保险业处、基金证券业处、创新机构处，撤销研究分析处、综合化拓展处、村镇银行管理处、战略协助项目管理处。总行风险管理部增设海外风险管理处。总行信贷管理部增设绿色金融处。总行公司业务部撤销“养老金业务部”牌子，企业年金托管业务营销管理职责及养老金业务处一并划转至总行资产托管业务部。总行公司业务部增设智能撮合平台管理处。总行金融市场部增设营销管理处。总行投资银行部增设战略性股权投资业务处。总行国际业务部增设跨境融资和保函管理处、跨境产品创新处、国外非银行机构处；外汇业务管理处更名为外汇政策管理处、国际结算和贸易融资处更名为国际结算管理处。单证业务中心国际保理业务处和福费廷业务处划转至总行国际业务部。总行渠道与运营管理部增设物理渠道客户体验管理中心（处级建制）。总行金融科技部成立信息安全防控中心（二级部）。信息安全防控中心是全行统一信息安全运营机构，主要负责安全防控系统的建设，全面管理安全漏洞和缺陷，主动预警、监控、分析、处置安全事件。总行基建办公室增设综合财务处、项目一处、项目二处。

6月14日 总行发文，总行战略规划部更名为战略与政策协调部，战略推进委员会办公室设在战略与政策协调部，负责战略发展规划推进具体工作。原战略规划部《投资研究》编辑、出版、发行工作划转至研究院，《现代商业银行导刊》编辑、出版、发行工作划转至建行大学。

6月14日 在建行大学校本部设立大数据实验室，作为建行大学大数据领域研究工作的牵头部门。

6月28日 总行发文，田国立兼任战略性新兴产业发展基金理事会理事长，王祖继不再担任战略性新兴产业发展基金理事会理事长职务。

6 月 28 日 总行发文调整部分总行直属机构及其内设机构：中国建设银行客户服务中心更名为中国建设银行远程智能银行中心，中国建设银行客户服务中心北京、武汉、广州、苏州、天津、南宁、兰州分中心更名为中国建设银行远程智能银行中心北京、武汉、广州、苏州、天津、南宁、兰州分中心，中国建设银行合肥电话银行中心更名为中国建设银行远程智能银行中心合肥分中心。成立中国建设银行网管中心，与运营数据中心合署办公。调整中国建设银行单证业务中心内设机构，优化调整后单证业务中心主中心内设综合及内控管理处、出口业务一处、进口业务一处、海外业务一处等 4 个处室，分中心内设出口业务二处、进口业务二处、海外业务二处、数据及系统管理处等 4 个处室。明确中国建设银行广州电子银行研发中心为总行直属中心，由总行网络金融部负责业务指导，内设网上银行支持处、移动银行支持处、网站与善融商务支持处、可用性测试处等 4 个处室。合肥电子银行业务中心从客户服务中心分立，在线客服（除善融商务）、智能机器人运维管理等相关职责划转客户服务中心。明确中国建设银行合肥电子银行业务中心为总行直属中心，主要承担网络金融业务运营、反欺诈监控和用户需求采集等工作，由总行网络金融部负责业务指导，内设网上商城运营处、网络风险控制处、网络运维处等 3 个处室。

7 月 12 日 总行发文，刘桂平任中国建设银行股份有限公司副董事长、执行董事。

7 月 12 日 总行发文，成立包商银行股份有限公司托管工作领导小组，负责包商银行托管工作决策部署、统筹协调、整体推进和督促落实。

8 月 9 日 总行发文，纪志宏任中国建设银行股份有限公司副行长。

8 月 19 日 总行发文，建行大学组织架构优化调整：建行大学校本部设置综合管理部、基础教研部、专业研修部、支持拓展部。综合管理部与校委会办公室（总行教育学习发展部）合署办公。其中，综合管理部下设综合处、规划发展处、科研管理处、教学运行处、学员工作处、员工成长处、金智惠民处、科技发展处、国际发展处、行政财务处 10 个处室。基础教研部下设思想政治教研部、战略教研部、人文教研部、领导力教研部 4 个教研部。专业研修部下设普惠与零售研修院、住房金融研修院、金融科技研修院（金融科技大数据研修院更名）、客户关系研修院、资管与投行研修院（资管业务财富管理研修院更名）、国际金融研修院、风险管理研修院、财务与审计研修院 8 个专业研修院。支持拓展部下设实验室、数字化教育学习中心（大学网络平台）、案例研究教学中心（知识管理中心）、课程设计管理中心、职业资格发展中心、对外合作中心、融媒体中心、品牌运营中心、新金融人才产教融合联盟秘书处办公室 9 个机构。实验室下设办公室、大数据实验室、金融科技实验室、产品创新实验室。专业校区增设领导力学院（总行党校加挂“领导力学院”牌子）、杭州民营企业学院，北京明苑党建学院更名为北京党建学院。各一级分行整合人力资源部培训机构和培训中心，分别成立建行大学分校，同时挂牌党校分校、员工成长学院、乡村振兴学院。

8 月 27 日 总行发文，张立林不再担任中国建设银行股份有限公司副行长职务。

9 月 18 日 总行发文，中国建设银行数据治理专业委员会更名为中国建设银行数据治理委员会。数据治理委员会在管理层单列，金融科技创新委员会中有关数据治理的职责由数据治理委员会承担。

9 月 18 日 总行发文，建设银行香港支持中心更名为中国建设银行海外金融科技中心。日常管理、后勤行政等由建行亚洲负责。建行亚洲 IT 团队部分划转至海外金融科技中心。

9 月 23 日（哈萨克斯坦当地时间） 建设银行阿斯塔纳分行开业。全国人大常委会委员长栗战书与哈总理阿斯卡尔·马明共同为分行揭牌。行长刘桂平出席分行开业活动并致辞。

9 月 26 日 建设银行成都投行业务交易中心揭牌。

10 月 25 日 建设银行纳闽分行开业。。

10 月 30 日 总行发文，王永庆担任中国建设银行股份有限公司监事长。

11 月 6 日 总行发文，王永庆担任中国建设银行股份有限公司监事会履职尽职监督委员会主席；

吴建杭、方秋月、程远国、赵锡军担任中国建设银行股份有限公司监事会履职尽职监督委员会委员；赵锡军担任中国建设银行股份有限公司监事会财务与内部控制监督委员会主席；吴建杭、方秋月、鲁可贵、王毅担任中国建设银行股份有限公司监事会财务与内部控制监督委员会委员。

11 月 20 日 总行发文，总行成立乡村振兴金融部（一级部），作为牵头负责全行农村金融业务经营管理工作和打造全行统一的乡村振兴金融服务品牌的职能部门。

业务类

1 月 7 日 建设银行与中国人寿保险集团战略合作协议签字仪式在中国人寿保险集团举行，董事长田国立、行长王祖继、副行长张立林，国寿集团董事长王滨、总裁袁长清出席。

1 月 7 日 建设银行与沙特阿拉伯国家石油公司亚洲区公司在厦门签署《谅解备忘录》。总行营运业务总监牟乃密、厦门市委常委兼自贸区主任倪超、沙特阿美亚洲总裁兼首席执行官安沃·何加齐及厦门市分行主要负责人在签约前举行了座谈，并共同出席了签约仪式。

1 月 10 日 云南“一部手机办事通”上线试运行启动仪式在建设银行昆明海埂培训中心举行。

1 月 13 日 新一代境内外一体化版本在建行亚洲上线，副行长张立林现场指导上线工作。

1 月 13 日 建设银行承办，中国人民银行与香港金融管理局联合主办“绿色金融·香港机遇”内地主体赴港发行绿色债券主题会议在建设银行中环大厦举办，这是境内外监管机构首次在香港联合举办绿色债券主题研讨会。

1 月 17 日 建设银行与陆军后勤部《陆军部队代建工程建设资金监管合作会谈备忘录》签字仪式在京举行，行长王祖继，副行长章更生出席仪式。行长王祖继代表建设银行在合作备忘录上签字并致辞。

1 月 18 日 建设银行、建信金融科技公司与中国农业发展银行《信息科技合作框架协议》签约仪式在京举行。行长王祖继、副行长张立林与中国农业发展银行行长钱文挥、副行长林立共同见证协议签署。

1 月 21 日 建设银行在全行推广上线出口信用证通知业务人工智能录入功能。

1 月 25－27 日 建设银行“善融商务”应邀参加在重庆南坪会展中心举行的中国（重庆）贫困地区特色农产品品牌推介洽谈会暨第二届重庆电商扶贫爱心购活动。

1 月 28 日 建设银行与天津市人民政府在津签署战略合作协议。中央政治局委员、天津市委书记李鸿忠，市委副书记、市长张国清和建设银行党委书记、董事长田国立，党委副书记、行长王祖继，信息总监金磐石出席签约仪式。天津市副市长康义和建设银行党委委员、副行长章更生分别代表双方签署协议。双方还签署了“数字天津”建设合作框架协议。

1 月 28 日 建设银行总行指挥中心落成暨“龙视界”视频管理系统上线发布会在京举办。行长王祖继、副行长廖林、信息总监金磐石出席发布会。

2 月 18 日 建设银行与国家开发银行在京举行《全面合作协议》和《新一代核心业务系统工程合作协议》签约仪式。董事长田国立、副行长张立林、信息总监金磐石，国家开发银行董事长赵欢、副行长蔡东、副行长刘金出席签约仪式。

2 月 18 日 “建行·新华普惠金融——小微指数”第二期成果发布。

2月20日 建设银行在境外簿记发行18.5亿美元减记型二级资本债券。

2月22－23日 新一代金融市场同业存单产品上线。

2月27日 建设银行与国家口岸管理办公室在京举行《国际贸易“单一窗口”合作对接试点协议》签约仪式，董事长田国立、副行长张立林，国家口岸管理办公室主任张广志、副主任白石出席签约仪式。

2月28日 建设银行与中国东方航空集团有限公司在京举行战略合作框架协议签约仪式。董事长田国立、副行长张立林，中国东方航空集团有限公司董事长刘绍勇、副总经理吴永良出席签约仪式。

2月 建设银行全面风险监控预警平台（RAD）完成一期开发。

2月 全行线上业务风险排查系统（RSD）一期功能上线，并在山东省分行试点应用。

3月1日 建设银行与新华社在新华社新闻大厦举行《战略合作协议》签约仪式。董事长田国立、行长王祖继、副行长章更生、副行长张立林，新华社社长蔡名照，副社长刘正荣，副社长张宿堂出席签约仪式。

3月7日 建设银行与腾讯合作推出龙卡QQ音乐信用卡。

3月12日 建设银行与中国移动通信集团在中国移动总部举办《5G联合创新中心合作备忘录》签约仪式。副行长张立林、中国移动总裁简勤副共同见证协议签署。

3月19日 退役军人事务部与银行系统在京举行《银行系统拥军优属合作协议书》签约仪式，副行长章更生代表建设银行出席签约仪式并签署合作协议书。

3月20日 建信住房服务（江苏）有限责任公司揭牌。

3月21日 建设银行与中远海运集团财务有限责任公司在上海举行合作协议签字仪式，副行长张立林出席签字仪式。

3月21日 建设银行与上海期货交易所在上海举行《战略合作协议》签约仪式，副行长张立林、上海期货交易所理事长姜岩出席。

3月22日 建设银行与上海清算所在上海联合举办“债券与利率衍生品”专题沙龙。

3月25日 建行亚洲在香港质量保证局主办的“绿色金融认证计划颁授典礼暨论坛”上，作为香港绿色金融认证计划支持机构受到表彰，香港分行2018年可持续发展债券、卢森堡分行2018年绿色债券获颁发认证书。

3月25－29日 建设银行独家承办新加坡金融管理局和新加坡交易所来华联合路演活动。

3月26日 建设银行与国网雄安金融科技集团举行“双百亿”普惠金融工程启动暨合作签约仪式，副行长章更生出席仪式，并会见国家电网有限公司罗乾宜总会计师。

3月26－27日 建设银行会同海尔日日顺物联网有限公司在辽宁沈阳举办“建行裕农通＋日日顺乐农”合作推进会。

3月30日 建设银行集团合规管理平台在境外机构投产上线。

3月31日 建设银行国产化平台商密办公自动化系统（OA2）V1．0版在集团境内外机构上线。

3月31日 建设银行“小微快贷”子产品“薪金云贷”在惠懂你App、网上银行等渠道正式上线。

3月 “建行·新华普惠金融——小微指数”第三期成果在京发布。

3月 建设银行获中国证监会批复，同意开展存托凭证试点存托业务，正式获得存托凭证试点存托人资格。

3月 建设银行实施企业财务报表智能识别录入技术。

4月3日 建设银行私人银行首批战略客户家族办公室（深圳）签约仪式在深圳市分行举行，副行长张立林出席。

4月3日 建设银行与腾讯集团在深圳签署金融科技联合创新实验室战略合作协议。副行长张立林，腾讯集团副总裁郑润明出席签约仪式。

4 月 4 日　建设银行推出首只面向农民农村农业发行的“乾元——众享”（三农优享）系列保本型人民币理财产品。

4 月 8 日　建设银行私人银行首批战略客户家族办公室（上海）签约仪式在上海举行，副行长张立林出席。

4 月 8 日　建设银行联合波士顿咨询公司（BCG）发布中国私人银行市场发展报告《中国私人银行 2019：守正创新　匠心致远》。

4 月 12 日　建设银行在雄安新区分别与雄安新区管委会签署深化合作备忘录、与启迪控股签署战略合作协议。董事长田国立，党委副书记刘桂平，河北省副省长、雄安新区管委会主任陈刚，清华大学党委常务副书记姜胜耀，清华控股董事长龙大伟，启迪控股董事长王济武出席签约仪式。

4 月 14 日　建设银行与深圳大学在深圳签署战略合作框架协议签约，董事长田国立与深圳大学党委书记刘洪一出席签约仪式。

4 月 16 日　建设银行与农业农村部在京签署战略合作协议。董事长田国立与农业农村部部长韩长赋出席签约活动，副行长章更生与农业农村部副部长余欣荣代表双方签署协议书。

4 月 18 日　建设银行在中国国际贸易“单一窗口”部署预约开户、汇入汇款、汇出汇款、结售汇、“跨境快贷——退税贷”等金融服务。

4 月 22 日　建设银行与东部战区海军航空兵部队战略合作协议签署仪式在浙江宁波举行，副行长章更生出席仪式。

4 月 25 日　建设银行参加在京举行的《“一带一路”绿色投资原则》签署仪式。

4 月 26 日　建设银行与山东省人民政府在济南签署“数字山东”建设战略合作协议。董事长田国立，党委副书记刘桂平，副行长廖林，信息总监金磐石，以及山东省省委副书记、省长龚正，省委常委、常务副省长王书坚出席签约仪式。

4 月 26 日　建设银行与宝腾国家汽车有限公司在京举行融资协议交换仪式，马来西亚总理马哈蒂尔、中国驻马来西亚大使白天、吉利集团李书福董事长、副行长黄毅见证仪式。

4 月 26 日　中瑞“一带一路”创新金融产品发布仪式在京举行，推出建设银行与冯托贝尔银行共同研发的瑞士市场首只“一带一路”主题权益类票据金融产品。董事长田国立、行长刘桂平出席。

4 月 27 日　建设银行“大资管家”平台首期功能释放上线。

4 月 29 日　中国建设银行股份有限公司公布 2019 年第一季度经营业绩。

4 月　建设银行以独家协调行、簿记行、委任牵头行等核心角色签约马来西亚边加兰石油炼化厂项目。

4 月　建设银行获得 2019 年中国农业发展银行境外债券发行的承销商及簿记管理人资格。

4 月　建设银行与工业和信息化部在京签署《技术改造重点项目三方联动试点工作备忘录》，在江苏、安徽、山东、四川、辽宁、宁波等六省（市）开展技术改造重点项目三方联动试点。

5 月 5 日　建设银行与福建省人民政府在福建签署支持新福建建设战略合作协议和深化“数字福建”建设合作框架协议。副行长张立林与福建省副省长郭宁宁代表双方签字。

5 月 5 日　建设银行与中国电子集团商密自动化办公系统上线发布活动在福建省福州市举行，董事长田国立与中国电子集团董事长芮晓武共同发布建设银行全国产化办公自动化系统。

5 月 6－8 日　建设银行参加在福州海峡国际会展中心举行的第二届数字中国建设峰会。

5 月 7 日　建设银行担任独家主承销商、代理发起机构及资产服务机构并由北京市分行承做的“飞驰——结构优化”2019 年度第一期企业应收账款资产支持票据在银行间债券市场完成公募发行。该笔资产支持票据是银行间债券市场首笔全部以国内信用证项下应收账款作为基础资产的证券化产品。

5 月 8 日　建设银行与浪潮集团在京举行战略合作协议签字仪式。

5 月 9 日　建设银行与中国进出口银行在京举行《战略合作协议》签约仪式，董事长田国立、行长刘桂平、副行长张立林，中国进出口银行董事长胡晓炼、行长张青松、副行长谢平出席签约仪式。

5月15日 建设银行“2018年度战略性项目成果汇报暨2019年创新马拉松启动式”在北京产品创新实验室举行，副行长廖林、信息总监金磐石出席会议。

5月21日 建设银行与三井住友银行在京签署《全面战略合作协议》，行长刘桂平、三井住友银行行长高岛诚出席签约仪式。

5月22日 建设银行与贵州省人民政府在贵阳市签署战略合作协议，董事长田国立、副行长章更生、驻行纪检监察组组长朱克鹏，贵州省委书记孙志刚、省长谌怡琴、省委秘书长刘捷等领导出席签约仪式，并见证贵州省分行与省人民政府政务服务中心合作的“智慧政务·黔融通”与省公共资源交易中心合作的“公共资源·易贷通”产品发布上线。

5月22日 建设银行与交通银行在上海举行《区块链贸易金融合作框架协议》签约仪式，副行长张立林、交通银行副行长侯维栋出席仪式。

5月22日 建设银行正式发布《新动向、新前景——2019人民币国际化报告》。

5月23日 建设银行与满帮集团战略合作协议签字仪式在贵州省举行，董事长田国立，副行长章更生，驻行纪检监察组组长朱克鹏，副行长张立林与贵州省政协副主席、全国工商联常委、省工商联主席李汉宇，贵阳市市长陈晏等共同出席签字仪式，并见证“满帮综合金融服务平台”融资产品发布。

5月25日 业务连续性管理系统在全行投产上线。

5月28日 建设银行与安联（中国）保险控股有限公司（筹）在京举行合作备忘录签字仪式，副行长张立林，安联控股拟任董事长塞尔吉奥·巴比诺特出席签字仪式。

5月28日 建设银行托管的华夏基金管理公司管理的华夏野村日经225ETF（QDII）基金开始募集。

5月29日 建设银行与第七届世界军人运动会执委会在武汉联合举行“第七届世界军人运动会金融合作伙伴”新闻发布会，正式发布建行与军运会联合标识、建行军运会品牌形象及建行军运会联名卡等专属系列金融产品，副行长章更生出席。

5月31日（卢森堡当地时间） 建设银行与卢森堡证券交易所在卢森堡签署《合作备忘录》，董事长田国立、中国驻卢森堡大使黄长庆、卢森堡金融推广署首席执行官尼古拉斯·马克宁和卢森堡证券交易所董事长弗兰克·瓦格纳出席签约仪式。

6月14日 建设银行在天津举行投资者联盟启动会（天津站）暨投行业务交易中心揭牌与战略客户签约仪式。行长刘桂平出席并致辞。行长刘桂平、副行长章更生与天津市副市长康义共同为天津投行业务交易中心揭牌。活动现场，建设银行天津市分行分别与天津城市基础设施建设投资集团有限公司、天津泰达投资控股有限公司、天津中环电子信息集团有限公司签署了战略合作协议。

6月14日 建设银行与国家电网公司在南昌联合举办“云电贷”（电e贷）产品发布会。

6月16日 建设银行与交通运输部路网中心部级平台接通。

6月17日 建设银行面向车主客群推出ETC适配产品“飞驰畅行”龙卡信用卡。

6月17日（伦敦当地时间） 建设银行与标准人寿安本集团（Standard Life Aberdeen）在伦敦签署《合作备忘录》，董事长田国立，标准人寿安本集团主席范智廉爵士（Sir Douglas Flint）出席签字仪式。

6月17日 建设银行成为市场首家沪伦通跨境转换机构托管银行。

6月17-20日 建设银行东京分行和悉尼分行同步在境外发行当地币种高级债券，募集资金分别为200亿日元和4亿澳元，期限均为3年。

6月20日 “建行ETC智行”微信小程序正式向公众开放，实现ETC车载设备在线申请、签约等全流程线上办理业务功能。

6月25日 建设银行与北京市人民政府在京举行战略合作协议签字仪式。

6月27日 建设银行财务公司行业核心系统建成启动仪式暨苏州创元集团财务公司“建信财司云”合作签约仪式在苏州举行。

6月28日 “建行·新华普惠金融——小微指数”第四期成果发布。

6月 建设银行海南自贸区（港）自由贸易账户体系正式上线运行。

7月1日 建设银行援建的“安康智慧治理”服务平台正式上线运行。信息总监金磐石出席在安康举行的上线仪式并致辞。仪式上，建信金科公司与有关单位签署了补充援建协议和合资公司备忘录。

7月2日（明斯克当地时间） 建设银行首席财务官许一鸣代表建设银行出席在白俄罗斯首都明斯克的中白工业园区举行的首届“一带一路”区域发展合作论坛。

7月3日（努尔苏丹当地时间） 建设银行阿斯塔纳分行与阿斯塔纳国际交易所（AIX）、中信证券在努尔苏丹共同签署了《合作备忘录》，首席风险官靳彦民、阿斯塔纳国际金融中心（AIFC）主席克林姆别托夫、阿斯塔纳金融管理局董事长芭芭拉、上海证券交易所副总经理刘绍统出席签约仪式。

7月4日 建设银行与工业和信息化部在京签署战略合作协议。董事长田国立、行长刘桂平与工业和信息化部部长苗圩出席签约仪式，副行长黄毅与工业和信息化部党组成员、总工程师张峰代表双方签署协议。

7月6日 建设银行国产平台办公自动化系统（OA2）迭代升级项目2.0版上线。

7月6日 建设银行区块链再保理项目上线。

7月8日 建设银行“跨境快贷——出口贷”在“中国国际贸易单一窗口”上线并在11家分行进行试点。

7月11日 建设银行与华泰证券股份有限公司在京举行《全面战略合作协议》签约仪式，董事长田国立、华泰证券董事长周易出席。

7月11日 建设银行首批三家“5G+智能银行”亮相北京市清华园支行、兴融支行和建国支行。副行长章更生出席“5G+智能银行”在清华园支行的应用启动仪式并致辞，清华大学党委常务副书记姜胜耀、北京市人民政府副秘书长杨秀玲出席并致辞。

7月15日 建设银行与重庆市人民政府在渝签署战略合作协议和8个子协议。中央政治局委员、重庆市委书记陈敏尔，重庆市市长唐良智和建设银行董事长田国立、行长刘桂平、副行长章更生出席签约仪式。重庆市常务副市长吴存荣和副行长章更生分别代表双方签署了战略合作协议。

7月16日 建设银行参与中粮国际23亿美元可持续发展银团贷款，获得委任牵头行和簿记行核心角色（Senior BMLA），并与荷兰银行、澳新银行以及西班牙对外银行等21家中外资银行携手共同完成银团贷款筹组工作。

7月23日 建信理财有限公司推出两款经全国银行业理财信息登记系统登记的银行理财子公司产品：“乾元”建信理财粤港澳大湾区指数灵活配置理财产品（第01期）、“乾元——睿鑫”科技创新封闭式净值型理财产品。

7月24日 建设银行与湖南省人民政府在长沙签署《深化全面战略合作协议》。董事长田国立、行长刘桂平、副行长章更生和湖南省省长许达哲，常务副省长谢建辉出席签约仪式。湖南省常务副省长谢建辉和副行长章更生分别代表双方签署战略合作协议。

7月26日 建设银行与日本三井住友银行正式签约，以联合牵头行角色共同筹组CK控股株式会社，并购意大利玛涅蒂·马瑞利公司的国际银团，成为唯一获得联合牵头行资格的中资银行。同时，建设银行中标三井住友银行首笔熊猫债项目主承销商。

7月28日 建设银行与中国残疾人联合会在上海签署《战略合作协议》。副行长章更生，中国残联副主席吕世明出席并签订协议。

7月29日 建设银行金融市场互联交易平台正式上线。当日，四川西充农村商业银行通过金融市场互联交易平台顺利完成首笔债券投标及分销交易。

7月30日 建设银行与华为技术有限公司战略合作协议签字仪式在深圳举行，董事长田国立、副行长章更生，华为总裁任正非出席签字仪式。

7 月 30 日 建设银行与故宫博物院在京举行合作协议签字仪式，党委副书记王永庆出席。

7 月 31 日 建设银行携手 VISA 卡组织推出龙卡畅享信用卡。

7 月 建设银行承销首笔不动产抵押贷款支持票据（CMBN）。

7 月 建设银行信用卡业务系统新版本上线。

7 月 建设银行在全国银行间债券市场发行飞驰建融 2019 年第二期信贷资产支持证券（CLO）。

8 月 1 日 建设银行与山西省人民政府在太原签署推进“一体化在线政务服务平台”建设暨深化“数字山西”战略合作协议。董事长田国立，行长刘桂平，副行长章更生，山西省委书记骆惠宁，山西省委常委、副省长胡玉亭出席签约仪式。

8 月 6 日 建设银行完成第四单国际 AAA 评级建元 RMBS 产品发行工作。

8 月 9 日 建设银行与支付宝就 ETC 拓展事项达成战略合作，联合推广 ETC 签约服务。

8 月 28 日 中国建设银行金融市场互联交易平台发布仪式在京举行，董事长田国立、副行长纪志宏、财政部国库支付中心副主任许京花、国债协会会长孙晓霞出席并致辞。

8 月 28 日 中国建设银行股份有限公司发布了 2019 年度上半年经营业绩。

8 月 30 日 建设银行与中国融通资产管理集团有限公司战略合作协议签字仪式在京举行，董事长田国立、行长刘桂平，中国融通资产管理集团有限公司董事长温刚、总经理马正武出席签字仪式。

8 月 建设银行推出全新数字品牌形象“班克”，打造“智能班克”服务。

8 月 建设银行推出“建行・实体金融（CCB Findustry）”品牌。

8 月 建设银行获得中国邮政集团公司企业年金基金托管人资格。

8 月 建设银行创新推出乡村振兴贷款专项信贷产品。

9 月 2 日 “建行・新华普惠金融——小微指数”第五期成果在京发布

9 月 7 日 建设银行集团规章制度管理信息系统二期在全行投产上线。

9 月 9 日 建设银行与中国电建集团国际工程有限公司在京签署加纳优先基础设施项目 2.1 亿美元应收账款转让协议。该项目是建设银行首次独家承贷电建国际“走出去”项目。

9 月 9 日 建设银行与中国国债协会联合主办的 2019 年超长期地方人民政府债券市场建设研讨会在京举行，副行长纪志宏出席并致辞。

9 月 12 日 建设银行、联合国家口岸管理办公室和中国出口信用保险公司共同召开“跨境快贷——信保贷”产品发布会，副行长纪志宏、国家口岸管理办公室巡视员白石、中国出口信用保险公司副总经理郭新双出席并致辞。

9 月 16 日 建设银行联合法国巴黎银行作为绿色金融顾问协助丽新发展有限公司完成香港首笔用于酒店物业绿色银团贷款。

9 月 19 日 建设银行投资者联盟（北京站）启动会在京举办。

9 月 20 日（新加坡当地时间） 建设银行与欧洲货币机构投资者集团在新加坡联合举办第二届亚洲私人银行研讨会。

9 月 20 日 CCB 投资者联盟平台系统“飞驰 e +”上线并进入试运行阶段

9 月 21 日、22 日 建设银行在云南、山东两省举行“裕农通退役军人服务站”揭牌仪式及相关活动。

9 月 23 日 建设银行“一部手机云企贷”平台正式对外发布。

9 月 23 – 24 日 建设银行在北京、上海两地进行永续债发行路演，副行长章更生带队先后与人保集团、中国银行、社保基金、交通银行、平安集团 5 家机构进行路演会谈。

9 月 23 – 27 日 建设银行应邀参加环球银行金融电信协会（SWIFT）在英国伦敦举办的 SIBOS 2019 年会，并与 40 多个国家和地区的上百家国际同业机构和客户进行业务洽谈。

9 月 24 日 建设银行在苏州举办普惠金融系列产品发布会，集中发布“个体工商户经营快贷”、

“云电贷”、“抵押快贷”、“交易快贷”四项创新产品。副行长章更生出席发布会。

9 月 26 日 建设银行与中国人民解放军沈阳联勤保障中心举行合作协议签字仪式，党委副书记王永庆出席。

9 月 26 日 建设银行“新动能、新征程”投资者联盟启动会（四川站）暨成都投行业务交易中心揭牌仪式在成都举行。副行长章更生与四川省政协副主席、省金融局局长欧阳泽华出席活动并致辞，共同为成都投行业务交易中心揭牌。

9 月 26 日 建设银行首只政银企债转股基金——建信金投（成都）股权投资基金设立仪式在成都举行。

9 月 26 日 建设银行、中茶公司、紫阳县人民政府三方合作协议签约仪式在安康举行。

9 月 建设银行 2019 年信用卡创新接力赛决赛在上海举行，副行长黄毅出席决赛并讲话。

10 月 9 日 建设银行正式发布“BCTrade 2.0 区块链贸易金融平台”，同时发布“FTI 福费廷指数”。

10 月 10 日 建设银行在京举行建行—央企扶贫合作签约暨善融商务央企扶贫馆上线仪式。副行长章更生致辞并见证签约，副行长纪志宏介绍“善融商务”电商扶贫情况，营运业务总监牟乃密主持签约仪式，信息总监金磐石出席活动。国家电网副总工程师张建坤作为中央企业客户代表致辞，13 家央企领导出席并见证央企扶贫馆上线。

10 月 10 日 建设银行“一部手机三晋通”App 上线运行启动仪式在太原举行，党委副书记王永庆与山西省省长楼阳生出席，省委常委、副省长胡玉亭主持。

10 月 11 日 新一代国别限额管理系统（一期）优化上线。

10 月 11 日 建信住房服务有限责任公司倡议并发起的第一届住房租赁产业联盟大会在大连举办。会上正式成立住房租赁产业联盟。

10 月 13 日 建设银行受邀参加重庆市人民政府举办的合作共建西部陆海新通道签约仪式。作为唯一受邀签约的金融机构，建设银行组织沿线的 13 家分行以及 4 家东南亚地区境外机构，共同签署了《金融服务西部陆海新通道建设框架协议》。行长刘桂平、副行长章更生，重庆市委副书记、市长唐良智，重庆市委常委、常务副市长吴存荣，副市长李波，以及国家发展改革委、商务部、海关总署有关负责同志出席并见证签约仪式。

10 月 15 日 建设银行与辽宁省人民政府举行战略合作协议签字仪式，党委副书记王永庆出席仪式，副行长纪志宏代表建设银行签约。

10 月 15 日 建设银行完成等值 15.51 亿美元绿色金融债券的发行定价。

10 月 16 日 建行大学与机械工业出版社在京举行数字图书馆合作签约仪式。

10 月 17 日 建设银行国际贸易“单一窗口”金融服务专项营销活动启动会在京举行，副行长纪志宏出席并讲话。

10 月 18 日 建设银行与国家宗教事务局签署《信息化建设战略合作协议》。

10 月 23 日 建设银行与中国出口信用保险公司在云南联合举办“出口卖方信贷保险融资出表业务暨‘建信融’产品发布会”。

10 月 24 日 建设银行与湘潭大学在京举行《战略合作协议》签约仪式。行长刘桂平、副行长章更生、营运业务总监牟乃密，湘潭大学党委书记黄云清、校长李伯超、副校长刘长青出席签约仪式。章更生与黄云清分别代表双方致辞，章更生与李伯超共同签署《战略合作协议》。

10 月 24 – 25 日 建设银行 2019 年度创新马拉松活动（决赛）在上海举办。行长刘桂平出席活动并讲话，廖林副行长，建行大学首席学习官、执行校长薛胜利出席活动。

10 月 27 日 建设银行小微企业不动产在线抵押登记系统上线，在广东惠州、东莞，福建福州，河南郑州，江苏南京等 5 个城市进行试点。

10 月 27 日 建设银行在京举行普惠金融“三惠合一”上线启动会，副行长章更生出席。

10月28日 建设银行金融市场互联交易平台“汇率、利率创新业务”项目上线试营业。

10月30日 中国建设银行股份有限公司公布了2019年第三季度经营业绩。

10月31日 建设银行召开业绩电话会议。首席风险官靳彦民主持会议。

10月 建设银行在湖南省分行上线电子营业执照应用功能，实现企业持电子营业执照办理银行账户开立、变更、撤销业务的自动化、智能化、便利化。

10月 建设银行伦敦分行中标并联合17家国际知名银行为伦敦证券交易所筹组135亿美元搭桥银团贷款用于并购全球最大的金融信息提供商——路孚特（Refinitive），伦敦分行最终参贷金额7.4亿美元。

10月 建设银行同业合作平台“银保云”产品在辽宁省分行落地，葫芦岛银行成为该产品首家签约客户。

11月3日 建设银行与共青团中央战略合作签约仪式在建行大学青岛普惠与零售学院举行。行长刘桂平、副行长章更生，建行大学首席学习官、执行校长薛胜利，共青团中央书记处书记傅振邦，中国青年创业就业基金会理事长裴桓，共青团中央青年发展部副部长尹虓出席。

11月6日 建设银行独家主承销的华为公司2019年度第二期中期票据发行。

11月6日 “陪我长大·正义与友爱——‘中国建设银行鼠年压岁金’上市发布会”在京举办。副行长纪志宏、中国印钞造币总公司副总经理杨问田、成都印钞有限公司董事长赵平昌出席发布会。

11月8日 建设银行与全国妇联在湖北武汉签署《支持妇女创业创新　促进妇女事业发展战略合作协议》，行长刘桂平，全国妇联党组书记、副主席、书记处第一书记黄晓薇代表双方互换协议书。

11月8日 建设银行与广西壮族自治区人民政府在南宁签订《支持广西大健康产业发展战略合作协议》，副行长章更生出席签字仪式。

11月12日 建设银行与中国烟草总公司在京签署战略合作协议，董事长田国立、副行长章更生，国家烟草专卖局局长张建民、副局长徐蹚出席签字仪式。

11月13日 建设银行与宁波市人民政府在甬签署战略合作协议。行长刘桂平、副行长章更生和浙江省委副书记、宁波市委书记郑栅洁、市长裘东耀出席签约仪式。章更生副行长和宁波市人民政府秘书长张良才分别代表双方签约。

11月13日 建设银行在银行间市场发行首笔减记型无固定期限资本债券。

11月14日 建设银行与马来西亚谱赛科集团、紫阳县甜菊产业扶贫合作备忘录签约仪式在陕西安康举行，董事长田国立出席。

11月15日 建设银行广西区分行与广西区工商联战略合作协议签字仪式在南宁举行，监事长王永庆出席。

11月15日 “中国建行援建·安康智慧治理”服务平台二期上线发布会在陕西安康国际会议中心举行。董事长田国立，陕西省人大常委会副主任、安康市委书记郭青出席并致辞。

11月16日 新一代担保公司管理系统上线。

11月18日 建设银行与多点DMALL战略合作发布会在京举行。副行长纪志宏、营运业务总监牟乃密，多点Dmall董事长张文中、总裁张峰等出席发布仪式。

11月19日 建设银行与苏州市人民政府在苏州签署战略合作协议。行长刘桂平、副行长章更生和苏州市委副书记、市长李亚平、副市长王飏出席签约仪式。章更生和王飏分别代表双方签约。

11月21日 建设银行与湖北省人民政府在武汉签署战略合作协议。董事长田国立，副行长章更生出席签约仪式。章更生与湖北省副省长赵海山分别代表双方签署了战略合作协议。

11月23日 建设银行与暨南大学在广州签署战略合作协议，行长刘桂平出席签字仪式。

11月25日 建设银行与野村东方国际证券有限公司签订《野村东方国际证券有限公司客户交易结算资金委托中国建设银行存管协议》，成为首家新设外资控股券商CTS业务的首批合作银行。

11 月 26 日 CCB 投资者联盟“飞驰 e +”平台发布会在京举行，行长刘桂平出席并致辞，副行长章更生主持发布会，金磐石信息总监出席。会议同时发布了《2019 年中国股权投资市场发展蓝皮书》。

12 月 3 日 建设银行与中国诚通控股集团有限公司在京举行战略合作协议签约仪式。行长刘桂平、副行长章更生，诚通集团朱碧新董事长、童来明副总裁出席。

12 月 4 日 建设银行与中国广核集团有限公司在京签署扶贫战略合作协议，副行长章更生，中广核副总经理谭建生出席签约仪式。

12 月 9 日 建设银行国内信用证新系统上线，并与人民银行电子信用证信息交换系统实现对接。深圳分行办理电证系统上线后的首笔业务。

11 月 15 日、12 月 10 日 由中国建设银行股份有限公司、新金融人才产教融合联盟主办，深圳市分行、广东省分行承办的“新金融建未来”创新马拉松大赛先后在深圳和广州启动。

12 月 13 日 建设银行与广东省人民政府在广州签署《支持与服务粤港澳大湾区建设战略合作协议》。董事长田国立、行长刘桂平，副行长章更生、副行长黄毅，中共中央政治局委员、广东省委书记李希，广东省省长马兴瑞，副省长林克庆、副省长张虎，国家发展改革委有关司局负责人出席仪式。

12 月 13 日 建设银行“建融慧学”校园综合服务平台推介会暨平台启动仪式在广州举办。

12 月 16 日 建设银行完成银行间市场第一笔以人民币债券为抵押品的美元质押式回购业务。

12 月 17 日 建设银行与青岛市人民政府在青岛签署战略合作协议。行长刘桂平、监事长王永庆、副行长章更生和山东省委常委、青岛市委书记王清宪，青岛市委副书记、市长孟凡利，副市长刘建军出席签约仪式。章更生、刘建军代表双方签约。

12 月 23 日 建设银行与中国旅游集团有限公司在京签署战略合作协议，董事长田国立、副行长章更生，中国旅游集团有限公司董事长万敏、总会计师马王军出席签字仪式。

12 月 24 日 建设银行与上海市人民政府在沪签署《关于落实推进“三项新的重大任务”全面战略合作协议》，并举行上海长三角战略性新兴科创基金、中国建设银行（上海）国际金融创新中心揭牌仪式。董事长田国立、监事长王永庆、副行长章更生，中共中央政治局委员、上海市委书记李强，上海市市长应勇，上海市委常委、副市长吴清出席签约仪式。

12 月 25 日 建设银行与中国核工业集团有限公司在京签署战略合作协议，副行长章更生，中核集团总会计师陈书堂出席签约仪式。

12 月 27 日 建设银行与人力资源和社会保障部在京签署战略合作协议，行长刘桂平、副行长章更生出席签字仪式。

12 月 30 日 建设银行承建的全国首个省级“政务服务一网通办”总门户在山东正式上线。行长刘桂平，副行长章更生，山东省委副书记、省长龚正出席上线仪式。

12 月 建设银行法兰克福分行营销牵头德国大众汽车集团 100 亿欧元全球承诺性备用银团业务。

12 月 建设银行与美国贝莱德集团、新加坡淡马锡签署《合作备忘录》。

综合类

1 月 11 日 建设银行在京举办 2018 年十大“最美建行人”典型事迹集中展示活动。活动前，建设银行党委书记、董事长田国立，党委副书记、行长王祖继等行领导集体接见了 2018 年十大“最美建行人”。

1月15日 建设银行在由《金融理财》杂志社主办的2018年度第九届中国金融创新与发展论坛暨“金貔貅奖”颁奖盛典上，获得“金貔貅奖”金牌榜的多项大奖。总行个人金融部总经理杨绍萍获得“年度金牌零售银行杰出成就奖”。

1月16日 建设银行获得中央国债登记结算公司2018年度“优秀结算代理人”等十项机构类奖和多个个人奖项。

1月17日 建设银行在英国伦敦举行的金融与贸易银行家协会银行间论坛暨《环球金融》2019年全球最佳贸易及供应链金融服务商颁奖典礼上，获得“全球贸易金融最具创新力银行”奖项。

2月26日 建设银行荣获2018年“陀螺”评价体系全国性商业银行综合排名第一，九大板块专项排名均进入前五，其中风险管控能力及股本补充能力两个板块位列第一。

3月15日 建设银行在2018年中国银行业协会举行的银行业千佳单位评估中有121个营业网点获评。当日，中国银行业协会在京举办了《2018年中国银行业服务报告》发布暨文明规范服务工作总结大会，副行长张立林作为会长单位代表出席会议。

4月22日 建设银行“同心赞颂 爱我建行”员工优秀作品展开幕式在总行大楼举行。

4月24日 “户外劳动者服务站点·劳动者港湾”授牌暨金融行业推进服务资源开放共享工作启动仪式在建设银行总行营业部举行，全国总工会为建设银行“劳动者港湾”授牌。党委副书记刘桂平，副行长黄毅，全国总工会、中国金融工会、中国银行业协会、中国证券业协会、中国保险行业协会有关负责同志出席授牌仪式。

4月 总行在北京市交通安全委员会组织的交通安全目标管理考核评价活动中，荣获“2018年度北京市级交通安全管理先进单位”。

4月 建设银行在中国证券报社主办的“第十六届中国基金业金牛奖”榜单评选中，获评权益类“金牛”基金11只。

4月 建行大学标识商标经由英国知识产权局批准获得注册，商标有效期至2028年11月29日。

4月 建设银行一批先进集体和先进个人荣获中华全国总工会和中国金融工会表彰。经建设银行系统推荐，深圳市分行小企业业务部（普惠金融事业部）被授予全国工人先锋号荣誉称号，广西区南宁高新支行客户经理杨浩荣获全国五一劳动奖章；北京市大兴支行等3家单位被中国金融工会授予全国金融五一劳动奖状，北京市分行陈曙等34名同志荣获全国金融五一劳动奖章，苏州分行数据管理部被授予全国金融先锋号荣誉称号。经各地方金融工会推荐，建设银行辽宁省阜新城建支行大堂经理于清华、广东省广州增城凤凰城支行客户经理顾笑霞等2名同志荣获全国五一劳动奖章；辽宁省沈阳铁西支行等5家单位被中国金融工会授予全国金融五一劳动奖状，北京市分行姜杰等5名同志荣获全国金融五一劳动奖章，广西区柳州河东支行等3家单位被授予全国金融先锋号荣誉称号。

5月7日 建设银行在2019年中国资产证券化和结构性融资行业年会暨第五届中国资产证券化论坛年会上，获得“年度杰出机构奖”“年度特殊贡献奖”“年度信贷资产类年度杰出交易奖”“年度信贷类年度新锐奖”等奖项。

5月15日 建设银行党委决定，授予张富清同志“中国建设银行优秀共产党员”、“中国建设银行功勋员工”称号，并在全行深入组织开展向张富清同志学习的活动。

5月29日 第二届“建行青年说”论坛活动在京举办，副行长黄毅出席，并对2018年度“两优两红”等先进个人和集体进行表彰。

5月31日 建设银行总行机关体育节第十届龙舟赛在京举办。

5月 建设银行总行授予河北、安徽、福建、江西、河南、广东、深圳、广西、重庆、四川等10家分行“2018年度普惠金融网点营销组织推进先进分行”荣誉称号；北京市东四支行营业部等1000家营业网点“2018年度普惠金融营销拓展百优千佳网点”荣誉称号；李松等2000名员工“2018年度营业网点普惠金融营销拓展业务能手”荣誉称号。

5 月 建设银行希望小学教师暨第三期定点扶贫村教师培训班在京结业。

5 月 建设银行总行收到司法部发送的《司法部办公厅关于向中国建设银行股份有限公司吴胜春等 17 名同志颁发公司律师证书的函》，同意建设银行开展公司律师工作。建设银行成为《公司律师管理办法》施行后首家获司法部批准开展公司律师工作的商业银行总行。

6 月 11 日 总行发文表彰 2018 年度“劳动者港湾”建设运营工作先进单位和优质服务先进个人，授予北京市分行等 12 家分行“劳动者港湾建设运营工作先进分行”奖、上海市分行虹口支行营业室等 100 家网点“劳动者港湾建设运营工作先进网点”奖、广东省分行广州越秀惠福西路支行柯瑜辉等 200 人“劳动者港湾优质服务先进个人”奖。

6 月 12 日 建设银行国际业务部总经理孙剑波当选国际保理商联合会（FCI）执行委员会委员，并被新一届执委会任命为副主席。

6 月 12－13 日 由建设银行承办的“健身你我他　奋进新时代”中央和国家机关职工运动会龙舟赛在京举行。

6 月 12－17 日 建设银行组织 15 名基层支部书记代表参加中组部在福建龙岩古田干部学院举办中管金融企业基层党支部书记培训示范班。

6 月 28 日 建设银行信用卡中心与陕西省安康市汉滨区五四小学举行捐赠仪式，通过“龙卡信用卡爱心 100 分”积分慈善公益项目，代表广大龙卡信用卡持卡人向五四小学捐赠了总价值 30 万元的款项。

7 月 3 日 建设银行被在香港金融大会堂举行的第二届“债券通论坛”授予 2019 年度“债券通优秀发行人”奖项。

7 月 8 日 建设银行党委开展主体责任考核公开约谈。

7 月 17 日 建设银行在由中国银行业协会主办的《2018 年中国银行业社会责任报告》发布暨社会责任百佳表彰大会上获得“助力打赢‘三大攻坚战’成效奖”“最佳普惠金融成效奖”“最佳社会责任实践案例奖”“最佳社会责任特殊贡献网点奖”“最佳社会责任管理者奖”等 7 项大奖。

7 月 19 日 建设银行主办、爱康集团协办的“相聚北京筑梦建行”乡村学生星光夏令营在京结营。

7 月 30 日 建设银行在由中国网举办的 2019 年“明星信用卡”评选中获得两项大奖。

8 月 2 日 建设银行“‘惠懂你’一站式开放共享平台””在第二届“中国普惠金融创新发展峰会”上获评“中国数字普惠金融典型案例”。

8 月 13 日 建设银行在京召开“不忘初心、牢记使命”主题教育及万名学子暑期下乡实践活动调研汇报会。

8 月 13 日 “拥抱科技，放飞梦想——2019 建行希望夏令营”在总行大楼正式结营。来自全国各地 32 所建行希望小学和定点扶贫村小学的 130 多名师生分别参加了北京营与深圳营的活动。建设银行党委副书记王永庆，中国青少年发展基金会副秘书长梅峰出席了结营式。

8 月 29 日 建设银行在中国人民大学如论讲堂举行“青春为梦想绽放，青春为梦想担当”“金智惠民——乡村振兴”万名学子暑期下乡实践活动汇报总结暨表彰大会。建设银行党委书记、董事长田国立，党委副书记、行长刘桂平，党委副书记王永庆，建设银行原副行长、中信集团原监事长朱小黄，以及其他党委委员、高管参加此次活动。

8 月 建设银行在“第二届中国私人银行精英赛”中，共有 63 名员工入围决赛，58 名员工获奖。

9 月 建行大学 LOGO 以及香港学院（简繁体中文、英文）名称在香港特区政府知识产权署获批注册。

9 月 建设银行在《新闻晨报》开展的“2019 年度信用卡品牌评选”活动中，获“2019 年度信用卡人气品牌”奖；在新浪财经举办的 2019 年（第七届）银行综合评选活动中，获“最佳信用卡服务”奖。

9月25－26日 建设银行在上海举行的第五届结构性融资与资产证券化论坛暨2018—2019年度“资产证券化——介甫奖”颁奖典礼上，获得优秀主承销商奖；飞驰建融2019年第二期信贷资产支持证券荣获信贷类资产证券化优秀发行产品奖、重庆高新区开发投资集团有限公司2019年度第一期资产支持票据荣获资产支持票据优秀示范产品奖。

10月14－15日 “建行杯”第五届中国“互联网＋”大学生创新创业大赛总决赛在浙江大学举行。中共中央政治局委员、国务院副总理孙春兰出席本次大赛相关活动，并到建设银行展区视察。

10月14－18日 建设银行第二期“善建者行”公益支教志愿者奔赴建行定点扶贫地区——陕西安康市和贵州福泉市开展支教活动。

10月16日 建设银行和中央和国家机关党校联合在京举办“党的好战士”——张富清同志先进事迹情景报告会。

10月16日 建设银行经在京举行的中国电商扶贫联盟第一届主席团第三次会议表决通过，增补为中国电商扶贫联盟主席团单位。

10月24日 建设银行在京举办“礼赞新中国 奋进在建行”国庆员工会演活动。党委书记、董事长田国立，党委副书记、行长刘桂平，党委副书记王永庆以及部分党委成员、高管人员，董事、监事参加了会演活动。

10月30日－11月1日 建设银行第九届职工乒乓球比赛日前在江苏省连云港体育中心举办。

11月1日 建设银行在由中央保密办、国家保密局举办的“保密伴我行，护航新时代”保密宣传教育作品征集评选活动中获奖。

11月7日（伦敦当地时间） 建设银行董事长田国立在伦敦金融城市长官邸被授予“荣誉市民”称号。

11月7－8日 建设银行独家冠名，全国妇联和湖北省人民政府共同主办的“建行杯”中国妇女手工创业创新大赛总决赛及颁奖仪式在武汉举行。

11月8日 建设银行在中国银行业协会牵头组织的“第十届全国杰出财富管理师大赛”中，共5名客户经理获奖，并荣获“优秀组织奖”。

11月13日 建行大学举行大湾区金融创新学院揭牌仪式暨2019年微课大赛总决赛，并启动100家“乡村学堂”。

11月21日 建设银行荣获中国青少年发展基金会授予的希望工程30周年“突出贡献者”荣誉。

11月6日 建设银行在由中国金融出版社举办的2019中国金融年度品牌案例大赛颁奖典礼上，《劳动者港湾公益服务品牌》荣获“品牌传播年度案例奖”第一名及“中国金融年度品牌大奖”，《普惠金融朱超工作室品牌》荣获“企业文化年度案例奖”第一名。建设银行还荣获“年度人气品牌案例奖”。

11月20日 建设银行“劳动者港湾”在2019年中国企业社会责任高峰论坛暨第九届中国企业社会责任卓越奖颁奖典礼上获评“年度社会责任卓越项目”，“建行希望夏令营”荣获“年度社会责任优秀项目”。

11月22日 建设银行、金融行动特别工作组（FATF）、中国人民银行、渣打银行、英国皇家基金会（the Royal Foundation）在京联合举办“打击非法贩卖野生动物领域洗钱犯罪”交流研讨会。

11月23－24日 建行大学与上海财经大学在沪联合主办的第四届全国大学生金融创新大赛。

11月26日 建设银行获中华全国总工会和中央网信办联合举办的“网聚职工正能量 争做职工好网民”活动十项荣誉。

11月29日 建设银行在百度“知道合伙人营销生态峰会”上，获得“2019百度知道合伙人最佳影响力奖”。

11月 建设银行在人民银行清算总中心举办的手机号码支付“百万奖励争夺赛”评选中荣获“推

广卓越机构”奖项。

12 月 12 日　建设银行在“2019 第一财经·中国企业社会责任榜”评选中获得“创新驱动贡献奖”。

12 月 13 日　建设银行与中国妇女发展基金会在京共同举行“母亲健康快车”捐赠暨发车活动。监事长王永庆，副行长纪志宏，中国妇女发展基金会理事长孟晓驷，全国妇联书记处书记赵雯，中国妇女发展基金会秘书长张建岷参加活动。

12 月 13 日　建设银行荣获 CCCS 客户联络中心标准委员会颁发的“中国最佳营销中心”“中国客户联络中心最佳管理人”及“中国最佳客户联络中心最佳实践”系列奖项。

12 月 20 日　建设银行《中国建设银行营业网点服务基本要求》在 2019 年度金融领域企业标准“领跑者”活动评估中入围银行营业网点服务领域企业标准“领跑者”。

12 月 21 日　建设银行在第四届中国资产证券化行业评选“汇菁奖”颁奖典礼上，荣获“中国资产证券化行业年度市场领先承销商奖”，飞驰——结构优化 2019 年度第一期企业应收账款资产支持票据荣获“年度杰出产品奖”。

12 月 23 日　在中国银行业百佳单位和星级网点评估结果中，建设银行 20 家营业网点荣获“银行业文明规范服务百佳单位”称号，137 家营业网点荣获“银行业文明规范服务五星级营业网点”称号。

12 月　建设银行获《财资中国》颁发的 2019 年度“最佳现金管理银行奖”及“最佳财资管理银行奖”，《贸易金融》颁发的 2019 年度“最佳现金管理产品创新银行”等奖项。

CHINA 中国建设银行年鉴 2020
CONSTRUCTION BANK ALMANAC

第八部分　附录

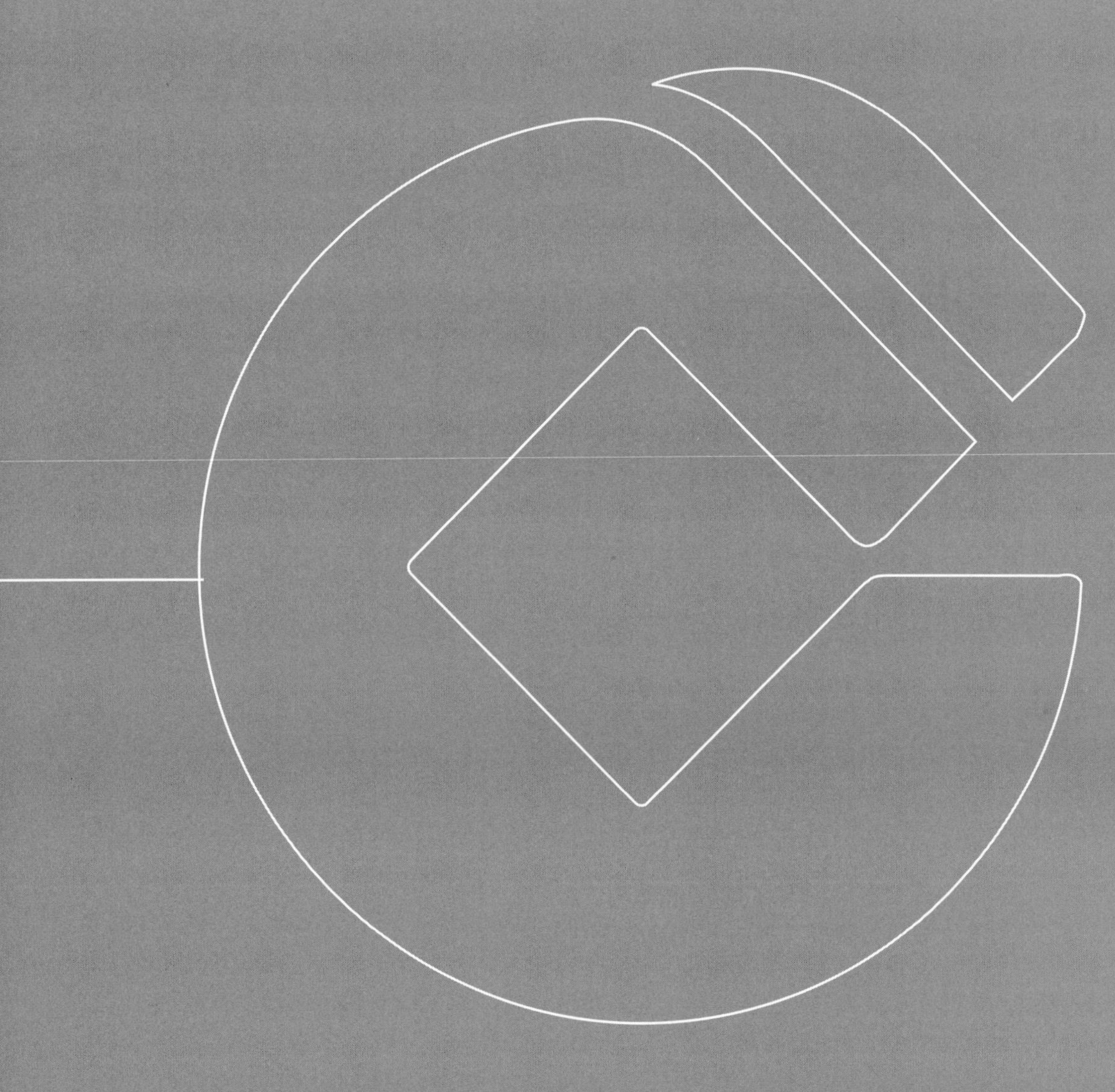

2019 年建设银行董事会成员名录

本年度在任董事

田国立	董事长、执行董事
刘桂平	副董事长、执行董事（2019 年 7 月任）
章更生	执行董事
冯　冰（女）	非执行董事
朱海林	非执行董事
张　奇	非执行董事
田　博	非执行董事（2019 年 8 月任）
夏　阳	非执行董事（2019 年 8 月任）
冯婉眉（女）	独立非执行董事
M. C. 麦卡锡	独立非执行董事
卡尔・沃特	独立非执行董事
钟嘉年	独立非执行董事
格雷姆・惠勒	独立非执行董事（2019 年 10 月任）

本年度离任董事

王祖继	副董事长、执行董事（2019 年 3 月离任）
李　军	非执行董事（2019 年 5 月离任）
吴　敏	非执行董事（2019 年 12 月离任）
钟瑞明	独立非执行董事（2019 年 6 月离任）
莫里・洪恩	独立非执行董事（2019 年 9 月离任）

2019 年中国建设银行监事会成员名录

王永庆	监事长
吴建杭	股东代表监事
方秋月	股东代表监事
鲁可贵	职工代表监事
程远国	职工代表监事
王　毅	职工代表监事
赵锡军	外部监事

2019年建设银行党委成员名录

党委书记、董事长：田国立

党委副书记、副董事长、执行董事、行长：王祖继（2019年3月免去副董事长、执行董事、党委副书记、行长）

党委副书记、副董事长、执行董事、行长：刘桂平（2019年3月任党委副书记，2019年5月任行长，2019年7月任副董事长、执行董事）

党委副书记、监事长：王永庆（2019年7月任党委副书记，2019年10月任监事长）

党委委员、执行董事、副行长：章更生

党委委员兼工会委员会主席、副行长、机关党委书记：黄毅

驻建行纪检监察组组长、党委委员：朱克鹏

党委委员、副行长：张立林（2019年8月免去副行长、党委委员）

党委委员、副行长：廖林（2019年11月免去党委委员、副行长）

党委委员、副行长：纪志宏（2019年5月任党委委员，2019年7月任副行长）

2019年建设银行高管人员名录

首席风险官：廖林（2019年5月不再兼任首席风险官）

首席经济学家：黄志凌（2019年5月起不再兼任董事会秘书）

首席财务官：许一鸣

首席风险官：靳彦民（2019年5月任首席风险官）

董事会秘书：胡昌苗（2019年5月任董事会秘书）

营运业务总监：牟乃密

信息总监：金磐石

2019 年建设银行总行部门领导名录

董事会办公室

主任：胡昌苗
副主任：何欣梅（女）
副主任：李兖
副主任：李洪斌
资深经理（专业技术二级）：高云（女）
资深副经理（专业技术二级）：赵雁冰（女）

监事会办公室

主任：王炽
副主任：车新亭
副主任：薄银根
副主任：陈南南（女）

办公室（党委办公室）

办公室、党委办公室主要负责人：林朝晖
办公室副主任兼信访办公室主任（四职等）：韩智慧
办公室资深经理（专业技术一级）、副主任兼基建办公室副主任：郭京凯
办公室、党委办公室副主任：陈蕾
办公室、党委办公室副主任：蒋曙明（2019 年 4 月免）
办公室、党委办公室副主任：胡恒社（2019 年 6 月任）
办公室、党委办公室副主任、党委秘书：华瑞琪
办公室、党委办公室副主任：毛静波（2019 年 9 月任）
办公室副主任：关金红（女）（2019 年 9 月任）
《建设银行报》编辑部副总编辑：张功臣
办公室资深副经理（专业技术二级）：俞宁（2019 年 9 月任）
办公室资深副经理（专业技术二级）：路志凌（女）（2019 年 9 月任）
信访办公室副主任、资深副经理（专业技术二级）：张振国（2019 年 9 月任）

基建办公室主任：韩文贞
基建办公室副主任：戴勇

资产负债管理部

总经理：刘方根

资深经理（专业技术一级）、副总经理：宋海林

副总经理：邸慧清（女）

副总经理：李劲松

副总经理：季娅倩（女）

资深经理（专业技术二级）：刘津峰

资深副经理（专业技术二级）：李方赟（女）

财务会计部

总经理：方秋月（2019 年 11 月免，退休）

总经理：张毅（2019 年 12 月任）

副总经理：杨军

副总经理：许涛

副总经理：朱琳（女）

副总经理：杨立斌（2019 年 11 月免，辞职）

副总经理：欧阳锋

副总经理：陈颖钰（女）（2019 年 11 月任）

副总经理：杨鸿（女）（2019 年 4 月任）

资深副经理（专业技术二级）：陈健（女）

采购部（二级部）总经理：顾万寿（总行部门副总经理）

采购部（二级部）副总经理：黄文华

采购部（二级部）副总经理：王艳颖（女）

采购部（二级部）资深副经理（专业技术二级）：郭毅

人力资源部（党委组织部）

总经理、党委组织部部长：薛胜利（2019 年 7 月免）

总经理、党委组织部部长：李民（2019 年 8 月任）

副总经理、党委组织部副部长、教育学习发展部资深经理（专业技术一级）、常务副总经理：王晓平（2019 年 3 月任教育学习发展部资深经理（专业技术一级）、常务副总经理）

副总经理、党委组织部副部长：周立众

副总经理、党委组织部副部长：于保月

副总经理、党委组织部副部长：史艾（女）

副总经理、党委组织部副部长：孙龙才

教育学习发展部副主任、副总经理：祝增坤

教育学习发展部副主任、副总经理：王锴

教育学习发展部副主任、副总经理：张秋鹏（2019 年 1 月任）

教育学习发展部副主任、副总经理：刘东杰（2019 年 1 月任）

股权与投资管理部

总经理：孙建政

副总经理：齐建功
副总经理：常佳伟（女）
副总经理：孙明新
副总经理：蒋畅（女）
资深经理（专业技术二级）：范晓军（女）

风险管理部

总经理：杨军
副总经理：崔殿满
副总经理：喻永新
副总经理：钱爱莉（女）（2019 年 4 月任）
副总经理：怡颖（女）
副总经理：吴建政
资深副经理（专业技术二级）：卢娜（女）

资产保全经营中心

总经理：鲁可贵（2019 年 4 月免）
总经理：蒋曙明（2019 年 4 月任）
资深经理（专业技术一级）、副总经理：高扬
副总经理：贾纯
副总经理：严达峰
副总经理：景逢春（女）
资深经理（专业技术一级）：曹桂英（女）

信贷管理部

总经理：邓艾兵
副总经理：李红骏
副总经理：尚妍（女）
副总经理：赵立志（2019 年 10 月任）
资深副经理（专业技术二级）：王慧洁（女）

授信审批部

总经理（三职等）：靳彦民（2019 年 5 月免）
总经理：纪伟（2019 年 5 月任）
副总经理兼资深经理（专业技术一级）：王雪玲（女）
副总经理兼授信部（二级部）总经理：朱枫（2019 年 4 月免）
副总经理兼资深经理（专业技术一级）：臧慧业
副总经理：宋知春（女）
副总经理：张颖（女）
授信部（二级部）资深经理（专业技术一级）、副总经理：蒋雯（女）
专职贷款审批人（专业技术一级）：何平（女）
副总经理级专职贷款审批人：张山林

副总经理级专职贷款审批人：魏海滨
副总经理级专职贷款审批人：张承
副总经理级专职贷款审批人：饶跃胜
副总经理级专职贷款审批人：闫静波
副总经理级专职贷款审批人：梁洪晨
副总经理级专职贷款审批人：蒋伯荣
副总经理级专职贷款审批人：陈红霞（女）
副总经理级专职贷款审批人：陈新声
副总经理级专职贷款审批人：江艳峰
副总经理级专职贷款审批人：曹众
副总经理级专职贷款审批人：李年丰
副总经理级专职贷款审批人：张剑峰（女）
副总经理级专职贷款审批人：翟玉茹（女）
副总经理级专职贷款审批人：陈德深
副总经理级专职贷款审批人：栗红保
专职贷款审批人（专业技术二级）：邓振春（女）
专职贷款审批人（专业技术二级）：于泓（女）
专职贷款审批人（专业技术二级）：唐艺红（女）
专职贷款审批人（专业技术二级）：夏贵军
专职贷款审批人（专业技术二级）：王海滨
专职贷款审批人（专业技术二级）：周巍
专职贷款审批人（专业技术二级）：徐娜（女）
专职贷款审批人（专业技术二级）：徐晓洁（女）

审计部

总经理：林鸿
资深经理（专业技术一级）、副总经理：王书仁（2019 年 8 月免）
副总经理：冯道海
副总经理：万盛举
副总经理：胡忠
副总经理：张德强
副总经理：张双勇

内控合规部

总经理：丰习来
总经理：侯太领（2019 年 4 月任）
副总经理（总行部门总经理级）：秦仁文
副总经理：陈宝东
副总经理：袁平
副总经理：许振慧
副总经理：张继刚
副总经理兼反洗钱业务中心（二级部）主任：文海燕（女）

资深副经理（专业技术二级）兼反洗钱业务中心（二级部）副主任：吴焰（女）（2019 年 3 月任）

资深副经理（专业技术二级）兼反洗钱业务中心（二级部）副主任：马宇立（女）（2019 年 9 月任）

公司业务部（2019 年 6 月撤销“养老金业务部”牌子）

总经理：程远国
副总经理：蔡亚蓉（女）（2019 年 4 月免）
副总经理：李钺（女）
副总经理：张力铮
副总经理：田建明
副总经理：唐晓阳（2019 年 11 月免）
副总经理：李冰
资深副经理（专业技术二级）：梁蒂（女）
资深副经理（专业技术二级）：陈东（2019 年 8 月免，辞职）
资深副经理（专业技术二级）：韩婧（女）

战略客户部

总经理：刘广良
副总经理：郑玉金（女）
副总经理：程志伟
副总经理：周明
副总经理：胡冠军
副总经理：熊波（女）
资深副经理（专业技术二级）：刘刚

机构业务部

总经理：尚朝辉
副总经理：黄小汉
副总经理：唐华（女）
副总经理：梅亚星
副总经理：王强
资深副经理（专业技术二级）：俞立（女）
资深副经理（专业技术二级）：包建军

同业业务中心

总经理：李骏（2019 年 9 月免）
总经理：曹屹立（2019 年 9 月任）
副总经理：杨虹（女）
副总经理：孙玉辉
副总经理：肖鹏

普惠金融事业部（小企业业务部）

总经理：张为忠

资深经理（专业技术一级）、副总经理：周鑫泉（2019 年 8 月免）
副总经理：隋露（女）
副总经理：李晓芳（女）
副总经理：蒋睿
副总经理：张楠（女）
副总经理：王魏冬
资深副经理（专业技术二级）：刘英华（女）

乡村振兴金融部

副总经理，主持工作：吴敏（2019 年 12 月任）
副总经理：唐晓阳（2019 年 11 月任）
副总经理：陈林（2019 年 12 月任）
副总经理：肖日新（2019 年 12 月任）

资产托管业务部

总经理：纪伟（2019 年 5 月免）
总经理：蔡亚蓉（女）（2019 年 5 月任）
资深经理（专业技术一级）、副总经理：龚毅
资深经理（专业技术一级）、副总经理兼任托管运营中心主任：黄秀莲（女）
副总经理：郑绍平
副总经理：原玎（女）
资深副经理（专业技术二级）：周立（女）
资深副经理（专业技术二级）：李华（女）

结算与现金管理部

总经理：李国建
副总经理：周玉旺
副总经理：张继波
副总经理：霍晓梅（女）
副总经理：高榕
资深副经理（专业技术二级）：李殿承
资深副经理（专业技术二级）：唐奇志（女）（2019 年 8 月任）

个人金融部

总经理（三职等）：杨绍萍（女）（2019 年 4 月免）
总经理：孙娜（女）（2019 年 4 月任）
资深经理（专业技术一级）、副总经理：刘涛（女）[2019 年 9 月任资深经理（专业技术一级）]
副总经理：曹伟（2019 年 8 月免）
副总经理：李建峰
副总经理：陈国金
资深经理（专业技术二级）：虞菊华（女）（2019 年 3 月免，退休）
资深副经理（专业技术二级）：韩锐（2019 年 2 月任）

资深副经理（专业技术二级）：牛莹（女）（2019 年 2 月任）

财富管理与私人银行部

总经理：刘建忠
副总经理：梅雨方
副总经理：杨刚
副总经理：胡萍（女）

住房金融与个人信贷部

总经理：王毅
资深经理（专业技术一级）、副总经理：童学锋
副总经理：孙聚贤（女）
副总经理：孟国鸿
副总经理：周刚
副总经理：黄有纲
资深经理（专业技术二级）：刘艳霞（女）

信用卡中心

总经理、党委书记（三职等）：魏春旗（2019 年 9 月免）
总经理：李骏（2019 年 9 月任）
资深经理（专业技术一级）、副总经理、党委副书记：蒋志春
纪委书记、党委委员：王曼村
副总经理、党委委员：张伟
副总经理、党委委员：王美华（女）
党委委员：蔡莉华（女）
党委委员：汪和才
资深专员：郭从秀

网络金融部

总经理：刘守平
副总经理：于潇（女）
副总经理：吕作龙
副总经理：杨泽新（女）
副总经理：熊熙（女）
资深经理（专业技术二级）：韩波（2019 年 8 月任）

产品创新与管理部

总经理：徐捷
副总经理：胡恒社（2019 年 6 月免）
副总经理：汪下烟
副总经理：季方

金融市场部

总经理：生柳荣
副总经理：严瑛（女）
副总经理：王元恺
副总经理：朱艳红（女）
副总经理：苏瑾
资深副经理（专业技术二级）：杨晴翔（女）
资深副经理（专业技术二级）：冯煜（女）

金融市场交易中心

总经理：徐洪昇
副总经理：曹守年
副总经理：王群（女）
副总经理：格根（女）
副总经理：何川
副总经理（六职等）：沈忠雷（2019 年 1 月任）
资深副经理（专业技术二级）：陆怡烽（2019 年 6 月任）

集团资产管理部（2019 年 5 月由“资产管理业务中心”更名）

总经理：刘兴华（2019 年 4 月免）
总经理：鲁秀艳（女）（2019 年 4 月任）
副总经理：李丽杰（女）（2019 年 4 月免）
副总经理：谢国旺（2019 年 8 月免）
副总经理：孙颖（女）
副总经理：刘岩（女）
资深副经理（专业技术二级）：窦慧（女）
资深副经理（专业技术二级）：李军

投资银行部

总经理：钱理红（女）
副总经理：卢刚
副总经理：吴小隆
副总经理：许晔
副总经理：魏巍
副总经理：马炼
资深副经理（专业技术二级）：杨雪梅（女）

国际业务部

总经理：孙剑波（女）
副总经理：黄玮
副总经理：胡波飞（女）

副总经理：岳留昌
副总经理：王启杰（2019 年 8 月任）

渠道与运营管理部

总经理：王晓永
资深经理（专业技术一级）、副总经理：李雪艳（女）
副总经理兼渠道管理部（二级部）总经理：张喜军
副总经理：王建英（女）
副总经理：牛继红
副总经理：尹国建
副总经理：杨锐（2019 年 1 月任）
资深副经理（专业技术二级）：刘畅（女）
资深副经理（专业技术二级）：王海涛
资深副经理（专业技术二级）：周柏成

数据管理部

总经理：刘静芳（女）（2019 年 9 月提任三职等）
副总经理：曹建勇
副总经理：常征（女）
副总经理：刘贤荣
副总经理：尚波
资深经理（专业技术二级）：谢坤
资深副经理（专业技术二级）：蔡红（女）

金融科技部（金融科技创新委员会办公室）

总经理、主任：朱玉红（女）（2019 年 12 月免）
副总经理，主持工作：林磊明（2019 年 12 月任）
资深经理（专业技术一级）、副总经理：王申科
副总经理：纪朝晖
副总经理：郭汉利
副总经理：李坤（女）（2019 年 11 月免）
总工程师（专业技术一级）：胡宪忠
资深副经理（专业技术二级）：张晓东（2019 年 9 月任）
金融科技创新委员会办公室副主任：崔志刚
金融科技创新委员会办公室副主任：杨朝晖（女）
金融科技创新委员会办公室副主任：刘瑞胜（2019 年 9 月任）

法律事务部

总经理：林晓东
副总经理：吴胜春
副总经理：侯太领（2019 年 4 月免）
副总经理：张雷

副总经理：邱纪成

战略与政策协调部（2019年6月由“战略规划部”更名）

总经理：乐玉贵
资深经理（专业技术一级）、副总经理：蒋清海
资深经理（专业技术一级）、副总经理：王志强（2019年11月任）
副总经理：杨君
资深经理（专业技术二级）：贾铁真
资深副经理（专业技术二级）：孙永红

中央纪委国家监委驻中国建设银行纪检监察组（2019年2月，根据中央要求，中国建设银行纪委改设为中央纪委国家监委驻中国建设银行纪检监察组，撤销总行监察部）

副组长：王德刚（2019年4月任）
副组长：罗铿（2019年4月任）
副组长：马景欣（女）（2019年4月任）

巡视工作办公室

主任：徐剑
副主任：尹慧琳（女）
总行巡视组组长：吴建中
总行巡视组组长：陈东平
总行巡视组组长：邱书民
总行巡视组组长：杨险峰（2019年4月任）
总行巡视组组长：范广州（2019年6月免）
总行巡视组组长：程全正
总行巡视组副组长：周平
总行巡视组副组长：高开勇
总行巡视组副组长：宋京
总行巡视组副组长：王洪信
总行巡视组副组长：梁伟

公共关系与企业文化部（党委宣传部、消费者权益保护部）

总经理、党委宣传部部长（三职等）：刘进（女）
副总经理、党委宣传部副部长（四职等）：徐贺
资深经理（专业技术一级）、副总经理、党委宣传部副部长：柴翔［2019年9月任资深经理（专业技术一级）］
副总经理、党委宣传部副部长：张延明
副总经理、党委宣传部副部长：方琳（女）
资深副经理（专业技术二级）：李锦望（2019年8月免）
资深副经理（专业技术二级）：王强（女）

安全保卫部

总经理：刘晖（2019年6月免）

总经理：范广州（2019 年 6 月任）
资深副经理（专业技术二级）：杨楠

离退休人员管理部

总经理：张玉英（女）（2019 年 10 月免，退休）
总经理：王书仁（2019 年 8 月任）
副总经理：熊自力

党群工作部（机关党委、工会、团委）

党群工作部总经理、机关党委常务副书记、工会副主席：徐云清
副总经理、工会副主席：周波
副总经理：傅红伟（女）
副总经理、机关党委副书记：王清
团委书记（总行部门副总经理）：陶莉（女）
机关纪委书记（总行部门副总经理）：唐艳（女）
资深副经理（专业技术二级）：王利和

党校（高级研修院）

常务副校长、高级研修院院长：郭元析
资深经理（专业技术一级）、副校长、高级研修院副院长：周小知
资深经埋（专业技术一级）、副校长：孙耀河
副校长（五职等）：李晓寰

其他人员

派往地方政府挂职（四职等）：王勇

2019年建设银行分行领导名录

北京市分行

党委书记、行长：袁桂军
党委副书记、副行长：吴泼伟（2019年11月任党委副书记）
纪委书记、党委委员：王光明
党委委员、副行长：谢东
党委委员、副行长：周敏
党委委员、副行长：吴杰
资深副经理（专业技术二级）：余祁相
资深副经理（专业技术二级）：刘艳（女）
资深副经理（专业技术二级）：林麟
资深副经理（专业技术二级）：孙会
资深副经理（专业技术二级）：栾文生（女）
资深专家：郎理英（女）（2019年2月由党委副书记、副行长改任）

天津市分行

党委书记、行长：张敏（女）
党委委员、副行长：王津成
党委委员、副行长：朱爽
纪委书记、党委委员：丁锦成
党委委员、副行长：石毅超
党委委员、副行长：刘立群
资深经理（专业技术二级）：王宝铭
资深副经理（专业技术二级）：严维真（女）
资深专员：张志强（2019年7月免职退休）
资深专员：张龙泉（2019年9月免职退休）

河北省分行

党委书记、行长：李民（2019年8月免）
党委书记、行长：陈中新（2019年8月任）
党委副书记、副行长：张连钢（2019年8月免）
党委委员、副行长：杜占良
党委委员、副行长：任鹏
党委委员、副行长：毕立民

党委委员、副行长：王东
党委委员、副行长：朱建辉（2019 年 3 月任副行长）
纪委书记、党委委员：宋敬宗（2019 年 12 月任）
资深副经理（专业技术二级）：吴俊岭
资深副经理（专业技术二级）：宋尚增
资深副经理（专业技术二级）：史瑞杰
资深专员：杜彦芳（女）（2019 年 11 月由纪委书记、党委委员改任）
资深专员：尹全振（2019 年 4 月免职退休）

山西省分行

党委书记、行长：江文波
党委副书记、副行长：斛文锋
党委委员、副行长：李月希
党委委员、副行长：贾爱民
党委委员、副行长：樊宙
党委委员、副行长：冯占文
党委委员、副行长：王红梅（女）（2019 年 4 月免）
纪委书记、党委委员：赖勇
资深副经理（专业技术二级）：常建斌
资深副经理（专业技术二级）：霍俊文

内蒙古自治区分行

党委书记、行长：邵斌（2019 年 8 月免）
党委书记、行长：张连钢（2019 年 8 月任党委书记、12 月任行长）
党委副书记、副行长：乔俊峰
党委委员、副行长：高凤山
纪委书记、党委委员：樊精隆
党委委员、副行长：丁建新
党委委员、副行长：姜波
党委委员、副行长：宋宝崧
党委委员、副行长：郑雅民（女）
党委委员、副行长：李金才（2019 年 1 月任党委委员、4 月任副行长）
合规官：王泉（2019 年 3 月任）
资深副经理（专业技术二级）：梅田华（2019 年 1 月任）
资深专家：张勤
资深专员：董发凯（2019 年 3 月免职退休）
资深专员：曹玮（2019 年 12 月免职退休）

辽宁省分行

党委书记、行长：杨铁军
党委委员、副行长：张勇
党委委员、副行长：项宏

党委委员、副行长：柳旭（女）
党委委员、副行长：王刚
党委委员、副行长：苗震
党委委员、副行长：刘强（2019 年 3 月任副行长）
纪委书记、党委委员：陈比伦（2019 年 8 月任）
资深副经理（专业技术二级）：张猛
资深副经理（专业技术二级）：徐景
资深副经理（专业技术二级）：曹晶（女）
资深专员：司朝伟（2019 年 8 月免职退休）

吉林省分行

党委书记、行长：梁德顺
党委委员、副行长：孙平生
纪委书记、党委委员：奚丽娟（女）
党委委员、副行长：具京子（女）
党委委员、副行长：刘伟
党委委员、副行长：马剑凤（女）
党委委员、副行长：韩冬
资深副经理（专业技术二级）：赵庆有
资深副经理（专业技术二级）：藏永放
资深副经理（专业技术二级）：吕治国
资深专家：姚殿英（2019 年 1 月由资深专员提任，2019 年 4 月免职退休）
资深专员：刘峰［2019 年 1 月由资深客户经理（专业技术二级）改任］

黑龙江省分行

党委书记、行长：樊庆刚
党委委员、副行长：尹君
纪委书记、党委委员：杨贵满
党委委员、副行长：葛立圣
党委委员、副行长：朱波涛
党委委员、副行长：邹洵游
合规官：王彤
行长助理：张立波
资深专员：杨玉江

上海市分行

党委书记、行长：林顺辉
党委委员、副行长：吴益强
党委委员、副行长：李朝阳
党委委员、副行长：孙维（女）
纪委书记、党委委员：孙莉琳（女）
党委委员、副行长：齐红（女）

党委委员、副行长：周捷
资深副经理（专业技术二级）：周涛
资深副经理（专业技术二级）：董子泳
资深副经理（专业技术二级）：李莉（女）
资深副经理（专业技术二级）：涂群（女）
资深专家：徐众华（2019 年 1 月由党委副书记、副行长改任）
资深专家：陈金富（2019 年 7 月免职退休）
资深专员：马恒鑫

江苏省分行

党委书记、行长：张毅（2019 年 9 月免）
党委书记、行长：张伟煜（2019 年 9 月任）
党委副书记、副行长：屈宏志（2019 年 12 月免）
党委委员、副行长：陈宝权
纪委书记、党委委员：王健春
党委委员、副行长：彭安平
党委委员、副行长：吴荣明
党委委员、副行长：沈秋翔
党委委员、副行长：何川
党委委员（挂职）：王智永（2019 年 3 月任，2019 年 9 月免）
合规官：张燚（女）
资深客户经理（专业技术二级）：黄庆友
资深副经理（专业技术二级）：马晓冬
资深副经理（专业技术二级）：张玲莉（女）

浙江省分行

党委书记、行长：高强（2019 年 8 月免）
党委书记、行长：邵斌（2019 年 8 月任）
党委副书记、副行长：朱斌晨（2019 年 9 月免）
党委委员、副行长：陈根海
党委委员、副行长：劳新江
纪委书记、党委委员：沈忠良
党委委员、副行长：郑浩
党委委员、副行长：叶进（2019 年 3 月由资深风险经理（专业技术二级）提任党委委员，5 月任副行长）
资深财务师（专业技术二级）：胡荻萍（女）
资深客户经理（专业技术二级）：刘雁群
资深副经理（专业技术二级）：李晓虹（2019 年 6 月免）
资深专员：陈慧芳（女）

安徽省分行

党委书记、行长：戴跃明（2019 年 9 月免）

党委书记、行长：方华平（2019 年 9 月任）
党委副书记、副行长：王永平
党委委员、副行长：杨学军
党委委员、副行长：张广飞
党委委员、副行长：陈光华
党委委员、副行长：王文兵
党委委员、副行长：叶红云（女）
纪委书记、党委委员：胡欣（2019 年 12 月任）
资深副经理（专业技术二级）：高力平
资深副经理（专业技术二级）：伍苹（女）
资深副经理（专业技术二级）：刘春帆
资深专家：姚启凡
资深专家：杨庆生（2019 年 11 月由纪委书记、党委委员、副行长改任）

福建省分行

党委书记、行长：刘丽华（女）（2019 年 12 月免）
党委书记、行长：黄惠玲（女）（2019 年 12 月任）
党委副书记、副行长：黄建锋（2019 年 12 月免）
党委委员、副行长：王东标
纪委书记、党委委员、工会主任：郑碧玲（女）
党委委员、副行长：黄汾
党委委员、副行长：林平
党委委员、副行长：杨达远
资深信息技术工程师（专业技术二级）：陈芳芳（女）
资深副经理（专业技术二级）：陈良俊
资深副经理（专业技术二级）：陈芹（女）
资深专员：连育青（2019 年 5 月免职退休）

江西省分行

党委书记、行长：万国平
党委委员、副行长：彭家彬
纪委书记、党委委员：王志武（女）（2019 年 11 月免）
党委委员、副行长：刘忠
党委委员、副行长：丁俊
党委委员、副行长：王珣
党委委员、副行长：杨辛
纪委书记、党委委员：邓慧杰（2019 年 12 月任）
资深客户经理（专业技术二级）：李斌
资深副经理（专业技术二级）：徐智勇
资深副经理（专业技术二级）：卢松

山东省分行

党委书记、行长：段红涛

党委副书记、纪委书记、副行长：赵翀（2019 年 12 月任副行长，免纪委书记）
党委委员、副行长：李建平
党委委员、副行长：楚孔用
党委委员、副行长：朱治昌
党委委员、副行长：刘春龙
党委委员、副行长：董强
资深副经理（专业技术二级）：范传东
资深副经理（专业技术二级）：冯汝臣
资深专家：李文达（2019 年 5 月免职退休）
资深专家：张维国（2019 年 1 月由党委委员、副行长改任）

河南省分行

党委书记、行长：石永拴
党委副书记、副行长：张志军
党委委员、副行长：黄兴宏
党委委员、副行长：张新华
党委委员、副行长：张超
党委委员、副行长：岳邦奎
纪委书记、党委委员：石新亭
党委委员、副行长：左金辉
资深客户经理（专业技术二级）：王连方
资深副经理（专业技术二级）：张一均
资深副经理（专业技术二级）：王毅
资深专家：王保信（2019 年 2 月免）

湖北省分行

党委书记、行长：王浩
党委副书记、副行长：李涛（2019 年 4 月免）
党委委员、副行长：钱爱莉（女）（2019 年 4 月免）
党委委员、副行长：祝艳阳（2019 年 8 月任副行长）
党委委员、副行长：丁慧（女）
党委委员、副行长：周辉东
党委委员、副行长：虢春华
纪委书记、党委委员：何益群
党委委员、副行长：金鹏
资深经理（专业技术二级）：李翎（女）
资深副经理（专业技术二级）：方小平
资深专员：王波［2019 年 1 月由资深副经理（专业技术二级）改任］

湖南省分行

党委书记、行长：文爱华
纪委书记、党委委员：杨仲元

党委委员、副行长：戴建军
党委委员、副行长：黄天祥
党委委员、副行长：邹致师
党委委员、副行长：文志军
行长助理：李白宁
资深副经理（专业技术二级）：李振球
资深副经理（专业技术二级）：刘星（2019 年 12 月免）
资深副经理（专业技术二级）：肖日新（2019 年 11 月免）
资深专员：黄邵明［2019 年 6 月由资深客户经理（专业技术二级）改任］

广东省分行

党委书记、行长：刘军
党委副书记、副行长：麦文盛（2019 年 11 月任党委副书记）
纪委书记、党委委员：王志武（女）（2019 年 11 月任）
党委委员、副行长：王燊（2019 年 11 月免）
党委委员、副行长：邓波
党委委员、副行长：邓竞
党委委员、副行长：米晋湘（2019 年 1 月任副行长）
党委委员、副行长：马俊（2019 年 1 月任副行长）
党委委员、副行长：梁海燕（女）（2019 年 1 月任副行长）
合规官：罗晃浩
资深风险经理（专业技术二级）：赵艺新（女）
资深副经理（专业技术二级）：陈余生（2019 年 8 月免）
资深副经理（专业技术二级）：范题
资深专家：吴集荣
资深专家：王志雄（2019 年 1 月由资深专员提任，2019 年 11 月免职退休）
资深专员：朱怀伟（2019 年 11 月由纪委书记、党委委员改任）
资深专员：杨泽英（女）
资深专员：范立钊（女）（2019 年 1 月免职退休）

广西壮族自治区分行

党委书记、行长：李思影
党委委员、副行长：黄诚东
党委委员、副行长：农卫东
党委委员、副行长：陈创胜
纪委书记、党委委员：何来全
党委委员、副行长：张石强
党委委员、副行长：唐家健
资深客户经理（专业技术二级）：王艺民
资深经理（专业技术二级）：林海

海南省分行

党委书记、行长：张中科

党委委员、副行长：李泉
党委委员、副行长：石滨（女）
党委委员、副行长：王文生
纪委书记、党委委员：封霞（女）
党委委员、副行长：吕嘉（2019 年 2 月任副行长）
资深副经理（专业技术二级）：汪伟建
资深副经理（专业技术二级）：林峰

重庆市分行

党委书记、行长：王新立（2019 年 3 月免）
党委书记、行长：李涛（2019 年 4 月任党委书记，8 月任行长）
党委副书记、副行长：熊刚
党委委员、副行长：文姜元
党委委员、副行长：吴承恩
纪委书记、党委委员：徐鹏
党委委员、副行长：胡寄望（2019 年 2 月任副行长）
党委委员、副行长：曹颖（2019 年 2 月任副行长）
资深财务师（专业技术二级）：柯建华
资深副经理（专业技术二级）：赵吉新（女）
资深副经理（专业技术二级）：黄建纲
资深专家：高永强（2019 年 10 月免）
资深专员：陈义（2019 年 6 月由党委委员、副行长改任）
资深专员：王翎

四川省分行

党委书记、行长：杨丰来
党委副书记、副行长：严斌
党委委员、工会主任：颜克忠
党委委员、副行长：肖倬
党委委员、副行长：孟伟
党委委员、副行长：戴虎林
纪委书记、党委委员：冯元照
资深副经理（专业技术二级）：徐登义
资深副经理（专业技术二级）：黄永航
资深专家：李振宇
资深专家：商辉（2019 年 6 月免职退休）
资深专家：卢生（2019 年 11 月由党委委员、副行长改任）
资深专员：汪海

贵州省分行

党委书记、行长：李洪茂
党委副书记、副行长：杨中仑（2019 年 8 月免）

党委委员、副行长：陆雪涛（女）
纪委书记、党委委员：戚晓钧
党委委员、副行长：高涛
党委委员、副行长：朱勇
党委委员：夏洪（2019 年 12 月任）
资深副经理（专业技术二级）：周安琪（2019 年 12 月任）
资深副经理（专业技术二级）：傅华（2019 年 12 月任）
资深专员：杜坚（2019 年 12 月由党委委员、副行长改任）

云南省分行

党委书记、行长：陈中新（2019 年 8 月免）
党委书记：杨中仑（2019 年 8 月任）
党委委员、副行长：董晓威（2019 年 11 月免）
党委委员、副行长：李瑞冬（女）（2019 年 8 月援藏工作）
党委委员、副行长：于凡（女）
党委委员、副行长：严俊
纪委书记、党委委员：吴灿文
党委委员、副行长：普跃
党委委员、副行长：朱泳
党委委员、副行长：马晓芫（女）（2019 年 8 月任党委委员，11 月任副行长）
资深副经理（专业技术二级）：杨义军
资深副经理（专业技术二级）：潘春雄
资深专家：马亦凌（女）（2019 年 4 月由党委副书记、副行长改任）
资深专员：张勋蓉（女）[2019 年 1 月由资深财务师（专业技术二级）改任]

西藏自治区分行

党委书记、行长：查克健
党委副书记、副行长：王子良
纪委书记、党委委员：武青勇（2019 年 4 月免）
党委委员、副行长：周青荣（女）
党委委员、副行长：邓存云
党委委员、副行长：张连国
纪委书记、党委委员：赵涛（2019 年 9 月任）
资深客户经理（专业技术二级）：刘晓兰（女）
资深专员：次仁顿珠

陕西省分行

党委书记、行长：杨新丰（2019 年 3 月免）
党委书记、行长：李军（2019 年 3 月任党委书记，7 月任行长）
纪委书记、党委委员：何宇欣
党委委员、副行长：马继勇
党委委员、副行长：陈勇

党委委员、副行长：王文莉（女）（2019 年 2 月任副行长）
资深客户经理（专业技术二级）：姚继君
资深副经理（专业技术二级）：王有续
资深副经理（专业技术二级）：盛祥均
资深副经理（专业技术二级）：高鹏
资深专员：张玺峰（2019 年 12 月由党委委员、副行长改任）

甘肃省分行

党委书记、行长：方华平（2019 年 9 月免）
党委书记、行长：宋涛（2019 年 9 月任党委书记，12 月任行长）
党委委员、副行长：张继刚
纪委书记、党委委员：曾隽
党委委员、副行长：杨宁
党委委员、副行长：邵茂丰（2019 年 3 月任副行长）
党委委员、副行长：王锡真（2019 年 3 月任副行长）
合规官：李晶伟（2019 年 1 月任）
资深副经理（专业技术二级）：田邯平

青海省分行

党委书记、行长：梁世斌
党委副书记、副行长：周助新（2019 年 1 月任副行长）
党委委员、副行长：刘玉武
纪委书记、党委委员：汪有胜
党委委员、副行长：刘建华
党委委员、副行长：马立新（2019 年 1 月任副行长）
资深副经理（专业技术二级）：刘勇
资深副经理（专业技术二级）：李泽辉
资深副经理（专业技术二级）：程韩贵
资深副经理（专业技术二级）：刘青琦

宁夏回族自治区分行

党委书记、行长：张庚（2019 年 2 月任党委书记，4 月任行长）
党委委员、副行长：张兆西
党委委员、副行长：陈福功
党委委员、副行长：吴其海
纪委书记、党委委员：徐勇辉
党委委员、副行长：刘锋
资深专员：王斌（2019 年 6 月由党委委员、副行长改任）

新疆维吾尔自治区分行

党委书记、行长：杨险峰（2019 年 2 月免）
党委书记、行长：徐军世（2019 年 2 月任党委书记，4 月任行长）

党委委员、副行长：张春生
纪委书记、党委委员、副行长：阿布来提·木明（2019 年 9 月免）
党委委员、副行长：李新平
党委委员、副行长：傅卫峰
党委委员、副行长：范健刚
资深副经理（专业技术二级）：李晋
资深副经理（专业技术二级）：迟本彬
资深副经理（专业技术二级）：崔剑鸣

深圳市分行

党委书记、行长：王业
党委副书记、副行长：张学庆
党委副书记、副行长：李华峰
党委委员：刘江（2019 年 11 月任）
党委委员、副行长：赵芝然
党委委员、副行长：李忠东
纪委书记、党委委员：韩凤林
党委委员、副行长：张跃云
党委委员：彭白萍（女）［2019 年 12 月由资深副经理（专业技术二级）提任］
合规官：杨宗平
资深副经理（专业技术二级）：陈坤雄
资深副经理（专业技术二级）：游德忠
资深副经理（专业技术二级）：刘星（2019 年 12 月任）
资深专家：易景安（2019 年 5 月免职退休）
资深专家：潘虹（女）（2019 年 6 月免职退休）

大连市分行

党委书记、行长：李岩梅（女）（2019 年 4 月任行长）
党委副书记、副行长：率长江
党委委员、副行长：董晓炜（女）
纪委书记、党委委员：林瑜（女）
党委委员、副行长：张成
党委委员、副行长：岑乐（2019 年 1 月任副行长）

宁波市分行

党委书记、行长：方建平
党委副书记、副行长：许永良
党委委员、副行长：陈恒星
党委委员、副行长：张琐琐（女）
党委委员、副行长：苏世松（2019 年 1 月免）
纪委书记、党委委员：胡欣（2019 年 12 月免）
党委委员、副行长：韩国辉

资深专员：任国正

厦门市分行

党委书记、行长：黄惠玲（女）（2019 年 12 月免）
党委书记：黄建锋（2019 年 12 月任）
党委副书记、副行长：林华（女）
党委委员、副行长：肖春辉
党委委员、副行长：赖利显
党委委员、副行长：林健
党委委员、副行长：蔡明仪
纪委书记、党委委员：王云鹏

青岛市分行

党委书记、行长：郝子建
党委副书记、副行长：郭中华（女）
党委委员、副行长：刘从正
党委委员、副行长：王德平（2019 年 6 月免）
党委委员、副行长：徐海
纪委书记、党委委员：宋敬宗（2019 年 12 月免）
党委委员、副行长：管恩新
合规官：周兆华
资深专家：冯涛（2019 年 1 月免职退休）

苏州分行

党委书记、行长：张伟煜（2019 年 9 月免）
党委书记、行长：朱斌晨（2019 年 9 月任党委书记，12 月任行长）
党委委员、副行长：冯宇
纪委书记、党委委员：邓慧杰（2019 年 12 月免）
党委委员、副行长：陈建平
党委委员、副行长：沈屏炎（女）
党委委员（挂职）：李雪衍（2019 年 3 月任，2019 年 9 月免）

2019 年建设银行境内附属公司主要负责人名单

序号	所在机构	职务	姓名	性别	民族	备注
1	中德住房储蓄银行有限责任公司	董事长（兼）	田国立	男	汉族	
		行长、党委书记	李　凡	男	汉族	
2	建信基金管理有限责任公司	董事长、党委书记	孙志晨	男	汉族	
		总裁、党委副书记	张军红	男	汉族	
3	建信金融租赁有限公司	董事长	胡昌苗	男	汉族	2019 年 5 月免董事长
		党委书记	杨新丰	男	汉族	2019 年 3 月任党委书记、2019 年 6 月免党委书记
		董事长、党委书记	刘　晖	男	汉族	2019 年 6 月任党委书记、2019 年 11 月任董事长
		总裁、党委副书记	王　强	男	满族	
4	建信信托有限责任公司	董事长、党委书记	王宝魁	男	汉族	
		总裁、党委副书记	孙庆文	男	汉族	2019 年 3 月任总裁
5	建信人寿保险股份有限公司	董事长	段超良	男	汉族	
		总裁、党委书记	谢瑞平	男	汉族	
6	建信期货有限责任公司	董事长、党委书记	郑海峰	男	汉族	2019 年 12 月任党委书记
		总裁、党委副书记	葛文杰	男	汉族	2019 年 12 月任党委副书记
7	建信养老金管理有限责任公司	董事长、党委书记	石亭峰	男	汉族	2019 年 12 月任党委书记
		总裁	冯丽英	女	汉族	2019 年 9 月免总裁
		总裁、党委副书记	曹　伟	男	汉族	2019 年 12 月任总裁、党委副书记
8	建信财产保险有限公司	董事长、党委书记	王　云	男	汉族	
		总裁、党委副书记	张华清	男	汉族	
9	建银造价咨询有限责任公司	董事长、党委书记	黄先俊	男	蒙古族	
		总裁、党委副书记	张　坤	男	回族	
10	建信金融资产投资有限公司	董事长、党委书记	谷　裕	男	汉族	2019 年 12 月任党委书记
		总裁、党委副书记	张明合	男	汉族	2019 年 12 月任党委副书记
11	建信住房服务有限责任公司	董事长、党委书记	王　毅	男	汉族	2019 年 4 月任党委书记
		总裁、党委副书记	刘　江	男	汉族	2019 年 4 月任党委副书记、2019 年 11 月免党委副书记、2019 年 12 月免总裁
		总裁、党委副书记	王　燊	男	汉族	2019 年 11 月任党委副书记、2019 年 12 月任总裁
12	建信金融科技有限责任公司	总裁、党委书记	雷　鸣	男	汉族	
13	建信股权投资管理有限责任公司	董事长（兼）	谢瑞平	男	汉族	
		副董事长、总裁	曲寅军	男	汉族	
14	建信理财有限责任公司	董事长	刘兴华	男	汉族	2019 年 5 月任董事长
		总裁	谢国旺	男	汉族	2019 年 5 月任总裁

2019 年建设银行审计机构主要负责人名单

序号	所在机构	职务	姓名	性别	备注
1	天津审计分部	主任	于敬一	女	
2	沈阳审计分部	主任	韩　民	男	
3	上海审计分部	主任	王　雄	男	
4	南京审计分部	主任	赵建萍	女	
5	武汉审计分部	主任	陈万铭	男	
6	广州审计分部	主任	熊建华	男	
7	成都审计分部	主任	李　果	男	
8	西安审计分部	主任	孙一顺	男	
9	北京总审计室	总审计师兼主任	许建东	男	
10	河北总审计室	总审计师兼主任	陈素坤	女	2019 年 3 月免
		总审计师兼主任	孙祥久	男	2019 年 6 月任
11	山西总审计室	总审计师兼主任	陆　君	女	2019 年 12 月免
12	内蒙古总审计室	总审计师兼主任	白俊芝	女	
13	大连总审计室	总审计师兼主任	田晓丽	女	
14	吉林总审计室	总审计师兼主任	李　华	女	
15	黑龙江总审计室	总审计师兼主任	郭金龙	男	2019 年 8 月任
16	苏州总审计室	总审计师兼主任	胡明月	女	
17	浙江总审计室	总审计师兼主任	关雁翎	女	
18	宁波总审计室	总审计师兼主任	陈丛笑	女	
19	安徽总审计室	总审计师兼主任	王福荣	男	
20	福建总审计室	总审计师兼主任	黄华红	女	
21	厦门总审计室	总审计师兼主任	温　剑	男	
22	江西总审计室	总审计师兼主任	滕赶远	男	2019 年 9 月免
23	山东总审计室	总审计师兼主任	王青松	男	
24	青岛总审计室	总审计师兼主任	孙祥久	男	2019 年 6 月免
		总审计师兼主任	王德平	男	2019 年 6 月任
25	河南总审计室	总审计师兼主任	高　虹	女	
26	湖南总审计室	总审计师兼主任	朱启江	男	
27	深圳总审计室	总审计师兼主任	谭晓兵	男	
28	广西总审计室	总审计师兼主任	王德志	男	
29	海南总审计室	总审计师兼主任	侯凤儒	男	

续表

序号	所在机构	职务	姓名	性别	备注
30	重庆总审计室	总审计师兼主任	彭 玲	女	2019 年 6 月任
31	贵州总审计室	总审计师兼主任	张学武	男	
32	云南总审计室	总审计师兼主任	范永平	男	
33	西藏总审计室	总审计师兼主任	白 杨	女	
34	甘肃总审计室	总审计师兼主任	徐谊萍	女	
35	青海总审计室	总审计师兼主任	李 霞	女	
36	新疆总审计室	总审计师兼主任	兰胜利	男	

2019 年建行大学主要负责人名单

序号	所在机构	职务	姓名	性别	备注
1	校领导	校长	田国立	男	
2		常务副校长	章更生	男	
3		首席学习官、执行校长	薛胜利	男	
4		执行副校长	陈孝周	男	
5		执行副校长	李民	男	
6		执行副校长	郭元析	男	
7		执行副校长	王晓平	男	
8		执行副校长	于保月	男	
9	人文教研部	主任	吴建杭	男	
10	领导力教研部	主任	江先周	男	
11	普惠与零售研修院	院长	杨绍萍	女	
12	住房金融研修院	院长	黄志凌	男	
13	客户关系研修院	院长	高强	男	
14	资管与投行研修院	院长	鲁可贵	男	
15	国际金融研修院	院长	徐漫霞	女	
16	财务与审计研修院	院长	方秋月	男	
17	实验室	主任	徐捷	男	
18	华北学院	院长	张敏	女	
19	东北学院	党委书记、院长、资深经理（专业技术一级）	于宁哲	男	
20	华东学院	党委书记、院长、资深经理（专业技术一级）	屈建伟	男	
21	华中学院	院长	王浩	男	
22	华南学院	院长	王业	男	
23	西南学院	院长	李果	男	
24	西北学院	院长	李军	男	
25	香港学院	院长	张骏	男	
26	伦敦学院	院长	杨爱民	男	
27	纽约学院	院长	李锁生	男	
28	北京党建学院	院长	周小知	男	

续表

序号	所在机构	职务	姓名	性别	备注
29	井冈山党性教育学院	院长	万国平	男	
30	青岛普惠与零售学院	院长	李明凯	男	
31	苏州金融科技学院	院长	雷鸣	男	
32	苏州金融保险学院	院长	谢瑞平	男	
33	大湾区金融创新学院	院长	刘军	男